D1723090

1

VU THU HIEN

NACHT
mitten am Tag

Politische Erinnerungen
eines Nicht-Politikers

Originaltitel:

Đêm giữa ban ngày

Übersetzung aus dem Vietnamesischen
von Le Bach (2001)

Deutsche Neubearbeitung
2023
Jutta Jarosch

Herausgeberin:
Jutta Jarosch,
Mittagstr. 13a, 90451 Nürnberg

ISBN: 978-3-9826030-6-3

Dieses Buch widme ich

den Töchtern und Söhnen Vietnams,
die ihr Leben einem unabhängigen, freiheitlichen
und demokratischen Vietnam opferten,

meinem verstorbenen Vater
und den Kommunisten, die durch die Hände ihrer
eigenen Genossen umkamen,

meiner Mutter, die mich lehrte,
erhobenen Hauptes zu leben,

meiner Frau, die während der dunklen
Monate und Jahre meines Lebens
unzählige Schwierigkeiten
mit mir teilte,

meinen Mitgefangenen -
Kommunisten und Nichtkommunisten,

und den nächsten Generationen in der Hoffnung,
dass sie ihr Leben niemals
in einem unterjochenden Totalitarismus
leben müssen wie ich.

Vu Thu Hien

Über den Autor:

Vu Thu Hien, der Autor dieses Tatsachenromans, wurde am 18.Okt. 1933 in Hanoi geboren und war schon während seiner Kindheit als Revolutionär am Widerstandskampf gegen die Franzosen in Indochina beteiligt. Später kämpfte er in der nordvietnamesischen Volksbefreiungsarmee für Ho Chi Minh, dessen Staatssekretär sein Vater (bis zu seiner Verhaftung) war.

Als unbequemer Journalist mit demokratischer Gesinnung wurde auch Vu Thu Hien 1967 verhaftet und musste, ohne jemals verurteilt zu sein, neun lange Jahre in verschiedenen Gefängnissen und Umerziehungslagern verbringen. Er ging danach ins Exil und lebt heute - nach vielen Umwegen über Moskau, Polen und die Schweiz - seit vielen Jahrzehnten in Paris.

Der Autor beschreibt als hervorragender Kenner der Materie in seinem Tatsachenroman nicht nur eindrucksvoll die menschlichen Schicksale unter der Willkür der herrschenden Partei, sondern verschafft – neben seinen ernüchterten philosophischen Anmerkungen zum Marxismus allgemein - sehr vielschichtige und weitreichende Einblicke in die kommunistische Welt und in die Hintergründe der Machtkämpfe innerhalb der damaligen Kommunistischen Partei Vietnams und deren Entscheidungen, die bis heute nachwirken und die angesichts neuerer Vorfälle - wie einer Entführung 2017 in Berlin - noch immer aktuell sind.

Die P.E.N.-Zentrale Deutschland verhalf Vu Thu Hien 2002 im Rahmen des Projektes „writers in exile" zu einem längeren Aufenthalt in Nürnberg. Dort gab ihm die Menschenrechts-Stadt Nürnberg Gelegenheit, sein Manuskript im Zeitungscafé der Stadtbibliothek auszugsweise der deutschen Öffentlichkeit vorzustellen. Über den Verband Deutscher Schriftsteller, Regionalgruppe Nürnberg, und dessen damaligen Vorsitzenden Walter Leopold Zahorka († 2005) bekam der Autor die Möglichkeit, die damals vorliegende deutsche Übersetzung seines Romans neu bearbeiten zu lassen.

Die seinerzeit verantwortlichen Politiker Vietnams sind den heutigen westlichen Generationen kaum noch bekannt. Deshalb hat der Autor zu den Namen der maßgeblichen Personen entsprechende Erläuterungen eingefügt. Vietnamesische Namen sind für die meisten westlichen Leser anfangs ungewohnt zu lesen. Deshalb ein Beispiel: Die Anrede erfolgt in der Dritten Person. Im Gegensatz zur westlichen Schreibweise steht VU, der Familienname, im Vietnamesischen am Anfang, Thu Hien sind die danach folgenden Vornamen. VU Thu Hien wäre in der deutschen Namenschreibung demnach Thu Hien VU.

Vietnam ist ein sehr schönes und bezauberndes, aber weit entferntes und vergleichsweise kleines Land. Das Interesse Europas an dessen Geschichte ist bedauerlicher Weise seit dem Ende des Vietnamkrieges weniger geworden, weil der große Nachbar China aus wirtschaftspolitischen Interessen die Aufmerksamkeit des Westens auf sich zieht und deshalb besonders chinesische Menschenrechtler und Dissidenten wie Ai Weiwei bei uns bekannt geworden sind. Doch die stalinistischen Vorgehensweisen beider Staaten gegen Andersdenkende, die nun erschreckend aktuell auch in Putins Russland wieder klar erkennbar sind, ähneln sich unübersehbar und sind auch in Vietnam noch an der Tagesordnung.

Vu Thu Hien war es lange nicht gelungen, einen Verlag zu finden, der für sein sehr aussagekräftiges Buch Interesse gezeigt hätte, obwohl dieser Tatsachenroman unter seinem menschlichen und politisch-philosophischen Aspekt ein Werk von beeindruckender Tiefgründigkeit ist. Die Veröffentlichung seines wichtigen Buches erfolgte deshalb erstmals 2013 im Selbstverlag und nun - wegen des großen Umfangs in nochmals nachbearbeiteter Form – erneut als e-book und als Taschenbuch im Selbstverlag.

Nürnberg, im Dezember 2023
Jutta Jarosch

Inhalt

Vorwort des Autors

Seit in Nordvietnam ein politisch schwerwiegendes Verfahren stattfand, das für viele Menschen bis heute schwer zu verstehen ist, sind bis zur Fertigstellung meines Manuskripts mehr als dreißig Jahre vergangen (und insgesamt mehr als vierzig Jahre bis zur Herausgabe dieses Buches – Anm. d.H.).

Die Bevölkerung gab diesem Verfahren die vereinfachte Bezeichnung *"Das Verfahren der gegen die Partei agierenden Revisionisten"*.
Dessen offizielle Bezeichnung *lautete:*
"Das Verfahren der Organisation, die auf dem Weg des modernen Revisionismus gegen die Partei, gegen unseren Staat und für die Spionage zugunsten des Auslands agiert".

Das am 03.02.1995 datierte Schreiben des Herrn Nguyen Trung Thanh, der während dieses besagten Verfahrens ehemals Leiter der „Abteilung zum Schutz der Partei" war, kannte auch unter den Mitgliedern der Kommunistischen Partei kaum jemand, obwohl es sich bei diesem Verfahren um das größte Drama in den Reihen der Kommunisten und unter allen Vietnamesen handelte, angefangen bei den Revolutions-Veteranen, die ihr ganzes Leben dem Kampf für nationale Unabhängigkeit gewidmet hatten, bis zu den Säuglingen, die in der neu errungenen Unabhängigkeit das Licht der Welt erblickten.
Es war an das Politbüro der Kommunistischen Partei Vietnam gerichtet. Der Verfasser bat darin um die Rücknahme der Beschuldigungen gegen mehr als 30 verhaftete und misshandelte Genossen. Doch die Anzahl der tatsächlich verhafteten Personen überstieg die von N. T. Thanh angegebene Zahl bei weitem. Er hatte vermutlich nur die Anzahl der betroffenen Parteimitglieder genannt.

In einem weiteren Schreiben über das Verfahren "Gruppe der gegen die Partei agierenden Revisionisten", das am 18.07.1995 von Le Hong Ha, dem ehemaligen Leiter der Kanzlei und zur Zeit des aufgerollten Verfahrens Leiter der Syntheseabteilung des Innenministeriums, an das Zentralkomitee der Kommunistischen Partei Vietnams der 7. Periode gerichtet war, hieß es:

Man kann sagen, dass es sich nach den weit verbreiteten Fehlern und Fehlurteilen, die schon vorher im Rahmen der Bodenreform und Organisationsberichtigung von 1956 geschehen waren, hier hinsichtlich Art und Ausmaß um das Verfahren mit den größten Fehlurteilen in der Geschichte der

Partei handelte. Es ist nicht übertrieben, wenn man dieses Verfahren als dasjenige mit den krassesten Fehlurteilen in den Reihen der vietnamesischen Patrioten des 20. Jahrhunderts bezeichnet.

Im Rahmen dieses Verfahrens setzte sich die machthabende Partei über ihre eigene Gesetzgebung hinweg, indem sie die Andersdenkenden ohne jegliche Untersuchung verhaftete, über Jahre gefangen hielt und verbannte. Zu den Menschen, die durch dieses von der Zentralen Personalabteilung (Zentral-Organisations-Abteilung) eingeleitete Verfahren terrorisiert wurden, gehörten zahlreiche Funktionäre und Parteimitglieder, die direkte oder indirekte Beziehungen zu den Festgenommenen hatten.

Außerdem wurde dieser Anlass von der Partei dazu benutzt, um auch einfachen Bürgern den Hut des modernen Revisionisten aufzusetzen und sie entsprechend zu behandeln. Alle diese Personen wurden in den gleichen Topf gesteckt und von der Partei in unterschiedlicher Weise und mit unterschiedlichen Maßnahmen bestraft.

Diese Menschen, auch als *"intern behandelte Gefangene"* bezeichnet, die im Jahre 1967 ohne Verfahren verhaftet worden waren - wurden erst 1973 nach und nach entlassen. Doch damit hatten sie noch lange nicht alles überstanden, denn nach diesen sechs Jahren Haft wurden sie in die Ferne verbannt und mit Hausarrest belegt. Mancher mochte wohl gedacht haben, damit wäre das Verfahren nun beendet. Doch das war es noch lange nicht.

Der letzte Gefangene, der von der Partei die *"Gunst"* - also die Bezeichnung als *"intern Behandelter"* - auferlegt bekam, verließ erst im September 1976 die Gefängnispforte. *Dieser Gefangene ist derjenige, der diese Zeilen schreibt.*
Befremdlich daran war und ist, dass - gemäß den Worten des ehemaligen Generalsekretärs der KPV, *Nguyen Van Linh* - nach Jahren der *furchterregenden Ruhe* seit der Zeit des Generalsekretärs *Le Duan* auch alle nachfolgenden Parteiführungen nach wie vor darauf bestanden und bestehen, dass die Kommunistische Partei Vietnam in der Verfahrens-durchführung Recht hatte und dass diejenigen, die gegen das Gesetz (der Partei - und *nur* der Partei) verstoßen haben, eigentlich härtere Strafmaße verdient hätten als die, mit der sie von der humanen Partei in ihrer Gunst bedacht wurden.

Die einzig nützliche Erfahrung, die ich während der neun Jahre meiner Haft für mich und für die von mir geliebten Menschen gewonnen habe, ist die, *dass der Kommunismus, der uns wie das Paradies auf Erden ausgemalt wurde, eine pure Illusion ist.*

Der Rückblick auf mein eigenes Lebens und die Beobachtung der Schicksale meiner Landsleute in den verschiedenen Gefängnissen, die ich durchlebte, haben mir einen wachen Blick verschafft, nicht nur auf die inhumanen Taten der modernen Kaiser und Fürsten, sondern auch auf ein soziales System, in dem der Mensch sich selbst verliert, ob er will oder nicht.

Das Buch, das Sie als Leserin und Leser in der Hand halten, enthält einen Teil meiner Beobachtungen, einen Teil meiner Gedanken über die nur schwer zu begreifende Gesellschaft, in welcher mir das Schicksal zu leben auferlegt hatte. Nach meinen Kenntnissen wurde diese Gesellschaft von rechtschaffenen Menschen gegründet und hatte ihren Ursprung in wohl-meinenden Gedanken. Auch möchte ich weiterhin fest annehmen, dass die Verantwortlichen keine verwerflichen Absichten hegten, als ihre Bewegung unaufhaltsam in den Strom der nationalen Befreiungsrevolution mit einfloss.

Was aber war die Ursache für die Metamorphose dieser Kommunisten und ihre Degenerierung? Lag der Grund in der These, der sie folgten? Ich weiß es bis heute nicht.

Dieses Buch bringt etwas Licht in ein politisches Verfahren, das tatsächlich stattgefunden hat, das für die Periode der Herrschaft der Kommunistischen Partei repräsentativ ist und einige wenig bekannte Aspekte der vietnamesischen Gesellschaft widerspiegelt.

Meine Erinnerungen sind die eines Betroffenen, und daher sicher nicht frei von Subjektivität. Doch selbst wenn sie einseitig sein sollten, haben sie dennoch beachtenswerte Beweiskraft. Ich gebe mir im Rahmen des Möglichen Mühe, zu den mich betreffenden Beschuldigungen in gerechter Form Gegenbeweise niederzuschreiben.

In diesem Buch steht die reine Wahrheit. Die literarische Form wird nur deshalb angewandt, damit das Bild der Ereignisse nicht blass und eintönig erscheint. Dichtung hat hier keinen Platz.

Der Rahmen dieses Buches umfasst nur ein Partei- und Staatsverfahren, und es beinhaltet daher keine Untersuchung des Gefängnissystems in Vietnam. Dafür braucht es ein anderes Buch. Dies wäre ein beachtenswertes Thema, wenn man die Schicksale meiner Mitmenschen im Verlauf eines halben Jahrhunderts bedenkt.

Die Vergangenheit wäre für niemanden von Nutzen, wenn sie nicht mehr als nur einfache Erinnerung wäre. Sie ist nur dann nützlich, wenn man sich darüber Gedanken macht und aus den vergangenen Ereignissen Lehren für die Zukunft zieht.

Dieses Buch stellt kein Urteil dar über eine Gesellschaft, die hoffentlich in der näheren Zukunft verschwinden wird. Ich habe mir selbst nicht das Ziel gesetzt, ein Urteil zu fällen. Weil sich jedoch manche Ereignisse in der Geschichte wiederholen, möchte ich die Warnglocken davor läuten.

Ich darf hier auch nicht die Rolle des Anklägers übernehmen, da ich in der Gesellschaft, in der ich lebe, nicht nur Opfer, sondern in bestimmten Aspekten und Ausmaßen auch Täter bin.

Ich schreibe, weil meine Stimme nicht länger schweigen kann. Meine Meinung ist: Wenn man es nicht wagt, *"Nein"* zu einem Verbrechen zu sagen, dann ist man Komplize des Verbrechens.

Und letztendlich bin ich – getreu den Worten des russischen Literaten Prischwin - nur *"ein Blatt unter den Millionen Blättern des Lebensbaumes, und wenn man von einem Blatt spricht, so spricht man auch von all den anderen Blättern"*. Mein Schicksal, von dem in diesem Buch die Rede ist, ist auch das Schicksal vieler anderer Menschen meiner Generation.

Betrachten Sie, verehrte Leserin und verehrter Leser, dieses Buch als die Reue meines inzwischen verstorbenen Vaters gegenüber unseren Landsleuten, denn es wurde im Sinne seiner letzten Worte geschrieben.

Dieses Buch ist ein verspäteter Blumenkranz, ein zusätzliches Räucherstäbchen auf dem Grab all der unglücklichen Opfer einer dunklen Periode, jener unglückseligen Menschen, die die Wiederherstellung der Gerechtigkeit nicht mehr erleben können.

Der Autor

Hanoi-Moskau-Warschau-Paris
1976 – 1993

Paris –Nürnberg 2018

Verschleppung

Das Weihnachtsfest des Jahres 1967 brachte in Hanoi nicht besonders viel Betriebsamkeit mit sich. Mehr als die Hälfte aller Stadtbewohner war bereits evakuiert. Bei denjenigen, die sich noch in der Stad aufhielten, handelte es sich überwiegend um Funktionäre, Angestellte der zentralen und lokalen Institutionen, Milizionäre und nur wenige Zivilisten, die aus verschiedenen Gründen die Stadt nicht verlassen konnten. Die Straßen büßten an Leben ein, denn viele Häuser waren verschlossen. Aus den Dächern jener Gebäude, die während der Kolonialzeit aus schwarzen Ziegelsteinen gebaut worden waren, und auch aus den flachen Dächern der neuen mehrgeschossigen Häuser richteten sich unzählige Maschinengewehrläufe schweren und mittleren Kalibers in den blauen Tropenhimmel. Die Bürgersteige waren unterhöhlt von individuellen Schutzlöchern, die man sich aus Abwasserrohren gebaut hatte.

Der Krieg war noch nicht vollends bis in die ehrwürdige alte Stadt vorgedrungen, deren sechsunddreißig Straßen und Gassen in alter Tradition nach den Handwerkszünften benannt waren; doch sein Schatten fiel bereits auf die friedvollen, mit Yin- und Yang-Ziegeln gedeckten Dächer der alten Hauptstadt Thang Long (wie der Name Hanois in alter Zeit gelautet hatte).

In den sonst menschenleeren Straßen liefen wenige hier Zurückgebliebene eilenden Schrittes an den Mauern entlang. Es waren hauptsächlich jüngere Leute, einfach gekleidet und mit AK-Gewehren bewaffnet. Der AFP-Korrespondent in Hanoi stellte fest: "Hanoi bewahrt Ruhe und bereitet sich auf das Leben im Krieg vor, auch wenn das Pentagon jenseits des Pazifiks es bisher noch nicht eilig hat, dem kommunistischen Vietnam den Krieg zu erklären."

Hanoi war bereit, Widerstand zu leisten.

In einer angespannten Atmosphäre, die ab und zu durch Explosionen von Geschossen aus Gewehren aller Kaliber durchbrochen wurde, wenn amerikanische Flugzeuge die Stadt überflogen, arbeiteten und schliefen die Hanoier, liebten sich und brachten Kinder zur Welt.

Aus den öffentlichen Lautsprechern hallte die bekannte Stimme der Sprecherin durch die leeren Straßen: "Achtung, Mitbürger! Achtung, Mitbürger! Feindliche Flugzeuge sind von Hanoi dreißig Kilometer entfernt.

Feindliche Flugzeuge sind von Hanoi zwanzig Kilometer entfernt. Feindliche Flugzeuge sind von Hanoi fünfzehn Kilometer entfernt." Dünne weiße Rauchfahnen von abgeschossenen Boden-Luft-Raketen der Typen SAM-1, SAM-2 .... zeichneten sich am blauen Tropenhimmel ab.

Der bewaffnete Widerstand der Bevölkerung gegen die Administration im Süden Vietnams begann in Saigon Anfang der 60er Jahre mit vereinzelten Kämpfen, wurde von Hanoi angespornt und unterstützt und verwandelte sich bald in einen Bürgerkrieg. Die Amerikaner griffen ein und machten damit aus diesen Bürgerkrieg einen vietnamesisch-amerikanischen Krieg und somit eine Konfrontation zwischen den beiden Weltlagern, dem des Kommunismus und dem des Kapitalismus. Mit dem globalen kalten Krieg im Hintergrund, der schon mehrere Jahre andauerte, zog der heiße Krieg in Vietnam eine Vielzahl weiterer Staaten in diesen Brand mit hinein und ließ erkennen, dass ein Ende nicht abzusehen war.

L.B. Johnson (1908-1973, der 36. Präsident der Vereinigten Staaten von Amerika, war entschlossen, Nordvietnam mit der Übermacht seiner Waffen durch massive, unerbittliche und unaufhörliche Luftangriffe in die Knie zu zwingen. Er war davon überzeugt, dass die USA in kürzester Zeit über die Vietnamesen siegen könnten. Deshalb wurde der Krieg, der zuerst auf Südvietnam begrenzt war, Ende 1965 durch Bombardements auch auf Nordvietnam ausgedehnt. *Diese Entscheidung hatte später zur Folge, dass sich Herr Johnson als Präsident der Vereinigten Staaten selbst in erhebliche Schwierigkeiten brachte und sich schließlich im März 1968 von der politischen Bühne zurückziehen musste.*

Jener bisher lokal begrenzte Krieg, der auf dem nordvietnamesischen Territorium 1965 seinen Anfang genommen hatte, entwickelte sich nun zwangsläufig zu einem einzigartigen Kampf mit außergewöhnlich heftigen Luft- und Bodengefechten.

Am Vorabend des Weihnachtsfestes 1967 atmeten die Menschen in Hanoi erleichtert auf, als sie über die schwach zu empfangenden elektromagnetischen Wellen naher und ferner Radiosender erfuhren, dass alle am Krieg auf der indochinesischen Halbinsel beteiligten Parteien anlässlich der Wiederkehr der Geburt Christi einen Ruhetag vereinbart hatten. Hanoi erlebte dieses Christfest als einen überraschend ungewöhnlichen Tag im Krieg, einen unerwarteten Friedenstag, den es nicht den Menschen, sondern Christus zu verdanken hatte.

Die Stadt schien nie ruhiger gewesen zu sein. Schon seit dem frühen Morgen heulten keine Alarmsirenen mehr. Nur die metallischen Stimmen der öffentlichen Lautsprecher waren zu hören, die den Menschen Wachsamkeit vor überraschenden feindlichen Handlungen predigten. Um den *See des zurückgegebenen Schwertes* waren jetzt mehr Menschen unterwegs als sonst üblich. Die Leute, die unweit der Stadt evakuiert waren, nutzten diese kurze Waffenruhe, um eilig mit dem Rad nach Hause zu fahren. Sie machten Krankenbesuche, Einkäufe, Besuche bei nahen Verwandten und Freunden und trafen sich zu einem gemeinsamen Essen, einer gemeinsamen Teerunde, um sich am nächsten Tag dann genauso eilig wieder auf den Rückweg zu machen.

Mütter mit kleinen Babys, die sich sonst an den Ausgängen der Luftschutzbunker fest an die Mauern pressten, auf denen in verschiedenen Formaten die Losung des Präsidenten Ho Chi Minh angebracht war: „Nichts ist wertvoller als Unabhängigkeit und Freiheit", sah man heute nicht.

Das Wasser des Sees war ruhig, der *Turm der Schildkröte* wegen des leichten Nebels nur undeutlich zu sehen. Es wehte ein schwacher Nordwind und es war kühl.

Der Winter begann in Hanoi diesmal später als in den Jahren zuvor.

Ich fuhr mit meinem Rad langsam von der *Hang Trong* Straße in Richtung der *Hang Bai*, als ich jemanden meinen Namen rufen hörte. Vertieft in meine Gedanken nahm ich den Ruf erst wahr, als ich schon ein Stück des Wegs zurückgelegt hatte. Der Rufende ruderte wild mit den Armen, damit ich auf ihn aufmerksam werden sollte. Es war ein kleiner dicker Mann in schäbiger Arbeitsschutzkleidung und mit einem runden Gesicht, das von einer Schildmütze fast völlig verdeckt wurde. Er schien erfreut, als er sah, dass ich mich ihm zuwandte. Wer war dieser Mann?

Ich war gezwungen, mich vor einem verschlossenen Laden mit ausgeblichenen Toren, in dem sich einmal ein Spezialgeschäft für Lackmalereierzeugnisse befunden hatte, wieder dem Bürgersteig zu nähern.

„Ja! Ich habe Sie fast bis zur Erschöpfung gesucht." Der Mann bremste sein Gefährt direkt vor mir ab und lachte so fröhlich, dass seine beiden Augen nur noch Striche bildeten, wobei er sich nach vorn beugte. „Bitte kehren Sie gleich ins Büro zurück! Der Chef wartet auf Sie. Bitte schnell, damit die Gäste rechtzeitig empfangen werden können! Ich war bei Ihnen zu Hause. Ihre Frau sagte, dass Sie gerade weggegangen waren. Ich habe mich beeilt, aber ich konnte Sie nicht erreichen ..."

Das *Komitee für kulturelle Auslandsbeziehungen,* das übergeordnete Organ der illustrierten Zeitschrift „Viet Nam", nahm mich ab und zu in Anspruch. Meine Tätigkeit bestand darin, den Leiter des Komitees beim Empfang von Gästen unterstützen. Ich wurde dort eingesetzt, um die Kosten zu verringern, indem man sich einen Dolmetscher sparte. Die Gäste kamen hauptsächlich aus der Sowjetunion oder aus anderen osteuropäischen Staaten. Sie sprachen alle Russisch, die Sprache also, die ich sehr gut beherrsche. Ich konnte mich auch als Reiseführer betätigen, die Gäste mit den Sehenswürdigkeiten der Hauptstadt und anderer Regionen bekannt machen und ihnen einige Aspekte der vietnamesischen Geschichte vorstellen. Wenn es sich bei den Gästen um Künstler oder Kulturschaffende handelte, dann war die Arbeit eigentlich angenehm. Manchmal geriet ich jedoch auch an Politiker, die für Kultur und Kunst in ihren Ländern verantwortlich waren. Alle diese Gäste, die aus weiter Ferne kamen, verhielten sich meistens korrekt und höflich. Sie schenkten mir schöne Stunden und brachten einen Hauch ihrer fremden Länder mit, was das eintönige Alltagsleben für mich stets weniger langweilig machte.

Da ich schon seit etwa einem halben Jahr nicht mehr zu einem solchen Gästeempfang bestellt worden war, verwunderte es mich, dass ich nun wieder gerufen wurde. Welchen Grund gab es dafür?

Seit dem Jahr 1964, als die chinesisch-sowjetische Konfrontation sich verschärfte, erhitzte sich auch das politische Klima in Vietnam. Überall warnte man lauthals vor der Gefahr des *modernen Revisionismus* und verkündete die Notwendigkeit seiner Bekämpfung. Widerspenstige Funktionäre, die es wagten, etwas auszusprechen, was den Machthabern nicht gefiel – gleich, zu welchen Fragen der Innen- oder Außenpolitik der Partei -, wurden sofort als *revisionistische Elemente* oder zumindest als *nicht vertrauenswürdige rechtsorientierte Elemente* betrachtet. Ich wurde ebenfalls zu dieser Kategorie gezählt.

„Sie sind heute nicht beschäftigt, nicht wahr?"

Eine Frage wurde gestellt, damit sie gestellt wurde. Albern. Das Komitee hatte mich gerufen, also war ich gezwungen, diesem Ruf zu folgen, ob ich das wollte oder nicht.

„Kehren Sie bitte schon ohne mich zurück!" sagte ich gereizt. „Ich fahre noch kurz bei mir zu Hause vorbei, um mich umzuziehen."

Ich hatte bereits einen Plan für diesen Tag, und es gefiel mir nicht, dass er gestört wurde. Ich wollte mit meiner Frau und meinen Kindern gemeinsam spazieren gehen. An einem solchen alarmfreien Tag spazieren zu gehen, wäre wunderbar gewesen. Unsere Absicht war es, einen Freund zu besuchen, den wir lange nicht gesehen hatten. Möglicherweise wären wir bei ihm zum Essen geblieben. Meine Frau wollte unsere Kinder mitnehmen, um dann später einige Kleinigkeiten einzukaufen.

Ich sah mir den Störenfried genauer an. Es kam mir ungelegen, dass mich das Komitee nicht früher informiert hatte, damit ich meine Angelegenheiten rechtzeitig hätte ordnen können. Aber woher kam dieser Kerl? Wahrscheinlich aus der Schutzabteilung. Wer arbeitete schon sonntags, außer in dieser Abteilung?

„Das brauchen Sie nicht." Lautlos lachend zeigte er seine groben Zähne. „Wir befinden uns doch im Krieg, da spielt die Bekleidung keine Rolle. Es ist so ganz in Ordnung. Die Gäste warten bereits."

Ich trug an diesem Tag eine blaue Wattejacke und eine Khaki-Hose. Beide Bekleidungsstücke waren noch neu, aber verknautscht. Seit langem hatten wir das Bügeln völlig verlernt. Niemand nahm es übel, dass Bekleidungsstücke nicht gebügelt waren. Wenn in der Kriegszeit die Kleider zu glatt und die Bügelfalten zu deutlich gewesen wären, hätte man als Angeber kritisiert werden können. Denn was wäre das anderes gewesen, wenn nicht Überreste einer kapitalistischen Lebensweise?

Ich zögerte noch, als er sich in meine Richtung ausstreckte.

„Wozu wollen Sie nach Hause zurück?" Er hielt den Lenker meines Fahrrads fest. „Da ist ja auch schon der Wagen."

Ein sowjetischer Kübelwagen - command car - bremste geräuschvoll knapp neben mir. Die Wagentüren flogen auf. Zwei schwarz gekleidete junge Männer sprangen heraus. Ohne ein Wort zu sagen, zerrten sie mich in den Wagen hinein. Ich sah mir den Mann, der mich eben gerufen hatte, noch einmal an. Seine Grimasse verschwand und machte Platz für zwei Fischaugen und ein trockenes Lachen:

„Sofort einsteigen! Vernünftig und kein Widerstand!"

Da erinnerte ich mich: dieser Kerl war mir in den letzten Tagen andauernd gefolgt. Er hatte Militärkleidung getragen und eine Tasche, die an der Hüfte pendelte, zeigte sich immer nur kurz und verschwand dann wieder unter der Menschenmenge, wie eine Maus.

Im selben Augenblick nahm ich plötzlich mehr als zehn Radfahrer wahr, die sich nun von der Stelle entfernten, wo der Kübelwagen gestanden hatte. Das waren Leute, die sich an Aktionen zur Entführung von Menschen beteiligten. Alle Varianten waren dabei vorgesehen und genau so geplant wie im Szenario eines Gangsterfilms. Da die heutige Aktion jedoch glatt verlief, brauchten sie hier nicht einzugreifen.

Kein einziger Fußgänger bemerkte etwas von dem, was an dieser Stelle vorgefallen war. Fahrräder rollten weiterhin schnell vorbei. Im Uhrengeschäft erblickte ich *Sinh* konzentriert bei seiner Arbeit hinter den Vitrinen. Er war einer meiner Bekannten. Hätte er seinen Kopf gehoben, so hätte er sicher gesehen, dass ich in den Wagen gezogen wurde. Aber er hat den Kopf nicht gehoben. Das Bild, das ich von den letzten Sekunden dieses Augenblicks in meiner Erinnerung behielt, war das Bild einer Frau, die vor dem Wagen vorbeilief und ein kleines Kind in den Armen trug. Das kleine Kind, in eine harte zerknitterte Nylonfolie gehüllt, schlief tief und seine Wangen waren vom Nordwind gerötet.

Auf diese seltsame Weise wurde ich zu einem Beteiligten am sogenannten *Kampf zwischen zwei Linien* der internationalen kommunistischen Bewegung.

„Was kommen muss, muss eben kommen!" sagte ich mir und lehnte mich in Gedanken ruhig zurück.

Ich wusste nicht, warum, aber in diesem schwierigsten und schlimmsten Augenblick meines Lebens erinnerte ich mich an nichts anderes als an einen berühmten Satz des Verfassers der Romane „Eine ruhmreiche Zeit", „Die Haare von Frau Hoai", „Heimat", „Die Dan-Pagode"... des bekannten Schriftstellers *Nguyen Tuan*: "Unser Staat ist eine weiße Richtstätte. Kein Kopf rollt, kein Blut fließt, und dennoch gibt es Tote."

Lieber Onkel Nguyen Tuan, Sie haben Unrecht. Die vietnamesische Richtstätte ist seit 1945 keineswegs weiß. Es rollten Köpfe und es floss Blut. Und es gab viele Tote, auf unterschiedlichste Weise.

Nun erst verstand ich die Umstände, unter welchen Nguyen Tuan diesen Satz ausgesprochen hatte. Einige Jahre zuvor hatte dieser alte Literat in einer schizophrenen Minute mit Befremden festgestellt, dass vor seinen Augen und aus Gründen, die ihm unverständlich waren, menschliche Wesen in Reih und Glied eine seltsame Gemeinschaft bildeten, um in einem ruhelosen Kampf ein Leben in gegenseitigem Misstrauen und mit wechselseitigen Rachegelüsten zu führen, einen lautlosen Krieg, ohne Gewehrschuss, mit unversehrten Leichen und geistlosen Lebewesen mit nutzlosen Gehirnen, als wären sie Zombies.

In diesem Augenblick bin ich zur Beute geworden in diesem von Nguyen Tuan erwähnten Kampf. Wohin würde ich gebracht werden? Zur welcher Richtstätte?

Es war Sonntag, der 24. Dezember 1967.

Ich kann mich an alle Einzelheiten dieses Tages erinnern. Ich sehe den Ablauf der Ereignisse so genau, als ob sie sich vor meinen Augen noch einmal wiederholen würden, als ob der Lauf der Zeit plötzlich angehalten würde, wie der Stopp einer Filmaufnahme. Es war ein Tag der Wende, ein zweigeteilter Tag, ein Tag an der Grenze des menschlichen Lebens. Erst später erfuhr ich, dass dieses Gefühl nicht nur mich überkam. Jeder, der je verhaftet wurde, erinnerte sich an die kleinsten Einzelheiten dieses verdammten Tages.

Ich hatte mein Haus um neun Uhr vormittags verlassen und verschwand. Meine ganze Familie ging auf die Suche nach mir, aber vergebens. Sie fanden mich nirgendwo, weder bei unseren Verwandten noch bei den Bekannten, weder am nächsten noch am übernächsten Tag. Meinen Journalistenausweis und meinen Personalausweis, die ich beide oft mit mir trug, fand man im Schubfach meines Schreibtisches. Das bedeutete, dass niemand erfahren hätte, wer der Verunglückte war, wenn ich bei einem Verkehrsunfall verletzt worden wäre.

Meine Frau fuhr mit dem Rad in ganz Hanoi herum, klopfte bei Freunden und Bekannten an, um die böse Nachricht zu überbringen. Alle waren sehr beunruhigt. Die einen suchten die Krankenhäuser auf, die anderen die Nothilfestationen und sogar die übelriechenden Leichenhallen mit Leichen aller Art und in allerlei Haltungen. Während des Krieges lagen zahlreiche nicht identifizierte Leichen ungeordnet in den Leichenhallen, aber meine Leiche war nicht darunter.

Meine Mutter verhielt sich ruhiger als alle anderen. Sie dachte schweigend nach. Von der angsterfüllten Atmosphäre in der Familie ließ sie sich nicht anstecken. Schon an demselben Abend, an dem ich nicht nach Hause kam, vermutete sie, dass ich verhaftet wurde.

Zwei Monate vorher, am Abend des 18. Oktober 1967, lag mein Vater (*Vu*

Dinh Huynh - Anm. d. Übers.) auf der Pritsche und las Zeitung, als eine Gruppe von Polizisten in das Haus eindrang, ihn hochhievte und ihm einen dringenden Haftbefehl und einen Hausdurchsuchungsbefehl vorlas. Ein Teil dieser Gruppe schob ihn in einen Wagen und brachte ihn weg. Der Rest der Gruppe verteilte sich in seinem Haus, durchsuchte die Zimmer bis kurz vor dem Morgengrauen und nahm viele Unterlagen mit: Bücher, Zeitschriften und Fotos.

Der Tag, an dem mein Vater verhaftet wurde, war auch mein Geburtstag. Ich befand mich damals gerade in *Nam Dinh*. Die kleine Textilstadt war in Dunkelheit versunken. Alle Straßenlampen waren ausgeschaltet. Unter dem Schein des Vollmondes, der blass durch die Blätter der Bäume drang, lief ich ziellos durch die verlassenen Straßen. Die US-Luftwaffe hatte die Eskalation des Krieges bereits über Nam Dinh in Richtung Norden hinausgetragen. Tagtäglich wurde die Stadt bombardiert. Die Textilfabrik brach Stück für Stück zusammen. Der bewohnte Stadtteil *Hoang Thao* war dem Erdboden gleichgemacht. Unter meinen Füssen lagen die zerbrochenen Ziegel der zerstörten Häuser, gemischt mit allerlei Gegenständen des täglichen Lebens, durch Sprengstoffe und Bombensplitter zerkleinert: Scherben von Essschalen, Reste verbrannter Liegematten, im leichten Wind flatternde einzelne Blätter aus Schulheften, eine kopflose Puppe neben einem zerfetzten Kinderwagen...

An jenem Tag dachte ich an keinen anderen Krieg als an den mit den USA. Doch es fand ein anderer, vollkommen unerwarteter Krieg statt.

Im Rahmen des sogenannten *Kampfes zwischen zwei Linien* begannen im Juli des Jahres 1967 die Verhaftungen von Menschen, die anderer Meinung waren als die machthabende Partei. Die ersten Opfer waren:

- der Direktor des Instituts für Philosophie *Hoang Minh Chinh, geboren 1920 (dessen richtiger Name Tran Ngoc Nghiem war). Er stammte aus der Provinz Nam Dinh, war ehemaliger Generalsekretär der Demokratischen Partei Vietnams, Generalsekretär des vietnamesischen Bundes der Jugend und Direktor des Instituts für Philosophie. Er wurde als führender Kopf der sogenannten „Gruppe der gegen die Partei agierenden Revisionisten"* betrachtet;

- der Journalist *Pham Viet*, Stellvertreter des Chefredakteurs der Zeitung Neues Hanoi (Hanoi Moi), *ehemaliger Offizier der vietnamesischen Volksarmee, Kriegsverwundeter,*

- der Stellvertreter des Chefredakteurs der Zeitschrift *Hoc Tap* („Studien") *Pham Ky Van,* und einige andere...

Wie ein Lauffeuer verbreitete sich in der Stadt rasch die Nachricht, dass das Organisationskomitee der Parteizentrale *rechtzeitig ein umstürzlerisches Vorhaben entdeckt und im Keim erstickt habe.*

Als auch mein Vater sowie Generalmajor *Dang Kim Giang* verhaftet worden waren, wurde die öffentliche Meinung deutlich lauter. *Genau wie mein Vater und der General wurden während dieser Verhaftungswelle u.a. Tran Minh Viet (stellvertretender Parteisekretär und stellvertretender Vorsitzender des Verwaltungskomitees der Stadt Hanoi), Pham Ky Van (stellvertretender Chefredakteur), Nguyen Kien Giang (Redakteur der Zeitschrift Hoc Tap - Studien), Dinh Chan (Redakteur der Zeitung Volksarmee), Nguyen Van Tham (Sekretär des Ministers für Kultur Le Liem)... inhaftiert.*

Überall kommentierte man diese Ereignisse. Die Geduld der Kommunisten der älteren Generation war nun erschöpft: „Jaja, es ist genau dasselbe wie zur Zeit der *„Bodenreform" Mitte der 50er Jahre, die Tausenden von Menschen wegen falscher Anschuldigungen und willkürlicher Hinrichtungen das Leben gekostet hatte,* kein Deut anders. Die *führenden* Herren sehen überall nur Reaktionäre, verhaften ziellos, entschuldigen sich und korrigieren die Fehler danach wieder. Nichts Neues! Das Schicksal der Funktionäre ist heute nicht einmal so viel wert wie das eines Fröschleins."

Funktionäre der niederen Ränge flüsterten miteinander: hier handelte es sich eindeutig um eine gegenseitige Abrechnung. Wie konnten denn die betroffenen Veteranen der Revolution jetzt Reaktionäre sein? Hinter den Verhaftungen musste eine dunkle Absicht stecken, wegen des Postens, den einer innehatte, wegen der Privilegien, die er genoss. Heutzutage dachten die Großen nur noch an ihre eigenen Privilegien. Von Revision hin - Revision her konnte keine Rede sein. Diejenigen, die das Regime ohnehin nicht mochten, freuten sich riesig und rollten in Gedanken bereits die Fahnen zum Feiern aus. „Sie fangen an, sich gegenseitig zu zerfleischen. So sind sie immer, diese Kommunisten. Sie lassen keinen Tag vergehen, ohne dass Blut fließt. All die harmlosen Leute, die nicht aus ihrem Lager kommen, können einem leidtun, auch wenn es Kommunisten sind."

Als ich auch am Tag nach meinem Verschwinden noch nicht nach Hause gekommen war, fuhr meine Mutter eilig mit dem Rad zum *Hoa Lo*, dem „Feuerofen", dem Zentralgefängnis von Hanoi. Die Polizeiverantwortlichen logen meiner aufgebrachten Mutter, die kurz vorher den Ehemann und nun auch den Sohn verloren hatte, immer wieder vor, dass eine Person mit meinem Namen bei ihnen niemals existierte. Der *Feuerofen*-Aufseher holte eilig das Gefängnisregister und durchsuchte es vor den Augen meiner Mutter, damit sie es auch sehen konnte. „Wenn Ihr Sohn hier wäre, müsste sein Name im Register stehen. Erst wenn er gegen das Gesetz verstoßen hätte, könnte er verhaftet werden. Nein, nein, sein Name ist nicht im Register. Ich habe alles durchsucht, und zwar ganz genau. Am besten gehen Sie bitte zum Ministerium, um dort nachzufragen." *Dass der Feuerofen-Aufseher meinen Name nicht gefunden hatte, war durchaus verständlich; denn nach zwei Monaten Haft erfuhr ich, dass man meinen Name geändert hatte. Die Gefängniswärter kannten mich also nur unter einem anderen Namen.*

Im Empfangsraum des Innenministeriums in der *Tran-Binh-Trong*-Straße

16 wurde meine Mutter von einem Offizier mit wollener Jacke ohne Rangabzeichen empfangen. *Wollene Jacken trugen nach der Dienstordnung Offiziere
ab dem Rang eines Majors.* Er gab sich den Anschein des Erstaunens: „Um
Gottes willen! Wie können Sie so etwas denken? Damit ein Mensch verhaftet
werden kann, muss ein Haftbefehl vorliegen. Auch im Fall eines dringenden
Haftbefehls müsste dies der diensthabenden Abteilung des Ministeriums
bekannt sein. Nein, so ist das nicht. Heutzutage gibt es keine Verschleppung,
gleich welcher Art. Bitte warten Sie einen kleinen Moment! Ich werde sofort
kontrollieren, ob Herrn Hien etwas passiert ist, was den Stadtbezirken
bekannt wäre."

Vor den Augen meiner Mutter rief er die Polizeidienststellen aller Stadtbe-
zirke Hanois an. Doch nirgendwo gab es eine Nachricht von mir. Als er meine
Mutter schließlich verabschiedete, bat er sie fürsorglich, dass sie dem Innenministerium bitte Mitteilung machen solle, sobald ich nach Haus käme.

„Man muss anerkennen, dass der Kerl seine Bühnenrolle gut gespielt hat",
erzählte meine Mutter. „Aber auch wenn er gut war, konnte er mir doch
nichts vormachen. Sein Mund redete unentwegt, aber seine Augen waren
unstet, seine Arme und Beine bewegte er linkisch. Ich sagte mir: wenn diese
Kerle sich wie Gläubige verhalten würden, dann hätten sie glatt im Namen
von Marx geschworen."

Wie so oft, wenn Stürme über meine Familie hereinbrachen, erwies sich
meine Mutter auch diesmal als die feste und tragende Säule, welche die
ganze Last auf sich nahm mit der vollen Entschlossenheit, einen Zusammenbruch unseres Hauses nicht zuzulassen. Sie wischte ihre Tränen ab und
kümmerte sich mit ganzer Kraft um alle Angelegenheiten - die mit und die
ohne Namen - und auch um die Kinder, so als ob nichts geschehen wäre.

In jenen Tagen, so erzählte sie weiter, dachte sie sehr oft an ihr Idol.

Nacht für Nacht saß sie allein in dem leeren ruhigen Haus. Sie hatte an
Herrn *Ho Chi Minh* geglaubt. Sie hatte sehr, sehr fest an ihn geglaubt. Und sie
hatte nicht nur an ihn geglaubt, sondern sie hatte ihn verehrt, ihn, den
ältesten Bruder der Revolution, ihren Führer. Das Porträt im Format 18 x 24,
das ihr Herr Ho Chi Minh mit der Widmung „Herzlich für Schwägerin Huynh"
1946 kurz vor seiner Abreise zur Teilnahme an der Konferenz in
Fontainebleau (Frankreich) geschenkt hatte, bewahrte sie so sorgfältig auf
wie ein wertvolles Erbstück.

Während der gesamten Zeit des Widerstandskampfes gegen die Franzosen
hatte sie oft vor groß angelegten Angriffen flüchten müssen, bei denen alle
Haushaltsgegenstände verloren gingen. Aber das Bild blieb. Es wurde erst
bei dieser polizeilichen Hausdurchsuchung konfisziert.

Viele Leute empfahlen ihr, Herrn Ho um Rettung zu bitten. Sie sagten, dass
ihm *Le Duan* und *Le Duc Tho*, ob sie wollten oder nicht, Respekt zollen
mussten. Alle waren der festen Überzeugung, dass er über die Ereignisse gar
nicht informiert wäre. In den letzten Jahren seiner Amtszeit leitete Herr Ho

die Staatsangelegenheiten wegen seines schlechten Gesundheitszustands nicht mehr selbst. Wenn er etwas davon gewusst hätte, dann hätte er ein solches „Fleischkochen im Ledertopf" (Krieg unter Brüdern - Anm. d. Übers.) niemals zugelassen.

Meine Mutter glaubte das jedoch nicht.

Le Duan (1908-1986), der aus der Provinz Quang Tri stammte, war seit den 30er Jahren Mitglied der kommunistischen Partei, zweimal inhaftiert (1931-1936 und 1940-1945), während des Widerstandskampfes gegen die Franzosen Sekretär der Zentralvertretung der Partei im Süden, seit 1956 Sekretär der Parteizentrale, Erster Sekretär (1960-1976) und Generalsekretär (1976-1986).

Le Duc Tho (1911-1990) nahm an der revolutionären Bewegung Anfang der 30er Jahre teil und war 1939-1944 in Son La inhaftiert. Während der Zeit, von der im vorliegenden Buch erzählt wird, war er Mitglied des Politbüros, ständiges Mitglied des Sekretariats und Leiter des Organisationskomitees (Personalkomitee) der Partei. Er wurde 1946 von der Parteizentrale als Mitglied des ständigen Komitees der Parteizentrale in den Süden entsandt. Dieser Parteiposten wurde vermutlich von einer der Zentralversammlungen geschaffen oder durch den Generalsekretär Truong Chinh bestimmt.

Sie war davon überzeugt, dass Le Duan und Le Duc Tho gar nicht umhin gekonnt hätten, Herrn Ho nach seiner Meinung zu fragen, um ein Verfahren solch großen Ausmaßes zu eröffnen. Es konnte nicht sein, dass er nichts wusste. Die Verhaftungen konnten nur mit der Zustimmung des Staatspräsidenten ausgeführt werden.

Sie stellte fest: es war nicht ohne Grund geschehen, dass die Polizei während der Hausdurchsuchung all jenen Fotos, auf denen mein Vater gemeinsam mit Herrn Ho zu sehen war, und allen Unterlagen, die mit Herrn Ho zusammen-hingen, eine besondere Aufmerksamkeit geschenkt hatte. Alle diese Gegen-stände wurden ohne Ausnahme beschlagnahmt.

Seit mein Vater die Aufgabe des Sekretärs des Staatspräsidenten übernommen hatte, hatte er begonnen, alle Dokumente über die Revolution aufzubewahren, insbesondere Unterlagen, die mit Herrn Ho zusammen-hingen. In den ersten Revolutionsjahren existierte noch keine Institution zur Archivierung solcher historischen Dokumente. Daher betrachtete es mein Vater als seine ureigene Aufgabe, diese Dokumente, soweit er konnte, in seine Obhut zu nehmen, damit diese nicht verloren gingen. Es gelang ihm, ziemlich viele Fotos in Sicherheit zu bringen, z.B.: Herr Ho gemeinsam mit Vertretern der alliierten vietnamesisch-amerikanischen Truppe in der Kampfzone *Tan Trao*, Eintreffen von Herrn Ho in Hanoi kurz nach dem Verlassen der Kampfzone, Erklärung der Unabhängigkeit im Park von *Ba Dinh*, Reise des Staatsprä-sidenten nach Frankreich im Jahr 1946. Die meisten anderen Fotos waren innerhalb der Sicherheitszone der Widerstandsregierung entstanden. Nun aber waren alle Bilder, auf denen mein Vater gemeinsam mit anderen Revoluti-onären zu sehen war, ausnahmslos ebenfalls konfisziert worden.

Mein Vater besaß auch einige Porträtfotos des aus Spanien stammenden berühmten Malers des 20. Jahrhunderts, Pablo Picasso (1881-1973), und des sowjetischen Schriftstellers Ilja Ehrenburg (1891-1967), der als Journalist und Berichterstatter bei den Nürnberger Kriegsverbrecher-Prozessen tätig gewesen war, mit persönlichen schriftlichen Widmungen aus Paris 1946 - von Personen also, die mit dem Verfahren nichts zu tun hatten. Diese Fotos haben die Polizisten ebenfalls mitgenommen. Das war jedoch verständlich, da die Mitarbeiter der Polizei damals üblicherweise unter den nur wenig gebildeten Bauern ausgewählt wurden. Sie wussten nichts von Picasso oder Ehrenburg, hatten keine Ahnung, wer diese waren. In ihren Augen waren Bilder von Europäern mit langen Nasen, die im Haus eines *Objektes* der Revolution gefunden wurden, zwangsläufig Bilder von internationalen Reaktionären.

Aus diesen Überlegungen heraus verwarf meine Mutter die Empfehlungen von Bekannten und Freunden. Sie bat Herrn Ho Chi Minh um keine Unterredung und machte sich auch nicht die Mühe, ihm jemals eine Zeile zu schreiben.

Sie dachte auch gar nicht daran, Truong Chinh um Hilfe zu bitten. *Dieser stammte aus der Gemeinde Hanh Thie im, Kreis Xuan Truong, Provinz Nam Dinh, war seit 1927 aktiver Revolutionär, Mitglied der Kommunistischen Partei Indo-chinas seit 1930, vor der Augustrevolution kurze Zeit amtierender General-sekretär der Partei, 1951-1956 Mitglied des Politbüros und Generalsekretär der Arbeiterpartei Vietnams.*

Seitdem er den Posten des Generalsekretärs verloren hatte, lebte er zurückgezogen mit der ihm verbliebenen Würde und mied jede Einmischung in die Angelegenheiten von Le Duan und Le Duc Tho. Übrigens glich jener Truong Chinh, während er seinen Posten noch innehatte, überhaupt nicht mehr dem Truong Chinh aus der Zeit vor dem Generalaufstand. Während er sich in der Periode geheimer Aktivitäten fürsorglich um seine Mitkämpfer gekümmert hatte, verhielt er sich nun seinen Genossen gegenüber sehr kühl, gerade so, als ob ein Umtausch stattgefunden hätte.

Ein Beispiel dafür ist Herr *Tran Dinh Long (1905-1946)*, Freund und enger Mitkämpfer von Truong Chinh in der Nationalen Volkspartei (*Quoc Dan Dang*), der 1946 *beseitigt* wurde. *Er war seit 1930 Mitglied der Kommunis-tischen Partei Indochinas und wurde in der Hochschule des Ostens in Moskau ausgebildet. Nach dem Erfolg der Augustrevolution war er für den Posten des Außenministers vorgesehen. Dieser Posten wurde dann jedoch an Nguyen Tuong Tam (Nationale Partei) vergeben, und zwar als Zeichen des breiten Zusammenschlusses der verschiedenen politischen Richtungen innerhalb der provisorischen Revolutions-regierung. Von Leuten der Quoc Dan Dang-Partei wurde Long aus seinem Privathaus am Dong Xuan-Markt entführt und beseitigt. Seine Leiche wurde nicht gefunden.* Er hinterließ eine Ehefrau und drei Kinder. Nach der Wieder-herstellung des Friedens kehrte Frau Long aus ihrem Evakuierungsort Phat Diem nach Hanoi zurück. Mehrfach versuchte sie dort, Truong Chinh aufzusuchen, wurde aber nicht von ihm empfangen. Der Chauffeur Doan Xuan So, der einst zur *revolutionären Basis* gezählt hatte, erzählte mir von dieser beschämenden Begebenheit. Als dieser Herr So bei Herrn *Bui Lam, einem alten Revolutionär und ehemaligen Arbeitersoldaten, Mitglied der französischen KP und 1954 stellvertretenden Direktor der Obersten Staatsanwaltschaft des Volkes,* nach dem Grund für die Verhaltensweise von Truong Chinh fragte, erklärte ihm Bui Lam: „Diese Frau Long tut so, als ob sich ihr Mann allein für die Revolution geopfert hätte. Deswegen ist sie schlechter Laune und verlangt, dass sich die Revolutions-regierung unbedingt um die Kinder des Long kümmern solle. Richtig idiotisch ist das. Es haben sich haufenweise Leute für die Revolution geopfert. Dass Bruder Than (Aliasname von Truong Chinh) sie nicht empfangen hat, war richtig." Empört warf der Chauffeur Doan Xuan So diesen Staatsanwalt daraufhin zur Türe hinaus: "Wenn die Frau eines Genossen Schwierigkeiten hat, dann sucht sie eben ihre Genossen auf. Wen soll sie sonst aufsuchen? Wenn die Frau des Long gewusst hätte, dass ihr alle von der Sorte seid, die Suppe isst und danach dann der Suppenschale einen Fußtritt gibt, dann hätte sie sich sicher nicht die Mühe gemacht, Euch aufzusuchen. Verschwindet sofort aus meinem Haus! Gauner. Ihr seid alle Gauner. Verschwindet!" Die Frau des Kommunisten Tran Dinh Long, die von ihren Genossen fallen gelassen worden waren, schlug sich mit ihren drei Kindern nach Haiphong durch. Sie mischten sich unter den Menschenstrom, der sich nach Süden bewegte. Ihre beiden Söhne wanderten 1975 nach Australien aus. Nur die Tochter blieb mit ihrem Mann in Saigon.

Auch ist zu erwähnen, dass der besagte Herr Bui Lam während der Periode der geheimen Aktivität vor 1945 in unserem Haus untergekommen und ein enger Freund und Genosse des Herrn Long und meines Vaters gewesen war. Er hatte damals zu meiner Familie gezählt. Als aber mein Vater verhaftet wurde, besuchte er ihn kein einziges Mal.

Das waren die kameradschaftlichen Gefühle unter den Kommunisten nach der erfolgreichen Machtübernahme und Postenverteilung.

Die Menschen, die während all dieser stürmischen Tage trotzdem zu meiner Familie hielten, kamen als Freunde, nicht als Genossen, auch wenn sie Kommunisten waren.

Meine Mutter hielt auch nichts davon, sich an *Pham Van Dong* zu wenden, weil sie wusste, dass dies vergeblich gewesen wäre. Er kannte meine Eltern seit ihrer gemeinsamen Jugendzeit in den 40er Jahren, als er seiner zukünftigen Ehefrau, einer Angestellten des Eisladens Zephyr am Seeufer, damals den Hof gemacht hatte. *Pham Van Dong (geboren 1906 in Quang Ngai) war aktiver Revolutionär seit Ende der 20er Jahre. 1929 wurde er von den französischen Kolonialherren für sieben Jahre inhaftiert. Er wurde 1951 in das Politbüro der Vietnamesischen Arbeiterpartei (ein anderer Name der KP) gewählt, war Außenminister von 1954 bis 1987 und von 1954-1961 gleichzeitig auch Minister-präsident.*

Nach Ansicht meiner Mutter war Pham Van Dong zwar kein schlechter Mensch, aber einer, der zu allem Ja sagte, linkisch war und praktisch nichts konnte. Sollte er beispielsweise einem Nachbarn bei dem simplen Vorhaben helfen, einen Nagel in die Wand zu schlagen, dann geriet er in Verlegenheit. Seine Bekannten machten sich deshalb über ihn lustig. In der Öffentlichkeit wurde er als integrer und korrekter Mensch gewürdigt. Die Leute aber, die ihn näher kannten, wussten, dass er zu nichts fähig war und nichts von dem hielt, was er versprach. Seine Bekannten waren oft sehr von ihm enttäuscht. Wenn es Schwierigkeiten mit der Administration gab, baten sie ihn um Hilfe, denn schließlich gehörte er zu den Führern des Staates. Hätte er auch nur ein Wort zu den Verantwortlichen gesagt, so hätte das sicher etwas bewirkt. Er war auch in der Tat nicht so hartherzig, die Bittsteller zu verjagen. Er tröstete sie, versprach viel, tat dann aber … nichts. Manchmal erinnerte er sich zwar daran, worum man ihn gebeten hatte und wollte den Leuten auch helfen. Um aber Gerüchte zu vermeiden, leitete er die betreffende Bitte dann an andere weiter. Was nun daraus wurde, interessierte ihn danach nicht mehr. Er hatte die Bitte ja weitergeleitet, sie also keineswegs unterschlagen. Es tat ihm zwar leid, dass dieser Bitte nicht entsprochen werden konnte. Doch dass die anderen Genossen sich weigerten, zu helfen, bedeutete für ihn, dass eben nicht geholfen werden konnte. Er wollte niemandem missfallen, insbesondere nicht seinen Vorgesetzten.

Tatsache war: ein ehemaliger Genosse, der Mitleid mit meiner Mutter hatte, erzählte Pham Van Dong von der Verhaftung meines Vaters. Der hörte ihm zu und sagte dann bedauernd: „Das ist eine Entscheidung des Kollektivs. Ich bin da machtlos."

So blieb meiner Mutter nichts weiter übrig, als den Menschen aufzusuchen, der in der Zeit geheimer Aktivitäten mit meinem Vater am engsten verbunden gewesen war, *Nguyen Luong Bang (1904-1979). Dieser war vor 1930 aktiver Revolutionär, Mitglied der KP Indochinas seit 1930, Mitglied des Zentralkomitees der Partei seit 1945 und 1952-1957 vietnamesischer Botschafter in der Sowjetunion. 1969 wurde er Vizepräsident der Demokratischen Republik Vietnam und dann der Sozialistischen Republik Vietnam.* Aber man sagte meiner Mutter in diesen Tagen, er sei abwesend. Es konnte durchaus sein, dass er ein Treffen vermeiden wollte und sich verleugnen ließ.

Als ich aus Nam Dinh zurückkam, vor unserem zerstörten Haushalt stand und meine Mutter fragte, was geschehen war, lachte sie bitter mit Augen voller Tränen:

„Kannst du dir das vorstellen? Sie sind gekommen und haben sich schlimmer benommen als die französischen Sicherheitsleute. Vaters Arme sind stark. Die Handschellen haben ihm nicht gepasst. Trotzdem versuchten sie, diese Handschellen zu schließen, auch dann noch, als Vater das Blut schon herausquoll. Als sie schließlich feststellten, dass es nicht möglich war, haben sie ihm die Arme mit einem Seil hinter dem Rücken festgebunden. Dann haben sie ihn in einen gepanzerten Wagen geschoben und abtransportiert. Während sie das Haus durchsuchten, habe ich ihnen den Glasrahmen mit Vaters Urkunde über den ihm verliehenen „Widerstandsorden Erster Klasse" vor die Füße geworfen und ihnen gesagt, sie sollten untersuchen, ob auf der Rückseite der Urkunde etwas zu finden wäre. Sie haben sich verhalten, hm..., genauso wie Altmeister *Nguyen Du* geschrieben hat: *„Der eine mit dem Stab unter der Achsel, der andere mit dem Messer in der Hand. Büffelköpfe und Pferdegesichter tobten wie siedendes Wasser..."*

Ho Chi Minh ist für meine Mutter in jener Nacht gestorben, in der mein Vater verhaftet wurde.

„Die Menschen sind unberechenbar, mein Sohn. Es mangelt nicht an Leuten, die jede menschliche Moral vergessen, sobald sie sich auf Fürstensessel und Königsthrone setzen."

Meine Mutter war völlig bestürzt. Sie konnte einfach nicht glauben, dass so etwas geschah. Sie konnte nicht glauben, dass die Staatsmacht, die durch eine Revolution zustande gekommen war und der sie und ihr Mann ihr ganzes Leben geopfert hatten, sie nun so erbarmungslos behandelte.

Als auch ich verschwand, vermuteten manche Leute, ich sei geflüchtet. Aber meine Mutter glaubte das nicht. Als Mutter kannte sie ihren Sohn. Mehr als jeder andere war sie von meiner Unschuld überzeugt, und nicht nur das: sie war auch davon überzeugt, dass ich ausreichend Mut besaß, den Usurpatoren der revolutionären Macht entgegenzutreten. Flucht wäre nach ihrer Meinung eines aufrechten Menschen unwürdig gewesen. Sie wollte sehen, dass ihr Mann und ihr Sohn die Gerechtigkeit öffentlich verteidigten.

Als sie durch den Besuch ehemaliger Genossen davon erfuhr, wie schlecht die politische Lage des Landes war und dass es niemals ein Gerichtsverfahren geben würde, wie sie es sich wünschte, war sie tieftraurig.

Etwa eine Woche vor meiner Verhaftung hatte mich Herr *Nguyen Trong Luat*, Leiter der Hauptabteilung des Kulturministeriums für Denkmalschutz und Museum, wissen lassen, dass ich ihn in seinem Privathaus in der Chan Cam Gasse aufsuchen und dabei *den Schwanz abschneiden,* also: *die Verfolger irreführen* sollte. Unter den Hauptabteilungsleitern des Ministeriums schätzte ich ihn als den höchsten ein. Dem Aussehen nach schien er ein einfacher Mensch zu sein, sogar etwas grob. Ich hatte zuerst den Eindruck, er sei ein *Basis*-Bauer, der es dank der Ausbildung durch die Partei zum Funktionär gebracht hatte. Doch bereits nach dem ersten Gespräch stellte ich fest, dass sich hinter dem bäuerlichen Aussehen des Herrn Luat sehr viel Sachverstand und weitreichende Kenntnisse verbargen.

Ich entschloss mich, ihn aufzusuchen. Ich wollte seinen Rat hören. Er machte mich darauf aufmerksam, dass ich von Geheimdienstleuten verfolgt wurde. *Den Schwanz abzuschneiden* war für jemanden aus einer Familie, die jahrelang im Geheimen aktiv gewesen war, nicht schwierig. Unter der Herrschaft der Franzosen hatten mir meine Eltern beigebracht, wie man Sicherheitsleute irreführt. Ich war von ihnen beauftragt worden, an verschiedenen Orten Geheimbriefe zu überbringen, denn ich war noch ein Kind und die Leute der *Sureté* (französisch: Sicherheit) hatten mir deshalb keine Aufmerksamkeit geschenkt.

Herr Luat war eine Zeitlang gemeinsam mit meinem Vater am Ufer des Roten Flusses aktiv gewesen. Er respektierte meinen Vater und betrachtete ihn als seinen geistigen älteren Bruder. Aufgrund dieser Verbundenheit mit meinem Vater mochte er auch mich.

Als er mich sah, beeilte er sich mit den Worten: "Die Lage ist äußerst schwierig. Du musst sofort flüchten, um der Verhaftung zu entgehen. Ich denke, dass ..."

Nach seinen Plänen sollte ich einen günstigen Zeitpunkt wählen und ihn dann darüber informieren. Am besten sollte ich das über Dr. Phan arrangieren, seinen Adoptiv-Bruder, der auch mein Freund war. Dann würde ich zur Pagode *Chua Thay* gehen, dem Evakuierungsort der Hauptabteilung des Kulturministeriums für Denkmalschutz und Museum. Von dort aus würde mich Herr Luat mit dem Dienstwagen seines Amtes nach *Hung Yen* bringen, wo er vor der Augustrevolution des Jahres 1945 eine Weile Sekretär der Provinzparteileitung gewesen war. Der Sohn einer revolutionären Basisfamilie, Leiter einer Landkreis-Polizei und mit Herrn Luat verbrüdert, war bereit, mich in seine Obhut zu nehmen. Er würde sich darum kümmern, dass ich eine neue Identität erhielt und in eine entlegene Ortschaft gebracht würde. Ich sollte mich dort eine gewisse Zeit verstecken und die Klärung der Lage abwarten, bevor ich zurückkehren konnte.

Ich schwieg.

„Du solltest meinen Ratschlag befolgen. Ich habe mir alles gründlich überlegt. Du musst flüchten." Er versuchte, mich davon zu überzeugen. „Überleg mal! Wenn alle, ja, *alle Personen, die man während der Bodenreform falsch behandelt hatte (Hingerichtete, Erschossene, Ermordete, Liquidierte), damals* erfolgreich geflüchtet wären, dann wären die von unserer Partei begangenen Fehler niemals so schwerwiegend gewesen. Wie könnte uns die Partei denn so gut kennen wie wir uns selbst? Wenn einer von seiner eigenen Unschuld überzeugt ist, wenn einer weiß, dass ihn die Partei fälschlicherweise verdächtigt, er aber nichts dagegen tut und sich durch die Partei verhaften und umbringen lässt, dann ist das alles keinesfalls ein Zeichen seiner revolutionären Disziplin oder der Treue gegenüber der Partei, sondern im Gegenteil, es beschädigt die Partei, verstehst Du? Ich weiß, dass die Partei dabei ist, erneut in den alten Fehler zu verfallen, daher empfehle ich Dir die Flucht."

31

Als er sah, dass ich ihm nicht zustimmte, fuhr er nach einer Weile betrübt fort:

„Es hängt nur von Dir ab. Wenn Du meinen Ratschlag befolgst, ist es gut. Wenn Du mir nicht folgst, bitte schön. Eines musst Du Dir aber merken: auch wenn die Partei gegenwärtig von der *(Le)Duan-(Le Duc)Tho*-Clique kontrolliert wird, so ist diese Partei doch nach wie vor unsere Partei. Früher oder später wird sie diese Leute ausstoßen."

Ich wollte lachen, wagte es aber nicht. Herr Luat hatte eine gewisse Logik, die Logik eines parteitreuen Mitglieds, das sich ständig um die Kampfkraft und den Ruf der Partei sorgte.

Durch zahlreiche Berichte, die er den kursierenden Legenden über den weisen Führer entnommen hatte, bekräftigte Luat weiter, dass Herr Ho von dieser Sache entweder nicht wusste oder aber durch Le Duc Tho *désorienté* (desorientiert) war, weshalb er es zuließ, dass die zuverlässigen Genossen von Le Duc Tho verhaftet werden konnten. Herr Ho selbst war nach Luats Meinung sicher kein schlechter Mensch.

„Le Duan ist eine Kreatur mit vielen Ambitionen, das weiß jeder, aber ich denke, er selbst will im Augenblick keine Unruhe stiften. Abgesehen von gesellschaftlichen Theorien aller Art, die nur als Vorwand benutzt werden, wird dieses „Verfahren" sicher von Tho lanciert, nicht von Duan. Aber wenn Tho es will, dann wird Duan es nicht verhindern. Alles, was Tho bisher getan hat, ist für beide von Nutzen. Was bezweckt der Kerl damit, welches Ziel hat er? Ich befürchte, in dieser Sache gibt es viele Unklarheiten, die im Zusammenhang stehen mit der Zeit, die Tho im *Son La*-Gefängnis verbracht hat..."

Herr Nguyen Trong Luat könnte mit seinen Überlegungen durchaus Recht gehabt haben. Im Zuge der Niederwerfung der „gegen die Partei agierenden Revisionisten-Gruppe" wurden nur solche Leute verhaftet, die ehemalige Mitinsassen von Le Duc Tho im Gefängnis von Son La waren. Ich hörte von General *Dang Kim Giang, dass es dem französischen Provinzgouverneur von Son La, M. Coussot, vor der Revolution gelungen war, einige davon als Verräter und Spitzel für sich zu gewinnen und dadurch Aktionspläne der geheimen Gefangenenleitung aufzudecken.*

An jenem Abend hörte ich ihm nur zu, ohne weitere Diskussion. Mein Kopf war total leer. Ich war müde. In ihm war noch ein schwacher Glaube an die Partei lebendig. In mir existierte dieser Glaube nicht mehr.

Als ich meiner Mutter von diesem Treffen mit Nguyen Trong Luat berichtete, fragte sie:

„Was meinst Du?"

„Eine Flucht würde diesen Leuten nur einen Grund für meine Verhaftung liefern. Ich würde ihnen damit bestätigen, dass ich schuldig bin und aus Angst vor der Festnahme fliehe..."

„Und deine Meinung?" wandte meine Mutter sich fragend an meine Frau.

„Ich denke auch, dass eine Flucht nicht zu empfehlen ist", sagte meine Frau. „Was sollen wir denn getan haben, um flüchten zu müssen?"

„Richtig. Ein Baum, der aufrecht steht, hat keine Angst vor dem aufrechten Tod."

Ich lächelte. Meine Mutter sagte dies so aus Gewohnheit. Jeder kannte doch dieses Sprichwort: aufrechte Bäume sterben aufrecht, nur Schlingpflanzen sterben niemals so.

Zu jener Zeit war ich richtig dumm. Die Generation meines Vaters und auch meine Generation hatten von der Partei ein Begriffsbild, das noch von den Anfängen der Revolution herrührte: die Partei war die Organisation von Kampfgefährten mit einem gemeinsamen, hohen und heiligen Ziel. Es gab nicht selten Beispiele von Gefühlen der Liebe unter Genossen, die sich umeinander sorgten. Manche hatten in diesen längst vergessenen Tagen ihr Leben geopfert, um andere Genossen zu beschützen. Eine Einschätzung, die nun leider fehl am Platz war...

Da ich in einer Familie heranwuchs, in der Vater und Mutter aktive Revolutionäre waren, schwamm auch ich im Strom dieses nationalen Befreiungskampfes mit, in dem Strom meiner Epoche also - ein ganz natürlicher Vorgang, so wie man Luft atmen muss, um zu leben. Ebenso natürlich folgte ich den Menschen, die diese Revolution anführten, genau wie ein Herdentier seinem Leittier folgt.

Erst als im nördlichen Zentral-Vietnam die Zeit der *Herabsetzung von Pacht und Zinsen* kam, die 1953 in der 4. Kampfzone ihren Ausgangspunkt hatte, begann ich, an der Weisheit der Führer zu zweifeln. Aus den Dörfern, die in Dunkelheit lagen, hörten wir höchst beunruhigt Nacht für Nacht Stimmen, die durch Schalltrichter heulten und die Bauern zum Aufstand und zum Sturz der *Klassenfeinde* aufriefen. Sehr früh am Morgen zogen dann Scharen von Menschen lärmend und krächzend durch die noch dunklen Dorfgassen, blutrünstige Losungen schreiend.

Menschenmassen strömten auf dem Hof der Gemeindehalle oder auf ihren Dorfplätzen zusammen, wo in kampfgleichen Szenen Anklage gegen *niederträchtige Großgrundbesitzer und die Dorfobrigkeit* erhoben wurde.

Was mich völlig verwunderte, war, dass Kader des Widerstandskriegs unnachsichtig von dieser Kampagne erfasst wurden. Und ich kannte sie doch alle sehr gut. Kurze Zeit vorher waren sie noch ortsbekannte leitende Persönlichkeiten gewesen, doch mit einem Schlag genossen sie keinerlei Vertrauen mehr. Sie wurden im Gegenteil sogar verdächtigt und verloren alle Befugnisse. Weshalb das alles? Ich fragte einen Verantwortlichen der Gruppe für Pacht-und-Zins-Herabsetzung nach den Gründen. Er erklärte mir, dass man Wachsamkeit gegen Klassenfeinde hegen müsse. Da diese Elemente wüssten, dass sie gegen die Revolution nicht offen vorgehen könnten, würden sie nun mit allen Mitteln versuchen, in unsere Organisationen einzudringen und sich dort der leitenden Positionen zu bemächtigen. Zum gegenwärtigen Zeitpunkt könne keiner wissen, wer Feind und wer Freund war. Wenn altbekannte Leute nicht entschieden entfernt würden, so würden die Bauern, welche die Partei mobilisiert hatte, nach wie vor von gut getarnten Feinden bedroht, und dann würden sie es nicht schaffen, sich zu erheben und die Macht an sich zu reißen. Die Partei lehrte uns, nur an diejenigen Bauern zu glauben, die im Elend lebten und von Großgrund-besitzern bis auf die Knochen, ja sogar bis aufs Mark ausgebeutet wurden. Nur sie stellten die zuverlässige und dauerhafte Stütze der Partei dar.

Als ob allein Armut an sich schon eine revolutionäre Tugend wäre.

Die kämpferischen Anklagen fanden fortwährend statt und wurden mit jedem Tag erbarmungsloser. Der einfache Bauer von gestern, der von der Partei *hemmungslos mobilisiert* wurde, verwandelte sich plötzlich in ein grausames Wesen mit boshafter Freude an der Folterung seiner Artgenossen. Entsetzt beobachtete ich dieses Bild: vor meinen Augen zogen in Strömen die Horden der vom Blutgeruch angelockten, aufgehetzten Menschen vorbei, die unter der roten Fahne mit dem goldenen Stern aber nicht gegen die fremden Aggressoren, sondern eifrig gegen die eigenen Landsleute marschierten.

In dem kleinen Weiler *Ngo* der Gemeinde *Ngo Xa*, Provinz *Thanh Hoa*, wo sich die Residenz der Familie des früheren Literaten *Nguyen Thuong Hien* befand, führte man die Mutter meines Freundes mit gefesselten Händen durch den ganzen Weiler, weil sie versehentlich etwas gesagt hatte, was dem politischen Standpunkt widersprach oder dem Kader der Pacht-und-Zins-Herabsetzungs-Gruppe nicht passte. Früher war sie Vorsitzende oder stellvertretende Vorsitzende der Frauenunion der Provinz Thai Binh gewesen. Nach dem kriegsbedingten Verlust ihres Grundstücks ging sie mit ihren Kindern nach Thanh Hoa, wo sie in Tragekörben Nahrungsmittel verkaufte. Als wir uns näherten und das Weinen und Schreien hörten, erkannten wir einige uns bekannte Partisanen, die sie mit sich schleppten. Sie streckte ihre gefesselten Hände in den Himmel, torkelte mit herzzerreißendem Geschrei hinter ihnen her und klagte: „Herr Ho (Chi Minh), bitte, bitte kommen Sie hierher, sehen Sie selbst, wie man mit Ihrem einfachen Volk umgeht!"

In einem anderen Dorf wurde eine Frau an zwei überkreuz gebundene Bambusstämme gefesselt, unter denen ein Holzhaufen brannte. „Dieses Weib ist eine reaktionäre, sehr dickköpfige Großbäuerin", gaben die umstehenden Menschen lärmend ihre Kommentare dazu ab. Die Frau wand sich vor Schmerzen bis zur Bewusstlosigkeit, dann erst wurde sie losgebunden.

Der Vater eines Freundes, der bereits vor 1945 revolutionär aktiv gewesen war, wurde mit der Unterstellung, dass er Mitglied der Nationalen Volkspartei (Quoc Dan Dang) sei, ins Gefängnis geworfen. Er erhängte sich dort und hinterließ einen Brief, in dem er schrieb: „Mir ist großes Unrecht geschehen, Herr Ho (Chi Minh). Ich bin Ihnen und der Partei treu. Ich bin kein Verräter. Es lebe Ho Chi Minh!"

Einem Mädchen stach man die nagelartigen Dornen des Pampelmusen-Baumes in die Fingerspitzen - weshalb, das wusste wohl nicht einmal Gott; vielleicht, weil sie das Verbrechen beging, Tochter eines Großgrundbesitzers zu sein. Mit jeder neuen Frage drückte man die Dornen tiefer in ihre Finger und das gefesselte Mädchen schrie und wand sich vor Schmerzen.

Ein alter Mann mit vollkommen weißem Haar wurde mit einer Schnur am Hals wie ein Hund über die Straßenoberfläche geschleppt. Die Dorfkinder rannten scharenweise hinterher. Sie klatschten in die Hände, sie riefen und lachten laut. Ich sah sie mir an und erschauderte: diese Kinder würden eines Tages bestimmt erwachsen werden, aber nicht mit Herzen, die der Gattung Mensch angehört. Wenn sie jetzt schon eine derart versteinerte Seele besaßen, wie sollten sie da später einmal gemeinsam mit Brüdern und Schwestern anderer Hautfarbe und Sprache in einer einträchtigen Welt leben können, wie sie uns der Kommunismus verspricht?

Ich spürte, dass sich in mir etwas in Bewegung setzte, das einem Erwachen glich.

Der Glaube an die Partei hatte sich im Herzen jedes einzelnen von uns derart tief eingeprägt, dass Herr Luat beim Abschied sofort versuchte, die Sache wieder abzumildern, kaum dass er mir die Flucht empfohlen hatte: „Ich habe Euch etwas gesagt, aber ich kann nicht glauben, dass die Partei so rücksichtslos ist, Euch beide zu verhaften, Vater und Sohn einer so revolutionären Familie wie der Euren."

Meine Mutter wollte nicht, dass ich floh, aber sie machte sich Sorgen. Wenn ich festgenommen werden würde, dann wäre kein einziger Mann mehr im Hause. Meine beiden Brüder waren noch sehr jung. Der Krieg stand vor der Tür. Sie spürte, dass das, was anderen geschehen war, nun auch auf sie selbst zukommen würde.

Dabei erinnerte meine Mutter sich an eine Bekannte, deren Ehemann in den Tagen der Augustrevolution 1945 verschwunden war. Die unglückliche Frau irrte damals von Pagode zu Pagode, von einem Tempel zum anderen, um darum zu beten, der Himmel und Buddha sollten ihren Mann zu ihr zurückkehren lassen. Sie war dem Wahnsinn nahe.

In seiner Jugendzeit trat Herr Vinh, ihr Ehemann, dem *Bund der Revolutionären Jugend* bei. *Diese patriotische Organisation mit kommunistischer Tendenz wurde 1926 gegründet. Während eines Kongresses des Bundes der Revolutionären Jugend 1929 in Hongkong verließen ihn zwei der Teilnehmer,* Ngo Si Quyet *und* Quoc Anh, *in Richtung Annam (heute Mittelvietnam), wo sie die Kommunistische Föderation Indochinas gründeten. Danach wurde in Cochinchina (heute Südvietnam) ebenfalls die Kommunistische Partei von Annam gegründet. Angesichts dieser Situation übersandte die*

Kommunistische Internationale (Komintern) ein Schreiben, in dem die Kommunisten aufgerufen wurden, sich bald in ganz Indochina in einer kommunistischen Organisation zu vereinen.

Als dieser Bund aufflog, ging Herr Vinh nach Frankreich und wurde Mitglied in der Kommunistischen Partei Frankreichs. Von dort zog er weiter nach Russland. Nach Abschluss seines Studiums an der *Hochschule des Ostens, gegründet von der Kommunistischen Internationale (Komintern) in Moskau zur Ausbildung proletarischer Revolutionskader,* kehrte er voll Eifer in die Heimat zurück mit der Absicht, den Kampf fortzusetzen. Kaum war er jedoch in der Hafenstadt Haiphong angelangt, fiel er in die Hände der französischen Sureté. Durch seinen langen Aufenthalt im Ausland kam er ohne jegliche Beziehungen in sein Land zurück und hatte keine Zeit gehabt, Verbindung zu revolutionären Organisationen aufzunehmen. Die Sureté folterte ihn; da er aber nichts wusste, konnte er auch nichts aussagen. Nach langer Tortur entließ ihn die Kolonialverwaltung endlich und band ihn an sich, indem sie ihm im Gouvernement von Nordvietnam eine Anstellung gab. Sicher trugen auch die Bemühungen seiner Ehefrau, einer Tochter aus bemitteltem Haus, viel dazu bei. Zwar versuchte Herr Vinh trotz seiner Anstellung im Gouvernement unentwegt, Verbindungen zu Kommunisten zu bekommen. Doch niemand wagte es, eine Beziehung zu ihm aufzunehmen, auch mein Vater nicht. Er gab sich gegenüber Herrn Vinh, als ob er seine Energie verloren hätte und nun mit Frau und Kindern ein ruhiges Leben führte. Die Franzosen hegten absolut keinen Zweifel an Vinh als einem tüchtigen Beamten. Das war jedoch nur der äußere Anschein. Sein Patriotismus war keineswegs ausgelöscht. Die Augustrevolution des Jahres 1945 brach aus. Er ging eifrig auf die Straße und nahm an der Machtergreifung teil. In diesen turbulenten Tagen verschwand er plötzlich spurlos, wie ein Stein, der ins Wasser fällt.

Niemand hätte gewusst, wohin er verschwunden war, wenn nicht eines Tages Herr Truong Chinh zu meiner Mutter gesagt hätte: „Schwester Huynh, versuchen Sie, Frau Vinh zu trösten und raten Sie ihr ab, für Prophezeiungen und Weissagungen zu Pagoden und Tempeln zu gehen! Sie tut mir leid. Ich sage es nur Ihnen: unsere Leute haben ihn „*gefleischt*" (liquidiert)."

Plötzlich überkam es meine Mutter eiskalt: „Warum seid Ihr so herzlos, so grausam?" schrie sie. „Ihr wisst ganz genau, dass Herr Vinh kein unerschütterlicher Revolutionär war, aber er war doch kein Verräter! Er hat nichts ausgesagt, er hat nichts getan, was der *Organisation* geschadet hätte. Und weshalb habt Ihr ihn dann umgebracht?" Truong Chinh versuchte, sich zu rechtfertigen. Die Ermordung Vinhs sei von ihm nicht geplant worden. Er habe es erst hinterher erfahren, da wäre es allerdings schon zu spät gewesen.

Meine Mutter beschuldigte Truong Chinh nicht wegen Vinhs Tod. Aber sie verzieh ihm nicht, dass er es zuließ, dass seine Untertanen ihre Macht missbrauchten und Menschenleben missachteten.

Die Liquidierung von Gegnern und von Menschen, die als Verräter verdächtigt wurden, war in der Zeit der Augustrevolution an der Tagesordnung. Der Schriftsteller *Lan Khai, der vor der Revolution von 1945 für seine Dschungel-Erzählungen bekannt war,* wurde in einen Korb gesteckt und in den Fluss geworfen, weil er früher als Sekretär einer japanischen Handelsfirma gearbeitet hatte. Mein Vater litt sehr unter diesem Vorfall, denn seit seiner Zeit in Tuyen Quang war Khai mit meinem Vater bekannt gewesen.

Wenn sie uns, ihre Enkelkinder, besuchte, traf meine Großmutter mütterlicherseits des Öfteren die Genossen meiner Eltern. Bestimmte Leute unter ihnen riefen, aus welchem Grund auch immer, keine Sympathie bei ihr hervor. Sie sagte meiner Mutter offen, dass sie diese Leute nicht mochte. Meine Mutter war ihr deswegen böse. Später aber erwies es sich, dass meine Großmutter Recht hatte mit ihrer Einschätzung, dass dieser und jener unter den Genossen nicht *aufrichtig* war. Als erfahrene Frau durchschaute sie dank ihrer Empfindsamkeit die Lebensweise solcher Leute wie Truong Chinh und *Hoang Quoc Viet*, die später die Revolution führten; eine Lebensweise, in der Menschlichkeit und Gerechtigkeit keinen Platz hatten, in welcher „der Anfang nicht mit dem Ende übereinstimmt," wie man in unserer Sprache damals zu sagen pflegte.

Truong Chinh krümmte keinen Finger, um meinen Vater zu retten - seinen Freund, seinen ihm nahstehenden Genossen in der vorrevolutionären Zeit der geheimen Aktivität. Kein einziges Mal besuchte er meine Mutter während all der Jahre, in denen mein Vater und ich in Haft waren. Er besuchte meinen Vater auch nicht nach dessen Entlassung. Einige Leute, die von ihrer früher freundschaftlichen Beziehung wussten, meinten, Truong Chinh besuchte meinen Vater nicht, weil er Angst vor Le Duan und Le Duc Tho hatte. Ich war allerdings der Ansicht, dass sich Truong Chinh in dieser Angelegenheit selbst treu blieb - er war wirklich der Überzeugung, dass mein Vater zu den Leuten gehörte, die gegen die Partei agierten. Seit er eine führende Persönlichkeit geworden war, hatte er die Partei in sich selbst verinnerlicht und blieb immer derselbe.

Hoang Quoc Viet (*echter Name: Ha Ba Cang, vor der Augustrevolution 1945 ein bekannter Revolutionär, später langjähriger Verantwortlicher für die Gewerkschaftsarbeit)* war da schlimmer - er wurde mit einer aktiven Rolle in der Sonderkommission zur *Unterdrückung der Konterrevolution* betraut. Ausgerechnet wegen dieser beiden Herren wurde mein Vater von der Administration der Kolonialmacht festgenommen, nachdem er ihnen 1939 zur Flucht verholfen hatte.

Nach Ansicht einfacher Vietnamesen können solche Menschen nicht als *ordentlich* bezeichnet werden.

Meine Frau erzählte mir später, dass meine Mutter mit ihren silbergrauen, auf die Schultern herabfallenden Haaren nach meinem Verschwinden Nacht für Nacht stundenlang schweigend dagesessen hatte. Sie war wie versteinert. Ihr Instinkt sagte ihr, dass mir ein Unglück zugestoßen war. Nach der Analyse aller Daten war sie von einer heimlichen Verhaftung ihres Sohnes fest überzeugt.

„In diesen Tagen war meine größte Sorge die, dass Du liquidiert wirst. *Diese Leute* waren durchaus fähig zu einer solchen Tat."

Ein Kloss saß ihr im Hals, als sie das sagte und ihren ältesten Sohn dabei fest umarmte.

Schließlich hatte er den Tod überwunden, um nach neun Jahren Haft zu ihr zurückzukehren.

2

Im Feuerofen

Als ich in den Wagen hineingezogen worden war, bog mir der rechts von mir sitzende Mann meinen Arm hinter dem Rücken mit roher Gewalt nach oben. Seine Hand war hart wie Stahl. Das Ende eines Pistolenlaufes bohrte sich in die Rippen meiner linken Brustgegend. Mein Gesicht verzerrte sich vor Schmerz.

Wer außer mir war in dieser Phase noch verhaftet worden? Das war mein allererster Gedanke. Ich begriff selbst nicht, weshalb mich mein eigenes Schicksal in diesem Augenblick so kalt ließ.

Der Fahrer riss das Lenkrad heftig herum. Der Wagen neigte sich nach einer Seite, drehte einen scharfen Halbkreis und schoss dann in Richtung *Trang Thi* davon.

In meiner linken Hand, die frei war, hielt ich noch immer eine indonesische Rose, die mir ein älterer Freund gerade geschenkt hatte.

Am Vormittag hatte ich den Fotografen *Tran Van Luu* besucht, der seit Jahren an Tuberkulose erkrankt war. Ich hatte erfahren, dass er wieder an einem schweren Anfall litt. Tran Van Luu war also die letzte und einzige Person, die mich an jenem Tag noch als freien Menschen gesehen hatte. Wenn ich nicht nach Hause zurückkäme, würde meine Frau zu Tran Van Luu gehen. Meine Familie hätte also den Zeitpunkt erraten können, seit dem ich vermisst wurde. Wenn meine Verwandten mich bei dem Fotografen nicht fänden, dann würden sie zunächst annehmen, dass ich noch irgendwo anders hingegangen sei. Sie würden sich weiter nach mir auf die Suche machen und schließlich feststellen müssen, dass ich verschwunden war.

Meine Mutter und meine Frau wären sicher schockiert. Warum hatte man mich nicht in meinem Hause verhaftet? So wäre das doch korrekter. Die Machthaber verfügten über eine riesige Unterdrückungs-Maschinerie. Weshalb inszenierten sie da eine Entführung? Sollte etwa eine Liquidierung stattfinden? Möglicherweise doch nicht, denn wenn man mich hätte liquidieren wollen, dann wäre eine Entführung mitten in Hanoi so ziemlich die schlechteste Variante gewesen. Eine solche Tat hätte man an einem etwas entlegeneren Ort viel besser ausführen lassen können. Schließlich war ich ja des Öfteren dienstlich unterwegs.

Oder war meinem Vater etwas passiert?

Ich bewegte meinen verbogenen Arm und sagte: „Nicht nötig, so fest zu halten."

Meine Worte schienen Wirkung zu haben. Der Klammergriff lockerte sich.

Ich hielt die Rose höher, die mir Tran Van Luu gegeben hatte, und betrachtete sie von allen Seiten. Ihre Blüte war bedeutend kleiner als die normaler Rosen, nur wenig größer als eine Jasminblüte, und von wunderschöner strahlendweißer Farbe. Die Blütenblätter erschienen mir kräftig. Ihre Anordnung harmonierte sehr gut mit dem schön geschwungenen Blütenkelch. Tran Van Luu war stolz darauf gewesen, dass es ihm gelungen war, in den Besitz dieser indonesischen Rose kommen. Er hatte einen kleinen Ableger in einen Topf gesteckt und monatelang gepflegt. So wurde aus dem kleinen Ableger langsam eine zierliche Rosenpflanze, die ihre erste Blüte hervorbrachte. Diese kleine Blüte in meiner Hand verströmte einen zarten Duft.

Unsere Route führte in schneller Fahrt an verschlossenen Häusern vorbei. Die *Trang-Thi*-Straße war an jenem Vormittag völlig menschenleer. Die Bürgersteige lagen unter einem Teppich aus gelben Blättern, die niemand wegkehrte. Ich blickte angespannt nach den wenigen Radfahrern, die in die entgegengesetzte Richtung fuhren, konnte darunter aber keinen meiner Bekannten erkennen.

Eingequetscht zwischen die beiden Polizisten, hatte ich nur einen kleinen freien Raum vor mir. Und so prägte ich mir traurig die letzten rasch entschwindenden Bilder ein. Sie waren mir bisher vertraut gewesen, so vertraut und selbstverständlich, dass ich ihnen im Alltag überhaupt keine Aufmerksamkeit geschenkt hatte. Dort, im Schatten der alten Bäume, lag der gelbe Kiesweg rund um die Nationalbibliothek. Und hier, inmitten eines großen Gartens, lag das mit rosa Farbe getünchte Haus, das ich (nach der Einnahme der Stadt Hanoi durch die Franzosen) eine Zeitlang bewohnt hatte. Dann fuhr der Wagen schnell an dem Geschäft für Mopeds und Fahrräder vorbei, das ständig geschlossen war. Hier hatte ich für meine Frau das erste Fahrrad gekauft. Erinnerungen wurden in mir gegenwärtig. Eigentlich hatte sich meine Frau ein Fahrrad der Firma Mercier aus Duraluminium gewünscht. Als Starrkopf wollte ich aber unbedingt ein im Inland hergestelltes Rad der Marke "Einheit" (*Thong Nhat*) haben. "Wir müssen einheimische Produkte unterstützen. Wenn wir selbst dafür nichts tun, was wird dann aus der Produktion unseres Landes?" sagte ich mit der Stimme des Hausherrn zu meiner Frau. Aber dieses *Thong Nhat*, das ich aus politischen Gründen auswählte, war ständig defekt; in fünf Tagen hatte es drei Pannen. Meine Frau lächelte jedes Mal leise, wenn ich das Fahrrad wieder zur Reparatur brachte. Sie hatte mir aber keine Vorwürfe gemacht. Und dort drüben war der mir vertraute Frisiersalon. Durch das große Schaufenster sah ich, dass der schon etwas ältere und sehr gesprächige Friseur gerade die salz-und-pfeffer-farbene Frisur eines Kunden mittleren Alters stutzte, vielleicht eines so bekannten Kunden, wie ich einer war...

Der *Command car* bog zuerst in die *Phu Doan*-Straße, dann in die *Ly*

Thuong Kiet-Straße und fuhr dann eine kurze Strecke geradeaus, bis er links abbog.

Nun wusste ich endlich, wohin ich gebracht wurde. Vor mir erhob sich in ihrer vollen Größe die Mauer des Zentralgefängnisses *Hoa Lo* (Feuerofen).

Dieses berüchtigte Gefängnis, das im ganzen Land bekannt war, war Ende des 19. Jahrhunderts von den französischen Kolonialherren erbaut worden, zur gleichen Zeit wie auch das Gebäude der Zentralpost und des Krankenhauses *Don Thuy* (gegenwärtig Militärkrankenhaus 108). Es wurde 1886 unter dem Name *Prison Centrale* (Zentralgefängnis) eröffnet und später dann in *Maison Centrale* (Zentralhaftanstalt) umbenannt. Hinter seinen steinernen Mauern waren vietnamesische Revolutionäre aus mehreren Generationen inhaftiert: Patrioten der Bewegungen *Can Vuong* (Royalisten), *Van Than* (Literaten), *Dong Kinh Nghia Thuc* (Gerechtigkeitsgruppe Dong Kinh), später auch die Mitglieder der *Viet Nam Quoc Dan Dang* (Nationale Volkspartei Vietnam), aus welcher der Held *Nguyen Thai Hoc* hervorgegangen war, und schließlich dann auch kommunistische Kämpfer. In meiner Familie war der Name *Hoa Lo* sehr oft erwähnt worden, weil sich ständig der eine oder andere Bekannte meines Vaters oder er selbst darin befand. Trotz seiner Berühmtheit war es nicht gerade das am besten bewachte Gefängnis Vietnams. Beweise dafür lieferten mehrere gelungene Fluchtversuche; am bedeutendsten war jedoch die Flucht vieler Kommunisten am Vorabend der Augustrevolution (19.08.1945).

Der offizielle Name von *Hoa Lo* lautete *Maison Centrale,* der allerdings nur in den kolonialen Verwaltungsunterlagen existierte. Für die Bevölkerung blieb er immer *Hoa Lo,* der Name einer ganz kleinen Gasse aus der alten Zeit, als Hanoi die Hauptstadt Vietnams war. In dieser Gasse hatte sich damals die Herstellung der einzigen Handelsware, eines kleinen mit Kohle betriebenen Ofens, konzentriert.

Die meisten Einwohner Hanois wissen heute nichts mehr über den Ursprung des *Feuerofens.* Sie glauben, der Name verkörpere die in diesem berüchtigten Gefängnis ausgeübte Grausamkeit. Die Bezeichnung erweckte den Eindruck, es handle sich um eine Hölle mit brennenden Ölbehältern und unzähligen Teufeln, wie sie im christlichen Glauben beschrieben wird.

Zwei schmiedeeiserne Torhälften öffneten sich mit langgezogenen quietschenden Geräuschen. Der abgebremste Motor des *Command car* lief aus und der Wagen rollte in das offene metallische Maul des Unwesens hinein.

Die zwei schwarz gekleideten Geister sprangen aus dem Wagen heraus und gaben mir mit einer Kopfbewegung das Zeichen:

„Raus!"

Ich stieg aus. Vor mir lag ein breiter menschenleerer Hof.

„Hier warten!"

Das waren die Worte des Mannes, der im Wagen links von mir gesessen hatte. Er steckte seine Pistole in den Hosenbund und bedeckte sie mit einem Teil seines Oberhemdes, das Gesicht erfüllt von Hochmut. Seine Bewegungen erinnerten mich an die arroganten Gangster in den billigen westlichen Kinofilmen. Gegenstände waren also in der Lage, Menschen einander ähnlich zu machen. Ich war fast davon überzeugt, dass dieser beim Staat angestellte Gangster noch nie einen solchen Film zu sehen bekommen hatte.

Der *Command car* wurde weggefahren. Die beiden Polizisten hinterließen den Geruch von billigen Zigaretten. Ich bemerkte gar nicht, dass sie verschwunden waren.

Hier befand sich wahrscheinlich der ruhigste Ort der Stadt. Unter dem Torbogen des *Feuerofens* spielten zwei junge Männer in Uniformen der bewaffneten Volkspolizei eifrig Tischtennis, ohne einen einzigen Blick auf mich zu werfen. Außer den trocken klingenden Absprüngen, die der Kunststoffball auf dem Holztisch verursachte, herrschte im ganzen Bereich Ruhe. Man hatte das Gefühl, das einst berüchtigte Gefängnis sei in ein Museum über die Verbrechen des Kolonialismus umgewandelt worden.

Als ich keinen Aufseher bemerkte, lief ich langsamen Schrittes in dem breiten, blitzblank sauberen Hof umher, in dem vor den langen Gebäuden kleine Blumentöpfe aufgestellt waren.

Empfand ich Angst, als ich in dieses berüchtigte Gefängnis gebracht wurde? In diesen Minuten hatte ich keine Angst, ich empfand nicht einmal Unruhe. Ich wusste nicht, warum ich keine solchen Empfindungen hatte und war selbst darüber erstaunt. Vielleicht war mein Herz schon zu sehr abgehärtet und meine Seele erkaltet. Außerdem war ich von vornherein fest davon überzeugt gewesen, dass ein solches Ereignis unausweichlich stattfinden würde. Es war nur eine Frage der Zeit gewesen. Nun also fand es statt. Mein Schicksal war besiegelt. Ich brauchte mir keine Gedanken mehr zu machen

In den letzten Monaten war ich mir dessen bewusst, dass ich ständig verfolgt wurde. Kaum verließ ich das Haus, sah ich, wie sich Geheimpolizisten gruppenweise an meine Fersen hefteten. Sie zu entdecken war keine große Kunst. Ich brauchte nur im engen Straßennetz der Stadt mehrfach von einer Straße in eine andere abzubiegen, um festzustellen, ob ich verfolgt wurde. Oft fuhr ich mit meiner jüngeren Schwester *Thu Hoa*. Sie war stets hellwach. Nach kurzem Blick schon erkannte sie, welcher Radfahrer uns verfolgte. Unser Haus befand sich an der Ecke zwischen der *Hai Ba Trung*- und der *Phan Chu Trinh*-Straße. Der Observierungsposten der Geheimagenten war in der zweiten Etage der Allgemeinbildenden Mittelschule an der gegenüberliegenden Ecke aufgestellt. Aus dieser Höhe machten die *Tauchfische* (Geheimagenten) ihre Beobachtung und kommunizierten per Telefon mit anderen Agenten in einem Haus in der *Ly Thuong Kiet*-Straße. Meiner Schwester war es gelungen, die Kennzeichen ihrer Fahrräder zu ermitteln. Diese Geheimagenten erweckten den Eindruck, dass sie ihren Observierungsauftrag als eine Zirkusclown-Nummer betrachteten

42

und nicht verstanden, wozu eine solche Beobachtung gut war; denn es war auch so jederzeit möglich, uns zu verhaften. Daher versuchten sie gar nicht, ihre Tätigkeit irgendwie geheim zu halten. Anders konnte man es sich jedenfalls nicht erklären, warum sie sich so naiv verhielten. Ich dachte mir, ich verstoße nicht gegen das Gesetz, also habe ich keinen Grund, mich vor ihnen zu fürchten. Aus Frust ärgerten wir sie auch manchmal.

Außerdem war ich ruhig, weil ich mir meines Schicksals durchaus bewusst war. In dieser Angelegenheit musste ich Lenin (oder Engels?) dankbar sein. Wenn ich mich nicht irre, schrieb Lenin in seinen *philosophischen Notizen*: "Freiheit ist das Begreifen des Notwendigen." Wie wahr!

Wie das Notwendige unter diesem Regime aussah, wusste ich. Ich und jeder andere, wir alle waren wie Vögel in einem Käfig, Hühner im Hühnerstall. Man konnte sie zu jeder Zeit herausholen und schlachten, wie man es wollte. Der einzelne Mensch hatte gegenüber der allmächtigen Partei keinerlei Rechte. Aus diesem Grund hatte ich mich einige Tage vorher schon auf die schlimmste aller möglichen Varianten vorbereitet. Ich fertigte ein Schreiben und steckte es in die Schublade meines Schreibtisches. Meine Frau hätte es, wenn nicht gleich, so doch irgendwann gefunden. Darin schrieb ich, was im Haus zu tun war. Ich wollte, dass mir meine Frau bei der Erfüllung meiner Pflicht - der Pflicht des ältesten Kindes der Familie - half. Das war eine schwere Last. Aber ich wusste, dass meine Frau diese Pflichterfüllung nicht verweigern würde.

Es war ärgerlich. Ich wurde unter sehr unglücklichen Umständen in das Verfahren der *Unterdrückung der Konterrevolution* hineingezogen. Wer war ich denn? Ein unbekannter Journalist niedriger Klasse, ohne revolutionäre Vergangenheit, eine Person also, vor der niemand Angst zu haben brauchte und die kein ernsthafter Gegner der Machthaber werden konnte. Und ich unternahm auch nichts, was es gerechtfertigt hätte, dass mir ein Haufen von Müßiggängern Tag und Nacht hinterherlief.

Die Strategie *"Wenn man Unkraut jätet, muss man alle Wurzeln ziehen"* hatte in den asiatischen Staaten Tradition. Nur in Asien gab es derart grausame Urteile wie die *Vernichtung von drei Familien* (Hinrichtung aller Mitglieder der Familie des Angeklagten, der Familie der Mutter des Angeklagten und der Familie der Frau des Angeklagten), also *das Auslöschen von neun Familien.* Die feudalistischen Dynastien in China und in Vietnam hatten dieses Verfahren gegen ungehorsame Diener angewandt. Jetzt lebte ich in einer Gesellschaft, die sich sozialistisch nannte. Aber ihre Machthaber behandelten das Volk nicht anders als die der früheren Gesellschaften, wenn nicht sogar schlimmer. Seit langem schon wurden Kinder von Leuten diskriminiert, von denen man annahm, dass ein Keim des Widerstands von ihnen ausging. Kinder, die von revolutionärem Hass noch keine Ahnung hatten, waren bereits von dem Hass betroffen, den die Diktatoren Revolution nannten. Sie wurden in den Schlamm getreten, ohne auch nur die

Möglichkeit zu haben, den Kopf zu heben.

Die ganze Scheinmoral wurde nur zum Verschleiern der Tatsachen verwendet, ähnlich einer dünnen Lackschicht. Man sprach Worte, an die man selbst nicht glaubte. Mir gefiel die Art und Weise von *Le Duan* (u.a. Erster Sekretär 1960 - 1976 und Generalsekretär 1976 - 1986 der KP Vietnam). Er war zwar auch ein Diktator; im Vergleich zu den anderen aber war er ein ehrlicher Diktator.

"Wer nicht mit uns ist, ist gegen uns." Le Duan sagte dies dem Volk ganz offen. Da gab es keine Unklarheiten. Dem amtierenden Generalsekretär gefiel dieser Diktaturbegriff sehr gut. Er wurde mehrfach bei Versammlungen wiederholt, in denen Funktionäre, darunter auch ich, massenhaft Instruktionen von Führern entgegennahmen.

Diktatur, Gewaltherrschaft oder Alleinherrschaft sind Begriffe, die Furcht erregen. In anderen Ländern werden sie durch schönfärbende Worte blumig verschleiert. Aber in dieser gegenwärtig existierenden sozialistischen Gesellschaft bergen sie eine gewisse politische Eitelkeit in sich, die manche mit Stolz zur Schau stellen. Der *Innenminister Tran Quoc Hoan, Mitglied des Sekretariats und Mitglied des Politbüros der KP, früher selbst gemeinsam mit Le Duc Tho Häftling in Son La, wie auch Hoang Minh Chinh, General Dang Kim Giang, Vu Dinh Huynh* (Vater des Buchautors), *der Journalist Pham Ky Va und Luu Dong, welche später widerum von diesen beiden verhaftet wurden,* schloss sich der Aussage des Generalsekretärs an: "Es erweist sich, dass viele unserer Genossen noch nicht entschieden genug vorgehen bei der Unterdrückung der Konterrevolutionäre. Es fehlt sehr an Entschlossenheit. Ihre Hände zittern. Sie haben Angst vor einem Irrtum. Sie begreifen nicht, dass bei unserer Arbeit die Interessen der Revolution die ranghöchsten und die heiligsten sind! Wenn es Irrtümer gibt, dann korrigieren wir sie. Warum also Angst!" Betrachten wir die Geschichte, dann sehen wir, dass *Truong Chinh*, damaliger Generalsekretär der KP, die unter dem Name "Partei der Arbeit" agierte, während der Bodenreform bereits instruierte: "Durch einen Irrtum zehn (unschuldige) Menschen (beseitigen) ist besser als einen Menschen (Gegner) zu übersehen." Solche Vorbeugungsmaßnahmen haben sich noch nie als ineffektiv erwiesen. "Töte einen Menschen, und zehntausend Menschen bekommen Angst." Solche Sprichworte, die schon die alten Leute kannten, sind leider wahr.

Ich musste noch mehr als eine Stunde warten, bis *Huynh Ngu* erschien. Er stieg aus dem Wagen, kam direkt auf mich zu, warf seinen Kopf in den Nacken und fragte mich:

„Was macht Ihr da?"

Ich sah ihn an und verzog mein Gesicht.

Dieser stellvertretende Leiter der Hauptabteilung für Exekutive, *Huynh Ngu,* war meiner Familie kein Unbekannter. Am Abend des 18. Oktober 1967 führte er persönlich seine Untergebenen zu unserem Haus, um meinen Vater zu verhaften. Nachdem mein Vater abgeführt worden war, kehrte er zurück, um bis zum nächsten Morgen die Hausdurchsuchung zu leiten. Das von meiner Frau und mir bewohnte Zimmer wurde - mit Ausnahme eines abgeschlossenen Schrankes - ebenfalls gründlich durchsucht. Meine Frau erklärte, ich hätte wegen meiner Vergesslichkeit den Schlüssel für diesen Schrank auf meine Dienstreise in die Provinz Nam Dinh mitgenommen. Wenn der Schrank durchsucht werden sollte, dann müsste er mit Gewalt geöffnet werden. Die Polizeitruppe öffnete den Schrank daraufhin nicht, sondern versiegelte ihn. Sie warteten auf mich, um die Durchsuchung fortzusetzen. Später erzählte meine Mutter, dass ihr Huynh Ngu während dieser Hausdurchsuchung die Empfehlung gab, sich hinzusetzen, während die Truppe arbeite, denn er beobachtete, dass meine Mutter die ganze Zeit über in der Türe zwischen zwei soeben durchsuchten Zimmern stand. Sie antwortete ihm:

"Ich muss hier stehen bleiben, um zu sehen, ob Ihr irgendwelche Dokumente in unser Haus schmuggelt. Wir kennen die Methode, illegal gebrannten Schnaps in fremden Gärten zu verbuddeln. So doof sind wir nicht". Huynh Ngu schluckte und tat, als ob er diese Beleidigung nicht gehört hätte. Seinen Namen und seinen Rang als Stellvertreter des Leiters der Hauptabteilung Exekutive erfuhr ich von einem Bekannten, der im Ministerium des Innern arbeitete.

In seiner Rolle als Leiter des zentralen Personalausschusses der Parteiorganisation wurde Le Duc Tho in der Öffentlichkeit am häufigsten im Zusammenhang damit erwähnt, dass er den Plan zum Sturz der Parteiführung nach dieser Verhaftungswelle rechtzeitig vereitelte und sich dadurch hohen Verdienst erworben habe.

Die Bekanntmachungen Nr. 1 und auch Nr. 2 über einen bewaffneten Aufstand klangen mit Halbwahrheiten und geheimnisvollen Worten so laut wie die Nachrichten von Kriegserfolgen. Sie wurden von Le Duc Tho und seinen Handlangern im zentralen Organisationsausschuss bei heimlich abgehaltenen Versammlungen mit eingeschränkter Teilnehmerzahl persönlich verkündet.

Eine Atmosphäre des Terrors lastete schwer auf den Menschen. Die meisten der alten Funktionäre bedauerten diejenigen Genossen, die unglücklicherweise in die Hände des *Sau Bua* gefallen waren, also *des Sechsten, des Hammers,* wie der Spitzname von Le Duc Tho lautete. Sie warteten auf eine Meinungs-äußerung des Herrn Ho Chi Minh; sie warteten darauf, dass dieser etwas unternahm; denn sie hofften, dass er weitere Fehler, wie sie in der jüngsten Vergangenheit bei der Bodenreform und der Parteireorganisation begangen worden waren, nicht zuließ. Diese Fehler waren für das Parteileben mehr als genug.

Von meiner Dienstreise nach Nam Dinh zurück, war ich erschrocken über die Verhaftung meines Vaters. Meine Mutter legte ihren Kopf an meine

Schulter. Sie magerte ab. Dieser grausame Schlag raubte ihre ganze Kraft.

Wie sehr ich meine Mutter liebte! Weit entfernt von den Ereignissen auf der politischen Bühne wusste sie nichts davon, dass ihre Revolution schon seit langem eine andere Richtung eingeschlagen hatte.

An ihrer Seite war ich ruhig, beinahe kaltblütig ruhig.

Vielleicht hatte meine Generation weniger Illusionen als die meines Vaters. Daher versetzte mich ein solcher Schlag in keinen so schmerzvollen Zustand, dass ich die Fähigkeit zum Denken verloren hätte. Ich schauderte nur, als ich unser Haus betrachtete, das bei der Durchsuchung derart durcheinander gebracht worden war, als ob eine kriegswütige Razzia stattgefunden hätte.

Das Haus schien seit der Abwesenheit meines Vaters um so vieles kälter zu sein. Als er noch zu Hause gewesen war, hatten wir immer Gäste empfangen. Nun wagte es niemand mehr, uns zu besuchen.

Ich war der Meinung, dass der allgemeine Terror jetzt erst begann. Nach meinem Vater würden noch viele andere an die Reihe kommen, vielleicht auch ich.

Am nächsten Tag ging ich zum Innenministerium, um mich dort von meiner Dienstreise zurückzumelden. Ich befolgte genau die Anordnung der Behörde, damit sie keinen Grund fand, uns weitere Schwierigkeit zu machen. Sie musste inzwischen mehr als genug über mich wissen, denn eine Meute von Geheimagenten folgte mir ja auf Schritt und Tritt. Ich bereitete mich auch deshalb innerlich darauf vor, damit ich im Fall meiner Verhaftung davon nicht überrascht wurde.

Mit Tränen in den Augen half mir meine Frau dabei, Bekleidung, Zahnbürste, Handtuch und einige andere Kleinigkeiten in den Rucksack zu packen. Als ich mein Fahrrad aus dem Haus schob, legte meine Mutter schweigend ihre Hände auf meine Schulter und sah mir lange ins Gesicht, während sich ihre Augen rasch mit Tränen füllten.

Wir fuhren direkt zur Dienststelle des Innenministeriums in der Tran-Binh-Trong-Straße 16. Wir schwiegen. Ich fuhr, und meine Frau saß betrübt hinter mir auf dem Gepäckträger.

Sie hatte an meiner Unterhaltung mit Herrn Nguyen Trong Luat teilgenommen, der mir eine Zuflucht geben konnte. Als ich dieses Angebot nicht annahm, stimmte sie mir zwar zu; in ihrem tiefsten Herzen verstand sie aber nicht, warum ich nicht flüchten und mich stattdessen lieber verhaften lassen wollte. Sie schmiegte ihr Gesicht an meinen Rücken und weinte leise vor sich hin.

Das war der Abschied einer Ehefrau von ihrem Ehemann auf dem Weg ins Reich des Todes.

Von der Nguyen-Du-Straße bogen wir gerade in die Tran-Binh-Trong-Straße ab, als ich auf den Schriftsteller *Nguyen Hong* traf, der in die entgegengesetzte Richtung lief. *Nguyen Hong (1918-1982) war Schriftsteller, Autor der Erzählungen Der Dieb, Die Kinderzeit, Die Wellen schlagen...* Er trug wie immer seine ergraute, ehemals aber hellblaue Pyjamajacke, die graue Similihose, an der er die Hosenbeine hochgekrempelt hatte, und an der Hüfte pendelte die Tasche mit seinen Manuskripten. Sein Bart, den er nun seit einem Jahr wachsen ließ, reichte gerade bis an den Jackenkragen. In Gedanken verloren lief er auf dem Bürgersteig. Als er mich erblickte, hielt er erschrocken an. Ich wollte von meinem Rad absteigen, um ihn mit einem Händedruck zu begrüßen. Aber er zog sich hastig zurück. Dabei sah er mich bedauernd an und machte mit großer Ehrfurcht einen Kotau, einen tiefen Kotau in der Art, wie es die Leute früher gemacht hatten; seine Lippen bewegten sich, aber die Worte waren nicht zu verstehen. Ich schwieg. Machte Nguyen Hong etwa Spaß? Nein, er spaßte keineswegs. Also musste ich ihm einen Kotau als Antwort zurückgeben.

Es war mir klar, dass Nguyen Hong sich durchaus richtig verhielt. Seit Monaten wurde jedwede Aktivität meiner Familie beobachtet. Deshalb musste nicht nur er, sondern auch jeder andere sich genau so verhalten.

Mit gesenktem Kopf lief Nguyen Hong schweigend davon. Meine Frau sah im nach und fragte mich:

„Welcher Mann aus dem Dorf war das?"

Der lange Bart, der tief nach unten gezogene Hut, die dunkel gebräunte Haut waren daran schuld, dass meine Frau Nguyen Hong nicht erkannte. Wir hatten einige Male bei uns und bei *Bui Ngoc Tan* in Haiphong mit ihm zusammen gegessen. *Im oben genannten Zeitraum verließ er Hanoi und versteckte sich in Bac Giang.*

Auch Bui Ngoc Tan (geb. 1934), der mit einem Preis des Verbands der vietnamesischen Schriftsteller ausgezeichnet worden war, wurde später wegen revisionistischer *Ansichten im Umerziehungslager in Thuy Nguyen, Haiphong, inhaftiert.*

Nguyen Hong hatte sich seit jenen Tagen in seinem Zufluchtsort Bac Giang sehr verändert. Damals war er sehr gläubig, bis schließlich auch er in dieser Zeit seinen Glauben verlor.

Ich sah dem Autor von *"Der Dieb"* nach. Er lief weiter, ohne sich umzudrehen. Diese Begegnung mit Nguyen Hong hinterließ bei mir ein Gefühl der Betroffenheit. Ich nahm ihm sein Benehmen nicht übel. Ich war nur traurig. Sehr traurig. Eine solche Verhaltensweise war in jenen Tagen ein Zeichen von Klugheit. Ich sah Nguyen Hong nie wieder, auch nicht nach meiner Entlassung, obwohl er noch lebte. Trotzdem schätze ich ihn höher ein als jeden anderen Schriftsteller. Er war ein Mensch mit einem reinen Herzen und der Haltung eines Gelehrten.

Huynh Ngu erschien. Er empfing mich kühl. Misstrauisch wanderte sein Blick in die Richtung meines Rucksacks. Er sagte jedoch nichts weiter, nannte mir nur den Termin für die Durchsuchung des Schrankes und entließ mich. Meine Frau betrachtete das als ein gutes Zeichen. Aus seinem gemäßigten Verhalten schloss sie, dass mir die Behörde nichts anhaben wollte.

Termingerecht kam Huynh Ngu eines Abends mit zwei Mitarbeitern. Ich betrachtete ihn eingehend: ein Mann von kleinem Wuchs, dünner Statur, in einem schwarzen wollenen Anzug und mit einer säuerlichen Stimme, die direkt ins Trommelfell ging. An diesem Tag rechnete ich noch nicht damit, dass ich es kurze Zeit später sehr lange hart mit ihm persönlich zu tun haben würde.

Mit seinen scharfen Augen, die hinter der Brille mit den Hornbügeln hervorstachen, durchsuchte er den Schrank und amüsierte sich köstlich über seine eigenen sinnlosen Kommentare. Das Geräusch jedes einzelnen Buches, das auf den Boden geworfen wurde, traf mein Herz. Mit meiner Erziehung zu Respekt gegenüber Gedrucktem und geistigen Erzeugnissen im allgemeinen, die ich durch meine Eltern genossen hatte, war ich über das kulturell würdelose Verhalten der früheren Sicherheitsleute und der heutigen Polizisten nur erstaunt. In dieser Hinsicht unterschieden sie sich überhaupt nicht. Wahrscheinlich gefiel es diesen Sonderlingen, den Geist mit Füssen zu treten. Sie empfanden Genugtuung dabei, alles Geistige zu verschmähen.

Das Ergebnis dieser Durchsuchung war ein großer Sack, voll mit allem, was Handschriften trug - Manuskripte, Briefe, Notizbücher von mir und meiner Frau - und Tonbändern, einschließlich eines Reservetonkopfes für das Tonbandgerät.

„Tonbandgerät wo?"

„Verkauft", antwortete ich.

Es gefiel ihm nicht, dass ich nicht in richtigen Sätzen antwortete. Da er aber die Fragen in genau dieser Art stellte, erwiderte ich in derselben Weise. Korrektheit ihm gegenüber war nicht von Vorteil.

„Erstaunlich, man *spielt* sogar Tonbandgerät." Er sprach betont. „Wisst Ihr, dass man nur mit Genehmigung Tonbandgerät *spielen* darf?"

„Nein. Ich *benutze* es, *spiele* es nicht."

„Außer den Behörden dürfen Privatpersonen Tonbandgeräte nicht benutzen. Das sind staatliche Bestimmungen, klar?"

„Ich habe diese Bestimmungen in den Zeitungen nicht gelesen."

„Nicht jede Bestimmung muss in Zeitungen veröffentlicht werden."

Als formelle Zeugin der Durchsuchung fungierte die Leiterin der Straßeneinwohnerschaft, eine unserer Bekannten. Sie war eine friedfertige Person, die von der ganzen Sache nichts verstand. Sie setzte sich in eine Ecke und litt darunter, dass sie sich an einer inhumanen Handlung beteiligen musste. Deshalb wandte sie ihren Blick ab, um dieses Bild nicht mit ansehen zu müssen.

Nun stand ich mitten auf dem Hof des Gefängnisses Hoa Lo, seines Reiches. Der kleinwüchsige Huynh Ngu, beide Hände an den Hüften, hob sein spitzes Gesicht und die Stimme:

„Ich frage: was macht Ihr hier?"

„Ihr habt mich hierher gebracht, mir gesagt, dass ich warten soll. Nun warte ich, was soll ich sonst machen?" Ich zuckte bei dieser Antwort mit den Schultern. „Auf wen warten, worauf warten, wurde nicht gesagt. Aus Langeweile laufe ich ein paar Schritte. Ihr wollt wissen, was ich mache? Gut, ich betrachte die Umgebung. Ich wollte sehen, ob sie sich verändert hat … „

„Lügt nicht! Ihr wart noch nie verhaftet, noch nie in Hoa Lo, woher wollt Ihr wissen, ob es sich verändert hat?"

Wieso denn plötzlich das? Die Unterhaltung hatte doch kaum angefangen, weshalb mussten da gleich drohende Worte benutzt werden? Vielleicht ein Überraschungsschlag? Später erst erfuhr ich, dass der Mann stets die Gewohnheit hatte, laut zu reden.

„Das möchte ich Euch gerne erklären: ich war hier einmal im Jahr 1939", fuhr ich ohne Reaktion ruhig fort. „Als die Volksfront in Frankreich zusammenbrach, gab es hier totalen Terror durch die Kolonialherren. Mein Vater wurde verhaftet. Die Sicherheitsleute haben ihn nach allen Regeln der Kunst gefoltert, aber vergeblich. Sie erlaubten meiner Mutter und uns Kindern, ihn zu besuchen, in der Hoffnung, dass mein Vater seine Haltung ändern würde. Aber er schwieg weiter. Ich weiß noch, dass hier eine Mauer stand und in der anderen Ecke ein wilder Weinstock wuchs …"

Huynh Ngu verstand den Hintergedanken meiner Erklärung. Er schnäuzte sich, suchte nach einer Antwort, fand keine und sagte grob:

„Wisst Ihr, wo Ihr Euch befindet? Dieser Ort heißt der Feuerofen, wisst Ihr, was das ist? Ihr wisst, he! Ich sage es Euch ehrlich: Ihr seid bereits verhaftet."

Ich musste lachen:

„Denkt Ihr, dass ich das nicht schon weiß? Ihr sagt es ziemlich spät: ich weiß es bereits seit mindestens zwei Stunden."

„Folgt mir!"

Wütend gab er mir ein Zeichen, ihm zu folgen.

Schweigend lief ich ihm nach in Richtung eines langen, niedrigen Hauses, das dem Hoa-Lo-Tor gegenüber lag.

Kurz vor dem Haus verlangsamte er seine Schritte und sagte zu mir:

„Ehrlich gesagt, die Sicherheitsorgane wollten Euch noch nicht festnehmen. Es lohnt nicht, Funktionäre wie Euch, von der Größe einer kleinen Garnele zu verhaften. Die Partei hat diesen Leuten den Zeitraum genannt, in dem sie ihr Geständnis ablegen sollen. Viele sind zum zentralen Organisationsausschuss gekommen und haben um die Erlaubnis gebeten, ihr Geständnis abzulegen zu dürfen. Ihnen passiert nichts. Sie leben in Ruhe weiter mit Frau und Kindern. Ihr aber werdet verhaftet, weil Ihr unvernünftig seid. Denkt mal darüber nach: was seid Ihr schon der Partei gegenüber? Nichts. Eine winzige Mücke, ein Sandkorn … Aus diesem Anlass möchte ich Euch sagen, dass *Bruder Sau* (*der Sechste* - Le Duc Tho) persönlich den Haftbefehl gegen Euch erlassen hat."

Ich lachte:

„Denkt Ihr wirklich, es wäre für mich eine größere Ehre, wenn ich durch den persönlichen Haftbefehl des Leiters des Zentralen Organisationsausschusses festgenommen werde? Es ist vollkommen gleich, wer den Haftbefehl erlässt, ob Ihr oder Bruder Sau (der Sechste), *Bruder Ba (der Dritte - Le Duan), Bruder Nam (der Fünfte - Truong Chinh)*, oder ein anderer Bruder. Die Zeit ist noch nicht gekommen, sich gegenseitig die Schuld zuzuschieben.“

Huynh Ngu hielt sofort an:

„Frecher Kerl!“ Er brüllte, soweit man seine schrille Stimme als Gebrüll bezeichnen konnte. „Ihr seid nun hier und bleibt trotzdem frech! Denkt daran: hier ist Hoa Lo, ja, Hoa Lo, versteht Ihr?“

Wir traten in einen türlosen Raum ein. An der Stelle der Türe befand sich ein Schiebegitter aus Eisenstäben. Die zwei Geister waren auch bereits anwesend, so als ob sie aus dem Nichts aufgetaucht wären. Es war nicht zu erraten, woher und wann sie gekommen waren. Sie gaben sich dienststeifrig gegenüber Huynh Ngu, der sie jedoch abwies.

„Ausziehen!“

Die arrogante Stimme des Huynh Ngu machte mich wütend. Bisher hatte noch niemand mit einer solchen Stimme zu mir gesprochen. Ich sah ihn scharf an, zog schnell meine Wattejacke aus, doch anstatt sie dem Mann zu übergeben, schmiss ich sie auf den Boden

Er schaute finster zu mir herüber und hob die Jacke schweigend auf. Mehrfach wendete er sie um, kehrte die Jackentaschen nach außen um und legte die darin gefundenen Sachen auf den Tisch: Schlüsselbund, Taschentuch, Geldbörse, verschiedene Papiere...

Ich hatte die Gewohnheit, erinnerungswürdige Gedanken auf kleinen Zetteln aufzuschreiben, die ich dann irgendwo hinlegte. Unter den Zetteln in den Händen von Huynh Ngu war einer, auf dem ich die polizeilichen Kennzeichen der Fahrräder der *Tauchfische* (Geheimagenten) aufgeschrieben hatte. Ich notierte sie nur so, ohne bestimmte Absicht. Ich wollte diesen Vermerk auch meinen Freunden geben, damit sie darauf achten konnten, ob sie beobachtet würden, denn die Geheimpolizisten wechselten sich bei der Verfolgung ihrer *Objekte* oft ab. Aber ich war noch nicht dazu gekommen, den Zettel weiterzugeben.

Aufgrund der Art und Weise, wie Huynh Ngu meine Wattejacke entlang der Nähte abtastete, dachte ich, dass er mich verdächtigte, etwas Verbotenes bei mir zu tragen, beispielsweise einen Geheimbrief. Aber es gab nichts. Er rümpfte bei dieser Untersuchung die Nase und benutzte nur Daumen und Zeigefinger, während seine anderen Finger nach oben zeigten, als ob ihn das Berühren meiner Kleiderstücke anekelte. Das erinnerte mich an einen französischen Sicherheitsmann, der unser Haus im Jahr 1939 durchsuchte, und der sich damals genauso verhielt.

„Weiter ausziehen!"

Ich zog das Oberhemd und die Hose aus und warf sie ebenfalls auf den Boden.

Müde vom langen Stehen hockte Huynh Ngu sich nieder und tastete den Kleiderhaufen vor meinen Füssen ab. In seiner Winterkleidung, diesem schwarzen Wollanzug, sah er mit seinen dürren Handgelenken und den ausgetrockneten Fingern, die aus seinen zu kurzen Ärmeln herauslugten, wie eine Schmeißfliege aus.

„Mund auf!"

Ich öffnete den Mund. Huynh Ngus kleine trockene Augen blickten durch die Linsen seiner Weitsichtbrille in die Tiefe meines Mundes. Glaubte er etwa, dass sich darin etwas befand?

Er machte einen enttäuschten Eindruck. Die perfekte und best-organisierte Überraschungsentführung von der Straße weg brachte keinen Erfolg.

Ich trug jetzt nur noch ein Unterhemd und eine kurze Unterhose. Trotzig zog ich sie schließlich aus und warf sie ihm hin.

Da der Raum keine Tür hatte, zog es hier. In meinem Adamskostüm musste ich mir Mühe geben, nicht zu zittern. Der verspätete Winter kam. In den letzten Tagen war das Wetter äußerst unangenehm, mal warm, mal kalt. Einige Tage zuvor war es warm wie zum Herbstanfang, aber heute wurde es um die Mittagszeit plötzlich kalt. Am Nachmittag fiel die Temperatur noch tiefer.

Ein anwesender Polizist, der am Tisch stand, beobachtete mich; wortlos verließ er den Raum. Dann kehrte er zurück und gab mir mitleidig einen nagelneuen Satz Gefangenenkleidung mit breiten kirschroten Streifen auf bräunlichem Grund, eine Jacke und eine Hose mit langen Beinen. Diese Art von Gefangenenkleidung, welche von gefangengenommenen amerikani-schen Piloten getragen wurde, hatte ich schon in Zeitungen gesehen, die jedoch nur in schwarz-weiß erschienen, so dass ich nicht gewusst hatte, um welche Farbzusammenstellung es sich handelte.

Huynh Ngu schaute ihn vorwurfsvoll an.

„Danke Ihnen", sagte ich.

Die Bekleidung war nagelneu, sie roch noch nach Wäschestärke. Unbeholfen zog ich sie mir an. Welche Schneiderwerkstatt wurde mit der Anfertigung solcher ungewöhnlicher Kleidungsstücke beauftragt? Die Jacke hatte keine Knöpfe, die Hose hatte keine Schnur, und eine dicke Schicht Wäschestärke machte sie hart wie Karton. In dem Raum war zwar kein Spiegel, aber ich konnte mir auch so vorstellen, dass ich in diesem neuen Anzug komisch aussah. Eine Seite der Jacke wurde über die andere gezogen, ohne dass die Brust dadurch richtig bedeckt werden konnte. Die Hose musste durch einen Kunstgriff zusammengeknotet werden, wodurch die Hosenbeine nach oben gezogen wurden, so dass die Unterschenkel frei blieben.

Nachdem er festgestellt hatte, dass sich unter den beschlagnahmten Gegenständen nichts Verdächtiges befand, lenkte Huynh Ngu seine Aufmerksamkeit auf die indonesische Rose. Er öffnete das dünne Schreibmaschinenpapier, das Tran Van Luu (dem es gefiel, alles zu verschönern) um den Rosenstängel gewickelt hatte und hielt das Papier gegen den dunkelgrauen Himmel. Er nahm die Brille ab, weil er damit nichts darauf sehen konnte, und ließ einen seiner beiden Geister Licht anknipsen, um das Papier dann dagegen zu halten. Aber es war nichts darin. Einer seiner Mitarbeiter nahm es zwischen Zeige- und Mittefinger und steckte es für eine weitere Untersuchung behutsam in einen Beutel aus Polyethylen. Die ganze Szene, die sich vor meinen Augen abspielte, ähnelte einem ungeschickt erzählten Kapitel aus einem billigen Kriminalroman.

Huynh Ngu fragte mich:

„Woher kommt diese Rose?"

Ich zuckte mit den Schultern. Er wiederholte die Frage mit Betonung:

„Ein Freund hat sie mir geschenkt."

Er betrachtete die Rose eine Minute lang von der Seite, kniff die Augen zusammen und sah mich an:

„Geheimzeichen, nicht wahr?"

Diese Gewohnheit der ausführenden Organe der Diktatur des Proletariats, überall Spione zu sehen, empfand ich als sehr lästig. Welche Antworten sollte ich geben, die ihm in sein Konzept passten? Ich warf diesem provinziellen *Sherlock Holmes* einen verächtlichen Blick zu.

„ Woher kommt diese Rose, frage ich Euch?"

„Ich habe bereits gesagt: ein Freund hat sie mir geschenkt."

„Wer?"

Sollte ich diesem revolutionären Mandarin sagen, dass diese Rose von meinem Freund Tran Van Luu stammte, oder besser nicht? Wenn ich diese Situation vorausgeahnt hätte, wäre es besser gewesen, die Blume nicht von ihm anzunehmen.

„Ich habe lange gewartet, bis diese Rose blüht, damit ich sie Eurem Vater schenken kann", sagte Herr Luu, als er die Blüte für mich schnitt. „Nur Blumenkenner wie Euer Vater können meine Mühe mit dieser edlen Blüte zu schätzen wissen. Sehr schade, dass nun, wo die erste Blüte kommt, Euer Vater da *hineingeraten* ist. Nehmt bitte im Namen Eures Vaters dieses kleine Geschenk von mir entgegen, ich betrachte dies so, als ob mein Wunsch in Erfüllung gegangen wäre."

In seinem vier Quadratmeter großen, von Zierpflanzen überfüllten Hof sah Tran Van Luu in dem schwachen Licht, das durch eine zerrissene Plastikfolie hindurchschien, sehr dürr und blass aus.

„Ich schätze Euren Vater sehr. Im Jahr 45 hat er mir einen Passierschein für den Sitz des Präsidenten gegeben, damit ich Präsidenten Ho fotografieren konnte. Er ist sehr großzügig, besonders Schriftstellern und Künstlern gegenüber ... Nun, es ist alles sehr traurig. Ich kann es überhaupt nicht verstehen: die Menschen der älteren Revolutionärs-Generation haben gemeinsam um Leben und Tod gekämpft. Wie können sie heute so grausam mit einander umgehen? Wo ist Herr Ho heute? Ich habe noch den Film, in dem Herr Ho und Euer Vater im Jahr 46 auf dem Schiff *Dumont Durville* nebeneinander standen, als das Schiff den Hafen von Haiphong anlief.... Ich werde für Euch davon ein Bild entwickeln...

„Ich danke Euch. Aber es wird für mich keinen Wert mehr haben."

„A ja! Daran habe ich nicht gedacht."

Wenn ich nun den Namen von Tran Van Luu nennen würde, würde ihm dieser Idiot Schwierigkeit machen? Herr Luu war krank, seiner Familie ging es, vor allem finanziell, gar nicht gut. Wenn ich seinen Namen aber nicht sagen würde, würden die Schwierigkeiten noch größer. Ich war Schritt für Schritt beobachtet worden. Die Sicherheitsleute mussten wissen, zu wem ich vormittags gegangen war. Wenn sie einen Verdacht hatten, dann würden sie in aufsuchen, ihn vernehmen, sein Haus durchsuchen ... Und er war krank.

Nach kurzem Zögern sagte ich:

„Es gibt nichts zu verbergen. Die Rose wurde mir von einem Kunstfotografen mit dem Namen Tran Van Luu geschenkt. Ihr könnt das einfach nachprüfen."

Wahrscheinlich sagte ihm der Name Tran Van Luu nichts.

„Tran Van Luu, ja? Gut."

Er schrieb es in sein Notizbuch. Diese Leute könnten Herrn Luu durchaus Schwierigkeit machen, dachte ich. War ich dumm oder feige, als ich seinen Namen nannte?

Tran Van Luu war ein echter Romantiker unter den Künstlern. Sein ganzes Leben träumte er ständig von einem eigenen *Kunstsalon,* in dem er der Herr aller Lichter sein würde, die *das Schöne* erzeugen. An diesem ersehnten Tag würde er unser Mäzen, der Mäzen der unglücklichen Künstler, sein. Wir warteten ewig auf diesen hellen Tag, an dem der *"Salon Tran Van Luu"* das Licht der Welt erblicken würde. Leider umsonst.

Nein, sie konnten nicht mehr tun, als Tran Van Luu ein paar Mal zur Vernehmung zu laden. Er würde einige lustige Episoden mehr haben, um sie im Kreis seiner Bekannten zu erzählen. Es gab unzählige Leute, die bezeugen konnten, dass er keine engen Beziehungen zur Politik unterhielt.

„Was gibt's zu lachen?" fragte Huynh Ngu bohrend.

„Eine lustige Geschichte fiel mir ein."

„Stimmt es, dass es in dieser Rose nichts gibt?"

„Ich bitte Euch darum, sie gründlich zu untersuchen." Ich lächelte friedlich. „Eine Rose ist eine Rose. Sie ist kein Gewehr. Soviel ich verstehe, bedarf man keiner Erlaubnis, um eine Rose bei sich zu haben."

„Hmmm! Eure Worte sind nicht schlecht!" Huynh Ngu schaute misstrauisch zu mir herüber. „Gut! Warten wir es ab, wie lange Ihr im *Feuerofen* noch so gut reden könnt. Abführen!"

Huynh Ngu unterzeichnete das Gefängnisbuch. Der Polizist schwang seinen Schlüsselbund und gab mir Zeichen, ihm zu folgen. Ich streckte meine Hand aus mit der Absicht, die Rose zu mir zu nehmen, denn sie gehörte sicher noch mir. Aber mit einem Handzeichen stoppte Huynh Ngu mein Vorhaben.

Da vor mir auf dem kalten Tisch lag sie, diese kleine zarte Rose. Mit einem letzten Blick nahm ich Abschied von ihr und lief dem Polizisten langsam hinterher.

3

Der Mithäftling

Mein Gefängniswärter war der Polizist, der mir auch die Kleidung gebracht hatte. Er führte mich bis zu einer schwarz lackierten Tür aus Eichenholz, einer von vielen einander völlig gleichen Türen in einem menschenleeren, von Schimmel überzogenen Korridor. Im schwachen Licht des Winteranfangs erschien alles unscharf. Stumm betrachtete ich mein neues Reich. Das Geräusch, mit dem das Schloss sich öffnete, drang bis in mein Gehirn, das metallische Quietschen des zurückgleitenden Riegels gesellte sich dazu. Abgesehen von diesen trockenen Metallgeräuschen war das Gefängnis ruhig und düster wie eine Grabkammer.

"Gräber für lebende Menschen", dachte ich.

"Treten Sie ein!"

Ich staunte. Von einer sanften Stimme wie dieser war ich überrascht. Ich hatte die Vorstellung, hier müsse alles viel schlimmer, viel unmenschlicher sein, einschließlich des Tonfalls der Gefängniswärter gegenüber den Gefangenen.

Diese Wende in meinem Leben kam für mich viel zu schnell. Nach einem hochnäsigen Huynh Ngu reichte schon eine alltägliche normale Stimmlage aus, um mich in Erstaunen zu versetzen.

Ruhig beobachtete ich den Wärter. Auf diesem friedlichen, von Akne-Narben übersäten Gesicht eines Bauern mit einer übergroßen Nase war keine einzige Spur von List oder Grausamkeit zu finden, die man hier erwartete. Einem solchen Gesicht konnte man im Delta des *Roten Flusses* überall begegnen.

Mit einem Fuß bereits in der Zelle, hielt ich an:

"Ich möchte Sie um etwas bitten, Genosse."

Er hob die Augenbrauen:

"Worum geht es?"

"Ich bitte Sie darum, meine Behörde in der Nr. 76 der Ly-Thuong-Kiet-Straße wissen zu lassen, dass ich mich hier befinde", sagte ich, doch ohne großem Selbstvertrauen in meiner Stimme. "Rufen Sie bitte Nr. 3508 an. Es ist immer jemand da."

Er schien zu lächeln. Es fiel mir ein, dass man die Polizisten im Gefängnis nicht mit "Genosse" anreden darf.

"Ja."

"Sagen Sie bitte auch dem Leiter der Kantine, dass er mir die *Kriterium*-Zigaretten zukommen lassen soll (*die mir im Alltagsleben normalerweise zustanden),* und ein Feuerzeug."

"Ja."

Geduldig hörte er sich meine Bitten an, dann drehte er sich um und ging hinaus.

Wie ich erst später erfuhr, musste dieser Dialog zwischen mir und dem Gefängniswärter bei den Insassen der Nachbarzellen einen Lachanfall hervorgerufen haben. Für sie klang es wie ein Witz.

Die Eichenholztür fiel geräuschvoll zu. Diesem nicht sehr taktvollen Geräusch folgte das Quietschen des sich schließenden Riegels und das Klicken des Schlosses. Die Schritte entfernten sich allmählich. Der Raum verdunkelte sich merklich.

Ich drehte mich um und sah im Zwielicht, dass sich da ein zerzauster Kopf hob. Ein anderer Insasse war also schon da.

Der Mann fragte mich mit heiserer Stimme:

"Ihr seid neu?"

Ich verstand das als Begrüßung und grüßte ihn ebenfalls.

"Ja."

Meine Augen gewöhnten sich bereits langsam an die Dunkelheit. Vor mir stand ein Mann mittleren Alters. Seine zerzausten Haare umrahmten ein knochiges dunkelgraues Gesicht mit ungepflegtem Bart. Über den Schultern trug er eine zerrissene und wahrscheinlich sehr dreckige baumwollene Decke aus *Nam Dinh,* der Stadt der nordvietnamesischen Textilindustrie. Er saß auf einer Liege aus Zement, hatte die Arme um seine hochgezogenen Knie geschlungen und sah aus wie ein Kauz.

"Ihr seid soeben verhaftet worden?"

Der Gefangene sah mich durchbohrend an. Sein ausgezehrter Körper und dieser seelenlose Blick, der auf meinem Gesicht klebte, waren mir lästig. Kühl antwortete ich:

"Vor einigen Stunden war ich noch draußen."

"So?"

Unsere Zelle war ein kleiner Raum von etwa zwei Metern Breite und zweieinhalb Metern Länge, mit zwei zementierten Liegen und dazwischen einem Durchgang, der nur für eine Person begehbar war. Am Fußende jeder Liege, dicht bei der Tür, befand sich eine Beinfessel.

Ich setzte mich dem Gefangenen gegenüber auf die zweite Liege. Die Kälte des massiven Zementblocks drang durch den Stoff in meine Haut. Ich schauderte. Ein nur schwer zu beschreibender übler Geruch hing in der Zelle, ein Gemisch aus dem Gestank von saurem, beißendem menschlichem Schweiß, von scharfem, über lange Jahre eingesickertem, abgestandenem Urin und von Auswurf, wie es ihn auch in Armen-hospitälern gab.

So, genau so war die Zelle im *Feuerofen,* so war sie!

Im Sommer des Jahres 1955 hatte ich zum ersten Mal in meinem Leben eine Zelle gesehen, eine Einzelzelle im Gefängnis von Petropawlowsk. Ich war damals ein Student ohne Schnurrbart. Von der Hochschule aus starteten wir, um die historischen Stätten Russlands zu besichtigen. Das Gefängnis von Petropawlowsk befand sich am Ufer des Flusses Newa. Am gegenüberliegenden Ufer lag Leningrad. Die Touristenführerin erklärte, zuerst wäre es eine Festung, später dann eine Münzpräge gewesen, also ein Teil des Staatsschatzes, bevor man daraus ein Gefängnis gemacht hatte.

In jeder der Zellen, in der im zaristischen Russland Revolutionäre gefangen gehalten wurden, gab es ein Bett, einen Tisch, ein Waschbecken, ein Toilettenbecken; das alles war aus Eisen und fest mit dem Betonboden verbunden. Außerdem gab es dort sogar Wandregale für Bücher und Alltagsgegenstände. Die Zellen des *Feuerofens* dagegen waren sehr viel enger; die Grundfläche betrug weniger als die Hälfte einer russischen Zelle, und es gab darin nichts. Verglich man die Zellen der beiden Gefängnisse miteinander, dann ähnelte die Zelle aus der Zarenzeit dem Zimmer in einer billigen Pension und die des *Feuerofens* einem Käfig für Tiere.

"Wie lange seid Ihr schon hier?" fragte ich meinen Zellenmitbewohner und verschränkte dabei der Kälte wegen meine Arme vor der Brust.

Er antwortete nicht sofort:

"Fünf Jahre."

Es fröstelte mich. Fünf Jahre? In diesem Käfig?

Der Gefangene atmete schwer. Er drehte sich zur Wand und rauchte langsam seine Pfeife. Ich vernahm aber kein Wassergeräusch aus der rohr- oder schalenartigen Pfeife, wie ich es sonst gewohnt war. Der scharfe Rauch breitete sich in dem kleinen Raum aus und erwärmte ihn ein wenig.

"Hat sich Hanoi verändert?" fragte der Gefangene etwas hüstelnd.

"Fünf Jahre, hmm ..." antwortete ich "... kaum, im Vergleich zu früher. Tja, wie hat sich Hanoi verändert im Vergleich zu fünf Jahren vorher? Die Bürgersteige haben viele Einmann-Schutzlöcher, alle paar Meter eins. Man sieht viele Milizionäre mit Gewehren. Auf den höheren Häusern sind schwere und mittelgroße Maschinengewehre aufgestellt. Das ist die neue Ansicht von Hanoi. Selbstverständlich gibt es in der Stadt auch weniger Menschen als früher."

"Gibt es denn noch viele Menschen?"

"Doch, noch viele. Hanoi bleibt immer Hanoi. Ihr fehlt, ich fehle, aber das hat für die Stadt keine Bedeutung."

Mein Mitgefangener seufzte.

"Was habt Ihr verbrochen?"

Der Gefangene antwortete nicht.

"Ich bin indiskret, ich frage nur um zu fragen. Macht Euch bitte deshalb keine Gedanken."

Er hob den Kopf und beobachtete mich wortlos. Dann sagte er leise im Flüsterton:

"Ich bin ein Mörder."

Ein Mörder? Das konnte doch nicht sein. Nach meiner Vorstellung sah ein Mörder brutaler aus, hatte beispielsweise Schlitzaugen und viel Weiß im Augapfel.

"Sicher Totschlag?"

Er antwortete unwillig:

"Eine lange Geschichte. Sehr kompliziert."

"Wie viele Jahre habt Ihr gekriegt?"

"Woher soll ich das wissen, wenn es noch nicht zu einem Prozess gekommen ist?"

"Und schon fünf Jahre?"

Der Gefangene geriet in Verlegenheit. Vielleicht wollte er an diesem Ort dem neuen Rekruten gegenüber angeben und übertrieb mit seiner Zeitangabe. Nun wurde er verlegen.

"Ich bin in Untersuchungshaft." Er seufzte lange. "Ich weiß nicht, bis wann."

"Was heißt Untersuchungshaft?"

"Das heißt, man wird verhaftet, solange der Fall untersucht wird. Nach Abschluss der Untersuchung wird es zur gerichtlichen Verhandlung kommen."

"Dauert die Untersuchungshaft gewöhnlich lange?"

"Keine Ahnung. Je nach Verfahren, je nach den Menschen ... Wenn es schnell geht, dauert es sechs Monate, ein Jahr; wenn es lange dauert, dann... drei Jahre vielleicht."

"Wird die Dauer der Untersuchungshaft nach dem Urteil angerechnet?"

"Ja doch."

"Wenn Ihr nun nach der Untersuchung frei gesprochen werdet? Oder wenn das Urteil eine kürzere Dauer festlegt als die Eurer Untersuchungshaft, beispielsweise wegen Totschlags?"

"Dann wird man entlassen."

"Einfach so?"

"Das wäre schon ein großes Glück, was wollt Ihr mehr? Verlangt Ihr, dass *man* zur Wiedergutmachung ins Gefängnis gehen soll?"

Sein Bart bewegte sich, als er lautlos lachte.

Von draußen hörte man Schritte. Das handgroße Stück Blech über der quadratischen Türöffnung wurde zur Seite geschoben. Ein Auge schaute herein. Das Blech wurde wieder geschlossen.

"Was war das?"

"Die Herren *Soldaten* kontrollieren. Lasst nur, es ist nichts weiter."

"Wieso halten hier *Soldaten* Wache?

"Die Polizei verwaltet das Gefängnis. Die bewaffnete Volkspolizei bewacht es."

"Kompliziert, nicht? Es gibt schon die Polizei, und dann gibt es noch die bewaffnete Volkspolizei."

Er lachte verstohlen.

"Bombardieren die Amerikaner Hanoi stark?"

Ich staunte:

"Hört Ihr hier drin nichts?"

"Doch, wir hören den Sirenenalarm. Die Explosionen sind auch zu hören. Aber in einem solchen verschlossenen Raum hört man nur Explosionen, ohne unterscheiden zu können, ob sie von den Luftabwehrraketen oder von den Bomben stammen ... Ihr seid nun auch hier und Ihr werdet es merken."

Nicht zum ersten Mal wurden amerikanische Bomben auf die Stadt Hanoi abgeworfen, auf die nach einer jahrhundertalten Prophezeiung eigentlich *kriegsfreie Stadt Thang Long,* wie Hanoi früherer hieß. Im Herbst des Jahres 1944 kamen *Fliegende Festungen* vom Typ *B26* und hatten Bomben auf das Viertel *Tam Mai* neben der Pferderennbahn *Quan Ngua* abgeworfen. Die Rennpferde eines Bekannten meines Vaters wurden dabei von Bombensplittern im Stall getötet. Mit glasigen Augen streckten sie ihre Beine von sich, als wären sie aus Holz.

Der andere Gefangene legte sich hin, zog die Decke bis zum Hals und drehte sich kühl zur Wand.

Ich blieb allein.

Es überkam mich das Gefühl, dass die verrinnende Zeit plötzlich stehenblieb. Das machte mich schwindlig. Ich glaubte, mit meinen Sinnen den Balken erspüren zu können, der zwei Teile meines Lebens voneinander trennte: jenseits lag die Vergangenheit, diesseits, wo ich mich nun befand, lag in einem unendlich tiefen unbekannten Reich der Beginn der Stagnation.

Wie lange würde ich hier bleiben müssen? Wie viele Monate? Oder, mein Gott, wie viele Jahre?

Auf ein Leiden unter solchen Umständen war ich nicht vorbereitet. Ich konnte mir eine Gefangenschaft in einem imperialistischen Gefängnis, aber niemals in einem kommunistischen Gefängnis vorstellen.

Erinnerungen an die freudigen Tage der Augustrevolution des Jahres 1945, als ich noch ein Kind war, riefen in mir ein Gefühl des Bedauerns hervor. Damals stellte sich in meinen Augen das ganze Leben in rosaroten Farben dar. Die roten Fahnen mit dem gelben Stern überfluteten die ganze Stadt Hanoi. Kindertrommeln erschollen in den Straßen. Die Menschen zogen in Scharen durch die Stadt, vor Freude laut singend.

Nun ist die Revolution erfolgreich, sagte meine Mutter. Mit ihrem Blick auf die Stadt gerichtet, die sich wie durch ein Wunder veränderte, stand meine Mutter da, mit der gleichen Freude wie all die anderen Menschen, alle Familien: Tränen in den Augen, tief bewegt. Ja, unser Staat ist nun unabhängig! Wir lachten und hüpften vor Freude. Wir brauchten uns nun nicht mehr Nacht für Nacht Sorgen zu machen, bei jedem quietschenden Bremsgeräusch zu erschrecken. Wir brauchten uns nicht mehr vor den steinernen Mauern des *Feuerofen*-Gefängnisses anzustellen, um darauf zu warten, dass wir an die Reihe kamen und zum Besuch bei meinem Vater aufgerufen wurden. Mit den roten Fahnen mit gelbem Stern, die über der Stadt Hanoi flatterten, erwuchsen unseren Seelen Flügel in der Freude über die errungene Freiheit.

Zu diesem Zeitpunkt ging meine Kindheit zu Ende. Für die Revolution stürzte ich mich in Arbeit, die eigentlich Erwachsenen zustand. Zuerst war ich Mitglied der *Sturmpropaganda.* Wir spielten Theater, wir sangen, wir zogen von einem Dorf zum anderen in einer Atmosphäre von nicht enden wollenden Festtagen. Später wurde ich Soldat und *Kader.* In manchen Jahren holten mich meine Eltern nach Hause zurück und schickten mich in den Pausen zwischen meinen Aufgaben wieder zur Schule.

Das waren Jahre, in denen ich mich gar nicht wohl fühlte. Ich haute ab, sobald ich konnte. Selbstverständlich war der Krieg mit Bomben, Gewehrkugeln und Opfern verbunden. Aber als junge Menschen hatten wir davor keine Angst. Unsere junge Generation zog in den Krieg mit gewaltiger Marschmusik und romantischen Liebesliedern. Wir hatten keine Angst vor Opfern, vor dem Tod. Unsere Generation war die Generation der *zum Tod bereiten Soldaten* der Revolution. Präsident Ho Chi Minh rief uns an dem Tag, an dem im ganzen Land der Widerstandskrieg gegen Frankreich begann, mit den Worten auf: "*Seid bereit zu sterben, damit das Vaterland leben kann ...*" Wir vernahmen die fordernd klingende Stimme von *Onkel Ho.* Voller Eifer gingen wir in den Kampf, folgten dem Aufruf des *Onkels.* Keine Schwierigkeiten, keine Entbehrungen konnten uns zurückhalten.

Das waren die schönsten Tage meines Lebens. Wenn ich noch ein anderes Mal leben würde und sich die Geschichte dieser Tage des August 1945 wiederholen würde - was unmöglich war -, dann würde ich wieder genau so leben wie ich damals gelebt habe. Vor uns befanden sich die Aggressoren, hinter uns stand die neu errungene Unabhängigkeit unseres Vaterlandes. Es gab keine andere Wahl.

Kaum aber war der Widerstandskrieg gegen die Franzosen beendet, da war unsere Revolution plötzlich nicht mehr die unsere. Ein Wunder oder eine teuflische Zauberei? Sie existierte noch, aber sie war nicht mehr dieselbe. Vor unseren Augen war etwas Fremdes entstanden, das keine Ähnlichkeit mehr hatte mit dem, was wir uns auf unserem Weg in den Kampf vorgestellt hatten.

Man sagte uns: „Tja, wir treten in eine neue Periode ein". Wir würden eine neue Gesellschaft aufbauen, ein neues Regime, ein neues System. Wir müssten lernen, uns an das Neue zu gewöhnen, damit wir uns integrieren könnten. Jeder Prozess des Neubeginns, des Fortschritts sei schwierig, nicht einfach, und müsse mit dem Aufgeben von althergebrachten Gedanken und Bräuchen bezahlt werden.

Diese neue Gesellschaft nahm langsam Form an, jeden Tag eine klarere; jeden Tag wurde sie uns fremder, jeden Tag ähnelte sie mehr der Gesellschaft, für deren Beseitigung wir gekämpft hatten. Nur äußerlich war sie nicht dieselbe, und ihr Wortschatz war ein anderer.

Die Ordnung und Hierarchie dieser neuen Gesellschaft wurde bereits in den ersten Tagen ihrer Gründung errichtet, als wir aus unserer *Kampfzone* in Hanoi eintrafen.

In der Armee war es zum Beispiel Vorschrift, dass von den Gefreiten bis zu den Unteroffizieren *Soldatenjacken* mit zwei Brusttaschen getragen werden mussten. Die Jacken wurden an den Schulterpartien extra stark gefüttert und die Nähte waren mehrfach genäht, weil damit auch schwere Transportarbeiten verrichtet werden mussten. Die Soldaten nannten diese Jacken *„zweiunddreißig Lastennähte"*. Offiziere dagegen trugen *Kaderjacken*, also Jacken ohne solche Lastennähte. Ihre Jacken hatten unten zusätzlich noch zwei Taschen.

Funktionäre der Zivilverwaltung trugen aufgrund einer Bestimmung ebenfalls *Kaderjacken,* jedoch in einer anderen Farbe als die Armee. Es waren durchgeknöpfte Jacken mit Stehkragen. *Sun Yat-Sen (1866-1925),* der erste Präsident der Republik China, hatte Jacken in dieser Art getragen. Die Schneider nannten sie *Sun Zhongsan.*

Als diese Bestimmung bekanntgegeben wurde, arbeitete unser Filmaufnahme-Team gerade in der soeben befreiten Stadt Nam Dinh. Anstelle von Uniformen, die noch nicht ausreichend zur Verfügung standen, erhielten wir Geld, damit wir sie uns selbst schneidern lassen sollten. Mir gefiel aber die Sun-Zhongsan-Mode nicht. Deshalb ließ ich mir Kleidungsstücke in gewöhnlicher Art schneidern, Oberhemd und Hose. Daraufhin brach ein Sturm los. Ich wurde wegen Disziplinlosigkeit scharf kritisiert. Mir blieb nichts weiter übrig, als vor dem *Kollektiv* mein Vergehen einzugestehen und das Versprechen abzugeben, streng nach Bestimmung *Kaderkleidung* anfertigen zu lassen. Erst danach durfte ich gehen.

Geradezu lächerlich war die Bestimmung über die Benutzung von Kraftwagen. Funktionäre im Rang eines Abteilungs- und Hauptabteilungsleiters hatten gemeinschaftlich mit einem Pkw der Marke *Moskwitsch* zu fahren. Minister oder deren Stellvertreter benutzten einzeln PKWs der Marke *Pobeda* mit Seitenverdunklung. Mitglieder des *Zentralkomitees* der Partei fuhren Wagen mit zusätzlicher Fondverdunkelung, Mitglieder des *Politbüros* und des *Parteisekretariats hatten* Wagen des Typs *Wolga* mit zusätzlicher Verdunkelung der vorderen Seitenfenster. Der höchste Führer, der Generalsekretär, hatte es besser. Er benutzte den *Tschaika.* Zum Empfang von Gästen oder zu Feierlichkeiten fuhr er den gepanzerten *Zil* mit kugelsicherem Glas. Alle diese Wagen stammten aus sowjetischer Produktion.

Kaum in Hanoi angekommen, nahm jeder *Führer* ein komfortables Gebäude für sich in Besitz, das ehemaliges Eigentum von Franzosen war oder von reichen Leuten, die in den Süden geflüchtet waren. In jedem dieser

61

Gebäude gab es einen kompletten Dienststab: Sekretariat, Fahrer, Leibgarde, Dienerschaft, Küche. Die Herren arbeiteten *zu Hause,* während die Sekretäre und Verbindungsleute wie in einem Karussell zwischen den Stäben herumrannten, damit die Herren miteinander in Kontakt blieben.

Am unangenehmsten war es, sich dem *demokratischen Zentralismus* anpassen zu müssen. Jede Entscheidung des *Zentralkomitees* stellte die einzig richtige und äußerst scharfsinnige Wahrheit dar. Die *unteren Ebenen* hatten diese nur gründlich auswendig zu lernen, um sie anzuwenden zu können.

Von der ehemaligen Gleichheit der Menschen aus einer gemeinsamen Kampffront blieb nichts übrig. Ich dachte an den Text eines Liedes von *To Hai,* der zu dieser Zeit nicht gesungen werden durfte. Das Verbot wurde von der Partei mit der *ideologisch schwächlichen* Eigenschaft des Textes begründet, während er den einfachen Soldaten jedoch gefiel. Nur ein einziges Wort im Text - das Wort *"Millionen"* - wurde in *"einige"* verändert, und so die Gedanken der Soldaten nach dem Tag des Sieges widergegeben:

> *Freudig der Tag der Rückkehr*
> *Aber wer mitten in der Hauptstadt fühlt nicht mit*
> *Wie viele junge Haarschöpfe*
> *tragen weiße Trauertücher*
> *Über wie viele faltige Gesichter rollen Tränen*
> *Von jenen, die auf die Rückkehr*
> *ihrer siegreichen Männer und Söhne warten.*
> *Wer fehlt*
> *in den Reihen der zurückkehrenden Kämpfer?*
> *Hier der Hass in Tausenden von Straßen*
> *Blut und Knochen bauen einige Paläste*
> *Die Seelen der für immer gegangenen Kämpfer*
> *bleiben irgendwo*
> *In der Stadt, die ewig keinen Frieden findet.*

Es hieß, die Revolutionäre degenerierten nach dem Sieg. Diese Variante schloss ich aus. Das Wesen eines Menschen bleibt immer, wie es ist. Nur unsere Augen sind nicht klar genug, unser Sichtwinkel nicht weit genug, daher können wir dieses Wesen nicht vollständig erfassen.

Der Gefangene kroch langsam zu mir hoch. Wahrscheinlich konnte er nicht einschlafen.

"Sagt mal, welche Straßen wurden von den Amerikanern bombardiert?"

"Hanoi hat noch keine Bomben abgekriegt. Aber Nam Dinh wurde getroffen, sogar ziemlich stark. Ich bin gerade vor einigen Tagen von Nam Dinh zurückgekehrt."

"Wieso sagt man dann, dass Hanoi auch getroffen wurde?"

"Man irrt sich. Die amerikanischen Flugzeuge haben zweimal Raketen in die Innenstadt geschossen: einmal schlugen sie in dem kleinen Markt *Cho Hom* ein, einmal ganz in der Nähe der französischen Botschaft an der Ecke *Ham Long - Ba Trieu.*"

"Gab es viele Tote?"

"Es gab etliche im *Cho Hom*-Markt, aber anderswo nicht, nur einige Verwundete."

Er murmelte etwas, aber es war so undeutlich, dass ich es nicht verstand.

"Lässt man uns in den Schutzkeller gehen, wenn es Alarm gibt?" fragte ich.

Er lachte leise.

"In den Schutzkeller? Noch lange nicht. Aber wie kommt es, dass es von heute Morgen bis jetzt noch keinen Alarm gab?"

Ich war wirklich erstaunt.

"Heute ist Waffenruhe. Wisst Ihr das denn nicht?"

"Waffenruhe? Wieso Waffenruhe?"

"Ihr wisst es tatsächlich nicht?"

"Wie kann ich es hier drinnen wissen?"

"Heute ist der 24. Dezember. Heute um Mitternacht feiert man die Geburt Jesu."

Der Gefangene war sprachlos, beinahe so, als wäre er enttäuscht. Er lauschte eine Weile, dann holte er aus einem Verschluss an seiner Liege einen fünf Zentimeter langen Nagel heraus und ritzte damit ohne Eile eine Markierung in die Wand. Die Zellenwand war sehr hart. Er hatte Mühe, einen Strich anzubringen.

"Ich habe mich in der Zeit geirrt", sagte er dann traurig. "Dass ich mich irre, ist seltsam. Ich dachte, erst morgen wäre Weihnachten. Und Ihr, weswegen seid Ihr verhaftet worden?"

Ich antwortete nicht gleich.

"Wie soll ich Euch das erklären?" Ich zuckte mit den Schultern. "Ich weiß selbst nicht, weshalb man mich verhaftet hat. Ich will sagen, ich verstehe nicht, für welches Verbrechen man mich anzuklagen beabsichtigt ..."

Ich überlegte: wenn er mich fragte, konnte ich ihm die Antwort doch nicht schuldig bleiben. Zivilverbrecher können überhaupt nichts davon verstehen.

"Wieso wisst Ihr es nicht?" Er staunte. "Wenn man verhaftet wird, kriegt man den Haftbefehl vorgelesen. Und im Haftbefehl wird immer der Grund für die Verhaftung genannt."

"Man hat mich unterwegs verhaftet und hierher gebracht."

Der zerzauste Kopf überlegte und nickte:

"Verstanden, verstanden. Verhaftet werden, ohne sich über den Grund im Klaren zu sein, da könnt Ihr nur zu den *ungeraden Nummern* gehören. Seltsam, wieso seid Ihr unterwegs festgenommen worden? Die Politik, sie ist wie eine Hure, furchtbar ..."

Er brachte mich zum Lachen.

"Warum verbindet Ihr Politik mit *ungeraden Nummern?*"

"Wisst Ihr das nicht? Ja, wie könntet Ihr es wissen, Ihr seid noch nie im Gefängnis gewesen ... Der Grund ist folgender: politische Gefangene tragen *ungerade Nummern*, Strafgefangene tragen *gerade Nummern.*"

"So ist das also. Das wusste ich nicht. Niemand hat mir gesagt, welche Nummer ich trage."

"Wahrscheinlich seid Ihr mit dem Verbrechen „ *reaktionäre Propaganda*" belastet."

"Das weiß ich nicht."

"Worin dieses Verbrechen besteht, wird sehr weit ausgelegt. Und unklar." Er seufzte. "Wenn man nicht aufpasst, was man redet, wenn man versehentlich die Behörde oder die Führer negativ erwähnt, dann ist es schon geschehen. Und wenn ein anderer das meldet, dann nimmt man dich sofort fest. Du hast gar keine Chance... Hier gibt es genügend Fälle wie den Euren. Wenn Ihr Glück habt, wird Euer Fall vor Gericht verhandelt. Wenn Ihr Pech habt, kriegt Ihr eine *Portion Umerziehungslager.* Dann wäre es aus mit Euch."

"Was heißt *Umerziehungslager?*"

"Das bedeutet unbefristete Gefangenschaft. Nur wenn man einen entlassen will, wird er entlassen."

"Warum ist so etwas möglich?"

Der Gefangene rückte die Decke zurecht, die von seinen Schultern herabgerutscht war, drehte sich erneut zur Wand, rauchte noch einmal seine Pfeife. Es wurde immer kälter im Raum. Man konnte den Wind draußen heulen hören.

"Seid Ihr im Kampf gegen die Franzosen Kader gewesen?"

"Ja."

"Dann geht Ihr nicht ins *Umerziehungslager.* Keine Sorge."

" Ich mache mir keine Sorgen. Wenn man das Recht hat, mich festzunehmen, dann werde ich eben festgenommen."

"So etwas solltet Ihr nicht sagen. Wenn man einen verhaftet, dann muss er etwas verbrochen haben."

Ich zuckte mit den Schultern.

"Wir denken, wir wären unschuldig. *Man* denkt aber, wir seien schuldig, also sind wir trotzdem schuldig ..."

Sollte ich mich weiter mit diesem Mörder unterhalten? Es war doch egal, ob ich mit ihm sprach oder nicht.

"Um ehrlich zu sein, gebe ich zu, dass es zwischen mir und der Partei einige Probleme gibt."

"Oh! Dann ist es sehr gefährlich!" Der Gefangene schüttelte den Kopf. "Aber warum bringt man Euch in diese Zelle?"

Ich verstand den Sinn dieses Satzes nicht gleich.

"Was wollt Ihr damit sagen?"

"Normalerweise legt man die *geraden* nicht mit den *ungeraden Nummern* zusammen. Und Ihr gehört eindeutig zu den *ungeraden Nummern ...*"

So war es.

"Das bedeutet, ich bin *Gegner*, d. h. *Feind der Revolution*, und Ihr nicht, nicht wahr? Ich selbst verstehe auch nicht, warum man einen *Feind des Volkes* gemeinsam mit einem *Freund des Volkes* einsperrt."

Bei politischen Schulungen belehrten uns die Lehrer ständig darüber, *Freund und Feind klar zu unterscheiden*. Dieser Unterschied behielt selbstverständlich auch im Gefängnis *Hoa Lo* seine volle Bedeutung. Das hieß: Diebe, Räuber und Mörder waren *Freunde des Volkes*, als Regimegegner Beschuldigte dagegen waren *Feinde des Volkes*.

"Ihr könnt protestieren, wenn sich die Leute irren", ergänzte ich. "Man brachte mich hierher und deshalb bin ich hier. Mich hat man keineswegs nach meiner Meinung gefragt. Ich habe auch nichts vorgeschlagen ..."

Ich hatte meinen Satz noch nicht beendet, da musste ich wegen der Kälte im Raum mehrmals nießen.

"Habt Ihr keine warmen Sachen?"

Mein Mitgefangener drehte den Kopf in meine Richtung. In seiner Stimme schwang etwas Mitleid.

"*Die* haben mir alle meine Kleidungsstücke weggenommen", hustete ich weiter, "und mir diese Stücke gegeben."

Der Gefangene schien verwirrt. Sein Blick richtete sich auf das Kontrollloch in der Tür. Mein Ohr vernahm ebenfalls ein fremdes Geräusch.

"Tja, *die Herren* werden es Euch schon zurückgeben, Ihr braucht nicht ungeduldig zu sein." Er hob seine Stimme, um seine beiden ehrfurchtsvollen Worte "*die Herren*" zu betonen und mein respektloses Wort "*die*" zu überspielen, so dass es Außenstehende verstehen konnten. Man hörte Schritte, die sich entfernten.

"Wenn Ihr sehr friert, könnt Ihr meine Sachen vorläufig mitbenutzen."

Sein besorgtes Verhalten machte mich verlegen. Aber seine Sachen? Ich schauderte. Niemals!

"Ich danke Euch, aber *die* müssen mir meine Kleidungsstücke zurückgeben, zumindest die wattierte Jacke. *Die* haben kein Recht ..."

"Ihr seid neu, Ihr könnt die hiesigen Regeln gar nicht kennen", unterbrach er mich eilig. "Wenn wir erst einmal hier sind, dann haben wir überhaupt keine Rechte mehr. Zurückgeben oder nicht zurückgeben, was zurückgeben, was nicht zurückgeben, wann zurückgeben, dies alles hängt von *den Herren* ab. Man hat alles berechnet."

Auch die Tatsache, dass ich in eine Zelle zu einem Gefangenen mit furchtbarem Aussehen gebracht wurde, musste berechnet sein, sicherlich. Das war, im Berufsjargon der Polizei, eine *Variante*.

Draußen wurden Geräusche von Plastiksandalen auf dem Zementboden hörbar. Das Schloss wurde geöffnet und die Zellentür ging weit auf.

"Essen!"

Der bäuerliche Gefängniswärter stellte eine emaillierte Schale vor mich hin. In dem schwachen Licht, das durch das Lüftungsloch von ganz oben herein-drang, erkannte ich in der Schale ein Durcheinander von etwas, das *Wasserspinat* ähnelte, jedoch völlig schwarz war. Die Stängel des Gemüses schwammen im Wasser. Darauf lagen zwei dünne gekochte Reisklöße.

Der Wärter warf einen schnellen Blick auf mich, drehte sich um und schloss die Türe ab. Das Geräusch des Riegels, der wieder zugeschoben wurde, bohrte sich in mein Gehirn.

"Wo ist Eure Portion?" fragte ich.

"Ich habe schon längst gegessen." Der andere Gefangene drehte sich weg. "Das Mittagessen ist hier zwischen 11 und 12 Uhr."

Zu dieser Zeit war ich untersucht worden.

Angewidert blickte ich auf diese erste Gefängnismahlzeit.

Ich aß nicht sofort. Auf den gekochten Klößen bildete sich eine verstreut schwimmende Schicht von kleinen toten Reiskäferchen. Wie ich später erfuhr, war es wegen der Zubereitung in Gusspfannen normal, dass der *Wasserspinat* schwarz wurde. Ich stocherte darin herum und begutachtete einige Stängel. Der *Spinat* war weder sortiert noch gewaschen worden. Er hatte noch Wurzeln und gelbe Blätter.

Eine Weile saß ich regungslos vor der Schale.

"Versucht, es zu essen." Mein Mitinsasse sah mich mitleidig an. "Das Gefängnis hat nur so viel zu bieten."

Ich begab mich in den Schneidersitz und brachte einzelne Stücke dieser schauerlichen Essensportion langsam zu meinem Mund. Noch nie in meinem Leben hatte ich Schlimmeres gegessen, selbst nicht im Jahr 1949, dem schwierigsten Jahr des Widerstandskrieges gegen die Franzosen. Zu jener Zeit herrschte Mangel an Salz, und wir hatten als Soldaten ständig verschimmelten Reis mit ungesalzener Kürbissuppe gegessen.

Schließlich überwand ich mich. Eine Weile später kam der Wärter, um das Geschirr zu holen. Er war verblüfft über die leere Schale, nahm sie wortlos mit und ging hinaus.

"Ihr seid stark!" lobte mich der Mitgefangene.

Freund oder Spitzel?

In aller Ruhe betrachtete ich den Mann, mit dem ich von nun an gemeinsam leben würde. Aber für wie lange? Einige Wochen, fünf Monate oder ein ganzes Jahr?

Ich erinnerte mich daran, was mein Vater über seine eigenen Verhaftungen erzählt hatte. Die ersten Tage waren seiner Meinung nach die wichtigsten. Alle Vorhaben des Feindes, den Gefangenen moralisch zu brechen, wurden in diesen ersten Tagen durchgeführt. Die härtesten Folterungen fanden haupt-sächlich während dieser Tage statt. Danach würde es nicht mehr so schlimm sein. Während der ersten Tage steckten sie oft auch Spitzel (*Melder)*, als Mitgefangene getarnt, mit in die Zelle, denn gerade in diesen ersten Tagen, die auf die Verhaftung folgten, fühlte sich jeder Gefangene unheimlich einsam. Dinge, die man seinem Feind trotz all dem Druck nicht sagte, offenbarte man diesem Spitzel im Verlauf anscheinend freund-schaftlicher Unterhaltungen ohne Argwohn bis in alle Einzelheiten.

Ohne dass ich es wahrnahm, wurde es draußen langsam dunkel. Im trüben Halbdunkel leuchtete die mit einem Eisengitter eingefasste Glühbirne auf. Bei diesem elektrischen Licht betrachtet sah der andere Gefangene nun eigentlich nicht mehr so furchtbar aus.

Dieses Mal wurde die Türe ohne die von mir als grausam empfundenen Geräusche erneut geöffnet. Der Wärter mit dem bäuerlichen Aussehen postierte sich mitten in der Tür mit meiner Wattejacke, die über seinem Unterarm hing:

„Sie!"

Ich fragte zurück:

„Ich? Ja?"

Er nickte mit dem Kopf und gab mir die Jacke:

„Ziehen Sie sich an und kommen Sie mit mir!"

Ich zwängte meine Füße mühsam in die Schuhe und folgte ihm. Wir gingen in einem engen dunklen Hof wortlos an einem kasernenartigen Bau vorbei, aus dem wie aus einem Bienennest menschliche Stimmen herausdrangen, dann vorbei an einer Werkstatt mit einem Durcheinander von Gegenständen aus Eisen und Stahl und betraten schließlich ein großes Haus.

In einer dunklen Ecke hingen an den Zweigen eines Nadelbaumes einige spärlich leuchtende Lampen. Aus derselben Ecke erklang aus einem nicht sichtbaren Lautsprecher ein jämmerliches Lied:

Der Rote Fluss brachte den Sand
bis an den Rand des Heimatdorfes...
Am En.......de des Flusses in Viet Tri kamen
mit braunen Hemden bekleidete Jungs zurück...
Vom Reisfeld hingerissen...
Voller Freu....de ...

In dem trüben Licht konnte ich einen kurzen Korridor mit einer Abzweigung und einer Reihe von Türen erkennen. Deshalb vermutete ich hier den Bereich der Kriegsgefangenen; denn den einheimischen Christen würde *man* den großen Gefallen nicht tun, ihretwegen bis hierher einen Nadelbaum anzuschleppen. Ihretwegen würde *man* auch kaum daran denken, aus dem altersschwachen Tonbandgerät ein bisschen Musik abspielen zu lassen. Der Treibriemen des Gerätes war schon kraftlos, lief geräusch-voll und machte aus diesem lyrischen Lied ein wehmütiges. Wer konnte schon wissen, auf welche Art und Weise *man* gedachte, amerika-nische Gefangene ihr Weihnachtsfest feiern zu lassen? Etwa so, dass die Personen einzeln nacheinander aus ihren Zellen herausgelassen würden, mit kleinen Schritten um diesen billigen Nadelbaum herumgehen, die tragische Musik eine kurze Wiele genießen und dann in die Zellen zurückkehren sollten? Jedenfalls nahm ich an, dass der Tag der Geburt Jesu für die Gefangenen in dieser ungewöhnlichen Weise gestaltet werden würde.

Seit dem 5. August 1964, als die amerikanischen Flugzeuge zum ersten Mal in den nordvietnamesischen Luftraum eingedrungen waren, wurden etliche amerikanische Piloten gefangengenommen. Am Anfang stand der weltbekannte Name *Alvarez*. Außer diesen Piloten, die bei der Eskalation der Luftangriffe über Nordvietnam abgeschossen wurden, gab es aber noch viele weitere amerikanische Kriegsgefangene. Sie gehörten zu anderen Waffengattungen der US-Armee, die an den Fronten in Südvietnam, Laos und Kambodscha gefangengenommen und in verschiedenen geheimen Lagern in Nordvietnam festgehalten wurden.

Mein letzter Zeitungsartikel, den ich über den amerikanischen Bombenangriff gegen die Zivilbevölkerung der Stadt *Nam Dinh* im Viertel um die *Hang-Thao*-Straße geschrieben hatte, war inzwischen vermutlich bereits gesetzt worden. Vor zwei Tagen hatte ich die Korrekturfahne zum dritten Mal abgezeichnet. Würde dieser Artikel nach meiner Festnahme jetzt gestrichen werden? Und die Erzählung *"Die fünf schweigenden Menschen"* im Kultur-Verlag? Es handelte sich zwar nur um eine Übersetzung; aber trotzdem war es nun unwahrscheinlich, dass sie herausgegeben werden würde.

Dadurch würden meine Frau und die Kinder dann nicht in den Genuss meines Honorars kommen.

In unserer sozialistischen Gesellschaft wurde es zur Regel, dass der Schriftsteller ein Mensch mit zweifelsfrei sauberer Abstammung, einem festen Standpunkt und, noch besser, mit langjähriger Zugehörigkeit zur Partei-*Organisation* sein musste. Die Verlage gaben absolut keine Werke von *Elementen* heraus, welche diesbezüglich *Probleme* hatten. Selbst Arbeiten von ehemaligen Teilnehmern am Widerstandskrieg gegen die Franzosen, die mehr oder weniger enge Beziehungen zu *problembelasteten* Schriftstellern und Künstlern unterhielten, wurden nicht veröffentlicht. Das Schicksal des Schriftstellers *Thanh Chau* war dafür ein Beispiel. Offiziell gehörte er zwar nicht zu der von der Partei als konterrevolutionär verurteilten *Nhan-van-Giai-pham*-Gruppe, hatte aber persönliche Beziehungen zu deren Mitgliedern. Gegen ihn wurde ein Schreibverbot verhängt. Als er dann endlich wieder schreiben durfte, war er schon viel zu alt, um noch schreiben zu können.

Kim Lan hatte Glück, dass er mit dieser *Nhan-van-Giai-pham*-Gruppe nichts zu tun hatte. Er kommentierte ironisch, dass - außer den *Palast-Schriftstellern* - alle Schriftsteller *verwundet* wurden.

Falls ich bei meiner Dienstreise nach *Nam Dinh* durch Bomben umgekommen wäre, so hätte man sicher in einer dramatischen Grabrede gesagt, dass mein Tod einen *großen, nicht wieder gut zu machenden Verlust* für meine Familie und die Arbeitsstelle bedeute. Nachdem ich jedoch lebend von dieser Dienstreise zurückkehrte und festgenommen wurde, schlug die Sprache jetzt um in die Richtung, dass der seit längerer Zeit verfolgte reaktionäre Vu Thu Hien verhaftet wurde.

Bereits seit einigen Jahren stand meine Treue zur Revolution unter scharfer Beobachtung. Ihren Anfang nahm diese Geschichte, als ich im Jahre 1958 aus der Sowjetunion nach Vietnam zurück fuhr, um Material für meine Abschlussarbeit im Studienfach Drehbuch zu sammeln. Während meiner Abwesenheit ging ein Kunstmaler, der mit mir gemeinsam zu diesem Auslandsstudium gefahren war, in mein Internatszimmer, durchsuchte meine Sachen und nahm mein Tagebuch mit, das er dann an unsere Botschaft lieferte. Das Tagebuch enthielt Niederschriften über meine Erlebnisse von einer Fahrt im Jahr 1957, die ich gemeinsam mit dem sowjetischen Kameramann *Reizmann* zur Realisierung des Films "Oktober-licht" nach Vietnam unternommen hatte. Weiter enthielt dieses Tagebuch einige negative Einschätzungen zur Boden-reform und zu Herrn Ho Chi Minh. Es wurde sofort an das Innenministerium, dem späteren Ministerium für öffentliche Sicherheit, geschickt.

Man sagte, dass der Botschafter der Demokratischen Republik (Nord)Vietnam in der UdSSR, *Nguyen Van Kinh,* vor der Augustrevolution im Jahr 1945 in Cochinchina (Südvietnam) ein geschätzter Intellektueller gewesen sei. Durch die Anstiftung des schon erwähnten Kunstmalers zum Diebstahl meines Tagebuches erwies sich dieses Parteimitglied jedoch außerdem auch in seiner Geheimdiensttätigkeit, von der viele Leute noch nichts wussten, als talentierter Agent.

Zu jener Zeit zählte das Talent für geheime Agentendienste zu denjenigen Eigenschaften, die (von der Partei) gefördert wurden.

Nach diesem Ereignis hielt mich der Hauptabteilungsleiter für das Hoch- und Fachschulwesen, *Le Van Rang*, ein Intellektueller des Typs "*mehr Royalist als der König selbst*", in meinem Heimatland zurück. Die Frage, ob ich zur Fortsetzung meines Studiums wieder in die Sowjetunion fahren dürfe, blieb offen.

Ich kehrte daher in das Filmstudio Vietnam zurück.

Nach beinahe einem Jahr Arbeit musste ich meinen Filmberuf jedoch aufgeben, weil ich den Leiter der *Organisations*-Abteilung (Personal-Abteilung), der ehemals Sekretär einer für die Bodenreform verantwortlichen Gruppe war, nicht ausstehen konnte. Dieser Emporkömmling bestellte mich zu sich und fragte mich: „Jeder im Filmstudio grüßt mich. Warum grüßen Sie mich nicht?"

Höflich fragte ich ihn nach seinem Namen und erklärte ihm dann in derselben höflichen Art, möglicherweise sei er eine genauso wichtige nützliche Person wie ein Lampenständer. Ohne diesen bekomme man kein Licht und könne nicht lesen. Und mit Ehrfurcht erklärte ich weiter, nichts-destotrotz könne ich nicht vor jedem Lampenständer stehenbleiben und ihn grüßen.

Ich wechselte in den Zeitungsberuf. Nachdem ich die verschiedenen Zeitungen, deren Redaktionen bereit waren, mich aufzunehmen, miteinander verglichen hatte, befand ich die Bildzeitschrift *Vietnam Illustrierte* als die für mich geeignetste. Sie war für die ausländische Leserschaft gedacht. Die Artikel mussten nicht unbedingt nach den für inländische Zeitungen geltenden Regeln geschrieben werden. Hinzu kam, dass verschiedene Redakteure Sympathie für mich empfanden, nachdem sie meine veröffentlichten Erzählungen gelesen hatten. Sie wollten mich unbedingt haben.

Bei kleinlichen Reibereien wie im Fall des Personalleiters aus dem Filmstudio konnte ich mich aus Verärgerung mit Aussagen nicht zurück-halten, die ich eigentlich besser nicht machen sollte.

Das *Organisations*-Büro und die Polizei arbeiteten sehr fleißig an der Sammlung von Informationen über die politische Einstellung ihrer *Kader*. Man brauchte nur ein bisschen unachtsam zu sein und unorthodoxe Gedan--ken zum Vorschein kommen lassen, so wurde dieses Verbrechen sofort registriert und die Observierung nahm ihren Lauf, ohne dass man sich dessen bewusst wurde. Wenn man dann eines Tages die Beobachtung doch entdeckte, war es schon zu spät: man war bereits vom Deck des Revolutions-schiffes verbannt.

Ich dachte zurück an das Jahr 1963. In der Redaktion hatten alle Leute ihre

Journalistenausweise erhalten, nur ich lange Zeit noch nicht. Zwar wunderte ich mich etwas, schob die Sache aber der Bürokratie in die Schuhe, die es noch nie eilig gehabt hatte. Die Redaktion fragte für mich telefonisch nach. Es hieß, mein Foto sei verlorengegangen. Ich reichte ein anderes Foto ein. Es geschah trotzdem nichts, denn der Verlust des Fotos war nicht der wahre Grund. Erst durch den persönlichen Einsatz des Chefredakteurs erhielt ich endlich meinen Ausweis; ich wusste nicht, was sich bei dieser Beschwerde beim Amt für Zeitungen und Zeitschriften abgespielt hatte. Im Nachhinein machte ich mir darüber so meine Gedanken. Ja, die für die Journalisten verantwortlichen Leute zögerten, sie mussten noch *um die Meinung (Genehmigung) der oberen Instanzen* bitten, da sich mein Name in irgendeiner Liste befand, und das erforderte ihre Überlegungen. Meine unmittelbaren Vorgesetzten waren mit mir nicht unbedingt unzufrieden, aber zu diesem Zeitpunkt wollte keiner für einen anderen bürgen.

Nach diesem Ereignis begann ich, auf das Verhalten der Verantwortlichen, d.h. meiner Vorgesetzten, zu achten. Ich stellte fest, dass mir in der alltäglichen Arbeit keine Themen zugeteilt wurden, die irgendwie mit Geheimnissen militärischer oder anderer Art zusammenhingen. Da es aber im Sozialismus sehr viele Geheimnisse gab - fast alles war geheim -, erhielt ich nur Aufträge zu den Themen Kultur, Landwirtschaft oder Industrie, die mich in verschiedene Ortschaften führten. Manchmal musste ich aber auch als "Feuerwehrmann" Ausgaben der Zeitschrift zu retten versuchen, nachdem unglücklicherweise ein oder sogar mehrere ihrer Artikel von Herrn *Truong Chinh*, dem Initiator der Zeitschrift, der eine Zeitlang General-sekretär der KP Vietnams war, persönlich gestrichen wurden.

Für die verschiedenen Fronten gab es vereinfachte Bezeichnungen: B - Südvietnam, C - Kambodscha; D - Laos; E - Thailand. An allen diesen Fronten gab es vietnamesisches Militär. (In Thailand drangen vietnamesische Einheiten während der Besetzung Kambodschas aber nur etwa 20 km tief ein.) Als ich meinen Namen nicht in der Liste der Journalisten fand, die zur *B-Front* gehen durften, begriff ich, dass *die revolutionäre Wachsamkeit* bereits gegen mich angewandt wurde.

Durch Nachrichten aus undichten Quellen des Innenministeriums erfuhr ich, dass ich zur Kategorie der *nicht Vertrauenswürdigen* gehörte. Von dieser Kategorie war es nur ein Schritt zu der der *Leute mit Problemen*. Und dieser Schritt war nicht groß. Meine Freunde rieten mir zur Vorsicht. Ich müsse auf meine Worte und meine Sprache achten. Das nahm ich zwar zur Kenntnis, glaubte aber nicht so ganz daran. Wie konnte man mir so etwas unterstellen?

Klarheit darüber erhielt ich erst, als ich mich im *Feuerofen* befand. Seit langem wurde ich also von den Machthabern verdächtigt. Man vermutete sogar, dass ich unter günstigen Umständen die Fronten wechseln würde.

Diese Erkenntnis des wahren Sachverhalts verbitterte mich.

Nach dem Widerstandskrieg gegen die Franzosen betrachtete ich - diesmal widerwillig – unseren Verteidigungskrieg gegen die Amerikaner unter den zwingenden historischen Bedingungen als den nächsten notwendigen Schritt im Zuge unserer nationalen Befreiung. Der Wunsch nach nationaler Vereinigung war immer der Wunsch der ganzen Nation.

Mit seiner Politik, durch welche er im Stil einer Familiendynastie mittels feudalistischer Maßnahmen alle ihm fremden Richtungen - nicht nur die kommunistische - unterdrückte, beging der Regierungschef Südvietnams, *Ngo Dinh Diem,* einen großen Fehler. In dieser Situation konnten die Kommunisten nicht umhin, sich zu erheben und die unzufriedene Bevölkerung mit sich zu ziehen. Der Widerstand gegen die Administration in Saigon wurde noch verstärkt, als Ngo Dinh Diems Nachfolger den USA gestattete, massive Truppenkontingente nach Südvietnam zu bringen. Die rechthaberischen Amerikaner machten den falschen Schachzug; sie ignorierten es, dass der Widerstand gegen Aggressoren aus dem Ausland im vietnamesischen Volk eine lange Tradition hat. Als sie das endlich begriffen, war es zu spät. Nach dem Jahr 1965 konnte man nicht mehr ins Jahr 1954 zurückkehren, selbst wenn man es gewollt hätte.

Aber das gehört zur Arbeit der Historiker; ich fühle mich dafür nicht kompetent. Vom Standpunkt des Journalisten aus betrachtet bin ich der Meinung, dass während des gesamten Kriegsverlaufes eine Beendigung nie vollkommen unmöglich war, und bei der Suche nach Ausstiegsmöglichkeiten begingen beide Seiten immer wieder Fehler.

Doch kehren wir zurück zum *Feuerofen* im Winter 1967!

Vorbei am Bereich der Kriegsgefangenen brachte mich der Wärter mit dem bäuerlichen Aussehen zu einem langgestreckten Bau mit sehr vielen Türen, der sich auf der linken Seite des Tores befand. Einer dieser vielen Räume des Gebäudes war der Vernehmungsraum. Er war klein, hatte nicht mehr als sechzehn Quadratmeter und wurde von einer 60-Watt-Glühbirne spärlich beleuchtet.

Huynh Ngu wartete bereits. Als er mich hereinkommen sah, hob er den Kopf. Sein Gesicht war weder von Boshaftigkeit noch von Spannung, sondern von Erleichterung gezeichnet. Er sah völlig friedfertig aus. Es war schwer, sich vorzustellen, dass er mir gegenüber noch vor kurzem so gereizt war, als ob ich sein persönlicher Feind und nicht der Feind der Partei gewesen wäre.

„Setzt Euch, setzt Euch hierher, Herr Hien!" Er zeigte einladend auf den Stuhl gegenüber. „Ihr nehmt Tee, nicht wahr?"

Der Vernehmungsraum war wie ein ärmlicher Gastraum gestaltet. Einige einfache Stühle standen um einen dreibeinigen Tisch herum. Auf dem Tisch befand sich ein Kännchen mit Krakelee-Glasur im Stil der Keramik aus der Zeit der *Ly*-Dynastie (1010 - 1225), das gar nicht zu den billigen Bechern aus *Hai Duong* passte. Das Tee-Service stand auf einem emaillierten Teller, der mehrere Scharten aufwies und ein verfärbtes Garnelen-Bild des bekannten chinesischen Malers der Neuzeit, *Qi Baishi*, trug. Trotz meiner wattierten Jacke fror ich mächtig. Die Temperatur war sehr schnell gefallen. Vormittags war es noch warm gewesenen, in den abendlichen Stunden aber bereits sehr kalt geworden. In diesem Vernehmungsraum war es noch kälter als in der Zelle. Hinzu kam der Geruch von vermodertem Holz. Ich hatte den Eindruck, dass dieser Raum schon lange nicht mehr genutzt worden war.

Huynh Ngu nahm Teeblätter und gab sie in das Kännchen. Sorgsam las er die Teeblätter auf, die auf den Tisch gefallen waren, holte gemächlich eine Thermosflasche aus chinesischer Produktion, füllte geduldig heißes Wasser auf, wartete eine Weile, bis der Tee gezogen hatte und goss ihn langsam in die Becher. Seine Art der Teezubereitung ließ in ihm einen schwer Teesüchtigen erkennen, wie es viele bejahrte Kader jener Zeit waren.

Wortlos beobachtete ich die Szene.

„Trinkt bitte, Herr Hien!" Seine magere knochige Hand mit den langen Fingern zeigte in meine Richtung. „Damit der Tee nicht kalt wird!"

Ich schwieg noch immer.

„Bei diesem Wetter Tee zu trinken, ist ein Genuss, nicht wahr? Nehmt bitte, ganz wie zu Hause. Seht Ihr, draußen denkt man, die Verhaftung, das Gefangenendasein wäre etwas ganz Furchtbares, ganz Schreckliches, aber in der Tat gibt es ... nichts Schreckliches ..."

Er schob den Teebecher in meine Richtung.

„Der Autor von "*Der Koffer*" hat Euch die Verhaftung angekündigt, richtig? Und was hat er Euch noch gesagt?"

Damit meinte er Herrn *Hoang Dao*. Ich war darüber nicht verwundert. Er wollte damit angeben, dass er alles wusste, dass es nichts nütze, etwas vor ihm verbergen zu wollen. Und tatsächlich stimmte es, dass mir Hoang Dao angekündigt hat, was geschehen würde.

Ich traf ihn eine Woche vorher. Eigentlich wollte ich gar nicht zu ihm. Da ich aber gerade durch die *Nguyen-Che-Nghia*-Straße fuhr, suchte ich ihn auf. Er hatte in dieser Straße eine kleine Wohnung. Von seinem Empfangsraum aus konnte ich im gelblichen Licht von Straßenlampen, die wegen der Luftangriffe verdunkelt wurden, undeutlich die Schatten von Geheimpolizisten erkennen.

„Man wird Dich verhaften", sagte Hoang Dao. „Vor einigen Tagen war ich im Ministerium. Die Lage ist sehr gespannt. Noch viele Verhaftungen. Mich interessierst nur Du". Ich lachte: „Na, dann bring Schnaps her. Trinken wir eine Runde zum Abschied."

Wir fuhren dann in unserem Gespräch über das Drehbuch zu einem Film über die Aktivitäten der Kommandotruppe fort, die unter seiner Leitung tätig gewesen war und der es in den Gewässern vor *Thanh Hoa* im Jahre 1950 gelang, ein französisches Kriegsschiff (Avisos) zur schnellen Nachrichten-übermittlung, die *Amyot d'Inville*, zu versenken.

Diese Absicht hegte ich bereits seit langem, schon seit meiner Studienzeit in Moskau. Hoang Dao und ich schrieben einander oft Briefe zu diesem Thema.

„Kannst Du dich nicht etwas zurückhalten?" fragte mich Hoang Dao beim Abschied. „Wozu lässt Du dich mit der Politik ein?" „Nein, so ist das nicht. Ich bin nicht der Ansicht, dass ich mich mit der Politik einlasse, wenn ich meine Meinung äußere. Ich tue nichts Falsches", sagte ich, „ich begehe nur die Straftat, anzunehmen, dass der Mensch frei denken darf." Hoang Dao umarmte mich. Wir trennten uns in bedrückter Stimmung.

„Wenn Ihr nichts aussagen wollt, dann geht es auch so", sagte Huynh Ngu in geringschätzigem Ton. „Die Geschichte mit Hoang Dao ist gar nicht so wichtig. Er ist kein bemerkenswertes *Objekt*. Er ist auch keine Person, über die wir von Euch *Berichte* erwarten. Ich wollte nur nebenbei fragen, um zu hören, was Ihr dazu sagt. Wir wissen sowieso alles, auch über andere Dinge. Wenn Ihr reden wollt, dann bitte schön. Wenn Ihr nicht wollt, dann bitte schön. Ich werde warten. Wenn Ihr einsichtig geworden seid, dann werdet Ihr reden. Unsere Sicherheitsbehörde ist sehr geduldig."

Ich dachte, er wolle hinzufügen: „Wir werden *fünf Jahre, zehn Jahre, zwanzig Jahre oder länger* warten", ganz in der Art, wie Herr Ho Chi Minh mit den Amerikanern sprach. Höchst wahrscheinlich wollte er das auch sagen, konnte sich aber bremsen.

„Ich möchte Euch die Wahrheit sagen, damit Ihr keine Angst habt. Die Partei hat Euch hierher gebracht, damit wir günstige Arbeitsbedingungen haben." Indem er seine Zähne zeigte, lachte Huynh Ngu lautlos. „Die Partei will Euch über einige Dinge befragen, danach werdet Ihr entlassen. Die Partei will Euch auch nicht hier behalten. Draußen arbeitet Ihr im Dienst der Partei, hier tut Ihr genau dasselbe, nichts anderes. Ihr seid Kader der Partei, Ihr müsst die Befehle der Partei ausführen. Wenn die Partei Euch sagt, dass Ihr heute hier arbeitet, dann arbeitet Ihr hier. Sagt die Partei morgen, dass Ihr in den Süden fahrt, dann fahrt Ihr in den Süden. Wenn die Partei sagt, Ihr sollt in die Sowjetunion fahren, dann nehmt Ihr den Reisekoffer und fahrt hin. So soll die Jugend sein, ja ja, wo die Partei die Jugend braucht, da ist die Jugend ..."

So eine Heuchelei! Als ob mich die Partei in der nächsten Zeit aus dienstlichen Gründen nach Moskau oder, sogar noch weiter entfernt, nach Paris oder New York schicken wollte.

Ich ließ ihn reden, während ich langsam den Tee zu mir nahm. Der Tee schmeckte gut. Nicht jeder konnte den Tee so gut zubereiten. Huynh Ngu musste ein richtiger Teekenner sein.

„Habe ich das gut gesagt? Nicht falsch, nicht wahr?" sagte er in der festen Überzeugung, im Besitz der Wahrheit zu sein. „Nun, die Partei gibt Euch jetzt die Anordnung, hier zu sein. Euer Kampfposten befindet sich jetzt hier, also bleibt mit ruhigem Gewissen an diesem neuen Platz. Die Anordnungen der

Partei sind für uns, die Kader der Partei, etwas, das wir einfach zu befolgen haben..."

Ein typischer Herdenmensch, dachte ich, die Frucht einer seltsamen Schwangerschaft mit verschiedenen Lehren: dem enthaupteten Marxismus, dem wollüstigen Maoismus und dem modernen Feudalismus.

In der kurz andauernden Stille nahm ich wahr, dass unter dem Dach einige Spatzen dieser Kälte wegen wehklagend zwitscherten. Von irgendwoher, aus einer anderen Welt, kamen Geräusche von rollenden Rädern schwer beladener LKW's. Es konnten auch gepanzerte Fahrzeuge sein. Diese brummenden Fahrzeuge, eines nach dem anderen, rollten unentwegt.

Huynh Ngu forderte mich auf, weiter zu trinken. Höflich nahm ich den Becher hoch und wartete, dass er einschenkte.

„Nun, nach dem Trinken werden wir arbeiten." Möglicherweise fühlte sich Huynh Ngu durch den schmackhaften Tee wohl und wurde tolerant. „Ihr seht, hier drin ist es genauso fein wie draußen, stimmt's? Es gibt auch *Hong Dao* (eine Tee-Marke) der ersten Sorte, auch *Dien Bien* (eine Zigaret-tenmarke) mit silberner Verpackung. Raucht bitte, mit Tee und Zigaretten können wir angenehm arbeiten. Dies alles hier gehört zu den *Kriterien* (Waren und Naturalien, die jede Person entsprechend ihrer gesellschaft-lichen Stellung zugeteilt erhielt - Anm. d. Übers.), es ist keineswegs von mir."

„Ihr müsst den ganzen Tag auf Tabak verzichten; das ist sehr unangenehm, nicht wahr?"

Ich blickte auf die Schachtel Zigaretten, die er mir zuschob. Tja, wenn ich jetzt einen langen Zug davon bekommen könnte, nur einen einzigen Zug! Ich spürte einen schrecklichen, unwiderstehlichen Appetit, der sich in meinem Körper ausbreitete.

„Danke", sagte ich, „ich rauche nicht."

Er lehnte sich in seinem Stuhl zurück, um mich wie ein Weitsichtiger zu beobachten.

„Wieso? Ihr raucht nicht?"

„Was ist dabei Besonderes?"

Huynh Ngu spielte den Beleidigten:

„Ich biete es Euch ganz ehrlich an. Seid Ihr böse?"

„Danke. Das ist so meine Art; wenn ich sage, ich rauche nicht, dann rauche ich nicht."

„Aber weswegen? Oder haltet Ihr unsere *Dien Bien* für nicht so schmackhaft wie *Gold Flake*? Ihr Schriftsteller und Künstler mögt *Gold Flake* sehr, stimmt's?"

Zu dieser Zeit war *Gold Flake* die einzige ausländische Zigarettenmarke, die es in Hanoi gab. Es kursierte das Gerücht, dass diese Zigaretten aus der indonesischen Botschaft stammten. Vietnam bemühte sich, nach dem unerwarteten Sturz *Sukarnos* (samt seiner so genannten *neu aufstrebenden Kräfte* und seines lebenslangen Staatspräsidentenstuhles), das Wohlgefallen des neuen starken Mannes, *Suharto*, zu gewinnen, indem es den Zigaretten-schmuggel von Angehörigen der indonesischen Botschaft einfach übersah.

Unter dem leichtgewichtigen Körper Huynh Ngus gab der Stuhl quietschende Geräusche von sich.

„Ich schätze *Dien Bien* nicht gering. Aber ich rauche nicht."

„Tja, Herr Hien, Ihr unterschätzt die Sicherheitsbehörde etwas zu sehr!" Über sein Gesicht dehnte sich ein zufriedenes Lachen aus. „Ihr denkt wahrscheinlich, wir wüssten sehr wenig über Euch."

Sein lautes Lachen machte mich wütend.

„Die Sicherheitsbehörde schätze ich weder hoch noch gering. Mich interessiert nicht, wie viel Ihr über mich wisst. Ich habe keine Zeit, um an Unsinniges zu denken."

Huynh Ngu wurde wieder ernst.

„Ihr sollt wissen: bevor wir eine Person verhaften, haben wir sie sehr genau studiert. Ich kenne alle Eure Schwächen, alle Eure Gewohnheiten. Ich weiß, dass Ihr tabaksüchtig seid, sehr süchtig sogar."

Diesmal lachte ich.

„Dann stimmt es nicht. Ich habe mich noch nie zu den schwer Tabak-süchtigen gezählt."

„Niemand will mit Euch darüber streiten, ob Ihr tabaksüchtig seid oder nicht. Es gibt keinen Grund zu leugnen!"

„Wenn ein Raucher nach einer ausgerauchten Zigarette sofort die nächste anzündet, weil er es sonst nicht aushalten könnte, dann ist er schwer süchtig. Ich rauche auch, aber nicht in diesem Maß."

„Seit wann raucht Ihr?"

„Seitdem ich sechzehn war."

In keinem Kriminalroman gab es eine derart seltsame Vernehmung. Kein einziges Folterwerkzeug: kein *Magneto*-Stromerzeuger, kein Seil, keine Peitsche, kein Haken, der an einer Kette von der Decke herabhing.

„Zu früh, zu früh zum Rauchen!" Huynh Ngu schüttelte mit dem Kopf. „Rauchen ist sehr schädlich, das wisst Ihr selbst auch: Lungenkrebs, Mundhöhlenkrebs stammen davon. Wie viel Prozent der Raucher sind an Krebs erkrankt? Ich habe es gelesen, aber ich merke es mir nicht. Ein bisschen Rauchen ist jedoch nicht schlimm. Ich rauche ab und zu auch eine Zigarette, bin aber nicht süchtig."

'Na, dann werden wir uns mit diesem Kerl eben eine Weile unterhalten', dachte ich mir. 'Mal sehen, wohin er diese Geschichte führen will. Eine einzigartige Vernehmungskunst? Es ist lächerlich, der Kerl ist sehr naiv!'

„Damals hatten wir Hunger." Ich senkte meine Stimme. „Rauchen lässt das Hungergefühl zum Teil vergessen."

„Wieso? Ihr und Hunger?"

„Ihr stammt aus der 5. Zone, nicht wahr?"

Huynh Ngus Gesicht wurde finster. Er nahm die Zigarette aus seinen dunklen Lippen.

Plötzlich verstand ich - meine Frage traf ihn empfindlich. Von den Leuten, die entsprechend dem Genfer Abkommen von 1954 aus den Regionen südlich des 17. Breitengrades nach dem Norden umgesiedelt werden sollten, stammte die Mehrzahl aus der 5. Zone. Außer den Kadern und ihren Familienangehörigen kam auch eine Vielzahl von Strafgefangenen mit. Man sagte, die Parteiführung der Zone ließ diese Häftlinge lieber mitkommen als sie dort zurückzulassen, weil die Gefahr bestand, dass sie später zu den Gegnern überlaufen könnten. Bei der Ankunft der Leute aus dem Süden wurden die Strafgefangenen in diesem Durcheinander aus unverständlichen Gründen dann freigelassen. Manche von ihnen erhielten sogar Dienstposten und arbeiteten in der Steuer- und Marktverwaltung. Ein schlechter Ruf hing ihnen an. Im Allgemeinen hatte zu dieser Zeit sowohl die Bevölkerung des Nordens als auch die, die aus dem tiefen Süden des Landes in den Norden gebracht wurde, eine sehr schlechte Meinung von den Menschen aus der 5. Zone.

„Ich wollte nur sagen, dass Ihr an der Kampffront der 5. Interzone (dazu gehörte die 5. Zone – Anm. d. Übers.) keinen Hunger hattet", versuchte ich abzumildern und bedauerte innerlich meinen Mangel an Feingefühl, „während wir im Jahre 1949 bei der Armee hier im Norden am meisten Hunger gelitten haben; wir hatten nicht einmal Maniokwurzeln zu essen ..."

Ich gab ihm zu verstehen, dass ich ihn nicht beleidigen wollte, aber er behielt seinen eiskalten Gesichtsausdruck. Möglicherweise wollte er nicht hören, dass ich in der Armee gewesen war. Höchstwahrscheinlich war er selbst damals auch in der Armee, wie der größte Teil der Kader im Widerstandskrieg. Aber hier wollte er nicht sehen, dass es zwischen mir und ihm etwas Vergleichbares gab, was den Unterschied zwischen dem Funktionär der Exekutive und dem zu vernehmenden Häftling verwischte. Nichtsdestotrotz war meine frühere Armeezugehörigkeit eine nicht zu leugnende Wahrheit. Er hatte selbst gesagt, er hätte meinen Lebenslauf genau studiert; also hätte er das wissen müssen.

Aber dann konnte er doch wieder einen normalen Gesichtsausdruck zeigen:

„Dass Ihr keine Zigaretten erhalten habt, ist meine Schuld", sagte er, so als ob er sich rechtfertige. „Wer Raucher ist, kriegt hier Zigaretten zugeteilt, wie draußen. Ich bin zu beschäftigt. Eigentlich hättet Ihr gleich Zigaretten zugeteilt bekommen. Nun gut, Ihr raucht vorläufig meine Zuteilungszigaretten. Morgen oder übermorgen werden wir sehen."

„Danke. Aber ich habe mich entschlossen, nicht mehr zu rauchen."

„Wollt Ihr etwa die Gelegenheit hier ausnutzen, um das Rauchen aufzugeben? Gut."

Ich schüttelte den Kopf:

„Nein. Es ist so: ich möchte kein *Ngo Duc Tri* werden."

Huynh Ngu nahm gerade einen Schluck Tee. Er hielt inne und setzte den Becher hart auf den Tisch. Der kritische Blick heftete sich fest auf meine Augen:

„Von welchem Kerl sprecht Ihr? Welcher *Tri*?"

Dieses Mal staunte ich. Wie konnte es sein, dass der stellvertretender Hauptabteilungsleiter eines so wichtigen Ministeriums, des Innenministeriums, der selbst ein Funktionär von Format war, nicht wusste, wer *Ngo Duc Tri* war?

„Das war so: bevor die Volksfront (in Frankreich) zusammengebrochen ist, war Ngo Duc Tri ein Mitglied des Zentralkomitees (der kommunistischen Partei)."

Er blickte mich stirnrunzelnd an.

„Als Ngo Duc Tri von den Franzosen festgenommen und gefoltert wurde," musste ich ihn gezwungenermaßen aufklären, „hat er den Franzosen eine Anzahl von Parteizellen *verkauft,* im Austausch gegen ein einmaliges Treffen mit seiner Ehefrau und gegen etwas Unvorstellbares... die Raucherlaubnis. Welches dieser beiden Dinge, die Ngo Duc Tri gegen das Leben seiner Genossen eintauschte, für ihn das wichtigere war - Ehefrau oder Zigaretten -, weiß ich nicht. Manche sind der Meinung, Ngo Duc Tri wurde zum Verräter, weil er einen Nachkommen haben wollte..."

Meine Hintergedanken waren nicht schwer zu erraten. Huynh Ngu warf mir einen brennenden Blick zu. Ich dachte, er würde wütend werden und schreien. Aber er wusste sich zu beherrschen.

„Nehmt die korrekte Haltung ein!"

Ich beobachtete meine eigene Sitzhaltung. Meiner Gewohnheit entsprechend saß ich mit einem Bein über dem anderen. Unter der offenen Wattejacke war meine nicht zugeknöpfte Häftlingsjacke zu erkennen. Nun stellte ich beide Beine auf den Boden.

„Geht es so?"

„Hört zu!" Er sprach mit Betonung. „Heute habe ich Euch hierher geholt, um Euch zuerst die Satzung der Haftanstalt bekanntzumachen."

„Ich höre."

„Erstens: als Gefangener habt Ihr von nun an keine Staatsbürgerrechte mehr; diese werden vorläufig ausgesetzt. Ihr dürft die Funktionäre - von den Funktionären der *Exekutive* bis zu den Wachsoldaten -, die an diesem Ort das Gesetz vertreten, nicht mit *Genossen* anreden! Genauso wie alle anderen freien Staatsbürger..."

Das Jonglieren mit Worten und der Austausch von Begriffen wurden auf allen Gebieten und allerorts perfekt verwirklicht - das Gefängnis bildete da keine Ausnahme. Alle Begriffe existierten, waren aber inhaltsleer. Die Worte flogen hin und her, aber wie Papierdrachen, deren Schnüre fest in den Händen der Machthaber lagen.

Tja, ich war derjenige, den man unterwegs entführt und geradewegs ins

Gefängnis gebracht hatte, ohne meine Familie zu informieren und ohne mich wissen zu lassen, welches Verbrechens ich angeklagt wurde. Sollte ich da noch Staatsbürgerrechte haben?

Ich hatte schon erzählen hören, dass die Häftlinge in den Gefängnissen die dortigen *Kader* mit *Herr* und *Frau* anreden mussten, hatte es aber nicht geglaubt. Doch es entsprach der Wahrheit. Die Festlegung dieser Art der Anrede stammte aus der Zeit der Bodenreform. Um die *Objekte der Revolution* zu erniedrigen, verlangten die Bodenreformkader, dass die Großgrundbesitzer und Großbauern jede freie Person mit *Herr* oder *Frau* anreden mussten, also: *Herr Kader, Frau Kader, Herr Bauer* oder *Frau Bäuerin...*

Nun war meine Frau eine freie Person. Wenn ich ihr also jetzt irgendwie begegnete, müsste ich dieser seltsamen Regelung zufolge meine eigene Frau ehrfurchtsvoll grüßen mit der Anrede: *ich grüße Frau...*

Wirklich lustig!

Ich musste lachen. Das arrogante Verhalten Huynh Ngus jagte mir keine Angst ein. Im Gegenteil, es war mir angenehm. Er brüllte. Das bedeutete, dass er mich niederwerfen wollte, aber erkannte, dass das nicht so einfach war. Ich sagte:

„Das bedeutet, dass ich Eure Satzung bereits eingehalten habe, bevor Ihr sie mir bekanntgegeben habt. Seitdem ich Euch sah, habe ich Euch noch kein einziges Mal mit „*Genosse*" angeredet. Stimmt's?"

„Hmmm", bestätigte er mit enttäuschter Miene.

„Es ist keineswegs so, dass ich das von irgendjemandem gehört hätte oder dass ich so intelligent wäre, es erraten zu haben. Es hat einen anderen Grund. Ich bin nämlich geboren und aufgewachsen in einer Familie von Revolutionären. In unserer Familie betrachten wir das Wort "Genosse" als etwas sehr Heiliges. Ich habe erfahren, dass revolutionäre Menschen für andere Genossen sogar ihr eigenes Leben geopfert haben..."

„Hmmm."

Huynh Ngu wurde verlegen. Er wusste nicht, wie er sich verhalten sollte, als er sah, dass ich bei diesem Dialog so ruhig blieb. Anstatt das Gespräch zu beenden, beging er den Fehler, es zu verlängern:

„Nicht nur, dass Ihr uns nicht mit *Genossen* anreden *dürft*, sondern wir *müssen* von Euch als *Herr* oder *Frau* angesprochen werden."

Zu seiner völligen Überraschung war ich auf diese Situation vorbereitet.

„Das ist eine wunderbare Art der Anrede, mein *Herr*!" erwiderte ich mit noch größerer Freude. „Ehrlich gesagt, freue ich mich zu erfahren, dass sich unsere Polizei - und zu meinem Bedauern nicht die Beschäftigten der Kulturbranche - durch die Wiederbelebung dieser leider für tot erklärten Begriffe unserer Sprache auszeichnet. Seit der Augustrevolution von 1945 werden diese korrekten Begriffe missachtet und gehasst, als ob sie ausschließlich zur minderwertigen Sprache der herrschenden Klasse gehören würden. Unvernünftig, und mehr noch, traurig, nicht wahr? Ich begrüße die Wiederbelebung dieser Begriffe. Für sich betrachtet sind diese unschuldig. Ihr Ausschluss macht unsere vietnamesische Sprache nur ärmer. Eigentlich sollte man sie verwenden, damit unsere Ausdrucksweise bereichert wird. Sehr gut, sehr gut! Nun *Herr Kader,* wie spricht mich *Herr Kader* an?"

„Wir reden *Euch* selbstverständlich mit *Ihr* an, was sonst?"

„Nein, nein, wieso denn das? Mit einer solchen Anrede geht es auf keinen Fall. Das ist nicht gerecht."

Huynh Ngu schmollte und lachte zynisch:

„Sollen wir *Euch* etwa mit *Sie* anreden?"

Ich wurde ernst:

„In der Anrede verlange ich Gleichberechtigung. Wenn wir *Sie* in korrekter Weise mit *Sie* bzw. *Herr* ansprechen, dann verlangen wir, dass wir ebenfalls mit *Sie* bzw. *Herr* angesprochen werden."

Huynh Ngu sprang vom Stuhl auf. Er verlor seine Fassung.

Seit Beginn unseres Gesprächs spielte er mit mir wie die Katze mit der Maus. Nun wurden die Rollen vertauscht. Er fühlte sich durch diese Unverschämtheit eines Gefangenen erniedrigt.

„Ah, Ihr seid frech! Ihr seid an diesem Ort und trotzdem noch frech! Ihr ... Ihr wollt mich mit Euch vergleichen, ja? Ihr wagt es, mich mit Euch gleichzustellen? Wer bin ich denn? Ich bin derjenige, der das Gesetz hütet, versteht Ihr? Und wer seid Ihr? Eine Person, die gegen das Gesetz verstößt ... so ist es, verstanden? Ihr seid ein Be ... Beschuldigter, Ihr ... Ihr seid ein Häftling! Gleich ... berechtigung, haha! Gleichberechtigung, mein P... hier! Gut, ich werde Euch wissen lassen, was Gleich ... Gleichberechtigung bedeutet! Ich ... ich werde Euch den Hals ver ... verdrehen!"

Mein Gesicht brannte wie Feuer. Wenn sie, diese Lumpen, die Macht in den Händen haben, dann blicken sie nur mit Verachtung auf die Menschen. Sie loben unentwegt die Helden der Revolution in der Ferne, aber direkt hier vor ihren eigenen Augen akzeptieren sie solche Helden nicht.

„Hört mir bitte zu!" Ich blickte ihm ruhig ins Gesicht. „Ihr sagt, ich sei ein Beschuldigter. Aber das ist nur eine Meinung von Euch, von Euren Leuten. Von Euch, von Euren Leuten allein. Wir haben unsere eigene Meinung. Die unterscheidet sich von Eurer Meinung, und zwar vollkommen. Nach unserer Meinung seid Ihr, ja Ihr und Eure Leute, die Beschuldigten. Ihr begeht das Verbrechen, Eure Posten und Eure Macht ausgenutzt zu haben, um Euch der revolutionären Errungenschaften zu bemächtigen. Ihr verstoßt bedenkenlos gegen die Verfassung, tretet die freiheitlichen und demokratischen Rechte des Volkes mit Füssen ..."

„Eine Frechheit!"

„Werdet nicht zornig! Die Geschichte wird das Urteil sprechen. Ihr persönlich werdet dieses Urteil noch erleben. Ihr persönlich werdet begreifen, wer Recht und wer Unrecht hat, wer für das Volk und wer als Verräter des Volkes ..."

„Schnauze, Schnauze, aber sofort!"

Huynh Ngu schrie. Er zitterte am ganzen Körper. Sein Gesicht verzerrte sich schlagartig. Der Speichel lief ihm aus den Mundwinkeln.

Ich machte mir Sorgen. War der Kerl etwa epileptisch? Was müsste ich tun, wenn er plötzlich umfallen würde? Man müsste einen Löffel in den Mund des Patienten stecken, damit er sich nicht in die eigene Zunge verbeißt, wie es die Leute behaupten. Woher sollte ich in diesem Augenblick einen Löffel nehmen? Und er hatte gerade einen Anfall. Noch schlimmer wäre es, wenn er einen Schlaganfall hätte. Er könnte sterben.

Ich möchte niemanden sterben lassen. Ich möchte auf keinem Fall den Tod dieses Lumpen verursachen.

In meiner Verwirrung schenkte ich Wasser in einen Becher und reichte es ihm.

Aber Huynh Ngu konnte seine Fassung zurückgewinnen. Er schlug seinen Arm gegen den Becher und das Wasser spritzte nach allen Seiten.

„Na wartet! Die ... Sorte ... wie Ihr wird noch lang hier bleiben. Ihr ... Ihr ...! Ich sage Euch ... Euch im Voraus: die Sorte ... wie Ihr ... wird in diesem *Feuerofen* bis auf die Knochen verfault sterben." Schließlich konnte er wieder in Sätzen formulieren. „Ihr werdet erfahren, was ... was die Diktatur des Proletariats bedeutet. In diesem *Feuerofen* muss sogar Stahl zerfließen, ganz zu schweigen von einer Fliege und Mücke, wie Ihr ..."

Mein ganzer Körper zitterte in nicht zu bändigendem Zorn. Wenn er in diesem Augenblick in den letzten Zuckungen gelegen hätte, so würde es mich kalt gelassen haben.

„Hmmm, warten wir es ab!"

„Man braucht nicht lange zu warten. Ihr seid so frech wie der *Hoang Minh Chinh,* und der musste doch an diesem Ort auf die Knien gehen und um Vergebung für sein Verbrechen bitten."

Er stach einige Male mit dem Zeigefinger durch die Luft:

„Dort, dort hat er gekniet."

Ich brach in Lachen aus:

„Wo, an welcher Stelle?"

„Dort, wo ich eben gezeigt habe."

Wie konnte ein Funktionär seiner Sorte so naiv sein? Dachte er etwa, er hätte ein Kind vor sich? Oder gab es in seinem Geist etwas, das nicht in Ordnung war?

Ich lachte weiter:

„Sehr interessant! *Mein Herr,* können Sie mir den Gefallen tun, mich diese Szene einmal erleben zu lassen? Nur einmal! Ich kenne *Hoang Minh Chinh.* Ich kenne sein Verhalten. Ich glaube nicht daran, dass er geistig so weit heruntergekommen ist. Ein Löwe kniet vor einer Maus? Nein, nein. Das ist unmöglich."

„Ah, Ihr seid noch immer frech, ja?" Huynh Ngu schrie scharf weiter. „Ich ... ich drehe Euch den Hals um, aber jetzt ..."

Er atmete wieder schwer, sein Gesicht wurde grün.

Der Gefängniswärter lief erschrocken herbei. Eine milchgrüne Person, wahrscheinlich Huynh Ngus Gehilfe, folgte ihm.

Ich dachte, sie wollten sich auf mich werfen, mich schlagen und mir Handschellen verpassen. Aber das geschah nicht. Beide blieben wie angewurzelt stehen und schauten verblüfft auf die Szene.

„Nun hört mir alle zu!" Mit vor der Brust verschränkten Armen erhob ich meine Stimme und hielt eine Rede vor diesem mir von Gott gegebenen kleinen Publikum. „Ihr besitzt alles: Gewehre und Kugeln, Handschellen und Joch, Gefängnisse. Und wir, wir besitzen nur eines: die Gerechtigkeit. Ihr könnt mich umbringen, ich weiß es. Aber mich öffentlich umzubringen, das wagen nicht einmal Eure Herren. Ganz ehrlich, sie wagen es nicht, auch wenn sie als Bonbons dafür Prämien bekämen. Ihr könnt mich physisch quälen, weil das in Eurer Macht liegt und weil ich hier nichts habe, um dagegenzuhalten. Aber uns geistig zu brechen, das wird Euch nicht gelingen, auf keinem Fall."

Huynh Ngu schrie schrill wie mit einer Pfeife:

„Gut! Gut! Ihr werdet erfahren, was *Diktatur des Proletariats* heißt."

„Ich habe es schon gesagt, ich will nichts wiederholen: mich bedrohen ist vergebens!"

„Mir liegt nicht daran, Euch zu drohen."

Ich dachte mir: wozu mich über diesen Lakai aufregen. Es wäre nutzlos, dazu nochmal eine Rede zu halten wie eben.

Zum Glück habe ich mir dabei nicht selbst zugesehen, sonst hätte ich mich schämen müssen und rot werden. Wie im Theater!

Huynh Ngus Untergebene sahen mich bittend an. Seltsam! Sie erweckten den Eindruck, als wollten sie mich nur an die Situation erinnern, nichts weiter.

„Übrigens, es gibt noch etwas, das Ihr noch nicht wisst. Und ich halte es für notwendig, Euch das sofort mitzuteilen", fuhr ich kühl fort. „Hier, an diesem Ort, in diesem *Feuerofen, der Euch gehört,* besitze ich trotzdem ein Recht, das letzte Recht, das mir niemand wegnehmen kann ..." „Was redet Ihr da für seltsames Zeug? Ihr? Ihr habt ein Recht? Hmmm! Das Recht, das Recht ... ein P... ist das. Nur wir haben das Recht, verstanden, Ihr ..."

Das Blut stieg mir erneut ins Gesicht:

„Eigentlich soll ich mit Euch nicht mehr reden, denn Ihr sprecht wieder in der Sprache der Gauner. Aber ich muss Euch aufklären ..."

„Was für ein Recht? Versucht das mal zu sagen!"

Mit meinen vor der Brust verschränkten Armen sah ich ihm direkt in seine geistlosen Augen:

„Ich habe noch dieses Recht: *ich erkläre, dass ich nichts mehr mit Euch rede!*"

„Ich … ich werde Euren Mund mit Gewalt öffnen und Euch zum Reden zwingen."

Er schrie wieder, aber seine Stimme versagte langsam.

„Nein, das nützt nichts." Ich betonte die einzelnen Silben. "Ihr seid *nichts* für mich. Ihr braucht nicht anzugeben. Leitet bitte an Eure Herren weiter, dass sie mir andere Leute schicken sollen. Wenn nicht, dann rede ich gar nicht. Ihr wollt mit mir reden, aber ich muss nicht mit Euch reden."

Ohne Huynh Ngu anzublicken, drehte ich mich um und ging schnell zur Tür. Der Wärter beeilte sich, mir zu folgen.

Ich gab ihm den Befehl:

„Bringt mich in meine Zelle!"

Der XX. Parteitag der KPDSU

Das Jahr 1956 blieb mir als sehr ereignisvoll im Gedächtnis.

Ich bewohnte ein Drei-Mann-Zimmer in der dritten Etage des Internats der Sowjetischen Filmhochschule im nördlichen Teil von Moskau.

Unser Internat war nicht groß, aber durch die Schritte, die auf den Fluren hallten, und dem Stimmengewirr künstlerischer Diskussionen, die Nacht für Nacht bis zum frühen Morgen andauerten, ging es dort stets lebhaft zu. Das war die Zeit der goldenen Stimmen von Imma Sumak, Yves Montand, Robertino Loretti und die Zeit der neorealistischen Filme weltberühmter italienischer Regisseure und Filmemacher wie Roberto Rossellini, Luchino Visconti, Vittorio de Sica, Giuseppe de Santis ... Es war auch die Zeit der Wiederauferstehung von Sergej Eisenstein mit seinem Film *"Iwan, der Schreckliche"*, der lange Jahre sein Dasein in den Archiven gefristet hatte.

Um all das Neue aufnehmen zu können, fehlte es mir an sehr vielem, sowohl an Intelligenz als auch an notwendigen Kenntnissen. Der Tradition meiner Ahnen folgend versuchte ich, diese Lücken durch fleißiges Studium auszufüllen. Genau zu dem Zeitpunkt, als ich mich intensiv auf meine Prüfungen vorbereitete, fand der XX. Parteitag der Kommunistischen Partei der Sowjetunion statt.

Ich schenkte dem überhaupt keine Beachtung. Die Parteitage, die Konferenzen des Zentralkomitees dieser und jener Partei des sozialistischen Lagers waren häufig, und alle glichen einander bis aufs Haar. Ich war der in allen Zeitungen abgedruckten mehrseitigen Reden mit ihren nichtssagenden, hohl klingenden und sich ständig wiederholenden Worten überdrüssig. Die Politik hatte mich noch nie in ihren Bann gezogen. Für mich war die Politik etwas, das nur außergewöhnlichen Menschen und Opportunisten vorbehalten war, Leuten, die an dem Spiel zwischen linker und rechter Seite Freude fanden. Daher konnte ich meine Prüfungslektionen lernen, obwohl den ganzen Tag über ein Lautsprecher unentwegt politische Kommentare abgab.

Dieser Lautsprecher war uralt, sein Lautstärkeregler längst defekt. Wann er in der Ecke meines Zimmers installiert worden war, wusste ich nicht. Er redete und redete den ganzen Tag bis tief in die Nacht hinein mit einer Ausdauer, wie sie nur Maschinen eigen war. Ich unternahm Ringkämpfe mit ihm, damit er schweigen sollte, aber leider vergeblich. Schließlich wickelte ich ihn in Stoff ein; seine Lautstärke verringerte sich dadurch aber nur geringfügig. So war ich gezwungen, unter diesem unaufhörlich plappernden Lautsprecher weiter zu lesen und zu schreiben, bis ich an dem Punkt angelangt war, an dem ich seine Anwesenheit nicht mehr bemerkte.

Ich war gerade vertieft in das tragische Schicksal des *Königs Lear*, als mein Kommilitone Shpalikow in das Zimmer stürmte:

„Himmel und Erde, Du Bücherwurm! Der Himmel wird gerade durchgerüttelt, und Du beschäftigst dich mit deinem Shakespeare, das ist erstaunlich! Hör bitte zu!"

Ich sah auf den Lautsprecher. Mein Kopf war voll von dem armen König Lear, dem seine Töchter das Taschengeld samt dienendem Personal kürzten, als das Königreich nicht mehr sein eigen war. Ich war gerade dabei, ihn zu bemitleiden und meine Abneigung gegen diese soziale Kälte zu hegen. Der Lautsprecher murmelte etwas und Shpalikow freute sich, seine schwarzen Augen blitzten. Zuerst erkannte ich die Stimme von Nikita Chruschtschow gar nicht. Lauter und übermäßig lang anhaltender Beifall erschütterte den Stoffverband um den Lautsprecher.

Ich nahm den Verband ab, um besser hören zu können. Tatsächlich war es eine Nachricht, die den Himmel erschütterte.

„In den letzten Jahren seines Lebens beging Jossif Wissarionowitsch Stalin ernste Fehler ..." Die Stimme Chruschtschow klang deutlich. „Er missachtete die Normen des demokratischen Lebens und verstieß in grober Weise gegen sie ... Die Verbrechen, die sich in der Periode ereigneten, in der Stalin an der Spitze der Partei und des Staates ... Der Personenkult ist dem Wesen der kommunistischen Partei fremd ...!!"

Ich war verwirrt. Um Gottes willen, was war denn das?! Der Generalissimus Stalin, der Lehrmeister, der Vater der werktätigen Völker der ganzen Welt und ... Verbrechen??

Draußen flogen Schneeflocken wie lange schräge Bänder. Es war Februar, und der Frühling ließ in Russland noch lange auf sich warten.

„Hörst Du? Eine Revolution! Verstehst Du das, eine Revolution?" Shpalikow sprang auf, tanzte mit Armen und Beinen unter dem altersschwachen Lausprecher. „Eine Atombombe wurde direkt über der Festung der Diktatur abgeworfen! Es lebe die Freiheit!"

Ich staunte. Wie konnte sich ein ehemaliger Kadett des Militärinstituts Suworow, der das sowjetische Regime heiß liebte, über diesen frontalen Angriff gegen den großen Führer Stalin auf diese Weise freuen? Und der Mann, der diesen Angriff startete, war niemand anderer als Nikita Chruschtschow, der gestern noch von der Presse als "hervorragender und treuer Schüler" Stalins bezeichnet worden war?

Erst da nahm ich die lauten Geräusche wahr, die von Schritten im Flur und vom Öffnen und Schließen der verschiedenen Zimmertüren herrührten. Irgendjemand sang eine lange Arie, deren Worte nicht zu verstehen waren. Mitreissender Beifall begleitete im Takt ein Revolutionslied aus dem Jahre 1917.

Nach diesem Tag veranstalteten meine russischen Freunde ein Festessen für alle Studenten. Wir tranken Wodka, aßen gegrillte Fische, Blutwurst und trocknes Brot, während uns fortlaufend brandaktuelle Nachrichten vom Parteitag erreichten. Das Festmahl endete in einem lautstarken Streit zwischen der Gruppe der *Radikalen,* die eine sofortige und weitreichende Umsetzung der Schlussfolgerungen des Parteitages forderten, und der der *Gemäßigten,* die *eine von der Partei geführte Reform* zum Ziel setzten. Die *Radikalen* verließen den Raum und die *Gemäßigten* blieben zurück.

Ich war schläfrig. Im Halbschlaf hörte ich Shpalikow fragen:

„Du hast verstanden, ja?"

Ich schwieg. Ich verstand nichts, besser gesagt, für mich war alles sehr unklar. Aber ich vertraute Shpalikow. Wenn er sich so freute und ich diese Freude nicht nachempfand, dann musste ich mich selbst überprüfen. Sicher bestand bei mir noch viel Unkenntnis und Unklarheit. Das war auch der Grund, weswegen ich die Schönheit der Gedichte von Puschkin nicht vollends begriff. An jenem Tag wurde Puschkin mehrfach erwähnt. Sein Gedicht "*Die Dekabristen*" wurde in der Diskussion von beiden Gruppen vorgetragen.

Der XX. Parteitag entlarvte nicht nur den Personenkult um Stalin, forderte nicht nur die Wiedereinführung der demokratischen Normen im gesellschaftlichen Leben und in dem der Partei ... , sondern eröffnete der ganzen kommunistischen Welt auch eine neue Betrachtungsweise. Er widerlegte die Meinung, die Methode der Gewalt sei für das Proletariat die einzige Möglichkeit zur Eroberung der Macht und der Widerspruch zwischen den zwei Weltlagern sei unüberbrückbar. Es war der Parteitag eines friedlich gesinnten Geistes: die friedliche Koexistenz, die friedliche Zusammenarbeit zwischen Staaten mit unterschiedlicher Gesellschaftsordnung, der Wunsch zur Lösung von Streitigkeiten auf dem Verhandlungsweg, die Beendigung aller Arten von Krieg, ob heiß, ob kalt, die Abrüstung...

Es war der 25. Februar 1956.

Am nächsten Tag ging ich in den Filmpalast im Stadtzentrum, um mir den amerikanischen Film "Krieg und Frieden" anzusehen. Die U-Bahn-Stationen waren voller Menschen. In fröhlicher Stimmung strömten die Leute singend in Richtung des Roten Platzes. Sie marschierten mit den roten Fahnen mit Hammer und Sichel und den Porträts von Nikita Chruschtschow zum Kreml-Palast, um den Parteitag zu begrüßen. Man umarmte sich, küsste einander und tanzte im Rhythmus der Musik und ihrer Begleitinstrumente. Hier und da lagen auf dem Bürgersteig unter den Schuhen der Fußgänger die Porträts von Stalin, das eine noch ganz, das andere zerrissen und schmutzig.

Ich schauderte. Das Bild, das sich meinen Augen hier bot, verwirrte mich.

Diese Menschen, die noch keinen Unterricht in tiefer Liebe und tiefem Respekt gegenüber dem großen Führer Stalin erteilt bekommen hatten, konnten die Gefühle, die uns befielen, als wir sahen, wie unser Heiligenbild gestürzt und zertreten wurde, nicht verstehen.

Ich erinnerte mich noch daran, wie uns damals die Nachricht über seinen Tod erreicht hatte. Unser Widerstandskampf gegen die französischen Truppen in Vietnam ging in das siebente Jahr. Ich befand mich in der Provinz Thanh Hoa. Tag für Tag kamen kleine (französische) Flugzeugverbände, die aus *Hellcat* und *Spitfire* bestanden, aus Hanoi herangeflogen und kreisten über den friedlichen Dörfern der freien Gebiete. Da und dort verengten sich ihre Kreise und von der Erde stiegen schwarze Rauchsäulen auf, die von Explosionen begleitet wurden. Die Nachricht über den Tod Stalins erreichte uns an einem solchen Tag. Als die Lautsprecher in den Dörfern und Weilern meldeten, dass der Vater, der große Lehrmeister der Völker der Welt, nicht mehr unter uns weilte, vergaß man die Flugzeuge, diese Todesboten, völlig.

Wir, die Jugend, waren tief betroffen. Nicht lange danach lernten die Schüler der Allgemeinbildenden Schulen durch laut wiederholendes Rezitieren das Gedicht "Großvater (*Stalin* - Anm. d. Übers.) ewig im Gedächtnis behalten" von *To Huu*, einem ehemaligen Mitglied des Politbüros der KPV, in dem der Dichter Stalin beweinte, auswendig:

Liebe zum Vater, Liebe zur Mutter, Liebe zum Ehemann,
Liebe zum eigenen Ich ist einmal tief, die Liebe zum Großvater ist zehnmal
tiefer.
Liebe zum eigenen Kind, Liebe zum Staat,
Liebe zum Volk,
Umso mehr lieben wir Großvater
Die Vergangenheit war ärmlich, einsam,
Nur mit ihm gibt es Freude und Frische...

Ich beschloss, Shakespeare beiseite zu schieben, um das aktuelle Geschehen kennenzulernen, und trug meine Fragen bei Professor Turkin vor. Der Dozent im Fach Filmdrehbuch wehrte mit beiden Armen etwas für mich Unsichtbares ab:

„Die Politik ist nichts für uns, mein junger Freund! Als ich 20 Jahre alt war, habe ich sie auch betrachtet wie Sie es jetzt tun... , danach aber nicht mehr. Ich hatte genug davon. Nein, ich hatte nicht genug, sondern ich hatte Angst. Ich empfehle Ihnen, die Politik zu vergessen. Was Sie heute gesehen haben, scheint ganz furchtbar zu sein. Aber morgen kann es schon anders werden. Wozu daran rühren!"

Die Professorin für ausländische Literatur, Nina Anosowa, gab mir Zeichen, ihr zu folgen, nachdem sie mich hatte erzählen hören. Wir gingen in den Keller der Hochschule. In einer dunklen Ecke zeigte sie auf eine dicht an die Wand gestellte Leiter:

„Für mich ist die Zeit Stalins mit dieser Leiter verbunden. Sie wurde zu einem Symbol. Haben Sie die Porträts der führenden Personen der Partei und des Staates gesehen, die an den Wänden im Konferenzsaal hängen? Als

Stalin noch lebte, wurde diese Leiter hier sehr oft benutzt. Da hat sie dann der Elektriker Stefan verwendet, um einige dieser Porträts herunterzuholen und dafür einige andere an ihre Plätze zu hängen. Wenn aber die Zeitung *Prawda* (Wahrheit) verkündete, dass sie *Verräter und Feinde des Sowjetvolkes* wären, dann wurden diese neu aufgehängten Porträts wieder entfernt. Die darauf abgebildeten Personen waren jetzt *Feinde des Sowjetvolkes.* Alle diese Leute waren vorher als hervorragende Kampfgefährten und Schüler von Lenin und Stalin verehrt worden. Im Zuge der Verhaftung jeder dieser Personen wurde auch eine Reihe anderer Funktionäre festgenommen. Es war wie eine Welle. Auch an unserer Hochschule gab es friedfertige Leute, die in der Nacht plötzlich von der Polizei abgeholt wurden. Damals konnten wir nur staunen: unser Gesellschaftssystem ist doch so gut; warum gibt es dann so viele Gegner, so viele *Feinde des Sowjetvolkes?* Ich habe es nicht geglaubt, dass die verhafteten Personen solche *Feinde waren.* Ich habe sie doch gut gekannt. Andere haben auch nicht daran geglaubt. Aber keiner hat etwas dagegen gesagt. Es ist eine Schande, aber so feige waren wir!"

Die Anosowa war ein ehrlicher Mensch. Sie griff nichts aus der Luft. Konnte sie etwa auch einer der *Feinde des Sowjetvolkes* sein?

Bald danach hatte ich Gelegenheit, einem Menschen zuzuhören, der nach seiner Entlassung aus dem bekannten Konzentrationslager *Kolyma* sprach, das *eines der berüchtigtsten Konzentrationslager der Sowjetunion in der Zeit Stalins war und das in dem Buch „Archipel Gulag" von Solschenizyn ausführlich beschrieben wird.* Dieser Mann mittleren Alters, ein früherer Mitarbeiter der Hochschulverwaltung, weinte in einer Parteiversammlung bitterlich: „Genossen! Ich wurde von der Partei elf Jahre zur Umerziehung gebracht. Nach meiner Rückkehr empfinde ich es, als ob ich in eine andere Welt gelangt wäre. Alles ist so schwer zu verstehen, alles scheint mir fremd. Helft mir, Genossen! Ich möchte gern wieder ein normaler Mensch sein ... wie alle anderen."

Der entlassene Häftling hatte kein einziges Wort gegen die Partei geäußert. Er sprach auch nicht vom kommunistischen Ideal. Als ob sein Albtraum noch da wäre. Er hatte selbst dann noch Angst, als er bereits nach Moskau zurückgekehrt war.

Meine Gefühle wurden von meiner Ratio niedergehalten. Ich stellte mir vor, dass dieser Mann dank seiner konsequenten Haltung trotz aller Torturen der Partei treu blieb. Erst später, als ich selbst all das ertragen musste, was andere Kommunisten wie dieser Mann vor mir ertragen hatten, erkannte ich, dass meine ursprüngliche Intuition richtig gewesen war:

Es war die Angst, und nichts anderes.

Valerij Frid, ein bekannter sowjetischer Drehbuchautor, der elf Jahre lang im Gulag festgehalten worden war, war derselben Meinung wie ich. Er sagte, dass in der Zeit Stalins die Angst zu einer Eigenschaft der Sowjetmenschen wurde. Sowjetische Autoren schrieben in ihren später erschienenen *Erinnerungen:*

Als Nazi-Deutschland den sowjetisch-deutschen Nichtangriffspakt kündigte, seine Truppen die polnische Grenze überschritten und in das sowjetische Territorium eindrangen, stellte Stalin entsetzt fest, dass sich beinahe alle seine Generäle und Armeeführer in Konzentrationslagern befanden. Er befahl dringend ihre Entlassung, damit sie in den Krieg gegen Deutschland zogen. Das Besondere, und mehr noch, das Bewundernswerte daran war, dass die Entlassenen auch dazu bereit waren, sofort gegen die Aggressoren an die Front zu gehen.

Die unschuldig Verhafteten mussten dennoch bei ihrer Entlassung eine Verpflichtung unterzeichnen, niemandem über das von ihnen Erlebte zu erzählen. Ein Armeeführer traf in einem Kurort im Süden der Sowjetunion auf einen untergeordneten Divisionskommandanten: „Oh, Iwan, ich habe Sie schon lange nicht gesehen!" rief er erfreut aus. „Sie sind sehr mager geworden!" „Genosse Armeeführer, ich bin gerade von einer *Dienstreise in die Ferne* zurückgekommen", erwiderte der Divisionskommandant. „Ich sehe, dass Sie, Genosse Armeeführer, nicht sehr gesund sind?" Der Armee-führer lachte: „Ja, ich bin auch von einer *Dienstreise in die Ferne* zurück-gekommen."

Einige Leute, die für Stalin eintraten, behaupteten, Stalin hätte von der Erschießung oder Verbannung von Marschällen und Generälen nichts gewusst. Das glaube ich nicht. Die Legende, wonach der hellsichtige Führer von seinen Untergebenen hinters Licht geführt oder betrogen worden sein soll, konnte sich gegen die Wahrheit nicht behaupten, die sich tagtäglich vor den Augen von denkfähigen Menschen wie Frau Professor Anosowa abspielte.

Einer meiner Bekannten aus dem Fach Theorie der Filmkunst, Naum Kleiman, ein Experte zum Thema Eisenstein, später sogar Direktor des Filmmuseums, erzählte mir, dass er selbst und seine Familie für zehn Jahre nach Sibirien verbannt wurden, nur weil sie Juden waren. Juden gehörten für Stalin zu einer nicht vertrauenswürdigen Rasse. Sie alle mussten für das gleiche *Verbrechen* büßen wie die jüdischen Mediziner, die im Verlauf des "Verfahrens gegen die Weißkittelträger" in Leningrad verhaftet wurden. Erst nach dem Tod Stalins konnte Naum nach Moskau zurückkehren. Er sagte, er könne diese Fahrt in den eisigen Osten nie vergessen, auf die man ihn in Tiertransportwaggons geschickt hatte, deren Eingänge durch Bretterver-schläge mit überkreuzten Holzlatten zugenagelt wurden.

Die Erzählung von Naum erschütterte mich. In meiner Vorstellung hatte der Kommunismus nichts mit Rassendiskriminierung gemein, durfte mit ihr nichts gemein haben. Ich war der Ansicht, dass alle Menschenrassen gleichwertig sind und dass man in dieser Welt mit Liebe zueinander kommt. Mir gefällt ein Lied von *Luu Huu Phuoc* mit den Anfangsworten: *"Ob gelb, ob* weiß, ob schwarz, Farbe teilt das Herz nicht. Eine Grenze kann Gefühlsbindungen nicht trennen ..." Das war die Welt, wie ich sie auf dem Weg zum Kommunismus sehen wollte. Doch der Kommunismus von Le Duan, Le Duc Tho und Huynh Ngu war vollkommen anders.

Vielleicht habe ich damit nicht Recht, aber für mich hatte der Kommunismus bisher etwas vom Christentum gehabt, dem zufolge alle Menschen Kinder Gottes sind. Nun erfuhr ich zum ersten Mal, dass der Kommunismus zwischen Menschenrassen unterschied.

Nicht einmal die Kinder wurden verschont, als die Kampagne zur *Unterdrückung der Reaktionäre* zu einem stürmischen Massaker ausartete. Im Namen der Revolution wurde die Diktatur auch gegenüber Kindern ausgeübt. Die Denkweise der Verfechter der *Diktatur des Proletariats* war ganz einfach: wenn die Eltern *Feinde des Sowjetvolkes* sind, müssen ihre Kinder später zwangsläufig auch *Feinde des Sowjetvolkes* werden. Die Verordnung Nr. 00486 des Innenministeriums *des Volkes* vom 15. August 1937 legte unter Stalin fest: "...*Ehefrauen und Kinder der Vaterlandsverräter müssen, je nach Ausmaß der Gefährdung der Sicherheit unserer Gesellschaft, nicht unter 5-8 Jahren in Konzentrationslagern festgehalten werden. Kinder, welche die gesellschaftliche Sicherheit gefährden, müssen je nach Alter, je nach Maß der Gefährdung und je nach ihrer Umerziehungsfähigkeit in Konzentrationslagern, in Arbeitslagern des Innenministeriums oder in Kinder-heimen mit Sonderregime festgehalten werden.*"

Hinter der prachtvollen, goldlackierten Fassade einer wunderbaren Gesellschaft fanden Palastkämpfe, Morde und die *Unterdrückung der Reaktionäre* statt, die Millionen von unschuldigen Menschen - Frauen und Kinder nicht ausgenommen - in furchtbare Konzentrationslager trieb.

Ich erlitt einen tiefen Schock.

Die Tatsachen, die beim XX. Parteitag der KPdSU in einem *Geheimbericht* von Nikita Chruschtschow vorgebracht wurden, waren jedoch von der ganzen Wahrheit noch sehr weit entfernt. Auf den ersten Seiten der bekannten Zeitungen der "freien Welt" erschien dieser *Geheimbericht* schon kurz danach. Die sowjetischen Kommunisten aber konnten diesen geheimen *Bericht* über die Lage ihrer Nation erst viel später lesen als die Menschen in anderen Ländern.

Selbstverständlich erhielt jede Delegation, die am XX. Parteitag der KPdSU teilnahm, eine Abschrift dieses *Berichtes.* In Vietnam durften ihn jedoch nur Mitglieder des Politbüros der KPV und einige Mitglieder des Sekretariats lesen, sonst niemand. Von seinem Inhalt erfuhr ich durch die Erzählung von General *Le Liem.* Er selbst war zwar nur Mitglied des Zentralkomitees und daher nicht zum Lesen dieses *Geheimberichts berechtigt,* hat sich den Bericht jedoch ausleihen können. Viele andere Mitglieder des ZK hatten aber noch nie Gelegenheit gehabt, ihn in die Hand zu bekommen.

Der *Geheimbericht* war eine Stimme der Unzufriedenheit, die Verurteilung einer willkürlichen, diktatorischen und grausamen Machtausübung, jedoch keine Abrechnung mit ihr. Nikita ging nicht bis zum Äußersten. Entweder hatte er dazu nicht den Mut, wurde möglicherweise von den pro-stalinistischen Kräften behindert, oder er scheute aus Scham davor zurück, all das Schlechte in der sowjetischen Gesellschaft ans Licht zu bringen. Deshalb war der Bericht *geheim* und wurde nicht veröffentlicht. Dieser Bericht hatte aber einen großen Mangel: fehlende Reue. Nikita trat darin zwar als Ankläger auf, schämte sich für das, was im Sowjetland geschehen war. Scharf verurteilte er die inhumanen und unmoralischen Handlungen. Aber er war doch selbst einer von Stalins Untergebenen gewesen, als diese Verbrechen stattgefunden hatten. Wenn er selbst seine Hände nicht direkt mit Blut besudelt hatte, so doch indirekt. Er hatte nie "Nein" gesagt, um die Hand Stalins von Mord abzuhalten.

Es war ein Paradoxon. Den Menschen, die den Sozialismus aufbauten, mangelte es an dem, was sie im Kampf gegen die Diktatur mehr als genug gehabt hatten: Mut. Erst auf dem XX. Parteitag wurden die Delegierten von der Wahrheit überrollt: von den 139 Mitgliedern des Zentralkomitees (ZK), die 1934 auf dem XVII. Parteitag gewählt worden waren, wurden 98 erschossen oder eingesperrt, also zwei Drittel. Keines der überlebenden ZK-Mitglieder wagte es, seine Stimme zu erheben. Stalin war es gelungen, in jedem Menschen den Selbsterhaltungstrieb zu wecken. Jeder Mensch hatte Angst vor dem Tod, der ihm sicher gewesen wäre, wenn er es gewagt hätte, am großen Führer zu rütteln. Das betraf nicht nur die Mitglieder des ZK, sondern auch die Delegierten des XVII. Parteitags. Von 1956 Personen wurden später 1108 als Konterrevolutionäre verurteilt, eingesperrt und umgebracht.

Das Phänomen Chruschtschow führte logischerweise zu großem Erstaunen in den Reihen der vietnamesischen Kommunisten. Auch die progressiv denkenden Leute jener Zeit konnten überhaupt nicht verstehen, wie im Schoss der sowjetischen Gesellschaft, in welcher der Sozialismus eine feste Grundlage besaß, ein derart frecher Chruschtschow groß werden konnte, der es wagte, das Heiligenbild zu stürzen.

In der Erklärung des Chruschtschow-Phänomens neigte man meiner Ansicht nach dazu, diese Frage zu verkomplizieren. Die Wahrheit, denke ich, ist einfach.

Chruschtschow war auch nur ein Mensch. Wie alle Menschen sehnte er sich nach Freiheit. Der Totalitarismus beraubt nicht nur die Sklaven, sondern auch seine Diener aller freiheitlichen Rechte. Die Schmerzen, die ihm durch den Verlust der Freiheitsrechte entstanden, und das Bewusstwerden seines schändlichen Dienerdaseins gaben Chruschtschow erst den Mut dazu, den Personenkult um Stalin zu enthüllen.

In dieser Hinsicht war Chruschtschow in meinen Augen mehr als ein Held. Er war ein MENSCH, in großen Buchstaben.

Der Angriff des XX. Parteitags auf den Personenkult wirkte nicht nur wie eine Atombombe, die auf die Festung der Diktatur in der Sowjetunion abgeworfen wurde, sondern erschütterte auch das gesamte sozialistische System. Denn in jedem Staat, der zu diesem System zählte, existierte der gleiche Personenkult.

Aber das Paradoxon blieb: dieselben Kommunisten, die die Beseitigung des Personenkults und die Verteidigung der Menschenrechte einst angeführt hatten, unterdrückten wenig später im Oktober 1956 die einfache Bevölkerung in Ungarn, weil diese Menschen es wagten, etwas mehr Freiheit zu fordern. Chruschtschow, der gegen den Personenkult aufgetreten war, rechtfertigte es, dass sowjetische Tanks in Budapest einrückten, mit dem Argument, dort den Sozialismus schützen zu müssen.

Konservativ bleiben war eben doch um vieles bequemer als kreativ tätig zu werden.

Völlig überrascht von dieser Wende in der kommunistischen Bewegung, die, im Weltmaßstab betrachtet, durch den XX. Parteitag der KPdSU verursacht wurde, verhielt sich die kommunistische *Partei der Arbeit Vietnams* schlauerweise so, als ob sie das Ganze nichts anginge.

Ja, der Kampf gegen den Personenkult sei sicher richtig. Die Führung müsse kollektiv sein. Aber das wäre hauptsächlich die Problematik der Sowjetunion, die der osteuropäischen Staaten, keineswegs die Vietnams. Während sich die kommunistische Welt gegen den Personenkult aussprach und eilig die unschönen Bilder beseitigte, die damit zusammenhingen, blieb man in Vietnam dabei, bei Meetings und Demonstrationen in der ersten Reihe demonstrativ Porträts von Ho Chi Minh und Truong Chinh hochzuhalten.

Dieser XX. Parteitag riss mich aus der Kunst heraus. Er zwang mich, meine Augen zu öffnen und zu erkennen, dass in jedem Staat, in dem die Diktatur regierte, die politische Lage die gleiche war. Diktatoren aller Staaten ließen die Kunst bei ihren Untertanen nur mit der Maßgabe zu, damit die Diktatur und den Diktator zu verehren, dem Regime einen glänzenden Überzug zu verleihen. Außerhalb dieses markierten Lebensbereiches wurden alle künstlerischen Tätigkeiten als illegal betrachtet.

Im Winter des Jahres 1956 fand an der sowjetischen Filmhochschule ein einmaliges Ereignis statt. Der Student Ho Un Pay aus der Demokratischen Volksrepublik Nordkorea, Dichter und Mitglied der kommunistischen Partei, sprach sich bei einer außerordentlichen Versammlung der Parteizelle, deren Sekretär er war, dafür aus, dass die (kommunistische) Partei der Arbeit Koreas wegen der dortigen undemokratischen Verhältnisse und wegen des praktizierten Personenkultes an ihrem Vorsitzenden Kim Il Sung ernsthafte Kritik üben sollte.

Vor der Aufnahme seines Studiums in der Sowjetunion war Ho als Aufklärungsoffizier und als Spion in Seoul (Südkorea) tätig gewesen. Dort war er mehrfach verwundet und von seinen Feinden festgenommen worden. Nachdem er nun diesen Antrag gestellt hatte, kamen koreanische Sicherheitsleute, als Diplomaten getarnt, in die Hochschule und brachten ihn zur Botschaft. Dort wurde er festgehalten. Dank seiner beruflichen Ausbildung gelang es Ho jedoch, zu entkommen. Er sprang von der 4. Etage des Gebäudes herab und flüchtete. Der Schnee milderte die Wucht seines Sprunges aus einer Höhe von etwa 20 Metern ab.

„Wollten sie Dich umbringen? In der Botschaft?" Wir besuchten ihn, als wir von seiner Flucht erfuhren.

„Nein, sie sagten, sie wollten mich nach Hause schicken." Er erzählte uns von seinem Entkommen aus der Botschaft, bei der er sich einen Arm verletzt hatte, der nun in einem Tuch vor seiner Brust hing. "Ich habe um die Möglichkeit gebeten, mich vor der Rückreise noch mit meiner Frau, ebenfalls Koreanerin, die an der Medizinischen Hochschule in Moskau studiert, treffen zu dürfen und noch ins Internat zurückkehren zu können, um Wäsche zu holen. Da haben sie mich ausgelacht: "In Korea brauchst du keine Frau, und was du anhast, reicht vollkommen aus."

Mit Tränen in den Augen las mir Ho Un Pay die Briefe vor, die er an das ZK der Partei, die Regierung, die Nationalversammlung und an Kim Il Sung gerichtet hatte: "Ich erkläre meinen Austritt aus der Partei, die das heldenhafte und leidende koreanische Volk verraten hat ... Voll von Schmerz gebe ich die Staatsbürgerschaft der Volksrepublik Korea ab, weil sie mir nicht mehr würdig erscheint, weil sie keine Staatsbürgerschaft ist, sondern das Brandmal auf der Stirn eines Leibeigenen ... In mir fließt für immer das Blut meiner Ahnen und ich trage den Stolz, Koreaner zu sein, ständig in mir... " Ich hörte Ho Un Pay zu und bekam Gänsehaut bei diesen schmerzlichen Zeilen.

Den Dienern von Kim Il Sung war seine Entführung nicht gelungen. Die Sowjetunion war nach dem XX. Parteitag zwar eine andere, aber es änderte sich noch nicht sehr viel. Die Filmhochschule der Sowjetunion beging eine beschämende Tat. Sie exmatrikulierte den Studenten Ho Un Pay ohne Angabe von Gründen. Ho Un Pay ging daraufhin nach Taschkent, wo er koreanische Literatur unterrichtete.

Nach dem misslungenen Versuch, Ho Un Pay zu verschleppen, hatte ich eine Abscheu gegen Kim Il Sung und seinen Staat. Dieser ehemalige Leutnant der Roten Armee der Sowjetunion hatte Nordkorea in eine Kaserne verwandelt, in der die Bevölkerung unter Militärgewalt leben musste.

Die Reaktion Mao Zedongs auf die Schlussfolgerungen des XX. Parteitags war am heftigsten. Mao verzieh es Chruschtschow nicht, dass er das Verbrechen begangen hatte, die Ordnung eines Staates anzugreifen, der bis dahin an der Spitze des sozialistischen Lagers stand, was zu einer Kettenreaktion führte, die den Thron Maos erschüttern konnte. Die Verurteilung des Personenkultes konnte auf die Alleinherrschaft Maos nicht ohne Einfluss bleiben. Als sich auch hinter dem chinesischen Bambusvorhang Stimmen mit der Forderung nach Demokratie und Freiheit erhoben, stellte ihnen Mao im Mai 1956 mit der neu geschaffenen Bewegung *"Hundert Blumen blühen gleichzeitig, hundert Häuser singen um die Wette"* eine Falle mit der Absicht, dass sich *"das Unkraut"* und *"die fremde Stimme"* zeigten. Die Gründung dieser Bewegung war der Startschuss zum Vorgehen gegen jene Leute, die eine Veränderung der gesellschaftlichen Ordnung in China forderten. Jeder Mensch, der Mao nicht mochte und den Mao nicht mochte, wurde als *rechts gerichtetes Element gegen die Partei und gegen den Sozialismus* abgestempelt. Die antisowjetische Neigung, die Mao eigen war, verstärkte sich. Die Spaltung im sozialistischen Lager und in der kommunistischen Bewegung der Welt nahm ihren Anfang.

Das Treffen der kommunistischen Parteien und der Arbeiterparteien der Welt im Jahr 1957 und insbesondere deren 81. Konferenz im Oktober 1960 in Moskau, vier Jahre nach dem XX. Parteitag der KPdSU, lieferte mit einem *gemeinsamen Kommuniqué* wider Willen nur einen faulen Kompromiss. Nicht nur die machthabenden Parteien einiger sozialistischer Staaten, sondern auch eine Reihe von kommunistischen Parteien und Arbeiter-parteien wurden in den ideologischen Kampf hineingezogen. In fast allen diesen Parteien fand ein Zersetzungsprozess statt, in dessen Verlauf sich eine solche Partei in zwei oder sogar drei neue Parteien aufspaltete, und jede von ihnen bezeichnete sich als Marxistisch-Leninistische Partei.

Mao Zedong hoffte, Peking würde in diesem ideologischen Krieg zum Führungszentrum der internationalen kommunistischen Bewegung werden. Chinesische Medien sprachen laut von einer neuen Epoche - der Epoche *des Ostwindes, der den Westwind vertreibe,* und der Epoche *der Verschiebung des revolutionären Zentrums nach Asien.*

Nun war Chruschtschow am Zug, und er beging den entscheidenden Fehler seiner Großmachtpolitik: Einstellung der Hilfe für China, Abzug der in China eingesetzten Experten. Alle Propaganda- und Kommunikationsmittel des fast Eine-Milliarde-Menschen-Staates wurden sofort mobilisiert, um *die Verräter des Marxismus-Leninismus, die modernen Revisionisten und den modernen Revisionismus* zu entlarven.

In der ersten Runde des Streites zwischen diesen beiden Staaten, die für Vietnam als ältere Brüder galten und auch so bezeichnet wurden, spielte das schlaue vietnamesische Orchester unter seinem Dirigenten Ho Chi Minh sofort sein von ihm bestens beherrschtes Stück *"Gemeinsam sind wir stark"*. Aber die schwachen Töne der vietnamesischen Blasinstrumente wurden von den starken Trommelschlägen der in Wallung geratenen Streithähne überdeckt. Aus Mangel an Bildung erschraken die führenden vietnamesischen Politiker über die sowjetischen Dokumente mit ihrer akademischen Ausdrucksweise. Die volkstümliche Polemik der Pekinger Theoretiker auf der Grundlage des Syllogismus entsprach besser ihrem Bildungsniveau. Hinzu kam noch der Umstand, dass die beiden asiatischen kommunistischen Staaten seit eh und je einen gemeinsamen Nenner hatten: sie wurzelten im rückständigen Feudalismus. Im Herzen jedes Menschen gab es einen Mandarin. Obwohl sie bereits mehr der chinesischen Seite zuneigte, hielt sich die vietnamesische Führung in diesem Zustand der Unsicherheit und einer plötzlich ungewiss gewordenen Zukunft der kommunistischen Bewe-gung an die schlaue Finanzpolitik der kleinen Leute: das Geld wurde gleichzeitig bei zwei Banken angelegt. Sicher war sicher.

"Der alte Herr (Ho Chi Minh) ist unentschlossen, weil er durch die komplizierten theoretischen Auseinandersetzungen verwirrt ist", erklärte mein Vater zu Ho Chi Minhs Standpunkt der *Mitte* in diesem internationalen Streit. "Er will etwas Einfaches. Ein Beispiel dafür ist, dass er sich für die ‚Dritte Internationale' entschieden hat, die eine gemeinsame kommunistische Weltrevolution anstrebte, und nicht für die ‚Zweite' im Kongress von Tours (Frankreich), deren sozialistische Mitgliedsparteien sich eigenständig jeweils an der eigenen Nation ausrichten wollten... Die ‚gute' Internationale war für ihn diejenige, welche die nationalen Befreiungsbewegungen in den Kolonien unterstützt hat."

Herr Ho kannte die Geschichte unserer Nation sehr gut. Ein Krieg gegen das *himmlische* chinesische *Reich* konnte zwar siegreich geführt werden; aber trotzdem hätte man hinterher Abgesandte zum großen Nachbarn entsenden müssen, um den Frieden zu erbitten und den Vasallenstand.

Nach dem Vorbild unserer Ahnen war er China gegenüber zurückhaltend, sowohl dem China von Tschiang Kai-Schek als auch dem Mao Zedongs. Trotz seiner Stellung als Präsident eines Staates erniedrigte sich Herr Ho 1945, indem er persönlich zur Begrüßung der chinesischen Generäle Tieu Van und Lu Han bei ihrer Ankunft in Hanoi erschien. Er beauftragte meinen Vater, dafür zu sorgen, dass General Long Van jun. ausreichend Opium erhielt, denn "wenn er böse würde, wäre es sehr kompliziert; das könnte unsere Beziehungen zu den Chinesen verschlechtern". Als La Quy Ba, der erste Botschafter aus Maos China, in die Kampfzone in Nordvietnam kam, wies Ho meinen Vater an, nach einem schönen Grundstück zu suchen und ein schönes Heim für La bauen zu lassen: "Für uns selbst ist es nicht so wichtig, wie das Haus aussieht; aber für *diese Leute* müssen wir sorgsam vorgehen. Sie sind sehr kleinlich!" Er hatte noch seine Festnahme in Hongkong 1931 in Erinnerung, als ihn die Engländer an die Franzosen übergeben wollten. Damals schenkten ihm die chinesischen Genossen keinerlei Beachtung und überließen ihn völlig seinem Schicksal. Auch seine Fahrt nach Moskau, die ihn über Peking führte, wo Mao ihn ziemlich lange in einem Gasthaus warten ließ, bis er ihm endlich Audienz gewährte, hatte er sich gemerkt und vergaß es ihm nicht.

Ho Chi Minh erfuhr, dass sich Tran Huy Lieu über ein Bild vom Pekinger Forum 1965 empörte, unter dem in der Pekinger *Volks-Zeitung* ‚Renmin

Ribao' der Vermerk stand: "Genosse Tran Huy Lieu, Leiter der vietnamesischen Delegation, *hatte die Ehre, dem Vorsitzenden Mao die Hand reichen zu dürfen"* , und versuchte, diesen zu trösten: " So ist *man* eben im *himmlischen Reich."* Als ich Tran Huy Lieu besuchte, stellte ich fest, dass das Porträt Mao Zedongs verschwunden war, das bis dahin in seinem Haus gehangen hatte. Ich fragte ihn danach. Da erzählte er mir diese Geschichte von jenem Bild aus Peking, und wie Ho ihn getröstet hatte. Er sagte: "Ich bin genau wie Onkel Ho. Ich sch... auf das *himmlische Reich.* Ich bin Nationalist".

In jenem Zeitraum bewirkte gerade die Unentschlossenheit Ho Chi Minhs, dass ihn diejenigen unter seinen Gefolgsleuten missachteten, die sich eifrig gegen die Sowjetunion stellten. 1965 sagte To Huu - Mitglied des Politbüros der KP - während eines Funktionärstreffens in Hung Yen: "Der alte Herr ist bereits vergesslich. Alle Fragen werden jetzt von Bruder Ba (Le Duan) und von uns gelöst". Nach außen hin erweckten sie den Anschein, dass sie weiter auf seinen Weg der Mitte beharrten; am Spieltisch setzten sie jedoch bereits auf die chinesische Karte.

Das war der Beginn *des Kampfes zwischen zwei Linien* in Vietnam. Er nahm das Ausmaß eines heiligen Krieges für das marxistische Ideal an. Mit der Zeit jedoch wurde sein eigentliches Wesen immer deutlicher erkennbar. Nach meiner Ansicht ist bloße unverhüllte Politik im Allgemeinen nichts anderes als das ganz normale Leben. Davon wird später noch die Rede sein.

Mao bereitete seinen theoretischen Angriff gegen den Kreml gründlich vor, denn er half Mao Zedong dabei, gleich zwei Fliegen mit einer Klappe zu schlagen: einerseits wurden die schwerwiegenden Fehler vertuscht, die Chinas Nationalwirtschaft bei ihrem *großen Sprung nach vorn* zugrunde gerichtet hatten, und andererseits konnte China diesen Anlass dazu nutzen, die Führung der kommunistischen Welt an sich zu reißen. Die kommunistische Welt spaltete sich in zwei Wege und zwei gesellschaftliche Modelle.

Gefangen von der kommunistischen Ideologie, konnten wir uns nur für einen dieser beiden Wege entscheiden. Einen dritten Weg gab es nicht. Ohne Zögern stimmten wir für das sowjetische Modell, das - unserer Meinung nach - dem chinesischen weit überlegen war. In der Sowjetunion nahm ein Rechtsstaat Gestalt an, in dem durch das Gesetz freiheitliche und demokratische Rechte gewährt wurden. Dieser Staat hatte das Ziel, den Übergang zum Sozialismus friedlich zu erreichen und ihn den Völkern nicht gewaltsam aufzuzwingen, wie es der damaligen Weltlage entsprach. Weder das chinesische noch das vietnamesische Gesellschaftssystem versprachen etwas Ähnliches. Während es sich in China um den nackten Totalitarismus handelte, blieb in Vietnam gerade noch ein Lendenschurz übrig.

In China wollte Mao der Welt zeigen, dass das Land unter seiner Führung in äußerst kurzer Zeit die gleiche Menge an Stahlproduktion erzielen konnte wie Großbritannien. Daraufhin wuchsen in diesem riesigen Land *Hinterhof-Stahlöfen* wie Pilze aus dem Boden. Altäre wurden zum Beheizen von Öfen benutzt. Aber niemand konnte diese Art von Eisen gebrauchen. Es war unnütz.

Sogenannte Wissenschaftler präsentierten Mao eine Berechnung nach den Regeln des Dreisatzes: wenn ein Spatz an einem Tag so viele Getreidekörner frisst, dann würden alle Spatzen in China im Jahr wie viel Getreide fressen? Eine gewaltige Menge. Der *große Steuermann* unterschrieb daraufhin einen Befehl zur endgültigen Vernichtung dieser schädlichen Vögel. Fast eine Milliarde Menschen drängte sich auf die Felder, mit Gongs und Holzglocken, Trommeln, Körbe und Fässer schlagend, Knallfrösche abbrennend... , so dass Hunderte von Vogelarten entsetzt in alle Himmelsrichtungen davonflogen. Da sie nicht mehr auf den Boden zurückkehren durften und keinen ruhigen Ort mehr fanden, flogen und flogen sie, bis sie vor Erschöpfung zu Boden stürzten und auf dem Erdboden erschlagen wurden. Es schauderte mich beim Betrachten der Bilder meterhoher Haufen von Vogelleichen in den chinesischen Illustrierten.

Die Natur gab Mao postwendend eine gewaltige Ohrfeige: Missernten. Getreideschädlinge. Es gab keinen einzigen Vogel mehr gegen diese Geißeln. Nicht nur Spatzen, sondern auch alle anderen Vögel verschwanden aus dem riesigen Kontinent. Der Hunger wütete. Weder der *große Steuermann* noch seine Gefolgsleute gaben diesen Fehler je zu. Man ging über die Vernichtung von Vögeln mit dem gleichen Stillschweigen hinweg wie über die von Menschen. Das alles wurde der Zeit überlassen, so als ob nichts geschehen wäre.

Der kräftige Wind, der auf dem XX. Parteitag der KPdSU zu wehen begonnen hatte, entwickelte sich in der kommunistischen Welt zu einem Taifun, dessen Zentrum sich in China befand. Wir spürten eindeutig die schwüle Atmosphäre, die uns voraussagte, dass dieser Taifun Vietnam bald erreichen würde, aber wir hatten keine Möglichkeit, ihm zu entgehen. Wir trösteten uns nur damit, dass wir noch Glück im Unglück hatten, weil nur noch ein Rest dieses Taifuns in Vietnam ankommen würde.

Die Gefängnisordnung

Am nächsten Tag wurde ich wieder zur Vernehmung gerufen. Als ich sah, dass Huynh Ngu sich im Vernehmungsraum befand, drehte ich mich auf der Stelle um. Er knirschte hörbar mit den Zähnen und befahl dem Gefängniswärter, mich in den Nebenraum zu bringen. Dort saß ich dann alleine in diesem großen leeren Raum und gähnte mal kurz und mal lang vor mich hin. Erst gegen Mittag brachte mich der Wärter in die Zelle zurück.

Dort wartete die schon erkaltete Mahlzeit auf mich. Neben der emaillierten Schale mit der Essenportion für einen Gefangenen befanden sich jetzt auf meiner Pritsche auch die Kleidungsstücke, die ich bei meiner Festnahme getragen hatte.

Der Gefängniswärter hatte während meiner Abwesenheit nicht nur das Essen, sondern auch meine Kleidung gebracht. Später erst erfuhr ich, dass es eine Ausnahme war, wenn ein Gefängniswärter einem Gefangenen das Essen in die Zelle brachte. Wahrscheinlich wurden wir, die Leute also, die alle im Zusammenhang mit meinem Verfahren standen, anders und mit größerer Achtung behandelt als normale Gefangene.

Es war sicher nicht so, dass uns die Partei liebte, dachte ich mir; vielmehr hatte sie Bedenken, dass wir laut und hörbar werden könnten, was ihr ungelegen gekommen wäre.

Da wir in unserer Zelle beide nicht wussten, was wir einander erzählen sollten, machte mich mein Mitgefangener mit den Einzelheiten unseres Zellen-lebens vertraut. Zur Essenszeit öffnete der Gefängniswärter normaler-weise die Zellentüren, damit die Gefangenen sich ihr Essen holen konnten. Danach wurden die Türen wieder geschlossen. Etwa eine halbe Stunde später - die Gefangenen mussten in der Zwischenzeit mit dem Essen fertig sein - kam der Wärter zurück und schloss die Türen nochmals auf, so dass die Gefangenen ihre leeren Essenschalen zurückgeben konnten.

In diesem Gefängnis gab es zu den Mahlzeiten keine akustischen Zeichen, weder durch einen Gong noch durch eine Trommel. Die Gefangenen hatten auch kein Recht darauf, das Essen zu einer bestimmten Tageszeit des einnehmen zu dürfen.

Es kam durchaus vor, dass manche Gefängniswärter aus persönlichen Gründen die Zellentüren erst öffneten, wenn die Körbe mit dem fertigen Essen bereits einige Stunden vor den Zellen gestanden hatten. Im Sommer war das nicht schlimm. Aber im Winter war die Einnahme von eiskaltem Essen für die Gefangenen eine richtige Tortur.

Ich hätte sehr gerne gewusst, ob sich noch jemand anderer in diesem

Gefängnis befand, der ebenfalls zu meinem Verfahren gehörte. Aber außer gelegentlichem leisen Hüsteln und Räuspern, das aus den benachbarten Zellen kam, vernahm ich keine Unterhaltungen. Innerhalb der Zellen durften die Gefangenen nicht laut sprechen. Jedes Mal, wenn ich das vergaß und etwas zu laut sprach, erinnerte mich mein Mitinsasse sofort daran:

„Um Gottes willen, sprecht bitte leise!"

Es war streng verboten, laut zu sprechen und laute Geräusche zu verursachen. Nur einmal hörte ich - trotz aller Verbote - einen Gefangengen laut, sogar sehr laut sprechen. Er war nervenkrank. Nervenkranke musste man in das Krankenhaus überführen. Das war die Regel, gleich, in welchem Land. Um sich jedoch davon zu überzeugen, dass der nervenkranke Gefangene wirklich krank war und das nicht nur vortäuschte, beließ ihn die Gefängnisleitung zunächst für eine Weile in seiner Zelle.

Die übrigen Zelleninsassen mussten von ihm während der gesamten Zeit allerlei Lärm erdulden: herzzerreißende Schreie, Lieder mit unterdrückten Gurgeltönen, als ob sein Hals im Würgegriff wäre, und schauerliche Weinkrämpfe mitten in der Nacht.

Die eisernen Fesseln am Ende der Pritschen waren jederzeit bereit, um die Knöchel eines Gefangenen zuzuschnappen, sobald er gegen die Gefängnisordnung verstieß. Und der Verstoß, der am leichtesten zu entdecken war, war die Unterhaltung mit einer Person in der Nebenzelle.

Die Generation meines Großvaters kannte diese Art von Fesseln nicht. Im Vergleich zu den Fesseln aus Eichenholz, die man früher in der Zeit des Feudalismus verwendete, waren sie eine Verbesserung, die wir der kolonialen Zivilisierung zu verdanken hatten. Sie bestanden aus einer breiten Eisen-schiene, die mit einer zweiten durch Scharniere verbunden war. Nachdem der Gefangene beide Fußknöchel in die Aussparungen gelegt hatte, verschloss der Wärter die Fesseln mit einem Hängeschloss. Alle Fesseln hatten eine einheitliche Größe und wurden für alle Beine benutzt. Ironisch verglich ein Gefangener diese Fesseln mit einem dreifachen Tor.

Da diese Fußfesseln Macht ausdrückten, nahmen die Gefängniswärter sie gerne in Anspruch und zögerten nicht, sie zu verwenden, sobald sie die Gelegenheit dazu hatten.

Außerhalb der Zellen lauerten ständig Gefängniswärter, ohne dass die Zelleninsassen sie wahrnehmen konnten. Manchmal dachten sie, dass sich die Gefängniswärter entfernt hätten; dann rief ein Gefangener aus einer Zelle dem in einer anderen Zelle etwas zu und wurde dabei in flagranti erwischt. Die Art und Weise, wie uns die Gefängniswärter auflauerten, glich dem Versteckspiel von Kindern: geräuschvoll tat der Wärter so, als ob er sich von den Zellen entfernte und schlich dann wie auf Katzenpfoten ganz leise zurück.

Aber nicht nur Gefängniswärter belauerten uns; auch die Wachsoldaten machten mit. Einen Gefangenen bei einem Verstoß gegen die Gefängnisordnung zu erwischen und dann seine Beine fesseln zu können, war für Wärter und Soldaten offenbar ein Vergnügen.

Ich verzeichnete meinen zweiten Sieg an diesem ersten Tag im Gefängnis, indem ich außer dem dreckigen, schwarzen, versalzenen Gemüsewasser in meiner Schale nichts zurück ließ. Die totgekochten Käferchen im Essen bereiteten meiner Verdauung keine Schwierigkeiten.

Huynh Ngu gab mir meine Bekleidung zurück, vergaß jedoch, mir auch eine Decke und eine Matte zu geben. Mein Mitinsasse sagte dazu, am Weihnachtsabend und auch am Sonntag hätte der Lagerverwalter frei. Ich überlegte jedoch: wenn es jemanden gab, der die Bekleidung brachte, müsste es auch jemanden geben, der einem Decke und Matte zuteilte. Die Materialien wurden mir nicht gebracht, weil es das Szenario meiner Festnahme so festgelegt hatte, damit ich im *Feuerofen* unter der Kälte leiden sollte.

Die Nacht in der Zelle war wegen der gleißend hellen Glühbirne von etwa 200 Watt, die in der Deckenmitte in einem Drahtgitter hing, am schwersten zu ertragen. Sie brannte die ganze Nacht hindurch. Nach dem Halbdunkel des Tages schmerzten meine Augen wegen dieser grellen Glühbirne stark. Ich nahm meine Hose, faltete sie mehrfach zusammen und legte sie zum Schutz über meine Augen, doch das Licht konnte trotz dieser vielen Stoffschichten bis auf die Netzhaut vordringen.

„Lasst es, man wird sich daran gewöhnen!" Von der Nebenpritsche kam die Stimme des Mitgefangenen.

„Hat es Euch am Anfang sehr stark gestört?"

„Wer fühlt sich schon nicht gestört? Niemand will so leben."

Mein Zellenmitbewohner schlief ohne Augenschutz. Er gab mir sein Moskitonetz, damit ich weniger frieren sollte.

„Bitte, nehmt es! Im Winter gibt es hier nur selten einige kleine Mücken. Ich kann sie schon ertragen."

Ich zögerte, das Netz über mir auszubreiten, doch ich hatte mich geirrt: das Netz stank nicht, es roch aber auch nicht besonders gut.

Bei diesem grellen Licht versteckten sich die Mücken unter den Pritschen und warteten auf gute Gelegenheiten. Die jüngeren, weniger geduldigen unter ihnen griffen uns an und wurden rasch vernichtet. Die Wände waren voll mit vertrockneten Blutspuren, Überreste des tagtäglichen Kampfes der Gefangenen gegen Mücken und Wanzen.

Mein Zellenmitinsasse sagte, ich hätte Glück, dass vor einigen Tagen im *Feuerofen* DDT gesprüht wurde. Nach einem Monat, wenn die Chemikalien ihre Wirkung verloren hätten, würde ich sehen, dass Mücken und Wanzen in Unmengen erscheinen. Er erzählte weiter, Wanzen seien viel schlauer als Mücken. Wenn Gefangene Nylon-Folien auf ihren Pritschen ausbreiteten, durch die Moskitonetze durchkrochen und diese Netze mehrfach falteten, damit die Wanzen nicht in ihre Schlafstätten hineinkommen konnten, dann krochen diese bis an die Zellendecke hinauf und *sprangen wie mit einem*

Fallschirm ab. Ich schnalzte mit der Zunge und zog die Decke aus Netz über mich.

Wenn sich die anderen daran gewöhnen konnten, werde ich mich auch gewöhnen, dachte ich.

Alles in allem würde es schon gehen.

Mein Mitinsasse war nicht gar so wortkarg, wie ich gedacht hatte. Er erzählte mir doch einiges von sich. Sein Name war Thanh. Im früheren Widerstandskrieg gegen die Franzosen war er freiwilliger Soldat im Norden von Laos gewesen. Als er bemerkte, dass ich nicht die Absicht hatte, viel mit ihm zu reden, hielt er inne. Seine Gesichtszüge zeugten nicht von Freude. Aber wie konnte ich mich anders verhalten? Zuerst musste ich ihn beobachten. Dass wir beide zusammen in einer Zelle waren, war sicher ein *Plan* der Polizei. Davon war ich überzeugt. Ich blieb wach.

Auf seiner Pritsche rezitierte der Zellenfreund ein Gedicht:

> *Dieses Mal gehe ich noch einen Schritt weiter*
> *Das heißt, der goldene Traum geht heute zu Ende*
> *Trink bitte vom roten Schnaps, bis du berauscht bist*
> *Erfreue dich mit mir der wenigen letzten Sekunden*
> *Wenn nun Stürme und hohe Wellen kommen*
> *habe ich Angst, dass ich*
> *mit meinem Boot voll Bitterkeit das Ufer nicht erreiche*
> *Die heilige Kapelle hat die falsche Hüterin gewählt*
> *Wenn die Räucherkerzen verglühen,*
> *verlasse ich mich auf dich*
> *Diese Nacht ist die dritte Nacht, in der ich nicht schlafe*
> *Ich bemitleide mich selbst, den Vogel,*
> *der den Schwarm verlässt*
> *Auf einer Schulter trage ich die Last*
> *der Flüsse und Berge*
> *Auf der anderen Schulter trage ich tausendfach*
> *Schmerz und Weh*
>
> *Von Traurigkeit im Herzen werden mir die Haare wirr*
> *Wozu willst du mir noch Kamm und Spiegel geben? ...*

Nach Nguyen Binh (1918-1966),
bekannt für seine Gedichte vor 1945

Im Gefängnis hörte ich mehrfach, dass die Gefangenen das Gedicht "*Stolpern in die zweite Ehe*" rezitierten. Diese Verse von *Nguyen Binh* entsprachen irgendwie sehr dem seelischen Zustand der Gefangenen. Es handelte sich für sie ja auch um eine Art von Stolpern im Leben, für jeden wahrscheinlich auf eine andere Weise.

Jeder Gefangene hatte sein Einzelschicksal, keines war dem anderen gleich. Nicht jeder Gefangene erfuhr Ungerechtigkeit. Die meisten von ihnen hatten Verbrechen gegen die Gesellschaft begangen. Sie wurden von der Gesellschaft ferngehalten und entsprechend ihrer Verbrechen bestraft. Alle besaßen sie die Traurigkeit einsamer Menschen, die in Tierkäfigen gehalten wurden wie auch ich in meinem Käfig. Und sie betrauerten ihre Lage mit den Versen von Nguyen Binh.

Nguyen Binh verließ die Welt Anfang 1966 - nach dem Mondkalender in der Nacht zum ersten Tag des Jahrs des Pferdes - der Erzählung zufolge unter tragischen Umständen. Die Nachbarn hatten ihn seit einigen Tagen schon sein Haus nicht verlassen sehen. Sie meldeten es der Polizei. Als die Wohnung aufgebrochen wurde, fand man seine gekrümmte Leiche, auf einer zerrissenen Matte liegend, neben einer angebrochenen Flasche Schnaps.

Die Nachbarn sammelten Geld für einen einfachen Sarg und brachten den Autor der Gedichtsammlung *"Stolpern in die zweite Ehe"* zu seiner letzten Ruhestätte. Der Verband der Schriftsteller erfuhr von seinem Ableben erst, als der Dichter seinen ewigen Frieden bereits gefunden hatte.

Ich hatte nicht das Glück, Nguyen Binh zu seinen Lebzeiten kennenzulernen. Als er für die Zeitschrift *"Hundert Blumen"* arbeitete, war ich in der Sowjet-union. Ich hatte nur die Ehre, *Thiet Vu,* den Funktionär des Amtes für Zeitungen und Zeitschriften, zu kennen, der Nguyen Binh mit Fäusten und Füssen geschlagen hatte. In der Annahme, dass sich dieser über die Partei lustig mache, schlug Thiet Vu den Dichter in einem akuten Anfall seiner Liebe zur Partei mehrmals so schwer, dass sogar die Zeitungen ihre Stimme dagegen erheben mussten. Als mir Thiet Vu später von diesem Vorfall erzählte, bedauerte er ihn und sagte mir, dass er sich bei dem Dichter dafür entschuldigt habe.

Gerüchten zufolge - und nach den nicht eindeutigen Worten des Schriftstellers *To Hoai* in einer seiner Erzählungen - hinterließ Nguyen Binh einen Sohn. Vor seinem Tode brachte er den Kleinen in die Stadt und verschenkte ihn dort an einen Fremden. Der Empfänger wusste sicher nicht, dass der Geber Nguyen Binh war. Sein Kind würde nun mit einem neuen Namen und Vornamen aufwachsen, ohne zu wissen, dass es der Nachkomme eines hervorragenden Volksdichters, eines der großen Dichter Vietnams war.

Genies haben Vorahnungen. Nguyen Binh sah seinen letzten Gang aus dem Leben voraus in der härtesten Einsamkeit, die jemandem zuteilwerden kann:

Unbeschwert schreiten meine Füße einsam im Schatten
Ich selber nehme Abschied von allem

Kurz vor meiner Verhaftung traf ich *Tran Dan,* einen wegen nicht konformistischer Werke von der KP verfolgten Dichter und Schriftsteller. Er zeigte mit dem Rohr seiner Wasserpfeife auf mich mit den Worten:

„Seid vorsichtig! Schaut Euch das bitte mal an!"

Dabei zeigte er auf seine Narbe am Hals, seine Erinnerung an einen misslungenen Selbstmordversuch.

Ich kam nur manchmal zu Tran Dan, immer nur für kurze Zeit, dann verließ ich ihn bald wieder. Das war so auch sein Wunsch. Wenn ich mich doch einmal länger bei ihm aufhielt, verlangte er, dass ich gehen solle. Er wollte nicht, dass ich mich einer Gefahr aussetzte. Die Machthaber betrachteten ihn sein ganzes Leben lang als einen Patienten, der die Menschen mit seiner *Krankheit* anstecken könnte. Für ihn selbst jedoch sah ich keine Gefahr.

Nachdem ich aus der Sowjetunion zurückgekehrt war, hatte ich Mitleid mit ihm gehabt. Damals dachte ich, ich hätte mehr Glück als er. Nun hatte er Mitleid mit mir. In der Tat hatte er mehr Glück als ich. Möglicherweise sah Tran Dan intuitiv voraus, welche Schläge ich aus Rache noch zu erleiden haben würde.

Tran Dan war wortkarg (oder war er es wegen der vielen Schläge im Gefängnis geworden?). Während der ganzen Zeit unseres Zusammenseins sprach er nur wenige Sätze. Besser gesagt, wir sprachen miteinander, allerdings nie über ein konkretes Thema. Es waren vielmehr Bruchstücke von Monologen, die notwendig waren, damit zwischen zwei Menschen ein Dialog entstand.

Ich erinnerte mich daran, dass er einmal leise zu mir sagte: "Ich stamme auch aus Nam Dinh wie Ihr. Die Gegend ist bekannt für ihre Literaten und für Leute, die sich nicht unterordnen. Ich befürchte, in unserem Blut gibt es von beidem etwas."

Ständig sog er an seiner Wasserpfeife, deren ruhige trockene Geräusche sich in dem leeren Raum ausbreiteten. Ich durfte mir alle Blätter seiner Manuskripte, die um die Pfeife herumlagen, nach Herzenslust ansehen. Schweigend las ich das eine und andere Blatt. Ab und zu nahm ich in seinen Schriften einen hellen Gedankenblitz wahr. Obwohl er der äußeren Form seiner Gedanken viel Beachtung schenkte, fand ich, dass sich seine dichterischen Inspirationen von der modernen Form eingeengt fühlten.

Beim Abschied fragte er mich: "Versteht Ihr, was ich sagen wollte?" Ich nickte mit dem Kopf. Genauer gesagt, ich entdeckte hinter seinen kurzen und wirren Sätzen überhaupt nichts. Der eine Satz hatte mit dem nächsten nichts zu tun. Der Dichter dachte, er hätte bereits alles ausgesagt und sagte doch nichts.

Wenn er mir aber durch Blicke seinen seelischen Zustand mitteilen wollte, dann verstand ich ihn. Ich verstand und war traurig. Traurig seinetwegen. Traurig meinetwegen.

Tran Dan mochte mich. Er wollte, dass ich das Fürchten lernte, wie er es gelernt hatte. Unsere Generation war eine unglückliche: wir kamen mit dem Schicksal von Sklaven zur Welt, wuchsen in den Flammen des Krieges auf und wurden in der Furcht vor den Genossen erwachsen.

Ich dachte an meinen Vater. Wo war er in dieser Stunde? Es gab Gerüchte, wonach er in einer Villa mit vollem Komfort in Hanoi festgehalten wurde. Doch ich glaubte nicht daran. Diese nicht nachprüfbaren Gerüchte wurden sicherlich von einer *Zentrale* ausgestreut. Genau wie bei allen anderen unmenschlichen Taten wollten die Machthaber immer ein humanes Gesicht vorzeigen: ja, die Genossen haben in der Tat Fehler begangen; da sie sich aber Verdienste um die Revolution erworben hatten, würden sie anders behandelt.

Ich machte mir Sorgen darüber, dass mein Vater nachts von seinen Leberschmerzen gequält werden könnte. Diese Lebererkrankung war die Folge einer Malaria, die ihn während seiner Gefangenschaft im Dschungel-gebiet von Son La befiel. Größere Schmerzen bereitete ihm jedoch die grausame Behandlung durch seine einstigen Genossen.

Ein Donnerschlag in der Nähe erschreckte mich. Thanh fuhr mit roten Augen hoch:

„Was ist los?"

Ein weiterer Schlag zerriss mir fast das Trommelfell. Die Gefangenen in den Nachbarzellen wurden wach. Hüsteln. Flüstergeräusche. Geräusche vom Urinieren in Nachttöpfe.

Nachdem ich genauer hingehört hatte, stellte ich fest, dass ich mich irrte. Außerhalb der Zellen schlug jemand mit aller Kraft auf Dachblechen herum, so als ob er diese Blechstücke wütend auf den Zementboden schlüge. Dieser Krach erscholl in den Zellen wie Donnerhall.

Kaum hörte dieser metallische Schlaglärm auf, heulte von irgendwo her in bestimmten Abständen ein Schäferhund. Man hatte den Hund in die Anstalt mitgebracht. Zornig suchte er nun nach einem Ausweg, aber alle Ausgänge waren verschlossen. Im Hof sprang er auf dem losen Haufen Blech von einer Stelle zur anderen.

„Seltsam, wieso bringt man einen Hund hier rein?"

Thanh setzte sich auf und brummte vor sich hin. Bedächtig rollte er eine Prise Tabak für die Pfeife.

Der Hund heulte erneut eine ganze Weile, genau wie seine Ahnen im Urwald. Ich war davon überzeugt, dass es sich um einen Schäferhund handelte. Früher hatte ich in den Käfigen der Tierklinik in der Nachbarschaft unseres Hauses Schäferhunde nachts heulen hören.

„Heute Nachmittag schon habe ich diesen metallischen Lärm auf dem Hof gehört. Ich habe einen gewissen Verdacht", sagte Thanh. „Ich dachte mir: in der Werkstatt gibt es noch ausreichend Platz, weswegen bringen sie die Bleche hierher? Habt Ihr etwas gesehen, als Ihr zur Vernehmung gegangen seid?"

„Ich habe nicht aufgepasst."

„Bei der Rückkehr auch nicht?"

Ich verneinte.

Wir konnten nicht wieder einschlafen. Thanh rauchte an seiner Pfeife. Die ersten Pfeifenzüge nach dem Schlaf berauschten ihn. Ich hatte Angst, dass er zu Boden fallen könnte. Aber er schwankte nur eine Weile, dann wurde er wach.

„Bei Eurer heutigen Vernehmung muss etwas Abnormales geschehen sein."

„Was heißt das?"

„War Anspannung dabei?"

„Wie üblich."

„Keine Streiterei?"

Ich wollte Thanh nicht erzählen, dass ich Huynh Ngu wütend gemacht hatte. Aber ich wollte auch nicht lügen.

„Genauer gesagt, es war auch nicht sehr friedlich."

„Verstehe." Thanh lachte. „Dass der Hund hierher gebracht wurde, gehört zu dieser Rechnung, lieber Freund. Auch die Bleche. Man spielt Euch einen Streich und damit auch uns, sehr schlimm!"

Ich lachte gekünstelt:

„Schlimm? Nein, niederträchtig!"

„Lasst es! Es lohnt nicht, sich den Kopf zu zerbrechen." Thanh strich sich mit beiden Händen den Bart. „Wir betrachten es als eine Kleinigkeit. Spielt Ihr Schach?"

Ich schüttelte den Kopf. Ich war eine Null in allen Spielarten.

Thanh gähnte, bis sich seine Kiefer beinahe ausrenkten.

„Der Tag im Gefängnis ist manchmal lang, sehr lang", sagte er. „Ich werde Euch zur Erleichterung das Schachspielen beibringen. Ihr seid neu hier und könnt nicht wissen, dass einen das Leben in der Zelle oft sehr ermüdet. Man kann verrückt werden. Mit dem Schachspielen kann man sich teilweise trösten. Aber gegen sich selbst zu spielen ist langweilig ..."

Der Hund heulte erneut. Ab und zu hielt er müde inne.

Ich nahm mir vor, am nächsten Tag gegen diese Art der Behandlung zu protestieren. Man konnte mich schlecht behandeln, aber man durfte anderen Menschen damit nichts zuleide tun.

„Hat man Euch auch in dieser Art übel mitgespielt?" fragte ich.

„Nicht in derselben Art. Sie haben viele Methoden. Mit jedem machen sie es anders." Thanh erzählte nichts Genaueres. „Wir müssen wachsam bleiben und je nach Lage der Dinge reagieren. Wir befinden uns in ihren Händen, müssen daher jede Reaktion richtig abwägen. Es lohnt sich nicht, sich mit ihnen zu überwerfen...

Durch solche leise Worte vermittelte Thanh mir nützliche Kenntnisse für mein Leben in der Gefangenschaft und für die Zeit danach.

„Wenn wir ihnen etwas gesagt haben, dann müssen wir es so auch immer wieder sagen. Sonst würde man uns unendlich quälen. Übrigens, wir können über uns selbst etwas Falsches sagen und müssen dann ertragen, was danach kommt. Wir dürfen aber kein falsches Wort über einen anderen sagen, sonst könnten wir es ein Leben lang bereuen. In einem Verfahren schenkt man dem *Anführer* immer die größte Beachtung. Wenn *sie* ihn nicht zur Strecke bringen können, dann *setzen sie* an seine Stelle dafür einen anderen..."

Thanh legte sich hin. Ein Weilchen danach hörte ich ihn leise schnarchen. In Abständen heulte der Hund immer für eine Weile, aber das Heulen wurde allmählich schwächer. Er wurde müde, er hatte keine Hoffnung mehr; oder wir gewöhnten uns an seine Hoffnungslosigkeit. Ich wusste es nicht.

Ich konzentrierte mich auf einen Punkt im Nichts und versuchte, nutzlose Gedanken fernzuhalten.

Regelmäßig atmete ich nach der Lehre von Qi Gong ein und aus.

7

Vernehmung, Vernehmung ...

„Vernehmung, Vernehmung, Vernehmung!"
Mit gleichgültiger Miene stand der bäuerlich aussehende Gefängniswärter in der Mitte des Türrahmens und warf uns diese Worte hin. Thanh blieb mit bis an die Ohren hochgezogenen Knien ohne jede Reaktion in der Hocke sitzen. Ich war verdutzt. Wurde ich gerufen? Oder wurde Thanh gerufen?

„Vernehmung, Vernehmung, Vernehmung!"
Der Wärter wiederholte.

„Herr Wärter ruft Euch."
So war das also! Dieser *einfältige* Wärter wollte nicht eindeutig sagen, wer zur Vernehmung gerufen wurde. Stattdessen verwendete er diesen abgenutzten Begriff und verlangte, dass ich ihn verstehen sollte.

„Zieht Euch bitte an!" drängte mich Thanh erneut.
Was sollte ich mir noch anziehen? Ich trug schon alles. In dieser eiskalten Zelle zog ich mir alles an, was ich hatte, und fror trotzdem. Die Temperatur war in den letzten Tagen abrupt zurückgegangen. Der Winter war tatsächlich schon da. Wenn ich in dieser Zelle lag und nicht zur Vernehmung gerufen wurde, hörte ich - verzweifelt - dem heftigen Nordwind zu. Wäre ich einige Tage später festgenommen worden, hätte ich sicherlich meine Wolljacke getragen. Bei meiner Festnahme war es draußen aber warm gewesen. Zum Glück hatte ich eine wattierte Jacke angezogen.

„Beeilung!" erinnerte der Wärter.
Ich zog die beiden Seiten der Jacke sorgsam übereinander, damit der Wind nicht bis an meinen Leib vordringen konnte. Meine Füße brauchte ich nur noch in die Schuhe zu stecken. Schnürsenkel musste ich nicht zubinden, weil sie mir gleich am Anfang abgenommen worden waren. Wahrscheinlich dachte man, dass sie zum Erhängen benutzt werden könnten.

Meinen Schuhen muss ich hier einige Zeilen widmen - es lohnt sich: Ich hatte Rheuma. Vor dem Winter war es meiner Frau gelungen, mir ein Paar schwarze Schuhe aus echtem mongolischem Leder zu besorgen. Dieses Paar Schuhe hatte Huynh Ngu sehr genau untersucht. Ich gewann den Eindruck, dass er die Absicht habe, die Sohlen mit einem Messer auseinander zu schneiden, um das zu finden, was er finden wollte.

Die Schuhe waren sehr schön, das Leder weich und die Verarbeitung ordentlich. Nur in der Alltagspraxis bewährten sie sich leider nicht so gut wie die billigen Sandalen aus Autogummireifen.

Ein einziges Mal am Tag durften die Zelleninsassen morgens einzeln in den

Waschraum gehen, um sich zu reinigen. *Pro Zelle* dauerte dieses eine Mal fünf Minuten, die Zeit zum Öffnen und Schließen der Tür nicht inbegriffen. Jeweils zwei Mann teilten sich eine Zelle. Jeder von uns hatte also knapp zweieinhalb Minuten für die Körperpflege zur Verfügung.

Wir mussten - fast wie bei einem Wettlauf – sehr schnell gehen, aber es war verboten, zu rennen. Im Waschraum mussten bei diesem Morgenritual auch die Nachttöpfe entleert und gesäubert werden. Gezwungenermaßen wuschen wir uns dort also nur das Gesicht, dann kehrten wir zurück. Nachdem wir für uns jedoch einen operativen Plan aufgestellt hatten, konnten Thanh und ich dabei später sogar noch unseren Stuhlgang (Entschuldigung!) erledigen und ein Gießkannenbad nehmen.

Ich hätte aber noch schneller sein können, wenn meine Schuhe dabei nicht so hinderlich gewesen wären. Jedes Mal, wenn ich zum Waschen ging, musste ich sie in diesem kleinen Badezimmer möglichst weit entfernt von dem stark spritzenden Wasserhahn abstellen. Nach dem Waschen hüpfte ich dann auf einem Bein so rasch wie möglich zu meinen Schuhen zurück und steckte meine Füße schnell wieder hinein, um rasch zurückzulaufen. Doch manchmal hinkte ich dabei, weil der eine Fuß noch nicht richtig im Schuh steckte.

Es war unbequem mit diesen Schuhen, aber ich konnte sie nicht wegwerfen. In einem vietnamesischen Gefängnis wurden keine Schuhe ausgeteilt. Außer einem Satz Kleidung, einer Decke aus Baumwolle und einer Matte erhielten die Gefangenen keine weiteren Gegenstände für den täglich Bedarf. Zahnbürste, Zahnpasta, Seife wurde von der Familie besorgt. Auch Lebensmittel wurden geschickt, damit die Gefangenen ihren Hunger stillen konnten. Thanh hatte im Gegensatz zu mir bereits vorher gewusst, was er ins Gefängnis mitnehmen musste. Ich war ein echter Habenichts.

Wir gingen an der Werkstatt vorbei, wo Gefangene mit gestreifter Kleidung fleißig hämmerten und schweißten. Sie arbeiteten konzentriert, ohne einen Blick auf uns zu werfen. Trotzdem beobachtete sie der Wärter im Vorbeigehen mit aufmerksamen Blicken. Er schrie: "He, Ihr da, arbeitet, ja! Was habt Ihr zu gucken? Hier habt Ihr fleißig zu arbeiten. Wenn Ihr nicht fleißig arbeitet, habt Ihr keine Chance, entlassen zu werden. Ihr werdet hier bis auf die Knochen verfaulen."

Im Zellenbereich der Kriegsgefangenen stand noch der traurige Weihnachtsbaum. Ein paar bunte Glühbirnen leuchteten schwach. Das Tonbandgerät spielte, immer noch mit stark verzerrten Tönen, das Lied des Komponisten *Do Nhuan*:

Der breite Rote Fluss...
brachte den Sand an das Ufer des Heimatdorfes...
An der Mündung des Flusses in Viet Tri
kamen mit braunen Hemden bekleidete Jungs zurück...

Dieses Mal brachte mich der Wärter nicht wieder in denselben Vernehmungsraum, sondern nahe bis an das weiter entfernte Tor des *Feuerofens,* von dem ein schmaler Gang zu einem langen Gebäude auf der rechten Seite führte. In diesem schmalen Gang ließ er mich warten. Von hier aus führte ein anderer Gang zu einer Reihe von Räumen mit verschlossenen Türen. Von außen wirkten sie wie Räume in einer kollektiven Unterkunft für allein lebende Funktionäre. Aber ich ließ diesen Gedanken sofort wieder fallen, denn vor jedem Raum hing ein Vorhängeschloss.

Plötzlich erschrak ich: zehn Meter vor mir lief ein alter Gefangener mit durch und durch grauem Haar und schwerem Schritt. In den Händen hielt er eine Schale Reis mit einem getrockneten Fisch, dessen Kopf in dem Reis steckte und dessen ausgetrockneter Schwanz in die Luft ragte. Der Gefangene hob den Kopf und ich erkannte General *Dang Kim Giang.* Er war völlig abgemagert und sein langer Bart war grau. Was hatten *sie* ihm angetan, dass er nach kaum zwei Monaten Gefangenschaft so verändert war? Aber seine Haltung hatte sich anscheinend nicht verändert. Sie blieb würdevoll. Als er mich sah, lächelte er. "Keine Angst, mein Sohn! Bleibe standhaft!" sagte sein Blick. Eine Sekunde später verschwand er hinter einer Biegung, gefolgt von einem Gefängniswärter in ockerfarbener Kleidung. Überbrachten mir sein Blick und sein Lächeln die Botschaft, dass ich konsequent bleiben und nichts zugeben sollte? Aber was war ich denn für ein Mensch, dass ich konsequent bleiben sollte? Ich hatte doch gar nichts zuzugeben. Oder befürchtete er, dass ich während meiner Vernehmungen von den Leuten der *Exekutive* verführt oder ins Schwanken gebracht würde und falsche Aussagen machen könnte, die andere belasten würden?

General Dang Kim Giang war seit den 30er Jahren gemeinsam mit meinem Vater aktiver Revolutionär. Beide saßen zusammen im Gefängnis von Son La. Vor seinem Eintritt in die kommunistische Partei stand er unter dem Einfluss der Nationalen Volkspartei. Im Widerstandskrieg gegen die Franzosen war er stellvertretender Leiter der Intendanz und verantwortlich für die Versorgung der Front bei *Dien Bien Phu.*

Nachdem der Friede wiederhergestellt worden war, leitete er im Rang des stellvertretenden Ministers für Landwirtschaft die Arbeit mit den Soldaten, die man zurück in die Landwirtschaft entlassen hatte. In seiner khakifarbenen Wolljacke eines Generals war er auf dem weiten Territorium Nordvietnams unentwegt von einer Ortschaft zur anderen unterwegs. Wir, die Kinder seiner Freunde, liebten ihn. An ihm spürte man nichts von einem General, eher sah man in ihm einen ganz normalen Mann. Er war einfach und menschlich. Die Soldaten, die das Gewehr zurückgaben und nun wieder mit dem Pflug arbeiteten, betrachteten ihn genau wie wir nicht als General, sondern als einen Vater oder Onkel der Familie.

Als der chinesisch-sowjetische Kampf der Ideologien entfesselt war, zögerte er nicht, sich auf die sowjetische Seite zu stellen. Trotz seiner langjährigen Zugehörigkeit zum Kommunismus war er nicht stark in kommunistischer Theorie. Nach meiner Kenntnis war er ein Gelehrter der alten Schule und vertrat die Grundhaltung "Menschlichkeit, Gerechtigkeit, Höflichkeit, Weisheit, Vertrauen". Wegen dieser Grundhaltung verurteilte er scharf Stalin, der seine Genossen beseitigte, um die eigene Macht zu stärken. Er war nicht minder scharf gegen Mao, den er als "Schlächter" bezeichnete.

„Stalin versinkt im Blut, ich weiß es. Was er gemacht hat, war kein Sozialismus", sagte er mir. „Aber ich denke: das Haus ist nicht schlecht, nur weil der Hausherr ein Schurke ist. Ein ausschweifender König kann zwar eine Dynastie zugrunde richten, aber nicht eine Lehre. Wie Du siehst, haben die Dynastien sich abgelöst, aber der Konfuzianismus bleibt. Genauso bleibt auch der Marxismus mit seinem Grundgedanken der Befreiung der Menschheit bestehen.

Der Marxismus will, dass die Menschheit nicht länger so leben muss wie bisher. Die Menschheit soll im Glück leben. Der Mensch muss als Mensch leben können. Dass Chruschtschow den Personenkult verurteilt, ist vollkommen richtig. Ein moralischer Mensch könnte gar nichts anderes tun. Mao ist ein undankbarer Kerl, der *nach dem Suppenessen der Schale einen Tritt gibt*. Er nutzt seinen Angriff gegen Chruschtschow aus, um damit die Sowjetunion anzugreifen.

Aber was wäre dieses China heute ohne die Sowjetunion? Wer hat die Eisen- und Stahlindustrie aufgebaut? Und die Fabriken für die Werkzeugmaschinen, den Flugzeug- und Schiffbau oder die Autoherstellung? Was hatte China denn früher? Und was hat es heute? Sicher hat sich die sowjetische Führung nicht korrekt verhalten, als sich Gegensätze ergaben. Aber wer hat sich so viel Mühe gegeben, um China auf den ausgezeichneten Stand von heute zu bringen? Das war doch das sowjetische Volk, das waren doch die sowjetischen Werktätigen.

Ehrlich gesagt, ist das Verhalten Chinas nicht weiter verwunderlich. Eine uralte Krankheit der Chinesen ist ihr Traum von der Hegemonie. Schauen wir uns die chinesische Geschichte doch einmal an! Jede Region hatte einen Herrscher, und jeder dieser Herrscher versuchte, die Welt zu beherrschen. Solange ihm dies nicht gelang, hat er keine Ruhe gegeben. Unser Land wird sicher noch Schwierigkeiten haben mit diesen Herren."

In der Zeit, als er den Sessel des stellvertretenden Ministers für Landwirtschaft innehatte, erarbeitete er mutige Vorschläge für materielle Anreize zur Produktionssteigerung, zur Aufteilung von Grund für die Mitglieder von land-wirtschaftlichen Betrieben, auch zur Zusammenarbeit mit sozialistischen Staaten zwecks Investitionen und zur Genehmigung von Gemeinschaftsbetrieben mit Betrieben befreundeter Staaten.

Alle diese reformorientierten Vorschläge wurden von Le Duan und Le Duc Tho als "revisionistisch" und "kapitalismusorientiert" abgeschmettert.

Als General Giang aus meinem Blickwinkel verschwunden war, musste ich noch eine Weile warten, bis der Wärter wieder erschien. Er führte mich wortlos zu einem anderen Vernehmungsraum, der sich weit hinten in den Reihenbauten auf der linken Seite des *Feuerofens* befand. Dort wartete ein hoch gewachsener, gut aussehender Mann mit einem nichtssagenden Gesicht auf mich. Er trug die wollene Uniform eines Majors ohne Rangabzeichen und sah mich bösartig an. ‚Sie müssen also einen anderen nehmen, der mit mir arbeiten soll‘, dachte ich.

Als ich Huynh Ngu entdeckte, der verlegen daneben stand, vermutete ich, dass der Mann sein Vorgesetzter war. Seit meiner Verhaftung war mindestens eine Woche vergangen. In diesen Tagen hatte er mich noch ein paarmal zu sich gerufen, nachdem ihn unser erster Streit verrückt gemacht hatte. Aber sobald ich ihn sah, verlangte ich jedes Mal von dem Wärter, mich in meine Zelle zurückzubringen.

Meine trotzige Haltung verschaffte mir Vorteile. Ich musste ihnen klar machen, dass ich nicht leicht zu *knacken* war. Mein Vater erzählte mir einmal davon, wie er sich gegenüber Mitarbeitern der französischen Sûreté verhalten hatte: "Man braucht ihnen nur einmal zu zeigen, dass man Angst hat, schon greifen sie an. Sie können uns schlagen, quälen. Wenn sie es müde sind, werden sie aufgeben. Wer aber Angst hat vor den Schlägen, der wird immer wieder durch Schläge zu Aussagen gezwungen, wenn sie Informationen brauchen".

„Ich habe die *Berichte* über Euch gelesen.“ Der Mann legte die Unterlagen, die er gerade las, auf den Tisch, als ich den Raum betrat. „Heute nehme ich mir selbst die Zeit, um mit Euch zu sprechen ...“
Ich sah ihn wortlos an.
„Nur eine Empfehlung von mir: als Mensch mittleren Alters...“
Ich schwieg.
„Zuerst möchte ich Euch empfehlen, nicht eigensinnig zu sein“, sagte er langsam mit seelenloser Stimme.
„Ihr seid Intellektueller und wisst sicher, dass die Menschen früher gesagt haben: ‚Je nach Sitte muss man sich fügen‘ ...“
Ich warf einen Blick auf Huynh Ngu. Neben diesem Mann wirkte er viel kleiner, gehemmter als der Huynh Ngu aus meinem Alltag. Ich wartete nicht ab, bis das Flusspferd zu Ende gesprochen hatte, sondern drehte meinen Kopf schnell in die Richtung von Huynh Ngu und gab mir den Anschein, als ob ich diesen nicht erkannte oder mir seinen Name nicht gemerkt hätte:
„Wenn Ihr die Absicht habt, mir noch einmal die Gefängnisordnung bekanntzumachen, wie es dieser Mann getan hat, dann bedanke ich mich, denn ich habe genau zugehört ...“
„Einen Moment. Ich weiß, dass Ihr verärgert seid. Ärgerlich zu sein, dazu seid Ihr berechtigt. Wer lässt sich schon gern von der Partei als Feind der Revolution betrachten? Aber bis jetzt hat Euch noch niemand als Feind

betrachtet. Es gibt Fehler, sogar sehr große Fehler. Falsche Erkenntnisse führen zu falschem Verhalten, das ist ganz normal. Fehler können korrigiert werden. Vorsitzender Mao lehrt: es gibt nur zwei Arten von Menschen, die keine Fehler machen - nämlich das Kind im Bauch der Mutter und der Mensch im Sarg. Wir erkennen unseren Fehler selbst nicht. Die Partei erkennt ihn und zeigt ihn auf. Die Partei hilft uns bei seiner Korrektur. Ich habe es Euch eben gesagt und ich möchte es wiederholen, damit es Euch klar ist: seid nicht eigensinnig. Gefängnisordnung, was ist das? Sie ist nichts - eine ausgearbeitete Übereinkunft für das Leben in der Gemeinschaft, die zu befolgen jeder verpflichtet ist, damit die allgemeine Ordnung aufrechterhalten wird ...“

„Ich habe schon erklärt: diese Ordnung gefällt mir nicht." Dabei blieb ich kühl, aber entschieden. „Ich akzeptiere sie nicht."

„Regt Euch nicht auf, bitte! Hört mir zu! Heute Morgen war der Leiter der Hauptabteilung "Parteischutz", *Bruder Thanh,* als Vertreter von *Bruder Sau* (Le Duc Tho) hier, um mit jedem von Euch persönlich zu sprechen." Der Mann wirkte ruhig. Aber an seiner Stimme und seiner Art zu reden erkannte ich, dass er sich große Mühe geben musste, um so ruhig zu erscheinen. „Wegen unvorhergesehener Arbeit musste er aber gleich wieder gehen und konnte daher nicht jeden treffen. *Bruder Thanh* beauftragt mich, Euch über die neuesten Beschlüsse des Politbüros und des zentralen Organisations-ausschusses zu informieren..."

Dieser Beauftragte des Politbüros und des zentralen (Personal-)Organisati-onsausschusses machte sich gar nicht die Mühe, sich vorzustellen. Später erfuhr ich nur seinen Rufnamen *Truc*, nicht aber den Familiennamen. Er war Leiter des *Exekutivamtes.* Damit war er der wichtigste von all den Leuten, mit denen ich seit dem Betreten des *Feuerofens* zu tun hatte, denn im Polizeidienst war der Amtsleiter wichtiger als die stellvertretenden Minister der anderen Ministerien.

Dieser Exekutiv-Leiter war ein *echter Marxist-Leninist.* Er sprach von Menschlichkeit und Gerechtigkeit, ohne sich einen Millimeter vom Standpunkt der Diktatur des Proletariats zu entfernen. Ich wäre nicht erstaunt gewesen, wenn er nach seiner langatmigen, von Humanismus geschmückten Einführung nun grausame Beschlüsse verkündet hätte.

Man konnte sagen, dass alle Funktionäre zu jener Zeit von der Partei mit blutroter Farbe getränkt waren. Gewalt wurde als Ausdruck revolutionärer Entschlossenheit verehrt. Die verbalen revolutionären Sprüche wurden als Zeichen des Eifers im Kampf für den Sieg der marxistischen Politik gepriesen.

In der Zeitschriftenredaktion hatten wir ständig Lehrgänge zu absolvieren gehabt. Lehrmaterialien dazu erhielt die Zentrale kostenlos vom *Pekinger Verlag für Fremdsprachen,* der sie an uns weiterleitete. Für die Zeitschrift nahm die Festigung unseres Standpunkts die gesamte Arbeitszeit in

Anspruch. Sozialistische Zeitungen herauszugeben war zum Glück nicht schwierig. Zeitungen waren Mittel zur Erziehung des Volkes. Sie brauchten sich nicht gut zu verkaufen; sie mussten nur geschickt die Politik der Zentrale illustrieren.

Man bekam keine Vorwürfe zu hören, wenn man einen Artikel schrieb, der einem Artikel ähnelte, der in der Parteizeitung bereits erschienen war. Wenn man etwas abschrieb, was in der Parteizeitung veröffentlicht war, bedeutete dies keinen geistigen Diebstahl. Man erhielt dafür auf Grund des hohen *Organisationsbewusstseins* sogar Lob. Und wenn man im Sinne von *Radio Peking* oder des *Pekinger Verlags für Fremdsprachen* schrieb, wurde man wegen dieses gefestigten Standpunkts nicht minder gelobt.

In den Kontrollsitzungen saßen - im Geiste des Beschlusses Nr. 9, also der 9. Sitzung des Zentralkomitees der Partei - Journalisten zusammen mit Angestellten der Redaktion; darunter waren auch Leute aus dem Versorgungsbereich und Köchinnen. Um die Wette wurden dort von jedem die *modernen Revisionisten* verurteilt, weil sie das Ziel hatten, *ein friedliches Zusammenleben der verschiedenen gesellschaftlichen Systeme, friedlichen Wettbewerb* und *einen friedlichen Übergang zum Sozialismus* zu erreichen. Wer dazu noch mehr Material von unserer Partei und aus China las, außerdem ein gutes Gedächtnis hatte und eifrig mitdiskutierte, der wurde als fleißiger Schüler betrachtet.

Auch Huynh Ngu schimpfte im Feuerofen laut auf das *friedliche Zusammenleben*:

„Als Mensch kann man nicht mit wilden Tieren leben. Und Kapitalisten sind wilde Tiere. Wie kann man mit ihnen zusammenleben? Seht Ihr es jetzt ein, dass diese Politik falsch ist?"

„Noch nicht", antwortete ich. „Meine Meinung ist, dass wir zuerst Frieden haben müssen, wenn wir den Sozialismus aufbauen wollen. Der Begriff *friedliches Zusammenleben,* der in den Zeitungen gewöhnlich verwendet wird, kam durch eine falsche Übersetzung zustande, die zu Missverständnissen führt. Die Russen sagen *mirnoe soshushestwowanie,* die Franzosen sagen *coexistence pacifique.* Das bedeutet nicht *friedliches Zusammenleben,* sondern: *in Frieden nebeneinander existieren.*"

Huynh Ngu gab darauf nur einen undeutlichen Ton von sich.

Einige Jahre später las man von dem Begriff *„friedliches Zusammenleben,"* in den Zeitungen nichts mehr. Man schrieb es nun dort genau so, wie ich es an diesem Tag gesagt hatte: *im Frieden nebeneinander existieren.* Das Buch "Der Mensch ist des Menschen Freund" des sowjetischen Schriftstellers Boris Polewoj legte man auf den Seziertisch. Es wurde verschmäht als die zerfetzte Fahne des *"vagen Humanismus",* die man aus dem stinkenden Abfallberg des Kapitalismus herausgeholt habe. Die Funktionäre der Propaganda- und Erziehungsarbeit behaupteten zwar, dass der *vage Humanismus* der *modernen Revisionisten* niemanden verzaubern könne. Sie betonten aber, man müsse wachsam bleiben, denn er bediene sich oft einer literarischen Form, die auf sanftem Wege den Zugang zu den Herzen der Menschen finden könne.

Nach Ansicht derselben Propagandisten und Erzieher enthielt selbstverständlich der Kommunismus den fortschrittlichsten, zivilisiertesten, großzügigsten und höchsten Humanismus. Alle anderen Arten von Humanismus, die nicht der proletarischen Klasse angehörten, seien nur leere demagogische Begriffe.

Wir hatten den ganzen Tag Sitzung - nicht etwa nur an einem oder zwei Tagen, sondern einen Tag nach dem anderen. Unter dem sich lautstark drehenden Deckenventilator und der Leitung des Redaktionssekretärs *Nguyen Thanh Dich* übten verschwitzte Redaktionsmitarbeiter Kritik an dem nicht klassenbezogenen Humanismus der sowjetischen Filmwerke *Ein Menschenschicksal, Die Kraniche ziehen* und *Die Ballade des Soldaten.* Auch wenn man dieser Kritik nicht zustimmte, musste man einige nichtssagende Sätze beisteuern. Ich saß schweigend dabei.

Schweigen drückte auch eine Geisteshaltung aus, und die Marxisten niederer Ränge sahen mich deshalb mit hasserfüllten Blicken an. Es war ein Glück für mich, dass der Sekretär des Parteibezirkes, *Hoang Nguyen Ky,* ein Kunstmaler war. Er hielt nur bis zu einem unbedingt notwendigen Maß am *Organisations-bewusstsein* fest und gab mir den Ratschlag: "Keine Widerrede, ja!"

Anlässlich der Lernkampagne gegen den *modernen Revisionismus* holte man aus dem Archiv große Stöße unserer Zeitschriften wieder heraus. Im Hinblick auf die Beschlüsse Nr. 9 las man jetzt erneut die Artikel der Zeitschriftennummern, die ein bis zwei Jahre zuvor erschienen waren, und betrachtete sie dieses Mal mit einer Lupe. Eine Anzahl von Artikeln, darunter - wie konnte es anders sein - auch manche von mir, wurden kritisch analysiert. Es war ein Glück für mich, dass die Sätze, die seziert und verurteilt wurden, nicht von mir, sondern von den Herren *Pham Van Dong, Truong Chinh* und *Le Duan* stammten.

Ich hatte diese Sätze aus Faulheit einfach abgeschrieben. Nun leistete ich mir sogar den Spaß, meine Fehler anerkennen zu wollen und den Vorschlag zu unterbreiten, dass ich dem Lehrgang fernbleiben dürfe, damit ich diesen führenden Persönlichkeiten sofort schreiben könne. Ich sei über sie empört gewesen und wolle von ihnen verlangen, dass sie ihre Fehler öffentlich zugeben müssten, denn wegen ihrer Fehler hätte auch ich Fehler gemacht. Der Redaktionssekretär kam aber noch rechtzeitig zur Besinnung und hielt mich von meinem Vorhaben ab.

Man hatte gedacht, die Atmosphäre der *Erziehungsschulung* gehöre für immer der Vergangenheit an. Nun aber kehrte sie mit doppelter Wucht zurück. Das erste Opfer dieses lautstarken Angriffs gegen den *Revisionismus* war *Minh Tranh,* Direktor des Verlages *Su That (Die Wahrheit).* Dieser

Direktor eines Verlages, welcher regelmäßig klassische Werke des Marxismus-Leninismus herausgab, hätte ein treuer Schüler der marxistischen Lehre sein müssen. Minh Tranh war jedoch einer dieser starrköpfigen *Revisionisten.* Die Propaganda- und Erziehungs-Funktionäre, die noch nicht über die neuesten Informationen verfügten und nicht wussten, dass ich ein *verdächtigtes Element* war, sagten zu mir: "Die *Revisionisten* haben drei Festungen, nämlich das Institut für Philosophie, den Verlag Die Wahrheit und das Staatliche Komitee für Wissenschaften". An der Spitze des philosophischen Instituts stand *Hoang Minh Chinh,* an der des Verlags Die Wahrheit *Minh Tranh* und an der des Staatlichen Wissenschaftskomitees *Ta Quang Buu.*

Minh Tranh wurde nicht festgenommen. Er erfuhr von der Partei die Gnade, seinen Stuhl des Verlagsdirektors verlassen zu dürfen, mit dem er sich nicht verbunden fühlte. Vor seiner Abreise aus Hanoi kam er noch zu meinem Vater, um sich zu verabschieden. Die beiden gingen entlang der Allee *Hai Ba Trung (Die zwei Schwestern Trung)* spazieren.

Von dem, was die beiden Männer an jenem Nachmittag besprachen, an dem die Blätter in großer Menge von den Bäumen herabfielen, erfuhr ich nichts. Mein Vater schätzte Minh Tranh sehr und sah in ihm einen gebildeten Genossen mit einem entschlossenen revolutionären Geist. Ich erfuhr auch nicht, wohin Minh Tranh ging. Er verschwand aus der Stadt, als ob er das Zentrum einer Epidemie meiden wolle. Doch niemand hier glaubte, dass er Angst habe; jeder verstand: er ging aus Überdruss.

Ich war traurig. Ich war sprachlos. Ich konnte die schlimmen Schmähworte gegen einen völlig unbekannten Feind überhaupt nicht verstehen, die plötzlich entstanden waren. Mir kam es vor, als ob alle Leute um mich herum auf einen Schlag wahnsinnig geworden wären; denn wenn man nicht wahnsinnig war, dann konnte man solche inhumane Argumente gegen die eigenen Freunde und Geschwister nicht im Munde führen. Diese Leute kannten vom Abc des Marxismus nur ein kleines Stückchen. Wie konnten sie da wissen, wie der *Revisionismus* aussah, der den Marxismus revidieren wollte?

Je tiefere Einblicke ich in die Schimpfkampagne gegen den *Revisionismus* erhielt, desto kälter lief es mir den Rücken hinab. Noch nie war ich Zeuge einer derartigen menschlichen geistigen Verdorbenheit. Man suchte *nach Spuren unter den Federn* der eigenen Genossen. Einer beschuldigte den anderen. Dieser fügte jenem Schaden zu. Sie bekämpften sich erbarmungslos.

Zum Glück versuchten die meisten noch, traditionelle Verhaltensregeln einzuhalten. Sie beteiligten sich an der von der Partei aufgerufenen Großen Schlacht nur maßvoll und nur soweit, wie sie unvermeidlich ihren Standpunkt zur Schau stellen mussten, damit die Vorgesetzten sie bei der Beurteilung für ein höheres Gehalt und bei der nächsten Beförderung nicht vergaßen. Jeder hatte Kinder zu ernähren, jeder hatte einen knapp berechneten Haushalt. Jeder litt an *Taschenentzündung* (Mangel an Geld - Anm. d. Übers.), wie wir mit bitterer Ironie uns über uns selbst lustig machten. Die Angst davor, dass die Partei ihn verdächtigte, zwang jeden Menschen dazu, mit aller Kraft zu beweisen, dass er der Partei von ganzem Herzen treu war. Diese Angst wurde schon mehrere Jahre lang gepflegt und unterhalten. Sie brachte nun mehrfache Ernte.

Im Jahre 1963 schrieb ich ein Drehbuch mit dem Titel *Die letzte Nacht, der erste Tag.* Es erzählte von einem Eisenbahn-Partisanen, der in der letzten Nacht des Krieges eine von ihm selbst verlegte Mine wieder ausgraben sollte, die eigentlich am nächsten Tag hätte explodieren sollen. Der Befehl zum Waffen-stillstand brachte seinen Plan durcheinander. Er hatte die gesamte Familie im Krieg verloren und sah nun in dem Jungen, der ihn als Verbindungsmann begleitete, seinen eigenen Sohn. Aber die beiden wurden von einem französischen Wachposten neben der Bahnstrecke überrascht. Dabei kam der Junge um. Doch der Partisan überwand seinen Schmerz und entfernte die Mine entsprechend dem Befehl.

Das Drehbuch für die Produktion wurde genehmigt. Die Mitarbeiter des Hanoier Filmstudios waren begeistert vom letzten Teil des Drehbuchs, in dem der Zug vor diesem Partisanen anhielt, als er die Mine gerade herausgehoben hatte. Die französischen Soldaten stiegen aus dem Zug. Betroffen nahmen sie ihre schweren Stahlhelme ab, hielten sie sich mit beiden Händen vor die Bäuche, als ob es sich um Filzhüte handelte, und senkten ihre Köpfe vor dem Leichnam des noch kindlichen Partisanen, des Helden, der sie vor dem sicheren Tod gerettet hatte ... "Bevor man Soldat wird, ist man ein Zivilist".

Pham Van Khoa, der Direktor des Spielfilmstudios von Hanoi, bot sich mir als Regisseur an. Das Filmteam wurde gebildet. Ich bekam einen angemessenen Vorschuss für das Drehbuch - eine Seltenheit in jener Zeit. Das Drehbuch entsprach vollkommen der Tendenz des Friedens und der Freundschaft zwischen den Völkern. Die vietnamesischen Filmleute, die gerade vom Leipziger Filmfestival zurückgekehrt waren, dachten schon an einen Großen Preis oder eine Goldmedaille für das nationale Filmwesen.

Doch in einer Versammlung von Armeekadern höheren und mittleren Ranges trat plötzlich General *Nguyen Chi Thanh* mit einem Vortrag auf, der das erwähnte Drehbuch heftig verurteilte. Dieser General, der aus der Landwirtschaft kam, beschuldigte den Drehbuchautor, offene Propaganda für *den außerhalb des Klassenbewusstseins liegenden vagen Humanismus, das vage Menschliche,* zu betreiben. Der Ton von Nguyen Chi Thanh wich bei dieser Kritik des literarischen Werkes kaum vom Tonfall des Pekinger Rundfunks ab. Der Film, der sich noch nicht in der Produktion befand, wurde gestrichen.

Das Filmstudio Vietnam ließ zu jener Zeit das Drehbuch "Die letzte Nacht, der erste Tag" mit der Schreibmaschine vervielfältigen und verteilte die Kopien an verschiedene Literatur- und Kunst-Institutionen in der stillen Hoffnung, aus verschiedenen Quellen dazu Beurteilungen zu erhalten, durch die Nguyen Chi Thanh gezwungen werden könne, seine Meinung zurück zu-nehmen. Aber keiner war so dumm, in dieser unruhigen Zeit, aus der kein Ausweg zu erkennen war, diesem eingebildeten bäuerlichen General die Stirn zu bieten.

Doch nun habe ich mich etwas zu weit von den Ereignissen im Feuerofen entfernt. Der Leiter des Exekutivamtes ließ mich eine ganze Weile warten, damit ich mir der Wichtigkeit dessen, was er sagen würde, bewusst werden sollte:

„Die neueste Entscheidung der Partei über die Behandlung Eures Verfahrens ist wie folgt..."

Ich konnte niemals verstehen, welchen Begriff diese Art von Funktionären von der Partei hatte. Sie sagten oft, die Partei beabsichtige dies, die Partei beschließe jenes. Aber welcher Teil der Partei war damit gemeint: das Politbüro, das Sekretariat, der zentrale Organisationsausschuss oder die Parteigruppe im Ministerium? Darüber gab es keine Klarheit. Ich hatte während einer Versammlung von Gemeindekadern in der Ebene des *Roten Flusses* sogar das Folgende gehört: "Unter den Umständen, dass *die ganze Partei und das ganze Volk von Bronchitis betroffen war,* haben wir - gemäß dem Plan von oben - die komplette Oberfläche mit Reissetzlingen bepflanzt ..."

In der Tat verstand man unter der Bezeichnung Partei *die kleine Partei innerhalb der Gemeinde* - auch wenn diese Parteizelle nur aus zehn Mitgliedern bestand - und nicht *die große Partei.* Ich wusste nicht, von welcher Partei der Herr Amtsleiter sprach, von der *großen Partei* oder nur von der *kleinen Partei*, zum Beispiel von der Parteigruppe des Innenministeriums. So heftete ich meine Augen auf sein Gesicht und wartete auf das Urteil der Partei.

„Das Politbüro hat getagt und entschieden, dass Euer Verfahren *intern* zu behandeln ist."

Ich traute meinen Ohren nicht. Das bedeutete also, dass es um die Politik der *großen Partei* ging und nicht um die der *kleinen Partei.* „Aus diesem Grund", fuhr er in der Absicht fort, dass ich mir jedes seiner Worte zu Herzen nehmen sollte, *„wird das Verfahren intern behandelt.* Es wird betrachtet als ein Ausdruck von Widersprüchen, die innerhalb der Partei, innerhalb des Volkes, innerhalb der internationalen kommunistischen Bewegung entstan-den sind. Gesetze oder administrative Maßnahmen werden in diesem Fall nicht angewendet..."

Wie denn? So eine lärmende Verhaftung, die die Aufmerksamkeit der Öffentlichkeit auf sich zog, könnte so ruhig zu Ende gehen? Waren die Machthaber etwa aufgewacht oder hatte die Öffentlichkeit sie geweckt? Mit der *internen Behandlung* würden wir also entlassen? Wir würden nach Haus gehen, nachdem wir unsere *Beichte* geschrieben und mit Schlägen auf die eigene Brust schmerzvoll ausgerufen hätten: *mea culpa, mea maxima culpa* (Latein: Die Schuld liegt bei mir, die Schuld liegt ganz bei mir)? Ein Mischmasch von Erziehungsschulungen und Gefängniszellen?

Sei wachsam! So einfach konnte die Sache doch nicht ablaufen.

„Heißt das etwa, dass wir bald nach Hause zurückkehren dürfen?" sondierte ich. „Die Partei sieht immer klar."

„Das weiß ich nicht." Truc verzog das Gesicht. „Die Partei entlässt Euch heute, oder morgen oder zu dem Zeitpunkt, zu dem sie sich dafür entscheiden wird. Auch wenn ich es wüsste, dürfte ich Euch nichts sagen, bevor die Partei es mir befohlen hätte."

Er redete in einem fort über die humane Politik der Partei und darüber, dass die Politik der Partei nach wie vor darauf abziele, die Krankheit zu behandeln und den Menschen zu retten. Übrigens sei es besser, der Krankheit vorzubeugen als sie zu behandeln. Auch in einem Fall, der noch nicht reif sei für eine Verhaftung, könne sie von der Partei trotzdem vorgenommen werden. Der Grund dafür sei lediglich der, dass die Partei nicht wolle, dass jemand zu weit gehe. Der Partei tue es sehr weh - sagte er -, wenn sie ihre eigenen Kader festnehme. Im konkret vorliegenden Verfahren hätten unsere Fehler die von der Partei geduldete Grenze bereits überschritten. Die Partei sei gezwungen, Maßnahmen zur Festnahme zu ergreifen. Diese Festnahme habe kein anderes Ziel als "*Euch zu erziehen, um Euch in den Schoß der Partei zurückzuführen...*" Das bedeutete leider nichts Neues. Wir blieben weiterhin im Gefängnis. Gott sei uns gnädig! Unsere Partei ist so gutmütig, so gutherzig!

Ich wurde schläfrig. Auf jedem Fall ließ mich der Schäferhund von Huynh Ngu weniger schlafen als wenn er nicht da gewesen wäre. Mit "ich schlief weniger" meine ich, dass diese Schikane von Huynh Ngu nicht den erwarteten Effekt hatte. Thanh riss ein Stück von einem Lappen ab. Dann zerkleinerte er ihn in die einzelnen Garne, so dass es rohe Baumwolle wurde. Daraus fertigten wir uns Ohrstöpsel an, dank derer wir mit etwas Mühe doch schlafen konnten.

Ich senkte den Kopf, um das Gähnen, das meine Kiefer verrenkte, zu verbergen.

„Dass die Partei uns als das Sicherheitsorgan mit der Aufsicht über Euch beauftragt, geschieht aus dem Grund, weil wir über die besten und geeignetsten Voraussetzungen verfügen, um Euch bei der ideologischen Umerziehung zu helfen ..."

Ich konnte mir das Lachen nicht verkneifen. Diese Leute glaubten tatsächlich, die Zellen im Feuerofen seien die geeignetsten und besten Vorausset-zungen für eine ideologische Umerziehung. Auf diese Art und Weise würde die Partei alle ihre Kader, einen nach dem anderen, in die

Gefängniszellen bringen, damit sie ideologisch besser und dem Sozialismus ergebener werden.

„Ihr seid dabei, eine für die Partei notwendige Arbeit zu erledigen. Eure Berichte helfen der Partei, ihre Struktur zu festigen, damit die bereits starke Partei noch mehr gestärkt wird. Das bedeutet, dass Ihr hier an diesem Ort auch eine Arbeit leistet, auch am Kampf gegen die Amerikaner zur Rettung des Staates beteiligt seid ... Wir haben die Verpflichtung, Euch bei der Erfüllung dieser Aufgabe zu helfen. Je rascher unsere Arbeit erledigt wird, desto früher wird die Zentrale die Voraussetzungen haben, über Eure Zukunft zu entscheiden. Ich hoffe, Euch bald an neuen Arbeitsstellen wieder zu begegnen ...“

Mein Gott! Als ob wir kleine Kinder wären! Der zentrale Organisationsausschuss wollte offensichtlich ein großes Fangnetz auswerfen. Aber einen so einfältigen Lockvogel zu benutzen, war wirklich dumm.

Der Amtsleiter bemerkte nicht, dass ich meine Mundwinkel verzog.

„Ich informiere Euch, damit Euch klar ist: in Anbetracht Eures Verdienstes für die Revolution bleibt Ihr weiterhin staatlich angestellt. Das bedeutet, dass Euch das volle Gehalt bleibt, von dem Eure Familie jedoch nur die Hälfte erhält, bis Ihr nach Haus geht. Alle *Versorgungskriterien*, die Euch draußen zustehen, stehen Euch hier auch zu, genau wie vorher ... „Wie viel Fleisch steht Euch zu?“

„Ein Kilo.“

„Mehr als mir. Wie viel Zucker?“

„Anderthalb Kilo.“

„So viel?“

In seinen Worten schwang ein unangenehmer Unterton mit. Ob er bedauerte, dass mir der Staat zu viel gewährte, oder ob er mich beneidete?

Kühl sagte ich:

„Das sind *Kriterien* für Reporter, die unter Kriegsbedingungen fern von der Redaktion arbeiten ...“

„So! Ihr erhaltet hier genau die gleichen *Kriterien*, solange Ihr hier seid. Es wird so betrachtet, als ob Ihr fern von der Redaktion arbeitet...“

Die Entfernung zwischen der Stelle, an der wir uns nun befanden, und meinem Arbeitsraum in der Redaktion betrug nicht ganz zweihundert Meter Luftlinie. Nach seiner Ausdrucksweise war ich also nicht im Gefängnis, sondern arbeitete nur fern von meiner Redaktion.

Was sprach man in diesen Tagen in der Redaktion über mich?

Viele Leute mochten mich, das wusste ich. Unter ihnen waren auch Leute, die gezwungen waren, die Behauptung der Partei, dass ich reaktionär sei, nachzuplappern.

Mit nur der Hälfte meines Gehalts würde meine Frau bestimmt große Schwierigkeiten haben, unsere beiden Kinder zu ernähren. Vor meiner Festnahme war mein Gehalt schon nicht der Rede wert. Doch ich verdiente durch Übersetzungen oder Schriftstellerei monatlich noch etwas hinzu. Es ging gerade so. In jenen Tagen wusste ich aber noch nicht, dass wir ein drittes Kind erwarteten.

Nach der Verhaftung meines Vaters erhielten wir Unterstützung von einer Produktionsgruppe von Kriegsinvaliden. Diese Menschen kannten weder meinen Vater noch mich. Diese im Krieg gegen die Franzosen verwundeten Soldaten brachten eine unerwartete Menschlichkeit zum Ausdruck. Aus Erbarmen für eine revolutionär gesinnte Familie, die unter schweren Druck geraten war, suchten sie uns auf und besprachen mit uns, wie wir über den Tag hinaus weiter leben könnten.

Das war ein abenteuerliches Unterfangen. Unser Haus, Hai-Ba-Trung-Allee Nr. 5, wurde Tag und Nacht observiert. Alle Besucher des Hauses wurden von der Polizei vernommen: welche Person hatten sie besucht, weswegen wurde sie besucht, worüber wurde gesprochen.

Unsere Helfer blieben aufrichtig und einfach in ihrem schweigenden Protest.

Am Anfang verhielt sich meine Mutter noch zurückhaltend: waren sie etwa *tauchende Fische*? Doch nicht lange danach verstanden wir: in diesen einfachen Menschen blieb das aufrichtige Mitgefühl für Genossen erhalten. Während der ganzen Zeit, in der mein Vater und ich im Gefängnis saßen, standen sie unserer Familie zur Seite. Wir betrachten sie auf ewig als unsere Wohltäter. Wie könnten wir es Herrn Truong, dem man ein Bein und einen Arm amputiert hatte, und Herrn Phuc, dessen Leib von Verletzungen übersät war, je vergessen, dass sie in all diesen elenden Tagen ihr Essen und ihre Kleidung mit uns teilten!

Bis zum Tag meiner Festnahme erhielten wir zweimal Geld für das Kleben von Plastikbeuteln, das zum Arbeitsvertrag dieser Kriegsinvaliden gehörte, die diese Arbeit aber uns überließen.

Meine Mutter zählte mit sichtlicher Freude das Geld und rechnete dabei im Kopf:

„Kinder, damit können wir leben!"

Mitten in dieser Freude erschrak sie:

„Wenn *sie* uns auch diesen letzten Lebensweg versperren, was sollen wir dann tun? In der französischen Kolonialzeit haben wir noch durchhalten können. Die Kolonialherren waren doch nicht so grausam wie diese *Bande*. Aber heutzutage ist es sehr schwierig. Es ist sehr schwer, Arbeit zu finden. *Sie* verbauen alle Wege. Sie zwingen alle Leute dazu, in Abhängigkeit von ihnen zu leben. Wir beten zu Gott, dass uns diese Kriegsversehrten weiter-helfen, ohne dass *sie* uns in die Quere kommen. Ich habe Vertrauen zu diesen Freunden. Ich bin sehr beruhigt darüber, dass wir sie haben. Wenn sie uns aber nicht mehr helfen können, dann müsst Ihr Euch selbst den Kopf zerbrechen, und zwar schon im Voraus..."

8

Der Rasierapparat meines Vaters

„Nun, wollen wir arbeiten, ja?" sagte Huynh Ngu, zitternd vor Kälte. Er rieb sich seine Hände, um weniger zu frieren. Sein Verhalten wurde bedeutend nachsichtiger, als ob uns die Vermittlung durch seinen Vorgesetzten miteinander versöhnt hätte, so dass wir nun freundschaftlich miteinander reden konnten. Auch ich sah ein, dass es besser war, die Streitereien der vorherigen Tage zu vergessen. Ob ich nun wollte oder nicht, ich musste doch mit einem Mann der *Exekutive arbeiten.* Und mit einem mir bekannten Mann zu *arbeiten* war sicher um Vieles besser als mit einem Unbekannten.

Huynh Ngu hantierte mit den Teetassen und der Teekanne und goss siedendes Wasser auf den Tee, als wäre er Gastgeber. Dann füllte er den heißen Tee in die beiden Tassen und sagte zu mir:

„Seid bitte nicht beleidigt, wenn ich Euch sage, dass ihr Schriftsteller wirre Gedanken habt. Eine normale Geschichte wird, wenn sie in eure Hände fällt, so verworren, dass man nicht mehr weiß, wo Anfang und Ende ist. Was den Standpunkt betrifft, so neigt er einmal nach rechts und einmal nach links, das heißt, er gerät völlig durcheinander. Unter euch Schriftstellern werden *Nguyen Dinh Thi* (einer aus der ersten Reihe der Armee von Schriftstellern und Künstlern im Dienste der Partei - Anm. d. Autors) und *Nguyen Khai* als Menschen mit den am stärksten gefestigten Standpunkten betrachtet, nicht wahr?"

„Ich weiß nicht. Unter Schriftstellern und Künstlern gibt es noch keine *Bewertung* des Standpunktes. Und wenn es so wäre, was dann?"

„Ich möchte Euch sagen, dass auch diese Schriftsteller nicht einmal einen Tag in unserem Sicherheitsorgan arbeiten könnten. Ich sage das, damit Euch bewusst wird, wie streng die Partei bei der Auswahl der Leute vorgeht, die die Diktatur des Proletariats *ausüben.* Unserem Sicherheitsorgan ist der unstete Standpunkt dieser Menschen - mal links, mal rechts - nicht unbekannt ... genau wie bei Euch. Was für ein Standpunkt, welche Parteieigenschaft ist das? Kaum wird man verhaftet, ist man schon äußerst pessimistisch und verliert völlig den Glauben an die Partei. Seht Ihr, die Partei hat eine Entscheidung getroffen, aber anders als Ihr denkt ..."

Ich verstand nicht, was er sagen wollte. Ich blieb stumm.

„Hi! hi! Ihr habt die Erklärung von oben erhalten. Habt Ihr noch Fragen? Keine, nicht wahr? Wenn Ihr Fragen habt, bitte stellt sie! Die Partei erlaubt

Euch, die Wahrheit und alles geradeheraus und mutig auszusprechen. Ich bin dazu verpflichtet, alle Eure Fragen restlos zu beantworten. Wie ihr wisst, ist es sehr schwer, zu arbeiten, wenn die Gedanken nicht klar sind. Und wir müssen die uns von der Partei anvertraute Arbeit bestens und absolut effektiv erledigen. Versteht Ihr?

Ich lenkte das Gespräch friedlich in eine andere Richtung:

„Ihr habt eben gesagt, die Schriftsteller machen die Sache oft kompliziert. Das ist zum Teil richtig ..."

„Nicht nur zum Teil", warf mir Huynh Ngu mit einem misstrauischen Blick zu, „sondern vollkommen richtig. So seid Ihr eben. Ihr seht nur den Baum und nicht den ganzen Wald. Außerdem wollt Ihr ein Haar in vier Teile spalten. Danach wollt Ihr es in acht Teile spalten. Das Ergebnis ist, *Ihr lest viel, Euer Blick wird verwirrt* und Ihr versteht die Politik der Partei falsch. Dieser Irrtum führt zum Verlust des Glaubens. Warum macht man sich die Mühe zu denken, wenn doch da oben die Partei und das Zentralkomitee sind, die für uns an alles, wirklich an alles denken. Die Partei ist der Geist, die wegweisende Fackel, das Gewissen der Zeit (Worte von Pham Van Dong - Anm. d. Autors)... Die Partei ist mit dem Marxismus-Leninismus ausgerüstet, daher kann sie keinen Fehler machen. Wie der chinesische Held Loi Phong richtig, ja sehr richtig sagt, sind wir nur die 'Schrauben der Revolution'. Aber wir müssen rostfreie Schrauben sein."

Unwillkürlich lächelte ich.

Der Rotarmist Loi Phong, von dem Huynh Ngu sprach, war ein junger Bauer, der von der chinesischen maoistischen Führung zu einem Helden-beispiel für das ganze Land erhoben wurde. Dieser Verrückte entschied sich dafür, nicht mehr den öffentlichen Bus zu nehmen, um dadurch täglich zwei Cent für den Aufbau des Sozialismus zu sparen. Er suchte in den Abfalltonnen nach alten Zahnbürsten, die die Leute weggeworfen hatten, reinigte diese und verwendete sie wieder im Sinne desselben edlen Zieles. Damit seine Waffenbrüder nicht zig Kilometer laufen mussten, um einen Friseur aufzusuchen, kaufte Loi Phong von seinen Ersparnissen einen Haarschneider, mit dem er die Haare eines gewissen Genossen Ly zu schneiden versuchte. Ich erinnerte mich noch - wenn auch nicht wort-wörtlich - an die folgende Passage des Buches, das als Titel seinen Namen trug: "Genosse Ly schrie laut, weil der Haarschneider die Haare ausriss und ihm unerträgliche Schmerzen bereitete. Loi Phong *zog darauf das Buch des Vorsitzenden Mao hervor und las.* Nach Verinnerlichung des Gelesenen wurde Loi Phongs Entschlossenheit dadurch noch erhöht. Er setzte das Haareschneiden fort. Genosse Ly schrie immer noch. Loi Phong wusste nicht, was er machen sollte. Er *las erneut das Buch des Vorsitzenden Mao.*" Der Gruppenführer der Befreiungsarmee war der Initiator der in ganz China berühmten Aussage, dass jeder Mensch in der Gesellschaft eine rostfreie Schraube im Aufbau des Sozialismus sein müsse.

„Sicher, jeder Mensch hat seinen Beruf. Ich kann nicht tiefer darauf eingehen und verstehe die Schriftsteller und Künstler nicht so gut wie Ihr." Huynh Ngus schlechte Augen sahen das Lachen nicht, das mein Gesicht überzog. „Aber ich habe diesen und jenen unter den Schriftstellern und Künstlern getroffen. Ich kann Euch teilweise verstehen. Ehrlich gesagt, ich sehe, dass ihr alles wisst, ob Östliches, ob Westliches, ob Altes, ob Neues. Nur vom Wichtigsten, vom Kern aller Dinge, vom unbesiegbaren Marxismus, hihi, versteht Ihr nicht viel..."

„Habt Ihr etwa nicht gesagt, dass jeder seinen Beruf hat?" antwortete ich friedfertig und nahm einen kleinen Schluck Tee. „Ihr habt Euren Beruf, ich habe meinen Beruf, Ihr kennt Euch in Eurem Beruf aus, wir kennen uns in unserem Beruf aus ..."

Huynh Ngu ließ mich nicht zu Ende reden. Er unterbrach mich: „Aber unter unserem Regime ist es gleich, was für einen Beruf man ausübt, man muss dem Marxismus *Vorrang* geben. Viele machen Fehler, die ihre Ursache darin haben, dass man die Bedeutung des unbesiegbaren Marxismus nicht richtig einschätzt, und über den unbesiegbaren Marxismus - die Wissenschaft aller Wissenschaften - nichts lernen will. Er ist die Magnetnadel für alle Taten. Nur im Licht des Marxismus können wir alle Dinge richtig betrachten, weiß ist weiß und schwarz ist schwarz ..."

Wieder die alte Platte. Ohne zuzuhören, wusste man schon, was gesungen wurde.

Die Atmosphäre war wie am Anfang, ohne große Anspannung.

In dem eiskalten Raum genoss ich diese Schale mit starkem Tee nicht im Licht des Marxismus, sondern dem einer gelb leuchtenden Glühbirne an einem düsteren Morgen. Ein Fremder würde beim Anblick unseres Zusammenseins gedacht haben, dass sich hier zwei Herren bei Tee und Schnaps unterhalten.

„Heute wollen wir noch kein Papier und Schreibzeug verwenden." Huynh Ngu nahm den ersten Rest des Tees heraus und bereitete ohne Eile eine zweite Kanne Tee. „Unterhaltung ist auch eine Form von Arbeit, denkt Ihr nicht auch? Vor allem für Leute, die geistig arbeiten wie wir. Oh! Euer Bart ist aber schnell gewachsen."

Unwillkürlich fuhr meine Hand zum Gesicht. Es stimmte, mein Bart war wirklich schnell gewachsen. Ich hatte noch nie die Absicht gehabt, mir den Bart wachsen zu lassen, daher schenkte ich ihm keine große Aufmerksamkeit. Seit ich ein Mann geworden war, war ich es gewohnt, mich tagtäglich zu rasieren.

„Ihr müsst Euch rasieren, sonst sieht es furchtbar aus."

„So schlimm ist es nicht." Ich schnalzte mit der Zunge. „Ich bin doch nicht zu Hause, und ich muss auch nicht in die Stadt."

Für eine Sekunde zeigte sich Huynh Ngu überrascht. Er überlegte, ob ich ihn hintergehen wollte.

„Ich lasse Euch die Haare vom Wärter schneiden. Die Haare sind schon lang. Ihr werdet Euch heute auch rasieren. Ich werde Euch den Rasierer geben."

„Danke."

Huynh Ngu führte mich zu einer Nebentür. Sie öffnete sich zu einem winzigen Hof, in dem aus einem kaputten Hahn spärlich Wasser herauslief. Dieser Hahn brauchte jedoch nur schwach berührt zu werden und sofort lief das Wasser in Strömen heraus. Um diesen Wasserfluss wieder zu unterbrechen, musste man versuchen, den Hahn so sanft wie möglich zuzudrehen, bis das Wasser gerade aufhörte zu fließen. Dann konnte man sich mit ganz ruhigen Schritten davon entfernen. Ich nutzte die Gelegenheit aus, um mir Gesicht, Hände und Füße frisch zu machen, solange der Wärter unterwegs war, den Rasierapparat zu holen.

In Richtung zur Straße *Hang Bong Tho Nhuom* (Straße der Baumwollerzeugnisse und Färberei) grenzte der kleine Hof an die Außenmauer des Feuerofens. Ich stand neben dem Wasserhahn und konnte dort die Geräusche der Fahrräder, die über die Asphaltstraße rollten, und die Menschenstimmen ganz deutlich hören. Hätte ich jetzt einen Zettel gehabt, dann hätte ich einige Zeilen für meine Familie geschrieben. Ich würde Huynh Ngu um die Erlaubnis bitten, mich waschen gehen zu dürfen. Dann würde ich einen Augenblick nutzen, in dem er nicht aufpasste, um den Zettel nach draußen zu werfen. Der Mensch, der meinen Zettel finden würde, würde ihn meiner Familie überbringen. Ich war davon überzeugt, dass es noch viele gute Menschen gab. Aber weder Zettel noch Schreibzeug waren in meinem Besitz.

„Hier, der Rasierer, Ihr könnt Euch rasieren."

Als ich diesen Rasierer erblickte, war mein Herz wie abgeschnürt.

Ich erkannte den alten Rasierer, von dem einige vernickelte Teile abgegangen waren. Das war der Rasierer meines Vaters. Er benutzte diesen Apparat der Marke Gillette schon mehrere Jahre.

Das bedeutete, dass mein Vater sich nun hier befand, genau in diesem *Feuerofen.* Das hieß weiter: das Gerücht, dass er von der Partei in einer komfortablen Villa festgehalten werde, war nur eine Ente.

Dadurch, dass er mich diesen Rasierapparat sehen ließ, wollte Huynh Ngu erreichen, dass ich eines verstehen sollte: wenn mein Vater ebenfalls hier im Feuerofen war, so bedeutete das, dass uns die Partei erbarmungslos und ohne Rücksicht auf irgendetwas bestrafte. Es gab keine Rücksichtnahme darauf, dass unsere Familie revolutionär gesinnt war, und es gab keinerlei Mitleid, weder für meinen Vater noch für mich. Wir hatten nur eine einzige Möglichkeit: uns zu ergeben, uns zu beugen.

Mit der Absicht, dass sich Huynh Ngu an dem von ihm erwarteten Ergebnis nicht erfreuen konnte, rasierte ich mich ganz gelassen und pfiff sogar leise ein Lied.

Ich gab ihm den Rasierer zurück und sagte unbefangen:

„Wisst Ihr, mit diesem Gerät kann man sich am besten rasieren, wenn man eine echte Klinge von Gillette hat. Man taucht den Rasierer in richtig heißes Wasser, dann geht der Bart glatt weg."

„So?"

Huynh Ngu war enttäuscht.

Daraus entnahm ich, dass meine Begegnung mit General Dang Kim Giang nicht zufällig gewesen war. Alles war eine Inszenierung von Huynh Ngu. Er wollte mich wissen lassen, dass auch alte verdienstvolle Revolutionäre an diesem Ort Niederlagen erleiden, ganz zu schweigen von mir. Aber er war ein schlechter Regisseur...

Das war es, was man *interne Behandlung* der Partei nannte. Es war nicht mehr als ein leeres Versprechen mit der Absicht, aus uns nach dem Willen der Partei das Geständnis unserer Verbrechen herauszuholen. Die Wortkombination *interne Behandlung* konnte das Irrationale dieses juristischen Verfahrens, das von der Partei heraufbeschworen wurde, nur noch mehr unterstreichen. Allein schon die Tatsache, dass die Partei ein juristisches Verfahren einleitete, war irrational. Keine Partei hatte das Recht, ein juristisches Verfahren zu eröffnen und durchzuführen.

„Ich freue mich für Euch." Huynh Ngu legte seine Hand auf meine Schulter „*Wenn die Partei beschließt, dieses Verfahren intern zu belassen, bedeutet dies, hier gibt es keinen antagonistischen Widerspruch zwischen den Feinden und uns, sondern nur interne Widersprüche, Widersprüchlichkeiten innerhalb des Volkes.* Seht Ihr? Gleich unter welchen Umständen, der Kommunist muss an die Partei glauben. Die Partei ist stets weise, klarsehend. Es handelt sich hier nicht um den Widerspruch zwischen den Feinden und uns, es handelt sich um den Widerspruch in unserem eigenen Haus. Die Partei *hebt* nur *den Arm hoch und schlägt leicht.* Man kann das mit Eltern vergleichen, die ihre Kinder wegen ihrer Fehler schlagen müssen. Schläge für die eigenen Kinder tun den Eltern immer sehr leid ..."

Die Partei ist richtig zu bedauern!

Dann legte Huynh Ngu die nächste Platte auf, mit anderen Liedern über die verschiedenen Formen von Widersprüchen, die Mao Zedong in seinem Werk "Über Widersprüche" zusammenfasste. Ich hatte dieses Buch gelesen, das von Ho Chi Minh in eine für Vietnamesen verständlichere Fassung übersetzt wurde.

Für Mao war es im Hinblick auf seine Gläubigen nach dem Motto "Teile und Herrsche" eine Geheimschrift, mit der er die kleinen von den großen, die nahen von den ferneren Feinden und die dauerhaften von den zeitweiligen Alliierten unterschied. Das bildete ein Kapitel seiner maoistischen Prophezeiungen.

Unter den *Kadern von Format,* die entsprechend der *Strömung* mit der Revolution mitliefen und bei diesem *Lebenslauf* Karriere machten, bildete Huynh Ngu keine Ausnahme. Man klopfte sich auf die Brust und pries seine

Basisklassenzugehörigkeit an (Basisklasse: Klasse der Arbeiter und Bauern - Anm. d. Übers.). Man bildete sich etwas ein auf die von der Partei gewährten geistigen Privilegien. Diese Funktionäre gaben - lächerlicherweise - ständig und überall mit ihrem ärmlichen geistigen Gut an. Sie waren stolz auf die Informationen, über die nur sie verfügten, denn die Führer – Wahrheits- monopolisten - überließen ihnen immer ein bisschen mehr von der Wahrheit, wie sie dem gemeinen Volk sonst zugänglich war. Es geschah nicht selten, dass wir dem Chefredakteur der Zeitung stundenlang geduldig zuhören mussten, um ihn erzählen zu lassen, was er von den *oberen Instanzen zu hören bekommen hatte.* Wenn es um große Ereignisse oder neue Direktiven ging, gab das normalerweise die Zentrale an die Provinzebene und die Provinzebene dann der Kreisebene bekannt. So gelangte die Wahrheit der Partei von oben herab schließlich bis zu den Menschen auf der alleruntersten Stufe der gesellschaftlichen Leiter.

Die vietnamesische Gesellschaft stellte zu jener Zeit eine abgekapselte Gesellschaft dar. Wenn ein Loch entstand, durch welches das Volk nach draußen schauen konnte, so handelte es sich um eine Verfehlung des Sicherheitsdienstes. Das war vor allem ein schweres Verbrechen desjenigen, der dieses Loch erzeugte oder das Loch zu nutzen wusste. Außer kulturellen Erzeugnissen aus den sozialistischen Staaten war jedes ausländische Druck- erzeugnis ein *feindliches Druckerzeugnis* und jeder ausländische Radio- sender ein *feindlicher Sender.* Kurz nach dem XX. Parteitag der KPdSU wurden jedoch auch Zeitungen und Bücher aus der Sowjetunion und den anderen osteuropäischen Staaten als *gefährliche Kulturerzeugnisse* verboten.

Informierte Kreise erzählten, dass der Vorsitzende des Ministerrates der Sowjetunion, A. N. Kossygin, vermutlich im Jahr 1965 während einer Unterredung mit dem vietnamesischen Ministerpräsidenten Pham Van Dong diesen wegen des Verbotes zum Vertrieb sowjetischer Zeitungen und Zeitschriften direkt befragte. Pham Van Dong leugnete das. Kossygin schlug daraufhin vor, die Unterredung zu unterbrechen und gemeinsam in die Stadt zu gehen, um die Sache vor Ort zu untersuchen. Der Gastgeber lehnte dies jedoch ab. Um die guten Beziehungen zu ihrem *älteren Bruder* nicht zu verderben, nahm die vietnamesische Seite dann den Bezug sowjetischer Druckerzeugnisse wieder auf. Diese wurden aber unmittelbar nach ihrer Einfuhr direkt zum Recycling transportiert.

Die Nachrichten der Vietnamesischen (Nachrichten-)Agentur VNA wurden in verschiedene Kategorien eingeteilt: normal, geheim und höchst geheim. Nachrichten der normalen Stufe waren Nachrichten über in- und auslän- dische Ereignisse, die zur allgemeinen Verwendung bearbeitet werden konnten. Kader der höheren Ebenen durften Nachrichten der geheimen oder höchst geheimen Stufe lesen.

Diese Nachrichten stammten nicht etwa vom Geheimdienst, sondern von den ausländischen Rundfunksendern. Es war streng verboten, diese Sender zu hören. Für Kader der unteren und untersten Ebenen sowie für normale Bürger sollten die Sendungen in den öffentlichen Lautsprechern ausreichen. Die Bürger, Intellektuelle der technischen und humanen Wissenschaften nicht ausgeschlossen, mussten sich hinsichtlich ihrer geistigen Nahrung mit dem Buschfunk begnügen.

Diese Volksverdummung war nicht nur eine vietnamesische Politik. Erst nach dem XX. Parteitag erfuhren die sowjetischen Bürger von *In einem anderen Land (A Farewell to Arms)* von Ernest Hemingway, *Früchte des Zornes (The Grapes of Wrath)* von John Steinbeck. Gedichte des russischen Dichters Jessenin wurden ebenfalls lange Zeit verboten. Die Menschen lasen sie nur über handschriftliche Kopien. Als Jessenins Gedichte 1957 verlegt wurden, standen vor den Buchhandlungen kilometerlange Menschenschlangen. Ich musste zu jener Zeit einen halben Tag aufwenden, um an die *Philosophischen Schriften* von Lenin zu kommen.

In Vietnam wurden die Kenntnisse in zwei Kategorien eingeteilt: orthodoxe und unorthodoxe. Der einzig kompetente Kulturaufseher war die Partei, die durch den Propaganda-Erziehungs-Ausschuss, den Propaganda-Bildungs-Ausschuss, den Wissenschaft-Erziehungs-Ausschuss, den Kultur-Ideologie-Ausschuss usw... verkörpert wurde. Alles das, was die genannten Ausschüsse als nicht orthodox einstuften, durfte von den Bürgern nicht genutzt werden. So war es kein Wunder, dass sich die Verbrennung von Büchern von Victor Hugo, Shakespeare, Guy de Maupassant, Molière... und das Zerschlagen von Schallplatten mit Werken von Beethoven, Verdi, Mozart... mehrfach wiederholte.

Die Machthaber wollten die Bürger vor allem das nicht erfahren lassen, was sie als nicht erfahrenswert befanden. Und hier entstand ein Paradoxon: während die führenden Persönlichkeiten bequem auf ihren Posten schliefen, wurden die Bürger in Hinsicht auf ihr Wissen durch das heimliche Lernen hinter den Kulissen immer erwachsener. Die Führer wurden in den Augen der Bürger immer mehr zu Zwergen.

„Ich möchte Euch eine Frage stellen."

„Bitte schön!"

„Wann darf ich Eurer Meinung nach zu meiner Frau und meinen Kindern zurückkehren?"

Huynh Ngu schüttelte mit dem Kopf:

„Das kann ich nicht beantworten. Das hängt mehr von Euch als von mir ab. Je nach Eurem Verhalten wird Euch die Partei zum entsprechenden Zeitpunkt gehen lassen."

„Ich denke, dass es nicht mehr lange dauern wird."

„Auf welcher Grundlage sagt Ihr das?"

„Ja, auf der Grundlage der Entscheidung der Partei, die *die obere Instanz* gerade bekannt gemacht hat. Die Partei hat klar gesagt: hier handelt es sich um Widersprüche innerhalb der Partei, innerhalb des Volkes. Die Partei wendet weder das Gesetz noch administrative Maßnahmen an ...“

„Richtig!“

„Das ist aber lediglich gegenüber den Mitgliedern der Partei möglich. Ich bin kein Mitglied der Partei. Wozu behält man mich hier? Als Nichtmitglied der Partei habe ich mich vor keinem Disziplinarverfahren der Partei zu verantworten...“

Huynh Ngu war perplex. Meine Frage und meine naive Logik brachten ihn in eine Sackgasse.

„Übrigens lässt die Partei ihre Mitglieder meiner unbedeutenden Meinung nach sicherlich sehr ungern verhaften. Da sie kein anderes Mittel findet, muss sie diese Maßnahme ergreifen. Dies entspricht nicht ihrer Satzung. Das höchste Disziplinarverfahren gegenüber einem Mitglied kann nur ein Ausschluss sein. Es ist keine Verhaftung vorgesehen. Das gilt nicht nur für unsere Partei, sondern auch für die anderen Parteien und Gruppierungen.“

„Ihr habt aber Argumente!“

„Daher hat die Partei die genannte Entscheidung getroffen. Eine Entlassung wäre gerecht. Wenn Parteimitglieder entlassen würden, müsste ich als Nichtmitglied selbstverständlich noch vor ihnen entlassen werden...“

„Ich kann nicht wagen, das zu bestätigen. Die Disziplinarverfahren der Partei sind nicht unveränderlich. Die Partei ist flexibel in ihrer Politik, sie erfindet ständig neue Kampfformen, auch auf dem Gebiet der ideologischen Auseinandersetzung...“

Seine Antworten waren nicht schlecht. Er hatte seine Logik, und wie er seine Logik entwickelte, das war gekonnt. Er fuhr dann fort:

„Darüber, dass Ihr gemeinsam mit Parteimitgliedern verhaftet worden seid, habt Ihr sicher nachgedacht. Wenn Ihr gründlich nachdenkt, könnt Ihr es bestimmt verstehen. Ihr beteiligt Euch seit Eurer Kindheit an der Revolution, stimmt es?“

„Wenn man die *geheimen* Arbeiten, mit denen mich mein Vater und seine Freunde beauftragt hatten, zu den revolutionären Tätigkeiten zählt, dann ist es richtig... Wenn man die Zeit rechnet, seitdem ich Reis von der Revolution esse, Geld von der Revolution erhalte und für sie arbeite, dann kann man das Jahr 1946 nehmen, als ich der Propaganda-Sturmtruppe in Nam Dinh beigetreten bin.“

Huynh Ngu lachte:

„Seht Ihr? Ich kenne Euren Lebenslauf ganz genau. Ihr befindet Euch seit vielen Jahren in den revolutionären Reihen. In all diesen Jahren habt Ihr unter dem Banner der Partei gekämpft. Ihr wurdet von der Partei zu dem revolutionären Intellektuellen erzogen, der Ihr heute seid, und die Partei betrachtet Euch selbstverständlich als ein Parteimitglied. Darauf solltet Ihr eigentlich stolz sein. Wenn Ihr heute Fehler macht, dann erzieht Euch die Partei weiter. Nachdem Ihr euren Fehler behoben habt, kehrt Ihr dann zur Partei zurück.“

Welch ein Sophismus.

Ich stritt nicht weiter. Ich leistete mir sogar den Spaß, mir die Maske eines gerührten Menschen aufzusetzen. Denken wir einmal nach: wie konnte ich ungerührt bleiben, wenn mir die Partei eine solch hohe Ehre zuerkannte! Wenn man diesen seltsamen Dialog im Stil einer kurzen Erzählung des türkischen Schriftstellers *Aziz Nesin* verarbeiten würde, müsste man ihr den Titel geben: Wie-ich-als-Mitglied-der-allmächtigen-Partei-betrachtet-werde.

Ich hatte nichts weiter zu sagen. Das Geplauder eines *Arbeitstages* konnte nun beendet werden.

„Für heute reicht es. Ihr geht Euch erholen." Huynh Ngu stand auf und streckte sich mit herzhaftem Gähnen. „Ich habe etwas vergessen. Eure Zigaretten. Ich habe Eure Institution informiert, Euch Euren Tee und Eure Zigaretten zu übersenden. Ich weiß nicht, warum es noch nicht geschehen ist.... Diese Aufteilung lässt auf sich warten. Genauso wie mit meiner Institution, mal so, mal so. Es ist eben Kriegszeit ... Nehmt vorläufig diese Schachtel, damit Ihr etwas zum Rauchen habt."

Während unserer ganzen Unterredung hatte Huynh Ngu mehrfach seinen Zigarettenrauch in meine Richtung geblasen, ohne aber die von ihm erwartete Reaktion zu erkennen. Die Zigarettenschachtel lag direkt vor mir auf dem Tisch, ohne dass ich versucht hätte, sie zu berühren.

„Danke. Ich habe mich entschieden, nicht mehr zu rauchen. Und ich rauche auch nicht mehr." Gelassen steckte Huynh Ngu daraufhin die Schachtel in seine Tasche.

„Noch etwas! Bruder Hoan (Tran Quoc Hoan, Minister für öffentliche Sicherheit) ist bereit, Euch zu empfangen. Schlagt Ihr vor, Euch mit ihm zu treffen?"

„Nein! Ich denke nicht, dass ich einen Grund hätte, mit Seiner Exzellenz, dem Herrn Minister zu sprechen."

Die Art und Weise, wie ich Tran Quoc Hoan als Exzellenz Herr Minister titulierte, war Huynh Ngu sicher unangenehm. Dieses Mal nahm er aber daran keinen Anstoß. Hätte er an allem Anstoß genommen, dann hätte er überhaupt keine Zeit gehabt, um mit mir über andere Dinge zu sprechen.

„Wie Ihr wollt."

Wir trennten uns, diesmal nicht als Feinde, aber auch nicht als Freunde.

Ich kehrte schweren Herzens in meine Zelle zurück. Abgesehen von einer Mischung aus Gleichgültigkeit und angeborener Unartigkeit, die mir dabei half, die ersten Tage in Gefangenschaft zu überleben, sah ich vor mir eine Zukunft grau in grau. Man konnte nicht voraussagen, was auf uns zukommen würde. *Interne Behandlung* war nur eine Art von Aussage. Sie würden nicht so dumm sein, ein öffentliches Verfahren gegen uns zu eröffnen. *Sie* wussten ganz genau, welche Art Leute wir waren. Wenn wir ein Forum bekämen, dann würden wir *ihre* Verbrechen, *ihren* Machtmissbrauch aufdecken und auch den Schaden, den *dieser* Machtmissbrauch dem Volk und dem Staat zufügte. Davor hatten *sie* Angst, auch wenn für uns danach die Hinrichtungs-stätte oder die Liquidierung folgen würde.

"Der Mensch ist ein seltsames Lebewesen. Nur er kann sich an alle Umstän-de anpassen". Das waren Worte des großen *Dostojewskij* in seinen *Aufzeich-nungen aus einem Totenhause.* In der Tat gewöhnte ich mich allmählich an das Leben in Gefangenschaft. Gewöhnung war nicht das richtige Wort, vielmehr passte ich mich an. Es gelang mir sogar, mich diesem Leben auf gar nicht schlechte Weise anzupassen.

Ich war der festen Überzeugung, dass ich keine Hoffnung auf Mitleid haben könne, wenn ich in die Hände der Diktatoren fallen würde. Diktatoren aller Zeiten und aller Länder gleichen sich. Sie sind entweder extreme Egozentriker oder eingefleischte Fanatiker. Sie sind bereit, den letzten Blutstropfen der anderen zu opfern, um ihr eigenes Ziel zu erreichen. Es gab Ausnahmefälle, in denen Diktatoren ihren Staaten für eine gewisse Zeit Wohlstand brachten. Doch diese vermeintlichen Verdienste konnten sie nicht von ihren Verbrechen reinwaschen, wenn ihr Ruhm auf Bergen von Leichen und Ozeanen von Tragödien aufbaut war.

Man kann die individuelle Tragödie des einzelnen nicht der einer Gemein-schaft oder eines Volkes gegenüberstellen, so als ob die individuelle Tragödie dagegen keine Bedeutung hätte. Jede Tragödie ist eine Tragödie. Jeder Mensch empfindet seine eigene Tragödie konkreter als die der Gemeinschaft. Daher sind die Leiden eines Individuums Leiden, die barmherzig geteilt werden müssen.

Thanh richtete sich mühsam auf, um mich zu begrüßen:

„So früh zurück?"

„Ich gehe, wenn man mir sagt, dass ich gehen soll, und ich kehre zurück, wenn man mir sagt, dass ich zurückkehren soll. Musstet Ihr irgendwo hingehen?"

„Nein."

Thanh antwortete, indem er meinen Blick mied. Ich sah, dass er verlegen war, fragte nicht weiter und ging schweigend zu meinem Platz.

Wenn man den Spitzel zum *Bericht* über mich holen wollte, war es am günstigsten, wenn man ihn während meiner *Vernehmung* rief.

„Esst bitte! Das Essen ist schon völlig kalt."

Thanh schob mir benommen die Gefangenenmahlzeit zu.

Ich setzte mich vor dieser tagtäglichen Tortur in den Schneidersitz.

9

Verbesserungsschulung

Mit dem vietnamesischen Sieg an der Nordgrenze in *Cao-Bac-Lang* (Provinz Cao Bang und nördlicher Teil der Provinz Lang Son) wurden nicht nur die beiden mobilen französischen Truppenkorps von Le Page und Charton ausgelöscht, sondern auch eine riesige Wald- und Berggegend befreit, wodurch das Tor zum Ausland weit geöffnet und die Isolation des im Widerstandskrieg befindlichen Vietnam beendet wurde.

Unmittelbar nach der Grenzöffnung lieferten die kommunistischen Brüder aus dem Norden den kämpfenden Vietnamesen alles - Lebensmittel, Waffen und militärische Ausrüstungen. Zusätzlich zu den für den Alltag notwendigen Erzeugnissen wurde unser geistiges Leben außerdem durch fröhliche chinesische Volkslieder und durch Freilichtkino-Vorstellungen mit fesselnden Filmstreifen wie *Das Mädchen mit den weißen Haaren, Kriegszüge nach Norden und Süden, Der stählerne Kämpfer...* bereichert. Wir erhielten emaillierte Schalen und Krüge, die unsere asketischen Kokosnussschalen ersetzten. Auf unserer Brust glänzten Abzeichen mit dem Bildnis des Vorsitzenden Mao.

Nicht lange danach entdeckten wir, dass uns die Grenzöffnung zwischen Vietnam und China neben den neuen Freuden auch unbequeme Dinge brachte.

Uns fiel die seltsame Rangunterscheidung in der chinesischen Befreiungs-armee auf. Hinter der Losung "Alles für die Revolution" lebten die Soldaten und Unteroffiziere wie Tiere voll im Dienst der oberen *Instanzen.* Wie Maschinen führten sie aus, was die Offiziere befahlen.

Die vietnamesische Revolution begann mit einer vollkommen anderen Lebensweise. Wir waren überrascht von diesen schwierig zu begreifenden Bildern. Wir verstanden sie nicht, und nicht nur das - sie störten uns. Denn wir waren nicht so dumm, um nicht erkennen zu können, dass die vietnamesische Partei fest an das chinesische Modell glaubte und dass diese Lebensweise der chinesischen *Bruder*-Armee auch die zukünftige Lebens-weise der vietnamesischen Armee sein würde.

Zu jener Zeit absolvierte ich eine Ausbildung im 6. Lehrgang der Schule für Infanterieoffiziere *Tran Quoc Tuan.* In dieser Schule wurde auf Militär-disziplin und militärische Haltung schärfer geachtet als in anderen Einheiten, ob in der regulären oder der regionalen Armee.

Die eiserne Disziplin der vietnamesischen Armee hatte jedoch nichts gemein mit der feudalistischen Disziplin der Armee des befreundeten

Staates. Wie in allen Einheiten der vietnamesischen Volksarmee lebten wir in unserem Lehrgang wie in einer großen Familie zusammen, ohne Unterschied zwischen Offizieren und Studierenden. Wir aßen am gleichen Tisch, schliefen in der gleichen Hütte. Wir erhielten fast die gleichen Zuteilungen. Das alles war in der chinesischen Armee nicht der Fall, zumindest nicht in jenen Einheiten, die als erste nach Vietnam kamen.

Zum ersten Mal sah ich in Quang Nap, dem Eingang zu der (für die Staats- und Armeeführung) gesicherten Zone in den Provinzen Tuyen Quang und Thai Nguyen, mit eigenen Augen *Dienstburschen.* Vorher hatte ich mir nie vorstellen können, dass es Menschen geben würde, *die Revolution machten,* indem sie nur als Dienstburschen für irgendjemanden arbeiten. Auch in der vietnamesischen Armee gab es Leibwächter, die zu Beginn des Krieges nach französischer Art *Garde corps* genannt wurden. Ein plötzlicher Malaria-Anfall hielt mich damals an diesem Ort zurück, so dass ich Gelegenheit hatte, die vorbeiziehenden Militärberatergruppen zu beobachten. Diese chinesischen Berater, vorwiegend Generäle, zogen mit einer großen *Dienstburschen*-Truppe in Vietnam ein, die aus Leibwächtern, Laufburschen, Köchen und Pferdewärtern bestand. Wenn sich einer der Berater auf einen Dienstweg begab, so luden sich seine Köche die Töpfe und Pfannen und die Dienstburschen Schlafdecken, Moskitonetze und Kissen auf die Schultern, um ihn zu begleiten. Wenn er auf sein Pferd steigen wollte, dann beugte sich sein Stallknecht tief hinunter, damit ihn der Berater als Trittstufe benutzen konnte. Wenn er an seinem Ziel ankam, bereiteten ihm die Dienstburschen seine Liegestätte vor. Sie brachten ihm verschiedene Schüsseln mit Wasser, damit er sich das Gesicht und die Füße waschen konnte. Köche bereiteten in großer Eile das Essen. Leibwächter hielten mit ihren Gewehren Wache. Pferdewärter liefen los, um Gras für die Tiere holen. Alles ganz streng. Tadellos.

Über diese Bilder war ich nicht nur erstaunt, sie ekelten mich geradezu an. Wahrscheinlich gibt es in keiner Armee der Welt solche elende *Dienstburschen* wie in der chinesischen.

Bei der Verpflegung wurde in der chinesischen Armee deutlich nach Ranghöhe unterschieden. Soldaten bis zu den Zugführern aufwärts bekamen Essen der niedrigsten Stufe aus der *großen Küche.* Kompanie- und Bataillon-Führer erhielten Essen mit einer besseren Qualität, nämlich aus der *mittleren Küche.* Das Essen der *kleinen Küche* war für die Führungsränge von den Regimentskommandeuren aufwärts vorgesehen. Als höchste Stufe gab es die *Sonderküche,* die nur für die Führungsschicht oder auch für Empfänge reserviert war. Jede Mahlzeit dieser Stufe war ein Festessen.

Zum Staunen hatten wir nicht viel Zeit, denn kurze Zeit danach ahmte es die vietnamesische Armee der Armee des *älteren Bruders* in dieser Hinsicht nach. Zum Glück hatte diese - wenn auch nur in weitaus geringerem Maße getroffene - Unterscheidung der *Küchen*-Stufen nicht lange Bestand. Nach außen hin hatte keiner den Mut, diese seltsame Klassenordnung ohne Abstriche in unser Armeeleben zu übertragen. Unsere Soldaten standen dem Aggressor von Angesicht zu Angesicht gegenüber, und die Soldaten hätten sich erzürnen können. Keiner konnte wissen, was ein erzürnter Soldat auf dem Schlachtfeld tun würde. Aber eines stand fest: die Kampfmoral würde schwinden.

Dann kam die *Verbesserungsschulung.* In ihrem chinesischen Herkunftsland trug sie die Bezeichnung *"den Stil verbessern"* Das war die Abkürzung der Bezeichnung für die Kampagne *"Verbesserung der drei Stile: Lehrstil, Schreibstil und Parteihaltung"* der Kommunistischen Partei Chinas. Diese *Verbesserungsschulung* war für uns junge Menschen, die Hefte und Schreibzeug beiseitelegten und in den Widerstandskrieg zogen, eine äußerst seltsame Sache. Wir waren der festen Überzeugung gewesen, dass wir wie Ritter aus alten Zeiten wären, die sich mit ihrem Schwert und zu Pferd auf das Schlachtfeld begeben hatten. Während unserer *Verbesserungsschulung* wurden wir jedoch sehr überrascht; denn so war es gar nicht: Mit der *Revolution zu gehen,* hieß vor allem, die faulen Gedanken umzuerziehen, die ständig in uns vorhanden waren wie ein genetisch bedingtes Verbrechen. Diese Gedanken mussten umerzogen werden, damit man ein würdiges Mitglied der Partei und der neuen Gesellschaft werden konnte. Man lehrte uns: alle unsere guten Eigenschaften hatten wir der Partei und der Revolution zu verdanken, alle unsere schlechten Eigenschaften dagegen stammten von den Feudalherren und Imperialisten.

Dank dieser *Verbesserungsschulung* wussten wir nun erst, dass wir außer den französischen Kolonialherren, den amerikanischen Imperialisten und ihren Lakaien noch einen Haufen anderer Feinde hatten. Ich bringe hiermit meine Hoffnung zum Ausdruck, dass eines Tages jemand sehr ausführlich über die *Verbesserungsschulung* schreiben wird. Diese Erscheinung kann mit einigen Sätzen nicht aufgeklärt werden. Ohne die *Verbesserungsschulung* zu analysieren, kann man vermutlich den psychopathischen Zustand einiger revolutionär gesinnter Generationen und die jahrzehntelange Apathie der Vietnamesen nicht erklären, denn beim Lesen westlicher Publikationen stellte ich fest, dass die Autoren von diesem Phänomen *Verbesserungsschulung,* das sie *Gehirnwäsche* nannten, sehr wenig wussten.

Ich lernte die *Verbesserungsschulung* im Jahre 1951 anlässlich einer Tagung der *Liga der vietnamesischen Jugend* kennen. Bei dieser Tagung benannte sich der *'Verband der vietnamesischen Jugend zur Rettung der Nation'* um in *'Verband der werktätigen Jugend Vietnams'*, der mit der Aufgabe betraut wurde, „*Stütze und Reserve der Partei*" zu sein. Von diesem Zeitpunkt an blitzte an der Brust jedes Verbandsmitglieds das Abzeichen *"Vorwärts unter der roten Fahne mit dem gelben Stern!",* das der Maler *Ton Duc Luong* entworfen hatte. Die *Verbesserungsschulung* wurde außerhalb des im Einladungsschreiben genannten eigentlichen Tagungsprogramms durchgeführt. Kader, die man kurz vorher in Südchina bei der Kampagne *"Verbesserung der Stile"* geschult hatte, waren nun Instrukteure. Diese Leute, die in dem befreundeten Land einer *großen Gehirnwäsche* unterzogen worden waren, trugen sehr ernste Gesichter, sprachen wenig, waren in der chinesischen Kaderuniform gekleidet, besaßen jeder einen Füllfederhalter der chinesischen Marke "Goldener Stern", der in ihrer Brusttasche klemmte, und ein Notizbuch mit dem Bildnis eines gesund aussehenden Vorsitzenden Mao auf dem Umschlag.

Anfänglich stellten uns diese Instrukteure einige Dokumente vor, die für Kader vorgesehen waren - Vorlesungen von Mao Zedong, Liu Shaoqi, Ai Ziqi (entsprechende vietnamesische Namen: Mao Trach Dong, Luu Thieu Ky, Ngai Tu Ky) ... Bezug nehmend auf das soeben Gelernte analysierte danach jeder Teilnehmer seine eigenen Gedanken und Taten. Dann trug er die *Ergebnisse* seiner Analyse der Gruppe der Lernenden vor, damit dieses Kollektiv seine Beiträge weiter analysierte und Kritik leistete. Wir bezeichneten diese Kritiksitzungen insgeheim als *Selbstbeschimpfung.* Wer sich selbst am meisten *beschimpfte,* wurde als *ehrlich* betrachtet. Berichte mit *herausragenden Fehlern* wurden vor dem Plenum als *Musterberichte* vorgetragen.

Nachdem ich mir mein Gehirn zermartert hatte, ohne einen nennenswerten Fehler gefunden zu haben, eröffnete ich dem Forum, dass ich Mitleid mit Großgrundbesitzern hätte und einigen bis zur Entkräftung ausgehungerten Kindern der Klassenfeinde heimlich Süßkartoffeln schenkte, dass ich vor den militärischen Feinden Angst empfunden hätte, als ich in einer Ausgabe von *Paris Match* Schwärme von Flugzeugen sah, die massenhaft Bomben abwarfen. Obwohl ich etwas übertrieb, damit es nach Ehrlichkeit aussehen sollte, waren meine Fehler jedoch gar nichts im Vergleich zu anderen aus meiner Gruppe. Die einen sagten aus, dass ihre Eltern Großbauern, Großgrundbesitzer seien. Ein Soldat gestand seine *Unzucht, also* geschlechtliche Beziehung außerhalb oder vor der Ehe, an allen Orten, an denen seine Einheit untergekommen war. Ein anderer Teilnehmer gab zu, mit seiner jüngeren Schwester *geschlafen* zu haben ... Die durch die Texte vermittelten Kenntnisse verwendeten die Lehrgangsteilnehmer dazu, jeweils den gerade Berichtenden auf das Äußerste zu beschimpfen. Ihre Argumente lauteten: mit solchen ausbeuterischen Gedanken, die von den Eltern stammten, sei der Berichterstatter nicht würdig, als revolutionärer Funktionär zu gelten. Wenn man *Unzucht* mit einer werktätigen jungen Bäuerin treibe, so sei das nicht anderes, als wenn man mit der eigenen Mutter schliefe, usw. usw. ... Im Allgemeinen wurden diese Betrachtungen der Schlussfolgerung gemäß bis hin zur Vernunftwidrigkeit geführt. Ich konnte mich gut an eine Sitzung mit *Musterberichten* erinnern, in der ein Mann aufstand, um den Berichterstatter mit großem Eifer niederzumachen: "Wisst Ihr, Genosse, was Ihr mit solchen

Gedanken und mit solchen Taten seid? Genosse, Ihr seid ... seid ... ein Hund, ein mit Krätze belegter Hund, ein mit Krätze belegter Hund, der umher ... umher läuft ... auf... auf..." Hier stotterte er eine Weile, weil er kein weiteres Wort zum Vergleich fand. Schließlich riskierte er mit einem Atemzug: "...der umher läuft auf ...dem ... grünen ...grünen Feld.

Ich sah mich um. Alle Gesichter waren blutrot angelaufen - nicht aus Hass gegen feindliche Ideologien, nein - jeder versuchte, sein Lachen zu unterdrücken.

Die Absichten der Erfinder der *Verbesserungsschulung* zielten meiner Meinung nach auf die Erniedrigung des Menschen vor der hochgelobten, einmaligen, die Welt rettenden Partei, wodurch der Mensch leichter zu unterdrücken ist.

Dieses Chaos - *made in China* - nahm mit dem Ende des Korea-Krieges immer größere Ausmaße an. Eine chinesische Abordnung mit dem höchsten politischen Berater La Quy Ba und dem höchsten Militärberater Vi Quoc Thanh, die ihr Hauptquartier in Viet Bac hatte, beteiligte sich an allen Unternehmungen der vietnamesischen Führung. Die beiden hohen Berater nahmen sogar an den Sitzungen des Politbüros der Partei teil. Das alles betonte die Rolle des chinesischen Modells für das Leben in der Kampfzone. Diese Berater waren auf allen Fotos, die von meinem Vater aufbewahrt worden waren, gemeinsam mit Ho Chi Minh, Truong Chinh, Vo Nguyen Giap und Nguyen Chi Thanh präsent.

Diese Geschichte erzähle ich, um die Ereignisse im *Feuerofen* zu erklären.

Schlagartig sagte Huynh Ngu zu mir:

„Stoppt! Ihr schreibt zuerst den Lebenslauf."

Wieder Lebenslauf! Ich wollte den Himmel anrufen. Wozu verlangten *sie* von mir, meinen Lebenslauf aufzuschreiben, obwohl *sie* diesen Lebenslauf doch aus den Unterlagen an meiner Arbeitsstelle haben konnten.

Man müsste aber schon ein chinesischer oder ein vietnamesischer Bürger gewesen sein, um meine große Verärgerung über diese psychotische *Lebenslauf*-Krankheit grundsätzlich wirklich verstehen zu können. Im Lebenslauf waren nicht nur Angaben über das eigene Leben zu machen, sondern auch über die Eltern, die Geschwister, die Onkel und Tanten sowohl von der väterlichen als auch der mütterlichen Seite. Unter Angaben verstand man Familienname, Rufname, Klassenzugehörigkeit, Beruf und Wohnanschrift vor der Revolution, Beruf und Wohnanschrift nach der Revolution ... Auch die Generationen, die schon Ruhe in ihren Gräbern gefunden hatten, mussten aufgeweckt werden und der Partei melden, wer sie gewesen waren.

Und das geschah nicht nur einmal. Von Zeit zu Zeit gab es immer wieder einmal einen neuen Befehl, den Lebenslauf erneut zu schreiben. Man wusste nicht, wozu. Dass man während des Widerstandskriegs seinen Lebenslauf neu schreiben musste, weil die Unterlagen von Termiten zerfressen wurden, war ja noch verständlich. Aber auch im Frieden musste man schreiben und immer wieder schreiben. Arbeitsplatzwechsel - Lebenslauf schreiben. Institutions-wechsel - Lebenslauf schreiben. Schulungsbesuch - Lebenslauf schreiben. Beitritt zur Jugendorganisation - Lebenslauf schreiben. Partei-beitritt - Lebenslauf schreiben. Um nicht viel schreiben zu müssen, bat ich einmal eine Sekretärin, für mich mit der Schreibmaschine gleich einen Stoß mit mehreren Kopien zu tippen. Dummerweise wurden aber die maschinen-geschriebenen Lebensläufe dann nicht akzeptiert.

Das Schreiben meines Lebenslaufes machte mich elend, weil ich fühlte, dass ich log. Um den umständlichen Nachfragen aus dem Wege zu gehen, verschwieg ich glatt einen Onkel der väterlichen und einen der mütterlichen Seite. Seitdem der Krieg gegen die Franzosen vom Zaun gebrochen wurde, hörte ich nichts mehr von ihnen, weder wo sie waren, noch was sie machten. Ich hatte nur so reden hören, dass sie einfach *abgehauen waren*, weil sie das Elend nicht länger ertragen konnten. Einer soll danach Händler geworden sein und der andere bei der Post gearbeitet haben. Ein Mitarbeiter des Organisationsausschusses erfuhr - weiß der Himmel, durch welchen Zufall -, dass sie meine Onkeln waren. Aber zu meinen Gunsten schwieg er. Ich war irgendwie in seiner Schuld. Zum Glück wollte er jedoch auf Grund seiner Sympathie zu mir daraus kein Kapital schlagen.

Mit Hilfe dieser Lebensläufe verschaffte man sich Kontrolle über die Kader und die Bevölkerung. Das war ein allgemeines Charakteristikum aller sozia-listischen Staaten. In Vietnam wurde das in den Dekaden der 50er und 60er Jahre durch die *Klassenlehre* auf das Äußerste noch auf die Spitze getrieben. Wenn ein Mann ein armer Bauer oder, noch besser, ein Landarbeiter war, drei Generationen lang keinerlei Beziehungen zu den aus-beutenden Klassen hatte, keine Verwandten besaß, die für die vorherige Administration, beispielsweise als Soldaten, gearbeitet hatten, dann wurde er als Kader mit *sauberem Lebenslauf* betrachtet. Seine Karriere war gesichert. Wenn man im Gegensatz dazu unglücklicherweise in einer reichen Familie, einer Familie von Großbauern oder Großgrundbesitzern, oder - im schlimmsten Fall - in einer Familie der *bösen korrupten Dorfobrigkeit* zur Welt kam, dann war das eigene Leben nichts mehr wert. Einer meiner Kollegen hatte im Süden einen Onkel, den jüngeren Bruder seines Vaters. Von irgendwoher hatte er die Nachricht bekommen, dass sein Onkel bei der Administration in Saigon arbeite, und in seiner Aufrichtigkeit gab er das in seinem Lebenslauf an. Seit diesem Zeitpunkt erhielt er keinen wichtigen Auftrag mehr und durfte nicht ins Ausland delegiert werden. Bei jeder Über-prüfung zu Gehaltserhöhungen wurde sein Lebenslauf aufgeschlagen. Später, nach der Wiedervereinigung des Landes, stellte sich dann heraus, dass der *für den Feind tätige Onkel* Laufbursche in einer privaten Schule gewesen war.

Der Journalist *Chinh Yen* sagte ironisch:

„Wenn es einen Platz für eine Auslandsreise - insbesondere ins kapitalistische Ausland - gibt, dann wird ausposaunt, dass Chinh Yen der

Sohn eines Mandarins im Rang eines Provinzgouverneurs (richtiger: der Stufe eines Kreisamtsleiters - Anm. d. Autors) ist. Soll man ihn etwa hinschicken, damit er zu den Feinden überlaufen kann? Wenn aber ein Zeitungsmann zu einer Kriegsreportage nach Laos geschickt werden soll, dann überlassen *sie* diese Fahrt mit aller Bescheidenheit sofort dem Genossen Chinh Yen, da er viele Kampferfahrungen hat. Verdammt!"

Chinh Yen war - nach unserer Einschätzung ein begabter - Redakteur der Zeitung *Nhan Dan,* dem Organ des Zentralkomitees der KP Vietnam. Er bezeichnete sich selbst als *"Schreiberling der Superklasse".* Er nahm 1945 an der Augustrevolution teil, verteidigte die Hauptstadt im Kampf und war ein langjähriger Offizier der Armee. Er wurde jedoch in seinem ganzen Leben, in dem er mit der Revolution ging (in der damaligen Sprache müsste man sagen: in dem er der Revolution *folgte* - Anm. d. Autors), nicht als gleichwertiger Kämpfer geschätzt. Er musste die größten Mühen auf sich nehmen. Die guten Happen schnappten ihm andere weg.

Huynh Ngu war zufrieden. Ich schrieb einen exzellenten Lebenslauf, ohne die beiden Onkeln zu erwähnen und ohne einen einzigen Bruder oder eine einzige Schwester zu vergessen.

„Seht Ihr! Ihr wachst in einer revolutionären Familie mit Stammbuch auf. Es gibt keinen Grund dafür, dass Ihr mit den Konterrevolutionären zusammengeht. Der Weg, den Ihr geht, wurde von der Partei vorgezeichnet. Das ist der einzige Weg: der Führung der Partei und des großen Onkels Ho zu folgen. Unter dem ehrenvollen Banner der Partei und des Onkels laufen zu dürfen, ist das absolut größte Glück jedes revolutionären Kaders.

An der Wand mir gegenüber, direkt über dem Kopf von Huynh Ngu, hing - mit seinem überirdischen Wesen, der hohen Stirn, den weisen Augen und dem dünnen Bärtchen - *Onkel Ho*, der sanft auf seinen eingesperrten *Neffen* herabsah. Mit roter Schrift auf gelbem Papier war unter seinem Porträt sorgfältig seine Lehre "Der Polizist, der Freund des Volkes" vermerkt.

Mein Gott, wo war ich hier? Konnte man von Glück sprechen, mit so einem *Onkel* und solchen *Freunden* zu leben?

Ich war traurig. Langsam schwand meine Hoffnung, diesen Ort bald verlassen zu können.

Thanh versuchte, mich zu trösten. Dabei malte er mir keine angenehme Vision aus, sondern machte es eher umgekehrt mit der Absicht, mich an die Realität zu gewöhnen.

„Wer wegen politischen Verbrechens hier landet, der kann sagen, dass sein Leben langsam zu Ende geht. Man hat nur eine Wahl: entweder man ist entschlossen, am Leben zu bleiben, oder man bringt sich um."

„Ihr meint, den politischen Häftling hält man hier ewig fest? Man lässt ihn nicht frei?"

„Ja, doch. Man lässt ihn frei, aber erst wenn man davon überzeugt ist, dass er keinen Willen mehr hat. Und zu welcher Zitrusfrucht-Saison soll diese

Überzeugung zustande kommen?"

In allen politischen Schulungen betonten die Lektoren ständig das Ziel, *den Willen des Feindes zu vernichten.* Die Lebenskraft zu vernichten, war sicher wichtig, aber den Willen zu vernichten, war die Grundlage. Die Lebenskraft zu vernichten, diente letztlich dem Ziel, *den Willen zu vernichten.*

Ich war nun Feind. *Sie* verhielten sich mir gegenüber genauso, wie *sie* es dem Feind gegenüber taten. Aber was für einen Willen sollte ich haben!

„Bekommt Ihr oft Post von zuhause?" fragte ich Thanh.

„Ab und zu."

„Schreiben Frau und Kinder nicht gern?"

„Doch. Ich bekomme die Post aber nur, wenn es die *Exekutive* zulässt. Zu Beginn der Haftzeit habe ich keine Post erhalten. Man hat Angst gehabt, dass die darin enthaltenen Angaben von mir bei den Vernehmungen verwendet werden würden. Später ließ man dann die Post nach strenger Zensur durch. Was dem *Standpunkt* entspricht, d.h. mit Ratschlägen über gute Umerziehung, wird dem Gefangenen zugeleitet. Wenn der Ton in einem Brief in Richtung von Vorwürfen gegen die Partei hindeutet, wird der Brief vernichtet. Ob man die Post entgegennehmen darf, hängt auch noch von der eigenen Haltung zur Umerziehung ab..."

Ich war also seit dem ersten Tag kein *gut umzuerziehender Häftling.*

Das Faulenzen deprimierte mich. Wie sollte ich nicht deprimiert sein, wenn ich den ganzen Tag mit angezogenen Knien auf die Wand gegenüber sah und beim besten Willen das Durcheinander von wirren Gedanken in meinem Kopf nicht vertreiben konnte?

Huynh Ngu ließ mir durch den Gefängniswärter einige Ausgaben von *Nhan Dan* mit der "Verordnung zur Bestrafung von konterrevolutionären Verbrechen" bringen. Ich verstand: er wollte mich wissen lassen, dass unser Verbrechen zur Kategorie dieser Verordnung gehörte. Sehr viel später, nach meiner Entlassung, suchte ich bewusst nach dieser Verordnung und stellte fest, dass Truong Chinh die "Verordnung zur Bestrafung von konterrevolutionären Verbrechen" am 30.10.1967 unterzeichnet hatte. Zu diesem Zeitpunkt hatte ich davon nichts erfahren; entweder passte ich damals nicht auf, oder die Verordnung wurde erst im Dezember veröffentlicht. Eines steht aber fest: ich las diese Verordnung im Feuerofen, d. h. Ende Dezember, auf keinem Fall früher. Dass Truong Chinh damit versuchte, die Taten von Le Duc Tho zu legalisieren, bewies, dass Truong Chinh sich erniedrigte und Befehle von Le Duan und Le Duc Tho entgegennahm, und dass sie sich zu einer Bande verbündet hatten. Von meiner Warte aus hatte ich da nichts Gutes mehr zu erwarten.

Thanh sah mich mitleidig an. Durch Andeutungen empfahl er mir, die Hoffnung nicht aufzugeben. Ein Häftling, der Hoffnungslosigkeit in sich trug, stand im zähen Kampf mit den Schwierigkeiten eines Gefangenenlebens gleich in der ersten Schlacht auf verlorenem Posten. Er konnte bis zum Tag seiner Entlassung aus der Gefangenschaft nur überleben, solange er sich von der Hoffnungslosigkeit nicht zerfressen ließ. Das Beste war, man zwang sich dazu, sich selbst zu vergessen, sich selbst aus dem Bewusstsein zu streichen, wie es normalerweise die Yoga-Meister tun.

Ich war tieftraurig. Wie konnte ich lernen, mich in ein unbelebtes, gefühlloses Stück Holz oder Stein zu verwandeln? Von klein auf hatte ich gelernt, mich selbst zu bestätigen, den anderen Menschen mit allen Mitteln mitzuteilen, dass ich existierte, dass ich nicht etwas Gestaltloses und Konturloses war, sondern ein aktiver Teil der Gemeinschaft. Nun musste ich lernen, mich zu vergessen, mich auszustreichen. Elender ging es nicht.

Wie viel Zeit brauchte ich, um diese Kunst zu erlernen?

Der Gefängniswärter erwähnte nie wieder etwas von dem, worum ich ihn gebeten hatte. Ich dachte, er hätte keine Zeit dazu. Aber allmählich erfuhr ich, dass Versprechen der Wärter gegenüber Gefangenen immer nur leere Worte waren. Er hatte meine Nachricht nie weitergeleitet.

Nach mehreren aufeinanderfolgenden Tagen mit Vernehmungen, bei denen Fragen über die unterschiedlichsten Probleme gestellt wurden und die von dem, was ich wissen wollte – nämlich, wofür man mich zu beschuldigen beabsichtigte - weit entfernt waren, ließ mich Huynh Ngu völlig links liegen. Es gab keine weiteren Vernehmungen.

Eines Tages wurde ich wieder geholt, aber nicht zu einer Vernehmung. Die Leute, die mich abholten, waren junge, mir völlig unbekannte Polizisten. Sie brachten mich in eine bemooste Ecke des Hofes und wiesen mich an, mich auf einen Hocker zu setzen, hinter dem an einer Wäscheleine ein graues dreckiges Stück Stoff hing.

Ich wurde fotografiert. Ein Fotograf gab mir Befehle, in verschiedenen Positionen zu sitzen: gerade aus, Seite rechts, Seite links. Ich musste ein Nummernschild an der Brust tragen, wie bei der Ablichtung von Verbrechern. Dann wurden meine Fingerabdrücke genommen. Einer seiner Mitarbeiter drückte die Spitzen meiner zehn Finger auf eine Tafel mit tief schwarzer Farbe. Danach wurden die Abdrücke meiner Finger hergestellt. Dann durfte ich meine Hände waschen gehen. Da es keine Seife gab, musste ich die Hände mit Sand reiben, bis sie beide rot wurden. Die schwarze Farbe ging aber trotzdem nicht weg. Sie blieb noch die ganze Woche an meinen Händen.

Es war mir klar, dass das die Art und Weise war, wie man mit Häftlingen umging, und es hatte mit meiner *internen Behandlung* nichts zu tun.

Nach meiner Einschätzung entwickelte sich die allgemeine Lage in eine ungute Richtung. Von einer Entwicklung zum Besseren konnte keine Rede sein. Das war aber lediglich meine Einschätzung. Wie die reelle Lage war, konnte ich nicht wissen, da ich seit meiner Verhaftung - mit einer kleinen Ausnahme - keine Zeitung in die Hände bekam.

"Qué sera sera" (spanisch: es kommt, was kommen muss), sang ich leise mit angezogenen Knien in meinem engen Käfig, um mich selbst zu trösten und

anzuspornen. Ich spürte, dass sich mein Inneres allmählich beruhigte. Der Winterhimmel draußen blieb unangenehm bleigrau.

Eine Vernehmung konnte einen ganzen Vormittag oder Nachmittag andauern. Ich bildete mir ein, dass während meiner Abwesenheit auch die Gefangenen aus den Nachbarzellen zu Vernehmungen geholt würden. Das war jedoch nicht der Fall. Nur die neu Verhafteten wurden oft vernommen. Nach etlichen aufeinanderfolgenden Vernehmungen wurden sie dann später nur noch gelegentlich gerufen. Thanh sagte, er sei schon mehr als zwei Monate nicht mehr vernom-men worden. Es gab Zellen, deren Insassen während des ganzen Jahres kein einziges Mal zu einer Vernehmung gebracht wurden.

Von Thanh erfuhr ich zudem, dass es in diesem *Feuerofen*-Gefängnis auch am Rand einige Zellensegmente gab. In der Mitte war das *allgemeine Lager,* das aus der großen Haftanstalt bestand, durch die ich gegangen war. Worin wir uns aufhielten, wurde als *Zelle 3* bezeichnet. Sie befand sich in der Nähe der Küche. Die der Zelle 3 am nächsten gelegene öffentliche Straße war die Straße der *Zwei Schwestern Trung* (Hai Ba Trung). Mein Haus lag am anderen Ende dieser Straße. Zu Fuß würde man etwa fünfzehn Minuten brauchen, um zu meinem Haus zu laufen.

Häftlinge des Feuerofens hatten keinen täglichen Spaziergang. Sie durften weder Zeitungen lesen noch Bücher ausleihen. Ich nahm an, der Feuerofen hatte keine Bibliothek für die Polizisten, geschweige denn für die Häftlinge. Alles in allem hatte er nichts gemein mit den Gefängnissen, von denen ich mir aus den ausländischen Zeitungen, Büchern und Filmen ein Bild gemacht hatte.

Täglich wurden die Türzellen fünfmal aufgeschlossen: morgens einmal, damit die Häftlinge die Nachttöpfe entleerten und sich wuschen, mittags und spätnachmittags je zweimal, damit die Häftlinge das Essen holten und dann die leeren Schalen abgaben. Anstelle des bäuerlichen Wärters kam nun einer, der auch bäuerlich aussah, aber ein modernisierter, anmaßender und wortkarger Mann war. Die Häftlinge hatten große Angst vor ihm.

Es war nicht üblich, dass sich die Gefängniswärter den Häftlingen mit ihrem Namen und Rufnamen vorstellten. Die hiesigen Verhaltensregeln waren denen im Ausland ähnlich. Man kannte sie, hielt sie aber nicht ein. Der Wärter, den ich im Feuerofen zuallererst sah, hatte zwei Spitznamen: *Frie-densbote* und *Dien mui do* (Dien mit der roten Nase). Den Namen *Friedensbote* erhielt er von den Häftlingen. Dieser Mann war freundlich und er erwiderte die Grüße der Häftlinge - im Gegensatz zu anderen Wärtern, die aus Hochmut schwiegen. Immer machte er beim Kontrollgang Halt an den Luken, durch die er ein paar Worte sagte, den Häftlingen Feuer für Zigaretten gab oder auf Fragen nach Datum und Zeit freundlich antwortete. Die Gefangenen fühlten sich von ihm getröstet. Dien war sein richtiger Rufname. Ständig hatte er eine rote Nase, genau wie ein Trinker, obwohl er nicht zu dieser Art der Süchtigen gehörte.

Diens Nachfolger, den Wärter Hach, beobachtete ich gerne. Sollte ich später einmal das Glück haben, einen Film über das vietnamesische Gefängnis zu drehen, dann wäre Hach der tadellose Urtyp. Er war der Gefängniswärter, wie er im Buche steht. Wenn sich ein Wärter dagegen so verhielt wie der *Friedensbote, so* würde er von Zuschauern sofort abfällig beurteilt werden, denn er entspräche nicht ihrer Vorstellung von der Wahrheit. Er wäre kein richtiger Gefängniswärter. Daraus kann man entnehmen, dass das Leben reicher und vielfältiger ist als unser Vorstellungsvermögen davon, und dass wir oft Sklaven dogmatischer Bilder sind.

Von kleiner Statur und respektablem Alter, machte Hach langsame und sichere Schritte auf eine Art, die ihm - deutlich sichtbar - ursprünglich nicht eigen gewesen war, die er sich aber bereits verinnerlichte. Unter dem strengen Blick, der hinter den Brillengläsern dieses autoritären Gefängniswärters funkelte, schlichen die Gefangenen mit gesenkten Köpfen durch ihre Zellen-öffnungen. Hach stand da und betrachtete sie wie Tiere, die aus ihren Käfigen kamen. Sein schwarzhaariger Kopf neigte sich, scheinbar unter der Last seines Gehabes, leicht nach vorn. Seine Schuhe bewegten sich rhythmisch und absichtlich langsam. Ich war von diesem Modell Hach derart begeistert, dass ich ab und zu sein Getue nachahmte. Thanh lachte dann verhalten und lobte mich ob der gelungenen Nachahmung. Ich meinerseits stellte mir vor, wie ich zukünftige Schauspieler in der Kunst der Darstellung solcher Typen anleiten würde.

Nach dem Öffnen einer Zellentür entfernte sich Hach immer rückwärts weit von ihr weg und blieb leicht tänzelnd an der gegenüberliegenden Wand stehen. Ich dachte, er wäre vorsichtig, wegen der eventuellen Gefahr eines plötzlichen Angriffs durch die Häftlinge.

„Ach wo!" klärte mich Thanh auf. „Aus den Zellen stinkt es zu sehr. Wir sind hier drin und gewöhnen uns daran. Für Fremde ist es aber unerträglich."

Hach war nicht reich, aber im Vergleich zu anderen Gefängniswärtern besaß er mehr luxuriöse Gegenstände. In den Gefängnissen waren alle Sachen billig. Ein Päckchen Pfeifentabak konnte gegen eine neue Hose aus *Simili*stoff ausgetauscht werden. Eine Schachtel *Tam Dao*-Zigaretten hatte den Wert eines Pullovers aus Wolle. Thanh erzählte, das Brillengestell aus Schildpatt habe Hach drei Brote gekostet.

Tagaus-tagein in der Zelle zu sitzen, ohne zu einer Vernehmung geholt zu werden, war eigentlich langweilig. Eine Vernehmung war trotz der damit verbundenen Anspannung wie ein Tapetenwechsel. Der sich in die Länge ziehenden Eintönigkeit des Zellenalltags war diese Anspannung doch vorzuziehen. Ein Häftling, der jahrelang nicht zur Vernehmung geholt wurde, glich absolut einem im Käfig eingesperrten Tier.

Während der ersten Tage in der Zelle quälte mich neben der Sehnsucht nach Frau und Kindern auch die nach meiner Stadt Hanoi. Ich befand mich genau im Zentrum Hanois, aber die Sehnsucht nach ihr peinigte mich so, als ob ich mich am anderen Ende des Globus aufhielte. Ich verzehrte mich in heißer Sehnsucht nach ihr. Hanoi erschien mir wie ein Mensch. Ich entdeckte plötzlich, dass Hanoi ein eigenes Gesicht hatte, das man mit keinem anderen verwechseln konnte. Ich verglich Hanoi mit Moskau und stellte fest, dass Hanoi sehr liebenswert war. Wahrscheinlich betrachten nur die Bewohner Hanois ihre Stadt als ihr Haus. Moskauer Menschen betrachten Moskau als Stadt, als Eigentum des Staates. Moskauer gehen nur auf die Straße, wenn sie etwas zu tun haben. Hanoier bringen Bambuspritschen auf den Bürgersteig, setzen sich darauf und fühlen sich, als ob sie sich in ihrem eigenen Haus befänden. Nach dem Ende des Widerstandskampfes gegen die Franzosen - 1954 - kamen Leute aus allen möglichen Gegenden, der siegreichen Armee folgend, en masse nach Hanoi. Die Menschen aus Hanoi verteilten sich in verschiedene Himmelsrichtungen: etliche emigrierten in den Süden, andere gingen in die Berge, wo sie *neue Wirtschaftszonen* errichteten. Man könnte nun denken, Hanoi wäre nicht mehr Hanoi. Doch Hanoi bleibt Hanoi. Die Stadt nahm Fremde in ihren Schoss auf, formte sie auf ihre Weise und verwandelte sie in Hanoier - und wenn doch nicht ganz, dann eben in Leute der Bürgersteige, aber der Hanoier Bürgersteige.

Ich bin Hanoier mütterlicherseits. Hanoi ist meine Heimat, in der ich zur Welt kam, weil meine Mutter ein Mädchen aus der *Straße Hang Bac, der Straße der Silbererzeugnisse* war. Doch der Vietnamese lebt normalerweise im Patriarchat. Er bezeichnet die Heimat des Vaters als seine eigene. Dementsprechend stamme ich aus der nordvietnamesischen Ebene.

Um dorthin zu gelangen, müsste ich mit der Eisenbahn nach Nam Dinh fahren. Über die Fähre *Do Quan* käme ich zum Südufer des Roten Flusses. Der Bus fährt auf der Provinzstraße Nr. 21 bis zur Stadt *Co Le*, von wo ich einige Kilometer entlang des Deiches *De Vang* laufen müsste, bis ich mein Dorf erreichen würde. Auch mit meinem Dorf fühle ich mich eng verbunden. Dort verbrachte ich einen Teil meiner Kindheit. Wenn man zu Beginn des Winters irgendwo außerhalb des Gefängnisses *Feuerofen* Blätter verbrannte, wehte etwas von dem Rauch der glimmenden Blätter in die Zelle herein und erinnerte mich stark an den Rauch ähnlicher Feuer in meinem Dorf. So wurde die Sehnsucht nach ihm auf eine seltsame Art wieder in mir geweckt.

In den ersten Tagen meiner Gefangenschaft hätte ich nie gedacht, dass eine Haft mehrere Jahre dauern könnte. Nur einige Monate würden schon reichen, um einen Menschen in so einem Käfig mit der Bezeichnung *Zelle* umzubringen.

Den ganzen Tag saß mein Mitinsasse mit angezogenen Knien da und starrte auf einen bestimmten Punkt in weiter Ferne, obwohl lediglich eine schmutzig graue Wand vor ihm stand, die mit Mücken- und Wanzenblut gesprenkelt war und auf der Namen, von Pfeilen durchbohrte Herzen, zwei mit Handschellen verbundene Hände, Daten von Verhaftungen, Klagen,

Verwünschungen, Flüche ... zu sehen waren. Diese Wand war der Steinmauer an der *Huong*-Pagode oder der bei der Grotte *Dau Go* in der Halong-Bucht sehr ähnlich.

Gelegentlich erwachte Thanh plötzlich aus dem Schlaf, setzte sich auf und bewegte sich eine Weile in der Zelle, bevor er die feierliche Zeremonie seines Genusses begann. Zuerst holte er tastend seine Pfeife und das unter der Bekleidung versteckte Tabakpäckchen. Seine Finger drehten sehr lange an den braunen Tabakfasern, bis diese eine kugelförmige Masse in einer bestimmten Größe bildeten, mit welcher der Pfeifenkopf bedachtsam ausgefüllt wurde. Die Tabakfasern, die vereinzelt auf die Pritsche fielen, las er aus Gründen der Sparsamkeit sorgfältig auf. Dann rieb er leicht das Streichholz, zündete ein vorher zusammengedrehtes Stück Papier an und benutzte es als Feuerspender für die Pfeife. Nach tiefem Einatmen ließ er den Rauch langsam entweichen. Dann beugte er sich vor und legte für eine Weile das Gesicht auf seine beiden Knie, während sein Körper ein wenig schaukelte. Er tauchte ein in den Genuss, den ihm das Rauchen bereitete.

Ich hatte starken Appetit auf Zigaretten. Aber woher sollte ich sie nehmen, der ich mich zwischen diesen vier Zellenwänden befand? Thanh bot mir seine Pfeife an, aber ich hustete wahnsinnig stark nach jedem Zug.

Ich komme nicht umhin, einige Worte über diese selbstgebastelte Pfeife meines Mitinsassen zu verlieren. Es war eine flache rechteckige Schachtel, die aus zwei miteinander verbundenen Streichholzschachteln bestand und durch Papier verstärkt wurde. Als Pfeifenkopf fungierte der umgestülpte vordere Teil einer Zahnpasta-Tube. Das vielfarbige Äußere der Pfeife bestand aus buntem Zeitschriftenpapier, das sicherlich als Verpackung für *Versorgungs*-Sendungen verwendet worden war. Obwohl diese Pfeife kein Wasser enthielt, konnte sie die Sucht nicht weniger befriedigen und war beinahe so gut wie eine echte Wasserpfeife.

Um sparsam mit Streichhölzern umzugehen, spaltete Thanh jedes Streichholz in zwei Teile. Er tat es nur bei Bedarf. Als ich neu in der Zelle war, wendete er sich dabei zur Wand, um seine Streichholzbearbeitung unter der ausgebreiteten Decke zu verbergen. Da wir aber zu zweit in der Zelle waren, konnte er es auf die Dauer nicht verheimlichen und musste mir gestehen:

„Im Gefängnis ist der Besitz eines Messers oder eines messerartigen Gegenstands streng verboten. Aber ein Messer ist hier unbedingt notwendig. Man braucht es für jede Tätigkeit. Ohne Messer geht es nicht, zum Beispiel: Finger- und Zehennägel schneiden, Zahnstocher anfertigen oder Streichhölzer teilen, wie ich es gerade mache" ... klärte er mich leise auf. „Nicht, dass man Angst hätte, dass wir damit gegen die Funktionäre vorgehen würden. Mit einem solchen Messer kann man niemanden umbringen. Man hat Angst vor etwas anderem..."

Er ließ mich das von ihm selbst hergestellte Messer betrachten. Es war ein vier bis fünf Zentimeter großes Stück Blech aus einem Wasserkanister, das äußerst scharf war. Ich hatte keine Vorstellung davon, wie er dieses Stück Blech so hart und so scharf machen konnte. In der Zelle gab es weder Feuer zum Härten noch Steine zum Schleifen. Mit ihrem *Liliput*-Format konnte diese Klinge leicht in der Borte der Jacke oder der Hose verschwinden.

„Hat man Angst, dass Gefangene Selbstmord begehen?"

„Nur während der Untersuchungszeit." Thanh schüttelte mit einem starken Ruck seinen zerzausten Kopf. „Während dieser Zeit, der Zeit der Vernehmung, trägt der *Exekutivkader* die Verantwortung für den Gefangenen. Es gab einmal einen Fall, als ein *Exekutivkader* einen Gefangenen bedrohte, so dass dieser sich nach einigen Tagen erhängt hat. Nach der Untersuchung hat man festgestellt, dass er vollkommen unschuldig war. Selbstverständlich war die Schuld eine kollektive Schuld. Nicht nur *Exekutivkader,* sondern auch Gefängniswärter und Wachsoldaten haben Fehler gemacht."

„Waren es nur Fehler? Wurde jemand deswegen angeklagt?"

„Keinesfalls! Sicher haben *sie* ein bisschen Schwierigkeit gehabt. Angenommen, jener Gefangene wäre mit einem Kader von Format verwandt und dieser versuchte, Licht in die Sache zu bringen und eine Anklage zu erheben, dann könnte es zu Komplikationen führen. Aber eine Anklage gegen die Polizei zu erheben, ist ein Wagnis. Die Polizisten stehen einander immer bei. Man weiß nicht, ob man damit durchkommt oder in eine Katastrophe gerät. *Die Ameise erhebt Anklage gegen die Süßkartoffel* (d.h. Chancen-losigkeit - Anm. d. Übers.). Dem einfachen Volk gegenüber haben *sie* kein Problem; *sie* schweigen einfach. Das Leben eines Gefangenen hat überhaupt keinen Wert."

„Woher hatte der Gefangene das Seil, um sich zu erhängen?"

„Das ist nicht schwer. Man zerreißt eine Hose oder eine Decke. Und schnell kann man daraus ein Seil drillen."

Nun verstand ich, weswegen man mir eine Hose ohne Hosenband zugeteilt hatte.

„Nach der Vernehmung dann, bitte schön: Selbstmord oder Selbstgeburt wäre deine Sache. Umso weniger Reis benötigt man. Ich spreche aber nur von Zelleninsassen hier. Die Gefangenen in anderen Lagern erzeugen dagegen an Gütern vielfach mehr als das, was man braucht, um sie zu ernähren. Wir brauchen nur zu rechnen: zur Ernährung eines Häftlings werden zwölfeinhalb Kilo Reis pro Monat benötigt, und er selbst arbeitet wie ein Büffel, ohne dass ihn jemand ernährt. Er erzeugt das, was ihn ernährt. Der Staat verliert dabei nichts. *Der Fluss hat Wasser, der Häftling macht die Arbeit,* das ist ein bekannter Satz."

„Der Staat hat Vorteile dadurch, nicht wahr? Je mehr Häftlinge, desto mehr Vorteile."

„In der französischen Kolonialzeit gab es nur einige Anstalten, deren Namen jeder kannte: Erstens *Hoa Lo,* zweitens *Chi Hoa,* drittens *Son La,* viertens *Ban Me Thuot*, fünftens *Lao Bao*, sechstens *Ba Van*, siebtens *Con Dao* (auf der Insel Poulo Condore - Anm. d. Übers.) ...“ Thanh zählte langsam die Gefängnisse der Franzosen auf - insgesamt nicht einmal zehn Stück. „Und was ist mit unserer Zeit? Die Zentrale hat zig Anstalten, jede Provinz hat ihre Anstalt ... Man braucht nicht weit zu schauen. Allein Hanoi hat außer diesem *Feuerofen* noch ein Gefängnis, das auch ganz schön groß ist. Es wird vom Ministerium verwaltet. Das ist die Anstalt B oder die Anstalt *Thanh Liet.* Habt Ihr je von der Anstalt *Thanh Liet* gehört?“

„Nein.“

„Dass Ihr davon nichts wisst, ist verständlich. Niemand kennt sie. Man hält sie sehr geheim. Sie ist irgendwo in der Nähe der Stadt *Ha Dong* (etwa 11 km von Hanoi entfernt - Anm. d. Übers.). Die Zellen dort sind sehr barbarisch. Kein Tageslicht kommt dort hinein. Die Zellenfläche ist viel kleiner als die im Feuerofen. Seit wie vielen Tagen wart Ihr nicht zur Vernehmung?“

„Vier.“

Thanh nickte mehrmals leicht mit dem Kopf.

„Recht seltsam. Normalerweise werden neue Gefangene Tag und Nacht vernommen und man lässt sie auch bei Erschöpfung nicht los, und hier ... Ist Euer *Exekutivmann* erträglich?“

„Ich verstehe nicht, was Ihr als erträglich bezeichnet. Vielleicht ist dieser Typ erträglich. Ich kann sie erst vergleichen, wenn ich einige erlebt habe. Und wisst Ihr, warum man den vernehmenden Polizisten als *Exekutivmann* bezeichnet? Früher hat man diese Leute *Untersuchungsrichter* genannt, wenn ich nicht irre.“

Thanh überlegte eine Weile.

„Ich denke, das kommt von der Abkürzung der Worte *Gesetze einhalten.“*

Seine Erklärung überzeugte mich nicht.

„Gesetze einzuhalten ist die Pflicht aller Bürger. Wenn der Mann das Gesetz einhält, warum nennt man ihn dann nicht *Gesetzeseinhalter* oder *Gesetzesausführer?* Es klingt irgendwie falsch.“

„Anfänglich habe ich es auch nicht verstanden, so wie Ihr jetzt. Es hat völlig verdreht geklungen. Aber mit der Zeit gewöhnt man sich daran und findet es normal. Die Sprache der Polizei klingt wie Gaunerjargon. Wenn man nicht so richtig unter ihnen lebt, versteht man nur Bahnhof. Im Gefängnis versteht man nach einer bestimmten Zeit dann alles, ohne dass einen jemand aufklärt.“

Die Vergleiche von Thanh ließen mich lachen.

Thanh klärte mich geduldig über Punkte auf, die mir völlig fremd waren. Er war tolerant und betrachtete meinen Mangel an Kenntnissen nicht als Zeichen des Stumpfsinns. Wie konnte ich denn solch teuflische Begriffe kennen, wenn das Gefängnis eine Welt darstellte, die mit der Welt der normalen Menschen nichts gemein hatte? Der vietnamesische Leser würde von dieser abgeschlossenen Welt nichts wissen. Das Thema Gefängnis war ein Tabu. Journalisten durften ihre Nase nicht in die *Bestrafungs*branche, Verzeihung, in die *Umerziehungs*branche stecken. Unter meinen Bekannten gab es nur *Tran Dinh*, Berichterstatter der Zeitung *Nhan Dan,* der einmal die Gelegenheit hatte, den *Feuerofen* zu besichtigen, als er Materialien für die Ausarbeitung des Buches *"Erinnerungen"* von *Nguyen Duc Thuan* sammelte. Tran Dinh wurde dann auch zur Gruppe der *modernen Revisionisten gezählt.* Er wurde gezwungen, frühzeitig in Rente zu gehen, und er wurde diskriminiert, aber ohne in jene Zellen eingesperrt zu werden, die er im Feuerofen früher besichtigt hatte.

In einigen seltenen Fällen wurden Schriftsteller oder Journalisten in sozialistische Gefängnisse eingeladen, damit sie darüber schrieben. Sie saßen dabei in *Command cars*, die durch Felder oder an Hütten vorbeisausten, in denen Häftlinge handwerkliche Arbeiten leisteten. Abends wurden die Besucher als *verehrte Gäste der Branche* gemeinsam mit der Gefängnisleitung festlich bewirtet. Um das Denken von Gefangenen kennenzulernen, hörten sie einem Gefangenen zu, der von der Anstaltsleitung ausgewählt wurde, während sie sich dabei die Zähne mit Zahnstochern säuberten. Dieser Häftling pries selbst-verständlich das System der Umerziehung durch die Partei und den Staat. Später hatte ich die Gelegenheit, einige solcher Artikel zu lesen. Ihnen zufolge war das vietnamesische System der Umerziehung vortrefflich. Es sollte der Zauberstab sein, der nach seiner Berührung den Gefangenen in einen gut umerzogenen, ordentlichen Menschen, einen rechtschaffenen oder sogar beispielhaften Bürger verwandelte.

„Und der Gefängniswärter? Sie werden heute als *Wärter-Erzieher* bezeichnet. Bedeutet das, dass er aufpasst, damit die Gefangenen nicht flüchten, und dass er uns erzieht?"

Thanh lachte herzlich. Sein Lachen war ganz aufrichtig.

„Von wegen Erziehung. Das Niveau der Herren ist meistens nur knapp besser als das derjenigen, die gerade die *Buchstabenblindheit* (das Analphabetentum - Anm. d. Übers.) überwunden haben. Wen sollen sie schon erziehen? Höchstens die Affen."

Er ließ mich wissen, dass bei der Polizei sehr viel Wert auf die Herkunft der Kader gelegt wurde. Die ausgewählten Leute mussten prinzipiell zu den *Basisklassen* (Proletariat: Arbeiter, Bauern oder Soldaten) gehören, dazu *absolut sauber* sein, d.h. sie durften keinerlei verwandtschaftlichen Beziehungen zu den ausbeutenden Klassen haben, weder direkte noch indirekte. Um bei der Polizei angestellt zu werden, musste eine Person über vier aufeinanderfolgende Generationen alles offenlegen, wenn nicht vier, dann mindestens drei. Das war keine Übertreibung. Wenn einer Polizist war, dann konnten seine Söhne oder seine Neffen weitaus leichter in die Polizei aufgenommen werden als andere Menschen, auch wenn diese Nachkommen von armen Bauern oder Landarbeitern waren. Auch nach Thanhs Meinung kam der größte Teil der Polizisten aus den Provinzen Thanh Hoa, Nghe An und Ha Tinh, wo während des Widerstands gegen die Franzosen keine Kriegshand-lungen stattgefunden hatten. Die langlebigen Polizisten dieser Gegenden holten nach dem erfolgreichen Widerstandskampf ihre zahlreichen Nachkommen zu sich in den Dienst. In der Anstaltsleitung waren wiederum viele Menschen aus den Provinzen Son Tay und Thanh Hoa tätig - aus dem einfachen *traditionellen* Grund, dass die ersten Haftanstalten der Demokratischen Republik Vietnam in diesen Provinzen errichtet worden waren.

Ich hörte Thanh zu und bewunderte ihn. Mit jedem Tag glaubte ich weniger, dass Thanh ein Mörder sei. Er musste ein Funktionär gewesen sein, der an vielen Stellen gearbeitet hatte, über umfangreiche Kenntnisse und eine gute, scharfe, analytische Beobachtungsgabe verfügte. So konnte er zwangsläufig kein Kader niedrigen Formats sein. Im Verlauf weiterer intimerer Unterhaltungen ließ er durchblicken, dass er ein langjähriger, an Erfahrungen reicher Offizier war. Er erwähnte große Schlachten aus dem Widerstandskampf gegen die Franzosen und die Bataillons- und Regimentsoffiziere, die er kannte oder getroffen hatte und von denen einige auch zu meinem Bekanntenkreis gehörten. Unsere Beziehungen wurden mit der Zeit enger. Eines verstand ich jedoch nicht, nämlich: weswegen er mir gegenüber nichts über sein Verfahren offenbarte.

Als ich, scheinbar zufällig, von General *Dang Kim Giang* sprach und ihn fragte, ob er diesen kenne, sagte er:

„Ich kenne den Mann. Man nennt ihn auch *Ly Giang* (Bürgermeister Giang - Anm. d. Übers.), denn er war früher Bürgermeister oder Stellvertreter des Bürgermeisters eines Dorfes. Er verhält sich sehr volkstümlich und steht den Soldaten sehr nahe. Das ist das Seltsame. Bei der Schlacht um Dien Bien Phu war dem Namen nach *Tran Dang Ninh* der Leiter des Logistikhauptamtes. Die ganze Arbeit aber - ich wusste es - hat Herr Giang geleistet. Sein Verdienst war sehr groß. Ihr kennt Herrn Giang auch, ja?"

Ich schüttelte mit dem Kopf:

„Ich kenne ihn nicht."

Eine Weile danach ergänzte ich:

„Ich habe gehört, dass er inhaftiert wurde."

Mit dem Kopf auf den Armen schnellte Thanh aus seiner Liegestellung hoch:

„Was? Was sagt Ihr? Nein, das ist nicht möglich. Herr Giang ist ein revolutionärer Veteran. Er war schon gegen die Franzosen aktiv gewesen, bevor die Partei entstanden ist. Er gehört zu den verdienstvollen Staatsgründern. Sein Verdienst ist grösser als der der heutigen führenden Leute. Wer kann es sich leisten, ihn zu verhaften?"

Ich sah Thanh ins Gesicht und spürte die Schockwirkung dieser Nachricht auf ihn.

„Kürzlich wurden sehr viele Leute verhaftet. Außer General Dang Kim Giang wurden noch einige inhaftiert, wie der Direktor des Instituts für Philosophie, *Hoang Minh Chinh ...*"

„Habt Ihr davon gehört oder wisst Ihr Bescheid?"

„Ich habe es gehört, aber das ist Tatsache. Ganz Hanoi weiß Bescheid."

„Echt seltsam! Echt seltsam!" murmelte Thanh. „War Hoang Minh Chinh früher im Jugendsektor tätig?"

„Genau der", antwortete ich.

„Persönlich kenne ich Hoang Minh Chinh nicht, aber ich habe von ihm viel gehört", sagte er nachdenklich. „Dieser Herr Chinh hat 1954 eine *Bereit-zum-Opfern*-Truppe beim Angriff auf den Flughafen Gia Lam, den früheren Flughafen von Hanoi, geführt. Ein sehr guter Mann. Und er wird vom ehemaligen Generalsekretär der KP, Truong Chinh, sehr geschätzt Wieso denn das? Tja, was geschieht da draußen? Wer wurde nach Euren Informationen noch verhaftet?"

„Der Leiter des Militärabwehrdienstes, *Le Trong Nghia;* kenn Ihr ihn?"

„Herrn Nghia, Leiter des Amtes Nr. 2?" rief Thanh. Diesmal sprang er zu meiner Pritsche herüber.

„Wirklich?" flüsterte er.

„Wirklich. Kennt Ihr Herrn Nghia?"

Thanh schlug trocken mit der Hand auf seinen Oberschenkel.

„Aber selbstverständlich. Wer noch?"

„Wer denn noch? Ah, noch ein Herr; ich weiß nicht, ob Ihr ihn kennt: Herr *Vu Dinh Huynh* (der Vater des Autors), der ehemalige Leiter der Protokollabteilung des Außenministeriums."

Thanh öffnete seine Augen weit.

„Auch Herr Vu Dinh Huynh?"

Ich gab mir den Anschein, als ob ich erstaunt wäre:

„Kennt Ihr den Mann auch?"

„Nein." Thanh schüttelte nachdenklich mit dem Kopf. „Ich habe nur von ihm gehört. Er war früher persönlicher Sekretär des Herrn Ho."

„Richtig."

Thanh presste die Lippen zusammen und seufzte:

„Aus folgendem Grund habe ich von ihm gehört: Ich habe nämlich einen guten Freund, der ihm sehr viel zu verdanken hat. Ohne Herrn Vu Dinh Huynh wäre sein Vater erschossen worden. Dieses Verdienst gehört zum Altarkult der Familie meines Freundes. Während der Bodenreform soll Herr Huynh mehrere Leute gerettet haben, also nicht nur Leute aus der Familie meines Freundes ..."

„Die Geschichte von der Verhaftung des Herrn Huynh ist wahr. Mein Onkel wohnt direkt neben seinem Haus. Die Nachricht kann nicht falsch sein. Mein Onkel hat selbst gesehen, wie die Polizei seine Hände fesselte und ihn abgeführt hat."

„Tja." Thanh schüttelte traurig mit dem Kopf. „Lässt Herr Ho diese Leute alles machen, was sie wollen?"

Ich schwieg eine Weile und fuhr dann fort:
„Wer weiß, vielleicht will das Herr Ho selbst? Versucht bitte nachzudenken: Herr Ho ist der höchste Führer; wer wagte es, sich über ihn hinwegzusetzen?"
„Denkt Ihr tatsächlich so?"
Er beobachtete mich so, wie er es mit einem Provokateur getan hätte.
„Ich weiß nicht", schüttelte ich mit dem Kopf, „gab es von Anfang an etwas Wichtiges, was nicht von Herrn Ho angewiesen wurde?"
„Nein."
Thanh seufzte:
„Dieses Elend."
Thanh wusste also nichts von unserem Verfahren. Er spielte kein Theater.
„Habt Ihr gehört, weswegen die Herren verhaftet worden sind?"
„Der Zentrale *Organisations*-Ausschuss der Partei hat irgendein Kommuniqué herausgegeben, aber nur im parteiinternen Rahmen. Ich durfte nicht dabei sein und weiß nichts Genaueres. Man sagte, diese Herren würden aufgrund von Plänen zu Verrat und Umsturz angeklagt ..."
„Unsinn. Glaubt Ihr daran?"
„All das sind große politische Dinge, über die man das gemeine Volk nicht in Kenntnis setzt. Es gibt Kommuniqués; ob es wahr ist, weiß keiner."
Thanh war niedergeschlagen. Er kroch zu seiner Pritsche zurück und rauchte zweimal hintereinander.
„Völlig unverständlich! Nein! Unvorstellbar!"

Den gesamten Rest dieses Tages redete er nicht mehr. Traurigkeit oder vielleicht Sorge bemächtigte sich seines Herzens. Vor dem Schlafengehen untersuchte er alle Ecken der Zelle und setzte sich neben mich:
„Bitte erzählt niemandem von unserer heutigen Unterhaltung!" flüsterte er.
„Es bringt überhaupt keinen Vorteil, sondern uns beiden nur Nachteile. Im Gefängnis ist das Beste die Antwort ‚Nein. Ich weiß nichts, ich höre nichts, ich sehe nichts'."
„Weswegen?"
„Im Gefängnis ist das eben so."
Ich staunte:
„Wir haben doch nichts Weltbewegendes erzählt."
„Ihr werdet es schon noch verstehen. Das Gefängnis, das ist sehr kompliziert. Äußerst kompliziert. Ich möchte Euch nichts androhen. Aber manchmal kann uns etwas völlig ‚Unbedeutendes' zusätzlich belasten. Ich werde wegen eines wirtschaftlichen Verbrechens angeklagt. Wenn noch ein politisches Verbrechen hinzukommt, dann ist es aus mit meinem Leben ..."

Hat der Mensch ein Schicksal?

Hat der Mensch ein Schicksal oder hat er keins?

Diese Frage kreiste in den ersten Tagen der Gefangenschaft ständig in meinem Kopf herum. Ich schreibe hier ein Ereignis nieder, das auf den ersten Blick zu diesem Buch keine Beziehung zu haben scheint, das jedoch meine anscheinend feste Weltanschauung zutiefst erschütterte und meinen seelischen Zustand in den späteren Jahren beeinflusste.

Zuerst muss gesagt werden, dass ich zu jener Zeit von Kopf bis Fuß *materialistisch* eingestellt war. Der Materialismus in mir hatte allerdings einen profanen Ursprung. Da meine Eltern materialistisch eingestellt waren, war ich es selbstverständlich ebenfalls. Nach der Erzählung meiner Mutter kam der Materialismus zu der Zeit in unser Land, als sie noch ein junges Mädchen war, und zwar nicht als philosophische Lehre, sondern als Mode. Er kam mit dem Licht einer elektrischen Lampe in ein Haus, in dem bis dahin nur eine Ölfunzel gebrannt hatte. Die Menschen aus der Generation meiner Mutter, die ein klein wenig westliche Bildung bekamen, nahmen eine materialistische Einstellung an oder bezeichneten ihre Lebenshaltung zumindest als solche. Diejenigen, die sich in einer revolutionären Organisation engagierten, waren noch materialistischer eingestellt. *Materialismus* hatte für sie die gleiche Bedeutung wie *Revolution*. Alle Freunde meiner Eltern teilten diese Einstellung, außer Herrn *Nguyen Van Tien*. Dieser Mann hatte ein schweres Schicksal. Obwohl er fanatischer Anhänger des Materialismus und Mitglied der kommunistischen Partei war, trat er, aus welchem Grund auch immer, zum Christentum über. Weil er aber – von gutem Willen beseelt – den Versuch unternahm, beide von ihm geliebten Lehren, also das philanthrope Christentum und den auf Gewaltanwendung basierenden Kommunismus miteinander zu vereinen, wurde er von seinen Genossen aus ihren Reihen hinausgeworfen. Die sozialistische Administration schickte ihn dann später für mehrere Jahre in Umerziehungslager.

Ich glaubte weder an Heilige noch an Geister oder Teufel. Meine Großmutter - Mutter meiner Mutter - verehrte Buddha. Sie ging regelmäßig zur Pagode, aß buddhistisch-vegetarisch und gab armen Menschen Almosen. Die Mitglieder der Familie meines Vaters waren stolz auf das Christentum, betrachteten sich als *echte* Christenmenschen, beteten fleißig und beichteten regelmäßig. In der Familie meiner Mutter wurde der Buddhismus mit dem Ahnenkult vereint.

Als er Kommunist wurde, trat mein Vater aus der Kirche aus. Die Tatsache, dass mein Vater plötzlich nicht mehr zur Kirche und zur Beichte ging, versetzte seine Eltern in Schrecken. Die Großfamilie war geschockt. Im Dorf wurde unter der Hand erzählt, dass mein Vater einer *Geheimgesellschaft* beigetreten sei und aus diesem Grunde die Kirche verließ. Mein Vater erklärte, er verlasse die Kirche, weil die französischen Kolonialisten das Christentum zur Eroberung unseres Landes benutzten. Meine Mutter brachte den Kirchenaustritt meines Vaters mit seinem Kontakt zu Herrn *Dinh Chuong Duong,* einem alten Patrioten, und mit der revolutionären Bewegung in Verbindung. Herr Dinh vertrat die Meinung, ein Revolutionär müsse sich von allem trennen, was mit kolonialistischen Plänen zusammenhinge.

Das einzige, was vom Christentum in meinem Vater zurückblieb, war die Lehre des Herrn Jesus Christus: "Liebe Deinen Nächsten wie Dich selbst." Mein Vater belehrte uns, dass niemand vollkommen sei, dass jeder Fehler mache - auch wir - und dass wir in Toleranz und Menschenliebe miteinander leben müssten. Als die Funktionäre in den *Verbesserungsschulungen* ständig davon sprachen, dass man sich zugunsten des Volkes selbst vergessen müsse, lachte mein Vater darüber. Er sagte, dass er solchen Leuten niemals Glauben schenke, die sich brüsteten, das Volk mehr als sich selbst zu lieben. "Die anderen Menschen wie sich selbst zu lieben, ist schon sehr gut!" klärte er mich auf. "Jesus wünschte sich, dass man die anderen Menschen wie sich selbst lieben solle, und das klappt immer noch nicht. Seit zweitausend Jahren kann die Menschheit die Lehre von Jesus nicht verwirklichen. Wenn man behauptet, man könne noch mehr tun als das, dann ist das Prahlerei."

Meine Mutter ließen beide Religionen kalt. Sie ging nicht gern in die Kirche. Sie besuchte auch die Pagode nicht regelmäßig. Aber sie war auch nicht dagegen, wenn die Schwestern meines Vaters ihre Kinder zur Kirche, zur Beichte oder zur Taufe brachten. Niemand in der Großfamilie konnte meiner Mutter etwas vorwerfen. Sie ging nicht fleißig zu den Kultstätten, aber sie lästerte auch nicht gegen den Glauben wie mein Vater. Trotzdem war man im Innersten nicht mit ihr zufrieden. Ihre Mutter, also meine Großmutter, konnte ihre Hohnreden über die buddhistischen Mönche und Nonnen nicht leiden. Doch konnte sie von meiner Mutter nur verlangen, dass sie den rein vietnamesischen Ahnenkult strikt beibehalten solle, was meine Mutter auch befolgte.

Während des laufenden Verfahrens der *"gegen die Partei agierenden Revisionisten"* schrieb ich die Erzählung *"Die grüne Festung"*, die ich seit mehreren Jahren vorbereitet hatte. Es war die Chronik eines Dorfes als Bild für die Veränderungen des ganzen Landes. Das Dorf in meiner Erzählung war das der Familie meines Vaters. Zwar habe ich tatsächlich viel länger in einem Dorf mit Steinhäusern und asphaltierten Straßen gelebt, aber meine Gefühle waren stärker mit dem armen schlammigen Dorf von damals verbunden.

Das Heimatdorf meines Vaters hinterließ tiefe Spuren in meiner Kindheit. Es war mit mir verwachsen und bemächtigte sich meiner ganzen kleinen Liebe.

Man brachte mich im Alter von sechs Jahren dorthin. Mein Vater war kurz vorher von den herrschenden Franzosen verhaftet worden. Meine Mutter war nicht in der Lage, gleichzeitig eines ihrer Kinder - mich - aufzuziehen, zur Arbeit zu gehen und auch noch für die Revolution zu arbeiten. Sie brachte mich zu meiner Tante, der älteren Schwester meines Vaters, die mich anstelle meiner Eltern aufzog. Diese Schwester war eine ledige, hochgewachsene, dürre Frau mit grimmigem Gesichtsausdruck. Sie blieb ihr ganzes Leben lang unverheiratet du wohnte in dem Haus, das die Eltern ihr zurückließen, als ihre jüngeren Geschwister sich in alle Himmelsrichtungen verteilten. In den Jahren, in denen ich bei meiner Tante - einer echten Patriotin - lebte, lernte ich sie schätzen, und durch ihre Erzählungen lernte ich die Heimat meiner Ahnen lieben.

Wir bewohnten ein Haus aus Holz, das aus einer Aneinanderreihung von fünf Räumen bestand. Dieses Hauptgebäude wurde durch eine Bambushütte mit einigen Räumen noch ergänzt. Den Abschluss bildete als Küche eine ganz niedrige Hütte neben einem noch niedrigeren Schweinestall. In diesem Haus kamen die Schwestern meines Vaters zur Welt und wuchsen auf in der Obhut meines Großvaters, eines nicht gerade erfolgreichen Literaten und wider-willigen Mediziners, und meiner Großmutter, einer des Lesens nicht kundigen, aber fleißigen und sparsamen Frau - wie jede Ehefrau in der alten Zeit. In diesem einst sicherlich von Lärm erfüllten, nun aber leeren und ruhigen Haus lebten nur wir beide. Ich fand darin alte Schülerhefte aus unbeschichtetem Papier mit linkisch geschriebenen chinesischen Ideogrammen - Übungshefte meines Vaters, als er begonnen hatte, das (chinesische) *Buch der drei Worte* zu erlernen, Bestandteil eines Unter-richtssystems, das längst zur Vergangenheit gehörte.

Die Liebe zu seinem Land ist bei jedem Menschen genauso schwer zu erklären wie die Liebe zwischen Mann und Frau. Unter sechs Geschwistern war mein Vater der einzige, der sich revolutionär betätigte. Er hatte zu unserem Land eine derart enge Beziehung, dass sie sogar für mich, seinen Sohn, nur schwer zu begreifen war. Er schien ohne diese Liebe nicht leben zu können, ähnlich dem Verhältnis eines strenggläubigen Christen zu seiner Religion. Ich weiß noch, wie erzürnt mein Vater war, als er im Lehrbuch seiner kleinen Nichte Worte einer Führungsperson aus der Volksbildung las, wonach die Kinder ihr Land lieben müssten, weil "es reich und schön ist". Empört rief er aus, das sei eine eigennützige Liebe und kein Patriotismus. "Und was tut man, wenn das Land arm ist und nicht gut aussieht? Soll man es dann nicht lieben?"

Obwohl mein Vater sein Heimatdorf in früher Jugend verließ, behielt er es immer lieb und es gelang ihm, diese Liebe auch auf uns, seine Kinder, zu übertragen.

In dem von mir geplanten Buch, das seinen Ursprung in dieser Liebe hatte, wollte ich das Leben der Menschen in meinem Heimatdorf festhalten. Dieses Dorf, in der nordvietnamesischen Ebene gelegen, sollte durch den Lauf der Zeiten ein verkleinertes Bild der nationalen Befreiungsrevolution darstellen: die Zeit vor der Revolution, die des Widerstandskampfes gegen die Franzosen, die der Bodenreform ... Ich wünschte mir, darin anhand der Ereignisse und durch die Einzelschicksale von Menschen - nicht nur derer einer Generation von Bauern mit ihrer traditionellen Sehnsucht nach einem friedlichen und wohlhabenden Leben - eine ganze Epoche voller Höhen und Tiefen zu beschreiben.

Zu diesem Zweck füllte ich meine Notizbücher mit Namen von Menschen, von Ortschaften, mit Bräuchen und Sitten, Regionalsprachen, Familienstammbüchern, Heiligtümern, mit Skizzen von Personen, ihren Eigenschaften, ihren Biographien, mit Daten über ihre gesellschaftlichen Funktionen, mit Rängen und Dienstgraden von Fremdenlegionären, von Leuten im französischen Expeditionskorps ...

Die Geschichte, von der ich nun erzähle, ist komisch, aber wahr: In der Tat fehlte in meinem Buch noch ein Wahrsager. Nach den mir bekannten Informationen leitete dieser Mensch eine *Widerstandsbasis* in der Stadt. Der Befehlshaber dieses französischen Militärsektors von der Größe einer Provinz mit etwa 3000 bis 4000 Quadratkilometern, ein ehemaliger Hochschulstudent der Fachrichtung Mathematik-Physik und Anhänger der Erforschung des Mysteriums des Ostens, schätzte diesen orientalischen Astrologen hoch ein und betrachtete ihn als seinen Meister. Auch der Meister schätzte diesen Schüler sehr. In seinem Innersten bekämpften sich seine Liebe zum Widerstandskampf und die zu seinem Schüler auf Leben und Tod.

Ich selbst verstehe nichts von Wahrsagerei und noch weniger von Sterndeutung. Die Terminologien dieses weltältesten Berufes, die Namen der nicht existierenden Sternbilder des weltlichen Firmaments sind mir fremd. Um lebendige Wesen zu finden, verlasse ich mich nicht auf mein ärmliches Vorstellungsvermögen, sondern suche im normalen Alltagsleben nach ihnen, bis ich die Figuren der Zukunft ertasten kann, wie es Schriftsteller oft ausdrücken. Hemingway teilte den später Geborenen seine Erfahrungen über das Schreiben mit: "Das große Erdichtete ist der Wahrheit immer ähnlich." Ich bin schlecht im Erdichten. Ich denke anders: das Wahre ist inhaltsreicher als das Erdichtete. Anders gesagt: das Leben selbst ist die beste Dichtung.

Genau zu dem Zeitpunkt, als ich die ersten Kapitel meines Buches zu schreiben begann, wurde mein Vater verhaftet, sein Haus durchsucht und mein Manuskript konfisziert. In einem solchen Durcheinander weiterzuschreiben, war grotesk. Aber ich wollte meine Arbeit nicht unterbrechen. Ich verlor den Arbeitsmut, ich verlor den Boden. Ich hatte das Gefühl, dass ich nie wieder die Gelegenheit haben würde, weiterzuschreiben. Ich wollte aber schreiben und betrachtete es als Zweckbestimmung. Und es konnte auch sein, dass ich mich in diese Arbeit stürzen musste, um die dunklen Gedanken über das sich anbahnende Unglück von mir fernzuhalten.

Unter diesen Umständen traf ich auf den Mann, der meine Weltanschauung zerstörte.

Man erzählte sich, dass es in der Nähe des Tempels *Hang Trong* einen guten Wahrsager gab. Er konnte ohne weiteres die Vergangenheit eines Menschen genau schildern, und was er über die Zukunft voraussagte, traf immer ein.

Die Personen, die mir diesen Wahrsager empfahlen, waren meine Schwägerin, die stark an Wahrsagerei glaubte, und meine Frau, die noch nie abergläubisch war.

Meine Frau, die mitten in der Nacht Augenzeugin der Verhaftung meines Vaters durch die sich wild gebärdende Polizei war, machte sich Sorgen über mein Schicksal. Und mein Schicksal bedeutete auch das Schicksal unserer kleinen, neu gegründeten Familie, die aus meiner Frau und mir und zwei noch kleinen Kindern, einem Jungen und einem Mädchen, bestand. Wenn ich auch verhaftet werden würde, wäre unsere Familie zerstört. Das Gehalt meiner Frau reichte nicht einmal für ihren eigenen Unterhalt, geschweige denn für den Unterhalt der beiden Kinder. In dieser Situation war jeder Wahrsager tausendfach glaubhafter als eine verlogene Administration.

Der blinde Wahrsager nahm unsere Anwesenheit durch die Geräusche unserer Schritte in den Sandalen wahr. Er sagte leise:

"Ich bitte um einen kleinen Moment."

Wir kamen früh an, aber es gab Leute, die noch früher da waren als wir. Der Wahrsager war gerade im Gespräch mit einer Frau mittleren Alters, die einen niedergeschlagenen Eindruck machte. Sie sagte ständig "ja" und verrichtete ab und zu ein leises Gebet.

Das Haus war eng, und der Mann übte seinen Beruf aus, während er auf einer Holzliege saß. Andere Bewohner des Hauses gingen, von Geräuschen begleitet, ein und aus, als ob es ihn gar nicht gäbe. Wir setzten uns mit an den Rand seiner nicht gerade sauberen Liege. Ich war enttäuscht. Ich hatte mit einem Literaten mit hellen Augen und klarer Stimme gerechnet, der widerwillig das Wahrsagen praktizierte, auf keinen Fall aber mit einem blinden alten Mann mit dürren Händen, die auf einer dreckigen Matte nach einem kurz vorher von ihm selbst dort abgestellten Teller suchten. Seine eintönig klingenden Worte, die er mit der Frau austauschte, betrafen ihre alltägliche Zukunft: sie erhalte in diesem Monat etwas Geld, aber nur wenig; auch wenn es wenig wäre, so wäre es trotzdem Geld; sie solle im nächsten Monat darauf achten, nicht bestohlen zu werden; sie erhalte im übernächsten Monat Besuch von einem Verwandten, der ihr gute Nachrichten bringen werde ...

Nein, er hatte keinen Platz in meiner Erzählung. Er wäre vollkommen fehl am Platz, ein Fremdkörper. Ich wollte aufstehen und meiner Frau Zeichen geben, dass wir verschwinden sollten, als sein Dialog mit der vor uns angekommenen Frau zu Ende ging.

"Ich bitte Sie beide, Platz zu nehmen."

Im Schneidersitz drehte er sich mit dem Gesicht zu uns, in die richtige Richtung, als ob hinter seinen schwarzen Brillengläsern zwei helle Augen zu finden wären.

Gezwungenermaßen schleppte ich mich zu dem Platz, den die vorherige Kundin verlassen hatte.

"Heute Morgen wurde *es* mir gesagt, dass Sie kommen." Die schwarzen Brillengläser schauten auf mich. "Der *Heilige* belehrte mich: ein *geschätzter* Mensch wird mich aufsuchen."

Um Gottes willen! War ich für ihn, den Wahrsager, ein *geschätzter* Mensch? Was bedeutete "*geschätzter* Mensch"? Ich war kein *geschätzter* Mensch, in keiner Hinsicht und für keinen anderen Menschen. Ich verfügte ja nicht einmal über ausreichend Geld, um seine Wahrsagerei entsprechend großzügig zu entlohnen.

"Ich bitte Sie", sagte ich verlegen. "Ich möchte Sie um ihre wahrsagenden Worte bitten."

"Ja. Was wollen Sie wissen? Nicht Gutes oder Gutes? Oder Beruf und Geld?"

"Ich bitte Sie, das zu sagen, was Sie sehen, Verzeihung, was der *Heilige* lehrt ..."

Ein großmütiges Lachen ging flüchtig über das Gesicht des Meisters.

" Ich bitte um den Geburtstag."

Ich nannte ihn. Von der Seite erblickte ich hinter den schwarzen Gläsern ein Paar trübe weiße Pupillen - der alte Mann war tatsächlich blind. Er hob stirnrunzelnd den Kopf, murmelte eine Weile und suchte tastend nach dem Teller. Ehrfurchtsvoll hob er diesen Teller bis auf die Höhe seiner Stirn hoch und verrichtete ein Gebet. Dann stellte er den Teller wieder ab und warf nachdenklich Münzen darauf. Drei Metallstücke fielen mit trockenen Geräuschen auf den Teller. Nachdem er die obere Seite der Münzen ertastet hatte, strich er eine Weile über ihre Oberfläche, sicherlich, um die Zeit für seine Überlegungen zu verlängern, und sagte dann langsam zu mir:

"Ich sage Ihnen drei Punkte. Wenn Sie finden, dass sie richtig sind, dann mache ich weiter. Wenn nicht, dann bedeutet das, dass der *Heilige* es mir nicht gestattet, weiter zu machen. Dann müsste ich Sie bitten, ein anderes Mal wieder vorbeizukommen."

Ich würde nicht wieder hierher kommen, ob der *Heilige* es gestattete oder nicht.

"Ich bitte Sie darum, sie mir zu sagen."

"Erstens: Sie waren im Ausland."

Ein nichtssagender Satz, ohne jede Bedeutung. Aber es war trotzdem merkwürdig. Woher erriet der blinde alte Mann, dass ich im Ausland gewesen war? Ich war nicht so lange im Ausland, dass sich dadurch meine Sprache verändert hätte. Ein fremder Geruch durch ausländische Seife oder Parfüm? Auf keinen Fall. Ich war von den Bombentrichtern zurückgekommen. Ich hatte ohne Seife in Flüssen und Teichen gebadet. Die Hauptsache war dabei gewesen, den Dreck und Schlamm beseitigen zu können. Blinde Menschen haben einen sehr feinen Geruchssinn. Aber der Mann konnte an mir nichts Ausländisches erschnuppert haben.

"Ist es richtig?"

"Ja, ich bitte Sie fortzufahren."

"Zweitens: in *diesem Herbst hatte Ihre Familie zuerst Freude, nach der Freude jedoch Leid.*"

"Ja?"

"*Die Freude betrifft Ihre Geschwister; entweder Ihr junger Bruder oder Ihre junge Schwester hat geheiratet. Das Leid jedoch betrifft Ihren Vater.*"

Wort für Wort machte der Wahrsager seine Aussagen, die den Geschehnissen in meiner Familie völlig entsprachen. Im Herbst hatte mein jüngerer Bruder geheiratet, danach war mein Vater festgenommen worden. Ich erschrak.

"Dass es einen Menschen mit einem so schweren Schicksal gibt!" Der Meister war selbst in seinem Nachdenken erschüttert. "Seltsam, seltsam!"

"Was heißt das, mein Herr?"

"Nach den Worten des *Heiligen* befindet sich gegenwärtig *Ihr Vater in der unglücklichen Lage, vom Gericht belangt zu werden,* das bedeutet, dass er Schwierigkeiten mit den Behörden hat..."

Zum Schein erhob ich einen Widerspruch:

"Das kann doch nicht sein, mein Herr. Mein Vater ist Rentner, wohnt jetzt wegen des Kriegszustands in *Tam Dao*, etwa 30 km von Hanoi entfernt. Er ist alt und tut nichts, was ihn in Schwierigkeiten bringen würde."

Der Wahrsager hielt seinen Kopf schräg zur Seite und hörte geduldig zu.

"Was ich hier erfahre, ist aber, dass Ihr Vater sich in Haft befindet."

Das sagte er nach einer kleinen Pause. Er erweckte den Eindruck, als höre er jemand anderem als mir zu.

Ich war sprachlos. Konnte es wahr sein, dass es einen mir unbekannten alten Mann gab, der über Ereignisse in ihm völlig fremden Familien Bescheid wusste?

"Aber ..."

"Ein äußerst schweres Schicksal!" Der Meister schüttelte mitleidig den Kopf. "In der französischen Zeit wurde er von den Franzosen festgenommen. In der japanischen Zeit wurde er von den Japanern festgenommen. Und in unserer Zeit hat er auch keine Ruhe. So ein vom Unglück schwer getroffener Mensch. Er ist zu aufrichtig, zu standhaft, und deshalb hat er Unglück. Eine

verhängnisvolle Gestirnkombination, der Mars und dazu einige böse Sterne...
oh, es ist gefährlich. Ich schließe daraus, Ihr Vater hat nicht mit der
Wirtschaft, sondern mit der Politik zu tun ..."

Ich wollte nicht mehr leugnen. Ich sagte nur:

"Ich werde sofort nach Tam Dao fahren, um ihn zu besuchen."

"Ja, fahren Sie bitte! Sie können Ihrem Vater kaum helfen, aber die Pietät
verlangt, dass Sie hinfahren sollen. Es ist nur verwunderlich, dass sich Ihr
Vater seit mindestens einem Monat in dieser unglücklichen Lage befindet,
ohne dass es Ihnen jemand mitgeteilt hat."

"Mein Herr, ich bin gerade von einer Dienstreise in die 4. Zone
zurückgekehrt."

Meine Frau warf mir einen Blick zu.

"Ich bitte Sie nun, etwas über mich zu sagen."

Der Wahrsager beugte seinen Kopf nach unten. Sein Daumen bewegte sich
langsam an den anderen knöchrigen Fingern entlang.

"Darf ich geradeheraus sprechen?"

"Ja, ich bitte Sie darum."

"Es ist so: Sie werden persönlich auf das Unglück treffen, ja Sie, aber nicht
sofort. Nicht diesen Monat, im nächsten Monat ..."

Ich sah zu meiner Frau hinüber. Ihr Gesicht erblasste, als sie den letzten
Satz hörte. Es tat mir selbst weh. Wie meine Frau mich liebte!

"Das Unheil wird plötzlich geschehen..." fuhr er fort. "Ich weiß, Sie glauben
mir nicht, aber es wird geschehen. *Das Unheil stammt daher, dass jemand
einem anderen Feuer in die Hand legt, dass man aus einem Nichts einen
Tatbestand macht, dass man eine vollendete Tatsache als unvollendet
darstellt...*"

Ich überlegte. Noch ein Mensch war also der Meinung, dass ich verhaftet
würde. Der Unterschied bestand nur darin, dass dieser Mensch nicht die
politische Lage analysierte, sondern sich auf die nicht realen
Himmelsgestirne bezog.

"Würde das Unheil lange dauern, mein Herr?" fragte ich.

Der Wahrsager schüttelte mit dem Kopf:

"Das kann ich nicht voraussagen. *Wenn Sie Sich beugen, nicht
widersprechen, zu allem ja sagen, was man Ihnen zuschiebt, Ihnen unterstellt,
wenn Sie alles zugeben, dann geht es. Wenn nicht, dann wird das Unheil immer
länger dauern: aus zwei wird vier, aus vier wird acht, aus acht wird sechszehn
... und es wird in dieser Weise vervielfacht ...*"

Die Augen meiner Frau füllten sich mit Tränen.

Nach diesem Besuch reichte ich dem Wahrsager mehr Geld als ich ihm zu
geben vorgehabt hatte. Ich fragte ihn nach dem Begriff "geschätzter
Mensch", mit dem er mich bezeichnet hatte, und erhielt als Antwort:

"Ein geschätzter Mensch ist ein geschätzter Mensch, und nichts anderes.
Nicht weil Sie mir Geld oder Geschenke geben, sind Sie ein geschätzter

Mensch. Ich hoffe, dass wir die Gelegenheit haben werden, uns wiederzusehen."

Bevor wir das Haus verließen, stellte ich ihm eine letzte Frage:

"Mein Herr, Sie haben für viele Menschen vorausgesagt, Sie haben viele Schicksale kennengelernt. Ich möchte Sie fragen, ob es heutzutage mehr schlechte als gute Menschen gibt."

Er lachte laut:

"Das Leben muss *Yin* und *Yang*, das Männliche und das Weibliche, das Gute und das Schlechte haben, um Leben zu sein. Selbstverständlich gibt es Momente, wo das *Yin* über das *Yang* siegt, und Momente, wo das *Yang* über das *Yin* siegt. Dieses Hin- und Herschwanken ist etwas Normales. Gleichgewicht gibt es selten. Sie sind ein Mensch mit Weitblick. Sie verstehen das Leben überdurchschnittlich gut, wozu fragen Sie mich?"

Während meiner späteren Dialoge mit Huynh Ngu im Hof des *Feuerofen*-Gefängnisses dachte ich zurück an die Voraussage des blinden Wahrsagers: *das Unheil stammt daher, dass jemand einem anderen Feuer in die Hand legt, dass man aus einem Nichts einen Tatbestand macht, dass man eine vollendete Tatsache als unvollendet darstellt ...*

Wer war nun diese Person, die *Feuer in die Hand legte?*

Der vor mir stehende Angestellte war es auf keinen Fall. Er war lediglich ein eifriger Diener.

Der Mensch, der *Feuer in die fremde Hand legte,* musste sein Herr sein. Ich dachte an Le Duc Tho. Ich verstand damals nicht und verstehe bis heute nicht, was (Le Duc) Tho von mir wollte.

Politisch war ich nicht aktiv. Ich arbeitete wie jeder Mensch in jeder Gesellschaft. Ich mochte den Sozialismus, da er uns allen eine schöne Zukunft mit Freiheit, sozialer Gerechtigkeit und prosperierender Wirtschaft versprach. Nur seine Begleit-erscheinungen, der Klassenkampf, die Diktatur des Proletariats, der Disziplingeist, der demokratische Zentralismus, konnten meinen Gefallen nicht finden. Der Kampf *gegen den modernen Revisionismus,* der von den Machthabern angezettelt wurde, hatte mit der vietnamesischen Nation nichts zu tun. Noch weniger war dieser Kampf der meine, geschweige denn für mich oder gar um meinetwillen. Ich mochte gar keinen *Revisionismus,* weder den modernen noch den nicht modernen.

"Das Unheil stammt daher, dass jemand einem anderen Feuer in die Hand legt, dass man aus einem Nichts einen Tatbestand macht, dass man eine vollendete Tatsache als unvollendet darstellt..." Ich mochte keine Politik und wurde von den Machthabern trotzdem da hineingezogen; das entsprach dem Teil, *dass man aus einem Nichts einen Tatbestand machte.* Ich war aus der Politik ausgestiegen und wurde von den Machthabern darin festgehalten; das traf auf den Teil zu, *dass man eine vollendete Tatsache als unvollendet darstellt...*

Es war durchaus möglich, dass man mich nicht mochte, weil ich nicht nur einmal Tabus aufgegriffen hatte. Zum ersten Mal wurde ich wegen meiner Kurzgeschichte "Die schlaflose Nacht", die 1961 in der Zeitschrift *Literatur und Kunst* erschienen war, von *To Huu*, Mitglied des Politbüros der KP Vietnam und selbst Dichter, in seinem Artikel *"Mit der hoch erhobenen Fahne der Parteilichkeit gegen den modernen Revisionismus in der Literatur und Kunst"* verurteilt: "Vu Thu Hien zeigt eindeutig einen Seelenzustand, der mit dem gegenwärtigen Regime unzufrieden ist." Weitere Personen, *Nguyen Ngoc* und *Ngo Ngoc Boi*, wurden namentlich genannt und als *moderne Revisionisten in der Literatur und Kunst* bezeichnet. To Huu warf Nguyen Ngoc vor, der Partei gegenüber unverschämt zu sein, da dieser den Willen des Volkes mit einer unterirdischen Wasserquelle verglich, die, obwohl sie nicht zu sehen ist, in der Lage war, große Bauten zum Einsturz zu bringen. Ngo Ngoc Boi wurde mit seiner kurzen Erzählung *Frau Ca Phay* von To Huu als *Freudianer* - nach *Sigmund Freud* - bezeichnet, was zu jener Zeit in Vietnam einen ziemlich schwerwiegenden Vorwurf darstellte.

Zum zweiten Mal wurde ich wegen meines Drehbuches *Die letzte Nacht, der erste Tag* angegriffen, das ich in einem der vorhergehenden Kapitel schon erwähnte. Der dritte Schlag gegen mich stand im Zusammenhang mit meiner kleinen Geschichte *Die Frühjahrsnacht,* war schwächer und wurde nicht durch die Zeitung ausgeführt. Stattdessen wurde meine gleichnamige Sammlung von kleinen Geschichten - erschienen 1963 im Verlag der Arbeit - in aller Stille eingezogen.

Der schwerste Hieb war jedoch der Artikel von To Huu, der im Zentralorgan der KPV erschien. Danach wurde er ausnahmslos von allen Zeitungen veröffentlicht, d. h. auch von der Zeitschrift *Literatur und Kunst,* die meine Kurzgeschichte vorher noch publiziert hatte. Da es der Leiter der Literatur und Kunst (womit To Huu gemeint ist) versäumt hatte, klagte mich der Professor *Hoang Xuan Nhi* zusätzlich an: "Vu Thu Hien *schwenkt die Fahne des Impressionismus mit der Absicht, gegen die Politik der sozialistischen Literatur und Kunst der Partei vorzugehen."* Nach dieser Fülle von Schlägen versetzte mir der Literaturkritiker *Phong Le* in etwa dem gleichen Sinn noch einen verspäteten Hieb in der Zeitschrift *Literarische Studien.* Eher als dem ehrbaren Professor nahm ich es Phong Le übel, denn Phong Le gehörte zu unserer jungen Generation und hätte sich nicht als derart konservativ erweisen dürfen. Man war der Meinung, dass Phong Le zwar langsam von Begriff, aber kein Opportunist sei. (Zwanzig Jahre später wurde auch er wegen Gedanken, die die zugelassene Grenze überschritten, *geschlagen.*)

Nach diesen Ereignissen wurden meine Arbeiten nicht mehr gedruckt.

Im Allgemeinen widerfuhr das allen Schriftstellern und Dichtern, die einmal versehentlich Fehler beim Schreiben oder durch Wortäußerungen begingen. Die Erzählung von *Vu Bao* über die Bodenreform mit dem Titel *"Vor der Hochzeit"* war hervorragend wegen ihres volkstümlichen Stils, den man nur selten fand. Der Autor ließ in seinem Buch im Zusammenhang damit, dass Truong Chinh seinen Posten als Generalsekretär der Partei verlor, eine Figur über ihn sagen: *"Der Posten des Parteichefs war verpfuscht"* und wurde deswegen über mehrere Jahre mit Schreibverbot belegt. Das war noch schlimmer als der Kirchenbann der russisch-orthodoxen Kirche gegen Lew Tolstoi wegen dessen Respektlosigkeit.

Der Unterschied bestand jedoch darin, dass die Kirche solches öffentlich bekanntmachte. Kirchliche Würdenträger traten auf die Kanzel und verkündeten den Gläubigen die Verhängung dieses Kirchenbanns. Wir dagegen wurden stillschweigend durch geheime Verordnungen exkommuniziert.

Im Jahre 1964 wurden die Beschlüsse Nr. 9, d.h. die Beschlüsse der 9. Tagung des Zentralkomitees der KP veröffentlicht. Damit wurde der Kampf gegen den modernen Revisionismus eingeleitet. Man verschaffte sich dadurch die Gelegenheit zur Überprüfung, ob es diesen *Revisionismus* oder *Einflüsse des Revisionismus* in den Druckerzeugnissen gab.

Jeder bekam panische Angst. *Wenn man um Wahrsagungen bittet, bekommt man Geister ins Haus; wenn man im Haus kehrt, gibt es Dreck.* Wenn es sich nicht um den Kopf handelte, dann handelte es sich eben um die Ohren.

In dieser Zeit schwieg der größere Teil der jungen Schriftsteller. Sie konnten sich in den Rahmen der verordneten trockenen und selbstgefälligen Literatur und Kunst nicht einfügen.

In dieser drückenden, mit Verboten angefüllten Atmosphäre hatte man kaum Inspirationen zum Schreiben. Der alte Meister *Nguyen Tuan* rechtfertigte seine Schreiberei, indem er sagte, dass er damit die Reisen bezahlen würde, die man ihm genehmigte. "Wenn man sich an den Tisch setzt, muss man sich innerlich wohlfühlen. Erst dann hat man die keineswegs selbstverständliche Chance, etwas Ordentliches zu schaffen. Wenn die Feder beim Schreiben zaudert oder zittert, dann kriegt man nur Werke zustande, die fade sind wie dünne *Muschelgewässer*, die im schlimmeren Fall sogar stinken. Das Schlimme ist aber, dass man sich nicht mit Schweigen begnügen kann. Wenn man schweigt, so wird von einem gesagt, dass man mit den *Leuten* nicht zufrieden ist. Deshalb braucht Ihr Euch nicht zu wundern, wenn ich etwas Unsinniges schreibe. Der Grund dafür ist der, dass ich ab und zu nach vorne preschen und mich mit *présent* (anwesend) melden muss, wie es sich gehört, damit die *Leute* mich nicht schikanieren..."

Der Wahrsager hatte Recht. Es gab jemanden, der Feuer in die fremde Hand legte...

Nach meiner Verhaftung glaubte ich daran, dass es einen Nostradamus gab, genauso wie einen Trang Trinh, das vietnamesische Pendant dazu.

Wenn aber jedes menschliche Tun schon vorher festgelegt wäre, was wäre dann der Mensch? Kann er, der Mensch, das mit Geist ausgestatte

Lebewesen, also wir selbst, über nichts entscheiden? Ist er nur eine Puppe in der Hand des Schicksals? Befand sich unser großer Altmeister *Nguyen Du* im Recht oder im Unrecht, als er schrieb: " *Bis heute gibt es viele Fälle, in denen die menschliche Entscheidung über das Himmlische die Oberhand behält"*?

Und was ist mit dem, was man als *Schicksal* der Nation bezeichnet? Hat die Nation ein *Schicksal* oder hat sie keines? Ist alles schon vorher festgelegt?

Im Gefängnis traf ich auf seltsame Phänomene, die der Mensch nicht erklären kann. Ich lernte einen Menschen kennen, der die Gedanken anderer lesen konnte. Ich lernte einen anderen kennen, der alle Einzelheiten von Ereignissen wusste, die vor zwei Jahren und in einer Entfernung von 500 km Vogelfluglinie zu unserem gemeinsamen Ort stattgefunden hatten.

Das Gefängnis war mir in gewisser Hinsicht sehr nützlich. Es schob einen Vorhang vor meinen Pupillen beiseite und gestattete mir, die Welt offener zu betrachten.

Während der jahrelangen Haft dachte ich nicht nur einmal an meinen persönlichen Nostradamus. Ich bedauerte, dass er mir nicht sagen konnte oder durfte, wie lange mein *Unglück* dauern würde.

Trotz allem entschied ich mich für die Verhaltensweise, die im Gegensatz zu seiner Empfehlung stand. Ich zog den Tod dem Kniefall vor, obwohl er mich davor gewarnt hatte, dass sich das *Unglück* dadurch *verlängern würde: aus zwei wird vier, aus vier wird acht, aus acht wird sechszehn ... und es wird in dieser Weise vervielfacht...*

Ich habe viel verloren und ich werde viel verlieren, um das zu besitzen, was jeder Mensch benötigt: den Respekt gegenüber sich selbst.

11

Fragen, Widersprüche, Berichte

"Habt Ihr gut geschlafen, Herr Hien?"

Ohne den Kopf zu heben, richtete Huynh Ngu anstelle von Grußworten diese Frage an mich und beschäftigte sich weiter mit dem Stoß von Unterlagen auf seinem Tisch. Ich wusste ganz genau: er tat nur so, als ob er beschäftigt wäre, um mich warten zu lassen und um das, was hinterher geschah, wichtig erscheinen zu lassen.

"Danke, ich konnte schlafen." antwortete ich kalt.

Ich setzte mich auf den üblichen Platz und sah mich gedankenlos um.

Huynh Ngu führte seine Anhörungen wie ein Nomade aus, nicht ständig an einer bestimmten Stelle, sondern heute in diesem Raum und morgen in einem anderen. Ich wusste nicht, weshalb. Ob es im *Feuerofen* an Räumen fehlte, oder aus welchen Gründen sonst? Der heutige Raum war kleiner und wirkte daher wärmer. Die Innengestaltung jedoch war in jedem Raum die gleiche: der Tisch für die *Exekutive* stand dicht vor der hinteren Wand, und hinter der *Exekutive* hing ein Porträt des Präsidenten Ho Chi Minh mit einigen Losungen darunter. Der Sitz für den Angeklagten wurde mehr als eine Armlänge vom Sitzplatz der *Exekutivmannes* entfernt aufgestellt, um damit eventuell einem überraschenden Angriff vorzubeugen. Entweder rechts oder links davon stand ein kleiner Tisch, auf dem der Angeklagte seine Angaben niederschrieb. Dieser kleine Tisch war aus billigem Holz und voll mit lilafarbenen Tintenflecken. Die Sitzgelegenheit für den Angeklagten bestand aus einem Hocker, niedriger als der Stuhl der *Exekutive.* Von diesem Hocker aus musste der Vernommene immer seinen Kopf heben, um den Vernehmenden anzuschauen. Das gehörte zu der Absicht, das Ansehen der *Exekutive* zu erhöhen. Nur einmal wurde ich in einen andersgearteten Raum gebracht, der wie ein Gastraum gestaltet war und in welchem ich in der Nähe der *Exekutive* in einem Stuhl mit Rückenlehne Platz nahm. Das war zu jenem Zeitpunkt, als ich einen Rückschritt akzeptierte.

"Hmmm, wie weit waren wir zuletzt? Ihr sagt, dass Ihr schlafen konntet, stimmt es? In Euren medizinischen Unterlagen, die kürzlich abgeholt worden sind, lese ich aber, dass Euch die Ärzte laufend Schlaf- und Beruhigungs-mittel verschrieben haben", sagte Huynh Ngu mit absichtlich freundlichem Tonfall. "Eine vielfache Anwendung solcher Mittel ist sehr schädlich."

Ich verstand seinen Hintergedanken: mein Freund, wir studieren Euch ganz genau; Ihr seht, hier ist eine Unmenge von Unterlagen; wir wissen nicht wenig über Euch.

Huynh Ngu wurde mit seinen Papieren fertig. Er legte sie ordentlich an die eine Ecke des Tisches.

"Wenn Ihr Schwierigkeiten mit dem Einschlafen habt, dann atmet nach der *Qi Gong*-Methode. Ihr kennt *Qi Gong*-Übungen, nicht wahr?"

"Nein, ich habe noch nie *Qi Gong* gemacht."

Ich log. Ich kannte *Qi Gong* und *Yoga*. Aber ich belog Huynh Ngu gern, wenn es sich nur um Unwichtiges handelte und er gerade dabei war, seine Kenntnisse über mich zu überprüfen. Um den Gegner über einen selbst in Unkenntnis zu lassen, war es am besten, ein Labyrinth zu schaffen, in dem sich das Echte und das Falsche nicht voneinander unterscheiden ließen. Übrigens machte in der Gefangenschaft eine Lüge immer dann Freude, wenn man feststellen konnte, dass einem der Gegner auf den Leim ging.

Huynh Ngu sah mich schräg an:

"Ich bringe Euch eine grundlegende Behandlungsweise bei. Ich führe Euch vor, wie man es macht. Wenn Ihr es genauso macht, seid Ihr nach kurzer Zeit von der Schlaflosigkeit geheilt."

Er entspannte sich auf seinem Stuhl, schloss die Augen, atmete mehrere Male langsam die Luft ein und aus. Innerlich lachte ich.

"Man muss ganz tief einatmen, so dass die Luft in den Unterleib strömt. Man presst die Luft nach unten, hält den Atem ganz lange an, atmet dann langsam, langsam aus. Auch wenn die meiste Luft schon raus ist, muss man sie noch gegen das Zwerchfell drücken, bis sie restlos nach außen kommt. Wenn man in dieser Art zehn, fünfzehn Minuten lang übt, schläft man danach sofort ein." Huynh Ngu lachte zufrieden. „Ihr wisst nicht, dass viele Leute, die eine Zeit lang im *Feuerofen* gewesen sind, solche Krankheiten völlig losgeworden sind."

Kein Wunder. Um die Gesundheit des Volkes zu verbessern, erhöhte der Staat in Rekordzeit gewaltig die Anzahl der Gefängnisse!

Wir tranken gemütlich Tee und plauderten. Huynh Ngu hatte den Gesichtsausdruck eines Menschen, der mit sich selbst zufrieden war. Er vermittelte den Eindruck, eine schwierige Wegstrecke zurückgelegt zu haben. Ich vermutete, dass dies mit der neuen Situation zusammenhing. Seitdem eine neue Entscheidung der Partei über die Behandlung unseres Verfahrens bekannt wurde, konnte es sein, dass unser Verhalten ihm gegenüber eine gewisse Entspannung erfuhr.

Huynh Ngu *arbeitete,* außer mit mir, mit mindestens noch einigen anderen Personen. Er gab mir - nach seiner Ausdrucksweise - das Thema vor und ließ mich schreiben. Dann lief er eilig irgendwo hin. Nach einer Weile rannte er zurück mit einem Gesichtsausdruck, der mal niedergeschlagen, mal freudig war, überwiegend aber mehr Ärgernis als Freude widerspiegelte. Manchmal rastete er ohne ersichtlichen Grund aus. Vielleicht hatte er zuvor einen Streit gehabt.

Nachdem er sich nach meiner Gesundheit erkundigt hatte, sprach er in einem Wortschwall von allen möglichen Lappalien. Er interessierte sich sogar für meine Schönheit. Er fragte, ob ich mich rasieren wolle. Mein Bart sei schon lang und lasse meine Schönheit nicht erkennen. Ich dankte und antwortete, dass ich mich an einem anderen Tag rasieren würde. Mein Bart störe mich nicht so sehr. Was ich jetzt brauche, seien eine Zahnbürste und Zahnpasta. Er antwortete, er hätte meiner Frau meine Bedürfnisse mitgeteilt und verstünde nicht, weshalb diese Sachen noch nicht eingetroffen seien. Wahrscheinlich sei meine Frau dienstlich in anderen Gegenden unterwegs. Ich wusste, dass er log, denn meine Familie bestand aus vielen Personen. Und wenn eine Person das Paket nicht schicken konnte, dann machte das eben eine andere. Meine Familie hätte es mir an solchen Gegenständen nicht fehlen lassen.

"In der Haftanstalt lügt jeder, ob Gefängniswächter oder Gefangener. Das Umfeld formt die Menschen nach seinem Muster", stellte mein Zellengefährte Thanh fest.

Ich brauchte nicht lange in Haft zu sein, um seine Feststellung als richtig zu erkennen.

"In diesen Tagen bin ich übermäßig beschäftigt." Huynh Ngu lachte laut. Er schien mit sich zufrieden. "Wisst Ihr, seitdem die Verhaftung Vu Thu Hiens bekannt geworden ist, sind Eure Freunde en masse zum Sekretariat gekommen und haben darum gebeten, *berichten* zu dürfen. Wir haben Schwierigkeiten, sie alle zu empfangen. Wir müssen sogar jedem einen Termin geben, einem nach dem anderen. Ihr wollt das nicht glauben, oder?"

Ich gab meinem Gesicht den natürlichsten Ausdruck.

"Warum soll ich es nicht glauben? In dieser schwierigen Zeit werden bestimmt nicht wenige eine solche Gelegenheit zu nutzen versuchen. Die Partei ermuntert einen sehr dazu, Verdienste zu erwerben: *'eigene Fehler ehrlich zuzugeben und eifrig andere anzuzeigen, dies ist das Maß der Treue zur Partei'.* Solche Leute werden von der Partei berücksichtigt. Sind diese Leute aber meine Freunde? Dass sie Freunde der Polizei sind, ist sicher. Daran gibt es keinen Zweifel."

"Genug mit dieser frechen Redensart! Das wird für Euch nicht von Vorteil sein. Tatsache! Es ist für Euch ein Glück, dass Ihr auf mich trefft. Ein anderer Mann würde Euch sicher keine Ruhe gönnen."

"Das denke ich auch. Zum Glück!"

Huynh Ngu sah mich lange vorwurfsvoll an.

Um gerecht zu sein, muss man sagen, dass Huynh Ngu kein schlechter Mensch war. Er war lediglich ein Diener, der sich treu zum Staat oder zu seinem eigenen Stuhl verhielt. Er arbeitete wie ein Roboter, der keine Pannen kannte, belästigte einen langatmig, tat aber auch nichts Schlimmeres. Ein paarmal sah ich ihm an, dass er mich sogar bedauerte. Wenn mich die Partei zur Richtstätte bringen würde, so würde er für eine oder möglicher-weise sogar zwei Minuten bedrückt sein.

"Heute setzen wir unsere Arbeit vom Vortag nicht mehr fort, sondern beginnen mit der offiziellen Arbeit." Er zündete gemächlich die nächste Zigarette an und ließ langsam den Rauch in meine Richtung entweichen. "Bisher habe ich Euch gefragt und Ihr habt geantwortet. Jetzt *berichtet Ihr selbst der Partei über Eure Fehler, genauso wie über die Fehler der Personen, mit denen Ihr Beziehungen habt.*"

"??"

"Das heißt, ich stelle Euch Fragen. Ihr antwortet mündlich. Ich gebe Euch Anregungen. Ihr schreibt auf. Ganz einfach. Ihr versteht, nicht wahr?"

Richtig lachhaft! Ich *berichte selbst,* aber er vernimmt mich trotzdem. Wie zuvor.

Ich antwortete trocken:

"Nein."

Die Brillengläser blitzten auf:

"Was nein?"

"Ich verstehe nicht."

"Warum nicht? Es gibt nichts, was schwer zu verstehen wäre."

Huynh Ngu rauchte nicht weiter. Die Zigarette hing zwischen seinen Lippen. Auch ich machte einen verdutzten Eindruck:

"Ich bin kein Angeklagter. Warum muss ich *berichten*?"

Huynh Ngu verstand.

"Seht Ihr etwa nicht, dass Ihr vor der Partei *des Verbrechens schuldig seid?*"

"Welches Verbrechens?"

"Überlegt Euch, überlegt Euch ganz genau, dann werdet Ihr sehen, was Ihr verbrochen habt! Weswegen verhaftet Euch die Partei, wenn Ihr nichts verbrochen hättet?"

Diese wunderbare Logik gab es nur bei verrückten Leuten! Aber ich wollte nicht mit ihm streiten. Ich wollte die Angelegenheit nur etwas in die Länge ziehen, um Zeit zum Überlegen zu gewinnen. In welche Richtung wollte der Mann die Sache lenken?

"Ihr bestreitet nicht, dass Ihr vor der Partei des Verbrechens schuldig seid, nicht wahr?"

"Ich bestreite das."

Meine phlegmatische Antwort überraschte ihn.

"Ihr? bestreitet das?"

"Ich habe geduldig gewartet", sagte ich kühl, "aber die Partei hat mir bis zum heutigen Tag leider noch nicht bekanntgegeben, welches Verbrechen ich begangen haben soll."

Huynh Ngu starrte mich mit weit geöffneten Augen an. Langsam verlor er seine Ruhe.

"Ihr wisst es tatsächlich nicht? Bis heute wisst Ihr es immer noch nicht?"

"Genau das! Bei meiner Verhaftung habe ich gedacht, die Partei wollte mich hierher bringen, um mir einige Fragen zu stellen. Das draußen zu tun, wäre nicht günstig gewesen. Hier habe ich dann Bekanntmachungen von *oben* gehört. Ich bin danach umso mehr davon überzeugt, dass ich richtig verstanden habe."

"So?"

"Ja, wenn ein Widerspruch als *innerer Widerspruch* betrachtet wird, dann handelt es sich hier um kein Justizverfahren. Ohne Justizverfahren gibt es keinen Angeklagten. Ich begrüße es, dass die Partei diese Sache in die Kategorie des inneren Widerspruchs eingeordnet hat. Aber über eins bin ich mir nicht im Klaren: jede politische Partei hat ihre disziplinarischen Maßnahmen wie Kritik, Verweis und im schlimmsten Fall Parteiausschluss, aber keinesfalls Gefangenhalten, stimmt es?"

"Hmmm."

"Um einen Staatsbürger zu inhaftieren, muss jedes Regime nach bestimmten Formalitäten der üblichen Strafprozessordnung handeln: Befehl zur Verfahrenseröffnung, Haftbefehl, wobei die Untersuchungshaft dem Gesetz nach zeitlich begrenzt ist. Ich verstehe nicht, weshalb bei diesem Verfahren all diese Punkte fehlen, die ich eben genannt habe. Ist es übertrieben? Übrigens, ich sehe, dass ich nichts verbrochen habe, wenn ich meine Taten der Verfassung und dem Gesetz gegenüberstelle ..."

Huynh Ngu wurde verlegen. Er hatte von mir kein solches widerspenstiges Verhalten erwartet, nachdem er mir das Wohlwollen von *oben* verkündet hatte.

"Ich habe Euch gesagt, Ihr sollt scharf über Euch nachdenken, dann wisst Ihr, warum Ihr verhaftet seid."

"Ich kann nachdenken, soviel ich will, ich verstehe es tatsächlich nicht. Und wenn die Partei es mich nicht wissen lassen will, dann muss ich mich als Dummkopf bezeichnen und frage weiter und weiter, bis ich es verstehe. Erst dann höre ich auf zu fragen."

"Ich habe gesagt, keine Eile, bitte. Wenn Ihr es Euch nicht gründlich überlegt habt, dann antwortet nicht."

Wirklich lustig. Man brachte mich in die hiesige Haftanstalt und trieb mit mir ein Ratespiel: rate mal, warum du verhaftet bist.

"Ein verhafteter Staatsbürger hat das Recht, Fragen zu stellen: für welches Verbrechen wird er verhaftet? Er hat sogar das Recht, die Aussage zu verweigern, solange er seinen Rechtsanwalt noch nicht gesprochen hat."

Huynh Ngu lachte lange. Sein hohes künstliches Lachen klang einsam in dem leeren Raum.

"Tja, dass Ihr beide, Vater und Sohn, Euch einander so ähnlich seid! Ihr seid noch jung. Man kann es verstehen. Aber es ist verwunderlich, dass Euer Vater, der jahrelang revolutionär aktiv gewesen ist, nicht klar sieht. In Euren Köpfen gibt es nur rein bürgerlich-demokratische Begriffe. Ihr müsst verstehen: unsere Demokratie ist vollkommen anders als die bürgerliche, wie Licht und Dunkelheit, wie Tag und Nacht. Ist das klar? Weil *sie die Demokratie ist, die auf der Grundlage der Diktatur des Proletariats gebaut ist, der Diktatur für die Interessen der großen Mehrheit, der werktätigen Menschen, gegen die ausbeutende Minderheit ...* Die sozialistische Demokratie ist echt demokratisch, millionenfach demokratischer als die Demokratie der Herren Kapitalisten, wie Lenin lehrte ..."

Das war wieder die Flucht vor einer direkten Frage.

"Steht es denn im Widerspruch zur Diktatur des Proletariats, dem Verbrecher sein Verbrechen bekanntzumachen?" setzte ich meinen Angriff fort. "Die Diktatur des Proletariats ist eine öffentliche Politik, die Partei spricht es offen aus, die Partei muss ihre diktatorischen Tätigkeiten nicht verstecken, nicht wahr?"

Das Gesicht Huynh Ngus wurde knallrot.

"Glaubt Ihr etwa, dass die Partei über die Aktivitäten Eurer Leute nicht informiert ist? Die Partei will nur, dass Ihr Eure Fehler selbst erkennt und ehrlich gesteht. Dadurch kann sie den Grad Eures Bewusstseins bewerten. Nur so."

Ich entgegnete:

"Wie kann ich aber der Partei mein Verbrechen gestehen, wenn ich selbst nicht weiß, welches Verbrechen ich begangen habe? Das Verbrechen ist übrigens kein einheitlich verstandener Begriff. Was der eine als Verbrechen betrachtet, ist für einen anderen gar keines."

Huynh Ngu wurde ärgerlich.

"Es ist kaum zu glauben. Ihr befindet Euch hier und wollt noch argumentieren. Zuerst müsst Ihr einsehen, dass Ihr der Partei gegenüber des Verbrechens schuldig seid." Langsam erhob er seine Stimme. "Ihr müsst tausendmal bestätigen, dass die Partei stets scharfsinnig ist. Ihre Funktionäre zu verhaften, tut der Partei doch sehr weh. Wenn Ihr nicht schuldig wärt, dann verhaftete Euch die Partei niemals. Kennt Ihr die Devise, die uns die Partei gegeben hat, wie wir uns zu verhalten haben? Wenn *sowohl eine Verhaftung als auch eine Nichtverhaftung gerechtfertigt ist, dann wird keinesfalls verhaftet.*"

In den Parteibeschlüssen habe ich diese Devise noch nicht gelesen. Meine Meinung ist, dass es sich um eine Äußerung von Tran Quoc Hoan, dem Minister für öffentliche Sicherheit, bei einer Aussprache mit Polizeikadern handelte. Später wurde sie in Polizeikreisen als Beispiel der proletarischen Menschenliebe laut verkündet. Wieso *konnte man die Verhaftung entweder ausführen oder unterlassen?* Erstaunlich war nur, dass die Politik, die eine solche Idiotie zur Schau stellte, von der Theorie-Zeitschrift der KP, Hoc Tap (Studien), auch noch gepriesen wurde.

"Und was war mit den Leuten, die während der Bodenreform *unschuldig behandelt* wurden?" Trotz der Wut Huynh Ngus stichelte ich weiter. "Sie wurden fälschlich beschuldigt, sie waren gezwungen, Verbrechen zu gestehen. Und später musste die Partei Fehler zugeben, sich entschuldigen und ihre Fehler korrigieren ..."

"Holt nicht wieder die Geschichte mit der Bodenreform heraus!" Er schlug mit der Hand auf den Tisch und brüllte. "Seitdem hat die Revolution viele Fortschritte gemacht, sowohl in der Theorie als auch in der Praxis. Es ist überhaupt nicht so, dass die Partei, wenn sie einmal Fehler gemacht hat, beim nächsten Mal dann wieder Fehler macht ... Ihr werdet sehen, dass die Partei dieses Mal keinen Fehler macht."

Ich lächelte, als ich an den volkstümlichen Spruch dachte: *"Einmal an einem unerlaubten Ort gesch..., wird man immer gerufen, wenn Sch... rumliegt."*

Das Gesicht Huynh Ngus färbte sich lila:

"Keine Späße mit mir, verstanden? Zu jeder Zeit kann sich das Urteil der Partei über Eure Leute ändern. Wenn es soweit ist, ist Euer Platz nicht mehr die Gefängniszelle, sondern die Hinrichtungsstätte, die Hinrichtungsstätte! Ihr seid alle eine Truppe von Parteiverrätern. Ein Parteiverräter ist genauso wie ein Vaterlandsverräter. Erschießen, ja, alle erschießen!"

Seine Hand, die eine Zigarette hielt, zitterte stark.

Wir starrten uns direkt in die Augen. Genau wie bei dem Kinderspiel: wer zuerst blinzelt, der verliert. Wir starrten einander scharf an, keiner wollte nachgeben.

Ich war entschlossen, zu siegen. Wenn ich verlöre, verlöre ich nicht nur dieses Spiel. Wenn ich verlöre, hieße es, ich hätte Angst vor Huynh Ngu, ich wäre des Verbrechens schuldig und hätte nicht den Mut, das Verbrechen zuzugeben.

Huynh Ngu gab auf. Er drehte sich um, weil er meinen eiskalten Blick nicht aushalten konnte. Ich jedoch konnte niemals die Rolle des Siegers einnehmen, auch nicht in diesem Spiel. Die Frage von Verlieren oder Nichtverlieren stellte sich nur mir allein.

Man brachte mich in meine Zelle zurück.

Mit dieser banalen Geschichte nehme ich Ihre Zeit in Anspruch, liebe Leserin und lieber Leser. Doch obwohl die Geschichte sehr banal klingt, ist sie noch lange nicht so banal wie all das Banale, das ich erlebte. Und das war nicht nur banal, sondern widersprach auch aller Logik, bis hin zur Unvorstellbarkeit. Es war wie die Realität in einem Irrenhaus.

Ich war todmüde. Ich war verzweifelt. Ich war hoffnungslos.

Thanh hatte solche Gefühle selbst schon erlebt. Er empfahl, mir die Gewohnheit anzutrainieren, mich über nichts zu wundern:

"Ihr seid sehr naiv. Unserem Staat gegenüber gibt es keinen schuldlosen Bürger. Der Unterschied liegt nur darin, ob es viel oder wenig Schuld ist. Bedenkt mal: wenn jeder Staatsbürger zu jeder Zeit in Angst lebt, dann ist das für die Partei doch sehr bequem. Die Partei braucht sich nur den Kopf darüber zu zerbrechen, ob der Kerl A oder der Kerl B zu verhaften ist, ob er heute oder morgen verhaftet werden soll. Denkt Ihr, dass ich übertreibe?

Keineswegs. Ihr lacht? Lacht nicht, denn das ist Tatsache. Jede Machtmaschinerie besteht aus Menschen wie Ihr und ich, Menschen, die denken können, die Selbsterhaltungstrieb besitzen... Jede Machtmaschinerie hat ihr Ehrgefühl. Sie will gelobt werden, sie will keine Kritik, sie versucht immer zu zeigen, dass sie sauber ist... Wisst Ihr, weswegen man ein Parteimitglied aus der Partei ausschließt, bevor es verhaftet wird? Wenn die betroffene Person kein Parteimitglied mehr ist, braucht sich die Partei seinetwegen nicht mehr zu schämen..."

Ein Parteiausschluss war den Personen im Verfahren gegen *die Gruppe der modernen Revisionisten* vor ihrer Festnahme nicht widerfahren. Den Grund dafür verstand ich nicht. (Dass die Mitglieder des Zentralkomitees der Partei, *Dang Kim Giang, Le Liem, Bui Cong Trung, Ung Van Khiem,* und die Funktionäre der Zentralebene, *Hoang Minh Chinh, Vu Dinh Huynh, Luu Dong...* alle gleichzeitig im Mai 1968 aus der Partei ausgeschlossen wurden, erfuhr ich erst nach meiner Entlassung, nach mehreren Jahren Haft. - Anm. d. Autors). Ich war der Meinung, dass die führenden Leute in Hinsicht auf die Unterdrückung der ungehorsamen Kommunisten zu jenem Zeitpunkt noch keinen klaren Standpunkt hatten. Vietnam war nicht China. Das, was die Chinesen ohne großartige Überlegungen taten, war für die Vietnamesen etwas, bei dem sie sich vortasten und abwägen mussten.

Diese Ausnahmen waren befremdend. Hatte der Leiter der Exekutive mit seinen Worten etwa Recht? Man konnte seine Worte so verstehen, dass eine präzedenzlose Form der Unterdrückung der Konterrevolution gegen uns angewandt wurde: *wir wurden verhaftet und wurden nicht verhaftet.* Die *interne Behandlung* bedeutete, dass die Partei jemandem Handschellen anlegte, ihn dann aber nicht in Haft nahm, sondern in ein Konzentrationslager brachte, wo er nur erzogen werden sollte (!)

"Wenn man einen Menschen verhaftet hat, dann ist die erste Aufgabe die, von diesem Menschen zu verlangen, sein Verbrechen zuzugeben", klärte mich Thanh auf. "Mit oder ohne Verbrechen ist egal. Eines ist klar, die Partei macht niemals Fehler. Deshalb muss die Partei zuerst das schriftliche Geständnis des von der Partei inhaftierten Menschen in der Hand haben. Wenn dieser Mensch seine Schuld zugegeben hat, dann erst ist die Partei frei von Fehlern. Die Sache selbst lässt man auf sich beruhen, man wird sie später untersuchen. Es ist nie zu spät."

Zweifellos versuchte Huynh Ngu, diese Mittel bei mir anzuwenden. Ich wollte gern, dass Thanh seine Ausführung über dieses Thema fortsetzte, und zeigte mein scheinbares Interesse:

"So geht das doch nicht."

"Ihr werdet eine Unmenge von noch seltsameren Geschichten erfahren." sagte Thanh. "Ich kenne einen völlig schuldlosen Mann, der für einige Jahre in Haft war. Nachdem er die Haftanstalt jetzt verlassen hat, wagt er noch immer nicht zu sagen, dass er schuldlos war. Er erklärt sogar entschieden, dass die Partei ihn zu Recht festgenommen habe, und dass er dank der Großmütigkeit der Partei entlassen wurde... Wisst Ihr, warum? Er hatte nämlich sein Verbrechen gestanden und die schriftlichen Angaben, den *Anregungen der Leute* entsprechend, unterschrieben, darum kann er jetzt den Mund nicht mehr aufmachen. Er hat Angst vor der Rache, wenn er seine schriftlich gemachten Angaben widerrufen würde. Ein armseliger Mensch! Als schuldloser Mensch hat er bei seiner Freilassung keinen *Entlassungsbefehl* erhalten. Dafür gab man ihm als Almosen einen *Befehl der vorläufigen Entlassung*. Was heißt *vorläufige Entlassung?* Das bedeutet, dass man jemanden vorläufig nach Haus gehen lässt. Man kann ihn aber jederzeit wieder festnehmen. Das ist kein Witz! Im Befehl der vorläufigen Entlassung wurde vermerkt: *die Untersuchung des Gesetzes-verstoßes ergab, dass er nicht dem Maß entspricht, welches das Gesetz zur Regelung vorsieht...*"

Ich rief:

"Das ist ein Verstoß gegen das Menschenrecht."

Thanh lachte stoßweise:

"Mein dummer Freund! Damit gegen ein Recht verstoßen werden kann, muss es zuerst vorhanden sein, mein Lieber!"

Dann atmete er langsam aus und fuhr in pessimistischer Stimmung fort:

"In unserer Gesellschaft ist jeder Staatsbürger nur ein Häftlings-kandidat."

Ich schwieg. Ich war traurig.

Von irgendwo her drangen weinende Töne bis zu uns, aus welcher Zelle, wusste ich nicht. Thanh lauschte aufmerksam.

"Was ist, Herr Thanh?"

"Ich weiß nicht. Aus einer Zelle Weinen zu hören, ist normal. Wenn man Lachen hört, dann gibt es jemanden, der verrückt geworden ist."

"Foltert die hiesige Polizei die Häftlinge?"

Thanh schüttelte mit dem Kopf:

"Nein. Ich habe nur gehört, dass man die Rowdies manchmal schlägt. Das ist mir recht. Ich bedaure es nicht. Die anderen Angeklagten werden nicht geschlagen. Ich habe es nicht gesehen. Dies zumindest ist ein Pluspunkt für das Regime: es ist jetzt streng verboten, Angeklagte zu foltern."

Ich hatte auch gehört, dass Rowdies geschlagen wurden. Das konnte allerdings in entfernteren Haftanstalten geschehen sein, auf gar keinen Fall im Feuerofen. Einer meiner Bekannten, Quy mit dem Spitzname Quy Cao, war Polizist im Feuerofen. In der Regel vernahm er Straftäter. Er erzählte, dass die Rowdies seine Eigenheiten kannten. Derjenige, der bei seiner Vernehmung von ihm eine Ohrfeige bekam, freute sich darüber und erzählte den anderen prahlend: "Vater Quy hat mir eine Ohrfeige gegeben!" Das war ein Glückszeichen, denn man konnte sich seiner Entlassung sicher sein. Die größte Angst hatten Rowdies, wenn mein Bekannter sich nach den Lebensumständen ihrer Familie erkundigte, wenn er sein Bedauern zum Ausdruck brachte, Zigaretten schenkte oder einen Angeklagten mit

Schulterklopfen in die Zelle entließ - alles das bedeutete, dass man hier noch lange, sehr lange bleiben musste. Quy Cao erklärte mir, dass er diesen Angeklagten nicht böse war, ihnen keinen Streich spielen wollte und sie sogar bedauerte, denn diese Leute waren etwa so alt wie sein ältester Sohn. Schon seit meiner Einlieferung in den Feuerofen sah ich mich nach Quy Cao um, fand ihn aber nicht. Vor meiner Festnahme war ich oft bei ihm gewesen, um mich nach meinem Vater zu erkundigen. Aber er hatte von nichts gewusst. Das ganze Verfahren wurde also auch gegenüber Polizisten geheim gehalten. Bei meinen Besuchsgängen zu ihm hatte ich immer sehr darauf geachtet, den *Schwanz abzuschneiden* (die Verfolger abzuschütteln), bevor ich bei Quy Cao eintraf. Aber wie konnte ich wirklich sicher sein, dass keine *Schwänze an mir hingen*, wenn ich sein Haus erreichte?

Während meiner Vernehmung hörte ich einmal in einem Raum in unserer Nähe jemanden weinen, dann dumpfe Geräusche eines Ringkampfes und danach lautes Geschimpfe. Ich vermutete, dass Huynh Ngu solche Schau-spiele inszenierte, um mich nervlich in Schach zu halten. Ich wurde noch nie gefoltert und sah mit eigenen Augen auch keine Folterung eines anderen Menschen. Bekannte fragten mich nach meiner späteren Freilassung danach. Sie glaubten meinen Worten nicht. Es war aber nicht so, dass ich Angst gehabt hätte und nicht wagte, es zu sagen. In der Tat gab es keine Folterungen. Ich jedenfalls habe sie nicht gesehen.

Es gab aber andere körperliche Strafen. Wenn z.B. jemand die Aussage verweigerte oder während der Vernehmung Zeichen von Widerstand gab, wurde er mehrere Tage, ja sogar Monate lang, an den Füssen gefesselt. Die körperlichen Strafen waren nach meiner Ansicht jedoch nicht die grausamsten Mittel. Es gab Grausameres.

Aufgrund meines Wissensdurstes hatte ich schon früher die Gelegenheit, mich mit der Kriminologie bekanntzumachen. Bücher über dieses Wissens-gebiet waren in unserem Land nicht zahlreich. Einige davon, z.B. solche von *Cezare Lombroso* und *Emile Durkheim,* die ich mir von Leuten mitbringen ließ, welche ins Ausland fuhren, las ich - jedoch durch das Prisma des Klassen-kampfes, und daher war ich nicht gerecht in meiner Beurteilung. *Cezare Lombroso (1836-1909), war Neurologe und Professor für Gerichts-medizin in Turin (Italien). Gemeinsam mit Enrico Ferri (1856-1929) und Raffaele Garofalo (1851-1954) begründete er die Schule der ethnischen Kriminologie. Er vertrat die Auffassung, der Hang zu kriminellen Taten sei vererbbar. Emile Durkheim (1858-1917), ein französischer Soziologe, Autor der Werke "Der Selbstmord" und (gemeinsam mit Adolf Prins) "Die gesellschaftliche Verteidigung und die Veränderungen des Strafrechts", war der Entdecker des Kollektivbewusstseins als Solidaritätsprinzip in der modernen Gesellschaft.*

Allein zu wissen, dass diese Autoren keine Marxisten waren, führte dazu, dass ich deren Werke nicht richtig zu würdigen verstand. Auf diesem Gebiet erkannte ich nur Kudrjawsew an, den *Autor des Buches "Kriminologie"* mit seinen metaphysischen Thesen, die ich jedoch erst später verstand. *Dieses Buch war sozusagen das Nachschlagewerk für die Polizei der sozialistischen Staaten. Es erklärt die Gründe für das Verbrechen als Folge der Klassengesellschaft, in der das Gesetz der Ausbeutung des Menschen durch den Menschen herrscht. In Vietnam habe ich keine Übersetzung dieses Buches gefunden. Ob es in Form interner Materialien existierte, war mir nicht bekannt.*

Das Bedauerliche war, dass mir weder die Bücher über die Kriminologie des sozialistischen noch jene über die des kapitalistischen Lagers Nützliches für die Praxis brachten.

Thanh stellte fest, dass die vietnamesische Polizei in Bezug auf den Umgang mit Gefangenen grundsätzlich die chinesischen Erfahrungen übernahm. In letzter Zeit gab es ferner die Tendenz, von der Deutschen Demokratischen Republik zu lernen, und zwar aufgrund der Einschätzung, dass dieser Staat durch seine direkte Konfrontation mit den Imperialisten über die fortschrittlichsten Errungenschaften verfüge. Das hieß, nur "in der letzten Zeit". Zuvor war alles das, was aus der Sowjetunion kam, das Beste. Nach dem XX. Parteitag betrachtete man dann alles, was aus der Sowjetunion kam, als schlecht. Das nach westlichen Beschreibungen grausame Strafsystem der Sowjetunion wurde kritisiert. Man sagte, dass es stark am Einfluss des modernen Revisionismus litt, und dass das sowjetische Recht sogar voll von bürgerlichen Elementen sei.

In bestimmten Haftanstalten wurden Zellen nach dem Muster der Stasi, dem Staatssicherheitsdienst der DDR, gebaut und waren somit viel moderner als die der französischen Kolonialherren: sie verfügten über Wasserleitungen, so dass Gefangene jahrelang ihre Zellen nicht verließen, außer dann, wenn sie zur Vernehmung gehen mussten. Die Vernehmungsräume wurden ebenfalls im Zellenbereich angelegt. Sehr bequem. Dadurch wurde die Möglichkeit zur Erkundung der Lage der Haftanstalt auf das geringste Maß reduziert und jede Fluchtabsicht im Keim erstickt. Das aus der DDR eingeführte Telefonabhörsystem wurde 1964 fertiggestellt.

"Wozu sollte man denn die Telefone der Bevölkerung abhören, wenn die keine haben?" wunderte ich mich.

Zu dieser Zeit gab es in unserer Bevölkerung so gut wie kein Telefon. Ich sage "so gut wie", da ich nichts von Ausnahmen wusste. Telefone gab es nur bei den Behörden und den *Bonzen*.

Thanh lachte mit trockener Kehle.

"Die Herren beobachten sich hauptsächlich gegenseitig", flüsterte er. "Glaubt Ihr, dass sich die *Bonzen* gegenseitig vertrauen? Noch lange nicht. Das war und ist in jeder Zeit dasselbe."

Ich stimmte ihm zu. Sogar Kaiser Napoleon setzte seine eigenen Agenten ein. Nur deshalb, weil ich mit der Vorstellung von einem schönen Sozialismus behaftet war, war ich über solche Dinge verdutzt und konnte es

172

nicht glauben.

In jener Zeit, in der *der Kampf zwischen zwei Linien* stattfand, war die Tatsache, dass hohe Persönlichkeiten von der Geheimpolizei observiert wurden, nicht ungewöhnlich. Polizisten, die mit der Beobachtung des Armeegenerals Vo Nguyen Giap beauftragt waren, prahlten sogar bei ihren Bekannten mit dieser "ehrenvollen" Aufgabe. Auch der bejahrte, äußerst gutherzige Revolutionär Ton Duc Thang, ehemals Stellvertreter des vietnamesischen Staatspräsidenten, entging den scharfen Augen Le Duc Thos nicht. Dabei war er nicht einmal der Mann, der nach Posten strebte. Seinen jungen Leuten sagte der alte Herr Ton: "Ihr dürft mich nicht mit Stellvertreter des Staatspräsidenten anreden. Das erzeugt an meinem P... nur Juckreiz. Ich werde bloß auf diesen Posten hingesetzt, und so setze ich mich eben hin. Ich brauche weder Posten noch Rang." Außer der Teilnahme an staatlichen Festlichkeiten, bei denen seine Anwesenheit unbedingt erforderlich war, bestand seine einzige Beschäftigung darin, Fahrräder zu reparieren. Das war sein Hobby. Der ehemalige Mechaniker langweilte sich als Stellvertreter des Staatspräsidenten. Wenn es für ihn kein kaputtes Fahrrad mehr zu reparieren gab, mussten ihm seine Leibwächter und Angestellten Fahrräder ihrer eigenen Familienmitglieder bringen, damit er wegen seines Nichtstuns nicht traurig wurde. Man mochte ihn. Manche bauten sogar extra kleine Fehler in ihre Fahrräder ein und brachten sie dann zu ihm mit der Bitte um Reparatur. Einer meiner Bekannten kannte den alten Herrn Ton gut. Er erzählte mir von seinem Besuch bei dem alten Herrn in der Zeit der *Beschlüsse Nr. 9,* also der 9. Tagung des Zentralkomitees der KP Vietnam. Der alte Herr führte seinen Besucher in sein Privatgemach und fragte im Flüsterton: "Hast Du *Geheimagenten* gesehen, die Dir folgen?" Darüber erschrak der junge Mann sehr. Der alte Herr dachte, dass sich der Besucher Sorgen um den Hausherrn mache; er lächelte gutmütig: "Ich mache mir nur Sorgen um Euch. Um mich brauche ich mich nicht zu sorgen. In meinem Haus mangelt es nicht an *Geheimagenten."*

Von Tag zu Tag mochte ich Thanh mehr. Trotzdem vermied ich Fragen, die mit Politik zu tun hatten. Aber gab es in diesem Staat Fragen, die nichts mit Politik zu tun hatten? Ich zwang mich selbst dazu, den Mund zu halten, wenn Thanh unbeabsichtigt nach unserem Verfahren fragte. Thanh ahnte das und mied diesen verbotenen Bereich. Ich vermutete, dass Thanh etwas von mir wusste. Er versuchte nicht, das aus mir herauszuholen, worüber ich nicht sprechen, was die Polizei jedoch wissen wollte. Es war sehr wahrscheinlich, dass man ihn als Spitzel gewonnen hatte. Und er befand sich in der Situation, das annehmen zu müssen. Eine Weigerung hätte ihm Probleme mit diesen *Leuten* bereitet. In seinem tiefsten Inneren lehnte er diese schmutzige Arbeit aber ab. Er nahm den Auftrag an und handelte dann genau dem zuwider. Die Tage, die ich neben ihm verbrachte, gaben mir dieses Gefühl. Um mich bei meinem Verhalten gegenüber der Exekutive zu unterstützen, gab er mir durch Erzählungen über das Leben in der Haftanstalt oder durch harmlose Witze verborgene Ratschläge. Durch solche Ratschläge wusste ich mich dann bei meinen Vernehmungen geschickter zu verhalten. Alles in allem waren sie mir für die darauffolgenden Jahre meiner Haft sehr nützlich.

Der Schäferhund wurde wieder in den Hof gebracht. Er fing an, seine Wut an den durcheinander geworfenen Blechstücken auszulassen. Aber daran waren wir schon gewöhnt.

In einer benachbarten Zelle schräg gegenüber weinte jemand leise.

Thanh ließ mich wissen, dass die Mutter dieses Häftlings kürzlich gestorben war. Der Mann befand sich seit drei Jahren in der Zelle. Normalerweise war er ein disziplinierter Häftling. Eines Tages aber wurde er verrückt und verfluchte alle, die Herren *Gefängniswärter*, Herrn *Partei*, Herrn *Staat.* Er setzte sich über die Furcht vor all den ihm bevorstehenden Strafmaßnahmen hinweg, vor denen jeder Zelleninsasse Angst hatte, und erzählte im Flur lautstark, dass seine Mutter zu Hause verhungert wäre, dass er trotz seiner Unschuld ewig hier bleiben müsse, dass er der einzige Sohn war, dass er wegen der Partei ein pietätloser Sohn geworden sei, dass er seine Mutter nicht unterstützen konnte, so dass seine Mutter im Elend sterben musste. Gefängniswärter rannten zu ihm hin, überwältigten ihn, stopften Stofflappen in seinen Mund und fesselten ihn. Das geschah am Vormittag, als ich zu meiner Vernehmung gehen musste. Aus diesem Anlass erzählte mir Thanh, dass es in bestimmten Haftanstalten Utensilien gab, mit denen man die Münder von Häftlingen so knebelte, dass sie nicht mehr schreien konnten. Sie sahen aus wie Zaumzeug für Pferde. Wenn ein Häftling fluchte, wurde ihm diese Sperrvorrichtung so lange in den Mund gesteckt und seine Beine wurden gefesselt, bis er aufhörte zu fluchen. Solche Fälle ereigneten sich in den Zellen oft, auch bei Leuten, die gar nicht gegen die Partei waren. Da die Häftlinge über so lange Zeit ständig nur in den Zellen gehalten wurden, wurden sie davon eines Tages verrückt.

Karl Marx schrieb in seinem Buch "Die heilige Familie", dass das zu lange Gefangenhalten von Menschen in Einzelzellen inhuman ist. "Der Mensch kann eine derartige Gefangenschaft nur in einem Zeitraum von bis zu fünf Jahren ertragen. Über diese Zeitgrenze hinweg verliert der Mensch den Verstand." Das war seine Feststellung, die er beim Lesen der *Geheimnisse von Paris* von *Eugène Sue* traf.

Leute, die sich als Schüler von Marx, als Bewahrer seines Werkes bezeichneten, führten das aus, was Marx verurteilt hatte.

Ich wollte Marx gerne trösten: „Lassen Sie es, Herr Marx, wozu wollen Sie diese Kleinigkeiten beachten? Sie brauchen sich auch nicht zu schämen, denn diese unwissenden und ungebildeten Maoisten waren noch nie Ihre Schüler. Die haben - außer einigen Kurzfassungen, in denen der Inhalt, ehrlich gesagt, derart verdreht wird, dass Sie selbst nicht erkennen würden, ob er noch etwas mit Ihnen zu tun hat - Ihre Bücher noch nie gelesen. Mein lieber Marx, Sie wissen sicher, dass auch Ihre Bücher Beute der Flammen waren, gemeinsam mit Büchern von weltberühmten und von der Menschheit geehrten Schriftstellern. Um gerecht zu sein, muss ich sagen, dass die Herren der Diktatur des Proletariats in meinem Staat eigentlich nicht die Absicht hatten, Ihre Bücher zu verbrennen. Sie bezeichnen Sie doch als ihren Lehrer und nennen sich auch Ihre Schüler. Das Elend lag einfach darin, dass alle in französischer Sprache geschriebenen Bücher, die während der Kampagnen zum Aufspüren von schädlichen Kulturerzeugnissen gefunden wurden, ohne jegliche Unterscheidung verbrannt wurden, egal von welchem Autor.

Und Ihre ins Französische übersetzten Bücher gehörten dazu. Glücklicherweise gab es doch einige Bücher, die nicht verbrannt, sondern nur eingezogen wurden. Sie wurden im Lager des Gefängnisses *Feuerofen* in Haufen aufgestapelt. Einige Polizisten, die ich kannte, haben davon manche Bücher von Ihnen und auch von Herrn Engels weggetragen und gaben sie mir, damals, als ich den *Feuerofen* noch nicht als meine Haftanstalt kannte.

Seien Sie froh, dass Sie in einem anderen Jahrhundert und in einem anderen Staat geboren sind als Vietnam (oder China oder Nordkorea). Ich vermute stark, dass Sie sich mit Ihren widerspenstigen Gedanken in diesem Staat heutzutage in irgendeiner Zelle des *Feuerofens* aufhalten würden, irgendwo ganz in meiner Nähe.

Die Zellen des *Feuerofens* lassen die Menschen ihren Verstand viel schneller verlieren als die Gefängniszellen Ihrer Zeit, Herr Marx - unter Zuhilfenahme der Hunde."

12

Hach, der Friseur

Sonntagmorgen. Gegen alle Regeln wurde ich zur Vernehmung gerufen.

Als Hach, der Gefängniswärter, die Türe meiner Zelle aufschloss, war ich noch schläfrig. An den Wochentagen mussten die Zelleninsassen immer früh aufstehen. Sie mussten jederzeit bereit sein, *zu einer Vernehmung zu gehen*, obwohl das für die Mehrheit von ihnen ganz selten vorkam. Auch mussten die Häftlinge gemäß den hier geltenden Regeln ordentlich gekleidet sein, wenn die Gefängniswächter die Türen aufschlossen, damit die Gefangenen Nachttöpfe wegbringen, zur Reinigung ihres Körpers und zum Frühstückholen gehen sollten. Ordentlich gekleidet zu sein war ein Zeichen des Respekts gegenüber der Administration. Man sprach auch von Frühstück, damit es nach etwas klang. Tatsächlich bestand es aber nur aus einem Stück gekochter und lange liegengelassener Maniokwurzel oder drei Stückchen madiger Süßkartoffeln.

Sonntags erhielten die Häftlinge kein Frühstück. Die Wächter erschienen spät und man selbst konnte nach Herzenslust spät aufstehen. Nun könnte man denken, dass ein Tag dieses Zellenlebens jedem anderen Tag in der Zelle glich. Das war jedoch nicht der Fall. Ungeduldig wartete der Häftling auf den Sonntag, genauso wie der Mensch draußen, aber nicht, weil dieser Tag arbeitsfrei war, sondern weil er einen Markierungspunkt in der Zeit darstellte. Jeder Sonntag, der verging, ließ den Inhaftierten am endlosen Horizont seinem Ziel näherrücken. Außerdem gab es da noch einen psychologischen Aspekt: an einem Tag, der kein Wochentag war, wurde man nicht zur Vernehmung geholt. Man konnte bis zum Mittag bequem liegen bleiben und hatte dadurch das Gefühl, den Menschen *draußen* ähnlich zu sein.

Nur selten gingen die Häftlinge im *Feuerofen* sonntags *zur Vernehmung*. Sonntags *zur Vernehmung gehen zu müssen* widerfuhr nur neu Inhaftierten mit schweren Verbrechen, was die *Exekutive* dazu veranlasste, ihre Vernehmung so früh wie möglich vorzunehmen. Leute mit Verbrechen mittlerer Schwere konnten beruhigt lange schlafen. Sonntags machte jeder Pause, sowohl der Verhaftende als auch der Verhaftete. Ich verstand deshalb nicht, was mit Huynh Ngu passiert sein konnte, dass er mich weckte, während ich noch nicht ausgeschlafen hatte. Hatte er etwa noch nicht genug von dem Streit mit mir?

Vier Wochen waren vergangen, seitdem ich inhaftiert worden war. Wie man bei uns ganz richtig sagt: *Die Zeit fliegt schnell wie das Webschiffchen.* Ich war Thanh dankbar dafür, dass er mich laufend über die Zeit informierte, sonst hätte ich mich an nichts erinnern können. Ich selbst wollte gar nicht zu zählen anfangen. Wozu sollte ich die Tage in der Haft zählen? Etwa, um die chinesische Formel "*Ein Tag in Haft zählt so viel wie tausendmal Herbst in Freiheit*" anzuwenden? Die Zeit war furchtbar lang. Nichts war so lang wie die Zeit in der Zelle. Das Beste war Vergessen: den Tag vergessen, den Monat vergessen, die Mutter vergessen, den Vater vergessen, die Kinder vergessen, die Frau vergessen, viele andere Dinge vergessen, alles vergessen. Nur so konnte man es ertragen. Nur so wurde man nicht irre. Nur so versuchte man nicht, Bekleidungsstücke oder die Decke oder das Moskitonetz auseinander zu reißen, um sich daraus ein Seil zum Selbsterhängen herzustellen. Eine Stelle, an der man sich erhängen konnte, gab es immer und überall im Raum, auch wenn man in der nackten Zelle auf den ersten Blick nichts Ähnliches sah. Thanh erzählte, ein Häftling habe sich an einem ganz dünnen Eisenstab des Gucklochs an der Tür erhängt und sei gestorben. Dazu musste man allerdings sehr entschlossen und mutig sein, denn das Guckloch befand sich nicht höher über dem Boden als das Gesicht eines Menschen von normalem Wuchs.

Ich stellte mir das eigene Ich vor, das am Stab dieses Gucklochs hing, mit dem Kopf schräg nach einer Seite. Nein, diesen Tod wählte ich nicht. Es würde nach nichts aussehen.

Ab und zu rezitierte Thanh singend zwei Verse, als ob er mich trösten wollte. Ich wusste nicht, ob sie von ihm oder von jemand anderem verfasst worden waren:

Der Himmel, die Erde, das Gebirge, das Wasser
ist noch da
Werde ich etwa ewig so bleiben, wie ich es jetzt bin?

Hach beobachtete genau, wie ich mir meine wattierte Jacke und die Schuhe anzog. Ich hatte das Gefühl, dass sein Blick so über meinen Körper glitt, als ob dieser Blick ein eigenes Gewicht hätte. Er hatte eine sehr eigene Art, jemanden anzusehen. Er sah einen an, als ob er ins Leere oder auf Gegenstände blicke. Unter diesem Blick bekam man als Häftling das Gefühl, zu einem Teil der Menschheit zu gehören, der des Lebens nicht würdig war. Hach hatte weder Mitleid mit jemandem noch Abneigung. Er verharrte auf seiner Höhe und sah teilnahmslos nach unten.

Aber vielleicht bildete ich mir dies alles nur ein und zog daraus Schluss-folgerungen, die der Realität nicht entsprachen. Denn bei unserem gemeinsamen Gang zum Vernehmungsraum verhielt er sich mir gegenüber durchaus korrekt. Er schaute eine Weile auf meine wirren Haare und sagte dann mit warmer Stimme:

"Eure Haare sind schon lang. Ich habe heute Nachmittag Zeit. Ich schneide sie Euch."

Huynh Ngu empfing mich in einer wattierten Jacke, die er sich über seinen Alltagsanzug im Stil von *Sun Zhongsan (Sun Yat-sen)* gezogen hatte. Es herrschte schneidende Kälte. Ich saß mit ihm in einem dicht verschlossenen Raum und zitterte trotzdem am ganzen Körper.

"Im Gefängnis gibt es keinen Spiegel. Ich weiß nicht, ob ich alt oder jung bin." Diesen Vers rezitierte Thanh oft. An meinen Handgelenken merkte ich, dass ich viel Gewicht abgenommen hatte. Um wie viel älter ich jetzt aussah, wusste ich jedoch nicht. Im *Feuerofen* sah ich nie einen Spiegel. Ich war vierunddreißig Jahre alt. Die Angst vor dem Altwerden belastete mich noch nicht.

Bei einer Kanne Tee plauderte Huynh Ngu mit mir eine ganze Weile. Seine mit zweideutigen Sätzen versehenen Äußerungen sollten bei seinem Zuhörer den Eindruck erwecken, man erspähe die ersten Strahlen einer angenehmen Zukunft, man würde bald zurück in die Familie entlassen. Die *äußerst hellsichtige und über alle Maßen humane Partei* würde jedem eine geeignete Arbeitsstelle und einen würdigen Platz geben.

Schweigend trank ich schlückchenweise den starken Tee und ließ ihn reden, ohne ihm große Beachtung zu schenken.

Sein Schwatzen erinnerte mich an den früher gebräuchlichen Spruch *"Die Reden der Viet Minh (*von Kommunisten geführte Unabhängigkeitsbewegung in Vietnam - Anm. d. Übers.) *holen die Ameisen aus ihrem Loch"*, und deshalb musste ich innerlich lachen. Früher war ich darüber empört, wenn das jemand sagte. Damals war ich doch selbst einer der Viet Minh. Später, etwa seit 1954, hatten die Leute dann Angst und wagten es nicht mehr, solche bissigen Sprüche in den Mund zu nehmen.

Ein Mann mittleren Alters betrat den Raum. Er setzte sich wortlos auf den Stuhl neben Huynh Ngu. Ich war diesem Mann mit seinem knochigen Gesicht schon einmal begegnet, aber ich wusste nicht mehr, wer er war, wann und wo ich ihn gesehen hatte. Es war ersichtlich, dass Huynh Ngu Respekt vor ihm hatte. Er wollte das Gespräch mit mir unterbrechen, um den Angekommenen zu begrüßen; dieser gab jedoch mit der Hand ein Zeichen, fortzufahren. Erst später erfuhr ich, dass es sich um eine wichtige Person handelte, nämlich *Nguyen Trung Thanh,* den Leiter des *Amtes zum Schutz der Partei.*

In seinem Redefluss erinnerte sich Huynh Ngu plötzlich an etwas. Er kramte in seinen Taschen und zog einen Zettel heraus:

"Erkennt Ihr, wessen Schrift das hier ist?"

Freudig schwenkte er den Zettel vor mir hin und her.

Trotz der ziemlich großen Entfernung erkannte ich sofort die Schrift meines Vaters. Er gehörte zu der letzten Generation, welche die chinesische Schrift-sprache (mit vietnamesischer Aussprache - Anm. d. Übers.) erlernte, die jedoch damit aufhörte, um für unsere eigene Landessprache die Schreibweise des lateinischen Alphabets zu erlernen. In seiner Jugendzeit und auch viel später noch legte man großen Wert auf ein schönes Schriftbild. Die Schüler mussten ihre Schrift so lange üben, bis sie die Schönheit der Musterschrift in den Lehrbüchern erreichte. Die Übungsstunden für das Schönschreiben wurden in den Schulen nicht schlechter bewertet als die für die anderen Fächer. Den Grund dafür kannte man nicht. Niemand wusste, ob die französischen Kolonialherren damit musterhafte Schreibkräfte für ihre Verwaltung ausbilden wollten oder ob die damalige Bildung einfach mehr Wert auf das Äußere legte. Jedenfalls wurde mein Vater im Schönschreiben erzogen, und seine Schrift war kalligraphisch schön. Ich gehöre bereits zu einer Generation mit viel schlechterer Schrift und die Schrift der Generation nach mir ist noch schlechter.

Zum Schein kniff ich die Augen zusammen und schüttelte den Kopf:

"Nein, ich erkenne es nicht."

Huynh Ngu hielt mir den Zettel etwas näher:

"Erkennt Ihr es nun?"

Ich schüttelte weiter den Kopf.

"Eure Augen sind aber schlecht."

"Eigentlich nicht so sehr."

"Und Ihr erkennt es trotzdem nicht?" Er erfreute sich an seinem Kinderspiel.

"Aber jetzt?"

Später war mir diese Szene von Vorteil. Huynh Ngu dachte wirklich, dass ich kurzsichtig wäre und keine Brille tragen wolle. Er ließ daher oft in meiner Sichtweite Unterlagen offen auf dem Tisch liegen. Dadurch erfuhr ich, wer verhaftet wurde oder wer kapitulierte.

"Hier! Hier ist der Brief Eures Vaters an Euch." Huynh Ngu zeigte mir bedachtsam das Stück Papier. "Ihr könnt lesen. Ich gehe für kurze Zeit rüber."

Der Leiter des Amtes zum Schutz der Partei und er standen auf. Sie gingen hinaus.

Unverzüglich las ich diesen Brief meines Vaters:

"Mein Sohn,

Ich fühle mich in diesen Tagen sehr schwach. Ich mache mir große Sorgen um Mutter und Euch Kinder zu Hause. Mutter und Ihr, Ihr könnt über mich beruhigt sein. Hier erhalte ich ausreichend Medikamente und ich werde umsichtig behandelt. Dass mich die Partei verhaftet hat, hat sie unwillig getan. Sie ist zu dieser Maßnahme gezwungen, da ich ihr gegenüber einiger Verfehlungen schuldig bin. Als langjähriges, revolutionär tätiges Mitglied mache ich den Fehler, statt großer Gemeinsamkeit nur Unstimmigkeiten zu sehen. Durch meinen Mangel an Organisationsgeist habe ich ernste Fehler begangen, die für die Partei schädlich sind. Ich hoffe, dass Du an diesem Wendepunkt der Revolution der Partei ehrlich über alle Deine Fehler berichtest. Die Devise der

179

Partei besteht darin, die Krankheit zu behandeln und den Menschen zu retten.
Sie hat nicht die Absicht, jemanden zu bestrafen. Vater."

Das einzige Gefühl, das ich empfand, nachdem ich seinen Brief gelesen hatte, und an das ich mich sehr gut erinnern konnte, war Scham, eine außergewöhnlich tiefe Scham. Mein Gesicht wurde brennend heiß. Der Schweiß floss mir in Strömen von der Stirn. Wie es ein Sprichwort sagt: Wenn es in der Erde einen Spalt gäbe, hätte ich mich darin verkrochen.

Welchen Grund gab es dafür, dass mein Vater einen solchen Brief schrieb? Das war leider nichts anderes als eine schändliche Kapitulation. Und wir waren unschuldig. Und wir bissen die Zähne zusammen, um den Kopf aufrecht halten zu können. Und wir verlangten von den Diktatoren vor der Öffentlichkeit eine Antwort.

Mit diesem Brief legte er den Beweis seiner Schuld in die Hände *dieser Leute*. Ein Brief, der auf keinen Fall für uns von Vorteil war. Ich sah es vor mir, wie Huynh Ngu voll Zufriedenheit das Gesicht verzog und lachte.

Die Zeilen mit der Schrift meines geliebten Vaters tanzten vor meinen Augen.

Mein Gott, konnte mein Vater, den ich als Held zu betrachten gewohnt war, so feige sein?

In jener Minute - Gott war Zeuge - war ich ein pietätloser Sohn. Ich wünschte, dass mein Vater sterben solle, allerdings als Held. Ich wollte nicht, dass er so schändlich leben sollte! *Lieber aufrecht sterben als auf den Knien zu kriechen!* War nicht er es, der uns das gelehrt hatte?

Wie wir, seine Kinder, ihn liebten, wie sehr wir ihn respektierten!

Mein erster Gedanke war: Ich bleibe bis zum Ende standhaft. Mein Vater konnte sich ergeben, ich mich aber nicht.

In jener Minute hatte ich am meisten Angst davor, jetzt auf Huynh Ngu zu treffen, weil er gesehen hätte, wie sich meine Gesichtsfarbe veränderte. Er konnte jeden Moment zurückkehren. Die klirrende Kälte schien zu verschwinden. Ich brach in Schweiß aus. Ich ergab mich noch nicht. Aber mein Vater hatte schon die weiße Fahne für mich gehisst. Ab jetzt konnte ich Huynh Ngu nicht mehr so direkt in die Augen sehen wie bisher. Tränen traten mir in die Augen.

Bewegungslos blieb ich sitzen und las diesen Brief, wieder und wieder. Mein Inneres war wie gelähmt. Ich vergaß völlig den Polizisten, Huynh Ngus Assistenten, einen kleinen Mann mit Glatze und einem friedlich wirkenden Gesicht, der wie ein Dorflehrer aussah und ruhig in einer Ecke saß.

Nach den Erzählungen der Leute gab es im *Amt Nr. 2*, dem Nachrichtendienst der vietnamesischen Volksarmee, Meisterfälscher für Schriften, und zwar in der Abteilung, die sich mit der Herstellung von falschen Dokumenten für Spione beschäftigte. Noch keiner dieser Spione auf feindlichem Gebiet war wegen seiner nachgemachten Papiere entdeckt worden. Nachdem im Jahre 1954 in Nordvietnam der Frieden wiederhergestellt worden war, war ein Teil dieser Experten dem Ministerium für öffentliche Sicherheit überstellt worden.

War dieser Brief etwa falsch?

Mir war gar nicht wohl zumute. Je mehr ich las, desto sicherer war ich, dass der Brief von der Polizei nicht gefälscht werden konnte. Die einzelnen Zeichen in diesem Brief stammten von meinem Vater.

Andererseits glaubte ich auch nicht daran, dass mein Vater feige sein konnte. Er war kein Mensch dieses Typs. Ich musste meine Ruhe wiedergewinnen, um diesem ziemlich bescheidenen Brief andere Mitteilungen zu entnehmen.

Einen Tag vor meiner Verhaftung hatte mir die Polizei ebenfalls einen Brief meines Vaters übergeben, in dem er mir empfahl, zum *zentralen Organisationsausschuss* zu gehen und diesem von meinen Fehlern zu berichten. Damals glaubte ich jedoch nicht, dass der Brief von meinem Vater stamme. Ich ging nicht zu diesem *Ausschuss.* Ich wollte nicht so dumm sein und Verfehlungen gestehen, die ich nicht begangen hatte, die aber von Le Duc Tho zum Schaden anderer Personen hätten verwendet werden können.

Hatte mein Vater von meiner Verhaftung gewusst? Der Inhalt seines Briefes sagte nichts darüber aus. Es war eher zu vermuten, dass er davon noch nichts gewusst hatte. Denn wenn er es gewusst hätte, so hätte er nicht geschrieben: "*Ich mache mir große Sorgen um Mutter und Euch Kinder*". Das bedeutete doch, dass er unter solchen Umständen geschrieben haben musste, unter denen er sehr darüber besorgt war, dass seiner Frau und seinen Kindern durch die Administration Gefahr drohte. Mein Vater wollte mich retten. Er befürchtete, meine Verhaftung würde dazu führen, dass meine Mutter dann alleine nicht mehr in der Lage wäre, sich um alles zu kümmern.

Aber warum war der untere Teil des Briefpapiers abgeschnitten worden? Hatte man den Teil mit dem Datum entfernt? Oder hatte er im PS etwas geschrieben, was den Zensoren nicht passte?

Warum hatte er geschrieben: "*Ich mache mir große Sorgen um Mutter und Euch Kinder* "? Was veranlasste ihn dazu? Etwa, weil er durch seine Inhaftierung kein Gehalt mehr erhielt und meine Mutter uns deswegen nicht ernähren konnte? Es war offensichtlich, dass die Partei ihre Kader mittels des Gehalts an sich kettete. Alle Kader waren derart an das Reglement einer umfassenden Versorgung durch den Staat gewöhnt, dass sie kaum überleben konnten, sobald sie nicht mehr am Busen des Staates genährt wurden. Meine Mutter aber war eine findige Frau. Sie wäre eine ambulante Straßenverkäuferin (eine ‚fliegende Händlerin') von irgendetwas geworden und hätte es nicht zugelassen, dass ihr Mann sich wegen ihrer Lebenssituation dem mächtigen Unrecht ergeben würde. Mein Vater wusste das ganz genau. In seinen Briefen an meine Mutter hatte ich einen solchen Satz noch nie gelesen. Sie hatte ihn nicht nur einmal wissen lassen, dass sie während seiner Abwesenheit das Boot durchaus alleine durchs wilde Wasser steuern konnte. War er doch während ihres revolutionär aktiven Lebens ständig von Zuhause weggewesen.

Wenn ich die Erzählungen meiner Eltern über ihre Jugend mit den Berichten ihrer Bekannten über sie kombinierte, konnte ich mir ein ungefähres Bild von ihrer Beziehung machen. Sie begann mit einem Treffen zur Vereinigung zweier patriotischer Organisationen. Meine Mutter gehörte einer spontan entstandenen Organisation von Schülerinnen an. In den späteren Geschichtsbüchern wurde die damalige Lage mit folgendem Satz beschrieben: "*Revolutionäre Organisationen schossen wie Pilze aus dem Boden.*" Als Schülerin einer Mittelschule organisierte meine Mutter gemeinsam mit anderen Schülerinnen einen Schulstreik zur Unterstützung *Pham Tat Dacs,* der patriotische Gedichte schrieb und von der französischen Kolonialherrschaft verhaftet wurde.

Durch die Vereinigung dieser beiden Organisationen entstand im Jahr 1925 die *Gesellschaft der revolutionären Jugend,* die eine solide Macht darstellte und einen guten Ruf unter der Bevölkerung genoss. Als Vertreter dieser Gesellschaft knüpfte mein Vater Beziehungen zu anderen patriotischen Gesellschaften mit dem Ziel, größere und noch stärkere Organisationen zu bilden. Die Liebe zwischen meinen Eltern entstand aus diesen Zusammenkünften. Es war eine romantische, poetische Liebe. Hinzu kam noch der Patriotismus von Menschen, die sich mit ihrem Sklavendasein nicht abfinden wollten.

Dann kamen wir, ihre Kinder, zur Welt. Meine beiden Eltern konnten trotz ihrer politischen Aktivitäten nicht mehr ständig von zuhause weg sein und uns, die Kinder, ohne Aufsicht lassen. Einer von ihnen musste im Haus bleiben. Diese Aufgabe fiel selbstverständlich meiner Mutter zu. Sie erzog uns und machte dabei im Rahmen ihrer Möglichkeiten weiterhin Parteiarbeit, indem sie sich um die Parteifinanzen kümmerte und Beziehungen zu verschiedenen Genossen aufrechterhielt. Die Herren *Truong Chinh, Nguyen Luong Bang, Hoang Quoc Viet, Tran Huy Lieu, Xuan Thuy, Nguyen Duy Trinh, Le Quang Dao, Van Tien Dung, Le Thanh Nghi, Dang Kim Giang, Bui Lam, Dang Viet Chau...* fanden Unterschlupf in unserem Haus, als einer sicheren *Basis der Revolution.*

Welcher Sturm im Leben dieses revolutionär gesinnten Ehepaares war es nun diesmal, der meinem Vater so viel Sorge bereitete?

Ich zerbrach mir den Kopf.

Schließlich glaubte ich, den wahren Inhalt seiner Worte zu verstehen, die im Kontext der Zeit geschrieben wurden: "*Ich befürchte, dass diese Leute vor keinem Terrorakt haltmachen werden, um Menschen zur Strecke zu bringen, die es wagen, sich ihren Absichten zu widersetzen ...*"

Meine Mutter gab uns auch Ratschläge:

"Diese Geschichte ist gar nicht so einfach, Kinder. Sie ist aber auf keinen Fall von Feinden inszeniert, damit wir uns gegenseitig umbringen, wie es in der Vergangenheit einmal geschah."

Meine Mutter erinnerte daran, dass es während des Widerstandskampfes gegen die Franzosen den Fall von Gegenspionage mit der Bezeichnung H 122 gab, bei dem die vietnamesische Seite ihren Feinden auf den Leim ging und sehr viele ihrer Kader, vor allem Militärs, verhaftete. Viele von ihnen starben unschuldig.

„Die heutige Administration ist nicht mehr die unsere. Die jetzigen Machthaber nutzen unsere revolutionären Errungenschaften zu ihren Gunsten aus. Sie können sich nur noch nicht König nennen. Sie sitzen den Leuten bereits *auf dem Kopf und auf dem Hals* (im Nacken - Anm.d.Ü.). Sie werden nicht haltmachen. Wir müssen uns zum Schein stumm und taub stellen, um diese Zeit zu überleben. Wenn *sie* mich verhaften, dann muss Hien (der Autor) auf die Geschwister aufpassen. Wenn Hien verhaftet wird, dann muss Phuong (nächst-jüngere Schwester des Autors)... usw..."

Meine Mutter las nicht viele Bücher. Aber ihr reines Herz half ihr dabei, das Wesen der Dinge zu durchschauen. Und warum konnte ich nicht so weit denken? Hatte ich irgendwo in einem Winkel meiner Seele den Verdacht, dass mir mein Vater etwas verbarg? Verkehrte er mit Leuten, die einen Umsturz planten, und wurde er deswegen verhaftet? Einige Menschen hatten auch ähnlich naive Gedanken, genau wie ich. Erst später, d.h. nach meiner Entlassung, erfuhr ich die Wahrheit. Zum obigen Zeitpunkt glaubten wir etwas zu sehr an die Partei, wie man heutzutage sagt.

In der Zeit Stalins gab es nicht wenige Kommunisten, die unschuldig gelitten haben. Das ist heute bekannt. Weniger bekannt ist, dass diese Menschen nach ihrer Inhaftierung in Gefängniszellen Verbrechen gestanden und bereuten, die sie nie begangen hatten. Wissenschaftler, die diese Ereignisse später untersuchten, kamen einhellig zu der Meinung: die Ursache der frühzeitigen Kapitulation war, dass der Unterdrückungsapparat unmissverständlich wissen ließ, dass die Liquidierung sämtlicher Familien der Verhafteten bevorstand, falls sie ihr Verbrechen nicht zugeben würden. In dieser Hoffnungslosigkeit und düsteren Perspektive blieb den Gefangenen als einzige Möglichkeit nur, sich zum Schein zu ergeben, um die geliebten Menschen zu retten.

Mit einer bestimmten Absicht erzählte mir Huynh Ngu:

"Vor einigen Tagen ist Eure Frau mit den Kindern hierhergekommen und sie hat um ein Treffen mit Euch gebeten. Eure Kinder sind niedlich, nicht wahr? Eure Frau hat geweint, die Kinder haben geweint, sie alle haben Sehnsucht nach Euch. Das tut einem richtig leid. Ihr müsst an Eure Frau und Kinder denken. Wer lässt schon die Ehefrau eines Parteigegners in staatlichen Organen arbeiten? Und wie kann sie die Kinder ernähren, wenn sie ihre Arbeit verliert? Was wird mit Euren Kindern? Sie werden auf der

Straße sitzen, wenn Ihr hartnäckig bleibt, nicht bereut, und dadurch keine Vergebung durch die Partei erhaltet. Ihr müsst keine Angst vor der Strafe durch die Partei haben und daher nicht versuchen, die Verfehlungen geheim zu halten. Denkt daran, dass Ihr nicht richtig treu zur Partei steht. Die Partei *erhebt* zwar immer *den Arm, schlägt aber nicht hart.*"

An einem anderen Tag versuchte er, mich zu bewegen:

"Gebt Euch bitte Mühe! *Bruder Sechs* (Le Duc Tho - Anm. d. Übers.) hat gesagt, dass er Zeit einplant, damit Ihr zu einem Treffen mit ihm kommt. Wenn Ihr aber zu ihm kommen wollt, müsst Ihr Euch anders verhalten. Sonst geht das nicht. Wenn Ihr bei ihm seid, könnt Ihr ihn um Eure Entlassung bitten. Wer weiß, vielleicht hat er Mitleid mit Euch und lässt Euch frei ..."

"Ich verstehe nicht, was "*mir Mühe geben*" bedeutet."

"Was könnte es noch bedeuten? Das bedeutet, ehrlich zu berichten, alle Verfehlungen gegen die Partei zuzugeben. Die Partei wird es Euch nachsehen."

Mein Vater schrieb: "*Ich bin ihr (der Partei) der Verfehlungen schuldig... Durch den Mangel an Organisationsgeist habe ich ernste Fehler begangen, die für die Partei schädlich sind.*" Welche Verfehlungen gestand er? Der Mangel an Organisationsgeist. Was bedeutete der Organisationsgeist, wenn die Organisation nicht mehr die seine war? Welche ernsten Fehler machte er?

In der Zeit kurz vor unser beider Verhaftung hatte ich wegen meiner zahlreichen Dienstreisen in die Ferne nicht viel Gelegenheit, mit meinem Vater zu sprechen. Bei unseren gelegentlichen Gesprächen verstand ich jedoch, dass mein Vater endlich begriff, was parteilose Menschen schon längst begriffen hatten: die Partei war nicht mehr die Partei von früher.

Ich glaubte nicht daran, dass er ein Parteigegner im üblichen Sinn war. Schon allein der konservative Geist in der Tradition der alten chinesischen Schule hätte ihn daran gehindert, gegen die Organisation aufzutreten, deren Mitglied er einst gewesen war.

Oder war er in Aktionen gegen die Partei hineingezogen worden, ohne dass er sich dessen bewusst wäre? Hatte man ihn, den Altrevolutionär, als Aushängeschild gebraucht und ihn ausgenutzt? Nein, das war unmöglich. Er war nicht so naiv, sich durch andere ausnutzen zu lassen. Er war auch geistig nicht altersschwach. In ihm war der Glaube an die Partei noch nicht erloschen. Er hatte die Hoffnung auf eine Veränderung der Partei noch nicht aufgegeben. Für ihn schien es unmöglich, dass eine Partei, die so standhaft für unsere nationale Unabhängigkeit gekämpft hatte, nicht begreifen würde: Souveränität wäre bei Abhängigkeit vom Ausland keine Souveränität, Freiheit wäre ohne Freiheit der Gedanken keine Freiheit.

Lagen etwa die Widersprüche, die zu grausamen Unterdrückungsmaßnahmen führten, nur in der nicht einheitlichen Ansicht über den Kommunismus? Wenn Le Duc Tho rief: "*Die Partei bin ich!*" und wenn Le Duan erklärte:

"Wer nicht mit mir ist, ist gegen mich", dann war jeder, der anders als sie dachte - gleich, auf welchem Gebiet - ein Parteigegner. Und der Parteigegner musste unterdrückt werden.

Unter dem Einfluss der westlichen Kultur und dem der französischen Revolution betrieb mein Vater keinen Personenkult. Er hatte lange Zeit mit Herrn Ho (Chi Minh) zusammengearbeitet. Er respektierte ihn als standhaften Revolutionär, begabten Anführer, aber er betrieb keinen blinden Kult um Herrn Ho. Für meinen Vater gab es unter den Genossen keine Heiligen. Jeder Kommunist bekam eine Aufgabe, die er für die Revolution zu erledigen hatte. Da war sein Platz und da war sein Verdienst. Er verachtete Speichelleckerei.

Herr Ho Chi Minh war mit meinem Vater nicht derart unzufrieden, dass er ihn durch Le Duc Tho hätte einsperren lassen. In der Tat gab es zwischen den beiden Herren Unstimmigkeiten in ihren Ansichten über Fragen des Grund-und-Bodens, des Verhaltens gegenüber Intellektuellen, patriotischen Unternehmern und patriotischen Großgrundbesitzern. Le Duc Tho und möglicherweise auch Le Duan mussten ihn sehr aufgehetzt und viel Unwahres aus der Luft gegriffen haben, um Herrn Ho zu überreden, eine Reihe von verdienstvollen Revolutionären festnehmen zu lassen.

Mein Vater war der festen Überzeugung, dass der Verantwortliche für die blutigen Fehler der Bodenreform Ho Chi Minh selbst war, auf keinen Fall Truong Chinh, wie es jahrelang in den offiziellen Verlautbarungen stand. Truong Chinh war nur zugunsten des Herrn Ho auf dem Altar geopfert worden.

Um gerecht zu sein, musste man jedoch sagen, dass Herr Ho während des Widerstandskrieges gegen die Franzosen diese Bodenreform eigentlich nicht durchzuführen beabsichtigte. Angesichts der Aggression durch den Feind wollte er die Stabilität der revolutionären Administration nicht beeinträchtigen. Er war aber durch die Aufforderung von Mao Zedong gezwungen, sie durchzuführen. Die psychologische Seite dieser Geschichte spielte eine bedeutende Rolle: *man* hatte Herrn Ho in der Vergangenheit einmal Mangel an konsequenter revolutionärer Einstellung unterstellt, was er nicht noch einmal erleben wollte.

Die Bodenreform wurde also unter starkem Druck von außen beschlossen. Ihre Durchführung begann zwischen 1953 und 1954, als unsere Frontsituation im Widerstandskrieg gegen die Franzosen und die politische Lage im eigenen Land sowie in der Welt sich dafür als günstig erwiesen.

Als die Kader in der nicht direkt vom Krieg betroffenen Region der 4. Interzone, also in den Provinzen Thanh Hoa und Nghe An, während der Kampagne *"Herabsetzung von Pacht und Zinsen"*, die bereits vorher stattgefunden hatte, die Bauern aufhetzten und dazu aufforderten, wohlhabende Bauern, die man Großgrundbesitzer nannte, barbarisch zu behandeln, machte sich mein Vater eilig auf den Weg zum Staatspräsidenten. Der schockierte Herr Ho befahl die sofortige Einstellung dieses grausamen Feldzuges *Herabsetzung von Pacht und Zinsen* und entschuldigte sich bei seinem Volk mit einem Schreiben.

Zu jener Zeit nahm er also den Rat meines Vaters an, bei der späteren Bodenreform aber nicht mehr. Er wurde von chinesischen Beratern und einheimischen maoistischen Theoretikern überredet. Solange die Zentralparteizeitung ‚*Nhan Dan*‘ jeden Tag von blendenden Erfolgen der Himmel und Erde bewegenden Bodenreform berichtete, konnte er nichts dagegen unternehmen

Die Bodenreform begann mit der Erschießung einer Grossgrundbesitzerin, Frau Nguyen Thi Nam - trotz ihrer früheren aktiven Unterstützung des Widerstandskriegs gegen die Franzosen. Herr Ho als Staatspräsident hätte mit seinen Befehlen diese Frau - und nicht nur diese Frau, sondern auch andere Menschen - retten können. Aber Herr Ho wollte niemanden vor diesem Feldzug retten. Das Gerücht, wonach Ho Chi Minh in seinem Innersten gegen die Bodenreform gewesen sei und das von manchen Leuten mit der Absicht verbreitet wurde, Herrn Ho reinzuwaschen, entsprach nicht der Wahrheit. Im Rahmen dieser blutig verlaufenden Bodenreform und der parallel dazu von *Le Van Luong* geführten Kampagne der *Umgestaltung der Organisation* (Umgestaltung der Partei - Anm. d. Übersetzers) wurden Tausende von unschuldigen Personen umgebracht. Herr Ho rettete niemanden, bis sich die ganze Sache zu einem Abszess entwickelte, der schließlich platzte. Da erst wurde er wach. Aber da war es schon zu spät.

In diesen düsteren Tagen wurde mein Vater als Sekretär einer Gruppe der Parteiorganisation designiert, die eine Bodenreform leitete. Als ein Mensch, der über Erfahrung in der Arbeit mit solchen Leuten verfügte, stellte er fest, dass bei diesem Feldzug schwerwiegende Verfehlungen begangen wurden. Der Feldzug wich völlig von der Devise "Der Landarbeiter erhält Feld" ab und wurde verwandelt in ein Gemetzel um des Gemetzels willen, in einen asiatischen Massenamoklauf. In seinem Leben als Revolutionär war er viel unterwegs, hatte Kontakt zu vielen Menschen, verstand sein Land und seine Landsleute. Er glaubte nicht an die These der chinesischen Theoretiker, nach der alle wohlhabenden Bauern Großgrundbesitzer seien, die sich gegen die Revolution und den Widerstandskrieg auflehnten. Er glaubte an die patriotische Gesinnung seiner Landsleute. Gerade die wohlhabenden Bauern waren seiner Meinung nach Menschen, die den Sinn der Revolution früh verstanden, weil sie sich ihres Sklavendaseins und ihrer möglichen Befreiung durch die Revolution stärker bewusst waren als die armen Bauern und Landarbeiter, die wegen ihrer Armut und des Analphabetismus keine Beziehung zum Geist der Revolution hatten. Die wohlhabenden Bauern hatten große Verdienste um die Versorgung der Kader und der Armeeangehörigen in den Zeiten, als die revolutionäre Macht neu gebildet wurde und der Widerstandskampf im

Anfangsstadium war. Nicht die Armut führte zum revolutionären Bewusstsein. In dieser Frage vergaß man völlig, was die Auffassung der Klassiker des Marxismus war: "Das höchste Bewusstsein der Arbeiter ist nur das Gewerkschaftsbewusstsein."

Zu dem Vertrauensbruch wurde eine Theorie konstruiert: reiche Leute, die als Menschen *mit viel Herz und großem Vermögen* bezeichnet wurden, waren *zeitweilige Alliierte*, solange sie und ihr Vermögen gebraucht wurden. Diese Bezeichnungen waren Begriffe in den Schulungsmaterialien für Kader. Nachdem für die Revolution nun eine neue Epoche anbrach, in der diese Leute nicht mehr gebraucht wurden, betrachtete man sie als *Feinde*.

Noch einmal verließ mein Vater seine Arbeitsstelle und ging nach Hanoi, um Ho Chi Minh aufzusuchen. Trotz großer Schmerzen, die ihm eine Leberkolik verursachte, ging er, auf einen Stock gestützt, zum Präsidentenpalast. Laut sagte er zu Herrn Ho: "Das Blut von Landsleuten und Genossen wird vergossen. Könnt Ihr, Onkel (Ho Chi Minh), ruhig hier sitzen? Wir sind nicht gebildet, wir sind dumm, wir müssen daher gleichzeitig arbeiten und lernen, um unsere Administration aufzubauen. Durch Mangel an Bildung können wir alle Fehler machen, aber wir *haben kein Recht dazu, unsere Hände mit dem Blut von Landsleuten und Genossen zu beflecken*."

Nach dem Ende dieser von schweren Verfehlungen begleiteten Boden-reform wurden Herr Ho und seine Helfer ständig von dem Gedanken verfolgt, dass sie von allen Menschen verurteilt würden. Sie ärgerten sich jedes Mal, wenn bei irgendeinem Anlass von dieser Kampagne die Rede war. Bereits während der Bodenreform meinte Truong Chinh, dass mein Vater mit der Partei unzufrieden sei und *das Sprachrohr der Kapitalisten und Großgrundbesitzer* geworden wäre.

In der Tat war mein Vater unzufrieden. Er war mit vielen Vorgehensweisen der Partei unzufrieden, die seiner Meinung nach *unehrlich* und *unmoralisch* waren. Er war damit unzufrieden, dass die Revolution, an der er beteiligt war, schließlich zu einer *ungeordneten unaufrichtigen Gesellschaft* führte.

Er war nicht einverstanden mit der von der Partei getroffenen Entscheidung über das Verfahren mit der Bezeichnung *Nhan van-Giai pham* (Humanismus - Künstlerische Werke), durch welche viele Intellektuelle, Schriftsteller und Künstler, Menschen mit aufrichtiger patriotischer Gesinnung, unterdrückt und verschmäht wurden. Traurig sagte er zu seinen Freunden: "Ein solches Verhalten gegenüber bekannten Persönlichkeiten und Intellektuellen wird erst noch Reaktionäre aus ihnen machen, wenn sie bisher keine gewesen sind."

Mein Vater schätzte *Nguyen Huu Dang*, einen seiner Genossen aus der vorrevolutionären Zeit, wirklich sehr. Als ich aus der Sowjetunion zurückkam, fragte ich ihn deshalb nach dem Stand des Verfahrens *"Humanismus - Künstlerische Werke"*. Er sagte: "Dieses ganze Verfahren ist künstlich konstruiert worden. Nguyen Huu Dang hatte niemals die Absicht, sich gegen die Partei zu stellen. Er will nur eine bessere Durchführung der Revolution erreichen. Die Unterstellung, er sei gegen die Partei, ist nicht gerecht." Der anwesende Herr Dang Kim Giang ergänzte: "(Nguyen Huu) Dang mag Fehler haben. Doch die Partei befindet sich in einem Durcheinander, das er jetzt noch grösser macht. Das sollte nicht sein. Aber wie die Partei mit diesem Verfahren umgeht, ist sehr schlecht."

Herr (Dang Kim) Giang respektierte den ungebändigten Geist des *Gelehrten, Journalisten und Philologen* Phan Khoi *(etwa um 1887), der während des Verfahrens* Nhan van-Giai pham *geschlagen (verurteilt) wurde. Sein Name und seine bedeutenden Werke wurden danach nicht mehr erwähnt. Der Literaturkritiker* Truong Tuu *erlitt dasselbe Schicksal.* "Phan Khoi ist ein Literat im wahrsten Sinn des Wortes, der seinen Kopf immer aufrecht trägt. Man kann mit ihm diskutieren. Aber ihm den Mund zu stopfen und ihm Unwahrheiten zu unterstellen, ist sehr feige!"

Zu jener Zeit konnten sich die Kommunisten der alten Generation, unter ihnen auch mein Vater und Herr Dang Kim Giang, vom Zwang des soge- nannten *Organisationsgeistes* noch nicht befreien. Zwar waren sie mit der Parteilinie nicht einverstanden, aber sie wussten nur miteinander zu wehklagen. Sie waren allerdings traurig über gewisse Folgen der Partei- politik, respektierten aber die Entscheidung der Führung, weil diese nach ihrer Einschätzung keine allzu großen Schäden verursachte.

Aber die Politik von Le Duan, die dieser betrieb, nachdem er sich auf den Thron des ersten Mannes der Partei gesetzt hatte, ließ die Unzufriedenheit meines Vaters allmählich wachsen. Jeden Tag entfernte er sich etwas mehr von der Partei.

Mein Vater konnte es nicht gutheißen, bekannte Persönlichkeiten und Intellektuelle aus der staatlichen Administration zu entfernen und dafür unfähige und ungebildete Parteimitglieder an ihre Stelle zu setzen. Er fühlte sich schuldig gegenüber Persönlichkeiten, die er selbst im Zeitraum 1945- 1946 mit viel Mühe zur Beteiligung an der provisorischen Regierung bewegen konnte - wie die Herren *Nguyen Van To, Bui Bang Doan, Phan Ke Toai, Hoang Minh Giam, Dang Phuc Thong, Nghiem Xuan Yem, Nguyen Van Huyen, Ho Dac Di, Tran Dang Khoa, Vu Dinh Tung ....* Je gefestigter die Parteiherrschaft wurde, desto schwächer und umso stärker beschnitten wurden die demokratischen Rechte des Volkes.

Mein Vater fand es außerdem sehr schlecht, Krieg als das einzige Mittel zur Wiedervereinigung unseres Landes zu betrachten. Er war der Meinung, dass die gesamte Weltlage seit Mitte der 50er Jahre günstige Voraussetzungen für eine gewaltfreie Lösung von Konflikten bot. Ein Krieg nach dem Sprichwort *"Im Haut-Topf wird das Fleisch gekocht",* also Bruderkrieg zwischen dem Süden und dem Norden, würde jeder Familie schweres Leid bringen. Man solle deshalb aktiv nach einer friedlichen Lösung suchen und sie nicht von vornherein ausschließen. Wenn man das nicht versuche, würde man einen

Fehler begehen. Wenn man sie jedoch suche und nicht fände, dann wäre das eine andere Sache.

Im Zusammenhang mit der Frage der Wiedervereinigung unseres Landes möchte ich eine Geschichte erzählen, die nur wenigen Menschen bekannt ist: im August 1945, nach dem erfolgreichen Abschluss der Revolution, wurde Herr *Ngo Dinh Diem* festgenommen.

Ngo Dinh Diem (1901-1963) stammte aus einer Mandarin Familie. Unter dem letzten Kaiser Bao Dai war er Minister im Hof von Huế. Er wurde von der Viet Minh zuerst festgenommen, dann freigelassen und ging ins Ausland (USA, Frankreich). 1954 kehrte er nach Vietnam zurück und wurde Ministerpräsident in der Administration von Bao Dai. 1955 stürzte er Bao Dai und erklärte Südvietnam zur Republik, deren Staatspräsident er dann war. Von den putschenden Militärs wurde er 1963 ermordet.

In Hanoi wurde er nicht im Gefängnis Hoa Lo (Feuerofen), sondern im Bac Bo Phu (Palast des Nordens) festgehalten. Nach Ansicht des ehemaligen Direktors des Sicherheitsamtes von Hanoi, Herrn *Chu Dinh Xuong,* wurde dieser Ort für seine Inhaftierung von Herrn Ho Chi Minh persönlich angeordnet. Den Grund dieser Entscheidung kannte Chu Dinh Xuong nicht. Möglicherweise veranlassten Ho Chi Minh die Beziehungen, die zwischen der Familie von Herrn Ho und den Mandarinen der Nguyen-Dynastie in der Vergangenheit bestanden hatten, dazu, sich um das Schicksal von Ngo Dinh Diem zu kümmern, indem er diesen bekannten Anti-kommunisten nicht seinen jähzornigen Genossen überließ.

Mein Vater war verantwortlich für den Schlüssel von Herrn Diems Gefängniszelle. Zu jeder Mahlzeit holten Wachsoldaten den Schlüssel, um diesen Raum aufzuschließen und dem Gefangenen das Essen zu geben. Danach gaben sie ihn meinem Vater zurück. Eines Tages sagte Herr Ho zu meinem Vater: "Ich denke, wir sollen Herrn (Ngo Dinh) Diem entlassen. Wir sollten ihm Gutes tun anstatt ihm Schaden zufügen." Mein Vater beriet sich mit Le Gian, dem Verantwortlichen für die Sicherheit. Die beiden vertraten die Meinung, dass es am besten wäre, wenn Herrn Diem unter Aufsicht gestellt und in Nordvietnam leben würde, um seinen eventuellen konterrevolutionären Tätigkeiten vorzubeugen.

Ho Chi Minh schenkte dieser Meinung keine Beachtung. Er war entschlossen, den Mann zu entlassen. "Ihr habt nicht in Huế gelebt, der ehemaligen kaiserlichen Hauptstadt. Die Leute von Huế sagen: ' *Den Kaiser ohne (die Zustimmung von Ngo Dinh) Kha in die Verbannung schicken, das Grab (des Kaisers) ohne (die Zustimmung von Nguyen Huu) Bai ausheben'.* Damit war (Ngo Dinh) Kha gemeint, (Ngo Dinh) Diems Vater. "Den Sohn zugunsten des Vaters zu entlassen, ist doch eine gerechte Sache. Ihr sollt nicht kleinlich sein."

Der Vater von Ngo Dinh Diem, Ngo Dinh Kha, war früher Minister am Hof von Huế. Er stellte sich gegen die Entscheidung der französischen Kolonial-herren, den Kaiser Thanh Thai wegen seiner patriotischen Gesinnung in die Verbannung zu schicken und weigerte sich deshalb, seine Unterschrift unter ein solches Urteil zu setzen. Ein weiterer Mandarin, Nguyen Huu Bai, hatte die Unterzeichnung von Unterlagen abgelehnt, durch welche der franzö-sische Gouverneur Mahé das Mausoleum des Kaisers Tu Duc aufgrund der angeblich dort vorhandenen Schätze ausplündern wollte.

Viele Leute trafen die Feststellung, dass Ngo Dinh Diem während seiner Zeit als Präsident der Republik (Süd-)Vietnam niemals unkorrekte Worte gegen-über Präsidenten Ho Chi Minh verwendet hatte. Eine mögliche Ursache dafür war nach meiner Meinung, dass Herr Diem Herrn Ho für die Rettung seines Lebens dankbar blieb. Und das wäre nicht schwer zu verstehen.

Als sich *der Kampf zwischen den beiden Linien* verhärtete, geriet Ho Chi Minh in ein Dilemma. In diesem internen Machtkampf war er nicht ent-schlossen genug. Er bevorzugte im Innern eine ruhige Atmosphäre. Wenn etwas nicht in Ordnung war, dann sollte man darüber miteinander reden. Als Brüder ein und derselben Familie sollte man *die Tür schließen und sich gegenseitig belehren.* Man sollte einander nicht beschimpfen und noch weniger sich gegenseitig mit Gewalt bekämpfen.

Er selbst - und niemand anders - als eine der führenden Persönlichkeiten schrieb (auf *S. 232* in dem Buch *"Ho Chi Minh - Persönlichkeit der Kultur"*, *das 1991 auf Vietnamesisch im Kultur- Verlag erschienen ist):* "Wir hören von anderen vom Klassenkampf und geben dann selbst die Losung Klassenkampf aus, ohne die Voraussetzungen dafür im eigenen Land zu analysieren, um zu wissen, wie es richtig zu machen ist.

Er hatte genug von den Bildern des Klassenkampfes in Sowjetrussland, die er nach dem Tod Lenins mit eigenen Augen gesehen hatte.

Personen, die mit Ho Chi Minh zusammengekommen waren, erzählten, dieser mache sich angesichts der chaotischen Lage im (chinesischen) Nachbarland große Sorgen darüber, dass der theoretische Kampf möglicher-weise auch Vietnam in seinen Bann ziehen würde, ein Kampf, der nutzlos war und unser Land in den Zustand *"Im Haut-Topf wird das Fleisch gekocht",* also in einen Bruderkrieg führen könnte.

"Herr Ho ist sehr bekümmert über die sowjetisch-chinesischen Beschimp-fungen", erzählte mir Generalmajor *Le Liem* nach einem Treffen mit Ho Chi Minh. "Er hat mir gesagt: das sozialistische Lager hat bei den Entwick-lungsländern, die ihm ihr Vertrauen geschenkt hatten, ganz schön an Ruf verloren. Wenn wir im eigenen Haus uneinig sind, können wir die anderen nicht überzeugen..."

Als sich die Parteiführung nach der Seite Pekings neigte, wurde Herr Ho noch trauriger. Er kannte Mao Zedong, dessen hegemonialen Ehrgeiz und hegemonialen Charakter. Mit der jahrelangen Politik *"Auf dem Berg sitzen und den Kampf der Tiger beobachten"* hetzte dieser die Sowjetunion gegen die USA auf. Nun spornte er Vietnam dazu an, in diesen Kampf zu ziehen. Mao Zedong war bereit, im Kampf gegen den *Papiertiger* (gemeint waren die USA) auch den letzten Vietnamesen zu opfern. Und das begriff Ho Chi Minh besser als jeder andere.

Ich habe mehrere Schriften gelesen, in denen Ho Chi Minh wegen der angeblichen Teilung unseres Landes verurteilt wurde. Ich denke, dass das nicht der Wirklichkeit entsprach. Als die Delegation der Demokratischen Republik Vietnam zu den Genfer Verhandlungen über die Indochina-Frage fuhr, war das Thema 'Teilung des Landes' nicht Bestandteil der Reise-unterlagen. Herr Ho Chi Minh wollte eine solche Lösung auf keinen Fall. Diese Landesteilung als eine friedliche Lösung der Indochina-Frage wurde uns von den Großmächten, allen voran von China, aber auch von der Sowjetunion und den USA aufgezwungen. Unter diesem ungeheuren Druck musste Ho Chi Minh nachgeben. Außerdem war der Zeitpunkt gekommen, nach all den vielen Jahren die Kriegshandlungen einzustellen.

Das war die Feststellung meines Vaters, der sich in diesem historischen Zeitraum in unmittelbarer Nähe von Ho Chi Minh befunden hatte. Nach Ansicht meines Vaters beabsichtigte Herr Ho tatsächlich nicht, das Land mittels Gewalt zu vereinigen. Er war vielmehr der echten Überzeugung, dass nach der zwei-jährigen provisorischen Teilung des Landes (gemäß dem Genfer Abkommen) allgemeine Wahlen stattfinden und der sichere Wahlerfolg dabei den Kommunisten gehören würde. Vor allem wollte mein Vater in der Bewertung seiner Person am Prinzip der Gerechtigkeit festhalten. Nachdem nicht konforme Kommunisten festgenommen worden waren, wurde Herr Ho von vielen verurteilt. Manche unterstellten ihm sogar, kriegslüstern oder blutdurstig zu seinen - Eigenschaften, die ihm in Wirklichkeit fremd waren. In bestimmten Fragen stimmte mein Vater mit Herrn Ho nicht überein, war aber mit solchen Verurteilungen nicht einverstanden. Er erzählte, dass Herr Ho während der Zeit, als sich die Staatsführung in den Wäldern von Viet Bac - einer gebirgigen Gegend in Nordvietnam - aufhielt, vor jeder großen Schlacht nervös und unausgeglichen war und unentwegt rauchte. Manchmal blieb er die ganze Nacht wach. Ho Chi Minh verstand sehr genau, dass für die Erfolge auf dem Schlachtfeld das Blut von Soldaten und Zivilisten vergossen werden musste. Unter den Kommunisten seiner Generation gehörte Ho Chi Minh wahr-scheinlich zu denjenigen, die den Krieg am wenigsten wollten.

Le Duan gehörte zu einer vollkommen anderen Art von Menschen. Er wurde groß dank des Krieges. Ohne diesen Krieg wäre Le Duan nicht Le Duan gewesen. Er zögerte nicht, Ho Chi Minh gering zu schätzen, weil dieser es nicht wagen wollte, zur Befreiung des südlichen Landesteiles und zur Vereinigung unseres Landes Gewalt anzuwenden. "Ihr (Ho Chi Minh) seid noch unentschlossen. Aber ich hatte im Süden schon alles vorbereitet, bevor ich in den Norden gegangen bin. Für mich gibt es nur eines: Krieg und wieder Krieg, bis zum Endsieg."

Mein Vater war weiterhin der Meinung, es sei ein schwerer Fehler der Parteiführung, die chinesische Befreiungsarmee nach Vietnam einzuladen.

Hoang Van Hoan, zum Zeitpunkt des Geschehens Mitglied des Politbüros der (kommunistischen) Partei der Arbeit Vietnams, gab in seinem Buch "Ein Tropfen Wasser im Ozean" auf Seite 345 an: " ...Entsprechend der Bitte des Präsidenten Ho und des Zentralkomitees der Partei der Arbeit Vietnams entsandten Vorsitzender Mao und das ZK der KP Chinas seit 1965 bis 1970 mehr als dreihunderttausend chinesische Soldaten ... nach Vietnam".

Als Zeitungsreporter hatte ich mehrfach die Gelegenheit, in der Region Viet Bac und in der Bergwerksregion zu verweilen. Zuhause erzählte ich meinem Vater von meinen Erlebnissen. Einwohner der gebirgigen Gegend von Viet Bac durften kein Holz mehr aus ihren heimatlichen Wäldern holen, wo nun die chinesischen Truppen stationiert waren. Bergleute durften den Weg zur Arbeit nicht mehr abkürzen, da der kürzere Weg über Gelände führte, das den Chinesen übergeben wurde. Sie wurden dabei von chinesischen Soldaten vertrieben. Als er diese Geschichten hörte, kamen ihm die Tränen.

Mein Vater sorgte sich wegen der Abhängigkeit unseres Landes vom Ausland. Er versuchte, die führenden Köpfe, seine ehemaligen Genossen seit der vorrevolutionären Zeit, vor der expansionistischen und hegemonialen Politik unseres Nachbarlandes zu warnen, das schon in der Geschichte über Vietnam geherrscht hatte. Diese Leute hörten ihm mit einem nichtssagenden und geringschätzigen Lächeln zu. Die Staatsangelegenheiten wurden von ihnen geregelt. Sie brauchten seine Ratschläge nicht.

Er war darüber empört, dass Nguyen Chi Thanh, der zu jenem Zeitpunkt die echte Macht über die Armee in der Hand hielt, beim chinesischen kartographischen Amt die Herstellung von vietnamesischen Karten für den Artillerie-gebrauch im Maßstab von 1/1000 bestellte. "Das ist Staatsgeheimnis. Kein Land der Welt würde es einem anderen freiwillig übergeben. So eine Idiotie! So ein Fehler!" rief er verärgert.

Er beklagte sich über verschiedene Maßnahmen, die dem Volkswillen entgegengesetzt waren, so auch über die Diskriminierung von Nicht-Parteimitgliedern bei der Anstellung im Staatsapparat. Die Parteiführung setzte sich über seine Meinung hinweg. Man hörte die Kritik nicht gern. Er musste sich damit begnügen, Gespräche über solche Probleme mit pensionierten Genossen, seinen alten Bekannten, zu führen, die ihn oft besuchten. Er dachte, wenn alle versuchen würden, die Zentrale vor dem Ergreifen von unpopulären Maßnahmen zu warnen, dann würde die Zentrale diese Ratschläge befolgen. Er war davon überzeugt, dass er die richtigen Gedanken zum Schutz der Revolution verträte. Er betrachtete es nicht als Verbrechen, dass Kommunisten Meinungen über die Probleme des Staates äußerten.

In dieser Frage verwechselte mein Vater allerdings den Zeitpunkt. Das Jahr 1964 hatte mit dem Jahr 1946 nichts gemein. Der Staat und die Staatsmacht gehörten nicht mehr allen Bürgern.

Nein! Ein Mensch wie mein Vater konnte nicht feige sein. Es musste eine Ursache geben, die dazu führte, dass er anders gehandelt hatte als sein Wesen es ihm vorgab.

Wenn er schrieb, er sei "... *ihr (der Partei) der Verfehlungen schuldig",* dann wollte er unterstreichen, dass er *niemandem etwas schuldig ist außer der Partei.* Er trug keine Schuld, weder dem Volk noch dem Vaterland gegenüber. Ich dachte, dass ich diesen Brief in diesem Sinne interpretieren musste. Er schrieb weiter *"...habe ich ernste Fehler begangen, die der Partei schädlich sind"* und wollte damit sagen, dass *diese Fehler nur der Partei schädlich seien.* Die machthabenden Leute der Partei nahmen ihn fest, weil er *sich ihnen gegenüber schuldig gemacht hatte.*

Es war auch möglich, dass er mit seinem Geständnis Le Duc Tho täuschen wollte, damit Tho gegen ihn ein gerichtliches Verfahren einleitete. In diesem Fall würde er die Gelegenheit haben, seine politischen Ansichten kundzutun, den Bürgern das zu sagen, was er sagen wollte. Leider war das nur eine Illusion oder ein naiver Gedanke eines Menschen, der von der Außenwelt abgeschnitten war. Le Duan und Le Duc Tho würden es revolutionär denkenden Menschen niemals gestatten, den Mund aufzumachen, um etwas anders auszusagen als die Wiederholung der von ihnen ausgegebenen Dogmen.

Er verstand, dass Le Duc Tho in diesem künstlich fabrizierten Verfahren die Hauptrolle spielte. Den Charakter von Tho kannte er seit der Zeit ihrer gemeinsamen Gefangenschaft in Son La nur zu gut. Tho hatte mehrfach versucht, den Ruf von anderen revolutionären Veteranen schlecht zu machen, um den eigenen zu erhöhen. Ein Beispiel dafür war der Versuch von Tho, einige übereifrige Genossen dazu zu überreden, Herrn Tran Huy Lieu, ein ehemaliges Mitglied der Nationalen Volkspartei (Viet Nam Quoc Dan Dang), unter Druck zu setzen, um den von dieser Volkspartei angeführten Aufstand von Yen Bai (1930) als *unbesonnen* zu verurteilen. Herr Tran Huy Lieu reagierte wie ein mutiger Intellektueller. Er lehnte es glatt ab, einen Bericht mit einem solchen Inhalt vorzutragen. Er wollte nicht den Standpunkt eines Außenseiters einnehmen, um seine ehemaligen im Aufstand umgekommenen Kampfgefährten zu verurteilen. Er sagte mir, dass die Opfer unter den Mitgliedern der Volkspartei beim misslungenen Aufstand die patriotische Gesinnung im Volk wachgerufen hatten. *Nguyen*

Thai Hoc, Gründer der Nationalen Volkspartei, hatte den tragischen Ausgang des Aufstands mit einem berühmten Satz vorausgesehen: "Wenn die Aktion misslingt, dann gelingt es uns diesmal, Menschen zu werden."

Soweit der Charakter von Le Duc Tho. Mein Vater verdächtigte ihn damals wahrscheinlich auch dunkler Beziehungen zum (französischen) Provinzgouverneur *Coussot.* Nach den Erzählungen von ehemaligen Häftlingen aus Son La wurde der Gefangene Le Duc Tho von Coussot in diesem Zeitraum als Hausdiener angestellt. Genau in jenem Zeitraum wurden etliche Geheimaktivitäten der Häftlingsführung von der Behörde aufgedeckt. Den gleichen Verdacht wie mein Vater hatte auch General Dang Kim Giang. Aber die beiden schwiegen. Angesichts eines Le Duc Tho, der über die Macht verfügte, über Leben und Tod zu entscheiden, war das Schweigen richtig. Trotz der gemeinsamen Gefangenschaft in Son La zählte mein Vater Tho nie zu seinen Freunden. Für Dang Kim Giang galt das gleiche. Er betrachtete Tho als Emporkömmling.

Mit dem Brief wollte mich mein Vater offensichtlich vor dunklen Plänen eines *künstlichen* Verfahrens warnen. Er betonte, dass es ihm lediglich an *Organisationsgeist* mangelte. Er gab mir den Rat, die Zeit zu verstehen, mich zu beugen, indem ich meine Fehler zugeben solle. *Fehler und Verfehlungen, aber keine Verbrechen zugeben,* betonte er. Er riet mir weiter, in dieser *Wende der Revolution* nicht stur zu bleiben. Diese in einer bescheidenen Weise nieder-geschriebenen Worte waren dafür gedacht, den eigentlichen Inhalt seiner Ratschläge zu verschleiern, so dass die Polizisten seine wahren Absichten nicht verstehen konnten.

Es war nicht auszuschließen, dass es Le Duc Tho nicht gelungen war, den Willen meines Vaters zu brechen, und zwar im Hinblick auf ein Geständnis (für ein bestimmtes Verbrechen), das Le Duan und Le Duc Tho benötigten, um ihre Gegner niederzuschlagen, und dass Tho meinen Vater deshalb dazu zwang, mir einen Brief zu schreiben, der als Druckmittel gegen mich verwendet werden konnte oder der mich veranlasste, irgendetwas zuzugeben. Und wenn ich es zugeben würde, so würde man genau mein Geständnis als Druckmittel gegen meinen Vater, gegen General Dang Kim Giang und andere Gesinnungsfreunde verwenden.

"Ihr braucht Euch keine große Sorge zu machen." sagte Huynh Ngu zu mir. "Das vietnamesisch-sowjetische Krankenhaus (das für hohe Funktionäre reservierte Krankenhaus - Anm. d. Autors) hat uns die medizinischen Unterlagen Eures Vaters übergeben. Die gesundheitliche Versorgung für Euren Vater übernimmt der *Zentrale Ausschuss zum Schutz der Gesundheit (für Funktionäre* - Anm. d. Übersetzers). Und wo gibt es in diesem Land mehr Medikamente als im Zentralen Ausschuss zum Schutz der Gesundheit? Man kann sagen, was man will, Euer Vater ist nach wie vor ein revolutionärer Veteran, er hat Anrecht auf verschiedene Dinge. Er wird medizinisch ordentlich versorgt. Um es richtig zu sagen, hat er sich in den ersten Tagen nicht sehr wohl gefühlt. Jetzt fühlt er sich wieder normal ..."

"Darf ich meinem Vater schreiben?

"Ich denke ja."

"Darf ich den Brief behalten?"

"Nein. Wenn Ihr mit dem Lesen fertig seid, gebt ihn mir bitte zurück. Wollt Ihr ihn noch einmal lesen? Wenn Ihr allein wärt, würde ich ihn Euch mitnehmen lassen."

Das Verfahren musste also noch geheim gehalten werden. Weswegen?

"Ich wiederhole: Ihr dürft dem Zimmermitinsassen von Eurem Verfahren nichts erzählen. Dieses Verfahren gehört zum *Parteigeheimnis!*"

Aha! Worin ich untergebracht wurde, war ein Zimmer, keine Gefängniszelle!

Ich versuchte es zu verstehen, verstand aber nicht, was Huynh Ngu meinte. Die Verhaftung war doch allen Leuten bekannt. Trotzdem gehörte das Verfahren zum *Parteigeheimnis!* Echt lächerlich!

"Auch den Wächtern dürft Ihr nichts erzählen. Wisst Ihr, was Geheimhaltung bedeutet?"

"Ich weiß es."

Nach dem Rauchen einer Zigarette wurde mir schlecht. Kalter Schweiß trat auf meine Stirn. Der glatzköpfige Dorflehrer war fertig mit der Zubereitung einer Kanne Tee. In dieser Kunst war er weitaus schlechter als Huynh Ngu. Der Tee war schrecklich dünn. Ich trank gleich zwei Becher.

"So sind die revolutionären Veteranen, wie zum Beispiel Euer Vater", versuchte Huynh Ngu mich zu überreden. "Wenn sie die Wahrheit noch nicht begriffen haben, sind sie starrköpfig. Wenn die Partei sie aber überzeugt hat, dann üben sie Selbstkritik nach der bolschewistischen Art, die hoch zu schätzen ist. Wir von der jüngeren Generation müssen von ihnen noch viel lernen. Denkt Ihr, dass wir nichts davon gewusst hätten, wie er von den Franzosen wochenlang auf alle möglichen Arten wie Schläge, Elektroschock, *Fliegen* (In der Luft hängen - Anm. d. Autors), *U-Boot* (Ins Wasser stecken - Anm. d. Autors) gequält worden war, ohne dass er gestanden hatte? Wir haben doch alles gewusst. Hier wird er von der Partei befragt und er hat restlos gestanden und nichts zurückgehalten ..."

Was sollte mein Vater getan haben, um das restlos gestanden zu haben? Ich konnte mich noch daran erinnern, dass mein Vater, als Hoang Minh Chinh festgenommen worden war, zu Herrn Le Gian gesagt hatte: "Wieso hat man den (Hoang Minh) Chinh verhaftet? Was hat er getan?" Zur Antwort lachte Le Gian nur traurig. Vor dem Abschied sagte er zu meinem Vater: "Eine neue Zeit hat bereits begonnen, nämlich die Zeit, in der *man sich in der Öffentlichkeit hinhockt und auf das Gesetz sch....* Ob wir selbst in Ruhe gelassen werden, ist fraglich."

"Wie denkt Ihr über den Brief Eures Vaters?" fragte Huynh Ngu.

Ich dachte mir, dass ich mich nicht so schnell ergeben dürfe, weil das möglicherweise einen Verdacht hervorrufen könnte. Nach kurzem Schweigen fragte ich leise in müdem Ton:

"Können wir für heute Schluss machen?"

"Seid Ihr müde?"

"Nein. Ich möchte jetzt allein sein."

Huynh Ngu war nicht zufrieden. Aber er gab nach.

"Gut, Ihr könnt gehen", sagte er mitleidig. "Denkt bitte gründlich nach. Wir werden weiter machen. Ich hoffe, dass Ihr verstanden habt."

Auf dem Rückweg ließ mich Hach auf dem Hof vor dem Zellenkomplex warten. Er ging ohne Eile in den Dienstraum und holte einen Hocker. Ich sollte mich darauf setzen. Dann nahm er die Friseurutensilien heraus und fing an, damit meine Haare zu schneiden, ohne dass er mir ein Tuch um den Hals gebunden hatte. Nach der Fotoaufnahme und der Abnahme meiner Fingerabdrücke gab mir das Haareschneiden im Gefängnis nun das Gefühl, dass ich noch lange Zeit an diesem Ort zu verweilen haben würde. Hach war sehr linkisch. Ein richtiger Friseuranfänger. Das Haarschneidgerät riss die Haare buchstäblich ab und bereitete mir unerträgliche Schmerzen. Mein Bart war lang. Und er schob mit aller Gewalt das Gerät dagegen, so dass sich das Gerätemesser von der Oberlippe in Richtung Nase bewegte und gegen die Nase stieß. Ich musste den Kopf so weit wie möglich nach hinten strecken und den Körper so lang wie möglich machen, damit ich nicht verletzt wurde. Hach merkte nicht, dass er mir Schmerzen bereitete. Er war in Hochstimmung und pfiff sogar eine Melodie. Mit einer Schere hätte meine Haare er besser schneiden können. Ich dachte, er wolle mich danach rasieren, wie man es im Friseurgeschäft üblicherweise machte. Aber er hatte nicht die Absicht, mich zu rasieren.

Ich saß da und überließ ihm meinen Kopf. Er konnte damit machen, was er wollte. Unter den Haarbüscheln, die nacheinander auf den Boden fielen, fand ich inmitten der schwarzen etliche graue Haare. War die Geschichte mit Ngu Tu Tu wahr, dessen Haare nach einer Nacht der Überlegung völlig grau geworden waren? Und wie viele Nächte hatte ich hinter mir? Bei der Friseurarbeit offenbarte Hach sich mir gegenüber:

"Ich habe noch genau zwei Jahre bis zur Rente. Wenn man zurückblickt, merkt man erst, dass das menschliche Leben sehr schnell vergeht. Die Zustimmung von *oben* habe ich gekriegt."

"Wieso? Sie sind doch noch jung."

"Nein, nicht mehr jung. Ich bin schon dreiundfünfzig."

"Das ist jung genug. Sie haben bestimmt noch sieben Jahre Arbeit vor sich."

"Bei mir ist das anders. Entscheidend ist meine Leistung. Es ist weder eine Altersrente noch eine vorverlegte Rente. Ein mittelmäßiges Ding. Die lange Arbeitszeit und die Verletzungen werden hinzu gerechnet ..."

"In welcher Division haben Sie früher gedient?"

"Ich? Zuerst in der lokalen Truppe, später in der 320 (Division Nr. 320 -

Anm. d. Übersetzers). Sind Sie auch in der Armee gewesen?"

"Ja."

"Als Rentner muss ich mich nach einer Tätigkeit umschauen, die mich ernährt. Wie Sie wissen, wird die Rente nicht reichen. Die Partei lehrt uns, uns selbst aus eigener Kraft zu versorgen. Man kann sich nicht auf den Staat verlassen. Das ist sehr richtig. Ich habe ganz genau gerechnet. Sobald ich das Rentenheft in der Hand halte, werde ich ein Friseurgeschäft aufmachen, direkt am Eingang zum Markt meines Dorfes. Eine sehr schöne Stelle. Ich habe nur Angst, dass mir jemand zuvorkommt ..."

"Zwei Jahre sind lang."

"Ich habe meine Fühler ausgestreckt. Die Parteileitung und die Verwaltung haben schon zugestimmt. Man will die Stelle für mich aufheben. Es ist gut, dass der Parteisekretär ein Verwandter von mir ist ..."

"Dann ist es wunderbar."

"Ich schneide Ihnen die Haare, nur um zu üben, damit meine Hand besser wird. Denn für die Gefangenen Haare zu schneiden gehört nicht zu meiner Aufgabe. Da gibt es andere Leute ..."

So so. Der Herrscher dieses Zellenkomplexes war also einer meiner Armee-Mitkämpfer. Er war dabei, seine letzten revolutionären Tage zu vollenden, bevor er ins zivile Alltagsleben zurückkehrte, in dem er die größte Hoffnung auf ein von vielen Kunden besuchtes Friseur-geschäft setzte.

Für mich wäre es besser gewesen, genau wie er nur das einfache Leben eines Normalbürgers mit kleinen Wünschen zu leben.

13

Ministeriumsschnaps

Etwas Ungewöhnliches geschah, das den eintönigen Ablauf unserer langweiligen Gefängnistage unterbrach. Am darauffolgenden Tag brachte uns der *Bote des Friedens* anstelle der kalten madigen Bataten zwei Frühstücksportionen, die in Zeitungspapier eingewickelt waren.

Zu diesem Zeitpunkt war es in unserer Zelle noch dunkel. Die Lampe, die uns mit ihrem grellen Licht die ganze Nacht quälte, wurde aus Sparsamkeitsgründen gerade jetzt ausgeschaltet, als wir das Licht mehr denn je gebraucht hätten. Dennoch entdeckte ich dank des durch die Lüftungsöffnung durchscheinenden schwachen Lichtes in diesem Zeitungspapier zwei winzige Brötchen, die knapp grösser waren als die Minibananen.

Man musste sie eben blindlings essen. Blind zu essen hatte durchaus seinen Vorteil: man ersparte sich den Ekel, in diesen Happen etwas Fürchterliches zu entdecken, beispielsweise Dreck oder Käferchen. Es war gerade die Zeit, in der unser Land aus dem Ausland ausreichend Weizenmehl als Hilfslieferung erhalten hatte, das aber nun in feuchten Lagern herumgammelte. Dadurch wurde das Getreidemehl entweder schimmelig oder es war voller Käferchen. Diese harmlosen friedfertigen Käferchen gefährdeten zwar keinesfalls die Verdauung, aber irgendwie ließen mich die gekochten Weizenklösse mit den toten Käferchen frösteln.

Ich fasste eines der Brötchen an und stellte mit Verwunderung fest, dass es noch warm war. Beim ersten Biss war meine Verwunderung noch grösser, denn es war nicht das säuerliche Brötchen, das ich oft gegessen hatte, sondern ein schönes weißes, wunderbar riechendes Brötchen, das sogar mit Leberwurst belegt war.

Lecker, lecker!

Nachdem ich Thanh ein Brötchen geschenkt hatte, verschlang ich das andere. Dieses lieblich schmeckende Brötchen zerfloss wie ein Traum in meinem Mund.

Tatsächlich schmeckte dieses Brötchen unglaublich gut. Ich schreibe das nicht vom Standpunkt eines ständig hungrig gehaltenen Zellengefangenen, für den jedes Essen gut war. Es schmeckte tatsächlich gut, auch wenn ich mich außerhalb des *Feuerofens* befunden hätte. Das Weizenmehl war weich und roch gut. Die Leberwurst war erstklassig. Ich hatte das Gefühl, noch nie im Leben ein so schmackhaftes Frühstück genossen zu haben. Bedauerlich war nur, dass es gleich wieder alle war. Zu dieser Zeit war die Menge der Lebensmittel in Hanoi, wie es die Politiker ausdrückten, nicht "*ergiebig*". In den staatlichen Gaststätten gab es nur eine einzige Art von Suppe, die Reisnudeln enthielt, aber kein Fleisch. Für eine Schale Suppe musste man manchmal bis zu einer halben Stunde lang Schlange stehen. Sicher gab es irgendwo *versteckte Kneipen* mit allerlei Delikatessen: gebratene Vögel, mit Lotoskernen geschmortes Hähnchen, mit Heilkräutern geschmorte Ente, Schildkröte, Spezialzubereitung von Blutsuppe, Innereien... Doch auch wenn sie *versteckt* waren, so waren diese *versteckten Kneipen* dennoch nicht für unsereinen, die Funktionäre mit den kleinen Gehältern, bestimmt. Wenn ich deshalb diese mit Leberwurst belegten Brötchen über alle Maßen lobpreise, so war das keine Übertreibung.

Dieses luxuriöse Frühstück innerhalb der Mauern des *Feuerofens* ließ Thanh nicht minder staunen. Bedächtig genoss er in der morgendlichen Kälte das noch warme Brötchen und fragte mich:

"Sehr seltsam. Weswegen bietet man uns so etwas Teures an? Ist etwa der Krieg zu Ende, ohne dass wir es erfahren haben?"

"Wenn der Frieden da wäre, dann müsste es im Feuerofen Lärm geben. Übrigens wäre das Kriegsende keine Information, die geheim gehalten werden müsste."

"Kommt etwa eine Kontrollgruppe?"

"Vor einer Kontrolle hat man hier überhaupt keine Angst. Jede Gruppe muss vor dem Innenministerium Angst haben."

"Und eine internationale Kontrolle, zum Beispiel durch das Rote Kreuz? Diese Leute können die Kriegsgefangenen besuchen und wollen dabei erfahren, wie unsere Häftlinge leben."

"Das ist sehr unwahrscheinlich." Ich lachte über Thanhs Fantasie. "Auch wenn das Internationale Rote Kreuz so etwas vorschlagen würde, so würde man sagen: Das sind unsere inneren Angelegenheiten. Ihr habt damit nichts zu tun."

"Das stimmt."

Wir suchten nach allen möglichen Gründen. Wir hegten alle möglichen Vermutungen. Die eine negierte die andere. Keine bestand die Prüfung.

In mir blitzte eine Frage auf: hingen diese Brötchen etwa mit dem Brief meines Vaters zusammen oder mit meiner gefügigen Haltung nach dem Lesen seines Briefes?

Mir war elend zumute. Das also war der Preis der Kapitulation. Ein Kloss steckte mir im Hals. Die Tränen kamen.

"Wie viel würde ein solches Brötchen draußen kosten?"

Diese Frage stellte Thanh, nachdem kein Grund für andere Vermutungen mehr übriggeblieben war.

"Ich weiß nicht. Ich weiß nicht einmal, wo es zu kaufen ist."

Die besten Brötchen in Hanoi, die mit Bratenfleisch, Schinken oder Leberwurst belegt waren, gab es im Laden von *Nguyen Sinh*. Ich hatte dort vor einigen Monaten gegessen. Mein Geschmack konnte sich inzwischen nicht sehr viel verändert haben. Aber ich musste feststellen, dass das heute genossene Brötchen bedeutend besser schmeckte als die von Nguyen Sinh. Es musste ein Brötchen sein, das von einem Spezialbetrieb aus hochwertigem Material hergestellt wurde. Ich gehörte jedoch zum einfachen Volk und war eigentlich nicht befugt, etwas zu genießen, was nicht für das einfache Volk vorgesehen war.

Die Bewohner von Hanoi wussten, dass es in der Stadt *Sonderverkaufsläden* für Leute mit *Sonderkaufheften* gab. Funktionäre der mittleren Klasse kauften im Laden in der Kirchstraße (Pho Nha Tho) ein. Funktionäre vom Rang eines stellvertretenden Ministers aufwärts kauften im Laden der Straße Ton Dan ein. Dieser Laden in der Hang-Trong-Straße bediente ausschließlich ausländische Experten und Funktionäre der oberen Klasse. Die Leiterin dieses Ladens war die jüngere Schwester Le Duc Thos. Die Warenangebote dieser Sonderläden stammten meistens aus dem Ausland. Sie wurden mit Hilfe der ausländischen Hilfsgelder erworben. Dem einfachen Volk wurden sie nicht angeboten. Sie waren selten, aber preiswert. Nur in diesen Läden gab es Schokolade, Käse, gute Stoffe, Parfüms ... .Die Sonderkaufhefte hatten nicht nur einen praktischen Wert. Ihre Inhaber fühlten sich in ihrem Stolz bestätigt.

Ich hatte einmal die Gelegenheit, ein Bruchstück des Dialogs zwischen zwei Ehefrauen von hohen Funktionären zu hören:

"Wohin gehen Sie?"

"Ich gehe zur Kirche (zum Laden in der Kirchstraße - Anm. d. Übers.)."

"Wieso? Müssen Sie immer noch zur Kirche? Ich dachte, Sie gehen seit langem zum (Laden von) Ton Dan. Wir gehen schon seit zwei Jahren dorthin. Sprechen Sie am besten mit Ihrem Mann, dass er um eine Unterredung mit Bruder Sau (Le Duc Tho - Anm. d. Übers.) bitten soll. Er braucht nur um eine Stufe (in der Gehaltsliste - Anm. d. Übers.) höher zu steigen. Das ist nicht schwierig. Bruder Sau wird es schon genehmigen. Sie werden es dann viel leichter haben. Es tut mir richtig leid."

Die von der Revolution verteufelte feudale Ordnung wurde mit einer anscheinend logischen, jedoch schwerlich zu akzeptierenden Erklärung wiedererrichtet: die leitenden Funktionäre sollten ihre Gesundheit erhalten, damit sie dem Volk dienen konnten.

Das Verspeisen dieses wohlschmeckenden Brötchens erinnerte mich an das Trinkgelage bei *Nguyen Tuan* in der Tran-Hung-Dao-Straße. Ein reiner Zufall war das damals. Der alte Schrift-steller sah mich in der Nähe des Volkstheaters spazieren gehen und nahm mich ohne vorherige Verabredung mit zu sich nachhause. Aus einer Ecke neben dem Tisch holte er eine Flasche klaren Schnaps heraus. Feierlich füllte er zwei Gläser. Ich nahm einen Schluck. Genau beobachtete er mein Gesicht:

"Schmeckt es?"

"Lieber Onkel, hervorragend."

Nguyen Tuan lachte verstohlen und flüsterte mir zu:
"Das ist der *Ministeriumsschnaps.*"
Ich staunte. *Ministeriumsschnaps,* was ist das?

Ich bin kein Nachkomme von *Luu Linh* (eine legendäre, Alkohol trinkende Gestalt) und habe durch die Aufklärung von älteren Personen nur ein klein wenig vom Alkohol verstehen gelernt. Nguyen Tuan mochte den Schnaps aus dem Dorf *Van,* besser gesagt, den Schnaps, der von einem bestimmten alten Bauern dieses Dorfes gebrannt wurde. Er lobte auch den Schnaps aus der Gegend von *Truong Xa,* aber nur mäßig. Der Schnaps von *Truong Xa* schmecke gut, sei aber etwas scharf. Auch den Schnaps aus der Gegend von *Kien Lao*, den ich ihm oft schenkte, mochte er. Der Schnaps aus *Kien Lao* sei süßlich und besitze einen verborgenen Duft. Nun lobte er da einen mir völlig fremden Schnaps, von dem ich noch nie gehört hatte.

Nguyen Tuan sah mich erheitert an:
"Ihr versteht nicht, was *Ministeriumsschnaps* heißt, stimmt's?"
"Das stimmt."
"Das heißt: *Schnaps, der vom Ministerium für öffentliche Sicherheit gebrannt wird!*" Nguyen Tuan betonte jedes einzelne Wort. "Ich gebe ihm den Namen *Ministeriumsschnaps*, um ihn von allen anderen Schnäpsen, ob staatlich oder nicht staatlich gebrannten, zu unterscheiden. *Viet Hung* hat mir zwei Flaschen geschenkt. Das ist beste Qualität. Nur Schnäpse, die nicht käuflich zu erwerben sind, können so gut schmecken."

Er hielt mir eine Vorlesung über das volkstümliche Schnapsbrennen, über die Verwendung von Fermenten und allen möglichen Arten von Heilkräutern. Wenn man ihm zuhörte, hätte man denken können, dass er ein professioneller Schwarzbrenner wäre. Bei jedem Wiedersehen mit Nguyen Tuan lernte ich etwas Neues, das nicht jedem bekannt war. Ich brauchte nur die Themen anzusprechen, die er beherrschte. Dabei musste ich mir aber alles merken und durfte auf keinen Fall Notizen machen; denn sonst wäre er wütend geworden: "Wollt Ihr über mich berichten, ja?"

"Viet Hung war in der letzten Zeit sehr oft bei mir. Kaum war ich knapp an Schnaps, da kam er mit neuen Flaschen. Ist das nicht schön?" Nguyen Tuan kehrte zu dem begonnenen Thema zurück. "Jedes Mal der selbe Schnaps. So ein ärmlicher Funktionär wie ich hat kein Geld, um ständig guten Schnaps zu haben. Ich bin froh, wenn ich überhaupt welchen haben kann. Aus Van Dien: gut; aus Lang Van: umso besser. Die Hauptsache ist, dass ich welchen habe, um ihn einem Gast anbieten zu können. Dieser Schnaps hier ist aber kein normaler; er wird als 'Arbeitsmittel' bezeichnet. Ich habe ihm gesagt: 'Wir sind gleichaltrige Freunde. Sprechen wir über die Literatur und über die Hobbys der jüngeren Leute. Das ist gut. Sprechen wir nicht über Politik. Ich kriege Kopfschmerzen davon.' Er hat eine Weile erzählt und ist dann weggegangen. Den Schnaps hat er zurückgelassen. Er hat ganz schön viel Ahnung."

201

Den Begriff "Ministeriumsschnaps" kannten nur sehr wenige Leute, nur diejenigen nämlich, die ihn bei Nguyen Tuan oder Van Cao (Komponist, Autor der vietnamesischen Nationalhymne - Anm. d. Übers.) zu trinken bekamen, denn Viet Hung schenkte ihn - nach meinem Wissen - nur diesen beiden Männern.

Viet Hung arbeitete im Innenministerium, aber in welcher Abteilung, das wussten weder ich noch meine Bekannten. Wir wollten nicht fragen und er selbst erzählte es auch nicht. Als geselliger Mensch und Mensch mit großem Wissen machte er bald Bekanntschaft mit mehr oder weniger starrköpfigen Schriftstellern und Künstlern wie Van Cao, Nguyen Tuan, Nguyen Sang, Dang Dinh Hung, Tu Phac, Kim Lan ... Es wurde getuschelt, dass er - ein *tauchender Fisch* - als *schwimmender Fisch* tätig sei. Manche Leute sagten, man könne aber trotzdem mit ihm verkehren. Es sei doch besser, er berichte, als dass dies *tauchende Fische* tun würden, die *Analphabeten* wären. Wenn man nichts Unrechtes tue, brauche man keine Angst zu haben.

Das sagte man zwar so, aber im Grunde genommen war man als Schriftsteller und Künstler in seinen Beziehungen zu Viet Hung verängstigt. Da ich selbst eine langjährige Beziehung zu Viet Hung hatte, konnte ich später feststellen, dass unsere übertriebene Angst wegen des Umgangs mit ihm pathologisch war. Diese Angst war ein Teil der allgemeinen Angst der Bevölkerung vor einem Regime, das für jeden Menschen und jede Familie eine starke Gefahr darstellte. Einmal empfahl mir Nguyen Tuan im Flüsterton, die Konjugation des Verbs *"Angst haben"* in allen Lagen auswendig zu lernen: *ich habe Angst vor dir, du hast Angst vor mir, er hat Angst vor dir, wir haben Angst vor euch, er hat Angst vor uns, wir haben Angst vor ihnen, ihr habt Angst vor uns, usw...* Man könne leichter leben, wenn man diese Konjugation beherrsche.

Meinen Kontakt zu Viet Hung unterhielt ich über einen nicht zu kurzen Zeitraum, der es mir ermöglichte, ihn zu verstehen. Ich dachte mir, wenn Gott es wollte, dass Viet Hung Minister für öffentliche Sicherheit wäre, so wäre das für unseren Staat bestimmt viel besser als mit dem aktuellen Minister Tran Quoc Hoan. Aber er blieb ewig ein Funktionär niederer Klasse, der es über Expertisen und gelegentliche Vorlesungen bei Schulungen nicht hinausbrachte. Er war ein guter Mensch. Aber in einer Gesellschaft, in der nicht die Menschen-liebe, sondern der Klassenkampf und die revolutionäre Wachsamkeit im Vordergrund standen, konnte er gute Taten nur in dem Maß vollbringen, in dem sie ihm keinen Schaden zufügten. Viet Hung hätte für uns ein guter Freund werden können, wenn er nicht Polizist gewesen wäre. Ich betrachtete das als einen Nachteil für beide Seiten, für ihn noch mehr als für uns.

Einige Tage vor meiner Verhaftung besuchte ich ihn. Er empfing mich mit einem verlegenen Gesichtsausdruck. Der Weiße Terror beunruhigte die Öffentlichkeit. Er fühlte sich in seiner Rolle als Vertreter der Behörde sichtbar unwohl. Ich fragte ihn offen:

"Wie nun, Vertreter der Diktatur des Proletariats? Werde ich verhaftet?"

Viet Hung gab vor, sich mit der Teezubereitung zu beschäftigen, um meinem fordernden Blick auszuweichen:

"Unsere Arbeitsstelle hat mit diesem Verfahren nichts zu tun. Das ist Sache des zentralen Ausschusses..."

"Aber Polizisten verhaften die Leute, ja?"

Viet Hung zuckte mit den Schultern.

Ich habe mich etwas weit von meiner Geschichte entfernt.

Wahrscheinlich wurden die wohlschmeckenden Brötchen ebenfalls von einer Sonderbäckerei, nach Nguyen Tuans Sprache von der Bäckerei für *Ministeriumsbrötchen,* hergestellt, und dementsprechend auch die Leberwurst, *die Ministeriumsleberwurst.*

Erst, nachdem wir die Brötchen verzehrt hatten, kommentierte Thanh:

"Diese Sorte, mein Lieber, ist nicht für Gefangene vorgesehen. Ich habe sie seit meiner Festnahme noch nie gegessen."

Ich schwieg.

"Solche Privilegien sind nur für Sonderhäftlinge bestimmt. Was 'Sonderhäftling' bedeutet, weiß ich nicht. Jedenfalls sind solche Sachen nicht für normale Häftlinge. Von welcher *Expertenstufe* (Gehaltsklasse) seid Ihr draußen?"

"Ich gehöre nicht zu *Experten,* sondern zu *Angestellten der 3. Stufe.*"

"Was? Ihr - und Angestellter der 3. Stufe?"

Ich lachte traurig.

"Wirklich. Wozu soll ich Euch meine Gehaltsstufe verheimlichen?"

"Ihr seid sicherlich in Ungnade gefallen. Eurem Wissen entsprechend dürftet Ihr nicht zu den Angestellten, sondern müsstet zu den Experten gehören. Wegen Frechheit, stimmt's? Hier kriegt Ihr aber eine Sonderbehandlung." Thanh nickte mehrmals leicht mit dem Kopf. "Jedenfalls betrachtet man Euch hier als Sonderhäftling, entweder aus Achtung, oder weil das Verfahren noch nicht geklärt ist. Für mich ist das ein gutes Los. Ich kriege etwas ab."

Meine Beziehungen zu Thanh wurden besser. Er war etwa fünf Jahre älter als ich.

Ich war immer noch naiv. Aufgrund unserer Vermutungen, die durch die *Ministeriumsbrötchen* zustande kamen, keimte in mir die Hoffnung auf eine Entlassung auf. So stellte ich mir die Frage, weswegen man mir ein Sonderessen gab, wenn man mich nicht zu entlassen gedachte. Ich kannte unsere Führer eigentlich sehr gut. Niemals besaßen sie ihren Feinden gegenüber ritterlichen Geist. Bei ihnen gab es den Begriff *Großmut* nicht, höchstens den

Begriff *gute Schurken.*

Die Wahrscheinlichkeit unserer Entlassung blieb weiter bestehen. Die missachtete und unterdrückte Öffentlichkeit lebte weiter wie eine mächtige unterirdische Welle, die den Machthabern trotz alledem Schwierigkeiten hätten bereiten können.

Unser Volk wurde verraten, das war offensichtlich. Die nationale Befreiungs-revolution zeigt sich glänzend erfolgreich, und zwar in der Hinsicht, dass die weißhäutigen Herrscher nun durch gelbhäutige ersetzt sind. Der Unterschied besteht darin, dass die Methode der neuen Herrschaft um ein vielfaches raffinierter ist als die der alten. Jede Akt der Ausbeutung und Unterdrückung wird von nun an durch die Trompetenklänge der Loblieder auf das neue Leben, von allen den Himmel bedeckenden Fahnen und Standarten und von dem goldenen Überzug, der die Armut und Schande überdeckt, begleitet. Das Geräusch der Axt des Henkers wird von Militärmusik übertönt. Die durch wohlklingende Reden berauschte Menschenmasse zieht in Richtung Schlaraffenland jenseits des Horizonts, ohne zu bemerken, dass das Blut von Landsleuten an ihren Füssen klebt.

Ich selbst war gemeinsam mit der hypnotisierten, in Trance geratenen Masse mitgelaufen.

Diejenige, die mich als allererste auf diese Umstände aufmerksam machen wollte, war die Schwester meines Vaters. Sie hatte in eine Familie in einem Dorf im Landkreis Xuan Truong eingeheiratet. Ihr Mann, der Verant-wortliche für die Katasterangelegenheiten des Ortes, war ein Patriot, jedoch kein Kommunist. Er unterstützte unsere Revolution während der Kolonialzeit und beteiligte sich an ihrer Eroberung der Macht. Im Widerstandskrieg gegen die Franzosen arbeitete er zum Schein in der von den Franzosen eingesetzten Verwaltung. Tatsächlich leitete er jedoch die Untergrund-organisation der Viet Minh. Später, während der Bodenreform (unter der kommunistischen Herrschaft - Anm. d. Übers.), wurde er verurteilt. Man unterstellte ihm reaktionäre Aktivitäten. Sein Eigentum wurde konfisziert und seine Familie terrorisiert. Nachdem die kommunistische Partei ihre schweren Fehler bei dieser Bodenreform zugegeben hatte, konnte er sich nur noch nach Hause schleppen, um in den Armen seiner Frau und seiner Kinder zu sterben.

Von diesem Unglück der Familie meiner Tante erfuhr ich nichts, da ich zu jener Zeit mein Studium in der Sowjetunion absolvierte. Ich sah meine Tante erst im Jahre 1957 wieder, als ich nach Vietnam zurückkehrte, um anlässlich des 40. Jahrestags der russischen Revolution den Film "Oktoberlicht" zu drehen. Sie gab mir den Ratschlag:

"Sei wachsam! Hör nicht auf die Kommunisten. Sie sind sehr unmenschlich. Wir sind korrekte Menschen. Wir müssen uns die Leute, mit denen wir sprechen, sorgfältig auswählen und genau wissen, mit wem wir es zu tun haben. Wenn Du ihnen blindlings folgst, könnte es einen Tag geben, an dem

Du das nicht mehr bereuen kannst."

Sie war unsere Tante, die wir sehr liebten und schätzten. Jedes Mitglied unserer Großfamilie achtete sie hoch dafür, dass sie allein durch harte Arbeit ein ordentliches Vermögen aufgebaut hatte. Sie beutete niemanden aus, sie bettelte niemanden an. Einer der Gründe für ihre Erfolge war ihr Geiz. Sie kochte Garnelen in Fischsoße mit so viel Salz, dass eine einzige Garnele als Zutat für das ganze Essen reichte.

Mein Vater war traurig, als ich ihm von ihren Ratschlägen erzählte. "Sicher hat die Partei Fehler gemacht. Aber sie hat sie erkannt und eingestanden, um wiedergutzumachen. Wegen dieser Fehler kann man der Partei ihren Verdienst nicht absprechen. Die Partei als unmenschlich zu bezeichnen, ist nicht richtig. Wieso bin ich denn noch in ihren Reihen, wenn sie unmenschlich wäre?"

Ich hatte Vertrauen zu meinem Vater. Deshalb folgte ich dem Rat meiner Tante nicht. Wenn der Mensch hart betroffen ist, reagiert er auch hart, dachte ich. Denn meine Tante hatte ja nichts gegen die Revolution an sich. Als mein Vater sechzehn Jahre alt wurde, schrieb er eigenhändig Flugblätter gegen die Kolonialherrschaft und verteilte sie in der Stadt Thai Binh, weswegen er verhaftet wurde. Meine Tante trug auf ihrem Kopf Reis über den Fluss Dong Tien, um meinen Vater zu besuchen und ihn zu ernähren. Lachend erzählte sie mir diese Geschichte: "Dein Vater war gefährlich wie ein Teufel, der unserer ganzen Familie Angst eingejagt hat. Es war ein Glück, dass Dein Vater damals noch nicht erwachsen war, sonst hätten ihn die Franzosen für lange Zeit inhaftiert..."

Die zweite Person, die nicht mehr an den Kommunismus glaubte, war meine Frau. Sie studierte in Polen Architektur, und zwar genau in den Jahren, in denen die ersten Demonstrationen der polnischen Arbeiter das kommunistische Regime in Warschau erschütterten. Meine Frau stammt weder aus einer Familie der oberen Klasse noch aus einer der Intellektuellen. Durch die Erlebnisse in ihrem Gastland kam sie dennoch zu einer überraschenden Schlussfolgerung: "Der Kommunismus hat keine Zukunft. Er besitzt nicht die Zustimmung des Volkes."

Die dritte Person, die mich wachrüttelte, war der ehemalige Bataillons-kommandeur *Dinh*. Dieser wurde unter seltsamen Umständen festgenommen. Er genehmigte es einem seiner Soldaten, leihweise den Kübelwagen seiner Einheit zu benutzen, als dieser zu seiner Eheschließung nachhause fuhr. Ein Bekannter dieses Soldaten, der zur ethnischen Minderheit *Muong* gehörte, schenkte diesem ein faustgroßes Stück Opium, das er verkaufen und dann die Einnahme daraus für die Veranstaltung seines Hochzeitsfestes verwenden sollte. Man verhaftete den Bräutigam und zwei Trauzeugen. Der Kommandeur wurde als Komplice ebenfalls festgenommen und zu fünf Jahren Haft verurteilt. Nach dieser Haft wurde aus *Dinh* ein vollkommen anderer Mensch. Man empfahl ihm, gegen das

Verfahren Einspruch zu erheben. Er verzichtete darauf. Er sagte mir: "Ich bin nicht über das Urteil empört. Irren ist menschlich. Ich habe daran auch meinen Anteil gehabt. Ich habe Fehler gemacht. Aber wie man mich im Gefängnis behandelt hat, ist eine andere Sache. Diese Haftanstalt hat mich eines gelehrt: es gibt keine aufrichtigen Beziehungen zwischen Parteigenossen. Jetzt verstehe ich erst: Herr Ho ist nicht unser Genosse. Er ist genauso ein Kaiser wie alle anderen Kaiser, und er ist nicht einmal ein guter Kaiser. Er hat rechtschaffene Menschen in Teufel verwandelt. Er ist der Kaiser der Teufel."

Ich tröstete ihn, war aber mit seiner Feststellung nicht einverstanden. Unter der Herrschaft von Herrn Ho gab es Teufel, denen er begegnet war. Doch Herr Ho erzeugte sie nicht. Sie existieren in jeder Gesellschaft. Ich sagte - genau wie des Öfteren auch mein Vater -, dass die Revolution eine Sache des ganzen Volkes sei. Fehler seien dabei so unvermeidlich wie Kinderkrankheiten. Mit dem Erwachsenwerden gebe es weniger Fehler und niemand anderer als wir müssten zu diesem Erwachsenwerden beitragen. Ich überzeugte *Dinh* davon, seine Bedenken beiseite zu schieben, um wieder für die Revolution zu arbeiten. Anfänglich lehnte er es ab, dann aber folgte er doch meinen Worten.

Ich bat *Nguyen Thanh Dich*, einen Redakteur der illustrierten Zeitschrift, *Dinh* als Mitarbeiter für die Dunkelkammer anzustellen. Die Stelle war nicht besetzt und wir brauchten eine Person mit guten Kenntnissen in Fotoarbeiten. *Dinh* war kein Fotoprofi, kannte sich mit Fotoarbeiten aber aus.

"Bürgt Ihr für den Neuen, ja?" fragte der Redakteur eindringlich.

"Ja, ich bürge für ihn." antwortete ich.

Dinh arbeitete fleißig bis zu dem Tag, an dem ich festgenommen wurde. Man entließ ihn, ohne einen Grund anzugeben. Seine Entlassung bedeutete nicht etwa, dass meine Bürgschaft ein Fehler gewesen wäre, sondern sie erfolgte gerade deshalb, weil ich die Person war, die für ihn gebürgt hatte.

Danach schwor *Dinh,* nie wieder für die kommunistische Herrschaft zu arbeiten. Er stellte gesalzene Pflaumen her. Diese Arbeit war bedeutend leichter. Er machte Gewinne, konnte seine Kinder zur Schule schicken und ein Haus erwerben. Ihm und seiner Familie ging es gut.

Doch ich zog aus all dem, was ich sah und hörte, nicht die richtige Schlussfolgerung. Ich verhielt mich dumm, und das für eine längere Zeit.

Zu Mittag erhielten wir außer der üblichen Wasserspinatsuppe ein schönes gelbes, mit etwas Fett zubereitetes Omelett.

"Es ist ungewöhnlich, dass es seit heute Morgen noch keinen Alarm gibt, nicht wahr?" überlegte Thanh.

Von der Außenwelt erfuhren wir in unserer Zelle nichts. Wir würden sogar den dritten Weltkrieg verschlafen. Den wiederkehrenden Frieden würden wir auch verpassen. Nach der Bestimmung der Haftanstalt durften wir keine

Zeitung lesen. Das Zeitungspapier, mit dem die Brötchen zum Frühstück eingewickelt waren, stammte aus dem vorigen Jahr.

Könnte es ein Ereignis geben, das außerhalb aller Überlegungen läge, das zu einer Massenentlassung von Häftlingen führen würde? Nein, nein. Unmöglich. Ein solches Ereignis gab es nicht. Wenn doch, dann nur in Legenden.

Solche aufkeimenden Hoffnungen versuchte ich zu vertreiben. Im Gefängnis war jede Hoffnung eine Illusion. Sie führte nur zu Enttäuschung. Wie männliche Blüten.

Am Abend wurde uns zum Essen ein Teller mit gekochtem Fleisch gereicht. Wir aßen es mit gekochten Nudeln. Meine Zähne knirschten auf den Leichen tausender Käferchen und angesichts schwer zu beantwortender Fragen.

Genau zu der Zeit, als wir gerade am intensivsten an den Frieden dachten, heulte die Alarmsirene. Deutlich hörte ich das scharfe Geräusch einer MIG-19, die über den Feuerofen hinwegflog.

14

Die „Feder in Aktion setzen"

Hach schloss die Tür auf und holte mich zur Vernehmung. Ich dachte, dass mich dieser Gefängniswärter nach unserem freundschaftlichen Gespräch beim Haareschneiden als einen alten Bekannten aus der Soldatenzeit betrachte, auch wenn unser Gespräch im Feuerofen stattgefunden hatte. Doch weit gefehlt. Ich war ihm fremd.

Im Vernehmungsraum - es war diesmal wieder ein anderer Raum - saß Huynh Ngu in korrekter Haltung hinter seinem Arbeitstisch. Er hob den Kopf und betrachtete mich mit kühlem Blick, der über das auf seinem Nasenrücken nach unten gerutschte Brillengestell hinweg auf mich gerichtet war.

"Ihr seid gesund, nicht wahr, Herr Hien?"

"Danke. Es geht. Seid Ihr gesund?"

"Es geht. Das Wetter wird in diesen Tagen besser. Es wird wärmer."

Jede Arbeitssitzung begann mit einigen Begrüßungsfloskeln dieser Art. Sie erweckten den Anschein, als ob wir uns für die Gesundheit des jeweils anderen sehr interessierten oder uns auf einen Wettbewerb zum Thema 'Gesellschaftlicher Anstand' vorbereitet hätten.

Danach wurde gearbeitet. Dieses Mal stellte er seine Frage in sehr rücksichtsvollem Ton:

"Habt Ihr über die Empfehlung Eures Vaters nachgedacht?"

Ich antwortete müde:

"Ich habe nachgedacht."

Huynh Ngu beobachtete mich und trat einen Schritt nach vorn:

"Ihr seid für das *Berichten,* nicht wahr?"

Ich sah ihn an. Ich hatte gedacht, die Sache sei erledigt. Nun kramte der Mann sie wieder heraus. Er war wirklich zäh. Abwartend blickte er geduldig in meine Richtung.

"Nein" antwortete ich mit Bestimmtheit.

Ich befand mich sowieso in einer Sackgasse. Diese *Leute* zählten für mich nicht. Mein Vater hatte mich oft mit einem Zitat (frei nach Menzius) belehrt: *"Im Reichtum sich nicht durch Alkohol und schöne Frauen verderben lassen, in der Armut aufrichtig bleiben, vor der Macht sich nicht beugen."* Dass ich Theater spielte, hieß nicht, dass ich bereit war, alles das zu befolgen, was diese Leute von mir verlangten.

Huynh Ngu sah mich scharf an:

"Weswegen?"

"Das habe ich schon gesagt. Ich bin kein Verbrecher. Als Nicht-Verbrecher ist es selbstverständlich, dass ich keine Angaben mache."

Huynh Ngu leckte sich mit der Zunge über die Lippen. Nach kurzer Überlegung sagte er:

"Seid Ihr einverstanden, der Partei über die Angelegenheiten zu *berichten*, über die die Partei von Euch etwas wissen will? Oder auch das nicht?"

Ich nickte mit dem Kopf:

"Ich bin bereit, der Partei über das zu *berichten*, was ich weiß."

'Aber ich werde Deiner Partei nicht darüber *berichten*, was sie braucht, um anderen Menschen Schaden zuzufügen', fluchte ich innerlich. 'Du brauchst Dir keine Illusionen zu machen.'

Er nahm meine Antwort vorsichtig auf. Erst als er sich sicher glaubte, dass ich keinen Hintergedanken hatte, atmete er auf:

"Setzt Euch, bitte!"

Ich setzte mich.

Nachdem ich Platz genommen hatte, zog er langsam einen Stoß weißes Papier aus der Schublade des Tisches und legte ihn feierlich vor mich hin.

"Ihr legt jedes Wort auf die Goldwaage. Das kostet viel Zeit. Nun gut. Ich möchte Euch sagen, wir haben von der Partei die Anweisung erhalten, dass Ihr die Arbeitsweise selbst wählen sollt."

Ich betrachtete ihn mit Skepsis. Was wurde mir vorgespielt?

"Heute arbeiten wir offiziell auf andere Weise. Wonach ich Euch in den letzten Tagen gefragt habe, habe ich mündlich getan, damit wir einen Überblick darüber bekommen, was Ihr wisst und wonach Euch die Partei fragen wird. Jetzt seid Ihr daran gewöhnt und werdet alles zu Papier bringen. Wie hätten es die alten Gelehrten bezeichnet? *Die Feder in Aktion setzen!*"

Er sagte das mit einem derart friedfertigen Gesichtsausdruck wie ein Dorflehrer am ersten Tag des Schuljahres zu seinen Schülern. Ganz allgemein ließ sich sagen, dass Huynh Ngu sein Verhalten so schnell ändern konnte wie ein Zirkusclown. Er konnte freundlich sein und dann plötzlich losbrüllen wie in einem Wahnsinnsanfall.

"Ich sage: '*die Feder in Aktion setzen*'. Ist das richtig, Herr Schriftsteller?"

Meine Zustimmung vermissend, erklärte er:

" '*Die Feder in Aktion setzen*' heißt nicht '*Angaben machen*'. Wir setzen die Feder in Aktion, um der Partei das zu *berichten*, was die Partei von uns wissen will. Diese Arbeit hat einzig zum Ziel, die Partei aufzubauen, sie zu stärken ..."

Wieder das ewig gleiche Lied! Trotzdem war es für ihn ein Schritt zurück. Er ließ den Begriff "*Angaben machen*" bereits fallen.

"Ich möchte Euch im Voraus sagen, dass Ihr diese Gelegenheit wahrnehmen solltet, um Eure Schuld durch Verdienst wiedergutzumachen. Das ist für Euch die letzte Gelegenheit, Eure Treue zur Partei zu beweisen.

Daher muss ich das immer wieder betonen, damit Ihr Euch merkt, dass das Wesentliche, das Wichtigste an Eurem *Bericht* an die Partei die Ehrlichkeit, die tiefste Ehrlichkeit ist."

Nach einigen Sekunden Pause, die mich zu höherer Aufmerksamkeit zwangen, flüsterte er mir wie einem Komplicen bei einem verbrecherischen Plan zu:

"Ihr könnt beruhigt sein. Die Partei hat mir befohlen: Euer *Bericht* und die der anderen sind vertrauliche, äußerst vertrauliche *Berichte...* Außer mir, der ich von Bruder Sau (Le Duc Tho) den Auftrag erhielt, Euch beim Schreiben anzuleiten, darf überhaupt niemand sonst diese *Berichte* lesen. Jeder *Bericht* wird in einen Umschlag gesteckt, den man zuklebt. Er wird Bruder Sau und dem Politbüro vorgelegt ..."

Ich sah ihn erstaunt an. Wieso mussten unsere Angaben, Angaben von Leuten, die der Partei gegenüber schuldig sind, so geheim gehalten werden? Und vor wem mussten sie geheim gehalten werden?

"Habt keine Bedenken: Ihr könnt der Partei ruhig alles vorbringen; von falschen Standpunkten bis zu den Tätigkeiten, die der Revolution schaden. Die Partei wird Euch vergeben, wenn Ihr bereut. Die Partei verlangt von Euch, dass Ihr auf Leute, die damit im Zusammenhang stehen, keine Rücksicht nehmt. Ihr müsst der Partei über sie, ihr Denken, ihre Handlungen, von den kleinen bis zu den großen Dingen, alles *berichten.* Ihr werdet restlos *berichten,* auch wenn die betreffenden Personen Eure eigenen Eltern sind ... Ihr müsst unbedingt den Standpunkt der Partei einnehmen, für die Interessen der Partei kämpfen, das ist auch für Euch der richtigste, der vorteilhafteste Standpunkt ..."

Nach dieser *klärenden* Einleitung holte er seinen Füllfederhalter hervor, schüttelte ihn ein paarmal, rieb die Feder an seiner Jacke, damit die Tinte lief, und nummerierte aufmerksam die einzelnen Seiten.

"Trinkt und raucht, bitte, dann gehen wir an die Arbeit!" Als er sah, dass ich untätig blieb, erinnerte er mich freundlich: "Der Tee ist schon fertig."

Schluckweise trank ich den starken Tee und beobachtete Huynh Ngu dabei schweigend. Dieser hagere Mann musste zu Beginn unseres Widerstandskrieges gegen die Franzosen Sekretär eines Kreisverwaltungskomitees oder eines Regimentsstabs gewesen sein. Das hieß, er war mein Genosse, mein Mitkämpfer gewesen. Wenn wir uns im Verlauf einer Schlacht, von Feinden verfolgt, begegnet wären, hätte ich ihm zu seiner Rettung mein unterirdisches Versteck überlassen können.

"Keine Rücksicht nehmen ...auch wenn die betreffenden Personen Eure eigenen Eltern sind!" Diese Worte Huynh Ngus summten in meinem Kopf.

Das bedeutete ganz einfach, dass ich für die Partei zum Spitzel werden sollte, weil diese Partei doch die des Volkes, die der Nation sei. Ein Spitzel zu sein, wäre also sehr ehrenvoll; ich träte doch für die Interessen der Partei ein, ich schützte doch die Partei.

Zu dieser Zeit gab es Spitzel überall, in den Siedlungen und Gemeinden bis hin in die staatstragenden Institutionen. Anders als die Kollegen in anderen politischen Regimen und zu anderen Zeiten besitzen die sozialistischen Spitzel einen besonderen Stolz. Sie sind stolz darauf, dass sie nicht nur *Objekte* der Revolution, sondern auch langjährige Parteimitglieder von der untersten bis hinauf zur zentralen Ebene observieren dürfen. Was für ein Vertrauen sie doch von Seiten der Partei genießen! Sie werden entsprechend belohnt. Sie dürfen ihre *Errungenschaften* nur nicht preisgeben. Der Vorteil, den diese Spitzel genießen, überwiegt bei weitem den Nachteil.

Ich wandte den Analogismus an und entdeckte anhand meiner Vernehmungen eine Anzahl von Spitzeln unter den Schriftstellern und Künstlern. Zu meinem Glück - und zum Glück der Schriftsteller und Künstler - war aber keiner der bekannten Leute unter ihnen ein Spitzel. Diese verwerfliche Tätigkeit übten nur einige unfähige Personen aus, die über die Politik in die Kunst gelangten. Einige davon hatten zwar versucht, etwas Künstlerisches zu schaffen, blieben aber erfolglos. So übernahmen sie es freiwillig, die Peitsche der Kritik zu schwingen, und waren als Wächter der Kunst für die Partei tätig. Es gab unter ihnen sogar Leute, die nur deshalb Spitzel wurden, um der Partei einen Tag früher beitreten oder eine Gehaltsstufe nach oben klettern zu dürfen.

Mir war richtig elend zumute. Dass ich entschlossen war, kein Spitzel zu werden, war eine Sache - ruhig zu sitzen und diesem Mann zuhören zu müssen, wie er mit schönen Worten die Vorteile anpries, welche die Partei einem bot, falls man ihr gefügiger Jagdhund werden wollte, war jedoch eine andere.

Es war eine Schande!

Eigentlich war Huynh Ngu einsichtig. Er sagte nicht offen, dass ich mich ergeben und den Spitzelauftrag übernehmen sollte. Das wäre unverschämt gewesen. Er wollte, dass ich an der *Gerechtigkeit* festhalten solle, die er mir als Köder zuwarf: *für die Interessen der Partei handeln.* Zum Schein spielte ich dieses Spiel mit und wartete ab.

Während er sich um das Papier und die Unterlagen bemühte, damit ich *die Feder in Aktion setzte,* betrachtete ich den Raum. Die Erbauer solcher mickrigen unbequemen Räume wie diesem, der im Feuerofen als Vernehmungsraum benutzt wurde, waren bestimmt nicht die Franzosen gewesen. Er war flächenmäßig kaum grösser als eine Zelle und hatte weder Fenster noch Lüftung. In diesem Raum war es sehr stickig. Die gegenwärtige Gestaltung der Vernehmungs-räume widerspiegelte exakt die Charaktere ihrer Eigentümer.

Ich zitterte vor Kälte. Viel Zeit war vergangen. Die Ernährung war minderwertig. Meine Körperreserven gingen langsam zu Ende. Deshalb fror ich, während die Angestellten des Gefängnisses, *Exekutivleute* und Wärter, sich ganz normal bewegten. Das konnte auch daher kommen, dass dieser Raum

211

schon lange Zeit von keinem menschlichen Wesen mehr aufgesucht worden war. Mit Bedauern dachte ich an den anderen Raum, von dem man in den kleinen Hof blicken konnte, in dem ein kaputter Wasserhahn stand. In jenem Raum könnte ich mich ab und zu waschen. In jenem Raum hätte ich vielleicht die Gelegenheit gehabt, ein Briefchen an meine Familie über die Gefängnismauer zu werfen, insbesondere, da ich nun Papier und Schreibzeug in der Hand hatte.

Nachdem ich meine Zustimmung dazu gegeben hatte, *Berichte* zu schreiben, änderte Huynh Ngu sein Verhalten. Es gab keinen spannungsgeladenen Streit mehr zwischen uns. Das Teeservice wurde hervorgeholt. Heißer Wasserdampf entwich den zwei blitzblanken Bechern. Zwei Herren unterhielten sich am Tisch in einer ruhigen Atmosphäre.

Ich begriff: Huynh Ngu tat einen Schritt rückwärts, um etwas Größeres von mir zu verlangen. Er erwartete von mir nicht nur, dass ich einen Schritt auf der Leiter nach unten machte, sondern einen richtigen Rückzug, besser gesagt: meine Kapitulation.

Im Grunde genommen unterschieden sich *Berichte* und *Meldungen* nicht voneinander. Ich war mit dem *Berichten* einverstanden, das hieß also, ich war mit dem *Melden* einverstanden. Auch bei dieser Sitzung war Huynh Ngu feinfühlig genug, um den - in der Tat sehr feinen - Unterschied zwischen uns und normalen Häftlingen zu betonen. Wir waren Personen, die *intern behandelt* wurden. Die Häftlinge, die vom Format her weder Fisch noch Fleisch waren, wurden in ihrem Verhältnis zu den *Leuten der Exekutive* anders betrachtet als normale Häftlinge.

Wie stark doch das Ehrgefühl des Menschen ist! Wenn Huynh Ngu nun darauf bestanden hätte, dass ich *Meldungen* machen müsse, dann hätte ich mich geweigert, es zu tun. Nachdem ich den Brief meines Vaters gelesen hatte, hatte ich eigentlich vorgehabt, Huynh Ngu gegenüber nicht weiter hartnäckig zu bleiben. Der sah meine Reaktion voraus und ersetzte den Begriff *Melden* durch *Berichten,* was für mein Ohr einen angenehmeren Klang besaß.

Worüber ich mich wunderte, war, dass Huynh Ngu sich für sehr viele Personen interessierte.

"Seid Ihr mit *Ton That Tung* bekannt?" fragte er mich eines Tages. (*Ton That Tung war ein bekannter Chirurg und erhielt die staatliche Auszeichnung "Held der Arbeit".)*

"Ich kann nicht sagen, dass ich mit Professor Ton That Tung bekannt bin." antwortete ich kühl. "Er befindet sich im Alter meines Vaters und trifft sich mit ihm ..."

"Ich wollte nur fragen." Huynh Ngu versuchte es mit einem gutmütigen Gesichtsausdruck, der bei ihm jedoch höchstens als nicht gefühllos erschien. "Ihr habt sicher das Schreiben mit den Vorschlägen gelesen, das Ton That Tung an das Zentralkomitee der Partei vor dessen 9. Sitzung gefertigt hat ..."

"Ich habe davon gehört."

"Wieso denn das? Ihr habt nur davon gehört?" Huynh Ngu brachte seinen Unglauben zum Ausdruck. "Schwer zu glauben. Euer Vater hatte dieses Schreiben in seinen Händen. Und er hat es dieser und jener Person zum Lesen gegeben. Dass Ihr es nicht gelesen habt, ist sehr verwunderlich."

" Wahrscheinlich konnte ich es nicht lesen, weil ich während dieser Zeit nicht in Hanoi war."

Huynh Ngu nickte mehrmals mit dem Kopf:

"Nehmen wir es mal so an. Aber Ihr seid doch Journalist. Ein Journalist ist erst dann Journalist, wenn er über alles informiert ist. Jeder spricht von diesem Schreiben, das Ihr aber nicht kennt. Nicht gut. Ton That Tung hat dieses Schreiben - neben vielen anderen Schreiben - an die Zentrale mit der Absicht verfasst, die Zentrale unter Druck zu setzen, damit diese ihre Politik ändert. Sehr naiv! Die Zentrale braucht die Meinung der albernen Wissenschaftler überhaupt nicht. Hat es Euch Euer Vater nicht zu lesen gegeben?"

"Nein."

"Ich wette mit Euch, dass Ihr es gelesen habt, aber Ihr leugnet es. Nun gut, lassen wir es! Ob Ihr es gelesen oder nicht gelesen habt, ist nicht so wichtig."

Ich lachte nur. Was hätte ich ihm sagen sollen? Ich wusste, dass es nutzlos war, mich mit ihm zu streiten.

Ein Prinzip der Polizei war es, mir nichts zu glauben, auch wenn ich die Wahrheit sagte. Erst wenn man alles versucht hatte, ohne etwas Neues herauszufinden, würde man sich schließlich damit begnügen und mit dem Erreichten zufriedenzugeben.

Huynh Ngu goss sorgsam Tee in seinen Becher. In dieser entspannten Atmosphäre des Tages wäre es taktvoll von Huynh Ngu gewesen, auch mir Tee anzubieten. Aber er vergaß es. Trotz vieler Bemühungen war er noch immer kein taktvoller Mensch geworden.

"Ich staune immer wieder über Euch Intellektuelle." Mit seinem Becher voll mit starkem Tee war er zufrieden und streckte sich, die Hände über seinem Bauch gefaltet, auf dem Stuhl nach hinten. "Die Partei verwöhnt Euch bis zum geht nicht mehr. Wenn Ihr Fehler macht, lässt sie es zu, ohne Euch dafür zu belangen. Sie bereitet Euch alle günstigen Bedingungen, damit Ihr arbeiten könnt. Ihr bekommt mehr geliefert als andere Menschen. Und Ihr esst Euch sattsam fett und verlangt nun, auf die politische Bühne springen zu dürfen. Eure Sprache ist durcheinander und verantwortungslos. Ihr verlangt, dass die Politik der Partei so und so sein müsse. Ihr seid schlau genug und wollt nun albern werden. Ihr wollt nicht, dass Euch jemand führt, sondern selbst suchen ..."

Was das oben genannte Schreiben betraf, belog ich ihn nicht. Ich bedauerte, es nicht gelesen zu haben. Ich glaube, damals war ich als Reporter auf einer Reise nach Thai Binh gewesen. Soviel ich wusste, schrieb der Arzt Ton That Tung einen sehr ergreifenden Brief. Mit Blick auf das Nachbarland im Norden, in dem die Intellektuellen bekämpft, erschossen, ermordet, eingesperrt und verbannt wurden, machte er sich Sorgen um die vietnamesischen Intellektuellen und um die Zukunft der Wissenschaft im eigenen Land. Er wollte der Partei mit seinen aufrichtig gemeinten Worten empfehlen, den chinesischen Weg zu meiden, der unserem eigenen Volk unvorhersehbare Schäden zufügen und die Geschichte um etliche Jahre zurückdrehen würde.

"Kommt Ton That Tung oft zu Eurem Vater zu Besuch?"

"Ich weiß nicht. Möglicherweise kam der Professor meinen Vater besuchen, ohne dass ich es wusste. Ich wohne in der oberen Etage, mein Vater im Erdgeschoss."

"Das weiß ich. Und Ta Quang Buu. Kennt Ihr ihn?"

"Auch nicht. Ich habe Professor Ta Quang Buu interviewt. Ich kann aber nicht sagen, dass ich ihn kenne. Das Interview wurde danach beiseitegelegt, weil die Zeitschrift dafür keinen Platz mehr hatte."

"Es scheint, als ob dieser Mann durcheinander redet, stimmt es?"

"Woher soll ich das wissen?" Ich zuckte mit den Schultern. "Wenn man sich mit einer unbekannten Person unterhält, ist keiner so dumm, etwas anderes zu sagen als das, was die Parteipolitik wünscht, ganz besonders heutzutage. Nach meinen Erfahrungen ähneln bei solchen Interviews alle Antworten den Kommentaren der Zeitung *Nhan Dan* (Zeitung der KP - Anm. d. Übers.)"

Huynh Ngu sah mich an, blieb aber auf der Hut. Er hatte große Angst davor, auf den Leim geführt zu werden, ohne es zu bemerken oder es erst später zu festzustellen, wenn er nach Hause kam.

Ich überließ ihn seinen Gedankengängen und trank gelassen Tee. Der starke Tee haftete an meiner Speiseröhre.

"*Nguyen Tuan*, kennt Ihr ihn oder nicht?"

"Selbstverständlich kenne ich ihn."

"Phan Ke An?"

"Ich kenne Herrn *Phan Ke An*."

"Ihr schreibt einen Bericht über Phan Ke An, ja?"

"Ich kenne ihn nicht so gut, um einen Bericht über ihn machen zu können."

"Und *Phan Ke Hoanh*?"

"Hoanh ist mein Freund."

Huynh Ngu war damit zufrieden, dass ich bereit war, seine Fragen zu beantworten. Er bot mir eine Zigarette der Marke *Dien Bien* an, besser gesagt, er schenkte sie mir.

"Eigentlich ist es verwunderlich. Der alte kaiserliche Gesandte (Phan Ke Hoanhs Vater) folgt uns so schön, seine Kinder aber benehmen sich wie Rebellen." Phan Ke Toai *war kaiserlicher Gesandter des ehemaligen kaiserlichen Hofs und schloss sich nach dem August 1945 der revolutionären Regierung an. Er wurde Minister für staatliche Verwaltung. Phan Ke An, sein ältester Sohn, war Kunstmaler und* Phan Ke Hoanh, *sein jüngerer Sohn, Theaterwissenschaftler.*

Huynh Ngu dehnte sich auf seinem Stuhl und blies den Rauch seiner Zigarette in die Luft. "Wisst Ihr, wie er das Regime mit Worten schwarzmalt?"

"Nein. Als Herr Phan Ke Hoanh an der Universität unterrichtet hat, war ich in der Sowjetunion. Von der Sache *Humanismus - Künstlerische Werke* habe ich nur erzählen hören. Er schien mit dieser Sache nichts zu tun zu haben."

"Er selbst ist zur Hälfte *Humanismus - Künstlerische Werke.* Er und die zwei Kerle *Bui Quang Doai* und *Van Tam* aus der Gruppe *Dat Moi* (Neue Erde)."

Bui Quang Doai *und* Van Tam, *ein Dichter und ein Literaturtheoretiker, gehörten zur gleichen Zeit der Gruppe* Humanismus - Künstlerische Werke und *der Gruppe der Studenten* mit dem Namen Dat Moi *(Neue Erde) an, die in etwa den gleichen Standpunkt wie die Gruppe* Humanismus - Künstlerische Werke *vertrat.*

Ich log. Ich kannte die Story, die Huynh Ngu erwähnt hatte. Es war nämlich folgendes geschehen: die Studenten fragten ihren Dozenten Phan Ke Hoanh danach, was die Aussage der Presse zu bedeuten habe, dass die Gruppe *Humanismus - Künstlerische Werke* das Regime schwarzmale. Herr Hoanh ließ eine Studentin einen Wok aus der Küche holen. Dann sagte er ihr: "Reiben Sie bitte mit der Hand am äußeren Wokboden! Ist Ihre Hand schwarz? Ja. Gut. Reiben Sie nun mit der Hand an der schwarzen Tafel, bitte! Das bedeutet *Schwarzmalen!*"

Nach diesem Vorfall wurde Phan Ke Hoanh von der Universität entlassen. Zum Glück hatte man noch Achtung vor seinem Vater, Herrn Phan Ke Toai. Hoanh wurde daher zu einer anderen Arbeit abgeschoben.

Die unhöfliche Bezeichnung (kaiserlicher Gesandter) für Herrn Phan Ke Toai war unter den Funktionären nur bei den Emporkömmlingen zu finden. Sie begriffen offenbar gar nicht, dass die Anwesenheit eines so hohen Mandarins aus der Nguyen-Dynastie in den Reihen der Revolution und des Widerstands-kampfes ein Symbol für die nationale Einheit und ein nachahmenswertes Beispiel für die ehemaligen Angestellten der Kolonialverwaltung darstellte. Durch die Präsenz so bekannter Persönlichkeiten wie Herrn Phan Ke Toai in den Reihen der Kommunisten wurde die Rechtmäßigkeit unseres Widerstands-kampfes gegen die Franzosen unter-strichen und das Ansehen der kommunistischen Partei gestärkt.

"Und Van Cao? (Komponist der Nationalhymne - Anm. d. Übers.)"

"Ich kenne Van Cao."

Huynh Ngu lachte spöttisch:

"Es wäre besser zu sagen, Ihr kennt ihn gut. Ihr und Van Cao seid doch von derselben Truppe. Wie redet Ihr Van Cao an? Ja, ich weiß: der Älteste."

Aha, er kannte auch den Spitznamen, den wir dem Komponisten gegeben hatten. Das war die Art und Weise, wie Huynh Ngu eine Vernehmung durchführte: er sprang von einer Person zur nächsten, von einem Thema zum anderen mit der Absicht, die zu vernehmende Person ständig im Zustand der Defensive zu halten.

Nach außen hin behielt ich meinen normalen natürlichen Gesichtsausdruck bei. Ich beantworte Huynh Ngus schwer verständliche Fragen. Dabei musste ich mich aber selber ständig fragen: "Was will der Mann?"

Der Verdacht gegen den Schriftsteller Nguyen Tuan und den Komponisten Van Cao war verständlich. Die zwei waren als starrköpfig und unvorsichtig bekannt. Sie wägten ihre Worte nicht ab. Jedermann wusste, dass der Partei im Prinzip überhaupt keine Aussage gefiel, die nicht von ihr selbst stammte. Jede anderslautende Aussage konnte die Partei zur Ergreifung von Strafmaßnahmen provozieren. Warum aber bezog die Partei die beiden Wissenschaftler Ton That Tung und Ta Quang Buu mit in diese Befragung ein?

Ton That Tung war ein fähiger Chirurg. Das von ihm entwickelte Verfahren der trockenen Leberoperation wurde von seinen Kollegen international als schöpferisch geschätzt. Ich kam mehrmals mit ihm zusammen. Er hinterließ bei mir den tiefen Eindruck eines furchtlosen Intellektuellen. Zu dem Interview empfing er mich in seinem Arbeitszimmer im *Krankenhaus Viet-Duc* (vietnamesisch-deutsches Krankenhaus - Anm. d. Übers.). Als er bemerkte, dass ich hinter seinem Schreibtisch an der Wand eine Plastik mit seinem Abbild betrachtete, lächelte er etwas herausfordernd: "Da staunt Ihr wohl, Herr Journalist?" Mein Gesicht wurde rot, da ich nicht die rechte Antwort fand und mich dabei ertappt fühlte, dass ich Schlechtes über ihn gedacht hatte. Meine Verlegenheit erheiterte ihn. "*Man* hat seine Büste, warum sollen wir nicht unsere haben? Stimmt's?" sagte er. Mit dem Wort "man" meinte er Ho Chi Minh. Weder Versteckspiel noch Verbissenheit. Der Kult und die übermäßige Verehrung einer Person, wodurch aus dieser ein Heiliger gemacht wurde, waren ihm zuwider. Mit großer Wahrscheinlichkeit sah er in den entlegensten Ecken unseres Landes Ho Chi Minhs Büsten und schoss nun einmal quer, indem er auch von sich eine Büste herstellen ließ.

Von wem diese Büste stammte, war nicht bekannt. Jedenfalls war sie aus imitierter Bronze und stand würdevoll auf einem Holzsockel. Leider fehlten der Plastik die typischen lebhaften und schelmischen Züge des Chirurgen.

Professor Ta Quang Buu war zu jener Zeit Vorsitzender des Staatlichen Komitees für Wissenschaft. Die Redaktion unserer Zeitschrift beauftragte mich, einen Artikel über dieses Komitee, den möglichen Embryo der zukünftigen Akademie der Wissenschaften, zu verfassen. Im Büro der Parteileitung wurde ich vermutlich von dem stellvertretenden Sekretär (oder Mitglied des ständigen Ausschusses) mit dem Namen Le Duy Van empfangen. Dieser dürre, nachlässig gekleidete Parteivertreter mit ausgeprägtem Adamsapfel saß gerade neben einem chinesischen Transistorradio der Marke *Xiang Mao.* Genau zu jenem Zeitpunkt sendete *Radio Peking* eine wichtige Dokumentation. In jener heißen Phase des *Kampfes zwischen zwei Linien* übernahm dieser Sender die Rolle des Trainers in Sachen *Wortboxen.* Er sendete und sendete unentwegt endlose Texte, die Kritiken gegen die Sowjetunion zum Inhalt hatten und die von unseren lokalen Marxisten als *Extra-Faustschläge für Chruschtschow* bezeichnet wurden.

Le Duy Van empfing mich ganz herzlich. Nach einer Teerunde unterhielten wir uns miteinander wie richtige Marxisten, besser gesagt, wie waschechte Maoisten mit großer Überein-stimmung. Ich musste den Schein wahren.

"Ich werde es einrichten, dass Ihr den Kerl interviewt", sagte er mir leise und vertraulich. "Wenn Ihr den Kerl seht, macht bitte einen herzlichen Eindruck, wie es unter Intellektuellen üblich ist. Der wird sofort anbeißen. Der ist sehr leichtgläubig. Im Gespräch werdet Ihr diese und jene Fragen stellen... In Eurem Artikel über das Komitee werdet Ihr genauso schreiben wie hier in diesem Dokument, das ich Euch gebe. Es ist für die ausländischen Journalisten vorgesehen. Ihr könnt hinzufügen, was Ihr wollt, Hauptsache ist, dass es der Parteipolitik folgt... Schreibt bei diesem Interview mit Ta Quang Buu bitte so viele Einzelheiten wie möglich und übergebt es uns danach!"

Wie ich innerlich über diese Niedertracht empört war! Ich war davon überzeugt, dass es an *solchen guten Freunden* nicht mangelte, die mich in derselben Art und Weise behandelten.

Bei der Anrede der verschiedenen Menschen wurden klare Grenzen gezogen. Leute, die sich in Haft befanden, wurden mit *Kerl* bezeichnet. Professor Ton That Tung, Professor Ta Quang Buu, der Schriftsteller Nguyen Tuan, der Komponist Van Cao... wurden von Huynh Ngu einfach mit ihren Namen ohne die Anrede *Herr* genannt, wie sonst in der vietnamesischen Umgangssprache üblich (Anm. d. Übers.). Nach meinem Verständnis bedeutete dies, dass *man* die bekanntesten Intellektuellen der Nation vorläufig noch nicht als *Objekte, d.h.* Feinde (Anm. d. Übers.) der Revolution betrachtete, dass sie von den Machthabern jedoch nicht mehr respektiert wurden.

Meiner Ansicht nach ist die Einstellung der KP Vietnam gegenüber den Intellektuellen sehr ungerecht. Die vietnamesischen Intellektuellen waren zu jener Zeit sehr brav und folgsam. Als ehemalige Sklaven des Auslands ordneten sie sich nach der errungenen nationalen Unabhängigkeit der Parteiführung freiwillig unter. Ihr Vertrauen in die Partei wurde durch die erfolgreiche Augustrevolution (1945) und den erfolgreichen Widerstands-kampf gegen die Franzosen gefestigt. Diese Menschen übernahmen alle Aufgaben, die ihnen die Partei anvertraute. In keinem sozialistischen Land gab es eine so folgsame Intelligentia. Da waren die gebildeten Menschen in Polen, Ungarn, der Tschechoslowakei, der Sowjetunion und sogar in China weitaus starrköpfiger.

Die Partei rief sie zusammen und führte mit ihnen *Verbesserungsschulungen* durch mit dem Ziel einer Festigung und *Erhöhung* ihres politischen Standpunkts. Sie kamen im ehrlichen Glauben und hörten wie kleine Schüler den belehrenden Parteifunktionären zu. Erstaunt über fremde Dogmen, waren sie davon überzeugt, dass sie selbst noch mit der Denkweise der ausbeutenden Klassen behaftet wären und daher die Lehren der Partei nicht begreifen könnten. Sie reichten ihrer Partei vertrauensvoll die Hände, dass diese sie führe. Sie beschimpften sich selbst, sie erniedrigten sich wegen echter und vermeintlicher Fehler gegenüber der Revolution. Sie schrieben selbstkritische Geständnisse an die Partei in der Hoffnung auf Vergebung aller Fehler durch diese Partei und verbunden mit der Hoffnung darauf, dass sie der Partei bis hin zum lichten Horizont folgen dürften.

Die Partei rief sie auf zum *"Nach unten gehen"* und *"Dreimal gemeinsam"*, *beides abgekürzte Begriffe rein chinesischer Art: nach unten, zur Basis, in die Bevölkerung gehen* und *Dreimal gemeinsam: gemeinsam essen, gemeinsam leben, gemeinsam arbeiten.* Spontan verließen sie ihre Schreibtische, ihre Laboratorien, ihre Lehrsäle, um mit dem Rucksack auf dem Rücken in die Dörfer zu gehen, wo sie gemeinsam mit Bauern in Entbehrung und Armut lebten. Tagtäglich lernten sie, sich die Eigenschaften der Bauern selbst anzueignen - Eigenschaften, die die Bauern ohne Ausbildung von Geburt an bereits besitzen.

Die Partei rief sie zur *Mobilisierung der Massen* für die Durchführung der Bodenreform auf. Und sie gingen in die schlammigen armen Dörfer, wo sie Tag und Nacht *die mittellosen Bauern besuchten, nach den Gründen für deren schweres Schicksal fragten* und *Ketten von konsequenten Kämpfern (gegen Großgrundbesitzer u.ä.) bildeten.* Gemeinsam mit Gruppen, welche die Durchführung der Bodenreform leiteten, legten sie streng nach der Vorgabe der Partei (5% der Bevölkerung - Anm. d. Autors) fest, welche *Elemente* unter der Bevölkerung als *Feinde* der Bodenreform abgestempelt werden sollten. Gemeinsam mit der Bevölkerung brachten sie diese *reaktionären Elemente* vor die Volksgerichte, um sie dort mit Gewalt in Worten und Taten zu verurteilen, und dann zur Hinrichtung auf dem Schafott. Erst als die Partei in Verlegenheit geriet und ihre *Fehler* bei dieser Bodenreform gestehen musste, wurden den Intellektuellen die Augen geöffnet. Als gebildete Menschen hätten sie den Humanismus zum Leitfaden ihrer Denkweise machen müssen. Doch sie folgten der Partei und besudelten ihre Hände mit Blut. Aus übermäßigem Vertrauen in die Partei folgten sie ihr blind, gedankenlos. Sie dachten gar nicht darüber nach, dass die Partei mit ihrer *Lehre des Klassenkampfes als Triebkraft der Entwicklung* unzählige Tragödien im Leben eines friedfertigen Volkes verursacht hatte.

Abermals propagierte die Partei, dass die früher begangenen Fehler einmalig und ihre Erfolge grundsätzlich seien. Abermals marschierten die Intellektuellen folgsam hinterher und mobilisierten die Menschen mit der Autorität, die sie durch ihr Wissen besaßen, zur Durchführung von albernen, sogar jeder wissenschaftlichen Grundlage entbehrenden Kampagnen wie: dichteres Pflanzen von Reissetzlingen zwecks Ertragserhöhung, Entfernung von Schwanz, Ohren und Schilddrüsen der Schweine zwecks Beschleunigung ihres Wachstums (nachzulesen in den Nummern der Parteizeitung *Nhan Dan* der 50- und 60er Jahre - Anm. d. Autors), Erhöhung der Anhängeranzahl bei Zugmaschinen... Als die Felder mit den dicht stehenden Setzlingen nur Stroh anstatt Reis hervorbrachten, als schwanz-, ohren- und schilddrüsenlose Schweine en masse starben, als die übermäßig belasteten Zugmaschinen ihren Dienst versagten, wurden ihnen die Augen abermals geöffnet. Diesmal stellten sie fest, dass diese Partei weder die Klugheit noch das Gewissen der Zeit besaß, wie es die Parteizeitung bewarb, sondern aus den von chinesischen Scharlatanen übernommenen Behauptungen ein Durcheinander zusammengemixt hatte.

Der Stellenwert der vietnamesischen Intellektuellen war wahrhaft miserabel, ihr Schicksal ebenso.

Politik der Partei war es, die Intellektuellen zu benutzen und ihnen gleichzeitig zu misstrauen. Von einer ehrlichen Zusammenarbeit mit ihnen konnte keine Rede sein. Sobald ein politisches Ereignis stattfand, riss die Partei ihre Augen weit auf und beobachtete, Peitsche und Handschellen griffbereit, argwöhnisch jede Reaktion der Intellektuellen.

So auch dieses Mal, nach der blutrünstigen Bodenreform. Nach dem chinesischen Verfahren "*Hundert Blumen blühen um die Wette, hundert Häuser singen um die Wette*", dem anschließenden vietnamesischen Verfahren "*Humanismus - Künstlerische Werke*" und nach den entstandenen politischen Unruhen in Ungarn, Polen und der Tschechoslowakei wurde die Wachsamkeit gegenüber den widerspenstigen Intellektuellen verstärkt.

Bücher, die ohnehin ausschließlich im Licht der Parteipolitik verfasst worden waren, wurden trotzdem vor ihrer Veröffentlichung mehrfach untersucht und überprüft. Die Partei wollte ihre belehrende Meinung auch zu einem Genre abgeben, von dem sie nicht die geringste Ahnung hatte, nämlich zur Malerei. Truong Chinh überprüfte höchstpersönlich die Gemäldeausstellungen. Ich erinnerte mich an eine Story mit Truong Chinhs Analyse des Gemäldes "O Quan Chuong" (Das Stadttor Quan Chuong) von Bui Xuan Phai, das eines seiner schönsten Gemälde darstellte. "Hmmm, das soll ein Gemälde sein?!" Der Generalsekretär betrachtete das Kunstwerk lange mit auf dem Rücken verschränkten Händen. "Ist Hanoi die Hauptstadt Vietnams, das auf dem Weg zum Sozialismus voranschreitet, oder ist es eine tote Stadt? Schauen Sie bitte, Genossen: die Straßen sind menschenleer, nur die Sonne scheint, und die Blüten der Feuerblumenbäume bedecken die

Straßen wie Blut. Es ist ein Cyclo da, aber der Fahrer ist nicht zu sehen ...Wenn im Hintergrund einige Kräne wären, die den Aufbau der Stadt bezeugen würden, wäre es noch zu verzeihen, aber hier ...!" Herr Truong Chinh ließ das Gemälde aus der Ausstellung entfernen.

Bui Xuan Phai bezeichnete seine nicht ausstellungsfähigen Gemälde als die *der Wand zugedrehten.* Er malte sie in einer dunklen Kammer der *Pho Hang Thuoc Bac* (Gasse der nördlichen - chinesischen - Medizin). Im nebelhaften Licht einer 60-Watt-Glühbirne trank ich mit ihm Tee in dieser Kammer, in die nur etwas diffuses Sonnenlicht seinen Weg fand, und er zeigte mir seine *der Wand zugedrehten* Gemälde, eines nach dem anderen.

Nicht nur Gemälde, auch zahlreiche Erzählungen erlitten das gleiche Schicksal. Sie erblickten nie das Licht der Öffentlichkeit und blieben nur als *Mund-zu-Mund-Überlieferungen* bestehen. Der Schriftsteller Kim Lan bezeichnete sie als *mündlich herausgegebene Erzählungen.* Er hat eine solche Erzählung, *Der Stumme,* geschrieben. Von Turgeniew stammte eine Erzählung zu demselben Thema. *Der Stumme* gelangte nie in die Welt. Als der Autor später doch schreiben durfte, hatte er keine Lust mehr. Bei unserem Wiedersehen im Jahre 1990 in Saigon erinnerte ich ihn an *Den Stummen.* Kim Lan lachte traurig. "*Mein Stummer* hatte ein schweres Schicksal. Dass er früh gestorben ist, war vom Himmel bestimmt. Lassen wir ihn in seinem Grab ruhen. Es würde nichts nützen, wenn wir ihn wieder herausholten."

Ich bin sehr traurig über das Schicksal der Schriftsteller und Künstler unserer Nation. Sie wollen ja gar nicht gegen jemanden kämpfen. Sie wollen nur in Frieden leben, um der von ihnen geliebten Arbeit nachgehen zu können. Aber sie dürfen es nicht.

Als die Wellen der Demokratie in den sozialistischen Staaten hoch-schwappten, stellten sich die vietnamesischen Intellektuellen ohne große Worte auf die Seite ihrer ausländischen Kollegen. Das war eine Unter-wasserwelle, unterhalb der ruhigen Oberfläche.

Jeder weiß, dass sowohl die im Westen als auch die in den sozialistischen Staaten ausgebildeten Intellektuellen überhaupt keine Macht darstellen. Aber sie werden von den Menschen geliebt und geschätzt. Noch bei jedem historischen Ereignis schritten die Intellektuellen in der ersten Reihe. Mao Zedong erkannte die Wirkung dieser Schicht als Initialzündung in der Revolution an. Nach dem erfolgreichen Ende der Revolution vertrat er jedoch plötzlich die Meinung, dass diese Schicht auf Grund ihrer schwankenden Haltung ein Hindernis darstelle. Bei den Aufständen in Polen, Ungarn und der Tschechoslowakei gingen die Intellektuellen, insbesondere die jungen - Studenten und Schüler -, auf die Straße und zogen andere Menschen mit sich. Dieses leuchtende Beispiel führte dazu, dass die vietnamesische Führung ständig ein scharfes Auge auf die Intellektuellen warf.

Die Losung des *Sowjetaufstands* in der Region Nghe Tinh am Anfang der 30er Jahre: "Intellektuelle, Großbauern, Großgrundbesitzer, Verwaltungsleute - vernichten wir sie samt ihrer Wurzeln" zeugte vom Hass der Ungebildeten gegenüber den Intellektuellen. Dieser Hass hatte eine historische Dimension und führte zu einem grausamen Terror gegen Intellektuelle, zu Bücherverbrennungen und dazu, Schüler und Studenten lebendig zu begraben.

Der indirekte Schlag gegen die Intellektuellen wurde nun gegen die *pro-intellektuellen* Kommunisten geführt. Das waren Revolutionäre, die sich ihrer eigenen Schwächen bewusst wurden. Sie erkannten an, dass sie unwissend waren, und in der engen Allianz mit den Intellektuellen fanden sie Menschen, die ihnen dabei halfen, ihre Wissenslücken aufzufüllen.

Doch die mangelhaft gebildeten Kommunisten verstanden nicht, dass nach Marx' Meinung nicht nur die Befreiung der Habenichtse aus dem Sklavendasein, sondern - im Sinne einer "Hinführung des Menschen aus dem Reich des Notwendigen in das des Freien" - die menschliche Befreiung überhaupt das letzte Ziel der proletarischen Revolution darstellt. In seiner Vorstellung von der zukünftigen Gesellschaft war Marx utopisch, aber sein Ziel war human.

Mit dem Schlag gegen Kommunisten, die sich die Demokratisierung der Gesellschaft und die Beseitigung des Totalitarismus zum Ziel setzten, wollte man die geistige Stütze und den Kampfgeist der Intellektuellen vernichten. Dadurch sollten diese Menschen in eine von der Partei gewünschte Situation gebracht werden: in die der Diener.

Le Duan und Le Duc Tho waren keineswegs politische Dummköpfe. Ohne bei jemanden in die Lehre gegangen zu sein, wussten sie von vornherein ganz genau, was den sich auf Gewalt stützenden Machthabern passieren würde. Sie wussten, dass das Volk früher oder später ihr wahres Gesicht erkennen würde. Die Zukunft machte ihnen Angst. Und in dieser Angst teilten sie den ersten Schlag aus.

Bui Cong Trung (1902-1977, ein alter Revolutionär) sagte mir: "Du sollst Dir folgendes merken. Im Leben sind Wissen und Unwissen so gegensätzlich wie Feuer und Wasser. Sie (die Machthaber) sind unwissend, wollen aber nicht lernen. Wenn sie lernen müssten, könnten sie nicht mehr heilig sein. Ohne zu lernen, werden sie aber umso unwissender bleiben. Dass die Unwissenden die Wissenden nicht mögen, ist normal. Die Intellektuellen unserer Nation haben es noch sehr schwer, solange der Unwissende den Wissenden unterdrückt. Das ist die Tragödie - leider nicht nur unserer Nation, sondern aller sozialistischen Staaten. Ich bin schon alt und lebe nicht mehr lange. Ich kann Euch nur bedauern."

Die *Unterdrückung der Reaktionäre,* die zu jener Zeit in Nordvietnam erfolgte, war eine Kopie der Kampagne, die während und nach der *großen Kultur-revolution* in China stattfand. Während sich der Staat im

Kriegszustand befand, bestand ein begrenztes Ziel der Machthungrigen in der Unterbindung von Aktivitäten einer bestimmten Anzahl von Mitgliedern des Politbüros und des ZK, die den Machthabern möglicherweise ihren Platz hätten streitig machen können. Gegen Kommunisten niedrigerer Ränge wurde ein härterer Schlag geführt. Charles Fourniau, ein französischer Historiker mit mehreren Studien über Südost-Asien, der dem vietnamesischen Volk im nationalen Befreiungs-kampf von 1946-1954 beigestanden hatte, sagte während einer Konferenz am runden Tisch Ende der 70er Jahre offen seine Meinung: "Die chinesische, vietnamesische, nordkoreanische und kambodschanische Gesellschaft bilden dasselbe Modell, nur auf unterschiedlichen Stufen."

Le Duan und Le Duc Tho waren nicht Mao Zedong. Sie hatten nicht und nie die Größe Maos. Da war es ein Glück für Vietnam, dass Duan und Tho bei ihrer Unterdrückung der Intellektuellen zaghaft vorgingen. Die Betroffenen wurden nur bis zur einäugigen Blindheit gepeinigt.

Ein Merkmal jener Zeit war das *Sitzen zwischen zwei Stühlen*. In der Parteizeitung *Nhan Dan* musste zwischen den Artikeln über die Sowjetunion und China ständig das formelle Gleichgewicht gehalten werden: mit jeweils der gleichen Anzahl von Zeilen und Worten und der gleichen Charaktergröße. Dieser Zustand konnte dank Herrn Ho Chi Minh im Rahmen des ideologischen Kampfes eine bestimmte Zeit lang aufrechterhalten werden. Hinzu kam die unschlüssige Haltung Le Duans, die diesen Zustand etwas verlängerte. Einerseits hatte er Angst vor der Wut Mao Zedongs, falls dieser feststellen sollte, dass Vietnam seinen ideologischen Krieg gegen die Sowjetunion nicht heiß genug unterstütze. Andererseits befürchtete er, dass die neuen Herren im Kreml ihr Portemonnaie erbarmungslos schließen könnten. Die oppositionellen Meinungen im eigenen Land wurden von Le Duan entweder überhaupt nicht oder nicht im richtigen Umfang in Erwägung gezogen. Das überließ er völlig Le Duc Tho. Daher entstand eine Situation, in der Le Duan seine Treue zur Sowjetunion beschwor und gleichzeitig Le Duc Tho die *modernen Revisionisten* einsperren ließ.

Ich machte keine Politik. Ich hatte auch nicht den Ehrgeiz, den goldenen Thron von Duan und Tho zu erschüttern. Mein größter Traum wäre es gewesen, in Ruhe leben und meiner geliebten Arbeit nachgehen zu dürfen. Im Grunde genommen bin ich ein typischer vietnamesischer Kleinintellektueller mit einem Häufchen erworbener westlicher Kenntnisse, die mit der Asche des Geistes unserer alten, chinesisch gearteten Gelehrten vermischt sind.

So bin ich und damit muss ich leben. Anders geht es nicht. Aber was heißt 'Nachgeben', und bis zu welchem Maß nachgeben? Zuviel nachgeben würde doch bedingungslose Kapitulation bedeuten.

Ich weiß, dass es mir niemals gelingen wird, die Speichelleckerei erlernen zu können. Allerdings - schweigen und diese Schande widerspruchslos schlucken, das ist mir doch schwer gefallen. Das war schwerer als zu sterben. Der Tod ist nicht sonderlich furchtbar. Er ist ein Schnalzen mit der Zunge, ein Augenblick, und danach ist Schluss, ist das Nichts.

Leben ist wahrlich schwer.

15

Kampf der zwei Linien

In den beiden Dekaden der 50er und 60er Jahre, in deren Verlauf die internationale kommunistische Bewegung mit sehr vielen Problemen belastet war, trat - bedingt durch den Kampf zwischen den zwei Linien - die Frage der Richtungswahl oder, genauer gesagt, des Richtungskampfes zur Gestaltung der Gesellschaft in den Vordergrund: Demokratie oder Diktatur.

Der XX. Parteitag der KPdSU stellte die kommunistischen Parteien unausweichlich vor die Wahl: entweder Sozialismus nach stalinistischer Art oder reformierter Sozialismus mit demokratischer Ausrichtung. .

Le Duan, der omnipotente Machthaber jener Zeit, benötigte nicht viele Überlegungen, um als Grundlage für seine Herrschaft die Ideologie Mao Zedongs und das chinesische Modell zu wählen. Das war für Le Duan die einzig mögliche, für ihn charakteristische und geeignetste Wahl. Welcher Dorfbewohner, der in die Stadt kommt, würde sich mit der Kompliziertheit des städtischen Lebens und den Bedürfnissen des Denkens, bei dem er ja sein Gehirn anstrengen musste, anfreunden? Als ehemaliger Weichensteller bei der Eisenbahn, der er war, bevor er zum Diktator aufstieg, wollte Le Duan den Zug der Nation selbstverständlich durch eine einzige Handbewegung in die von ihm gewünschte Richtung fahren lassen.

Die Situation Vietnams zwang allerdings dazu, dass die Führung der KP Vietnams - gleich, welche Richtung sie einschlug - nach außen hin eine kluge Position der Mitte einnehmen musste, die Sowjetunion nicht offen beschimpfen konnte und die sich in der kommunistischen Welt immer mehr entwickelnde Demokratiebewegung nicht verfluchen durfte.

Aus diesem Grund kamen die Beschlüsse Nr. 9 (der 9. Sitzung des Zentralkomitees der KP am 11.12.1963 - Anm. d. Autors) zustande, die weder Fisch noch Fleisch waren und die angesichts der innerhalb der internationalen kommunistischen Bewegung scharf ausgetragenen ideologischen Auseinander-setzungen keinen klaren Standpunkt bezogen. Mit sinnverschlüsselnden scholastischen Worten und eigenartigen Begriffszusammenfügungen, die den Leser nicht verstehen ließen, was der Beschlussschreiber eigentlich wollte, verkündeten sie den Kampf sowohl gegen den *modernen Revisionismus* als auch gegen den *Dogmatismus*. Weder konnte sich die Sowjetunion nach dieser Lektüre ärgern noch konnte China zornig werden. Gerüchten zufolge soll der Autor, oder besser gesagt, der Redigierende dieser zweideutigen Beschlüsse der Scholastiker *Truong Chinh* sein, der sich die größte Mühe gab, seinen Boss *Le Duan* zu unterstützen, damit dieser in dem Theaterstück *"Ich nicht, ich nicht!"* seine Rolle gegenüber beiden Kampfparteien erfolgreich spielen konnte.

Diese undurchsichtigen Beschlüsse Nr. 9, die vom Direktor dieses Sprachzirkus, *Truong Chinh,* zurechtgeformt wurden, konnten jedoch – anders als andere Beschlüsse, die sonst üblicherweise immer "einstimmig" durch Handzeichen angenommen worden waren - nicht so glatt zur Welt gebracht werden. In jenem Zeitraum nämlich kam innerhalb der Partei die unterirdische Welle einer demokratischen Tendenz zum Vorschein, die auch die Zustimmung einer Anzahl von Mitgliedern des ZK fand. Aber die Beschlüsse Nr. 9 waren das Mittel, das Le Duc Tho und der Höherstehende, Le Duan, benötigten, um diesen demokratischen Trend zu unterdrücken. Die Beschlüsse mussten deshalb um jeden Preis zustande kommen und schließlich hatten, allgemein gesprochen, Duan und Tho damit Erfolg.

Doch trotz der zweideutigen Ausdrucksweise konnte jeder, der nicht blind sein wollte, in diesen Beschlüssen den maoistischen Standpunkt der Allianz Duan - Tho erkennen.

Um jedem Missverständnis vorzubeugen, erklärte Truong Chinh während der Versammlung zur Bekanntgabe der Beschlüsse Nr. 9 vor Funktionären höherer Ebenen im Januar 1964 zusätzlich: "Ich möchte die Genossen auf einen Punkt aufmerksam machen: dass die Beschlüsse Nr. 9 *wegen der komplizierten Lage der internationalen kommunistischen Bewegung nicht so niedergeschrieben werden konnten wie das, was ausgesagt werden muss.* Insbesondere muss vermerkt werden, dass der wesentliche Inhalt der Beschlüsse Nr. 9 nur mündlich bekannt gemacht werden kann, nämlich dies: *die Außen- und Innenpolitik unserer Partei und unseres Staates ist im Wesentlichen identisch mit der Außen- und Innenpolitik der kommunistischen Partei Chinas und des chinesischen Staates."* (ich schreibe/zitiere *kursiv* - Anm. d. Autors).

Die mündliche anstelle der schriftlichen Bekanntmachung war ein Zeichen der Angst und der konspirativen Arbeitsweise der damaligen Parteiführung. Um so zu tun, als hätte im Kampf gegen den Revisionismus eine internationale Arbeitsteilung bestanden, sagte Le Duc Tho in einer anderen Versammlung deutlicher: *"Den theoretischen Kampf gegen den modernen Revisionismus überlassen wir der kommunistischen Partei Chinas. Den organisatorischen Teil machen wir selbst."* (ich schreibe/zitiere *kursiv* - Anm. d. Autors).

Die Schmutzkampagne gegen den Revisionismus begann. Überall beschimpfte man den *Glatzköpfigen* (gemeint war der 1. Sekretär der KPdSU, Nikita Chruschtschow - Anm. d. Autors). Man schimpfte darüber, dass die Sowjetunion feige sei, dass die Sowjetunion Angst vor den Amerikanern habe, dass die Sowjetunion ein Verräter sei. Dass die Sowjetunion wegen einer Missernte sogar Weizen aus Amerika einkaufte, wurde als eine schwere Niederlage an der landwirtschaftlichen Front bezeichnet. Die

225

Zuschauer eines Fußballfreundschaftsspiel vergaßen ihren sportlichen Geist vollends, indem sie bis zur Heiserkeit schrien: "Schlagt die *Revisionisten* zusammen!" Den Menschen, die mit diesem Zustand nicht einverstanden waren und die unvorsichtig etwas anders als den Standpunkt der Partei äußerten, setzte man sofort den Hut des "*modernen Revisionismus*" auf.

Mit den Beschlüssen Nr. 9 wurde die KP Vietnams polarisiert: auf der einer Seite standen die Mitglieder, die für einen demokratischen Sozialismus auf gesetzlicher Grundlage und für die Errichtung einer bürgerlichen Gesellschaft unter Achtung der Menschenrechte eintraten, auf der anderen Seite befand sich die machthabende Partei, die auf einem absolutistisch ausgeübten Sozialismus bestand.

Es waren unvergessliche Tage.

Duong Bach Mai, der starke Gegner der prochinesischen Politik, starb eines plötzlichen Todes, als er an der Tagung der Nationalversammlung im *Großen Theater* von Hanoi teilnahm. Während einer Tagungspause ging er mit anderen Abgeordneten an eine Bar, um Bier zu trinken. Herr Mai gab an diesem Tag vor seinem Geburtstag eine Bierrunde aus. Aber noch bevor er sein Bierglas geleert hatte, brach er zusammen. Als der Wagen der medizinischen Nothilfe kam, wollte der Arzt *Ton That Tung* einsteigen, um ihn ins Krankenhaus zu begleiten. Zwei kräftige junge Männer hinderten ihn an seinem Vorhaben mit den Worten: "Wir bitten Sie, zur Tagung der Nationalen Versammlung zurückzukehren. Die Staatsangelegenheiten sind wichtiger." Der Nothilfewagen verschwand, bevor Ton That Tung begriffen hatte, was ihm geschah, wer die beiden jungen Männer waren und weswegen sie ihn hinderten, seinem Freund zu helfen.

Der Tod *Duong Bach Mais* ließ einen Verdacht aufkommen. Er starb kurz vor dem Zeitpunkt, zu dem er eine flammende Rede gegen die Politik des gesellschaftlichen Aufbaus nach dem Kasernenmuster von Mao Zedong hatte halten wollen. In dieser Rede wollte er die Partei unter anderem dazu auffordern, die Lebensbedingungen der Bevölkerung zu verbessern und innerhalb der Partei und der Gesellschaft Demokratie walten zu lassen. Der Text, den er in seine Jackentasche gesteckt hatte, verschwand. Einer seiner sehr guten Bekannten, der Journalist *Thai Hong*, hatte einige Tage vorher Gelegenheit gehabt, diese Rede zu lesen. Er sagte, dass es sich um eine zündende, durchdachte und äußerst interessante Rede gehandelt habe.

Vom plötzlichen Tod ihres Ehemannes überrascht, verließ Frau *Mai*, eine Lehrerin, ihre Schüler in Thuy Nguyen, um sich in Hanoi um die Beerdigung ihres Mannes zu kümmern. Das Haus des Ehepaares wurde von der Polizei bewacht. Die Frau musste sich hart durchsetzen, um ihr Haus wieder betreten zu können, in dem nach einer Durchsuchung völlige Unordnung herrschte.

Duong Bach Mai (1904-196), ein bekannter Revolutionär aus Cochinchina und patriotischer Intellektueller, war eine der führenden Persönlichkeiten der revolutionären Bewegung im Süden. *Unter der französischen Herrschaft war Vietnam dreigeteilt: Cochinchina (Nam Ky - südliches Gebiet) war eine direkt von Frankreich verwaltete Kolonie, Tonkin (Bac Ky - nördliches Gebiet) ein Protektorat, während Annam (Trung Ky - mittleres Gebiet) eine gewisse Autonomie gewährt wurde.* Duong Bach Mai hatte in Frankreich studiert und war 1926 der französischen KP beigetreten. Bei dem Aufstand von Nam Ky (Cochinchina) war er von der Führung dieses Aufstandes als Ministerpräsident der Revolutionsregierung vorgesehen. Im Jahre 1935 wurde er, trotz Ablehnung durch die Kolonialverwaltung, in den Rat der Stadt Saigon gewählt.

Er war auch eine der Hauptpersonen bei der Zeitung *La Lutte* (Der Kampf), der ersten revolutionären Zeitung, bei der mit *Ta Thu Thau, Phan Van Hum und Tran Van Thach* eine Zusammenarbeit zwischen Kommunisten und Trotzkisten erfolgte. *Diese drei Personen wurden von der kommunistischen Viet Minh im September 1945 ermordet. Im Allgemeinen hatte der Trotzkismus (nach dem Namen von Leo Trotzki, eigtl. Lew Dawidowitsch Bronstein - Marxist, Kampfgefährte von Lenin) keinen Einfluss auf die nationale Befreiungsbewegung in Vietnam. In Wirklichkeit verstand niemand - die Kommunisten eingeschlossen -, was Trotzkismus war. Sie bekämpften ihn nur in der Gefolgschaft der Dritten Internationale. Der Widerspruch zwischen Stalinismus und Trotzkismus hatte jedoch mit den Problemen der nationalen Befreiung der Kolonialvölker nichts zu tun.*

Die Geradlinigkeit und Spontaneität von *Duong Bach Mai*, der starke Einfluss, den die demokratischen Gedanken der großen französischen Revolution auf ihn ausübten und die Tatsache, dass er sich entsprechend dem westlichen Gleichheitsmuster verhielt, führten dazu, dass er den aus dem Norden stammenden Führern missfiel. Dabei war es niemand anderer als er, der das ganze Zentralkomitee der Partei stützte, das durch die katastrophalen Misserfolge der Bodenreform niedergeschmettert worden war. Die zentrale Tagung zur Analyse der Bodenreform fand angesichts eines verödeten und von Rachegefühlen zerrissenen Nordens in einer düsteren Atmosphäre statt. Doch *Duong Bach Mai* erhob sich, schmetterte die *Internationale,* die Teilnehmer stimmten ein und der Geist der Tagung wurde gerettet.

Herr *Pham Ngoc Thach, der während der Augustrevolution (1945) die Bewegung der revolutionären Avantgarde der Jugend Südvietnams leitete, blieb nach seiner Teilnahme an der Tagung der Nationalversammlung 1946 im Norden und war dort im Gesundheitswesen tätig. Lange Zeit war er Minister auf diesem Gebiet, ein einfacher Mensch und fleißiger Minister, anders als die anderen Minister. Er erhielt die Auszeichnung* "Held der Arbeit".

Als diese beiden einmal zu Besuch in unserem Haus waren, sagte *Pham Ngoc Thach* zu *Duong Bach Mai:*

"Die *Leute* mögen Dich nicht wegen Deiner Geradlinigkeit. Du sagst, was Du denkst, und damit verletzt Du *sie*. Deswegen haben *sie* nun die Geschichte Deiner Zusammenarbeit mit den Trotzkisten herausgekramt."

"*Diese Leute* haben doch auch über Deine pro-japanische Zeit getratscht. Du hattest selbst mit Trotzkisten Kontakt." Duong Bach Mai lachte laut. "Pass bitte auf! In die schwarze Liste *dieser Leute* wird nur ein-, aber nichts ausgetragen."

Duong Bach Mai sagte, er besitze nicht das Wohlwollen von Ho Chi Minh. Herr Duong lebte sehr geradlinig. Er war furchtlos in seinen Reden und wollte sich nicht in die feudale Ordnung pressen lassen. Da sich Herr Ho aber an Lob gewöhnt hatte, war es durchaus zu verstehen, dass er Herrn Duong nicht mochte.

Auch Truong Chinh mochte Duong Bach Mai nicht. Das war unschwer zu begreifen. Truong Chinh war mit dem Komplex des *einmal vom Pferd gestürzten Menschen* behaftet. Nach der gescheiterten Bodenreform war er von der Missachtung seiner Mitmenschen ihm gegenüber überzeugt. Auch Herr Duong war gegen die Beschlüsse Nr. 9. Dadurch sah sich Truong Chinh darin bestätigt, dass Herr Duong Bach Mai gegen ihn war.

Le Duan mochte Duong Bach Mai ebenfalls nicht besonders. Nach Ansicht der Leute, die aus dem südlichen Teil des Landes, aus Nam Bo kamen, war diese Abneigung aber nicht rein politischer Natur. Le Duan wusste nämlich ganz genau, dass er niemals das besitzen würde, was Duong Bach Mai bereits hatte: den Ruhm eines geistigen Führers. Mir gegenüber äußerte dieser einmal über Le Duan:

"Du brauchst ihm keine Aufmerksamkeit zu schenken. Der Geist und das Herz eines Mannes richten sich auf das Werk. Dieser Kerl aber sucht nur nach Ruhm und Macht. Er hat immer davor Angst, dass ihn jemand anderer übertrifft. Das Werk und der Ruhm unterscheiden sich voneinander wie das Haus und der Anstrich, der es umgibt, mein Lieber."

Wenn Duong Bach Mai noch gelebt hätte, dann würde er jetzt wahrscheinlich - nein, nicht wahrscheinlich, sondern mit Sicherheit - unser Schicksal teilen müssen.

Seit Beginn des *Kampfes zwischen den zwei Linien* war er dagegen gewesen, dass Vietnam in die Bahnen des Maoismus gelenkt wurde. Er bezeichnete diesen als ein *Mischmasch*-Gericht von Seeräubern. Während die vietnamesische Propaganda Mao Zedong auf die Stufe eines lebenden Heiligen erhob, bezeichnete er Mao ganz offen als den Henker auf der riesigen chinesischen Hinrichtungsstätte. Die unruhige Situation unseres Nachbarlandes im Norden hatte zu jener Zeit seiner Meinung nach folgende Ursache: Anfang der 30er Jahre (des 20. Jahrhunderts - Anm. d. Übers.) konzentrierte sich das Leben der chinesischen Arbeiterklasse hauptsächlich in den Küstenstädten. Während des Krieges zwischen der Kuomintang (chinesische Nationale Volkspartei - Anm. d. Übers.) und den Kommunisten hatten viele hervorragende Persönlichkeiten dieser Klasse im Verlauf des *langen*

Marsches ihr Leben verloren. An ihre Stelle traten unterwegs aufgelesenen Wegelagerer und Banditen. Zum Zeitpunkt der Bildung der Sondergebiete von Tham-Cam-Ninh (chinesisch: Shen-Gan-Ning) und Tan-Ky-Sat (chinesisch: Xin-Qi-Sha) war die chinesische KP nichts anderes als eine Partei von Räubern, mit Lumpenproletariern an ihrer Spitze. Die Kommunisten wurden von Mao Zedong und Kang Sheng im Laufe der Zeit liquidiert, Überlebende während der ständig laufenden "revolutionären Kampagnen" umgebracht. Das Ganze führte im sozialistischen China in einen Zustand der nicht endenden Unruhe.

Diese unorthodoxe Bewertung durch Duong Bach Mai erschreckte die führenden Leute Vietnams ungeheuer. Dass man ihn bisher noch nicht belangt hatte, lag nur daran, dass er im Volk einen sehr guten Ruf genoss.

Als er den Posten eines Mitglieds des Ständigen Ausschusses der Nationalversammlung und auch den des stellvertretenden Vorsitzenden der Gesellschaft für vietnamesisch-sowjetische Freundschaft innehatte, starb Duong Bach Mai. Sein verdächtiger Tod wurde später in der Öffentlichkeit wieder erwähnt, als auch General *Hoang Van Thai* und danach General *Le Trong Tan* - jeweils kurz vor ihrem Amtsantritt als Minister für nationale Verteidigung - plötzlich starben.

Anlässlich der Beerdigung Duongs besorgten wir - arme Schriftsteller, Künstler und Intellektuelle aus Hanoi - einen Kranz, mit dem wir ihm, dem *Menschen aller Menschen*, ein ehrendes Andenken bewahrten.

Im Namen der demokratisch gesinnten Schriftsteller und Künstler brachte ich diesen Kranz zum Sitz der Nationalen Front Vietnams an der Kreuzung *Trang Thi - Quan Su.* Ich erhielt diesen Auftrag, weil ich zu den Leuten gehörte, *deren Namen dem Kaiser und dem Fürsten bekannt* und längst nicht mehr zu verbergen waren. Andere Gleichgesinnte mussten ihr Gesicht nicht unbedingt preisgeben. Als das Cyclo (Fahrrad-Rikscha) mit mir und dem Kranz unseren Bestimmungsort erreichte, sah ich in der Straße vor dem Gebäude und im Hof des Gebäudes eine Reihe von *tauchenden Fischen* (Mitarbeiter der Geheimpolizei - Anm. d. Übers.) geschäftig umherlaufen. Unser Kranz war mit einem Band mit der Aufschrift "Zum Andenken an Genossen Duong Bach Mai, den unserem Ideal immer treuen Kommunisten" versehen und weitaus grösser als derjenige der Regierung. Als ihn die *tauchenden Fische* sahen, schickten sie zwei Kraftprotze zu mir her, die mir beim Tragen helfen sollten. Statt unseren Kranz aber vor dem Sarg abzulegen, trugen sie ihn in eine entlegene Ecke. Ich war verlegen und wusste nicht, wie ich mich verhalten sollte. Zum Glück erschien gerade in diesem Moment *Buu Tien* (1918-1992, bekannter Dramatiker und Bühnenregisseur - Anm. d. Autors). Mit mir zusammen trug er unseren Kranz wieder zurück und legte ihn neben die anderen. Vor dem Sarg Duong Bach Mais trug er aufgeregt ein Gedicht vor: "Mit Aprikosenblüten zu Deinem Geburtstag. Heute nehmen wir Abschied von Dir..." Draußen waren seine Augen dann voller Tränen: "*Die* sind aber unverschämt. Furchtbar!"

Als sich der Wagen mit dem Sarg in Bewegung setzte, folgte ich ihm mit einem Herzen voll Trauer und mit dem Gedanken an *Onkel Mai,* den ich seit jenen bewegten Tagen des August 1945 kannte. (Herr Mai und andere führende Politiker aus dem Süden, die im Hinblick auf die Bildung einer revolutionären Regierung nach Hanoi kamen, wurden damals im Haus meiner Eltern untergebracht - Anm. d. Autors). Hinter mir gingen Truong Chinh und Hoang Quoc Viet mit Gesichtern wie Masken, die sich etwas auf die selbst verliehene Größe einbildeten. Die Menschenmasse, die von Duong Bach Mai Abschied nahm, überflutete die Kreuzung *Quan Su* und bildete eine kilometerlange Schlange.

Buu Tien wurde in den darauffolgenden Tagen deutlich wortkarg. "Der tragische Tod von Herrn Mai gibt mir Anlass zur Selbstüberprüfung." sagte er. "Soll ich feige bleiben, um lange zu leben?"

Buu Tien und ich standen uns Anfang 1954 während einer *Verbesserungs-schulung* zur Vorbereitung unseres Auslandsstudiums sehr nahe. Alle Angestellten, die vom zentralen Ausschuss für Propaganda-Erziehung bereits ausgewählt wurden, mussten sich dennoch einem weiteren Auswahlverfahren unterziehen. Darin bestand Buu Tien dann die Abstammungsprüfung nicht, weil er aus der kaiserlichen Familie kam.

Meine Kollegen und ich bedauerten den Umstand sehr, der Buu Tien an seiner Fachausbildung hinderte. Er war ein talentierter Dramatiker und ein hervor-ragender Schauspieler. Bei einem kleinen Abschiedsessen gab mir Buu Tien den Rat: "Gib dir Mühe beim Lernen! Wir haben Augen, ertasten aber unseren Weg wie blinde Musikanten. Unser Verstand gleicht etwa dem der Spatzen. Ohne Ausbildung würden wir nichts können." Er lebte ganz schlicht und vertrauensselig. Im Jahre 1956 folgte er eifrig der Parteilinie und verurteilte damals seine Kollegen im Verfahren *Humanismus - Künstlerische Werke.* Aber in den 60er Jahren bedauerte er sein Verhalten: "Ich bin dumm wie ein Ochse. Ich hätte mir mit meinem eigenen Kopf Gedanken machen müssen. Stattdessen habe ich mich auf den scharfsinnigen Kopf *dieser Leute* verlassen und sie für mich denken lassen. Schlimmer als ein Ochse." Nach meiner späteren Haftentlassung sorgte er während der ersten Tage meines wieder normalisierten Lebens in jeder Hinsicht für mich.

Huynh Ngu vergaß nicht, mich an mein Vergehen im Zusammenhang mit der Trauerfeier von Duong Bach Mai zu erinnern (allerdings mit einer toleranten Stimmlage):

"Der *Mai* ist gestorben. Lassen wir ihn im Grab ruhen und sprechen wir nicht mehr davon. Aber Eure provokante Haltung während der Feier können wir nicht übersehen. Ihr habt aus einem Parteigegner einen Helden gemacht. Unverschämt. Habt Ihr gewusst, dass er gleich nach seinem Tod aus der Partei ausgeschlossen worden ist?"

Ich wusste es. Die ganze Stadt Hanoi wusste es. Ich konnte mich daran erinnern, dass zu dieser niederträchtigen Haltung der kommunistischen Partei gegenüber einem verstorbenen Mitglied viele verachtungsvolle Stimmen laut wurden. Die Duan-Tho-Bande schloss ihn bereits aus der Partei aus, als sein Sarg noch gar nicht geschlossen war. Sie hatten Angst vor ihm. Sie hassten ihn.

Während der Schulungstage zu den 9. Beschlüssen (der KP - Anm. d. Übers.) beließ ich auf meinem Oberhemd das schwarze Band, das ich seit der Trauerfeier für Duong Bach Mai trug. Opportunisten versäumten nicht die Gelegenheit, um zu sticheln:

"Für wen tragt Ihr schwarz?"

"Für einen sehr guten Bekannten." Ich blickte ihnen direkt in ihre Gesichter.

Es gab aber auch Menschen, die mir fest die Hand drückten und leise sagten:

"Mein tiefes Beileid. Dies ist unsere gemeinsame Trauer."

In der Toilette näherte sich mir eine Person, die mir noch nie aufgefallen war.

"Ich schäme mich", flüsterte er, "ich bin feige. Sie können mich verachten. Sie können mich beschimpfen. Aber ich bitte Sie um Verständnis. Ich habe vier kleine Kinder und eine kranke Frau ... Ohne sie hätte ich mich anders verhalten." Während der vorangegangenen Schulungstage hatte er "die modernen Revisionisten" so kräftig verurteilt, als ob er einer der echten "Marxisten-Leninisten" gewesen wäre.

Ein Regime, das den Menschen feige macht, kann dem Menschen nichts wert sein. Er - der Mensch - muss mit aufrechter Haltung und erhobenen Hauptes leben können. Das Geständnis dieser Person bezüglich ihrer Feigheit machte mir bewusst, dass wir nicht einsam waren. Die Machthaber konnten den Menschen zwar Angst einjagen, sich bei den Menschen aber nicht beliebt machen.

In unserem Land konnte es keinen *Kampf zwischen den zwei Linien* geben. Im Wesentlichen war es ein Kampf zwischen dem Guten und dem Bösen, zwischen dem Schönen und dem Hässlichen, zwischen der Absicht, den Menschen aufzuwerten, und der, ihn zu erniedrigen und auf den Rang der Büffel und Pferde, der Roboter, der "rostfreien Schrauben der Revolution" zu verweisen.

Die Teilnehmer der Schulung der 9. Beschlüsse waren meist parteilose Angestellte, vor allem Intellektuelle, die in kulturellen Institutionen arbeiteten. Einige der Teilnehmer waren Parteimit-glieder, die aus dienstlichen Gründen die vorherigen Schulungen nicht hatten besuchen können. Manche von ihnen kamen jedoch, obwohl sie bereits geschult worden waren, und niemand wusste, warum. Jeder der Teilnehmer erhielt eine nummerierte Kopie der Beschlüsse. Man las sie an Ort und Stelle, ohne

Notizen machen oder sie mit nach Hause nehmen zu dürfen.

Luu Quy Ky, der Schulungsleiter, schüttelte mir freudig die Hand:

"Wollt Ihr sprechen?"

"Alles ist festgelegt worden. Worüber soll ich sprechen?" sagte ich.

"Wenn es Unklarheiten gibt, könnt Ihr darüber sprechen." Luu Quy Ky lachte vergnügt. "Die Genossen lassen zu, dass man seine Meinung aufrechterhält."

Die Meinung aufrechterhalten hieß, dass man bei seiner Meinung bleiben durfte, ohne bestraft zu werden. Das war die Duldung durch die Partei. Allein die Tatsache der Entstehung dieses Begriffes "die Meinung aufrechterhalten" zeugte von einer Neuerung im gesellschaftlichen Leben unter Führung der Partei. Es war ein demokratisches Zeichen. Allerdings wurden Leute, die "die Meinung aufrechterhielten", verhaftet - und wenn nicht, so doch zumindest unterdrückt, außer in dem Fall, dass sie ihre Meinung zurückzogen und durch *Verdienst* ihre Sünde wieder gut machten.

Ich hob meine Hand und bat ums Wort. Vom Schulungsleitertisch aus blinzelte Luu Quy Ky mit einem Auge. Er hatte einen Augenfehler, der oft zu Missverständnissen führte; man dachte nämlich, er wolle Zustimmung oder Ansporn zum Ausdruck bringen.

"Ich bitte den Schulungsleiter zu erklären ..."

Luu Quy Ky blinzelte erneut mit einem Auge zu mir her. Wahrscheinlich lächelte er. Der ganze Saal schwieg. Die echten Marxisten sahen auf mich herab.

Bescheiden trug ich vor, dass in den Beschlüssen das Folgende festgeschrieben werde: in jenen Staaten, in denen es kein Proletariat gebe oder das Proletariat noch nicht gebildet sei, könne trotzdem eine marxistisch-leninistische Partei gegründet werden. Dies sei eine schöpferische These der Partei. Ich verstünde diese These nicht.

Luu Quy Ky breitete seine Arme aus und zuckte mit den Schultern. Er war erstaunt darüber, dass ich eine so einfache Sache nicht verstand. Ich bat darum, zur schwarzen Tafel gehen und darauf schreiben zu dürfen. Schriftlich könne ich meine Gedanken begreiflicher machen.

Ich schrieb in Großbuchstaben die Definition von Lenin über die kommunistische Partei auf die Tafel: "Die kommunistische Partei ist die Partei des Proletariats" und fragte Luu Quy Ky:

"Ich denke, dass dieser Satz von Lenin stammt, nicht wahr, Bruder Ky?"

Luu Quy Ky nickte zustimmend mit dem Kopf. Er blinzelte mehrfach schnell mit dem Auge, aber ich bemerkte, dass sein Gesicht angespannt war.

"Ihr seid sicher nicht gegen diese Definition von Lenin, nicht wahr?"

Luu schüttelte den Kopf und antwortete:

"Selbstverständlich nein."

Ich wandte mich den Zuhörern zu:

"Ist jemand gegen Lenin?"

Alle Zuhörer waren verblüfft. Gegen Lenin? Ist man verrückt?

Ich setzte fort:

"Genosse Lenin hat gesagt: 'Von allen Beweisverfahren hat das mathematische den kürzesten Weg.' Ich erlaube mir, das Ersetzen nach mathematischer Art anzuwenden, und Sie werden verstehen, warum ich diese Frage stelle. Das heißt also, wenn es kein Proletariat gibt, darf ich es mit einem mathematischen Zeichen, nämlich der Null, ersetzen. Wenn die 'Null' die Stelle des Begriffs *Proletariat* einnimmt, dann ist die Definition von Lenin etwas Seltsames: die kommunistische Partei ist die Partei einer Null."

Lachen brauste auf. Es verstummte aber augenblicklich. Das Gesicht Luu Quy Kys wurde blass. Die *Revisionisten* gaben mir durch Augenblinzeln freudig ihre Zustimmung. Es wurde eine Pause eingelegt. Später ließ mich jemand wissen, dass Luu Quy Ky sich beeilt hatte, jemanden - wahrscheinlich *To Huu,* der Mitglied des Politbüros der KP und Verantwortlicher für Kultur und Kunst war - anzurufen.

Am nächsten Tag winkte mich Luu Quy Ky zu sich in eine Ecke:

"Ihr wart sehr dumm. Solche Sachen soll man nicht vor vielen Menschen aussagen. Ich konnte Euch nicht abbremsen ..."

Er war ehrlich zu mir. Er war immer ehrlich zu mir, auch während des angespannten Kampfes zwischen den zwei Linien. Aus welchem Grund, wusste ich nicht. Eine persönliche Sympathie war etwas, das man nicht immer erklären konnte.

"Ihr habt doch gesagt, dass man die *Meinung aufrechterhalten* dürfe ..." versuchte ich mich zu rechtfertigen. "Übrigens habe ich gar keine Gegenmeinung gesagt. Ich habe nur eine Frage gestellt, für die ich keine Antwort habe."

Er sah mich mit einem schnell blinzelnden Auge an.

"Eure Frage war eine todbringende Frage. Es wäre besser, wenn Ihr eine solche Frage nicht stellen würdet."

Luu Quy Ky war ein Mensch, der schwer zu verstehen war. Die Leute aus dem Süden, die ihn kannten, erzählten, dass er ein treuer Anhänger von Le Duan und Le Duc Tho war. Als Le Duan die wehleidige *Cai Luong*-Musik (*Reform*-Musik, eine Musikrichtung aus Südvietnam - Anm. d. Übers.) wegen der negativen Auswirkung auf die Kampfmoral der Soldaten verurteilte, gab Luu Quy Ky postwendend den Befehl, das Singen dieser *Reform*-Musik streng zu verbieten. Dass die Marxisten heute die eine und morgen eine andere Sache verboten, war nicht verwunderlich. Wenn die führenden Leute im Norden surrealistische, dadaistische und kubistische Gemälde, lyrische und traurige Lieder, die als *gelbe Musik* bezeichnet wurden, oder zweideutige literarische Werke verboten, dann durften die Gottesvertreter im Süden auch die *Reform*-Musik verbieten. Das Dumme daran war nur, dass die *Reform*-Musik im Süden sehr beliebt war und ihr Verbot zu einer heftigen Reaktion führte. Viele Leute gaben den Widerstandskampf auf und kehrten in die Städte zurück, weil *ihre* Musik im Kampfgebiet verboten war.

Es wurde auch erzählt, dass Luu Quy Ky theoretisches Material über Literatur und Kunst, das er aus dem Norden erhalten hatte, wieder vernichtete, nachdem er es hatte lesen dürfen und sich davon Notizen hatte machen können; so besaß er nun allein das Monopol der Kenntnis dieser Dokumente, mit deren Hilfe er die Leute in theoretischer Hinsicht anleitete. Angesichts seiner extremistisch-maoistischen Haltung dachten die Menschen, dass er gegen mich wäre und mich hasse. In Wirklichkeit war das nicht so. Stattdessen unterhielt er gute Beziehungen zu mir.

Er selbst regte mich dazu an, eine satirische Zeitschrift nach dem Muster des sowjetischen "Krokodil" herauszugeben:

"Ich habe den Herren von diesem Vorhaben erzählt. Sie sind im Grunde genommen einverstanden, lassen aber nur Angriffe bis zur Provinzebene zu. Angriffe dürfen nicht gegen alle geführt werden. Die Herren sagen, dass die Zentrale ausgespart werden muss. Man darf nicht gegen die Zentrale vorgehen. Sonst wäre es chaotisch. Wenn es in unserem Land eine solche Zeitschrift geben würde, müssten Opportunisten und Leute, die die Macht missbrauchen, Angst haben und könnten nicht alles tun, was sie wollen. Ich würde Euch als Redakteur nehmen ..."

Der Direktor des Amtes für Zeitungen und Zeitschriften, *Tran Minh Tuoc* (Pseudonym: *Xich Dieu*), stimmte der Initiative Luu Quy Kys jedoch nur bedingt zu. Eine satirische Zeitschrift herauszugeben bedeutete, sich selbst in Gefahr zu bringen. Jeder, der ein Laster hatte, fühlte sich angegriffen. Und lasterhafte Leute gab es genug. Wenn auch nur ein Satz dieser Zeitschrift, gewollt oder ungewollt, eine führende Person traf, so bedeutete das den sicheren Tod. Nach meiner Meinung war Luu Quy Ky zu ehrlich und zu naiv in seinem politischen Denken, Tran Huu Tuoc dagegen schlauer. Ich nahm das Angebot nicht an. Die Herausgabe einer solchen Zeitschrift wäre sehr gut und die Zeitschrift sehr willkommen gewesen. Trotzdem wollte ich nicht mitmachen, weil ich nur das gesamte Vorhaben, nicht aber diese Halbherzigkeit akzeptierte.

Ich dankte Luu Quy Ky dafür, dass er mich an meine Dummheit erinnerte. Ich bedauerte, eine alberne Frage gestellt zu haben, die zu nichts führte und niemandem nutzte. Aber was geschehen war, war geschehen. Zurücknehmen konnte ich es nicht mehr. Er tröstete mich und sagte, dass er versuchen wolle, die Sache entweder zu verschweigen oder durch eine andere Darstellungsweise zu entschärfen.

An seinen Worten erkannte ich, dass er mir empfehlen wollte, mit meiner Sprache vorsichtig zu sein. Der Zentrale zu widersprechen, war eine *Beleidigung des Kaisers*, also ein schweres Verbrechen, das mir noch allerhand Schwierigkeiten bereiten sollte.

16

Der registrierte Wohnsitz

Den Weg zur Entstehung eines Buches von seiner ersten Zeile an zu verfolgen ist manchmal nicht weniger interessant als es zu lesen.

Ich begann im Sommer 1985 in Saigon mit dem Schreiben dieses Buches. Nach meiner Entlassung aus der Haft hatte ich ein starkes Verlangen danach, sofort in die Stadt zu fahren, deren Name bereits in meiner Jugendzeit aufgrund der Geschichten, die die Erwachsenen erzählten, und auch wegen der Erzählung "Das Mädchen aus Binh Xuyen" von *Ho Dzenh* auf mich eine besondere Anziehungskraft ausgeübt hatte. Es war das Jahr 1976, ein Jahr nach der Wiedervereinigung unseres Landes, in dem sich die Menschen noch nicht frei bewegen durften. Viele Leute aus dem Norden, die in den Süden fahren wollten, mussten dafür - meist gefälschte – Genehmigungen kaufen. Diese Art von Papier konnte ich mir nicht leisten. Normale Bürger hätten mit solchen gefälschten Dokumenten bei einer eventuellen Festnahme wohl nicht lange in Haft bleiben müssen. Ich dagegen hätte in einem solchen Fall große Schwierigkeiten mit den Machthabern bekommen und wäre wegen dieses Verbrechens erneut für längere Zeit eingesperrt worden. Alle Häftlinge des Verfahrens "Gruppe der gegen die Partei agierenden Revisionisten", die wieder entlassen worden waren, wurden trotzdem - auf mündlichen Befehl von Le Duc Tho, von Tran Quoc Hoan und wer weiß, von wem noch - nach wie vor überwacht. Die Ortspolizisten antworteten auf meine Nachfrage gar nichts und streckten den Zeigefinger in den Himmel: "Das ist ein Befehl von oben. Wenn Ihr irgendwohin gehen wollt, müsst Ihr eine Genehmigung beantragen."

Mit Hilfe des Herrn *Mai Loc* (einem der führenden vietnamesischen Film´- schaffenden - Anm. d. Autors), der früher mit uns zusammengearbeitet hatte, erhielt ich vom Amt für Filmwesen endlich einen Auftrag zu einer Dienstreise in Richtung Süden. Das war im Dezember 1979.

Es wurde eine Fahrt, die mir mein ganzes Leben lang der Erinnerung wert bleibt. Die Schwierigkeiten begannen schon mit meinem Antrag auf eine Reisegenehmigung, die ich anstelle eines Personalausweises benötigte, welchen ich noch nicht bekommen hatte, und setzten sich mit dem Erwerb meines Flugtickets fort. Erst als ich mich im *Ben-Thanh-Markt* (Markt von Saigon - Anm. d. Übers.) befand, gelangte ich zu der Überzeugung, dass ich nicht zurückgehalten wurde.

Das Leben in Saigon war vollkommen anders als das Leben im Norden, obwohl die Stadt im Jahre 1979 längst nicht mehr das besaß, was sie einst als "die Perle des Orients" ausgezeichnet hatte. Lebensmittelmarken waren eingeführt. Reis wurde, genau wie in Hanoi, mit minderwertigem Essbarem gestreckt. Trotzdem blieb Saigon lebendig und voller Lärm. Die Stadt gab sich Mühe, ihr eigenes Leben - nicht das verordnete - zu entwickeln. Wenn jemand das Erscheinungsbild dieser Stadt schon als ‚verlassen' bezeichnet hätte, dann hätte man nicht gewusst, wie erst das Aussehen von Hanoi zu beschreiben gewesen wäre.

Menschen aus Hanoi kamen in Scharen nach Saigon. Auf dem Rückweg in den Norden transportierten sie dann Fernseher, Kühlschränke und Unmengen anderer Gegenstände. Die siegreichen Soldaten kletterten mit ihren halbleeren Tornistern und daran hängenden kleinen hässlichen Puppen auf die Lkws, um nach Hause in den Norden zu fahren. Die Funktionäre der Stadt stellten fest, dass der regierende Bürgermeister von Saigon, Herr *Vo Van Kiet,* es sehr gerne sähe, wenn sich seine Stadt stark entwickeln würde. Die Zentrale bremste aber dieses Vorhaben, weil sie nicht wollte, dass Saigon Hanoi zu sehr überflügelte. Trotz alledem war jedoch die Politik des Staates, als sie schließlich im Süden ankam, weniger streng und das Leben in Saigon war angenehm.

Aus diesem Grunde und auf Empfehlungen von Freunden und Bekannten zog unsere Familie 1983 in diese Stadt um, in der sich die lokale Administration den Bürgern gegenüber nicht so unnachsichtig verhielt wie in Hanoi, wo man in der Nähe der *Sonne* stand. Ich wusste, dass es ein Wagnis war, die Familie nach Saigon umzusiedeln, denn wir hatten keinen *registrierten Wohnsitz* und konnten ihn auch nicht bekommen. Viele Menschen wollten mich von diesem Abenteuer abhalten. Ich würde mich in eine Sackgasse begeben und von anderen Leuten einschüchtern lassen. Aber ich bestand auf diesem Umzug.

Da ich mir meiner Lebenssituation durchaus bewusst und in meiner Wort-wahl deshalb vorsichtig war, geschah mir glücklicherweise nichts. Von den Schriftstellern und Künstlern des ehemaligen Saigon begegnete ich nur dem Musiker *Trinh Cong Son*, dem Schriftsteller *Vu Hanh*, dem Journalisten *Nguyen Nguyen*, und einigen Filmregisseuren, *Le Hoang Hoa, Bui Son Duan, Le Trac, Ngo Anh Giang...,* die nun für das *Filmstudio der Befreiung* arbeiteten. Alle waren sie gut ausgebildet, besaßen gutes fachliches Können, gerieten aber in die Verlegenheit, nicht zu wissen, wie sie ihr Können in einem für sie völlig verdrehten Begriffskomplex einsetzen sollten.

In den späteren 90er Jahren wurde die Frage eines registrierten Wohnsitzes nicht mehr so streng reglementiert wie früher. Nur in beson-deren Fällen und bei besonderen Leuten fragte man noch danach. In den 80er Jahren stellte diese Angelegenheit jedoch für das normale tägliche Leben ein gewaltiges Hindernis dar. Wenn ich heute an unser elendes Leben ohne registrierten Wohnsitz zurückdenke, wird mir übel.

Übrigens ist die Überwachung der Bevölkerung durch Wohnsitz-registrierung keine Erfindung von Faschisten und Kommunisten. Dieses Verfahren wurde bereits in der alten chinesischen Geschichte angewandt. Gemäß dem vietnamesischen Gesetz der "Wohnsitz-registrierung" (ähnlich dem aller sozialistischen Staaten) muss jeder Bürger seinen Wohnsitz in einer bestimmten Ortschaft melden. Sein Name wird in ein Buch, das Wohnsitzregisterbuch, eingetragen. Wenn ein Kind von ihm zur Welt kommt, wird der Name des Kindes eingetragen; das Kind tritt so mit in den registrierten Wohnsitz ein. Die nahen Verwandten eines Verstorbenen müssen dessen Tod sofort melden, damit der Name dieser toten Person aus dem Wohnsitzregister entfernt wird. Wenn man in einen anderen Ort umzieht, muss man vorher aus dem bisherigen registrierten Wohnsitz nachweislich ausscheiden und am neuen Wohnort einen neuen Wohnsitz beantragen. Das heißt 'den registrierten Wohnsitz wechseln'. Ein Antrag auf Verlassen des registrierten Wohnsitzes ist nicht schwierig. Dagegen stellt der Antrag auf Zuzug in einen neuen registrierten Wohnsitz, insbesondere in Großstädten, ein schwerwiegendes Problem dar. Es war üblich, dass Funktionäre fünf bis sieben Jahre lang in Saigon lebten und arbeiteten, ohne dort einen registrierten Wohnsitz zu besitzen. Meine Frau befand sich in einer solchen Lage. Von 1983 bis 1991 lebte und arbeitete sie in Saigon und bekam danach ohne einen ordnungsgemäß registrierten Wohnsitz keine Rente. Diese Hindernisse wurden aber keineswegs von der Polizei aufgestellt. Vielmehr gab es eine undurchsichtige Institution mit der Bezeichnung "Verwaltungs-organisation", die sich mit der Überprüfung der Frage der Wohnsitzregistrierung für Funktionäre beschäftigte, wahrscheinlich als eine Nachahmung des chinesischen Modells.

Nach unserer Ankunft in Saigon nahm der Dramatiker *Thai Hong* unsere Familie auf. Wir wohnten im oberen Stockwerk seines Hauses in der Straße *Nghia Thuc* Nr. 65 im 5. Stadtbezirk.

Thai Hong war einer meiner früheren Kollegen aus der Redaktion der illustrierten Zeitschrift *Vietnam.* Unsere Freundschaft war ganz seltsam. Erst nach einem sehr heftigen Streit wurden wir gute Freunde. Da er aus dem Süden kam, wurde er 1965 für den Dienst in seiner ursprünglichen Heimat ausgewählt. Als sich der Kampf zwischen den zwei Linien entfachte, vertrat er genau wie ich unorthodoxe Meinungen. Auch ihm setzte man den Hut der Revisionisten auf. Doch zu seinem Glück war sein Hut nicht so groß und daher nicht so schwerwiegend. Bevor er seinen Dienst im Süden antreten konnte, hatte er zunächst Schwierigkeiten bei seiner Überprüfung, bestand sie aber. Genauso wie alle anderen aus dem Süden stammenden Funktionäre wollte er in seine südliche Heimat zurück. Sie alle hatten die Nase voll von der stickigen Atmosphäre und von dem schwierigen Leben im Norden. Auf dem Schlachtfeld spielte der Revisionismus zwar keine große Rolle, doch Thai Hong fühlte sich trotzdem beobachtet. Der *zentrale Organisationsausschuss* warnte, dass man auf ihn aufpassen müsse ("Die

Revisionisten laufen schnell zu den Feinden über.") Mittels dieses "Schutzes" hatte Thai Hong gar keine Gelegenheit, in die Nähe des Feindes zu kommen. Ohne den kleinsten Kratzer kam er schließlich in Saigon an.

Die Nachricht von meiner Verhaftung erreichte ihn in der schlammigen Kampfzone von *Dong Thap Muoi.* Er verstand mich; er wusste, dass ich nichts Unrechtes tat. Er kannte auch die führenden Leute in der Zentrale, und er bedauerte mich. Er selbst hatte auch Angst vor einer Kugel, die ihn in den Rücken treffen könnte. Zu seinem Glück passierte ihm das nicht. Als Menschen, die eine Seuche überlebt hatten, bescherte uns schließlich unsere Begegnung in Saigon riesige Freude.

Es war für mich ein großes Glück, dass ich zu Beginn meines Aufenthaltes in Saigon Bekanntschaft mit einem jungen Polizisten machen konnte, der etwas für Literatur übrig hatte und außerdem enge Beziehungen zu den führenden Polizeibeamten der Stadt unterhielt. Als er über meine schwierige Lage informiert war, überließ er mir eine Zwei-Zimmer-Wohnung. Davon besaß er noch einige andere in der Stadt.

Dieser literaturfreundliche Polizist stellte mich dem für die Wohnsitz-registrierung verantwortlichen Kollegen - Wohngebietspolizist genannt - vor, einem friedfertigen, freundlichen, kleinen und rundlichen Mann. Er hatte die Aufsicht über die Wohngemeinschaft und war bereit, den Menschen etwas zu helfen, um dafür größere Geschenke entgegen-zunehmen. Die *schwarz lebenden* (nicht registrierten) Menschen machten ihm Geschenke, die nach der vietnamesischen juristischen Terminologie mehr bedeuteten, als es die normalen zwischen-menschlichen Beziehungen zuließen. Meine Frau, als *Ministerin für äußere Angelegenheiten* der Familie, wusste diese Art von Beziehungen zu unserem Wohngebietspolizisten richtig zu pflegen. Daher übersah er unser *schwarzes Leben.* Übrigens lebten nicht nur wir, sondern noch eine Menge anderer Leute in dieser Wohn-gemeinschaft schwarz.

Das Wohlwollen hatte seinen Preis. Durch die Dankbarkeit der illegal lebenden Bevölkerung wurde der Wohngebietspolizist nach kurzer Zeit Besitzer eines kleinen Hauses im Zentrum der Stadt. Er holte seine ganze Familie aus dem Norden zu sich und eröffnete einen Billardspielsalon. Sein Einkommen schien nicht schlecht zu sein.

Um meine Dankbarkeit gegenüber dem literaturfreundlichen Polizisten zum Ausdruck zu bringen, der mir eine Wohnstätte geschaffen hatte, half ich ihm beim Schreiben einiger Filmdrehbücher und einiger Kurzkrimis. Einer dieser Krimis handelte von einem bekannten Räuber. Das Buch wurde in einer großen Anzahl von Exemplaren herausgegeben und verkauft. Dadurch wurde der Polizist in die Gesellschaft der Schriftsteller aufgenommen und vom Minister, der ihm freundlich auf die Schulter klopfte, zum Essen eingeladen.

In diesem Leben fern meiner Heimat war es mir gelungen, eine private

Ecke für meine schwer geprüfte Familie zu schaffen. Meine Frau hatte vor Freude Tränen in den Augen. Zwar war es mühsam, bis ins sechste Stockwerk zu steigen; doch dafür war es dort frisch. Ich kroch in den inneren Raum, schloss ihn ab und tippte fleißig auf den Tasten meiner nagelneuen Schreibmaschine der Marke Olympia, die meine Frau nach etlichen Tagen der Erwägung und des Bedauerns von unserem ersten ersparten Geld gekauft hatte.

Meine Frau spornte mich zaghaft dazu an, meine Absicht, dieses Buch zu schreiben, in die Tat umzusetzen. Sie tat es deswegen zaghaft, weil sie immer noch Angst hatte, dass ich erneut eingesperrt werden würde. Die Lektion, die wir aus den Verhaftungen im Jahr 1967 gelernt hatten, lautete, dass der Mensch in Vietnam überhaupt kein Recht besitzt.

Im Oktober 1981 wurde Hoang Minh Chinh von seinen Genossen zum zweiten Mal festgenommen. Der Grund dafür war, dass er es wagte, "eine Anklage gegen den Bürger Le Duc Tho wegen Missbrauchs der Macht, Verfolgung Unschuldiger und Verstoßes gegen das Recht der Menschen auf Freiheit und Demokratie" zu fordern.

Auf Befehl von Le Duc Tho fasste das Volkskomitee der Provinz Hai Hung den Beschluss Nr. 272 zur *Verhaftung und Umerziehung* von Hoang Minh Chinh. Aber dieser Beschluss wurde erst nach der Festnahme Hoang Minh Chinhs gefasst und zurückdatiert.

Jeder wusste, dass Herr Hoang seinen registrierten Wohnsitz in Hanoi hatte; das bedeutete, dass der Haftbefehl gegen ihn von Hanois regierendem Bürgermeister hätte unterschrieben werden müssen. Machte sich Le Duc Tho etwa Gedanken darüber, dass der Bürgermeister der Hauptstadt, Dr. *Tran Duy Hung,* seine Unterschrift unter einen solchen unsinnigen Haftbefehl aus Starrköpfigkeit möglicherweise verweigern könnte? Oder dachte er, dass er sich in Vietnam alles erlauben durfte? Ein Beweis dafür war, dass er zu jedem Parteitag als Delegierter der Parteiorganisation der Armee kandidierte und sich wählen ließ, obwohl er der Armee keinen einzigen Tag angehörte.

Über den Köpfen der "intern behandelten" Häftlinge hing nach wie vor ein Damoklesschwert. Ich wusste, dass die argwöhnischen Augen der Machthaber immer noch auf mich gerichtet blieben, solange ich sie nicht davon überzeugen konnte, dass ich mich von der Politik fernhielt. Ich ließ sie sehen, was sie sehen wollten: Ich besuchte lediglich Produktionsgruppen und Händler und beschäftigte mich mit dem Geldverdienen. Eine Maske zu tragen, war nicht schwer. Ich musste jedoch darauf achten, dass dieses Theaterstück sich für mich nicht in reales Leben verwandeln würde.

Mein Vater erhielt die Erlaubnis, seine Kinder und Kindeskinder im Süden zu besuchen. Bisher hatte das nur meine Mutter gedurft. Es muss hier vermerkt werden, dass das Verbot der Freizügigkeit gegenüber Personen, die im Zusammenhang mit der "Gruppe der gegen die Partei agierenden

Revisionisten" standen, ein mündliches Verbot war. Es wurde uns mündlich mitgeteilt, ohne dass wir es je zu lesen bekamen. Das bedeutet, dass die Machthaber es glatt leugnen und uns möglicherweise wegen falscher Behauptungen verleumden werden, wenn diese Tatsache heute ans Licht gebracht wird. Ein weiteres Opfer dieses Verbotes war *Tran Dinh*, Redakteur der Parteizeitung *Nhan Dan.* Er vertrat *revisionistische Ansichten,* wurde zwar nicht inhaftiert, musste aber seinen Stuhl räumen und durfte nicht zur Trauerfeier seines Vaters nach Saigon fahren.

Wir konnten erst freier zu atmen beginnen, als sich in der Sowjetunion unter der Leitung des Generalsekretärs Michail Gorbatschow die Welle der *Glasnost* und *Perestroika* erhob. Sie fiel in die Zeit nach Le Duan, als zwischen dem Politbüromitglied Le Duc Tho und dem amtierenden Generalsekretär Truong Chinh vor dem 6. Parteitag (Dezember 1986) der Streit um den Thron des Generalsekretärs der Partei heftig entbrannte.

Le Duc Tho, Konstrukteur und Regisseur dieses 6. Parteitags, in Anspielung auf seinen Spitznamen *der Sechste Hammer* auch *Parteitag des Sechsten* genannt, war von seinem eigenen Sieg fest überzeugt. Mal fuhr er in diese Provinz und mal in jenen Landkreis und kümmerte sich in der Eigenschaft eines *in fünfzehn Minuten* (sehr bald) *werdenden* Generalsekretärs um die einfachen Menschen, die Genossen, um ihr Leben, ohne dabei jedoch seinen wahren Charakter, den des *Sechsten Hammers,* des Anführers der Diktatur des Proletariats, zum Vorschein kommen zu lassen.

Gleich in der Anfangsphase der Vorbereitung zu diesem Parteitag gab es Anzeichen eines Widerstandes gegen die Pläne von Tho. Die Versammlungen zur Wahl von Parteitagsdelegierten fanden in einer angespannten Atmosphäre statt.

Das wichtigste Ereignis in jenem Zeitraum war die Versammlung der Partei-organisation der Armee im September 1986. Dabei erhielten die Armeegeneräle *Vo Nguyen Giap* und *Le Trong Tan* die meisten Stimmen, während der eigentliche Machthaber in der Armee, General *Van Tien Dung,* keine ausreichende Stimmenzahl für sich sammeln konnte, um unter der 72-köpfigen Delegation ein stimmberechtigtes Mitglied zu werden. Genau wie General Van Tien Dung erhielten auch die anderen Generäle *Chu Huy Man, Dang Vu Hiep und Le Ngoc Hien* ebenfalls nicht das Vertrauen der Genossen. Wie jeder wusste, gehörten sie alle zum Flügel von Le Duan - Le Duc Tho.

Die Niederlage Le Duc Thos bedeutete, dass seine Zeit abgelaufen war. Seine bisher unbesiegbare Waffe, der *zentrale Organisationsausschuss* (Personal-ausschuss), welcher es ihm früher ermöglicht hatte, unerwünschte Delegierte von der Teilnahme an einem Parteitag fernzuhalten, konnte die Partei nun trotz des teuflischen Verfahrens "Überprüfung des Verhaltens von Delegierten" nicht mehr in Schach halten

Blamiert und wütend über seinen misslungenen Plan zur Eroberung der höchsten Position verlangte Le Duc Tho nach dem Motto '*Wenn ich nicht essen kann, dann trete ich alles kaputt'* mit Nachdruck, dass der amtierende Generalsekretär Truong Chinh seine Kandidatur für diesen Posten zurückziehen solle. Als Vorwand erklärte Tho, dass sie beide zu alt seien und der neuen Führung nicht mehr angehören sollten. Wenn Truong Chinh bei seiner Kandidatur geblieben wäre, hätte diese Niederlage für Tho eine Tragödie bedeutet. Sie wäre eine nie auszulöschende Schande für den Mann gewesen, dessen Ruf eine Epoche lang angsteinflößend war.

Dem Befehl von Le Duc Tho folgend, suchte Pham Van Dong deshalb mehrfach, manchmal schon am frühen Morgen, Truong Chinh auf und versuchte diesen davon zu überzeugen, dass er seine Kandidatur für den höchsten Posten der Partei zurückziehen müsse. "Wenn Du weiterhin kandidieren würdest, dann würde sich ein interner Kampf entfachen, der unsere Partei völlig zerstören könnte", bat Pham Van Dong inbrünstig mit Augen voller Tränen. Schließlich gab Truong Chinh nach; denn dieser verstand die Worte Pham Van Dongs als eine ernstgemeinte Botschaft Le Duc Thos. Doch Truong Chinh hatte nicht vor der Zerstörung der Partei Angst, sondern vor seiner eigenen, denn Le Duc Tho war in seinem Zorn zu allem fähig.

Der 6. Parteitag ging mit der Ernennung von *Nguyen Van Linh* alias *Muoi Cuc* (der *zehnte Cuc*) zu Ende, einer Person, die bis dahin keinen übermäßigen Ruf genossen hatte. Zu jener Zeit wurde gerne die Fabel "Die zwei Bauern und die Auster" von *La Fontaine* erzählt.

Sowohl Le Duc Tho als auch Truong Chinh zogen sich mit der Bezeichnung "Berater" verärgert hinter die Kulissen zurück. Auch Pham Van Dong, der am längsten dienende Ministerpräsident der Welt, zog sich - allerdings nicht ärgerlich - zurück. Er war vernünftig genug, nie von der Position des ersten Geigers in einem Orchester zu träumen.

Pham Van Dong war von seinem Wesen her friedfertig. Man schickte ihn auf die politische Bühne und er trat auf dieser Bühne auf. Man schickte ihn von der politischen Bühne herunter, und so trat er eben zurück. In der Position des Ministerpräsidenten führte er die Anweisungen des Politbüros aus - gleich, wer an dessen Spitze stand, ob Truong Chinh oder Le Duan, - um sich dann damit zu rechtfertigen: "Ich bin der am längsten dienende Ministerpräsident der Welt, gleichzeitig aber der elendeste. Als Ministerpräsident habe ich überhaupt keine Befugnisse. Die Minister und ihre Stellvertreter werden keinesfalls von mir ausgewählt. Wenn sie also nicht richtig arbeiten, ist das nicht mein Fehler." Herr *Ung Van Khiem* (1907- 1991, einst Sekretär der Partei im Süden und Ex-Außenminister) kommentierte: "Dieser Mann begeht ein Verbrechen, sogar ein sehr schweres Verbrechen: er weiß nämlich, dass er nichts ohne Genehmigung von Le Duan und Le Duc Tho tun kann, und er wagt es trotzdem nicht, sein Amt zu niederlegen." Herr *Tran Van Giau,* ein Historiker und alter Revolutionär aus Südvietnam, witzelte: "Der menschliche Hintern hat ein

Gedächtnis; darin wird der Stuhl festgehalten."

Ich hatte mehrfach Gelegenheit, Ansprachen von Pham Van Dong zu hören. Er besaß umfangreiches Wissen, war jedoch ein schlechter Redner. In seinen in die Länge gezogenen Ansprachen wiederholte er ständig wiedergekäute Begriffe, die zu seiner eigenen Unterstützung von ihm selbst durch - an Zeit und Ort deplatzierte - Lachsalven begleitet wurden. Dabei spendete er sich selbst Beifall, um die Leute zum Beifall aufzufordern. Nachdem er "Berater" geworden war, setzte sich seine Vortragsbegeisterung fort, indem er redete und zusammenhanglose "Belehrungen" zum Besten gab. Nach einer solchen "Belehrung" anlässlich einer Versammlung von Saigons Intellektuellen im Jahre 1986 (oder 1987?) sagte *Mai Loc*, ein ehemaliger Verehrer Pham Van Dongs, traurig zu mir: "Mein Heiligenbild ist kaputt. *Er* hat auf diesen Auftritt bestanden, ohne dazu eingeladen worden zu sein; er hat Unsinniges geredet, ohne dass ihm jemand zuhören wollte."

Nach all den Jahren meiner Haft war ich von unseren Staatsführern enttäuscht. Ich war der Überzeugung, dass sie nicht mehr die Fähigkeit besaßen, zu verstehen, was die Menschen wollten.

Auch Hoang Minh Chinh verstand ich nicht. Ein Jahr vor dem 5. Parteitag (1982) versuchte er noch immer, mich dazu zu bringen, Vorschläge an diesen Parteitag zu schicken: "Jetzt ist der richtige Zeitpunkt, dass Du Deine Feder im Kampf für Demokratie einsetzt. Wir schreiben Briefe, vervielfältigen sie und schicken sie an die Delegierten, um sie aufzuwecken und zum Kampf aufzufordern." Ich befolgte seine Aufforderung nicht: "Was wir, Du und ich, sagen wollen, das wissen die Menschen bereits. Nur die Umstände führen dazu, dass die Menschen es nicht auszusprechen wagen oder aus Überdruss nicht sagen wollen. Was wollen wir denn am sonnigen Mittag mit dem Anzünden von Fackeln beleuchten?"

Nach meiner Haftentlassung schrieb Hoang Minh Chinh unentwegt diesen und jenen Antrag an die Partei mit Aufforderungen zur Revision unseres Verfahrens. Die Parteiführung wurde ihm böse. Allerdings brachte er mit seinen Anträgen einen nicht mehr zeitgemäßen Glauben an die Partei zum Ausdruck. Um sich von diesem Störenfried zu befreien, unterzeichnete Le Duc Tho schließlich einen Haftbefehl und ließ Hoang Minh Chinh in das *Steinhaus* (Gefängnis - Anm. d. Übers.) bringen.

Die Absicht, ein Buch über unser Verfahren und meine Zeit in der Haft zu schreiben, hegte ich schon seit langem - bereits seit meinen ersten Tagen im Gefängnis *Hoa Lo* (Feuerofen). Das ganze Verfahren war meiner Ansicht nach - und die Zeit bestärkte mich in dieser Meinung - ein schmutziger Plan Le Duc Thos. Die Zeit schenkte mir Gelassenheit und den notwendigen Abstand für meine weiteren Beobachtungen sowie zur Erweiterung meines Blickfeldes. Mit innerer Ruhe versuchte ich in diesen schwierigen Tagen meines Lebens, das "Ich als Opfer" beiseite zu schieben, um das Umfeld, in das ich hineinversetzt wurde, zu beobachten und die Ereignisse zu überdenken. Niemand anderer konnte in unserem Namen über diese *rabenschwarzen* Jahre sprechen. Davon zu reden, war aber unbedingt notwendig.

Ich musste sobald wie möglich mit dem Schreiben meines Buches beginnen. Das Gedächtnis konnte einen im Stich lassen, wenn man es nicht aktivierte und auf Trab hielt. Tatsächlich ließ die Observation seitens der Machthaber allmählich nach. Die Tatsache, dass ich zu Hause blieb, fleißig übersetzte oder nach Auftrag schrieb, erregte keine Aufmerksamkeit mehr. Unter der Bedingung, dass ich andere Pseudonyme annahm, durfte ich sogar schreiben

Ein Rückblick auf das Ende der 70er Jahre: kurz nach meiner Entlassung aus der Haft musste ich bei jedem Schritt sehr genau aufpassen. Ich musste mich nach allen Seiten umsehen, bevor ich etwas sagte, und *die Zunge nicht nur siebenmal drehen.* Die Atmosphäre der Verdächtigung stellte eine ständig auf mir lastende Bedrohung dar. Mi Lan, meine älteste Tochter, durfte nach den offiziellen Regelungen trotz ihres ersten Platzes bei der Studienabschluss-prüfung wegen meiner Vorstrafe nicht zum Fachstudium ins Ausland fahren.

Das Beste, was die Partei in der Zeit nach Duan-Tho veranlasste, war die Entlassung Hoang Minh Chinhs aus der Haft. Generalsekretär war nun Nguyen Van Linh. Hätte er nicht diese Entscheidung getroffen, dann wäre es völlig ungewiss geblieben, wann die *Ausführenden der Diktatur des Proletariats* Hoang Minh Chinh freigelassen hätten. Nguyen Van Linh erschien damals wie ein heller Stern am Himmel. Von ihm glaubte man, dass er, nachdem ihn Le Duc Tho 1982 aus dem Politbüro abgeschoben hatte, die Lage begriffen habe und nun auf dem Posten des Generalsekretärs eine echte Erneuerung durchführen würde.

Nguyen Van Linh war nach Einschätzung meines Vaters friedfertig und ehrlich. Einige Zeit hatte er in imperialistischen Gefängnissen verbracht, behielt indes seinen revolutionären Geist. Er war aber eher ein Ausführer als ein Erneuerer.

Unter Nguyen Van Linh als Generalsekretär erschienen in Vietnam eine Anzahl literarischer Werke, wenn auch nicht viele davon die Wahrheit ans Licht zu bringen wagten. Es war jedoch bedauerlich, dass der lange Zeit unterdrückte Hunger nach Wahrheit die Suche nach einer neuen Schreibweise, einem neuen Stil überdeckte. Reportagen und Essays wie "Was war das für eine Nacht?" von *Phung Gia Loc* wurden gleich nach ihrem Erscheinen als hochwertiges Werk der Zeit der Erneuerung hochgelobt.

Durch Nguyen Van Linh durften Schriftsteller und Künstler, die in dem Verfahren "Humanismus - Künstlerische Werke" unschuldig verurteilt worden waren, endlich wieder vor ihre Leser und Anhänger treten. Ohne Nguyen Van Linh hätte *Duong Thu Huong* ihre Bücher *Jenseits des Ufers der Illusion* und *Das blinde Paradies* nicht herausgeben können, obwohl sie später erneut verfolgt und inhaftiert wurde. Sie wurde jedoch bald wieder entlassen. Man entschuldigte sich bei ihr. Sie erhielt sogar einen Reisepass, mit dem sie nach Paris fuhr. Während der Herrschaft von Le Duan - Le Duc Tho hätte sie lange Zeit in einer Zelle verbringen müssen, bevor der Leser wieder eines ihrer Bücher in die Hände bekommen hätte.

Doch der Wind der Erneuerung konnte leider nur kurz wehen. Nguyen Van Linh erkältete sich selbst an diesem Wind. Er bedauerte es, dass er die Schriftsteller und Künstler zur Selbstentfesselung aufgerufen hatte und dazu, mutig die Wahrheit auszusprechen; denn nach diesem Aufruf waren eine Reihe von Artikeln und Büchern erschienen, die von dem Unrecht erzählten, das unter der Führung der Partei lange Jahre angedauert hatte, auch wenn darin nicht völlig offen darüber gesprochen wurde.

Nguyen Van Linh ging den Weg seiner Vorgänger, indem er eins wurde mit der Partei. Kritik an der Partei betrachtete er sodann als gegen sich selbst gerichtet. Zudem wurde er konfrontiert mit den konservativen Genossen, die aus Angst vor dem Zusammenbruch des osteuropäischen Kommunismus dazu entschlossen waren, gegen seinen Weg der Erneuerung vorzugehen. Sie warfen ihm rechtsgerichtete Abweichung vor und Nguyen Van Linh kam mit einem Schlag zu dem Entschluss, seine Erneuerungsideen zu verwerfen.

Trotz alledem war das Maß der geistigen Freiheit, in deren Genuss die Menschen während dieser Zeit der Erneuerung kamen, weitaus grösser als während der Zeit von Duan-Tho oder von Truong Chinh als amtierender Generalsekretär. Man konnte diesen Unterschied mit dem zwischen *Himmel und Hölle* vergleichen. Nun waren die Menschen zwar enttäuscht, aber sie bemerkten durchaus, was Nguyen Van Linh in seinem Übereifer, dank dessen er zum Mann der Masse geworden war, für sie getan hatte. Dieses Glück war nur ihm beschieden.

Wir genossen den Status quo im politischen Leben; dieser bedeutete für uns, dass wir zwar schuldig waren, dass uns die Partei jedoch aus Großmut zu Hause bei Frau und Kindern leben ließ und dass wir nichts arbeiten durften.

Einige wenige Personen des Verfahrens "Gruppe der gegen die Partei agierenden Revisionisten" erhielten von den Machthabern sogar Altersrente. Mit einigen materiellen Almosen wollte die neue Parteiführung die zahlreichen Beschwerden unterbinden, die ihr jahrelang ständig Kopfschmerzen bereiteten. Vor meiner Ausreise nach Russland - der ersten Wiederausreise nach mehr als dreißig Jahren - kam deshalb ein Mitarbeiter des zentralen Organisationsausschusses nach Saigon, um dem Arzt Phan The Van und mir diese Beschlüsse der Partei mitzuteilen. Dr. Van antwortete auch in meinem Namen: "Die Rentenkasse wird durch Beiträge aus der Arbeitsentlohnung gebildet. Das Recht auf Arbeit ist uns seit vielen Jahren versagt worden. Eine Rente zu erhalten, ohne gearbeitet zu haben, ist eine unehrliche Sache. Ein Mensch mit Selbstachtung kann kein solches Geld entgegennehmen." Unsere

Weigerung, die Gnade der Partei anzunehmen, bereitete der Frau von Dr. Van und meiner Frau Sorge. Aber es geschah nichts. Die Zeit änderte sich.

Jeder, der sich für das Schicksal seines eigenen Landes interessierte, wusste, dass die *Dynastie* Le Duan-Le Duc Tho die Zeit der Gründung und Festigung der Diktatur des Proletariats darstellte, oder - nach Marx' eigener Definition über Klassen - noch besser gesagt: der Diktatur des Lumpenproletariats. Es war eine Zeit, in der allen Aspekten des Lebens in unserem Lande die anmaßenden Absichten von Le Duan und Le Duc Tho aufgezwungen wurden, angefangen bei der Verhaftung von Bürgern ohne Gerichtsverfahren, der idiotischen Neueinteilung des Landes in Provinzen, bei der die Landkreise als wirtschaftliche Basis dienten, bis hin zur Entsendung von Truppen zur Besetzung unseres Nachbarlandes Kambodscha. Diese Zwangsmaßnahmen als Methode des Regierens waren von strategischer Bedeutung. Konnten diese Maßnahmen nicht durchgeführt werden, dann übte man Terror aus.

Dass der Staat seine Bürger wie Gesetzlose behandelte oder sie mittels undurchsichtiger Gesetze täuschte, war das gemeinsame Kennzeichen der sozialistischen Staaten. In Vietnam war die Lage nicht besser.

Angesichts der Willkürmaßnahmen der Administration schlugen viele Juristen der Partei den Aufbau eines ordentlichen Rechtswesens vor. Die Parteiführung lehnte diese berechtigten Vorschläge jedoch erbarmungslos ab. Die Partei brauche kein bürgerliches Rechtswesen. Der Jurist *Tran Cong Tuong,* den ich seit 1946 kannte, sagte zu mir: "Ich verstehe nicht, warum *diese Herren* so viel Angst vor dem Rechtswesen haben. Das noch zu schaffende Rechts-wesen würde dazu da sein, um gerade *sie* zu verteidigen." Ich wusste, dass *die Herren* ganz genau wussten, warum. Gesetze, die respektiert wurden, würden der Willkür Einhalt gebieten und den Diktatoren die Hände binden. Gesetze durften nicht mehr als eine Dekoration darstellen. Für eine Partei, die sich über das Volk erhebt, ist es selbstverständlich, dass alle Handlungen ihrer Parteiführer als richtig betrachtet werden müssen.

In der Gerichtsbarkeit war der Standpunkt unserer ungebildeten Führer der, dass Beweise nicht benötigt wurden. Aussagen genügten. Das alte Prinzip "Indizien sind wichtiger als Zeugen-aussagen" wurde von der Justiz als ein überholtes 'bürgerliches' Prinzip betrachtet. Gegenmeinungen zwangen die Machthaber jedoch zum Rückzug. Nun verlangten sie plötzlich von den Richtern, Beweise und Aussagen gleich zu gewichten. Nachdem Herr *Vu Van Muc,* Staatsanwalt in der französischen Kolonialzeit, durch meine Erzählungen von Verurteilungen Unschuldiger gehört hatte und darüber, auf welche Weise *revolutionäre Richter* ohne fachliche Ausbildung Gerichtsverfahren durch-führten, rief er: "Wie kann der kleine machtlose Mann leben, wenn man in einem Gerichtsverfahren Aussagen und Beweise gleich bewertet? Mein Vorgesetzter hat mich angewiesen, wenn es keine

Beweise gebe, dann müsse man eben die Aussagen nehmen; darüber solle man sich seinen Kopf nicht zerbrechen." Schlimmer konnte die Verachtung des Lebens eines Staatsbürgers gar nicht sein. Ich trug diese Angelegenheit in Form einer Beschwerde einer sehr hochgestellten Persönlichkeit vor. Der Mann belehrte mich: "Ihr, Leute, die ehemals Jura studiert haben, seid sehr kompliziert. Man muss im Kopf behalten, dass unser Gericht das Gericht der Diktatur des Proletariats ist und dass es im Interesse der proletarischen Klasse und der werktätigen Bevölkerung arbeitet. Gegenüber Konterrevolutionären braucht Ihr vor Gericht nur die Politik der Partei anzuwenden." Später erfuhr ich von Thanh im *Feuerofen* näheres über das Gerichtsverfahren gegen ihn und auch über weitere Verfahren. Dadurch konnte ich die Bedeutung der Gewichtung von *Beweisen und Aussagen* besser verstehen.

In den Jahren meiner Haft versuchte ich mehrmals, mein eigenes Verhalten zu überprüfen, um herauszufinden, ob ich aus Dummheit vielleicht Verbrechen begangen hatte, ohne mir dessen je bewusst zu sein. Vergeblich. Ich fand kein einziges Verbrechen, das Le Duc Tho als Beweis - auch nicht als den kleinsten Beweis - gegen mich hätte verwenden können. Daher versuchten Tho und seine Gefolgsleute mit allen Mitteln, mich dazu zu zwingen, irgendetwas Fiktives anzunehmen. Sie wollten von mir unbedingt irgendeine Aussage, aufgrund derer die sie mich hätten verurteilen können.

Der hartnäckige Versuch, die Missetaten der früheren Generalsekretäre als richtig und logisch darzustellen, bewies, dass keine Erneuerung erwünscht war, sondern die Aufrechterhaltung der alten Ordnung, eine egozentrische und nicht zeitgemäße Fortsetzung der Machtausübung, obwohl die alten Missetaten zu jenem Zeitpunkt bereits von jedermann zu erkennen waren. Hinter dieser Dickköpfigkeit waren die Schatten der Speichellecker - Leute, die von den Regierenden große Privilegien erhielten - nicht schwer zu erraten. Die Willkür der Machthaber war offensichtlich.

Wir wollen auf den Verlauf des ganzen Verfahrens zurückblicken:

- Juli 1967: Start des Verfahrens mit der Verhaftung von Hoang Minh Chinh und Pham Viet
- 14. November 1968: Bildung einer Verfahrensleitung, mit mehr als einem Jahr Verspätung
- März 1972: Le Duc Tho erstattete dem Politbüro nach fast vier Jahren einen Bericht über das Verfahren
- 27. Januar 1972: Das ZK der Partei gab in seiner 3. Periode den folgenden Beschluss heraus: "Die Tagung des ZK der Partei (3. Periode, 20. Tagung) ist sich darüber einig, (gegenüber Verhafteten des Verfahrens...) parteidisziplinäre und administrativ-disziplinäre Maßnahmen entsprechend

der Politik der Partei anzuwenden, ohne (die Verhafteten) vor dem Gesetz anzuklagen" (entsprechend der Erklärung des Schreibens des ZK der Partei, 3. Periode, Nr. 260-CV/TW vom 30. Juni 1995). Dies bedeutete, dass das ZK der Partei, 3. Periode, seinerzeit bereits einen Beschluss herausgegeben hatte, bevor es den Bericht über das Verfahren überhaupt entgegennahm.

Die Zeit verging. Es boten sich mehrere Gelegenheiten zur Klärung dieses einmaligen ausweglosen Verfahrens, aber die neuen Machthaber übersahen sie alle.

Trotzdem hat Geschichte ein Gedächtnis. Wenn dieses Gedächtnis verloren ginge, gäbe es keine Geschichtsschreibung.

Ein Regime, das im Vergleich zum vorhergehenden als neu oder erneuert betrachtet werden will, muss mit der Vergangenheit klar abrechnen, um sich in die Zukunft begeben zu können. Die Menschen verlangten von der erneuerten Regierung die restlose Aufklärung all jener Verfahren, in denen Menschen zu Unrecht verfolgt worden waren. Das war keine Frage der Begleichung einer Schuld, sondern die einer erneuten Bestätigung, dass sich solche Missetaten in der Zukunft nicht wiederholen würden.

Wir hegten die Hoffnung, dass unsere neue Situation die Administration zur Selbsterneuerung und zur Bewältigung der gewaltigen Aufgaben zwingen würde. Vor allem der Wiederaufbau der im Kriege zusammen-gebrochenen Volkswirtschaft war eine Aufgabe, die baldige Lösungen erforderte. Nach der Wiedervereinigung unseres Landes ergaben sich optimale Umstände für die Beseitigung der Diktatur und die Errichtung eines bürgerlichen Staates und einer demokratischen rechtsstaatlichen Gesellschaft.

Leider tut man bis heute nichts in dieser Richtung.

Im Ausland erhielt ich später Briefe von Freunden, die mich wissen ließen, dass der regierende Generalsekretär der Partei, *Do Muoi* (richtiger Name: *Nguyen Cong*), genau wie schon sein Vorgänger erklärte, die Partei ändere ihren Standpunkt zu dem Verfahren "Die Gruppe der gegen die Partei agierenden Revisionisten" nicht.

Dieser Herr war niemand anderer als jener Herr Do Muoi, der einst sein Erstaunen nicht unterdrücken konnte, als er von dem Anrollen des Verfahrens der *Gruppe der gegen die Partei agierenden Revisionisten* erfuhr: "Warum wird Bruder (Vu Dinh) Huynh, Bruder (Dang Kim) Giang eingesperrt? Wie kann man solche Revolutionäre als Parteigegner beschul-digen? Das ist sehr falsch, sehr falsch!" Einige Tage vor meiner Verhaftung erzählte mir einer seiner Neffen von dieser Aussage. Der junge Mann war ehrlich. Es gab keinen Grund anzunehmen, dass er etwas Falsches erzählte. Herr Do Muoi war ein Nichts, als er dieses Erstaunen zum Ausdruck brachte. Jeder wusste, dass er mit der Behandlung seiner eigenen Krankheit beschäftigt war. Es handelte sich um eine Nervenkrankheit, einfach gesagt:

eine Geistesstörung, und niemand wusste, ob er davon je geheilt werden könne. Zum Glück machte er keinen Lärm, schlug keine Kinder, belästigte keine Frauen, bewegte nicht unkontrolliert Hände und Beine, redete keinen Unsinn, sondern kletterte auf Mauern oder Bäume und ging in einem halb wachen, halb schläfrigen Zustand vor dem Haus hin und her. Er kannte meinen Vater und Herrn Dang Kim Giang gut, da sie in der Zeit vor dem Aufstand gemeinsam in den Provinzen des nordvietnamesischen Deltas gearbeitet hatten. Wenn in den Gesprächen mit Bekannten die Rede auf Do Muoi kam, sagte mein Vater immer, dass er Do Muoi wegen seines konsequenten Einsatzes und seiner Ehrlichkeit schätze. Es sei nur zu bedauern, dass der Mann eine so geringe Ausbildung besaß, so dass er keine Positionen bekleiden konnte, die gute Kenntnisse erforderten.

Ich kannte ihn nicht persönlich. Unter den Altrevolutionären war er eine gutmütige, wortkarge und folgsame Person. Bei seiner Arbeit war er fleißig und entschlossen. Er hatte Verdienste gegenüber der Partei. Ihm war es gelungen, während der Kampagne der Umgestaltung der Industrie und des Handels in den Jahren 1959-1960 das "Wiedererwachen" der Kapitalisten im nördlichen Teil des Landes zu verhindern. Nach dem Sieg von 1975 war es ihm auch gelungen, während der kapitalistischen Umgestaltung die Leichtindustrie im Süden zu zerschlagen. Man konnte sich die veränderte Einstellung Do Muois gegenüber der "Gruppe der gegen die Partei agierenden Revisionisten" nur dadurch erklären, dass er während einer mentalen Unsicherheitsphase unbewusst etwas ausgesagt hatte und später nach der Überwindung seiner Krankheit dann eine andere Meinung vertrat.

Leute, die ihm nahestanden, sagten von ihm, dass er aufgrund seiner geringeren Bildung nur das tun konnte, was seine Untergebenen ihm vorschlugen. Und diese Untergebenen hatten gar nicht den Willen, die Gerechtigkeit durch Rehabilitierung der unschuldig verurteilten Genossen wiederherzustellen. Die Stützen von Do Muoi, Typen wie *Dao Duy Tung, Nguyen Duc Binh und Tran Trong Tan,* waren von vornherein Maoisten gewesen und entwickelten sich nun zu Super-Maoisten, indem sie einen seltsamen sophistischen Marxismus erfanden, der mit dem klassischen Marxismus nichts mehr gemein hatte. Ihr Tun und Lassen war ausschließlich darauf ausgerichtet, die alleinige Herrschaft der Partei und damit ihre eigene Führungsposition aufrechtzuerhalten. Diese sogenannte Politik des Aufbaus des Sozialismus mittels einer gesteuerten, sozialistisch orientierten Marktwirtschaft erblickte genau zu jener Zeit das Licht der Welt.

Mein Vater hatte die Person Do Muoi falsch eingeschätzt. Recht hatte er nur damit, als er sagte, dass dieser Mann vor der Augustrevolution (1945) hauptberuflich Schweine kastriert hatte. Weder war er Maurer noch Anstreicher, wie in seiner offiziellen Biographie zu lesen war. "Wenn man sagt, dass jeder Beruf seine Ehre hat, dann hat die Arbeit, Schweine zu kastrieren, genauso ihre Ehre. Warum also bezeichnet er sich als Arbeiter?

Falls jemand die Wahrheit erfährt, dann wird er ihn auslachen. Wenn man so handelt wie er, so ist das nicht Schlauheit, sondern Dummheit." Seine Mitkämpfer wussten, dass er seinen echten Beruf auch zugab. Er war in diesem Beruf allerdings nicht sehr gut gewesen. Manchmal hatte er durch Fehler bei seiner Arbeit die Schweine fremder Leute sogar getötet und flüchten müssen, weil er verfolgt wurde. Die Unwahrheit über seinen Beruf schadete ihm. In der vietnamesischen Geschichte mangelte es nicht an Personen, die von Familien abstammten, welche nur geringes Ansehen besaßen. Eine so ruhmreiche Dynastie wie die der Tran war von einem Fischer gegründet worden.

Aber wieder einmal schweife ich vom Thema ab.

Auch in der Zeit Do Muois wurde Hoang Minh Chinh, der *moderne Revisionist*, nach seiner zweiten Haftentlassung in seinem von der Administration überwachten Leben psychisch gequält.

Dann wurde Hoang Minh Chinh, während Do Muoi noch Generalsekretär war, zum dritten Mal verhaftet und wegen des Verbrechens "Missbrauch der freiheitlichen und demokratischen Rechte" zu einem Jahr Gefängnis verurteilt wurde.

Überhaupt gab es weder Anzeichen eines guten Willens, die Geschichte wieder aufzurollen und das Verfahren noch einmal zu überprüfen - auch wenn das nur in einer geheimen Sonderverhandlung möglich gewesen wäre -, noch gab es für all die jahrelang gesetzwidrig inhaftierten Menschen eine privilegierte Sonderbehandlung als Gegenleistung, als Wiedergut-machung für die Schmerzen und Verluste, die diese Menschen und ihre Familien erlitten hatten.

Die Zeit ist ein guter Arzt. Sie half mir, zu vergessen, und manchmal vergaß ich selbst die schweren Tage. Nur mein Unterbewusstsein blieb hartnäckig. Nacht für Nacht träumte ich davon, in Haft zu sein. Beim Aufwachen wurde mir jedes Mal bang, und obwohl viele Jahre vergangen waren, seitdem ich diese Hölle verlassen hatte, war mein Körper von kaltem Schweiß bedeckt.

Ich dachte, dass solche bösen Träume irgendwann verschwinden müssten. Aber das vietnamesische Gefängnis hält mich noch heute fest, auch wenn ich mitten in Paris, Moskau oder Warschau bin.

Dass ich beabsichtigte, meine Erinnerungen aufzuschreiben, fand auch die Zustimmung meines Vaters. Er saß mit freiem Oberkörper und mit einem Bambusfächer wedelnd auf dem Fliesenboden im oberen Geschoss der Wohnung, die meine Frau und ich kurz vorher in Saigon ergattert hatten, und schlug die ersten Seiten meines Manuskriptes auf, eine nach der anderen.

1985 ging es mit seiner Gesundheit schnell bergab. Er war durch die Jahre seiner Sonderhaft, durch die Verbannung und von den psychischen Qualen erschöpft. Seine Augen wurden schlecht und vom Lesen schnell müde. Meine handgeschriebenen Blätter mit der undeutlichen Schrift und den vielen

Korrekturen machten es ihm schwer. Aber er las konzentriert. Ab und zu gab er mir Hinweise zu meiner Ausdrucksweise oder darauf, dass diese oder jene Passage nicht objektiv, nicht gerecht oder nicht präzise war. Abend für Abend erzählte er mir leise von verschiedenen Ereignissen aus der revolutionären Geschichte, die nur wenigen Menschen bekannt waren oder die zu den Geheimnissen der Partei gehörten. Ein Teil dieser Ereignisse fand den Weg in dieses Buch.

Von seiner Partei trennte er sich vollständig. Dass er eine solche Haltung einnehmen konnte, kam daher, dass er die Partei noch nie als etwas Heiliges, als ein Totem betrachtet hatte. Er sah in ihr lediglich ein Mittel, mit dessen Hilfe die Revolutionäre ihren Auftrag erfüllten. Er jammerte nicht, beschwerte sich nicht und blickte nicht auf die Vergangenheit zurück, um sein vergeudetes Leben zu bedauern. Er verfluchte die Partei nicht, weil er wusste, dass es in dieser Partei echte Patrioten gab, die er aus tiefstem Herzen als seine Genossen betrachtete. Vor dem 6. Parteitag 1986 saßen wir, mein Vater und ich, eines Abends - wie üblich, wenn die anderen Familienmitglieder noch nicht erschienen waren -, vor unserem Essentablett mit einem Fläschchen Schnaps und gerösteten Erdnüssen. Mein Vater nahm einen Schluck Schnaps, saß eine Weile ruhig da und sagte dann:

"Mein Sohn, in den letzten Tagen habe ich mir viele Gedanken über die Zukunft unseres Landes gemacht. Weißt Du, zu welchem Schluss ich gekommen bin? Meine Schlussfolgerung lautet: wenn unser Land mit den anderen Ländern mithalten soll, wenn es aufblühen soll, damit das Volk nicht länger in Armut leben muss, dann muss es dafür eine bestimmte Voraussetzung geben: die Führung des Landes durch die kommunistische Partei muss beendet werden. Diese Partei ist heute nicht mehr die Avantgarde der nationalen Befreiungsrevolution. Sie hat sich in ein Hindernis für unsere nationale Entwicklung verwandelt. Derjenige, der in diesem Moment das Interesse der Partei höher stellt als das unserer Nation, ist ein Vaterlandsverräter."

Ich war überrascht. Ich hätte von meinem Vater alle möglichen Gedanken erwartet, nur nicht diesen. Doch der Mut, den mein Vater benötigte, um seine Schmerzen zu überwinden, half ihm dabei, sich in diesem Ausmaß nun auch endgültig von der Vergangenheit zu trennen.

"Weißt Du, warum ich schon lange nicht mehr in unser Dorf zurückgekehrt bin?" fragte mich mein Vater eines anderen Tages traurig. "Ich habe sehr große Sehnsucht nach unserer Heimat. Aber ich schäme mich. Wenn Du irgendwann später einmal in unserem Dorf bist, sage bitte den Menschen im Dorf, dass ich mich bei ihnen entschuldige. Ich bin damals fortgegangen, um Revolution zu machen, aber nicht, damit die Menschen ein solches Leben wie heute leben müssen. Jeder Mensch leidet heute, nicht so sehr unter dem Mangel an materiellen Dingen, sondern an der Schande. Ein Regime, das die Würde des Menschen herabsetzt, ist nicht dasjenige, das unser Volk sich auserwählen möchte.

Mein Vater war ein Mensch, der nach der althergebrachten Weise lebte. Auch wenn er die chinesische Sprache nicht bis zur Perfektion beherrschte und zusätzlich von der westlichen Kultur beeinflusst wurde, so zählten ihn seine Freunde und Bekannten wegen seines Aussehens und seiner Verhaltensweise doch zu den letzten Literaten, deren Existenz langsam aus dem Gedächtnis der Menschen entschwand. Meine Mutter kannte einige seiner Gedichte auswendig, die er in seiner Jugendzeit gedichtet hatte, als sie sich kennen und lieben lernten. Oft trug sie uns diese Gedichte vor. Eines von ihnen blieb mir wegen seines heldenmütigen Geistes in meinem Gedächtnis eingeprägt:

Wenn ich an mich denke,
bin ich mit mir nicht zufrieden
Wie viel hat das Leben noch vor sich
Warum lebe ich noch, wenn das Land verloren
und das Haus zerstört ist
Warum sitze ich noch, wenn der Fluss austrocknet
und der Berg einstürzt
Das Land ist überfüllt mit Tränen
Das Volk vegetiert dahin
Ich weiß nicht, wie es weiter geht
Bedeutet mein Leben etwa ein Spiel?

Gleichgültig, wie sich die jetzigen Machthaber mir gegenüber heute verhalten, wie großzügig sie auch sind, ich muss trotzdem über jene schwarzen Tage schreiben. Das Schreiben über diese Monate und Jahre im sozialistischen Gefängnis betrachte ich nicht als Undankbarkeit für ihre *Güte*, mich nicht umgebracht zu haben, als ich in ihrem Käfig eingesperrt war. Ich benutze den Begriff *Güte* hier *im vietnamesischen Sinne*; denn früher mussten die Familienangehörigen der zum Tode Verurteilten den Scharfrichtern sogar Geschenke bringen, damit diese das Henkerschwert besser schärften, um ihren letzten Handgriff schnell vollziehen zu können.

Ich schreibe auch, weil ich die Worte meines Vaters nicht vergessen kann, den ich 1988 in Hanoi besuchte, als er geistig noch auf der Höhe war:

"Wie weit bist Du?" fragte mein Vater.

"Ich schreibe sehr langsam."

"Du musst nicht schnell schreiben. Du darfst nur nicht aufgeben. Du musst das Buch unter allen Umständen zu Ende bringen."

"Ich werde nicht aufgeben."

"Ich fühle mich schon sehr schwach." seufzte mein Vater. "Wenn ich doch noch gesund wäre! Es gibt viele Dinge, die ich niederschreiben müsste, damit die Menschen davon erfahren. Aber ich habe keine Kraft mehr. Ich erwarte das von Dir. Es ist deine Verantwortung, mein Sohn, deine Verantwortung."

Er bemühte sich, sich aufzusetzen, legte seine Hände auf meine Schultern und sah mir in die Augen:

"Du machst diese Arbeit nicht, um jemanden anzuzeigen, nein, nicht deswegen. Dein Ziel ist viel wichtiger: mit der Geschichte dieses Verfahrens wirst Du etwas anderes, etwas sehr wichtiges für unsere Nation aussagen. Unser Volk muss davon Kenntnis erhalten, um die *Spuren des zusammengebrochenen Wagens zu vermeiden* (das Nachahmen von schlechten Beispielen - Anm. d. Übers.). Ein Staat ohne Demokratie, ohne Gesetze oder mit Gesetzen zum bloßen Zweck der Täuschung ist ein fruchtbarer Boden für Diktatur und für die Willkür von Diktatoren ..."

Ich verstand die Gedanken meines Vaters. Er verzieh seinen Feinden, aber angesichts der düsteren Zukunft unter dieser Diktatur machte er sich ständig Sorgen um unser Land.

Am frühen Morgen des 3. Mai 1990 verließ mein Vater sein Leben in aller Stille.

Mit der langsam erkaltenden Leiche meines Vaters in den Armen dachte ich voll Bitterkeit darüber nach, dass das menschliche Leben nicht ewig währt, und welche Bedeutung Leben und Tod haben. Mein Vater opferte sein ganzes Leben dem Kampf für die Befreiung der Nation. Es schmerzte ihn, sehen zu müssen, dass sein Opfer und all die Opfer der in diesem heiligen Kampf Gefallenen nun von den Opportunisten missbraucht wurden. Anstelle des alten Jochs muss das Volk nun unter einem neuen Joch leben. Es schmerzte ihn, sich als Verlierer betrachten zu müssen. Auch starb er mit dem Schuldkomplex, gegenüber dem Volk und dem Land schuldig geworden zu sein. Davon konnte er sich nun nicht mehr befreien.

Nach Pham Viet, Ky Van, Tran Minh Viet und Dang Kim Giang kann auch mein Vater die neue Seite der Geschichte nicht mehr erleben, in der die Gerechtigkeit wiederhergestellt werden wird.

Ich erinnere mich an die letzte Stunde des Lebens von Dang Kim Giang in einer Bruchhütte im Gelände der Pagode Lien Phai.

" Bitte stirb noch nicht!" schrie ich ihm innerlich zu, im Flüsterton, mit dem Mund dicht an seinem Ohr. "Gib Dir Mühe, Onkel. Wenn Du stirbst, dann verlierst Du noch einmal. Du sollst diesem Duan und diesem Tho nicht die Freude machen. Denn sie freuen sich, wenn Du stirbst. Gib Dir bitte Mühe, zu leben!"

"Ich bin dabei, mir Mühe zu geben."

Er versuchte, mich anzulachen. Seine Stimme war schon sehr schwach, kaum wahrnehmbar. Aber sein altes Lachen, mit so viel Ehrlichkeit und Natürlichkeit, blieb. Ich saß neben ihm, seine Hand fest in meiner haltend. Ich wollte meine Lebenskraft auf ihn übertragen.

"Mein Neffe!" rief er nach einer Weile lautlos.

"Ja!"

"Das Leben hat eine Grenze, der Tod keine, mein Neffe!" Er nahm meine Hand und legte sie auf seine Brust. Das Herz dieses Soldaten schlug unter meiner Hand langsam und müde in einer Brust, die aus nicht viel mehr als Knochen bestand. "Gegen den Befehl des Himmels kann der Mensch nichts tun. Ich gebe mir weiter Mühe, aber wenn ..."

Ich brachte mein Gesicht ganz nah an seinen Mund, um ihn besser zu verstehen. Es konnte sein, dass er seine letzten Worte sprach:

" ...liegt an Dir, ... Dich zu bemühen ... der Nation wegen ..."

Ich verstand, was er sagen wollte.

"Ja, Onkel. Ich verspreche es Dir."

Ich küsste seine Stirn. Eine Träne meiner bewegten Gefühle tropfte darauf.

Einige Tage danach, als ich bereits nach Saigon zurückgekehrt war, verstarb er.

Er war bei den Menschen beliebt. Die Bevölkerung jener Gegenden, in denen er in der Zeit vor dem Aufstand geheim tätig gewesen war, erinnerte sich noch an ihn. Kurz nach seiner Entlassung aus der Haft fuhr ein Mann des Dorfes *Dinh Bang* mit dem Rad nach Hanoi, um ihn heimlich zu besuchen. Freudestrahlend berichtete er: "Die Menschen denken an Dich und schicken mich zu Dir, um Dir einige Lebensmittel als Geschenke zu bringen, damit Du dich stärkst." Danach rannte er eilig zu seinem Fahrrad und holte einen Leinensack. Doch als er ihn öffnete, weinte er heftig und bedeckte sein Gesicht mit den Händen: "Oh, Onkel, alle Enten sind gestorben! Ich habe sie in dem Sack verstecken müssen, damit niemand sie sieht. Aber es ist so heiß, dass sie alle erstickt sind." Die Augen von General Giang waren ebenfalls voller Tränen.

Beim Schreiben war ich sehr vorsichtig. Wenn jemand zu Besuch kam, musste ich den Stapel meiner geschriebenen Blätter schnell wegräumen und verstecken, bevor ich vor meinem Besucher im Vorraum erschien. Am meisten Angst hatte ich vor den guten Freunden. Kaum kamen sie an, entledigten sie sich vor der Türschwelle gleich ihrer Schuhe und gingen geradewegs in das hintere Zimmer, wo sie ihre äußere Bekleidung ablegten, um sich der Frische wegen auf dem Fliesenboden hinzulegen. Ich war traurig darüber, dass ich niemandem vertrauen konnte. Meine Erfahrungen aus dem Gefängnis lehrten mich, dass Geheimnisse meistens von den Nahestehenden und nicht von flüchtigen Besuchern ausgeplaudert wurden.

Die neu fertiggeschriebenen Seiten wurden zum Verstecken sofort in die Wohnung meiner vertrauten Freunde gebracht, zu denen ich selbst nur selten ging und so vermied, dass die Polizei aufmerksam wurde. Die Art und Weise dieses Schreibens, in einzelnen Teilen und in geistig angespanntem Zustand, ermüdete mich. Außerdem musste ich nach einem Einkommen für den Lebensunterhalt suchen. Ich war Zuarbeiter für kleine Produktionsgruppen: entweder half ich ihnen bei der Lösung von technologischen Fragen oder bei der Beschaffung von Materialien. Die Zeit, die für das Buch übrigblieb, war sehr gering. Im Voraus sah ich die Schwäche meines Buches darin, dass mein Schreibstil nicht einheitlich blieb, was jeder Schriftsteller sonst zu vermeiden suchte. In der Nacht breiteten sich die Klappergeräusche der Schreibmaschine aus, was meiner Frau Sorge breitete.

"Tippe bitte leise!"

Ich seufzte und dachte an die ständige Warnung meines ehemaligen Gefängniszellen-Freundes. Ich versuchte, leiser zu tippen, aber meine Schreibmaschine konnte den Flüsterton niemals lernen.

17

„Schreibt für mich über ..."

Mit dem Beginn der alltäglichen Arbeit hatte es Huynh Ngu nicht eilig.

"Nun, Ihr schreibt für mich einen Bericht, einen kurzen. Ein bis zwei Seiten reichen vollkommen", sagte er ganz einfach.

Ich sah ihn abwartend an.

"Über *Nguyen Luong Bang.*" (Der war zu diesem Zeitpunkt *Leiter des Zentralen Kontrollausschusses der Partei* und *Direktor des Kontrollausschusses der Regierung* - Anm. d. Autors)

Ich war völlig verwundert. Ich dachte, ich hätte nicht richtig gehört.

"???"

"Richtig. Über *Roten Stern* (Spitzname von Nguyen Luong Bang)."

Mein Gott, war das hier das Gefängnis der Demokratischen Republik Vietnam in Hanoi oder das Gefängnis *Hoa Lo* (*Feuerofen*) des französischen Protektorats?

Es war die Wirklichkeit. Er sprach mit ernster Stimme zu mir. Ich verhörte mich nicht. Man befal mir, einen Bericht über Nguyen Luong Bang zu verfassen, so, als ob er zu unserem Verfahren gehörte.

Was ereignete sich außerhalb der steinernen Mauer des *Feuerofens*? Konnte eine Person wie Nguyen Luong Bang verhaftet werden? Nein, das war unmöglich. Wenn er verhaftet worden wäre, hätte Huynh Ngu bei der Erwähnung seines Namens eine andere Stimme und andere Begriffe benutzt, etwa in der Art: "Nun, Ihr schreibt einen Bericht über den Nguyen Luong Bang. Ihr kennt den Kerl doch gut."

Oder ... hatten Le Duc Tho und Tran Quoc Hoan einen Umsturz vollzogen?

Als ich noch frei gewesen war, hatte es Gerüchte über die Möglichkeit einer Entmachtung Le Duans durch Le Duc Tho gegeben. Nach außen wirkte die Allianz Duan-Tho freundschaftlich und herzlich. Beobachtete man aber die Art des Machtmissbrauchs von Tho, konnte man, wenn man feinfühlig war, zu dem Schluss kommen, dass diese Allianz bald zerbrechen würde. Das erste Anzeichen eines Risses, das ich wahrnahm, war die verächtliche Haltung von Le Duans Schwiegersohn gegenüber Le Duc Tho. Dieser Schwiegersohn hatte mit mir in Moskau studiert. Jeder wusste, dass Thos eigene Geheimagenten überall tätig waren. Tho konnte die Einstellung der Familienmitglieder Le Duans zu ihm nicht entgangen sein.

Richtig lustig wäre es, wenn Le Duan hierher in meine Nachbarzelle gebracht würde.

Ich überlegte ganz scharf. Wieso wagte es Huynh Ngu, der nach dem revolutionären Tätigkeitsalter im Vergleich zu Nguyen Luong Bang ein ganz Junger war, von mir - ohne die entsprechende übliche Anrede - einen Bericht über Nguyen Luong Bang zu verlangen? Denn dieser Mann bekleidete zu jenem Zeitpunkt einen Parteiposten als *Leiter des Zentralen Kontrollausschusses* und den öffentlichen Posten als *Direktor des Kontrollausschusses der Regierung.*

Anfang der 60er Jahre war mein Vater Leiter der Protokollabteilung des Außenministeriums. Plötzlich erhielt er dann den Beschluss der Zentrale, dass er zum Besuch der Parteihochschule Nguyen Ai Quoc delegiert worden war.

Dass mein Vater das Außenministerium verlassen musste, hatte mit dem Außenminister *Ung Van Khiem* zu tun. Das war ein gebildeter Mann, wie viele der ersten Marxisten in Nam Bo (Südliches Gebiet). Sein Ruf war bei den Revolutionären viel besser als der Le Duans. Als Le Duan Generalsekretär der Partei wurde, war das nachteilig für ihn. Le Duan mochte ihn nicht, machte ihm immer wieder Schwierigkeiten und versuchte, ihn in Rente zu schicken. Ein Anlass dazu war das gemeinsame Kommuniqué von Ho Chi Minh und des Führers der KP der Tschechoslowakei, Nowotny, das zwar von Ho Chi Minh angenommen, jedoch von Ung Van Khiem vorbereitet worden war. Später beschuldigte Le Duc Tho ihn als den alleinigen Verfasser und entfernte ihn vom Posten des Außenministers. In dieser Angelegenheit war die Handschrift Le Duans klar zu erkennen.

Aber das war eine spätere Geschichte. Der Außenminister war damit nicht einverstanden, dass mein Vater ewig auf dem Posten des Hauptabteilungsleiters blieb, und wollte ihn zu einem seiner Stellvertreter ernennen. Das Politbüro billigte dies jedoch nicht. Und niemand wusste, aus welchem Grund. Manche waren der Ansicht, dass Le Duan keine gegensätzlichen Meinungen duldete. Aber mein Vater war mit seiner Sprache geradlinig. Möglicherweise hatte er unbeabsichtigt etwas gegen Le Duan gesagt. Wahrscheinlicher war jedoch die Tatsache, dass dieser Ung Van Khiem nicht mochte. Man stellte fest, dass alles, was Ung Van Khiem tat, nicht die Zustimmung von Le Duan erhielt. Beide Vermutungen waren daher meiner Meinung nach nicht unbegründet.

Eine Delegierung zum Studium an der Parteihochschule *Nguyen Ai Quoc* (ein anderer Name Ho Chi Minhs) war eine sanfte Methode zum Entfernen eines Funktionärs von seinem Posten. Mein Vater war sich dessen bewusst. Er ging zum Studium und nahm danach eine Arbeit beim Kontrollkomitee der Regierung auf. Herr Nguyen Luong Bang holte ihn zu sich.

Während dieser Kontrollarbeit fand mein Vater Beweise über vorsätzliche Verstöße gegen die staatliche Finanzordnung durch eine Anzahl von leitenden Leuten. Er beantragte, diese Verstöße ans Licht zu bringen. Herr Nguyen Luong Bang schlug diesen Antrag sofort nieder:

"Es ist delikat. Wir müssen nach der Meinung von Onkel (Ho Chi Minh) fragen."

Mein Vater sagte:

"Es gibt eindeutige Beweise. Warum macht Ihr Euch Sorgen? Die Partei hat uns beauftragt, also führen wir den Auftrag aus. Es muss nicht sein, dass wir bei jeder Gelegenheit nach Onkels Meinung fragen. Ihr seid zu gutmütig, Bruder. Die Partei hat Euch das Schwert übergeben, mit dem Ihr über die Reinheit der Partei wachen sollt. Wenn Ihr es nicht verwendet, dann wird bestimmt ein verrostetes Schwert daraus."

Ich hörte dieses Bruchstück des Gespräches, als ich meinem Vater heißes Wasser brachte, damit er Tee für seinen Gast Nguyen Luong Bang zubereiten konnte.

"Wenn man eine Ungereimtheit sieht und wegschaut, ist man feige. Wenn man den Auftrag zum Schutz der Bürger erhält und sieht, dass die Rechte der Bürger verletzt werden, ohne dass man aus Angst, Leute mit hohen Posten zu kränken, etwas tut, ist man noch feiger," klagte mein Vater bei Herrn Dang Kim Giang. "Wozu soll ich Eurer Meinung nach unter solchen Umständen noch arbeiten? Ich sagte dem *Roten Stern* (Nguyen Luong Bang) gerade heraus: *nicht nach dem eigenen Gewissen handeln heißt, gegen das eigene Gewissen zu handeln. Der wissende Mensch, der die Lehre nicht anwendet, handelt gegen die Lehre. Lasst mich bitte in Rente gehen!*"

Ich kannte Nguyen Luong Bang, seit ich zehn Jahre alt war. Eines Nachts kam mein Vater mit einem sorgenvollen Gesicht nach Hause. Er sagte leise zu meiner Mutter: "Bruder Roter Stern ist aus dem Gefängnis geflohen."

"Wo ist er jetzt?" machte sich meine Mutter Gedanken.

"Wir müssen abwarten. Man sucht ganz scharf nach ihm. Eine Prämie von zehntausend Piastern (Währungseinheit in Französisch-Indochina - Anm. d. Übers.) ist auf seinen Kopf ausgesetzt worden."

"Gibt es ein Versteck für ihn?"

"Wir müssen uns selbst um ihn sorgen."

Meine Mutter war der Meinung, dass *Roter Stern* wegen der großen Gefahr nirgendwo anders untergebracht werden könne als bei uns zu Hause. Die *Sûreté* (Sicherheitspolizei) würde hier am wenigsten Verdacht schöpfen und kaum glauben, dass sich Nguyen Luong Bang im Haus seines kürzlich entlassenen Mitgefangenen versteckte.

Am nächsten Tag brachte mein Vater eine Ausgabe der Zeitung "Neue Nachrichten" mit der folgenden kleinen Annonce nach Haus: "Wo ist der älteste Bruder aus Ha Dong? Komm bitte nach Haus. Wir warten alle auf Dich."

Nachts kam ein schmächtiger, dunkel aussehender Mann in unser Haus und blieb. Die kleine Kammer für das Mädchen *Tuong*, unser Hausmädchen, wurde geräumt und ihm zugewiesen. Wir Kinder durften diese Kammer nicht betreten. Unsere Eltern schärften uns ein, dass der Mann, der bei uns war, der Onkel aus Ha Dong sei, und sie untersagten uns, den anderen davon zu erzählen, dass er bei uns wohnte. Das fromme Mädchen Tuong wurde von meinen Eltern unterrichtet, wie man die Revolutionäre schütze.

Der Begriff "Onkel aus Ha Dong" blieb sehr lange in unserem Gedächtnis haften. Zu jener Zeit entstand dieser Aliasname von Nguyen Luong Bang. Er konnte nicht früher entstanden sein, denn sonst hätte ihn mein Vater nicht in die Zeitungsannonce setzen können.

Eines Tages brachte mein Vater einen Rundfunkempfänger der Marke Philips mit nach Hause, der in die Kammer des Onkels gestellt wurde. In der Nacht leuchtete das magische Auge in einer wunderbaren klaren grünen Farbe. Die Kolonialadministration ordnete die vom Postamt durchzuführende Plombierung aller Rundfunkempfänger bei der Zivilbevölkerung an, damit die Menschen nur die Sender aus Hanoi und Saigon, nicht aber aus dem Ausland empfangen konnten. Doch dieses Philips-Radio wurde nicht angemeldet und daher nicht plombiert. Fremde Sendungen konnten also empfangen werden. Nachts blieben meine Eltern und der Onkel aus Ha Dong sehr lange wach, um den Sendungen im Radio ganz leise zuzuhören. Der Onkel blieb einige Monate bei uns und verließ uns erst, als die Nachricht über seine Flucht aus dem Gefängnis nicht mehr aktuell war. Meine Mutter besorgte ihm die Bekleidung, die üblicherweise Dorf- oder Kantonsvorsteher auf dem Lande trugen, wenn sie in die Stadt gingen: Regenschirm, langes schwarzes Seidenkleid, Schuhe...

Als Nguyen Luong Bang aus dem Gefängnis von Son La flüchtete, wurde er von einem jungen Mann der *Thai*-Minderheit geführt. Der wurde nach dieser Hilfsaktion von der französischen Kolonialbehörde verhaftet und enthauptet. Im Herbst 1965 - etwa 20 Jahre nach der Flucht von Nguyen Luong Bang aus dem Gefängnis - suchte ich das Dorf *Ban Giang* auf, das einige Kilometer von dem Gefängnis Son La entfernt war, um die Familie des erwähnten jungen Mannes zu besuchen. In ihrer Pfahlhütte, die dem Zusammenbruch nahe war, lebte nur noch seine taube Mutter, jedoch ohne klares Bewusstsein. Man konnte ihr Fragen stellen, doch sie verstand sie nicht, antwortete kaum oder vollkommen daneben. Die Mühe, das Dorf Ban Giang aufzusuchen und diese arme alte Frau zu besuchen, hatte sich mein Onkel aus Ha Dong nie gemacht.

"Ich weiß sehr wenig über Herrn Nguyen Luong Bang." sagte ich zu Huynh Ngu. "Seit dem Ende des Krieges ist er selten zu uns gekommen."

"Ihr habt etwas Falsches gesagt. Euch hat Nguyen Luong Bang doch am häufigsten besucht."

Ich zuckte mit den Schultern:

"Woher soll ich wissen, wen er oft und wen er nicht oft besucht hat."

"Aber Ihr schreibt, ja?"

"Was soll ich über ihn schreiben? Die Frage des Standpunkts (gemeint ist der Standpunkt in Bezug auf die zwei Linien in der internationalen kommunistischen Bewegung - Anm. d. Autors) ist nicht die, über die Herr Nguyen

Luong Bang mit mir spricht."

Huynh Ngu lächelte. Er lehnte sich auf seinem Stuhl nach hinten, die Augen halb geschlossen.

"Ich habe nicht verlangt, dass Ihr viel schreibt. Ihr könnt auch kurz schreiben. Einige Zeilen reichen aus. Hauptsache ist, dass der Bericht der Wahrheit entspricht. Ihr schreibt nicht unbedingt nur das, was Ihr selbst erfahren habt. Ihr schreibt geradeheraus das, was Ihr von anderen Menschen, von Eurem Vater beispielsweise, gehört habt. Oder Ihr hörtet davon, was Euer Vater über Nguyen Luong Bang mit einem anderen gesprochen hat..."

"Ich habe gehört, dass man viel über Herrn Nguyen Luong Bang spricht", sagte ich mit dem Anschein guten Willens.

"Was sagt man?"

"Zum Beispiel, er ist sehr rechtschaffen, denkt aber etwas konfus. In der Zeit vor dem Aufstand war er Kassenwart der Partei. Das war sehr lustig. Er hat alles in sein Notizbuch eingetragen: das Essen für zehn Xu (*Xu, vom französischen Sou*, ein Hundertstel der damaligen Währungseinheit *Dong* - in Vietnamesisch - oder *Piaster* - in Französisch - Anm. d. Übers.), oder die Flussüberfahrt mit dem Boot für ein Xu ... Wenn die Sicherheitsorgane sein Buch erwischt hätten, dann hätte man genau gewusst, wie seine Route verlaufen war, ob er in einer Gaststätte oder bei der Bevölkerung gegessen hatte..."

"Das braucht Ihr im Bericht nicht zu schreiben." Huynh Ngu verzog das Gesicht. "Was habt Ihr von Eurem Vater über den Standpunkt von Nguyen Luong Bang gehört?"

Mein Vater schätzte Nguyen Luong Bang hoch ein. Als Erinnerung an ihre Freundschaft aus ihrer Zeit im Gefängnis von Son La gab es noch ein Foto der beiden jungen Männer in ihrer weißen Bekleidung mit den Gefangenennummern auf der Brust, im Format 6 x 9. Wenn das Bild noch existieren würde, würde es im Revolutionsmuseum aufbewahrt. Ich benutze hier das Verb "existieren" in Konjunktiv, denn nach seiner Verhaftung wurden alle Gegen-stände beseitigt, durch die er seine Spuren hinterlassen hätte. Diejenigen Bilder von der August-Revolution (1945), auf denen er zu sehen war und die für die Darstellung der Geschichte unentbehrlich waren, wurden so retuschiert, dass man ihn darauf nicht mehr erkennen konnte. Auch die wenigen Meter des Filmes, der die Teilnahme der vietnamesischen Delegation an der Konferenz in Fontainebleau zeigte und von Vietnamesen in Frankreich aufgenommen worden war, wurde retuschiert, obwohl diese Bearbeitung weitaus schwieriger war als die der Fotos. Das Bild von der Truppenparade mit Vo Nguyen Giap (später General - Anm. d. Übers.) und meinem Vater anlässlich des Einmarsches der Befreiungsarmee aus der Kampfzone Tan Trao in die Hauptstadt Hanoi wurde so verfälscht, dass mein Vater darauf als ein ganz anderer Mensch zu sehen war.

Nguyen Luong Bang war im Gefängnis von Son La als Medizinmann tätig. Nach außen kümmerte er sich um die kranken Häftlinge, insgeheim leitete er die politischen Gefangenen an. Mein Vater erhielt die Aufgabe des Schreibtischlers, der die Verbindungen zwischen den verschiedenen Strafkolonien aufrechterhielt. Alle Tätigkeiten im Gefängnis wurden von der Gefangenenvertretung eingeteilt. Mitgefangene meines Vaters waren der bekannte Revolutionär *To Hieu,* die Herren Dang Kim Giang, Hoang Minh Chinh, Luu Dong, Ky Van - diese Herren wurden später im Verfahren der *gegen die Partei agierenden Revisionisten* inhaftiert - und ihre beiden bösen Geister, Le Duc Tho und Tran Quoc Hoan.

"Ich habe von den Geschichten im Gefängnis von Son La gehört." sagte ich zu Huynh Ngu. "Von der Sache mit dem Standpunkt des Herrn Nguyen Luong Bang habe ich von niemandem etwas gehört."

"Gar nicht? Herr Hien, ich möchte Euch gern glauben, aber ich kann es nicht. Ich möchte von Eurer eigenen Meinung über das politische Verhalten von Nguyen Luong Bang hören, ganz allgemein, nicht unbedingt in Einzelheiten. Wenn es richtig ist, ist es gut, wenn es nicht richtig ist, ist es nicht so schlimm. Es kann doch nicht sein, dass Ihr den Gast nicht zusammen mit Eurem Vater empfangen habt und dabei von dem Gespräch über Standpunkte, über Politik nichts hörtet, wenn Nguyen Luong Bang zu Euch zu Besuch gekommen ist."

"Das wäre sehr unhöflich gewesen. Der Gast des Vaters ist der Gast des Vaters. Kinder dürfen weder zuhören noch dazwischenreden. Das ist eben die Verhaltensweise bei uns im Norden."

Jede Familie hatte ihre Regeln. Für meinen Vater war ich immer ein Kind geblieben. Soviel ich von anderen Verwandten hörte, wurde der älteste Bruder meines Vaters von meinem Großvater mit Schlägen bestraft, wenn er Fehler machte, obwohl er schon arbeiten ging und eigene Kinder hatte.

Ich log. Ich war ein schlechtes Kind gewesen. Ich war des Öfteren von meinem Vater dafür gescholten worden, weil ich dem Gespräch zwischen den Erwachsenen zuzuhören versuchte. Durch diese schlechte Angewohnheit kann mein Gedächtnis aber heute noch erinnerungswürdige Sachen behalten.

"Ihr schreibt, was Ihr wisst. Ich werde Euch zusätzliche Anregungen geben."

Verzweifelt atmete ich tief durch.

Gut, dann schrieb ich eben über *Roten Stern,* den Helden meiner Kindheit. Ich schrieb die in meinem Gedächtnis nie verblassenden Erinnerungen über ihn nieder. In jener Minute erschien vor meinen Augen wieder das Bild des Onkels aus Ha Dong, der mit dem Aussehen eines Dorfvorstehers unser Haus verließ. Zum Glück konnte er damals weggehen, ohne von der *Sûreté* erkannt zu werden.

Ich kehrte in meine Zelle zurück und setzte mich wortlos hin. Thanh

260

wunderte sich.

"Wieso seid Ihr traurig?"

"Ich bin müde" antwortete ich, nur um zu antworten.

Der Himmel, die Erde, die Berge, das Wasser sind noch da.
Werde ich etwa ewig so bleiben, wie ich jetzt bin?!

Thanh rezitierte erneut dieses Gedicht. Er wusste, dass ich Schmerz empfand und wollte nicht an meiner Wunde rühren. Mit den Händen unter dem Kopf legte ich mich hin. Die traurige Stimme Thanhs beim Rezitieren dieses Gedichtes empfand ich als den Wohlklang der mir bekannten Wiegenlieder aus meinem heimatlichen nordvietnamesischen Delta. Ich fühlte mich getröstet, beruhigt.

Ich vertiefte mich in den endlosen Gedanken. Nein, selbstverständlich schrieb ich nichts, was dem Onkel aus Ha Dong hätte schaden können. Es war offensichtlich, dass Ränke gegen ihn geschmiedet wurden. Man wollte meinen Bericht, den Bericht des Sohnes seines Freundes nehmen und daraus Beweise seines Verbrechens, nämlich seiner Beziehung zu meinem Vater machen. Die Interpretation des Begriffs "Verbrechen" war im Sozialismus sehr seltsam: wenn Nguyen Luong Bang den politischen Standpunkt meines Vaters gekannt hätte, ohne ihn der Partei zu melden, dann hätte er ein Verbrechen begangen.

Die Vernehmung führte mich zurück in die Zeit vor dem Aufstand, in die elende Vergangenheit der revolutionären Kämpfer. Die unterschiedlichsten Bilder flogen vor meinen Augen vorbei: die Razzien, die im Flüsterton geführten Gespräche zwischen den von der Kolonialmacht Verfolgten, die immer durch Handschellen verbundenen zu zweit abgeführten Gefangenen, die im morgendlichen Nebel durch die Stadt Hoa Binh und zu einem Boot auf dem Schwarzen Fluss gebracht wurden, mein Vater jenseits des Gitters aus Eisendraht im Gefängnis Hoa Lo... Was haben die Revolutionäre jener Jahre eigentlich aufgebaut?

Nach Anleitung ihres Meisters schlugen Schmiede Tag und Nacht mit ihren Hämmern und stellten sich vor, Glücksblumen für das Volk zu schmieden. Als sie endlich die Köpfe hoben, um den Schweiß abzuwischen, der von ihren Gesichtern rann, stellten sie fest, dass es gar keine Blumen, sondern Fesseln waren.

Für das Volk. Und für sie selbst.

18

Die undurchsichtige Allianz

Was mich in den ersten Tagen meiner Gefangenschaft am meisten beschäftigt hatte, war die Frage: Welcher Grund führte in einer so undurchsichtigen Angelegenheit zur Bildung der Allianz zwischen Le Duan und Le Duc Tho; denn diese Handlungsweise - Verleumdung zwecks Verfolgung von Nichtgegnern - entsprach üblicherweise nicht der von Le Duan, und weshalb das Ganze zu jenem Zeitpunkt und nicht zu einem anderen?

Ich wusste zu wenig über den Generalsekretär Le Duan. Ich hatte keine Gelegenheit, ihn als einen entscheidungsfreudigen Menschen näher kennen zu lernen, um mir darüber selbst ein Urteil zu bilden. Die Meinung anderer Menschen über diese historische Person stellte mich nicht zufrieden. Der Mensch im Alltagsleben ist immer echter, wahrer, sich selbst ähnlicher als er sich in der Öffentlichkeit gibt.

Ich war lediglich ein Journalist auf der untersten Stufe der Leiter, nach welcher das Vertrauen der Partei in eine Person gemessen wurde. Zu den wenigen Reportern, die den Palast frei betreten durften, zählte *Thep Moi* (richtiger Name: *Ha Van Loc*), der Le Duan am nächsten stand. Im Widerstands-kampf gegen die Franzosen war er auch bei (dem damaligen zweitmächtigsten Mann) Truong Chinh beliebt gewesen. Die Führer hatten die Gewohnheit, Mitarbeiter von ihren Vorgängern nicht zu übernehmen. Le Duan nahm Thep Moi trotzdem an. Das war ein Zeichen dafür, welches Vertrauen dieser bei seinem neuen Herrn genoss. Ihm und niemand anderem wurde von Le Duan die Ehre zuteil, das Buch "Die Zeit des Sieges über die Amerikaner" zu verfassen, ein Heldenepos voll des Lobes zugunsten des hellsichtigen General-sekretärs, der als alleiniger Retter den Krieg bis zum vollkommenen Sieg führte. Darin waren die Bilder von Ho Chi Minh, Pham Van Dong, Vo Nguyen Giap, Truong Chinh völlig unscharf.

Dieses Buch führte zu heftigem Streit. Man vertrat die Meinung, dass es die Geschichte entstelle.

Menschen, die Le Duan nah standen, sagten, dass die Krankheit "Kommunistische Überheblichkeit" in ihm bereits existent war, seitdem er die Führung im Süden übernommen hatte. Zu dieser Krankheit kam noch die des Despotismus und der Missachtung der einfachen Menschen.

Einige Jahre nach Kriegsende 1975, zur gleichen Zeit wie das Buch "Die Zeit des Sieges über die Amerikaner", wurde mit Hilfe von *Hong Ha*, dem Bruder von Thep Moi und späteren Chefredakteur der Zentralparteizeitung

Nhan Dan, auch das Buch "Der große Sieg im Frühjahr" des Armeegenerals *Van Tien Dung* verfasst. Das letztere wurde jedoch von den führenden Leuten scharf kritisiert, obwohl es dem ersten Buch in einem Punkt ähnlich war: dass es seinen Autor genauso pries. Doch was sich Le Duan erlaubte, durfte Van Tien Dung noch lange nicht. Das dritte Buch, "Erinnerungen an die entscheidenden Jahre und Monate" von Armeegeneral *Hoang Van Thai,* wurde von Politikern und anderen Lesern wegen seiner Ernsthaftigkeit gelobt. Die Rolle des Volkes jedoch wurde am häufigsten in dem Buch "Ende der 30 Jahre Krieg" von *Tran Van Tra* erwähnt. Offiziere, die den ganzen Krieg mitgemacht hatten, bewerteten es als das ehrlichste, weil der Autor darin auf die vergangenen Ereignisse zurückblicken, sie objektiv bewerten und nicht sich selbst loben wollte. Durch ein Verbot von Le Duc Tho durfte dieses Buch aber nach dem Druck nicht in Umlauf gebracht werden.

Ich begegnete dem Generaloberst (Tran Van) Tra einmal in seinem Haus, als dieser ehemalige Befehlshaber der Schlacht zur Eroberung Saigons gemeinsam mit den Herren *Nguyen Ho* und *Ta Ba Tong* und mit Unterstützung des *Clubs der ehemaligen Widerstandskämpfer* für Erneuerung, größere Freiheit und Demokratie kämpfte. Das Treffen in seinem Haus in der Pasteurstraße in Saigon hinterließ in mir einen angenehmen Eindruck. Tran Van Tra war ein Führer, wie die fortschrittlichen Kommunisten ihn sich wünschten. Er konnte zuhören, mit anderen gleichberechtigt diskutieren und die eigene Meinung hinter einer gerechten anderen zurückstellen. Daher gefiel er Le Duan und Le Duc Tho nicht. Sie ließen ihn untätig herumsitzen.

General Tra war vor meinem Besuch über mich informiert worden. Er sagte, dass er über die Verfolgung der "Gruppe der gegen die Partei agierenden modernen Revisionisten" im Norden nicht Bescheid gewusst habe, weil er in jenem Zeitraum schwer mit der Frage der Entsendung von Waffen auf dem Seeweg nach dem Süden beschäftigt gewesen sei. Deshalb forderte er mich auf, ihm über dieses Verfahren zu berichten. Ich erzählte nur flüchtig, da ich genug von diesem Thema hatte. Er äußerte sich in dem Sinne, er habe davon in einer kurzen Mitteilung der Zentrale gehört, ohne etwas von diesem großen Ausmaß geahnt zu haben. Danach wollte er mich zur Mitarbeit an dem Blatt "Traditionen des Widerstandskampfes" überreden. Ich sagte, ich glaube nicht daran, dass die aufrichtigen Stimmen gehört würden. Ich wäre von der Zwangs-schließung dieses Blattes - früher oder später - und von der unvermeidlichen Verfolgung seiner Mitarbeiter überzeugt. Damit solle er rechnen. Er vertrat jedoch die Ansicht, dass sich die Lage im Vergleich zu früher verändert habe und dass die Partei es bereits als notwendig erachte, durch die Meinungen vieler Menschen dem raschen Aufbau des Landes zu helfen.

Die späteren Ereignisse bezeugten, dass meine pessimistischen Ansichten richtig waren. Das Blatt "Traditionen des Widerstandskampfes" wurde verboten. Die Macher des Blattes bekamen Schwierigkeiten, manche wurden sogar verhaftet. Später verurteilte General Tra aus unverständlichen Gründen sogar selbst die "Traditionen des Widerstandskampfes". Doch auch wenn er diese Kritik unter Zwang aussprach, beschmutzte diese Tatsache seinen Ruf.

Thep Moi traf ich einige Male, nachdem er sich Ende der 80er Jahre in Saigon angesiedelt hatte. Über sein Buch "Die Zeit des Sieges über die Amerikaner" gab es Kritik, dass es nicht gerecht sei. Ich fragte ihn dazu nach seiner eigenen Meinung. Mitten im Gespräch veränderte sich daraufhin seine Ansicht über mich so, als ob ich ein Wühler wäre. Nachdem er sich aber davon überzeugt hatte, dass ich keine schlechten Absichten hegte, zeigte er wieder sein normales Verhalten und lächelte entschuldigend: "Ihr habt wohl noch nie nach *commande* (französisch: Bestellung) geschrieben?" Offensichtlich wollte er sein geistiges Kind nicht annehmen, das er aus Dummheit in die Welt gesetzt hatte.

Thep Moi war ein talentierter Journalist. Ich hatte seine wunderbare Übersetzung von Ilja Ehrenburgs Buch "Die Zeit ist für uns" gelesen, die er während des Widerstandskampfes gegen die Franzosen gemacht hatte. Wir als junge Soldaten betrachteten ihn wie ein Heiligenbild. Zu jener Zeit machte ich seine Bekanntschaft Wir begegneten uns im Jahr 1956 in Moskau. Jetzt war seine Gestalt rundlicher. Seine gewohnte Zurückhaltung, mit der er früher die anderen nach deren Meinung über seinen Stil gefragt hatte, war gewichen. Er fragte mich, ob ich seine neuesten Artikel gelesen hätte. Dazu wollte ich meine Meinung nicht klar äußern. Der Tenor seiner Artikel wurde immer lauter, die Worte inhaltsleerer. Der *Stahl* in ihm (Wortspiel: *Thep* ist Stahl, *Moi* ist neu; *Thep Moi* ist 'Neuer Stahl' - Anm. d. Übers.) war bereits verrostet.

Damals hatte er mir von seiner Hochzeit erzählt, die kurz vorher stattgefunden hatte. Zufällig war seine Frau eine meiner ehemaligen Mitschülerinnen. Zur nachträglichen Feier der Hochzeit hatten wir in seinem Hotelzimmer im Moskauer Hotel Belgrad getrunken. Dreißig Jahre später war er ein alter Mann mit trüben Augen und Hängebacken, war geschieden und hatte wieder geheiratet. Er hatte nichts mehr, womit er angeben konnte.

Es lohnt sich, hier einiges über die Art und Weise zu erzählen, in der sich die führenden Politiker interviewen ließen. Normalerweise kam keine Zeitung auf die Idee, führende Politiker zu interviewen. Wenn ein Bedürfnis zur Verbreitung der Gedanken von Parteipolitikern bestand, verfasste das jeweils ihnen zugehörige Sekretariat selbst ein *Interview* und schickte es an die Partei-zeitung. Diese und auch andere Zeitungen veröffentlichten es. Wenn ein ausländischer Journalist den Wunsch hatte, einen Politiker zu befragen, wurde er zu diesem Mann eingeladen. Beide Seiten unterhielten sich eine Weile freundschaftlich. Es wurden einige Fotos gemacht. Der Journalist ließ seinen Fragenbogen zurück. Die Antworten wurden später schriftlich mitgeteilt. Die Interviews von Wilfred Burchett, einem australischen pro-maoistischen Journalisten und Mitarbeiter verschiedener Zeitungen, die während der Kriegszeit von Vietnam aus verschickt wurden, waren genau nach diesem Muster hergestellt. Während er auf die Antworten wartete, folgte Burchett den Einladungen zu Schnapsabenden im Hotel *Métropole* oder *Splendid* (vietnamesischer Name: Hoa Binh) oder ging mit Nguyen Tuan (Schriftsteller) in der Straße Ta Hien gebratene Vögel essen. Seine Interviews wurden dann - für ihn kostenlos - mittels des Telex der vietnamesischen Nachrichtenagentur verschickt.

Solche *Interviews* kamen zustande, weil man Angst davor hatte, dass Politiker bei einem spontanen Frage-und-Antwort-Spiel leicht Redefehler machten. Wenn man die Reden von Le Duan und seine Artikel in der Parteizeitung *Nhan Dan* miteinander verglich, konnte man einen riesigen Unterschied feststellen. Ich hatte einige Male die Gelegenheit, Le Duans Reden zu hören. Sie enttäuschten mich stark. Er versuchte, in seinen Reden volkstümlich zu bleiben, geriet dabei aber in Unklarheiten, so dass man nicht verstand, was der *General(-sekretär)* sagen wollte. Seine Zeitungsartikel dagegen waren hoch akademisch und mit allerlei Zitaten von Klassikern des Marxismus versehen. Später erst erfuhr ich, dass die echten Autoren dieser Artikel seine Referenten waren.

Nach den Erzählungen von Leuten, die die Herkunft des Generalsekretärs Le Duan kannten, stammte dieser aus einer wohlhabenden Familie in Trieu Phong, Provinz Quang Tri (Mittelvietnam). Er hatte die Grundschule beendet und später bei der Eisenbahn als Weichensteller - in der schmeichelhaften Sprache als Eisenbahnsekretär bezeichnet - gearbeitet. Aus denselben Quellen verlautete, dass er sich seit seiner Kindheit als intelligent erwiesen hätte. Das Ausmaß dieser Intelligenz sollte durch verschiedene Beweise belegt werden. Leider zeugten diese Beweise aber nicht von einem nennenswert hohen Intelligenzquotienten. (Hierzu muss in Klammern geschrieben werden, dass wir Vietnamesen die Begriffe Intelligenz und Schlauheit oft miteinander verwechseln. Zumindest ist die Grenze dazwischen sehr verschwommen. Ein intelligenter Mensch kann das tun, was ein Schlaumeier tut. Dagegen kann ein schlauer Mensch sich trotz aller Mühe nicht das ausdenken, was ein intelligentes Gehirn vermag.)

Durch meine Begegnungen mit den vietnamesischen Revolutionären und dadurch, dass ich dieser Personen aus der Nähe beobachten konnte, verstand ich, wer sie waren. Die meisten von ihnen waren Patrioten und stammten aus unteren Schichten. Sie waren sich ihrer Lage als Sklaven bewusst und folgten daher den Bewegungen der *Can Vuong* (Royalisten), der *Dong Kinh Nghia Thuc* oder den späteren Revolutionären kommunistischer Prägung. Bevor sie der kommunistischen Partei beigetreten waren, waren sie Mitglieder der Kameradschaft der Revolutionären Jugend, der Neuvietnamesischen Revolutionären Partei oder des Bundes der Kommunisten

Indochinas. Ihre Schulkenntnisse bestanden aus etwas Chinesisch und etwas Vietnamesisch in der neuen lateinischen Schreibweise. Diese beiden "Etwas" reichten für sie jedoch nicht aus, um die Philosophie aus dem Westen kennenzulernen, aus welcher der Marxismus - mit der Dialektik Hegels als Grundlage - stammte. Die Originalwerke von Marx und Engels waren während der französischen Kolonialzeit in Vietnam nie angekommen. Unter den vietnamesischen Marxisten hatten die meisten Gebildeten mit dem Marxismus nur durch Einführungslehrbücher Berührung. Einige von ihnen konnten manche ernsthaften Analysen des Marxismus in französischer Sprache lesen. Truong Chinh war einer aus dieser seltenen Gattung.

Der in Vietnam oft erwähnte Marxismus war im Grunde genommen der Leninismus oder der von Lenin interpretierte Marxismus, von dem der wissenschaftliche Teil (Untersuchung der Waren im Kapitalismus, des Wertes und des Mehrwertes) weggelassen und nur die Aspekte der revolutionären Gewalt, des Klassenkampfes und der Diktatur des Proletariats betont wurden. Während der Zeit der Illegalität wurden diese Aspekte von der Partei nicht erwähnt, stattdessen war nur vom antiimperialistischen nationalen Befreiungskampf die Rede. Nach der Eroberung der Macht, der Errichtung der demokratischen Republik und dem Beginn des Widerstandskampfes gegen die Franzosen war davon auch noch nicht die Rede. Erst nachdem der Maoismus roh verzehrt wurde, begann man diese Aspekte zu betonen.

Der Leninismus war von Stalin ausgedacht worden, denn zum ersten Mal wurde der Begriff "Leninismus" von Stalin erwähnt, womit er nicht die Marx'schen Ideen über die Beseitigung des Kapitalismus und den Aufbau der kommunistischen Gesellschaft, sondern seinen eigenen Standpunkt zu diesen Problemen darlegte. Eigentlich müsste dies als Stalinismus bezeichnet werden. Leute, die den Marxismus in Vietnam studierten, lasen nur Druckerzeugnisse aus der Sowjetunion. Die Werke des jungen Marx waren kaum bekannt. Grund dafür war entweder, dass sich die sowjetischen Gelehrten dafür nicht interessierten oder dass sie es nicht wagten, die aufsässige Meinung über die Freiheitsliebe von Marx, die Stalin nicht gefiel, ans Licht zu bringen, obwohl sie davon wussten. Die Folge war, dass die jungen Forscher keine ausreichende Literatur zu diesem Thema erhielten. Marx selbst muss differenziert betrachtet werden. Es gab den jungen und den alten Marx. Der junge Marx war ein Demokrat und Pragmatiker. Der alte Marx neigte zur Apologetik, einer eher zwanghaften Apologetik, von dem Wunsch beseelt, zu beehren, anstatt die notwendige Argumentation vorzubringen.

Keine dieser Lehren, weder der Marxismus noch der richtig verstandene noch der falsch verstandene Leninismus, haben etwas mit dem Kommunismus in Vietnam zu tun. In diesem Land gibt es einen Kommunismus, der keinerlei Beziehung zu Marx oder Lenin hat. Es ist vielmehr ein volkstümlicher Kommunismus. Er steht für den Kampf für eine Gesellschaft ohne Ausbeutung des Menschen durch den Menschen, für ein freiheitliches, gerechtes und glückliches Leben und für eine Welt ohne Grenzen.

Das ist der Kommunismus, dem meine Eltern folgten, den sie uns hinterlassen wollten. Diese Vorstellung von Kommunismus wird, ob unter seinem bisherigen oder künftig unter einem neuen Namen, nach meiner Meinung die Menschheit als ewiger Traum begleiten.

Gerade der einfache, alltägliche Kommunismus - nicht der akademische oder gar räuberische - war für die nationale Befreiungsbewegung von Nutzen. Er besitzt eine außerordentliche Anziehungskraft. Welcher patriotische Sklave würde eine solche lichterfüllte Perspektive ablehnen? Die meisten Revolutionäre der Generation meiner Eltern bezeichneten sich voll Stolz als Kommunisten. Gerade dieser Irrtum führte jedoch zu einem Paradoxon: die Führer der vietnamesischen Revolution erwiesen sich als talentierte Für-streiter, solange sie den Marxismus noch nicht richtig kannten; doch seitdem sie in die Lehre des Marxismus eingeführt wurden, begingen sie einen Fehler nach dem anderen.

Zwischen meinem Vater und mir gab es manchmal Meinungsaustausch über die Revolutionstheorie. Mein Vater erklärte, er habe während der Zeit seiner geheimen Tätigkeit, als er sich verstecken und die Menschen mobilisieren, sie organisieren und die Beziehungen unter den verschiedenen Ortschaften aufrechterhalten musste, wegen der vielen Arbeit keine Zeit gehabt, ein Buch von Marx oder Engels zu Ende zu lesen. Mit dem Studium von Marx begann er erst nach der Wiederherstellung des Friedens (im Jahr 1954). Das Lesen der Lehrbücher bereitete ihm große Schwierigkeiten. "Diese Bücher sind für mich sehr schwer zu verstehen", sagte er. "Ich lese wenig und bin in Philosophie nicht gerade stark. Im Grunde genommen kann ich nur eine Arbeitsameise für die Revolution sein. Aber Deine Generation hat gute Voraussetzungen für dieses Studium. Versuche, die soziologischen Lehren gründlich zu studieren. Theorie ist Theorie, sie kann die Praxis nicht ersetzen. Aber wir können nicht umhin, zu studieren, welche Fehler die vorherige Generation hätte vermeiden können, wenn sie theoretisch richtig vorbereitet gewesen wäre." Die Person, die meinen Vater oft über die Philosophie aufklärte, war Herr *Tran Duc Thao,* ein Philosoph mit marxistischer Neigung, der längere Zeit in Frankreich lebte und Autor des Buches "Phänomenologie und dialektischer Materialismus" ist (Paris 1951 - Anm. d. Autors). Zu den Essen mit meinem Vater erschien er in zerknitterter und nicht besonders wohlriechender Bekleidung. Er sprach leidenschaftlich über Fragen des unerreichbaren Horizonts. Nach dem Essen kehrte er dann aus Gründen der Korrektheit in die profane Welt zurück und erklärte meinem Vater verschiedene Marx'sche Begriffe. Ab und zu machte er

Zugaben mit Kommentaren, welche der zu jener Zeit in der kommunistischen Partei regierenden orthodoxen Ideologie entgegengesetzt waren.

Mein Vater hörte aufmerksam zu und fragte immer wieder nach, wenn er etwas noch nicht verstanden hatte. Zwar wusste mein Vater nicht viel, aber er war kein Dogmatiker. Als Beispiel erwähnte er oft die Zugpferde, die einen Wagen ziehen, Scheuklappen tragen und nur die Richtung nach vorne kennen. Er empfahl mir, nicht nur in eine Richtung zu schauen und nicht nur einer Stimme zuzuhören.

Durch meinen Vater lernte ich die führenden Politiker verstehen. Die meisten von ihnen gehörten zu seiner Generation und hatten etwa sein Alter. Sie besaßen eine etwas ähnliche Biographie. Sie waren Patrioten, bevor sie Kommunisten wurden. Sie traten in die Reihen der Kommunisten ein, ohne den Kommunismus zu verstehen. Ihnen reichte es aus, dass der Kommunismus für die nationale Befreiung eine schöne Zukunft versprach. Mein Vater gehörte unter seinen Genossen zu den wenigen, die eine gewisse Bildung genossen hatten. Er gestand seine Unkenntnis über den Kommunismus ein. Daran konnte man sehen, dass seine Mitkämpfer nicht viel mehr wussten als er, es sei denn, sie hätten von Gott eine höhere Intelligenz erhalten.

Hier nahm die Tragödie meines Vaters ihren Anfang. Er war sich seiner Unkenntnisse bewusst und er las und lernte. Das Erlernte trennte ihn jedoch von seinen überheblichen Genossen.

Le Duan nahm früh an antifranzösischen Aktionen teil und folgte älteren Mitkämpfern auf dem kommunistischen Weg. Er war Parteisekretär für Mittelvietnam, beteiligte sich am Aufstand in Südvietnam und wurde auf die Insel *Con Dao* (Poulo-Condor) verbannt. Nach Ansicht der Herren *Bui Cong Trung* und *Ung Van Khiem* war Le Duan vom Charakter her radikal und in seinem Verhalten ungebunden. Auch in der Verbannung auf der Insel Con Dao, wo sich die Gefangenen vor dem gemeinsamen Feind, unabhängig von ihren Meinungen, aufeinander stützen mussten, wollte Le Duan mit nicht-kommunistischen Patrioten - Trotzkisten, Mitgliedern der Nationalen Partei - keinen Frieden schließen. Nach dem erfolgreichen Aufstand in August 1945 wurde Le Duan nicht in dem Maß geschätzt wie andere bekannte Persönlichkeiten der revolutionären Bewegung in Südvietnam, zum Beispiel *Tran Van Giau, Pham Van Bach, Duong Bach Mai ...* Diese revolutionären Intellektuellen fuhren im Namen der Bevölkerung des Südens zur Teilnahme an der Tagung der Nationalversammlung und der Regierung des nationalen Zusammenschlusses nach Hanoi. Da brach der Widerstandskampf gegen die Franzosen aus und so konnten sie nicht in den Süden zurückkehren. In ihrer Abwesenheit stieg Le Duan im Süden von einem bescheidenen Posten langsam bis in die Position des Widerstands-führers auf.

Es musste anerkannt werden, dass Le Duans Führungsarbeit gut war. Meine Bekannten aus dem Süden sprachen von "Bruder Duan, der Dritte" (der dritte Sohn in der Familie seiner Eltern - Anm. d. Übers.) mit Respekt und Stolz. Dieser Stolz hielt aber nicht lange an. Als der "dritte Bruder" Generalsekretär wurde, tat er nichts anderes für sie, als sie in unbesiedelte Gegenden zu entsenden, wo sie Neuland urbar machen und Kollektivwirtschaftsbetriebe mit kleinen Produktionsgruppen zur Selbsternährung gründen mussten. In ihrem Ärger wurden Sie böse und ungerecht. Anstelle des Lobes wurde geflucht. Ich glaubte trotzdem eher an ihr früheres Lob als an ihre späteren Flüche. Für die Leute aus dem fruchtbaren Süden, die in den armen und vom neunjährigen Krieg gebeutelten Norden gekommen waren, konnte Le Duan oder jeder andere in seiner Stellung nicht mehr tun.

Als sie den "dritten Bruder" noch bewunderten, war Le Duan nach den Worten dieser Leute unabhängig in seiner Denkweise, gut in der Organisationsarbeit, streng, aber wendig in der Führungsarbeit. Er war großzügig und gleichzeitig streng. Während des Widerstandskampfes gegen die Franzosen betrieb er trotz der geographischen Trennung von der Zentrale im Norden eine Politik, die derjenigen der Zentrale allseitig entsprach. Man verehrte ihn und nannte ihn *Herr Ho vom Süden.*

Auf verschiedenen Gebieten kopierte Le Duan jedoch nicht die Politik der im nordvietnamesischen Dschungel befindlichen Parteizentrale, sondern machte seine eigene. Während unter Anleitung von chinesischen Beratern nach chinesischem Muster im Norden die Bodenreform durchgeführt wurde, ließ Le Duan diese Reform im Süden gar nicht zu, was dem Widerstandskampf gegen die Franzosen sicherlich schwere Verluste ersparte. Eine solche Art von Befehlsverweigerung konnte dem Generalsekretär Truong Chinh auf keinen Fall gefallen.

Das Genfer Abkommen von 1954 trennte Vietnam in zwei Teile, den Süden und den Norden. Wegen der Fehler bei der Bodenreform und der damit zusammenhängenden Unzufriedenheit der Bevölkerung verlor die Partei mächtig an Ansehen und Truong Chinh verlor seinen Posten des Generalsekretärs, den nun für eine gewisse Zeit der Parteivorsitzende Ho Chi Minh übernahm. Beim 3. Parteitag der (kommunistischen) Partei der Arbeit Vietnams 1960 wurde dieser Posten dann offiziell an Le Duan übergeben.

Die Menschen wurden von den Ergebnissen dieses Parteitags überrascht. Im Widerstandskampf gegen die Franzosen stand *Vo Nguyen Giap* an der dritten Stelle hinter Ho Chi Minh und Truong Chinh. Da dieser gehen musste, dachte jeder, dass der Titel Generalsekretär nun selbstverständlich Vo Nguyen Giap gehöre. Aber das Leben nahm einen anderen Lauf. Nach Meinungen der Kommunisten der ersten Generation hatten sowohl Ho Chi Minh als auch Truong Chinh Bedenken dahingehend, dass der General, dem bereits sehr viel Ehre zuteilgeworden war, in dieser neuen Rolle schwer zu zügeln sein könnte. Sowohl Ho Chi Minh als auch Truong Chinh wollten nach wie vor ihre frühere Position im Wesentlichen behalten, auch wenn sie formell nicht mehr existierte. Sie wollten daher lieber eine Person mit weniger Macht und Ehre als Vo Nguyen Giap ernennen. Diese Person würde aus Dankbarkeit für die Beförderung folgsam und treu sein. Le Duan entsprach am meisten dieser Rolle. Unter den Umständen, welche die Teilung des Landes mit sich brachte, und mit der Wiedervereinigung des Landes als politisches Ziel konnte die Wahl einer Person, die den Kampf im Süden geführt hatte, die Menschen leichter überzeugen. Diese Erklärung schien mir glaubhafter als die Darstellung, dass die Wahl auf Le Duan gefallen sei, weil er längere Zeit im Gefängnis gesessen hatte als General (Vo Nguyen) Giap.

Für Le Duan war das ein Geschenk des Himmels. Nach der Tradition eines Führers auf Lebenszeit hätte Truong Chinh den Stuhl des Generalsekretärs niemals verlassen müssen, wenn in der nationalen Geschichte nicht einmalige makabre Fehler gemacht worden wären. Nicht die strengen Genossen in der Partei, sondern die unschuldigen Seelen der Opfer der Bodenreform stürzten den zweiten Mann der Partei, dessen Porträts in allen Betrieben und Wohnungen hingen und dem fast genauso häufig "Es lebe..." zugerufen wurde wie Ho Chi Minh, erbarmungslos vom Thron.

Genau in diesem Zeitraum begann Le Duan damit, Fehler zu machen, die seinen guten Ruf in der Bevölkerung - der Hälfte des Landes - beschädigten.

Macht ist ein äußerst starkes Suchtmittel. Wenn sie ins Blut übergegangen ist, verliert der Süchtige seine Nüchternheit.

Der Norden stand zu jener Zeit völlig unter der Herrschaft der von Truong Chinh geschulten Funktionäre. Es war unumgänglich, dass diese Umstände dem neuen Generalsekretär Sorge bereiteten.

Wie ein Reiter, der plötzlich auf das Pferd eines Fremden aufsitzen muss, geriet Le Duan in die Verlegenheit, dass ihm das Pferd nicht gehorchte. Er musste jemanden suchen, der ihm zur Seite stehen würde. Seine Wahl fiel auf Le Duc Tho, "der Sechste, der Hammer".

Tho stammte aus dem Norden. Er wurde 1947 von Truong Chinh als ständiges Mitglied der Parteizentrale in den Süden entsandt mit dem Auftrag, die dortige Parteiorganisation zu leiten. Diesen Auftrag konnte er nicht ausführen. Zwischen ihm und Le Duan gab es manche Reibereien. Mit der Zeit begriff er jedoch, dass er als Nicht-Südländer mit Le Duan gemeinsame Sache machen musste. Neben dem "Duan, dem Dritten" wurde er "der Sechste, der Hammer". Er wurde beim dritten Parteitag in das Politbüro gewählt und übernahm anstelle von *Le Van Luong,* der aufgrund von Fehlern bei der *Verbesserung der Organisation* seinen Hut nehmen musste, die Leitung des zentralen Organisationsausschusses. Der Pferdestall von Le Van Luong wurde abgerissen. Eine völlig neue Struktur trat an seine Stelle.

Keiner wusste, ob sich Le Duc Tho diese neue Struktur ausgedacht hatte oder ob er, einem Berater folgend, diese Mixtur aus Gestapo/Stasi und Kang Sheng's Geheimorgan (Mitglied des Politbüros der KP Chinas, verantwortlich für Organisation und Sicherheit) übernahm. Nach dem neuen Prinzip Tho's musste jede Angelegenheit hinsichtlich Organisations- und Personalfragen unbedingt der Kontrolle des zentralen *Organisations*-Ausschusses unterworfen werden. Jedes Parteimitglied musste seinen Lebenslauf neu schreiben. Je nach Abstammung und Werdegang wurde es daraufhin von der *Organisations*-Branche in diese oder jene Position eingesetzt. Sogar Delegierte des Partei-tages, die schon von verschiedenen Parteiebenen gewählt worden waren, wurden hinsichtlich ihres Verhaltens einer strengen Kontrolle unterworfen. Durch diese Ordnung wurde die parteiinterne Demokratie kastriert. Die Struktur - eine für jeden Diktator willkommene Struktur - war nicht zu übertreffen.

Le Duans Auswahl war richtig. Keiner von den Leuten aus dem Norden, die viele Jahre im Süden unter Le Duan gearbeitet hatten, konnten sich mit Le Duc Tho messen. Andererseits musste Tho seinem Chef Duan für die Beförderung dankbar sein. Tho war der einzig richtige Mann, der fähig war, eine solide Verwaltungsmaschinerie aufzubauen, die den Einfluss Truong Chinhs beseitigen konnte.

Tho enttäuschte das Vertrauen seines Gönners nicht. Unter Thos Führung wurde die Funktionärsarmee rasch nach dem Willen Duans umgestaltet. Leute, die sich gegenüber Truong Chinh als zu treu erwiesen hatten, wurden allmählich aus ihren verantwortungsvollen Positionen entfernt und diese Stellen mit Anhängern Thos, d.h. Anhängern Duans besetzt.

Durch die Umgestaltung der Machtmaschinerie gewann Tho unmerklich mit jedem Tag grösseren Einfluss. Das führte im realen Leben zu einer dualen Macht. Damit hatte Duan nicht gerechnet.

Man verglich die Zeit Le Duans mit der Zeit der formellen Regentschaft de *Le*-Kaiser neben den mächtigen *Trinh*-Fürsten (1593-1786). An Feiertagen und Festtagen konnte man anhand der Anzahl der Wagen, die entweder vor dem *kaiserlichen Palast* oder vor dem *fürstlichen Schloss* parkten, feststellen, wem die Macht tatsächlich gehörte. Alle Bediensteten der Partei und der Regierung (obwohl diese beiden eine Einheit darstellten) waren doch von der *Organisations*-Branche mit ihrer Struktur von der Zentrale bis zur Basis abhängig. Jede Ernennung, Umsetzung und Absetzung von Kadern wurde vom zentralen *Organisations*-Ausschuss getätigt. Der Mann mit der höchsten Entscheidungsmacht war der *Sechste Hammer* (Le Duc Tho). Es war daher üblich, dass die Anzahl der vor dem Fürstenschloss parkenden Wagen grösser war als die derer vor dem Kaiserpalast.

Als Le Duan den Ernst der Lage begriffen hatte, war es bereits zu spät. Dieser moderne *Le*-Kaiser wusste nicht, dass die Macht des Fürsten, d.h. des *Organisations*-Ausschusses, umfangreicher geworden war als seine eigene. Der Ausschuss hatte seine Hände in jeder Sache, ob wichtig oder nicht, gab Befehle an jeden Bediensteten und Anweisungen an jede Ortschaft. Auf Grund der Bedeutung des Partei-*Organisations*-Ausschusses erhielt jeder Leiter seiner Hauptabteilungen von Tho das (vom Staat bezahlte) Gehalt des

Ranges eines Experten der 9. Stufe; dies entsprach den Gehältern der Minister der wichtigen Ministerien. (Minister der weniger bedeutenden Ministerien erhielten lediglich das Gehalt eines Experten der 7. oder 8. Stufe.)

Dem *Organisations*-Ausschuss wurde das Innenministerium unterstellt, das mit der Unterdrückung von Gegnern beauftragt war und Thos nächstem Anhänger, *Tran Quoc Hoan,* anvertraut wurde. Über die Beziehung zwischen Herrn und Diener, zwischen Tho und Hoan, wird an einer anderen Stelle dieses Buches noch die Rede sein. Diese war ganz interessant, ohne Indiskretion der Privatsphäre. Über sie war es möglich, die bandenähnliche Struktur eines diktatorischen Staates zu durchschauen.

Eines Tages, als er noch einen hohen Posten bekleidete, war Hoang Minh Chinh bei Le Duc Tho zu Besuch, als dieser gerade wegen einer Hauptab-teilungsleiterin wütend war, die bei Thos Assistenten eine Audienz beim Chef zu erhalten versuchte.

"Das Weib ist unsagbar dumm." schimpfte Tho verärgert und laut in Anwe-senheit des Besuchers Hoang Minh Chinh. "Die jammert und jammert. Die bittet immer wieder die Partei um eine Sache. Verdammt noch mal. Ich habe noch keine Zeit gehabt, um die Personalfrage der Ministerien zu überprüfen, und das Weib stellt hier einen Antrag und dort einen Antrag. Solange ich es nicht zulasse, hat sie keine Chance. Sie muss verstehen, dass ich selbst die Partei bin, ja ich! Und sie muss nirgendwo anders hingehen."

Die Frau irrte in der Tat. Später wurde sie aber doch noch Stellvertreterin eines Ministers, nachdem sie - entsprechend den Worten von Hoang Minh Chinh - vor "Bruder Sechs" ihre Schuld tränenreich eingestanden hatte.

Die altgedienten Parteimitglieder, die Thos Charakter kannten, machten sich angesichts des großen Umfangs seiner Macht und seiner Protektion durch Le Duan Sorgen um die Partei. Sie setzten auf Truong Chinh in der Hoffnung, dass dieser versuchen würde, den Missbrauch der Macht durch Tho aufzuhalten.

Aber entweder wusste Truong Chinh nichts von den dunklen Plänen Thos oder er war sich seiner schwachen Position bewusst, so dass er sich fort-während als bescheiden erwies, indem er in jeder Hinsicht nachgab und sich als vernünftiger Verlierer an die Allianz Duan-Tho anlehnte. Zumindest sah man niemals, dass er sich unzufrieden zeigte gegenüber der Person, die es sich auf dem Posten bequem machte, der eigentlich ihm zugestanden hätte.

Als der Kampf zwischen den beiden Richtungen in der internationalen kommunistischen Bewegung entbrannte, war die Position Le Duans im eigenen Land bereits sehr gefestigt. Nun verspürte er gegenüber den Mei-nungen von altgedienten Parteimitgliedern, die angesichts seiner Willkür in der Führungs-arbeit und seines undemokratischen Verhaltens unzufrieden wurden, eine bestimmte Sorge. Seine Ablehnung der Beschlüsse des 20. Parteitags (der KPdSU) bedeutete im Grunde genommen nichts anderes als die Verteidigung seiner alleinigen Macht.

Der ansteigende Trend der Forderung nach Freiheit und Demokratie, den Tho erkannt hatte, musste unbedingt aufgehalten werden. Die ausgegebene Losung, den Marxismus-Leninismus zu verteidigen, war dafür eine gute Spielkarte. Sie erlaubte "Duan, dem Dritten", alle Pläne zum Sturz der Diktatur im Keim zu ersticken. Sie gewährte dem Thron Sicherheit.

Aber er durfte der Linie Pekings nicht zu offensichtlich folgen. Um ihren Boss zufriedenzustellen, versuchten lokale Theoretiker, für Le Duan eine eigene Lehre zu fabrizieren, die folgende Hauptpunkte beinhaltete: Aufbau des Sozialismus auf der Grundlage der kollektiven Herrschaft, offensiver revolutionärer Geist - ständige Offensive, kontinuierliche Offensive, schrittweise Offensive zum partiellen Sturz des Imperialismus mittels der koordinierten Kraft der drei revolutionären Strömungen. Als einer der ersten Theoretiker der vietnamesischen Revolution gab sich auch der verhinderte Kaiservater Truong Chinh Mühe, Le Duan in dessen Absicht zu unterstützen, selbst ein Marxistin-scher Klassiker der kontinentalen Ebene zu werden und versuchte zu beweisen, dass Le Duan kein Maoist sei. Die Frage, ob Truong Chinh eine Metamorphose durchlebte oder aus seiner schwachen Position heraus handelte, blieb bis heute ein Geheimnis.

Hoang Minh Chinh erzählte, dass sich Truong Chinh als eifriger Unterstützer der Erneuerung des Sozialismus erwies, als Nikita Chruschtschow am Anfang des Jahres 1956 die erste Salve gegen die Gewaltherrschaft und die Person Stalins abschoss. "Der Sozialismus kann nicht gemeinsam mit dem Personenkult bestehen." sagte Truong Chinh. "Der Sozialismus ist demokratisch, der Personenkult dagegen antidemokratisch. Diese beiden Dinge sind wie Feuer und Wasser. Es kann nur entweder das eine oder das andere geben, beides kann nicht nebeneinander bestehen. Genosse Chruschtschow hat Recht, wenn er das tut, und er hat großen Mut." Diesen Standpunkt vertrat Truong Chinh nicht nur vor Hoang Minh Chinh.

Auch äußerte Hoang Minh Chinh die Ansicht, dass Truong Chinh im tiefsten Herzen mit dem Personenkult um Ho Chi Minh nicht zufrieden sei. Truong Chinh bestätigte zwar, dass ein solcher Kult bestünde, allerdings hätte dieser kein ernstes Ausmaß. Leute jedoch, die Truong Chinh besser kannten, sagten, dass dieser selbst ungewöhnlich stark, aber diskret nach Ruhm strebe. Er war nur deswegen gegen den Kult mit der Person Ho Chi Minh, weil er seinen eigenen Personenkult aufbauen wollte. Aus diesem Grund unterstützte er Chruschtschow.

Nach der Meinung des Journalisten *Tran Dinh,* der eine Zeit lang für Truong Chinh gearbeitet hatte, zeichnete sich dieser durch Dogmatismus und Scholastizismus aus. Der Revisionismus, ob modern oder nicht modern (unsinnige maoistische Begriffe - Anm. d. Autors), war noch nicht gefestigt genug, um eine neue Lehre an sich zu werden, so dass Truong Chinh ihn leicht verlassen konnte und dem Pragmatismus folgte. Ich dachte, dass diese

Meinung der Wahrheit ziemlich nah kam.

In der Anfangsphase des Widerstandskampfs gegen die Franzosen (Anfang 1947 - Anm. d. Übers.) bestanden meine Kenntnisse - und die anderer Personen - über den Marxismus aus einem Mischmasch aus dem, was wir von der "Einführung in die Philosophie" von Politzer und in Büchern dieser Art von Tran Van Giau und Dao Duy Anh gelesen hatten. Außerdem konnten zwei Werke, nämlich "Der Marxismus und die Frage der vietnamesischen Kultur" und "Der lange Widerstands-kampf wird unbedingt siegen" von Truong Chinh zu den Büchern zählen, die uns ständig begleiteten.

Zu jener Zeit waren Bücher sehr selten. Man musste mit ihnen sorgsam umgehen. Wegen der schlechten Qualität des Papiers konnten sie leicht zwischen den Fingern zerfallen. Wenn beim Verlegen einige Seiten fehlten, mussten wir sie als leidenschaftliche Leser abschreiben und die Bücher mit handgeschriebenen Seiten ergänzen. Ich weiß nicht mehr, wie viele Seiten dieser Art ich überhaupt abgeschrieben habe.

Anfang der 50er Jahre bekam ich zufällig das Buch "Der Marxismus und die Renaissance der französischen Kultur" von Roger Garaudy in die Hand. Nach dem Lesen stellte ich mit Erstaunen fest, dass mein sehr verehrter Herr Truong Chinh in Form seines Buches "Der Marxismus und die Frage der vietnamesischen Kultur" eine wunderbare Kopie dieses Garaudy-Buches gefertigt hatte, das einst als ein programmatisches Dokument galt. Die Art der Buchaufteilung wurde so gut wie beibehalten. Die Zitate in Truong Chinhs Buch waren genau dieselben, die Roger Garaudy von Marx, Engels und auch von Jean Fréville präsentierte. Danach entdeckte ich zu meinem Bedauern, dass auch sein anderes Buch "Der lange Widerstandskampf wird unbedingt siegen" - außer seiner schönen Einleitung - dem Buch "Über den langen Kampf" von Mao Zedong sehr ähnlich war. Ich war Truong Chinh jedoch dafür dankbar, was ich, den Stil betreffend, vor allem hinsichtlich des politischen Kommentars von seinen zwei Büchern lernen konnte. Sein Stil war nicht nur schön, sondern auch klar und verständlich. Ob es sich dabei um Diebstähle geistiger Produkte handelte oder nicht, ist eine andere Frage.

Wenn also die Werke von Truong Chinh Diebstähle darstellten, dann stellt das Buch "Verbesserung des Arbeitsstils" von Herrn Ho Chi Minh erst recht den Diebstahl eines geistigen Produktes dar, denn es handelt sich dabei um eine Übertragung des Buches "Korrektur des Schreibstils" von Mao Zedong ins Vietnamesische, mit einem geringfügigen Zusatz aus dem Buch "Die Selbsterziehung des kommunistischen Parteimit-glieds" von Liu Shaoqi.

Wenn wir noch nicht dazu in der Lage sind, etwas selbst zu tun, ist das Nachahmen nicht schlecht. Der Gelehrte Nguyen Van Ngoc (1890 - 1942: Autor verschiedener Lehrbücher, Bücher über die volkstümliche und die altvietnamesische Literatur - Anm. d. Aut.) beschwerte sich zwar über "die übliche Nachahmungseigenschaft unserer (vietnamesischen) Menschen", er verurteilte sie jedoch nicht. Nach Meinung des berühmten Malers Picasso "ist Nachahmen nicht schlecht, nur Selbstnachahmung ist schlimm."

Deshalb war es traurig, dass die KP Vietnams dann später weniger die anderen nachahmte und sich stattdessen daran gewöhnte, sich selbst nachzuahmen, allerdings nur in Hinsicht auf schlechte Dinge. Doch ich bin wieder vom Thema abgekommen.

Es stellte sich eine weitere Frage: Warum wollte Le Duan Leute, die anderer Meinung waren, verfolgen, wenn seine Position bereits gefestigt war? Ein Mitgefangener, *Phung My,* ehemaliger Mitarbeiter des Instituts für Philosophie, erzählte mir in der Haftanstalt von Tan Lap, dass wir Opfergaben auf dem Altar von Mao Zedong darstellten. Die Methode *Schaukeln zwischen zwei Masten* oder *zwei Ehemännern treu sein* war nicht mehr durchführbar und konnte niemanden mehr täuschen. Die Parteiführung beschloss unsere Festnahme, um die selbständige Außenpolitik Vietnams zu beweisen. Damit wollte man Mao Zedong beschwichtigen und gleichzeitig die Sowjetunion erpressen.

Im Zusammenhang mit der damaligen Politik der KP Vietnams mit all den Komplikationen, die zu unterschiedlichen Interpretationen führten, dachte ich an die Feststellung des sowjetischen Journalisten Ewgenij Kobelew Mitte der 60er Jahre: "Le Duan erweist sich als zu sehr prosowjetisch, das ist nicht gut für Vietnam, das gegenwärtig gegen die Amerikaner kämpft." Ich lachte und ließ mich in eine Diskussion nicht ein. Ich wusste, dass Kobelew zu jenem Zeitpunkt als Journalist die Selbständigkeit seiner Überlegungsweise verloren hatte. Er war gerade beim Verfassen seines Buches "Die vietnamesische Lotusblume" mit Lob auf Präsident Ho Chi Minh. Er erhielt Sympathie von den vietnamesischen Führern. Mit einem ähnlichen Blickwinkel wie dem von Kobelew schickten Leute des KGB aus Vietnam einen Bericht an die Führung der KPdSU, dass es in Hanoi wahrscheinlich einen misslungenen Umsturz gäbe. Das war ein Zeichen dafür, dass diese Leute von den Ereignissen gar keine Ahnung hatten. Der Bericht des KGB bewies dennoch, dass die Sowjetunion in Sachen Umsturz ihre Hand überhaupt nicht im Spiel hatte, wie Le Duc Tho es behauptete. Vo dem erwähnten Bericht des KGB erfuhr ich erst im Jahr 1993 durch Frau Ina Malkhanowa, einer russischen Vietnamistin. Sie kannte den Inhalt dieses Berichtes seit 1968 und konnte ihn 1991 im Original lesen, als sie im Archiv an die geheimen und streng geheimen Dokumente der Partei und Regierung der Sowjetunion gelangen konnte.

In der Realität trug der Kampf um Standpunkte und Politik meiner Meinung nach einen vulgären Charakter, und zwar viel stärker als man dachte. In der Sorge um die Macht von Le Duan stellte Vo Nguyen Giap eine große Gefahr dar. Daher waren Le Duan und Le Duc Tho in einem Punkt immer einig: den Ruf des Generals Giap herabzusetzen. Die beiden wussten ganz genau, dass die höchste Position in der Partei eigentlich dem General und nicht ihnen gehören müsste. Er hätte sie zu jeder Zeit ersetzen können, falls sie abgerutscht wären.

Allerdings überschätzten Duan-Tho ihren Kontrahenten bei dieser Rechnung.

Sie hatten übermäßige Angst vor dem Ruf, den General Giap in der Armee genoss. Sie hatten übermäßige Angst vor dem Heiligenschein über dem Kopf des Siegers von Dien Bien Phu. Leider war General Giap aber weder ein Kontrahent des groben Le Duan noch einer des listigen Le Duc Tho. Noch bevor Le Duan die Strategie "Der schrittweise Angriff " in Anwendung gebracht hatte, schaltete der General schon den Rückwärtsgang ein.

Ich schrieb bereits über die Furcht der Machthaber vor den Intellektuellen. In der Tat richteten die Intellektuellen zu jener Zeit ihren Blick auf Vo Nguyen Giap. Man hatte Vertrauen zu ihm, dem ehemaligen "Professor des Gymnasiums Thang Long", einem Intellektuellen, einem Gebildeten, auf keinen Fall einem, der *den Meißel in die Garnelensauce eintaucht* (der wenig gebildet ist - Anm. d. Übers.).

Aber der General war anders als man dachte. Er verdiente das Vertrauen der Intellektuellen nicht. Auch als die Schläge der Diktatur des Proletariats gegen die Leute in seiner Nähe, gegen seine Kampfgefährten ausgeteilt wurden, wagte er nicht den Mund aufzumachen; statt dessen trat er zur Seite, ging folgsam aus dem Weg und überließ Le Duan und Le Duc Tho völlig das Feld. Wie ein Unbeteiligter verschränkte er gleichgültig die Arme vor dem blanken Terror, der sich vor seinen Augen abspielte.

Heute weiß jeder, dass die Gefangenen des Verfahrens "Die Gruppe der gegen die Partei agierenden modernen Revisionisten" in keinerlei Hinsicht mit General Giap zu tun hatten. Dass Le Duc Tho diese Menschen in Verbindung mit dem General brachte, war eine absolute Lüge. Es gab überhaupt keine Umsturzabsicht. Das Verfahren diente vielmehr der Verleumdung ihres potentiellen, ihres eventuellen Feindes, des General Giap, und der Herabsetzung seines Rufs.

Diejenigen, die von der Partei als Revisionisten betrachtet wurden, wussten genau, dass Vo Nguyen Giap niemanden vertrat. Er war noch nie der Gegenpol der Allianz Duan-Tho gewesen. Er wagte es nie, gegen die Pläne dieser Allianz aufzutreten. Tatsächlich gab es kleine Unstimmigkeiten zwischen ihm und Le Duan, aber nicht mehr. Er warf die Frage der Modernisierung der Armee auf, worin ein kleiner Unterschied zur Politik "des Guerillakrieges gegen den modernen Krieg" des amtierenden Generalsekretärs und des Generals Nguyen Chi Thanh lag. Aber er brachte kein einziges Wort über Demokratie und Freiheit, die Kernfragen der oppositionellen Bewegung, hervor.

Eine Frage über den Zeitpunkt des Geschehens beschäftigte mich: Warum verwendeten uns Duan und Tho gerade im Jahr 1967 als Opfergaben auf dem Altar Mao Zedongs? Dieser Zeitpunkt war nicht gerade optimal für das *Entzünden von Räucherstäbchen*. Warum erfolgte die Verhaftung nicht viel früher, etwa am Anfang des Jahres 1964, als Mao und die Führung der KP Chinas eine eindeutige Haltung Vietnams im ideologischen Kampf zwischen den zwei sozialistischen Großmächten einforderten?

Le Duan und Le Duc Tho ließen uns weder Ende 1963 noch 1964 noch später, also im Jahr 1965 verhaften. Sie taten nichts. Waren sie gutmütig und human zu ihren Genossen? Beachteten sie das Gesetz, indem sie darauf warteten, dass es genügend (von ihnen genannte) Beweise gäbe? Niemand wusste es. Es schien, als ob sie zu ertragen versuchten, dass die widerspenstigen *Revisionisten* noch einige Jahre lang den Mund gegen die Herrschaft aufmachen durften, bevor sie 1967 in Aktion traten.

Das alles war nicht der Fall. Die Sache war nämlich so:

Im internationalen Casino spielten die beiden einsatzsüchtigen Duan und Tho mit dem Schicksal des Vaterlands in ihrem Portemonnaie. Plötzlich stellten sie mit Schrecken fest, dass der Spieler am Nachbartisch in eine schlechte Lage geriet. Nordkorea fing an, ein anderes Spiel zu machen. Albanien zeigte unversehens eine unklare Haltung, die weder Fisch noch Fleisch bedeutete. Trotz der Unstimmigkeiten in den kubanisch-sowjetischen Beziehungen neigte Kuba nicht zu China. Der Jurist Fidel Castro wusste zu gut, dass vom Marxismus in China keine Rede sein konnte, und dass ein ganzer Kontinent unter der Führung des Dorflehrers aus Hunan zu einem Riesenwok mit einem Gemenge von Fleisch und Knochen der Genossen geworden war. Die kommunistischen Parteien verloren allmählich ihren guten Ruf unter der Bevölkerung. Immer mehr Mitglieder verließen ihre Partei. Innerhalb der (kommunistischen) Partei der Arbeit Vietnams teilten sich die Meinungen über die internationalen Fragen. Man wurde skeptisch angesichts der prochinesischen Haltung der Parteiführung.

Aber Duan und Tho waren vorsichtig. Sie waren nicht so dumm, sich gegen den Genossen Bauer aus der Ukraine (gemeint ist Chruschtschow - Anm. d. Übers.) zu stellen. Womöglich hätte dieser in einem Wutanfall die riesige Hilfe für den mit jedem Tag kostspieligeren Krieg (in Vietnam) kürzen oder sogar einstellen können.

Ab Anfang des Jahres 1967 wussten die beiden genau, dass Leonid Breshnew nicht Chruschtschow war, dass Genosse Breshnew die feierlichen freundschaftlichen Treffen mit Ordensverleihung und das Sammeln von Personenkraftwagen den verbalen Auseinandersetzungen vorzog und dass er die Sowjetunion auf den alten Weg zurückführte. Nun wagten es Duan und Tho, gegen die zukünftige Gefahr hart vorzugehen.

Im Oktober 1964 wurde Nikita Chruschtschow gestürzt. Die Innen- und Außenpolitik der Sowjetunion blieb jedoch unverändert. Die chinesische „Peking Information" bezeichnete das Trio Leonid Breshnew, Alexei Kossygin und Nikolai Podgorny als die "Troika des versteckten Kutschers" (gemeint war Chruschtschow). Daher wagte die Führung der vietnamesischen Partei noch

nicht, Kommunisten zu verfolgen, die nach demokratischer Öffnung verlang-
ten.

Nun wurden diejenigen eingesperrt, die vor einer neuen falschen Politik die Alarmglocke läuteten.

19

Der Ideologie-Kultur-Ausschuss

Laut einer Erklärung, die im November 1991 vom Ideologie-Kultur-Ausschuss des Parteizentralkomitees der 6. Wahlperiode (1986-1991) abgegebenen wurde, hatte man eine *seit Anfang der 60er Jahre* gegen die Partei agierende Gruppe entdeckt. Ihr Kern habe aus drei Personen bestanden: Dang Kim Giang, Vu Dinh Huynh und Hoang Minh Chinh. Diese Gruppe *habe seit September 1963 geplant, die 9. Konferenz des Zentralkomitees zu sabotieren, das ZK zu stürzen und ein neues ZK zu bilden...*

Um die Überzeugungskraft dieser Erklärung zu verstärken, zitierte man aus Hoang Minh Chinhs Aussage: *"Seit ihrer Gründung hat diese (aus drei Personen bestehende führende) Gruppe die Fähigkeit entwickelt, die Aufgaben eines zukünftigen Zentralkomitees zu übernehmen 'mit dem Ziel', die Zentrale zu beseitigen, eine neue Politik einzuführen und eine neue Zentrale für deren Ausführung zu wählen".*

Jedermann wusste, dass der Ideologie-Kultur-Ausschuss an sich keine Bedeutung hatte. Aber zwangsläufig musste sich jeder dessen Verlautbarungen anhören, denn er *war das offizielle Sprachrohr* der Parteiführung.

Ja, es war regelrecht ein Elend, wie die führenden Leute eines Staates mit viertausendjähriger Geschichte schwarz auf weiß eine solche Erklärung abgaben – so, als ob sie in Hanois psychiatrischer Anstalt Chau Quy gestikulierten und nicht in den modernen komfortablen Palästen des altehrwürdigen und kulturträchtigen Thang Long (heute: Hanoi - Anm. d. Übers.) residierten.

Um Gottes willen! Was seid Ihr denn für tolle heilige Leute, dass nicht etwa nur die Bürger der untersten Stufe, sondern nicht einmal die Parteimitglieder, die Euch gewählt haben, das Recht besitzen sollten, auch nur daran zu denken, Euch durch andere zu ersetzen? Im Begriff Sozialismus gibt es kein Recht zur Absetzung. *Ja, ja, ich weiß schon, immer dasselbe* (Zitat aus dem Roman "Glückspilz" von Vu Trong Phung). Sicher hat man nicht das Recht. Hier sollte es sich aber sogar um ein Verbrechen gehandelt haben. Was heißt "die Konferenz sabotieren"? Die Konferenz mit Kanonen beschießen? Oder etwa Minen gegen die Konferenz auslegen?

Davon konnte absolut keine Rede sein. Doch selbst dann, wenn die Mehrheit der ZK-Mitglieder die Einberufung einer außerordentlichen Konferenz zur Wahl einer neuen Zentrale vorgeschlagen hätte, was für jede andere Partei nichts Außergewöhnliches gewesen wäre, so hätte man hier laut von einem Umsturzplan herumposaunt.

Nehmen wir an, Hoang Minh Chinh hätte Umsturzgedanken gehabt, oder man hätte sogar einen niedergeschriebenen Umsturzplan in seiner Toilette gefunden. Man fragt sich: An welchem Ort dieser Erde könnten Leute, die sich selbst zivilisiert nannten, in unserer Zeit Menschen nur auf Grund ihrer Gedanken anklagen - insbesondere dann, wenn diese Menschen sich in den Händen der Polizei befanden oder wenn die Anklage sich auf Aussagen anderer stützen würde, die sich ebenfalls in Haft befanden?

Eine Anklage dieser Art war nur in einer ungebildeten Gesellschaft möglich. Als Häftling des Verfahrens "Gruppe der gegen die Partei agierenden modernen Revisionisten" musste ich demzufolge automatisch zu dieser Gruppe gehören. Das war so unvermeidlich wie zwei plus zwei vier ergibt.

Dennoch musste ich neun Jahre lang in Haft bleiben und achtzehn weitere lange Jahre warten, um von der Partei endlich zu erfahren, was diese genannte Gruppe eigentlich vorgehabt haben sollte (!). Ein schöner Spaß!

Zudem war es lächerlich, dass die beiden nachfolgenden Generalsekretäre - Nguyen Van Linh und Do Muoi - nach wie vor darauf bestanden, dass ihre äußerst hellsichtige Partei in der Abwicklung des Verfahrens gegen die "Gruppe der gegen die Partei agierenden Revisionisten" keinen einzigen winzigen Fehler gemacht habe.

Möglicherweise war das Gedächtnis der beiden alten Herren nicht mehr sehr gut, so dass sie alles vergaßen, was geschehen war, nachdem die Häftlinge entlassen worden waren und das Verfahren als abgeschlossen betrachtet wurde.

Dann will ich es Euch, Ihr Herren, eben erzählen. Ihr könnt ja Eure Leute herumschicken, um nachzuprüfen, ob ich die Wahrheit oder die Unwahrheit sage:

Anfang der 80er Jahre entsandte Le Duc Tho - Euer Vorgänger, meine Herren - seine Leute in aller Verschwiegenheit zu den einzelnen Beteiligten des *Verfahrens*. Le Trong Nghia, Tran Thu, Hoang The Dung... erhielten nicht vom Staat, sondern von Thos Partei einen Bescheid über einen Zuschuss, der weder nach Gehalt noch nach Finanzhilfe, sondern vielmehr nach so etwas wie Rente aussah - außer Phan The Van und mir, da wir, wie ich schon erwähnte, den Empfang verweigerten.

Tho lud meinen Vater zu sich ein. Es wurde nicht bekannt, worüber die beiden Herren während dieses bestimmt nicht wohlmundenden Abendessens gesprochen hatten. Zu Hause sagte mein Vater: "Was der Tho gesagt hat, stinkt. Aber wenn er seine Fehler erkannt hat, will ich es ihm nicht nachtragen." Tho lud dann auch meine Mutter zu sich ein. Er wollte die materiellen Rechte meines Vaters voll wiederherstellen. Meine Mutter nahm das jedoch nicht an: "Wenn Ihr so handelt, kann ich den anderen unschuldig Verfolgten nicht mehr ins Gesicht sehen. Nein, wenn Ihr diese Angelegenheit ehrlich lösen wollt, dann bitte für alle."

Im Jahr 1985 suchte Tho den von ihm ehemals verfolgten Ex-

Außenminister Ung Van Khiem auf. Herr Khiem erzählte später: "Ich war gerade dabei, unser Schwein zu baden, da ist er gekommen. Meine Frau sagte mir Bescheid, und ich ließ ihn warten. Das Schwein war wichtiger. Danach bin ich in den Wohnraum gegangen, wo er noch gewartet hat. 'Bruder Ba' (der Dritte - anderer Rufname von Ung Van Khiem), sagte er, 'das Politbüro möchte Euch dazu einladen, wieder staatliche Verantwortung zu übernehmen. Ich sagte: 'Wenn der Staat in Gefahr geraten würde, würde ich, Ba Khiem (Khiem der Dritte), mit meinen Krücken und ohne Aufforderung erscheinen und den Staat darum bitten, mit dem Volk durch geeignete Arbeit gegen den Feind kämpfen zu dürfen. Aber das Land befindet sich jetzt im Frieden und ich bin alt. Ich möchte zu Hause bleiben und den Jüngeren die Arbeit überlassen, damit diese nicht darüber schimpfen, dass die verdammten Alten sich trotz ihres hohen Alters immer noch an ihre Posten klammern wollen.' Tho wurde rot im Gesicht und hat sich verabschiedet."

Herr Khiem der Dritte stimmte einer Wiederaufnahme in die Partei zu. Nach den üblichen Formalitäten musste er dazu erneut seinen Lebenslauf schreiben. Er diktierte einer extra zu ihm entsandten Sekretärin:

"Seit 1930 ununterbrochener Kampf als Kommunist für die nationale Frage. Von der Partei im Jahr 1968 ausgeschlossen..." Die Mitarbeiter für *Organisations*-Fragen (Personalfragen) bekamen beim Lesen dieser Passage einen Schreck und forderten ihn auf, diese zu streichen. Sie erhielten Khiems Antwort: "Ich lebe seit eh und je ehrlich. Ich habe die Partei noch nie belogen. Das war es, was die Partei wirklich getan hat. Weswegen verlangt Ihr von mir, es zu verleugnen?"

Die Zeiten änderten sich. Seit dem Tag, an dem die chinesische Rote Armee unter Befehl Deng Xiao Pings die Grenze nach Vietnam überschritt, um "Vietnam eine Lektion zu erteilen", machte die vietnamesische Propagandamaschinerie eine Kehrtwende um 180 Grad, indem sie den Maoismus und die chinesischen Führer nach Mao schonungslos beschimpften. Ich konnte mich daran erinnern, was ich beim Lesen des Werkes "Der Maoismus ohne Mao", das im Verlag *Information-Argumente* im Jahr 1982 erschienen war, empfunden hatte. Ich schauderte vor dieser Kehrtwende. Als ob dieselben Leute früher nicht jedes Wort des großen Mao verschlungen hätten.

Niemand wusste, ob Le Duc Tho seine ehemaligen grausamen Handlungen bedauerte oder ob er erkannte, dass er mit seinen geschilderten Handlungen übermäßig gegen das Gesetz verstoßen hatte. Eines stand nämlich fest: für die Zahlung von Renten an Verbrecher, die lange Zeit nicht gearbeitet hatten, gab es keine gesetzliche Grundlage. Auch war unbekannt, was die Administration unternahm, um solche Gelder zu legalisieren.

Nun gut - kehren wir zu den letzten Tagen des Jahres 1967 zurück!

Nach dem Verfassen meines Berichtes über Nguyen Luong Bang war ich erschöpft.

Ich musste mir Mühe geben, um mich selbst und mein Schamgefühl zu überwinden. Danach tat mir der Revolutionär *Roter Stern,* mein *Onkel aus Ha Dong,* leid.

Huynh Ngu war sichtlich zufrieden. Wenn ich willens war, diesen Bericht über Nguyen Luong Bang zu schreiben, so bedeutete dies, dass ich auch bereit war, Berichte über andere Personen zu schreiben.

Eines verstand ich dabei nicht: Wie konnte ein so gutmütiger Mensch wie Nguyen Luong Bang die Aufmerksamkeit *anderer* auf sich ziehen? Er war bestimmt nicht *ihr* Gegner, auch wenn *sie ihre* Macht ausnutzten und gegen das Gesetz verstießen. Es musste einen anderen Grund geben.

Ich kann mich sehr gut an seine Worte erinnern, mit denen er uns kleinen Kindern erzählte, wie es ihm bei seinem ersten Besuch in Shanghai ergangen war: "Ich hatte gerade die öffentliche Toilette verlassen; ein freundliches junges Mädchen kam eilends herbei und bot mir ein wunderbar duftendes Handtuch an. Ich sagte zu mir selbst, wie nett doch die Leute hier sind. So war es aber gar nicht. Gerade wollte ich mich bedanken und weggehen, als sie mich festhielt und eine Menge redete, von dem ich gar nichts verstand. Ich konnte nicht Chinesisch und begriff nicht, was sie wollte. Dann zeigte sie auf meine Tasche. Da erkannte ich, dass das Mädchen bei der Toilette stand, Handtücher anbot und dafür Bezahlung erwartete. Ich war verlegen, da ich nicht wusste, wie viel Geld ich dem Mädchen geben sollte. So habe ich ihm das ganze Geld gegeben, das ich für mein Mittagessen aufgehoben hatte. Das Geld hat mich so gereut." "Hast Du dann zu Mittag gar nichts gegessen?" fragten wir. "Natürlich nicht. Ich hatte bis dahin noch niemanden von uns gefunden und musste auf jeden Zehnten von Xu (1 Xu war 1/100 Piaster, die Währungseinheit des damaligen Französisch-Indochina) aufpassen."

Während seines Aufenthalts in unserem Haus, das ihm nach seiner Flucht aus dem Gefängnis von Son La als Versteck diente, betrachtete er sich als unser echter Onkel. Anfänglich war er ganz dürr und blass. Meine Mutter bereitete extra für ihn besondere Speisen zu, um ihn zu stärken, und er nahm sie zu sich. Später tat er das nicht mehr und sagte, dass die Kinder diese Speisen essen sollten, weil er sich schon gesund fühle. Während der Mahlzeiten hielt er sich dann zurück und überließ uns seine Gerichte, die uns schmeckten. Meine Mutter forderte ihn dazu auf, selbst von diesen Speisen zu nehmen. Doch er lachte nur, ohne zuzugreifen. Wenn er Zeit hatte, machte er mit uns Spiele oder erzählte uns Märchen. Seine Spiele waren nicht interessant, eher langweilig. Seine Märchen wiederholten sich oft. Trotzdem mochten wir ihn, weil wir spürten, dass er uns liebte. Obwohl er älter war als mein Vater, war er damals noch ledig.

Nguyen Luong Bang war ein bescheidener Mensch. Er ragte nicht aus der Menschenmasse heraus, nicht nur damals, sondern auch später, als er wichtige Positionen bei staatlichen Institutionen bekleidete. Das war sein Charakter. Während der Parteiversammlungen in unserem Haus saß Nguyen Luong Bang schüchtern und gütig lächelnd in einer Ecke, während seine

Genossen, vor allem *Ha Ba Cang,* viel und unaufhörlich redeten. Ich war noch ein Kind, und so schenkte mir niemand Beachtung. Ich lernte in der Nähe ihrer Versammlungen und konnte sie sehr gut beobachten. Der Gegenpol von Nguyen Luong Bang war Ha Ba Cang. Er setzte sich - als kleiner Mann mit Glatze - gewöhnlich nicht, sondern blieb mit gekreuzten Beinen neben dem Kamin stehen. Ab und zu sprach er. Er sprach lange und beharrlich und ließ sich von niemandem unterbrechen. Er war schlau, indem er stets abwartete, bis alle anderen bereits gesprochen hatten. Erst dann sprach er selbst und korrigierte scharf die Meinungen der anderen. Es gefiel ihm, die anderen zu überragen. Gegenmeinungen ließ er nicht gelten. Er wollte ein Pfau unter Hähnen und Hühnern sein. Nguyen Luong Bang, der dazu bereit war, ein Hahn zu sein, war da anders. Er bevorzugte es, an der Diskussion nicht teilnehmen zu müssen. Theorie mochte er nicht. Sie lag ihm nicht, sie überstieg seine Kraft. Diese Fakten verstand ich allerdings erst viel später.

In den ersten Jahren des Widerstandskampfes gegen die Franzosen bekleidete Nguyen Luong Bang das Amt des Direktors der Firma *Bac Thang* in Tuyen Quang. Für die Partei erledigte er die Arbeit auf dem Wirtschafts- und Finanzsektor schon seit der Zeit, als diese noch in der Illegalität war. Meine Eltern arbeiteten mit ihm zusammen.

Formell stellte die Firma Bac Thang getrocknete Verpflegungsrationen für die Soldaten her. Die gebackenen rechteckigen Kuchen in der Größe eines kleinen Buches, eine Mischung aus Mungbohnen und Reismehl, schmeckten sehr gut. Inhaltlich kümmerte sich diese Firma jedoch um alle Finanzfragen der Kriegsregierung. Die Firma ließ in der nordwestlichen und nördlichen Region Opiumrohstoffe sammeln und verkaufte diese nach Thailand. Der Gewinn wurde zur Beschaffung von Gewehren und Munition für die Armee verwendet. Kurz vorher hatte die Regierung alle Arten von Steuern erlassen und besaß daher überhaupt keine Einnahmequellen mehr. Nun wurde dieses Finanzloch hauptsächlich mit den Erlösen aus dem Opiumhandel gefüllt. Es erstaunte mich, dass in den Erinnerungen an die Revolution und an den Widerstands-kampf niemand von diesen Aktivitäten berichtet hatte.

Nguyen Luong Bang stürzte sich in seine wirtschaftliche Tätigkeit und tauchte darin unter. Er blieb unbekannt, was seiner Rolle und seinem Ruf als eine führende Persönlichkeit gar nicht entsprach.

Aber die Franzosen vergaßen ihn nicht. Im Sommer 1947 stießen sie auf die Spuren seiner Tätigkeiten. Vier Flugzeuge des Typs *Spitfire* flogen über seine Opiumlager bei Kilometer Nr. 7 der Tuyen-Ha-Straße und schossen so lange mit dem *Douze sept* (Maschinengewehr des Kalibers 12,7 mm), bis die Lager völlig ausbrannten. Der Schaden war sehr groß - mehr als vier Tonnen Opium gingen in Rauch auf. Nach diesem Überraschungsangriff wurde Herr Bang spindeldürr. Ich befand mich zufällig in der Nähe dieses Brandes. Der süßliche Geruch des verbrannten Suchtmittels verbreitete sich sehr weit. Einsam, mit grauen Haaren und leichenblassem Gesicht lief Nguyen Luong

Bang barfuß und verstaubt auf der Landstraße.

Nach dem Jahr 1947 sah ich ihn lange Zeit nicht.

Als der Widerstandskampf gegen die Franzosen erfolgreich beendet und die Kriegsregierung in die befreite Hauptstadt zurückgekehrt war, traf ich ihn zu meiner Verwunderung im Oktober 1954 wieder. Er sah völlig anders aus als der frühere Herr Nguyen Luong Bang. Bekleidet mit einem *Sun Zhongsan*-Anzug (nach chinesischer Art) kam er in einem prächtigen *Pobeda*, einem Auto sowjetischer Herkunft, bei meiner Mutter und seinen "Neffen und Nichten" zu Besuch vorgefahren. In wohlgenährtem Zustand und mit heiterer Stimme sprach er bei fröhlicher Laune mit meiner Mutter über die schwierigen Tage der Vergangenheit.

Als er den Posten des Außerordentlichen und Bevollmächtigten Botschafters in der Sowjetunion bekleidete, begegnete ich ihm noch mehrmals. Wenn ich Ferien hatte, besuchte ich ihn. Als aktiver Mensch hatte er es satt, bei den vielen aufeinanderfolgenden Festempfängen unaufhörlich sitzend die Rolle des Botschafters zu spielen. Betrübt saß er in seinem zerknitterten Pyjama im Schlafzimmer neben einem Haufen von Informationsblättern in Vietnamesisch. Nach draußen ging er so gut wie nicht. Eines Tages hielt er mich zum Mittagessen zurück. Wir, der Onkel und der Neffe, waren allein. Nguyen Luong Bang kaute langsam. Plötzlich sagte er nachdenklich zu mir: "Du solltest Dir eines im Leben merken: eine Frau bringt Eintracht, zwei Frauen bringen Zwietracht. Du solltest nie daran glauben, dass zwei Frauen miteinander in Eintracht leben können." Ich war erstaunt. Warum erzählte er mir das? Es stellte sich heraus, dass in der Botschaft ein Streit zwischen der Gattin des Botschafters und einer Sekretärin oder Buchhalterin stattgefunden hatte.

Seit mein Vater Rentner geworden war, besuchte er Nguyen Luong Bang öfters. Mit der Zeit wurden diese Begegnungen aber seltener. Mein Vater kam von diesen Besuchen mit ganz traurigem Gesicht nach Hause. Ich vermutete, dass es zwischen den beiden Herren Uneinigkeiten in verschiedenen Fragen, vor allem in der Frage der Politik der kommunistischen Bewegung gegeben hatte. Wenn jemand meinen Vater nach dem Standpunkt des *Roten Sternes* (Nguyen Luong Bang) fragte, dann lachte er nur und wich auf ein anderes Thema aus.

Mein Vater verstand Nguyen Luong Bang nicht. Er mochte seinen Freund. Er mochte ihn, erwartete aber zu viel von ihm. Er hätte den Menschen in seinem Freund besser kennen müssen, der sich noch nie für die Theorie, auch nicht für die Revolutionstheorie, interessiert hatte. Als über die Maßen gutmütiger Mensch war er für einen Streit oder Kampf innerhalb der Partei völlig ungeeignet. Seine Verlegenheit, die sich infolge des Streites zwischen zwei Frauen zeigte, war dafür ein Beispiel.

Sitzend, mit übereinandergeschlagenen Beinen, las Huynh Ngu meinen Bericht über Nguyen Luong Bang. Ab und zu nickte er mit dem Kopf. Ich wusste, dass ihm der Inhalt meines Berichtes nicht schmeckte. Zufrieden war er nur damit, dass ich nachgeben hatte.

"Trinkt bitte, damit der Tee nicht kalt wird!" forderte er mich auf. Wir tranken beide. Der Tee war heiß und roch angenehm.

Ich war jedoch nicht in der Stimmung, den Tee zu genießen. Während er meinen Bericht las, beobachtete ich Huynh Ngus Gesicht und versuchte, seine Gedanken zu erraten. Aber sein Gesicht glich einem Buch, das in einer Fremdsprache geschrieben wurde, die ich nicht kannte. Manchmal dachte ich, dass er einen Nervenkrieg mit mir führen wolle, um zu sehen, wie weit er gehen konnte.

Aber auch das schien nicht der Fall zu sein. Er stellte ernste Fragen. Nguyen Luong Bang wurde tatsächlich verdächtigt. Wahrscheinlich dachten Huynh Ngus Vorgesetzte, dass sie von mir Geheimnisse erfahren könnten, die Herr Bang und mein Vater gemeinsam hatten, da die beiden gute Freunde waren. Mein Vater hatte darüber nichts ausgesagt, und ich würde vielleicht aus Dummheit etwas offenbaren.

In meinem Bericht beschrieb ich Nguyen Luong Bang als einen Menschen, der fleißig für sein Volk und sein Land arbeite und der rechtschaffen sei. Das war die Wahrheit. Ich schrieb nichts von einem Nguyen Luong Bang, dem es mit jedem Tag besser ging und der sich vom Leben des Volkes abwandte. Ich hatte ihm von dem schweren Leben der einfachen Menschen in den Gegenden erzählt, in denen ich gewesen war. Er machte auf mich den Eindruck, dass er mir das nicht glaubte. Deshalb schlug ich ihm vor: "Du verkleidest dich und gehst inkognito mit mir, genauso wie früher, als wir gemeinsam gegangen sind. Ich nehme dich auf dem Moped mit. Ich kann gut Moped fahren. Ich lasse dich nicht stürzen. Du wirst die Gelegenheit haben, das Leben der Bevölkerung zu beobachten und kannst daraus deine Schlussfolgerung ziehen." Er hörte zu und lachte nur.

Ich schrieb auch nichts von den Feststellungen einiger Altrevolutionäre über seine schwankende Haltung zu den widersprüchlichen Standpunkten der anderen und über seine Unentschlossenheit, wenn er keine Befehle von oben bekommen hatte. Wozu sollte ich seine Schwächen aufdecken? Womöglich hätte die Polizei sie ausgenutzt.

Mein Bericht hatte nicht viel Wert. Er war wie Weizenmehl in Pillen, die für die Gesundheit weder förderlich noch schädlich sind.

Aufgrund dieser Anhörungen verstand ich nun langsam, dass sich im Halbdunkel der seit langer Zeit ungeklärten Situation zwischen all den Aspekten - was der Revolution nutzte und was das menschliche Recht auf Leben bedeutete, was für den Endsieg vorläufig geopfert werden musste und was mit Füssen getreten wurde - glitschige Krakenarme ausstreckten, um nach Vorteilen zu suchen.

Obwohl die Allianz Duan-Tho die ganze Macht bereits fest in ihren Händen hatte, war sie sich in dieser Phase noch nicht sicher, alles tun zu können, was sie wollte. Im Hinblick auf Nguyen Luong Bang hatten diese beiden Akteure noch Bedenken; war er doch bekannt für seine Rechtschaffenheit und hatte das Schwert der Aufsicht über die Integrität der Partei in der Hand. Ich vermutete, dass die beiden Angst hatten vor einem Eingreifen Nguyen Luong Bangs, der als Oberster Inspektor der Nation eine Untersuchung des Verfahrens sowie die Abgabe dieses Verfahrens an das Zentralkomitee hätte fordern können, wodurch vielleicht unerwünscht großer Lärm erzeugt worden wäre. Deutete etwa die Tatsache, dass ich einen Bericht über Nguyen Luong Bang schreiben musste, solche Bedenken an?

Wenn es so gewesen wäre, dann hätten die beiden Akteure schwer geirrt.

Sie kannten Nguyen Luong Bang nicht. Es war ein Paradoxon: den mutigen Revolutionär *Roter Stern* musste niemand fürchten. Was war der Grund dafür? Ich wusste es nicht, viele Leute wussten es nicht. Hatte er Angst, dass eine Auseinandersetzung zur Zwietracht führte? Oder hatte er Angst vor etwas anderem? Eines war jedenfalls bekannt: während der Bodenreform wurden Leute, die einst die Revolution unterstützt und Beziehungen zu ihm unter-halten hatten, unschuldig verurteilt, hingerichtet, zum Selbstmord gezwungen oder unschuldig eingesperrt. Er wusste davon, er sah es und er spürte, dass die Partei Fehler beging, aber er erzählte es nur meinem Vater. Mehr tat er nicht. Gegen solche Tatbestände hätte er laut protestieren müssen oder hätte zumindest diejenigen, die die Macht missbrauchten, von solchen Missetaten abhalten müssen. Doch nichts davon geschah, er schwieg. Er bewegte nicht einmal seinen kleinen Finger, um unschuldige Menschen zu retten. Was befürchtete er? Truong Chinh schätzte ihn nicht aufgrund seiner geringen Bildung, hatte aber wegen seines revolutionären Engagements und seines Rufes Achtung vor ihm.

In seinen Vier-Augen-Gesprächen mit Herrn Le Gian stellte mein Vater fest, dass der Häftling Nguyen Luong Bang einst genügend Mut besessen hatte, um gegen (den französischen Gouverneur) Coussot zu kämpfen. Wenn es aber um den Schutz der Gerechtigkeit und den des Volkes ging, dann versteckte sich der Mandarin Nguyen Luong Bang unter seiner Bettdecke und wagte nicht zu sprechen. Seine Worte hätten doch Gewicht gehabt und wurden von führenden Leuten gehört. Als er das hörte, lachte Le Gian nur traurig. Er sagte, er wisse, was für ein Menschentyp Nguyen Luong Bang war. Dass Nguyen Luong Bang so tief gefallen war, beruhe - seiner Meinung nach - auf geringer Bildung, Denkfaulheit und darauf, dass er sich zu sehr auf Ho Chi Minh verließ. Solange Ho Chi Minh sich noch keine Meinung gebildet hatte, versteckte sich Nguyen Luong Bang in dem Schneckenhäuschen des "organisatorischen Bewusstseins", um sich vor der individuellen Verantwortung und vor seinem Gewissen davonzustehlen.

Auch ich erwartete nicht viel von Nguyen Luong Bang. Ich dachte mir, dass er wegen seiner engen Freundschaft zu meinem Vater, zu seinen ehemaligen Mithäftlingen in Son La und wegen der Bilder, die längst der Vergangenheit angehörten, es kaum vermochte, Le Duan und Le Duc Tho entgegenzutreten. Ich wusste: er war in seinem tiefsten Inneren davon überzeugt, dass seine (verfolgten) Genossen die Revolution nicht verraten würden. Wegen Le Duc Thos Täuschungen glaubte er aber, dass diese Verfolgten im Vergleich zu dem von der Partei beschlossenen Standpunkt im Kampf zwischen den zwei Linien einen falschen Standpunkt bezogen. Deswegen wurden sie als Konterrevolutionäre betrachtet. Zu jener Zeit brauchte man nicht erst zu den Franzosen überzulaufen, um als konterrevolutionär bezeichnet zu werden. Wenn man der Zentrale nicht zustimmte, war man schon konterrevolutionär. Warum hätte der Onkel (Ho Chi Minh) jemanden einsperren lassen, wenn der nicht konterrevolutionär gewesen wäre? Das hieß, dass es gerecht war, diese Genossen verhaften zu lassen. Diese Logik war für Nguyen Luong Bang ziemlich bequem. Die letzten Zähne seines schon nicht mehr scharfen Gewissens wurden entfernt.

Er hatte auch nicht den Ehrgeiz, ein Bao Cong (ein integrer Richter aus der chinesischen Geschichte - Anm. d. Übers.) zu werden. Um als Bao Cong zu gelten, müsste man tapfer und gebildet sein. Nguyen Luong Bang war weder tapfer noch gebildet. Er tat mir sehr leid. Wie viele Schwierigkeiten und wie viel Elend hatte er im Dienst der Revolution durchgestanden, um nun, zitternd vor der Verachtung der Genossen von gestern und der seiner gerade erst erwachsen gewordenen Genossen, in Angst zu leben? So elend war das Los des Revolutionärs *Roter Stern*.

Nach diesem Bericht über Nguyen Luong Bang verlangte Huynh Ngu von mir auch Berichte über Hoang Minh Chinh, Dang Kim Giang, Tran Minh Viet..., die meiner Meinung nach viel eher hätten verfasst werden müssen. Ich schrieb irgendetwas, in Berichten, die nicht viel aussagten. Ich wollte nur zeigen, dass ich nicht starrköpfig war. Wenn man von mir Aufsätze verlangte, schrieb ich eben Aufsätze. Außerdem erweckte ich den Eindruck, dass ich eifrig dabei sei, die Forderungen von Huynh Ngu zu erfüllen. Aber meine Kenntnisse waren begrenzt und ich konnte nicht mehr niederschreiben als das, was ich wusste. Huynh Ngu musste das akzeptieren.

Ich war nicht überrascht, als Huynh Ngu nach (General) Vo Nguyen Giap fragte:

"Herr Hien, habt Ihr den Armeegeneral getroffen?"

"Welchen Armeegeneral?"

"Nur kein Schauspiel bitte! Euren Armeegeneral. Ich möchte etwas von Eurem Armeegeneral erfahren."

Er fragte es mit sanfter Stimme, so als ob es sich - im Vorübergehen - um etwas nicht sehr Bedeutungsvolles handle.

Ich vermutete, dass Huynh Ngu wegen meines ihm bekannten Starrsinns nun einen anderen Vernehmungsstil anwenden wolle: sanft und friedlich. Er wollte nicht, dass ich zornig wurde; denn in diesem Fall hätte er nichts erreichen können. *Eile führte zu nichts.* Mir war klar gewesen, dass er diese

Frage früher oder später stellen würde. Ich hatte darauf gewartet. Huynh Ngu wusste, dass ich enge Beziehungen zu General Dang Kim Giang pflegte. Er würde versuchen, diese Beziehungen zu nutzen, um, wenn möglich, einen Faden zu finden, der zu General Giap führen könnte.

Die Frage Huynh Ngus aktivierte mein Gehirn. Sie forderte von mir Anstrengungen, mich an die Vergangenheit mit ihren Unterschied-lichten Ereignissen zu erinnern, sie zu analysieren, Hypothesen aufzustellen und ein logisches Gesamtbild zu finden, um daraus wiederum logische Antworten auf eventuell gestellte Fragen zu formulieren.

Hier muss man sich nun in die Vergangenheit, also in die Zeit des Wider-standskampfes gegen die Franzosen mit seinem historischen Hintergrund zurückversetzen.

In der Nacht des 19. Dezember 1946 musste Vietnam, das kurz vorher seine Unabhängigkeit erklärt hatte, in eine ungleich schwerere Auseinan-dersetzung eintreten. Frankreich, das sich nach seiner Befreiung durch die Alliierten (von der deutschen Besetzung) noch nicht erholt hatte, war eilends in das fette Indochina zurückgekehrt. Doch anstatt die junge vietna-mesische Administration zu unterstützen, halfen die sogenannten alliierten Streitkräfte, die zur Entwaffnung der japanischen Truppen nach Vietnam kamen, mit ganzem Herzen denjenigen Kräften, die diese Administration vernichten wollten. Die Truppen Tschiang Kai-Schek's halfen der vietname-sischen Nationalen Volkspartei im Norden. Die britisch-indischen Truppen brachten im Schlepptau französische Militärs mit nach Südvietnam.

Unter diesen Umständen machte Ho Chi Minh einen wagemutigen Schach-zug: Er unterzeichnete das Abkommen vom 6. März 1946, welches den Austausch der alliierten Truppen gegen das französische Expeditionscorps zuließ. Damit gelang es ihm, eine Heimsuchung durch die hungrigen Geister aus China abzuwenden. Diese Räuberarmee hätte sich jederzeit in eine Sintflut aus dem Norden verwandeln können. Also empfing er die offen erkennbaren Aggressoren, um dafür die versteckten aus dem Land zu vertreiben und Zeit für die Vorbereitung eines unvermeidbaren Wider-standskampfes zu gewinnen.

Die Anti-Viet-Minh-Kräfte (Viet-Minh: kommunistische Massenorgani-sation - Anm. d. Übers.) schrien: "Ho Chi Minh, der Vaterlandsverräter! Ho Chi Minh, Lakai des Auslands!" Präsident Ho Chi Minh musste vor dem Volk schwören, dass er kein Vaterlandsverräter war. Sein Kalkül war nicht für jeden verständlich. Frankreich, das sich im Zweiten Weltkrieg gerade der deutschen Besatzung entledigt hatte, blieb vorläufig noch schwach und arm, und die große Entfernung zwischen Frankreich und Vietnam machte aus Frankreich einen weitaus angenehmeren Gegner als das menschenreiche Nachbarland.

Unsere nationale Befreiungsrevolution organisierte in den schwierigen ersten Jahren die Jugend. Die meisten Kämpfer, die die Augustrevolution

(1945) zur Vollendung brachten, waren im Alter von 20 bis 30 Jahren. Der älteste unter den führenden Persönlichkeiten der Revolution war gerade 56 Jahre alt, als der Kampf gegen die Franzosen losbrach. Und er wurde als "alter Vater der Nation" bezeichnet.

Dies war auch eine Zeit voller Romantik, wie es sie nur in einer Revolution – im richtigen Sinn einer Revolution - gab. Der Mensch war bereit, Haus und Hof, Frau und Kind zu verlassen, um dem Ruf zur Rettung der Nation zu folgen.

Während der leidvollen Jahre des Kampfes um Leben und Tod gegen den Feind fand zwischen den führenden Leuten keine interne Auseinandersetzung im Sinne gegenseitigen Bekämpfens statt. Es gab jedoch in der Tat einige Gerüchte im Zusammenhang mit dem Tod des Generalleutnants *Nguyen Binh.* Er wurde im Jahr 1951 von der französischen Truppe in einem Hinterhalt erschossen, als er auf dem Weg zu einer Tagung nach Nordvietnam war. Das Gerede besagte, dass Leute (unter ihnen der damalige Regionalsekretär Le Duan), die ihn nicht mochten, ihn dazu gezwungen hatten, zu dieser Tagung zu gehen, obwohl seine Anwesenheit dort nicht unbedingt erforderlich war, und dass diese dem Feind dann diskret seine Reiseroute bekanntgemacht hätten. Weder Beweise noch Zeugen bestätigten diese Annahme. In der nordvietnamesischen Kampfzone herrschte eine freundschaftliche und herzliche Atmosphäre, ein unverzichtbarer Faktor für die erfolgreiche Durchführung des Kampfes.

Erst, nachdem Hanoi befreit worden war und die Partei- und staatlichen Institutionen aus dem nordvietnamesischen Dschungel in die Hauptstadt mit ihrem flutenden elektrischen Licht einzogen, begannen hinter den verschlossenen Toren des Palastes die dunklen Pläne Form anzunehmen.

Das Ganze begann mit dem Verlust des Ansehens sowohl von Ho Chi Minh als auch von Truong Chinh in den Augen der revolutionären Bevölkerung. Die Schlappe der Bodenreform schlug den beiden Führern des gerade siegreich gewordenen Widerstandskampfes plötzlich in schicksalhafter Weise auf den Kopf.

Zu jener Zeit kursierte das Gerücht, dass der Armeegeneral Vo Nguyen Giap anstelle von Truong Chinh den Posten des Generalsekretärs übernähme und den Marschalltitel erhalte. Aus den Führungsreihen ragte Vo Nguyen Giap als ein begabter und sauberer Mann hervor, der in keinen nach Blut riechenden Fehler verwickelt war. Genau auf Grund dieser Eigenschaften wurde niemand anderer als er nach den Misserfolgen der Bodenreform von der Parteizentrale dafür delegiert, diese Schuld im *Hang-Day*-Stadion vor der Bevölkerung einzugestehen.

Vo Nguyen Giap hatte Glück. Keiner wusste, ob Ho Chi Minh und Truong Chinh die Absicht hatten, der Armee nach dem Sieg von Dien-Bien-Phu keine weitere Ehre mehr zuteilwerden zu lassen oder nicht. Jedenfalls wurde, nachdem der Frieden (1954) wiederhergestellt worden war, der Armee die

Teilnahme an der *den Himmel und die Erde erschütternden* Bodenreform versagt, die ein *Dien-Bien-Phu auf dem Reisfeld* versprach. Das führte später dazu, dass die Armee diesen Fluch nicht mit der Partei gemeinsam tragen musste.

Das Gerücht wurde mit jedem Tag leiser. Schlagartig wurde nicht Vo Nguyen Giap, sondern Le Duan, ein unter den Menschen im Norden fast unbekannter Name, anstelle von Truong Chinh auf den Posten des Generalsekretärs gewählt. Vo Nguyen Giap erhielt auch keinen Marschalltitel. Der Armeegeneral erschien immer seltener vor den Menschen. Doch nicht nur das: an seiner Stelle trat ein nagelneu ernannter und von der Truppe nicht geachteter Armeegeneral an, der General *Nguyen Chi Thanh.* Vo Nguyen Giap fiel in Ungnade.

Diese Neuigkeit sprach sich in der Armee und bei der Bevölkerung schnell herum. Die Ursache dieser Missgunst blieb für längere Zeit unbekannt. Viel später erst erfuhr man aus inoffiziellen Quellen, dass man ihm nicht mehr vertraute, weil die *Organisations*-Abteilung der Partei im französischen Archiv einen Antrag des Schülers Vo Nguyen Giap an den Generalgouverneur Indochinas auf die Gewährung eines Stipendiums für ein Studium in Frankreich fand, dessen Wortlaut unterwürfig und für einen Revolutionär nicht akzeptabel war. Die *Organisations*-Abteilung machte sich nicht die Mühe, zwischen dem Schüler Vo Nguyen Giap und dem Revolutionär Vo Nguyen Giap zu unter-scheiden. Vo Nguyen Giap war offensichtlich bereit gewesen, Handlanger für die Kolonialisten zu werden. Nur wegen seines großen Verdienstes während der Zeit der Illegalität und insbesondere wegen des ruhmreichen Sieges von Dien Bien Phu wurde dem General Giap - dem Gerücht zufolge - der Dienstgrad nicht entzogen und der sofortige Ausschluss aus der Partei erspart.

Aus Kreisen, die über das Geschehen in den Palästen gut informiert waren, verlautete, dass sich in diesem Ereignis die Krallen eines neuen Akteurs zu zeigen begannen, der über ein beachtliches Format verfügte, und das war Le Duc Tho.

Zu jenem Zeitpunkt bemerkte noch niemand etwas von den engen Beziehungen zwischen Duan und Tho als ein Duo.

Jede Aktion von Tho wurde von Duan angeleitet.

Die Öffentlichkeit war mit der Art und Weise, wie die Partei mit Armeegeneral Vo Nguyen Giap umging, nicht einverstanden. Einige behaupteten, dass der Ruhm des Armeegenerals zu groß sei. Das führe zu Neid. Nach dem Sieg von Dien Bien Phu und dem Genfer Indochina-Abkommen priesen die Medien die geschickte Führungsarbeit der Partei, des Onkels (Ho Chi Minh) und des Generalsekretärs Truong Chinh. Wenn man aber von Erfolgen sprach, konnte man leider nicht umhin, aus den westlichen Zeitungen zu zitieren. Und die westlichen Zeitungen waren daran gewöhnt, den Krieg in Indochina als einen Kampf zwischen zwei Generälen zu betrachten. Daher flatterte, mit dem Siegesbanner im Hintergrund, ständig das Porträt des Generals Giap durch die Medien und verdeckte sowohl die Partei als auch den *Onkel* und den *ältesten Bruder* Truong Chinh. Es hieß, der westliche Rundfunk habe so zur Verbitterung des Lebens von General Giap beigetragen.

Etwa im Jahr 1964, als der Kampf zwischen den zwei Linien erbittert geführt wurde, wurde ein Gerücht laut, dass General Giap heimlich in Verbindung zu Nikita Chruschtschow getreten wäre und dass dieser Schritt von der Partei aufgedeckt worden sei. Außerdem habe der zentrale Organisationsausschuss dafür einen Beweis in der Hand, und zwar in Form eines Schreibens von Chruschtschow an General Giap. Duan und Tho wollten die ganze Sache offenlegen, indem sie sie der Zentrale vorlegten, aber Herr Ho hätte dies beiseitegeschoben, weil General Giap den Präsidenten über dieses Schreiben von Chruschtschow unterrichtet habe. Die Lage beruhigte sich. Dann kursierte ein weiteres Gerücht, wonach General Giap nach wie vor geheime Beziehungen zu Groß-Oberst *Le Vinh Quoc* unterhalte, dem ehemaligen stellvertretenden Politkommissar der Division Nr. 308, der bereits genannten *Stahl-Division*, seinem rechten Arm, der in der Sowjetunion Asyl beantragt hatte.

Im Wesentlichen ging es darum, dass die neue Führung Vo Nguyen Giap ablehnte. *Wenn man nicht will, dann hat sogar die Gurke Maden.*

Meine Sympathie gehörte - genau wie die aller Soldaten der vietnamesischen Volksarmee - dem General, der in enger Verbundenheit mit unserer Armee seit ihrer Gründung im nordvietnamesischen Dschungel stand.

Auf Grund der vermuteten Beziehungen zu General Giap wurde eine Reihe von hohen Offizieren inhaftiert. Herr *Le Trong Nghia*, Leiter des Amtes Nr. 2 (Aufklärungsamt der Armee), wurde zu einer Versammlung eingeladen, aber direkt ins Gefängnis gebracht. Oberst *Tran Thu* wurde gleich im Redaktionsraum der Zeitung *Volksarmee* festgenommen. Generalleutnant *Nguyen Van Vinh,* Leiter des zentralen Vereinigungsausschusses, wurde nicht verhaftet, jedoch wegen seines revisionistischen Standpunkts nach Hause geschickt. Viele Funktionäre wurden in den Ruhestand versetzt und waren gezwungen, jeden Tag zur Anhörung zu erscheinen. Jeder musste - wie ich erst später erfuhr - Fragen über General Giap beantworten. Ein Mann, der sich als Held der Kampagne gegen die Revisionisten hervortat, war Groß-Oberst *Kinh Chi,* den die Offiziere als *reinrassigen Schäferhund* von (Le Duc) Tho bezeichneten.

Die Welle der Forderung nach Freiheit und Demokratie musste unbedingt aufgehalten werden, bevor es zu spät wurde.

Die Initialzündung eines eventuellen Ereignisses, das mangels einer starken Führung hätte zustande kommen können, lag in den Händen der Intellektuellen. Die Partei wusste, dass ein direkter Schlag gegen die Intellektuellen schwer auszuführen war. Aber er musste geführt werden.

Ohne ihn würde der demokratische Trend an Boden gewinnen. Deshalb wurde nur die Frage nach dem Wie gestellt.

Angesichts dieses Hintergrundes war die Fragestellung nach General Giap verständlich.

Ich antwortete ruhig:

"Herr Giap hat mein Haus kein einziges Mal aufgesucht, seitdem der Frieden (Mitte 1954) wiederhergestellt wurde. Darüber braucht man bei der Sicherheitsbehörde nicht nachzufragen."

Mich über General Giap auszufragen, war völlig absurd. Was konnte ich über ihn erzählen? Wie ich ihn als Kind zum ersten Mal getroffen oder später als Soldat auf einer der untersten Armeestufen einige Male gesehen hatte? Das sonderbare Schicksal verlangte trotzdem von mir, die Rolle des Zeugen bestimmter Ereignisse zu spielen. Die Frage Huynh Ngus ließ mich die Kehrseite der Verfolgung von Kommunisten erahnen.

"Was sich im Widerstandskrieg abgespielt hat, ist uninteressant", sagte Huynh Ngu. "Es kann nicht sein, dass Ihr Vo Nguyen Giap in den letzten Jahren überhaupt nicht gesehen habt. Seid Ihr nicht dabei gewesen, als Euer Armeegeneral *Le Liem* besucht hat?"

Ich stellte fest, dass Huynh Ngu für Vo Nguyen Giap oder Le Liem noch nicht den Begriff "Kerle" benutzte.

Der Kreis der Verdächtigten weitete sich stärker aus, als ich dachte. Wie viele Menschen wurden in ihn einbezogen?

Verzweifelt schüttelte ich den Kopf:

"Ich wiederhole: Ich habe Armeegeneral Vo Nguyen Giap kein einziges Mal getroffen, seitdem ich wieder in Hanoi bin."

"Ich lege mich nicht fest; es war nur eine Frage. Wenn ja, dann sagt Ihr Ja; wenn nicht, dann sagt Ihr Nein. Wir arbeiten miteinander, wir müssen einander verstehen. Durch solche Gespräche kann man einige Fragen lösen. Was Euren Armeegeneral betrifft, haben die Vorgesetzten zum Beispiel nicht die Absicht, Euch nach ihm zu fragen. Ihr könnt über ihn nicht viel wissen. Man will nur, dass Ihr über die Geschichten um ihn berichtet oder über Geschichten, die mit anderen Leuten und nur ein bisschen mit ihm zu tun haben... Das würde reichen."

Ich schwieg.

"Beispielsweise: Ihr habt davon gehört, wie man in Eurem Haus oder mit Eurem Vater über ihn gesprochen hat ... Geschichten um den Armeegeneral sind doch immer aktuell."

Was konnte ich über Armeegeneral Vo Nguyen Giap schon berichten?

Seit der Entstehung eines Risses in der internationalen kommunistischen Bewegung zählte die Duan-Tho-Allianz Vo Nguyen Giap insgeheim zu den *pro-soviétique* (französisch: Sowjetfreundlichen). Bei verschiedenen Gesprächen mit Funktionären versäumte Le Duan keine Gelegenheit, um den revisionistischen Standpunkt einer bestimmten Anzahl von Genossen anzugreifen, "deren Parteilichkeit zurückgehe, welche Angst vor einer Konfrontation mit den Weltimperialisten hätten, welche Sklaven der Lehre der Waffenallmächtigkeit würden und dabei vergäßen, dass der über den Krieg entscheidende Faktor die Macht der Gerechtigkeit und des Volkes sei".

Das war eine Verleumdung, eine böse Verleumdung sogar. Besser als jeder andere kannte General Giap die Wirkung des Partisanenkrieges, den er persönlich unmittelbar großflächig führte. Auch wusste er besser als jeder andere die Rolle des Soldaten im Krieg zu schätzen. Nachdem der (französische) General *De Castries* bei Dien Bien Phu kapituliert hatte, sagte General Giap zu General (Dang Kim) Giang, als sie das Schlachtfeld betrachteten: "Ihr seht, wie tapfer unsere Soldaten sind. Wie viel Last und Leid haben sie auf sich genommen, um diesen Sieg zu erzielen?! Der Sieger auf dem Schlachtfeld, lieber Giang, ist immer der Soldat."

Der sogenannte revisionistische Standpunkt war eine vielfach benutzte Etikettierung. Sie wurde jedem angeheftet, der eine Meinung vertrat, die derjenigen der Parteiführung entgegengesetzt war. Sie wurde später auch starrköpfigen Leuten angeklebt, die den Vorgesetzten zu widersprechen wagten. Die Kanten und Ecken eines Menschen mussten entfernt werden, so dass jeder zu einer Kugel geschliffen wurde, die mit jeder anderen Kugel identisch war.

Bezüglich des Krieges verurteilte Armeegeneral Nguyen Chi Thanh außerdem scharf die fehlerhaften Standpunkte unter den Revisionisten. Auch wenn er keinen Namen nannte, wusste der Zuhörer, auf wen er zeigen wollte. Er war mit dem Posten des obersten Befehlshabers der Armee, die von General Giap aufgebaut worden war, noch nicht zufrieden. Dieser wurde doch in den Ruhestand versetzt und trank nun gezwungenermaßen in Ruhe seinen Tee. Nguyen Chi Thanh war neidisch auf den Ruf von General Giap, der im Herzen jedes Soldaten haften blieb, was er niemals erreichen konnte.

Zum ersten Mal sah ich Nguyen Chi Thanh inmitten eines schüchternen Publikums in der Privatwohnung von Ngo Duc Mau, dem Chefredakteur der illustrierten Zeitschrift *Vietnam.* Ich saß in einer Ecke und konnte den Armeegeneral beobachten, der es sich in einem Rohrsessel bequem machte. Er betrachtete die einzelnen Teilnehmer mit überheblichen Blicken, als ob die Anwesenden unwürdige Menschen wären. Der Ruf seiner Eloquenz ging ihm voraus, und ich achtete auf seine Worte. Er sprach nicht, er belehrte. Gewöhnlich stellte er eine feste These auf, entwickelte sie weiter und bewies ihre Richtigkeit mit volkstümlichen Worten, die mit noch volkstümlicheren Zutaten ergänzt wurden. Gerade zu jener Zeit mussten Mitarbeiter der staatlichen Institutionen die von Nguyen Chi Thanh verfassten Schriften "Gegen den Individualismus" lernen. Darin ordnete Nguyen Chi Thanh an, dass jeder sein Individuum zugunsten des Kollektivs völlig aufgeben müsse, dass der egozentrische Mensch hassenswert sei und dass der einzelne vor dem großen Kollektiv gar nichts sei. Von ihm selbst hinterließen die darauffolgenden Begegnungen mit ihm bei mir den seinen Ratschlägen vollkommen entgegen-gesetzten Eindruck, dass nämlich Nguyen Chi Thanh ein im höchsten Grad egozentrischer Mensch war.

Für unsere Nation war es ein Glück, dass dieser General-Emporkömmling diese Welt verließ, bevor er ein Diktator werden konnte. Außer dem Ehrgeiz, eine berühmte Persönlichkeit zu werden, waren in ihm auch die Züge eines Militaristen sichtbar. Man musste jedoch anerkennen, dass Nguyen Chi Thanh eine starke Anziehungskraft auf ein Heer von freiwilligen Sklaven ausübte. Wenn Nguyen Chi Thanh sprach, dann saßen da viele Leute, die wie hypnotisiert zuhörten - wie Mäuse vor einer Giftschlange.

Eines Tages sagte mir Ngo Duc Mau:

"Herr Thanh lässt sagen, dass Ihr dies lesen und eine Kritik gegen den Kerl schreiben sollt. Der Kerl ist sehr frech."

Er übergab mir eine Broschüre. Es war die Erzählung "Der Eintritt ins Leben" von Ha Minh Tuan, dem ehemaligen Politkommissar der Division Nr. 312. Ich nahm sie mit und las sie in einem Zug bis zum Ende. Das Büchlein war ganz neu erschienen. Es gab dazu aber schon verschiedene Stimmen unter den Kritikern. Ich war überrascht. Das Buch hatte keine literarische Anziehungskraft. Der Stil war schwächer als in "Die zwei Fronten" und ein Rückschritt in der Schreib-kunst von Ha Minh Tuan. Tatsächlich berührte die Broschüre "Der Eintritt ins Leben" einige sozusagen negative Aspekte des gesellschaftlichen Lebens, was der regimeorthodoxen Literatur nicht erlaubt war. Diese Berührung war aber nur ganz oberflächlich. Keinesfalls wurde die Praxis so offenbart, wie ich sie erlebte. Genau dieser Schwäche wegen war das Werk einen Angriff nicht wert.

Ich weigerte mich, eine Kritik gegen Ha Minh Tuan zu schreiben und damit der Aufforderung Nguyen Chi Thanhs nachzukommen. Ich kannte Ha Minh Tuan und seine Absichten. Er wollte nichts anderes, als etwas Wahres und nichts Verlogenes schreiben. Aber er verstand es nicht, seine Ideen durch Andeutungen und Anspielungen zum Ausdruck zu bringen, sondern brachte die ganze Wahrheit in das Buch, so dass sich manche Leute davon leicht getroffen fühlten.

Nach der Zeit (der Verfolgung) von *Nhan van-Giai pham* (Humanismus-Künstlerische Werke) kam die Zeit der *mit dem Strom schwimmenden* Bücher, die von den Schülern A. Shdanows, (nach Meyers Lexikon, Leipzig 1969) einem Funktionär der sowjetischen KP und in dieser verantwortlich für Ideologie in der Kunst und ihre Theorie, als "von der Revolution bestellte Bücher" bezeichnet wurden. Die Verfolgung der Schriftsteller und Künstler im Jahre 1956 erzeugte Angst, die mit Regimetreue gefärbt wurde. Jeder zensierte sein eigenes Werk bereits selbst streng und genau, bevor der von der Partei beauftragte Zensor in Aktion trat.

Ich gab Ngo Duc Mau die Broschüre mit der Begründung zurück, das Werk sei nicht gut genug dafür, dass sich eine Rezension lohne. Wenn es einige

Punkte gäbe, die politisch nicht gut seien, dann läge der Fehler beim Verlag. Herr Nguyen Chi Thanh könne den Mann tadeln, der das Buch erscheinen ließ. Die Krankheit *Literaturliebhaberei* war eine ziemlich weit verbreitete Krankheit unter den vietnamesischen Führern. In seinem *Schlag* gegen *Nhan van-Giai pham* (Humanismus-Künstlerische Werke), der mit der Festnahme des Armeedichters *Tran Dan* seinen Anfang nahm, war Nguyen Chi Thanh, zu jener Zeit Leiter des politischen Hauptamtes der Armee, sehr eifrig. Sein Assistent war der Schriftsteller *Vu Tu Nam.*

Als er mich zum Angriff auf "Der Eintritt ins Leben" von Ha Minh Tuan veranlassen wollte, machte Nguyen Chi Thanh in der Armee bereits keine politische Arbeit mehr. Aber das Zensorenblut floss immer noch in seinen Adern und er war noch immer scharf auf die Ausübung seiner ehemaligen Tätigkeit. Nicht lange danach *schlug* er mich während einer Armeetagung vor Offizieren mittlerer und höherer Ränge eigenhändig mit der Begründung 'allgemeiner und nicht klassenbezogener Menschlichkeit, Verwischen der Grenze *zwischen uns und den Gegnern'* im Drehbuch meines Filmes "Die Letzte Nacht, der erste Tag".

Der ehemalige Leiter des Kulturamtes der Provinz Ha Tinh, Hoang Nguyen Ky, erzählte mir, dass Ngo Duc Mau, Chefredakteur der illustrierten Zeitschrift *Vietnam,* ein ehemaliger Lehrer von Nguyen Chi Thanh gewesen sei. Dieser habe Ngo Duc Mau während der Kampagne *Umgestaltung der Organisation* aus der Haft herausgeholt. Als er Nguyen Chi Thanh sah, habe Herr Mau laut geschrien: "Schüler Thanh! Schüler Thanh! Rettet mich, bitte!"

Diese Erzählung von Hoang Nguyen Ky klang unglaubwürdig. Sie war nicht darin unglaubhaft, dass der ehemalige Lehrer einen Schüler, den gegenwärtigen Armeegeneral, um Hilfe gebeten habe. Ich überlegte mir, dass Hoang Nguyen Ky das nicht aus der Luft gegriffen hatte. Dass ein Lehrer einen Schüler um Hilfe bittet, war nicht weiter verwunderlich. Dass sich aber der *Schülermandarin* von dem unterwürfigen Verhalten seines Lehrers nicht gerührt fühlte in einem Land, wo seit Jahrtausenden die Lehre und der Lehrer hoch geachtet sind, war dagegen sehr verwunderlich. Nach den Aussagen von Leuten, welche die Partei priesen, war der Bauerngeneral in der Landwirtschaft tätig und erhielt seine politische Schulung im Gefängnis. Er war Mitglied der Parteileitung von Mittelvietnam in der Zeit der Illegalität, Leiter der Viet Minh in den Jahren vor dem allgemeinen Aufstand (1945) und stieg bereits im Jahr 1948 zum Leiter des politischen Hauptamtes der vietnamesischen Volksarmee auf.

Anderen, glaubhafteren Quellen zufolge war Nguyen Chi Thanh jedoch noch nie Bauer und stammte auch nicht aus der armen Bauernschaft. Er war vielmehr ein *Spieler* aus der Gegend Phong Dien, Provinz Thua Thien. Mit dem Begriff "Spieler" wurden vor der Augustrevolution (1945) im Volksmund die Räuber bezeichnet. Sie waren eine Art *außerberuflicher Räuber*, die ab und zu in Gruppen einen Coup ausführten, um danach wieder auseinanderzugehen. Jeder kehrte nachhause zurück. Nguyen Chi Thanh musste aber eine gewisse Bildung genossen haben. Sonst hätte er keinen Lehrer haben können. Er konnte kein armer Bauer gewesen sein. Wegen seiner ständigen revolutionären Aktivitäten hätte er keine Zeit zum Lernen oder zum Selbststudium gehabt. Woher konnte er so gute Kenntnisse haben: über Sun Wu, den früheren chinesischen General und Strategen, über Clausewitz, Napoleon, Lin Biao, den chinesischen Marschall der neuen Zeit, und Shukow, den sowjetischen Marschall... , wie ein Zeuge bestätigte, der ihn für eine Weile näher kannte? Oberst Tran Thu, mein Journalisten-kollege, bemerkte, dass Nguyen Chi Thanhs Kenntnisse der französischen Sprache gar nicht so schlecht seien und er sogar französische Wortspiele mache.

Nach dem Tod Nguyen Chi Thanhs wurden Straßen in verschiedenen Städten nach ihm benannt und sein Brustbild erschien auf Briefmarken. Eines Tages jedoch legte sich Verschwiegenheit über den berühmten verstorbenen General, und sein Name und Ruf gerieten in Vergessenheit.

Dafür gab es einen Grund. Zwei Jahre vor dem Tod Nguyen Chi Thanhs (1967) ließ Herr *Dang Xuan Thieu* in der allerletzten Stunde seines Lebens einige Genossen aus der Zentrale zu sich kommen und berichtete ihnen von einem Verrat Nguyen Chi Thanhs in der Zeit der Illegalität. Dieser hätte (bei der französischen Kolonialmacht) denunziert und daraufhin seien einige Parteibasen zerstört worden. Der Sterbende nannte auch Zeugen: "Wir haben bisher nichts gesagt, weil wir gesehen hatten, dass Nguyen Chi Thanh aktiv in der revolutionären Arbeit war. Deshalb sollte dieses Ereignis der Vergangenheit angehören. Wir wollten ihm Gelegenheit geben, dass er den Erfolg seiner Arbeit gegen seine Schuld eintauschen könne. Aber später konnten wir dann nichts mehr sagen. Onkel (Ho Chi Minh) und das Politbüro hatten so großes Vertrauen in ihn und übergaben ihm große Verantwortung. Wenn wir da noch etwas gesagt hätten, so hätten wir uns selbst ins Unglück gebracht. Ich sterbe bald und ich muss es nun sagen, damit die Genossen, die für die Revolution gestorben sind, nicht vergessen werden und damit diesem Verräter keine Heldenehre zuteilwird." Seine Worte erwiesen sich nach ihrer Überprüfung als wahr und das Zentralkomitee musste die Würdigung des Generals stillschweigend zurückziehen. Nur eine einzige Straße in Ho Chi Minh-Stadt behielt noch den Namen Nguyen Chi Thanh. Man konnte den Namen nicht ersetzen, denn aus Scham hätte man den (für das freiheitliche Südvietnam eintretenden) "Marionetten" doch nicht offenbaren können, weshalb dieser Name ausgetauscht werden müsse.

Kehren wir nun zu General Giap zurück.

Mein Vater hätte gemeinsam mit General Giap die militärische Arbeit geleistet, wenn es nicht einen neuen Beschluss der Zentrale gegeben hätte. Dieser Beschluss hing mit der ersten Begegnung zwischen meinem Vater und Herrn Ho Chi Minh bei einer Tagung in Tan Trao (zwischen Ende Juli und Anfang August 1945) zusammen. Mein Vater erzählte, dass er von den geringen Kenntnissen des Herrn Ho über die Lage im Inland überrascht gewesen sei. Dieser fragte zum Beispiel meinen Vater, ob sich Herr *Huynh Thuc Khang* (ein berühmter Patriot der alten Schule) den Franzosen ergeben hätte. Mein Vater verneinte diese Frage. Er habe Herrn Huynh vor zwei Monaten getroffen und der Herr bliebe konsequent bei seiner revolutionären Haltung. Herr Ho Chi Minh befragte meinen Vater einen ganzen Vormittag und zeigte sich zufrieden darüber, dass mein Vater über die verschiedenen Persönlichkeiten und Intellektuellen Bescheid wusste. Ende August 1945 schlug Herr Nguyen Luong Bang während der Sitzung der Zentrale vor, dass sich mein Vater aus dem Militärdienst zurückziehen solle, um Herrn Ho bei seiner Arbeit zur Seite zu stehen. Das Zentralkomitee gab einstimmig seine Zustimmung. Über den Inhalt dieser Sitzung (möglicherweise am 28. August 1945) berichtete Mein Vater in seinen Erinnerungen "Die Fahne weht im August". Im Hinblick auf Vo Nguyen Giap vertrat mein Vater die Meinung, dass dieser eine Schwäche habe: Er weiche Auseinandersetzungen aus. Nach außen hin mache er einen ruhigen Eindruck, gepaart mit etwas Hochmut. Einige dächten, dass er sich aus Überheblichkeit aus den Diskussionen heraushalte. Tatsächlich jedoch trat er vor wortgewaltigen Rednern immer freiwillig kürzer. Natürlich war die Anzahl der Leute, die ihn doch überredeten und zu überreden versuchten, nicht groß.

Mein Vater erzählte mir: Als die Zentrale im Jahr 1949 den Beschluss "Aktive Verteidigung und verstärkter Übergang zur allgemeinen Gegenoffensive" fasste, der von Truong Chinh entworfen wurde, war Vo Nguyen Giap nicht damit einverstanden, aber er sagte nichts dagegen. Er berief eine Konferenz von Offizieren mittlerer und höherer Ränge ein und gab diesen Beschluss in Form eines Berichtes des Oberkommandos bekannt. Bei dieser Konferenz war mein Vater nicht anwesend. Er kannte den Beschluss bereits und wollte ihn nicht noch einmal hören. Nach Meinung meines Vaters widerspiegelte dieser Beschluss den Wunsch Truong Chinhs, den Krieg - ohne Rücksicht auf die realen Gegebenheiten - abzukürzen. Dass mein Vater diesen Wunsch als zeitlich ungünstig betrachtete, wusste Herr Ho. Er erklärte: "Wir nennen überhaupt keinen Zeitpunkt für die allgemeine Gegenoffensive. Der Widerstandskrieg ist schwer genug. Man muss die Menschen anspornen, in Richtung Zukunft zu gehen."

In vielen Bereichen des Widerstandskampfs war die Einstellung meines Vaters der von Vo Nguyen Giap sehr ähnlich. Die beiden stimmten Truong Chinhs Losung "Den Widerstandskrieg führen durch dem Erdboden gleichmachen" nicht zu. *"Menschenleere Gärten und Häuser"* würden ausreichen. Wenn der Feind es als nötig erachte, würde er auf einem brachliegenden Feld einen Stützpunkt oder sogar einen Komplex von Stützpunkten aufbauen können. Wenn er es nicht brauche, würde er eine komplett existierende Stadt nicht einnehmen. Die Taktik *"Menschenleere Gärten und Häuser"* wäre richtig gewesen.

Von den Städten Vinh, Thanh Hoa, Tuyen Quang und Thai Nguyen, in welche die Franzosen entweder gar nicht oder nur kurze Zeit einmarschiert waren, blieben nur noch zerbrochene Ziegel zurück.

Nach der oben genannten Offizierskonferenz in Phu Tho kam Vo Nguyen Giap in die Hütte zurück, in der sich mein Vater befand, und setzte sich. Als er das traurige Gesicht Vo Nguyen Giaps sah, fragte mein Vater:

"Was hat es gegeben?"

"Ich bin erwachsen, aber dumm." Vo Nguyen Giap seufzte. "Der Than (Truong Chinh) hat uns dumme Empfehlungen gegeben. Ich hatte gewusst, dass sein Beschluss nichts taugt. Ich war kaum mit meinem Berichtvortrag fertig und konnte mich noch gar nicht richtig hinsetzen, da wurde ich schon von Nguyen Son so *niedergeschmettert*, dass ich nicht einmal Atem holen konnte."

Er berichtete meinem Vater, wie er von Nguyen Son, dem als ehemaliger General der chinesischen Roten Armee einzigen Ausländer, *geschlagen* wurde (i.S.v. vorgeführt – Anm. d. Überarb.). Mein Vater lachte herzlich:

"Und hat er Euch richtig *geschlagen?*" fragte mein Vater.

"Ja, richtig!" bekannte Vo Nguyen Giap offen. "Eine Schande."

Generalmajor Nguyen Son war bekannt für seine Unerschrockenheit. Er hatte vor niemandem Respekt, und wenn er zornig wurde, benutzte er unanständige Worte. Bei dieser Konferenz sagte er dem Oberbefehlshaber direkt ins Gesicht: "Wenn in diesem Moment von einer allgemeinen Gegenoffensive gesprochen wird, dann ist das ein Zeichen dafür, dass man hier von Kriegsführung überhaupt nichts versteht. Überprüfen wir doch mal! Was haben wir denn in der Hand, um nach einer allgemeinen Gegenoffensive zu verlangen? Ein Sch... von allgemeiner Gegenoffensive!!"

Von meinem Vater hörte ich diese Geschichte viel später, nämlich zum Zeitpunkt der 9. Konferenz der Zentrale. Die Stimme von General Giap hatte Gewicht. Wenn er damals konsequent geblieben wäre, dann hätte das Politbüro die Zentrale nicht in Richtung Maoismus lenken können.

Herr Ho war nach Ansicht vieler Leute nicht pro-chinesisch. Pham Van Dong neigte in Richtung Mehrheit. Truong Chinh entwarf diesen Beschluss auf Anweisung von Le Duan, d.h. er stand auf der Seite von Le Duan und Le Duc Tho.

"Wir wollen sehen, ob Van (Vo Nguyen Giap) es wagt, gegen den (Le) Duan und den (Le Duc) Tho aufzutreten", sagte mein Vater. "Sein Charakter ist so: Wenn der andere laut spricht, dann schweigt er. Es ist zum Verzweifeln."

Der Verlauf der Ereignisse fand genauso statt, wie es mein Vater vorausgesagt hatte. Von Anfang an schwieg Vo Nguyen Giap in der Sitzung des Politbüros, die der Konferenz des Zentralkomitees vorausging.

Anfang Dezember 1963 suchte General *Le Liem* den Staatspräsidenten auf, um ihm seine Besorgnis über die möglichen Probleme darzulegen, die sich ergeben könnten, wenn Vietnam in den Kampf zwischen den zwei sozialistischen Großmächten einbezogen würde. Einen solchen Zustand könne Vietnam, das sich im Krieg befand, gar nicht gebrauchen. Er beschwerte sich darüber, dass leitende Funktionäre des *Propaganda-Schulungs*-Blocks wie *To Huu* (Mitglied des Politbüros), *Hoang Tung, Luu Quy Ky* ... überall auf die Sowjetunion schimpften, auf das Land, das Vietnam im Kampf gegen die Amerikaner half.

Herr Ho hörte General Le Liem nachdenklich zu und sagte:

"Wir nennen *sie* (die Sowjetunion - Anm. d. Übers.) Brüder, wir bitten *sie* Jahr für Jahr um Hilfe. Und wir schimpfen auf *sie*, das ist sehr schlecht."

"Aber das ist der Sinn dieses Beschlussentwurfs."

"Sprecht bitte bei der Tagung! Ich unterstütze Euch."

Le Liem war bei der Tagung jedoch der einzige, der vor den gleich-gültigen Zuhörern einen Vortrag gegen die pro-chinesische Politik hielt. Vo Nguyen Giap schwieg mit gesenktem Kopf. Ab und zu bewegte er sich. Le Duan spitzte den Mund. Le Duc Tho wirkte zornig. Die bereits schlechte Atmosphäre wurde nach Beendigung von Le Liems Vortrag noch schlechter. Der General blickte auf Herrn Ho Chi Minh in Erwartung unterstützender Worte. Aber Herr Ho wich seinem Blick aus und drehte sich in eine andere Richtung.

"Was mich überraschte, war, dass der Onkel (gemeint: Ho Chi Minh) sein Wort nicht gehalten hat", schloss Le Liem. "Ich weiß nicht, aus welchem Grund. Denn als ich berichtet habe, hat er aufmerksam zugehört. Dann hat er eine Weile überlegt, bevor er mir antwortete. Er hat weder leichtfertig noch aus Gefälligkeit geantwortet... Es gibt etwas, das mir unverständlich ist."

Das war unsere letzte Zusammenkunft. Ich sah ihn nie wieder.

Ich erinnerte mich noch, wie wir uns im Herbst 1952 auf dem *Cun*-Pass begegnet waren. Auf dem Weg von *Hoa Binh* nach *Vu Ban* über den Cun-Pass gab es eine freie Strecke von etwa 4 Kilometern. Plötzlich erschienen gegnerische Flugzeuge, flogen ganz niedrig und schossen auf die Leute, ganz gleich, ob einzelne oder in Gruppen gehende, ob Fußgänger oder Radfahrer. Viele Leute kamen dabei um. Diese Stelle wurde deshalb das *Todestor* genannt. Auf meinem Weg nach Nordvietnam ging ich in der Dämmerung durch dieses Todestor. Auf dem höchsten Punkt des Passes machte ich Rast mit der Absicht, am nächsten Morgen hinabzulaufen. Unter den Rastenden in der Hütte war auch ein junger Mann mit heller Haut und einem klugen Gesicht. Als er mich aufmerksam lesend neben der Flamme in der Küche fand, setzte er sich neben mich:

"Was hat der Genosse da für ein Buch?"

Ich zeigte ihm den Buchdeckel. Es war "Der Frühling in Sakenne" auf Französisch. Seine Augen leuchteten hell auf.

"Darf ich einen ganz kurzen Blick hineinwerfen?" schlug er schüchtern mit hell leuchtenden Augen vor.

Er hatte Begleitpersonen bei sich, müsste also mindestens Regimentsführer oder ein Stellvertreter des Regimentsführers sein, dachte ich.

"Ich habe dieses Buch, das auch sehr gut ist. Wollen wir tauschen?" feilschte er, als er das Buch an mich zurückgab.

Er brachte das Buch "Die junge Garde" des sowjetischen Schriftstellers Alexander Fadejew, das zu jener Zeit sehr begehrt war. Bei einem Tausch hätte ich einen Vorteil gehabt. Ich wollte aber "Der Frühling von Sakenne" zu Ende lesen. Deshalb sagte ich ihm, ich würde tauschen, wenn ich das Buch bis morgen beendet hätte. Er ließ mir von seiner Begleitung eine Sturmlaterne bringen, die mit schwarzem Papier umhüllt wurde. In das Papier machten wir ein Loch, so dass ich knapp, aber ausreichend Licht zum Lesen bekam.

In der Morgendämmerung trennten wir uns. Da erst erfuhr ich, dass es Herr *Le Liem,* der Leiter des Amtes für die Miliz war. Als junger Mensch las ich wie meine Gleichaltrigen mit Begeisterung Bücher der sowjetischen Literatur. Sie waren aber rar. Einige bekannte Bücher waren: Die junge Garde von A. Fadejew, Die Mutter von M. Gorki, Der Stern von E. Kasakewitsch, Der Leidensweg von A. Tolstoi.... Auf Le Liem traf ich später wieder, als er keine militärische Tätigkeit mehr ausübte und seine Zivilarbeit als Stellvertreter des Ministers für Kultur und als Leiter des Filmressorts aufnahm. Als wir von unserer Begegnung und dem Büchertausch auf dem Cun-Pass sprachen, meinte er, dass er dabei den Kürzeren gezogen hätte. "Der Frühling von Sakenne" sei äußerst schwach.

Für diese Führungsaufgabe im Filmressort waren viele Kenntnisse, insbesondere Fachkenntnisse, erforderlich. Le Liem besaß diese nicht. Doch im Gegensatz zu vielen anderen Funktionären, die *die Fahne schwenkten,* wenn sie einen Führungsposten erhielten - unabhängig davon, ob sie fähig waren oder nicht -, verlangte Le Liem von mir abgekürzte Vorlesungen über die Charakteristika des siebenten Kunstgenres, die Geschichte der internationalen Filmkunst und über andere Probleme der Kultur und Kunst. Er hörte aufmerksam zu und machte sich wie ein Schüler sorgsam Notizen.

Um die Musik zu verstehen, studierte er Musiktheorie und Klavierspiel. Später wurde er ein gar nicht so schlechter Amateurpianist. Ich kannte keinen höheren Funktionär, der so lerneifrig war wie er. Le Liem war ein Beispiel für jene Kommunisten, die die Intellektuellen achteten. Sie begriffen, dass der Sozialismus ohne die Intellektuellen nichts weiter als ein schönes Trugbild in den Köpfen der an Landbesitz armen und der landlosen Bauern bedeutete. Durch seinen Lerneifer kam Le Liem an das Moderne, das Fortschrittliche heran und versuchte nie, falsche Traditionen beizubehalten. Er diskriminierte auch nicht diejenigen Schriftsteller und Künstler, die von der Partei verfolgt wurden.

"Jeder Mensch hat seine eigene Meinung. Man weiß nicht, welche Meinung besser ist. "Wenn es die Wahrheit ist", sagte Le Liem, "dann hat die Wahrheit den gleichen Wert, ob sie aus dem Mund des Kaisers oder dem der Nutte kommt."

Huynh Ngu beurteilte meinen Bericht über Armeegeneral Vo Nguyen Giap abfällig.

Ich antwortete, dass ich nichts aus der Luft greifen könne.

"Wer verlangt, dass Ihr etwas aus der Luft greifen sollt? Ihr seid jedoch nicht ehrlich. Ich weiß, dass Ihr von vielen Dingen nichts wisst. Doch eines steht fest: dass Ihr vieles von den Leuten gehört habt, es aber nicht berichten wollt. Das würde Euch im Grunde genommen schaden."

Es war nicht zu erraten, wie er sich verhalten haben würde, wenn ich die Wahrheit berichtet hätte: dass die - von ihm als Revisionisten bezeichneten - Menschen sich keinerlei Illusionen über General Giap machten. Ich dachte, dass er das nicht glauben würde. Aber es entsprach der Wahrheit: überhaupt niemand setzte Hoffnung auf General Giap.

Huynh Ngu las zu Ende und forderte mich auf, die einzelnen Seiten wie üblich zu unterzeichnen.

"Zum wievielten Male habe ich Euch gesagt, dass Ihr auch Gerüchte niederschreiben sollt; aber genau wie schon all die anderen Male habt Ihr in diesem Bericht nichts davon geschrieben", murmelte er. "Vergesst Ihr es oder versteht Ihr nicht oder wollt Ihr nicht verstehen?"

Es gab noch einen Punkt, den er nicht kannte und von dem ich ihm nichts erzählen wollte: General Giap war sehr einsam. Er wurde von seinen Bekannten nicht wie ein guter Freund behandelt. Man konnte keinen Menschen benennen, der für ihn sowohl im Privatleben als auch bei seiner revolutionären Tätigkeit als guter Freund galt. Die ihm als dem Armeegeneral unterstellten Mitarbeiter sahen in ihm einen arroganten Menschen. Man zog General *Van Tien Dung* vor, der seine Mitarbeiter menschlicher behandelte.

"In diesem Bericht habt Ihr keine einzige Zeile über die *Kerle* Dang Kim Giang, Le Gian, Le Liem, Bui Cong Trung ... geschweige denn über Vo Nguyen Giap geschrieben. Diese Leute kommen doch bestimmt nicht umhin, von ihrem General zu sprechen, stimmt's?" Huynh Ngu versuchte mit jedem Tag mehr Boden zu gewinnen. Er wünschte sich, dass ich der Polizei als waschechter Spitzel dienen sollte.

"Wenn Gäste zu Euch zu Besuch kommen, müsst Ihr doch Euren Vater bedienen, oder nicht? Ihr müsst manches gehört haben, wenn nicht über die eine Sache, dann eben über die andere. Anders kann es nicht gewesen sein."

Während Huynh Ngu versuchte, von mir die Wahrheit zu erpressen, sah er mich unverwandt von ganz nah mit blinzelnden Augen an, deren Lider sich über seine nicht völlig gesunden Augäpfel bewegten. Ich musste dabei meinen Atem anhalten, um seinem übelriechenden Mundgeruch zu entgehen.

"Ich habe schon mehrfach erklärt, dass die Verhaltensregeln im Norden es

301

nicht zulassen, dass die Kinder die Gespräche ihrer Eltern belauschen", sagte ich. "Übrigens habe ich auch nicht die Absicht, zu horchen, um es danach jemand anderem zu erzählen."

In meinem Innersten wollte ich ihm am liebsten entgegnen: "Selbst wenn ich es wüsste, würde ich es dir nicht sagen."

"Nun gut. Ich frage Euch gerade heraus: Wann und wo habt Ihr von den Leuten, deren Namen ich eben erwähnt habe", betonte er schwer atmend die einzelnen Silben, "dieses Wort gehört?"

Ich sah ihm unverwandt in sein angespanntes Gesicht.

"Welches Wort?"

"Umsturz!"

20

Umsturz?!

Endlich gelangte man bei der Frage an, um die man nicht herumkommen konnte. Diese Frage hätte man mir aus meiner Sicht zuallererst und gleich zu dem Zeitpunkt stellen müssen, als man mich in den *Feuerofen* brachte. Sie war die eigentliche Achse, um die sich alles drehte. Ohne sie hätte man kein Gerichtsverfahren so großen Ausmaßes auf den Weg bringen können. Um eine Reihe von bekannten Funktionären einzusperren, unter denen sich auch revolutionäre Veteranen befanden, konnte es sich die Clique Le Duan - Le Duc Tho nicht leisten, als Beschuldigung lediglich solche Bagatellgründe wie "Verleumdung des Regimes" anzuführen, auch dann nicht, wenn in verschiedenen Konzentrationslagern Jahr für Jahr unzählige Bürger unter einer derartigen Beschuldigung festgehalten wurden.

Hinsichtlich eines Umsturzplanes gab es zwei Fragen, die ich mir stellte.

Erstens: Hatten sich die inneren Widersprüche der damaligen Gesellschaft bereits so weit entwickelt, dass das Bedürfnis nach einem Wechsel des bestehenden Regimes oder der machthabenden Führung mittels eines Umsturzes entstand?

Die Antwort war: Nein. Das Volk fühlte sich zwar durch die harte Hand der Regierung frustriert, versuchte aber, sie zu ertragen und sich selbst mit dem Argument zu trösten, dass noch Kriegszustand herrsche und dass sich das Leben nach dem Sieg ändern würde.

Zweitens: Wenn es einen Umsturzplan gegeben hätte - wer hatte einen Umsturz vor und hatte auch die realistische Möglichkeit zu dessen Durchführung?

Die sogenannten regimefeindlichen reaktionären Kräfte, welche aus Menschen bestanden, die entweder Beziehungen zur ehemaligen Kolonialadministration gehabt hatten oder Mitglieder von existierenden bzw. nicht existierenden Parteien gewesen waren, waren durch das unnachgiebige Schwert der Diktatur des Proletariats sowieso vernichtet worden. Jede Widerstandsabsicht war doch im Keim erstickt worden. Eine Umsturzmöglichkeit von dieser Seite war also ausgeschlossen.

Somit blieben nur noch unorthodoxe Kommunisten übrig, die von den orthodoxen verdächtigt wurden. Nur sie hätten die Fähigkeit gehabt, die Massen um sich und um die Fahne der gerechten Sache zu scharen. Und auch nur sie wären in der Lage gewesen, einen Umsturz durchzuführen.

Es klingt wie ein Paradoxon, aber diese Leute dachten niemals an einen Umsturz. Für sie gab es nur die Wahl zwischen zwei Möglichkeiten:

entweder dem undemokratischem Sozialismus, wie er in der gegenwärtigen Gesellschaft vorgeführt wurde, oder dem noch nicht existierenden demokratischen Sozialismus, der ihnen Anstrengungen und Entschlossenheit in Richtung Reform abverlangen würde.

Das Land befand sich allerdings im Kriegszustand. Ein Umsturz hätte einen Dolchstoß in den Rücken des Kriegsführers, also der kommunistischen Partei bedeutet, die bis dahin immer noch ihre Partei war. Ein Umsturz hätte auch den Sozialismus beseitigen können, der eigentlich demokratisiert werden sollte. Obwohl mit den Machthabern in Hinsicht auf verschiedene Aspekte Uneinigkeit herrschte, dachten diejenigen, die dieser angeblichen Umsturzpläne verdächtigt wurden, deshalb noch nie an einen solchen.

Allein die Tatsache, dass die führenden Kräfte der kommunistischen Partei bis heute immer noch wortreiche Argumente vorbringen müssen, um sich für die nun schon vierzig Jahre zurückliegenden Verhaftungen zu rechtfertigen, zeigt, in welcher Verlegenheit sie sich der Öffentlichkeit gegenüber befinden. Diese führenden Kräfte müssen sich außerdem umso häufiger rechtfertigen, je länger sie noch auf den entsprechenden Stühlen sitzen dürfen. Ich benutze den Begriff "sie", um damit die Anhänger der damaligen Machthaber zu bezeichnen, die in der Vergangenheit Anteil am Blutvergießen und am Profit hatten und die nun die neue Führung bilden, die sich vor der Möglichkeit des Verlustes ihrer neu ergatterten einflussreichen Posten fürchtet. "Sie", die neuen Machthaber, sind die Nachfolger der echten Putschisten, Haupttäter der grausamen Unterdrückungsmaßnahmen zu Beginn des Jahres 1967.

"Sie" haben Angst davor, dass das damalige Verfahren wieder ans Licht gebracht wird, was zu einem Erfolg der Forderung nach Demokratie und Rechtsstaatlichkeit und zur unausweichlichen Beendigung der Parteidiktatur führen würde.

Die Machthaber posaunten herum, dass Leute eingesperrten worden wären, weil sie aus Gründen ihrer Unzufriedenheit einen Standpunkt vertraten, welcher dem der Partei entgegengesetzt war, und weil sie außerdem für ihre Verdienste in der Vergangenheit größere Privilegien forderten. Das war eine glatte Verleumdung.

Die Wahrheit aber war folgende: instinktiv und spontan bildete sich eine Welle der Opposition gegen die Unterdrückung der Menschenwürde.

Es war der Aufstand aller Menschen mit Selbstachtung, die nach ihrem Recht auf Leben und auf Menschsein verlangten.

Unter der stählernen Dynastie von Duan-Tho hatte dieser Aufstand der ungehorsamen Funktionäre jedoch eine ruhige Form. Er vollzog sich durch die Verbreitung der eigenen Meinung mit dem Wunsch, dass diese von der Führung akzeptiert werden würde. Dies gehörte zu den friedlichsten und gutmütigsten Kampfarten, die keinerlei Unterdrückung verdienten.

Le Duan verhielt sich übermäßig vorsichtig, indem er seinen Genossen

Stillschweigen auferlegte. Allein mittels der Beschlüsse, die unter dem Druck der falschen Mehrheit und durch hinterlistige Tricks der *Organisationsmaschinerie* zustande kamen, konnte kein einziger Parteitag, geschweige denn die Tagungen der Zentrale etwas Neues zur Welt bringen.

Die Vorgehensweise des Zentralen Organisationsausschusses zur Durchführung von Parteitagen war folgende: die von den Basisebenen ausgewählten Delegierten mussten einer "Überprüfung der Delegierteneigenschaften" unterzogen werden, bevor sie als Delegierte offiziell anerkannt wurden. Diese "Überprüfung der Delegierteneigenschaften" gehörte zur Kompetenz des Zentralen Organisationsausschusses. Dadurch konnte Le Duc Tho als Chef dieses Ausschusses jede Person beiseiteschieben, die der regierenden Führung nicht passte, so dass diese Führung bei der darauffolgenden Wahlperiode immer wieder an der Macht bleiben konnte.

Es stelle sich eine zusätzliche Frage: wozu hatten Le Duan und Le Duc Tho es nötig, ein solches Theaterstück zu inszenieren und damit - wenn auch vergebens - die revolutionären Veteranen zu beschmutzen, deren kampferfüllte Leben doch einen Beweis ihrer unermesslichen Treue zur Revolution bedeuteten, wenn nicht zu dem Zweck, dass diese beiden das Sprichwort "Die große Brust mit Muttermilch verschließt den Mund des Babys" in die Tat umsetzen wollten?

Anhand der mir vorliegenden Daten konnte eine überzeugende Antwort auf die gestellte Frage nur so lauten: die Eile, mit welcher der Teufel eines misslungenen Umsturzes an die Wand gemalt wurde, kam aus der Erwägung heraus, einen Präventivschlag gegen potentielle Gegner zu führen, noch bevor diese zu realen Gegnern hätten werden können.

Auch wenn es den Anschein hatte, so bezogen sich die Befürchtungen der Allianz Duan-Tho nicht auf die alten Funktionäre. Deren Sorgen waren konkret und diese Gegner für aller Augen sichtbar. Der eigentliche Grund aber, der Duan und Tho *beim Essen und Schlafen* beunruhigte, war der vietnamesische Geist, der den fortschrittlichen revolutionären Persönlichkeiten und den Intellektuellen innewohnte, wodurch sie eine Kraft bildeten, die eine latente, nie erlöschende Flamme der Forderung nach Freiheit und Demokratie und eine ernsthafte Bedrohung für die Allianz darstellte.

Dieser potentielle Gegner würde sie - die Vertreter einer im Volk verhassten und das Volk anekelnden Diktatur - beseitigen, sobald sich eine jener revolutionären Situationen ergeben würde, die meistens im Zusammenhang mit großen Veränderungen in der gesamten Welt stehen.

Die Veteranen der Revolution und die bekannten Intellektuellen bildeten die einzige Fahne, die eine starke Anziehung auf die Bevölkerung ausübte, die es nach Demokratie und Menschenrechten dürstete. Diese Fahne hätte die Möglichkeit, sich in eine Kraft zu verwandeln, die unerwartet alles umkehren würde, wenn sich die internationale Lage zu Ungunsten Chinas und damit auch zu Ungunsten Vietnams entwickeln würde. Duan und Tho waren offenbar schlau genug, um zu verstehen, dass dies durchaus im Bereich des Möglichen lag. Im Dezember 1963, als die 9. Beschlüsse (Beschlüsse der 9. Tagung des ZK - Anm. d. Übers.) verabschiedet wurden, war die Situation eine völlig andere als Ende 1967.

Um der schlechtesten aller möglichen Varianten zu begegnen - also für den Fall des Bankrotts der Politik Mao Zedongs mit ihrem großen Sprung und ihrer großen proletarischen Kulturrevolution, die zu einem Wechsel der Führung der kommunistischen Partei Chinas oder, in einem bedeutsameren Maße, zu einem Wechsel des gesellschaftlichen Regimes in China und damit notwendigerweise zu einer ähnlichen Veränderung in Vietnam führen würde - spielte man Vabanque, indem man eine Reihe von Funktionären und Offizieren inhaftieren ließ, um damit den Eindruck eines tatsächlichen Umsturzplans zu erwecken.

Die Methode, mit welcher Mao Zedong seine potentiellen Nachfolger unter den Generälen beseitigte, wurde von Le Duan und Le Duc Tho als wertvoll betrachtet. Die Männer, die sich auf ihre Stühle hätten setzen können, waren Vo Nguyen Giap und solche Funktionäre, die der sogenannten zentralen *Kadergruppe* zugeordnet wurden. *Diese bestand aus Kadern mit langjähriger revolutionärer Tätigkeit, die in dem Fall, dass ein Posten vakant wurde, in das Zentralkomitee nachgerückt wären.* Das beste Mittel, um einen solchen Gegner zu vernichten, war die Inszenierung eines Umsturzplans. Wenn angeblich ein Umsturzplan entworfen wurde, so waren Beweise dafür nicht unbedingt notwendig. (Selbstverständlich wäre es besser gewesen, falsche Beweise zu erfinden.) Deshalb machte man die Sache halb geheim und halb öffentlich. Das Ganze sollte der Bevölkerung, die sich die Augen verbunden und die Ohren zugestopft hatte, wie ein begründetes Gerücht erscheinen. Es reichte aus, von einigen ängstlichen Personen unter den Opfern der Kampagne *Unterdrückung der Reaktion* Angaben darüber zu erzwingen, dass sie an einen Umsturz gedacht und mit anderen Leuten darüber gesprochen hätten.

Hoang Van Hoan, *Mitglied des Politbüros der KPV und Botschafter Vietnams in Peking, der später wegen Meinungsverschiedenheiten mit der Parteiführung verfolgt wurde, ins Ausland flüchtete und in China starb,* irrte sich gewaltig, indem er Le Duan als Chruschtschow-Anhänger, Revisionisten und Mao-Gegner einschätzte. In Wirklichkeit stand Le Duan Herrn Hoang Van Hoan näher als irgendjemandem der damaligen Parteiführung. Beide waren, ideologisch gesehen, kleine Maos. Beide hatten die gleiche politische Richtung, die gleiche Vorstellung von einem Gesellschaftssystem und die gleiche Methode der Machtausübung. Sie vertrugen sich jedoch nicht und hatten keinen Kontakt miteinander, und das aus vollkommen anderen Gründen. Hoang Van Hoan besaß noch die Eigenschaften des alten konfuzianischen Literaten. Ihm war das gesellschaftliche Modell Maos sympathisch, das seiner Meinung nach erst den Erfolg der proletarischen Revolution sichern konnte.

Le Duan dagegen war ein Pragmatiker der neuen Zeit. Er sympathisierte mit dem Mao-Modell, weil es ihm den Stuhl des Diktators sicherte. Die Le Duan-Kenner waren der Meinung, dass Hoang Van Hoan den Charakter Le Duans völlig richtig einschätze. Nach seinem Urteil gingen Le Duans Ambitionen ins Unermessliche. Dass dieser in großer Eile Ho Chi Minh entmachtete, war ein Beispiel für diese Ambitionen. In seinen Handlungen war Le Duan rationell. Er akzeptierte keine zwischenmenschlichen Beziehungen. Er arbeitete mit niemandem zusammen, ohne dabei zugleich an die Beseitigung des Betreffenden zu denken. Wenn Le Duc Tho später Le Duan untreu wurde, so war dies nur der Versuch, dem Gegner zuvorzukommen. Der ständige Wechsel der politischen Farbe - wie bei einem Chamäleon - war bei Le Duan eine andere Sache. Das gehörte zu seinem betrügerischen Wesen (*nach dem Buch "Ein Tropfen im Ozean" von Hoang Van Hoan*).

Kurz bevor wir mit gefesselten Händen in das Gefängnis *Feuerofen* geführt wurden, war Le Duan von einem Besuch in der Sowjetunion zurückgekehrt. Im Kreml hatte er lautstark erklärt, das die Heimat der Oktoberrevolution das zweite Vaterland der vietnamesischen Kommunisten sei und geschworen, die Freundschaft zwischen den beiden Ländern wie seinen eigenen Augapfel schützen zu wollen. Zur gleichen Zeit lief jedoch die Propagandamaschinerie im Inland auf Hochtouren, um das totalitäre System zu lobpreisen und denjenigen Verfolgung anzudrohen, die sich ein Vietnam wünschten, das wie in der Sowjetunion den angeprangerten Weg der Demokratie gehen solle. Diese Leute wurden als *pro-sowjetisch* bezeichnet. Während der *internen* Schulungen setzten die Le Duan-Anhänger die Kritik gegen die Beschlüsse des XX. Parteitags der KPdSU fort. Sie bezeichneten die Politik der Zeit nach Chruschtschow als den Chruschtschow-Revisionismus ohne Chruschtschow. Zum Schein brachten sie formell einige Sätze gegen Mao vor, während ihre Unterdrückungsorgane bereits den Befehl erhielten, die Revisionisten eilig in den Gefängniszellen zu sammeln.

Während meiner Gefangenschaft hörte ich Gerüchte über Unstimmigkeiten zwischen den "chinesisch-vietnamesischen Brüdern". Herr Ho Chi Minh hatte einen berühmten Satz über diese Freundschaft gesagt: "Vietnam und China sind zueinander wie Lippen und Zähne. Wenn die Lippen nicht dicht schließen, frieren die Zähne." Als die beiden Seiten später (1979) mit Schlägen, Gewehren und Kanonen gegeneinander vorgingen, gab man diesem Satz einen zweiten, einen bildlichen Sinn, nämlich den, dass der alte Herr (Ho Chi Minh) sehr schlau sei, weil er weit in die Zukunft sehen könne. Er habe intelligenter weise Vietnam und China mit nichts anderem verglichen als mit Lippen und Zähnen: Wenn die Lippen nicht schließen, dann frieren die Zähne, das sei richtig. Wenn aber die Zähne die Lippen bissen, so könnten die Lippen der Schmerzen wegen nichts anderes tun als sich zurückzuziehen.

Duan und Tho waren nicht so dumm, ruhig zu bleiben und auf die unabwendbare Schlussfolgerung zu warten, dass sie ihren Fehler eingestehen müssten, der darin bestand, die maoistische Politik gewählt zu haben. Ein solches Eingeständnis des eigenen Fehlers in der Staatsführung hätte das Ende der eigenen Karriere bedeutet. Die daraus resultierende Folge wäre nichts anderes gewesen als ein Personenwechsel in der Parteiführung - Leute, die Fehler machten, mussten ihre Plätze für andere räumen.

Der Fehler trat immer deutlicher zutage und nahm konkretere Züge an. Obwohl die Partei mit allen Mitteln die Lage zu verschleiern versuchte, verstanden die Menschen ganz genau, was im eigenen Land passierte - gestützt auf ihre Gewohnheit, die Informationen der Monopol-Medienanstalten genau andersherum zu verstehen. Durch die Erzählungen von registrierten Flüchtlingen aus China über die Situation in deren Land begriffen die Menschen auch gut, was im Nachbarland China vorging. Die Vietnamesen brauchten nicht darüber nachzudenken, ob die Politik Maos richtig oder falsch war. Sie verstanden diese Politik in der pragmatischen Art des alltäglichen Lebens. Niemand wollte so ein Leben wie das der *Brüder* und *Schwestern* jenseits der Grenze, ein Leben im permanenten Bruderkrieg, ein Leben mit verfallener Moral, in dem Kinder die Eltern und Frauen ihre Ehemänner denunzierten.

In der Bevölkerung verbreiteten sich Gerüchte, wonach die chinesische Armee in den Grotten unserer Gebirge viele geheime Waffenlager errichte. Wozu war das gut, wenn doch die Waffen in der Nähe der Militärlager in Hütten gelagert werden konnten? Wozu nahmen die chinesischen Armeelager größere Flächen als notwendig ein? In der Gegend der Bergwerke von Quang Ninh maßte sich die chinesische Armee an, sowjetische Geologen in Haft zu nehmen, die sich aus Versehen in das Terrain ihrer Lager verirrt hatten. Erst nach aktiver Vermittlung der vietnamesischen Behörde wurden diese Experten wieder entlassen. Sie suchten daraufhin den Ministerpräsidenten Pham Van Dong in Hanoi auf: "Wenn wir, sowjetische Bürger, in Vietnam arbeiten und dazu auch einen Antrag auf chinesische Visa stellen müssen, dann möchten wir vorher darüber informiert werden, damit ähnliche Fälle nicht wieder vorkommen."

Das waren Tatsachen, die uns Journalisten bekannt waren. Es gab noch weitere Gerüchte: Chinesische Militärs und Spezialisten kamen nach Vietnam mit Familienbüchern, mit deren Hilfe Schätze gesucht wurden. Riesige Goldschätze wurden zu Tage gefördert. Aus dem Gold wurden Gegenstände in Form von Schaufeln und Hacken hergestellt, die dann schwarz angestrichen und nach China gebracht wurden. Chinesische Ingenieure und Arbeiter, die Vietnam beim Bau des Wärmekraftwerks Ninh Binh halfen, markierten ein ungewöhnlich großes Territorium als ihr Verwaltungsgebiet. Erst später erfuhr man, dass sie dort nach Goldschätzen suchten, die von ihren Vorfahren in der Zeit der Eroberung Vietnams (111 vor Christus bis zum 10. Jahrhundert. - Anm. d. Übers.) versteckt worden waren. Und das geschah nicht nur in Ninh Binh. Dass Chinesen ihre Schätze versteckt hätten, gehört zu den Legenden und den mündlich überlieferten Märchen, die Jahrhunderte überdauern und die ich seit meiner Kindheit zu Gehör bekam. Die Tatsache, dass nun die Chinesen Familienbücher mitnahmen und auch, welche Schätze sie fanden, wurde von der Bevölkerung wahrgenommen und war über jede Überprüfung erhaben.

Die Tatsache, dass die Kommunistische Partei Vietnams die chinesische Armee in ihren eigenen Staat einlud, war jedem bekannt. Ich muss hier präzisieren: "Die Kommunistische Partei Vietnam lud die chinesische Armee nach Vietnam ein", denn die Anwesenheit der chinesischen Armee in Vietnam wurde bisher so verstanden, als ob sie der vietnamesische Staat eingeladen hätte. Es gab aber nie ein staatliches Dokument darüber, auch wenn der vietnamesische Staat nach wie vor im Dienst der Partei stand. Ab und zu gab die vietnamesische Nachrichtenagentur eine Erklärung ab, in der Informationen aus dem Ausland über die Anwesenheit der chinesischen Armee in Vietnam als unrichtig zurückgewiesen wurden.

Aufgrund meiner Arbeit als Journalist befand ich mich oft in den Gegenden, in denen es chinesische Truppen gab. Sie waren in der gesamten Bergwerksgegend Quang Ninh, im gesamten autonomen Gebiet Viet Bac, in einem Teil der Zone Tay Bac (Nordwest) und entlang der Nationalstraße Nr. 1 bis Yen So (südlich von Hanoi) stationiert. Ich hatte die Gelegenheit, zahlreiche Beschwerden darüber zu hören, dass die Partei und der Staat die chinesischen Truppen in das eigene Land einmarschieren ließen. Im Vertrauen darauf, dass ich als erfahrener Funktionär Antworten haben würde, stellten mir die Menschen dazu Fragen, die sie quälten. Leider konnte ich ihnen jedoch nichts sagen, da ich selbst die eigenmächtige Vorgehensweise von Duan und Tho nicht verstand. Ein solches Verhalten konnte nur von verrückten Menschen stammen.

Dass "Onkel (Ho Chi Minh) und das Zentralkomitee den Vorsitzenden Mao (Zedong) um die Entsendung der chinesischen Truppen zum Schutz Nordvietnams bitten" (nach dem Buch "Ein Tropfen im Ozean" von Hoang Van Hoan), war allen bekannt. Der Wunsch zum Schutz unseres Vaterlands durch die Einladung von Räubern wurde weiterhin durch die Erklärung des Ministerpräsidenten Pham Van Dong über die Anerkennung der chinesischen Gewässer-hoheit in einem offiziellen Schreiben an (den chinesischen) Ministerpräsidenten Zhou Enlai im Jahr 1958 zum Ausdruck gebracht, in dem die chinesische Hoheit über die Inselgruppen Hoang Sa und Truong Sa bestätigt wurde. Dies geschah mit der Absicht, dass diese beiden Inselgruppen nicht in die Hände der Republik (Süd-) Vietnam geraten sollten.

Unter den revolutionären Veteranen gab es den buddhistischen Priester Thien Chieu. Von der buddhistischen Bevölkerung und den buddhistischen Geistlichen im Süden war er sehr geschätzt. Von der Kolonialbehörde wurde er als parteiloser Patriot auf die Insel Poulo Condor (Con Dao) verbannt. Hier fanden zwischen ihm und Kommunisten lange und knallharte Gespräche über die Zukunft der Nation statt. Dem roten Professor *Bui Cong Trung* gelang es, den Priester umzustimmen, und dieser entschloss sich, der kommunistischen Partei beizutreten. "Keine Organisation war für die damalige Sache der nationalen Befreiung besser", sagte er. Als der Widerstandskampf gegen die Franzosen beendet war, ging er in den Norden. Wegen seiner fundierten Kenntnisse der chinesischen Sprache wurde er als Experte für die vietnamesische Sprache zum Fremdsprachen-Verlag nach China delegiert.

Im Jahr 1963 - d.h. vor den 9. Beschlüssen, also den Beschlüssen der 9. Tagung des Zentralkomitees (Anm. d. Übers.), teilte dieser Priester der Zentrale in einem Schreiben mit: "Ich möchte Flügel bekommen, um zu Euch zu fliegen und Euch zu empfehlen, Mao Zedong nicht zu glauben. Er ist ein gefährlicher Teufel ..." Er wurde zurückbeordert und lebte danach in einer kleinen Kammer. Zum Tet-Fest (Frühlingsfest) des Jahres 1965 besuchte ihn der stellvertretende Minister für Kultur *Ha Huy Giap.* Er fragte den Priester, weswegen zu diesem Fest keine Räucherstäbchen angezündet wurden. Der betagte Thien Chieu lief empört in seiner engen Kammer auf und ab und rief: "Was habe ich zum Feiern? Ich muss des *Quang Trung* gedenken! Wie viel Blut und Leben haben unsere Vorfahren verloren, um die Aggressoren aus dem Land zu jagen?" *Er meinte damit den Sieg, den Kaisers Quang Trung im Zeitraum des Tet-Festes des Jahres 1789 über die chinesische Truppen errungen hatte, und damit deren Vertreibung aus unserem Land.* "Heute holen die Kinder und Enkelkinder mit Schnaps und Fleisch die Eroberer ins Haus. Wie kann ich da das Fest feiern?" Minister Ha schreckte vor diesen harten Worten zurück, legte kurzerhand seine Geschenke auf den Tisch und verschwand rasch.

Der Journalist *Thai Hong* kannte den Priester. Er besuchte ihn oft. Manchmal nahm er mich mit. Für mein Gefühl war die Begegnung mit diesem Priester wie die mit einem Ritter aus dem Mittelalter. Er besaß das Wesen eines Literaten, Ruhe und Unerschrockenheit. Er hätte eher den Tod in Kauf genommen als sich vor dem Unrecht zu beugen. Die Tragödie, die über die Menschen der Generation meines Vaters und meiner Onkeln hereinbrach, quälte ihn. Einerseits vertraute er seiner Partei, deren glorreiche Vergangenheit ihn mit Stolz erfüllte; andererseits konnte er die Augen vor der niederträchtigen Degenerierung derselben Partei in der Gegenwart nicht verschließen. Furchtlos bekundete er seine Meinung an jedem Ort und vor jedermann und ohne Rücksicht auf die Obrigkeit. Man sagte, dass Le Duc Tho den starrköpfigen Alten sehr gern bestraft hätte, aber Le Duan habe dagegen irgendwelche Bedenken.

Das also war die Situation in unserem Land vor der Verhaftung *der gegen die Partei agierenden Gruppe.*

Der Norden befand sich in einer erstickenden Atmosphäre.

In den aufeinanderfolgenden Arbeitssitzungen heftete sich Huynh Ngu wie ein Blutsauger an mir fest. Er konzentrierte sich nur auf den Umsturz. Er versuchte es mit allen Mitteln: Täuschung, Verlockung, Drohung. Alle Tricks wurden angewandt mit dem Ziel, von mir ein Geständnis darüber zu erzwingen, dass ich von irgendjemandem, ob nun von General Dang Kim Giang, von General Le Liem, ob von meinem Vater, von Hoang Minh Chinh oder von einem Armeeoffizier - egal welchen Ranges - dieses Wort gehört hätte.

"Ich habe gesagt, ich habe sehr oft gesagt", sprach Huynh Ngu, dicht an meinem Ohr, suggerierend, zäh, mit klebriger Stimme, "dass Ihr Euch nicht unbedingt genau an jemanden erinnern müsst; ungenau reicht es aus. Ihr sollt der Partei berichten... Unsere Arbeit ist es, weiter zu untersuchen, zu klären und Euren Bericht dann zu ergänzen ..."

"Ich habe aber überhaupt niemanden Umsturz sagen hören."

"Deswegen müsst Ihr Euch erinnern. Der Mensch ist ebenso. Man hat gehört, aber nicht aufgepasst und vergisst daher. Wenn man ruhig nachdenkt, dann kann man sich erinnern ... Ihr müsst doch an den Tag der Rückkehr zu Eurer Familie denke ..."

"Ich habe nichts zu sagen."

"Wenn es so ist, dann könnt Ihr das Gefängnis noch lang ertragen. Verstanden: das Gefängnis noch lange ertragen!"

Die Lust zur Widerrede war mir vergangen. Ich hatte nie die Absicht, ein Held zu sein. Niemand brauchte meinen Mut. Der Grund für meinen Mut wider Willen war, dass ich keine Angst vor dem Tod hatte. So schön war mein Leben gerade nicht, dass ich unbedingt an ihm festhalten wollte. Alles, was sich vor meinen Augen abspielte, empfand ich als äußerst widerlich. Nach allem, was mir passierte, war ich davon überzeugt, dass manche nur deshalb zu Helden wurden, weil sie nicht länger leben wollten.

Huynh Ngu machte mich sehr müde. Ich wäre bereit gewesen, mich ihm zu ergeben, wenn er sich allein mit einer weißen Fahne zufriedengegeben hätte. Aber mehr nicht. Ich konnte ihm nicht folgen und eine moralische Schwelle überschreiten, weil das ein Mensch mit Selbstachtung nicht tun kann.

Nach meiner Einschätzung waren Huynh Ngu und auch die Leute der *Exekutive* als Handlanger von Le Duc Tho und Tran Quoc Hoan, dem Minister für öffentliche Sicherheit, mit ihren Versuchen gescheitert, aus den Gefangenen des *Verfahrens* ihnen genehme Aussagen herauszuholen oder solche zu erpressen. Nun hofften sie, wegen meines jugendlichen Leichtsinns von mir Zeugenaussagen zu erhalten, mit denen sie meinen Vater und andere Personen weiter hätten unter Druck setzen können.

Aus der Sicht von Huynh Ngu bestanden meine Verbrechen nicht nur aus dem bereits Erwähnten. Ich hatte nach seiner Meinung weitere himmelschreiende Verbrechen begangen.

"Ihr seid sehr frech. Ihr wagt es, den Vorsitzenden Mao, Führer des Proletariats der ganzen Welt, als *Mao-Sing-Sang* zu bezeichnen", schrie er mich erneut während einer Vernehmung an. "Ist das richtig? Oder wollt Ihr es bestreiten und sagen, dass wir Euch verleumden?"

Wer hatte diesen Leuten die Story verraten?

Ich vermutete, dass es der Dichter Hoang Nguyen Ky war, Sekretär der Parteizelle unserer Zeitschrift. Mit ihm hatte ich oft Kontakt. Nur bei ihm durfte ich ohne Rücksicht auf das Umfeld reden. Ein Parteisekretär hatte jedoch die Aufgabe, der *Organisation* und der Polizei über die Lage der Institution zu berichten. Er erledigte seine Arbeit. Es konnte aber auch eine andere Person gewesen sein. Ich war mir nicht sicher. In jeder Institution gab es doch üblicherweise geheime Mitarbeiter der Polizei.

Führer zu verspotten, war ein sehr schweres Verbrechen. Als normaler Bürger wurde man bei einem solchen Verbrechen unausweichlich ins Umerziehungslager gebracht. Als Führer galten nicht nur unsere vormaligen wie Ho Chi Minh oder in der Gegenwart Truong Chinh und Le Duan, sondern auch Lenin, Stalin, Mao Zedong, ebenso Kim Il Sung und sogar Nicolae Ceausescu. Für Huynh Ngu gehörte sein Minister Tran Quoc Hoan ebenfalls zu den Führern.

"Richtig, das habe ich gesagt." erwiderte ich.

Huynh Ngu war zufrieden:

"Doch richtig. Ich dachte, dass Ihr das auch bestreiten wollt."

"Aber wer hat der Sicherheitsbehörde solche Bagatellgeschichten erzählt? Jede Aussage liegt in einem konkreten Kontext. Hier wurde doch eine lustige Geschichte zum Verbrechen verdreht."

"Wozu wollt Ihr wissen, wer es gesagt hat?" Huynh Ngu sah mich mit strengem Blick an. "Man hat gesehen, dass Ihr Fehler macht, und man hat darüber berichtet. Damit wird die Revolution geschützt und Ihr werdet *zurechtgebogen.* Onkel Mao so zu bezeichnen, ist wirklich sehr schlecht, sehr schlecht!"

Ich wusste nicht, was ich ihm noch sagen sollte.

"Es war so." Ich versuchte, ihn aufzuklären. "Ich war einige Male in China. Ich habe dort gehört, dass man einander mit *Xian Sheng* anredet. Das klingt schön. *Xian Sheng* bedeutet auf Chinesisch *Herr* und nichts Schlechtes. Unter meinen Bekannten bezeichne ich deshalb die Chinesen nach ihrer Sitte mit Sing Sang. Ich denke, den Vorsitzenden Mao Zedong als Mao-*Sing Sang,* d.h. Herr Mao, zu bezeichnen, ist nicht unbedingt unhöflich."

Huynh Ngu zischte:

"Ihr habt Euch ganz schön herausgeredet. Es ist ein Glück für Euch, dass Ihr nicht in China seid. Sonst würdet Ihr heute nicht mehr leben. Ob Eure Leiche ganz geblieben wäre, ist dabei noch fraglich."

Ja, ich hatte Glück. Als Chinese wäre ich sicherlich umgebracht worden.

Man hörte, dass in China ein Menschenleben nicht mehr wert sei als das eines Fröschleins. Ein Bekannter erzählte mir von seinen Erlebnissen, die er während seiner Durchquerung Chinas per Eisenbahn mit dem *Rotgardisten*-Chaos hatte.

In Peking wimmelte es von farblich unterschiedlich uniformierten Truppen. Das waren Kinder, die das revolutionäre Spiel mit Stöcken, Schlägern und dazu dem *Juckreiz von Armen und Füssen* leidenschaftlich führten. Die blutroten Büchlein mit den Mao-Zitaten in den Händen schwenkend, schrien sie laut in den Straßen herum. Trommeln und Holzschlagzeuge machten einen Höllenlärm. Menschen liefen mit wirren Blicken durcheinander in einer Stadt, die mit großformatigen Zeitungen vollgeklebt war und einem riesigen Totenhaus ähnelte.

Als der Zug im Bahnhof Wuchang hielt, zog ein Strom von *Rote-Garde*-Kerlen durch die Wagons. Als Vietnamesen ließ man meinen Bekannten nach der Ausweiskontrolle in Ruhe. Nur Chinesen wurden bearbeitet. Rundum wurde nach Mao-Zitaten gefragt. Als sich die Truppe endlich zurückgezogen hatte, waren alle heilfroh. Doch noch bevor sich der Zug in Bewegung gesetzt hatte, stürzte die nächste Bande rotgesichtiger Rotgardisten in den Wagons hinter einem Mann mittleren Alters her. Er wurde gefangen. Er konnte gerade noch schreien: "Es lebe der Vorsitzende Mao!" und "Es lebe die kommunistische Partei!", da wurde er auf der Stelle erschossen. Niemand wusste, was er verbrochen hatte. Die Leiche lag vor der Toilette. Die dunklen Beine ragten aus den Hosenbeinen hervor und vibrierten im Takt der Zugfahrt. Alle Fahrgäste schwiegen. Niemand wagte, seinen Sitz zu verlassen, um die innere Spannung zu lindern. Das Zugbegleitpersonal hatte schreckliche Angst. Keiner von ihnen wagte es, die Leiche wegzubringen. Diese in einen Bahnhof hineinzutragen, hätte Sympathie mit dem *rechten Flügel* bedeuten können. Sie während der Fahrt aus dem Zug werfen wollte aus Pietätsgründen auch keiner.

Während der großen proletarischen Kulturrevolution war die Situation in China äußerst chaotisch. Menschen, die vor den Rotgardisten zu uns geflüchtet waren, erzählten, dass die Lage in China nicht so war, wie wir es uns vorstellten. Rotgardisten waren nicht alle gleich. Es gab sehr grausame, mittel-mäßig grausame und weniger grausame Rotgardisten. Hier und dort gab es auch gutmütige Rotgardisten. Die besonders grausamen Gardisten richteten in allen Orten, in die sie kamen, Verwüstungen an. Sie drangen in die Pagoden, Kirchen und Mausoleen ein und zerschlugen erbarmungslos alles, was ihnen in die Hände kam. Fremdsprachige Bücher und Zeitschriften der Bibliotheken wurden herausgeholt und in Massen verbrannt. Unter diesen Drucker-zeugnissen waren viele wertvolle Exemplare, die mehrere Generationen chinesischer Intellektueller nur mit unermesslich viel Mühe und Geld hatten sammeln können. Ein Bibliotheksdirektor musste niederknien und, den Kopf tief auf den Boden gedrückt, die Gardisten mehrfach anbeten: "Hundert Male bete ich die *Kleingeneräle* an! Tausend Male bete ich die *Kleingeneräle* an! Ich bitte Euch, mich umzubringen anstatt die Bücher zu verbrennen." Die Gardisten führten weißhaarige Professoren durch die Straßen und beschimpften sie dabei, dass sie die Studenten mit nichtproletarischen Ideologien vergifteten. Mit Ledergürteln schlugen sie die Hände eines Musikstudenten kaputt, denn dieser nahm nicht an ihrer Kampagne teil und hatte Angst vor manueller Arbeit. Später flüchtete er nach England, wo er für sein Klavierspiel einen internationalen Preis erhielt.

Mao Zedong war ein ganz großer Zauberer. Nur er konnte solche seltsamen teuflischen Gardisten hervorzaubern.

Vu Boi Kiem, seit unserer Zeit in der Grundschule einer meiner guten Freunde, erzählte mir, dass er sein Leben aufs Spiel gesetzt hatte, indem er seinen chinesischen Lehrer, einen international geschätzten Experten in Meteorologie, zum Abschied aufsuchte, bevor er seine Rückreise nach Vietnam antrat. Sein Unternehmen war für ihn lebensgefährlich, weil dieser Professor als ein Element des rechten Flügels bekämpft wurde. Nur wenige Monate waren vergangen und der Gelehrte alterte um mehr als zehn Jahre. Spindeldürr und ausgemergelt hockte er betrübt in einem dunklen Zimmer und wagte es nicht, die elektrische Lampe einzuschalten. Vor Vu Boi Kiem weinte er verbittert. Er empfahl seinem Schüler, sofort der Staatsführung in Vietnam zu berichten, was im Gastland vorging. Er sagte, Vietnam solle *der Spur des verunglückten Wagens* nicht folgen, sonst könne die junge Wissenschaft vernichtet werden und man müsse wieder ganz von vorne anfangen. Zu Hause angekommen stellte Vu Boi Kiem jedoch fest, dass seine Worte von niemandem gehört würden und ihn sogar in Gefahr bringen konnten. In der Zeitung *Nhan Dan,* dem offiziellen Organ der (kommunistischen) Partei der Arbeit Vietnams, wurden die Errungenschaften der Zerstörungen durch die Roten Garden unter der Führung des Vorsitzenden Mao in großen Schlagzeilen wortreich hochgelobt.

Vu Boi Kiem war ein viel zu kleiner Bürger, als dass seine Stimme je den Kaiserhof hätte erreichen können. Aber auch Funktionären, die den maoistischen Standpunkt vertraten, jedoch einen ehrlichen Charakter hatten, wie im Fall Le Chan, erging es nicht besser. Der Mann erstattete also nach seinem Besuch in China als stellvertretender Chefredakteur der vietnamesischen Nachrichtenagentur Bericht an die Zentrale und empfahl ihr, aufgrund seiner chinesischen Erfahrungen vorsichtig zu sein. Sein Bericht wurde in den Papierkorb geschmissen, der Berichterstatter vorgeladen und wegen seines verzerrten Blickes auf die revolutionäre Realität im Land unserer großen Brüder *verseift.* Eigentlich maßte sich Le Chan in seinem Bericht gar nicht an, die große proletarische Kulturrevolution zu beurteilen. Er wollte nur ein objektives Bild malen von dem, was er gesehen hatte: das Chaos in Beijing, die von Studenten misshandelten Professoren, die von Rotgardisten zerstörten historischen Denkmäler im Sommerpalast, im alten

Kaiserpalast, im Himmelstempel und an den dreizehn Kaisergräbern. Er zitierte Aussagen von bulgarischen, albanischen und rumänischen Studenten, denen er begegnet war und die die barbarischen Taten der Rotgardisten verurteilten. Diese Studenten entschlossen sich, China zu verlassen, weil hier alles, was kulturell etwas bedeutete, vernichtet wurde. Ich hatte Gelegenheit, seinen Bericht zu lesen. Es geschah unerwartet, dass eine Person wie er, die wir zu den Maoisten zählten, einen solchen Mut bewies, indem er die Wahrheit niederschrieb. Im Jahr zuvor hatte Le Chan während unseres gemeinsamen Besuches bei dem Agrarbetrieb *Gelber Stern* in Thanh Hoa noch mit Begeisterung die große proletarische Kulturrevolution gepriesen und "die Zerschlagung des Alten, um das Neue aufzubauen" als Mission des Proletariats betrachtet.

Vu Boi Kiem erzählte noch weitere wahre chinesische Begebenheiten, die vollkommen unglaubwürdig klangen: In der Pekinger *Qing-Hua*-Universität sprang *Jiang Qing* (die letzte Ehefrau Mao Zedongs - Anm. d. Autors) auf die Rednertribüne und beklagte sich über die Leiden, die sie in der Familie ihres Ehemannes ertragen habe. Sie klagte die Kinder ihres Ehemannes an, dass diese, insbesondere die erste Schwiegertochter, sie missachteten und misshandelten. Selbst wenn sich solche Szenen wirklich abgespielt hätten, so wären sie es nicht wert gewesen, vor der Öffentlichkeit ausgebreitet zu werden. Aber in China war alles anders. Jiang Qing war die Führerin der Roten Garde. Sie zu beleidigen hieß die Rote Garde beleidigen.

Auf der Tribüne derselben Universität beschimpften Pekinger Rotgardisten solche aus Tang Shan wegen Verrichtung von Notdurft an falschen Örtlichkeiten, so dass die Hauptstadt in ein stinkendes Klo verwandelt worden sei. Rotgardisten aus Tang Shan rissen das Mikrophon an sich und erwiderten auf die Beschimpfungen, nicht sie seien die Notdurft Verrichtenden, sondern die Rotgardisten aus Tian Jin. Die Tianjiner Rotgardisten sprangen auf die Tribüne und bezichtigten die Tangshaner der Lüge. Sie zogen das Mao-Zitatbüchlein heraus und zeigten auf eine Seite darin. Vorsitzender Mao habe deutlich gelehrt: "Man darf nichts aussagen, ohne es geprüft zu haben." Tangshaner Rotgardisten schoben die Tianjiner beiseite und zeigten ebenfalls auf das Mao-Büchlein: "Der Redner trägt keine Schuld, der Zuhörer muss sich bessern." Nach gegenseitigen Beschimpfungen und Hin-und-Her-Schiebereien schlugen sie aufeinander ein. Polizisten pfiffen mit ihren Trillerpfeifen und sprangen dazwischen. Sie schlugen auch eine andere Seite des Büchleins auf. Laut, damit jeder es hören konnte, verlasen sie eine andere Lehre des Vorsitzenden Mao: "Die Widersprüche innerhalb des Volkes sind nicht wie Widersprüche zwischen uns und Feinden. Sie müssen durch Verhandlungen geregelt werden.

China hatte unter der Herrschaft Mao Zedongs nie eine längerdauernde ruhige Periode. Ab und zu rührten Mao Zedong und seine Anhänger das Ganze mit Hilfe irgendeiner Kampagne, der ‚Dritten Gegenkampagne', der

‚Fünften' bzw. der ‚Siebten' oder ‚Achten Gegenkampagne' ... zu einer Mischmasch-Brühe durcheinander. Keiner kannte sich mehr aus.

Ob Vietnams führende Politiker der Realität nur den Rücken zudrehten oder ob ihre eigenen Interessen sie blind machten, wusste niemand. Jedenfalls bestanden sie lange Zeit hartnäckig darauf, dass die Politik Mao Zedongs richtig gewesen sei.

Huynh Ngu betrachtete es als seinen Auftrag, meinen schwer von Begriff befindlichen Kopf aufzuklären. Er erklärte mir geduldig die Rolle der marxistisch-leninistischen Parteien im Kampf zwischen den zwei Linien, insbesondere die Rolle der KP Chinas und der Vietnams. Seiner Meinung nach waren diese beiden Parteien die einzigen, die sich aktiv um den Schutz des Marxismus-Leninismus bemühten. Er schimpfte auf die KP Frankreichs, Italiens und Spaniens und kritisierte die Koreas, Rumäniens und Albaniens.

In der internationalen Presse gab es viele Artikel über *Gehirnwäsche* in den sozialistischen Haftanstalten. Ich wusste nicht, wie es bei den anderen war. Für mich jedenfalls waren die unregelmäßigen Belehrungen mitten in den Vernehmungen eine einzige Gehirnwäsche. Niemand wurde gezwungen, etwas auswendig zu lernen. Nur erzählten die Gehirnwaschenden ständig wieder-käuend vom Marxismus, von der Politik der Partei und drohten damit, was auf einen zukommen würde, wenn man nicht mitmache. Es war derart abstoßend, dass ich Huynh Ngu ein paar Male in diesem oder jenem Punkt zu widerlegen versuchen musste. Wenn ich aber aus dem Original des Marxismus zitierte, dann schrie er erzürnt: "Ihr kommt nicht hierher, um mit mir zu diskutieren. Ich diskutiere nicht mit Euch."

Nach diesem Aufschrei wurde er wieder friedlich:

"Ihr müsst verstehen, dass die Partei nach wie vor die Politik vertritt, die unser Volk auf dem Weg des sozialistischen Aufbaus entschlossen vorwärts führt. Die Politik der Partei ist einzig richtig und äußerst hellsichtig. Die Partei ist entschlossen, die äußeren und inneren Feinde zu vernichten und den sozialistischen Aufbau nicht durch sie sabotieren zu lassen. Jede revisionistische und rechtsgerichtete Erscheinung ist Unkraut, dessen Wurzeln restlos entfernt werden müssen. Ich bedaure Eure Leute. Ihr seid der Partei lange Jahre gefolgt. Ihr müsstet der Partei äußerst treu sein, Ihr müsstet stolz auf sie und auf das Volk sein. Doch nein, stattdessen erhebt Ihr den Kopf und trinkt die frechen Worte der verräterischen modernen Revisionisten ..."

Er atmete lange und bedauerte meine Dummheit.

Am Ende einer Vernehmung hob ich eines Tages mit den größten Anzeichen von Naivität in der Art eines Rehleins meinen Blick, sah in seine Richtung und fragte unschlüssig:

"Anhand Eurer Fragen an mich möchte ich nur etwas vermuten. Würdet Ihr mich bitte aufklären: gibt es etwa bei uns einen echten Umsturzplan?"

Huynh Ngu sah mich scharf an.

"Das ist gerade das, was Ihr aussagen sollt und nicht, wonach Ihr mich zu fragen habt. Heuchelt nicht!"

"Ich weiß es wirklich nicht. Erst seitdem Ihr es mir gesagt habt, weiß ich davon ..."

"Ich habe Euch nur gefragt, ob Ihr von jemandem das Wort Umsturz gehört habt. Verstanden?"

Es war sehr schwer zu verstehen. Er erwartete, dass ich von einer Umsturzabsicht berichtete. Wenn ich aber das Wort erwähnte, dann fuhr er zusammen und wollte es nicht bestätigen.

"Verstanden. Ich musste zurückfragen, weil ich aus dem Mund keiner meiner Bekannten dieses Wort gehört habe."

Huynh Ngu verzog den Mund.

"Aber der Kerl *Kien Giang* hat etwas anderes gesagt als Ihr ... Ich möchte Euch gern glauben, in diesem Fall jedoch glaube ich dem Kerl Kien Giang mehr. Im Allgemeinen habt Ihr noch gar nichts berichtet, was die anderen nicht auch ausgesagt hatten. Erst wenn die anderen etwas gemeldet hatten, dann habt Ihr es ebenfalls angegeben."

Kien Giang war ehemaliges Mitglied der Leitung der Provinzpartei von Quang Binh und ehemaliger Redakteur der theoretischen Parteizeitschrift "Studien". Er wurde später verhaftet und als Theoretiker der Gruppe der "gegen die Partei agierenden Revisionisten" betrachtet. Nach seiner Entlassung verfasste er weitere kritische Schriften gegen den schädlichen Import des Marxismus und Stalins proletarisch-revolutionären Modells nach Vietnam. Im Jahr 1996 wurde er wegen "Enthüllung von Staatsgeheimnissen" gemeinsam mit anderen Demokraten wie Ha Si Phu und Le Hong Ha erneut vor Gericht gebracht und zu 15 Monaten mit Bewährung verurteilt.

"Was hat Kien Giang gesagt?"

"Der Kerl Kien Giang hat ausgesagt, dass Ihr dabei gewesen wart, als er es gesagt hatte."

"Ich wiederhole noch einmal: ich habe niemanden von einem Umsturz sprechen hören. Auch Kien Giang nicht. Wenn Kien Giang das so ausgesagt hat, dann lasst uns bitte zu einer Gegenüberstellung antreten. Eine Gegenüberstellung wäre das beste Mittel zur Wahrheitsfindung."

Huynh Ngu lachte versöhnend:

"Schon gut, schon gut. Wenn der Kerl es nicht richtig gesagt hat, dann hat er es eben nicht richtig gesagt. Ihr braucht Euch nicht aufzuregen. Ich habe nur gefragt. Ihr hört zu, denkt nach und antwortet. Als ob ich Euch ein Thema für einen Aufsatz gegeben hätte. Nachdem Ihr Euch erinnert, nachgedacht habt, könnt Ihr den Aufsatz abgeben. Es ist gleich zu welcher Tageszeit, am Tag, am Abend oder mitten in der Nacht. Ihr braucht nur dem Wärter Bescheid zu sagen, damit er es mir meldet."

Als Thanh mich mit einem nachdenklichen Gesicht in die Zelle zurückkommen sah, fragte er:

"Was habt Ihr?"

"Wieder Streit." Ich versuchte abzulenken. "Ich darf immer noch nicht nachhause schreiben. Meine Familie weiß bis heute nicht, wo ich mich befinde. Dieses Elend. Wozu hat man das Stück inszeniert, mich zu entführen?"

"Lasst es sein, mein Lieber!" Thanh bemitleidete mich. "Nachdenken lohnt sich überhaupt nicht. Es sind nicht nur diese Leute, die Euch Schwierigkeiten machen, sondern Ihr selbst macht Euch Schwierigkeiten..."

"Denkt Ihr nach wie vor, dass ich etwas verbrochen hätte und deshalb festgenommen worden wäre?" Ich war frustriert. "Ihr glaubt mir nicht, nicht wahr?"

"Nein. Ich wollte nur sagen, dass jede Ursache ihre Wirkung hat. Wir selbst haben dieses Regime aufgebaut. Es ist weder vom Himmel gefallen, noch aus dem Boden herausgewachsen ... Wir müssen versuchen, die Auswirkungen dessen zu ertragen, was wir gesät haben. Um uns herum sind vier eisenarmierte Betonwände. Wenn wir hier sterben, würde niemand etwas davon erfahren. Wozu wäre das Nachdenken gut?"

War das etwa eine Androhung?

Es sah nicht so aus, als ob er mich bedrohen wolle. Er drehte sich ruhig zur Wand, um sich für seine Rauchzeremonie vorzubereiten.

Das war so seine Art. Beim Tabakrauchen machte er immer ein ganz ernstes Gesicht. Es sah zum Lachen aus. Wer weiß, vielleicht würde in Vietnam durch Thanh ein Tabakrauchkult entstehen genauso wie der Tee-Kult, der durch einen japanischen Priester im Land der aufgehenden Sonnen entstanden ist.

Wie lange war ich schon hier? Einen halben Monat, zwanzig Tage oder fünfundzwanzig Tage? Hatte ich etwa die Zeit vergessen? Möglicherweise habe ich sie vergessen. Nur dank des Vergessens konnte ich das Eingesperrt sein ertragen, das in der Anfangszeit sehr hart war. Aber wieso? Half mir das Bewusstsein beim Vergessen? Nein, es half mir, mich aufs höchste darauf zu konzentrieren, den Tricks von Huynh Ngu etwas entgegenzusetzen. Wenn ich die Augen schloss, sah ich die Bilder meiner Frau und meiner beiden Kinder mit ihren von mir geliebten Gesichtszügen. Am deutlichsten war das Bild meiner Mutter. Es war so scharf, als ob sie vor mir in der Zelle stünde. Deutlich sah ich jedes einzelne ihrer grauen Haare, die Falten auf ihrer Stirn, ihre standhaften Augen und ihren liebevollen Blick. Niemand auf dieser Welt sah mich so an. "Lieber stehend sterben als kniend leben, mein Sohn!" sagte meine Mutter.

"Wie müsste man sonst leben?"

"Ich meine: jeder muss sich seines Schicksals bewusst sein", erwiderte Thanh langsam. "Wenn wir uns hier befinden, wäre es am besten, mit dem sicheren Tod zu rechnen. Nur so könnte man leicht leben. Ja, hier ist der Mensch nicht mehr Mensch. Wir betrachten den *Feuerofen* als eine Schwelle.

Nach dem Überschreiten dieser Schwelle sind wir nicht mehr wir. Wahrscheinlich ist das auch das Ziel unserer Inhaftierung. Sie vermittelt uns das Gefühl, die Welt, in der wir gelebt haben, zu verlassen, ohne Rückkehr für immer zu verlassen..."

"Nur unsere Gefängnisse sind so. Andere Gefängnisse sind gar nicht so."

"Ich weiß nichts von anderen Gefängnissen. Aber ich denke, dass es in der Welt auch Gefängnisse gibt, die unseren ähnlich sind."

Ich verstand, dass er auf die Gefängnisse der deutschen Nazis anspielen wollte.

In der Nacht hörte ich Hammerklopfen, als ob das oberste Brett auf einen Sarg aufgenagelt würde.

"Habt Ihr Sterbende in den Zellen gesehen?"

"Ja doch. Sehr elend."

"Wie ist es?"

"Wie? Der Zellenhäftling stirbt ganz allein. Niemand macht ihm die Augen zu. Er erhält keinen letzten Segen. Er kann sich von anderen Häftlingen nicht einmal verabschieden. Es gibt eine Todesmeldung, und das ist alles. Es gibt keine Erklärung. Es gibt kein Beileid. Es hat einmal einen Menschen gegeben und jetzt gibt es ihn nicht mehr. Der tote Häftling wird von den lebenden Häftlingen begraben. Auf dem Häftlingsfriedhof. Ein Leben in unserem Land, mein Lieber, hat sehr wenig Wert."

"Wird es medizinisch nicht untersucht, weshalb der Mensch starb?"

Thanh schmunzelte verbittert.

"Ein Protokoll wird schon aufgestellt. Von einem Arztgehilfen der Schnellschulungssorte wird ein Stück Papier mit einigen unleserlichen Worten unterzeichnet. Das Papier liegt irgendwo. Wenn die Verwandten des Toten nicht nachfragen, kriegt es niemand zu lesen. Im Allgemeinen wagen die Leute nicht nachzufragen. Nachfragen würde Mangel an Vertrauen in die Partei bedeuten..."

Ich dachte an meinen Tod. Ich sollte nicht so dumm sein, das Leben eines Häftlings zu leben, der den Tag seiner Entlassung nicht kennt.

"Deshalb soll man nicht nachdenken. Nachdenken tut nur weh. Das ist eben das Leben eines Häftlings. Wenn man vernünftig ist und das akzeptiert, ist das Leben leichter. Wenn man unvernünftig ist und sich dagegen sträubt, kriegt man Verletzungen ..."

Schweigend lagen wir da. Jeder folgte anderen Gedanken.

Er wollte mich nicht bedrohen. Der lange Aufenthalt in einer Gefängniszelle machte einen leicht zu einem Philosophen für den Eigenbedarf.

21

Ein französisches Sprichwort

Es gibt ein französisches Sprichwort: "Um einen Hund zu töten, braucht man nur zu behaupten, er sei tollwütig."

Auf den ersten Blick schien die Behauptung, dass die Gegner einen Putsch planten, richtig zu sein, aber wenn man die Fakten genau betrachtete, musste man zu der Feststellung gelangen, dass dies nicht der Fall war.

Im Kontext des Kampfes zwischen den beiden Linien hätte man für den Fall einer Putschabsicht an dessen Steuerung durch das Ausland denken müssen. China wollte keinen Putsch gegen die (vietnamesische) befreundete Administration. In diesem Fall konnte das Ausland nur die Sowjetunion sein. Eine grundlose Beschuldigung hätte jedoch zu großen Komplikationen gerade mit dem Land führen können, dass uns die größte Hilfe für den Widerstandskampf gegen die Amerikaner leistete. Niemand konnte daher im Voraus wissen, wie die Reaktion der Sowjetunion aussehen würde.

Allein wegen der zu erwartenden Problematik, die sich durch eine angeblich von der Sowjetunion angeregte Putschabsicht ergeben hätte, wagten es Le Duan und Le Duc Tho tatsächlich nicht, das Schicksal unseres Staates auf den Glücksspieltisch zu werfen. Außerdem setzten sie sich damit über den Willen des Volkes hinweg. Eigentlich hätten sie wissen müssen, - vielleicht wussten sie es, wollten es aber nicht in Betracht ziehen, - dass das Modell einer Kasernengesellschaft nach chinesischem Muster für das vietnamesische Volk noch nie attraktiv war.

Die Erklärung über *die interne Behandlung* der *Gruppe der gegen die Partei agierenden Revisionisten* war eigentlich nicht von vorneherein geplant. Man hatte sie sich in einem Zustand der Verlegenheit und als Reaktion auf die Öffentlichkeit ausgedacht. Kein Machthaber kann einen beabsichtigten Putsch als Kleinigkeit betrachten. Die Bezeichnung *interne Behandlung* war daher unglücklich. Das Ganze war untauglich und kindisch. Die Folgen jedoch waren keineswegs unbedeutend.

Die Verschwörung zu diesem *Verfahren* begann nicht erst mit den Verhaftungen. Sie war lange vorher geplant, jedoch nicht zu Ende gedacht worden. Sie wurde so in die Tat umgesetzt, wie die Lage es gerade erlaubte. Erst von diesem Standpunkt aus betrachtet wurde es möglich, das schon Jahre vorher verbreitete Gerücht über ein angebliches persönliches Schreiben von Nikita Chruschtschow an Vo Nguyen Giap verstehen. Auf der internationalen Szene jener Zeit hätte ein solches Schreiben - wenn es dieses tatsächlich gegeben hätte - als Ansporn und Verpflichtung zur Hilfe für General Vo Nguyen Giap bei allen seinen Aktionen, einschließlich der eines Umsturzes, verstanden werden müssen.

Chruschtschow hat in seinen Memoiren weder etwas von einer besonderen Beziehung zu Vo Nguyen Giap noch von einem an den Armeegeneral Vo Nguyen Giap gerichteten Schreiben erwähnt. Auch General Giap hat sich in seinen vereinzelt erschienenen Erinnerungen über ein solches Schreiben nicht geäußert. Die erfundene Geschichte dieses Schreiben wurde absichtlich über den Buschfunk verbreitet. Damit war die böse Absicht von Le Duan und Le Duc Tho ganz offensichtlich.

Wie ich schon in einem der vorherigen Kapitel festgestellt habe, hörten die Personen, die damals angeblich zur *"Gruppe der gegen die Partei agierenden Revisionisten"* gezählt wurden, keineswegs auf General Giap. Sie unterstützten sogar Le Duan in seiner Außenpolitik und glaubten an seine Position der Mitte, die er formell erklärte. Diese Menschen zu beschuldigen, zum Lager von General Giap zu gehören und mit ihm gemeinsam einen Putsch zu planen, war unsinnig.

Nach meiner Haftentlassung erfuhr ich, dass - nach der öffentlichen Meinung jener Zeit - Le Duan und Le Duc Tho dieses *Verfahren* im Einvernehmen miteinander inszenierten. Aber es gab auch Leute, die die Meinung vertraten, dass Le Duan betrogen wurde. Er verwechselte den Hahn mit dem Kuckuck und erkannte die richtige Richtung nicht mehr. Derjenige, der Le Duan auf den falschen Weg brachte und die Unterdrückung der Andersdenkenden plante, war kein anderer als Le Duc Tho.

Diejenigen, die Le Duan in Schutz nahmen, behaupteten, dass er zu jener Zeit mit der großen Politik beschäftigt war: Er hatte die Absicht, ein marxistischer Theoretiker zu werden - wenn nicht im internationalen, dann im regionalen Maßstab. Etwa zur gleichen Zeit wie die These von den drei revolutionären Strömungen und der kollektiven Herrschaft entstand in jenem Zeitraum seine These, die marxistisch-leninistische Partei könne in solchen Ländern gegründet werden, in denen eine proletarische Klasse sich weder bildete noch existierte.

Das mag so gewesen sein.

Die Propagandamaschinerie arbeitete auf Hochtouren darauf hin, die Person Le Duan aufzublähen. Ein Gerücht ließ verlauten, dass Le Duan während einer vietnamesisch-sowjetischen Unterredung auf den Tisch geschlagen und gegenüber Chruschtschow geflucht habe. Ich fragte dazu nach bei *Khamidulin Rashit, dem damaligen Zweiten Sekretär der sowjetischen Botschaft im Vietnam der 60er Jahre. Später wurde er Außerordentlicher und bevollmächtigter Botschafter der Sowjetunion in Phnom Penh (Kambodscha), danach Außerordentlicher und bevollmächtigter Botschafter der Sowjetunion und später der Russischen Föderation in Hanoi. Er lachte laut und bezeichnete dieses Ereignis als frei erfunden, da er als Dolmetscher bei dieser Unterredung zugegen gewesen war.

Das war aber noch nicht alles. Le Duc Thos Leute behaupteten, er besitze ausreichende Beweise dafür, dass der sowjetische Botschafter, Scherbakow, persönlich hinter dem misslungenen Putsch gestanden habe.

Erst bei der 20. zentralen Konferenz der 3. Wahlperiode im Januar 1972 gab das Zentralkomitee der KPV die folgende Schlussfolgerung über die "Gruppe der modernen Revisionisten" bekannt: „Hier handelt es sich um ein sehr ernstes Justizverfahren gegenüber einer Gruppe, die sich den Sturz der Parteiführung zum Ziel gesetzt und dazu Durchführungsmaßnahmen eingeleitet hat, die ferner gleichzeitig Spionagetätigkeiten zugunsten des Auslands leistet und die vom Ausland streng geleitet wird…" (aus dem Beschluss Nr. 219A vom 27.1.1972). Das bedeutet, dass Le Duc Tho die Zentrale erst vier Jahre nach der Verhaftung von Andersdenkenden dafür benutzte, um deren Verbrechen (!), ein allerdings erfundenes Verbrechen, bekanntzugeben. Von einem Putsch war da nicht mehr die Rede, sondern nur noch vom Sturz der Parteiführung.

Ich glaubte nicht daran, dass die Sowjetunion beabsichtigte, sich in die inneren Angelegenheiten Vietnams einzumischen. Das Hauptproblem der sowjetischen Kommunisten war der XX. Parteitag (der Kommunistischen Partei der Sowjetunion - KPdSU); ein weiteres Problem der KPdSU war der Kampf gegen den Personenkult um Stalin, der sich jedoch nicht gegen den Personenkult in anderen Staaten richtete. Die Kettenreaktion, die dieser Kampf erzeugte, war eine natürliche Reaktion, die durch die Ereignisse auf dem *XX. Parteitag* ausgelöst wurde. In den 60er Jahren hatte die Sowjetunion somit genügend Kopfschmerzen von den Problemen im eigenen Haus.

Die zähen Vernehmungen zu Putschplänen zogen sich über Monate in die Länge. Durch die Fragen, die Huynh Ngu stellte, wurde ich müde. Eines Tages kehrte dann Ruhe ein.

Ich dachte, nun sei das zu Ende gewesen. Doch nein - plötzlich kehrte Huynh Ngu zu seinem alten Thema zurück. Während einer normal verlaufenden Vernehmung wurde er cholerisch und schrie laut. Durch das Schreien stieg seine Stimme in die Höhe:

„Wie lange wollt Ihr noch in diesem *Feuerofen* bleiben? Meine Geduld ist verbraucht. Ich dachte, Ihr habt Euer Vergehen gegenüber der Partei begriffen und wollt ehrlich berichten. Aber nein. Ihr seid wie ein schwarzer Hund, der für immer schwarz bleibt. Ihr seid stur... Ihr wollt nicht nach Hause gehen, nein?"

Er konnte schreien, wie er wollte. Dieser subalterne Angestellte hatte immer noch die Illusion, mich mit einer Seifenblase ködern zu können. Mit seinem Geschrei wollte er bei mir den Eindruck erwecken, die obere Führung wäre heiß darauf, mich zu entlassen, und ich sei zu dumm, das zu begreifen und bliebe stur wie ein Stück Holz. Huynh Ngu besaß eine gewisse eigene Liebenswürdigkeit. In den für mich schwersten Tagen gab er mir ab und zu Anlass zu vergnüglichem Lachen.

„Ich kann nur die Wahrheit sagen und es gibt nur die Wahrheit. Wenn ich mich nicht irre, habt Ihr mir mehrfach gesagt, die Partei verlange von mir nichts als die Wahrheit..."

„Bitte keine Wortspielereien, verstanden?" Huynh Ngu schlug mit der Hand laut auf den Tisch. Doch sein Schlagversuch war schwach und hatte nur ein armseliges Geräusch zur Folge. „Ich weiß ganz genau, was Ihr denkt. Denkt nicht, die Partei behandelt Euch ordentlich, und Ihr könnt daraus Vorteile ziehen. Denkt nicht, die Partei muss Euch schonen, weil sie sich vor den internationalen modernen Revisionisten in Acht nimmt ... Großer Irrtum! Die marxistisch-leninistischen Kräfte auf der Welt sind unschlagbar, versteht Ihr? Unschlagbar. Die Wahrheit?! Wenn Ihr Eure eigenen Fehler nicht zugeben wollt, dann ist Eure Wahrheit nicht die gleiche wie die der Partei. Und nur die Wahrheit der Partei ist Wahrheit, richtige Wahrheit. Eure Wahrheit, ja die ist nicht einen *Xu* (ein Hundertstel der vietnamesischen Währungseinheit *Dong*) wert..."

Ich geriet in Wut:

„Wenn Ihr nur die Wahrheit der Partei als Wahrheit betrachtet, wozu befragt Ihr mich dann? Das bedeutet nur Zeitverschwendung. Ihr bräuchtet doch nur diese Wahrheit niederzuschreiben und zu verkünden, dass ich es zugebe. Vielleicht habt Ihr das ja bereits überall verkündet. Jetzt wollt Ihr, dass ich es mit meiner eigenen Hand niederschreibe und mit meiner eigenen Hand unterzeichne, was Ihr als Zeuge vorzeigt, richtig? Nein, auf keinen Fall tue ich Euch diesen Gefallen."

Ein Fremder erschien noch neben Huynh Ngu. Er war von mittlerem Alter, mittlerer Größe, hatte intelligente Augen und zudem das klare Gesicht eines städtischen Intellektuellen. Er verfolgte den Streit schweigend, ohne erkennbare Haltung.

„Dann lasst mich Euch sagen, was für eine Wahrheit der Partei über Euch bekannt ist!" brüllte Huynh Ngu. „Ihr seid ein Revisionisten-Spion."

Damit half mir Huynh Ngu, meine Ruhe wiederzufinden. Das Brüllen dieser Katze brachte mich zum Lachen:

„Was? Ich verstehe nicht, was Ihr sagt. Richtig, ich verstehe den Begriff nicht. Die Verbrechensbezeichnung, die Ihr genannt habt, ist mir neu ... Auf dem Gebiet des Schutzes der staatlichen Sicherheit spricht man normalerweise vom Verbrechen der Spionage für einen anderen Staat, nicht jedoch von Spionage für diese und jene Gruppe ..."

„Ihr wollt es deutlicher haben, nicht wahr? Gut, dann sage ich Euch: Ihr seid 'Spion-für-die-modernen-Revisionisten-der-Sowjetunion', Ihr seid Spion für die Sowjetunion. Nun, habt Ihr den Mut, diese Schuld zuzugeben? Oder ist das auch nicht Eure Wahrheit? Die staatliche Sicherheit hat ausreichend Beweise. Der Rashit hat bereits alles gestanden, ja, in diesem Raum, auch sein Chef, der Scherbakow ... Die sowjetischen Revisionisten mussten sich entschuldigen wegen ihrer Einmischung in die inneren

Angelegenheiten Vietnams. Ihr seid dumm und wisst von nichts, während der vietnamesische Sicherheitsdienst alle dunklen Pläne dieser schlechten Ausländer durchschaut hat. Sogar dem Anführer des Putsches, Mikojan (Stellvertreter des Minister-präsidenten der UdSSR), sträuben sich die Haare. Die alle haben nicht gedacht ..."

Fast wollte ich laut lachen. So war das also. Diese kleinen Teufel tanzten nun auf dem Tisch und spuckten auf Persönlichkeiten, vor deren Angesichtern sie sich niedergeworfen hätten.

„Glaubt Ihr es nicht? Wollt Ihr Beweise?"

„Warum soll ich es nicht glauben?" Ich lachte fröhlich. „Ich glaube doch sehr. Ich bin überzeugt, dass der Sicherheitsdienst Beweise in der Hand haben muss, um so etwas zu sagen. Wie diese Beweise aussehen, das ist eine andere Frage. In solchen schwerwiegenden Fragen kann man nicht aus Lust und Laune reden, nur um zu reden ... Beschuldigungen, die sich nicht auf richtige Beweise stützen, könnten zu schlimmen Folgen führen, denn sie würden ja mit einem bisher nicht feindlich gesinnten Staat zusammen-hängen, und nicht nur das, es handelt sich hier um den Bruderstaat, der uns am meisten hilft, mehr als irgendein anderer Staat ..."

Huynh Ngu reckte sich vor, sein Gesicht war dicht vor dem meinen. Das Weiße seiner Augen war blutunterlaufen. Die Wut konnte seine Augen nicht so rot machen, dachte ich. Sicherlich war er von dieser Augenkrankheits-Epidemie angesteckt worden. Seit Monaten suchte die furchtbare Epidemie unsere Gegend heim. Ich war auch angesteckt worden. Die Epidemie ebbte nicht ab. Es war unverständlich, wieso Huynh Ngu ebenfalls noch erkrankt war. Für ihn wäre es besser gewesen, in die Augenklinik zu gehen, anstatt mir hier Unsinn zu erzählen.

„Gut, ich werde Euch diese Beweise zur Kenntnis bringen. Und zwar sofort. Ja, sofort." Er zischte. „Nur weil die Partei mit den Kindern, die sich verirren, in humaner Weise Nachsicht übt, deshalb arbeite ich noch geduldig mit Euch ..."

„Das bedeutet, wenn die Partei nicht nachsichtig wäre, hätte man mich bereits erschossen? So müsste ich es verstehen, stimmt's?"

„Vorsicht, Ihr solltet mich nicht wütend machen. Jede Geduld hat ihre Grenze. Hiermit möchte ich Euch auch wissen lassen: Es geschah nicht ohne Grund, dass die Partei Euch auf der Straße hat verhaften lassen ..."

„Das verstehe ich nicht. Was macht es für einen Unterschied, jemanden auf der Straße oder zu Hause verhaften zu lassen? Jede Verhaftung, gleich an welchem Ort, ist eine Verhaftung. Es gibt bestimmt Gründe dafür, weshalb die Partei die Methode der Entführung angewendet hat ..."

„Ihr irrt Euch." Huynh Ngu wurde undeutlich. „Das hat seine Gründe, und diese Gründe liegen nicht außerhalb der Güte der Partei gegenüber Eurer Familie. Wenn Ihr gründlich überlegt, werdet Ihr verstehen ..."

Bis heute bin ich mir über eines nicht im Klaren: es wäre durchaus möglich, dass Le Duc Tho damals meine tatsächliche Verhaftung nicht unbedingt vorhatte, sondern nur eine Verhaftungs- Androhung. Daraus kann man ersehen, wie willkürlich Le Duc Tho bei der Behandlung seiner Staatsbürger war.

„Hiermit möchte ich meine Dankbarkeit für die Nachsicht und die umfassende Liebe der Partei gegenüber meiner Familie zum Ausdruck bringen." Ich wählte absichtlich die förmlichsten Begriffe, um möglichst ironisch zu sein. „Aber als Angeklagter möchte ich auch sehr gerne die mich belastenden Beweise erfahren. Man kann nie wissen; diese Beweise können genauso gut erfunden und der Partei von gewissenlosen Elementen geliefert worden sein, Leuten also, die ihre eigenen Verdienste preisen wollen."

„Werdet nicht frech!" Huynh Ngu, der seine Stimme kaum für einige Minuten gesenkt hatte, ging wieder in die Luft. „Wer sind gewissenlose Elemente? Wer preist Verdienste?"

„Diejenigen, die um jeden Preis Erfolg haben wollen. Es kann doch nicht sein, dass die revolutionären Reihen völlig frei von Opportunisten wären."

Eine Sekunde lang war Huynh Ngu verdutzt. In den Propaganda- und Schulungsmaterialien der Partei wurden die Opportunisten unentwegt beschimpft. Wenn ich nun hier die Opportunisten beschimpfte, tat ich es nur der Partei gleich.

Der fremde Mann hob seinen Kopf und schaute mich an.

„Über diese Frage brauche ich mich jetzt nicht mit Euch zu streiten. Später. Nun antwortet auf meine Frage. An jenem Tag zu jener Uhrzeit (mit Genugtuung las Huynh Ngu von einem Notizbuch das Datum und die Uhrzeit genau ab) habt Ihr Euch mit dem Rashit in der Gaststätte *An Thai* neben dem Kino *Thang Tam* (vor 1945: *Majestic*) getroffen. Was habt Ihr besprochen? Wollt Ihr leugnen, dass Ihr ihn getroffen hättet?"

„Warum soll ich leugnen?" Ich zuckte mit den Schultern. „Ist es mir etwa nicht erlaubt, mich mit einem Freund, Bürger eines Bruderstaates, zu treffen?"

„Es ist nicht erlaubt. Die Partei hat Kontakte mit Ausländern streng untersagt."

„Ich bedaure sehr. Ich weiß nicht, dass die Partei ein solches Dekret erlassen hat."

„Ihr schwindelt." Huynh Ngu stampfte mit dem Fuß auf und schrie: „Denkt nicht, dass ich Eure Schwindelei nicht verstehe. Die Partei erlässt niemals ein Dekret. Aber die Partei ist die führende Partei, die Partei beschließt und der Staat führt aus."

„Auch das Dekret des Staates, Entschuldigung, der Nationalversammlung, habe ich noch nicht gelesen."

„Nein, kein Dekret, sondern eine Verordnung." Huynh Ngus Gesicht verzog sich. „Sie wurde in den einzelnen Institutionen bekanntgegeben ..."

„Ich verstehe. Die Verordnung war eine Geheimverordnung, sie wurde in den Zeitungen nicht veröffentlicht. Denn sonst hätte ich sie gelesen. Von meiner Institution habe ich davon nichts erfahren. Es könnte aber auch sein, dass ich bei der Bekanntmachung in der Redaktion gerade nicht anwesend war. Ich muss meiner Arbeit doch ständig in verschiedenen Ortschaften nachgehen ...“

Selbstverständlich wusste ich von der schwer nach Selbstisolation riechenden Verordnung von Pham Van Dong. Diese primitive Verordnung führte dazu, dass die Leute, die ehemals in der Sowjetunion und den osteuropäischen Staaten studiert hatten, vor ihren ausländischen Kommilitonen flüchten mussten, wenn sie diesen zufällig in den Straßen von Hanoi begegneten.

„Wir kehren zu der Frage zurück: Über welche Fragen habt Ihr mit Rashit gesprochen?“

Das war die Vernehmungsweise von Huynh Ngu: er schrie und schimpfte in einer Minute, in der nächsten Minute nahm er wieder seine normale Stimmlage an, um die noch offene Frage erneut zu stellen.

„Über welche Fragen?“ Ich zuckte mit den Schultern. „Wir haben über gar keine Frage gesprochen.“

„Ihr lügt.“

„Wenn alles, was ich sage, Lüge ist, wozu soll ich dann weitererzählen? Unnütz.“

„Gut. Ihr könnt über alles erzählen. Ich höre zu.“

„Selbstverständlich haben wir uns am Kaffeetisch über Belangloses unterhalten. Anders konnte es nicht sein. Aber das war über Himmel und Erde, über Sonnenschein und Regen, was hier zu erzählen sich nicht lohnt ...“

„Ich möchte aber auch von diesen Dingen erfahren.“

„Gut. Im Allgemeinen habe ich Rashit nach unseren ehemaligen Bekannten gefragt - einige waren uns beiden bekannt ...“

„Und weiter?“

„Es wurde mir erzählt, dass in Moskau in den letzten Jahren viel gebaut worden ist. Rashit sagte, wenn ich dort hinführe, würde ich meine ehemalige Wohnstätte nicht wiedererkennen.“

Huynh Ngu schmunzelte.

„Nur das?“

„Ich bedaure. An jenem Tag haben wir über keine andere Frage gesprochen.“

An jenem Tage wusste ich, dass uns *tauchende Fische* beobachteten. Als Rashit und ich im Café waren, liefen sie draußen umher. Selbst in der Annahme, dass sie die russische Sprache überhaupt verstanden, konnten sie uns von ihrem Posten aus nicht aushorchen. Um auf eine große Entfernung hören zu können, hätten die *tauchenden Fische* gut ausgerüstet sein müssen. Aber solche Agenten, die aufgrund ihrer Blutsbande zu der Familie *Tran Quoc Hoan*s (Minister für öffentliche Sicherheit) ausgewählt wurden, kannten sich besser im Warenschmuggel aus als im Sammeln von nachrichtendienstlichen Neuigkeiten im Ausland. Sie besaßen außerdem kaum moderne Ausrüstungen, die für die Ausführung ihrer Aufträge notwendig gewesen wären. Das erklärte die Tatsache, weshalb Tran Quoc Hoan später dem ihm nachfolgenden Minister *Pham Hung* die Arbeit des Nachrichtendienstes nicht ordentlich übergeben konnte und dazu zwei Jahre brauchte. Die Geschichte registrierte für Tran Quoc Hoan noch zwei weitere beschämende Ereignisse: Als die Truppen *Pol Pot*s von Kambodscha aus die südwestliche Staatsgrenze überschritten und die Provinz *Tay Ninh* überfielen, und auch, als die chinesischen Truppen über die Nordgrenze hinweg in unser Land eindrangen, konnte dies der Nachrichtendienst der Zentrale nicht einmal einen Tag im Voraus melden.

Ich bedauerte, Huynh Ngu von dem Gespräch zwischen Rashit und mir nichts berichten zu können. Er besaß nicht den Verstand, um die Wahrheit zu begreifen. Sein Eigensinn, seine Intoleranz machten ihn blind.

Jedoch ist das Gespräch jenes Tages es durchaus wert, hier erzählt zu werden, denn es berührte den sogenannten *proletarischen Internationalismus*. Rashit fragte nach, was ich über die vietnamesische Hilfsforderung dachte, die ihm Schwierigkeiten bereitete. Zum Beispiel gab die vietnamesische Seite eine zu große Zahl von Verlusten an Transportmitteln an. Vereinbarungsgemäß verpflichtete sich die Sowjetunion, Vietnam für das gesamte Kampfgebiet vom Norden bis zum Süden ausreichend mit Kraftwagen zu versorgen. Jeder Kraftwagen, der von der amerikanischen Seite vernichtet wurde, wurde sofort ersetzt, genau wie die Brücken. Für jede Brücke, die von der amerikanischen Seite zerstört wurde, wurden sofort als Ersatz Eisen und Stahl für den Wiederaufbau zur Verfügung gestellt, so dass der Transport von Truppen und Kampfmitteln in das Kampfgebiet gesichert werden konnte. In diesem Sinne forderte Vietnam von der Sowjetunion die Lieferung einer sehr großen Menge an Brückenstahl an. Umgerechnet hätte diese angeblich benötigte Stahlmenge für den Bau einer - nach Normalstandard berechneten - Brücke mit einer Gesamtlänge von ... 80 km (!) gereicht.

Rashit sagte:

„Zu viel! Das Vermögen der Sowjetunion ist keineswegs unbegrenzt. Es ist das Ergebnis der schweren Arbeit unserer Menschen. Ich weiß nicht, wie ich das meiner Regierung erklären soll, was ich allerdings tun muss..."

Ich verstand, dass die Menge nicht gerade bescheiden war. Aber mein Nationalegoismus gewann die Oberhand über den Gerechtigkeitssinn. Ich wollte nicht, dass die Sowjetunion ihre Hilfe an Eisen und Stahl reduzierte.

„Wenn nur vom Brückenbau die Rede wäre, wäre das übertrieben, ja", antwortete ich. „In diese Menge hat man aber sicherlich auch die Menge für den weiteren Bedarf im Brücken- und Straßenbau, zum Beispiel den Bau von Unterwasserfundamenten und Pfeilern für die Übergänge von Bächen durch

Pionierbrücken einbezogen. Du weißt, Vietnam hat sehr viele Flüsse, Bäche ...“

Rashit hatte immer Sympathie für Vietnam. Er nickte und meinte, ich hätte Recht.

Das war unser Gespräch an jenem Tag. Aber es wäre unnütz gewesen, Huynh Ngu nun davon zu erzählen. In seinem rückständigen Gehirn waren alle in Hanoi anwesenden Sowjetmenschen moderne Revisionisten, Feinde, während er auf den Sieg seiner Dienstherren im imaginären Kampf stolz war.

An dieser Stelle sollte man auch - in Klammern - über eine Ungerechtigkeit sprechen: Die Weltöffentlichkeit sprach viel über die Hegemonieabsichten der UdSSR. Dazu wurden Beispiele angeführt: die Politik der Sowjetunion während des Zweiten Weltkrieges zu Ungunsten der Tschechoslowakei und Polens, ihre Einmischung - betreffend die inneren Angelegenheiten der osteuropäischen Staaten -, die Niederwerfung der Volksaufstände in diesen Staaten, der langjährige Krieg in Afghanistan, *wohin die UdSSR in den Jahren 1979-1989 "auf Grundlage der Bitte des befreundeten Staates" Truppen entsandte zur Besetzung Afghanistans (die bekanntgegebene Truppenstärke betrug 118000 Mann) und zur Unterstützung der dortigen prosowjetischen Regierung mit ihren (nacheinander aufgestellten und wieder abgesetzten) Führern: Noor Taraki, Hafizullah Amin, Babrak Karman und Muhammad Najibullah,* weiter die Beteiligung an den Kriegen in Vietnam und Angola...

Das waren Tatsachen. Neben diesen staatsegoistischen Berechnungen der sowjetischen Führung gibt es aber auch eine andere Wahrheit, die – insbesondere nach dem Zusammenbruch der UdSSR - absichtlich verschwiegen wird. Diese Wahrheit lautet: Unter den einfachen Sowjetmenschen gibt es die echte Überzeugung vom Geist des proletarischen Internationalismus. Sie sind stolz auf ihre Verpflichtung gegenüber der nationalen Befreiungsbewegung und der Menschheit. Es ist undankbar, wegen der sowjetischen Hegemonialpolitik heute die Verdienste und die großen Opfer der Rotarmisten im zweiten Weltkrieg zu negieren.

Aus demselben Grund kann man - trotz der Intrigen eines Le Duan und eines Le Duc Tho - das Opfer der vietnamesischen Soldaten im Kampf gegen die völkermörderische Truppe um Pol Pot nicht ausradieren. In dieser Hinsicht ist Prinz Sihanuk gerechter als diejenigen, die gegen alles sind, was kommunistisch ist. Obwohl er auf verschiedenen Gebieten die Politik der Hanoier Administration ablehnt, anerkennt er diese Wahrheit: Ohne die Vietnamesen wäre die Genozid-Gefahr für Kambodscha viel grösser gewesen.

Die Probleme der Geschichte sind meistens recht kompliziert. Man kann nicht nach dem einfachen Denkmuster "ja oder nein, richtig oder falsch" urteilen.

Das Modell der sozialistischen Gesellschaft, seine Entstehung und zu einem großen Teil sein Zusammenbruch gibt der Menschheit Anlass zum Nachdenken. Der Traum von einer gerechten und menschlichen Gesellschaft verschwindet nicht mit dem Verschwinden eines Modells. Der Kommunismus als Traum bleibt bestehen.

Kann und darf eine Gesellschaft, die die Bezeichnung "kommunistische Gesellschaft" trägt, im Sinne einer freien und gerechten Gesellschaft ohne Ausbeutung des Menschen durch den Menschen und unter Ausschluss grausamer Handlungen, durch die ihre revolutionären Errungenschaften wieder zunichtegemacht würden, - eine Gesellschaft also, in der die Menschen über "vier Meere" hinweg Geschwister sind -, etwa nicht eine durchaus erwünschte Gesellschaft sein?

Aber genug davon. Kehren wir zu meinem Wortgefecht im *Feuerofen* zurück.

Huynh Ngu lief eine Weile hin und her. Plötzlich stoppte er neben mir und sagte sanft:

„Ich verstehe. Ihr wollt, dass ich erst Beweise vorlege, bevor Ihr alles aussagt, nicht wahr? Aber ich möchte Euch im Voraus warnen. Das würde Euch nur schaden und nicht nützen. Ihr glaubt es nicht? Ihr unterschätzt Euren Gegner etwas zu sehr. Heute ist das Jahr 1967 und nicht mehr das Jahr 1945. Unser Sicherheitsdienst ist bereits erwachsen. Ihr seht, es ist egal, wie gut Ihr von den Leuten ausgebildet worden seid, Ihr verliert trotzdem gegen uns."

In seinem verkrüppelten Kopf erschien ihm die Moskauer Hochschule für Filmwesen abermals als ein Zentrum zur Spionageausbildung. Daher fragte er mich mehrfach über den Ausbildungsplan der Hochschule aus. Er verlangte, dass ich detailliert von den einzelnen Fächern und Professoren berichtete und darüber schrieb. Ich verstand: Mit seinen endlosen Fragen wollte Huynh Ngu erreichen, dass ich in Verwirrung geriet und nicht miteinander übereinstimmende Einzelheiten vor-brachte, so dass er die Möglichkeit erhalten würde, in meinen Aussagen stärker herumzuwühlen.

Plötzlich fühlte ich mich müde, vielleicht wegen meines niedrigen Blutdrucks. Ich hatte diese Erkrankung, aber ich hatte nie versucht, sie behandeln zu lassen. Ich war noch jung, die Krankheiten belästigten mich noch nicht sehr. Weil mich die Ermüdung plötzlich übermannte, wollte ich das Wortgefecht nicht noch mehr in die Länge ziehen. Ich war dessen überdrüssig und senkte meinen Kopf. Ruhe bemächtigte sich des Raumes.

Ohne meinen Kopf zu heben, hörte ich die hohe Stimme Huynh Ngus:

„Wollt Ihr jetzt noch streiten? Ich bin bereit, Euren Argumenten zuzuhören. Wenn Ihr noch eine weitere Wahrheit habt, könnt Ihr sie vorlegen. Ich will Euch gar nicht belügen. Wenn ich von Beweisen spreche, dann habe ich eben Beweise. Alle Arten. Wenn Ihr Fotos haben wollt, dann habe ich Fotos; wenn Ihr Tonbandaufnahmen haben wollt, dann habe ich Tonbänder. ... Wollt Ihr es jetzt ansehen oder anhören? Oder beides?"

Ich wollte nichts. Ich wollte nur ein Wunder, das mir helfen würde, von diesem Ort zu verschwinden, damit ich diesem idiotischen Gerede eines von der Krankheit der wahnsinnigen Diktatur befallenen Kerls nicht zuhören müsste.

Huynh Ngu dachte, er hätte mich gebändigt. Er war hochnäsig wie ein Reiter, der erfolgreich ein bockiges Pferd gezügelt hat.

„So soll es sein." Er atmete auf. „Ihr könnt nicht für immer dickköpfig bleiben."

Er dachte, ich gäbe auf und gäbe meine Schuld zu, wie er es erwartete.

Jeder Mensch wusste, dass die Machthaber außer dem nicht klar definierten Verbrechen der Propaganda gegen das Regime nur das Verbrechen der Spionage für das Ausland hatten, wessen sie ihre Gegner leicht anklagen konnten. Es bedurfte keiner großen Mühe, um Beweise zu beschaffen. Man brauchte nur ein Geständnis und konnte damit den Beschuldigten verurteilen.

Ich hatte die Bekanntgabe der *internen Informationen* von Le Duc Tho nicht persönlich erlebt. *Van Cao*, der Komponist der vietnamesischen Nationalhymne, nahm an Parteiversammlungen des Bundes für Literatur und Kunst teil, in denen diese *internen Informationen* mitgeteilt wurden. Er berichtete mir nicht nur über den Inhalt, sondern auch über die Art und Weise der Verwendung des Wortschatzes dieser *Informationen*. In Sachen Unklarheit waren sie Ergebnisse eines Schöpfertums auf hoher Ebene und erzeugten einen grenzenlosen Raum für das Verstehen des Verborgenen.

In der *Information* Nr. 1 sagte Le Duc Tho, die Partei (ich betone: nicht 'der Staat') beschloss die Verhaftung einer bestimmten Anzahl von Rädelsführern einer verräterischen Gruppe. Die *Information* rief dazu auf, dass derjenige, der Beziehungen zu dieser Gruppe habe, es dem *Organisationsausschuss* (Personal-büro) des Zentralkomitees der Partei melden solle (Genossen, erringt sobald wie möglich Erfolge!). Die *Information* Nr. 2 gab sich einen konkreteren Anschein. Le Duc Tho ließ Auszüge aus Geständnissen von Verhafteten bekanntgeben, die angeblich Beziehungen zum Ausland zugaben und die Partei inbrünstig um Entschuldigung baten. Diese erfundenen Geschichten waren derart grotesk, dass meine Mutter uns zurufen musste: "Diese Ungezogenen. Euer Vater sagt niemals so etwas Niederträchtiges. Ihr sollt solchen Worten nicht glauben."

Ich schwieg und ließ Huynh Ngu meckern. Der Schlaf übermannte mich und ich gähnte, bis mir die Tränen in die Augen kamen.

Huynh Ngu verstand meine Schweigsamkeit in einem anderen Sinn.

„Ihr versteht alles, nicht wahr? Ihr versteht, ja?"

„Ja, ich habe verstanden ...", antwortete ich angewidert und hörte ihn oberhalb meines Kopfes laut lachen.

‚Der Idiot', schimpfte ich innerlich. Seitdem ich mich im Gefängnis befand, sagte ich gern Sätze mit doppelter Bedeutung. Ich sagte, ich habe verstanden; das hieß: ich habe auf meine Weise verstanden, und nicht nach seiner Weise.

Huynh Ngu belohnte sich mit einer Zigarette der Marke Dien Bien aus einer silbernen Schachtel.

„Ich weiß, ja, ich weiß. Wenn nicht früher, dann später werdet Ihr verstehen. Starrköpfigkeit macht keinen Sinn, weil die Partei alles weiß. Sie weiß von jeder Eurer fehlerhaften Handlungen. Die Partei hat Ohren und Augen überall...“

Ja, ja, ich weiß schon, es reicht! (Zitat aus dem Roman "Der Glückspilz" von Vu Trong Phung). Die Partei ist der "überall präsente und allwissende Gott". Die Partei ist Buddha mit tausend Ohren und tausend Augen. Die Partei mit der grenzenlosen Macht!

„Die Partei fragt Euch, damit Ihr die Gelegenheit habt, Euch zu besinnen, damit Ihr Euch in Gedanken vertieft, um Eure Fehler gründlich zu verstehen und diese selbständig der Partei zu berichten... Der Partei ehrlich berichten, ist das Maß der Treue zur Partei ... *Man schlägt diejenigen, die wegrennen, aber nicht diejenigen, die zurückkehren ...*“

Huynh Ngu konnte einem leidtun. Er freute sich zu früh.

„Ich freue mich für Euch, dass Ihr heute das eigene Ich überwinden könnt und der Partei Euer Vergehen gesteht.“ Er verzieh mir mit einem Lächeln und legte seine Hand auf meine Schulter. „Im Grunde genommen gibt es auch keinen anderen Weg. Ihr seid der Partei jahrelang gefolgt. Ihr wurdet von der Partei erzogen. Es wäre nicht möglich, dass Ihr daraus nichts gelernt hättet. In der nächsten Zeit hoffe ich, dass Ihr der Partei weiter davon berichtet, was die schlechten Ausländer planen, um unserem Land zu schaden ...“

Mit der Empfindung von Reptilienhaut auf meiner Schulter ekelte ich mich. Damit Huynh Ngu mein verzerrtes Gesicht nicht sehen konnte, gab ich als Antwort undeutliche Töne von mir.

„Ich danke Euch, Herr Ngu, für die herzlichen Empfehlungen, aber ...“

Huynh Ngu stutzte:

„Was heißt aber ...“

„Ich bin bereit, meine Fehler der Partei gegenüber zu gestehen ...“ Ich redete absichtlich langsam, artikulierte einzelne Silben mit einer ganz ruhigen Stimme. „Da, ehrlich gesagt, was die Partei als Fehler betrachtet, nach meinem Begriff ... oh, nein, bitte unterbrecht mich nicht, bitte hört mir zuerst zu ...“

Huynh Ngu verschluckte seinen Speichel. Sein Blick bohrte sich in meine Augen:

„Sagt, redet nicht drumherum!“

„Ich bin bereit zu gestehen, Spionage für die Sowjetunion zu treiben ...“

„Gut!“ urteilte Huynh Ngu.

„ ... denn nach dem Begriff der Partei bin ich dumm, indem ich dieses

Vergehen begehe ...“

„Gut!“

„Ich gestehe aus einem weiteren Grund: Ich betrachte die Tatsache, in den Reihen der sowjetischen Kundschafter sein zu dürfen, als eine Ehre.“

„Hmmm!“

„Ja, es ist wahr, ich betrachte dies als Ehre. Für mich gibt es keinen anderen Standpunkt. Die sowjetischen Kundschafter haben große Erfolge im Kampf der Menschheit gegen die faschistische Geißel errungen. Sie opferten sich für das Lebensrecht der Menschheit, sie sind als Helden gefallen ...“

„Hmmm!“

„Aber wenn ich mich trotz Eurer Güte und Eurer Geduld nicht als Glied in den Reihen dieser Helden betrachte, bitte ich Euch, nicht böse zu sein: Hier handelt es sich gar nicht darum, dass ich meine Schuld nicht zugeben wollte oder dass ich keinen Mut besitze, um das, was ich getan hätte, nicht zugeben zu wollen ... Es gibt einen anderen Grund: ich bin ein ehrlicher Hahn und möchte mich nicht mit Pfauenfedern schmücken.“

Ich stand auf und gab zu verstehen, dass der Dialog hier endete.

Huynh Ngu riss seine Augen weit auf und starrte mich an. Eine solche verächtliche Reaktion hatte er nicht erwartet. Der Mensch der Maschinerie der Diktatur des Proletariats, der daran gewöhnt war, jeden Feind platt zu drücken, war verdutzt über einen Häftling mit einem Wert von Nullkomma-nichts, der sich aber nicht brechen ließ.

Der andere Mann lächelte, zumindest hatte ich das Gefühl, dass er lächelte.

Huynh Ngu zitterte heftig. Die Wut übermannte ihn so, dass er keine Antwort fand. Seine Wut war umso stärker, weil er nicht nur vor mir, sondern diesmal zusätzlich vor seinem Dienstherrn das Gesicht verlor.

„Bringt ihn in die Zelle zurück!“ schrie er und erschien wieder in seiner ursprünglichen Gestalt. „Der Kerl will in diesem *Feuerofen* mit gargekochten Knochen sterben. Das wird ihm gewährt. Für ihn gibt es überhaupt keine Schonung mehr. Ab morgen alles absetzen! Absetzen! Alles absetzen!“

Mit blassen zitternden Händen sammelte er hastig seine Unterlagen auf dem Tisch zusammen, steckte sie in die Tasche und ging mit einem Mal aus dem Raum.

Zurück blieben der Mann und ich. Mit einem schwer zu verstehenden Lächeln auf den Lippen führte dieser mich langsam über den menschen-leeren Hof des *Feuerofens* zum Vorraum, wo ich die Kleidung des normalen Lebens von mir ablegte, um mich in das Leben der Gefangenschaft zu begeben.

Nach dieser unerfreulichen Arbeitssitzung verschwand auch das wunderbare Brot aus dem Ministerium für immer. Der Ruf Huynh Ngus: "Alles absetzen! Alles absetzen!" hatte also diese Bedeutung gehabt.

Thanh nahm mir das plötzliche Ausbleiben des geliebten Brotes nicht übel. Er tröstete mich:

„Gewiss habt Ihr Euch mit den Leuten überworfen. Dass sich das Wetter im *Feuerofen* auf diese Art ändert, ist normal. Seid nicht erstaunt. Macht Euch auch keine Sorgen!"

22

Die Frage des Standpunktes

Es war mir völlig egal, weswegen Huynh Ngu dieses aus der Luft gegriffene Thema nicht mehr berührte, seitdem ich *aus dem sowjetischen Geheimdienst entlassen wurde.*

Ich begriff, dass ich eine wichtige Karte in den Händen der Diktatur-proletarier entzaubert hatte. Das hieß jedoch nicht, dass die Herren den Grund, möglicherweise den einzigen Grund zur Anklage meiner Wenigkeit, verloren hätten. Nein, so war das beileibe nicht. Bestimmt war es nicht das, was ihnen zu Denken gab. Ohne sich großartig den Kopf darüber zerbrechen zu müssen, hätten sie mich ins Gefängnis werfen können. Das Wesentliche lag darin, dass sie die Hoffnung aufgeben mussten, mich als Sprungbrett benutzen zu können, um sich Eintritt in fremde Häuser – die Häuser von Vo Nguyen Giap, Bui Cong Trung, Ung Van Khiem, Le Liem und anderen in diesem Verfahren inhaftierten revolutionären Veteranen - zu verschaffen.

Huynh Ngu ließ mich keineswegs zur Ruhe kommen.

Er startete einen neuen Ringkampf um bedeutende Persönlichkeiten. Ich blieb ruhig und erklärte bescheiden, dass ich nichts von ihnen wusste. Huynh Ngu langweilte sich. Er ließ diese Leute beiseite und fragte mich nach Personen, die meinen Äußerungen zufolge mit *dem modernen Revisionismus* nichts zu tun hätten.

Argwohn unter den Machthabern, nach dem Vorbild von *Zao Cao,* einem chinesischen Politiker in der Zeit der *Drei Reiche* im 3. Jahrhundert, war nicht neu. Dass sich dieser Argwohn aber ohne jeglichen Beweis gegen jede Person richtete, war wirklich übertrieben. Das war eine schwere Beleidigung für all diejenigen Personen aus den eigenen Reihen, die sie tagtäglich freundlich begrüßten und als Genossen bezeichneten.

Folgende Begebenheit zur Illustration:

"Ihr seid ganz groß, Ihr steht den Mitgliedern des Politbüros in nichts nach. Ihr sitzt in Hanoi und bekommt als Geschenk *Hof-Longanen* (eine wohlschmeckende Sorte von Longanen, einer Gemüseart, die früher dem kaiserlichen Hof geliefert wurde - Anm. d. Übers.) bis an Euren Mund dargereicht. Großartig!" Solche Worte ließ Huynh Ngu während seiner üblichen Teezeremonie fallen, bevor wir zur Vernehmung übergingen. Ich erinnerte mich: Vor einiger Zeit hatte mir Le Quy Quynh, Sekretär der Provinz-parteileitung von Hung Yen, ein Bündel Hof-Longanen geschenkt. Dieses Ereignis war also der Behörde zu Ohren gekommen. Le Quy Quynh hatte mir diese Früchte nicht privat übergeben, sondern zu meiner Arbeitsstelle bringen lassen. Das war ein weiterer klarer Beweis dafür, dass es nichts gab, was die Spitzel nicht meldeten. Wollte Huynh Ngu mit diesen Worten des Über-alles-Bescheid-Wissens unserer Polizei nur angeben oder wollte er etwas anderes?

"Ich brauche einen Bericht über Le Quy Quynh", fuhr er mit ausdrucksloser Miene fort.

Ich war noch immer perplex, als plötzlich die Sirene Fliegeralarm gab und die Vernehmung unterbrach. Huynh Ngu raffte eilig seine Unterlagen zusammen und lief hinaus.

'Amerikanische Bomben, trefft bitte den *Feuerofen!* Mir macht es nichts aus. Mein Leben ist so schön, dass es sich nicht lohnt, es zu bedauern.' Thanh sagte, dass der *Feuerofen* der sicherste Ort Hanois sei. US-Flugzeuge würden niemals die Stellen bombardieren, wo sich amerikanische Kriegsgefangene befänden. Nach den Befehlen der Gefängniswärter hätten wir bei Alarm unter unsere Pritschen kriechen müssen, was wir jedoch kein einziges Mal taten.

Die Sirene weckte in mir nur die Sehnsucht nach meinem zuhause. Eine leidenschaftliche Sehnsucht. Unser Haus befand sich nur ein paar Schritte vom städtischen Großen Theater entfernt. Wenn die Sirene auf dem Dach dieses Gebäudes heulte, mussten meine Kinder sich mit ihren Fingern die Ohren zustopfen.

Huynh Ngu kam zurück und legte seine Unterlagen erneut auf den Tisch. Die Vernehmung wurde wieder aufgenommen.

"Was soll ich über Le Quy Quynh wissen, um über ihn zu sprechen?"

"Natürlich wisst Ihr etwas. Weswegen hat er Euch Hof-Longanen geschickt? Diese wertvollen Longanen sind, wie Ihr genau wisst, nur für Onkel (Ho Chi Minh) und das Politbüro vorgesehen. Ein Provinzpartei-sekretär kann sie nicht jedem schenken."

Nun gut. Ich schrieb.

Ich machte - auf meine Art - einen Rückzieher. Nun schrieb ich alles, was Huynh Ngu von mir verlangte. Das Schreiben von *Berichten* konnte ich als eine Art Gefängnis-Zeitvertreib betrachten. Aber die Maoisten konnten meine *Berichte* keineswegs dazu benutzen, um damit irgendjemandem Schaden zuzufügen. Ich war schlau genug, niemandem Waffen zum Schaden anderer zu liefern.

Ich schrieb, dass Le Quy Quynh einer der wenigen Provinz-parteisekretäre gewesen sei, die ich getroffen habe. Es gäbe kaum einen anderen Provinz-parteisekretär, der dem Volk so nahe stünde wie er. Er wäre selten in seinem Büro, sondern meist in der Nähe der Bürger, um mit ihnen Probleme an Ort und Stelle zu lösen. Als Journalist könne man ihn nur schwer finden. Ich hätte ihn Anfang Herbst 1963 kennengelernt, als ich über die Provinz Hung Yen schreiben wollte - nicht über das Hung Yen, das sich im sozialistischen Aufbau befand, sondern über das traditionelle Hung Yen. Le Quy Quynh habe mich in seinem Büro empfangen, in welchem die Möbel mit einer dicken

Staubschicht bedeckt gewesen wären. Mit einem Lappen in der Hand habe er versuchte, etwas Staub vom Tisch zu wischen, um seinem Gast Platz zu machen. "Herr Journalist! Wenn Ihr von einem Provinz-Parteisekretär an einem glänzenden Schreibtisch empfangen werdet, seid bitte wachsam - Ihr sprecht gerade mit einem Bürokraten!"

"Warum habt Ihr nicht über das Thema 'Hung Yen startet das Fest des Reichwerdens durch Arbeit' geschrieben? Wir wissen, dass Ihr im Auftrag der Zeitschriftenredaktion nach Hung Yen gefahren seid, dass Ihr gemeinsam mit Le Quy Quynh in die Dörfer gegangen seid, mit ihm das Essen und das Bett geteilt habt. Bestimmt hat er mit Euch über die Frage des Standpunktes gesprochen, stimmt es?"

Wieder der Standpunkt!

In Hung Yen hatte ich an den Hauswänden die Losung gelesen. Sie war schmutzig verwischt worden, aber man konnte sie noch lesen. Wegen dieser Losung "Hung Yen startet das Fest des Reichwerdens durch Arbeit" bestellte Truong Chinh, der damalige Generalsekretär, Le Quy Quynh in die Zentrale, wo dieser gründlich *rasiert* (kritisiert - Anm. d. Aut.) wurde. Was heißt '*startet das Fest des Reichwerdens durch Arbeit*'? Heißt das *Wiederbelebung des Kapitalismus*?

Le Quy Quynh war eine friedliche Natur. Er gab seinen Fehler sofort zu, kaum dass Truong Chinh zu schimpfen angefangen hatte. Bekümmert erzählte er mir während unserer gemeinsamen Fahrt auf der Nationalstraße Nr. 5 (die Hanoi mit der Hafenstadt Haiphong verbindet - Anm. d. Übers.), sein Fehler habe einfach darin bestanden, dass er das Leben der Bevölkerung von Hung Yen verbessern wollte. Diese Provinz hatte die größte Bevölkerungsdichte im ganzen Norden. Die Zahl der Auswanderer aus dieser Provinz war ebenfalls die größte. In den Straßen von Hanoi wimmelte es von Bettlern aus Hung Yen. Gelegentlich startete die Hanoier Polizei eine Aktion zum Einsammeln dieser Personen und ließ sie zu Le Quy Quynh zurücktransportieren.

Ein derart friedfertiger Mensch wie er wagte es nicht, Schwellen zu überschreiten. Er war nach Bauernart ganz pragmatisch. Zu jener Zeit gehörte der Boden dem Staat, entweder in Form von *Kollektivfarmen* oder landwirtschaftlichen Produktionsgenossenschaften (LPG). Aber 5 % des Bodens überließ der Staat den Bauern zur eigenen Bearbeitung. In vielen Gegenden übertrafen jedoch die Erträge dieser 5%-Bodenanteile die der LPG-Anteile. Le Quy Quynh wollte das Potential des Agrarbodens - den 5%-Boden nicht einbezogen - zugunsten der Bauern ausnutzen. Er gestand mir, in Sachen Ertragsrekord punktuelle Akkordversuche eingeführt zu haben, die große Erfolge brachten.

Nach meiner Kenntnis versuchte Kim Ngoc, der erste Parteisekretär der früheren Provinz Vinh Phu, ebenfalls mit Ertragsrekord - jedoch später als Le Quy Quynh - zugunsten der Bauern zu arbeiten, allerdings auf größeren

Anbauflächen.

. Nachdem Le Quy Quynh gerügt und mit einem Fußtritt *hochgetreten,* d.h., auf einen formell höheren, jedoch unbedeutenden Posten befördert worden war, wurde der ungehorsame Kim Ngoc - wegen des bei ihm größeren Wirkungs-grades - als erster Provinzparteisekretär abgesetzt.

Le Quy Quynh beendete sein revolutionäres Leben in der Funktion des Vorsitzenden der Bienenzuchtgesellschaft.

Das Akkordsystem zugunsten der Bauern wurde keineswegs in Vietnam erfunden; denn bereits im Januar 1962 brachte Mao Zedong seine Kritik gegen dieses System zum Ausdruck. Das bedeutet, dass dieses System mindestens ein Jahr vorher in China hatte entstehen müssen. Truong Chinh war ein fleißiger Leser der Werke Mao Zedongs. Daher war es nicht verwunderlich, dass er die Pläne Kim Ngocs abblockte.

Nach meinen nichtssagenden Berichten über Le Quy Quynh und einige höher platzierte Parteimitglieder forderte Huynh Ngu von mir Berichte über verschiedene bekannte Schriftsteller und Künstler: den Dichter Duong Tuong, den Journalisten Mac Lan, die Filmschaffenden Huy Van und Vu Huy Cuong, den Theaterexperten Buu Tien, die Schriftsteller Chau Dien, Hua Van Dinh, Xuan Khanh, Phu Thang und andere, gerade so, als ob ich der Personalchef des Bundes der Schriftsteller gewesen wäre.

Eine der genannten Personen, die sich meiner Einschätzung nach irgendwo im *Feuerofen* befunden haben könnte, war Vu Huy Cuong. Nach meiner Entlassung erfuhr ich jedoch von ihm, dass ich mich darin etwas geirrt hatte. Er war im Polizeihauptquartier inhaftiert, dem Gebäude der früheren Sûreté, und nicht im *Feuerofen.* Festgenommen wurde er deswegen, weil man von ihm etwas über Hoang Minh Chinh erfahren wollte. Seine Beziehung zu Hoang Minh Chinh brachte ihm sechs Jahre Gefängnis und drei Jahre *Verbannung* an seinem Heimatort ein. Damit wurde er genau so lang bestraft wie der Haupt-beschuldigte Hoang Minh Chinh.

Obwohl ich an naive Fragen gewöhnt war, war ich trotzdem erstaunt, als Huynh Ngu von mir einen Bericht über Duong Tuong forderte. Dieser Dichter war mein bester Freund. Von uns allen interessierte er sich am wenigsten für Politik, besser gesagt, überhaupt nicht. Von den beiden Begründern des Marxismus zog er Engels vor, weil der von der volkstümlichen Liebesgeschichte zwischen Tristan und Isolde angetan war. Marx gefiel ihm nicht besonders, weil dieser nur die Saga-artigen Epen in der Art der Wikinger schätzte. Als Träumer schwelgte er in der Schönheit der Worte und Reime von Gedichten, die - im Gegensatz zu den Gedichten über Reis und Bataten - weder für den einfachen noch für den gebildeten Menschen leicht zu verstehen waren.

Chau Dien, Autor der Erzählungen "Die goldene Spinne", einer Sammlung, die in den 60er Jahren einen Preis vom Bund der vietnamesischen Schriftsteller bekommen hatte, widmete sich ausschließlich dem Literaturstudium. In der Zeit, in der sich der Kampf zwischen den zwei (ideologischen) Linien entwickelte, sah ich ihn kaum. Er hatte in China studiert, als sich die schwachsinnigen Ideen Mao Zedongs noch nicht bis zu ihrem Kulminationspunkt entwickelt hatten. Höchstwahrscheinlich hatte Chau Dien irgendeine falsche Wortwahl gegenüber dem hochverehrten Vorsitzenden Mao verwendet. Daher fragte Huynh Ngu nach ihm.

Xuan Khanh vertrat die Meinung, dass Schriftsteller keine Dichtung brauchen. Das Leben sei voll mit Stoffen, die für ein ganzes Schriftstellerleben reichen würden. Wenn man aber über das wahre Leben schreiben würde, wäre das ein Verstoß gegen den sozialistischen Realismus, weshalb es nicht veröffentlicht werden dürfte. Die Staatsführer wollten nur einen bestimmten Realismus, den Realismus mit aufstrebender Tendenz. Das bedeutete, dass man nicht über das (nur vorübergehend) vorhandene Schlechte, sondern über das Existierende, welches jedoch bereits das von der Partei für die Zukunft Versprochene andeute, schreiben sollte. Während sich die strahlende Zukunft noch nicht am Horizont zeigte, mussten Schriftsteller über gute Menschen und gute Taten als nachahmenswerte Beispiele schreiben. Nach den Vorgaben der Partei zu schreiben, war allerdings sehr schwer und äußerst uninteressant. Nach der Erzählung "Der tiefe Dschungel", die von der Obrigkeit gelobt wurde, schrieb Xuan Khanh nicht mehr. Möglicherweise waren Manuskripte von ihm in die Hände der Polizei geraten. Daher wurde ich nach ihm gefragt.

Mac Lan, der hitzig war wie *Zhang Fei,* ein chinesischer Militär in der Zeit der *Drei Reiche* im 3. Jahrhundert, sprach eine geradlinige Sprache. Deshalb war es nur natürlich, dass sein Name in das *schwarze Notizbuch* (der Polizei) geriet. Er trat in die Armee ein und machte den Marsch nach dem Süden fast bis in die Nähe von Saigon mit. Wegen der großen Anzahl seiner Kinder hatte er Schwierigkeiten mit seiner eigenen Familie. Zu ihrem Unterhalt übte er den Beruf eines *Auftragsschreibers* aus. Diejenigen, die Schriftsteller werden wollten, ohne selbst schreiben zu können, kamen zu ihm und gaben ihm Aufträge für Artikel. Solche *dumme Artikel* konnte er in großer Menge und so schnell schreiben, wie man *Holz hackt.* Für seriöse Literatur aber brauchte er viel Zeit.

Hua Van Dinh schrieb sehr viel. Als Mitarbeiter des vietnamesischen Filmstudios erschien er kaum an seiner Arbeitsstelle. Er arbeitete hauptsächlich zuhause, mehr für sich als für den Staat. Wann er schrieb, wusste ich überhaupt nicht. Ab und zu sahen wir uns, und jedes Mal stellte er zehnkiloweise seine Manuskripte vor. Unter seinen für den Druck nicht zugelassenen Werken gab es wunderbare Fragmente, die nur von einem Meister stammen konnten. Die Polizei war nur deshalb auf ihn aufmerksam geworden, weil er mit Ky Van verkehrte. Sonst gab es nichts an ihm zu beanstanden.

Als ich sagte, dass meine Freunde mit dem modernen Revisionismus nichts zu tun hatten, war das nur meine Meinung. Für die wachsamen Mitglieder

der *Exekutive* war es anders. Meine Freunde waren mir in der Hinsicht ähnlich, dass keiner von ihnen so leben wollte wie in China, wo die Menschen sich ständig unter der Kontrolle des Maoismus befanden. Sie waren wie verwelkte Pflanzen, die im Schatten von großen Bäumen der offiziellen Literatur dahinkümmerten, welche ihnen das ganze Sonnenlicht wegnahmen, und so hatten sie nicht die Voraussetzungen dafür, um in den Augen ihrer Leserschaft groß zu werden.

Ich erinnerte mich an den Schriftsteller Phu Thang, der aus der Gegend der Kohlenbergwerke nach Hanoi zu mir zum Besuch kam: "Ich möchte gerne, dass Du mich aufklärst: Ich habe die chinesischen Dokumente gelesen und fand sie richtig, logisch, verständlich und überzeugend. Aber meine Freunde, die - sagen wir - intelligent sind, behaupten, dass diese Dokumente stinken und ihr Geruch nicht zu ertragen ist. Wer hat in diesem lauten Streit nun Recht?" Ich antwortete vorsichtig: "Nur eine Seite, die in diesem Streit nicht erwähnt wird, hat Recht, nämlich das Leben." Er fragte weiter: "Wo lebt man besser in dieser konkreten Situation?" Ich zog das Leben in der Sowjetunion vor, wo man zumindest Anzeichen von Demokratie erspähte. Wir sprachen die ganze Nacht miteinander. Am nächsten Morgen machte er sich auf den Weg, liederlich, aber sympathisch wie immer. Er hatte mehr Glück als seine *verwelkten* Schriftstellerkollegen. Immerhin brachte er sein umfangreiches Werk "Die Umzingelung aufbrechen" zustande.

Nach den Fragen der Mitglieder der *Exekutive* zu urteilen, war Huy Van wahrscheinlich auch inhaftiert. Man befragte mich über ihn nur mündlich, ohne einen Bericht zu verlangen. Das kam daher, dass wir uns in den Jahren vor meiner Verhaftung kaum gesehen hatten. Meine Vermutung hat sich bestätigt. Huy Van wurde sechs Jahre lang festgehalten und dann entlassen, obwohl er, genauso wie jeder andere Beschuldigte dieses Verfahrens, der Gruppe der gegen die Partei agierenden modernen Revisionisten überhaupt nicht angehörte. Von den inhaftierten Beschuldigten kannte er Vu Huy Cuong und mich. Von den nicht eingesperrten, jedoch verfolgten Beschuldigten kannte er aus beruflichen Gründen das Mitglied der Zentrale, *Le Liem*. Sein erster und letzter Film "Ein Tag am Herbstanfang", der mit Hilfe des sowjetischen Regisseurs Agida Ibragimow realisiert wurde, war für die damalige Zeit, als der vietnamesische Film seine ersten Schritte auf dem Gebiet des Spielfilms machte, gar nicht schlecht.

Das Leben in der Gefängniszelle ging weiter - Tag für Tag eine langatmige Folge von langweiligen und nichtssagenden Vernehmungen. Genauer gesagt war es am Anfang noch nicht so. Das Gefühl von Gleichgültigkeit entstand erst, als mich mein Schicksal kalt ließ. Ich geriet ungewollt in eine Lage, in der mir nichts weiter übrig blieb, als abzuwarten, wohin das Leben wandern würde.

Während einer bedeutungslosen Vernehmung im *Feuerofen* erinnerte ich mich an ein Geschehnis, das die Feigheit unserer Intellektuellen der damaligen Zeit zum Ausdruck brachte. Eines Tages verlangte Huynh Ngu von mir einen Bericht über den Journalisten (mit dem Aliasnamen) *Vu Kien*. Ich zuckte zusammen. Hätte Vu Kien auch verhaftet werden können? Er war doch ein sehr vorsichtiger Typ. Ich kannte ihn ziemlich gut. Er hatte einen politischen Standpunkt, der unserem nahe stand. Ich schätzte ihn wegen seines beruflichen Könnens, seiner vielen Fremdsprachen und seiner Belesenheit. Als wir uns einige Tage vor meiner Verhaftung sahen, fragte er mich: "Wer ist in diesen Tagen noch eingesperrt worden? Wir werden bestimmt nach und nach festgenommen. Keiner kann entkommen. Mit dem *campagnardisme* (französisch: Denk- und Lebensweise der Bauern) können *sie* mit den Intellektuellen nicht unter dem gleichen Himmel leben. *Sie* erkennen nur die leibeigenen Intellektuellen an." Beim Studium der 9. Beschlüsse (d.h. der Beschlüsse der 9. Sitzung der Zentrale der Partei - Anm. d. Übers.) trug er mir eines seiner Gedichte vor:

> Seit einigen Jahren habe ich Kopfschmerzen
> Der Arzt sagt mir, dass ich an Sehstörung leide
> Ich, der feige Mensch, werde frech.
> Ich sehe in den erhabenen seriösen Herren
> Lauter ungezogene Kerle

Sein Gedicht gefiel mir. Als mich Huynh Ngu nach Vu Kien fragte, dachte ich an dieses freche Gedicht und lächelte. Huynh Ngu fragte mich sofort nach dem Grund meines Lächelns.

"Ich lache über diese Frage. Wenn die Sicherheitsorgane nach meiner Meinung fragten, würde ich sagen, Vu Kien ist es nicht wert, verdächtigt zu werden. Habt Ihr je mit Vu Kien gesprochen? Nein? Bitte trefft ihn und fragt mich nachher, wenn Ihr denkt, dass Ihr mich dann noch fragen müsst!"

"Was meint Ihr damit?"

"Dass Vu Kien kein Vietnamese ist. Er ist ein Ausländer."

"Ihr scherzt."

"Entschuldigung. Wir sind es gewohnt, in Vu Kien einen Europäer, einen Franzosen zu sehen. Ich kenne ihn nicht sehr gut. Wenn man mit ihm nur einmal spricht, kann man sofort merken, dass er überhaupt keinen politischen Standpunkt vertritt, außer jenem, dass er unbedingt sein möchte wie ein Franzose. Ein echter *francophile*. Auch in der Unterhaltung mit uns benimmt er sich französisch ..."

An Huynh Ngus Augenausdruck erkannte ich, dass er mir nicht sehr viel glaubte, mich aber auch nicht sehr verdächtigte.

Er kehrte danach noch ein paarmal zu dem Namen Vu Kien zurück. Jedes Mal gelang es mir, einige komische Anekdoten zu erfinden und die Angelegenheit beiseite zu schieben.

Als ich später entlassen wurde, erfuhr ich jedoch, dass dieser Herr

Journalist Vu Kien während unserer Gefangenschaft überall erklärt hatte, die Partei habe uns eingesperrt, weil wir in organisierter Form gegen die Partei opponiert hätten. Ich vermutete, dass Vu Kien, genauso wie andere Verdächtigte, vom Innenministerium vorgeladen worden war. Aber unser voluminöser *Europäer* hatte nicht die entsprechend große *Leber* (den großen Mut - Anm. d. Übers.), die man hätte haben müssen. Wahrscheinlich bekam er Lob für seine Ehrlichkeit. Man versprach ihm dieses und jenes und belehrte ihn über die Art und Weise, wie er über die Gruppe der gegen die Partei agierenden Revisionisten sprechen sollte. Also benahm er sich entsprechend und erhoffte sich eine Belohnung - beispielsweise eine Fahrt ins Ausland, vielleicht in die Deutsche Demokratische Republik oder nach Bulgarien. Eine solche Fahrt bedeutete eine große Gunst. Wegen dieser Gunst lohnte es sich schon, einiges auszusagen, was dem eigenen Gewissen zuwider war. Was jedoch dem eigenen Gewissen am meisten widersprach und was ein Intellektueller keinesfalls hätte tun dürfen, das allerdings tat Vu Kien ohne Bedenken, der eigenen Scham trotzend. Dass er seine Freunde verleumdete, sie stünden in organisierter Opposition, bedeutete, wie unsere Vorfahren gesagt hätten, *dem Feind mit der Lanze zu helfen*. Besser als jeder andere wusste Vu Kien, dass ich und auch seine anderen Freunde, die Inhaftierten, überhaupt keiner oppositionellen Organisation angehörten. Wenn eine solche Organisation existiert hätte, dann hätte Vu Kien darin nicht gefehlt. Mehr noch, er hätte zu den leitenden Mitgliedern gehört.

Ich bereute es nicht, Vu Kien in Schutz genommen zu haben. Ich konnte nichts anders tun, selbst wenn ich gewusst hätte, welchen Unsinn er in Freiheit unter Anweisung von oben erzählte. Diese opportunistische Lebensweise war eben eine Zeiterscheinung. Ich dachte zurück an das Jahr 1966, als Vu Kien aus Thanh Hoa zurückgekehrt war. Damals erzählte er mir, wie man die Legende eines kindlichen Helden zurechtgebastelt hatte. Irgendein Journalist erfand die Geschichte eines Jungen, der angeblich seinen Freund im Bomben- und Geschosshagel gerettet habe und dabei gestorben sei. Die Story dieses kleinen Helden wurde als Beispiel revolutionären Heldentums lautstark verbreitet. Vu Kien, der gerade in Thanh Hoa war, eilte in die Heimat dieses Helden, wo er feststellte, dass dort eine Schlacht dieses Ausmaßes gar nicht stattgefunden hatte, so dass es auch die Heldentat des Jungen, die Rettung seines Freundes unter Bomben und Geschossen, gar nicht hatte geben können. Nach Hanoi zurückgekehrt, urteilte er abfällig über diesen unehrlichen Bericht der Propaganda-maschinerie. Es war nicht bekannt, ob diese abfällige Meinungs-äußerung die Ursache dafür war, dass Vu Kien von dem Dichter To Huu (Mitglied des Politbüros der Partei - Anm. d. Übers.) zu einem Abendessen eingeladen wurde. Jedenfalls war er zu dem Essen gegangen und gab mit diesem ehrenvollen Essen danach mächtig an. Kurze Zeit darauf erschien ein Kinderbuch über diesen nicht existierenden Helden, dessen Autor ... Vu Kien war. Als wir uns wiedersahen, vergaß er unsere frühere Unterhaltung und brüstete sich mit seinem neu erschienenen Buch. Ich fragte ihn nach dem Honorar: "Wie viel Geld kriegt man, wenn man die Alten und die Jungen belügt?" Vu Kien geriet in Verlegenheit. Er sprach von etwas anderem und verzichtete darauf, mir das Buch, das er in seiner Tasche mit sich trug, zu schenken.

Der Fall Vu Kiens war nicht der einzige, jedoch ein sehr typischer. Eine - zum Glück nicht große - Anzahl der starrköpfigen Intellektuellen, die sich früher sehr gern mit uns getroffen hatten, beeilte sich - kurz nachdem wir eingesperrt worden waren - zu erklären, dass sie keine Beziehungen zu uns unterhalten hätte. Sie wagten nicht einmal, die Frauen und Kinder der Verhafteten zu treffen, um sich nach deren Gesundheit zu erkundigen. Der Ruf, genügend Mut zu besitzen, um der Administration die Stirn zu bieten, war nur ein schönes Gewand, solange die Behörde noch nicht den Schlagstock schwang.

Mein Vater schätzte diejenigen (damals in Frankreich lebenden - Anm. d. Übers.) Intellektuellen hoch ein, die 1945 zusammen mit der vietnamesischen Delegation, welche an Verhandlungen mit der französischen Regierung teilgenommen hatte, in die Heimat zurückkehrten. Insbesondere mochte er Dr. Tran Huu Tuoc, den er persönlich zur Rückkehr in unser Land überredet hatte. Diesen Mann schätzte er dafür, dass er den Mut besaß, sein schönes Leben im Ausland aufzugeben, um zu seinen in Armut und Elend lebenden Landsleuten zurückzukehren. Er kümmerte sich um diesen Arzt wie um seinen eigenen jungen Bruder; er kümmerte sich um dessen Ehe, um seine Wohnstätte. Wenn dieser Streit mit seiner Frau hatte, kam er gewöhnlich zu uns und blieb üblicherweise bis zu einem halben Monat in unserem Haus. Nach der Verhaftung meines Vaters verschwand Tran Huu Tuoc und ließ nichts mehr von sich hören. Als mein Vater im Gefängnis Zahnschmerzen bekam, hieß er meine jungen Geschwister diesen Arzt aufsuchen und ihn um Medikamente bitten, in dem Glauben an die enge alte Freundschaft. Meine kleine Schwester traf Dr. Tran Huu Tuoc im Krankenhaus Bach Mai (Hanoi) in seiner HNO-Abteilung. Aber der liebe Freund meines Vaters suchte nach allen möglichen Ausflüchten, um weder Arzneimittel noch Grüße schicken zu müssen. Er gab vor, zu einer Versammlung zu müssen, und entfernte sich.

Ich wollte Tran Huu Tuoc nicht viel vorwerfen - die gesellschaftlichen Umstände veränderten eben den Menschen. Aber ich konnte ihm auch nicht mehr nahestehen. Zum letzten Mal sah ich Tran Huu Tuoc 1983 im Hotel Ben Nghe (Saigon). Wir gingen wie Fremde nebeneinander her. Er war verlegen und machte den Eindruck, als ob er auf mich zukommen wolle. Aber die Scham hielt ihn zurück. Ich selbst konnte mich nicht überwinden.

Nach meiner Freilassung gingen wir von unserer Seite auf niemanden zu. Zum einem führte das Gekränkt-Sein und zum anderen die Eigenliebe zu dieser Zurückhaltung. Ich hasste diejenigen nicht und hegte auch keine Rachegefühle gegen die, die den Leiden meiner Familie den Rücken zugewandt hatten. Aber ich pflegte mit ihnen keinen Umgang mehr. Es wäre reine Zeitverschwendung gewesen.

Zu dieser Zeit lernte ich, mit Toleranz auf meine Mitmenschen zu blicken. Ich begriff, dass wir lediglich dumme Herdentiere waren, die von teuflischen Leittieren ausgenutzt wurden. Nachdem diese Tiere unsere Herrscher geworden waren, verwandelten sie ihre Artgenossen in Sklaven. Die Erziehungsmethode mit Peitsche und Rute, die von Belohnungen begleitet wurde, zielte darauf ab, dass jeder Wunsch dieser Herren ausgeführt wurde. Die unglücklichen Herdentiere stritten sich um Almosen und bissen sich gegenseitig, um für sich ein größeres Stück vom Kuchen zu ergattern. Eine Fluchtmöglichkeit bestand nicht. Wozu sollte man das andere nebenan liegende Tier bemitleiden?

Huynh Ngu arbeitete immer seltener mit mir. An seiner Stelle trat ein Mann mit einer intellektuellen Erscheinung auf, den ich oben bereits erwähnte.

"Mein Name ist Hoang", stellte er sich vor.

Ich fühlte für Hoang gleich beim ersten Treffen Sympathie. Sein kluges Gesicht beruhigte mich. Seinem Aussehen nach hätte er eher zu den höher entwickelten Herdentieren als zu den Sklaventieren gehören können. Er erledigte die gleichen Aufgaben, die auch Huynh Ngu hatte, jedoch ganz anders, zurückhaltend und bescheiden.

Trotzdem blieb ich auf der Hut. Es hätte sein können, dass - hinter diesem nach außen hin im Dienst der Parteiinteressen anscheinend geringen Eifer - in einem Gehirn, das mehr Falten enthielt als das des Herdentieres Huynh Ngu, schlaue Berechnungen vor sich gingen.

Nach meiner Zeit des Arbeitens mit Huynh Ngu kannte ich diesen. Im Grunde genommen war er einfach, keineswegs verschlagen. Ihn zufriedenzustellen war nicht schwer. Ich brauchte nur sehr lange Berichte zu schreiben, die in laut tönenden Worten vollgestopft waren mit harmlosen Ereignissen, welche meine grenzenlose Ehrlichkeit im Sinne der von oben angeordneten Formeln zum Ausdruck brachten, und er war zufrieden.

Hoang jedoch las meine *Berichte* mit einem schwer zu deutenden Lächeln.

"Habt Ihr einmal daran gedacht, wie die gesellschaftlichen Beziehungen zustande gekommen sind? Diese Sache zu studieren, ist ganz interessant."

Ich wusste nicht, was er wollte.

"Die Beziehung zwischen der Partei und den Parteimitgliedern beispielsweise ..."

" ??? "

"Ich bin darauf aufmerksam geworden und sehe, dass in der Betrachtungsweise viele Unklarheiten bestehen. Die Beziehung zwischen der Partei und den Parteimitgliedern ist, im Grunde genommen, lediglich eine vertragliche Beziehung. Beide Seiten kommen miteinander überein, irgendeine Arbeit auszuführen, und so wird eine gegenseitige Beziehung hergestellt ..."

Ich wurde rot. Das Maß des Lobes an der Partei, das ich in die neuen *Berichte* an Hoang eingebaut hatte, schien durch die Angewohnheiten, die ich mir während meiner Arbeit mit Huynh Ngu zugelegt hatte, etwas übertrieben ausgefallen zu sein. Mein lautes Herumschreien von Losungen, um vom Thema abzulenken, konnte Hoang nicht täuschen.

Hier muss ich ergänzend etwas zu dem erklären, was ich als meine *Berichte* bezeichnete. Nach meinem Entschluss, einen Schritt zurückzuweichen, stritt ich mit Huynh Ngu nicht mehr weiter über die Rechtmäßigkeit meiner Verhaftung. Anders gesagt, fügte ich mich den Umständen, unter denen ich auch die sozialistischen Regeln über die Beziehung zur Partei akzeptieren musste. Eine davon war das Kundtun der eigenen Treue zur Partei durch lautes Lobpreisen, sobald sich eine Gelegenheit dazu bot. Dieser Brauch nahm seinen Anfang in den 50er Jahren beim Start der Kampagne zur Herabsetzung von Pacht und Zinsen auf dem Land.

Seit der späteren Bodenreform wuchs er in die Breite und Tiefe des Lebens der Menschen. Sobald man den Mund aufmachte, begann man mit "Dank der Partei und Regierung". Man sagte: "Dank der Partei und Regierung ist die diesjährige Ernte gut und wir haben genug zu essen." oder "Dank der Partei und Regierung hat meine Frau einen Jungen zur Welt gebracht." Aus reiner Gewohnheit sagte man auch: "Dank der Partei und Regierung ist der Furunkel meines Kindes zurückgegangen. Ich habe Medikamente von dem Arzt Suu geholt." Unter der Bevölkerung kursierten damals lustige Verse, die den Nagel der Parteipropaganda über die eigenen Leistungen auf den Kopf trafen:

Die Missernte kommt von der Naturkatastrophe
Die gute Ernte kommt von der genialen Partei

Seit Jahrzehnten von diesem Brauch durchdrungen, löschten die modernen Herdentiere freiwillig ihr eigenes Selbst aus, um der Partei zu gehorchen und von ihr Mitleid zu erwarten. Die Partei ist die Höchste Persönlichkeit, genau wie Gott. Ja, die Partei ist noch mehr als Gott, da Gott unsichtbar ist, während die Partei existiert, genauso wie die Gefängnisse der Partei, die existieren. Die Partei entscheidet über alles. Wenn die Partei etwas gibt, dann bekommt man. Wenn die Partei etwas nimmt, ist es weg.

Nun plötzlich hörte ich von einem Parteimenschen, sogar einem "Funktionär der Ausführung der Diktatur des Proletariates", etwas Fremdartiges. Verwundert sah ich den Mann an.

Hoang war in freudiger Stimmung. Er blinzelte mit den Augen in meine Richtung:

"Seht Ihr es nicht so?"

Ich befürchtete eine Falle. Sicherlich war eine solche Falle nicht gefährlich. Sie betraf nichts Konkretes, konnte höchstens eine ideologische Sonde sein. Trotzdem musste ich auf der Hut bleiben. Ideologisch falsch zu denken, war in Vietnam ein Verbrechen. Die Bestrafung der falschen Ideologie war "eine alltägliche Sache im Landkreis" (Titel einer Erzählung des sowjetischen Schriftstellers Owetschkin - Anm. d. Autors). Wenn ich außerdem meine Ideologie als falsch anerkannt hätte, so hätte ich sicherlich angeben müssen, mit wem ich diese Ideologie geteilt hatte, was wiederum anderen Menschen Schaden hätte zufügen können.

"Möglicherweise." sagte ich zweideutig. "Für die früheren Gesellschaftsformen war das vollkommen richtig. In der sozialistischen Gesellschaft ist der Inhalt dieser Beziehung etwas anders, da sie aus einem anderen Begriffssystem stammt. Die Beziehung zwischen der Partei und ihren Mitgliedern wird hier vor einem besonderen Hintergrund gesehen. Sie beinhaltet einen außergewöhnlichen Charakter, man kann sagen, einen heiligen Charakter ..."

"Wollt Ihr sagen, dass diese Beziehung einen religiösen Charakter trägt?" fragte Hoang mit unbeteiligter Stimme.

Der Kerl ist gut, dachte ich mir.

"Nicht unbedingt. Aber in gewisser Hinsicht tragen heilige Beziehungen ähnliche Züge."

"Richtig, sehr richtig."

"Der heilige Charakter wird im Heiligen der Rolle einer weltlichen Organisation, in der Hochschätzung der Opferbereitschaft als Genuss im Kampf für nicht ganz so heilige Ziele wie Kleidung, Arbeit, Wohnstätte ... zum Ausdruck gebracht."

"Das heißt, Ihr stimmt mit mir darin überein, dass die Beziehung zwischen der Partei und den Mitgliedern eine vertragliche Beziehung ist." Hoang lächelte. "Ein Vertrag ist eben ein Vertrag. Es gibt darin nichts Übermenschliches, nichts Heiliges. In diesem Leben gibt es nur eine heilige Beziehung, und das ist die Blutsverwandtschaft, die weder erbaut noch erkauft werden kann ... Es reicht; wir wollen zur Arbeit zurückkehren. Könnt Ihr mir hier über die Beziehung zwischen Van Cao (Komponist der Nationalhymne - Anm. d. Übers.) und (dem künstlerischen Multitalent) Nguyen Dinh Thi etwas sagen?"

"Macht Ihr eine Vernehmung oder seid Ihr neugierig?"

"Ich arbeite gerade mit Euch."

"Ich denke, wenn Ihr Euch für die Beziehung zwischen diesen zwei Menschen interessiert, dann wäre es am besten, sie direkt zu fragen."

"Ich meinerseits denke, wenn Ihr mich etwas mehr wissen lasst als das, was wir bereits gewusst haben, schadet es auch niemandem. Die Partei fordert Euch auf, einen Beitrag für die Partei in Form Eurer Meinung zu leisten. Es könnte sein, dass Eure Erzählung das aufhellt, was die Partei noch nicht richtig verstanden hat."

Das war also die Art und Weise, wie Hoang die Vernehmungen durchführte. Er ging nicht geradeaus auf das Ziel los, sondern führte mich mit unscheinbaren Geschichten spazieren und bog plötzlich ab in Richtung auf ein Thema, über das er etwas wissen wollte. Nachdem ich mir seiner Arbeitsweise bewusst geworden war, wandte ich dieselbe Methode an, indem ich während meiner Erzählungen Versuchssonden nach Neuigkeiten ausbrachte. Durch ihn wollte ich zu diesem Zeitpunkt die Politik der Partei in Bezug auf unser Verfahren und gegenüber anderen Schriftstellern und Künstlern im Allgemeinen kennenlernen. Warum sollte ich Hoang gewisse Geschichten nicht erzählen, die im Grunde genommen harmlos waren?

Eines Tages erzählte ich Hoang von einem Ereignis, das bei der *Verbes-serungsschulung* von Schriftstellern und Künstlern in dem Weiler Hoang Cao Khai in der Zeit der (von der kommunistischen Partei verurteilten kulturellen) Bewegung *Humanismus-Künstlerische Werke* (Nhan van-Giai pham) stattgefunden hatte. Bei dieser Veranstaltung des kollektiven *Sich-auf-die-Brust-Schlagens* beschimpfte Nguyen Dinh Thi vom Rednerpult aus Van Cao. Nach dieser beleidigenden Rede verließ Nguyen Dinh Thi das Pult, umarmte Van Cao und flüsterte: "Versteh mich bitte, ich musste mich der Situation fügen." Van Cao erzählte mir diese Geschichte später mit Trauer in den Augen. "Vor der Revolution (1945) war er gar nicht so. Er war ein Held. Jetzt begnügt er sich mit dem Schicksal eines Regenwurms."

Diese Story war vielen bekannt. Es schadete nicht, wenn ich sie wieder erzählte.

Hoang hörte aufmerksam zu und sagte dann mit Schwermut:

"Wahrscheinlich gibt es unter Euren Schriftstellern und Künstlern nicht mehr sehr viele mit dem *Literatengeist des Nordens*, nicht wahr?"

Hoang schien nicht zeigen zu wollen, dass er Nguyen Dinh Thi in Schutz nahm. Er widerlegte diese wahre Geschichte nicht. Er verhielt sich gleichgültig.

"Nguyen Dinh Thi ist kein Literat." sagte ich. "Er ist ein Mensch der Gegenwart. Die Menschen der Gegenwart verhalten sich nicht wie die Literaten; sie, vor allem die Kommunisten, brauchen diesen alten Geist nicht. Für Nguyen Dinh Thi ist das Interesse der Partei das Höchste."

"Denkt Ihr, dass die Kommunisten keine menschliche Würde brauchen?"

"Ich denke, dass die Kommunisten nicht viele Optionen haben. Sie machen das, was den Interessen der Partei und der Sache der Partei dient."

Hoang lächelte wieder. Erneut verstand er den Hintergedanken meiner Aussage, und ich fuhr zusammen.

"Habt Ihr enge Beziehungen zu Nguyen Dinh Thi?"

"Nein."

Ich schätzte Nguyen Dinh Thi wegen seines sehr breiten Spektrums an Begabungen immer hoch ein. In den 40er Jahren gab es wahrscheinlich nur zwei Multitalente: Van Cao und Nguyen Dinh Thi. Nguyen Dinh This Lieder waren eine Zeitlang bei der Jugend meiner Generation sehr beliebt. Für das Besingen der Einwohner von Hanoi fand ich kein besseres Lied als sein "Lied der Menschen von Hanoi".

Auch seine Gedichte waren sehr ausdrucksvoll. Er war in der Dichtkunst wie der Fisch, der frei im Wasser schwimmt; ohne lautes Betonen seines Standpunktes.

Nacht für Nacht hört man das Raunen der Erde
Das Echo der Stimme längst vergangener Tage...

oder:

An wen denken die Sterne, wenn sie funkeln
und den Weg der Kämpfer
auf dem wolkenverhangenen Pass beleuchten.
An wen denkt die Flamme, wenn sie die kalte Nacht
und das Herz der Kämpfer mitten im Dschungel erwärmt...

Aber der Nguyen Dinh Thi, den ich kannte, war auch innerlich schwach. Er geriet an jeder Wegkreuzung des Lebens und der Liebe in Verlegenheit. Doch vielleicht irrte ich mich. Wenn ja, dann dürfte mein Irrtum aber nicht groß gewesen sein.

Ich erinnerte mich an einen kühlen Abend im Oktober des Jahres 1954, einige Tage nachdem die Stadt Hanoi befreit worden war. Wir waren im Hotel Splendid (später Hotel Hoa Binh - Frieden) untergebracht. Nguyen Dinh Thi holte mich von meinem Zimmer ab und wir gingen gemächlich spazieren, von der Ly-Thuong-Kiet-Straße über den Markt Cho Hom zur Tran-Xuan-Soan-Straße. Plötzlich bog er in eine Nebenstraße ab; ob in die Trieu-Viet-Vuong- oder in die Bui-Thi-Xuan-Straße, wusste ich nicht mehr genau. Am Ende der Straße lud er mich dazu ein, mich zu ihm auf die Außentreppe eines bestimmten Hauses zu setzen. Von da aus richtete er seinen Blick unverwandt auf das gegenüberliegende Haus, das tief im Schatten eines üppigen Papierblumenbusches stand.

"Wer könnte jetzt in diesem Haus wohnen?" Er seufzte. "Früher hat meine Geliebte darin gelebt..."

Wir setzten unseren Spaziergang fort.

"Wie oft bin ich früher auf diesem Bürgersteig hin und her gelaufen! Man schreibt viel über die erste Liebe. Sie bleibt immer grösser als jede andere. Eines steht fest: Man kann die erste Liebe nicht vergessen, auch wenn sie flüchtig war und nicht tief, vorausgesetzt, sie war echt."

Als wir zum Hotel zurückkehrten, war es bereits späte Nacht. Hanoi befand sich damals im Ausnahmezustand. Wir wurden von keiner Patrouille erwischt.

"Wisst Ihr etwas über die Liebe zwischen Nguyen Dinh Thi und Madeleine Riffaud (französische Journalistin)?"

"Gehört das zur Vernehmung?"

Hoang lachte gutmütig.

"Keineswegs. Wir unterhalten uns nur. Wenn Ihr nicht antworten wollt, bitte, dann nicht."

"Ich habe gewusst, dass die beiden während des Aufenthalts von Frau Riffaud in Vietnam miteinander befreundet waren. Ob es sich um eine Liebe gehandelt hat, hat mir Herr Thi nicht erzählt. Wenn ja, dann war es nur eine flüchtige Liebe, mehr Freundschaft als Liebe ..."

An jenem Abend, nach seinem Spaziergang mit mir, ging Nguyen Dinh Thi in das Zimmer von Madeleine und ich kehrte in mein Zimmer zurück. Zu jener Zeit gab es viele Gerüchte über seine vietnamesisch-französische Liebe. Wenn er nicht Nguyen Dinh Thi gewesen wäre, hätte es großen Krach gegeben. Er hätte wegen Unzucht, wegen unerlaubter Liebe - für Kader eine schwere Verfehlung - *disziplinarischen Maßnahmen kaum entgehen können.* Aber er genoss eine Sonderbehandlung. Truong Chinh und die anderen führenden Machthaber mochten ihn sehr.

Ich maß diesen Gerüchten nicht viel Wert bei. Madeleine schätzte ich hoch wegen ihrer schwer zu erklärenden Liebe zu Vietnam. Instinktiv liebte sie dieses Land mit seinen Flüssen voller Sandbänke genauso wie das Land, in dem sie geboren und aufgewachsen war. Diese Liebe war keineswegs eine im Sinne des internationalen Proletariates. Sie schrieb später "Die Jade-Stäbchen". Zur selben Zeit wie Frau Riffaud befanden sich Helena Lemanska und Roman Karmen in Vietnam. Helena Lemanska hatte für ein Vietnam, das neu entdeckt wurde, den gutmütigen, einfachen, liebevollen und verständnisvollen Blick eines katholischen polnischen Menschen, vermischt mit einer gewissen Neugierde. Sie drehte den Film "Bambus - mein Bruder". Roman Karmen kam aus Moskau nach Vietnam, genauso wie er früher zu den spanischen Republikanern gekommen war, die gegen die Faschisten gekämpft hatten: als Filmregisseur und Kommunist. Er drehte den Film "Vietnam auf dem Siegesweg".

Madeleine Riffaud hoffte, dass "die Stäbchen aus Jade und das Tablett aus Gold zusammenkommen". Diese Hoffnung erfüllte sich nicht. Aus welchem Grund, erfuhr ich nicht. Möglicherweise durfte Nguyen Dinh Thi seine Frau nicht verlassen. Es war auch möglich, dass seine Partei es ihm verbot. Madeleine Riffaud verließ Vietnam, und die Liebe dieser beiden Menschen geriet in Vergessenheit.

Im Sommer 1967 traf ich während eines Spaziergangs in der Stadt zufällig auf Nguyen Dinh Thi. Er hatte gerade das Gebäude des Literaturverlags in der Hai-Ba-Trung-Straße verlassen.

"Hast Du in der letzten Zeit nichts geschrieben?" fragte er mich.

"Es ist nichts Schlimmes. Mein Kopf ist nicht in Ordnung. Ich habe undisziplinierte Gedanken. Meine "Straße Nr. 4" ist wegen ihres Impressionismus verurteilt worden, den ich weder vertrete noch verstehe. Von der "Schlaflosen Nacht" hat Herr To Huu (Mitglied des Politbüros) gesagt, es wäre ein Ausdruck der "Unzufriedenheit mit dem gegenwärtigen Regime". "Die letzte Nacht - der erste Tag" ist von Herrn Nguyen Chi Thanh, dem Armeegeneral, *geschlagen* (verurteilt) worden. Ich habe genug und möchte nicht mehr schreiben..."

Nguyen Dinh Thi lachte leise. Ich war an seine Art zu lachen gewöhnt. Er lachte, um nichts zu sagen. Man konnte es verstehen, wie man wollte.

"Kein Wunder, dass man von Dir nichts gehört hat. Wenn Du nicht schreibst, musst Du aber viel gelesen haben."

"Was soll ich noch tun außer Lesen? Ich beschäftige mich leidenschaftlich mit Afrika."

"Mit Afrika? Wieso mit Afrika?"

"Die Prosa dieses Kontinents hat viele poetische Züge, viel ursprüngliche volkstümliche Philosophie, ohne Philosophie zur Selbstverteidigung oder Naturalismus und Erklärung. Es ist sehr interessant. Hast Du den "Leopard" oder den "Armen Jesus in Bomba" gelesen?"

"Noch nicht. Gegenwärtig lese ich sehr wenig." Er seufzte. "Ich bin nur mit Krimskram beschäftigt. Ich muss entweder zur Obrigkeit gehen, um mir Direktiven abzuholen oder ich muss zur Basis gehen, um die Direktiven weiterzuleiten. Sitzungen über Sitzungen. Ich habe von diesen Büchern nicht einmal etwas gewusst. Sind sie gut?"

"Wunderbar! Ich bin kein Rassist. Wenn ich unsere Literatur mit der unserer schwarzen Brüder vergleiche, schäme ich mich. Unsere besteht sämtlich aus reinen langatmigen Predigten und oberflächlichen Illustrationen ..."

Nguyen Dinh Thi versank eine Weile in Gedanken. Nach einem langen Stück Weges sagte er leise: "In anderen Ländern muss man Talent haben, um zu schreiben ..."

Ich verstand den letzten Teil seines Satzes: " ... nur in unserem Land nicht." Das war Nguyen Dinh This Redeweise. Der Zuhörer musste verstehen, was er nicht sagte.

Wir setzten unser Gespräch mit Erinnerungen an die Zeit des Widerstands gegen die Franzosen fort. Er warf eine Frage ein:

"Was denkst Du über meine Erzählung ' Der gebrochene Damm'?"

Ich wurde verlegen. Eine direkte Frage erforderte eine direkte Antwort. Ich wollte ihn aber nicht verletzen.

"Ich bin nicht begeistert."

"Kannst Du Dich klarer ausdrücken?"

"Sie ist auch eine Predigt, die überflüssig ist. Es ist mir klar, dass sie Dein Herzensbedürfnis nicht zum Ausdruck bringt. Wenn man sie liest, merkt man gleich, dass es dem Autor nicht so wichtig ist, ob er sie geschrieben oder nicht geschrieben hat. Außerdem mag ich nicht, wie Du in diesem Buch die Kommata gesetzt oder mit den neuen Zeilen angefangen hast. Es ist nicht korrekt. Im Vergleich zum "Stoßtrupp" ist es ein Rückschritt. Ich mag lieber Deine Gedichte. Sie sind die Stimme Deines Herzens, sie sind echt. Sie sprechen auch die Sprache meines Herzens und die der Herzen der Leser ..."

Wir liefen eine Weile schweigend nebeneinander. Beim Abschied sagte Nguyen Dinh Thi mit deutlich traurigerer Stimme:

"Ich sollte nur Musik machen. Die Musik - dort ist mein Platz."

Viele vietnamesische Schriftsteller und Dichter befanden sich in dem Dilemma, nach der eigenen Position suchen zu müssen. Nachdem sie ihr Schicksal der führenden Hand der Partei anvertraut hatten, mussten sie sich in das allgemeine *Ich*, das kollektive *Ich* hineinpressen, in ein wesensloses und unsichtbares *Ich*, in das man sich verwandelte. In diesem kollektiven *Ich* fühlte sich jeder gefangen und keiner fühlte sich wohl. Doch man hatte es freiwillig auf sich aufgenommen; nun ließ man die Hände sinken und sich vom Strom mitreißen. Aber Mensch bleibt Mensch. Es gibt Momente, in denen er sich nicht beherrschen kann, wenn sein wahres *Ich* plötzlich aufsteht und Anspruch auf seine natürliche Position anmeldet, wenn er danach verlangt, *er selbst* zu sein.

Im Jahr 1962 oder 1963 - ich wusste es nicht mehr genau - gab Nguyen Dinh Thi das Theaterstück "Der schwarze Hirsch" in der Art einer Fabel heraus, das darauf anspielte, wie die heute erfolgreichen Menschen ihren Gefährten aus schweren Zeiten den Rücken zukehrten. Diese Anspielung des Bühnenstücks war nach der Meinung von Schriftstellern *sehr leichtgewichtig*. Trotzdem waren die Machthaber nicht zufrieden und das Theaterstück wurde *geschlagen* (verurteilt). Aus ähnlichen Gründen wurde auch ein weiteres Bühnenstück desselben Autors, "Nguyen Trai in Dong Quan", Ende 1980 oder Anfang 1981 *geschlagen*. Ebenfalls in der Entstehungszeit von "Der schwarze Hirsch" schrieben *Kim Lan* "Der hässliche Hund" und *Vu Tu Nam* "Die Gans als General". Diese beiden Tiere wurden auch *geschlagen*. Es wurde erklärt, dass Kim Lan die Partei mit dem Herrn und die Intellektuellen mit dem Hund verglichen hätte. Der Herr behandelte den Hund nur gut, solange er von diesem zartes Fleisch, gute Wurst und eine wohlriechende Suppe erwartete. Er misshandelte den Hund, als dieser äußerlich und innerlich erkrankte, während das arme Tier trotz alledem seinem Herrn bis zum Tod treu blieb. Kim Lan hatte eine wunderbare Schreibweise, als er das Schicksal des kranken hungernden Hundes mit dem vietnamesischen Dorf im grauen Hintergrund beschrieb. "Die Gans als General" wurde verurteilt wegen der Andeutung darauf, dass die Partei weder fliegen noch schwimmen, sondern nur ständig schnattern könne.

"Schreibt bitte nicht über Tiere!" sagte Kim Lan. "Es ist unverständlich, warum es Leute gibt, die sich aufregen, sobald über Tiere geschrieben wird. Das Gefährliche ist, dass es viele solche Leute gibt."

Der große Dichter *Che Lan Vien* war mit sich selbst uneins zwischen seinem instinktiven natürlichen *Ich* und dem von der Partei geformten *Ich*, in das er sich selbst nicht nur einige Jahre, sondern sein ganzes Leben lang hineinpresste, Ich schätzte ihn seiner Intelligenz wegen hoch ein und las gern seine Gedichte. Aber seine politischen Gedichte konnte ich nicht ertragen. Je höher ich seine Verse schätzte, die aus dem Herzen kamen, wie:

Ich denke an das vom Nebel umhüllte Gebirgsdorf,
an den von Wolken benetzten Pass
Ich durchwanderte diese Orte,
die meine Liebe behielten
Als ich an diesen Orten weilte, gehörten sie zur Erde
Nachdem ich weggegangen war,
verwandelten sie sich in Seele.

desto mehr langweilten mich seine Lobpreisungen des Krieges (auch des Befreiungskrieges), wie:

Liebe Friedenshasen, die nach Gras
zum Fressen suchen,
Mein Gewehr schießt auch zu Eurem Vorteil.

Der Dichter nahm seine Inspiration aus einer Rede Le Duans im internen Funktionärskreis: "Wir kämpfen gegen die Amerikaner, das bedeutet, dass wir zugunsten der Sowjetunion, Chinas, der sozialistischen Staaten und der ganzen Menschheit einschließlich der Revisionisten kämpfen, derjenigen, die uns gerade in den Rücken fallen ..." Im allgemeinen entsprachen viele seiner Gedichte wunderbar der Parteipolitik.

Im Herbst 1965 traf ich auf Che Lan Vien in Dong Hoi. Zu jener Zeit lag die ganze 4. Zone (die aus vier Provinzen bestand - Anm. d. Übers.) nach Sonnenuntergang in völliger Dunkelheit, außer dieser Stadt, die noch Elektrizität besaß. Ich durchquerte mit meinem Fahrrad verschiedene Flüsse, über die ehemals die Brücken von Cau Bung, Cau Phu, Chanh Hoa, Ly Hoa.... geführt hatten.

Geduldig radelte ich in Richtung der erhellten Halbkugel mitten am schwarzen Himmel. Als ich den Rand der Helligkeit gerade erreichte, fuhr ich wegen eines lauten Schreis zusammen: "Halt!" Ich dachte, dass ich in einen Kontrollposten der Miliz geraten wäre und stieg eilig vom Rad ab. Meine Hand wollte schon den Journalistenausweis aus der Tasche holen, als eine Person mit einem Palmhut hinter einem Verteidigungswall am Wegesrand hervortrat:

"Ist es Vu Thu Hien?"

Es war Che Lan Vien, der hoch erfreut laut lachte:

"Seit einem halben Monat bin ich hier postiert, ohne jemanden unserer Sparte anzutreffen. Jetzt sehe ich Vu Thu Hien. Ich habe aus Freude laut geschrien."

Er zog mich mit in das Gästehaus der Provinzparteileitung, dessen Rückseite sich dem Nhat-Le-Fluss zuwandte. Die Landschaft war lieblich, das Haus aber furchtbar leer. Che Lan Vien und ich waren die einzigen Gäste, sonst niemand. Am ganz frühen Morgen, als es noch dunkel war, machte die Küche das Mittagessen für uns fertig, das unter einem Fliegenschutz auf den Tisch gestellt wurde. Die Küchenbediensteten gingen dann aus Furcht vor Bombardierungen weg. Das Abendessen bereiteten wir uns selbst. Anstelle der Frühgymnastik holten wir beide Wasser zum Gießen der vernachlässigten Topfpflanzen. Dann gingen wir zum einzigen Reiskuchen-Imbiss der ganzen Stadt. Die Inhaberin war eine zahnlose alte Frau, die uns bediente und sich gleichzeitig darüber beschwerte, dass es an den für die Kuchen notwendigen Zutaten wie Garnelen und Fischsauce von *O Long* mangelte. Wenn sie wegen dieses oder jenes Mangels keinen Reiskuchen machen konnte, kochte sie Rippensuppe, für die sie weniger Geld von uns nahm.

Nachts lagen wir in Betten, die im gleichen Raum standen. Wir schlugen nach den Mücken und unterhielten uns. Eines Abends fragte ich Che Lan Vien:

"Bruder Che! Sind Deiner Meinung nach Poesie und poetische Prosa Mao Zedongs so gut, dass die Leute sie so laut lobpreisen?

Che Lan Vien lachte gepresst:

"Was für eine Poesie und poetische Prosa kann dieser Kerl machen? Findest Du, Vu Thu Hien, sie gut?" Er sprach mich immer mit vollem Namen an.

"Von Poesie und poetischer Prosa verstehe ich nichts. Daher muss ich Dich fragen."

Che Lan Vien sagte aus heiterem Himmel:

"Wenn einer chinesischer Kaiser wird, wird auch sein Exkrement vom Volk gelobt."

Ich war perplex. Konnte er wirklich der Autor des Verses *"Unser Onkel Ho (Chi Minh) ist ja Onkel Mao (Zedong)"* zum Lobpreis der beiden mächtigen Führer sein?

Erst nach dem Erscheinen seines literarischen Erbes verstand ich die Seele dieses von mir geliebten Dichters, die von vielen Widersprüchen zerrissen wurde. Als Parteimitglied wollte er ein wirkungsvoller Propagandist der Partei sein. Als Mensch wollte er etwas anderes. Sein Dichterherz war mit den Ungerechtigkeiten unzufrieden. Er litt gemeinsam mit seinem Volk unter Unfreiheit. Aber die Kommunisten behinderten ihn und ließen ihn nicht zu Wort kommen.

Während unserer Unterhaltung im Gästehaus von Dong Hoi mit mir als einzigem Gesprächspartner - die Unterhaltung erstreckte sich auf alle möglichen Themen - sagte Che Lan Vien, dass er (den berühmten türkischen Dichter) Nazim Hikmet sehr mochte. Ich wusste, dass er mir, sonst niemand anderem, das im Vertrauen gesagt hatte, weil Hikmet den Mut besaß, auf den großen Stalin zu schimpfen: *"Er taucht seinen Schnurrbart auch in meine Suppe."*

Das Leben Che Lan Viens, eines großen Talentes unter den vietnamesischen Dichtern, zeigte, dass sich Schriftsteller oder Dichter nicht von Fremden zu ihrem Ziel am Ufer führen lassen können. Nicht nur das. Wenn wir uns führen lassen, können wir leicht ins Verderben geraten und unser eigenes Ich verlieren, insbesondere, wenn wir uns aus Dummheit einer idiotischen Führung anvertrauen. Der Künstler stützt sich mehr auf seine Empfindung als auf sein Wissen und beobachtet mehr mit dem Herzen als mit den Augen. Wenn die Empfindsamkeit des Künstlers durch ein rationell subjektiv denkendes Gehirn, und dazu noch ein geliehenes, ersetzt wird, muss dies unweigerlich zu Blindheit führen.

Ich dachte dabei an einen weiteren vietnamesischen Dichter, einen Dichter der Menschen, *Huu Loan*. Keinem unserer Generation war sein Gedicht "Das Lila der Myrtenblüten" unbekannt. Obwohl es während des Widerstandskampfes gegen die Franzosen nicht veröffentlicht werden durfte, schrieb jeder Soldat dieses unvergessliche Gedicht in seinem Notizbuch auf. Erst später erschien es in dem Blatt "Hundert Blumen". Zu jener Zeit bekleidete Huu Loan einen hohen Posten mit entsprechend hohem Gehalt. Als er merkte, wie schmutzig das Gerichtsverfahren gestaltet wurde, gab er seine Tätigkeit auf. Er wollte mit dieser faulen Sache nicht zu tun haben, die des intellektuellen Geistes nicht würdig war, denn solange er noch *am Hof blieb*, hätte er zur Durchführung dieser Sache herangezogen werden können. Die Aufgaben-stellung seiner Arbeit verwandelte ihn in einen zur Mitarbeit nicht mehr bereiten Menschen, ja beinahe in einen Reaktionär. Das Leben eines einfachen Bürgers, das er wählte, war keineswegs ein ruhiges Leben. Die Machthaber verziehen ihm nicht, dass er nicht weiter mitspielte. Man belästigte ihn ständig, auch dann noch, als er als Fischer, Transportarbeiter oder Bauer in Thanh Hoa tätig war.

Als wir uns 1988 in Saigon wiedertrafen, sagte er betrübt: "Dass Konfuzius Recht hatte, ist wirklich traurig: 'In der trüben (schmutzigen) Welt können wir nicht klar (sauber) sein.' Über mich selbst brauche ich nicht viel zu reden. Damit mein Gewissen rein bleibt, habe ich für mich den Weg des einfachen Bürgers gewählt. Ich bin arm, aber mein Gewissen hat Ruhe. Meine Kinder dürfen deswegen jedoch nicht ordentlich lernen. Insofern ist mein Verhalten trotzdem fehlerhaft." Im selben Jahr unternahm er gemeinsam mit dem Dichter Bui Minh Quoc und dem Schriftsteller Tieu Dao

Bao Cu eine Reise durch das ganze Land mit dem Ziel, Intellektuelle, Schriftsteller und Künstler zum Kampf für Demokratie zu mobilisieren.

Ich schwieg. Ich war in der Frage, wie ich leben und tätig sein sollte, nicht weniger verlegen als er.

Nach dem Ende der Bewegung Nhan van-Giai pham (Humanismus-Künstlerische Werke) wählten viele Intellektuelle den Weg, sich der Politik des *kaiserlichen Hofes* anzupassen, was nicht immer einfach war. *Man* erlaubte keinem, in der Mitte zu stehen oder auszuweichen. *Man* zog jeden mit allen Mitteln heran und verlangte von jedem einen klaren Standpunkt.

Es war daher nicht verwunderlich, wenn sich bei dem Schlag gegen die Bewegung Nhan van-Giai pham (Humanismus-Künstlerische Werke) respektable Persönlichkeiten des kulturellen Lebens, wie Tu Mo, The Lu ... und 304 weitere Schriftsteller, Künstler und Kulturschaffende an das Zentral-komitee der Partei der Arbeit Vietnams wandten und diese Bewegung Nhan van-Giai pham verurteilten, weil sie gegen den Sozialismus, die Partei und das Volk gerichtet sei. Ein solcher komplizenhafter Kollektivschlag, den die Menschen verachteten, war zu jener Zeit jedoch gebräuchlich. Die Partei half den Schriftstellern und Künstlern dabei, ihr Schamgefühl wie ein Stück Blinddarm zu entfernen. Es war nicht auszuschließen, dass manche von ihnen eine echte Liebe zur Partei hegten oder sich über die Beleidigung der Partei empörten. Später stellte sich aber heraus, dass es sich in den meisten Fällen um den Schutz des eigenen Reistopfes gehandelt hatte.

Davon einige Beispiele zur Illustration:

Es geschah zur Zeit des *Kampfes zwischen den zwei (ideologischen) Wegen.* Wir trafen uns gerade in der Wohnung von Thanh Chau. Der Schriftsteller Kim Lan gab mir mit einem Blick ein Zeichen. Wir beide gingen hinaus und er sagte leise: "Achte auf Deine Worte, ja! In der letzten Sitzung der Gesellschaft (der Schriftsteller und Künstler) hat *Do Nhuan* (ein revolutionärer Komponist aus der Zeit vor und während des 2. Weltkriegs, 1922 - 1991) gesagt, dass es gegenwärtig eine Anzahl von Schriftstellern und Künstlern gäbe, die dreiste Propaganda für den Revisionismus betrieben. Dann hat er Dich, Phan Ke An und einige andere als Beispiele angeführt. Das ist kein Spaß, sondern gefährlich." Ich war sehr erstaunt, denn genau dieser Do Nhuan kam nach dieser von Kim Lan oben erwähnten Sitzung zu mir. Wir gingen beide Kaffee trinken und besprachen den Artikel, den ich zur Vorstellung seines Musiktheaterstücks "Das Mädchen Sao" schreiben sollte. Er hatte mir das Manuskript dieses Theaterstücks vorher zum Lesen gegeben. Das Stück gefiel mir nicht. Es fehlte ihm etwas. Trotzdem versprach ich, es in der Zeitung vorzustellen. Immerhin handelte es sich um die Bemühung des Komponisten in einem Bühnengenre, an das die vietnamesischen Zuschauer noch nicht gewöhnt waren. Wir saßen stundenlang zusammen im *Café Lam* und es gab keinerlei Anzeichen dafür, dass sich Do Nhuan gezwungen gefühlt hätte, sich mit einem Feind der Revolution unterhalten zu müssen. Später forschte ich nach und stellte fest, dass Do Nhuan tatsächlich schlecht von mir gesprochen hatte. Er tat dies, obwohl er zu unseren führenden Künstlern gehörte. Vor dem allgemeinen Aufstand (vom August 1945) war er revolutionär tätig gewesen, war deswegen von den Kolonialherren eingesperrt worden. Er hatte Lieder komponiert, die sich in unserem Gedächtnis tief einprägten, wie: Der Abend in Haft, Verbitterung in Son La, Insel Con Dao...

In dieser eingekerkerten Atmosphäre gefesselter Literatur und Kunst musste sich jeder an die vom Zwang diktierte Lebensweise anpassen. Do Nhuan erwies sich bei dieser Anpassung als zu übereifrig. Bei einem Kongress der Schriftsteller verurteilte Nguyen Tuan sehr geschickt eine langatmige Schreibweise. Er führte ein Beispiel aus der früher üblichen kurzen, doch sehr ausdrucksvollen Schreibweise an, um die Schmeichler zurückzuweisen. Er erzählte die Geschichte eines Furzes: Es war einmal ein Kaiser, der während einer Hofsitzung einen Furz losließ. Der Mandarin zur Linken horchte ihm nach und meldete: "Majestät, es hat wie Musik von Lauten und Flöten geklungen." Der Mandarin zur Rechten atmete tief ein und meldete: "Majestät, es hat so gut geduftet wie von Rosen und Orchideen." Dem Kaiser gefielen diese Meldungen sehr gut. Aber er machte sich Sorgen: "Normalerweise stinkt der Furz von jedermann. Ist das bei mir nicht der Fall, dann könnte das bedeuten, dass ich bald sterbe." Die Gesichter der Mandarine wurden länger. Zum Glück ließ der Kaiser einen neuen Furz los. Der Mandarin auf der linken Seite streckte seinen Hals: "Majestät, es stinkt." Der Mandarin auf der rechten Seite wollte nicht zurückstehen: " Majestät, es stinkt nicht nur, es stinkt sehr." To Huu wurde knallrot im Gesicht. Hoai Thanh, der Literaturkritiker mit dem vor 1945 verfassten bekannten Buch Thi nhan Viet Nam - Vietnamesische Dichter, wurde böse. Seitdem mied er Nguyen Tuan.

Van Cao gab Hoai Thanh die Bezeichnung "chef des claqueurs" (französisch: Chef der bestellten Beifallsklatscher). Wenn ein Führer sprach, saß Hoai Thanh in der ersten Reihe. Er wartete nur darauf, dass der Führer am Ende eines Satzes oder nach einem Absatz die Stimme senkte, um sofort aufzustehen und beispielgebend für das Publikum Beifall zu klatschen, so dass es ihm folgte. Ich verstand den Autor des Buches "Vietnamesische Dichter" nicht. Er hatte bereits einen festen Platz unter den Literaten; was erwartete er noch?

Einmal ging ich zu Hoai Thanh, um einen Artikel über die Gedichte von To Huu von ihm anzufordern, dem Dichter und Mitglied des Politbüros der Partei, der verantwortlich war für Fragen der Kultur.

"Keiner kann Rezensionen über die Gedichte von To Huu besser schreiben als Sie." sagte ich. "Sie sind der beste Kenner der Gedichte To Huus. Daher möchte die Redaktion unserer Zeitschrift Sie um einen Artikel bitten ..."

"Sie haben Recht." Hoai Thanh lachte erfreut. "Keiner hat sich mit den Gedichten To Huus so gründlich beschäftigt wie ich, und so habe ich das Recht, darüber zu sprechen. Seine Gedichte eröffnen nicht nur eine Dichtungs-Strömung, sondern ein Dichtungs-Meer, eine Dichtungs-Epoche ...Seitdem seine Gedichte erschienen sind, schreitet die vietnamesische Dichtung auf einen neuen Horizont zu, einen himmelweiten Horizont."

In den ausgewählten literarischen Werken wurden auch Gedichte von *Song Hong* veröffentlicht, von denen manche nicht besser waren als die der amateurhaften Gemeindedichter. Das hatte den Hintergrund, dass der Dichter *Song Hong* niemand anders war als der geehrte Herr Truong Chinh (ehemaliger Generalsekretär der Partei). Am häufigsten erschienen Gedichte von To Huu, so viele, dass der Theaterschaffende *Buu Tien* dem Dichter To Huu einmal, als dieser eine Vorlesung in der Schule für kulturelle Berufe hielt, die Frage stellen musste:

"Sehr geehrter Bruder To Huu, wie ist Ihre Meinung? Sind Ihre Gedichte oder die des Herrn Nguyen Du (1765-1820 - Autor des bekannten "Mädchen Kieu") gut?"

Der Dichter antwortete bescheiden:

"Ich wage es nicht, mich mit diesem Altmeister zu vergleichen. Meine Gedichte sind von der Zeit noch nicht überprüft worden. Sie sind Gedichte der Gegenwart. Wir brauchen eine gewisse Zeit, um sie zu bewerten ..."

"Weswegen müssen die Schüler zur Prüfungsvorbereitung immer Ihre Gedichte und nicht die Gedichte von Nguyen Du lernen, wenn sie die Prüfung bestehen wollen?" stellte Buu Tien die nächste Frage. "Bisher haben sich alle Prüfungsthemen auf die Gedichte von To Huu bezogen. Derjenige Schüler, der die Gedichte von To Huu nicht gelernt hat, fällt durch."

"Das ist nicht mein Fehler. Da müsst ihr gegen das Bildungsministerium kämpfen."

Buu Tien lachte spöttisch:

"Wir fürchten das Bildungsministerium nicht. Die Hauptsache ist, dass wir wissen, was wir *vermeiden* sollen, wenn wir *kämpfen*."

Dem Anschein nach hegte Hoang keine Abneigung gegen mich. Er hatte nicht die Absicht, mich durch ein arrogantes Verhalten zu erniedrigen, wie Huynh Ngu es getan hatte. Bei jeder Sitzung erzählte er mir einige Neuheiten, zum Beispiel, welcher Film in diesem oder jenem Filmtheater lief, welches Bühnenstück gespielt wurde, ob es sehenswert war. Er machte scharfsinnige Analysen der Werke, und dass man Hoang schickte, um mit mir zu arbeiten, bewies seine gute Bildung.

Auf der Hut zu bleiben war immer richtig. Hoang fiel es leicht, mit mir in der Betrachtungsweise dieser und jener Frage übereinzustimmen. Auch wenn wir diskutierten, respektierte er mich als gleichwertig. Neben unserer alltäglichen Arbeit, die darin bestand, dass er fragen und ich schreiben musste, hatten wir noch Zeit, uns zu unterhalten, auch über Fragen, die mit der damaligen Zeit kaum zu tun hatten.

"Was denkt Ihr über die Schlacht um *Thap Van Dai Son* (ein Gebiet im Süden Chinas)? Ich stimme der Meinung nicht zu, dass diese Schlacht eine militärische Operation im Geist des proletarischen Internationalismus dargestellt hat", erwähnte Hoang plötzlich ein Thema aus dem Widerstandskampf gegen die Franzosen (1946-1954), als wir von *Hoang The Dung* sprachen. "Im Grunde genommen hat die vietnamesische Revolution ihren eigenen Rücken schützen müssen. Offen gesagt, es war reiner Egoismus. Stimmt Ihr dem nicht zu? Denkt bitte nach: Zu jener Zeit hatte die chinesische rote Armee Südchina noch nicht erreicht. Die Truppen von Tschiang Kai-Schek standen dicht vor unserer Landesgrenze. Wir mussten Thap Van Dai Son deshalb schnellstens angreifen, damit diese Truppen nicht in unser Land eindringen konnten, sobald die rote Armee aus dem Norden vormarschiert wäre. Die Franzosen waren schwach und mussten sich gegen unsere Angriffe wehren. Sie wären bereit gewesen, die Tschiang-Truppen in Vietnam einmarschieren zu lassen..."

Hoang hatte Recht. Die Tatsache, dass die vietnamesische Volksarmee einen Teil Chinas befreit hatte, war trotzdem ein Grund, auf Vietnam stolz zu sein. Wenn die Chinesen die Schlacht von Thap Van Dai Son nicht gern erwähnten, mussten wir sie umso mehr daran erinnern, dass die vietnamesischen Soldaten an ihrer Eroberung des Landes einen blutigen Anteil hatten. Leider gibt es bis heute kein Werk, das diese Schlacht entsprechend würdigt, außer einigen Zeitungsartikeln von Hoang The Dung, die er nach seiner Entlassung aus dem Gefängnis schrieb. Grund dafür ist der nachgiebige Respekt unserer Führung gegenüber den Chinesen.

Durch die geschickte Art seiner Fragestellung führte Hoang mich mehrfach in Sackgassen. Ein professioneller Polizist wie Hoang musste wissen, dass ich nicht ehrlich war.

Zum Glück gingen seine Fragen nicht über die Themen der Fragen von Huynh Ngu hinaus. Vielmehr handelte es sich um ergänzende Zusatzfragen. Ich musste mein Gehirn bis zum äußersten anspannen, damit sich meine Antworten nicht widersprachen.

Bei Gesprächen über Bekannte, die eingesperrt werden konnten, ohne dass ich wusste, ob sie inhaftiert oder nur vernommen werden würden, war ich vorsichtig. Ich gab keine Einzelheiten preis - auch wenn diese für das Verfahren anscheinend nicht von Bedeutung waren, so waren sie doch nur unserem Kreis bekannt. Wenn ich darüber ausgesagt hätte, so hätte die Polizei davon erfahren und das ausnutzen können, um meine Bekannten unter Druck zu setzen. Diese hätten dann gedacht, dass ich bereits alles ausgesagt habe, was sie wiederum gezwungen hätte, ebenfalls alles auszusagen

Es war durchaus nicht überflüssig zu wiederholen, dass ich kein einziges

Mal etwas gegen das Regime unternommen hatte. Dasselbe galt für meine Bekannten. Unser größtes Verbrechen bestand darin, dass wir - wenn auch leise - es wagten, entgegen den orthodoxen Dogmen zu sprechen. Ich war überzeugt, dass die Leute der *Exekutive* das ganz genau wussten. Aber sie glaubten, dass die Partei richtig gehandelt habe, als sie jedes oppositionelle Zeichen - auch das kleinste - niederwalzte. Ein Verhalten wie das von Lenin gegenüber Berdjaew (1847-1948) - dem Philosophen, der erst Mitstreiter und später Kritiker des Bolschewismus war, jedoch von Lenin nicht umgebracht, sondern aus dem Land ausgewiesen wurde (Anm. d. Aut.) -, war in Vietnam eine Sache der Unmöglichkeit.

Eines Tages fragte Hoang mich nach Hoang Minh Chinh. Plötzlich kam er mir ganz nah:

"Ich empfehle Euch, nicht zu versuchen, Hoang Minh Chinh zu schützen. Ihr wisst nicht, dass dieser Mann sehr große Pläne hegt. Er will die Zentrale durch einen außerordentlichen Parteitag stürzen (Hoang sprach nicht von einem Umsturz). Zuerst will er sich direkten Einfluss auf das Politbüro verschaffen, dann die Zentrale gegen das Politbüro mobilisieren und eine neue Führung wählen lassen ... Euch kennen wir. Ihr widmet Euch hauptsächlich der Literatur und habt von diesen Plänen keine Ahnung. Denkt Ihr etwa, dass Hoang Minh Chinh, wenn er Generalsekretär werden würde, Euch einen Ministerposten anvertrauen würde? Niemals. Für Hoang Minh Chinh seid Ihr ein Nichts. Ein Bauer in einem abenteuerlichen Schachspiel, Schluss. Warum besteht Ihr darauf, nichts von dem auszusagen, was Ihr wisst? Hoang Minh Chinh hat enge Beziehungen zu unzufriedenen Offizieren. Sie haben sich auch in Eurem Haus getroffen. Das wisst Ihr genau, aber Ihr wollt es nicht erzählen. Ihr habt gesagt, Hoang Minh Chinh habe keine Beziehung zu Vo Nguyen Giap, aber Euer Gesicht hat es zugegeben. Warum könnt Ihr mir gegenüber nicht ehrlich sein, nur dieses eine Mal?"

Ich lachte:

"Was Hoang Minh Chinh macht, ist seine Angelegenheit. Ich muss mich darum nicht kümmern. Ob er mich als Bauer oder als Turm betrachtet, ist auch seine Angelegenheit. Ich denke, Ihr versteht mich: Ich will weder irgendjemandes Bauer noch Turm auf irgendeinem politischen Schachbrett sein. Von Euch möchte ich auch erwarten, dass Ihr mir gegenüber ehrlich seid, nur einmal: was wollt Ihr von mir?"

"Kehren wir zu meiner Frage zurück: ja oder nein?"

"Ich weiß es nicht."

"Wiederholt Ihr es?"

"Ich werde es genauso wieder sagen. Zu jedermann, an jedem Ort."

Hoang sah mich unverwandt an:

"Ihr schwitzt. Bemerkt Ihr den Schweiß auf Eurem Gesicht nicht?"

Schallend lachte ich:

"Ich schätzte Euch eigentlich klüger ein. Ich habe mich geirrt, leider. Vorhin habe ich der Küche eine Schale heiße Reissuppe bekommen, der habe ich es zu verdanken, dass sie mich schwitzen lässt. So einfach ist das."

Hoang wandte sich verlegen ab.

"Ihr habt noch nicht geantwortet", erinnerte ich ihn. "Sagt bitte, was Ihr von mir wollt!"

"Was ich will? Ich möchte nur, dass Ihr auf die Fragen der Partei ehrlich antwortet."

Ich lachte gedämpft:

"Ihr sagt nicht die Wahrheit. Eure Stimme ist dabei nicht ehrlich. Wenn Ihr nicht antworten wollt, bitte schön. Ich habe nicht das Recht, von Euch Ehrlichkeit zu verlangen. Ich mag Euch, weil Ihr für mich mehr ein Mensch seid. Ihr habt Euch nicht vorgestellt, aber ich weiß, dass Ihr ein Untergebener von Huynh Ngu seid. Euer Gehalt ist geringer als das Huynh Ngus..."

Hoang beobachtete mich aufmerksam:

"Was meint Ihr damit?"

Ich schaute in seine Augen:

"Euer Gehalt ist doch geringer, nicht wahr?"

"Wozu sprecht Ihr von meinem Gehalt?"

"Um zu sagen, dass ich Euch höher schätze als Euren Vorgesetzten. Ihr habt gesagt, dass Eure Branche eine besondere sei. Meiner Meinung nach ist diese Branche nur in der Hinsicht eine besondere, dass sie zu viel Macht hat. Sonst ist sie der Branche Propaganda/Erziehung, die ich kenne, ähnlich, nämlich in der überspitzten Frage der Klassen-zugehörigkeit. In dieser Branche sind meistens die Untergebenen fähiger als ihre Vorgesetzten. Wir sind alle Funktionäre. In unserem gleichgemachten Leben unterscheidet sich unsere Situation kaum voneinander. Ich stelle mir vor, dass Ihr eine kinderreiche Familie habt. Eure Frau ist Lehrerin mit einem mäßigen Gehalt. Eure Kinder müssen beim Essen aufeinander aufpassen, dass keines mehr von der Speise nimmt als es darf, dass keines mehr isst als ein anderes ..."

"???"

"Ich habe Euch ehrlich gesagt: ich weiß nicht viel über Hoang Minh Chinh. Das ist die Wahrheit. Es ist durchaus möglich, dass er mir vieles verschwiegen oder es nicht als notwendig erachtet hat, mir dieses oder jenes zu sagen. Daher weiß ich es nicht. Übrigens bitte ich Euch zu verstehen: Ich bin nicht der Typ, der jede Sache erzählt. Deshalb gibt es Dinge, die ich kenne, die ich Euch aber nicht unbedingt erzählen muss ..."

"Ihr schätzt Euch etwas zu hoch ein. Wenn Ihr es nicht sagt, sagt es eben jemand anders. Und dieser Jemand hat es gesagt."

"Ich brauche nicht zu wissen, wer es gesagt hat. Es reicht, wenn ich es nicht sage. Denn ich habe nichts zu sagen. Hoang Minh Chinh hat mich zu keinem Eintritt in irgendeine Organisation überredet. Er hat mich auch zu keinem

Umsturz überredet. Ich weiß aber, dass Eure Truppe will, dass ich irgendetwas in dieser Richtung aussage, das ihn belastet, stimmt es? Das nein, niemals."

Hoang lächelte.

"Eines kann ich tun. Ich bin bereit, alles zu sagen, was mich, nur mich allein betrifft. Ihr könnt mir alles vorschlagen, was Euch von Vorteil ist. Ein Bespiel: Ich gebe zu, dass ich irgendeiner Partei, ob *Viet Quoc* (nationale Partei), ob *Viet Cach* (revolutionäre Partei), ob *Dai Viet* (Partei des Großvietnams) oder irgendeiner anderen ...angehöre, ganz wie Ihr wollt. Ich werde es unterzeichnen. Ehrlich. Jetzt habe ich nichts mehr zu verlieren. Die Geschichte ist nicht blind. Sie wird die Wahrheit herausfinden. Sie wird ihre Stimme erheben, wenn nicht in der nahen, dann in der fernen Zukunft. Augenblicklich wird Euer Gehalt angehoben. Eure Frau und Eure Kinder haben es dann weniger schwer. Das wäre eine gute Sache, die letzte gute Sache, die ich für einen anderen tun könnte..."

Hoang brüllte und schlug mit der Hand kräftig auf den Tisch:

"Ah, Ihr seid frech. Eine Frechheit."

"Ihr seid selbst frech."

Ich wurde sehr wütend. Ich schlug noch kräftiger auf den Tisch. Das Teeservice sprang hoch, einige Tassen sprangen auf den Ziegelboden und zerschlugen.

Hoang stürzte nach vorn:

"Du wirst mich kennenlernen."

An seinem knallroten Gesicht, an seiner schwungbereiten Faust erkannte ich, dass er mich schlagen wollte. Ich trat zurück und schwang den Stuhl hoch.

"Pass auf! Wenn Du einen Schritt vorwärts machst, dann hast Du keine Zeit mehr, es zu bereuen." Ich wollte keinen Anstand mehr bewahren. "Denk an Deine Frau und Deine Kinder und mach Halt! Wenn Du hier stirbst, verliert Deine Partei nichts, aber Deine Frau und Deine Kinder verlieren."

Ich wusste nicht, was es war - der Blick eines Mannes, der sein Leben aufs Spiel setzte oder etwas anderes -, das Hoang wachrief. Jedenfalls hielt er nach meinem Satz sofort inne. Wie ein mechanisches Spielzeug, dessen Feder auslief, zuckte er zusammen und verließ schweigend den Raum. Ich stellte den Stuhl auf den Boden.

Eine Weile danach kam er mit einem neuen Teeservice zurück, das er wahrscheinlich aus einem anderen Raum geholt hatte. Er räumte fleißig den Tisch ab, sammelte die Scherben auf, brachte sie weg, kehrte zurück und kochte Wasser mit einem selbstgebastelten Tauchsieder, der aus zwei Rasierklingen bestand. Mit dem siedenden Wasser brühte er neuen Tee auf. Er blickte direkt in meine Augen und sagte mit einer deutlich tieferen Stimme:

"Ich bitte Euch um Entschuldigung. Ich war hitzig."

Dass mir Hoang direkt in die Augen sah, bedeutete, dass er es ehrlich meinte.

Indem ich schweigend die Tasse Tee zum Mund führte, zeigte ich ihm, dass ich das kurz vorher Geschehene nicht mehr beachtete.

Ich fühlte mich etwas beschämt. Die Wut, die ich nicht verursacht hatte, kam hoch, ohne dass ich sie im Zaum halten konnte.

"Ich bedaure es auch", sagte ich." Wir hätten ruhiger miteinander sprechen können. Zumindest waren wir einmal Genossen ... irgendwann, früher."

Das sagte ich mit ehrlichem Herzen. Hinter meinen Worten versteckten sich weder eine falsche Moral noch politische Intrigen. Ich wollte in Hoang einen *Menschen* sehen. Es wäre wirklich bedauerlich gewesen, wenn eine Person mit Köpfchen wie Hoang auf der Seite der Lumpenproletarier gestanden hätte.

23

Internationale Konvention?

Mitten in der Nacht wurde ich durch Schreie wach.

Der Zellenkomplex Nr. 3, in dem wir uns befanden, lag nach meiner Einschätzung etwa in der Mitte des Gefängnisses *Feuerofen,* in der Nähe der Hai-Ba-Trung-Straße. Von diesem Komplex aus konnte man den Lärm der Stadt nicht hören. Thanh sagte, dass die Tür unserer Zelle in die Richtung zur Quan-Su-Straße ging.

Die Schreie klangen ziemlich nah. Sie mussten aber das ganze Labyrinth von Mauern und Fluren durchlaufen und wurden dabei mehrfach reflektiert, bis sie zu uns gelangen konnten. Daher konnten wir gar nicht feststellen, woher sie kamen, von rechts oder links, von vorn oder hinten.

Thanh schnellte empor. Gegenüber ungewöhnlichen Geräuschen in der Haftanstalt war er weitaus empfindlicher als ich.

Erst eine Weile danach konnten wir feststellen, dass diese herzzerreissenden Schreie - es klang, als ob ein Schwein geschlachtet würde - von einem amerikanischen Kriegsgefangenen stammten, wahrscheinlich einem Piloten.

"Help ... me! He..lp m..e!"

Dieser Hilferuf eines Menschen in seiner Hoffnungslosigkeit, der an niemanden gerichtet und an niemanden gesendet wurde, erschallte in tiefer Nacht inmitten einer kalten Betonwüste.

Ich legte mich hin, zog die Decke bis zum Kinn hoch und spürte trotzdem die Kälte.

"Wahrscheinlich ist dieser Amerikaner heute Nachmittag mit seinem Flugzeug abgeschossen worden."

Thanh, dessen Augen blutrot aussahen, gähnte lang:

"Möglich. Er wurde direkt hierher gebracht."

Der Amerikaner schrie weiter.

"Vielleicht ist er verletzt", sagte ich.

"Vielleicht." Thanh nickte mit dem Kopf.

Erst eine Stunde später hörte man Schritte, das Öffnen von Türen und undeutliche Gespräche. Der Amerikaner schrie nicht mehr. Wahrscheinlich bekam er schmerzlindernde Mittel gespritzt. Die leisen Schreie verwandelten sich in wehklagendes Stöhnen.

Thanh legte sich hin.

"Habt Ihr oft amerikanische Kriegsgefangene gesehen?"

"Ab und zu. Ich bin Zeitungsmann. Viele Piloten wurden abgeschossen."

"Ist die Anzahl der abgeschossenen Flugzeuge richtig, die von unserer Seite angegeben wird?"

Zu jener Zeit fielen so viele amerikanische Flugzeuge wie Feigen vom Himmel, und den Zeitungsmeldungen zufolge fielen sie immer gleich bei den ersten Salven herab.

"Wenn man den Meldungen der beiden kriegführenden Seiten Glauben schenkt, dann kämpfen auf den Schlachtfeldern nur noch Geister gegeneinander, denn die Soldaten beider Seiten sind schon längst gefallen."

Thanh lachte verstohlen.

"Ihr seid Journalist. Ihr seid an vielen Orten gewesen, habt mit vielen Leuten gesprochen. Stimmt es, dass die amerikanischen Soldaten feiger sind als die französischen?" fragte Thanh zerstreut, während sein Kopf auf beiden Händen lag.

Ich legte mich auch wieder hin. Was sollte man in einer Gefängniszelle sonst tun außer sich aufrichten und dann hinlegen? Man konnte ja auch nicht ewig Spazierengehen - fünf Schritte vorwärts, fünf Schritte zurück zwischen den beiden Pritschen.

Nachdem er davon erfahren hatte, dass ich eine Zeitlang in der Armee gewesen war, kam er mir innerlich näher. Er sprach mehr mit mir und auch seine Stimme wurde wärmer. Ob wir wollten oder nicht, wir waren beide im gleichen Schützengrab gewesen. In Thanhs Herzen wohnte ein zählebiger Soldat. Er machte den Eindruck, seine Kampfgefährten im Notfall nie verlassen zu wollen.

"Nicht unbedingt", antwortete ich. "Die Armisten aus dem Süden haben erzählt, dass amerikanische Soldaten nicht schlecht kämpfen. In der Schlacht sind sie ganz schön unerschrocken, insbesondere die Afroamerikaner ...Wenn sie aber gefangengenommen sind, bedeutet ihnen ihre Würde nichts."

Wir ließen unsere Seelen in die ruhmreichen Tage des Widerstandskampfes (gegen die französische Truppe) zurückwandern. Erst durch Thanh erfuhr ich von den besonderen Leistungen unserer Armee in diesem Kampf. Ein Beispiel: Als die Operation im Nordwesten des Landes eröffnet wurde, befanden sich unsere Einheiten im Norden von Laos (in der Nähe des vietnamesischen Nordwestens) gerade in Schulung und Ausbildung. Ihre Waffen wurden sofort eingesammelt, verpackt und in das Gebiet der neuen Operation gebracht. Die Feinde waren von unserer mächtigen Feuerkraft überrascht. Kaum hatten sie sich erholt, wurden sie im nordvietnamesischen Delta wieder heftig attackiert. Für solche Angriffe wurden die Waffen der jungen, schwach ausgerüsteten Armee von einer Stelle zur anderen transportiert.

Die französischen Kriegsgefangenen waren unserer Meinung nach schlauer als die amerikanischen. Auch in der schändlichsten Phase seines Soldatenlebens war der Franzose intelligent in seinem Verhalten. Er machte sich vordergründig bei seinem Feind sofort beliebt, indem er die Situation so betrachtete, als sei der Krieg zwischen beiden Seiten beendet und das Verhältnis zwischen Sieger und Verlierer müsse sich in einem lokalen Frieden normalisieren. Mit gewinnendem Lachen bat er uns um eine Zigarette oder erzählte irgendetwas, um ein Gespräch anzufangen. Solche Unterhaltungen über Nichts wirkten Wunder. Sie ließen anscheinend unüberbrückbare Grenzen verwischen.

Möglicherweise waren die amerikanischen Kriegsgefangenen über ihre Gegner falsch informiert; deshalb verhielten sie sich dem Sieger gegenüber sehr unterwürfig. Vor einem vietnamesischen Offizier verbeugten sie sich tief, die Hände straff an die Schenkel gelegt, sehr höflich. Ein französischer Kriegsgefangener verhielt sich völlig anders. "*Bonjour, mon capitain! Comment allez-vous?* (Guten Tag, mein Hauptmann! Wie geht es Ihnen?)" Dabei lachte er vertraulich. Jeder war für ihn ein *capitain*, vom Gefreiten bis zum höchsten Kommandeur.

Die humane Politik gegenüber den Kriegsgefangenen führte dazu, dass französische Soldaten ihre Reihen verließen und sich den Widerstandskämpfern ergaben. Sie begriffen, dass dieser Krieg, an dem sie teilnahmen, ungerecht war. Als "Neuvietnamesen" schlossen sie sich den Vietnamesen im Kampf gegen ihr eigenes Land an. Etliche unter ihnen wurden später Kommunisten und Offiziere der vietnamesischen Armee.

Als hier jedoch der "Kampf zwischen den zwei - ideologischen - Linien" entflammte, mussten sie Vietnam unfreiwillig verlassen: denn als Menschen mit weißer Haut wurden sie von den lokalen halbechten Marxisten als *geborene Revisionisten* betrachtet. Da sie nicht nach Frankreich zurückkehren konnten, wo sie als Vaterlandsverräter verurteilt worden wären, mussten sie sich um Aufnahme in den sozialistischen osteuropäischen Staaten bemühen, wie auch der Deutsche Chien Si (er kehrte nach Ostdeutschland zurück), der Franzose Georges Boudarel *(mit dem vietnamesischen Namen Dai Dong), der später nach Frankreich zurück kehrte, wo er an der Universität Diderot (Paris) lehrte. Als ich diese Zeilen schrieb, war für ihn der Indochina-Krieg noch nicht zu Ende. Die ehemaligen französischen Gefangenen dieses Krieges forderten ein Gerichtsverfahren wegen Vaterlandsverrats gegen ihn. Das Erstaunliche liegt darin, dass sich die Machthaber in Hanoi überhaupt nicht für das Schicksal der Menschen interessieren, die für die Unabhängigkeit Vietnams gekämpft hatten.* Auch sein Landsmann Albert Clavier und der Spanier Targo mussten unser Land verlassen... Der eine ging nach Ungarn, der andere in die Tschechoslowakei.

Die Ideologie Mao Zedongs verlangte von Kommunisten einen klaren Standpunkt mit klarer Abgrenzung zwischen Freund und Feind. In den 60er Jahren war die Behandlung der amerikanischen Kriegsgefangenen nicht mehr so gutmütig wie die früher gegenüber den französischen Gefangenen praktizierte. Auch wenn sie Kriegsgefangene waren, so waren sie trotzdem als Feinde zu betrachten. Das schadete unserem nationalen Befreiungskampf. Im Gegensatz zu der Situation im Widerstandskampf gegen die Franzosen gab es nun keinen einzigen Amerikaner, der mit seiner Waffe an der Seite des vietnamesischen Volkes kämpfte.

Trotzdem hatten die amerikanischen Kriegsgefangenen Glück: Die Führung der vietnamesischen Armee folgte hinsichtlich der Behandlung ihrer Kriegsgefangenen nicht in allem den Instruktionen ihrer chinesischen Berater. Die Essenrationen der amerikanischen Kriegsgefangenen im *Feuerofen* waren bedeutend besser als die unserer eigenen Soldaten: Für sie gab es zu jeder Mahlzeit eine volle Schale Fleisch-suppe, ein kleines Brot und zwei Zigaretten.

Unsere Unterhaltungen über alle möglichen Themen ließen uns die schweren Nächte in der Zelle leichter ertragen.

"Der Amerikaner schläft", sagte Thanh, nachdem er eine Weile gelauscht hatte.

Es musste mindestens vier Uhr morgens sein. Wir beide waren noch immer wach.

"Möglich. Er stöhnt nicht mehr", sagte ich. "Warum hat man ihn hierher gebracht? Wenn er verletzt ist, muss er zuerst ins Lazarett gebracht werden. So zu handeln, entspricht nicht der internationalen Konvention zur Behandlung von Kriegsgefangenen."

Thanh lachte leise:

"Wozu soll man sich um eine Konvention kümmern, die man gar nicht unterzeichnet hat? Habt Ihr Hunger?"

"Etwas."

Ich sagte nicht die Wahrheit. In der Tat ließ mich der Hunger zittern. Zudem verdoppelte die Kälte das Hungergefühl.

"Lasst uns den Reiskuchen essen!"

"Bitte schön."

Thanh brach den Kuchen in zwei Teile und gab mir eins davon. Ich konnte keine Verbindung zu meiner Familie aufnehmen und erhielt von ihr deshalb nichts. Thanh bekam einmal im Monat Sendungen.

Wir kauten langsam einzelne kleine Stücke und empfanden dabei genüsslich, wie der süße Geschmack des Zuckerrohrs durch die Speiseröhre in den Magen wanderte und die ausgetrockneten Zellen befeuchtete.

Seit dem Abschied vom "Ministeriumsbrot" kehrten wir zu unserem normalen Essen zurück: gekochter Weizen für zwei Dong (vietnamesische Währungseinheit), der mit toten Käferchen vollgespickt war, und Wasserspinat in einer Unmenge von Wasser. Ich empfand keinen Ekel mehr gegen diese Gemüsebrühe, die aussah wie schwarzes Abwasser. Sauber trank ich bis auf einen kleinen Rückstand alles leer.

Thanh sah mir zu, wie ich mit Appetit die Gemüsebrühe austrank, und erklärte rücksichtsvoll:

"Es ist verwunderlich, dass man in einer Gefängniszelle den ganzen Winter hindurch Appetit auf Salz hat, obwohl man nicht so schwer arbeitet, um zu schwitzen. Manchmal habe ich so ein Verlangen nach Salz, dass ich die Wächter um ein bisschen davon anbetteln muss, unter dem Vorwand, dass ich es für die Behandlung von Zahnschmerzen benötige. Und das Salz schmeckt mir im Mund richtig wie Zucker. Mir als einem korrekten Menschen gibt man Salz. Ein anderer hätte keine Chance..."

Ich staunte:

"Dass man die Paar Körner Salz nicht gibt ..."

"Die Frage ist nicht, wie viel es wert ist. Man hat Angst vor einem Häftlingsausbruch. Das Salz, gemischt mit Urin, kann Eisen sehr stark korrodieren lassen. Die Häftlinge nehmen einen Lappen, wickeln ihn um die Fensterstäbe und befeuchten ihn mit dieser Lösung. Die Eisenstäbe lassen sich dann leichter brechen. Auch wenn der *Feuerofen* sehr ausbruchsicher ist, hat man doch Angst vor Fluchtversuchen. Ab und zu werden die Zellen durchkämmt ..."

Ich riss meine Augen weit auf, wie ein Idiot:

"Was heißt durchkämmt?"

"Kontrolliert, untersucht."

"Dass so viel Trara wegen eines Häufchens Salz gemacht wird."

Thanh zuckte mit den Schultern.

"Man untersucht und sucht dabei auch nach anderen Gegenständen wie Metallsäge, Messer, Feuerzeug..."

"Wenn wir Appetit nach Salz haben, ist es ein Zeichen, dass dem Körper bestimmte Stoffe fehlen. Denn nach Aussage der Wissenschaft ist viel Salz essen schädlich..."

"Die Wissenschaft sollte man vergessen. Sie setzt niemals ihren Fuß hier herein. Nach Aussage der Wissenschaft kann man ohne Sonnenlicht nicht leben. Aber in der Gefängniszelle gibt es überhaupt kein Sonnenlicht, und die Häftlinge leben trotzdem weiter. Einer lebt schon neun Jahre lang in der Zelle und ihm passiert trotzdem nichts ..."

"Neun Jahre?" schrie ich, während es mir kalt den Rücken hinunterlief.

"Jawohl. Er ist hier, ja, in diesem Zellenkomplex Nr. 3." Thanh blieb teilnahmslos. "Ich höre ihn husten."

"Warum erschießt man ihn nicht? Erschießen wäre humaner."

"Einen Menschen zu erschießen ist gar nicht so leicht. Dieser Mann wurde bereits zum Tode verurteilt und zum Exekutionsplatz geführt. Aber er lebt weiter, das ist das Seltsame. Ich denke, dass jeder Mensch ein vorgegebenes Schicksal hat. Früher war der Mann Soldat auf der anderen (französischen) Seite und blieb später unter ständiger Beobachtung der lokalen Behörden. Jeder ehemalige Angehörige der Armee und der Verwaltung der anderen Seite ist doch im schwarzen Notizbuch registriert. Es geschah ein Mord an einem Kind, dessen Leiche auf einem Gully-Deckel lag. Bei der Untersuchung fand man heraus, dass er das Kind öfters spazieren geführt hatte. Und so wurde er verhaftet. Man vermutete, dass er das Kind wegen seines Hasses gegen das Regime ermordet hätte, um Unruhe unter der Bevölkerung zu stiften. Die Untersuchung hat ergeben, dass zwischen ihm und der Familie des Kindes kein Grund zum Hass oder zur Rache bestand. Keiner weiß, mit welcher Methode ihn die *Exekutive* vernommen hat; jedenfalls hat er den Mord eingestanden. Das Todesurteil wurde gesprochen. Er stellte einen Antrag auf Amnestie, der jedoch abgelehnt wurde. Auf dem Weg zur Exekution schrie und weinte er unentwegt. Er jammerte nach wie vor, dass er unschuldig sei, dass ihn die Kader der *Exekutive,* obwohl er niemanden ermordet hat, zu diesem Geständnis über-redeten und gesagt hätten, dass man ihn dann freisprechen würde. Jetzt wolle man ihn tatsächlich erschießen..."

" Er wurde nicht zur Hinrichtung gebracht?"

"Sonst würde er heute nicht mehr leben."

Diese Geschichte klang sehr unwirklich, unglaubwürdig.

"Welchen Rang hat normalerweise der Offizier, der eine Exekution leitet?"

"Den eines Leutnants, manchmal auch den eines Hauptmanns. In diesem Fall war es ein Leutnant."

"Hat dieser Leutnant ein Disziplinarverfahren bekommen?"

"Wer weiß. Ich habe die Geschichte auch nur gehört. Ganz schön mutig. Er hat den militärischen Befehl nicht ausgeführt. Er ließ den zum Tod Verurteilten in die Zelle zurückbringen und klopfte eilends an verschiedenen Türen an. Dort bat er um die Revision des Verfahrens, das seiner Meinung nach Unklarheiten in sich birgt..."

"Und dann?"

"Das Verfahren wurde tatsächlich wieder aufgerollt."

"Das bedeutet, dass der Leutnant und die Personen, die sich seines Anliegens angenommen haben, äußerst gut sind", brachte ich meine Bewunderung zum Ausdruck.

Thanh sah mich schräg an.

"Denkt Ihr etwa, dass Mitarbeiter der Polizei und der Justiz heutzutage allesamt schlecht sind?"

Ich lachte. Thanh hätte ein Politkommissar der Gefängniszellen sein können. In diesem Fall aber hätte dieser Politkommissar von mir falsch gedacht. So schlecht war ich doch nicht. Überall gibt es gute und schlechte Menschen.

Dieser Leutnant musste ganz schön mutig sein. Solche Menschen gibt es selten. Funktionäre wurden jahrelang zum Gehorsam und nicht zum selbstständigen Denken erzogen. Auch bei der Justiz, die als unabhängig betrachtet wurde, mussten die Richter nach den Direktiven der Partei Recht sprechen und nicht nach dem Gesetz. *Die vietnamesischen Richter hatten zu jener Zeit zumeist keine fachliche Ausbildung. Sie wurden aus verschiedenen*

Bereichen rekrutiert und durchliefen eine Eil-Schulung, bevor sie Richter wurden. Die Justiz befand sich in einem erbärmlichen Zustand. Aus Angst vor dem Prinzip der Dreiteilung der Macht überwachte die Partei sie ständig.

Ein abgeschlossenes Verfahren war unabänderlich, weil es von der Partei (beispielsweise einer bestimmten Parteileitung) so beschlossen wurde. Dass der Leutnant es wagte, dagegen aufzubegehren, zeugte von seinem Todesmut.

Der Häftling, welcher der Hinrichtung entgangen war, hieß Nguyen Van Can, wenn Thanh sich nicht irrte und mich meine Erinnerung nicht im Stich ließ. Während der langen Jahre seines Daseins als ein zum Tode Verurteilter lebte er abwechselnd in fast allen Zellen des *Feuerofens*. Daher bemerkte ich, dass an den Wänden der Zellen im Komplex Nr. 3 Worte mit der Unterschrift "Can" hineingekritzelt waren. In einigen Zellen waren sie tragische Ausrufe der Unschuld: "Ich bin unschuldig! Ich bin kein Mörder!" In der Zelle, in der ich mich gerade befand, waren es Worte der Verwünschung gegen die barbarischen unmenschlichen Kommunisten. Die Beteuerung seiner Unschuld hatte er wahrscheinlich zu Beginn seiner Haft an der Wand markiert. Die Verwünschungen kamen später dazu, als er schon zu lange in den Zellen leben musste.

Als Thanh ein Geschenkpaket erhielt, legte er einige Stücke Kuchen für diesen unglücklichen Häftling beiseite. Ein Paket bedeutete für jeden Gefangenen, vor allem für die Zelleninsassen, ein großes Glück. Davon kam der Spruch: "Das Beste ist der Freispruch, das Zweitbeste das Paket, das Drittbeste die Gefangenen-Gemeinschaft." Dieser Mann bekam sehr selten ein Paket von seiner Familie, niemand wusste, warum. Wenn man einem anderen Häftling ein Geschenk machen wollte, konnte man das nicht durch die Wächter überbringen lassen. Man konnte nur darum bitten, auf den Hof gehen zu dürfen, um Wäsche zum Trocknen aufzuhängen. Dann steckte man das Geschenk insgeheim in irgendeine Tasche oder hing es mit an die Leine und verdeckte es mit einem Wäschestück. Der Beschenkte bat hinterher ebenfalls um Zugang zum Hof, um das Geschenk in etwa derselben Weise abzuholen. Ein ganz primitiver "toter Briefkasten" war das, wie bei einer Spionageaktion. Es war anzunehmen, dass die Wächter darüber Bescheid wussten, aber sie sahen nicht hin.

Der Wächter, der uns an jenem Morgen die Tür öffnete, war weder der *Bote des Friedens* noch Hach, sondern ein ganz neues Gesicht, das noch keine Zeit gehabt hatte, müde zu sein oder Verdruss gegen diesen Beruf zu empfinden.

Der Kerl begleitete uns auf Schritt und Tritt. Man musste eben abwarten.

Doch der zum Tod Verurteilte verstand diese Situation nicht. Er dachte, wir wollten ihm einen Streich spielen, und fing an, mit sehr bösen Worten auf uns zu schimpfen. Ich geriet in Wut und empfahl Thanh, diesem Ungezogenen kein Geschenk mehr zu machen. Schweigend verharrte Thanh in seiner Sitzhaltung.

Am nächsten Tag öffnete der *Bote des Friedens* die Tür. Thanh steckte in aller Ruhe die Kuchen in die Tasche seiner wattierten Jacke, bat um Ausgang zum Hof, hing seine Wäsche auf und machte den zum Tode Verurteilten ruhig darauf aufmerksam. Die Übergabe verlief glatt. In dieser Nacht sang Can einige Sätze, die sein Bedauern zum Ausdruck brachten.

Mitteilungen durch Lieder oder Gedichte waren einzigartige Mittel der Verständigung zwischen den Häftlingen. Wenn die Wächter sie dabei erwischten, konnten sie keine schweren Strafen verhängen. Mein Herr, was habe ich verbrochen? Ich habe bloß aus Langeweile etwas rezitiert. Nur so. Ich bitte um Vergebung.

Can war der haftälteste Gefangene des *Feuerofens*. Ihm gegenüber waren die Wächter etwas nachgiebiger. Auch Materialisten wie wir glaubten im tiefsten Herzen manchmal an Geister - keiner wollte für die eigene Familie noch einen zusätzlichen Geist mit Rachegelüsten bekommen. Das Todesurteil war gesprochen worden. Niemand wusste, ob das Verfahren wieder aufgerollt werden würde. Ob der Mann dabei freigesprochen werden würde, wusste auch niemand. Womöglich würde er eines Morgens wieder zur Richtstätte gebracht werden.

"Warum antwortet Ihr ihm nicht?" fragte ich Thanh.

Er schüttelte den Kopf:

"Es genügt, wenn er weiß, dass wir kein falsches Spiel treiben."

Ich habe geschrieben, dass ein Paket großes Glück für den Zellenhäftling bedeutete. Das galt aber nur im Allgemeinen. Thanh war nach jedem Paketempfang tieftraurig.

Schließlich erzählte er mir in einer schlaflosen Nacht alles darüber, weshalb er eingesperrt wurde.

Vor dem Krieg erhielt Bataillonskommandeur Thanh eine Ausbildung in der Schule für industrielle Praxis. Mitte 1954 wurde er nach dem Friedensschluss in das Industrieministerium versetzt. *Damals fanden in den staatlichen Institutionen, die mit jedem Tag grösser wurden. Regelmäßig Kampagnen zur Reduzierung des Personalbestandes statt. Bei diesen Kampagnen verließen meistens begabte Leute die Behörden, von denen sie nicht weiter abhängig sein wollten. Der damalige Ministerpräsident Pham Van Dong verglich das mit dem Reisdreschen: die guten Körner springen zuerst ab, während die schlechten Körner zäh an den Stängeln hängen bleiben.*

Während einer solchen Kampagne zur *Reduzierung des Personalbestandes* zog Than sich in die Frührente zurück und gründete mit seinen ehemaligen Truppenkameraden eine handwerkliche Genossenschaft. Oberst Tran, eine historische Persönlichkeit des Aufstands von Ba To, arbeitete mit ihm zusammen. Dank der alten Beziehungen zur Armee erhielt die Genossenschaft große Aufträge vom Hauptamt für Logistik und vom Hauptamt für Technik. Von jeher wusste man, dass Verträge mit der Armee sehr viel einbrachten. Die Genossenschaft der Ex-Soldaten wuchs sehr rasch. Das Leben ihrer Mitglieder verbesserte sich mit schwindelerregender Geschwindigkeit.

Dass Thanh inhaftiert wurde, klang wie eine erfundene Geschichte.

Die Genossenschaft erhielt einen großen Auftrag zur Herstellung von Bolzen für Panzerketten. Das Material dazu war sowjetischer Stahl mit der Bezeichnung CT45. Zufällig dachte man zu jener Zeit an den Büffelwagen, ein primitives Transportmittel aus der Zeit des Widerstandskampfes gegen die Franzosen. Er konnte für den Transport auf schlechten Wegen oder auf Waldwegen effektiv sein. Büffelwagen wurden in großer Menge hergestellt. Für diese Wagen waren alle Materialien vorhanden, bis auf das Material für die Achsen. Die Stäbe aus CT45 waren dafür sehr geeignet.

Nach langwierigem Suchen fand Thanh unter den Bergen von Abfällen aus der französischen Zeit (vor 1945) viele Stahlstäbe mit ähnlicher Härte wie CT45. Er kaufte diese ein und produzierte daraus Panzerkettenbolzen. Den Stahl jedoch, der vom Hauptamt für Technik angeliefert wurde, verkaufte er an die Genossenschaft, welche die Büffelwagen anfertigte. Durch diese Neuerungsidee von Thanh machte seine Genossenschaft einen Riesengewinn.

Aber die naiven Ehefrauen brachten ihre Männer in Gefahr. Anstatt das Leben weiterhin diskret zu gestalten, gaben sie um die Wette nach außen hin an. Sie kauften alle möglichen Sachen ein. Auf dem Markt machten sie sich nicht die Mühe, wie üblich zu feilschen, und schleppten kleine Körbe und große Körbe nach Hause, die alle randvoll waren.

Von ihrem unerwarteten Glück überrascht, ging ihnen die nüchterne Betrachtungsweise verloren, weiter nach moralischen Maßstäben zu leben. Nach den Regeln der Gesetzmäßigkeit verdeckten die unwissenden Machthaber ihre schlechte Verwaltungsarbeit durch Stoizismus. "Die Gleichberechtigung von zwei Menschen, die gemeinsam eine Hose tragen", wie Nikita Chruschtschow es spaßig ausdrückte, macht die Menschen kleinlich. Sie hassen jeden, der es besser hat als sie.

Wenn ein Mensch, der nach moralischen Grundsätzen zu leben weiß, Appetit auf Hähnchenfleisch hätte, würde er auf einen weiter entfernten Markt gehen, um einzukaufen. Er würde das Hähnchen diskret nach Hause bringen, diskret die Federn zupfen, diskret essen und die Federn diskret beseitigen.

Der Neid drückte sich in Form von Anzeigen aus, vollgespickt mit Fragen, die nach revolutionärer Wachsamkeit rochen.

Die Herren Bao Cong (integrer Richter aus der alten chinesischen Geschichte), die gerade die *Buchstabenblindheit* (Analphabetentum - Anm. d. Übers.) überwunden hatten, betraten die Bühne.

Thanh wurde verhaftet. Auch der berühmte Oberst wurde verhaftet.

Im Laufe der Untersuchung bestätigte die Armee, dass die Genossenschaft den Vertrag in jeder Hinsicht erfüllte: Termine, Menge und Qualität. Ein positives Gutachten des Instituts für Militärtechnik wurde beigefügt. Doch das alles spielte keine Rolle. Die Männer wurden wegen Unterschlagung von sozialistischem Vermögen verklagt. Sie blieben im Gefängnis, Monat für Monat, Jahr für Jahr.

Bei Thanh blieb Verbitterung zurück. Als ehemaliger Arbeiter hat er das Material an der richtigen Stelle eingesetzt. Dadurch ersparte er dem Staat, zusätzlich Stahl für die Anfertigung von Büffelwagen einführen zu müssen. Verarbeitet wurden die einzelnen kurzen Stücke des Stahlabfalls. Die Anzahl der Achsen reichte für alle Büffelwagen, die für den Transport benötigt wurden.

Der Oberst verließ sich auf seinen revolutionären Verdienst, auf seine Bekanntschaft mit dem Ministerpräsidenten und vor allem darauf, dass das Recht auf seiner Seite war. Er gab gegenüber den Leuten der *Exekutive* nicht nach. Der Ministerpräsident allerdings sah weg. Er ließ wissen, dass er nicht wegen einer persönlichen Bekanntschaft das Gesetz missachten wolle und sich daher nicht einmische. Der Oberst wurde in dem Verfahren als Hauptverantwortlicher betrachtet und sollte das schwerste Urteil erhalten. Die ganze Geschichte machte Thanh Kummer. Er meinte, dass sich die Leute der Justiz irrten. Er sei der Hauptverantwortliche. Er war der Initiator dieses Vorgangs, der später als "gesetzwidrig" betrachtet wurde.

Wie viele Jahre Haft würde Thanh erhalten? Ich hoffe, dass man sich besinnt und diese unglücklichen Menschen nicht länger peinigt. Als ich jedoch den *Feuerofen* verließ, musste Thanh noch immer bleiben.

"Habt Ihr etwas gehört?" fragte mich Thanh, nachdem er hochgeschnellt war.

Ich spitzte meine Ohren. Undeutliche Geräusche drangen in unsere Zelle.

"Wahrscheinlich gibt es eine Verlegung in ein anderes Lager", sagte er.

Thanh war feinhöriger als ich. Erst da nahm ich menschliche Geräusche wahr, Geräusche von Sandalen auf den Wegen.

Eine Weile danach startete der Motor eines großen Lastwagens, eines zweiten, dann eines dritten. Menschliche Geräusche machten sich kurz bemerkbar, dann verfiel die Nacht wieder in Ruhe.

Thanh bewegte sich, setzte sich auf und rauchte Pfeife. Obwohl sein Rauchplan sehr genau war, verstieß er dagegen, wenn er anstrengt seinen Gedanken nachhing.

"Wohin bringt man die Häftlinge?"

"Ins Lager. Es ist bald Têt-Fest (Frühjahrsfest)."

"Was hat das Fest mit der Verlegung zu tun?"

Thanh sah mich an. Wenn er beim Denken war und nicht antworten wollte, war sein Blick nicht von Wärme erfüllt.

"Vor den großen Festen, vor dem Têt-Fest, bringt man die Häftlinge des *Feuerofens* immer weg, um Platz für neue Inhaftierte zu machen. Alle möglichen Leute wie Rowdys, Diebe, (ehemalige) Angehörige der (feindlichen) Armee und Verwaltung, Prostituierte, als Reaktionäre Verdächtige ... Alle werden für ein paar Tage eingesammelt. Danach werden sie aufgeteilt: die einen werden in Erziehungslager gebracht, die anderen werden nach dem Fest entlassen. Es gibt es sowieso nicht genügend Platz."

"Leute so festzunehmen, ist wirklich sehr willkürlich."

Thanh sah mich schief an. Er machte sich nicht die Mühe, zu antworten.

"Ich dachte, um einen Menschen festzunehmen, wären viele juristische Formalitäten notwendig. Das ist aber nicht so. Lacht mich bitte nicht aus! Nicht nur ich, sondern alle unsere Journalisten bekommen eine Binde über die Augen gelegt. Wir sehen nur eine Seite des Lebens."

Thanh sog noch einmal Rauch ein.

"Macht Ihr Euch Sorgen wegen der Verlegung?"

"Das ist kein Grund zur Sorge. Man verlegt nicht, solange es noch kein Urteil gibt. Verlegt zu werden ist sogar ein Grund zur Freude. In der Zelle festgehalten zu werden ist äußerst schädlich für die Gesundheit."

Ich seufzte.

"Ich weiß nicht, wann ich die Zelle verlassen werde..."

Thanh zuckte mit den Schultern:

"Wenn man bald vor Gericht gebracht wird, geht man bald weg. Wenn man spät vor Gericht gebracht wird, muss man eben bleiben ... Ein Jahr, zwei Jahre womöglich."

"Und wenn man nicht vor Gericht gebracht wird, was dann?" Ich setzte mich auf.

"Warum nicht?"

Nach etwas Zögern sagte ich:

"Man bringt uns gar nicht vor Gericht."

Nun kam Thanh mit dem Staunen an die Reihe.

"Nein?"

"Die *Exekutive* hat es mir gesagt."

"Ihr seid in der Zeit des Widerstandskriegs gegen die Franzosen ein Funktionär gewesen. Ihr müsst vor Gericht gebracht werden, unbedingt", sagte er mit Bestimmtheit. "Es gibt eine Anweisung der Partei darüber, dass die Lagererziehung für Revolutionäre mit Aktivitäten vor August 1945 und Funktionäre im Widerstandskampf gegen die Franzosen nicht anzuwenden ist."

Ich erinnerte mich daran. Ich hatte diese Anweisung gelesen. Herr Hoang Nguyen Ky hatte mir ab und zu neue Anweisungen und Beschlüsse der Partei zu lesen gegeben, unter ihnen die Anweisung des Parteisekretariats über die Lagererziehung. Ich hatte nicht darauf geachtet.

"Man hat gesagt, dass unser Verfahren zur Kategorie der internen Widersprüche gehöre, das heißt: Widersprüche innerhalb des Volkes, innerhalb der Partei, innerhalb der internationalen kommunistischen Bewegung ..."

Thanh überlegte mit gesenktem Kopf:

"Hat man so etwas gesagt? Dann ist es kein Grund zur Sorge. Aber ... man weiß nie. Möglicherweise wird es genau deswegen in die Länge gezogen ...Euer Verfahren ist schwer zu verstehen...Ihr seid richtig eingesperrt. Wieso nennt man es interne Widersprüche?"

"Das ist ja gerade das Erstaunliche."

Ich entschloss mich, Thanh die Grundzüge unseres Verfahrens zu erzählen. Warum sollte ich es ihm nicht erzählen? Warum sollte ich *ihnen* gehorchen, indem ich für *sie* das verheimlichte, was *sie* verheimlichen wollten?

"Heißt das, dass Ihr Euch gemeinsam mit den Herren Hoang Minh Chinh, Dang Kim Giang und auch mit Eurem Vater getroffen habt?"

Ich nickte mit dem Kopf.

" Ihr habt wahrscheinlich gedacht, dass ich ein Spitzel bin, als Ihr am Anfang hier eingezogen seid?"

"Es gibt keinen Grund, so zu denken. Aber ich musste aufpassen. Ihr werft mir das doch nicht vor, oder?" Er war traurig:

"Was gibt es da vorzuwerfen? Aufzupassen war schon richtig."

"*Sie* haben Euch nicht wissen lassen, wer ich bin, stimmt es?"

Ich nahm ein Quäntchen Zögern zwischen der Frage und der Antwort wahr.

Der amerikanische Kriegsgefangene schlief ruhig. Oder er war gestorben. Aus seiner Zelle drang kein einziges Geräusch mehr zu mir.

24

Unterdrückung der Familie

Am Ende des Mondjahres wurde ich sowohl von Huynh Ngu als auch von Hoang eine ganze Woche lang vergessen. Thanh war traurig. Er hatte Sehnsucht nach Frau und Kind. Lange Zeit erhielt er keine Post von zuhause. Er machte sich Sorgen, ob seiner kleinen Familie etwas passiert war, ob ihr etwa ein Sturm zusetzte. Und es gab immer Stürme, die bereit waren, unglücklichen Familien ins Gesicht zu blasen, wenn sich einer ihrer Angehörigen im Gefängnis befand.

Thanhs Traurigkeit steckte mich an. Wenn Thanhs Familie Schwierigkeiten hatte, müsste die meine das Zehnfache an Schwierigkeiten bekommen. Meine Frau musste es sehr schwer haben. Wie schwer es war, konnte ich mir nicht vorstellen. Aber die Schwierigkeiten mussten kommen, sie waren nicht zu vermeiden.

Der Zentrale Organisationsausschuss vergaß es tatsächlich nicht, Befehle zur Unterdrückung von Familien zu erteilen, aus denen Angehörige wegen des Verfahrens "Gruppe der gegen die Partei agierenden Revisionisten" in Haft genommen wurden. Einige Monate nach meiner Verhaftung wurde meine Frau, die in der Planungsabteilung des Bauministeriums arbeitete, zur Arbeit ins Bauamt von Ha Son Binh geschickt. Jeden Tag musste sie nun eine Strecke von 40 km mit dem Fahrrad bewältigen, damit sie sich zu Hause um unsere drei kleinen Kinder kümmern konnte. Meine jüngeren Geschwister wurden an der Hochschule nicht zur Prüfung zugelassen, außer einer Person, die nach harten Auseinander-setzungen zwischen meiner Mutter und Le Duc Tho in späteren Jahren ein Studium als Bibliothekar aufnehmen durfte.

Die Atmosphäre des Têt-Festes fand ihren Weg auch in die Zellen. Das Frühlingsfest ist für jeden Vietnamesen das Fest des Jahres, auch wenn er sich am größten Tiefpunkt seines Lebens befindet. Es war üblich, dass sowohl die Häftlinge in den kleinen Zellen als auch die in den Gemeinschaftszellen in den Tagen kurz vor dem Fest größere Pakete mit mehr Geschenken als sonst erhalten durften. An den Festtagen wurden sie nachgiebiger behandelt. Häftlinge, die Sonderstrafen bekamen, wurden von Fußfesseln befreit. Diejenigen, die zur Strafe sonst kein Paket entgegennehmen durften, durften es jetzt wieder. Es war eben Tet-Fest.

Den Zelleninsassen fehlte es an allem. Sie sehnten sich nach allem. Jede Kleinigkeit war für sie wertvoll. Von jeder Kleinigkeit träumten sie. Daher warteten sie auf Geschenksendungen auch dann, wenn sie wussten, dass ihre Familien kaum dazu in der Lage waren, Geschenke zu machen. Die

Sendungen zum Tet-Fest bedeuteten weit mehr als Sendungen im Alltag. Sie zeugten davon, dass außerhalb der Gefängnismauern Menschen Sehnsucht nach ihnen hatten. Wenn sie ihre Sendungen in den Händen hielten, waren die Herzen der Häftlinge beruhigt. Sie waren bewegt und aßen mit großem Appetit ihre Lieblingsgerichte, die Mütter, Ehefrauen oder Kinder extra für sie zubereitet hatten. Sie waren glücklich, dass sie nicht fallengelassen wurden.

Unser Zellenkomplex lebte richtig auf. Es war kein Aufleben im normalen Sinn, eher war es ein geräuschloses Aufleben, das man mehr erahnte als hörte. Das Ungewöhnliche bestand darin, dass ab und zu eine Tür geöffnet und wieder geschlossen wurde, dass sich ab und zu menschliche Schritte dorthin bewegten, wo sonst Grabesstille herrschte. Das war immer dann der Fall, wenn Häftlinge zum Empfang von Besuchern oder von Sendungen gingen. An den Tagen kurz vor dem Fest wurden Häftlinge selten zur Vernehmung geholt. Die Zelleninsassen nutzten die Nachlässigkeit der Wächter aus - diese waren ja in ihren Familien ebenfalls mit der Vorbereitung des Festes beschäftigt -, um sich durch die Kontrollfensterchen miteinander zu verständigen, manchmal sogar mit heimlichen Worten oder Fragen über das Befinden zu informieren. Aus der Küche drangen Geräusche von geschäftigen Messerschneiden auf Holzbrettern.

Ich wusste, dass ich kaum mit Geschenken oder Briefen meiner Familie rechnen konnte, galt ich doch als vermisst. Es war fest davon auszugehen, dass meine Angehörigen über meinen Aufenthaltsort nicht informiert waren.

Schließlich wurde Thanh zum Besuchsempfang aufgerufen. Kurz danach kam er mit Sendungen bepackt zurück.

Er war wütend. Er warf alle Pakete und Päckchen auf die Pritsche.

"Was ist los?"

"*Die* haben die Sendungen entgegengenommen, mich aber meine Familie nicht treffen lassen."

Zum ersten Mal bezeichnete er die Polizisten mit "*die*".

"Ihr habt Eure Angehörigen bisher doch immer getroffen."

"Diesmal nicht."

"Der Grund?"

"*Die* brauchen keinen Grund. Und damit basta."

"*Die* müssten mindestens sagen, weswegen. Ihr habt doch keine Strafe bekommen."

"*Die* haben es nicht begründet."

Thanh warf sich der Länge nach auf seine Pritsche, mit den Händen unter der Stirn.

Ich musste seine Pakete aufräumen. Diese Ungezogenen. Das Brot war in kleine Stücke zerbrochen. Ein Fleischgericht mit Soße war mit einem trockenen Gericht vermischt. Etliche der vielen Bonbons waren ausgewickelt. Die blanken Bonbons klebten aneinander. Allein an die schmutzigen Finger zu denken, die diese Bonbons angerührt hatten, war schon ekelhaft.

In dieser Nacht schlief Thanh nicht. Auch ich blieb wach, ruhelos. Als ich ihm sagte, seine Pakete waren sicher deshalb so genau unter die Lupe genommen worden, weil er mit mir die Zelle teilte, und er durfte seine Familie wahrscheinlich aus diesem Grunde nicht sehen, schwieg Thanh lange.

"Denkt nicht an solchen Unsinn!" lenkte er ab. "Ich habe überhaupt keinen Zellengenossen wählen dürfen. Ihr auch nicht. Aber dass *die* mich mit Euch anstatt mit einem Räuber oder einem Mörder zusammengebracht haben, habe ich *ihnen* schon zu verdanken."

Als ich an diesem letzten Nachmittag des Jahres schon längst an keinen Aufruf mehr dachte und mich in das Schachspiel mit Thanh vertiefte, wurde die Tür geöffnet. Der *Bote des Friedens* gab mir Hand-zeichen, zur Vernehmung zu gehen.

Es war kalt. Huynh Ngu empfing mich zitternd, die Hände gegen-einander reibend. Er versuchte, kleiner zu werden, um (als Mensch aus dem Süden) gegen die schneidende Kälte des Nordens zu bestehen. Der schwarze Wollanzug im Sun-Zhongshan-Stil machte seine blasse Haut noch blasser, und er sah aus wie ein armer Angestellter in den Filmen über die vorrevolutionäre Zeit Chinas.

"Habt Ihr es da drin genügend warm? Heute ist es mächtig kalt, nicht wahr?" fragte er mich freudig zitternd, anstelle einer Begrüßung.

"Danke, ich kann es ertragen", antwortete ich ausreichend korrekt, weder kalt noch warmherzig.

Wir saßen uns bei einer Teerunde gegenüber. In dieser Kälte Tee zu trinken war herrlich.

Ich entdeckte in mir ein ganz einfaches, ganz bescheidenes Begehren danach, täglich friedlich Tee zu trinken wie in dieser Runde.

"Ich habe Euch heute hierher holen lassen, um Euch anlässlich des Tet-Festes im Namen der Institution Glückwünsche zu überbringen." Nachdem er seinen Sitzplatz richtig eingenommen hatte, erklärte Huynh Ngu feierlich: "Was soll ich Euch nun wünschen? Hm...hm..., ich wünsche, dass Ihr Euch erfolgreich umzieht, um bald in den Schoss der Partei zurückzukehren..."

Allein diesen Begriff "sich erfolgreich umziehen" hören zu müssen, ließ mein Blut hochkochen. Ich wollte widersprechen. Huynh Ngu spreizte seine knochigen Finger, um mich davon abzuhalten:

"Ich habe es doch richtig gesagt. Jeder von uns muss sich täglich, ja stündlich umziehen, um mit der stürmischen Entwicklung unserer Revolution Schritt zu halten, um den mit jedem Tag steigenden Erfordernissen der Revolution zu entsprechen ..."

Es sah so aus, als ob er sich nicht schlechter aus der Affäre ziehen könne als ich.

Er holte eine Zigarettenpackung *Thang Long* heraus und bot sie mir an. Es war nicht umsonst Tet-Fest.

"Anlässlich des neuen Jahres macht Euch die Institution ein Geschenk zum Frühling."

Schickte mir meine Institution Geschenke? Machten es die Kollegen von sich aus oder erhielten sie dazu Aufforderungen von der Polizei? Und man erlaubte mir, sie anzunehmen?

Huynh Ngu holte Geschenke zum Têt-Fest heraus und legte sie vor mich hin - Reiskuchen *banh chung,* kandierte Früchte, Bonbons... Erst da entdeckte ich: Hinter dem Schreibtisch stand eine Bank, auf der Stöße von Geschenken lagen, die genauso aussahen wie die meinigen. Also waren die Geschenke gar nicht von meiner Redaktion.

"Die Kollegen der Institution haben nicht viel mehr." Huynh Ngu versuchte sich zu rechtfertigen. "Wir haben nur genauso viel wie Ihr: Für jeden ein Reiskuchen *banh chung,* eine Packung kandierte Früchte, eine Packung Zigaretten, eine Packung Tee..."

In jenen Jahren konnten Funktionäre und Angestellte von ihren Institutionen zum Têt-Fest nicht mehr erhalten als das, was vor mir lag. Und dabei handelte es sich um zentrale Institutionen. Von den Behörden der Provinzen und Landkreise waren die Rationen weitaus bescheidener.

Ich überlegte, ob ich die Sachen annehmen sollte.

Thanh hatte mir noch nie vom Brauch des Schenkens zum Têt-Fest erzählt. Es war doch ein Sonderfall. 'Ihr seid Funktionäre, die Fehler machen. Die Partei denkt immer an Euren Verdienst, die Partei unterscheidet Euch von anderen Verbrechern.' Das waren die ewig wiedergekäuten Worte.

"Bewahrt Ruhe im Gefängnis und seid bewegt von der Herzlichkeit der Partei!" ergänzte ich innerlich mit Verbitterung.

Ich entschloss mich, die Geschenke anzunehmen. Sie gehörten keineswegs *ihnen,* das Volk musste dafür zahlen. Warum sollte ich sie nicht annehmen? Wenn ich sie nicht annehmen würde, dann würden sie sich Huynh Ngu oder seine Untergebenen aneignen. Ich hatte viel zu viel von den Sendungen an Thanh angenommen. Alles, was er von seiner Familie erhalten hatte, hatte er mit mir geteilt. Es war besser, wenn ich dazu auch etwas beitragen würde.

"Ich danke der Polizei für diese Geschenke ..."

"Nein. Das sind nicht Geschenke der Polizei." Huynh Ngu bestritt es verlegen. "Das sind Geschenke des zentralen Organisationsausschusses."

"Dann danke ich dem zentralen Organisationsausschuss."

"Erwidert Ihr nicht die Glückwünsche?"

"Ja, doch." Ich blieb kühl. "Ich wünsche dem zentralen Organisationsausschuss eine baldige Untersuchung und Lösung des Verfahrens im Sinne der Ehrlichkeit und Gerechtigkeit, der Gesetze und Verfassungsmäßigkeit ... zumindest möge es dem Geist und den Texten entsprechen, die ich zu hören bekommen habe."

Huynh Ngus Gesichtsausdruck verhärtete sich. Ich wusste nicht, in wessen Namen er da war, im Namen des Innenministeriums oder des zentralen

Organisationsausschusses, oder in beider Namen. Ich kehrte zurück. Die Packung Tee behielt Huynh Ngu unter dem Vorwand, dass es in unserer Zelle kein siedendes Wasser gäbe und dass ich später in den Arbeitssitzungen davon trinken würde.

Thanh empfing mich freudig:

"Hat es Geschenke von Eurer Familie gegeben?"

Ich antwortete erst, nachdem die Zellentür abgeschlossen worden war.

"Kein Geschenk von zuhause. *Die* haben es geschenkt."

"Wer? Wer schenkt?"

Ich erzählte ihm von den Geschenken des zentralen Organisationsausschusses zum Tet-Fest.

Wir genossen die Nahrungsmittel mit Genugtuung. In den Gefängniszellen konnten sie sonst nicht aufbewahrt werden. Die Mäuse in den Zellen waren sehr frech. Thanh hatte einen leichten Schlaf. Trotzdem konnten einmal Mäuse an seine wattierte Jacke heran-kommen, in der eine Packung Kekse versteckt war, und sie durch-beißen.

Im Gefängnis waren Mäuse abscheuliche Mitbewohner. Sie hatten vor nichts Achtung.

Als Beispiel dazu möchte ich eine Geschichte erzählen: Die Zellen des *Feuerofens* waren sehr dicht. Der Wind konnte kaum den Weg dort hinein finden. Für die Mäuse jedoch war der Zugang eine Leichtigkeit. Die Öffnungen am untersten Rand der Mauern dienten nämlich sowohl als Abfluss für das Abwasser als auch für die Mäuse als Zugang. Jeder Zelleninsasse erhielt einen Nachttopf. Wenn man faul war, verrichtete man das kleine Bedürfnis gleich in das Loch. Ein sauberer Mensch spülte mit Wasser nach, wenn er welches in Reserve hatte, ein schmutziger dagegen nicht. Thanh erzählte, dass er anfänglich wegen dieses stark anhaftenden Gestanks nachts nicht schlafen konnte, obwohl die Zelle vorher gesäubert worden war. Er musste sie mehrfach reinigen, bis die Zelle erträglich wurde.

Unter den Mäusen, die unsere Zelle aufsuchten, hassten wir am meisten die alte Maus.

Die alteingesessenen Häftlinge waren jedoch der Meinung, dass die Mäuse im *Feuerofen* lange nicht so fürchterlich waren wie die in vielen anderen Haftanstalten.

An den Têt-Fest-Tagen durften wir uns sattessen. An normalen Tagen gingen die Essenrationen blitzartig aus. Die Rationen an den Têt-Tagen waren jedoch reichlich, so dass in manchen Zellen etwas vom Essen übrig blieb. In den ersten Tagen nach meiner Verhaftung hatte ich keinen Hunger verspürt. Einen Monat danach hatte ich unerträglichen Hunger. Für den anfänglichen Zustand, in dem kein Hungergefühl vorhanden war, nannte Thanh zwei Gründe: Erstens lähmte die Sorge um das eigene Schicksal die ganze Empfindung, zweitens enthielt der Körper noch Energiereserven. Wahrscheinlich verfügte ich über nicht wenige Reserven. Erst im zweiten

Monat erinnerte mich mein Magen ständig an diese Energiefrage.

In einem so engen Raum wie dem der Zelle konnte der Häftling gar nichts finden, um seinen Magen zu füllen, auch wenn der Instinkt zur Beutesuche noch nicht beseitigt war. Ich hatte Glück, denn als mich mein Magen und meine Gedärme am meisten quälten, machte Thanh sein Lebensmittel-Vorratslager auf und bot mir davon mal einen Keks, mal ein Stück kandierten Zucker an. Thanh war wie der eiserne Führer eines Bootes, das auf einer einsamen Insel gestrandet war. Er genehmigte sich selbst nur ein bisschen von dem winzigen Vorrat und teilte es großzügig mit mir. Trotzdem versteckte er seinen Vorrat sehr sorgfältig, um einer Versuchung meinerseits vorzubeugen, indem er ihn in der tiefsten Stelle seines Kleidersackes vergrub. Für den Fall, dass er unerwartet zu einer Vernehmung gerufen wurde, markierte er seine Gegenstände. Später, als er eingesehen hatte, dass ich ein disziplinierter Matrose war, ließ er in seiner Vorsicht nach. Ich war darüber traurig gewesen. Aber im Grunde genommen fand ich, dass er Recht hatte. In einer Zelle konnte der Mensch sehr leicht sich selbst verlieren. Thanh hatte diesen Raum bereits mit einem Offizier von nicht gerade niedrigem Rang geteilt, der ihm sehr viel von seinem Essen gestohlen hatte.

Nicht nur Häftlinge hatten Hunger. Die Politik der Kontrolle des Staatsbürgermagens, die ich erlebte, war eine konsequente Politik aller Generalsekretäre. Ein satter Bürger ist frech, ein hungriger Bürger lässt sich leichter handhaben. Der Bürger hing von den Machthabern ab durch verschieden starke Ketten, und die Hauptkette der damaligen Zeit war die Lebensmittelpolitik, die am deutlichsten durch *Reiskarten* zum Ausdruck gebracht wurde. Der Bauer musste seine Ernte an den Staat verkaufen. Nach Erfüllung dieses *Pflichtverkaufs* von Lebensmitteln durfte der Rest aber auch nicht auf dem *schwarzen Markt* verkauft werden. Das wäre ein Verstoß gegen die *Lebensmittelpolitik* gewesen.

Kader, die in den Städten lebten, waren von *Reiskarten* abhängig. Der Dichter Quang Dung (1921-1988), der bekannt war durch seine Gedichte *Westwärts, Beide Ufer, Die Augen des Menschen aus Son Tay, Der bärtige Soldat, Die Verkäuferin des Cafés...* erhielt trotz seiner Körpergröße - er war doppelt so groß wie ich – nur Reiskarten zum Einkauf von 13,5 kg pro Monat, während mir als Zeitungsreporter Karten für 15 kg zugeteilt wurden. Das hieß, dass der Autor solcher Gedichte, die unsere Kämpfer eine Zeitlang angefeuert hatten, auch nicht besser behandelt wurde als üblich. Er beklagte sich: "Manchmal habe ich beim Essen so einen Appetit gehabt. Meine Frau gab mir aus Mitleid unentwegt Reis in die Schale und ich habe gegessen und gegessen, ohne zu wissen, wie viele Schalen ich leerte. Doch dann ist es mir aufgefallen. Ich habe sofort aufgehört zu essen. Ich habe auf meine Kinder geschaut und mich geschämt, so, als ob ich von ihrem Anteil gegessen hätte." Als er 1960 oder 1961 zusammen mit leitenden Angestellten des Hauptamtes für Lebensmittel *in das praktische Leben eintreten* durfte, hatte er Glück.

Ein leitender Angestellter des Hauptamtes sah während eines Empfangs, wie er zehn Schalen Reis hintereinander verschlungen hatte und noch mehr essen wollte. Der Angestellte erkundigte sich nach seiner Ration. Quang Dung gab die monatliche Menge von 13,5 kg an. Daraufhin gab dieser Angestellte dem Dichter aus Mitleid die Genehmigung zur Erhöhung seiner Ration auf 21 kg. Mehr durfte er allerdings nicht genehmigen. Mit schallendem Lachen erzählte mir Quang Dung diese Story: "Normalerweise esse ich nicht solche Mengen. Ich bin an das Wenig-essen eigentlich gewöhnt. Aber an dem Tag trat ich so stark auf, damit die Herren es sehen mussten. Dadurch habe ich mir die 21-kg-Ration verdient." Ich fragte, wie viele Schalen Reis er essen würde, wenn er nach Herzenslust essen dürfe. Er sagte, es hinge davon ab, wie viele Gerichte es gebe, ob die Gerichte schmackhaft zubereitet wären und welcher Gastgeber sich in das Abenteuer stürzen wolle, ihm ein Essen zu spendieren, bei dem er nach Herzenslust essen könne.

Obwohl wir uns zum Têt-Fest hätten sattessen können, entschied Thanh, dass wir beide das nicht tun durften: "Wenn wir an übermäßigem Essen erkranken würden, könnten wir die Wächter nicht einmal um Verdauungsmittel bitten. Sie würden uns nicht nur gar kein Mittel geben, sondern uns außerdem bis zum Geht-nicht-mehr beschimpfen." Genau das geschah in den ersten Tagen des Mondjahres. Wir lagen flach auf unseren Pritschen und hörten zu, wie der Wächter Hach mit lauter Stimme die elenden Häftlinge belehrte, auf die das Glück so plötzlich eingestürmt war, dass sie sich der Versuchung nicht erwehren konnten. Seine laute Rede hallte in der Schweigsamkeit der Zellen wie die Predigt eines Priesters von der hohen Kirchenkanzel herab.

Mitten in der Nacht wachten wir durch die gewaltige Lautstärke von Lautsprechern auf. Durch diese Nacht des Übergangs zum neuen Mondjahr schallte die Stimme eines Rundfunksprechers, der Glückwünsche vorlas. Wie üblich brachte die *Stimme Vietnams* jedes Jahr die Glückwünsche des Präsidenten Ho Chi Minh in Form eines Gedichtes unter die Menschen. Ich erinnerte mich daran, dass sich unsere Familie beim letztjährigen Têt-Fest zu Ehren ihrer Ahnen um den Altar versammelt hatte. Der Geruch verbrannter Knallfrösche vermischte sich mit dem Duft von Narzissen und Lilien. Mein Vater war vertieft in seine Gebete, meine Mutter stand hinter ihm und wir Kinder etwas weiter hinten. Draußen vor unserem Haus war Hanoi in den Lärm der Knallkörper und in die Musik der Nationalhymne eingehüllt, durch die die klare Stimme unseres Staatsoberhauptes drang.

Zum diesjährigen Têt-Fest war unsere Familie nun geteilt. In welcher Zelle befand sich jetzt wohl mein Vater, der in seiner Krankheit von niemandem gepflegt wurde? Wahrscheinlich saß meine Mutter schweigend da, allein mit ihren Tränen tiefer Liebe zu Mann und Sohn. Und dazu meine kleine Familie. Sicherlich saß meine Frau mit unseren zwei kleinen Kindern auf dem Schoss, beweinte ihr Leben und diese zwei vaterlosen Lebewesen.

Der Partei hatte ich es zu verdanken, dass ich mich von meiner Illusion endgültig befreite. Zum ersten Mal in meinem Leben sah ich die Welt ganz klar. Ihre ganze glänzende, galvanisch vergoldete Oberschicht fiel ab und ließ ihren wahren unverhüllten Charakter vom Sonnenlicht beleuchten.

Dank der Partei konnte ich mich auch des Gefühls der Verehrung für Herrn Ho Chi Minh entledigen. Wie hatte ich so verblendet sein können? Wie konnte dieser Herr seine Genossen lieben, wenn der Mann, der in all den schweren entbehrungsreichen Jahren immer an seiner Seite gewesen war, nun von Le Duc Tho ins Gefängnis gesperrt wurde, ohne dass er dagegen etwas tat oder wenigstens einmal versucht hätte, nach den Gründen zu forschen?

Vor meiner Verhaftung traf ich auf Herrn Hoang Quoc Thinh, Minister für Binnenhandel. Hoang Quoc Thinh war ein guter Freund meines Vaters. Herr Thinh erzählte, dass er Herrn Ho Chi Minh im Präsidentenpalast seinen Bericht über die Probleme des Handels vorgetragen hatte. Als er dabei Herrn Ho nach dem Grund der Inhaftierung meines Vaters gefragt hatte, staunte Herr Ho: "Wieso wird Bruder (Vu Dinh) Huynh festgenommen? Was hat er getan?" Herr Thinh schwieg - wie jeder andere, wenn Le Duc Tho im Spiel war. Da er mit meinem Vater lange Zeit zusammen gearbeitet und auch die Gefangenschaft mit ihm geteilt hatte, konnte er den von Tho erfundenen Geschichten keinen Glauben schenken. Bedeutete das, dass Herr Ho von der Verhaftung meines Vaters vorher nichts gewusst hatte? Oder hatte er davon gewusst, aber so getan, als habe er es nicht gewusst? Wenn er es nicht gewusst hatte, dann musste er es spätestens nach der Rede Hoang Quoc Thinhs wissen. Er wusste es also, aber er unternahm gar nichts. Wo lag die Wahrheit? Wurde Herr Ho entmachtet oder wollte er der Sache keine Beachtung schenken, obwohl er noch über Macht verfügte?

In meiner Zelle hatte ich genügend Zeit, um Überlegungen anzustellen. Zu diesen Überlegungen gehörte auch die Überprüfung des Kults um Herrn Ho Chi Minh, der die Menschen meiner Generation mehr oder minder befiel.

Wir verehrten ihn wegen seiner unvergleichlichen Moral. Wir betrachteten ihn als den besten aller Menschen. Er war der einzige Mensch, der über allen eigenen Interessen stand, um - ohne eine eigene Familie, ohne Streben nach Ruhm - nur für das Vaterland, für das Volk zu leben.

Doch so war es nicht.

Man huldigte Herrn Ho dafür, dass er jeder Sache, ob klein, ob groß, seine Aufmerksamkeit schenkte, dass er *der Basis nahe stünde.* Was geschah aber nun unter seiner Herrschaft? Es hatte bereits die Lehren aus der *Kampagne zur Herabsetzung von Pacht und Zinsen* gegeben. Warum passierten dennoch die Fehler der *Bodenreform* und der *Umgestaltung der Organisation?*

Man sprach oft über eine Zahl von etwa 15.000 Menschen. Nach den Angaben von Bernard Fall und Wesley Fishel stieg die Zahl sogar auf 50.000. Ich denke jedoch, dass diese Zahlen übertrieben waren. Die Anzahl der Gemeinden, die

die Bodenreform durchlitten, betrug etwa 3.000. In jeder Gemeinde gab es durchschnittlich eine oder zwei Personen, die entweder erschossen wurden, unter der Folter oder an Nahrungsentzug verstarben. (In sehr seltenen Fällen gab es in einer Gemeinde drei oder vier Erschossene. Manche Gemeinden hatten gar keine Toten zu beklagen.) Dadurch kam man auf eine Anzahl von 4.000 bis 5.000 unschuldiger Opfer (einschließlich der Opfer der Umgestaltung der Organisation *und der unter Zwang Verstorbenen). Das war aber nur eine Vermutung. Wenn es darüber keine wissenschaftliche Untersuchung gib, werden wir die exakte Zahl niemals erfahren.*

Wusste eine intelligente Person wie Herr Ho etwa nicht, dass das Verfahren *Humanismus-Künstlerische Werke (Nhan van-Giai pham)* von Truong Chinh allein mit dem Ziel inszeniert wurde, das Verbrechen der Verfolgung von Schriftstellern und Künstlern, die mit ihren Herzen an der Seite des Volkes standen und die ihm im gesamten Widerstandskampf gegen die Franzosen gefolgt waren, in den Hintergrund zu drängen?

Ich war überzeugt, dass er es gewusst haben musste. Mein Vater erzählte, dass Herr Ho tagtäglich sehr fleißig die Zeitungen las. Wenn jemand zur Berichterstattung zu ihm kam, fragte Herr Ho ihn nach allen möglichen Dingen. Wie konnte er da von dem erwähnten Verfahren nichts gewusst haben? Ich erinnerte mich daran, dass mein Vater eines Tages nach einem Treffen mit Herrn Ho nach Hause kam und mir sagte, dass der alte Herr sich beklagt habe: "Hien hat eine Erzählung in der Zeitschrift *Literatur und Kunst (Van nghe)* geschrieben. Ich habe nicht verstanden, was er damit sagen wollte." Herr Ho las also meine Erzählung "Die schlaflose Nacht" in der Zeitschrift *Literatur und Kunst*, die mein Vater noch nicht gelesen hatte. Das bedeutete, dass er auch über Kleinigkeiten Bescheid wusste.

Einst gehörte ich zu denjenigen seiner *Neffen*, die in den ersten Jahren der Revolution immer in seiner Nähe waren. In jenen Tagen, in denen er sich vor den Tschiang(-Kai-Schek)-Chinesen versteckte, musste er ständig seinen Wohnort wechseln. Manchmal war er auch in unserem Haus und schlief mit mir, dem kleinen Neffen, im gleichen Bett. Nachdem er aus der Kampfzone nach Hanoi zurückgekehrt war, sorgte sich meine Mutter um seine Gesundheit, indem sie für ihn Gerichte mit stärkender Wirkung zubereitete. Diese Gerichte, die in einem Essenträger verstaut wurden, brachte mein Vater dann tagtäglich zu ihm an seinen Präsidentensitz. Konnte er das alles vergessen haben?

Jedermann war klar, dass die Clique von Duan-Tho damit hätte aufhören müssen, reihenweise unschuldige Kommunisten in Haft zu nehmen, wenn er gesagt hätte: "So geht's nicht."

Aber er schwieg.

Erst jetzt verstand ich, dass der Mensch für Ho Chi Minh nichts bedeutete. In seinem "Tagebuch im Gefängnis"

träumte er davon, auf dem Drachen reitend
ins Himmelreich zu fliehen,
damit die Seele um den fünfzackigen Stern wandert.

Der Drache war - wie jeder weiß - das Symbol des Kaisers. Wenn er also davon träumte, auf ihm zu reiten, dann war er keineswegs einer von uns. Wir, die einfachen Bürger, hatten solche Träume nie. Wir träumten davon, auf Wasserbüffeln, Kühen, Pferden und im höchsten Fall auf Motorrädern zu reiten. Eigentlich hätte ich es früher begreifen müssen: Mein Onkel Ho hatte bereits in den Tagen, in denen er heimlich *Revolution machte*, den Traum gehegt, Kaiser zu werden. Er hatte den starken Willen, diesen Traum zu verwirklichen. Und es war ihm gelungen.

Als er im Herbst 1950 in Thac Dang bei seinem Treffen mit dem Helden La Van Cau vor den Menschen sprach, hörte ich aus seinem Mund den Satz: "*Der Mensch ist das beste Kapital*". Stalin hatte es genauso gesagt. Mao Zedong hatte es genauso gesagt.

Ja, richtig: der Mensch war nur ein *Kapital* für irgendein Unternehmen. Wenn der Mensch Kapital ist, hört er auf, Mensch zu sein.

In seinem Benehmen war er ein hervorragender Schauspieler, wie ich später erfuhr. Einmal erzählte mein Vater von dem Besuch an der Mauer der Pariser Kommune auf dem Friedhof Père Lachaise (1946), als Herr Ho von französischen Regierungsvertretern begleitet wurde. Tränen rollten über seine Wangen und er holte das Taschentuch heraus, um sie wegzuwischen. Zurück im Hotel fragte ihn mein Vater, wie es möglich war, dass er weinen konnte. Er antwortete: "Um Politik zu machen, muss man weinen können, wenn geweint werden muss, und man muss lachen können, wenn gelacht werden muss. Nur so kann man Politik machen." Mein Vater hielt dieses Ereignis in seinen Erinnerungen "Die Fahne wehte im August" fest.

Über seinen Besuch bei den Bauern in Hai Duong im Sommer 1957 drehte ich einmal einen Film. Am Morgen dieses Tages hatte es stark geregnet und auf den Wegen blieben große Wasserpfützen zurück. Als wir zu einer schlammigen Stelle gelangten, zog Herr Ho seine Sandalen aus, bückte sich und nahm sie in die Hände. Im Objektiv der Filmkamera sah ich jedoch deutlich, dass die beiden mit Gras bewachsenen Wegränder nicht unter Wasser standen. Auf der Stelle begriff ich, dass er die Wegränder nicht entlanglief, weil er das Sandalenpaar zur Schau stellen wollte. Aus Respekt vor ihm stoppte ich die Kamera. Ich wollte nicht, dass die Zuschauer später auf der großen Leinwand diese offensichtliche Inszenierung erkennen würden. Als die eintönigen Geräusche der laufenden Kamera Marke Eymo 35 plötzlich verschwunden waren, schaute er mich an. Er verstand sofort. Wahrscheinlich war das auch der Grund, weshalb er mir danach keinen Vorwurf machte.

Lange Zeit lobte man Herrn Ho unaufhörlich anhand konkreter Beispiele aus seiner Verhaltensweise dafür, dass er liebenswürdig sei, dass sein Benehmen wunderbar wäre. Man lernte von ihm, man bildete sich nach ihm, um sich eines Tages die Angewohnheiten dieser Heuchelei selbst anzueignen, ohne zu wissen, wann es geschah.

Ich hatte die Gelegenheit, vieles über Stalin, Mao Zedong, Kim Il Sung, Ceausescu ... zu lesen und empfand dabei großes Glück. In punkto Menschenliebe war unser Ho Chi Minh diesen Herren weit überlegen. Wenn nicht Herr Ho, sondern einer dieser Herren an seiner Stelle gewesen wäre, so wäre die sozialistische Tragödie in Vietnam noch bedeutend grösser gewesen. Und ich selbst wäre sicherlich schon viel früher eingesperrt worden und im Gefängnis gestorben, wenn nicht sogar auf der Stelle erschossen worden. Ich bin der Meinung, dass man trotz alledem einem Menschen dankbar sein muss, der über das Recht verfügt hätte, zu töten, von diesem Recht aber keinen Gebrauch machte.

Die Trennung von diesem Heiligenbild war nicht leicht. Nur Eingeweihte konnten das verstehen. Der Preis, den ich für diesen Abschied zahlte, war sehr hoch.

Herr Ho hatte seine eigenen Tragödien. Ich hoffe, dass irgendjemand in der Zukunft darüber schreibt: Seine Tragödien in der Jugend, weit weg vom Vaterland, seine Tragödien in der Zeit, als er alt wurde und sich in seiner Heimat befand. Ich möchte gerne daran glauben, dass alles, was man über ihn schrieb, richtig war. Das war seine positive Seite. Sie existierte. Sie war umfangreich. Hier schreibe ich nur meine Meinung nieder, die ich mir über die Beziehungen zwischen ihm und mir gebildet habe, und auch meine Gedanken, die mir während der Überprüfung meiner Beziehungen zu seiner Hauptlehre durch den Kopf gingen, die er als Geschenk für sein Volk - und für mich als einen Teil davon - aus dem Ausland mitgebracht hatte.

Er war lediglich ein Mensch wie jeder andere, mit positiven und negativen, mit starken und auch schwachen Seiten, wie sie jeder besitzt. Wir machten selbst einen Fehler, indem wir in ihm einen Überirdischen zu sehen glaubten.

Ich dachte zurück an das Jahr 1946, als mein Vater im Präsidentenpalast arbeitete und ich daher öfters zum Palast ging und Herrn Ho Chi Minh dort sehr oft sah. Dieses Jahr war das stürmischste Jahr für die revolutionäre Macht. Die Hungersnot, die von den französischen Kolonialherren und von den japanischen Faschisten verursacht wurde, kostete mehr als zwei Millionen Menschen das Leben. *Der Dammbruch vom Oktober 1944 vernichtete einen großen Teil der Ernte im Norden. Die französische und japanische Politik des Reisaufkaufs wurde mit Härte durchgeführt: auf dem Markt betrug der Preis einer Tonne ungeschältem Reis 200 Indochina-Piaster, der Zwangs-Aufkaufpreis nur 25 Piaster. In einigen Gegenden zwangen die Japaner die Bauern, Reis zu vernichten und dafür Jute im Dienst des Krieges anzupflanzen.*

Dieses Erbe wog schwer. Der Norden unseres Landes wurde von den Truppen Tschiang-Kai-Schek's überflutet. Im Süden landeten die britisch-indischen Truppen, denen die französische Armee mit der Absicht folgte, das fruchtbare Indochina zurückzuerobern. *Die britisch-indischen Truppen unter der Führung von General Dougles Gracey kamen im September 1945 nach Vietnam mit dem Auftrag, die japanische Armee südlich des 16. Breitengrades im Sinne des Potsdamer Abkommens vom Juli 1945 zu entwaffnen. Mit diesen den Japanern abgenommenen Waffen rüstete Dougles Gracey danach die entlassenen 1400 französischen Kriegsgefangenen aus, eine Kompanie des 5. Kolonialregiments (5è RIC), und eine Reihe von militanten ansässigen Franzosen, damit sie gegen die vietnamesische Revolution vorgehen sollten. Am 11.10.1945 erklärte der britische Außenminister Ernest Bevin, dass die Souveränität Frankreichs über Indochina anerkannt wurde (was das Potsdamer Abkommen nicht beinhaltete).*

Die Anhänger der Nationalen Volkspartei (Quoc Dan Dang) demonstrierten, versammelten sich, verteilten Flugblätter und beschimpften Ho Chi Minh tagelang mit Lautsprechern in der Quan-Thanh-Straße, dass dieser den Staat an das Ausland verkaufen wolle. Sie brachten Milizionäre der Stadt und auch einfache Bürger um und vergruben die Leichen in einem Haus in der On-Nhu-Hau-Straße. Sie entführten und ermordeten Herrn Tran Dinh Long, Herrn Nguyen Van Phuc alias Phuc Ghe, ehemalige Mitgefangene meines Vaters in Son La. Ich habe auch davon gehört, dass Mitglieder der (kommunistischen) Viet-Minh-Front Anhänger der Quoc Dan Dang umbrachten, ohne dass ich es jedoch mit eigenen Augen erlebte. Ich glaube trotzdem, dass alle diese Ereignisse stattgefunden hatten, genauso wie es auch stattgefunden hatte, dass die Kommunisten den Aufstand vom August 1945 anführten. Es entsprach nicht der Wahrheit, dass die Kommunisten den Verdienst anderer Parteien an sich gerissen hätten, wie einige Autoren schrieben.

In diesen äußerst kritischen Tagen arbeitete Präsident Ho Chi Minh in gelassener Stimmung im Arbeitszimmer im ersten Stockwerk seines Präsidentenpalasts. Er war der mutige Kapitän, der das Schiff durch den schweren Sturm manövrierte.

Ich konnte mich daran erinnern, wie sehr mein Vater sich sorgte, als sich Herr Ho Chi Minh höchstpersönlich zur Verhandlung in das Hauptquartier der Tschiang-Kai-Schek-Truppen begab und von den chinesischen Generälen Lu Han und Tieu Van festgehalten wurde. Als er schließlich in den Präsidenten-palast zurückkehren konnte, blieb Ho Chi Minh derselbe, voll Selbstvertrauen und gelassen, als ob nichts geschehen wäre. Ab und zu steckte er sein Haupt in den Flur hinaus, rief mich - ich befand mich oft im Palast - zu sich und gab mir einen kleinen Zettel, den ich zu seinen Mitarbeitern brachte, die sich in einem der Räume im Erdgeschoss aufhielten. Von seinem Arbeitsraum aus, der wegen der dunklen Möbelstücke und des ebenfalls dunklen Parketts immer dunkel war, hörte ich das laute Geräusch von Kieselsteinen unter den Rädern eines fahrenden Autos. Ho Chi Minh entfernte sich von seinem Arbeitstisch und ging zum Fenster. Aus seiner Hand flog ein kleines Stück Papier. Es schwebte hin und her auf seinem Weg nach unten. Der Empfänger verfehlte es mehrfach, bis er es in die Hand bekam. Schnell las er den Inhalt und sprang in den Wagen, der geräuschvoll wieder auf das Tor zufuhr. Es handelte sich um den Befehl des Herrn Ho zur Vorbereitung von Salzlagern für den Widerstandskrieg, der jeden Tag losbrechen konnte. Diese Bilder prägten sich tief in meiner Erinnerung ein und sollten später einmal einen festen Bestandteil meines Films über das glorreiche Jahr 1946 bilden.

Zu jenem Zeitpunkt war Herr Ho Chi Minh für mich der geschätzte Onkel Ho, der geliebte Onkel Ho.

Er eröffnete die monumentalen Seiten der Geschichte dieses Kampfes um unsere nationale Befreiung vom globalen Kolonialismus, im Sinne einer breiten Bewegung, deren Kampf die Grenzen Vietnams überschritt. Der Sieg von Dien Bien Phu brachte den unterdrückten Völkern eine bis dahin unbekannte Begeisterung, entfachte den Kampf für nationale Unabhängigkeit in der ganzen Welt, trieb den Kampf zur Beendigung der Kolonialherrschaft und damit den Zusammenbruch des Kolonialsystems voran. Die Welt kannte seinen Namen und den Namen dieses kleinen Landes, das zur Erringung der eigenen Unabhängigkeit und Freiheit mit Bambusstöcken gegen moderne Waffen vorzugehen vermochte.

Statuen und Denkmäler zu Ehren der historischen Persönlichkeit Ho Chi Minh standen bereits.

Aber ich war traurig. Dazu kam ein Gefühl des Bedauerns. Ich war es gewohnt, in ihm nicht nur den Präsidenten Ho Chi Minh, sondern meinen Onkel Ho zu sehen.

Wie sollte ich nicht traurig werden, wenn ich nun ihm gegenüber in mir lediglich den rationalen Respekt und kalte Gefühle wie gegenüber jeder historischen Persönlichkeit empfand? Hatte er doch lange Zeit einen nicht geringen Platz in meinem Herzen gehabt.

25

Das Têt-Fest 1968

Schlaflose Nächte folgten dem Têt-Fest im Frühjahr 1968. Die öffentlichen Lautsprecher, die in ziemlich großer Entfernung von uns in der Kaserne der Wachsoldaten des *Feuerofens* hingen, überbrachten uns mit Hilfe des Windes Nachrichten, die mal unterbrochen, mal undeutlich waren, und heroische Märsche. Schwer verständliche Zahlen und Ortsnamen ließen uns erkennen, dass im Süden gerade große Schlachten stattfanden.

"Sicherlich gibt es schwere Kämpfe im Süden!" sagte Thanh.

"Höchst wahrscheinlich."

"Ist doch noch Feuerpause, oder?"

"Wenn es so ist, dann haben *wir* gegen die Vereinbarungen der Feuerpause verstoßen", stellte ich fest. "Bestimmt nicht die Amerikaner. Wenn sie es wären, dann würde man viel schimpfen anstatt viel zu singen."

"Der Süden kommt damit um das ganze Tet-Fest."

"Das stimmt. Aber der Norden verliert auch die Hälfte. Für die Veranstaltung von Feiern."

In meine Decke eingewickelt fror ich im Liegen trotzdem mächtig. Um die Temperatur seiner Schlafstätte erträglich zu machen, musste der Häftling zuerst mit seiner eigenen Körperwärme die Zementpritsche aufwärmen. Dafür brauchte man eine lange Zeit. Und die Pritsche wurde nur knapp an der Stelle ihrer Berührung mit dem Körper warm; an allen anderen Stellen blieb sie eiskalt.

Es war unmöglich, einzuschlafen. Thanh setzte sich auf und rauchte seine Pfeife. Der Tabakrauch gaukelte den Eindruck vor, dass er die Wärme nicht entweichen oder die Kälte von draußen nicht eindringen ließe.

Der *Feuerofen* beteiligte sich nicht am Krieg. Er stand abseits, behielt seine geregelte Lebensweise bei und blieb als Außenseiter teilnahmslos. Die Wächter öffneten die Türen und schlossen sie. Die Angestellten der *Exekutive* fingen mit dem Beginn ihrer Arbeitszeit an, zu schreien und zu vernehmen; waren sie doch Angestellte, die allein fürs Schreien und Drohen entlohnt wurden. Ich lag mit allen möglichen Gedanken im Kopf flach auf meiner Pritsche. Der Krieg lief außerhalb dieser Steinmauern, wie die Passanten. Das Heulen der Sirene bei Alarm und Entwarnung war die einzige Information über einen Krieg, der irgendwo in der Ferne stattfand.

Meine ziellosen Gedanken führten mich zurück zum "Spanischen Tagebuch", einem wunderbaren Werk des sowjetischen Reporters Mikhail Koltsow (1898-1940). Sein Autor, ehemaliger Chefredakteur der

Parteizeitung *Prawda, verwandelte sich* eines schönen Tages plötzlich in einen *Feind des Sowjetvolkes.* Nachts kam ein verschlossener Wagen und holte ihn ab. Dieser wunderbare Mensch verschwand für immer. Es blieb nur sein Buch zurück, ein geistiges Waisenkind, als Zeuge einer Epoche und als Erinnerung an seinen Autor.

Meine Gedanken über das *Spanische Tagebuch* ließen mich etwas Interessantes entdecken. Unsere Starrköpfigkeit gegenüber den Diktatoren trug in sich den Einfluss des unbeugsamen Rufes "No passaran!" (spanisch: Sie kommen nicht durch) aus dem fernen Madrid.

Than fragte sich: "Womit feiert meine Familie das diesjährige Tet-Fest? Schicken sie mir etwa alles, was sie erhalten können?"

Ich hatte Sehnsucht nach meinen beiden Kindern. Sicherlich erlebten sie das Fest nicht an unserem Evakuierungsort, sondern bei ihren Omas väterlicherseits und mütterlicherseits. Meine Frau würde sie bestimmt zu den Großmüttern gebracht haben. Ob die Schlacht im Süden ihre freudigen Festerlebnisse trübte?

"Wenn man schon zum Têt-Fest eine Pause vereinbart hat, dann soll man das Fest auch feiern. Nach dem Fest kann man wieder Krieg führen. Wie es richtig sein soll", murmelte ich undeutlich. "Stellt Euch vor, im spanischen Krieg haben die Republikaner und die Faschisten die Tageszeit für den Kampf genau eingeteilt."

Thanh kratzte sich geräuschvoll. Seit Tagen machte er, allerdings erfolglos, Jagd auf eine Wanze, die möglicherweise aus einer anderen Zelle kam.

"Was heißt das, Tageszeit für den Kampf eingeteilt?"

"Das war so: Vom frühen Morgen an schossen beide Seiten mächtig. Punkt 12 wurde das Schießen eingestellt. Soldaten beider Seiten krochen aus ihren Schützengräben, klopften sich den Staub von ihrer Bekleidung ab, gingen in eine Gaststätte inmitten der Front, nahmen Mittagessen oder Kaffee gemeinsam ein ..."

"Unmöglich. Das ist nicht wahr."

"Doch. Sie drehten sich dabei nur den Rücken zu, und keiner sprach mit einem von der anderen Seite ..."

Ich erzählte Thanh interessante Passagen aus dem "Spanischen Tagebuch". Er hörte mir gern zu, mit einem Gesicht, das von Glauben und von Zweifeln zeugte. Für ihn waren Schriftsteller Leute, die Sachen aus der Luft griffen, die interessant, aber nicht glaubhaft waren. Er sagte zu mir, halb im Ernst und halb im Spaß: "Der Schriftsteller lügt, der Journalist übertreibt."

"Ich habe einen Vietnamesen gefragt, der an der Seite der Republikaner gekämpft hat. Und der sagte, dass es so gewesen ist."

"Was sagt Ihr? Hat es Leute von uns gegeben, die am spanischen Krieg teilgenommen haben?"

Thanh riss seine Augen weit auf.

Ich erzählte ihm von "Tho, dem Spanier" (Nguyen Van Tho) und von den internationalen Brigaden. Er war sehr begeistert.

"Lebt der Mann noch?"

"Ja, er ist noch gesund. Wenn sich eine Gelegenheit bietet, werde ich Euch ihm vorstellen."

"Wenn wir nicht schon gestorben sind, bevor wir diese Stelle verlassen."

Von weit her hallten die Geräusche eines Konvois mit schweren Fahrzeugen, Panzern oder Panzerwagen. Ein leichtes Schwingen der Zementpritsche machte sich bemerkbar. In der letzten Zeit kam von der Bach-Mai-Straße her ständig das Brummen von schweren Wagen, die in Richtung Süden rollten.

Tho, der Spanier, bekleidete nach der Revolution keinen hohen Posten. Mein Vater empfahl ihm:

"Lass Dich von anderen nicht überreden, diesen oder jenen Posten zu übernehmen! Unser Staat ist unabhängig. Das ist unser Glück. Du weißt, wie man Französisch kocht. Das ist der beste Beruf für Dich und Du brauchst Dir dabei keinen Kopf zu machen."

Als mein Vater das sagte, war er Leiter der Protokollabteilung. Er vermittelte Herrn Tho die Stelle des Kochs in der kubanischen Botschaft.

Tho, der Spanier, besuchte meinen Vater öfters. Ich erinnerte mich an den Tag, an dem er mit meinem Vater Tee trank, als der stellvertretende Minister-präsident Le Thanh Nghi zu Besuch kam. Tho, der Spanier, wollte aufstehen und sich verabschieden. Mein Vater hielt ihn zurück: "Lass Dich nicht dadurch stören, dass er ein großer Mandarin ist. Du und er, Ihr seid Genossen. Du brauchst keine Bedenken zu haben." Wie jeder andere Gast ließ Le Thanh Nghi seinen Leibwächter im Auto warten, entledigte sich seiner Schuhe und lief barfuß in den Raum meines Vaters, wo jeder auf dem Fliesenboden saß. Dieser Boden wurde so gereinigt, dass man sich bei großer Hitze zur Erfrischung hinlegen konnte. Der Herr Ministerpräsident umarmte den Koch herzlich. Die drei Herren unterhielten sich freudig und lachten laut. Aus Begeisterung lief Tho, der Spanier, in die Küche und bereitete selbst ein *Ragout* für diese Dreierrunde.

Tho, der Spanier, erzählte mir eine aufschlussreiche Geschichte, welche diejenigen, die sich mit dem Studium des Lebens von Ho Chi Minh befassen, sicherlich interessieren wird: Was überwog in der Person von Ho Chi Minh, der Internationalist oder der Nationalist? Als der Sozialismus stark war, gab man sich Mühe, zu beweisen, dass Herr Ho für den Internationalismus sei. Später gab man sich hingegen Mühe, zu beweisen, dass Herr Ho ein Nationalist sei. Die Aussage von Tho, dem Spanier, war daher von großer Bedeutung. Nach seiner Erzählung erklärte Herr Ho, als er erfuhr, dass es Vietnamesen gab, die an den Internationalen Brigaden beteiligt waren: "Sie sind faul bei der Arbeit im eigenen Haus und fleißig bei der Arbeit im Hause der Onkeln" (vietnamesisches Sprichwort).

Im Jahr 1964 oder 1965 - ich wusste es nicht mehr genau - beendete Tho, der Spanier, seine Küchenarbeit bei der Botschaft. Er arbeitete als Lagerver-walter in den Vereinten Webereien von Nam Dinh, als ihn der Präsident Jugoslawiens, Josif Broz Tito, zu einem Treffen der ehemaligen Kämpfer der Internationalen Brigaden einlud. Das Einladungsschreiben kam vom zentra-len Organisationsausschuss. Herr Tho sagte zu seiner Frau: "Jahrelang hat die Zentrale nicht nach mir gefragt. Jetzt ist dieses Papier da. Gutes ist weniger, Böses eher zu erwarten. Wenn ich nicht zurückkehren sollte, dann gib Dir Mühe, die Kinder großzuziehen. Glaube nicht an das, was die Leute erzählen. Ich bin weder Konterrevolutionär noch Trotzkist und schon gar nicht AB (Antibolschewist - Anm. d. Autors). Ich lebe ehrenhaft und werde auch ehrenhaft sterben." Le Duc Tho empfing ihn und gab ihm vor seiner Reise die Ratschläge: "Sprecht im fremden Land nicht von Politik! Bleibt ver-schwiegen wie eine Muschel, klar? Wenn Ihr Unsinn erzählt, dann könnt Ihr was erleben." Tho, der Spanier, kehrte von dem Treffen zurück und ich fragte ihn nach seinen Erlebnissen in Jugoslawien. Er lachte gutmütig: "Was gibt es schon zu erzählen? Ich habe es dort genauso gemacht, wie Le Duc Tho es befohlen hat. Egal, was man gesagt hat, ich habe nur gelacht. Übrigens hat niemand von Politik gesprochen. Wir alten Freunde haben uns nach langer Zeit wieder getroffen. Wir haben laut gesungen, mächtig Schnaps getrunken und uns betrunken. Es war sehr schön!"

"Wurde dieser sowjetische Journalist später umgebracht?" fragte Thanh.

"Man hat es nicht deutlich gesagt. Er wurde abgeholt und starb später im Gefängnis. Und nicht nur er. Viele Schriftsteller und Dichter kamen in jener Zeit um."

"Diese bedauernswerten Menschen!"

Thanh saß da wie eine Statue und hörte schweigend zu. Nachdenklich legte er seine Hand auf die Fußfesseln, streichelte sie eine Weile, drehte sein Gesicht zur Wand und rauchte erneut, diesmal außerplanmäßig. Von den Fußfesseln war bereits die Rede. In unserer Zelle waren sie mehr ein Gegenstand zur Innendekoration. Sie wurden selten verwendet. Nur in den Zellen der zum Tode Verurteilten wurden sie benutzt. Täglich einige Male wurden die Todeskandidaten von ihren Fußfesseln befreit, einmal für die morgendliche Körperreinigung, das zweite Mal zum Essenholen und noch einmal für die Rückgabe der leeren Schale. Bei manchen jedoch wurden die Fesseln überhaupt nicht geöffnet. Die Küche musste das Essen bis zu dem Häftling bringen. Wenn die Füße in diesen Fesseln lagen, konnte der Häftling nur in einer Position liegen, die Beine fest umklammert. Bedürfnisse, ob groß oder klein, mussten an Ort und Stelle verrichtet werden.

Thanh erzählte mir nicht, ob er gefesselt worden war. Er sagte, dass es die großen und dicken Menschen im Gefängnis weitaus schwerer hatten als die kleinen und dünnen, vor allem wegen des Hungers. Die großen hatten mehr Hunger. Außerdem hatten die Fußfesseln nur eine Größe. Große Beine passten nicht richtig hinein. Das Blut konnte nicht zirkulieren. Die Beine starben ab und mussten amputiert werden. Ich schätzte daher, dass er diese Prüfung gemacht hatte.

In den Erinnerungen der unschuldig Verurteilten aus der Stalin-Zeit gab es keine Angaben über Fußfesseln. Es gab Handfesseln. Ich machte mir unbestimmte Gedanken darüber, was ich im Fall einer Fußfesselung mit meinen Bedürfnissen anfangen würde. Einige Zeit später wurde ich an meinen Beinen gefesselt und konnte die Aussage von Thanh darüber bestätigen. Wenn meine Beine groß gewesen wären, dann wäre die Lage ganz schlimm geworden. Die Schwierigkeiten mit meinen Bedürfnissen waren dagegen nicht erwähnenswert.

Am vierten Tag des neuen Mondjahres ließ mich Huynh Ngu zur Vernehmung holen.

"Wisst Ihr, was in den letzten Tagen geschehen ist?" Huynh Ngu empfing mich in freudiger Stimmung mit dieser Frage.

"Nein. In meiner hermetisch abgeschlossenen Zelle kann ich nichts von der Außenwelt wissen."

Huynh Ngu schaute mich ungläubig an:

"Ich denke, dass Ihr den Lautsprecher hören könnt."

Ich sagte, dass ich den Lautsprecher hörte, ohne jedoch zu verstehen, worum es sich handelte.

Er warf einige Nummern der (Partei-)Zeitung Nhan Dan auf den Tisch. Von jeder ersten Seite sprangen mir die knallroten großen Schlagzeilen ins Auge. Die Zeitungen waren zerknautscht. Das war ein Zeichen dafür, -dass sie durch viele Hände gegangen waren. Ich bemächtigte mich ihrer und las hastig.

Die Geschehnisse im Süden entsprachen Thanhs und meiner Vorstellung. Die Nationale Befreiungsfront Südvietnams, von der jedes Kind wusste, dass sie vom Norden aufgestellt war, beschuldigte den Gegner der Verletzung der vereinbarten Feuerpause zum Frühjahrsfest, um selbst eine noch größere Verletzung zu begehen, nämlich: überall einen Generalangriff zu starten. Vom Leitartikel bis zu den neuesten Nachrichten wimmelte es von glänzenden, leuchtenden, geräuschvollen, schönen Worten, die dazu aufriefen, *den Sieg ausnutzend vorwärtszuschreiten.*

"Seid Ihr der Meinung, dass unsere Partei eine wunderbare Führungsarbeit leistet?" Huynh Ngu sah mit zusammengekniffenen Augen und hoch begeistertem Gesichtsausdruck zu mir herüber. "Ich möchte Euch sagen, dass wir mit diesem Anlauf in nur noch wenigen Tagen alles, ja, alles kassieren. Der Süden wird komplett befreit. Ich freue mich sehr ..."

Ich antwortete: "Dass Ihr Euch freut, ist recht."

Huynh Ngu sagte: "Könnt Ihr denn traurig sein? Eigentlich möchte ich aber nach Eurer Meinung fragen."

Ich zuckte mit den Schultern.

Huynh Ngu hasste mein Schulterzucken. Er hatte mich schon ein paarmal darauf aufmerksam gemacht. Aber ich beachtete das nicht. Ich war in einem Alter, in dem ich keine Milchamme mehr brauchte. Er sah in dieser Bewegung einen Ausdruck meiner Verachtung.

"Was bedeutet schon meine Meinung gegenüber solch großen Ereignissen?" antwortete ich unbeteiligt. "Gar nichts."

"Seid Ihr jetzt aber von der Führungskunst der Partei überzeugt?"

"Warum fragt Ihr mich immer wieder danach? Überzeugt sein oder nicht überzeugt sein, ist eine Sache, die mit der Meinung über eine konkrete Erscheinung oder ein konkretes Ereignis zu tun hat."

Huynh Ngu lachte leise.

"Aber *der Kerl Hoang Minh Chinh* ist nicht überzeugt. Ich habe eben mit ihm gearbeitet. Es hat mich verrückt gemacht. Deshalb wollte ich Euch fragen, ob Ihr auch genauso denkt wie *dieser Kerl.*"

"Wovon Herr Chinh überzeugt ist und wovon nicht, ist sein eigenes Problem. Das interessiert mich nicht."

Huynh Ngu bot mir Tee an, der von meiner Packung aus dem Teil der Têt-Fest-Geschenke des zentralen Organisationsausschusses stammte, die er zurückbehalten hatte.

"Ich möchte Euch sagen, dass der diesjährige Angriff und Aufstand dem Wesen nach ein Generalaufstand ist. Im Sinne unseres Krieges gegen die Amerikaner bedeutet das Generalgegenangriff. Lest bitte das Glück-wunsch-gedicht von Onkel (Ho Chi Minh) zum Têt-Fest! Ja, der Onkel ist ein ganz großartiger Mensch! Er hat alles im Voraus berechnet und vorausgesehen. *Dieses Frühjahr ist eindeutig besser als die vergangenen Frühjahre...* Ist es richtig? Ja, es ist vollkommen richtig. *Vorwärts, der totale Sieg wird uns gehören!* Der Onkel hat den Befehl gegeben, die ganze Armee und das ganze Volk haben ihn auszuführen. Der Onkel ist ja ein Heiliger, ein lebendiger Heiliger. Diese Kerle von amerikanischen Präsidenten sind nicht einmal würdig, seine Diener zu sein. Seht Ihr, dass *der Kerl Chinh* dumm ist? Bei so einem Sieg sagt er immer noch, dass diese Schlacht verfrüht wäre, dass die Vorbereitung nicht gut wäre, dass noch nicht alle guten Bedingungen für einen totalen Sieg zusammengekommen wären, dass es sich um ein unbesonnenes Vorgehen handle, das zum Verlust von Basen im feindlichen Hinterland führen würde, die erst nach langer Zeit wieder aufgebaut werden könnten... Es stinkt, es stinkt sehr, was er sagte!"

Aber so war es.

Ich dachte genau wie Hoang Minh Chinh. Die inneren und äußeren Bedingungen waren nach unseren Kenntnissen noch nicht reif. Und was wir wussten, war gar nicht so schlecht. Wir hatten aufmerksam den Verlauf des Krieges verfolgt. Wir hatten Möglichkeiten gehabt, an eine Menge von Informationen heranzukommen, hatten Kontakte gehabt zu vielen Personen mit verantwortungsvollen Posten im Norden und zu Personen, die aus dem Süden kamen.

Es war nicht klar, welchen Anteil Präsident Ho Chi Minh an der Entscheidung über diese Schlacht hatte, die von Huynh Ngu als *Generalgegenangriff* bezeichnet wurde. Und durfte er sich diesmal als das intelligente Gehirn der vietnamesischen Revolution am Kampf beteiligen?

Jeder wusste, dass in diesem Kartenspiel die Ungeduld der Person Le Duan die entscheidende Rolle spielte, der das vor 1954 von ihm direkt geleitete Gebiet so schnell wie möglich und um jeden Preis befreien wollte, auch - wie er selbst erklärt hatte - wenn die ganze Gebirgskette *Truong Son* (entlang der Westgrenze Vietnams) verbrannt werden müsse. Wozu aber sollte ich Huynh Ngu das erzählen? Es war besser, mit den eigenen Knien zu sprechen als mit ihm - wie unsere Vorfahren gesagt hätten.

Aber Huynh Ngu war nicht leicht zu abzuschütteln. In Sachen Vernehmung war er sehr zäh. Wenn er eine Frage stellte, wollte er unbedingt eine Antwort haben.

"Ich denke anders", antwortete ich gezwungenermaßen. "Ich denke genauso, wie es die Worte ausdrücken, die die Zentrale in diesen Zeitungen benutzt hat. Das ist ein Generalangriff und Aufstand, nicht mehr und nicht weniger."

"Was heißt das?"

"Das heißt: Wenn es tatsächlich um den *Generalaufstand* und *General-gegenangriff* geht, dann spricht die Partei vom Generalaufstand und Generalgegenangriff, und nicht vom Generalangriff und Aufstand."

Nach der Theorie von Truong Chinh, die er in seinem Buch "Der langjährige Widerstandskampf wird unbedingt erfolgreich" vertrat, handelte es sich dabei um die dritte Etappe jedes Widerstandskampfes. Im Buch Mao Zedongs "Chi jiu zhan lun" wurde darüber deutlicher geschrieben.

Huynh Ngu wurde rot im Gesicht:

"Ich habe es bereits gesagt: Dem Wesen nach ist es der Generalgegenangriff. Ihr seid alle von derselben Truppe. Wenn die Partei es so sagt, müssen wir daran glauben. Wozu soll die Partei es so gesagt haben, wenn es nicht so ist?"

"Ich befinde mich jetzt hier. Ich bitte Euch um Verständnis. Ich habe keine anderen Informationsquellen. Ich habe auch von keiner offiziellen Erklärung der Partei gehört. Was die mündliche Weiterleitung betrifft, habe ich damit bereits Erfahrungen gemacht. Zuerst müsste man in Betracht ziehen, wer einem die Informationen weiterleitet. Die Parteileitung? Der Parteiausschuss des Ministeriums? Der Parteiausschuss der zentralen Institutionen? Oder der zentrale Ausschuss für Propagandaschulung? Ich weiß, dass es Leute gegeben hat, die im Namen der Zentrale dies und jenes gesagt haben. Später musste die Zentrale es aber widerrufen, weil das der Meinung der Zentrale nicht entsprochen hatte. Daher ist es am besten, wenn man der Zeitung Nhan Dan Glauben schenkt. Nur sie ist das offizielle Sprachorgan der Partei.

Meine Aussage mit der Anspielung darauf, dass er nicht bedeutsam war, erzürnte Huynh Ngu:

"Denkt Ihr, dass ich Euch falsche Informationen weiterleite?"

"Das stimmt nicht. Ich wollte nur sagen, dass man am besten der Zeitung Nhan Dan glauben soll. Wenn einer der Zeitung Nhan Dan nicht glaubt, ist das seine Sache."

"Ich habe nicht gesagt, dass man der Parteizeitung nicht glauben soll."

"Ich habe auch nicht gesagt, dass Ihr dieser Meinung seid."

"Hm, wenn Ihr etwas nicht glaubt, dann habt Ihr alle möglichen Argumente parat, die Euren Mangel an Glauben verdecken sollen. Warum sagt Ihr es nicht ganz offen wie *der Kerl Chinh?*"

"Ich habe es doch ganz offen gesagt, ich habe keine Ausflüchte gemacht. Seht bitte, vor mir liegt der Standpunkt der Partei ganz klar in Form von schwarzen Worten auf weißem Papier. Was empfehlt Ihr mir nun, diesem Standpunkt zu glauben oder dem mir mündlichen weitergeleiteten Standpunkt zu glauben? Entschuldigung, es ist nicht so, dass ich Euch nicht glaube. Aber Ihr habt die Informationen auch nur durch Weiterleitung bekommen, ich weiß nicht, von welcher Ebene."

"Das heißt, Ihr glaubt nicht, dass das, was ich sage, der Standpunkt der Partei ist?"

Ich seufzte.

"Ich wiederhole: Das habe ich nicht gesagt. Gehen wir von der Annahme aus: Die Partei ist schlau, sie ist nicht dumm. In der offiziellen Zeitung spricht die Partei nur vom *Generalangriff und Aufstand,* andererseits lässt sie Informationen mündlich weiterleiten. Wenn der Endsieg da wäre, würde die Partei sagen: Es war der *Generalgegenangriff,* und die Partei hat das vorausgesagt. Wenn der Sieg nicht so aussehen würde wie erwartet, würde die Partei sagen: es war ein Generalangriff und Aufstand, die Parteizeitung hat es eindeutig geschrieben. Wenn man davon gesprochen hat, dass es sich um einen Generalangriff und Aufstand handelte, dann bedeutet es, dass es nach diesem Feldzug einen anderen Feldzug geben wird ..."

Huynh Ngu schwieg. Sein Gesicht blieb starr. Er sah ein, dass es in meinen Sätzen Argumente gab, an die er noch nicht gedacht hatte. Es hätte sein können, er befand, dass diese Logik Recht haben könnte. Daher schrie er nicht mehr wie üblich. Er gab nur dumpfe Töne von sich:

"Gut, Ihr seid gut. Wir haben noch Gelegenheit, zu dieser Frage zurückzukehren. Ihr werdet sehen, was demnächst geschehen wird, und ob Ihr Recht habt oder ich."

Das darauffolgende Geschehen bewies, dass Huynh Ngu Unrecht hatte.

Ich sagte nicht, dass die Partei Unrecht hätte, da ich nicht wusste, wie die Erwägungen der führenden Kräfte aussahen. Unrecht haben konnte man nur im Vergleich zu einem Vorhaben, aber nicht im Allgemeinen. Was wäre gewesen, wenn *sie* eine *Generalprobe* ausführen lassen wollten? Welchen Preis wollten *sie* dafür bezahlen?

Meine Bekannten, die im Süden tätig waren, erzählten, dass während der Kampfhandlungen zum Têt-Fest des Mondjahres des Affen (Frühjahr 1968) die Anzahl der Toten und Verwundeten sehr groß gewesen ist, unsere Basen im Feindesgebiet großflächig zusammen-gebrochen, in manchen Gegenden sogar völlig zerstört worden waren und erst nach immensem Aufwand an Zeit und Arbeit später wiederaufgebaut werden konnten. Meine Bekannten konnten allerdings keine genauen Angaben über die Schäden dieses Abenteuers erhalten. Das war ein Tabuthema. Auch Militärforscher durften davon nichts wissen, geschweige denn Journalisten.

Dieser *Generalangriff und Aufstand* im Jahr des Affen zog sich bis zur Jahresmitte hin. Die Verluste waren groß, doch das Erreichte ebenso. Die Erfolge hatten ein starkes Echo in der Außenpolitik und führten zur wesentlichen Zerstörung des gegnerischen Kampfeswillens. Die amerikanische Gesellschaft polarisierte sich. Die amerikanischen Bürger standen gegen den Krieg auf, der zu sehr in die Länge gezogen wurde und nicht unbedingt im nationalen Interesse der USA geführt werden musste.

Die Frage blieb nach wie vor das Abwägen zwischen Gewinn und Verlust.

"Ihr habt zum Tet-Fest einige Tage frei. Danach werden wir die Arbeit fortsetzen."

Huynh Ngu sprach, als ob wir uns in einer Behörde und nicht im *Feuerofen* befunden hätten.

Während des Tet-Festes war es kalt. Ich machte mir Sorgen um meinen Vater. Er vertrug die Kälte schlecht. Wenn das Wetter umschlug, hatte er oft Schmerzen in der Leber- und Gallegegend. Huynh Ngu informierte mich, der Gesundheitszustand meines Vaters sei normal, seine Lebererkrankung habe sich stark gebessert. *Hierin* - wiederholte er - bekäme mein Vater die gleiche medizinische Behandlung wie *draußen.* Ich könne beruhigt sein.

Doch ich wusste ganz genau: Wenn mein Vater eine schwere Kolik gehabt hätte, wäre er bestimmt nicht ins Krankenhaus gebracht worden. Man hätte ihn dem Arzt übergeben, der für uns verantwortlich war. Dieser war ein kräftiger, klein geratener Mann mit schwerer Gangart und seelenlosen Augen unter einer kurzen Stirn. Er passte in keine Bekleidung. An seinem Körper sah jedes einzelne Kleidungsstück aus wie ein geliehenes. Er war weder guter noch schlechter Natur, weder grausam noch gutmütig, schweigsam wie ein geborener Sklave. Er war zur Welt gekommen, um Befehle entgegenzunehmen, gleich, von wem. Die Hauptsache war, dass ihn der Befehlshaber entlohnte und ernährte. Gelegentlich erschien er manchmal als Wächter. Anstelle von Hach oder des *Boten des Friedens* brachte er mich dann zur Vernehmung. Seine einzigen Medikamente waren, entsprechend seiner Aussprache, *At-bi-lin* (Aspirin) und *Ga-li-dan* (Ganidan, ein Sulfonamid), die gegen die beiden ihm bekannten Krankheiten, nämlich Kopf- und Bauchschmerzen, angewandt wurden.

Ab und zu bat ich ihn um Schlafmittel. Er gab sie mir, ohne großartig nachzufragen:

"Hier ist *Mebobamat*! Nachts eine Tablette. Bei sehr schlechtem Einschlafen dann zwei."

Als ich merkte, dass der Mann großzügig war, bat ich auch um Mittel gegen Kopf- und Bauchschmerzen. Ich wollte den Insassen unserer Nachbarzellen helfen. Kranke Zellenhäftlinge konnten nur schwer an Medikamente herankommen. Einerseits waren die Wächter streng, andererseits konnte es auch an einem Mangel an Heilmitteln liegen. Thanh empfahl mir, zum Anlegen einer Reserve um Medikamente zu bitten, solange es möglich war. In Vietnam gab es nichts Beständiges, nichts Sicheres über eine längere Zeit. Jeder Mensch konnte mal hier und mal dort sein. Er konnte an einem Tag diese Arbeit machen; am nächsten Tag hatte er eine andere Arbeit zu verrichten. Es könnte durchaus vorkommen, dass man auf einen schwierigeren Arzt treffen würde.

Der Selbstmordgedanke kam gelegentlich zurück. Ich war entschlossen, nicht zuzulassen, dass mich die Diktatoren quälten, wie sie es wollten. Der Tod durch Schlafmittel war ein angenehmer Tod. Da ich vom Arzt entsprechend einer Eintragung in meinem Gesundheitsbuch schon öfters Schlafmittel verschrieben bekommen hatte, erwies sich der Gefängnisarzt bei meinen Anträgen als nicht sehr streng. Die angesammelten Schlaftabletten versteckte ich am Kopfende meiner Pritsche. Ab und zu öffnete ich das Versteck und zählte. Thanh sah das, sagte aber nichts.

Seitdem ich im *Feuerofen* war, konnte ich leicht einschlafen und viel schlafen. Ich nahm an, dass das ein Ausgleich zu meiner vorherigen angespannten Zeit der Arbeit war. Eines Tages sagte Hoang zu mir:

"Herr Hien, hier ist der Ort des ideologischen Kampfes und keineswegs der zum Schlafen, ja?"

Das bedeutete, dass den Angestellten der *Exekutive* von den Wächtern über jede meiner noch so kleinen Handlungen berichtet wurde.

"Wenn man Ruhe im Kopf hat, kann man gut einschlafen", sagte ich. "Es gibt nichts, was meine Gedanken beschäftigt. Ich habe auch nichts getan, wofür ich mich schämen müsste oder was mich quälen würde."

Begeistert durch die lautstark verkündeten Erfolge im Süden verstärkte sich die Arbeitsintensität der Angestellten der *Exekutive* sprunghaft. Huynh Ngu erschien und verschwand wie durch Zauber. Er überließ mich seinen Untergeordneten. Wahrscheinlich musste er mit mehreren Personen in verschiedenen Räumen auf einmal arbeiten. Hoang verschwand auch. Ein Anfänger arbeitete mit mir. Er machte sein Praktikum. Er stellte mir keine eigenen Fragen, las mir nur die von Huynh Ngu gestellten Fragen vor. Ich schrieb fleißig. Er saß wie eine Statue neben mir und passte auf.

Thanh hörte mir aufmerksam zu, als ich ihm von den eigenartigen Fragen der Angestellten der *Exekutive* erzählte, von denen wir nicht wussten, woher sie kamen oder wer mich damit anschwärzen wollte. Er lachte vergnügt:

"Das ist kindisch. Das ist alles, was *sie* können: erstens raten und zweitens drohen. Wenn wir standhaft bleiben, dann haben *sie* nichts mehr in der Hand. Manchmal bereitet es uns aber trotzdem ganz schön Kopfschmerzen. Wenn einer feige ist und denkt, dass die anderen etwas angegeben hätten, dann spuckt er selbst in Strömen aus. Da hätten wir es dann ganz schwer, uns zu wehren. *Sie* brauchen nur die Aussagen von einer oder zwei Personen zu bekommen und diese dazu benutzen, um aus dem einen und dann dem nächsten Informationen herauszuholen, bis die Befragten die Situation nicht mehr ertragen können und die Schuld auf sich nehmen... So ist das... Wenn man es kapiert hat, ist es schon zu spät."

Sein Lachen war voller Bitterkeit, die unlösbar in seinem Gesicht haften blieb. Es wäre besser gewesen, er hätte nicht gelacht.

"Ich wundere mich nur. Die Partei sagt, dass die Revolution eine Gesellschaft aufbauen wolle, in der die Menschen untereinander Brüder wären. Aber in der Praxis lehrt die Partei nur Hass- und Rachegefühle anstatt Liebe. Warum denn das? Allein dieser *Feuerofen* ist der Beweis. Ein Bürger wird eingesperrt. Gleich von Anfang an verlangen die Kader, dass er seine Schuld gesteht, ohne jedoch zu wissen, worum es sich dabei handeln soll. Und wenn er unschuldig ist? Das Falsche, das Schlimme fängt dort an. Das verkrüppelt die Herzen der Menschen und erzeugt in ihnen Hass. Wer ist dafür verantwortlich? Hat der Onkel die Kader so gelehrt?"

1946 besuchte Herr Ho die erste Schulungsklasse der Lehrer für die Kampagne zur Alphabetisierung. Diese Klasse wurde von der Gruppe um Nguyen Huu Dang organisiert. Im einfachsten Lehrbuch fand er im Zusammenhang mit der Bildung von Worten mit dem Vokal "u" das Beispiel "No o tu" (vietnamesisch: Er ist in Haft). Er kritisierte: "Habt Ihr kein schöneres Beispiel als dieses böse? Das wird den Köpfen der Kinder schaden. Ich bitte um ein anderes Beispiel." Meine Mutter war eine der Teilnehmerinnen dieser Klasse. Als Beispiel für seine revolutionäre Menschenliebe erzählte sie des Öfteren auch diese Geschichte: Im Widerstandskrieg gegen die Franzosen traf Herr Ho auf einen Kriegsgefangenen, der in der schneidenden Kälte Nordvietnams mächtig fror. Er zog seine Weste aus und gab sie dem Gefangenen. Diese Geschichte verbreitete sich unter den Kriegsgefangenen wie eine Legende.

Aber ich kannte auch einen anderen Onkel. Im Sommer 1950 erhielt ich in Thai Nguyen einen Brief von meinem Vater, durch den ich in die Sicherheitszone der Staatsführung gerufen wurde. *In der Sicherheitszone hielt sich der Führungsstab des Widerstandskampfes gegen die Franzosen auf. Diese streng bewachte Zone befand sich im Dschungel von Tuyen Quang und Thai Nguyen. Der Sitz des Präsidenten war in Thac Dang, Kreis Son Duong, Provinz Tuyen Quang.*

Ich kam gerade zur Feier des runden 60. Geburtstages von Onkel.

In seinem einheimisch wirkenden Anzug aus brauner Seide saß Herr Ho hinter einem Bambustisch, auf dem einige französischsprachige Zeitungen lagen. In dieser Hütte mit Bambuswänden und einem Dach aus Palmenblättern, dem Hauptquartier der Widerstandskräfte, sah er eher aus wie ein legendärer Literat, ein Dichter, ein östlicher Weiser und nicht wie ein Führer der Aufständischen, ein Führer der Revolution. Ich trat ein, stand stramm und berührte mit meinen Fingern den Rand meines Palmblatthutes. Sanftmütig gab er mir ein Zeichen zum Hinsetzen:

"Tja, der Kleine ist aber gut angezogen, nicht? Diese Uniformen sind schön", sprach er zu meinem Vater. "Er hat neue Kleidung erhalten, nicht wahr?"

Seine Stimme, die eine Mischung von Akzenten aus verschiedenen Gegenden unseres Landes darstellte, ihm - und nur ihm - eigen, die dazu noch liebenswürdig war, klang laut und warm. Nur sein Atem hatte einen sehr schlechten Geruch. Ich dachte an seine Tuberkulose, an der er seit seiner Rückkehr ins Heimatland erkrankt war. Die Krankheit schien sich nicht zu bessern. Das schmerzte mich für ihn. Mein Herz war voller Respekt vor seiner Opferbereitschaft zugunsten des revolutionären Werkes.

Höflich berichtete ich ihm, dass wir, die Angehörigen der Armee, jährlich zweimal neue Uniformen erhielten. Unsere Armeekleidungen sahen allerdings nicht einheitlich aus: Die Bekleidung der Soldaten der 3. Zone war aus anderem Stoff als diejenige derer aus Viet Bac, die Form der Anzüge der 4. Zone war anders als die der 5. Zone. Am haltbarsten waren die Bekleidungen der Soldaten der 5. Zone, die aus fester Baumwolle und in grauer Farbe anstatt in Kaki hergestellt wurden.

"Das ist schon ganz gut. In unserem Land fehlt es noch an vielem, mein Neffe. Wir haben noch nicht überall die gleiche Bekleidung für Euch ..."

"Verehrter Onkel, wir beschweren uns ja gar nicht. So ist es schon sehr gut!"

Mit seinen dürren Händen prüfte er mit Zufriedenheit die Qualität des Stoffes. Mein Anzug gehörte zu den neuen Uniformen der 3. Interzone.

Kurz danach gab er den Befehl zur Hinrichtung von Tran Du Chau, Oberst, Leiter des Logistikamtes. Dieser Mann, der uns mit der Kleidung versorgte, die Onkel Ho erfreut hatte, wurde wegen Bestechlichkeit verurteilt. Die Qualität unserer Bekleidung war allerdings nicht besonders. Der Stoff war aus Viskose und die Kleidungsstücke dehnten sich immer länger und breiter. Immerhin verdankten wir diesem Logistikamt, dass die Soldaten jetzt nicht mehr so unterschiedlich gekleidet waren wie am Anfang des Krieges, als jede Einheit noch ihre eigene Bekleidung trug.

Mit Empfehlungen versuchte mein Vater, Herrn Ho von seinem gefällten Urteil abzubringen, aber dieser blieb dabei. Ergänzend erzählte mein Vater, dass Herr Ho dieses Urteil gegen Tran Du Chau außerdem wegen dessen persönlicher genießerischer Verschwendung nicht mildern wollte. Es wurde berichtet, dass Tran Du Chau "einen Koffer voll mit Fotos" von sich zusammen mit seiner Freundin, der Sängerin T.H., machen ließ. Mein Vater hatte nachgefragt. In der Tat gab es viele Fotos von Tran Du Chau mit seiner Freundin. Aber die Worte "ein Koffer voll" waren übertrieben. Das Verbrechen "Bestechlichkeit" war auch nicht eindeutig nachgewiesen. Doch gerade "der Koffer voll" erzürnte Herrn Ho. Herr Le Gian stimmte dem Todesurteil gegen Tran Duc Chau zwar ebenfalls nicht zu; wenn Herr Ho jedoch ein Urteil als Präzedenzfall fällen wollte, konnte niemand ihn von dieser Meinung abbringen.

Herr Ho persönlich bestätigte auch das Todesurteil gegen einen Regiments-kommandeur bei einem Feldzug an der Grenze (zu China in 1950). Dieser beging das Verbrechen, die Einladung eines französischen Arztes im Rang eines Oberst (möglicherweise Herr Huart - Anm. d. Autors) eigenmächtig angenommen zu haben. Dieser Einladung folgend konnte er im Rahmen eines Kriegsgefangenenaustauschs nach Hanoi fliegen, wo er seine Familie besuchen wollte. Seine Bedingung war, dass er nicht in Zivilkleidung, sondern in vietnamesischer Uniform zusammen mit diesem Oberst in Hanoi erscheinen wollte. Vor dem Einsteigen ins Flugzeug erklärte er seinen Kampfgefährten freudig, dass die Menschen die Gelegenheit haben würden, einen Vertreter der vietnamesischen Armee öffentlich durch die Straßen der noch besetzten Hauptstadt laufen zu sehen. Damit wollte er unseren Sieg bei dem Feldzug in Cao-Bac-Lang (eine Abkürzung für die Namen der Provinzen Cao Bang und Nord-Lang Son an der chinesischen Grenze) bekannt machen. Die Franzosen hielten sich an ihr Versprechen. Vom Flugplatz Gia Lam fuhr er mit dem Jeep direkt zum Hoan-Kiem-See (See des zurückgegebenen Schwertes) im Zentrum der Stadt und ging sehr lange unter der Bewunderung der Bevölkerung spazieren. Er spazierte tatsächlich mit seiner vietnamesischen Uniform durch die Straßen Hanois. Und mit derselben Uniform ging er zu seiner Hinrichtung. Die Soldaten, die ihn gezwungenermaßen erschießen mussten, warfen danach ihre Gewehre und sich selbst unter schmerzerfülltem Weinen auf den Boden.

Unter der persönlichen Führung von Herrn Ho Chi Minh gab es während des Widerstandskriegs gegen die Franzosen kaum unschuldig Verurteilte. Das blieb so mindestens bis zum Jahr 1950, als die vietnamesisch-chinesische Grenze geöffnet wurde. Dann kamen in einem Verfahren mit der Bezeichnung H122, das von Hoang Quoc Viet geleitet wurde, unschuldig mehrere Offiziere um, die meisten davon aus der Kompanie- und Bataillonsebene. Nach Ansicht meines Vaters war die Schuld von Hoang Quoc Viet daran groß. Die Hauptverantwortung musste allerdings Truong Chinh tragen. Obwohl mein Vater Truong Chinh wegen dieses Verfahrens und wegen dessen Fehler bei der Bodenreform verurteilte, betrachtete er ihn nicht als einen blutrünstigen Menschen. Er war der Meinung, dass der Revolutionär Truong Chinh voll den verkümmerten Dogmen verfallen sei und der irdische Truong Chinh mit einem halben goldenen Thron durchaus zufrieden wäre. Unter den Menschen, die in seiner Nähe waren, ob Pferdepfleger, Köchin, Kanzleiangestellte oder Sekretäre, gab es niemanden, der ihn liebte. Die Menschen hingegen, die in der Nähe von Herrn Ho tätig sein durften, erwiesen diesem nicht nur Respekt, sondern auch echte Liebe.

Meine Mutter bewahrte noch gute Erinnerungen an Truong Chinh. Sie erzählte von der Liebe zwischen Tran Huy Lieu und der Schriftstellerin Thu Tam in Hué. Als sich Tran Huy Lieu von dieser Liebe hinreißen ließ, war Truong Chinh darüber böse. Er brachte die Angelegenheit vor den ständigen Ausschuss der Zentrale. Danach sprach er im Namen der Zentrale mit den betroffenen Ehefrauen und Müttern, also mit der Frau von Tran Huy Lieu und der Frau von Tran Dinh Long sowie mit meiner Mutter. Bei diesem gemeinsamen Gespräch entschied er: Herr Lieu durfte mit Fräulein Thu Tam noch einen Monat verbringen, danach musste er zu seiner Frau und den Kindern zurückkehren. Jede Zuwiderhandlung würde eine Disziplinarmaßnahme der Partei nach sich ziehen. Diese Art und Weise, wie die Parteizentrale eine Liebesgeschichte klärte, war doch bewundernswert. Sowohl die Gefühle als auch das Ratio fanden die entsprechende Antwort. Truong Chinh, und niemand anders, stand einer solchen Zentrale vor.

Das gehörte allerdings der Vergangenheit an. Und man kann an ein- und derselben Stelle des Flusses nicht zweimal baden.

26

Umzug

Ganz plötzlich wurden wir in einen anderen Raum verlegt.

Es war spätabends. Gerade waren wir in ein Schachspiel vertieft, als uns das Aufschließen des Schlosses erschreckte. Wir hoben die Köpfe und stellten fest, dass der Wärter, der *Bote des Friedens* (ein Spitzname, der ihm von den Häftlingen wegen seiner verhältnismäßig humanen Haltung gegeben wurde), bereits in unserer Zelle stand. Ohne uns anzuschauen, hob er seine rote Nase und sagte:

"Vorbereitung! Umzug in einen anderen Raum!"

Dass Häftlinge von einem Raum zum anderen, von einem Bereich in einen anderen umzogen, war hier normal. Nach der Erklärung von Thanh war der Zweck solcher Umzüge, dass die Häftlinge nicht zur Vorbereitung auf Vernehmungen miteinander kommunizieren konnten, dass sie sich ständig in einem passiven Zustand befinden sollten und dass sie keine Möglichkeiten zur Vorbereitung einer Flucht fanden, falls sie die Absicht dazu gehabt hätten. Manchmal geschah es auch wegen der Umgruppierung von Leuten, die zu ein und demselben Verfahren gehörten. Jeder Umzug geschah so unerwartet, dass die Häftlinge davon vorher nicht Wind bekamen. Erfahrene Gefangene waren auf jeden Umzug vorbereitet. Andernfalls konnte man durch einen Umzug viel verlieren. Die Gefängniswärter überfielen einen damit und man konnte die wertvollen Gegenstände nicht mitnehmen, die man noch nicht versteckt hatte. Hinzu kam, dass die Wärter bei dieser Gelegenheit verbotene Gegenstände konfiszierten und einen dafür bestraften.

Unter den Gegenständen, die man verlieren konnte, wog das wertvolle Messer am schwersten. Um ein Messer herzustellen, musste ein Zelleninsasse sehr viel Zeit aufwenden, vor allem, um das geeignete Material zu finden. Kistenband aus Eisen oder Eisen überhaupt war nicht leicht zu finden. Es war eine reine Glückssache, so etwas zu bekommen. Danach kam die Verarbeitung, die Wochen, Monate oder länger dauerte, je nach Wärter, ob er streng war oder nicht, je nach Fingerfertigkeit und Gelegenheit.

Ich sah mir den *Boten des Friedens* aufmerksam an. Wen sprach er an? Thanh oder mich? Oder uns beide? Ich warf einen ganz kurzen Blick zu Thanh hinüber und bemerkte, dass er sich nicht weniger Sorgen machte als ich. Er stellte sich auf den Boden, führte seine beiden Hände vor sich zusammen und fragte höflich:

"Herr Wärter, ich oder dieser Mann?"

Unsere Herzen schlugen rasend. Unsere Gesichter waren äußerst angespannt und wir warteten auf das entscheidende Wort des Wärters.

"Beide."

Der *Bote des Friedens* antwortete teilnahmslos. Mein Herz schlug freudig. Ich war glücklich. Wenn ich Thanh hätte verlassen müssen, hätte mir das richtig wehgetan. Er war in derselben Lage. Wir waren gewohnt, miteinander zu leben. Voller Freude packten wir unsere Sachen schnell zusammen.

"Los."

Der *Bote des Friedens* gab den Befehl. Wir folgten ihm.

Hinter den verschlossenen Zellentüren kamen ungewöhnliche Töne hervor - trockener Husten, Räuspertöne. Das waren Abschiedsgrüße unserer Mitgefangenen. Obwohl wir uns nicht sahen, spürte jeder die Anwesenheit der Nachbarhäftlinge. Man konnte sich die Nachbarn anhand kaum zu erkennender Zeichen vorstellen. Rechts neben unserer Zelle befand sich ein alter Mann, der sicher sehr dürr war und morgens trocken hüstelte. Abends rezitierte er Gedichte mit einer Stimme, die nach Erkältung klang. Links neben uns befand sich ein Mann, der unentwegt *für heute, für morgen, für Tausende spätere Generationen ... kämpfte.* Außer diesem ewigen Lied kannte er sonst kein anderes. In der nächsten Zelle wohnte ein Mann aus der Handelsbranche. Sicherlich war er wegen Untreue eingesperrt. Als er einmal nach dem Empfang eines Paketes in seine Zelle zurückkehrte, hörte ich, wie Hach, der Wärter, ihn voller Neid fragte: "Funktionär im Handel, ja? Eure Frau ist Verkäuferin, ja?" Ich hatte den Mann flüchtig gesehen - nicht sehr groß, helle Haut, gesund aussehend, etwas gebückt. In der Zelle am Ende des Korridors befand sich der bemitleidenswerte zum Tod Verurteilte. Durch die lange Zeit seiner fortwährenden Haft in dieser Zelle war er blass und aufgequollen. Um uns Zeichen des Abschieds zu senden, sang er laut etwas Tragisches, so dass der *Bote des Friedens* schreien musste: "He Ihr! Wollt Ihr Eure *obere Öffnung* sofort schließen?"

Der Zellenbereich, in den wir verlegt wurden, war ordentlicher als der, den wir verlassen hatten. Die beiden Bereiche waren voneinander in Vogelflug-linie nicht mehr als einhundert Meter entfernt. Doch unser Weg hinter dem *Boten des Friedens* verlief um zahlreiche Ecken, so dass man das Gefühl hatte, die Entfernung wäre grösser. Unsere Verlegung war sorgfältig vorbereitet worden: Sie fand in der Dunkelheit des Abends statt, nachdem alle Häftlinge, die aus den Werkstätten und andere, schon in die Gemein-schaftsräume getrieben worden waren, so dass niemand uns erblicken konnte.

Mit Decke und Liegematte unter der Achsel und dem Reserve-Anzug in der Hand liefen wir gemütlich den engen, zickzackförmigen, völlig menschen-leeren Korridor entlang. Von den rechteckigen Gefängnisräumen her kam ein ununterbrochenes dumpfes Hintergrundgeräusch, das aus menschlichen Stimmen bestand.

Bevor wir in den Bau - die nächste Gruft - eintraten, mussten wir durch ein nicht verschlossenes Tor und einen engen Hof laufen.

Im Innern dieses Zellenbereiches war es dunkel wie in einer Grotte, mit verstaubten Glühbirnen, die ihr Dasein hinter Eisengittern fristeten. Dieser Bereich sah mit seinen gleichmäßig angeordneten Kabinentüren aus wie das Deck eines Passagierschiffes am Anfang des 20. Jahrhunderts. Das Schiff war tot; es wurde vom Meer der Zeit getragen, und die Passagiere schliefen hinter den verschlossenen Türen einen tiefen Schlaf. Neben dem Eingang zu dieser Gruft war am Anfang des Korridors eine Zelle offengeblieben. Ich blickte hinein und sah tiefschwarze Wände.

"In dieser Zelle befand sich *Hoang Van Thu* (Funktionär der KP), bevor er hingerichtet wurde." erklärte mir Thanh. "Dieser Bereich wird als Zelle Nr. 1 bezeichnet. Man nennt ihn auch *Zellen der zur Hinrichtung Verurteilten*. Die Wände dieser Zellen sind schwarz gestrichen."

"Heißt das, dieser Bereich ist der älteste des *Feuerofens*?"

"Ich kann es nicht genau sagen. Der 3. Zellenbereich, den wir gerade verlassen haben, ist neu gebaut worden. Seht Ihr, dass die Räume dort bedeutend kleiner sind?"

Ich betrachtete unsere neue Wohnstätte. Die vorherige Zelle hatte eine höhere Decke, war dem Wind nicht ausgesetzt und daher wärmer. Wie viele Zellen würde ich noch erleben?

Außer dieser Gedenkzelle zu Ehren Hoang Van Thus gab es keine weiteren Zellen dieser Art. Die vietnamesische Geschichte wurde so interpretiert, als ob sie erst mit der Gründung der kommunistischen Partei begonnen hätte. Andere revolutionäre Organisationen wurden kaum erwähnt; wenn doch, dann wurde ihnen nur eine untergeordnete Rolle zuerkannt.

"Hier ist es luftiger", bemerkte Thanh, nachdem er sich umgeschaut hatte.

Im Gegensatz zu unserer vorherigen Zelle hatte diese an der Hinter-wand ein großes Fenster, das mit einem Eisengitter und einem starken Netz aus Eisendraht versehen war. Das Netz hing voll mit Staub. Oberhalb des Eingangs gab es ebenfalls eine mit einem ähnlichen Netz bespannte Öffnung.

Irgendwie war es den ehemaligen Insassen gelungen, ein Loch in der Größe einer Handfläche in das Netz zu reißen, durch das von außen die Luft in den Raum hereinsickerte. Man wusste von diesem Loch, aber man machte sich nicht die Mühe, es zu flicken. Eine Flucht war so gut wie unmöglich. Hinter dem Netz gab es dicke Eisenstäbe; dahinter stand eine hohe Stein-mauer, deren Oberkante dicht mit Stacheldraht umsponnen war. Das Ganze wurde Tag und Nacht von Soldaten bewacht.

Die neue Zelle strömte einen schwer zu beschreibenden Geruch aus. Trotz der kurz vorher durchgeführten Reinigung - auf dem Boden waren noch Spuren von Wasser zu sehen - war dieser üble Geruch und Kälte im Raum zurückgeblieben.

"Es gibt noch viel zu reinigen", sagte Thanh. "Diese Kälte ist wie die Kälte des Todes. Wahrscheinlich ist gerade jemand zur Hinrichtung weggebracht worden."

Zelle Nr. 1 - Thanh klärte mich auf: Diese Zelle werde heutzutage für die Verwahrung von schwer belasteten Häftlingen während ihrer Untersuchungshaft benutzt anstatt für Todeskandidaten. Im Allgemeinen würden Todesurteile nur noch selten gefällt. Die härtesten Urteile lauteten lebenslänglich oder zwanzig Jahre Haft. Wenn man sich bessere, würden die Strafmaße regelmäßig reduziert. Wenn man die *Stürme und Unwetter* im Gefängnis überleben könne, würde man mit einem lebenslänglichen Urteil nach zwölf oder fünfzehn Jahren entlassen. Häftlinge mit einem Urteil auf zwanzig Jahre könnten manchmal schon nach acht oder neun Jahren nachhause gehen.

Wenn sich die gegenwärtige Lage nicht änderte, bestand kaum eine Chance für mich, diese Stätte bald zu verlassen, solange Le Duan und Le Duc Tho noch lebten. Und sie würden lange leben.

Die Leute sprachen viel über die Beziehungen der älteren führenden Parteifunktionäre zum schwachen Geschlecht. Bei dem eintönigen Leben in Nordvietnam war das zu jener Zeit ein beliebtes Gesprächs-thema.

Ich dachte mir dabei, die Leute hätten es nicht nötig gehabt, über das Privatleben der hohen Herren zu sprechen, wenn diese Herren nicht selbst als Moralapostel aufgetreten wären und die Menschen ständig zu einem asketischen sozialistischen Leben aufgerufen hätten. Diese Gerüchte waren eine Reaktion auf die Äußerungen der Scheinmora-listen. Die konnten nach Herzenslust Beziehungen zu dieser und jener Dame unterhalten. Sobald aber ein Funktionär der unteren Ebene intime außereheliche Verhältnisse hatte, wurde er mehrfach kritisch in die Zange genommen und bestraft. In dieser Hinsicht war Le Duan furchtlos. Er setzte sich über die öffentliche Meinung hinweg. Er tat, was ihm gefiel. Tho stand Duan auf keinen Fall nach, aber er war diskreter. Wenn eine weibliche Person zu ihm kam, um ihn um eine Gehaltsaufbesserung oder einen besseren Posten zu bitten, wurde sie - zwecks ideologischer Aufklärung - von ihm privat empfangen. Danach ging sie glücklich nachhause. Einmal von *Bruder Sau* empfangen zu werden, brachte das Leben auf eine höhere Stufe.

Ich bin ein rational denkender Mensch. Die Führer können meinetwegen Geschlechtskrankheiten haben. Die Hauptsache ist, dass sie ihre Stellung nicht ausnutzen und dem Volk kein Leid bringen.

In dieser Nacht mit ihrem kalten Monsunwind konnte ich von meiner neuen Wohnstätte aus gegen den schwarzlila Himmel mit seinen schwach blinkenden Sternen durch das Loch im Drahtgitter die vielfach gewundenen Konturen der blattlosen Äste des *Sau*-Baumes sehen.

Als wir uns am nächsten Tag nach dem Abendessen ausruhten, hörten wir

Geräusche von schnellen Schritten, von geöffneten und geschlossenen Türen. Danach kehrte wieder Ruhe ein.

"Es gibt neue Häftlinge." stellte Thanh fest.

Am folgenden Tag ergänzte er:

"Die Leute gehören zu Eurem Verfahren."

Eine solche Feststellung, die innerhalb von zwei Tagen zustande kam, musste wohl begründet sein.

"Aus welchem Grund sprecht Ihr so?" fragte ich.

"Wenn es sich um normale Häftlinge handeln würde, hätte man die Zellen vor ihrer Unterbringung nicht reinigen lassen. Erstens: Als wir gestern ankamen, habe ich es gehört. Zweitens: Danach ist ein Bereichs-oder Gefängnisleiter gekommen, um sie zu inspizieren." analysierte Thanh. "Drittens: Als wir heute früh vorbeigelaufen sind, habe ich durch die etwas geöffnete Zellentür ein nagelneues Holzregal auf der Pritsche gesehen ... Normale Häftlinge, d.h. Häftlinge ohne Sonderstellung, erhalten eine solche Fürsorge nicht."

"Hatte man unsere Zelle reinigen lassen, bevor ich damals angekommen bin?"

"Ich war einige Tage vor Euch da gewesen. Die Zelle war vorher sauber geputzt worden."

"Seltsam, nicht wahr?"

"Man ist über Euer Verfahren noch im Unklaren und noch zu keinem Entschluss gekommen ..."

Das bedeutete: Thanh wusste, dass von diesem anhängigen Verfahren viele Armeeangehörige betroffen waren. Einige davon waren seine Kampfgefährten gewesen. Die Tatsache, dass wir gemeinsame Bekannte hatten, brachte uns näher. Thanh war von mir und meiner Lage ergriffen.

"Ehrlich gesagt, Eure Lage ist gar nicht erfreulich." Thanh glättete sich mit der Hand die Haare. "*Man tötet die Vögel, dann versteckt man den Bogen.* Seit der Augustrevolution 1945 habe ich noch kein ähnliches Verfahren erlebt. Sehr groß, sehr groß! Wenn man so vorgeht, dann muss man sehr entschlossen sein. Man wird nicht vorzeitig aufgeben. Man treibt die Sache bis zum Äußersten."

"Ganz klar."

"Sie sind im Geist entschlossen, wagen aber bei ihren Handlungen noch nicht ganz so weit zu gehen. ... Sie werden es so machen, dass sie für den Fall eines Fehlschlags noch eine Rückzugsmöglichkeit haben."

"Ich dachte eher, sie agieren und hören sich dabei gleichzeitig um. Wenn es von draußen keine scharfe Reaktion darauf gibt, dann machen sie so weiter.

"Wir müssen eben mit Ruhe versuchen, die Wirklichkeit zu erkennen, damit wir die Sache durchstehen können. Denkt daran, dass Ihr dieses Elend mit Eurem Vater teilt. Er tut einem sehr leid. Ihr habt noch ein langes Leben vor Euch und könnt noch hoffen. Aber Euer Vater, der verliert sein ganzes restliches Leben!"

Ich seufzte.

"Das hat es in der Geschichte unserer Nation noch nie gegeben, dass so viele aufrechte Persönlichkeiten auf einen Schlag gefangengenommen worden sind."

Als wir unser Abendessen abholten, zeigte Thanh mir mit einem Blick die neu belegte Zelle. Die Tür war zu. Aus der Zelle kam kein einziges Geräusch.

Am nächsten Tag gingen wir, um das Mittagsessen abzuholen. Dabei sah ich, dass die Tür jetzt nur halb geschlossen war. In der Zelle lag eine dünne Decke ungeordnet auf der Pritsche und in dem neu gefertigten Holzregal befanden sich einige Zigarettenschachteln und eine Zahnpasta-Tube der Marke *Hoa Mai.*

"Ihr habt Recht. Das sind Leute meines Verfahrens."

"Woher wisst Ihr das?"

"Normale Häftlinge werden von Wärtern beschimpft, wenn die Decke nicht ordentlich zusammengelegt ist. Heute früh sind diese Häftlinge zur Vernehmung geholt worden und ich habe nur gehört, dass die Tür von Wärtern geöffnet worden ist ...Im Allgemeinen verhalten sie sich uns gegenüber zurückhaltend. Sie wissen ganz genau, dass wir nicht mal vor dem Tod Angst haben, geschweige denn vor ihnen ..."

Thanh lobte mich, mehrfach mit dem Kopf nickend:

"Ihr fangt an, die Ereignisse im Gefängnis richtig zu bewerten."

In der Zelle Nr. 1 wurden wir von der alten Maus nicht mehr belästigt. Aber nun hatten wir es mit den *stinkenden Ameisen* zu tun. Die Population dieser hellgelben winzigen Ameisen war unzählig stark. Man konnte ihnen höchstens ausweichen; sie zu töten war unmöglich. Wenn auch nur ein einziges dieser winzigen Tierchen zerquetscht wurde, entwich ein schwer zu beschreibender Geruch, der dem Geruch eines zerriebenen Papaya-Kernes ähnelte. Die Tierchen waren unwahrscheinlich starrköpfig und geduldig. Ein kleines Päckchen Bonbons konnte sie zu einer wahnsinnigen Suche anregen. Thanh versuchte, seine Bonbons vor ihnen zu verstecken: Am Tag hing er die Süßigkeiten an das Netz der Lüftung, in der Nacht an das Dach des Moskitonetzes. Doch die Ameisen fanden die Beute immer. Danach gingen sie trotz der ihnen drohenden Todesgefahr zum Angriff über, um ein bisschen Süßes zu saugen. Danach war das Stück Bonbon nicht mehr genießbar. Wir waren aber zu arm, als dass wir die Leckerei hätten wegwerfen dürfen. Also mussten wir die Bonbons durch gründliches Waschen von den Ameisenleichen säubern, bevor wir sie essen konnten.

In diesem Bereich brauchten die Ratten das Fressen nicht erst in den Zellen zu suchen. Das für sie Fressbare stand ihnen bereits auf dem Hof zur Verfügung. Das war nämlich das Essen für die Häftlinge, das vom Küchenpersonal meistens schon sehr früh gebracht wurde. Ich kletterte am Fenster hoch und konnte auf den Hof blicken. Dort sah ich, wie die fetten Ratten gemütlich auf unseren Reisschalen saßen und sich bedienten. Ich musste die oberste Schicht des kalt gewordenen Reises beiseiteschieben und meinen Ekel unterdrücken, um den übriggebliebenen Rest dieser Essenportion hinunter-schlucken zu können. An manchen Tagen sah ich, wie Thanh seine Reisschale mit Tränen in den Augen zum Mund führte.

Unter den Gefängniswärtern war der *Bote des Friedens* die einzige Person, die für die seelische Qual der Häftlinge in Hinsicht auf das Essen Verständnis aufbrachte. Er schloss die Türen immer auf, sobald das Essen vor die Zellen gebracht wurde, damit die Gefangenen es abholen konnten. Leider arbeiteten die Wärter jedoch abwechselnd. Nicht jeden Tag hatten es die Häftlinge mit dem *Boten des Friedens* zu tun. Der Wärter Hach gehörte zu einem vollkommen anderen Typ. Er trug sein Gesicht stolz erhoben in der Art eines *Führers.* Trotz seines Alters war er ziemlich eitel. Er interessierte sich mehr für die Falten seiner Bekleidung als für das Essen der Häftlinge. Normalerweise ließ er unser Essen kalt werden, bevor er sich in den Zellenbereich begab. So hatten die Ratten ausreichend Zeit zum Fressen und auch Zeit zur Verrichtung ihrer Bedürfnisse in den Reisschalen der Zelleninsassen.

Ich nahm mir vor, der *Exekutive* über das Essen im Gefängnis zu berichten. Hoang, der Mann der *Exekutive*, hörte mir aufmerksam eine ganze Weile schweigend zu.

"Woher wisst Ihr, dass die Ratten an das Essen herankommen?"

"Ich habe es gesehen."

"Seid Ihr zum Fenster geklettert?"

"Ja."

"Wie klettert Ihr?"

"In der ganz üblichen Weise, wie man immer klettert."

"Das Fenster ist doch hoch."

"Ich kann es trotzdem erreichen."

"Das heißt, Ihr gebt zu, dass Ihr gegen die Haftordnung verstoßen habt. Wisst Ihr, dass Ihr dafür bestraft werdet?"

Ich lachte ironisch:

"Ich habe nichts zu verlieren."

"Nach der Haftordnung könnt Ihr eine Woche lang am Fuß gefesselt werden."

"Bitte schön."

Hoang ließ mich nicht fesseln. Die Situation wurde am nächsten Tag verbessert. Hach, der Wärter, musste den Küchenleuten folgen und die Zellentüren aufschließen. Mein Erfolg musste jedoch als gering bezeichnet werden. Wir wurden nämlich in einen anderen Raum desselben Bereichs verlegt. Vom Fenster dieses neuen Raumes aus konnte ich den Hof nicht mehr erspähen.

Jedes Mal, wenn ich meine Zelle verließ, um zum Waschen zu gehen, das Essen zu holen oder das Essgeschirr abzugeben, sah ich mir aus Neugier den

Raum an, wo Hoang Van Thu festgehalten gewesen war. Manchmal kamen Besuchergruppen, die diese Zelle besichtigten.

Vor der Revolution im August 1945 war Hoang Van Thu in unserem Hause zu Besuch gewesen. Wenn ich nun vor *seiner* Zelle stand, kam mir die Erinnerung an die Freundschaft zwischen diesem Märtyrer und meinem Vater, die von einem unwillkürlichen Zweifel begleitet wurde: Hätte Hoang Van Thu zu meinen Peinigern gehört, wenn er noch leben würde?

Thanh erzählte, dass die Mauer um den Feuerofen in der französischen Kolonialzeit nicht so hoch war. Damals hatte sich die spektakuläre Massenflucht vor dem allgemeinen Aufstand im August 1945 ereignen können. Die Häftlinge brauchten lediglich aufeinander zu klettern, um nach draußen zu gelangen. Diese Nachlässigkeit der Kolonialherren wurde durch Erhöhen dieser Mauer um etwa eineinhalb Meter korrigiert. Die Verbindungslinie zwischen der alten Mauer und dem erhöhten Teil war noch sichtbar.

Aus dem Zellenbereich Nr.1 konnte man ein ziemlich großes Stück Himmel mit den Ästen der *Sau*- und Tamarindenbäume an der Straßen-kreuzung von *Quan Su* und *Hang Bong Tho Nhuom* erkennen. Innerhalb der Anlage befanden sich neben dem Frauenbereich die Wachtürme, in denen junge Soldaten ab und zu die Hose aufmachten und sich selbst vor den Augen von Gefangenen mit verirrten Blicken voller Begierde befriedigten. Entweder dachten sie dabei, dass die Häftlinge sie nicht sahen, oder sie missachteten diese.

Im Vergleich zum Bereich Nr. 3 war der Bereich Nr. 1 nicht so ruhig. Er war für Häftlinge vorgesehen, die Schwerverbrechen begangen hatten. Diesen Leuten war alles egal. Sie wussten, dass sie in diesem Raum entweder zum Tod, zu lebenslänglicher Haft oder mindestens zu zwanzig Jahren Haft verurteilt wurden. Wenn sie traurig waren, sangen sie oder rezitierten leise Gedichte. Wenn die Wärter dann brüllend schimpften, schwiegen sie oder taten, als ob sie gehorchten. Eine kurze Weile danach fingen sie wieder an. Irgendwie geriet ein amerikanischer Pilot in diesen Bereich. Wahrscheinlich war das Areal der Kriegs-gefangenen zu eng geworden. Ab und zu sang er mit seiner Bassstimme eine unbekannte Melodie. Hach, der Wärter, rannte herbei und schimpfte und brüllte auf Vietnamesisch. Der Pilot erwiderte auf Amerikanisch. Beide Seiten brüllten eine Weile laut und nahmen voneinander Abschied, ohne voneinander etwas verstanden zu haben.

Der Zellenbereich Nr. 1 grenzte an den Frauenbereich. Am Tag war es dort ruhig. Spät abends aber oder in der Nacht kam es oft zu lauten Streitereien mit groben Schimpfworten. Ab und zu gab es dort auch eine Schlägerei. Schrille Stimmen drangen bis zu uns: "Frau Wärterin! Frau Wärterin! Man tötet mich!" Die weiblichen Häftlinge schlugen sich selten. Wenn jedoch eine Schlägerei stattfand, dann ging es hoch her. Die Wärter konnten die beteiligten Personen kaum trennen. Die Befriedung einer solchen Schlägerei konnte Stunden dauern. Diese weiblichen Insassen waren meistens Prostituierte, Diebinnen, auch Schmugglerinnen, Händlerinnen von Lebensmittelmarken, Betrügerinnen...

Das Weinen von Kindern drang vom Frauenbereich bis zu uns herüber. Wir wussten nicht, aus welchem Grund, ob die Mütter während der Stillzeit festgenommen wurden und ihre Babys gleich ins Gefängnis mitnehmen durften, oder ob die Babys im Gefängnis zur Welt kamen. Thanh wurde ganz schweigsam, wenn er nachts katzenjammerartige Kinderstimmen hörte.

"So ein Elend! Sie sind kaum geboren und werden schon gefangen gehalten. Ja, sie sind alle Enkelkinder von Onkel Ho (Chi Minh). Ob sie später brave oder schlechte Enkel werden? Sicher schlechte Enkel. Wer durch das Gefängnis gegangen ist, kann kaum ein anständiger Mensch bleiben..."

In der Ruhe der Nacht hörte ich aus der Straße *Hang Bong Tho Nhuom* oft Stimmengewirr von Menschen, die von einer Kinospätvorstellung nach Hause gingen. Einmal hörte ich sogar eine mir bekannte Stimme. Der *Feuerofen* war sehr seltsam gebaut. Im Inneren konnte man Stimmen von draußen hören, in umgekehrter Richtung nicht.

Aus irgendeinem Grund kam auch der Häftling Can in unseren Bereich. Schon nach einem Tag wusste er von unserer Anwesenheit. Er machte sich uns gegenüber bemerkbar, indem er mit seiner trocknen Stimme rezitierte:

> *Ich wartete gestern Abend*
> *eine ganze Weile auf dich*
> *Aber du bist nicht gekommen...*

27

Hong Si's Zelle

Ich erwachte schweißgebadet. Der böse Traum war zu Ende. Im Licht der brennenden Glühbirne sah ich das Gesicht von Thanh direkt vor meinem. Seine eiskalte Hand lag auf meiner Schulter.

"Ihr habt unverständliche Töne von Euch gegeben. Habt Ihr einen bösen Traum gehabt?"

"Was ist los? Was geht hier vor?" Ich setzte mich auf.

Er legte den Zeigefinger senkrecht auf seine Lippen, zischte leise und zeigte mit einer Gesichtsbewegung in Richtung Zellentür.

Ich wurde wach. Da hörte ich schnell aufeinanderfolgenden Schluckauf im Flur, undeutliche menschliche Stimmen und Geräusche von Laufschritten in die Richtung des Zellenbereichs. Durch die nächtliche Stille hallte der Krach eines hölzernen Gegenstandes, der auf den Zementboden fiel. Danach entfernte sich langsam das Geräusch schwerer Schritte.

Der Zellenbereich fiel wieder in Stille zurück.

Thanh verließ seinen Platz an der Tür, kletterte auf die Pritsche und bereitete sich konzentriert seinen ersten morgendlichen Pfeifensatz.

"Rettungsdienst." Er fasste das Ereignis gelassen zusammen.

Ich verstand Thanhs Interesse für die Inhaftierten des gleichen Verfahrens wie dem meinen.

"Habt Ihr eine Ahnung, wer es sein könnte?"

Ich schüttelte den Kopf. Die Tür der Nachbarzelle blieb den ganzen Tag verschlossen und der Insasse gab keinen Ton von sich. Daher konnte ich nicht wissen, wer in dieser Zelle lag.

Thanh war ein guter Kundschafter. Er beobachtete, assoziierte Gedanken, stellte Überlegungen an und bei jeder Erscheinung seine Hypothesen auf. Wie immer konnte er logische Schlussfolgerungen ableiten, die der Wirklichkeit ziemlich nahekamen.

Wer konnte dort drüben sein? Mein Vater hatte solche Krankheitssymptome nicht. Wenn seine Leber sehr schmerzte, stöhnte er nur leise mit Zischlauten. Übrigens, wenn es sich um meinen Vater gehandelt hätte, hätte ich es instinktiv wissen müssen, durch eine winzige Kleinigkeit vielleicht. Allein beim Gang vor die Tür seiner Zelle hätte ich seinen Geruch wahrnehmen können. Herr Dang Kim Giang hatte, soweit ich mich erinnern konnte, keine ernsthaften Krankheiten, außer etwas Rheuma. In den seltensten Fällen hatte ich ihn humpeln sehen.

Wer konnte noch unter den alten Revolutionären sein, der zu diesem Verfahren zählte und um den man sich so sorgte, dass er nicht frei sterben konnte? Herr Bui Cong Trung? Herr Ung Van Khiem?

Erst später erfuhr ich, dass diese beiden Herren nicht eingesperrt, sondern unter Hausarrest gestellt wurden. Wahrscheinlich wollte man nicht, dass durch ihre Verhaftung das Verfahren noch bekannter wurde, da die beiden der Zentrale angehörten.

"Wird ihm etwas passieren, Bruder Thanh?"

"Ich weiß nicht", seufzte Thanh. "Zum Glück ist man rechtzeitig gekommen."

"Woran ist er erkrankt?"

Thanh wurde nachdenklich.

"Ich denke, dass es ein Herzfehler sein könnte: Entweder ist eine Klappe zu klein oder zu groß. Ein Herzinfarkt ist nicht möglich. Sonst wäre er sofort gestorben. Der Arzt wäre zu spät gekommen."

Wenn es so wäre, dann müsste es sich um Pham Viet handeln. Er war herzkrank, und ihn hatte ich völlig vergessen.

Pham Viet und ich, wir hatten uns ab und zu gesehen, aber unsere Beziehungen waren nicht sehr eng. Zu Beginn meiner Verhaftung hatte mich Huynh Ngu nach Pham Viet gefragt. Da er über unsere geringen Kontakte zueinander wusste, hatte er formell einige Fragen gestellt und die Sache dann beiseite geschoben.

"Habt Ihr herausgefunden, wer es ist?"

"Das ist Pham Viet, Funktionär der Front von Hanoi (einer formellen Massenbewegung als Mittel der Herrschaft)."

Der Name Pham Viet sagte Thanh nichts. Sie arbeiteten beide auf verschiedenen Gebieten und kannten sich nicht.

Pham Viet war seit der Zeit vor 1945 in Hanoi revolutionär tätig. 1946 wurde er in einer Schlacht verwundet. Als die Franzosen die Stadt eroberten, blieb er dort und setzte seine Arbeit fort. Nachdem die Stadt 1954 befreit worden war, wurde er stellvertretender Chefredakteur einer Tageszeitung der Parteileitung der Stadt. Als er verhaftet wurde, trug die Zeitung den Namen "Ha Noi Moi" (Neues Hanoi).

Mit seinem guten Aussehen, einer guten Bildung und vielen Fremdsprachen wurde er in dem Zeitraum, in dem die Arbeiter und Bauern hoch gelobt waren, unter seinen Kollegen, die aus den gesellschaftlichen Basisschichten hervorgingen, zu einer weißen Krähe degradiert.

Der Begriff "Herkunft aus der Arbeiter- und Bauernschaft" war eher eine zeitgemäße Redensart. Die vietnamesische Arbeiterklasse war vor der Augustrevolution (1945) zahlenmäßig derart schwach, dass es kaum Kader gab, die aus dieser Klasse hervorgingen. Unter der Führungsriege der mittleren und höheren Ebenen waren solche Personen umso seltener. Sie stammten meistens

aus den armen Familien der städtischen Einwohner oder aus der kleinbür-
gerlichen Intelligenz.

Wegen seiner Meinungen, die den Ohren der führenden Leute nicht passten, verstärkten sich die Vorurteile gegen ihn, als der Kampf zwischen den beiden (ideologischen) Lagern begann. Mein Vater war gastfreundlich. In unserem Haus waren immer Gäste, vor allem dann, wenn es soziale Unruhen gab. Die Menschen kamen, um nach seiner Meinung und seinem Rat zu fragen. Sie waren überzeugt von seinen Kenntnissen, seinem guten Ruf bei der Führung und davon, dass ihm Herr Ho Gehör schenkte. Diejenigen, die sich von den Behörden ungerecht behandelt sahen, kamen zu ihm und baten ihn um Vermittlung. Das ging so weit, dass sich Truong Chinh während der Zeit der Bodenreform darüber erzürnte und meinen Vater als Sprachrohr der Bourgeoisie und der Großgrundbesitzer bezeichnete. Während des Kampfes zwischen den zwei Wegen bezeichnete Le Duc Tho unser Haus als den Petöfi-Klub.

Einer unter den Gästen, die unser Haus kurz vor meiner Inhaftierung oft aufsuchten, war Pham Viet. Pham Viet erwies meinem Vater als dem Vertreter der revolutionären Veteranen Respekt. Er schätzte meinen Vater hoch, weil dieser die Gerechtigkeit mutig verteidigte und keine Angst vor den Missbrauchern der Macht hatte.

Ich mochte Pham Viet auch, war jedoch mit seiner extremistischen Einstellung nicht einverstanden. Er hatte eine stark tendenziöse Haltung, die bei seinem Gesprächspartner zumindest oft eine Abwehrhaltung hervorrief.

Die angespannte Atmosphäre um die Beschlüsse Nr. 9 verflog mit der Zeit. Drei Jahre reichten aus, um uns unsere Sorgen vergessen zu lassen. China blieb weiterhin im unentwegten Kampf gegen den Revisionismus. In Vietnam wurde alle Kraft für den Kampf gegen die Amerikaner verwendet. Erfreut dachten wir, unsere Partei sei offen, sie zwinge niemandem ihren Standpunkt auf.

Van Cao warnte mich: Aufpassen!

Einige Wochen nach der Inhaftierung von *Revisionisten* spürten wir durch die Drohungen, die von den Emporkömmlingen ausgesprochen wurden, deutlich die *Zähne und Klauen* der Partei Sie knirschten mit den Zähnen: "Man muss auf dem Weg des sozialistischen Aufbaus das Unkraut vernichten." "Die Partei ist human, aber es gibt eine Grenze." "Sie (die Revisionisten) müssen ausnahmslos in Umerziehungslager geschickt werden, damit die Gesellschaft gesund wird." Leute mit Meinungen, die denen der Beschlüsse Nr. 9 entgegengesetzt waren und als revisionistisch betrachtet wurden, fingen an, Angst zu bekommen. Aber noch hofften Sie darauf, dass sie gar nichts getan hätten, weswegen die Partei sie einsperren könne. Wenn man seinen Standpunkt nicht beibehalten durfte, dann kehrte man ihn unter die Decke (den Teppich), wie beim Kartenspiel.

Alles in allem lernten wir noch keine Angst kennen, da wir von der

Überzeugungskrankheit befallen waren. Wir hatten zu viel und zu lange Vertrauen in die Partei gehabt. Wir waren davon überzeugt, dass die Partei seriös sei, keine niederträchtigen Verhaftungen vornähme und dass jede Verhaftung durch Beweise gerechtfertigt sei. Mein Vater war genau wie ich der Meinung, dass Hoang Minh Chinh und einige andere Personen etwas Übermäßiges getan haben mussten, um von der Partei eingesperrt zu werden. Théo Ronco, ständiger Korrespondent der französischen Zeitung Humanité in Hanoi, suchte mich auf und erkundigte sich nach diesen Verhaftungen. Ich sagte ihm, dass ich noch keine Informationen hätte und auf die Mitteilung der Partei warte. Ronco schüttelte mit dem Kopf, er verstünde die vietnamesischen Gesetze nicht. Man sperre die Leute ein und die Partei erkläre deren Schuld, wenn sie dazu Lust hätte. Er war der Meinung, dass das, was in China geschehen war, nun in Vietnam stattfände, allerdings mit weniger Getöse.

Ich wartete darauf, dass Pham Viet zur Zelle Nr. 1 zurückkehren würde, aber er kehrte nicht zurück. Wir wussten nicht, wohin er verlegt worden war, ins Krankenhaus jedenfalls nicht. So viel Menschenliebe hegten die Machthaber nicht.

Einige Tage lang war ich traurig. Ich dachte an den Tod von Pham Viet und bedauerte meinen früheren strengen Blick ihm gegenüber. Als Pham Viet festgenommen wurde, sagte mein Vater zu meiner Mutter: "Der arme Mann. Mit seiner Krankheit wird er im Gefängnis bestimmt sterben." Seine Frau Lan erzählte uns, dass er direkt während der Behandlung seiner schweren Herz-krankheit im Krankenhaus verhaftet wurde.

Frau Lan, eine Funktionärin des Ausschusses zum Schutz des Weltfriedens in Vietnam, wurde ebenfalls inhaftiert. Sie wurde aber nur für zweieinhalb Jahre gefangen gehalten und danach entlassen, damit sie sich um ihren Nachwuchs kümmern konnte.

Mein Vater sah dieses Unglück voraus. Vom Tod von Pham Viet am 31.12.1971 in einem Haftlager in Thai Nguyen erfuhr ich im Jahr 1972, als ich mich im Haftlager Tan Lap befand. Ich erfuhr weiter, dass seine Familie die Nachricht von seinem Tod erhalten hatte. Seine Frau Lan hatte den Friedhof des Gefängnisses aufsuchen und Räucherstäbchen zu Ehren ihres Ehemannes anzünden dürfen.

Einige Tage nach der Verlegung von Pham Viet aus der Zelle Nr. 1 ging ich vorbei an den Zellen am Ende des Flurs in Richtung zu den Toiletten. Als ich tiefe Hustentöne hörte, die mir sehr bekannt vorkamen, fuhr ich zusammen. Diese Hustentöne waren nicht natürlich. Es war eindeutig, dass der Häftling absichtlich hustete, um unsere Aufmerksamkeit auf sich zu lenken. Am darauffolgenden Tag ging ich dort wieder vorbei, als der Zelleninsasse rezitierte:

An erster Stelle steht der Literat, an zweiter der Bauer
Wenn es aber keinen Reis gibt, dann ist
Erster der Bauer und Zweiter der Literat.

Als ich die Stimme von Hong Si erkannte, wollte ich laut rufen. Weshalb wurde denn auch er verhaftet, wo er doch derjenige war, den ich als einen Mann der anderen Seite betrachtete? Bedeutete das, dass er zu meinem Verfahren gehörte? Wie sonderbar das Leben war!

Hong Si war Polizist und arbeitete in der Spionageabwehr in Haiphong. Er lebte im selben Haus in der Dien-Bien-Phu-Straße wie auch der Schriftsteller *Bui Ngoc Tan.*

Bui Ngoc Tan wurde auch inhaftiert, jedoch nicht zu den Revisionisten der zentralen Ebene gezählt. Er wurde schlechter behandelt als beispielsweise ich. Seine Frau erhielt gar nichts von seinem Gehalt, während meiner Frau die Hälfte meines Gehalts zukam.

Wenn ich in der Hafenstadt (Haiphong) oder in deren Umgebung, zum Beispiel im Bergwerk von Quang Ninh, zu tun hatte, suchte ich (Bui Ngoc) Tan immer auf. Tan verkehrte mit Hong Si. Das bedeutete, dass ich auch Hong Si traf, wenn ich Tan besuchte. Wir sahen uns oft.

Obgleich wir großes Vertrauen in (Bui Ngoc) Tan hatten, fühlten wir uns im Beisein seines Freundes, dem Oberstleutnant der Polizei, nicht wohl. Bei meiner Unterhaltung mit Hong Si achtete ich genau auf die Wahl jeder meiner eigenen Redensarten, jedes meiner eigenen Worte. Ich konnte mir keine Nachlässigkeit leisten.

Von großer hagerer Gestalt und als starker Raucher ähnelte Hong Si eher dem Angestellten einer Kanzlei als einem Beamten, geschweige denn einem Beamten der Polizei. Das war jedoch nur sein Äußeres. Bui Ngoc Tan war der Meinung, dass Hong Si der beste und gebildetste Polizist der ganzen Hafenstadt sei. Gleich beim ersten Treffen fand ich ihn sympathisch. Er war lernbegierig, interessierte sich für viele Themen und hatte umfangreiche Kenntnisse. In seiner engen Wohnung hatte er einen uralten Rundfunk-empfänger der Marke Philips. Obwohl dessen achteckige Vorderseite aus Kunststoff vergilbt und die Druckbuchstaben kaum noch lesbar waren, konnte er damit sehr weit entfernte Sender noch gut empfangen. Nacht für Nacht saß er neben diesem altersschwachen Radio, hörte den BBC, die Stimme Amerikas, den Pekinger und dann den Moskauer Sender. Daher wusste er Vieles aus der weit entfernten Welt jenseits der ideologischen Sperre, von dem wir gar nichts erfuhren.

Hong Si machte aus seinem Standpunkt kein Hehl. Er sagte, dass er darauf gespannt sei, wohin der Greis (gemeint Ho Chi Minh) die Nation führen wolle. Wenn Vietnam genauso würde wie China, dann wäre das furchtbar. Er würde den Tod vorziehen. Wie die Figuren des japanischen No-Theaters hörten wir ihm mit regungslosen Gesichtern zu, nach der Devise "Vorsicht schadet nicht".

Hong Si warnte mich vor meinen Beziehungen zu dem Dichter HTK, der zu jener Zeit in Haiphong lebte:

"Er hat von Euch *berichtet*. In Hanoi hat er die Kritik von To Huu, dem Mitglied des Politbüros, gegen Eure "Schlaflose Nacht" gehört. Er ist hierhergekommen und hat sofort *berichtet*. Ob er sich damit von seinen ehemaligen guten Beziehungen zu Euch reinwaschen oder bei der Behörde beliebt machen will, kann ich nicht sagen."

Seit dem Widerstandskampf gegen die Franzosen, als wir in der 4. Interzone waren, besuchte ich HTK des Öfteren. Er stammte aus Hué, sprach eine sympathische leise Sprache, arbeitete lange Zeit in der Armee, war Parteimitglied und der erste Dichter, der mit dem Siegesorden ausgezeichnet wurde. 1956 wurde ihm wegen angeblicher Beziehungen zur Gruppe "Humanismus-Künstlerische Werke" eine disziplinarische Maßnahme angehängt. Allerdings war er unschuldig, denn er unterhielt gar keine Beziehung zu dieser Gruppe. Soweit ich mich erinnern konnte, wurde diese Maßnahme wegen seiner zu nachsichtigen Führungsarbeit auf seinem Posten als Kanzleisekretär der Gesellschaft der Schriftsteller bzw. der Schriftsteller und Künstler verhängt. Er verlor seine Arbeit und ging nach Haiphong, wo er in der Hafengewerkschaft arbeitete. Dort lebte er mit einer Dichterin, die etliche eigene Kinder hatte, ein ärmliches Dasein.

Ich besuchte HTK trotzdem auch weiterhin, denn ich mochte ihn. Eines Tages, als wir Kaffee miteinander tranken, warnte ich ihn:

"Es gibt heutzutage viele Leute, die ihre Freunde und Bekannten verkaufen. Ich werde auch verkauft, ich weiß es. Aber ich habe Verständnis für diejenigen, die außer ihren Freunden und Bekannten nichts mehr zu verkaufen haben. Ich werfe es ihnen nicht vor, außer, dass der Verkaufspreis zu niedrig liegt. Eigentlich wäre ich einen weitaus höheren Preis wert."

HTK lachte verschämt. Ich hatte nachgeforscht und herausgefunden, dass mir Hong Si die Wahrheit gesagt hatte.

Als Ky Van merkte, dass ich Hong Si noch nicht ganz traute, lachte er vergnügt:

"Ihr habt die Krankheit von Zao Cao (einem misstrauischen chinesischen Politiker in der Zeit der Drei Reiche). Ihr seid genau wie *sie*. Bitte vertraut mir, Hong Si ist ein sehr guter Mensch!"

Der Schriftsteller Nguyen Hong hatte gegenüber Hong Si ebenfalls Bedenken. Er war öfters in der Wohnung von Bui Ngoc Tan anwesend und kam deshalb nicht umhin, mit diesem Polizisten, der liberale Meinungen vertrat, in Kontakt zu kommen. Als er bemerkte, dass dieser ihm keine große Aufmerksamkeit schenkte, beruhigte er sich etwas.

Nguyen Hong befand sich gerade in einem sorgenvollen Zustand. Eines Tages stand Bui Ngoc Tan an einer hauswandgroßen Tafel und verglich die Zahlen seines Lottoscheins mit den tatsächlich gezogenen. Nguyen Hong erwischte ihn dabei und gab ihm einen freundschaftlichen Faustschlag:

"Du bist ein Dummkopf. Im Leben gibt es so viele Enttäuschungen. Und Du gibst zwanzig Xu (Xu ist 1/100 der Währungseinheit Dong) aus, um noch eine weitere zu kaufen. Das ist zu teuer!"

Bui Ngoc Tans Gesicht wurde rot.

Einige Tage danach ertappte Bui Ngoc Tan dann Nguyen Hong in flagranti ebenfalls beim Vergleich der Lottoscheinzahlen vor derselben Tafel. Darüber freute er sich und sagte spottend den gleichen Satz, den Nguyen Hong zu ihm gesagt hatte. Nguyen Hong gab sich den Anschein, ein erstauntes Gesicht zu machen.

"Habe ich das gesagt? Nicht möglich. Im Leben gibt es nur Enttäuschungen. Doch allein mit zwanzig Xu kann man eine Hoffnung kaufen. Wie billig das ist!"

Nun befand sich Hong Si in meiner Nachbarschaft. Alle meine Bedenken ihm gegenüber waren grundlos gewesen. Thanh sah, dass ich traurig war. Er fragte:

"Kennt Ihr den Mann?"

Ich nickte mit dem Kopf:

"Er ist mein Freund."

Hong Si hatte keine Kinder. Er und seine Frau adoptierten ein entfernt mit ihnen verwandtes Kind, das zu ihrer Freude mit ihnen lebte. Ihre finanzielle Lage war nun allerdings schwierig. Ich stellte mir die Frage: Wie kommen seine Frau und sein Kind zurecht, solange er in Haft ist? Und wie ist es mit Bui Ngoc Tan? Wenn Hong Si eingesperrt ist, kann auch Bui Ngoc Tan kaum einer Verhaftung entgehen. Ich kannte ihn gut. Er war gutmütig und interessierte sich überhaupt nicht für Politik.

Nachdem ich von Hong Si erzählt hatte, bedauerte Thanh:

"Euer Freund befindet sich in einer verdammt schlechten Zelle. Es stinkt dort furchtbar und ist sehr feucht. Ich bin dort schon mal hineingesteckt worden. Es war unerträglich. Der Mann ist wohl sehr starrköpfig?"

"Höchst wahrscheinlich."

Ich erzählte Thanh mehr von Hong Si. Wenn Thanh ein Spitzel gewesen wäre und es der Exekutive berichtet hätte, so hätte das nicht geschadet.

Außer unserer Sympathie zueinander hatte Hong Si mit mir in gar keiner Hinsicht zu tun. Übrigens erzählte ich Thanh von Hong Si mit der Absicht, Thanh über unser Verfahren besser in Kenntnis zu setzen. Es hätte sein können, dass er die letzten Nachrichten von uns nach draußen bringen würde.

Ich wusste nicht, dass sich Thanh im Zustand der Trauer befand. Er rechnete: Wenn er nach Anordnung von oben mit mir die Zelle teilen musste, könnte dies bedeuten, dass auch sein Verfahren in die Länge gezogen würde. Niemand wäre so dumm, ihn frühzeitiger zu entlassen, damit er dann

Geheimnisse nach draußen brachte, die man hüten wollte.

Die Zelle von Hong Si grenzte an die Toiletten und Duschen. Die Toiletten waren groß und der Weg dahin bequem. Die Gefängnis-wächter und die Wachsoldaten des *Feuerofens* kamen öfters vorbei, um kleine und große Bedürfnisse zu verrichten, ein Bad zu nehmen oder manchmal Wäsche zu waschen. Hong Si musste nebenan mit dem Zustand leben, dass Türen geräuschvoll auf- und zugemacht wurden, Leute laut sprachen und lachten, das Wasser lärmend vergossen wurde, ständig dieser Gestank herrschte und der Boden Tag und Nacht voller Wasser war.

Ich freute mich nicht über die Anwesenheit Hong Si's, aber sie machte mich weniger einsam. Es war anzunehmen, dass seine Zellentür ein Loch in Richtung Flur hatte, das von irgendeinem Häftling gebohrt worden war. Jedes Mal, wenn ich vorbeilief, wusste er Bescheid. Sein Husten als Geheimzeichen erwärmte mein Herz.

"Wir müssen Euren Freund unbedingt aus dieser verdammten Zelle befreien", sagte Thanh, "sonst geht das mit der Zeit an seine Gesundheit."

Ich verstand. Thanh hatte bereits einen Plan.

"Einverstanden. Aber was müssten wir machen?"

"Das ist nicht schwer. Ein Prinzip der Polizei lautet, Beteiligte desselben Verfahrens wegen der Gefahr einer Absprache einander nicht zu nahe kommen zu lassen ..."

Das war ein annehmbarer Plan.

"Wir müssen uns überlegen, ob es ihm schaden könnte."

"Es gibt zwei Varianten, die wir in Betracht ziehen müssen. Erstens: Wenn unser Freund verlegt würde, egal wohin, dann hätte er es bestimmt besser; zweitens: Wir könnten selbst verlegt werden - dann würde sich die Lage unseres Freundes nicht verbessern, aber die unsere könnte sich verschlechtern..."

"Für mich ist es gleich, wohin ich verlegt werde. Aber ich möchte nicht, dass Ihr es wegen meines Freundes schwerer haben würdet..."

"Nein, macht Euch keine unnützen Gedanken. Was denkt Ihr von mir?"

Ich betrachtete ihn als Freund, als einen älteren Bruder. Ich dankte meinem Schicksal, dass ich hier auf ihn traf. Seine menschliche Verhaltensweise überzeugte mich. Wenn ich trotzdem noch etwas aufpassen musste, so hing das mit unserer Situation zusammen. Einem Menschen Vertrauen schenken zu dürfen, war schon ein Glück.

Es gab eines, was mich noch zurückhielt: Ich hatte Angst, dass Hong Si es von mir als Feigheit missverstehen könnte, wenn ich der Exekutive berichtete, dass er mich von sich wissen ließ. Ein solches Missverständnis zu einer Zeit, in der sich jeder dazu gezwungen sah, möglichst viel berichten zu müssen, hätte zu unvorhersehbarem Schaden führen können.

Aber ich konnte nicht tatenlos zusehen, dass er litt. Auch wenn er mich nun missverstehen könnte, würde er mich später verstehen. Er war Polizist und durfte nicht so naiv sein, sich von den Leuten der Exekutive täuschen zu lassen.

Bei der darauffolgenden Vernehmung führte ich den Plan von Thanh aus. Ich dachte mir, dass unser Plan ohne große Komplikationen funktionieren könnte, weil in letzter Zeit nicht Huynh Ngu, sondern Hoang zur Durchführung von Vernehmungen erschien. Mit Huynh Ngu wäre es viel kniffliger gewesen.

Ich entschloss mich, es Hoang während seiner Zeitungslektüre zu sagen. Wie üblich gab er mir verschiedene Fragen, über die ich nachdenken sollte, und vertiefte sich in das Lesen von Zeitungen, die er mitgebracht hatte.

"Ich verstehe nicht, weswegen Ihr Hong Si verhaftet habt?" sagte ich fragend zu Hoang, indem ich das Schreiben unterbrach. "Hong Si ist doch einer Eurer Leute."

Hoang fuhr zusammen:

"Welcher Hong Si?"

"Welcher Hong Si noch?"

Die Zeitung fallen lassend, sah Hoang mich scharf an:

"Woher wisst Ihr, dass Hong Si verhaftet ist?"

"Er befindet sich im gleichen Zellenbereich wie ich."

"Seid Ihr davon überzeugt?"

"Ich bin überzeugt."

"Wieso?"

"Ich habe sein Husten gehört. Es ist unverwechselbar."

Hoang lächelte. Wie ein echter Vietnamese lachte er bei allen Gelegenheiten.

"Ist ein Irrtum ausgeschlossen?"

"Ausgeschlossen."

Hoang sagte nichts weiter. Er schob den Beutel mit losem Tabak in meine Richtung.

Ich rollte mir eine Zigarette. Während der Zeit meiner Arbeit mit Hoang lernte ich von ihm, wie man die Zigaretten mit der Hand herstellte. Dank meiner geschickten Finger entstanden schöne runde Zigaretten mit so sauberen Enden, als ob sie maschinell angefertigt gewesen wären. Hoang kaufte sich nie Zigaretten in Packungen, sondern nahm nur losen Tabak, der als Abfall der Zigarettenbetriebe billig und ohne Lebensmittelkarte an die Funktionäre und armen Leute verkauft wurde.

"Könnt Ihr zwischen der Explosion einer Rakete beim Start und der einer Rakete in der Luft unterscheiden?" fragte Hoang.

"Es hängt davon ab, wie weit entfernt ich mich von der Raketen-abschussrampe befinde und in welcher Höhe die Rakete explodiert, d.h. welche Entfernung zwischen dem Explosionsort und meinen Ohren besteht", antwortete ich gelassen. "Ich denke, dass ich es unterscheiden kann, obwohl ich mir bisher diese Frage noch nie gestellt habe."

Hoang nahm das Thema Hong Si am Ende der Sitzung wieder auf.

Er sagte mir, dass es mir freistünde, der Partei von Hong Si zu berichten. Mit schwachem Lächeln sagte ich, dass ich nicht nach vorne stoßen und mich beliebt machen wolle. Hoang schwieg bei dieser Antwort.

Es war mir nicht möglich, mich an den übrigen Inhalt dieser Sitzung zu erinnern. Wie an anderen Tagen stellte Hoang mir Fragen über irgendwelche Personen. Manche kannte ich nicht, manche hatte ich gesehen und von manchen hatte ich den Namen gehört. Ich antwortete gezwungenermaßen und schrieb irgendetwas auf das Papier. Hoang las das Papier und ich unterschrieb. So sah das Protokoll einer Sitzung aus.

Ich fragte mich nur, weswegen man solche Kinderspiele veranstaltete. Oder hatten *sie* Sondermethoden, die ich nicht verstand? Meine Kenntnisse auf dem Gebiet des Geheimdienstes waren wirklich gering.

Vor meiner Verhaftung hatte ich Gelegenheit gehabt, Erinnerungen von sowjetischen Kommunisten zu lesen, die in der Stalin-Zeit eingesperrt worden waren. Diese Memoiren wurden in den Zeitschriften Nowyi Mir (Neue Welt) und Newa veröffentlicht. Die Art und Weise ihrer Verhaftung war genau die gleiche wie die in Vietnam. Nur die Vernehmungsmethoden waren völlig anders. Unter Stalin wurden alle Häftlinge gefoltert. Manche von ihnen hatten davor derart Angst, dass sie innerhalb eines Tages und einer Nacht mehr als einhundert *Feinde des Volkes* angaben. Man erfuhr nicht, ob diese Folterungen dem OGPU, dem NKGB oder dem NGB (Abkürzungen von Namen der Geheimdienste in der ehemaligen Sowjetunion) dabei halfen, politische *Verfahren* besser zu inszenieren. Jedenfalls wurden die großen Verfahren vor Gericht gebracht. Erwähnenswert war, dass es Stalins Unterdrückungsapparat gelang, alle unschuldig angeklagten Personen dazu zu bringen, Verbrechen gegen die Partei und zugunsten der Imperialisten zuzugeben. Unter der Herrschaft von Le Duan waren dessen Bedienstete dazu einerseits zu ungeschickt, andererseits durften sie keine Foltermittel anwenden. Daher kamen die Herren in die Verlegenheit, nicht das fabrizieren zu können, was sie erwartet hatten.

Noch in der gleichen Nacht wurde Hong Si verlegt. Wir hörten seine Zellentür sich öffnen, leise Stimmen mit der Aufforderung zur Eile, Sandalengeräusche auf dem Zementboden und mehrfaches trockenes Husten von Hong Si. Ich verstand: Er sandte mir Abschiedsgrüße

28

Sommer im „Feuerofen"

Im Sommer ist es im Gefängnis *Feuerofen* brennend heiß.

Dass Huynh Ngu zu Anfang meiner Gefangenschaft den *Feuerofen* als Drohmittel gegen mich benutzte, war nicht unbegründet. Vom frühen Morgen an nehmen die gewaltigen steinharten Betonblöcke bis zur Sättigung gegen Mittag die tropische Sonnenhitze in sich auf. Danach wird die gespeicherte Hitze vervielfacht in die Zellen und zu den Gefangenen weitergetragen. Die Zellen sind völlig dicht. Im Winter ist das gut, weil der Wind nicht eindringt. Die Hitze im Sommer ist jedoch unerträglich. Der Schweiß läuft am Körper entlang wie Wasser bei einem Duschbad.

Thanh benutzte ein Handtuch alleine dazu, sich den Schweiß abzuwischen. Schon nach einer kurzen Weile musste er das Tuch auswringen, denn der Schweiß floss in Strömen. Das anfänglich weiße Tuch nahm nach kurzer Zeit eine tiefe lila Farbe an. Niemand wusste, wieso der menschliche Schweiß eine solche Farbe erzeugte. Ich besaß kein Handtuch und musste mich damit abfinden, dass der Schweiß ausströmte, an mir nach unten rann und Spuren an meinen Füssen bildete.

Anfangs genierten wir uns. Wir behielten die Unterhosen an und ließen nur den Oberkörper frei. Dann aber mussten wir dieser furchtbaren Hitze wegen unsere Scheu ablegen und alles ausziehen. Wir waren nackt wie prähistorische Menschen und trotzten den verächtlichen Blicken der Gefängniswärter und Soldaten. In ihren Augen waren wir nichts anderes als zwei Tiere, die in einen Käfig eingesperrt waren. Wir trösteten uns mit dem Gedanken, dass diese Leute trotz ihres besseren Äußeren kein so gutes Inneres besaßen wie wir.

Im Kampf gegen die Hitze beschlossen Thanh und ich, einen Nachttopf nur für alle Abfälle und den zweiten als Wasserbehälter zu benutzen. Mit Verdruss betrachtete ich den vergammelten dreckigen emaillierten Topf, der sicher schon mehreren Gefangenen gedient hatte. Thanh war der Meinung, dass er den Topf säubern könne. Nach viel Mühe gelang es ihm, ein Stück Ziegel vom unteren Rand einer Wand in der Toilette abzubrechen, mit dem er geduldig die Innenwand dieses Topfes mehrfach scheuerte, bis sie sauber wurde und die weiße Farbe wieder zum Vorschein kam.

Nachdem so die Frage eines Wasserbehälters gelöst war, mussten wir einen strengen Plan aufstellen, demzufolge unsere tagtäglichen Abfälle - vor allem die körperlichen - den anderen Topf gerade zum Zeitpunkt der Zellenöffnung in der Frühe ausfüllten.

Dazu mussten wir vorher unseren Stuhlgang beide nacheinander verrichten, damit der Gestank nicht lange in dieser dichten Zelle zurückblieb. Sonst konnten Stunden vergehen, bis der üble Geruch aus der Zelle verfliegen würde.

Diese kleine Erfindung war uns sehr hilfreich. Dadurch konnten wir uns erlauben, nachmittags, wenn die Hitze ihren Höhepunkt erreichte und es deswegen am ganzen Körper überall juckte, je zwei Schöpfer Wasser zum Baden zu nehmen. Die restlichen zwei Schöpfer hoben wir für unser abendliches Bad auf. Das war ein Luxus, den man sich in keiner anderen Zelle leisten konnte. Wir gossen uns das kostbare Wasser langsam auf den Kopf und erfühlten, wie es unseren überhitzten Leib entlanglief. Ich empfand dieses kühle Nass an jeder Stelle, an der es ankam, wirklich wie das Wasser aus dem Märchen, das vom Tod zum Leben erweckt. Das Wasser nahm den dreckigen Schweiß und zugleich die Müdigkeit mit. Und es wurde selbst warm, bis es die Füße erreichte. Da uns nur ein Topf für die Abfälle von zwei Personen an einem Tag nicht ausreichte, mussten wir ab und zu in das Abflussloch urinieren. Das Badewasser benutzten wir in diesem Fall für die Reinigung des Bodens im Allgemeinen und des Abflusses vom Urin, damit der Uringeruch nicht zurück-blieb. Alles in allem erwies es sich, dass Thanh in schwierigen Momenten immer wieder improvisieren konnte.

Noch heute - dreißig Jahre sind inzwischen vergangen - bekomme ich immer eine Gänsehaut, wenn ich an den *Feuerofen* denke.

Diese Hitze! Diese furchtbare Hitze! Diese schreckliche Hitze! Man hat das Gefühl, das ganze Universum würde brennen. Gerade so, als ob der Mensch nach einem in die Länge gezogenen Todeskampf verdampfen würde.

Nach dem quälenden Tag lässt die Hitze im *Feuerofen* nachts allmählich nach. Gegen zwei Uhr morgens wird es richtig frisch und - anstatt sie eines langsamen Todes sterben zu lassen – belebt diese Frische die elenden Häftlinge in ihrem schweren Schlaf wieder, damit sie weiterleben und erneut die Qual des nächsten Tages erleiden.

Noch nie in meinem Leben hatte ich eine solche Hitze erlebt, weder in dem pfannenartigen Tal des nördlichen Landesteils noch in der mittleren Gegend mit dem Westwind aus Laos, von dem der Schriftsteller Nguyen Tuan wehgeklagt hatte: "Welches Männlein oder Weiblein denkt bei diesem Westwind noch an das andere Geschlecht?"

Nein! Ich hatte nicht die Kraft, die Hitze im *Feuerofen* treffend zu beschreiben. Ich konnte gerade noch atmen oder zumindest so tun, damit ich nicht aufhörte zu atmen.

Hinter dem Sitzplatz von Huynh Ngu stand im Vernehmungsraum ein mit Gummiflügeln bestückter Tischventilator aus sowjetischer Produktion. Der Luftstrom, den er erzeugte, kam nicht als frischer, sondern als heißer Wind zu mir herüber. Trotz alledem half mir diese sich träge bewegende Luft, den Schweiß teilweise verfliegen zu lassen.

Von meinem Körper, der in diese zähe schmierige Hitze eingehüllt war, floss unter meiner längst durchnässten Bekleidung unentwegt der Schweiß.

"Sehr heiß, nicht?"

Selbst Huynh Ngu konnte die Hitze von Hanoi nicht ertragen.

In den letzten Tagen schien er mir gegenüber verlegen zu sein.

Der allgemeine Aufstand im Süden verursachte während des ganzen Frühjahrs 1968 lautstarke Freude.

Im Sommer erwies sich die Lage dann aber nicht als das, was Huynh Ngu laut erklärt hatte. In den Zeitungen erschienen noch immer in knallroter Druckschrift die Tabellen unserer Kriegserfolge. Von Verlusten erfuhr man jedoch nichts.

"Trotz allem hat dieser Aufstand den Wert einer Generalprobe", tröstete ich ihn, als sich das Gespräch zufällig in Richtung Kriegs-thematik verirrte, "und jede Probe hat ihren Preis."

Die Propagandamaschinerie hatte für jede Situation eine Erklärung bereit. Der Sophismus der *Steuerleute* schien logisch zu klingen, war aber albern. Man musste nur an einen geschwätzigen Mann denken, der in der Tür eines Raumes steht und drei Möglichkeiten voraussagt: Erstens geht er in den Raum, zweitens geht er aus dem Raum und drittens bleibt er dort, wo er ist. Ganz gleich, was geschieht, er hat es doch richtig vorausgesagt.

Huynh Ngus Gesicht wurde länger. Früher hatte er in solchen Situationen immer seine Lautstärke erhöht, um meine Worte zu übertönen. Dieses Mal aber schwieg er.

Nach einem halben Jahr Streit wurde die ganze Sache langweilig. Huynh Ngu spielte nicht mehr die engagierte Rolle des Parteivertreters, des Predigers der Marx'schen Religion. Er wusste doch, dass ich diese Religion besser kannte als er. Ich selbst verlor langsam das Interesse an der Rolle des widerspenstigen Häftlings.

Um eine Vorstellung von einem Bericht zu ermöglichen, der von beiden Seiten in Gemeinschaftsarbeit erstellt wurde, möchte ich das folgende Beispiel erzählen:

Im zweiten Monat meiner Verhaftung fragte mich Huynh Ngu:

"Kennt Ihr *Tran Minh Viet*?"

"Ich kenne ihn."

"Der Kerl hat ein politisches Programm für Eure zukünftige Partei geschrieben. Habt Ihr es gelesen?"

"Zwei Punkte kenne ich nicht: Erstens das politische Programm, zweitens unsere zukünftige Partei."

Er sah mir scharf ins Gesicht:

"Ihr wisst es."

"Ich weiß es nicht."

"Wie findet Ihr das Programm?"

"Es tut mir leid. Ich habe es noch nicht gelesen."

Huynh Ngus Augen wurden müde. Er sah mich vorwurfsvoll an.

"Es ist ein Glück für Euch, dass Ihr es noch nicht gelesen habt. Hmmm, es tut Euch leid. Jeder, der vom Westen zurückkommt, hat diese schlechte Angewohnheit. Sobald Ihr den Mund aufmacht, heißt es, es tut mir leid, es tut mir leid..."

"Ich weiß nicht einmal, dass ein solches Programm existiert", versuchte ich zu glätten. "Wenn es geht, würde ich es mir gern ausleihen, um es spaßeshalber zu lesen."

Huynh Ngu spitzte den Mund.

"Meine Arbeit besteht nicht darin, reaktionäre Materialien auszuteilen. Heute schreibt Ihr einen Bericht über Tran Minh Viet, ja?"

"Was soll ich von Tran Minh Viet wissen, um zu berichten?"

"Ihr berichtet, was Ihr wisst, das heißt, was Ihr wisst oder was andere erzählt haben, was Minh Viet selbst oder was Euer Vater gesagt hat, oder was der Giang bzw. der Chinh gesagt hat ..."

Tran Minh Viet sei - gemäß der Betrachtungsweise von Le Duc Tho und Co - der Theoretiker Nummer 1 der modernen Revisionisten. Der Kerl maße sich an, ein politisches Programm für eine neue kommunistische Partei zu entwerfen, die sich dem Volk präsentieren wolle, nachdem die bestehende Parteiführung gestürzt werde.

Ich verheimlichte Huynh Ngu nichts. Ich wusste nichts von einem sogenannten politischen Programm. Das konnte ich erst nach meiner späteren Haftentlassung lesen, weil es ein Freund von Tran Minh Viet versteckt hatte. Tran Minh Viet selbst besaß davon kein einziges Exemplar mehr. Tatsächlich war das etwa zwanzig Schreibmaschinenseiten umfassende Material überhaupt kein politisches Programm, sondern eine Darlegung seiner Gedanken: über die Entwicklung unseres Landes, die Rolle der Partei in der neuen Situation sowie seiner aufrichtigen Vorschläge an die Zentrale.

Die Tragik für Tran Minh Viet bestand darin, dass er gar nicht die Absicht hatte, gegen die Partei vorzugehen, sondern die Partei sogar zu stärken.

Tran Minh Viet war richtig naiv. Auch Funktionäre der unteren Ebene wie wir wussten, dass ein solches Vorgehen in der vietnamesischen Gesellschaft eine unverzeihliche Tat darstellte. Auch wenn man zur Parteiführung höherer Ebenen gehörte, hätte man als Parteimitglied nicht zeigen dürfen, dass man mehr wusste als die Führer. Wenn man bessere Ideen als sie gehabt hätte, dann wäre man ja besser als die Zentrale. Und wenn man sich selbst besser einschätzte als die Zentrale, dann müsste man ja die Zentrale geringschätzen. Im Kopf müsste dann der Gedanke entstehen, die Zentrale müsse ausgewechselt werden. Dass Le Duan ihn einsperren ließ, war deshalb nur natürlich.

"Was ist? Wozu überlegt Ihr noch? Oder nehmt Ihr Rücksicht auf den Chinh, den Giang? Ich möchte Euch nur sagen: Während Ihr hartnäckig versucht, diese Leute zu verteidigen, gibt es gar keinen unter ihnen, der versucht, Euch zu verteidigen. Sie haben über Euch Berichte mit ihrer Unterschrift gemacht ..."

Das war die Erziehungsmethode der Polizeioffiziere. Zuerst wird der Hass, dann die Beleidigung anerzogen. Die frühere klassische Erziehungsdevise *"Zuerst lernt man das Benehmen, dann lernt man das Wort"* war hier vollkommen fehl am Platz. Ist es nun für die Nation ein Glück oder ein Zeichen des Niedergangs, wenn die Nachkommen ihre Ahnen in dieser Hinsicht übertreffen?

"Ich wiederhole: Nur durch Euren Bericht könnt Ihr Eure Treue zur Partei beweisen." Huynh Ngu gab mir die herzliche Empfehlung: "Ob Euch die Partei entlässt oder für lange Zeit behält, hängt von Euch und von Eurem Verhalten ab, das in Eurem Bericht zum Ausdruck gebracht wird."

Gut, ich berichtete.

Ich schrieb viel Belangloses über Tran Minh Viet. Ich hätte ihn einige Male bei mir getroffen. Ich schrieb viel, aber so gut wie gar nichts über unsere Gespräche (selbstverständlich nicht über die gegen die Partei gerichteten Worte). Ich schrieb: Dass er an der Parteihochschule in der Sowjetunion studiert habe, wüsste ich erst, seitdem er mir davon erzählt hätte; ich schrieb: Als der ideologische Kampf in der kommunistischen Bewegung seinen Anfang genommen hätte, sei Tran Minh Viet - nicht wie manch andere, die in der Sowjetunion geblieben waren - nach Vietnam zurückgekehrt ...

So sah ein Bericht aus.

Die Arbeit mit Huynh Ngu führte langsam dazu, dass ich Gefallen am Berichten fand.

In der Gefangenschaft wurde das zu einem Spiel, und mein Vorstellungsvermögen konnte sich nach Herzenslust entfalten. Beispielsweise erfand ich Begegnungen mit Superspionen, bei denen ich Materialien für zukünftige Regiebücher erhalten hätte. Ich griff völlig aus der Luft, dass ich während der Praktika zur Vorbereitung von Dokumentarfilmen neue Kriegsmittel aus der Sowjetunion besichtigt hätte, wie Flugzeuge, die von LKWs starteten, oder Raketen, die selbständig nach ihren Zielen suchten ... Innerlich bedankte ich mich bei *Herbert George Wells (1866-1946), einem englischen Schriftsteller, dem Autor von Science-Fiction-Romanen wie* Die Zeitmaschine, Der Krieg der Welten, Der Unsichtbare... , *der mir bei solchen ungewollten Werken* geholfen hat.

Huynh Ngu gefielen meine Erfindungen gut. Wenn er sich aber dem Thema meiner Spionagetätigkeit näherte, dann legte ich den Rückwärtsgang ein: "Ich habe von niemandem gehört, dass man die Absicht gehabt hätte, mich zu engagieren ..."

Zum Schluss kam unweigerlich der Tag, an dem Hoang feierlich einen dicken Stoß von Unterlagen auf den Tisch legte.

"Das ist, was Ihr berichtet habt."

Ich staunte: Himmel und Erde! Heilige und Teufel! Hatte ich so viel für diese Leute geschrieben? Was könnten sie mit diesen wertlosen Papieren anfangen? Ja, was könnten sie damit anrichten?

Hoang ließ mich auf einigen Seiten unterschreiben. Ich unterschrieb und stellte mit gespielter Freude die Frage:

"So wie ich das verstehe, geht die Phase der Vernehmung damit zu Ende, nicht wahr? Danach kommt das Gericht, ja?"

Mit spöttischem Lachen klappte Hoang die Unterlagen zu:

"Ihr könnt denken, was Ihr wollt. Aber das Leben ist gar nicht so einfach, wie wir es haben wollen."

"Heißt das, dass es noch nicht zu Ende ist?"

"Wie kann es zu Ende gehen? Wir müssen weiter vernehmen, solange das Verfahren noch nicht abgeschlossen ist. Betrachten wir es einmal so, dass nun eine Phase vergangen ist. Wir ziehen eine Zwischenbilanz. Es handelt sich hier um ein Verfahren, das viele Menschen und Themen umfasst. Während der Vernehmung ist es nicht zu vermeiden, dass die eine Person anders redet als die andere, dass die eine Person früher fertig wird als die andere. Das ist leicht zu verstehen, nicht wahr? Die Untersuchung kann erst als abgeschlossen betrachtet werden, wenn das Sicherheitsorgan mit der letzten Person fertig geworden ist. Versteht Ihr das?"

"Ich verstehe nicht", antwortete ich kühl.

"In jeder zivilisierten Gesellschaft gibt es Regelungen über die Dauer der Untersuchungshaft, das heißt, ein Mensch kann nur für eine begrenzte Dauer festgehalten werden ..."

Hoang lachte verächtlich:

"Ihr meint sicher die bürgerlichen Staaten, ja? Seid Ihr der Meinung, dass unsere Gesellschaft nicht zivilisiert ist? Wacht bitte auf! Ihr befindet Euch gegenwärtig in einem sozialistischen Staat. Dieser stellt mit der kommunistischen Partei an der Macht einen Staat dar, der die Diktatur des Proletariats als den *roten Faden (!)* zum Schutz der Revolution betrachtet. Das hat mit Parlamentarismus nichts zu tun. Es handelt sich um Begriffe, die sich im Wesen völlig voneinander unterscheiden. Ich hoffe, dass Ihr sie nicht verwechselt."

"Ich denke, dass das nicht bedeuten kann, dass der proletarische Staat bei der Durchsetzung der Diktatur des Proletariats keiner Gesetze bedarf."

Hoang lachte vergnügt:

"Wie Ihr wollt. Ich schätze, dass Ihr Euch irrt. Offen gesagt, Ihr habt eine illusorische Vorstellung vom Kommunismus, noch dazu vom vietnamesischen und asiatischen Kommunismus. Ich möchte ehrlich nicht, dass Ihr einen hohen Preis für diesen Irrtum zahlen müsst."

Diesen Mann, Hoang, verstand ich nicht. Er verhielt sich wie ein Fanatiker, der in dem Lied zur Huldigung der höchst ehrwürdigen Partei, dem Lied, das die ganze Bevölkerung auswendig können musste, ab und zu einen Misston von sich gab.

Was mir damals unverständlich erschienen, war die Frage: Aus welchem Grund waren die damals noch zahlreichen vietnamesischen Revolutionäre aus der Generation meines Vaters gezwungen, ein solch teuflisches gesellschaftliches Modell annehmen zu müssen?

Meiner Meinung nach kann die kommunistische Partei in einer sozialistischen Gesellschaft ihre Führungsrolle nur mittels des von ihr angeregten und vom Volk demokratisch erörterten und angenommenen Gesetzes spielen. Auch Marx schrieb über den bürgerlichen Staat, dass dieser Staat das persönliche Eigentum, das heißt, die Interessen der Vermögen besitzenden Schichten mittels Gesetz verteidigt, ohne dass das Bürgertum die Gesellschaft mittels administrativer Maßnahmen verwaltet. Es ist ein gravierender Fehler, dass die kommunistische Partei den Staat mittels Verordnungen und Parteibeschlüssen im Sinne der Gleichsetzung der Partei mit dem Gesetz regiert. Gerade dies und nichts anderes bildet die Grundlage für die Zerstörung der Partei.

Ich weiß nicht, ob ich mit diesen meinen Gedanken darüber Recht oder Unrecht habe, und auch nicht, inwieweit ich damit Recht habe, dass der Ho-Chi-Minh-Kult die Menschen der Generation meines Vaters blind gemacht und ihnen die Fähigkeit zur selbständigen Überlegung entzogen hat. Dieser Personenkult hat unserer Nation viele folgenschwere Auswirkungen einer Revolution gebracht, die ursprünglich ein sauberes Ziel hatte.

Nach der Augustrevolution (1945) stieg der Ruf Ho Chi Minhs im Volk so steil hoch wie ein Papierdrachen, der den richtigen Aufwind erwischt. Mit dem Erfolg im Widerstandskrieg stieg sein Ruf umso mehr. Er war nicht nur "der alte Vater der Nation", sondern auch der Allheiligste der nationalen Befreiungs-bewegung.

Man war bereit, für *Onkel Ho* zu sterben. Er war gleichbedeutend mit dem Vaterland. Im Krieg marschierten Soldaten mit dem Ruf: "Für die Partei, für den Onkel, vorwärts!" Während der Beitrittszeremonie zur (kommunistischen) Partei erhoben die Kandidaten ihre Hand zum respektvollen Schwur vor dem Bildnis Hos auf dem *Vaterlandsaltar* und vor der Parteifahne. Genauer gesagt: Dieser Kult hatte eine Zeitlang seine positiven Auswirkungen, er spornte die Menschen nämlich zur aktiven Teilnahme am Widerstandskampf gegen die Franzosen an. Ohne ihn hätte dieser Kampf nicht die bekannten Erfolge erzielt.

Diese Tatsache war nicht verwunderlich. Die Menschenmasse braucht bei jedem Aufstand einen hellseherischen Führer. Ohne einen klugen voraus-schauenden Führer gäbe es keine Massenbewegung. In rückständigen Nationen ist das eine besonders verbreitete Erscheinung, ein unbewusstes Bedürfnis und stammt aus der Urzeit der Stammesgesellschaften. In dem bewegten und schwierigen Jahr 1946, als die Bevölkerung Herrn Ho noch nicht kannte, nahm es seinen Anfang mit Hos bescheidenen Erklärungen auf dem Platz vor dem *Großen Theater* in Hanoi: "Ho Chi Minh schwört, niemals ein Vaterlandsverräter zu sein."

Als sein Ruf dann begründet war, bezeichnete er sich gegenüber allen Menschen - einschließlich der Menschen seines Alters - in der natürlichsten Weise als *Onkel* (Anm. d. Übers.: in der vietnamesischen Umgangssprache wird das Wort *"ich"* sehr wenig verwendet. Je nach Alter des Gesprächspartners bezeichnet man sich anstelle von *"ich"* als Onkel, Tante, älterer Bruder, ältere Schwester, jüngerer Bruder, jüngere Schwester, Neffe, Nichte ... Für die Anrede *"du/Sie"* verwendet man die Worte *"Onkel/Tante"* in dem Sinne, dass man im Namen von kleinen Kindern spricht.)

Die Verwendung von Begriffen könnte - wenn man es genau überlegt - von großer Bedeutung gewesen sein. Nachdem die Leute Herrn Ho als Onkel bezeichnet hatten und auch er sich den anderen gegenüber Onkel genannt hatte, bildete er sich tatsächlich ein, dass er der Onkel von allen sei. Und die Menschen, die sich selbst ihm gegenüber als *Neffe* und *Nichte* bezeichneten, fingen dann an, sich selbst zu erniedrigen. Diese sorglose falsche Verwen-dung eines Wortes könnte so zu einem Unglück geführt haben.

Diese Art, führende Personen in den Rang eines Familienoberhauptes zu erheben, war auch üblich in den Reihen der *Roten Khmer. Pol Pot,* der Verantwortliche für einen in der Geschichte der Menschheit einmaligen Genozid, wurde von seinen Komplizen auch als *Om* (Onkel) oder als *Puk* (Vater) bezeichnet.

Mehrfach erlebte ich die Gespräche des Herrn Ho mit den Menschen. In seinem einfachen Anzug aus Khaki oder dunkelbrauner Seide sah er nicht anders aus als die Menschen, die er wie ein Bekannter besuchte, auf keinen Fall wie in der Position einer höherstehenden Persönlichkeit. Er sprach mit einer warmen, etwas tiefen und nicht lauten Stimme, die aber auch entfernter stehende Leute erreichte. Seine Worte waren einfach und für die werktätigen Menschen, die die Masse seiner Zuhörer bildeten, verständlich. Er war kein großer Redner, aber sein Ruf als großer Patriot und Staatsprä-sident und seine verständliche Ausdrucksweise machten aus ihm den herausragenden Redner dieser Zeitepoche, der anderen guten Rednern, denen ich zugehört habe, wie *Tran Van Giau, Nguyen Son, Duong Bach Mai* ...weit überlegen war.

Ein Punkt war jedoch unverständlich und störte mich: Bei seinen

Gesprächen mit der Bevölkerung, unter der sich auch Menschen hohen Alters befanden und die ihren Führer fanatisch hochlobten, bezeichnete er sich trotzdem ganz natürlich als *Onkel.* Durfte eine Person, die für ihre Bescheidenheit so berühmt war wie er, einen solchen, für asiatische Werte unverzeihlichen Fehler begehen?

Heutzutage gibt es niemanden, der nicht weiß, dass *Tran Dan Tien,* der Autor der Broschüre "*Geschichten aus dem aktiven Leben von Präsidenten Ho*" niemand anderer war als Ho Chi Minh selbst. In der Geschichte der ganzen Welt war es wahrscheinlich das erste und einzige Mal, dass ein Staatsoberhaupt in seiner eigenen Biographie lobende Worte über sich selbst schrieb. Die Huldigungsworte für den *Onkel,* die im Feuilleton "*Erzählungen unterwegs*" unter dem Pseudonym *T. Lan* geschrieben wurden, in anderen Zeitungsartikeln mit den Pseudonymen *T.L., A.G.* und anderen Decknamen, konnten keinem anderen Menschen zugeschrieben werden. Dass sich Herr Ho selbst lobte, war eine Tatsache, die nicht nur überflüssig, sondern auch albern war. Denn auch ohne diese Artikel überschwemmte der Ruf von Ho Chi Minh trotzdem das ganze Land und überschritt sogar die Landesgrenzen.

Der asiatische Totalitarismus entstammt der matriarchalischen Gentil-Gemeinschaft. Dass der Kaiser seine Untertanen als seine Kinder betrachtete, war rein asiatisch. In Europa gab es so etwas nicht, in Amerika noch weniger. Nicht nur der Kaiser, sondern auch der örtliche Mandarin brüstete sich in seinem winzigen Herrschaftsgebiet als "*Vater und Mutter des Volkes*".

Abgesehen von Genies wie *Leonardo da Vinci, Herbert George Wells ...* ist das menschliche Vorstellungsvermögen normalerweise schwach und begrenzt. Man kann sich vom Noch-nicht-Dagewesenen schwer ein Bild machen. Das von unserem Vorstellungsvermögen erzeugte Bild ist immer ein Abbild der Realität. Die kapitalistische Architektur trug nach der Errichtung der kapitalistischen Gesellschaft die Formen und Linien der Schlösser und Paläste der Feudalherren. Die vietnamesischen Kommunisten stellen sich das sozialistische Regime in Form eines halb feudalen, halb kolonialen Staates wie im Vietnam der französischen Kolonialzeit vor. Dass die heutige vietnamesische Gesellschaft im Verlauf der Weiterführung dieser unbewussten Verhaltens-weise viele Spuren der halb feudalen, halb kolonialen Ordnung trägt, ist nicht verwunderlich.

Die Kommunisten der ersten Generation, die für ihren entschlossenen Kampf gegen die Imperialisten berühmt waren, müssen sich den schwer-wiegenden Vorwurf gefallen lassen, dass sie nicht den Mut besaßen, laut zu schreien: "Stopp! Das ist verboten!", als die Parteiführung sich anmaßte, sich als "*Vater und Mutter des Volkes*" in Position zu bringen und die von der Augustrevolution (1945) erkämpften demokratischen Rechte zu beschnei-den. Später konnte der immer schnellere tiefe Absturz der neugeborenen

Demokratie schon nicht mehr aufgehalten werden.

Kehren wir nun wieder zum *Feuerofen* zurück.

Bei seiner *Zwischenbilanz* machte Hoang einen freundlichen Eindruck. Er bot mir Tee und selbstgerollte Zigaretten an, wobei er im Stillen lachte, als ob er sich über etwas freute.

"Das Sicherheitsorgan bewundert Euch", sagte Hoang scherzend. "Nach mehr als einem halben Jahr, in dem viel Zeit, viel Papier und Tinte verbraucht wurde, wissen wir nicht mehr als das, was wir bereits gewusst haben."

Ich blickte ihm direkt in die Augen, aber er mied meinen Blick, indem er sich anscheinend mit den Unterlagen beschäftigte. Ich wartete, bis er fertig wurde, und sagte:

"Will das Sicherheitsorgan meine Antwort auf diese Feststellung hören?"

"Sprecht bitte!"

"Zuerst möchte ich mir erlauben, das, was das Sicherheitsorgan gewusst hat, zu bezweifeln. Obwohl das, was Ihr gewusst haben wollt, nicht schwer zu verstehen ist."

Hoang staunte.

"Sagt das bitte deutlicher!"

Ich lachte:

"Ihr und wir, wir haben beruflich manche Gemeinsamkeit. Das, was das Sicherheitsorgan bereits gewusst hat, gehört meiner Meinung nach zu einem Gebiet, das wir im schriftstellerischen Beruf als Fiktion oder, volkstümlich gesagt, als Erfindung bezeichnen."

Hoang hob plötzlich den Kopf. In seinem Blick fand ich allerdings keine Spur von Zorn.

"Herr Hien, ich empfehle Euch ganz ehrlich, mit Euren Worten vorsichtig zu sein. Wir befinden uns in Vietnam. Ich mache mir um Euch echte Sorgen."

Er rief den Wärter und ließ mich abführen.

Auf dem Weg, den ich schon so oft beschritten hatte, lief ich langsam, ohne zu wissen, zum wievielten Mal. Was meinte Hoang mit seinen Worten? Wollte er mich wissen lassen, dass das Verfahren noch lange andaure und dass die Unterdrückung erbarmungslos sei?

Bei dem Geräusch, das mit dem Öffnen der Tür verbunden war, setzte sich Thanh verwirrt auf.

"Wie spät ist es?"

"Gegen 11."

"Ich habe so tief geschlafen."

Ich setzte mich neben ihn und beobachtete ihn schweigend.

"Warum belügt Ihr mich?"

"Wieso sagt Ihr das?"

"Weil ich Euch schätze. Mir gefällt es nicht, wenn Ihr mich belügt."

Verlegen sagte er: "Ich habe doch geschlafen."
Ich lachte.

"Ihr habt nicht geschlafen. Erstens müssten die Augen eines schlafenden Menschen rötliche Spuren haben. Zweitens liegt Ihr mit dem Kopf auf dem Kleiderstoß. Ganz oben liegt die Hose mit einer dicken Schnur. Wenn Ihr geschlafen hättet, müsste eine Spur dieser Schnur auf Eurer Wange zurückgeblieben sein, was nicht der Fall ist. Drittens liegt Ihr normalerweise seitlich. Nach dem Schlaf müsste die rechte Wange stärker rot sein als die linke, was auch nicht der Fall ist. Reicht das?"

Thanh richtete seinen Blick nach unten.

"Ihr seid auch zur Vernehmung geholt worden, stimmt es?"

Thanh nickte, wortlos zustimmend.

"Man hat Euch nach mir gefragt, nicht wahr?"

Thanh sah wieder nach unten. Ich atmete tief.

"Ich frage Euch nicht danach, was man von Euch über mich wissen will. Ich weiß auch so, welche Fragen gestellt worden sind. Ich habe den Leuten das offen gesagt, was ich zu sagen bereit bin. Was ich diesen Leuten nicht sagen will, ist eine Sache zwischen denen und mir. Man kann aus Euch nichts herausholen. Außerdem habe ich Vertrauen zu Euch."

Thanh schwieg.

Trotz alledem blieb ein Verdacht zurück, hartnäckig wie ein Blutsauger. Wir brauchten beide eine gewisse Zeit, um die frühere ungezwungene Atmosphäre wiederherzustellen. Die Luft des gegen-seitigen Verdachts war die Luft, die jeder Vietnamese atmete. Dass Thanh mir seine Vernehmungs-gänge verheimlichte, machte mich traurig. Die Einsamkeit lastete wieder auf mir.

In der Anfangsphase hatte ich den Gedanken an Selbstmord. Später ver-stärkte sich in mir mit jedem Tag der Wille zum Überleben. Ich muss über-leben, um meinem Volk über das wahre Wesen der Gesellschaft zu berichten, in der dem vietnamesischen Menschen alle Mindestrechte auf Freiheit ent-zogen werden, die jeder normale Bürger der normalen Welt besitzen muss.

Entkräftet durch die vielen Kammern
der Leiden und Schmerzen
versuche ich schwankend gegen das Böse vorzugehen
in der Nacht mitten am Tag
mit der Waffe in der Hand
die nicht mehr ist als eine stumpfe Feder
anstelle der Lanze
Ich falle im Sandsturm des Schlachtfeldes
Im Todeskampf höre ich undeutlich Musik
Ja, das Blut meines Herzens tropft auf die vertrocknete Erde
Und die Erde erhebt die Stimme

zum Singen des Liedes der Überzeugung
aus meinem zerrissenen Herzen.

Mit unklaren Gedanken in meinem leeren Kopf lag ich im Sommer 1968 da und schrieb diese Verse über mich, in dieser Hölle mit dem Namen *Feuerofen*. Ich schrieb Gedichte, wenn ich traurig war. Mit jedem Gedicht wurde eine Herzenssache oder ein Stück Erinnerung niedergeschrieben.

In den Tagen danach sprachen wir weniger miteinander. Ein Riss entstand in dem herzlichen Verhältnis zwischen zwei leidenden Menschen.

Eines Nacht, als der Schlaf nicht kommen wollte, erzählte mir Thanh die ganze Geschichte darüber, wie er zur Annahme des Polizeiauftrags gezwungen war, mich zu observieren. Er erzählte mit einer müden abgehackten Stimme und einem leidenden Gesicht.

Die Geschichte war uninteressant und nicht erzählenswert. Eine solche Geschichte gab es nicht nur in Vietnam, sondern auch im kapitalistischen Amerika, im faschistischen Deutschland oder in der sozialistischen Sowjetunion. Um die Spitzeltätigkeit zu entlohnen, gab man selbstverständlich unzählige Versprechen ab; jedes von ihnen war für einen Häftling, dem es an allem mangelte, verlockend. Der Gefangene dürfe öfter Post und mehr Pakete von der Ehefrau erhalten. Man versprach ihm, dass das Urteil im Fall großen Verdienstes herabgesetzt werde. Damit Thanh sich als ehemaliges Partei-mitglied nicht schämen musste, rief man ihn dazu auf, sich seiner Verantwortung vor der Partei bewusst zu sein und Dienst an der Partei zu leisten.

"Das war beschämend für mich, solchen verlockenden Worten zuhören zu müssen." Thanh war ergriffen. "Ich habe aber keine Wahl gehabt ..."

Ich tröstete ihn:

"Ich verstehe. An Eurer Stelle hätte ich auch nichts anderes tun können."

"Dass Ihr mich versteht, macht mir Freude."

Die ersten Tränen kamen ihm.

Wir hatten unterschiedliche Ausgangslagen. Wir wurden auch unterschiedlich behandelt. An mich wagte die Truppe um Huynh Ngu mit einer solchen Frage nicht heranzutreten, wenn sie es sich auch sehr wünschte.

Entweder ging die Hitze zurück oder ich gewöhnte mich an diese Hitze des *Feuerofens*. Jedenfalls empfand ich die Temperatur nicht mehr so unerträglich wie vorher.

Die Aufrufe zur Vernehmung wurden immer seltener und hörten schließlich auf, so als ob es sich überhaupt nicht um ein Justizverfahren handelte, sondern vielmehr um eine Strafe in Abhängigkeit von der Laune des Bosses.

29

Ein Abschiedsgeschenk

Ich ahnte, dass meine Zeit im *Feuerofen* zu Ende gehen würde.

Es gab undeutliche Anzeichen einer Veränderung. Niemand konnte nicht genau sagen, worum es sich dabei handelte, aber etwas musste vor sich gehen. Die Verhaltensweise der Exekutivangestellten deutete darauf hin, obwohl sie wie immer nichts nach außen dringen ließen. Zum Beispiel arbeitete ich bei den letzten, seltener gewordenen Vernehmungen mit lauter Leuten, die Huynh Ngu unterstellt waren. Ich brauchte sie nur anzusehen, um zu wissen, dass dieser Beruf für sie neu war oder dass sie erst vor kurzem von der Armee hierher gewechselt hatten. Sie sahen mich an wie Ärzte im Praktikum, die ihre Versuchstiere, die Kaninchen, betrachteten - weder mit Sympathie noch mit Antipathie.

Huynh Ngu und Hoang waren spurlos verschwunden. Die üblichen Vorsichtsmaßnahmen auf dem Weg zu den Vernehmungen wurden nicht nur nicht mehr streng eingehalten, sondern gar nicht mehr beachtet. Manche der mich dabei begleitenden Wächter blieben stehen, um sich mit Kollegen zu unterhalten, und ließen mich lange Strecken alleine zurücklegen. Es war eindeutig, dass *sie* sich keinerlei Sorgen darüber machten, dass ich Leute desselben Verfahrens sehen würde. Ihre Nachlässigkeit war offensichtlich. Der Grund dafür konnte nur sein, dass sich im *Feuerofen* keine *modernen Revisionisten* mehr befanden.

"Will man etwa mit der Verhandlung Eures Verfahrens beginnen?" vermutete Thanh.

Mit der Zeit ließ die Atmosphäre des Verdachts zwischen uns nach. Thanh hatte mich davon überzeugen können, dass er niemals ein Spitzel gewesen war.

"Das ist nicht ausgeschlossen", sagte ich, "wir haben nichts verbrochen."

"Die Frage lautet nicht, ob Eure Leute etwas verbrochen haben oder nicht", lachte Thanh höhnisch. "Die Frage lautet vielmehr, auf welche Weise Ihr entlassen werden sollt."

Ich sah, dass er scharfsinnig war, zumindest scharfsinniger als ich.

"Und wenn wir entlassen werden sollen, denke ich, dass ich eigentlich zuallererst entlassen werde und nicht die hohen Funktionäre."

Thanh nickte mit dem Kopf:

"Logisch."

Eigentlich erwartete ich nichts. Ich hatte mich der Lage angepasst. Auf alles konnte ich hoffen, nur nicht auf die Güte der Partei.

Eines Tages lag ich gerade auf meiner Pritsche, als ich leise Geräusche am Kontrollfenster der Zellentür wahrnahm. Ich spähte hinaus und fand dort Hoang. Mein Herz schlug heftig. Noch nie hatte ich erlebt, dass Leute der *Exekutive* in den Zellenbereich kamen. Es musste etwas Bedeutungsvolles vorgefallen sein.

Der Gedanke an ein eventuelles Unglück schoss mir durch den Kopf. Oder mein Vater ...? Meine Arme und Beine versagten mir den Dienst.

Nach einem Rundumblick gab Hoang mir mit dem Zeigefinger ein Zeichen und flüsterte:

"Ich möchte mich von Euch verabschieden."

Gleichzeitig lenkte er seinen Blick in Thanhs Richtung. Dieser schlief tief oder machte den Eindruck, als ob er tief schliefe. Ich deutete an, dass er sich nicht vorsehen müsse.

"Geht Ihr dienstlich weg?"

"Nein, ich bleibe in Hanoi ..." Hoang zögerte. "Nur darf ich mit Euch nicht weiter arbeiten."

"Das heißt ...?"

"Ich möchte klarstellen: Man lässt mich mit Euch nicht mehr arbeiten."

"Meint man, dass Ihr keine Erfolge erzielt habt?"

"Ungefähr so."

"Ich möchte Euch die Hand drücken, aber das Kontrollfenster ist zu klein."

"Ich bringe Euch ein kleines Geschenk."

Hoang holte aus seinen verschiedenen Jackentaschen vier Zigarettenpackungen der Marke Dien Bien heraus.

"Ich danke Euch. In der letzten Zeit habe ich mich daran gewöhnt, nicht zu rauchen. Ohne Zigaretten geht es auch."

"Denkt bitte nicht, dass dies von der *caisse noire* (französisch: schwarze Kasse) der Polizei stammt." Mit etwas Trauer in seiner Miene fuhr er fort: "Nein. Das ist von meinem Geld."

"Dann danke ich Euch. Ich habe nichts Falsches von Euch gedacht. Bitte gebt meine Grüße auch an Eure Frau und Eure Kinder."

Hoang schob die Zigarettenpackungen durch den Türspalt, eine nach der anderen.

"Nochmals danke. Ich hoffe, dass wir uns eines Tages wiedersehen."

Mit den Fingern winkte ich Hoang zu.

"Davon bin ich überzeugt."

Nachdem er seinen Schlaf beendet hatte, fragte Thanh mich gar nicht nach diesen Zigaretten. Wir zündeten jeder eine davon an, rauchten friedlich und ließen den Rauch nach oben ziehen.

"Eine Entlassung ist nicht möglich. Sehr unwahrscheinlich", sagte ich. "Es gibt irgendetwas anderes. Mein Inneres brennt."

"Was könnte das nach Eurer Meinung sein?"

"Ich weiß nicht. Vielleicht eine Verlegung."

Stirnrunzelnd überlegte Thanh. Dann setzte er sich auf:

"Sehr gut möglich. Im Gefängnis sind Intuition und Vorahnung von großer Bedeutung. Wenn Ihr die Vorahnung habt, dass Ihr von hier bald weggeht, dann wäre es am besten, wenn wir uns darauf vorbereiten."

"Was gibt es da vorzubereiten?" Ich blieb gleichgültig. "Für mich wäre es überall, wohin ich verlegt werde, vollkommen gleich. Es wäre nur bedauerlich, dass wir nicht beieinander sein könnten."

"Es ist nicht wahrscheinlich, dass Ihr im Gemeinschaftsgefängnis untergebracht werdet. Eher in einer Zelle. Ich gebe Euch ein Messer mit. In der Zelle ist ein Messer lebensnotwendig. Ohne Messer geht es da nicht."

"Was habt Ihr dann noch, wenn Ihr es mir gebt?"

"Ich habe noch eins. Es ist schon gehärtet, aber noch nicht geschliffen."

"Hat ein normales Gefängnis auch Zellen?"

"Warum nicht? Die Zellen der Gemeinschaftsgefängnisse sind nur dazu da, um im Falle einer Disziplinarmaßnahme Häftlinge darin einzusperren, und nicht Untersuchungshäftlinge. Ich habe jedoch gehört, dass es Gefängnisse gibt, in denen nur Untersuchungszellen und keine Gemeinschaftsstellen existieren. Es gibt außerdem Gefängnisse, in denen nur Geheimzellen existieren. Wenn zur Mahlzeit geläutet wird, dann kommen sowohl Essenträger als auch Häftlinge mit einer schwarzen Kapuze über dem Kopf. In dem Stoff gibt es zwei Löcher, durch die man sehen kann. Keiner erkennt den anderen. Wächter dürfen mit Häftlingen nicht reden, Häftlinge dürfen mit Wächtern nicht reden. Wenn man etwas mitteilen will, muss man es auf ein Blatt Papier schreiben."

Sicher würde ich in ein solches Gefängnis gebracht. Offensichtlich wollte man uns verstecken und niemanden - auch niemanden aus der Familie- wissen lassen, wo wir uns befanden. Das klang sehr seltsam. Als ob es sich nicht um eine Administration, sondern um ein Lager von Gesetzlosen handelte, deren Anführer dann Le Duan gewesen wäre.

Zweifellos erzählte Thanh mir dieser Gedanken wegen von diesem geheimen Lager. Als fürsorglicher Mensch wollte er mich gedanklich vorbereiten, damit ich nicht überrascht werden würde.

In der darauffolgenden Zeit erlebte ich verschiedene Gefangenenlager, ohne allerdings eines kennenzulernen, das jenem aus Thanhs Erzählung entsprach. Möglicherweise war es nur eine Legende, die dem reichen Vorstellungsvermögen der ängstlichen Häftlinge entstammte. Andererseits könnte ein Lager wie das aus der Erzählung von Thanh durchaus existieren. In diesem Land, in dem sowohl kleine als auch große Dinge nicht öffentlich bekannt waren, war alles möglich. Geheimhaltung und Verschwörung waren besondere Eigenschaften jedes sozialistischen Staates.

An einer diskreten Stelle meiner Wattejacke machte Thanh einen Schlitz und schob das Messerblatt hinein.

Er drückte die Jacke zur Probe einige Male und stellte zufrieden fest:

"So werden *die es* nicht herausfinden."

Er war mir gegenüber nicht mehr vorsichtig. Die Anrede *"die"* verschaffte uns eine scheinbare Stellungsgleichheit zwischen uns und den Gefängniswächtern.

Die Lebensmittel, die er von seiner Familie erhalten hatte, teilte Thanh sorgfältig in zwei gleiche Teile. Jedes Teil steckte er in einen unbeschädigten Plastikbeutel und knotete ihn zum Schutz gegen die Feuchtigkeit fest zu. Die eine Hälfte steckte er in meinen Kleidersack hinein und die andere in den seinen. Er empfahl mir, mich an jedem neuen Ort zuerst vor Mäusen und Ameisen, den ewigen Feinden der armseligen Häftlinge, vorzusehen.

"So geht es einigermaßen", sagte er, nachdem er alles für mich sorgsam vorbereitet hatte. Ein offenkundiger Ausdruck der Zufriedenheit erschien auf seinem Gesicht.

Auch wenn ich nun plötzlich verlegt werden sollte, hatten wir keine großen Bedenken.

Das Hab und Gut der Zellenhäftlinge hatte einen Wert, der für normale Menschen unbekannt und unvorstellbar war. Ein Lappen, ein verrosteter Nagel, ein Plastikbeutel mit einem Loch - das alles war wertvoll. Man konnte es untereinander nicht so leicht teilen. Aber Thanh teilte alles mit mir, behielt nichts für sich allein.

An eine mögliche Trennung von Thanh zu denken, lag mir schwer im Magen. Er war so gut zu mir wie ein älterer Bruder zu dem jüngeren. Doch nicht nur das; seine Betrachtungsweise der gegenwärtigen Gesellschaft war die gleiche wie meine. Wenn wir uns außerhalb des Gefängnisses kennen-gelernt hätten, dann hätte er zur *Gruppe der modernen Revisionisten* gehören müssen. Niemand hatte ihm die *revisionistische* Ideologie beigebracht. Er *revidierte* sich selbst, *revidierte* die Partei und auch den Marxismus, an den er lange Zeit geglaubt hatte. Er beobachtete die Welt mit nüchternen Augen. In seinem Inneren gab es keinen Platz für blinden Glauben. In Gedanken war er schon lange nicht mehr Kommunist. Er war ein weitaus stärkerer *Revisionist* als ich.

Thanh hatte einen hoch zu schätzenden Charakter. Sein gutmütiges Aussehen verriet nicht, dass er zu den Menschen gehörte, die sich nicht vor anderen beugten. Seine Verhaltensweise ließ mich ihn in den ersten Tagen unseres Zusammenlebens missverstehen. Ich dachte, dass er den Wächtern gegenüber feige sei. Es war seine Art der eigenen Entspannung. Er wollte sein Selbstbeherrschungsvermögen überprüfen. Er trainierte es und betrachtete das als Überwindung der Zeit.

Dem Gefängniswächter Hach blieb Thanhs Denkweise nicht verborgen. Als Thanh eines Tages zu allen Befehlen Amen sagte, blickte Hach spöttisch drein: "Hört damit auf! Ich kenne Euch gut. Ich weiß, dass Ihr mich im Innersten völlig verachtet. Ich weiß, dass Ihr *draußen* besser gewesen seid als ich. Aber hier ist der *Feuerofen*, das Umerziehungslager. Hier bin ich Euch absolut überlegen."

In den Tagen, an denen wir intuitiv auf den Abschied voneinander warteten, sprach Thanh kaum. Er hockte auf seiner Pritsche, hatte seine Knie mit den Armen umfasst, wie ich ihn zum allerersten Mal gesehen hatte, in Gedanken vertieft. Ab und zu wachte er aus seinem Traum auf, um mir einen Ratschlag mit auf dem Weg zu geben.

"Ihr müsst mit den Armen und Beinen ständig trainieren. Sonst besteht die Gefahr einer Muskelrückbildung."

"Lest alles auf, was Ihr auf dem Weg zur Vernehmung seht und was Ihr als nützlich betrachtet! Man weiß nie, wann man es gebrauchen könnte" Das war seine nächste Empfehlung an einem anderen Tag.

"Teuflische Pläne und böse Absichten gibt es am häufigsten in den Gefängnissen. Eins müsst Ihr Euch merken: Man muss immer vorsichtig sein. Selten, sehr selten findet man im Gefängnis einen Freund. Vor allem darf man nicht voreilig sein. Man darf niemandem seine Herzensgeheimnisse offenbaren, man muss genau überlegen, bevor man etwas sagt oder tut."

Trotz aller Vorbereitungen fand mein Abschied von Thanh in einem Augenblick statt, in dem wir es am wenigsten erwartet hatten.

Die Zellentür wurde schon vor dem Frühstück geöffnet. Der Mann, der in der Tür erschien, war kein Gefängniswächter, sondern einer der *Exekutive*, den ich mehrere Male gesehen hatte.

"Bereitet Eure Sachen vor!"

Er sagte es gedämpft. Er war von mittlerem Wuchs, hatte ein rundliches gutmütiges Gesicht, langsame und ruhige Bewegungen. Das Schicksal hatte ihm irgendwie einen Streich gespielt und ihn in die *Exekutive* versetzt.

Thanh war überrascht. Plötzlich umfasste er mich und ich ihn auch. Tränen schossen uns in die Augen.

"Alles Gute!" Vor Aufregung brachte er die Worte nur schwer heraus. "Bleibt aufrecht!"

Der Exekutivmann mischte sich in unseren Abschied nicht ein. Er staunte, schien bewegt zu sein und wegzusehen.

Mit schwerem Herzen verließ ich die Zelle Nr. 1.

Es war der 27. Juli 1968. Ich hatte sieben Monate im *Feuerofen* verbracht.

Eigentlich hatte Thanh mir ganz früh am Morgen noch gesagt: "Wir müssen uns heute anständig anziehen. Möglicherweise kommt eine Delegation zu Besuch."

"Wer sollte denn kommen? Wen gibt es zu besuchen?" hatte ich gefragt. Thanh hatte gelacht: "Heute ist der Tag der Kriegsverwundeten und Kriegsgefallenen. Ich bin auch ein Kriegsverwundeter."

In einem Vernehmungsraum wartete Le Thanh Tai auf mich. Er saß bequem, ein Bein über das andere geschlagen, in einem Sessel aus starkem Stoff, der abgenutzt war und durch den sich an manchen Stellen die Federn abzeichneten.

Diese Figur war mir nicht fremd. Ich hatte den Mann schon einige Male im Vernehmungsraum gesehen. Ich hatte vermutet, dass er gerade dabei war, jemanden zu vernehmen und zuhören wolle, da er gewusst haben dürfte, dass mich Huynh Ngu nach einer Person fragte, die er selber vernahm. Er war von großem Wuchs, grob in seinen Bewegungen und in der Sprache. Alles das zeugte davon, dass er dem Abwasser näher stand als den Büchern. Ich erfuhr seinen Namen dadurch, dass mich Hoang eines Tages fragte, ob ich am Tag vorher mit Le Thanh Tai gearbeitet habe.

"Ein Mann saß neben dem Exekutivmann Ngu. Er ist mir nicht vorgestellt worden. Wer ist er?"

"Wozu wollt Ihr das wissen? Er ist etwa wie Herr Ngu."

Das bedeutete, dass auch er stellvertretender Amtsleiter war.

"Woher kommt dieses Zeug?" fragte Le Thanh Tai hochmütig.

Es waren eine Packung Kekse, eine Packung Kuchen, etwas faserig eingemachtes Fleisch, einige Bonbons und drei Packungen Zigaretten der Marke Dien Bien. Ich machte mir Sorgen wegen Hoang. Wenn *sie* Thanh observieren haben sollten, würden sie feststellen, dass dieser von seiner Frau nur Zigaretten einer schlechteren Qualität, der Marke Tam Dao, erhielt. Dann würden *sie* vielleicht die Herkunft der drei Packungen der Marke Dien Bien überprüfen.

"Der Mithäftling hat sie mir geschenkt."

Er sah mich scharf an.

"Gut, gut. Alles ist vorbereitet."

Ich zuckte mit den Schultern.

"Woher habt Ihr von einer Verlegung gewusst? Wer hat es Euch gesagt?"

Ich antwortete nicht. Mit erzürnter Stimme wiederholte Le Thanh Tai die Frage. "Dieser Verdammte ist also nicht daran gewöhnt, dass jemand vor ihm keine Angst hat", dachte ich.

"Ich frage Euch, Ihr müsst antworten. Wer hat es Euch wissen lassen?"

"Niemand hat es mich wissen lassen."

"Woher ist dieses Zeug?"

"Der Mithäftling hat es mir geschenkt. Es ist ein Teil der Geschenke seiner Familie", antwortete ich ruhig. "Er hat es mit mir geteilt. Jeder kann damit umgehen, wie er möchte."

Er lenkte seinen Blick weg von den Sachen.

"Ist er ungemein gut zu Euch, ja? Herr Quynh, achtet auf das politische Verhalten dieses Kerles, ja?"

"Zu Befehl."

Der Exekutivmann warf die kontrollierten Sachen in die Stofftasche zurück, die Thanh auch für mich genäht hatte.

Die Überprüfung war abgeschlossen. Le Thanh Tai gab mir mit einem Handzeichen zu verstehen, dass ihn die Sachen nicht mehr interessierten. Das Wesen der Diktatur des Proletariates schien mit diesem stellvertretenden Amtsleiter um eine Stufe schrecklicher zu sein als mit Huynh Ngu. Man konnte schon allein dafür, dass man dem Mithäftling einige Kuchen schenkte, beschuldigt werden, ein *schlechtes politisches Verhalten* zu haben.

"Wohin bringt Ihr mich?" fragte ich Le Thanh Tai.

Er blickte zornig drein. Ich wiederholte meine Frage.

"Fragen ist nicht erlaubt. Ihr werdet schon sehen, wohin Ihr geht."

Um diese Aussage zu untermauern, gab er einem jungen in Zivil gekleideten Polizisten durch eine Kieferbewegung ein Zeichen. Dieser holte Handschellen heraus. Mit einem trockenen Klick wurden meine Hände gefesselt. Die Handschellen waren sehr alt, voller Flecken und Rost. Die eingestanzte Aufschrift *Fabriqué en France,* also: hergestellt in Frankreich, war aber noch zu lesen.

Der *command car* machte einen Satz aus dem Tor des *Feuerofens* hinaus. An die Ruhe in meiner Zelle gewöhnt, war ich verwirrt, als ich nun in den schrecklichen Lärm der normalen Großstadt Hanoi hineingeriet, insbesondere, als der Wagen am Markt von Cua Nam, dem Südlichen Stadttor, vorbeifuhr. Es war, als ob die ganze Stadt Hanoi, die ich kannte, in ein Gemisch aus Tausenden von nervenaufreibenden Lauten eintauchte. Ich war oft im Markt von Cua Nam gewesen; doch noch nie hatte ich ihn so übervoll mit Menschen und so laut erlebt.

Die Stadt erschien meinen Augen fremd, so als ob sie wegen ihrer schmutzig-weißen Mauern, deren Kalk auf der Oberfläche kaum mehr zu erkennen war, gealtert wäre.

Nach dem Markt bog der Wagen in Richtung der Nguyen-Thai-Hoc-Straße ab.

Ich drehte mich rückwärts, um nach dem mir gut bekannten Haus Nr. 65 gleich an der Ecke zu blicken. Es war mir, als ob ich die Klavierklänge aus dem Zimmer des Komponisten Do Nhuan in der oberen Etage hören könne. Ich wünschte mir, den Maler Nguyen Sang auf seinem Balkon stehen zu sehen, der dort gewöhnlich stand und auf die Straße schaute, wenn er vor lauter Müdigkeit seine Staffelei zur Seite schob. Die Tür zu seinem Balkon war geschlossen. Konnte Nguyen Sang noch schlafen? Normalerweise hatte er zu dieser Tageszeit sein Frühstück im *Café Lam* beendet und hätte nach Hause zurückgekehrt sein müssen. Oder war er weggefahren? Als der Wagen schon fast vorbeigefahren war, erkannte ich den großen Maler Van Giao, der gerade mit einem Palmblatt-Hut auf dem Kopf sein Fahrrad zum Tor schob. Ihm folgte der sorgenvolle Nguyen Tu Nghiem, der von der Welt nichts wissen wollte.

Eine Welle von Erinnerungen erfüllte meine Seele. Hatte Nguyen Sang geheiratet? Für ihn war der Weg zu einer Familiengründung schwierig, nur der zum malerischen Schaffen war leicht. Unter seinem Palmen-baum entstanden seine Gemälde so selbstverständlich, als ob die Motive nur darauf warteten, dass er sie rief, damit sie auf seiner Leinwand erschienen.

Im Gegensatz zu ihm malte Van Giao mit großer Mühe, unter Muskelanstrengung und Schweiß.

Ich dachte zurück an eine Nacht im Dschungel von Viet Bac. Van Giao trug eine Funzel in der Hand, eine Untertasse mit Öl, um den Leuten seine Gemälde zu zeigen. Das Palmöl kochte, bespritzte und verletzte seine Hand, aber er ließ die Untertasse nicht fallen. Seine Gemälde wurden von seinen Kollegen nicht sehr geschätzt, aber trotzdem oft in Ausstellungen präsentiert. Sie widerspie-gelten immer rechtzeitig die von der Partei gestarteten Kampagnen.

Der Altmeistermaler Nguyen Phan Chanh (geb. 1892) müsste zu dieser Stunde gerade Tee trinken. Nach einer Zeit der Dummheit zu Beginn der 60er Jahre, in der er sich dem sozialistischen Realismus anvertraute, entschied er sich dafür, zu sich selbst, zu seinem eigenen Gemälde "O an quan" (Ein Kinderspiel) zurückzukehren. Ich hatte ihn einmal um ein Gemälde gebeten, das in unserer Zeitschrift veröffentlicht werden sollte. Er empfing mich freundlich, weigerte sich aber, mir ein Bild zu geben: "In der letzten Zeit hat es kein richtiges Gemälde mehr von mir gegeben. Als ob irgendjemand gemalt und mit meinem Namen unterzeichnet hätte. Ein anderes Mal bitte!"

Als Bewohner seiner eigenen inneren Welt malte Nguyen Tu Nghiem ohne Rücksicht auf die Existenz der hofnahen Kunstkritiker und der Einkaufsexperten von XUNHASABA, einer Firma für Export und Import von Büchern, Zeitungen, Zeitschriften und Gemälden. Das Gemälde "Kieu badet in der Nacht" (nach dem Epos "Das Mädchen Kieu" von Nguyen Du) begeisterte den Schriftsteller Nguyen Tuan derart, dass dieser mit dem Rad in Hanoi umherfuhr und die Leute zur Besichtigung dieses Gemäldes aufrief. Nicht viele Menschen hatten dieses Glück, denn Nguyen Tu Nghiem empfing nicht gerne Gäste. Er malte nicht, um die Gemälde zu zeigen und zu verkaufen. Er schuf diese Schönheit allein dafür, um mit ihr zu leben.

An Nguyen Sang hatte ich eine Erinnerung, die ich nur schwer vergessen konnte. Er suchte mich eines frühen Morgens auf, stand auf der Straße und rief nach mir. "Kommt zu mir, um Röllchen zu essen!" Da wusste ich, dass Nguyen Sang etwas brauchte. Er hatte einen Anfall von Einsamkeit. In solchen Fällen brauchte er unbedingt jemanden in seiner Nähe, gleich wen. An jenem Morgen wurde ich dazu auserwählt, oder er konnte niemand anderen fangen.

Die Speise, die ich genießen sollte, waren falsche Röllchen. Wir saßen neben einem Löwenjungen aus Keramik, welchem die Stirn abhandengekommen war und den er von irgendwoher nach Hause gebracht hatte. Er schenkte großzügig Schnaps ein. Der Krug war voll damit. Es konnte aber gar keine richtigen Röllchen geben, denn er hatte weder grünen Koriander noch Garnelen noch feines Schweinefleisch. Nur Reisnudeln sollten mit Zichorien-Blättern zusammengerollt werden. Nguyen Sang brüstete sich ständig mit seiner Kunst der Zubereitung von Dipsaucen. "Ich kann tadellose Dipsaucen herstellen. Sie schmecken sogar einem schwierigen Menschen wie Nguyen Tuan." Als er aber sah, dass ich nicht sehr begeistert war, schlug er vor, die Röllchen beiseite zu lassen und uns auf den Weg zu machen, um nach einem Huhn zu suchen. "Ich habe noch sehr viel Reis. Wir bringen ihn zum Tausch. Gekochtes Huhn und Schnaps, das wäre das Beste!" beschwichtigte er mich.

Das Löwenjunge mit dem kaputten Kopf und dem naiven Lachen war sein Reisbehälter. Der war voll mit Reis. Nguyen Sang nahm täglich im *Café Lam* eine Mahlzeit zu sich, die aus zwei Scheiben Brot, einem Omelett und einer Tasse schwarzem Kaffee bestand. Das reichte ihm. Nach jeder Mahlzeit unterschrieb er im Schuldenbuch. Er bezahlte dann mit Gemälden. Daher blieb Reis übrig, der ihm nach den Lebensmittelkarten zustand.

Wir trafen auf eine Dorfbewohnerin mit ihrem Hühnerkäfig, die beschäftigungslos neben einer Mauer stand, an der eine riesige Aufschrift "Urinieren verboten!" neben der Losung "Nichts ist wertvoller als Unabhängigkeit und Freiheit!" ins Auge fiel. Nguyen Sang wurde verlegen, blieb stehen und wagte keinen einzigen Schritt in die Richtung der Frau zu machen. "Ihr sollt es tauschen." "Ich habe aber noch nie etwas gegen ein Huhn getauscht", versuchte ich mich herauszureden. Nguyen Sang drückte mir trotzdem den Reisbeutel in die Hand. "Journalisten können besser handeln als Maler. Keine Widerrede. *Allez,* umtauschen."

Als die Frau sah, wie wir uns gegenseitig vorzuschieben versuchten, amüsierte sie sich und lachte laut. "Kommt bitte, Ihr Herren. Ich tausche mit Euch." Ich zeigte ihr den Reisbeutel. Sie hatte Verständnis. Nachdem wir die Reismenge abgemessen hatten, zog sie schnell ein Hähnchen aus dem Käfig und übergab es "den Herren". Unser Tausch verlief erfolgreich, ohne dass sich ein Polizist des Steueramtes zeigte, um diesen Tausch zu verhindern. "Die Herren" kehrten begeistert und geräuschvoll zurück.

Das Hähnchenfleisch war genügend jung und zart. Es schmeckte wunderbar. Als uns der Schnaps langsam zu Kopf stieg, erzählte mir Nguyen Sang von seiner Liebesgeschichte. Es war eine traurige Geschichte, die mich aber über das Schöne in seinen neuesten Gemälden aufklärte. Er liebte leidenschaftlich ein Mädchen mit schwarzen Augen, die sehr ungewöhnlich weit auseinander standen, was die Schönheit dieses Mädchens irgendwie wild erscheinen ließ. Der Vater des Mädchens war aber nicht mit ihm einverstanden. "Ich habe gedacht, dass meine Tochter jemand anderen nehmen will, doch nicht einen von uns, den Sang", sagte er zu seinen Freunden, und zwar mit der Absicht, dass seine Tochter dies mithören sollte. Schmerzerfüllt verließ sie Nguyen Sang. Der Himmel schenkte ihm die Liebe zum Schönen, zog davon aber die Liebe zu einem Menschen ab.

Der *command car* raste weiter in Richtung Son Tay.

30

Verlegung

Der Ort, an den ich gebracht wurde, war ein Gefangenenlager der Armee. Nach außen hin sah es einer Kaserne zum Verwechseln ähnlich. Als der Kübelwagen (sowjetischer Bauart) des Typs GAS langsam die Steigung erkletterte und durch das Tor fuhr, das auf beiden Seiten die Zeichen der Armee trug, machte ich mir darüber Gedanken, ob man uns alle hierher bringen und dann nach einer Zeitspanne der Erziehung entlassen würde.

Die Opfer der Bodenreform hatten erzählt, dass sie lange Zeit durch öffentliche Anklage und Inhaftierung bis zu dem Tag gequält wurden, an dem sich die Partei zu ihren schweren Fehlern bei dieser Reform bekannt hatte. Trotzdem wurden sie nicht sofort nachhause entlassen. Stattdessen schickte man sie in eine Einrichtung, in der sie zuerst politisch geschult wurden. Ich fragte mich, ob sich etwa die Ereignisse der Bodenreform hier wiederholten.

Bald erkannte ich den Ort des Lagers: es befand sich in der trockenen, teilweise gebirgigen Gegend im Süden des Landkreises Bat Bat, in der es viele Maniok- und Bataten-Felder gab. Anfang der 60er Jahre war ich hier ein paarmal gewesen. Der hiesige Boden war völlig ausgewaschen, weil die Bevölkerung - unter Anleitung von Führern, die das Lernen verachteten - versucht hatte, so viel wie möglich aus dem Boden herauszuholen. Inmitten dieser verkrüppelten Natur lagen einige einsame Wege aus roter Erde, sowohl vom Himmel als auch von den Menschen vergessen, dahingestreckt über dürre Hügel mit riesigen Löchern darin, die durch den Laterit-Abbau entstanden waren. Rote Staubwolken wirbelten hinter den selten durchfahrenden Lkws hoch und wollten sich auch nach langer Zeit noch nicht wieder richtig setzen.

Le Thanh Tai ließ mich von den Handschellen befreien und verschwand eilig. Ich blieb eine Stunde lang allein in dem leeren Pförtnerraum zurück. Auf dem verstaubten und verschimmelten Holztisch lagen ungeordnet einige zerfledderte Nummern der Zeitung *Quan doi nhan dan* (Volksarmee). Schnell griff ich danach, las sie begierig und blieb nachdenklich und enttäuscht sitzen. Die Nachrichten in den Zeitungen sagten mir nichts Neues.

Die Zeit war nicht auf unserer Seite. Die Zeitungsnummern hatten denselben Inhalt wie jene, die ich vor einem Jahr tagtäglich gelesen hatte. Sie würden auch im nächsten Jahr und in den darauf folgenden Jahren genauso sein. Die Welt war an einer Lähmung erkrankt.

Zerstreut sah ich auf den Hof hinaus. Einige nachlässig gekleidete Soldaten mit weit geöffneten Oberhemden, die sie sich nicht in ihre Hosen gesteckt hatten, schleppten sich langsam in der brennenden Mittagshitze mit schweren Bündeln Gras oder Bambus auf dem Kopf über diesen Hof. Außer ihnen gab es weit und breit keine Menschenseele.

Nach den endlos langen Tagen in der Zelle des *Feuerofens* ließ meine Verlegung in ein anderes Lager bei mir ein Fünkchen Hoffnung aufkeimen. Nun geht dieser Irrsinn zu Ende, dachte ich mir. Ich werde die Gelegenheit haben, meinen Vater und andere Personen unseres Verfahrens zu treffen.

Der Polizeiarzt, der im Feuerofen für unsere Gesundheit verantwortlich gewesen war, erschien. Er gab mir ein Handzeichen, ihm zu folgen.

Ich trat aus dem Raum hinaus und fiel mit einem Schlag in das Feuermeer der Mittagssonne. Der Juli war gewöhnlich der heißeste Monat des Jahres. In dieser halb gebirgigen Gegend konnte die Hitze zusätzlich mit einem Faktor von Zwei oder Drei multipliziert werden.

Ich atmete hastig und schwer. Ich war sehr geschwächt. Und dabei trug ich nichts Schweres, nur zwei Satz dünne Bekleidung und eine Decke aus Wolle, die meine Frau angesichts der kommenden Winter (wer wusste schon, wie viele Winter noch?) geschickt hatte. Und ich war erschöpft.

Mit ungleichförmigen Schritten bewegten wir uns auf dem steinigen holprigen Weg, entlang einer nicht enden wollenden Mauer aus Ziegelsteinen inmitten von dichtem Bewuchs aus hohem Gras und Schilf. Die Mauer war nicht gerade, sie passte sich dem hügeligen Gelände des Hanges an. An einem Tor aus rostigem Blech angelangt, schloss der Arzt auf und führte mich in einen kleinen, trockenen, graslosen Hof. Am Ende dieses Hofes befand sich ein winziges Haus, ein normales Wohnhaus im Miniformat.

Die Tür wurde geöffnet.

Da war sie - die Zelle.

Es war kein Wunder, dass ich das Gefangenenlager mit einer Kaserne verwechselt hatte. Von der Straße aus und von der Kaserne her konnte dieser Bereich, *in dem später die amerikanischen Kriegsgefangenen untergebracht worden sein sollen,* nicht eingesehen werden. Meine Hoffnung, zusammen mit anderen Mitbeschuldigten untergebracht zu werden, erlosch.

Ich muss bestätigen, dass die Erziehung durch die Partei offenbar doch tief auf mich gewirkt hatte. Denn als ich das Tor der Kaserne erblickte, hatte ich gleich daran gedacht, dass mich die Partei zu meiner Frau und den Kindern zurückkehren lassen würde. Leider besaß ich noch immer den Glauben an eine Partei, die besser zu sein schien als sie es in Wirklichkeit war und ist.

Die Zelle war neu und erinnerte mich an die Zellen der Mönche in Chau Son. Hier gab es die gleiche Holzpritsche - einsam, inmitten von vier nackten Wänden, die nach oben nicht wie im Feuerofen durch eine gerade rechteckige Decke, sondern durch ein Gewölbe abgeschlossen wurden. Es fehlten nur ein Kreuz aus kaltem Ebenholz an der hinteren Wand und ein spindeldürrer Mönch mit einer Jutekordel als Befestigungsgurt für sein Gewand.

Zu Beginn des Jahres 1947 war ich in Nho Quan in der Provinz Ninh Binh, in der damals durch die Firma Nam Tien, *einer wirtschaftlichen und finanziellen Basis der Partei im Widerstandskrieg gegen die Franzosen*, große Salzlager als Reserve für den Widerstandskampf angelegt wurden. Nicht weit davon entfernt, in einem sumpfigen Wald, lag ein Kloster, dessen Mönche das Gelübde des Schweigens abgelegt hatten. Jeder von ihnen trug ein von Hand genähtes schwarzes Gewand, das ausgebleicht und zerlumpt war. Die Mönche empfingen mich mit einem vagen Lächeln auf ihren starren Gesichtern. Wie Schatten bewegten sie sich schweigend in der Stille des Dschungels. Nacht für Nacht saßen sie im Schneidersitz und beteten lautlos, ihre Gesichter zur rückwärtigen Wand gerichtet. Ich staunte: Hieß das tatsächlich Leben? Wozu sollte man so leben?

Nun musste ich genauso leben wie diese Mönche. Einsam. Leidvoll. Und dabei hatte ich es noch schlimmer als sie. Ich durfte nicht aus dieser besonderen Zelle heraustreten. Ich wurde dort hineingesteckt. Ich bewohnte diesen Ort nicht freiwillig. Ich durfte nicht mit Artgenossen zusammenkommen und durfte mich von Artgenossen nicht sehen lassen.

Schließlich - und am wesentlichsten - unterschieden wir uns voneinander dadurch, dass sie Jesus Christus hatten und ich nicht.

Müde warf ich mein Hab und Gut auf die Pritsche. Eine Zelle war eine Zelle, auch wenn es kleine Unterschiede gab. Die hiesige Zellenfläche war kleiner als die des Feuerofens. Im Vergleich zum Standard der Kolonialherren waren hier Verkleinerungen - mit der Bezeichnung *Verbesserung* - vorgenommen worden. Das nachlässig gehobelte Holz der Pritsche wies viele Splitter auf und war auf vier Betonklötzen befestigt. Die lästigen Fußfesseln waren nicht hier präsent. Unter der Pritsche gab es ein tiefes Loch - ein Schutzloch, für den Fall eines Bombenalarms.

Mit ziellosen Gedanken streckte ich mich lang auf dieser Pritsche aus. Im Nichtvorhandensein der Fußfesseln kam der Unterschied zwischen dem Gefangenenlager der Armee und dem der Polizei zum Ausdruck. Ein weiterer Unterschied - eigentlich eine Normalität, die zugunsten des neuen Lagers sprach - war das Fenster. Es war kein Kontrollloch, das Spezifikum einer Zelle, sondern ein richtiges Fenster, das fast so groß war wie die Fenster der Häuser auf dem Land, hier allerdings mit dickeren Eisenstäben verstärkt, die in den starken Beton eingelassen waren.

Beim ersten Anblick meiner neuen Wohnstätte fühlte ich mich sogar zufriedengestellt. Ich empfand einen gewissen Stolz auf diese Zelle des

Armee-Gefangenenlagers. Irgendwie war sie nicht so elend wie die im Feuer-ofen.

Nach genauerer Betrachtung musste ich jedoch meinen Irrtum erkennen. Diese Zelle war keine normale Zelle, sondern eine einzigartige Schöpfung in der Kunst der Herstellung von Menschen-käfigen. Das kleine Haus bestand aus vier absolut gleichartigen Räumen unter einem gemeinsamen Dach. Jeder dieser Räume lag in einer anderen Himmelsrichtung. Die Begrenzung zwischen zwei Räumen bildete jeweils eine rechteckige Mauer, die an ihrem oberen Ende in einen Halbkreis überging. Diese Mauern teilten das Haus in vier voneinander völlig getrennte Lebensräume, so dass sich die Insassen gegenseitig auch dann nicht sehen konnten, wenn sie sich auf dem Hof waschen durften. Im *Feuerofen* lagen die Zellen zu beiden Seiten eines Flures. Wenn einer hustete, konnten das alle Insassen der Zellen dieses Flurs hören. Im Zellenhaus von Bat Bat jedoch gab es nur vier Räume. Wenn drei Räume leer waren, dann war für den alleinigen Insassen das Gefühl der Einsamkeit unerträglich. Um jedes Haus herum stand eine vierseitige Mauer, die weder hoch war noch stabil aussah, das Haus aber in eine Sonder-haftzone verwandelte. Diese Mauer wurde von einem liederlich gefertigten Tor aus Blech abgeschlossen. Alle diese Einzel-häuser (ich konnte nicht er-fahren, wie viele es davon gab) waren wiederum von einer hohen Mauer umzingelt, die nach jeder Seite von einem Posten bewacht wurde. *Auch Major Tran Thu wurde 1973 vor seiner Entlassung in diesem Lager festge-halten. Nach seiner Beschreibung sah es jedoch anders aus; denn er wurde nicht in einer Zelle, sondern in einem kleinen Haus untergebracht, das einer Ziegenhirten-Hütte ähnelte. Das Haus hatte einen kleinen Garten und war rundum von einem Stacheldrahtzaun umgeben. Dieses Teillager war eine Zwischenstation zwischen Gefangenschaft und Entlassung. Es bildete einen vom Zellentrakt und vom Gemeinschaftslager abgetrennten Bereich, eine weitere einzigartige Schöpfung des Systems der Gefangenschaft von "intern Behandelten".*

Mit dem Schließen der Zellentür verfiel ich in vollkommene Ruhe. Außer dem Geräusch des Windes, der die Hügel entlangwehte, gab es an diesem Sommermittag keinen Laut.

Am darauffolgenden Tag nahm ich in der Nachbarzelle Geräusche wahr. Es war also doch jemand in meiner Nachbarschaft. Zwei Tage später fuhr ich zusammen, als dieser Mensch rief:

"Die goldene Rose! Die goldene Rose!"

So lautet der Titel eines Werkes des sowjetischen Schriftstellers K. Pautowskij, das von mir, Vu Thu Hien, ins Vietnamesische übertragen wurde

Ich stürzte zum Fenster und rief leise:

"Wer ist da?"

"Hier ist der Doktor, der Doktor!" antwortete der Mann.

"Ich grüße Euch!" grüßte ich vorsichtig zurück.

"Alle-sind-hier!" rief der Mann erneut, der sich mit dem Namen Doktor bezeichnete.

Seine Stimme war dieses Mal noch leiser, trotzdem wurde sie gehört. Wachsoldaten liefen lärmend herbei. Ich hörte Streit und laute Geräusche vom Auf- und Zuschließen von Türen.

Angestrengt dachte ich nach, um herauszufinden, wer dieser Mann alias Doktor sein konnte, aber es gelang mir nicht.

Unter meinen Freunden, die Mediziner waren, gab es nur Doktor Phan, der die engsten Beziehungen zu mir unterhielt. Wenn er es gewesen wäre, hätte ich ihn sofort erkennen können. Seine Stimme war mir sehr bekannt. Weswegen hätte man ihn verhaften sollen? Er war berühmt für sein Desinteresse an Politik. Mehr noch, er war der Wohltäter einer Anzahl von Funktionären der höheren Ebenen. Diese Leute konnten ihn in Schutz nehmen, da zumindest sie ihn brauchten. Einige von ihnen ließen sich von ihm wegen Geschlechts-krankheiten behandeln. Diese korrupte Gesellschaft mit einem Haufen kranker Leute an der Spitze mochte er nicht. Kranke sollte man am besten meiden. Er wusste seinen Mund zu halten, so dass die Polizisten, die mit der Observierung von Intellektuellen beauftragt waren, zu der Überzeugung kamen, dass Phan ein guter Arzt, aber in Sachen Politik ein ganzer Dummkopf sei.

Wenn jedoch der Oberstleutnant der Polizei, Hong Si, eingesperrt wurde, konnte durchaus auch Doktor Phan festgenommen werden. Er war sowieso schuldig, denn er verkehrte mit Van Cao und mir. Ich wurde nun als Konterrevolutionär tituliert und Van Cao als Rädelsführer der Truppe *Humanismus-Künstlerische Werke.* Im Polizei-Slang war 'verkehren' gleichbedeutend mit 'Verhältnis'.

Ich hoffte, Van Cao würde sich aus der Affäre ziehen können, denn in letzter Zeit war er gesundheitlich sehr angegriffen. Das Gefängnisleben hätte er kaum ertragen können. Einmal hatte er schon Glück gehabt. Beim zweiten Mal würde er schwerlich noch einmal dasselbe Glück haben. Während der Anklage gegen die Gruppe *Humanismus-Künstlerische Werke* hatte man ihm gegenüber mehrfach das Schicksal der beiden chinesischen Schriftsteller Ding Ling und Chen Xihe erwähnt, welche in ihrem Land wegen Meinungs-äußerungen eingesperrt wurden, die mit der Kulturpolitik der machtha-benden Partei nicht konform gingen, und ihm damit indirekt gedroht. Man sprach von chinesischen Angelegenheiten, um ihn davor zu warnen, dass es ihm genauso ergehen könnte.

Nach diesem Verfahren ertränkte Van Cao seinen Kummer im Alkohol. Jedes Mal, wenn ich ihn sah, fand ich ihn in leicht angetrunkenem Zustand, mit einer Schnapsflasche vor sich. Er erzählte mir, dass als Rowdys verkleidete Polizisten ihn in billigen Lokalen einige Male provoziert und tätlich misshandelt hatten. Seit dieser Zeit ließ ihn seine Frau, Frau Bang, nicht mehr alleine auf die Straße. So war sie nun gezwungen, den Schnaps für ihn einzukaufen. Gleichzeitig riet sie ihm ständig, nicht so viel zu trinken. Ihr war bewusst, dass er durch seine Trinkerei sterben würde. Aber er würde noch schneller sterben, wenn er mit diesem Kummer leben musste.

Huynh Ngu hatte mich nach Phan gefragt. Er legte mir eine Liste mit Titeln von Büchern und Erzählungen vor und fragte mich, ob ich diese kannte. Ich erschrak: Das waren genau die Titel der Erzählungen, die Phan zu schreiben vorhatte.

Woher hatten *sie* diese Liste? War Phan verhaftet und machte er Angaben? Oder hatten *sie* während seiner Abwesenheit seine Wohnung durchsucht?

Phan war zu jener Zeit kein bekannter Schriftsteller. Er liebte die Literatur mit einer arbeitsunlustigen Liebe. Nachdem er seinem zukünftigen Werk einen Titel gegeben hatte, schrieb er grob einige Seiten und warf sie hin. Diese handschriftlichen Seiten lagen dann verstreut in einem chaotischen Raum. Darunter gab es einige wunderbare Seiten. Immer wieder nahm Phan sich vor, die Arbeit daran fortzusetzen. Doch leider erwiesen sich diese Fortsetzungen als sehr selten. Ich war erschrocken, weil allein schon die Titel in dieser Liste, die mir Huynh Ngu zeigte, von Unzufriedenheit zeugten.

Als Antwort auf die Frage Huynh Ngus lachte ich nur.

"Weswegen lacht Ihr?"

"Phan ist kein Schriftsteller. Verdächtigt ihn bitte nicht, dass er mit Literatur zu tun hätte! Er hat in der Tat ab und zu den Ehrgeiz, zu schreiben. Es ist ihm aber nur einmal gelungen. Das einzige Buch, das von ihm verlegt wurde, gehörte zu der Kategorie *Gute Menschen, gute Taten.* Es wurde durch den Verlag *Unregelmäßige Menstruation* herausgegeben."

Huynh Ngus Stimme wurde hitzig:

"Was sagt Ihr? Was für ein Verlag ...?"

Ich klärte ihn darüber auf, dass wir den Verlag der Frauen aus Jux als 'Verlag der unregelmäßigen Menstruation' bezeichneten, weil die Bücher dieses Verlags hinsichtlich Zeitpunkt und Menge nicht regelmäßig erschienen.

Huynh Ngu lächelte.

"Ich verkehre mit Phan aus anderen Gründen", ergänzte ich. "Er verwöhnt seine Freunde sehr. Wenn er etwas Schmackhaftes zu essen hat, holt er uns."

Bis in alle Einzelheiten hatte ich dann Huynh Ngu noch weiter von der Kochkunst Phans erzählt mit der Absicht, ihn von seinem gefährlichen Thema abzubringen.

Wer unter meinen Bekannten konnte noch Arzt sein? Nach langem Herumkramen in meinem Gedächtnis kam ich auf Dr. Phan The Van. Ich kannte ihn eigentlich nicht näher. Wir hatten uns bei Bekannten und Freunden, möglicherweise bei Vu Huy Cuong oder irgendjemand anderem, ein paarmal gesehen. Man nannte ihn *Iwan.* Mit dem Spitznamen *Iwan* wurden Leute unter uns bezeichnet, die nicht nach den herrschenden Dogmen und Regeln der Partei leben wollten. Die *Iwans* waren nicht unbedingt pro-sowjetisch, wie diejenigen behaupteten, die sich selbst als echte Marxisten betrachteten.

Während des Widerstandskampfes gegen die Franzosen (1946-1954) blieb Phan The Van in Hanoi. Er war in der Jugendbewegung aktiv. 1956 wurde er zur Teilnahme am Weltfestival der Jugend und Studenten in Moskau delegiert. Das war eine große Ehre für einen jungen Menschen aus dem ehemals besetzten Gebiet, besonders, wenn er für den Widerstandskrieg tätig gewesen war.

Ich nahm an, dass Phan The Van festgenommen worden sein könnte.

Solange ich mich in diesem Lager von Bat Bat befand, sah ich ihn nicht wieder, und auch später in der Zeit meiner weiteren Gefangenschaft nicht. 1989 traf ich ihn dann in Saigon und fragte ihn nach seiner Mitteilung an mich in Bat Bat. Doch er wusste nichts davon. Ich war erstaunt. Wer unter meinen inhaftierten Bekannten konnte noch Arzt gewesen sein? Oder war es ein Armeearzt, den ich selbst nicht kannte, der aber mich kannte? Er hätte mich durch irgendeine Ritze in seinem Raum sehen können und mich wissen lassen wollen, dass ich nicht allein war. Es hätte jedoch genauso gut anders sein können. Weshalb aber hatte man diese Person, nachdem deren kurze Mitteilung an mich entdeckt worden war, sofort verlegt, wenn es sich hier um eine Inszenierung der Polizei gehandelt hätte?

In diesem Gefängnis verhielten sich die Gefangenenwärter der Armee uns gegenüber korrekter als die Wächter des Feuerofens. Sie schlossen die Türen mit einer unbeteiligten Miene für uns auf und zu. ‚Man hat Euch eingesperrt, nicht ich. Ich habe nichts gegen Euch, ich will so etwas nicht'.

Im Gefängnis hatten die Art des Gesichtsausdrucks und der Verhaltensweisen der Wächter großen Einfluss auf die Psyche der Häftlinge. Eine wortkarge Miene, ein hasserfüllter Blick erzeugten durchaus Stress.

Ich konnte nach kurzer Zeit Bekanntschaft mit einem Häftling machen, der in der Küche arbeitete und das Essen zu den Zellen trug. Beim Frühstück durfte er - ein junger Mensch mit intelligenten Gesichtszügen - sich an das Fenster begeben, um mir einige Stücke Bataten oder Maniok zu übergeben. Das Mittagessen stellte er auf den Rand der Wasserzisterne. Er flüsterte mir zu, dass er vom Militärgericht zu drei Jahren Haft verurteilt wurde, weil er einen Panzerwagen in den Abgrund fahren ließ und Kameraden dabei ums Leben kamen. Als unsere Bekanntschaft fortgeschritten war, fragte ich ihn allmählich nach den Gefangenen, die nicht zur Armee gehörten.

"Ich sehe noch zwei alte Menschen", sagte er.

"Einer davon ist mein Vater."

"Wie sieht er aus?"

"Er hat eine Glatze."

Ein solches Gespräch, das auf zwei oder drei Sätze beschränkt war, fand höchstens einmal am Tag statt. Wir mussten sehr schnell sprechen. Danach verschwand der junge Mann mit seiner schweren Last auf den Schultern wieder.

"Euer Vater mit der Glatze hat eine Narbe am Bauch, nicht wahr?" fragte er mich eines anderen Morgens.
"Richtig. Das ist er. Er hatte eine Gallenoperation."
In der Zelle war es heiß. Mein Vater hatte seinen Oberkörper frei. Dadurch konnte der junge Freund dieses Merkmal sehen.
"Und der andere Herr?"
"Das ist Generalmajor Dang Kim Giang."
"Mein Gott, und ich erkenne ihn nicht."

Am darauffolgenden Tag holte er eine Zigarettenpackung der Marke Tam Dao aus der Hose heraus, schaute sich erst nach vorn, dann nach hinten um und warf sie schließlich in meinen Raum:
"Von Eurem Vater."
Er hatte von sich aus meinem Vater mitgeteilt, dass er Verbindung zu mir hatte. Vorsichtig prüfte ich die Zigarettenpackung. Sie schien mir noch voll zu sein. Nach gründlicher Überprüfung stellte ich fest, dass sie geöffnet und dann wieder zugeklebt worden war. Ich hielt jede Zigarette lange in der Hand. Nichts. Das war eine Testpackung. Mein Vater war immer vorsichtig. Er vertraute niemandem sofort. Die gegenwärtige Lage erforderte von ihm noch mehr Vorsicht.

In der Woche darauf erhielt ich wieder eine Zigarettenpackung, in der mir eine Zigarette verdächtig erschien. Ich schüttelte den Tabak an ihren beiden Enden heraus und fand darin ein zusammengedrehtes Stück Papier mit den winzig klein geschriebenen Zeilen:

Meine Schuld am Vaterland habe ich vollständig bezahlt
Die Familienangelegenheiten überlasse ich der Mutter
und den Kindern
Mit meinen hundertjährig grauen Haaren
kann ich mein Versprechen nicht halten
Nach wie vor halte ich an meiner aufrechten Haltung fest.

"Lerne diese Zeilen bitte auswendig und verbrenne dann den Zettel. Wenn ich nicht zurückkommen werde, dann sind es die letzten Worte, die ich Mutter schicken will. Entschuldige mich bei Mutter, dass ich sie so leiden lasse. Aber anders könnte ich nicht leben. Du sollst für Deine Gesundheit Yoga und Qigong üben, um auf eine bessere Zukunft zu warten. Die Nacht wird vergehen. Die Teufel werden der Sonne des Verstandes weichen müssen. Das Böse wird vor dem Menschlichen knien müssen. Dein Vater"

Mir kamen die Tränen. Ich betete zum Himmel und zu Buddha, dass mein Vater weiterleben könnte bis zum Tag des Wiedersehens mit meiner Mutter und uns.

Durch den hilfsbereiten Mithäftling konnte ich meinem Vater einen Brief zukommen lassen. Ich versprach ihm, seinen Willen auszuführen. Danach brach die Verbindung zwischen uns beiden ab.

Gelegentlich ließ Huynh Ngu mich holen, nicht zur Vernehmung, sondern um sich nach meiner Gesundheit zu erkundigen. Er wurde immer sehr verlegen, wenn ich ihn nach der Dauer meines Festgehaltenwerdens fragte. Ich sagte, dass diese jenseits jeder Grenze schon zu sehr in die Länge gezogen worden wäre. Er konnte nicht mehr ständig schreien und wusste, dass das gar nichts nützte. Auch er selbst fühlte sich müde. Wie ein Krankenhelfer am Bett eines Patienten tröstete er mich mit derart leeren Sprüchen wie: Vertrauen in die Nachsicht der Partei, die Klugheit der Partei, die elterliche Liebe der Partei usw. ... Ich musste ihn sogar bemitleiden. Denn er war doch nicht so doof, um gar keine Ahnung von den Gesetzen zu haben. Aber er wusste nicht, was er weiter tun sollte. Die Verstöße seiner Herren gegen die Gesetze waren zu offensichtlich.

In diesen Tagen in der Zelle von Bat Bat erinnerte ich mich ab und zu an eine Aussage von Hoang:

"Ich möchte Euch nichts androhen. Euch zu drohen nützt mir nichts, das weiß ich. Ich glaube daran, dass Ihr mutig seid. Ihr habt dem *Mann mit der Sense* mehrfach die Hand gedrückt, wie Ihr gesagt habt. Aber eines wisst Ihr nicht: Im Leben gibt es vieles, was noch furchtbarer ist als der Tod."

Hoang hatte Recht.

Wir wurden nicht physisch misshandelt, nicht umgebracht. Wir wurden lediglich lebendig begraben.

Ich konnte mir nicht vorstellen, in einem engen Käfig, besser gesagt, in einem stabilen Grab für Lebende mit einer Pritsche, einem Nachttopf, einem Bambusrohr als Wasserbehälter leben zu können. Und das nicht nur einige Tage oder Monate, sondern jahrelang. Einsam.

Auf dem Weg zu einer Vernehmung sah ich eine Soldatin mit einem kleinen Jungen an der Hand. Der Junge war etwa drei Jahre alt und lief etwas unsicher neben der Mutter her. Er sah mich und lachte. Ich lachte auch und winkte mit der Hand. Er winkte zurück. Wie niedlich der Junge war. Ich bewunderte ihn. Als ob er ein Weltwunder gewesen wäre. Als ob ich im Leben noch nie einen kleinen Jungen gesehen hätte. Ich verlangsamte meine Schritte, um den Kleinen länger bewundern zu können. Tränen kamen in meine Augen.

"Schneller!" drängte der Gefängniswärter.

Ich nahm darauf keine Rücksicht. Ich kam in die Nähe des Jungen. Ich sah den Flaum auf der feinen Haut seiner rundlichen Backen. Ich ging an ihm vorbei. Ganz langsam. Der Kleine schaute zu mir herauf. Seine Augen waren ganz klar. Er lachte wieder. Die Mutter nahm ihn auf den Arm. Sie sah mich an, den Blick voll Mitleid.

Ich drehte mich um und winkte dem Kind zu. Es sah mir nach und winkte mit einer winzigen Hand.

"Schneller!" drängte der Wärter erneut.

Allmählich entfernte sich der Junge.

Ich wusste sparsam zu essen, sparsam Geld auszugeben. Das Elend war, dass man in diesem Leben nun auch noch mit etwas anderem sparsam umgehen musste: mit Blicken.

Eines Tages hörte ich draußen jemanden mit dumpfen Geräuschen die Erde aufhacken. Durch den Spalt meines verschlossenen Fensters sah ich schmutzig-schwarze Füße sich hin und her bewegen. Das mussten Häftlinge des Gemeinschaftslagers sein, die zur Säuberung des Zellentraktes gebracht wurden. Nachdem sie fort waren, durfte das Fenster wieder geöffnet werden. Vor meinen Augen lag nur noch ein kahles Stück Erdboden, auf dem sich kein einziger Grashalm mehr zeigte. Etwa zwei Meter vom Fenster meines Raumes entfernt war ein junges Bäumchen gepflanzt worden, das nur wenige Blättchen trug.

Das bedeutete, dass mir in diesem Leben nun auch das letzte Grün genommen worden war. Der nackte Boden zeigte nur noch Steine und Kiesel. Ich verfiel in tiefe Trauer.

Nach einigen Tagen des Überlebenskampfes in dieser unerbittlichen Hitze, dieser besonders erbarmungslosen Hitze der Mittelgebirge, streckte sich dieses schwächliche Bäumchen, das schon zu verbrennen schien, nach oben aus, starrköpfig, unbeugsam. Oft nahm ich einen Mund voll Wasser auf und besprühte es. Diese Methode, die Pflanze zu gießen, war nicht einfach. Ich musste geschickt darin sein, kräftig und weit zu pusten, so dass die Wasser-tröpfchen das Bäumchen auch trafen.

Ich bewohnte diesen Ort von der Zeit, als das Bäumchen winzig klein war, bis zu der Zeit, als es Schatten warf ... auf dieses Grab für Lebende.

Dieses hartnäckige Bäumchen war während all der Monate und Jahre meiner Gefangenschaft auch mein Wohltäter. Es lehrte mich, zähneknirschend überleben zu können.

Der erste "Mitbeschuldigte", auf den ich hier traf, war Tran Minh Viet. Wir gaben uns voller Begeisterung gegenseitig Informationen.

Damit man sich vorstellen kann, wie Kommunikation zwischen Zellenhäftlingen vor sich ging, muss ich hier zuerst eine Beschreibung der Wände des Gefängnisses von Bat Bat geben. Niemand wusste, welcher elende Kerl diese Wände mit Schuppen aus Zement erschaffen hatte. Es musste ein ganz fieser

Architekt mit dem Herzen eines wilden Tieres gewesen sein, dass er solche abscheulichen Wände erbauen konnte. Ihre Oberfläche war extrem uneben, voller spitzer scharfer Dornen. Der müde Häftling konnte sich nicht mit dem Rücken gegen die Wand lehnen, sonst lief er Gefahr, sich blutig zu verletzen. Wegen derselben Gefahr konnte man auch nicht mit den Fingern an die Wand klopfen. Um klopfen zu können musste ich meine Finger erst mit Stoff umwickeln.

Es war schwierig, eine Einigung über unsere Geheimzeichen zur Kommunikation zu finden. Vor der Augustrevolution (1945) gehörte ich zu den "Jungen Wölfen" des Rudels von Hong Duc, der *Kinderorganisation der Pfadfinder. Nach 1954 existierte sie im sozialistischen Vietnam nicht mehr. Sie wurde als Instrument der ausbeutenden Klassen betrachtet.* Unser Rudelführer, der Wolf Vuong Trong Thanh, brachte uns unter dem Motto "Jeden Tag eine gute Tat" nicht nur bei, hilfsbereit zu werden, sondern auch andere nützliche Kleinigkeiten, wie z.B. das Morsealphabet. Tran Minh Viet war jedoch weder junger Wolf noch Pfadfinder und verstand nichts vom Morsen. Daher mussten wir das normale Alphabet als Geheimzeichensystem benutzen. Für jeden Buchstaben wurden so viele Klopfzeichen gegeben, wie dessen Stelle im Alphabet zählte. Zum Beispiel galt für den Buchstaben "a" ein Klopfzeichen, während für "k" zehn Klopfzeichen und für "v" einundzwanzig nötig waren. Zwischen zwei Buchstaben gab es eine kleine Pause, nach einem Wortende wurde einmal ganz stark geklopft. Die Redegeschwindigkeit war daher sehr niedrig. Trotzdem konnte ich ihm innerhalb eines Monats all das mitteilen, was sich von Juli bis Dezember 1967 außerhalb des Gefängnisses ereignet hatte. Als er von den Mitteilungen Nr. 1 und Nr. 2 des Le Duc Tho erfuhr, schlug er mehrfach stark gegen die Wand: "Dieser Hundesohn! Dieser Elende!"

Zwei Monate später wurde ich plötzlich an eine andere Stelle verlegt, grundlos. Ich war sicher, dass unsere Geheimkommunikation nicht entdeckt worden war.

Mit jedem weiteren Tag in der Gefangenschaft nahmen wir ein gröberes Verhalten an. Eines Tages hörte ich die gewaltige Stimme von Luu Dong, dem Senior unter den Journalisten und bekannt für seine Berichte über den Widerstandskampf gegen die Franzosen, durch den ganzen Bereich schallen:

"Hau ab! Du brauchst nicht diese ungebildeten Kerle zu bringen, um mich zu bedrohen. Sag Eurem elenden Le Duc Tho, dass ich in seinen Mund sch... Auch dem Mist fressenden Le Duan. Ich verfluche die Nutte, die ihn geboren hat. Ihr, ihr Verdammten! Ihr, ihr Elenden!"

Ich war höchst zufrieden, diese Verwünschungen von Luu Dong zu hören. Die Baritonstimme von Luu Dong war unverwechselbar. Kultur lässt den Menschen weniger echt, weniger er selbst sein in der Art und Weise seines Gefühlsausdrucks. Es war schön, gelegentlich so wild, so primitiv zu leben. Ich wünschte mir, noch mehr Flüche von Luu Dong zu hören, aber inmitten seiner Verwünschungen verstummte er plötzlich. Sein Zorn war schnell aufgeflammt. Er schämte sich vor sich selbst und erkannte, dass er sich in einer Weise verhielt, die eines Intellektuellen nicht würdig war.

Mit ängstlichem grauem Gesicht rannte der Polizeiarzt aus der Wegbiegung heraus, wie vom Teufel verfolgt. Auch die Wachsoldaten kamen schreiend herbeigerannt. Die Fenster wurden zugeschlagen. Ich saß im Schatten und hörte den Geräuschen von draußen aufmerksam zu. Es schien, als ob nichts passierte.

Luu Dong wurde nicht geschlagen. Wenn er geschlagen worden wäre, hätte ich ihn hören müssen. An der Lautstärke seiner Stimme, die in meiner Zelle ankam, hatte ich erkannt, dass er sich in meiner Nähe befand, höchstens eine Zelle entfernt. Danach hörte ich seine Stimme nicht mehr. Er wurde verlegt.

Im Lager von Bat Bat erhielten wir das *Sonnenregime*. Das war eine Sonderregelung für die *revisionistischen* Häftlinge. Hier gab es keine Zeiten für Spaziergänge der Häftlinge, wie man es aus anderen Ländern oft auf der Leinwand sah. Einmal in der Woche öffnete ein Gefängniswächter die Türe, damit ich für eine Stunde in die Sonne gehen konnte. Die übrige Zeit musste ich in der Zelle bleiben.

Wenn Wachsoldaten herbeirannten und das Fenster schlossen, wusste ich, dass Häftlinge an meiner Zelle vorbeigeführt wurden. Ich erspähte Vu Huy Cuong, Hong Si, Pham Viet, Tran Minh Viet, Tran Thu, Huy Van und andere, mir Unbekannte. Wenn sie nicht von Armeewächtern, sondern von Polizeiwächtern begleitet wurden, dann wusste ich, dass sie meine Mitbeschuldigten waren. Von diesen Leuten, die miteinander nichts zu tun hatten, zu behaupten, dass sie zu einer gegen die Partei agierenden Gruppe, einer organisierten Opposition gehört hätten, war eine schmutzige Lüge.

Nun erst verstand ich, wie diese politische Verleumdung vor sich ging. In der Zeit der Verurteilung der Gruppe *Humanismus-Künstlerische Werke* hatte ich darüber gehört, ohne es jedoch verstanden zu haben.

Van Cao, der Komponist unserer Nationalhymne, der nach der Sprache der Verantwortlichen für Literatur und Kunst der Rädelsführer jener Intellektuellen sein sollte, die der Partei die Führung des Landes aus den Händen nehmen und an sich reißen wollten, sagte mir einst, dass das ganze Verfahren *Humanismus-Künstlerische Werke* ein falsches Spiel war.

"Damals hatten die Schriftsteller und Künstler noch großes Vertrauen in die Partei", erzählte Van Cao. "Sie haben die Partei noch sehr geliebt. Die Partei ist ihre Partei gewesen. Als Intellektuelle sind wir es aber weder gewohnt noch sind wir gewillt, blind zu vertrauen. Wir haben gesehen, dass die Gesellschaft Schwächen und Krankheiten hat. Wir haben Vorschläge gemacht. Die Partei hat die Macht, und wir haben der Partei deshalb unsere Vorschläge gemacht. Wem sollten wir sie sonst machen? Wie die Vorschläge gemacht worden sind, ist nicht das Problem. Man muss nicht immer schreiben "Hoch verehrte Genossen ..." Man kann die Vorschläge genauso gut aussprechen oder in der Zeitung veröffentlichen. Niemand hat zu einem Sturz dieser Herren aufgerufen. Nur die Herren selbst haben laut geschrien: Achtung! Es gibt Feinde, es gibt Feinde in unseren eigenen Reihen. Daraus haben sie dann ein Verfahren inszeniert, um die Leute niederzuhalten. Nguyen Manh Tuong, *ein Jurist mit zwei Doktortiteln in Französischem Recht und Professor an der Universität Hanoi, durfte nach diesem Verfahren lebenslänglich nicht mehr lehren.* Weil er die offensichtlichen Fehler in der Anwendung des Gesetzes aufgezeigt hat, ist auch er *geschlagen (verurteilt)* worden. Sie haben alle Intellektuellen *geschlagen*, das heißt: nicht nur Schriftsteller und Künstler. Sie haben sie *geschlagen*, um jedem Widerstand vorzubeugen."

"Wer unter der Parteiführung hat diese *Schlacht* inszeniert?"

" Ihr wollt wissen, wer der Urheber war? Nein, es war nicht Ho Chi Minh. Der Alte hat sich so etwas nicht ausgedacht. So schlecht ist er nicht. Nguyen Chi Thanh war es auch nicht. Wir wollen es ihm nicht unterschieben, nur weil der Schriftsteller Tran Dan in einem *Raum zum Reuebekennen* eingesperrt wurde. Der Kerl war zu diesem Zeitpunkt damit beschäftigt, seine Position als Oberster Befehlshaber zu festigen, die er General Giap kurz vorher aus den Händen genommen und an sich gerissen hatte. Der Urheber war *Longue Marche* (gemeint war damit *Truong Chinh,* in französischer Sprache wortwörtlich: *langer Marsch)*, ja, Ihr habt richtig gehört, es war Truong Chinh."

"Und das Mitglied des Politbüros, To Huu, der unter anderem für Kunst und Literatur verantwortlich ist?"

"To Huu? Nein, nein. Man muss gerecht sein. To Huu mag mich nicht, macht mir tatsächlich Schwierigkeit, aus Neid. Ich mag diesen albernen Kerl auch gar nicht. Aber ich möchte bei der Wahrheit bleiben. Er ist nur ein Ausführender. Man kann sagen, was man will, To Huu hat noch etwas in sich von einem Dichter. Nach außen hin führte er die ganze Schlacht vom Anfang bis zum Ende. Man dachte, das Verfahren *Humanismus-Künstlerische Werke* habe damit begonnen, dass die Zeitschrift Nhan van (Humanismus) einige Kritiken gegen Gedichte von To Huu veröffentlicht hat, so dass er erzürnt war und sie *geschlagen* hätte. Absoluter Irrtum. *Longue Marche* war der eigentliche Urheber des Verfahrens *Humanismus-Künstlerische Werke.* Er wollte damit seine Verbrechen bei der Bodenreform vertuschen und eine Müllgrube ausheben, in der er seine ganze Schuld und alle Verbrechen verschwinden lassen kann. Es war *Longue Marche* höchst persönlich. Man soll ihm sein Urheberrecht nicht wegnehmen. Das wäre ungerecht. *Longue Marche* hat Nguyen Tuan und mich dann eingeladen. Er hat stundenlang von Parteilichkeit und Verantwortung des Parteimitglieds gesprochen. Er wollte uns vom richtigen Weg überzeugen. Nguyen Tuan hörte zu, mit dem Gesicht in die Luft starrend, gähnend, ohne den Mund mit der Hand bedecken zu wollen. Das war Nguyen Tuan, der Mann ohne Rücksichtnahme auf sein Leben. Manchmal war er ein bisschen feige, aber mit Maß. In den meisten Fällen verhielt er sich trotzig. Ich habe *Longue Marche* gesagt: 'Wenn es in einem Rosengarten Insektenschädlinge gibt, muss man sich die Mühe machen, die einzelnen Schädlinge mit der Hand zu fangen. Denn wenn man eine Menge von Insektiziden hineinwirft, dann werden alle Rosen sterben. Ihr werdet sehen: Niemand vermag zu sagen, wann die vietnamesische Literatur und Kunst nach dieser Schlacht ihren Kopf wieder erheben kann.' Er hörte mir mit einem steifen Gesichtsausdruck zu. Das ist seine Art und Weise. Er hatte uns noch mit einer weiteren Absicht zu sich gerufen: Er wollte uns zu verstehen geben, dass er uns zugehört habe, dass er sich sehr demokratisch verhalten habe, dass aber unsere Literatur und Kunst nicht einmal ein paar Xu (kleinste vietnamesische Währungseinheit) wert sei."

Ich halte diese Worte von Van Cao hiermit fest als den möglichen Beweis eines Mitbeteiligten, und zwar für die Menschen, die später einmal die Epoche *Humanismus-Künstlerische Werke* untersuchen werden.

Eines Tages sah ich Tran Minh Viet zur Vernehmung gehen. Einige Stunden danach kehrte er mit verschiedenen Paketen und Beuteln und einem tief traurigen Gesicht zurück. Dann kamen Huy Van, Tran Thu, Luu Dong und einige andere an die Reihe.

Ich schlussfolgerte, dass sie ihre Angehörigen hatten treffen dürfen.

Nach meiner Einschätzung trat das Verfahren in ein neues, für uns ungünstiges Kapitel ein. Nach drei Jahren der Inhaftierung ohne Begründung, ohne uns die Möglichkeit zu geben, unsere Angehörigen zu sehen, und ohne auf eine Reaktion in der Partei und in der Gesellschaft zu treffen, könnten es sich die Machthaber nun leisten, unsere Festnahme - die Festnahme von Elementen, die gegen die Partei agierten - als eine Sache zu betrachten, die durchzuführen sie selbstverständlich befugt wären.

In der Annahme, jemanden von meiner Familie zu sehen, schrieb ich im Voraus einen Brief an Nguyen Luong Bang. Die Polizisten dachten nicht, dass ich die Lage draußen beobachten konnte, und deshalb kontrollierten sie mich nicht. Tinte hatte ich nicht. Als Ersatz nahm ich Nikotin von der Innenseite der Pfeife, dem Geschenk meines ehemaligen Mithäftlings, mit dem ich nun auf einem Stück Bonbonpapier schrieb:

"Lieber Onkel, ich schlage Dir vor, als Halter des Schwertes, zum Schutz der Reinheit der Partei persönlich dieses Verfahren zu überprüfen. Ich bin Dein Neffe, der von Dir und von den Eltern im Geist der Treue zur Revolution erzogen wurde. Wenn Du nach dieser Überprüfung herausfindest, dass ich ein Konterrevolutionär sei, lass mich bitte erschießen. Wenn nicht, dann musst Du

diejenigen richten, die die Macht missbrauchen, um die wahren Revolutionäre zu unterdrücken."

Meine Rechnung ging auf. Nicht lange danach wurde ich aufgerufen.

Meine Mutter, meine Frau und die Kinder warteten bereits in einer Hütte mit heugedecktem Dach, die in aller Eile für die Gäste der Revisionisten-Häftlinge errichtet worden war.

Dies war unser erstes Treffen nach meiner siebenundzwanzigmonatigen Gefangenschaft. Alle kamen zu mir, um mich zu umarmen. Ich befürchtete, dass sie anfangen würden, zu heulen. Aber meine Mutter blieb vollkommen ruhig, so, als ob in den nicht ganz drei zurückliegenden Jahren nichts geschehen wäre. *Nach dem Tho Mai Gia Le, dem Hausbuch des Benehmens von Tho Mai, war diese Zeit genau so lang wie die Zeit, in der die Frau ihren verstorbenen Ehemann betrauerte.* Ich verstand sie. Sie wollte vor den Feinden immer aufrecht stehen. Nur ihre Stimme, die an manchen Stellen stockte, verriet ihre innere Erregung.

Meine Mutter war stark gealtert. Die Haare waren dünner und ließen an vielen Stellen den kahlen Schädel durchscheinen. Ich sah meine Mutter an und die Tränen traten mir in die Augen. Sie litt zu viel in ihrem Leben.

Ich erinnerte mich an einen kühlen Morgen am Ufer des Flusses Da, dem Schwarzen Fluss. Damals antwortete meine Mutter ruhig und korrekt auf die Fragen eines französischen Offiziers, der einen Gefangenenzug nach Son La begleitete. Er fragte, woher sie wüsste, dass ihr Mann verlegt würde, so dass sie kommen konnte, um von ihm Abschied zu nehmen. "Eine Frau, die ihren Mann liebt, weiß immer, wo er sich befindet", erwiderte sie. Die nächste Frage lautete, warum sie ihrem Mann nicht von seinen Taten abgeraten habe, weil dadurch nun die Familie auseinandergerissen worden wäre. Sie antwortete: "Mein Mann hat das getan, was jeder Vietnamese, der sich selbst achtet, tun muss." Ich sah den Stolz in den Augen der mitgefangenen Genossen, als sie meine Mutter ansahen, auf dieser Fähre, die sie in die Richtung brachte, in der die Stadt Hoa Binh lag.

1939 begleitete ich meine Mutter auf der Fahrt zur Gemeinde Phuong Lam, Provinz Hoa Binh, als sie dort von der Gefangenengruppe Abschied nahm, in der sich außer meinem Vater noch Tran Huy Lieu, Trinh Tam Tinh, Nguyen Van Phuc, Dang Kim Giang ... befanden. Die Parteizentrale hatte Informationen erhalten. Sie schickte meine Mutter mit Geschenken für die Häftlinge zu deren Abschied. Ich weiß noch, dass mein Vater mir bei dieser Gelegenheit die Baskenmütze vom Kopf nahm und sie Herrn Phi Van schenkte, der mit ihm die Handschellen teilte. Phi Van wurde später von der Partei liquidiert. Nguyen Luong Bang erzählte, Phi Van sei von der Partei vernichtet worden, weil er seine Genossinnen an chinesische Freudenhäuser verkauft habe. Ob und wie viel an diesem Gerücht etwas wahr gewesen ist, habe ich nicht erfahren.

Meine Mutter hatte mir immer angeraten, mich vor dem Feind nicht schwach zu zeigen. Allerdings handelte es sich da um ganz andere Feinde, nicht um diese widerlichen. Während ihrer illegalen Arbeit (vor 1945) war sie nicht davon überzeugt, das eigene Land jemals unabhängig zu sehen. Deshalb bereitete sie uns durch ihre Lehre darauf vor, eines Tages ihren Feinden gegenüber zu stehen. Alle ihre Ratschläge und Empfehlungen halfen mir sehr in jenen Tagen, die ich in den Zellen verbrachte, als meine Verbindung zur Außenwelt völlig abgeschnitten war.

Meine Frau wusste nicht, wie sie sich den Polizisten gegenüber verhalten sollte und war verlegen. Als ob sie selbst eine Halbgefangene sei, weil ich ein Gefangener war. Es tat mir weh. Ich umarmte sie, ohne zu wissen, was ich ihr sagen sollte. Meine Frau war auf ein solches Leben nicht vorbereitet. Aber ich sah in ihre Augen und verstand, dass meine Frau bereit war, das Elend, das uns dieses faschistische Regime bereitete, gemeinsam mit mir zu ertragen.

Ich nahm das Kind, das ich zum ersten Mal sah, in meine Arme. Bei meiner Festnahme hatte ich von einer Schwangerschaft meiner Frau nichts gewusst. Die kleine Hoai Thu sträubte sich in meinen Händen. Sie wollte mich nicht umarmen. Ihre ältere Schwester Mi Lan begann sich mir zu entfremden. Ich umarmte und küsste sie. Als der Wächter gerade nicht aufpasste, steckte ich den Brief in die Westenjacke meiner Tochter: "Verstecke es und gib es dann der Oma!" Mi Lan sah mich aufmerksam an. Sie nickte mit dem Kopf. Ich überlegte, ob meine Tochter die Sache verstand oder ob sie der Oma das Brieflein, das in ein Stück meiner Zahnpasta-Tube eingerollt war, gleich vor den Augen der Polizisten übergeben würde. Zum Glück war Mi Lan intelligenter als ihr Alter es vermuten ließ. Während dieses ganzen Treffens saß meine Tochter auf meinen Beinen und plauderte fröhlich, ohne einen Verdacht zu erregen.

Meinen Brief drückte meine Mutter später Nguyen Luong Bang in die Hand.

Er empfing meine Mutter im Obergeschoss eines von Polizisten bewachten Hauses und sprach ihr harmlose tröstende Worte zu. Zur Verabschiedung begleitete er sie nach unten. Als sie beide den Garten erreichten und er überzeugt war, dass das Gespräch nicht abgehört wurde, versprach er, die Sache zwecks Überprüfung vor die Zentrale zu bringen.

"Der arme Mann! Noch nie habe ich ihn in einem so elenden Zustand gesehen", erzählte meine Mutter von diesem traurigen Treffen.

Er hat sein Versprechen nie gehalten. Die hohe noble Position und die Angst vor Le Duc Tho hatten die Seele des einst berühmten Revolutionärs gelähmt. Meine Mutter erzählte weiter, bei jedem ihrer Besuche habe sie erkannt, dass er wusste, dass seine Wohnung *verwanzt* war.

Der Gerechtigkeit wegen muss man sagen, dass in ihm ein Kampf zwischen unserer Freundschaft und seiner Position stattgefunden hat. Leider wurde die Freundschaft dabei Knockout geschlagen. Durch die Erzählungen meines Vaters wusste ich von diesem inneren Kampf. Kurz vor seinem Tod ließ er meinen Vater zu sich kommen. Er bedauerte. Er bat meinen Vater um Verzeihung. Mein Vater sagte ihm: "Es ist geschehen. Du bist nicht der Verursacher. Wir sind keine Genossen mehr, aber noch Freunde. Du kannst beruhigt die Augen schließen."

Es gibt eine Anzahl von Menschen, die den Kommunismus analysieren und dabei die Meinung vertreten, dass in der sogenannten sozialistischen Gesellschaft die Funktionsträger - einschließlich der Führer - an die Struktur derart gebunden sind, dass sie davon nicht loskommen können, auch wenn sie es wollten. Daher sei eine Bewertung dieser Leute nach dem üblichen Maßstab des menschlichen Handelns falsch.

Diese nachsichtige Denkweise der betreffenden Analysten ist nichts anderes als der Versuch einer Rechtfertigung der über ihnen stehenden Opportunisten und Diktatoren, um damit die Grenze zwischen Henker und Opfer zu verwischen. In einer Gesellschaft, die in Armut versinkt, werden durch die allmähliche unmerkliche Degradierung der moralischen Normen unbewusst - ihrem Abwehrinstinkt folgend - die Funktionsträger der Struktur tätig, um von dieser Struktur nicht abgestoßen zu werden. Zusätzlich geweckt wird dieser niedere Instinkt durch eine als neue moralische Norm glänzende Oberschicht, was dazu führt, dass die Überzeugung der Funktionsträger von der Richtigkeit der unmoralischen Taten ihrer Lebensweise gefestigt wird. So rutschen diese Leute an einem inhumanen Abhang entlang immer tiefer, ohne sich dessen bewusst zu sein.

Anhand der Fragen, welche die Polizei an mich stellte und nach denen ich einen Bericht über Nguyen Luong Bang schreiben sollte, stellte ich fest, dass dieser im Dezember 1967 noch zu den Verdächtigten gehörte, die angeblich in Opposition gegen die Partei agierten. Nicht einmal ein Jahr später, im November 1968, nahm er mit einem Sprung die Position eines Unterdrückers ein.

Der Fall Nguyen Luong Bang war typisch für dieses Abrutschen.

Ich konnte Nguyen Luong Bang verstehen. Er beteiligte sich aus Angst an der Leitung der strafrechtlichen Sonderkommission Le Duc Thos. Dank seiner Angst entkam er damit nicht nur der drohenden Gefahr, sondern wurde im Jahre 1969 sogar zum Stellvertreter des Staatspräsidenten ernannt. Doch er verlor auch etwas, allerdings nur Unbedeutendes: Die Freundschaft, die Kameradschaft, die Liebe der nicht mit ihm verwandten Neffen und Nichten, den Respekt der echten Revolutionäre.

Das ist der menschliche Verfall. Er ist in jeder gesellschaftlichen Schicht gegenwärtig. Der Zusammenbruch des sozialistischen Weltsystems nahm seinen Anfang in seinem inneren Verfall, am Verfaulen des Menschlichen, oder - wie Lenin sagte -, am extremen Verlust des Menschlichen. Dieses System ging nicht zum Zeitpunkt des Tiefstands seiner Wirtschaft (sowohl der UdSSR als auch der osteuropäischen Staaten) zugrunde, sondern zu dem Zeitpunkt, als die Menschen dieser Staaten *den extremen Verlust des Menschlichen* nicht mehr ertragen konnten. Sie waren sich dieses Verlustes bewusst geworden und konnten sich daher mit dem Regime nicht mehr abfinden.

Meine Mutter informierte mich, dass die ganze Familie meinen Vater gesehen habe. Er sei auch hier und es ginge ihm normal. Meine Mutter sagte das mit einem Augenzwinkern und lächelte traurig. Ich verstand, dass mein Vater schwach war und die Polizei es nicht zuließ, etwas anderes zu sagen. Das war wieder so eine Albernheit dieser Falschmoralisten: Sie genehmigten auch bei den kleinsten Kleinigkeiten nur eine von ihnen   geschönte Wirklichkeit.

Plötzlich schöpfte ich Verdacht gegen die Teekanne, die auf einer Wärmeplatte auf dem Tisch stand. Ich schob sie zur Seite, damit meine Frau die Speisen darauf stellen konnte. Der Polizist beobachtete das, stürmte auf den Tisch zu und schob die Kanne sofort wieder an die ursprüngliche Stelle zurück. Ich hatte also die richtige Ahnung gehabt: In diesem Wärmer gab es *Wanzen*. Der einseitig erklärte Krieg ging also noch immer nicht zu Ende. Nach wie vor befürchtete Le Duc Tho etwas. Nicht umsonst ließ er unsere privaten Gespräche abhören. Oder wollte er irgendjemandem eine Falle stellen?

Schweigend und mit verächtlichem Lächeln verfolgte meine Mutter, was vor ihren Augen geschah. Sie war zufrieden, dass ich ständig vorsichtig war. Mit geschickten Worten empfahl sie mir, zu warten, keine Illusionen zu hegen und die Situation zu ertragen. Ihre Worte machten mich tief traurig. Draußen herrschte noch immer tiefschwarze Nacht, nichts versprach einen neuen Tagesanbruch. Und es war bereits Sommer 1969.

Als der Polizeiarzt gerade in eine andere Richtung blickte, nutze meine Frau diesen Moment aus und gab mir einen zweifarbigen Kugelschreiber. Sie hatte mir etwas schenken wollen und wählte diesen Kugelschreiber, der mir bestimmt gefallen würde. Ich warf rasch einen Blick auf den Polizisten, der uns noch zuhörte, dabei aber auf den Hof hinaus sah. Schnell riss ich das Schreibgerät aus der Hand meiner Frau und steckte es in meine Tasche. Meine Frau sah mich verwundert an.

Noch am selben Tag beging ich eine kulturwidrige Tat, indem ich diesen wunderbaren Kugelschreiber zerstörte. Zum Schein bat ich den Polizisten um einen Austritt auf den Hof. Ich saß sehr lange in dem behelfsmäßig aufgestellten Klo, dessen Wände aus geflochtenem Bambus die Sicht nicht wirklich versperrten. Ich beobachtete das Umfeld ganz genau und zerstörte den Kugelschreiber. Die einzelnen Plastikbruchstücke vergrub ich mittels eines Stäbchens in der Erde. Mit meinem Messer, das im Schuh versteckt war, ritzte ich die Naht zwischen der Wattejacke und dem Futter zu einem kleinen Spalt auf und steckte die beiden Minen hinein.

Mit Hilfe dieser zwei Kugelschreiberminen fing ich an, "Meine Kindheit" zu schreiben. Nach einer neunzehnjährigen Tragezeit kann dieses Buch nun das Licht der Sonne erblicken.

31

Der Zentrale Organisations-Ausschuss

Der Name Le Duc Tho ist heute nicht nur in Vietnam, sondern in der ganzen Welt bekannt. Sein Bild und seine Kurzbiographie erscheinen in Enzyklopädien. Sein Verdienst bei der Suche nach Frieden und der Beendigung des Krieges in Vietnam bei den Pariser Verhandlungen (1973) mit dem US-Vertreter Henry Alfred Kissinger sowie die Verleihung des Friedensnobelpreises an diese beiden Personen (im selben Jahr) wurden gewürdigt.

In Vietnam ist der Name Le Duc Tho eng verbunden mit dem Verfahren *Gruppe der gegen die Partei agierenden Revisionisten* und mit sehr vielen anderen Verfahren, die vom Zentralen Organisationsausschuss inszeniert wurden und durch die die viele Menschen ohne Beweise beschuldigt und misshandelt wurden.

Ich bedaure, dass ich Le Duc Tho nicht näher kannte, um viel mehr und eingehender über die Person schreiben zu können, die lange Zeit die politische Bühne Vietnams beherrschte. Ich hoffe, dass jemand in der Zukunft sich dieser Arbeit widmen wird, da Le Duc Tho eine spezifische Erscheinung der Gesellschaft darstellte, die sozialistisch genannt wurde.

Die Absicht von Luu Quy Ky, eine satirische Zeitschrift nach dem Vorbild des sowjetischen "Krokodil" herauszugeben, um - wie in einem der vorherigen Kapitel schon erwähnt - die negativen Erscheinungen zu kritisieren, war keine leere Absicht. Was Luu Quy Ky nicht vorausgesehen hatte, war, dass seine ehrliche Absicht zu einem Unglück führte. Obwohl Le Duc Tho diesen Luu Quy Ky eine Zeitlang als seinen engen Anhänger betrachtet hatte, suchte er nun persönlich das Amt für Zeitungen und Zeitschriften auf, um dessen unverschämte Gedanken zurechtzubiegen. Die hohe, nie erlahmende Wachsamkeit des *Sechsten-der-Hammer, Le Duc Tho,* ließ eine Lockerung der bis zum Halsband straff gespannten Leine nicht zu.

Ich war bei diesem Ereignis anwesend.

Von großer Gestalt, mit silbergrauen Haaren und einer absichtlich verzögernden Sprechweise, die vom Zuhörer verlangte, auf den nächsten Satz zu warten, hinterließ Tho bei mir einen faden und unangenehmen Eindruck. Ich bin allergisch gegen das, was unecht ist. Bei Le Duc Tho erkannte ich eine Menge an Falschheit. Alle Leute verhielten sich unterwürfig und ängstlich. Ich betrachtete ihn gleichgültig und kühl.

Die Demokratische Republik Vietnam war 30 Jahre alt. Die Staatsmacht war gefestigt. Die hohen Herren hatten inzwischen erlernt, wie man, umgeben von einem Haufen Handlangern, die wie Fliegen rund um den Honig surrten, die noblen Manieren des Einsteigens in eine Karosse und des Absteigens vom Pferd vorführte. Ein bisschen Schein-Bescheidenheit, ein bisschen bühnenhafte Volkstümlichkeit, gemischt mit sehr viel Machtdemonstration, waren die hervorragenden Züge von Tho. Alles in allem ein typischer Emporkömmling. In Ho Chi Minhs Buch "Veränderung der Arbeitsweise" wurde diese Krankheit Führerkrankheit genannt.

Während der Jahre, die in diesem Buch nachfolgend noch zur Sprache kommen werden, war Le Duc Tho Mitglied des Parteisekretariats und des Ständigen Ausschusses der Parteizentrale. Aber diese beiden Posten hatten gar keine Bedeutung im Vergleich zu dem Posten mit der scheinbar bescheidenen Bezeichnung „Leiter des Zentralen Organisationsaus-schusses", den Tho dreißig Jahre lang bekleidete, seit er (aus dem abgespaltenen Süden) im Norden angekommen war.

Von einer normalen Institution unter der Leitung von Le Van Luong, die mit den bürokratischen Aufgaben der Verwaltung der Parteikader betraut war, entwickelte sich der Zentrale Organisationsausschuss in der Hand von Tho rasch zu einem Super-Sicherheitsorgan mit der höchsten und mächtigsten Gewalt in der gesamten Parteistruktur. Er umfasste alles, stand allem vor. Auch das Innenministerium wurde von ihm geführt. In diesem System, in dem die Partei über die Macht verfügte, war das selbstverständlich.

Der Zentrale Organisationsausschuss von Le Duc Tho behielt nicht nur die Lebensläufe von Parteimitgliedern und -kadern in den Händen, sondern auch die der Kader der Staatsmacht, von der untersten bis zur höchsten Ebene, entsprechend einer vertikalen Struktur.

Jeder Funktionär hatte einen Lebenslauf, der ihm das ganze Leben anhaftete wie eine Wucherung. Bei jeder Prüfung zwecks Gehaltserhöhung, Schulung, Wohnungsvergabe, ja sogar für das Anrecht zum Fahrradkauf wurde dieser Lebenslauf geöffnet und bewertet. Der Wert eines Menschen wurde nach seiner Treue zur Partei bemessen. Die rote Farbe (d.h.: Zeichen der Treue zum Kommunismus - Anm. d. Übers.) wurde den guten Fachkenntnissen und die (parteiliche) Moral der fachlichen Begabung vorgezogen. Der Lebenslauf war die Bescheinigung des gesellschaftlichen Wertes jedes Individuums, den es als Mitglied dieser Gesellschaft hatte. Er war äußerst wichtig. Ständig wurde er aktualisiert und ergänzt: durch die Arbeit der Polizisten unterhalb und an der Oberfläche, der Organisationskader (Leute der Personalabteilung - Anm. d. Übers.), der Schutzkader, der Arbeitskollegen, der Wohnungsnachbarn, der Leiter der Wohngruppen in der Stadt ... Jeder Mensch wurde dazu erzogen, andere zu observieren, Informationen über andere zu sammeln.

Nobody is perfect. Jeder Mensch kann irgendwann einmal Fehler machen, heute oder morgen, hier oder dort. Wenn der Mensch von der *Organisation* bei diesem Fehler ertappt wird, dann wird das registriert, in seine Unterlagen eingebaut. Ob und wann es je Verwendung finden wird, ist eine andere Frage.

Im *Feuerofen* war ich völlig erstaunt, als Huynh Ngu mit arrogantem Lächeln mir eine Liste von allem zeigte, was ich geschrieben und veröffentlicht hatte. Darunter waren auch Sachen von weniger Bedeutung, die ich selbst längst vergessen hatte. Ich hatte geglaubt, dass ein Verdacht gegen mich seit 1961 begründet war, nachdem meine Erzählung "Die schlaflose Nacht" von To Huu *geschlagen* (schwer gerügt) worden war. Weshalb aber standen in diesen Unterlagen auch meine primitiven Artikel aus der Zeitung *Nhan dan* (zentrale Parteizeitung) und der Zeitschrift *Van nghe* (Literatur und Kunst) aus den Jahren 1954 bis 1955, als ich noch ein frommer Gläubiger (der Partei) war? Das bedeutete doch, dass, sobald ein neuer Autorenname erschien, die für Literatur und Kunst verantwortlichen *Organisations*-Funktionäre diesen sofort registrierten und im Fall eines Verdachts Unterlagen zusammenstellten. Wie sonst würde man die Existenz einer Liste mit solchen bedeutungslosen Sachen erklären können?

Trotz meines tiefen Hasses gegen dieses System der Kaderüberwachung musste ich dessen bis zur Vollkommenheit betriebene unmenschliche und unmoralische Eigenschaft bewundern. Eine seriöse Untersuchung von Thos System müsste auf zwei Ebenen durchgeführt werden: sowohl auf derjenigen der notwendigen und ausreichenden Bedingungen für die Entstehung und das Bestehen des Systems als auch auf der seines Funktionierens. Die kommunistische Partei Vietnam kann stolz darauf sein, dass nicht einmal die Gestapo des Dritten Reiches etwas Ähnliches vorzuweisen hatte wie der Zentrale Organisationsausschuss.

Neben diesem Zentralen Organisationsausschuss stellte Le Duc Tho einen Zentralen Ausschuss für Gesundheitsschutz zusammen. Dieser hatte den Auftrag, die Gesundheit der Mitglieder der Zentrale zu schützen, hauptsächlich die der wichtigsten Mitglieder, und vor allem die der Mitglieder des Politbüros. Die Regelung besagte, dass vor September 1945 aktiv tätige Revolutionäre die Fürsorge dieses Ausschusses in Anspruch nehmen durften. Diese Regelung war jedoch nur zur Belustigung da, und die Wirklichkeit sah ganz anders aus. Zwischen einem Parteimitglied, das große Opfer für die Revolution gebracht hatte, und einem rotbäckigen wohlgenährten Mitglied des Politbüros gab es nie Gleichheit.

Die Gesundheit der Mitglieder des Politbüros wurde in der Zeit von Le Duan und Le Duc Tho mit Hilfe aller Möglichkeiten des modernen vietnamesischen Medizinwesens maximal gepflegt. Der Zentrale Gesundheitsschutz-Ausschuss verfügte über die besten Ärzte der besten Krankenhäuser. Mancher Herr erhielt eine Studentin zugeteilt, die ihn am Wochenende pflegte und unterhielt. Wenn die Studentin "den Onkel um seine Zustimmung bat, weggehen zu dürfen, weil sie heiraten möchte", flossen Tränen in Strömen beim *Onkel*, der sie unbedingt bei sich behalten wollte. Jedes

Mädchen ist aber nur einmal jung. Es wollte nicht bleiben. Der Herr Führer erkrankte. Die vietnamesischen Experten konnten die Ursache der Krankheit nicht finden und den Herrn nicht behandeln. Er musste ein Sonderflugzeug nehmen und sich zur medizinischen Behandlung ins Ausland begeben. Diese vom Staat beschaffte Liebe ließ Tho insgeheim mit Filmen und Fotos dokumentieren, die irgendwann verwendet würden. Solche geheimen Geschichten aus dem verbotenen Palast drangen mit Hilfe der Mitarbeiter dieses Zentralen Gesundheitsschutz-Ausschusses nach außen.

Die Sucht nach Macht ist üblich bei Leuten, die den verführerischen Geschmack der Macht bereits kennen und zu schätzen gelernt haben. Mit der Äußerlichkeit einer ausgefeilten Scheinmoral nahm sie Bei Le Duc Tho besondere Züge an. Die Menschen, die die gegenseitige Vernichtungsschlacht zwischen Le Duan und Le Duc Tho voraussagten, gingen von den Widersprüchen hinsichtlich des Machtanspruches zwischen den beiden aus. Ich erfuhr davon, ohne von dieser Begründung überzeugt zu sein, obwohl die Betreffenden diese beiden Herren seit ihrer Zeit im tiefen Süden (1946-1954) gut kannten. Später erwies es sich jedoch als richtig.

Ende des Jahres 1967 gingen meine Mutter und ich nach Ha Dong, wo wir *Onkel* Dinh Chuong Duong besuchten. Nach seiner Erzählung waren Mitarbeiter des Ausschusses für Parteigeschichte einige Monate vorher zu ihm gekommen, um sich nach der revolutionären und kommunistischen Bewegung in Nam Dinh zu erkundigen. Die *Hofhistoriker* versuchten mit allen Mitteln, diesen Revolutionsveteran zu einer Bestätigung zu überreden, dass Le Duc Tho der erste Kommunist von Nam Dinh gewesen sei. Onkel Dinh wollte diesen Unsinn nicht hören, sagte den Leuten dann: "Ich rate Euch: Wenn Ihr eine Chronik schreiben wollt, dann haltet Euch bitte unbedingt an die Wahrheit. Wenn Ihr nur eine Geschichte schreiben wollt, dann könnt Ihr schreiben, was Ihr wollt oder was Eure Vorgesetzten wollen. Wenn Ihr nicht schreiben könnt wie der chinesische Historiker Si Ma Qian, dann solltet Ihr ehrliche Schreibkräfte bleiben." In diesem Zusammenhang sagte er weiter: "Als Dein Vater bereits revolutionär tätig war, war Tho noch ein Schüler. Weshalb er so gern in die Parteigeschichte als erster Kommunist von Nam Dinh eingehen will, ist unverständlich. Er ist ein wirklich gieriger Mensch. Nichts, was er hat, genügt ihm."

Herr Ky Van berichtete, dass Le Duc Tho mit ihm zusammengearbeitet hatte, als er Mitglied der Parteileitung in Nordvietnam war. "Damals war er vollkommen anders als heute. Er war sehr bescheiden, sehr zurückhaltend. Seine politischen Kenntnisse waren äußerst gering. Deswegen hat er Truong Chinh sehr geschmeichelt, ihn als einen lebendigen Heiligen betrachtet. Nachdem er im Jahr 1954 dann aus dem Süden hierhergekommen war, wurde er arrogant und sah von oben herab auf die Leute. Truong Chinh hatte ihn so sehr gefördert. Trotzdem verhielt sich Tho ihm gegenüber überheblich, als dieser an Boden verlor. Das ist schlimm."

Übrigens war Le Duc Tho kein standhafter Revolutionär. Nach der Flucht aus dem Gefängnis von Son La im Jahr 1943 kam Herr Nguyen Luong Bang alias Roter Stern zu unserem Haus, Nr. 65 Nha-Ruou-Straße (heute Nguyen-Cong-Tru-Straße). Er sagte zu meinem Vater: "Mach Dir bitte die Mühe, nach Nam Dinh zu gehen, um nach dem Khai (Phan Dinh Khai, echter Name von Le Duc Tho - Anm. d. Autors) zu suchen. Frage ihn direkt, ob er noch mit seinen Freunden tätig sein will oder ob er lieber zu Hause bleibt, um sein Weib zu umarmen." Mein Vater machte sich mit dem Fahrrad auf den Weg nach Dich Le, wo er Le Duc Tho fand, ihn aus seinem bequemen Bett herauszog und der Partei zurückgab. Dieses Ereignis schrieb mein Vater in seinen Erinnerungen "Die Fahne weht im August" nieder.

Bemerkenswert war, dass nicht nur Le Duc Tho, sondern auch dessen zwei jüngeren Brüder hohe Posten im Staat bekleideten. Diese beiden, Phan Dinh Dinh - alias Dinh Duc Thien - und Phan Dinh Dong - alias Mai Chi Tho -, waren in früheren Zeiten unter den Revolutionären unbekannt. Der eine wurde später Generaloberst, Minister für Schwerindustrie und Leiter des Hauptamtes für Erdöl und Erdgas. Dem anderen wurde nach seiner Rente der Titel eines Armeegenerals der Polizei verliehen. Über den Senkrechtstart dieser Mandarin-Karrieren der drei Brüder konnten sich die Revolutionsveteranen nur wundern. Das war eine echte Seltenheit in der Geschichte.

Die Menschen des Dorfes Dich Le sagten, dass die drei Brüder Khai - Dinh - Dong nur dank des Grabes ihres Vaters so schnell aufgestiegen seien. Ich selbst glaubte nicht an so etwas. Später bekam ich dann Kontakt zu einem - echten - Neffen von Le Duc Tho, einem richtigen Wissenschaftler, keinesfalls einem Unwissenden, der mir über das Grab von Le Duc Tho etwas berichtete, was mich skeptisch machte. Konnte die uralte vietnamesische Kunst der Grablegung tatsächlich etwas bewirken? Keine Wissenschaft anerkennt die Kunst Feng Shui. Den Glücksfall der Familie Phan konnte man jedoch mit keiner anderen Theorie als mit dieser Kunst erklären. Nicht umsonst hatten unsere Ahnen gesagt: *Man lebt dank der Grablegung und nicht dank der vollen Reisschale.*

Der Wissenschaftler berichtete: Die Großfamilie von Le Duc Tho (oder Phan Dinh Khai) bestand aus zwei Zweigen. Dem älteren Zweig stand der ältere Onkel von Le Duc Tho vor, Herr Phan Dinh Hoe, dem jüngeren Zweig dagegen Herr Phan Dinh Que, Vater der späteren drei großen Mandarine. Herr Hoe war von klein auf begabt, war sehr gut in Literatur und Kalligraphie, wodurch er die Hofprüfungen bestand und hohe Posten am Hof bekleidete, Minister oder etwas ähnliches, was ich mir nicht gemerkt habe. Der jüngere Bruder Herr Que war dagegen nicht so gut beim Lernen, jedoch bescheiden und zurückhaltend. Dieser blieb zuhause bei seiner Frau, arbeitete auf dem Feld und zog Hühner und Schweine groß.

Herr Hoe gab mit zunehmendem Alter seine Posten am Hof auf. Er lernte einen berühmten Geomanten kennen, der ihm für sein zukünftiges Grab eine gute Stelle, Lo Ao (Teichloch), fand, falls der aus dem Dienst ausgeschiedene Mandarin das *Alter von zweimal Fünfzig* erreichte. Woher der Name *Teichloch* kam, wusste der Wissenschaftler nicht. Niemand erklärte es ihm. Herr Hoe lebte weiter. Sein Grab war schon vorhanden, aber er lebte so lange, bis er auf einen anderen Geomanten traf, der nach Ansicht der Leute den vorherigen in der Kunst der Grablegung noch übertreffen sollte.

Dieser neue Geomant war jung und eingebildet. Er ließ sich von Herrn Hoe mehrfach einladen, bis er endlich erschien. Vor dem Mandarin a. D. führte er die Hände respektvoll zusammen: "Meine Wenigkeit weiß nur ganz wenig vom Boden. Ich habe jedoch von meinen Eltern etwas gelernt, was ich ausführen möchte, um Menschen Glück zu bringen. Wenn ich jemanden sehe, der aus Unkenntnis heraus seine verstorbenen Eltern oder Verwandten an eine unglückliche Stelle bettet, dann sage ich es ihm, damit dieser Zustand seiner Nachkommenschaft keinen Schaden bringen möge. Aber im Boden so gute Stellen zu finden, die gar Fürsten oder Herzöge machen würden, dazu ist meine Wenigkeit nicht in der Lage." Herr Hoe bat den jungen Geomanten, die Stelle *Teichloch* nachzuprüfen. Nach Abschluss seiner Überprüfung berichtete dieser: "Seine Exzellenz ist eine Persönlichkeit mit größeren Kenntnissen und weiterreichenden Überlegungen als andere Menschen, die selbst entscheiden möchten. Diese Grabstelle würde mit Sicherheit Großartiges, ganz Großartiges erzeugen. Leider wird dieses Großartige aber nur für eine Generation gelten, über Tausende nachfolgender Generationen würde ein Fluch kommen."

Herr Hoe erschrak. Er empfahl seinen Nachkommen: "Fürsten und Herzöge sind nur ein schöner Traum. Wenn ich sterbe, sucht bitte für mich eine höhere trockene Stelle für mein Begräbnis. Ich möchte nicht, dass unsere Familie Segen für eine Generation und einen schlechten Ruf für tausend Generationen erhält." Seine Kinder befolgten seine Worte und gaben die Stelle *Teichloch* auf. Herr Hoe hinterließ ein vierzeiliges Gedicht, das diese Geschichte betraf. Das Gedicht widerspiegelt das echte Wesen eines Literaten. Der Wissenschaftler und Erzähler der vorliegenden Geschichte konnte dieses Gedicht leider nicht wiedergeben.

Herrn Que, dem Bruder Hoes, tat es leid um die Grabstelle: "Wenn mein Bruder dort nicht liegen will, dann werde ich dort liegen." Als er aus dem Leben schied, wurde er in Lo Ao begraben.

Diese Geschichte erfuhr ich im Jahre 1960, als sich Le Duc Thos Karriere auf ihrem Höhepunkt befand.

Zu der Zeit, in der ich diese Zeilen schrieb, erntete Le Duc Tho bereits viele Flüche von einfachen Menschen und von Leuten auf den höheren Stufen des Regimes. Dazu gehörten nicht nur solche, die unter den Intrigen von Le Duc Tho gelitten hatten und deren Nachkommenschaft, sondern auch unbeteiligte Personen. Man betrachtete ihn als den schlimmsten Intriganten in der Geschichte unseres Landes.

Dinh Duc Thien wollte die Verwünschungen gegen seinen ältesten Bruder nicht auf sich nehmen. In seinem kurzen Leben bekleidete er sehr wichtige Posten: Minister für Maschinenbau und Metallurgie, Leiter des Ausschusses für den Aufbau der Eisen- und Stahlregion Thai Nguyen, stellvertretender Leiter des Hauptamtes für Logistik, Leiter des Hauptamtes für Erdöl und Erdgas. Er hatte den Rang eines Generalobersten. Seine Bildung war jedoch gering, seine Kenntnisse nicht besser als die eines Grundschülers. Deswegen verachtete er die Intellektuellen sehr. Einst befahl er den Elektroingenieuren, einen Zeitplan für das Projekt zur Errichtung eines Hochspannungs-Stromsystems von Thai Nguyen nach Hanoi aufzustellen. Diese berechneten alles gründlich und legten Dinh Duc Thien ihren Plan vor: nicht weniger als zwei Jahre würden benötigt. Den Herrn erzürnte dieser Plan: "Das sind lauter unnütze Leute. Wozu braucht man zwei Jahre? Wenn ich die Pioniere hole, brauche ich dafür höchstens zwei Monate. Ihr rechnet nur Sch... Ihr steckt Eure Birnen nur in die Bücher von Kolonialisten und Imperialisten. Lasst die Bäume im Dschungel fällen und hängt die Leitung daran! Erledigt. Solche Intellektuelle!" Derjenige, der mir diese Geschichte erzählte, war Absolvent einer französischen Hochschule für Technik. Er hatte Dinh Duc Thien bei dieser lauten Beschimpfung zuhören dürfen.

Ingenieure, die ihre Hochschulbildung in den sozialistischen Staaten abgeschlossen hatten, wurden von dem General auch nicht besser geschätzt. Sie gaben sich gegenseitig den Rat: "Bevor man zu dem Alten geht, muss man einige Tage in die Sonne gehen, damit die Haut dunkler wird. Merkt Euch, tragt keine Schuhe und keinen Anzug. Wenn er tobt, lasst ihn sich austoben und sagt Ja zu allem. Man darf nur nicht mit ihm streiten. Das würde sicher den Tod bedeuten." Wenn der Herr einen sah, der eine helle Haut hatte, sich gut kleidete, einen europäischen Eindruck machte, dem Vorgesetzten gegenüber keine respektvollen Worte und Gesten gebrauchte, dann schnauzte er laut: "Ab zur *Basis*, sofort, keine Minute länger! Du musst dort ein Jahr arbeiten, dann komm zurück zu mir." *Die Basis war die unterste Ebene einer Branche, die sich in den Ortschaften und nicht am Sitz der Zentrale befand.* Dinh Duc Thien war allergisch gegen Diplome. Als Diplomierter musste man ihm hinten und vorne schmeicheln, wenn man seine Akzeptanz erschleichen wollte.

Eine Zeitlang war geringe Bildung ein Grund, stolz zu sein, und zwar mit der Begründung, dass ein wenig gebildeter Mensch eine saubere Vergangenheit und keine Beziehungen zu den Kolonialisten und Feudalherren habe. Dinh Duc Thien war sehr stolz auf seine geringe Bildung. Er schlug sich laut auf die Brust: "Seht mich an. Ich besitze überhaupt keinen Fetzen von Diplom, und trotzdem haben Doktoren und Ingenieure vor mir große Angst. Sie verlassen sich auf ihre Bildung. Aber was für eine Bildung? Sie lernen wie Papageien. Sobald sie die Bücher und Hefte aus der Hand legen, können sie nichts. Intellekt ohne Praxis ist nur Sch... Ich, ja ich persönlich muss sie in der Technik anleiten. Wenn man diesen Leuten folgt, die nur den Abfall von Butter und Milch (gemeint: europäische Lebensmittel) bekommen haben, dann kann man nur arm werden."

Als Arbeiter - nach eigenen Angaben in seinem Lebenslauf, und nicht nach der Definition von Karl Marx - störten Dinh Duc Thien bei Untergebenen alle Anzeichen, die er als Zeichen des Müßiggangs, des Genießens bezeichnete. Ständig prahlte er mit seiner schweren Vergangenheit. Die Bewohner des Dorfes Dich Le waren allerdings der Meinung, dass seine Vergangenheit keineswegs schwer gewesen sei. Er habe es von Kindheit an gut gehabt, sei später in die Stadt gegangen und man sagte, im Umgang mit Frauen sei er meisterhaft gewesen. Er jedoch pochte auf seine schwere Vergangenheit und erlaubte nicht, dass Leute, die die schweren Seiten des Lebens nicht kannten, es genießen durften. Er gestattete nur sich selbst, es zu genießen. Und Dinh Duc Thien war der Typ, der zu genießen wusste.

Während des Widerstands gegen die Franzosen (1946-1954), als die beiden in der 3. Interzone zusammenarbeiteten, redete Dinh Duc Thien auf seinen Mitkämpfer Hoang Minh Chinh ein, er solle zum Vertreiben der Langeweile ein Bordell errichten: "Wir arbeiten Tag und Nacht, sind ständig mit dem Tod konfrontiert und haben es sehr schwer. Wir müssen einen Ort haben, wo wir uns die Langeweile vertreiben und etwas genießen können." Hoang Minh Chinh stimmte ihm nicht zu: "Nur ein Hund kann dem zuhören, was Du sagst. Wenn ein revolutionärer Funktionär derartige Fehler macht, wird er von der Organisation bestimmt hart dafür bestraft." Dinh Duc Thien lachte Hoang Minh Chinh ins Gesicht: "Du bist unheimlich dumm. Das Geld wird aus der schwarzen Kasse genommen, und wir machen das Ganze auch schwarz. Wir müssen es nur streng geheim halten. Kein Hund wird davon erfahren." Von jenem Gespräch im Sommer 1965 erzählte mir Hoang Minh Chinh, als wir von der seltsamen Entwicklung der Karriere der drei Brüder Phan sprachen. Mein Gesprächspartner berichtete ohne Antipathie gegen Dinh Duc Thien. Schließlich waren die beiden Männer doch eine Zeitlang Freunde gewesen, wenn auch keine guten.

Einer meiner Bekannten, ein ehemaliger Mitarbeiter von Dinh Duc Thien, durfte oft mit ihm zur Jagd gehen. Die Jagd war Dinh Duc Thiens Hobby. Mein Bekannter erzählte: Wenn der General den Befehl zur Jagd gebe, mussten seine Untergebenen in Eile alles, und zwar alles vorbereiten, was der Herr General gebrauchen könnte. Er sei mit einem Wagen gefahren. Ein wieterer Wagen hätte bedienstete Soldaten, Burschen, Jagdgewehre, Kochtöpfe, Bier und Schnaps und Hunderte von Kleinigkeiten mitgebracht, manchmal auch Zelte, falls er Lust hatte, im Dschungel zu übernachten.

Man lebt des Berufs wegen, man stirbt des Berufs wegen. Dinh Duc Thien starb eines ungewöhnlichen Todes bei der Jagd. Dem Gerücht zufolge war er beim Aussteigen aus seinem Wagen auf unerklärliche Weise von seinem eigenen Gewehr erschossen worden. Nach diesem plötzlichen Ableben des Generals gab es Gerüchte, Dinh Duc Thien sei indirekt von Le Duc Tho umgebracht worden. Schon vorher hatte ich manches über Unstimmigkeiten zwischen den beiden Brüdern der Familie Phan gehört. Andere Mitglieder derselben Familie bestätigten diese Zerwürfnisse. Sie ergänzten: Auch Mai Chi Tho mochte seinen Bruder Le Duc Tho nicht. Jedes Mal, wenn der jüngere Mai Chi Tho aus Saigon nach Hanoi kam, besuchte er seine verwitwete ältere Schwester (deren Ehemann sich während der Bodenreform erhängt hatte) und Dinh Duc Thien, jedoch nicht Le Duc Tho. Auch Mitglieder der Phan-Familie erzählten, dass Dinh Duc Thien die bösen Intrigen Le Duc Thos gekannt und diesen deswegen beschimpft habe: "Willst Du so handeln, dass die Leute unseren Vater aus dem Grab wieder herausholen?" Darüber, was "willst Du so handeln, dass ..." bedeutete, sagte der Erzähler nichts. Er sagte nichts, weil er wusste, die Zuhörer verstanden, dass Le Duc Tho in seinem Leben sehr viel Unmenschliches getan hatte.

Ich selbst glaubte nicht an die Ermordung des jüngeren Bruders durch Le Duc Tho. Bei dieser Jagd hatte es - auch nach dem Bericht meines Bekannten - zwei Fahrer und mehrere Leibgardisten gegeben. Es wäre nicht einfach gewesen, alle diese Begleitpersonen auf einmal zu bestechen oder zu erpressen. Dass solche Gerüchte in Umlauf kamen, zeugte nur davon, dass die Menschen von der unmenschlichen Eigenschaft Le Duc Thos überzeugt waren. Das Mysteriöse am Tod von Dinh Duc Thien war für die Machthaber nicht von Vorteil. Aber aus Gewohnheit war man Sklave des Nichtöffentlichen und musste ihre schädlichen Auswirkungen ertragen. Trotzdem verstand ich nicht, weshalb man die Ursache dieses Unfalls verheimlichte. Wahrscheinlich war die ganze Sache aber gar nicht so schwer zu verstehen, sondern ganz profan: Hätte man nämlich die Ursache dieses Unfalls nicht verheimlicht, dann hätte keine Berechtigung mehr dafür bestanden, Dinh Duc Thien auf dem Friedhof von Mai Dich zu begraben, der für bekannte Persönlichkeiten reserviert war. Schließlich starb der General weder auf dem Schlachtfeld noch bei der Erledigung dienstlicher Angelegenheiten, sondern bei der Jagd nach ein paar Wildenten.

Mai Chi Tho war lange Zeit Direktor der Polizei, dann Vorsitzender des Volkskomitees von Ho-Chi-Minh-Stadt. Er lebte wie ein Fürst. Zu seiner riesigen Saigoner Villa gehörte ein großer Garten, in dem Boas, Gibbons und Bären gehalten wurden. Die Saigoner stellten eine Berechnung an: Allein die monatlichen Kosten für seine Sportschuhe der Marke Adidas und seine Tennisschläger der Marke Wilson waren fünf- bis sechsmal so hoch wie sein Gehalt. Woher kam das Geld? Mai Chi Tho entnahm das Geld weder aus einer schwarzen Kasse noch aus dem Staatstresor, sondern aus einer anderen Quelle. Vor Beginn der Zeit von "Doi moi", der politischen Kampagne der "Erneuerung", litten die reichen chinesischen Händler von Do Muoi im Verlauf der umfangreichen Kampagne zur Umwandlung des Kapitalismus unter großen Schwierigkeiten. Dank der Großzügigkeit des "Großen Bruders" Mai Chi Tho konnten sie der ihnen drohenden Gefahr jedoch entkommen. Um ihm ihre Dankbarkeit zum Ausdruck zu bringen, verwöhnten sie ihn, den "Großen Bruder", von ganzem Herzen.

Die ärmeren Funktionäre waren empört über das verschwenderische Leben von Mai Chi Tho. Sie waren der Überzeugung, wenn man nicht korrupt sei, könnte man nicht so leben. Die echten Saigoner lachten vergnügt darüber und winkten mit den Händen ab: "Unsere früheren Generäle waren genauso. Wozu soll man sich ärgern? Der neue Herr ist nicht schlechter. *Jeder schwingt die Fahne, wenn er sie zu fassen kriegt.*"

Das Stadtgericht schickte Mai Chi Tho eine Ladung, wonach er bei dem Verfahren gegen den Unternehmer Trieu Binh Thiet als Zeuge zu erscheinen hatte. Einem Gerücht zufolge wollten einige Mitglieder der Truppe, die gegen Mai Chi Tho waren, die Richter dazu überreden, dass sie das Gerichtsverfahren gegen den Angeklagten Trieu Binh Thiet zum Anlass nehmen sollten, um Mai Chi Tho als Zeugen aufzurufen, ihn mit Fragen zu belegen und ihn dann vor den Augen der Besucher vom Zeugenstuhl auf den Stuhl des Angeklagten zu bringen. Le Duc Tho wollte es aber nicht dulden, dass man seinen jüngeren Bruder vor solch eine vollendete Tatsache stellte, was seinem Ansehen schadete. In aller Eile berief er seinen Bruder nach Hanoi, wo dieser nach dem Ende des genannten Verfahrens in das höchste Gremium der Partei, das Politbüro, eintrat.

Die Saigoner erzählten sich, dass Mai Chi Tho einen Kerl, Nam T., an der Hand habe, der ihm Mädchen besorge. Dieser verließ sich auf den Schutz seines mächtigen Herrn und errichtete extra ein Bordell für die Vergnügungen der Provinzgrößen, wenn diese Herren Saigon besuchten. Die Sache flog auf, und die Öffentlichkeit war empört. Die Provinzherren schwiegen und ließen Nam T. ins Gefängnis gehen. Der Kerl saß für zwei oder drei Jahre. Dank der Fürsprache seiner Herren konnte er die Haftanstalt aber vorzeitig verlassen.

Eine Weile war in Saigon laut von der "Variante 2" die Rede, nach der sich diejenigen, die das Land verlassen wollten, Boote für die Flucht zusammenzimmern durften, aber nur unter der Bedingung, dem Staat dafür Gold abzugeben. Wie bei einer Pilgerfahrt wanderten die Leute massenhaft aus ins Ausland. Der Preis pro Kopf betrug bei dieser "Variante 2" mindestens ein paar Unzen Gold (1 Unze etwa 28 g), bei manchen bis zu 30 Unzen. Es war ein offenes Geheimnis, das sowohl die Staatsbediensteten als auch die Flüchtlinge für sich bewahrten. Insgesamt war es für Vietnam eine große Tragödie, ein nicht zu beseitigender Schandfleck der Kommunistischen Partei Vietnam. Es wird geschätzt, dass die Anzahl der Menschen, die vor der Herrschaft der Kommunisten mit Booten (bekannt als *boat people)* flüchteten, etwa eineinhalb Millionen betrug. Die meisten von ihnen fuhren in Richtung Malaysia und Indonesien. Ein kleiner Teil verließ Haiphong und das Kohlenbergwerkgebiet von Quang Ninh in Richtung Hongkong. Man kann sich vorstellen, welche Menge an Gold die "Variante 2" den räuberischen Funktionären einbrachte.

Ich bin der Meinung, dass die Administration als Organ zur Verwaltung des Staates keine derart niederträchtige Politik verfolgte, wie es in manchen ausländischen Zeitungen und Zeitschriften dargestellt wurde. Vielmehr war es das Verhalten einer über eine gewaltige Macht verfügenden Kette, die von oben bis unten reichte, einer Art Mafia, die sich innerhalb dieser Machtstruktur mit der Zeit herausgebildet hatte. Der Staat oder - im engeren Sinne - die Staatskasse, bekam davon nichts. Nur eine bestimmte Anzahl von Staatsfunktionären in Saigon (und auch in Hanoi) strichen diese fetten Häppchen ein. Dem Gerücht zufolge dürften auch die Brüder der Familie Phan dabei auf keinen Fall gefehlt haben.

Solche Gerüchte gab es in großem Ausmaß. Beweise konnte man jedoch niemals finden. Andererseits konnte man diese Gerüchte aber auch nicht widerlegen, da sie sehr überzeugend waren. Die in Eile vorgenommene Hinrichtung des Direktors der Provinzpolizei von Dong Nai, Herrn Muoi Van, wurde von den Menschen als ein Akt zur Spurenvernichtung der "Variante 2" kommentiert, besser gesagt, als Vernichtung der Spuren, welche die Herren mit den fetten Häppchen hätten belasten können. Das Verbrechen von Muoi Van bestand darin, dass er den "Preis für den Weggang" von 2 bis 3 auf 10 bis 12 Unzen Gold pro Flüchtlingskopf erhöhte, was seine Vorgesetzten berechtigterweise erzürnte. Er wurde geopfert – zu Recht. Muoi Van war übrigens ein Bauer mit einer Schulbildung der 4. Klasse. Seine Laufbahn hatte während der Bodenreform mit dem Posten des Leiters einer Gemeindegruppe begonnen.

Vietnamesen sind von alters her großzügig in Sachen *Eigentum der Pagode*, das heißt, nicht mit privatem, sondern öffentlichem Eigentum, ob von der Gemeinde, vom Staat oder vom Kollektiv. Deshalb verfluchten die Menschen Mai Chi Tho nicht. Tatsächlich breitete sich die Korruption von oben nach unten aus. Trotzdem stand Mai Chi Tho nicht an der Spitze der Rangliste korrupter Funktionäre. Es gab schlimmere Persönlichkeiten.

Die Öffentlichkeit gelangte zu der Auffassung: *Wenn der Speck zum Maul der Katze kommt, ist die Katze dumm, wenn sie den Speck nicht frisst.* Alle Leute, die in Vietnam einen Regierungsposten haben, sind korrupt. Der Unterschied besteht nur darin, dass der eine Mensch mehr und der andere weniger korrupt ist. Wenn man in den kapitalistischen Ländern durch Reichtum zur Macht gelangen kann, dann kommt man im sozialistischen Staat durch die Macht automatisch zu Reichtum.

Die Bevölkerung ist an das Geschäftemachen mit korrupten Funktionären gewöhnt. Dieses Geschäft ist nicht schwierig, nur kostspielig. Dafür geht das Geschäft schnell und ist effektiv. Die Bürger sagen: Wenn man an einer öffentlichen Pforte ankommt, die zu einem integren Herrn führt, dann dauert alles sehr lang. Der integre Mandarin ist mit einer weißen Krähe zu vergleichen, vor der die Menschen Angst haben und die sie meiden. In der heutigen Zeit könnten nur psychisch geschädigte Bolschewisten ohne jede Abweichung streng nach Gesetzen handeln. Die Gesetze sind ein vollkommenes Durcheinander: der eine Paragraph widerspricht dem anderen, das eine Dekret setzt das andere außer Kraft. Selbst integre Funktionäre finden sich in diesem Gesetzeslabyrinth - verwirrt und unbeholfen wie Hühner mit langen Beinfedern - kaum zurecht, geschweige denn einfache Bürger. Man verachtet und hasst die korrupten Mandarine, zieht sie aber trotzdem den integren vor.

Wenn sich die *Feng-Shui*-Lehre bewahrheiten würde, dann hätte die Grabstelle *Lo Ao* (Teichloch) in der Gemeinde Dich Le einen übermäßig großen Einfluss auf das Schicksal der Nation. Dieser Einfluss beschränkt sich nicht nur auf Vietnam, sondern betrifft auch die Nachbarstaaten.

Ich brachte diese Geschichte zu Papier, um gemeinsam mit anderen Menschen Überlegungen über ein Phänomen anzustellen. Dabei habe ich nicht die Absicht, all das zu verleugnen, was die drei Brüder der Familie Phan auch Gutes getan haben. In einer Zeit der Paradoxa waren das jedoch Tatsachen, die etwas völlig Gewöhnliches darstellten, was jeder andere an ihrer Stelle und in ihren Funktionen auch hätte tun müssen und damit sogar Verdienst erworben hätte.

Wenn von Le Duc Tho die Rede ist, dann kann die Besetzung Kambodschas (Kampuchea) durch Vietnam nicht verschwiegen werden. Die Entsendung von 200.000 vietnamesischen Soldaten nach Kambodscha, die in diesem fremden Land zehn Jahre lang blieben, war ein Plan der Allianz Le Duan-Le Duc Tho, bei dem Tho sowohl der Initiator als auch der Ausführende war. Die Welt unterstützte die *Roten Khmer* nicht. Die ganze Welt verurteilte die *Roten Khmer* wegen ihres Völkermordes. Die Menschen in Kambodscha empfingen die vietnamesische Armee, die in ihr Land mit dem Ziel einmarschierte, die Roten Khmer zu vertreiben, mit Begeisterung. Aber sie begrüßten keineswegs die Besetzung ihres Landes durch diese vietnamesische Armee. Das waren zwei verschiedene Dinge, die nicht miteinander verwechselt werden dürfen: Man durfte das Schlechte nicht durch das Gute verdecken. Die Stationierung der vietnamesischen Armee in jenem Land führte zu einem schlechten Ergebnis, denn dadurch wurde sie nun zu einer Besatzungsmacht, gegen die die Einwohner Kambodschas kämpften, von den Roten Khmer bis hin zu den Truppen der Marionettenregierung Heng Somrin.

Der Angriff der Roten Khmer gegen die südwestlichen vietnamesischen Gebiete war nicht der wirkliche Grund dafür, dass Vietnam seine Armee zur Besetzung eines anderen Staates entsandte. Kein einziger Vietnamese wollte seinen Sohn oder seinen jüngeren Bruder zum Sterben in dieses fremde Land schicken. Aber Duan und Tho setzten sich über die Öffentlichkeit hinweg, indem sie ihre Armee über die Grenze trieben. Wer hätte etwas dagegen einwenden sollen? Wir ließen unsere Armee dort kampieren. Wer hätte etwas dagegen gehabt? Dieses militärische Abenteuer wurde vom vietnamesisch-sowjetischen Vertrag für Freundschaft und Zusammenarbeit vom 03.11.1978, seinem Wesen nach ein Militärbündnisvertrag, abgesichert. Man besetzte Kambodscha in der Tat. Wer hätte es gewagt, anzugreifen? Hinter dem Besatzer stand die mächtige Sowjetunion mit ihrem gewaltigen Atompotential. Wenn einer mit der Sowjetunion auf Konfrontation gehen wollte - dann bitte schön, sollte er es mal versuchen! Das genau war doch der Fall bei der Besetzung Afghanistans durch die Sowjetunion. Die Welt protestierte lautstark, aber niemand - einschließlich der Vereinigten Staaten - war so dumm, seine Hand in ein Nest von Feuerameisen zu stecken.

Jeder war sich darüber im Klaren, dass die Verantwortlichen Vietnams nach einem in die Länge gezogenen Krieg im eigenen Land genügend Nüchternheit hätten besitzen müssen, um nur eingeschränkt Krieg gegen die Roten Khmer zu führen, die es wagten, die Grenze zu überschreiten und Vietnamesen zu töten. Im Notfall hätten die Verantwortlichen Vietnams zur Jagd auf diese Eindringlinge als Warnung Truppen bis in deren eigenes Land schicken können, die danach zurückgezogen werden sollten. Sie hätten den Menschen Kambodschas Ausrüstung und Waffen für den Kampf gegen die Völkermörder überlassen oder, falls nötig, die Ausbildung von Kadern durchführen können. Aber nur so weit. Die Menschen in Kambodscha wären den vietnamesischen Kämpfern bestimmt sehr dankbar dafür gewesen. Die Welt hätte diese Hilfeleistung Vietnams für das unglückliche Nachbarland begrüßt.

Doch gegen Kambodscha fand ein nicht erklärter Krieg statt. Es war ein nicht erklärter Krieg, weil die Nationalversammlung nicht befragt wurde. Es gab nie eine Beschlussfassung der Nationalversammlung über die Entsendung von Truppen nach jenseits der Grenze. Der vietnamesische Staat erklärte nie den Krieg gegen den Staat Kambodscha. Die Nationalversammlung war und ist das höchste Machtorgan des Staates, aber sie hatte überhaupt keine Macht. Die Nationalversammlung wurde von der Partei geformt, ist Handlanger der Partei, ist sogar ein verachteter Handlanger der Partei. Nicht einmal für eine gewöhnliche Legalisierung brauchte die Partei die Nationalversammlung einzusetzen.

Generalmajor Ho Quang Hoa, Mitglied der Parteizentrale, war einst Schützling von Tho und später durch Intrigen von Tho ein Opfer des Ereignisses von Siam Reap. Dieser Fall von Gegenspionage brachte das Oberkommando der Truppen der vietnamesischen Freiwilligen in Verruf. Die Roten Khmer, die unter Anleitung von chinesischen Beratern operierten, verbreiteten das Gerücht, dass fast alle führenden Funktionäre der Provinz Siam Reap für die Roten Khmer arbeiteten. Das vietnamesische Oberkommando der Freiwilligen ging sofort hart gegen diese Funktionäre vor, ohne die Leitung der befreundeten Partei zu konsultieren. Mehr als vierzig Funktionäre der Administration von Hun Sen wurden festgenommen, manche durch Misshandlungen verwundet. Der Sekretär der Parteileitung der Provinz Siam Reap beging dabei Selbstmord. Zu jener Zeit bekleidete Le Duc Anh den Posten des Oberbefehlshabers der vietnamesischen Freiwilligen-Truppe und Ho Quang Hoa den des Stabschefs. Über diesen beiden stand Le Duc Tho. Ho Quang Hoa bestätigte später, dass im Fall von Siam Reap, genau wie in allen kleinen und großen Angelegenheiten in Kambodscha, Le Duc Tho die führende Person sei. Gouverneur Le Duc Tho setzte Pen So Van, den Generalsekretär der Partei und Verteidigungsminister, der einst Leiter der Abteilung für die Khmer-Sprache im Rundfunksender "Stimme Vietnams" war, ab. Gouverneur Le Duc Tho brachte die Krankenschwester der 7. Militärzone (Vietnams), Mien Xam On, in die Zentrale der Partei der Volksrevolution Kambodscha. Diese 26jährige junge Vietnamesin der Khmer-Volksgruppe startete eine steile Karriere: Leiterin des zentralen Ausschusses für Propaganda und Schulung, Mitglied des Politbüros. Ihren schnellen Aufstieg hatte sie - nach Ansicht von vietnamesischen Kadern, die sich zu jener Zeit in Kambodscha befanden - ihren vielen Besuchen in der Villa hinter dem Schloss Kham Ca Mon zu verdanken, wo sie vom Gouverneur "belehrt" wurde.

Die folgende Tatsache muss eindeutig klargestellt werden: der Krieg in Kambodscha war ein Krieg der Kommunistischen Partei Vietnams. Auf keinen Fall war er der des vietnamesischen Volkes.

Die Duan-Tho-Allianz hat ein friedfertiges Volk in Aggressoren-Truppen verwandelt.

Le Duan könnte man es in geringem Maße nachsehen, dass er dabei nicht die Führungsrolle spielte. Er war von dem Sieg 1975 noch berauscht, und große Pläne, die eher einer Illusion als der Realität entsprachen, beschäftigten ihn so sehr, dass er Tho völlig freie Hand ließ. Ihm schadete die Sache jedenfalls nicht. Das Abenteuer Kambodscha, das von Tho geführt wurde, brachte Le Duan im Grunde genommen eine weitere Ehre ein. Und Ehre war nie überflüssig.

Le Duan wusste jedoch nicht, dass Le Duc Tho einen großen Plan hegte. Wenn es Tho gelungen wäre, in Kambodscha eine ihm ergebene Regierung aufzustellen, dann wäre ihm eine weitere entscheidende Möglichkeit zugefallen, seinen Plan, eine indochinesische Union zurechtzuzimmern, in die Tat umzusetzen. In dieser Union wäre Le Duc Tho der Genosse über allen anderen Genossen gewesen. Le Duan wäre in diesem Falle lediglich der Sekretär eines Teilstaates geworden.

Anhänger von Le Duc Tho waren derart begeistert von dieser Perspektive, dass sie die Nachricht darüber nach außen dringen ließen. Van Cao erzählte mir, dass Anhänger von Tho bestimmte Komponisten aufgesucht und ihnen die Anregung gegeben hätten, die Musik für eine Nationalhymne der indochinesischen Union zu verfassen. Diejenigen Musiker, die diese Anregung aufgenommen hätten, seien von Le Duc Tho zum Essen in seine Privatwohnung eingeladen worden. Bui Cong Trung sagte mir einst: "Der Tho hat sehr viele Ambitionen. Wenn man seine Aktivitäten genau beobachtet, wird man sehen, dass sie alle ihn zu einem Ziel führen, nämlich Le Duan beiseite zu schieben. Er sehnt sich nicht nur nach dem Posten des Generalsekretärs; das reicht seiner Gier noch nicht. Er will mehr, nämlich Generalsekretär der indochinesischen Union werden." Das alles deutete darauf hin, dass Bui Cong Trung die Pläne von Le Duc Tho zu Ohren gekommen waren. Trung mochte Le Duan nicht, aber das bedeutete nicht, dass er die Wühlmaus mochte, die unter dem Stuhl von Le Duan wühlte.

Nachdem Le Duan die Umsturzpläne Thos gegen ihn entdeckt hatte, war er sehr erzürnt. Er wies Tho sogar aus seinem Haus, als dieser sich von dem im Todeskampf liegenden Generalsekretär verabschieden wollte. Die Verwandten von Le Duan erzählten, dass er Tho von Angesicht zu Angesicht einen "Verräter" nannte.

Ebenfalls nach den Schilderungen von General Ho Quang Hoa übernahm Le Duc Tho im Fall Siam Reap und in anderen Fällen keine Verantwortung. Besprechungen wich er wegen angeblicher anderweitiger Sitzungen oder wegen behandlungsbedürftiger Krankheit aus.
"Versucht mal, jemanden zu finden, der es zu jener Zeit gewagt hätte, die Befehle von Le Duc Tho zu verweigern!" sagte mir General Ho Quang Hoa während eines Essens in Saigon. "Niemand durfte etwas tun ohne den Befehl vom *Sechsten* (gemeint: Le Duc Tho)."
Das militärische Abenteuer, das von Le Duc Tho initiiert und gestartet wurde, führte dazu, dass - nach vertrauenswürdigen militärischen Informationsquellen - etwa 52.000 (vietnamesische) Armeeangehörige umkamen und 200.000 verwundet wurden. Doch nicht nur das. Das vietnamesische Volk wurde vor aller Welt als Aggressor diskreditiert und mit entsprechendem Boykott und entsprechenden Strafen belegt.
Welchen Gewinn und Verlust hatte Vietnam von Kambodscha? Warum wagt es die Kommunistische Partei Vietnam bis heute nicht, davon zu sprechen? Sie hat nicht den Mut, sich bei ihrem leidenden Nachbarn zu entschuldigen, um eine dreckige Seite unserer Geschichte zu beseitigen. Le Duc Tho starb, bevor er als Kriegsverbrecher auf der Anklagebank eines Zweistaaten-Gerichtes erscheinen musste.
Der einzige Mann, der Le Duc Tho heute in vollem Umfang vertreten kann, ist Le Duc Anh.

32

Bat Bat und die „intern" Behandelten

Das angenehme Gefühl an meinem neuen Wohnort war trügerisch. Schon nach einigen Wochen Aufenthalt spürte ich, dass dieses neue Gefängnis sehr schlimm war, zumindest für die *intern behandelten* Häftlinge.

Organisatorisch gesehen war das Militärgefängnis von Bat Bat dem Feuerofen (Hoa Lo) ähnlich, da es aus einem Gemeinschaftsbereich und einem Untersuchungszellenbereich bestand. Der Unterschied lag nur darin, dass sowohl Häftlinge als auch Aufpasser Angehörige der Armee waren. Am zahlreichsten vertreten waren Deserteure, die Straftaten begangen hatten. Die aus Todesangst Desertierten wurden in Strafbataillonen gesammelt. Wir waren die ersten Zivilgefangenen dieser Anstalt.

Le Duc Tho wusste ganz genau, weshalb seine Wahl für uns auf diesen Ort gefallen war: Der Zellenbereich Bat Bat befand sich tief in einem Tal, das sehr weit von bevölkerten Orten entfernt lag. Hier hörte man nichts von den Geräuschen des Alltagslebens, weder Büffelholzglocken oder Hundegebell noch das regelmäßige Mahlgeräusch des Reis-Schälens, das auf dem Land üblich war. Nachdem Minh Viet weggebracht worden war, befand ich mich völlig allein in dem Haus mit vier Räumen, in unendlicher Menschenleere und Geräuschlosigkeit.

Die Zelleninsassen des Feuerofens konnten sich anhand der Geräusche, die aus den Gemeinschaftsbereichen oder dem Küchenbereich kamen oder durch Bewegungen der Insassen in den Nachbarzellen entstanden, zumindest vorstellen, was außerhalb ihrer Zelle geschah, auch wenn es sich nur um Unbedeutendes handelte, was mit ihnen nichts zu tun hatte. Solche Kleinigkeiten waren Veränderungen, die die Langeweile minderten. Von der Außenwelt völlig abgeschnitten zu sein, war eine Qual.

Militärhäftlinge lebten hier kaum anders als in der Truppe. Sie durften sich im Lager frei bewegen. Zellenhäftlinge dagegen erlebten nicht die gleichen Gefühle wie wir. Die Dauer ihrer Untersuchungshaft, die sie in der Zelle verbrachten, war zeitlich begrenzt und betrug meistens nur einige Monate, in denen Ihre Unterlagen vervollständigt wurden. Sie wussten, dass diese Zeit nur vorübergehend war und dass danach das Militärgericht, das Gemeinschafts-lager oder sogar der Exekutionsplatz kam. Für sie bestand völlige Klarheit.

Vor uns dagegen lag ein dunkelgrauer Horizont. Niemand - auch nicht die Kerle der Exekutive - konnte uns sagen, wie lange wir in diesem elenden Gefängnis bleiben mussten. In den Zellen von Bat Bat waren wir nichts anderes als Tiere in Käfigen. Fette Ratten - niemand wusste, ob es Abflusskanalratten oder Feldratten waren - versammelten sich jeden Spätnachmittag vor dem Zellenfenster. Sie liefen spazieren, vergnügt und zufrieden, und warfen mit verächtlicher Miene ab und zu Blicke auf die größeren Tiere in den Käfigen.

Das zeitlich unbegrenzte Gefangenhalten von Menschen, noch dazu in Zellen, ist eine grausame Pein. Von all den Mängeln in den vietnamesischen Gefängnissen braucht man gar nicht zu reden. Arzneien gegen Zahnschmerzen gibt es nicht. Wenn Häftlinge heute um Mittel gegen Bauchschmerzen bitten, bekommen sie erst am nächsten Tag welche. ‚Habt Ihr Fieber? Wir haben fiebersenkende Mittel. Aber heute ist Samstag. Der Arzt kommt erst montags'. Das Schlimmste jedoch ist der Hunger. Der starke Hunger. Der quälende Hunger. Der Hunger, der den Blick verschleiert. Der Hunger, der einen zittern lässt.

Einmal erwischte ich ein faules Stück Maniok in der Reismischung. Sein Saft war klebrig wie Sperma. Aus Ekel und Wut warf ich es in das Schutzloch. Die Nacht kam und der Hunger wühlte in meinem Magen so unerträglich, dass ich in der Dunkelheit nach diesem weggeworfenen Stück Maniok tasten musste. Mit einem keineswegs sauberen Lappen wischte ich den ekelhaften Saft ab und kaute etwas Stärke und Sand, so gut ich konnte.

Während ich das Stück Maniokwurzel kaute, kamen mir Tränen in die Augen. Ich sehnte mich nach einer historischen Wende, die wie im Märchen dazu führen würde, dass die Bande Le Duan-Le Duc Tho einmal hierher gebracht würde, um das zu erleben, was ich in diesem Augenblick erlebte. Das Maniokstück war bereits schlecht. Ich dachte, ich würde davon Durchfall bekommen. Aber wie ein Wunder geschah nichts.

Trotz alledem musste ich doch sagen, dass das Militärgefängnis von Bat Bat in gewisser Hinsicht besser war als der Feuerofen; zu allererst darin, dass die Gefangenen hier heißen Reis essen durften statt des kaltgewordenen Reises, der dazu noch durch Mäuse verschmutzt gewesen war. Die Menge der Reisportion war im ganzen Land festgelegt. In Bat Bat gab es davon nicht mehr. Im Feuerofen wurde ein wesentlich größerer Teil des Reises veruntreut. Aber im Feuerofen wurde ich dank der Lebensmittelreserve von Thanh nicht vom Hunger gepeinigt.

Im Lager von Bat Bat hatten wir das Regime des "Wartens auf die Behandlung". Die Partei hielt ihr Versprechen, allerdings mit Verspätung. Ich erhielt die gleiche Ration an Fleisch wie *außerhalb*. Das eine Kilogramm Fleisch wurde in zwei Teile geteilt. Zu Beginn jeder Monatshälfte brachte mir ein Polizeiwächter (eine Person der Exekutive und nicht der Lagerverwaltung - Anm. d. Autors) eine Schale gekochtes salzig-süßes Fleisch.

Dieses Fleisch konnte, dank seines hohen Salzgehaltes, für längere Zeit aufbewahrt werden, ohne zu verderben. Beim ersten Geschmackstest stellte ich aber einen ungewöhnlich bitteren Geschmack fest, den ich bisher weder auf dem Land noch in der Stadt gekannt hatte.

Mir waren Bücher über Fälle eines langsamen Todes durch Vergiftung bekannt. Nach der Hypothese des sowjetischen Autors Tarlé in seinem Buch über Napoleon soll dieser auf der Insel Sankt Helena durch sehr kleine Gaben von Arsen vergiftet worden sein. Dieses Fleischgericht war mir verdächtig. Ich verzichtete darauf. Wenn ich es jedoch nicht aß, musste ich es beseitigen. Das Fleisch zu beseitigen, kostete mich viel Bedauern. Im Gefängnis hatte Fleisch den Wert von Gold. Derjenige, der nicht im Gefängnis war, konnte sich einen so starken Heißhunger nach Fleisch nicht vorstellen. Kaum sah man das Fleisch, lief schon das Wasser in Strömen im Mund zusammen. Aber dieses für mich bestimmte Fleisch musste ich beseitigen. Und so beseitigen, dass die Wächter es nicht ahnten. Jeden Tag gab ich einen kleinen Teil in den Nachttopf und entleerte ihn frühmorgens in die Latrine, wenn ich zum Waschen ging. Während meiner ganzen Zeit im Militärlager von Bat Bat aß ich kein einziges Stück Fleisch.

Als ich zum ersten Mal das Fleischstück beseitigte, das mir seit langem gefehlt hatte, trauerte ich einen ganzen Tag lang. Aber ich konnte den Appetit überwinden. Das war gar nicht so einfach. Zudem musste ich eine gute, ruhige und sogar fröhliche Miene machen, wenn ich meine Portion Fleisch vom Wächter übergeben bekam.

Ich erinnerte mich an die Worte von Marx, wonach eine längere Einzelzellenhaft zur Geistesstörung führen könne, und versuchte, dagegen anzukämpfen. Schon seit der Zeit im Feuerofen erlegte ich mir eine strenge Zeiteinteilung auf. Abgesehen von den Vernehmungssitzungen benutzte ich die Zeit, um meine Kenntnisse im Ganzen zu überprüfen. Ich wiederholte, Fragment für Fragment, die verschiedenen Gebiete: Philosophie, Literatur, Soziallehre, Politik... Diese Arbeit nahm mehr Zeit in Anspruch, als ich gedacht hatte. Ich ging von der griechisch-römischen antiken Philosophie zur chinesischen, indischen und zur neuzeitlichen Philosophie, von Sokrates (384 bis 322 v. Chr.), Aristoteles (469 bis 399 v. Chr.) zu Berdjaew und Jean-Paul Sartre (1905 bis 1980), dem französischen Philosophen, Schriftsteller, Dramatiker, Journalisten, Vertreter des Existentialismus ... über. Mit Hilfe der Literatur spazierte ich durch die Zeit und betrat die einzelnen Staaten mit ihren einzelnen Regionen. Ich stellte Überlegungen an über den Stil der einzelnen Autoren. Das war eine interessante Sache, eine Art statische Reise. Sie beschäftigte mich derart, dass ich manchmal den Wächter nicht wahrnahm, der die Tür öffnete. Diese Überlegungen ließen die Werke von Hemingway, Erich Maria Remarque (Autor von *Im Westen nichts Neues, Arc de Triomphe, Die Nacht von Lissabon*) richtig aufleben und unter einem neuen Licht erscheinen.

Nachdem ich die beiden Kugelschreiberminen erhalten hatte, nahm das Schreiben an meinem Buch meine ganze Zeit in Anspruch. Dass ich mich vom Alltagsleben löste und mich selbst mit dieser Arbeit beschäftigte, gab mir meine Lebensenergie zurück. Öfters erschrak ich, denn ich glaubte, mitten in einer Vernehmung Huynh Ngu schreien zu hören: "Ich frage Euch. Ihr müsst antworten. Woran denkt Ihr, hmmm...?"

Das war allerdings im Feuerofen gewesen. In Bat Bat wurde ich einfach vergessen. Manchmal für einen ganzen Monat. Ich hatte niemanden, mit dem ich mich unterhalten konnte. Ich hatte nicht einmal Huynh Ngu, um sein Schreien zu hören. Ohne das Schreiben an diesem Buch hätte ich verrückt werden können. Ich wusste nicht, wie es den anderen erging, falls sie sich nicht irgendetwas ausdachten, um gegen diesen Zustand anzukämpfen.

Andererseits war es auch nicht möglich, das Gehirn Monat für Monat, Jahr für Jahr tätig sein zu lassen. Ab und zu ließ ich es dadurch pausieren, dass ich meine Zelle reinigte, bis sie peinlich sauber wurde, oder dass ich meine Bekleidungen ausbesserte. Wegen der unklaren Gründe für meine Inhaftierung musste ich die Häftlingsbekleidung beim Verlassen des Feuerofens zurückgeben (da ich kein Häftling war). Im Militärgefängnis von Bat Bat erhielt ich, den Regeln entsprechend, auch keine Uniform (da ich kein Militärgefangener war). Schließlich hatte ich nur zwei Satz Bekleidung, die ich von meiner Familie geschickt bekommen hatte und die inzwischen zerrissen waren. Ich besserte sie mehrfach aus. Ein Stück Stoff war auf das andere aufgenäht. Die Bekleidungsstücke waren nicht mehr als ein Patchwork aus Lappen. Für das Nähzeug stellte ich mir aus einem großen Bambuskern eine Nadel ohne Nadelöhr her. Ich härtete sie mit der Flamme aus. Als Garn zog ich aus einem Stück Stoff - einer Kriegsbeute aus der Schlacht im Jahr 1952 gegen eine Razzia der Franzosen mit der Bezeichnung *Bretagne* im Süden von Nam Dinh - die einzelnen Fäden heraus. Dieses Stück Stoff hatte meine Frau als Verpackungsmaterial zum Verschicken einer Decke, eines Moskitonetzes und Bekleidungsstücken an mich benutzt. Der ehemalige Besitzer dieses Stoffstückes, ein Angehöriger des französischen Mobilregiments Nr. 4, hatte daran seine Spuren hinterlassen, in Form eines Blutflecks, der auch durch noch so viel Waschen nicht zu beseitigen war. Der Widerstandskrieg gegen die Franzosen war bereits weit in die Vergangenheit gerückt. Die schweren Tage, in denen uns eine Liebe zwischen Brüdern umfasste, waren ebenfalls Geschichte, ein Märchen eben.

Eines Nachts fuhr ich im Aufwachen zusammen, weil das Fenster zugeschlagen wurde. Ich stand auf und suchte in diesem schwarzen Kasten nach der Tür. Draußen war der Himmel schwarz wie Tinte. Eine Weile danach sah ich durch ein Loch zwei Polizisten mit einer Tragbahre unter dem lodernden Licht von Fackeln holterdiepolter entlang der Mauer laufen, welche die verschiedenen Zellenhäuser trennte. Ich strengte meine Augen an, konnte aber wegen des schwachen und unruhigen gelben Lichtes trotzdem nicht erkennen, wer auf dieser Trage lag. Sie schaukelte auf diesem unebenen Weg. Bis auf das Gesicht wurde die Person auf der Trage von einer dunkelfarbenen Baumwolldecke verhüllt und war reglos wie eine Leiche. Die schwarzen Haare gaben mir die Gewissheit, dass es sich weder um meinen Vater noch um General Dang Kim Giang handelte, denn diese beiden hatten Glatzen mit grauen Haarkränzen. Möglicherweise war es Pham Viet, wenn er nicht schon gestorben war.

Später erfuhr ich, dass viele Leute, die ihr Leben im Gefängnis verloren hatten, seltsamerweise nicht die ältesten und schwächsten waren. Die beiden Menschen, die nie zurückkehrten, waren Pham Viet und Ky Van. Pham Viet starb in seiner Zelle. Ky Van starb eines feineren Todes. Er wurde im Todeskampf in ein Krankenhaus in Haiphong gebracht und tat seinen letzten Atemzug in einem Metallbett des Krankenhauses unter der ständig wachsamen Aufsicht der Genossen Polizisten. Nach meiner Entlassung konnten Tran Minh Viet und Dang Kim Giang, beide schwer erkrankt, noch einige Jahre gegen den Tod kämpfen, bis sie starben. General Dang Kim Giang hatte es zeitlich geschafft, noch vor dem V. Parteitag wegen des Verbrechens "Verbreitung einer schriftlichen Beschwerde, die zur Schädigung des Rufes der Partei führt" ein zweites Mal eingesperrt zu werden.

Dang Kim Giang saß bereits unter der französischen Kolonialherrschaft zwölf Jahre und im Sozialismus sieben Jahre im Gefängnis. Unter beiden Regimen betrug die Gesamtdauer seiner Gefangenschaft und seines Hausarrestes 25 Jahre. Er starb 73-jährig in einer 14 Quadratmeter großen Hütte mit undichtem Dach, neben der Pagode Lien Phai, wo die ärmsten Menschen der Gesellschaft unterkamen. Während seines Todeskampfes saßen zwei Polizisten neben ihm. Seine Frau musste diese auffordern, den Raum zu verlassen, damit er in Ruhe die Augen für immer schließen konnte.

Das Gefängnis schenkte mir die Erkenntnis, dass der Mensch ein seltsames Lebewesen ist und dass er auch unter unmenschlichen Bedingungen leben kann.

Nach zwei Jahren Haft in der Zelle verschlechterte sich mein Gesundheitszustand sichtbar. Ich erinnerte mich an Lektüren, nach denen sich Revolutionäre während der Haft durch Laufen manchmal bis zu zwanzig Kilometer pro Tag bewegten. Ich machte es ihnen nach. Laufen hieß, hier in diesem engen Raum zwischen den zwei Pritschen meiner Zelle zu laufen, vier Schritte vor und vier Schritte zurück. Wegen der vielen Kehrtwendungen durfte man nicht schnell laufen, weil das die Augen hätte flimmern lassen können. Ich setzte mir das Ziel, ausnahmslos an jedem Tag zehn Kilometer zu laufen. Trotzdem ging die Muskulatur meiner Arme und Beine ständig zurück und wurde immer weicher, obwohl ich außer dem Laufen regelmäßig noch Frühgymnastik machte und vor dem Schlafengehen Qi Gong und Yoga übte.

Aufgrund der mangelhaften Ernährung und des fehlenden Sonnen-lichts litt ich an allen möglichen Krankheiten. Wegen Bronchitis hustete ich wie ein alter Mann. Am Grenzbereich zwischen Zahn und Zahnfleisch trat häufig Blut aus. Das Zahnfleisch war ständig entzündet. Einmal biss ich auf ein Stück Kiesel, so dass ein Backenzahn teilweise zerbrach. An dieser Bruchstelle lagen die Zahnnerven blank und erzeugten schon beim Trinken Schmerzen. Beim Essen kaute ich, so gut ich konnte, meistens nur in einer Mundhälfte. Ein Korn Reis, das in die kranke Zahnstelle geriet, erzeugte für etliche Stunden Schmerzen. Man konnte kaum um eine Prise Salz bitten. Zahnschmerzen waren im Gefängnis das Schlimmste. Man musste versuchen, sie zu ertragen. Wenn man die Exekutive um Behandlung bat, lachten einen diese Leute nur aus. Trotz meiner Jugend litt ich. Wie haben da erst die älteren Leute mit schwereren und chronischen Krankheiten gelitten?

Gerade in jenen Tagen besann ich mich auf meine Tante, eine ungebildete Kurpfuscherin, als die wir sie heute bezeichnen würden. Wenn der Patient so viel Kraft verlor und ihr Quacksalbern nicht mehr half, empfahl sie ihm eine volkstümliche und kostenlose Arznei: "Urin trinken". Ich hatte Gelegenheiten gehabt, diese "Arznei" den Nachbarinnen zu verabreichen. Stocksteif vor Scham, mit rotem Gesicht zum Himmel schauend hatte ich dagestanden und versucht, die Flüssigkeit stoßweise aus mir herauszupressen, die eine Frau in hockender Stellung vor mir mit einer Schale auffing. Im Gefängnis war fremder Urin nicht zu finden. Ich musste mich mit meinem eigenen begnügen. Und das Erstaunliche dabei war: meine Krankheiten gingen zurück. Die Bronchitis verschwand sofort und blieb auch viele Jahre danach verschwunden. Das Zahnfleischbluten hörte auf und die Schmerzen an der Zahnbruchstelle gingen allmählich auch zurück. Ich vermutete, dass der Urin in Mikromengen toxische Stoffe enthielt, welche im Körper Abwehrkräfte aktivierten, die unter anderem Krankheiten überwinden halfen.

Durch die Beziehungen zu den Angestellten der Exekutive, die zu pflegen mir während meiner Zeit im Feuerofen auferlegt worden waren, begriff ich etwas Bedeutsames. Diese Leute machten sich keinen großen Gedanken über Menschen, die es wagten, ihnen zu widersprechen oder sie zu beschimpfen. Sie zu beschimpfen, berührte sie nicht im Geringsten. Als Vernehmende besaßen sie ausreichend berufsbedingte Starrköpfigkeit. Ein wortstarker Häftling konnte schnell seinen Eifer verlieren. Gerade wegen seiner Spontaneität konnte er schneller gebrochen werden als andere. Er konnte eher müde werden, den Kampf wegen der ständigen Überanstrengung eher aufgeben, während sein Widerpart kaltblütig auf seinen Zusammenbruch wartete.

Die Leute der Exekutive hatten Respekt vor ruhigen Häftlingen. Diese benahmen sich gelassen und im Umgang mit den Exekutivleuten korrekt. Im ihrem Innersten aber betrachteten sie die Exekutivleute als Menschen der niedrigeren Ebene. Diesen ruhigen Menschen gegenüber waren die

Exekutivleute verlegen und wussten nicht, wie sie sich verhalten sollten. Anfänglich unterrichtete mich Huynh Ngu in spöttischer Weise (oder in ernsthafter Weise - wer weiß) in der Übung des Qi Gong. Als er merkte, dass ich mein Schicksal ruhig und das Gefängnis als eine Wohnstätte für längere Zeit annahm, dass ich regelmäßig gymnastische Übungen machte und dass ich seine Fragen ruhig und ohne Anzeichen von Angst beantwortete, wurde er verlegen, abtastend, wie ein blinder Mensch in einer Sackgasse.

Diese Ruhe hatte ich nicht dank meines Mutes, sondern wegen meiner Hoffnungslosigkeit. Ich war der Meinung, dass mich die Faschisten nach wie vor umbringen wollten. Für sie gab es nur die Frage, wie dieser Mord möglichst glatt und geräuschlos vor sich gehen konnte. Wenn ich ihr Gefängnis eines Tages verlassen würde, so würde das keineswegs aus Güte, aus Liebe zu uns oder aus gesundem Menschenverstand geschehen, sondern weil *sie* uns der zeitlichen und sozialen Umstände wegen das Tor würden öffnen müssen, damit wir hinausgehen konnten. Daher gab es keinen Grund, vor diesen Leuten Angst zu haben und uns vor ihnen zu verbeugen.

Ganz selten ließ mich Huynh Ngu zu sich bringen. Der Anlass lautete auch hier: Vernehmung. Er fragte mich nach irgendjemandem, nach irgendeiner Sache, damit es so aussah, als ob das Verfahren noch nicht beendet wäre.

Ich hatte keine Ahnung, ob sich Huynh Ngu zu unserer Aufsicht in Bat Bat befand oder ob er sich nur gelegentlich an diesen Ort begab. Ich wusste nur, dass er sehr müde aussah. Der Krieg zog sich in die Länge. Das Leben wurde mit jedem Tag schwerer. Mit kurzen Worten teilte mir der Militärgefangene, der das Essen brachte, ab und zu manches über das Leben außerhalb des Lagers mit. Die Hungersnot hielt Einzug in Thanh Hoa. Der Mangel an Nahrungsmitteln wurde zur Alltagsfrage. Huynh Ngu hatte, wie jeder andere, auch eine Familie. Er arbeitete weit von seiner Familie entfernt. Dieser Umstand von zwei getrennten Haushalten beeinflusste das Familienbudget nicht unbeträchtlich. Seine Begeisterung der ersten Tage für die Schlacht gegen den modernen Revisionismus wich langsam. Er wurde schäbig, gleichgültig und fühlte sich nicht mehr genötigt, seine Enttäuschung zu verstecken.

Er war wirklich zu bedauern. Vor der Schlacht hatte er noch die Preise für die Sieger vor sich schweben sehen. Aber diese Schlacht wollte nicht zu Ende gehen. Und die schönen Preise schwebten immer unerreichbarer am Horizont.

Ich verstand seinen Seelenzustand. Kader wie ich - Huynh Ngu gehörte dazu - waren daran gewöhnt, mit den Versprechen der Führenden zu leben. Und diese Versprechen klangen wunderbar. Im Widerstandskrieg gegen die Franzosen wurden wir belehrt: Wir müssen geduldig kämpfen und die Schwierigkeiten ertragen; mit dem Sieg werden wir ein reiches glückliches Leben aufbauen...

Nach dem erfolgreichen Widerstandskampf wurde das Leben jedoch jeden Tag schlechter, schwerer. Man belehrte uns erneut: Wir haben es schwer wegen der Amerikaner und Ngo Dinh Diem. Wir müssen den Kampf fortsetzen, um unsere Landsleute im Süden zu befreien. Wir müssen den Gürtel enger schnallen, um den Sozialismus im Norden aufzubauen. Wir müssen unseren Verpflichtungen gegenüber den Brudervölkern von Laos und Kambodscha nachkommen ... Unser Kampf gilt nicht nur für den heutigen Tag, sondern auch für Morgen, für Tausende späterer Generationen ... usw... usw.

Wir erkannten nicht die Tatsache, dass unsere führenden Leute ihren Beruf nicht richtig gelernt hatten. Sie wussten nur zu zerstören und nicht aufzubauen. Sie wussten nichts und wollten sich auch keine Mühe geben, um zu lernen, wie man eine Gesellschaft verwaltet, in der es darum ging, wie immer größerer Reichtum erzeugt werden konnte. Sie waren gewohnt, vom Krieg zu leben, und sie existierten dank der Kriege. Sie schenkten ihre Aufmerksamkeit nur dem Aufbau der bewaffneten Kräfte, um weiterhin Kriege zu führen, mittels fremder Gelder und Waffen. Die Sowjetunion, der große Bruder des sozialistischen Lagers, schüttete ständig Güter über Vietnam aus. Die russische Abkürzung der Union der sozialistischen Sowjetrepubliken CCCP wurde eine Zeitlang von den Vietnamesen satirisch in Vietnamesisch umgewandelt: Cac Chu Cu Pha (Ihr könnt nach Belieben vergeuden) oder Cang Cho Cang Pha (Je mehr Geschenke, desto mehr Vergeudung)... Die Hilfsgüter wurden in ein Fass ohne Boden geschüttet. Die wirtschaftliche Verwaltung durch administrative Maßnahmen führte zu einer ständigen Verschlechterung des Lebens. In keinem Bericht des ewig amtierenden Ministerpräsidenten, Pham Van Dong, durfte jedoch der Satz fehlen, dass das Leben der Bevölkerung wieder um einen Schritt verbessert werden würde. Wie lang oder wie kurz dieser Schritt sein sollte, erläuterte er nicht. Anstatt jedem Kopf der Bevölkerung pro Monat ein Kilogramm Fleisch zu gewähren, kündigten die großzügigen Führer zwei Revolutionen von weltweiter Bedeutung an.

Das Gefängnis hatte auch seine positive Seite. Es schenkte den Menschen Zeit zum Überlegen. Das regte ihre trägen Gehirne an: Nun reicht es. Wozu sollen wir an *sie* denken? Es reicht für einen Abschied für immer, wie ein Dichter geschrieben hatte:

Ihr geht Euren Weg. Ich den meinen.
Unsere Beziehungen zueinander gehen nun zu Ende.
Wenn wir entschlossen sind, nicht zusammen zu bleiben,
Wozu machen wir uns beim Abschied noch Gedanken...

Der moralisch korrekte Mensch hat noch einen weiteren Grund, der Partei keinen Respekt zu zollen: Die Partei besteht ständig darauf und wiederholt unermüdlich, dass Ihr Menschen nur dank der Partei leben und arbeiten dürft. Ohne die Partei wäre Euer Leben das von Hunden. Diese seltsame eigene Lobhudelei wird zu jeder Zeit und an jedem Ort in unverschämter Weise bis zur extremen Lächerlichkeit und mit extrem abstoßendem Effekt präsentiert, an der nur die Führer selbst Gefallen finden. Und sie mühen sich nach Kräften, das Lobpreisen und die Lobhudelei der Partei, also Lobpreisen und Lobhudelei ihrer eigenen Personen, anzuspornen. Sie preisen das Volk nur dann, wenn sie in eine schwache Position geraten, wenn sie Fehler machen, oder wenn sie sich in einer Gefahr für ihre eigene Existenz befinden.

Ich wusste noch, wie mich Huynh Ngu in einer der ersten Vernehmungen beschimpft hatte:

"Ihr seid ein Typ, *der sich in der Nähe der Pagode befindet und deshalb Buddha als seinen eigenen Bruder bezeichnet.* Ihr seid sehr frech. Unser ganzes Volk zollt den Führern (dazu zählte Huynh Ngu großzügiger weise auch Minister Tran Quoc Hoan - Anm. d. Autors) Respekt. Und Ihr wagt es, ihnen nicht einmal einen halben Blick zu schenken. Allein dieses Verbrechen ist todeswürdig. Ihr sollt bedenken, was ohne die Partei heute aus Euch werden würde. Die Partei hat Euch großgezogen, zu einem Menschen erzogen. Doch anstatt der Partei dankbar zu sein, ahmt Ihr die wenigen Reaktionäre nach, die gegen die Partei sind ..."

Normalerweise schwieg ich, wenn er mit Begeisterung eine Vorlesung über den Marxismus hielt. Jeder Mensch hat eben eine Schwäche. Ich ließ ihn seine Kenntnisse über den Marxismus präsentieren. Wozu hatte er seine Kenntnisse mit großer Mühe gesammelt, wenn sich kein Zuhörer fand, der zuhören musste, ob er wollte oder nicht? Eines Tages war es mir aber doch zu viel, und ich erwiderte:

"Ihr sagt es nicht richtig. So kann man es nicht sagen."

"Was ist nicht richtig?"

"Meine Eltern haben mich zur Welt gebracht. Meine Eltern haben mich auch großgezogen. Wie kann man da den Satz akzeptieren, dass mich die Partei großgezogen hätte? Wenn ich dies annehmen würde, wäre ich ein pietätloser Sohn. Wie die anderen darüber denken, weiß ich nicht. Seitdem ich an der Revolution teilnehme, ziehe ich mir Sachen an, die meine Mutter genäht hat. Das Essen bekomme ich vom Volk..."

Huynh Ngu riss seine Augen weit auf:

"Wieso ... dürft Ihr so reden?"

"Ist es nicht richtig, was ich gesagt habe? Das ist Tatsache. Als die Partei noch keine Gelder hatte, haben die Truppen Lebensmittel von den Dörfern erhalten, in denen sie angekommen sind. Reislieferung, Aufbau von Lebensmittellagern, finanzielle Beiträge zum Widerstandskampf, wessen Leistungen sind das alles? Ja, das sind alles Leistungen des Volkes."

"Hmmm."

"Als die Staatsmacht gefestigt worden war, gab es ein Gehaltssystem. Ich bin Angestellter, ich arbeite und kriege dafür Gehalt, d.h. ich ernähre mich. Dass mich der Staat zum Studium in die Sowjetunion geschickt hat, war eine normale Sache. Jeder Staat macht so etwas. Der Staat braucht Fachleute, er entsendet Leute zum Studium, zur Fachaus-bildung, zur Schulung ..."

"Ich ... ich ... bin richtig überrascht ..., dass Ihr so... so ... undankbar sein könnt!" schrie er erneut, stotternd. "Dass die Partei Euch verhaftet ... verhaftet hat, ist ... ist gar nicht falsch."

"Wovon leben die Institutionen der Partei? Vom Volk! Wie viele Mitglieder hat die Partei? Wie hoch ist deren monatlicher Mitgliedsbeitrag? Wie viel Geld nimmt die Partei jährlich ein? Eine ganz leichte Rechnung. Der Mitgliedsbeitrag pro Jahr, den ich kenne, reicht nicht für einen Tag des Parteitags. Hinzu kommen die Gästeempfänge, Geschenke für die ausländischen Delegationen. Woher kommt das Geld? Alles vom Volk. Ich habe eine Bekannte, die im Finanzministerium arbeitet. Sie sagt mir, dass das Ministerium einen Sonderfond verwaltet. Wenn die Zentrale Befehl zur Ausgabe gibt, wird das Geld ausgegeben, ohne dass jemand danach fragen darf, wozu die Ausgabe gut ist. Und dieser Fond gehört nicht zur Parteikasse. Das geschieht auf der zentralen Ebene. Die Parteiinstitutionen aller Ebenen verwenden das staatliche Geld für alle ihre Aktivitäten, einschließlich zum Kauf eines Pkws. Das Geld stammt ausnahmslos vom Volk. Man müsste es andersherum sagen: Das Volk ernährt die Partei, die Partei kann das Volk überhaupt nicht ernähren. Im damaligen Widerstandskampf gegen die Franzosen habe ich noch gehört, dass die Partei im Schoss des Volkes ruht. Heutzutage hört man davon nichts mehr. Man hört nur, dass die Partei führt, dass sich die Partei um das Volk kümmert, dass die Partei den Vater und die Mutter des Volkes darstellt. Ich, genauso wie alle Kader, wir gehören zum Volk. Und wir ernähren die Partei, und die Partei ernährt uns überhaupt nicht, mit Verlaub."

Huynh Ngu schrie und schrie, aber ich verstand: Er wollte vor meinen Argumenten flüchten, denen nicht zu widersprechen war.

"Nun sind die Beziehungen zwischen mir und der Partei zu Ende. Ihr seid noch da, ich bin noch hier. Ihr werdet sehen, wie sich mein Leben gestalten wird, wenn ich später nur für mich selbst arbeite, ohne mit gebeugtem Rücken im Dienst von irgendjemandem zu stehen. Es steht fest, dass mein Leben dann eindeutig besser sein wird als das, in dem ich sozusagen von der Partei ernährt werde."

Ich wusste: Zu leben, ohne es mit der Partei zu tun zu haben, ist schwer, denn die Partei hält alle Lebensmöglichkeiten des Volkes in ihrer Hand. Jede Aktivität, aber auch jede - ob Wohnung, ob Verkehr, ob Arbeit zum Lebensunterhalt - muss von der Partei genehmigt werden. Aber ich werde so leben, wie ich möchte, auch wenn dieses Leben äußerst schwer sein kann. Ich werde auf dem Bürgersteig Fahrräder reparieren, Reis anbauen, nähen, Elektroarbeiten machen oder Haare schneiden. Ich werde jede Arbeit annehmen, nur nicht im Dienst der Partei.

Ich erinnerte mich an eine Kritiksitzung in unserer damaligen Redaktion. Der Journalist Hung Thao schrie mit seiner tiefen Stimme: "Kader werden wie Schweine ernährt, wie Hunde beschimpft. Früher haben sogar die Großgrundbesitzer ihre Pächter korrekter behandelt." Diese Aussage, in einer Minute mangelnder Selbstbeherrschung ausgerufen, machte ihm schwer zu schaffen. Man verurteilte ihn nicht weniger, sondern noch stärker. Danach stand er längere Zeit in harter Missgunst.

Nach meiner Entlassung aus der Haft ging ich arbeiten, aber nicht mehr für den Staat. Das Leben meiner Familie verbesserte sich in der Tat zusehends. Nervlich fühlte ich mich wohl, auch in der Zeit, in der ich für solche Menschen arbeitete, die nach der Lehre der Marxisten als Ausbeuter bezeichnet werden. Die privaten Herren verhielten sich weitaus kultivierter als die großen Herren, in deren Dienst ich bis dahin mein Leben lang gestanden hatte.

33

Harlekin

Die Ruhe im Lager von Bat Bat schien anzudeuten, dass die Untersuchungshaft zu Ende ging. Ich lebte in einem Zustand des Wartens; ich wartete ab, wie sich die Partei verhalten würde. Aber genau wie Glühwürmchen blitzten die sehr dünnen Hoffnungsstrahlen nur einige Male kurz auf, um dann im tiefen Dunkel der Nacht zu versinken. Die immer seltener werdenden Vernehmungen gestalteten sich in den späten Nachtstunden zunehmend mühsam, als ob sowohl die Vernehmenden als auch die Vernommenen bereits zu erschöpft gewesen wären. Mit der "Ich habe die Schnauze voll"-Physiognomie eines Papiere bekritzelnden Angestellten stellte *Huynh Ngu* mechanisch taktlose Fragen. Zum Beispiel fiel es ihm ein, Angaben über mein Treffen mit *Rashit* an einem bestimmten Tag im Internationalen Club *(der Ausländern, vor allem Leuten der diplomatischen Vertretung, vorbehalten war)* von mir zu verlangen. Solche unwichtigen Kleinigkeiten und wie und wo sie sich ereignet haben, könnte höchstens Gott sich merken. Ich verweigerte also die Antwort und sagte, dass ich mich nicht daran erinnern konnte und die zu lange Haftzeit mein Gedächtnis trübe. Wenn nicht, dann eben nicht. Er zwang mich auch nicht zu weiteren Wiederholungen.

Bisher hatte man immer wieder versucht, das Verfahren gegen mich auf die eine oder andere Weise in die Länge zu ziehen. Auf meine Frage, wann es denn nun endlich beendet werden sollte, vermied es Huynh Ngu, mir direkt in die Augen zu sehen, und anstatt wie sonst laut zu brüllen, um allein durch seine höhere Lautstärke zu dominieren, antwortete er zögernd und leise: „Kader meines Formats können das leider nicht wissen! Das ist Angelegenheit der Zentralstelle und keinesfalls die der Hauptabteilung oder des Hauptamtes... Sogar das Ministerium ist nicht befugt, Eure Angelegenheit zu behandeln. Ihr solltet ruhig sein und warten. Wir müssen absolut an die Partei glauben. Die Partei ist zugleich Vater und Mutter. Früher oder später wird sie Euch den Umständen entsprechend behandeln." Bei dieser Aussage wurden die Gesichtszüge des Mannes sanft. Das gezwungene Lächeln, das die zwei Furchen an seinen Mundwinkeln vertiefte, machte ihn richtig bemitleidenswert. Drei Jahre waren erst vergangen, und doch fand ich, dass Huynh Ngu sehr schnell alterte. Er war dürr und wurde immer dürrer. Im Winter war seine Gesichtsfarbe grau und sein Gesicht voller Falten. Sein schwarzer Wollanzug nach Sun- Zhongshan (Sun Yatsen)-Art, den er unablässig trug, löste sich bereits auf. Er verlor schon seine Farbe und die wollige Oberfläche war an vielen Stellen abgewetzt.

Einmal war ich gerade mit dem Schreiben eines Berichtes beschäftigt, als ich undeutlich Huynh Ngu mit dem Dorflehrer in einem Gespräch über aktuelle Fragen hörte. Sie unterhielten sich darüber, welche Lebensmittelkarte gültig war, welcher Kartenabschnitt für welches Lebensmittel galt, dass für den Fleischkartenabschnitt jetzt Tofu verkauft wurde, dass der Kartenabschnitt für Fischsauce auf Maggi-Sauce umgestellt wurde, welche Familie wie viele C-Karten und wie viele A-Karten ... erhielt.

In diesem Augenblick empfand ich tiefe Liebe zu meiner Frau. In ihrem jüngsten Brief hatte sie mir mitgeteilt, dass sie ihre Arbeitsstelle wechseln musste und nun mit dem Rad tagtäglich nach Ha Dong (ca. 12 km von Hanoi entfernt) zu diesem neuen Arbeitsplatz auf einer Baustelle fuhr. Trotzdem sorgte sie für die Kinder und stand mit der Lebensmittelkarte in der Hand, die aus winzig kleinen Kartenabschnitten bestand, auch noch Schlange für die notwendigen Einkäufe...

Eines Tages betrat unerwartet Huynh Ngu selbst meine Zelle und setzte sich gutmütig neben mich. Ich war erstaunt. Noch nie vorher hatte ich ihn so erlebt. Zu freundschaftlich, zu gutmütig! Bis zu diesem Zeitpunkt hatte er bei keiner Gelegenheit vergessen, den Unterschied zwischen dem Häftling, der ich war, und ihm, dem Vernehmenden, zu betonen.

„Ich komme ... um Euch eine traurige Nachricht mitzuteilen ..." stieß er mühsam hervor. „Unser Onkel ... Onkel ist ... Onkel ist gestorben!"

Also gab es keinen Herrn Ho Chi Minh mehr.

Meine ersten Gedanken waren, dass mit dem Tod von Herrn Ho die Alleinmachthaber nun noch mehr Freiheit für ihre Untaten hatten. Man kann sagen, was man will, aber solange Herr Ho lebte, stellte er für sie ein Hindernis dar. Denn er hatte Solidarität gefordert, und obwohl er ein Pseudo-Moralist war, so war es doch vorteilhaft gewesen, dass er dazu aufgerufen hatte. Wenn er auch selbst keine echte Solidarität betrieben hatte, so hatte dieser Anschein es doch zumindest verhindert, dass seine Untergebenen sein öffentliches Ansehen beschädigten. Er besaß zwar keine Macht mehr, aber noch immer seinen Ruf, der sie in die Schranken gewiesen hatte. Wann immer sie etwas unternehmen wollten, mussten sie sich erst fragen, wie er darauf reagieren würde.

„Wann starb Onkel?" fragte ich leise.

„Vor drei Tagen" antwortete Huynh Ngu. Eine Träne rann über sein Gesicht.

Ich rechnete im Kopf nach: vor vier Tagen war der 2. September, der Tag der Unabhängigkeit. Im Lager hatten wir an diesem Tag frisches Essen erhalten und zusätzlich mit Salz geröstetes Fleisch. Das bedeutete, dass Herr Ho die Welt am 3. September verlassen hatte.

In einer später veröffentlichten Rechtfertigung ließ das Büro verlauten, dass das Politbüro folgende Korrektur beschlossen hat: Als Todestag von Herrn Ho

*Chi Minh wurde nicht der 3. September, sondern der 2. September festgelegt,
damit der Tag der Unabhängigkeit des Staates auf den Todestag des Herrn Ho
fiel. Durch Beschwerden verschiedener Zeugen gegen den genannten willkürlichen Beschluss sah sich das Zentralkomitee etwa im November 1990 gezwungen, die eigenmächtige Kürzung des politischen Testaments des Präsidenten
Ho Chi Minh in einer offiziellen Mitteilung zu rechtfertigen und den 2. September zu seinem Todestag zu erklären.*

Die Nachricht vom Tod des Herrn Ho berührte mich nicht. Ich freute mich
nicht und war auch nicht traurig. Für mich war er ein Fremder geworden,
und so strich ich seinen Namen aus meinem Gedächtnis. Er verschwand aus
meinem Leben.

Ich empfand keinerlei Feindschaft zu diesem Menschen, der an der Spitze
jenes Staates gestanden hatte, der mich quälte. Ich wusste, er war nicht der
Täter. Anders gesagt: er war nicht der Anführer. Ich möchte Herrn Ho damit
nicht verteidigen. Wenn er ganz eng mit *Le Duan,* dem Generalsekretär der
KP Vietnam, und *Le Duc Tho,* dem Mitglied des Politbüros der KP Vietnam
und Leiter der Personalabteilung, zusammengearbeitet hatte, dann hatte er
auch Anteil an allen ihren Taten gehabt, sowohl an den ruhmreichen als
auch an den schmutzigen. Aber ich glaubte den Feststellungen meines
Vaters, der gesagt hatte, dass Herr Ho kein bösartiger Mensch sei. Nur verstand ich nicht, warum er über ein derart grausames Verfahren wie das
meine hinwegsah.

Um Huynh Ngus Leiden zu respektieren, täuschte ich den Anschein von
Trauer vor und wandte mich von ihm ab. Huynh Ngu dachte, meine Trauer
wäre so tief, dass ich mich abwendete, um meine Tränen, also mein Zeichen
der Schwäche, nicht offen zu zeigen. Er bemühte sich, mich zu
trösten, denn er wusste von den engen Beziehungen zwischen meiner
Familie und Herrn Ho. So sagte er mir, er hätte auch meinen Vater über
dieses traurige Ereignis unterrichtet. Mein Vater habe geschwiegen und kein
Wort sagen können. Nach Meinung meines Vaters bedeute das Ableben von
"Onkel" untröstliches Leid für alle Herzen und einen großen Verlust für die
vietnamesische Revolution; das gleiche galt nach Ansicht von Huynh Ngu
auch für uns, diejenigen Kader, die lange Zeit Gefolgsleute der Revolution
waren und nun der Partei gegenüber Schuld auf sich luden. Die Liebe zu
unserem "Onkel" sollte uns zu ehrlichem Eingeständnis unserer Schuld
bringen. Wir sollten uns eifrig darum bemühen, dass unsere Umerziehung
erfolgreich sein würde, so dass wir bald in die revolutionären Reihen und in
den Schoss der Partei zurückkehren konnten.

Zu einem anderen Zeitpunkt hätten seine derart sinnlosen Phrasen über
Umerziehung zu explosiven Dialogen geführt. Aber dieses Mal schwieg ich.
Ich wusste, dass Huynh Ngu den Tod des großen Führers wirklich

betrauerte. Nicht nur er, sondern - wie ich glaubte - sehr viele Menschen trauerten und beweinten in diesen Tagen Onkel Ho.

Er verabschiedete sich schweigend von mir, schloss behutsam die Türe und bemühte sich, dabei kein lautes Geräusch zu verursachen, als ob er anstatt meiner Zellentüre die Türe eines Krankenzimmers schließen wollte.

Die Zeit verging langsam. Tage folgten auf Tage, Monate auf Monate, einer genau wie der andere...

Als ich in das Militärerziehungslager verlegt wurde, markierte ich die Tage, so wie früher, als ich mit Thanh im *Feuerofen* gewesen war, dem Gefängnis im Zentrum Hanois. Aber nach längerer Zeit kennzeichnete ich die Tage nicht mehr regelmäßig, manchmal tat ich es und manchmal nicht. Dadurch wurde ich langsam völlig verwirrt. Ich maß die Zeit nun nach den Feiertagen, an denen wir frisches Essen erhielten, und nach den halbjährlichen Besuchstagen, an denen mich meine Familie besuchen durfte. Alle Familienmitglieder waren der Meinung, dass es in meinen Gedanken immer öfter Unstimmigkeiten gab. Ich widersprach nicht - es wäre für mich sogar besser gewesen. Wenn ich halb verrückt geworden wäre, dann hätten mich die Wärter umso weniger gestört.

„Mein Gott!" rief meine Frau mir zu. „Weißt Du nicht mehr, welchen Monat wir jetzt haben?"

Ich erblickte in den Augen meiner Frau Anzeichen grenzenloser Hoffnungslosigkeit.

Damit ich die Zeit nicht vergaß, brachte sie mir einen Taschen-kalender. Aber wenn ich auch nur einen Tag nicht vermerkte, wurde ich gleich wieder vergesslich. Schließlich gab ich mir keine Mühe mehr, die Tage zu markieren. Es reichte mir, wenn ich den Monat wusste.

Die Eintönigkeit war grausam. Jede Streiterei mit den Wärtern war eine mentale Entspannung für mich. Aber man konnte sich nicht immer streiten. Wenn mich die Wärter nicht durch respektlose Worte ärgerten, dann konnte ich keinen Streit mit ihnen anfangen.

Nach meinem Abschied von dem mir unbekannten Arzt und von Tran Minh Viet war unter dem gleichen Dach mit mir jetzt niemand mehr, der zu unserem Verfahren zählte. Die Militärhäftlinge kamen und gingen, keiner sprach mit dem anderen. Wenn sich ein anderer Beteiligter meines Verfahrens in der Nähe befunden hätte, so hätte ich das sofort bemerkt; denn wenn der Militärbewacher für die Leute unseres Verfahrens die Zellen zur Essenausgabe oder wegen des Bades öffnete, dann schloss er immer alle Zellen in einem Gebäude nacheinander auf, bevor er zum nächsten Gebäude weiter ging. Wenn also dieser Wärter meine Zelle öffnete und gleich danach wegging, dann wusste ich, dass ich dort alleine war. Der Wärter für die Militärhäftlinge hatte nämlich nicht die Aufgabe, auch meine Zelle zu öffnen. Er war nur für die Zellen derjenigen Häftlinge zuständig, die von ihm bewacht wurden.

Der etwa dreißig Jahre alte Wachsoldat hatte ein gutmütiges Gesicht und war korrekt gekleidet, jedoch äußerst wortkarg. Er sagte nie etwas. Es war unmöglich, ihn nach irgendetwas zu fragen. Auch wenn ich um Medikamente bat, gab er nur zustimmende Töne von sich und schloss dann schweigend die Tür ab. Aus seinem Verhalten schloss ich, dass er wusste, wer ich war und dass dies einen gewissen Respekt hervorrief.

Während dieser Zeit hatte ich "Harlekin" als Mitbewohner.

Eines Tages ließ mich der Wärter ein Bad nehmen. Als ich mich eifrig mit dem Wasser aus einer Betonzisterne begoss, die direkt an die Gefängnismauer angrenzte, sah ich zu meinen Füssen plötzlich ein winziges schwarzes Lebewesen, das ungeschickt versuchte, wegzuspringen. Ich sah mir das Tierchen genauer an und stellte fest, dass es eine kleine Kröte war, die wahrscheinlich erst vor kurzem ihr Kaulquappen-Hinterteil verloren hatte.

Ich sah zu dem Wärter hinüber, der seine Hände hinter dem Rücken verschränkt hatte und mal zum Himmel und mal auf die Erde schaute. Eilig wusch ich mich ab, rieb meine Haut trocken und versuchte gleichzeitig, die Kröte mit den Füssen in Richtung meiner Zellentür zu schieben. Sie sprang vor meinen Füssen weg und setzte ahnungslos ihre Sprünge in die von mir gewünschte Richtung fort. Der Weg in die Zelle war sehr dunkel und die Kröte sah darin für sich eine gute Versteck-möglichkeit. Ich beendete mein Bad früher als üblich, lief mit meinen nassen Haaren sofort in die Zelle zurück und schloss selbst die Türe zu. Der Wärter machte große Augen; er verstand mein sonderbares Benehmen an diesem Tag nicht.

Damit die kleine Kröte nicht durch den Spalt neben der Tür entweichen konnte, stopfte ich ihn mit meinem zerrissenen Hemd zu. In den ersten Tagen hatte ich Angst, dass das Tierchen verhungern würde. Ich wusste nicht, was ich ihm zu fressen geben sollte. Aber die Kröte gedieh in meiner Zelle gut und wuchs sehr schnell. Ich beobachtete sie und fand heraus, dass sie sich von Ameisen ernährte. Die Ameisenhorde in der Zelle verkleinerte sich sichtlich.

Die Beschäftigung mit der Kröte machte mir das Leben erträglicher. Nun hatte ich tagtäglich das Vergnügen, diese Kröte von meinem Schlafbrett aus schweigend dabei zu beobachten, wie sie auf dem Boden zwischen dem Brett und der Tür hin und her hüpfte.

Die hässliche Kröte war fleißig, sie saß selten ruhig an einer Stelle. Den ganzen Tag hüpfte sie von einer Stelle zur anderen, und ab und zu fing sie mit raschen Bewegungen ihres Mauls im dunklen Schatten für mich unsichtbare Ameisen.

Ich musste immer genau aufpassen, damit ich nicht auf das Tierchen trat, wenn ich meine Füße auf den Boden setzte. Und das musste ich als Pause zwischen meiner Arbeitszeit zu gymnastischen Übungen oder Spaziergängen innerhalb der Zelle mehrmals am Tag tun.

Schließlich erlaubten es die Machthaber, dass ich einige Bücher erhielt: ein Lexikon der russischen Sprache und zwei sowjetische Romane in französischer Sprache. Das Lexikon war für mich nicht nur zum Nachschlagen da. Ich las es und stellte dazu Überlegungen an. Meine Kenntnisse der französischen Sprache waren gering. Ich las die Bücher und ließ die Wörter, die ich nicht verstand, vorläufig unbeachtet. Wenn ich immer wieder auf diese Worte traf, versuchte ich, sie mir aus dem Kontext heraus zu erklären. Ich las leidenschaftlich und erschrak jedes Mal, wenn der Wärter die Tür öffnete und ich erst dann wusste, dass es Zeit für das Frühstück oder das Abendessen war. Als ich dann, wie schon erwähnt, auch noch zwei Kugelschreiberminen erhalten hatte, war ich zusätzlich damit beschäftigt, meine "Kindheitserinnerungen" zu schreiben. Nun musste ich mir die Arbeit einteilen: mal schrieb ich, mal las ich, damit mein Gehirn durch diese Abwechslung nicht ermüdete. Es war mir nicht möglich, schnell zu schreiben, da ich sehr an Papier sparen musste. In meinen Händen befanden sich nur einige leere Zigarettenschachteln und Papierchen von den Bonbons, die mir meine Familie geschickt hatte.

Die Kröte machte sich nicht mehr die Mühe, auf mich zu achten. Sie war mit der Suche nach Fressbarem beschäftigt. Es war gut, dass Ameisen nicht sehr intelligent sind. Sie achteten nicht auf die ständige Gefahr. Auf ihrem Weg zogen sie in Reihen vor der Kröte hin und her, und wenn einige von ihnen blitzartig verschwanden, so bemerkten die anderen nichts davon.

Eigentlich wäre es mir lieber gewesen, ein Mäuschen zu halten. Als ich noch klein war, hatte ich auf dem Land allerlei Tiere gehalten, Spatzen, Amseln und andere Vögel. Noch nie dachte ich an das Halten einer Maus geschweige denn einer Kröte als Lebensgefährten. Spatzen oder ähnliche kleine Vögel waren leicht zu fangen. Man brauchte nur die Vogeleltern zu beobachten, wohin sie unter dem Dach ihre Nistmaterialien brachten. Wenn man dann geduldig wartete, konnte man die jungen Vöglein sicher fangen. Mit den Amseln war das aber bedeutend schwieriger. Man musste aus einem Stück Bambusgeflecht ein rohrartiges Gebilde bauen. Das Ende dieses Rohres vergrößerte man mit einem Korb, dessen Boden ein Loch hatte. Dann musste man noch etwas Stroh hineinstecken, das Ganze in eine kleine Matte einwickeln, an einem waagerechten Baumzweig aufhängen und dabei darauf achten, dass die Sonne nicht hineinscheinen konnte. Danach durfte man sicher sein, dass die Amseleltern dieses Gebilde als Nest annehmen würden.

Unter den Vögeln, die in der Nähe der Menschen leben, mag ich die Reisfinken am liebsten. Diese kleinen Vögelchen mit ihren tiefbraunen Federn und den dicken hornartigen Schnäbeln bleiben eng bei dem Menschen, der sie von klein auf pflegt. Ich hatte ein solches Vögelchen, das mir auf Schritt und Tritt folgte. Als es erwachsen wurde und selbst nach Fressbarem suchen konnte, flog es auch manchmal ein Stück weg. Sobald ich aber Tri... Tri... rief, kam es von irgendwo herangeflogen. Im Vergleich zu Spatzen und Amseln sind die Reisfinken intelligenter, dachte ich. Bei den vielen unterschiedlichen Vogelarten selbst dürften aber andere Kriterien für Intelligenz gelten. Denn ein Vogel, der seine eigene Art verlässt, um dem Menschen zu folgen, würde dort wahrscheinlich als dumm bezeichnet werden.

Schade, wenn die diktatorischen Kerle meines Landes die Tugenden der früheren Zaren gehabt hätten, wäre das für uns ein Glück gewesen! Denn anstatt uns bis zum Verschimmeln hier in Haft zu halten, hätte man uns in irgendeine gebirgige, wildnisreiche sibirische Waldgegend deportiert. An diesem von mir sehnlichst erträumten Deportationsort würde ich dann mein Amselnest in irgendeinem Baum aufgehängt haben. Ich hätte den kleinen Amselchen mit den gelben Schnabelecken Grashüpfer und Reisreste zu fressen gegeben, bis sie erwachsen gewesen wären. Jetzt bedauerte ich es, dass ich in meiner Kindheit noch nie eine Amsel so an der Zunge behandelt hatte, dass sie die menschliche Stimme nachahmen konnte.

Ich musste mich eben mit jener hässlichen Kröte begnügen.

In den ersten Tagen versuchte sie noch, mich zu meiden, sobald ich mich ihr näherte. Doch mit der Zeit gewöhnte sie sich daran, mir nicht mehr auszuweichen. Sie blieb sogar ruhig sitzen, wenn ich sie streichelte. Die Leute behaupten, wenn man eine Kröte berührt, dann sondert ihre Haut ein Gift aus, das zu Hautausschlag führt. Die Haut meiner Kröte sonderte nichts aus. Vielleicht wollte sie mir keinen Schaden zufügen. Nachdem wir unsere Bekanntschaft vertieft hatten, nahm ich sie auf die Hand und führte sie ganz nahe an meine Augen heran, um sie zu beobachten. Ihr war das gleichgültig. Es war schade, dass sie nicht sprechen konnte. Ich mochte sagen, was ich wollte, die Kröte sah mich mit ihren weit geöffneten Augen nur an.

Das Leben in der Zelle verlief ruhig. Der Wind wehte weiter, Wolken zogen weiter und ich saß weiter dort. Aus der Sonderhaftabteilung erklang nachmittags das leise Singen von Gedichten. Wer sang da? Von meinem Fenster aus konnte ich dort drüben einen allerkleinsten obersten Teil des Fensters sehen, von dem dieser Gesang zu mir herüber drang. Die Person dahinter konnte mich aber nicht sehen. Mit Hilfe eines Spiegelbruchstücks reflektierte ich deshalb Sonnenstrahlen in diese fremde Zelle hinein. Die Person dort nahm meine Lichtzeichen offensichtlich wahr und klopfte als Antwort einige Male hintereinander an die Fensterstäbe. Die Wächter rannten eilig herbei, ohne aber jemanden in flagranti zu erwischen. Verdutzt schauten sie sich eine Weile um und entfernten sich dann wieder.

Eines Tages war in unserem Zellenkomplex ein Tumult aus Rufen, Schreien und lauten groben Schimpfworten entstanden. Durch ein Loch in der Türe sah ich einen Häftling, dem man mit Stofflappen den Mund zustopfte. Sein Gesicht war knallrot, vermutlich aus Atemnot oder auch aus Wut. Er sträubte sich breitbeinig dagegen, weggeschleppt zu werden. Aber die zwei jungen Wärter waren stärker als er, sie konnten ihn wegziehen. Wahrscheinlich wollte man ihn in eine Strafzelle in der Art des *cachot* wie im Feuerofen, dem Zentralge-fängnis von Hanoi, stecken. Der Häftling war jung und trug Armeeuniform.

Der **cachot** *(französisch) von Hoa Lo war eine unterirdische, sehr enge, dunkle und schmutzige Strafzelle. Nach Beschreibung der ehemaligen* **cachot**-*Insassen konnte darin ein Inhaftierter weder stehen noch liegen. Er konnte sich nur in einem sitzenden, dauernd gekrümmten Zustand dicht neben dem überriechenden Topf mit Exkrementen und Urin aufhalten. Nachts wagte man aus Angst vor Rattenbissen nicht zu schlafen. Auch in der sozialistischen Zeit wurde der* **cachot** *weiterhin benutzt. Ich selbst hatte nicht die Ehre, damit Bekanntschaft zu machen.*

Die Person, die meine Lichtzeichen empfangen hatte, nutzte den Umstand aus, dass sich die Wachsoldaten vom Zellenkomplex entfernten, und rief:

„Wer ist da? Hier ist *Ky Van*."

„Ich grüße Euch. Ich bin Hien." antwortete ich.

„Standhaft bleiben, ja!"

„Unbedingt. Seid Ihr gesund?"

„Sehr gesund. Glaubt den Lügnern nicht. Sie inszenieren nur ein Scheinverfahren."

Doch Ky Van sagte mir nicht die Wahrheit. Er war bedeutend schwächer als wir anderen. Allein schon an seiner Stimme konnte man das feststellen. Mit dem Essen in dieser Haftanstalt konnte niemand gesund bleiben. Auch wurde er von draußen lange nicht so gut unterstützt wie mein Vater und ich. Meine Familie hatte es doch besser als die seinige. Bei ihm konnte man von Glück sprechen, wenn seine Kinder überlebten, denn Ky Vans Kinder waren noch klein. Sie gingen noch zur Schule und waren nicht einmal in der Lage, ihren Vater zu besuchen. Von einer Unterstützung ihres Vaters konnte da gar keine Rede sein. Diejenigen Familien, die dasselbe Schicksal erlitten, vergaßen es selbstverständlich nicht, sich auch um seine Kinder zu kümmern. Doch konnten diese Familien keinesfalls darum bitten, ihn ebenfalls mitversorgen zu dürfen. *Le Duc Tho* hätte das niemals genehmigt.

Das war mein letzter Kontakt mit Ky Van.

Hätte uns die *Le Duan-Le Duc Tho*-Clique gemeinsam unterbringen lassen, dann wären wir in der Lage gewesen, uns umeinander zu kümmern. Vielleicht hätten wir es dann verhindern können, dass *Pham Viet* und *Ky Van* auf solch tragische Weise im Gefängnis sterben mussten.

Die Kröte wuchs schnell. Anfangs war sie klein, so klein, dass ich ihr Gewicht in meiner Hand kaum wahrnahm. Zwei oder drei Monate später war sie bereits eine kräftige Kröte in ihrer besten Jugendzeit.

Das war die Zeit, in der sich ihre Haut veränderte: die schwarze Farbe verschwand allmählich und wich einer fleckigen, teils braunen, teils schwarzen, teils dunkelgelben Farbe. Die Menge der Ameisen verringerte sich sichtbar. Zugunsten der Kröte musste ich deshalb einen Teil meiner kümmerlichen

Zuckerration als Köder verwenden, um wieder Ameisen in meine Zelle zu locken. Die Ameisen erweckten nicht den Eindruck, als ob sie viel überlegten. Wo es für sie etwas zu fressen gab, kamen sie sofort herbei. Entlang der süßen Spur, die ich vom Fenster bis zum Zellenboden zog, kamen sie en masse in meine Zelle und füllten damit den Lebensmittelvorrat meiner Kröte auf. Deren bevorzugte Speise stellten die schwarzen Ameisen dar. Zur Abwechslung nahm sie auch die roten Feuerameisen zu sich. Die Stinkameisen aber mochte sie nicht; vielleicht waren diese zu klein oder sie stanken wirklich zu sehr.

Weil ihr neues Kleid, das beinahe surrealistisch wirkte, aus verschiedenen schönen Farben kunstvoll zusammengesetzt war, gab ich der Kröte den Namen Harlekin, nach der berühmten Bühnenfigur der italienischen Komödien. Belustigt beobachtete ich die schaukelnden Bewegungen der Kröte und stellte mir dabei die Harlekine vor, die einst auf den Bühnen von Moskau und Leningrad fröhlich getänzelt hatten - Bilder, die für mich mit einer verlorenen Zeit verbunden waren.

Bei diesen Vorstellungen erinnerte ich mich an ein populär-wissenschaftliches Buch, in dem es hieß, dass Kröten nicht die menschliche Stimme, sondern nur Laute wahrnehmen können, die entweder in einem sehr hohen oder sehr niedrigen Frequenzbereich liegen. Mein Harlekin jedoch konnte meinen Ruf hören. Wenn ich in die Hände klatschte und "Harlekin" rief, drehte mir die Kröte mit weit aufgerissenen Augen ihren Kopf zu und schloss ein paarmal ihre Lider.

Eigentlich besitzt der Mensch nicht nur die sogenannten elementaren Instinkte wie Selbsterhaltung, Selbstverteidigung, Fortpflanzung ..., er besitzt noch einen Instinkt, der wenig beachtet wird, nämlich den der *Fürsorge*. Ich verstand selbst nicht, warum ich diesen heute nicht mehr gebräuchlichen Begriff so gerne mochte. Die spanischen und portugiesischen Missionare hatten den Begriff "Fürsorge" in die vietnamesische Sprache des 19. Jahrhunderts eingebracht und ihn in die ersten Kirchentexte Vietnams aufgenommen, im Sinne von Schutz oder *Pflege,* ähnlich dem Begriff *patronage* in der französischen Sprache. Wenn man auf einen schwachen schutzbedürftigen Menschen trifft, entsteht meist das Bedürfnis, diesem zu helfen. Damit erwacht der Instinkt der *Fürsorge.* Im Jahre 1956 hatte ich mir einmal den französischen Film mit dem Titel *"Porte des Lilas"* angesehen, mit *Jean Gabin* in der Hauptrolle des *Juyjuy,* eines geistig unterbemittelten Mannes. Die Handlung des Films war folgende: Ein Gangster flüchtete vor der Polizei in einen ärmlichen Stadtteil, wo sich die Hauptperson *Juyjuy* mit einem verarmten Mann, *Künstler* genannt, anfreundete. Der Gangster nutzte die Situation dieser beiden Männer gründlich aus. Er ließ sich in seinem Versteck ständig von ihnen bedienen. Als Ersatz für eine Dusche mussten sie ihn mit Wasser begießen, ihm das Essen servieren, ein Transistorradio für seine

Frühgymnastik besorgen... Außerdem flirtete er ausgerechnet mit dem jungen naiven Barmädchen, das der linkische Mann anbetete. Eines Tages kam *Künstler* in großer Eile zu *Juyjuy* und weckte ihn, beseelt von Glück:

„Wach auf, wach auf!"

Juyjuy winkte mit der Hand ab und gab undeutlich zu verstehen:

„Lass mich in Ruhe! Lass mich schlafen!"

„Steh auf, steh auf! Er ist fort."

„Wer ist fort?" fragte *Juyjuy* mit halb geöffneten Augen zurück.

„Wer denn wohl? Er ist fort."

Juyjuy verstand eine Weile nicht. Dann begriff er doch, um wen es sich handelte, und gab einen Seufzer von sich.

„Schade, jetzt braucht mich niemand mehr."

Das war der Fürsorgeinstinkt.

Nicht nur aus dem Bedürfnis heraus, in der Einsamkeit einen Freund zu haben, hält ein Zelleninsasse ein Tier, das man normalerweise niemals zur Zierde halten würde. Der Mensch braucht ein Lebewesen, um das er sich kümmern kann. Anders gesagt, braucht der Mensch jemanden, der ihn benötigt, damit er spürt, dass er existiert und nützlich ist. Dieses Gefühl ist der Kern des Guten, das in jedem von uns vorhanden ist.

Ich fühlte mich bedeutend weniger einsam, seitdem Harlekin bei mir lebte. Mit fortschreitendem Wachstum wurde Harlekin jedoch starrköpfig. Etliche Male rief ich nach der Kröte, doch sie kam nicht. Sie blieb dort, wo sie war, vertieft in ihre Überlegungen, die nur sie selbst kannte.

Eines Mittags erblickte ich Harlekin bei dem Versuch, mühsam die dornengespickte Wand hochzuklettern. Das Tier atmete hastig, der Bauch blähte sich auf und sank wieder in sich zusammen. Ich setzte meinen leichten Schlaf in der Hitze des Frühsommers fort. Als ich aufwachte, sah ich Harlekin zuckend auf dem Boden liegen. Wahrscheinlich hatte das Tierchen durch einen Sturz einen schweren Schlag erlitten. Ich dachte, es wäre nur ein Kinderstreich, und achtete nicht weiter darauf.

Die abenteuerlichen Versuche der Alpinistin setzten sich jedoch in immer kürzeren Zeitabständen fort und ihre Stürze wurden schwerer. Der Putz an den Wänden der Zelle in *Bat Bat* war, wie schon kurz beschrieben, übersät von harten scharfkantigen Unebenheiten, die Harlekins Haut schwere Risse zufügten. Auf ihrem anfänglich so hübschen Kleid, insbesondere auf der feinen Bauchhaut, nahmen immer mehr schmutzige Narben Gestalt an.

Als ich eines Mittags nach einem tiefen Schlaf aufwachte, sah ich Harlekin wieder unter großer Anstrengung hochklettern, indem sie sich an den Putzvorsprüngen festhielt und dabei war, sich quer in Richtung Fenster zu bewegen. Aha, sie wollte flüchten!

Ich geriet in Wut. Wir lebten doch etliche Monate zusammen, und nun wollte mich diese hartherzige Kröte verlassen. Hatte ich etwa nicht auf meine Zuckerration verzichtet, um sie zu ernähren? Ich streckte mich aus, griff nach dem Besen und versetzte ihr damit einen harten Schlag. Harlekin flog in weitem Bogen vom Fenstersims herunter und schlug schwer auf dem Boden auf. Sie zuckte eine Weile und lag dann bewegungslos, mit dem von Rissen gezeichneten Bauch nach oben. Zuerst dachte ich, sie wäre tot. Aber nein, sie lebte weiter. Nachdem sie sich erholt hatte, hüpfte sie voller Wut in eine dunkle Ecke.

Harlekin nahm mir übel, was ich getan hatte. Seitdem kam sie nicht mehr zu mir, wenn ich sie rief.

Der Sommer in *Bat Bat* war sehr heiß. Obwohl sich die Haftanstalt auf einem hohen Hügel befand, war es bei Windstille in meiner Zelle genauso heiß wie in einem Ofen, nicht minder unerträglich als in den Zellen des *Hoa Lo*-Gefängnisses in Hanoi. Das dicke Holzbrett, auf dem ich schlief, verbog sich in dieser trockenen Hitze, wobei leise Geräusche des reißenden Holzes zu hören waren. Ohne jede Möglichkeit zur Flucht lag ich wie im Koma da, fast wie ein Lebewesen im Zustand des Todeskampfes. Nun war es nicht mehr der Wachsoldat, der das Fenster schloss, damit ich nicht nach draußen schauen konnte - ich selbst schloss es mit meinen eigenen Händen, damit meine Augen nicht schmerzten vom gleißenden Licht der brennenden Sonne, die das nackte Stück Erde vor mir in Feuer verwandelte.

An einem solchen erstickend heißen Nachmittag wachte ich plötzlich auf. Instinktiv spürte ich, dass ich mich jetzt alleine in der Zelle befand.

Harlekin war weg!

Noch halb im Schlaf rief ich laut: "Harlekin! Harlekin!". Die Antwort auf meinen hoffnungslosen Ruf war nur endloses Schweigen.

Wegen meines lauten Geschreis rannten einige Wächter herbei. Sie sahen sich hier und da eine Weile um, ohne etwas festzustellen; dann gingen sie wieder fort. Ich vernahm einige Stimmen:

„Noch einer ist verrückt geworden!"

„Bei dieser tödlichen Hitze sind sie ja schon gut, wenn sie nicht verrecken!" Diese Worte wurden von groben Lachsalven begleitet.

„Wenn diese Hitze andauert, werden noch viele von ihnen verrückt ..."

Diese Elenden, schimpfte ich. Aber ich war nicht in der Stimmung, meine Gedanken an sie zu verschwenden, denn ich litt unter dem Verlust von Harlekin. Ich kroch unter mein Schlafbrett, tastete im Dunkel darunter in alle Ecken und Vertiefungen, die mit scharfkantigem oder rundlichem Kies gefüllt waren. Doch das Suchen war zwecklos. Harlekin war zu groß, um sich in den zahlreichen kleinen Löchern des Lateritbodens verstecken zu können.

Ermüdet warf ich mich auf das Schlafbrett. Tränen traten mir in die Augen. Ich sehnte mich nach Harlekin genauso wie nach einem Menschen.

Abends rührte ich mein Essen nicht an. Der Wachsoldat fragte mitleidig:

„Ihr seid krank, ja?"

„Ja."

„Ihr müsst essen, um Eure Gesundheit zu erhalten."

„Ich bitte Euch, für mich Suppe zu melden."

Er schloss die Türe ab.

In meiner Zelle wurde es merklich stiller, so als ob die Zelle mit Harlekin nicht so still gewesen wäre. Ich empfand Leere um mich. Die kaum hörbaren Geräusche, die Harlekin bei ihren Bewegungen auf dem Zementboden erzeugt hatte und die so leise gewesen waren, dass ich sie nur dann vernahm, wenn ich genau aufpasste, hörte ich nicht mehr. Der Schatten des kleinen Wesens im Menschenkäfig, mal hier, mal da, war fort und ich blieb alleine zurück.

Am Nachmittag war die Hitze so erstickend, dass ich mich mit einem beißend bitteren Geschmack im Mund auf dem durch die Trockenheit verkrümmten Schlafbrett wälzte, ohne einschlafen zu können. Halb im Traum hörte ich außerhalb der Zelle das lärmende Quaken einer zahlreichen Krötenschar. Es hörte sich an, als ob sie Harlekins gelungene Flucht aus der Gefangenschaft feierten.

Als ein Gewitter Regen niedergehen ließ, schlief ich ein.

Ich träumte von der Rückkehr Harlekins. Sie war aber keine Kröte, sondern ein kräftiger junger Mann. Wir befanden uns auch nicht in meiner Zelle, sondern an irgendeinem undeutlichen Ort, der weder im realen Leben noch in dieser Zelle lag.

„Ich komme zurück, um mich von Dir zu verabschieden", sagte Harlekin. „Ich kann Dich doch nicht ohne ein Abschiedswort verlassen..."

Ich setzte mich auf.

Zwischen uns beiden waren die Fensterstäbe. Die Wirklichkeit erschien mir zur Hälfte zurück, undeutlich.

„Warum hast Du mich verlassen, Harlekin?"

„Ja warum?" Harlekin sah mich mit einem mitleidsvollen Blick an. „Kannst Du eine so einfache Frage etwa nicht verstehen?"

Ich spürte etwas Scharfes auf dem Nasenrücken, meine Sicht verschwamm.

„Habe ich Dich so schlecht behandelt, Harlekin? Sicher war ich manchmal unbeherrscht, es waren aber Momente der Schwäche, die verzeihlich sein sollten ..."

„ ... nein, nein, diese Momente habe ich längst vergessen. Du warst gut, sehr gut zu mir. Ich werde nicht vergessen, dass Du mich umsorgt und gepflegt hast. Wie könnte ich alles das vergessen, was Du für mich getan hast! Ich verstehe auch Deine Haltung zu mir. Ehrlich gesagt, begreife ich jedoch eines nicht: wie kannst Du Dich ständig in einem solchen Käfig aufhalten, ohne dass Du es satt bekommst? Ich selbst, ich kann ein solches Leben nicht führen."

Ich betrachtete meine Zelle, mein Zuhause.

„Nein, ich will das ja gar nicht", rief ich, „ich werde gefangen gehalten, verstehst Du, Harlekin? Ich werde gefangen gehalten..."

„Und Du willst, dass ich gemeinsam mit Dir gefangen gehalten werde?"

„Ich möchte Dich nicht gefangen halten; ich möchte nur, dass Du bei mir bleibst. Ohne Dich bin ich sehr traurig."

Harlekin sagte voller Mitleid:

„Ich würde ja gerne bei Dir bleiben, aber das geht leider nicht. Ich bin eine Kröte. Kein Tier will in einem Käfig leben, verstehst Du das? So ein Leben ist kein Leben. Wir Tiere halten uns nicht gegenseitig gefangen wie ihr Menschen es tut ... Wir können es nicht und wollen es auch nicht. Ich weiß: ihr glaubt, eure Menschheit ist eine Art von höher stehenden Lebewesen, ihr betrachtet euch als den anderen Arten überlegen, aber ich denke, ihr irrt euch. Es ist vollkommen anders ..."

Ich wusste nicht, was ich Harlekin noch sagen sollte. Ich war traurig darüber, dass ich zu einer Art gehörte, der nicht einmal diese Kröte Respekt zollte.

Harlekin gab mir die Hand:

„Bleibe da drin, wenn Du nicht hinausgehen kannst. Lebe wohl!"

Ich drückte fest Harlekins Hand, wollte sie nicht loslassen. Aber diese Hand wurde kleiner und immer kleiner, bis sie das Händchen der kleinen Kröte wurde, des hässlichen liebenswerten Tierchens, das mir einige Monate lang Freude bereitet hatte. Ich schloss die Augen und streichelte dieses Händchen, aber es entglitt meiner Hand.

Ich erwachte. Die Morgenröte stieg langsam auf. Nach dem Gewitter strömte frische süße Luft in meine Lungen. Um mich herum war endlose Ruhe. Durch die Stäbe des Zellenfensters sah ich den Himmel allmählich verblassen, die nächtliche Dunkelheit machte langsam einer rosa Farbe Platz, die im Osten aufstieg und die man noch nicht vollständig sah, nur erahnte. Mein Geist erhellte sich wie durch einen inneren Blitz. Die Gedanken wurden klar wie noch nie. Die Trauer verschwand, ohne Spuren zu hinterlassen. An ihre Stelle trat eine namenlose helle Freude.

Das war der Moment, den der Mensch als Trotz bezeichnet.

Ich dachte an Lenin und begriff, wie sehr er sich irrte, als er die Freiheit in die Kategorie des Bewusstseins einordnete.

Durch ihre Flucht hat Harlekin mir das Gegenteil bewiesen: die Freiheit gehört zur Kategorie des Instinkts.

34

Besuch des Innenministers

Alle Fenster der Zellengebäude wurden gleichzeitig laut zugeschlagen. Die Laufschritte der Wachsoldaten hallten laut. Danach herrschte absolute Ruhe. Es blieb nur noch das Heulen des Windes, über den Hügel hinweg, durch das Labyrinth der Sonderhaftbereiche.

In meiner Zelle war es stockdunkel. Leise schlich ich zur Tür, um durch ein Loch nach draußen zu spähen.

Wenn ein Gefangener zur Vernehmung geholt wurde, dann wurden normalerweise nicht alle Fenster, sondern nur diejenigen der Gebäude geschlossen, vor denen der Gefangene vorbeilief. In diesem Fall musste also etwas Ungewöhnliches geschehen. Ich wartete eine Weile, bis sich das Eisentor in der Ferne scheppernd öffnete. Schuhwerk bewegte sich geräuschvoll auf Kieselsteinen. Dann kam eine Gruppe von Menschen. An deren Spitze waren die eifrigen Schutzleute. Ihnen folgten Bedienstete, die sich um eine erhabene Person bemühten. In dieser erkannte ich den Minister des Innern, Tran Quoc Hoan.

Es war das zweite Mal in meiner Gefangenschaft, dass ich diesen vietnamesischen Berja sah.

Berja Lawrentij Pawlowitsch (1899-1953) war ein Landsmann von Stalin und 1938 der Leiter von NKWD, dem Vorläufer des KGB, des Hauptamtes für Staatssicherheit der Sowjetunion, außerdem 1941 Stellvertretender Vorsitzender des Ministerrates der Sowjetunion und 1946 Mitglied des Politbüros. Er wurde im Dezember 1953 wegen Vaterlandsverrat hingerichtet.

Zum ersten Mal hatte ich Tran Quoc Hoan genauso wie jetzt, ebenfalls mit einer zahlreichen Gefolgschaft, im Hof des Gefängnisses Hoa Lo (Feuerofen) gesehen, als mich Huynh Ngu zur Vernehmung holen ließ. Hoan ging damals schnurstracks vom Tor zum linken Bereich des Feuerofens, in dessen Nähe Vernehmungen stattfanden. Damals vermutete ich, dass Hoan irgendein Problem lösen wollte, das mit unserem Verfahren zu tun hatte. Später (als mein Vater und ich wieder zusammen waren) rechnete mein Vater die Zeit zurück und war der Meinung, dass Hoan an jenem Tag mit ihm gesprochen und ihn aufgefordert hatte, seinen bereits zehn Tage andauernden Hungerstreik zu beenden. Mit mürrischem Gesicht und gefühllosen Augen sah diese zweite Person der Diktatur des Proletariats - nach Le Duc Tho - wie eine

Raupe aus. Als ich damals an ihm vorbeiging, hatte er mir einen Blick zugeworfen, als wäre ich ein Tier in einer Herde von Nutztieren.

Der jetzige Besuch Hoans musste im Zusammenhang mit unserem Verfahren stehen. Das Lager in Bat Bat unterstand nicht dem Innenministerium. Sicherlich erschien Hoan hier deshalb, um mit irgendeiner Person unter den hochgestellten unbeugsamen Häftlingen zu sprechen. Er würde sich nicht mit solch unbedeutenden Gefangenen wie mir treffen. Ich gehörte zu den winzigen Insekten und wurde von den hohen Mandarinen gar nicht zur Kenntnis genommen.

Jeder, der mit der Feder schreibt, gerät irgendwann in folgenden seltsamen Zustand: Die Feder gleitet schön über das Papier; plötzlich stockt sie vor einer Figur und weigert sich, weiter über diese zu schreiben. Das passierte mir, als ich in meinem Buch auf Tran Quoc Hoan traf. Ich wollte diesen Hoan beiseiteschieben und nicht über ihn schreiben. Er war es nicht wert, in diesem Buch erwähnt zu werden, da er mit dem mich betreffenden Verfahren nicht direkt zu tun hatte. In der Geschichte hatte er nicht die entsprechende Größe, von der ich den Lesern erzählen wollte. Trotz seiner Rolle als einer der Hauptverantwortlichen in diesem Verfahren war Hoan nur ein Handlanger von Le Duc Tho. Ein Diener war eben ein Diener, auch wenn er den Posten eines Ministers bekleidete. Nach vielen Überlegungen fühlte ich mich dann aber doch genötigt, über ihn zu schreiben. Dem Bild der vietnamesischen Gesellschaft in den (19)60er Jahren hätte ohne Hoan ein typischer Aspekt gefehlt.

Ich hatte nie persönlichen Kontakt zu Tran Quoc Hoan. Er war ein ehemaliger Mithäftling meines Vaters in Son La (vor 1945), gehörte aber dennoch nicht zum Freundeskreis der Mitgefangenen meines Vaters. Diese Freunde verkehrten nach der Augustrevolution (1945) oft miteinander. In der Zeit der Illegalität (vor 1945) war Hoan höchstens zwei- bis dreimal in unserem Haus in der Nha-Ruou-Straße Nr. 65. Nach dem Erfolg unseres Widerstandskampfes (nach 1954) sah ich ihn in unserem Haus nie wieder. Das bedeutete für mich, dass mein Vater Hoan nicht zu seinen Freunden zählte. Mein Vater machte einen Unterschied zwischen Freunden und Genossen. Kommunisten waren selbstverständlich seine Genossen, allerdings nicht selbstverständlich auch seine Freunde. Er hatte viele Freunde, aus allen möglichen Schichten, unter ihnen viele Nichtkommunisten, sogar Leute mit Meinungen, die seinen Ansichten entgegengesetzt waren - wie in einem der vorherigen Kapitel bereits erwähnt -, Leute wie Hoang Van Chi, Phan Tu Nghia , Nguyen Van Ai ... mit sozialdemokratischer Gesinnung. Wenn sie sich trafen, stritten sie laut bei der Analyse der Lage und über die Politik. Doch wenn meine Mutter ankündigte, das Essen sei fertig, dann kehrte eine fröhliche Atmosphäre zurück, mit unendlichen Lachsalven und lustigen Geschichten.

Anfang der (19)60er Jahre tat sich Tran Quoc Hoan auf einen Schlag als eifriger Maoist, als sozialistischer Teufel hervor. Überall sprach man leise über die Erklärungen von Hoan. Man betrachtete ihn als das Barometer des politischen Klimas in unserem Land. Zu jener Zeit, in der der wütende und laute Angriff gegen den modernen Revisionismus gestartet wurde, gab man ihm den Spitznamen "Berja von Vietnam", jedoch nicht wegen der Verhaftungen (die noch nicht vorgenommen worden waren), sondern wegen deren Androhungen, die großzügiger Weise in den Medien bekannt gegeben wurden. Ich fragte damals meinen Vater, was für ein Mensch Tran Quoc Hoan sei. Mein Vater zeigte seinen Unmut über diese Frage.

"Du musst vorsichtig sein", sagte mein Vater gereizt. "Die Lage im Lande ist nicht einfach. Es ist gefährlich, wenn man von Tran Quoc Hoan spricht. Du warst zur Zeit des XX. Parteitages in der Sowjetunion. Du weißt genau, wie die dortige Situation früher ausgesehen hat. Den Begriff Vorsicht meine ich in diesem Sinne. Berja war ein Unteroffizier in der zaristischen Armee und war etwas gebildet. Tran Quoc Hoan aber ist völlig ungebildet. Im Gefängnis von Son La war man der Meinung, dass er gierig und primitiv ist. Dazu kommt noch sein kleinliches Verhalten. Wir haben all das damals als Kleinigkeiten betrachtet. Wir haben es ihm gesagt und es dabei belassen. Wenn aber ein Mensch sich im normalen Leben so verhält, verhält er sich auch bei der Arbeit entsprechend. Er ist kleinlich, das ist eine furchterregende Eigenschaft. Er ist sehr nachtragend. Er scheut vor keiner Tat zurück. Insbesondere ist er jetzt im Politbüro, wenn auch als Kandidat, und steht in der Gunst von Le Duc Tho."

"Und wo sind die Menschen, die ihn kennen und diesen Vorgang aufhalten könnten?"

Mein Vater seufzte:

"Ende des Jahres 1954 haben die chinesischen Berater dem Vorschlag nicht zugestimmt, dass Herr Le Gian die Polizei leiten solle. Herr Ho hat sich dieser ablehnenden Meinung angeschlossen. Einige Zeit danach hat mich der alte Herr (Ho Chi Minh) gefragt: 'Denkt Ihr, dass Tran Quoc Hoan die Verantwortung des Ministers für öffentliche Sicherheit übernehmen kann?' Ich habe gewusst, dass meine Worte nichts bewirken konnten, und deshalb nur flüchtig geantwortet: 'Ich war mit ihm einige Jahre in Son La und habe erfahren, dass seine Bildung und seine Kenntnisse sehr gering sind. So ein bedeutendes Ministerium wie das Ministerium für öffentliche Sicherheit müsste meiner Meinung nach einem gut gebildeten Menschen anvertraut werden. Warum nehmt Ihr nicht eine andere Person?' "

Das heutige Ministerium des Innern hieß bei seiner Gründung Hauptamt für Öffentliche Sicherheit. Nach 1954 wurde es das Staatssekretariat für Öffentliche Sicherheit und später Ministerium für Öffentliche Sicherheit.

Derjenige, welcher Tran Quoc Hoan zum Leiter des Ministeriums für öffentliche Sicherheit beförderte, war Le Duc Tho. Truong Chinh gab seine Zustimmung. Ho Chi Minh fragte nur formell nach der Meinung meines Vaters. Doch auch, wenn er dessen Meinung für richtig befunden hätte, so hätte er sie nicht befolgen können. Mein Vater seinerseits dachte, dass seine Antwort auf diese Personalfrage von Ho damit mehr als ausreichend war. Er war oft zurückhaltend und gab selten Urteile über diese oder jene Person ab. Nicht aus Rücksicht, sondern aus Vorsicht.

Er war der Meinung, dass ein Mensch nicht immer bleibt wie er gerade ist. Einen Menschen nur anhand eines seiner Lebensabschnitte zu beurteilen, sei nicht ratsam. Das galt für ihn im Allgemeinen. In diesem konkreten Fall sagte er nichts weiter, weil er wegen der Macht, die Le Duc Tho besaß, Bedenken hatte. Seit 1955, als sich die Bodenreform und die Umgestaltung der Organisation als fehlerhaft erwiesen hatte, so dass Le Duc Tho den Posten von Le Van Luong übernahm, war die Macht von Tho bereits groß. Offen gesagt hatte mein Vater Angst. Wie eine Epidemie breitete sich diese Angst aus, die auch ihn erfasste. Der noch verbleibende Mut seines Literatengeistes gab ihm nur noch Energie dafür, dass er sich an keinem Akt der Niedertracht beteiligte.

Im Jahre 1965 wurde ein Verwandter eines ehemaligen Beamten des (früheren) Kolonialregimes verhaftet. Man kam zu meinem Vater und bat ihn um Hilfe durch Fürsprache. Mein Vater sagte zu, Tran Quoc Hoan aufzusuchen. Er kannte den in Not geratenen Mann, seine Korrektheit und seinen früheren Verdienst gegenüber der Revolution. Wahrscheinlich wurde dieser wegen einiger unbedachter Worte, die er in einem aufbrausenden Moment geäußert hatte, eingesperrt. Mein Vater war schon in Rente und hatte keine Möglichkeit, dem Mann unmittelbar zu helfen. Er ging zu Tran Quoc Hoan in der Hoffnung, dass dieser ihre alten Beziehungen in Erwägung ziehen und das Verfahren überprüfen lassen würde. Aber er irrte sich. Hoan empfing ihn zwar, gab aber nur vage Versprechungen und tat danach nichts.

Es machte meinen Vater sehr traurig, einem unschuldigen Menschen nicht helfen zu können,

"Ein Gauner kann schwerlich ein guter Mensch werden", beschwerte er sich bei Dang Kim Giang. "Ich habe die Möglichkeiten der Besserung eines Menschen durch sein Umfeld überschätzt. Das stimmt gar nicht."

Giang tröstete meinen Vater:

"Wenn Du dem Mann nicht helfen kannst, brauchst Du Dir nichts vorzuwerfen. Niemand kann die Verantwortung anderer tragen."

Der ebenfalls anwesende Dang Chau Tue, ein verdienstvoller Veteran der Revolution, seufzte:

"Die heutige Zeit ist nicht mehr die alte. An das Schicksal des Volkes zu denken, gilt als sehr rückständig. Man soll an andere Dinge denken: an den

Posten, die Macht und die Privilegien. Ist das aus unserer Revolution geworden? Mir steht es bis zum Hals."

Ich hörte dieses Gespräch, dachte aber, dass mein Vater im übertragenen Sinne sprach. Wie hätte ein Revolutionär auf einem so hohen Posten ein Gauner sein können?

Das Innenministerium veranstaltete getreu seiner geheimniskrämerischen Art selten Treffen mit Journalisten. Wenn aber doch, dann nur Treffen im kleinen Kreis, in denen ein Hauptabteilungsleiter von Plänen sprach oder Erfolge eines Feldzugs - z. B. einen gelungenen Schlag gegen Spionage – bekanntgab. Daher hatten die Zeitungsleute selten Gelegenheit, mit Tran Quoc Hoan zusammenzukommen. Nur ab und zu sah ich den Mann bei Feierlichkeiten oder lokalen Empfängen an Orten, an denen ich mich gerade befand. Unter den damaligen Führungs-personen Vietnams hatte Tran Quoc Hoan nach meiner Bewertung das abstoßendste Gesicht. Vielleicht stellten andere Menschen etwas anderes fest, dies war jedoch meine Sicht der Dinge. Stammte meine Ansicht daher, dass Hoan für Grausamkeit berüchtigt war? Seitdem er den Posten des Ministers bekleidete, gab es im Norden kaum eine Familie, von der nicht wenigstens ein Mitglied im Gefängnis saß.

Tran Quoc Hoan erschien oft in Begleitung von Le Quoc Than, seinem Stellvertreter, einem fetten schmaläugigen Mann mit kurzem Hals, der aussah wie ein Schwein. Le Quoc Than wiederum war für seine Unmenschlichkeit gefürchtet. Tran Quoc Hoan versuchte noch, sich einiger scheinmoralischer Züge vom Großen Bruder Le Duc Tho zu befleißigen, während Le Quoc Than aus Dummheit nur zur Anwendung der eisernen Hand aufrief. Von der Partei als *Schwert und Schild* (Symbol der Behörde der öffentlichen Sicherheit der Sowjetunion - Anm. d. Autors) im Kampf für den Sozialismus, zum Schutz der Partei, zum Schutz des Volkes gepriesen, verwandelte sich die vietnamesische Polizei unter Führung von Tran Quoc Hoan und Le Quoc Than in eine *arrogante Sondertruppe*. Selbst loyale Polizeibedienstete sagten: "Allein die Tatsache, dass jeder Staatsbürger als potentieller Häftling zu betrachten ist, zeigt den Beginn einer schlimmen Zeit. Wir werden einen hohen Preis für diese Unmenschlichkeit zahlen müssen." Ich erfuhr von Veröffentlichungen einiger Reden Le Quoc Thans, die er vor Polizeioffizieren gehalten hatte. Diese Artikel zeugten nach Meinung von Intellektuellen sowohl von Idiotie als auch von Gewalt. Ich war für den Sozialismus, aber wegen dieser kulturwidrigen Artikel schämte ich mich des Sozialismus, dem ich folgte.

Kurz vor dem Ende des Widerstandskampfes gegen die Franzosen wurde die Devise *"Lieber fälschlicherweise einsperren als aus Versehen frei herumlaufen lassen"* oft als die beste Politik zum Schutz der Revolution bezeichnet. Ich las selbst fleißig marxistische Bücher. In den Schriften über die Diktatur des Proletariates fand ich jedoch nirgendwo etwas darüber, dass die Klassiker des Marxismus eine solche Devise angeführt hätten. *"Lieber fälschlicher Weise einsperren als aus Versehen frei herumlaufen lassen"* war nichts anderes als die Rechtfertigung der Willkürhandlungen des diktatorischen Regimes. Das war für den Diktator bei der Festigung seiner Herrschaft äußerst einfach und angenehm. Es befreite ihn von jeder Einschränkung und von seiner Verantwortung für das Leben seiner Artgenossen. In der Tat war dies bereits die Arbeitsmethode der Polizei vieler sozialistischer Staaten, vor allem derer in Asien. (In den europäischen Staaten entwickelte sich die Lage nach dem XX. Parteitag der KPdSU in Richtung Demokratie.) Ausführende der Diktatur des Proletariates durften nach Herzenslust ihre eigenen unschuldigen Landsleute einsperren und umbringen. Wenn aus irgendeinem Zufall ein solcher Fehler aufgedeckt wurde, so wurde der Täter an einen anderen Arbeitsplatz versetzt mit der Versicherung, strafrechtlich nicht verfolgt zu werden. Das Fazit lautete, dass unzählige einfache unschuldige Staatsbürger Opfer dieser grausamen unmenschlichen Devise wurden. Doch nicht nur einfache Bürger, sondern auch hohe Funktionäre - wie zum Beispiel Ta Dinh De - waren betroffen.

Ta Dinh De war eine legendäre Figur im Widerstandskrieg gegen die Franzosen. Nach dem Krieg wurde er Direktor eines Betriebes zur Herstellung von Tischtennisbällen, der zur Eisenbahnbranche gehörte. Er wurde wegen "unrechtmäßiger Aneignung von sozialistischem Eigentum" angeklagt. Viele Menschen zogen zum Gerichtsgebäude und übten zugunsten des Angeklagten Druck auf das Gericht aus. Das war ein einmaliges Ereignis im Sozialismus. Die Anklage "Veruntreuung" musste fallengelassen werden. Der Richter fragte den Betreffenden danach, weshalb er in seinem Betrieb viele Menschen mit Vorstrafen aufgenommen hatte. Dieser antwortete ruhig: "Solche Menschen sind bemitleidenswert. Wer menschlich sein will, muss ihnen helfen." Der Beschuldigte wurde frei gesprochen.

Ich lernte Ta Dinh De im Jahr 1949 (unter dem Namen Tran Quoc Tuan) an der Schule zur Ausbildung von Infanterieoffizieren kennen. Ich war in der 3. Kompanie und er in der Kompanie Le Hong Phong. Wir sahen uns jeden Tag. Ich kannte seinen Charakter. Er war ein aufrichtiger Mensch mit Mannschaftsgeist, der keine Schmeichelei kannte. Unter der Herrschaft von Le Duan wurden solche Menschen wie Ta Dinh De früher oder später aus ihren Ämtern entfernt. Er wurde verhaftet, musste dann aber freigesprochen werden. Nach seinem Freispruch versuchten Tran Quoc Hoan und Le Quoc Than noch mehrfach, ihn wieder ins Gefängnis zu bringen, jedoch erfolglos.

Nguyen Tao, stellvertretender Minister für Forstwesen, war einst stellvertretender Direktor der obersten vietnamesischen Polizei-behörde unter Le Gian. Er kannte den Lebenslauf von Tran Quoc Hoan gut:

"Euer Vater hat durchaus nicht im übertragenen Sinn gesprochen, wenn er Hoan als Gauner bezeichnet hat", antwortete er auf meine Frage. "Der Kerl ist ein richtiger Gauner."

Es war unvorstellbar! Ein Minister, und dazu noch Mitglied des Politbüros der kommunistischen Partei, war der Herkunft nach ein Gauner. Und dieser Gauner stand mehrere Jahre lang an der Spitze der Gewaltmaschinerie der Partei und konnte seine Willkür ausüben. Genau dieser Gauner führte gemeinsam mit seinem *Großen Bruder* Le Duc Tho die in der Geschichte bis dahin einmalige Verfolgung von treuen Aktiven der nationalen Befreiungsrevolution durch.

Folgendes war die Erzählung von Nguyen Tao:

In einem kleinen Weiler nahe einem Städtchen in der Gebirgsgegend der Provinz Nghe An lebte ein Ehepaar mit seinem Sohn in ärmlichen Verhältnissen. Sie suchten im Dschungel nach Lianen und stellten damit Topfuntersetzer her, die sie auf dem Markt verkauften. Sie lebten mit der Hoffnung, dass es ihrem Sohn später besser gehen würde. Trotz ihrer Armut schickten sie den Sohn mit ihren Ersparnissen in das Städtchen zur Grundschule. Der klein geratene Sohn, der von seinen Mitschülern den Spitznamen "Canh Con" (Kleiner Canh) erhielt, war weder dumm noch intelligent. Beim Lernen war er faul, aber fleißig beim Stehlen.

Etwas später wurde Kleiner Canh in diesem Städtchen und in der ganzen Gegend bekannt für seine Diebstähle. Wegen schlechten Verhaltens wurde er in der 2. Klasse von der Schule gefeuert.

Seit diesem Zeitpunkt lebte Kleiner Canh wie eine Wildkatze. Er drang in Häuser ein, deren Besitzer unachtsam waren, und klaute, was er finden konnte: von Unterhosen bis zu Kochtöpfen aus Messing. Öfters wurde er erwischt und erhielt dafür Schläge. Aber er setzte seine Diebstähle fort. Seine Eltern wurden beschimpft, mit Forderungen auf Schadenersatz für die Schäden bedroht, die ihr Sohn verursacht hatte. Der Sohn wurde zu einer ständigen Last und einem ständigen Fluch für das Ehepaar. In dem Städtchen verstärkte sich der Zorn der Menschen gegen Kleinen Canh. Die Leute konnte ihn nicht mehr ertragen.

Sie hatten Glück. Es kam ein Mann, der Kulis anwarb. Der Weilervorsteher übergab ihm sofort den kleinen Dieb und so wurde der Weiler ein asoziales Element los.

"Wie alt war damals der Kleine Canh?" fragte ich.

"Fünfzehn oder sechzehn." antwortete Herr Tao. "Das war ein Alter, in dem man arbeiten geht. Kleiner Canh wurde nach Laos in eine Gegend mit einem Goldbergwerk gebracht. Das Goldwaschen war einfach: An goldhaltigen Stellen wurde Erde ausgegraben, zu einer Wasserquelle gebracht, und dort wurde das Gold mittels eines großen Woks herausgewaschen.

"War diese Arbeit schwer?"

"Das Leben eines Kulis war hart. Goldwäscher-Kulis hatten es aber besser als diejenigen, die in anderen Bergwerken oder in Plantagen arbeiten mussten. Das Schlimmste für Goldwäscher war Malaria. Die Goldwäscher lebten in einzelnen Gruppen mit bis zu zwanzig Leuten im Dschungel. Jeder solchen Gruppe stand ein *surveillant* (französisch: Aufseher) vor. Trotz ihrer Arbeit mit Gold hatten die Wäscher nicht viel Geld. Ihre Löhne waren sehr niedrig. Kaum einer hatte nach dem Ende seines Arbeitsvertrages noch Geld zum Mitnehmen übrig, wenn er nach Haus ging. Diese Leute wollten damals auch gar nicht nach Hause gehen, weil das Leben auf dem Land noch schlechter war als das Kuli-Leben. Damals hatten unsere Genossen in Thailand die *Kameradschaft der revolutionären Jugend* (Vorläufer der kommunistischen Partei - Anm. d. Übers.) und haben ihre Aktivität nach Kambodscha und Laos ausgebreitet. Sie nahmen Arbeiter in ihre Reihen auf. Der Begriff "Arbeiter" war damals sehr vereinfacht: Jeder, der seine körperliche Arbeitskraft verkauft hat, wurde Arbeiter genannt. Goldwäscher waren demnach Arbeiter, allerdings nicht im Sinne eines Industriearbeiters nach Marx, wie wir es heute verstehen. Der Kleine Canh wurde in diese Kameradschaft aufgenommen. Das war auch gerecht, denn er war der einzige unter den Goldwäschern, der lesen und schreiben konnte. Er hat Briefe für die anderen geschrieben und dafür Geld kassiert.

Hier nun hat die Geschichte angefangen. Ein Genosse, der Betreuer des Kleinen Canh - ich weiß seinen Namen nicht mehr - hat diesem wider alle konspirativen Regeln Einzelheiten über einige Genossen erzählt. Vielleicht dachte er, falls er selbst fiele, würde Kleiner Canh wissen, mit wem er Verbindung aufnehmen sollte. Diese betreffenden Genossen wurden später ausnahmslos verhaftet oder im Dschungel des Grenzgebietes zwischen Thailand und Laos erschossen. Niemand wusste, wieso sie entdeckt worden waren. Der Kleine Canh war danach nicht aufzufinden."

"Hat Kleiner Canh diese Genossen den Franzosen ausgeliefert?"

"Damals haben wir uns diese Frage gestellt. Aber wir hatten keine Beweise. Man hat erzählt, dass ein Genosse von Kugeln getroffen wurde, aber noch flüchten konnte. In seinem Todeskampf habe er gesagt, dass Kleiner Canh der Verräter sei."

"Wieso hat man es nicht weitergemeldet?"

"Die Aussage nur einer Person konnte nicht als Beweis gelten. Zeugen gab es nicht. Heute wissen wir jedoch, dass Genosse Tran Quoc Hoan niemand anderer ist als der Kleine Canh von damals. Diejenigen, die von dieser Geschichte gewusst oder gehört haben, wagen es nicht mehr, sie ans Licht zu bringen. Kleiner Canh sitzt jetzt bereits in der Zentrale und sogar im Politbüro. Du riskierst Dein Leben, wenn Du es sagst. Am besten ist Schweigen."

"Ist Kleiner Canh damals aus Angst geflohen, dass die *Organisation* es erfahren würde?"

"Sehr gut möglich."

Nach seiner Flucht aus Laos ging Kleiner Canh nach Hanoi, wo er seine Diebstähle in den Märkten fortsetzte. Nach den Worten älterer Gauner wollte sich Kleiner Canh in Hai Duong einer Räuberbande anschließen. Er wurde aber wegen Feigheit nicht aufgenommen. Zurück in Hanoi, gesellte er sich zu den Taschendieben und Räubern. Hier wurde er in der Rangliste der Gauner aber nur zu den hinteren Reihen gezählt.

In der Stadt war das Stehlen weitaus schwieriger als auf dem Land. Die Stadtbewohner waren schlau und die Straßen voll mit Polizisten. Kleiner Canh musste einen anderen Weg suchen. Er ging zu den Trupps der Leute, die bei Beerdigungen die Fahnen trugen. Dafür bekam er aber auch nicht viel Geld und lebte weiterhin zwischen Sattessen und Hunger ein ziemlich ärmliches Leben

Eines Tages las Kleiner Canh in der Zeitung Dong Phap zufällig eine Anzeige, der zufolge die Druckerei Tan Dan nach einem Schriftsetzer suchte. Er freute sich und begab sich eilends dort hin. Nach einer Prüfung wurde er aufgenommen. Er arbeitete fleißig und wurde vom Chef gelobt.

Doch dann holte ihn leider sein altes Laster wieder ein. Er stahl erneut. Jeder dachte, dass man in einer Druckerei nichts stehlen könne. Für Kleiner Canh gab es aber doch geeignete Gegenstände. Die Druckbuchstaben waren aus einer Antimon-Legierung, die von den Eisengießern im Stadtteil Ngu Xa sehr geschätzt und zu sehr hohen Preisen angekauft wurde. Diese Legierung wurde für die Herstellung von großen Woks verwendet. Kleiner Canh stahl also Lettern aus der Druckerei und verkaufte sie. Damals brauchte Truong Chinh solche Lettern für die Herausgabe der KP-Zeitung; er schickte seine Leute zur Verhandlung mit Kleinem Canh. Da jedoch die Eisengießer von Ngu Xa für jedes Kilogramm Lettern sechs Piaster zahlten und Truong Chinhs Leute nur fünf bis fünfeinhalb Piaster anboten, war Kleiner Canh schlau genug, um die Buchstaben nicht an Truong Chinhs Leute zu verkaufen.

"Heißt das, dass Kleiner Canh während der Zeit der Volksfront (in Frankreich) gar nicht revolutionär tätig gewesen ist?"

"Nein, weil er mit Diebstahl beschäftigt war."

Wenn man nachts oft ausgeht, trifft man irgendwann auf Geister. Kleiner Canh wurde in flagranti ertappt, als er einen Sack voll mit Lettern trug. Die Druckerei hatte längst den großen Verlust von Druckbuchstaben bemerkt und Privatdetektive zur Aufklärung der Diebstähle verpflichtet. Doch Kleiner Canh hatte Glück. Er wurde genau in der Zeit eingesperrt, als in Frankreich gerade die Volksfront die Macht ausübte. Nach dem Besuch von französischen, kommunistischen und sozialistischen Abgeordneten in Indochina, vor allem nach dem Erscheinen des Buches "Indochina SOS" von Frau Andrée Viollis, verurteilten die Linkskräfte in Frankreich - im Zusammenhang mit dem Gefängnisregime gegen politische Gefangene - die Kolonialadministration scharf. Das Leben dieser Häftlinge verbesserte sich danach bedeutend.

Es war nicht bekannt, wer dem Letterndieb den Ratschlag gegeben hatte. Jedenfalls gab er bei der Sicherheitsbehörde an, dass er Patriot sei und die

Druckbuchstaben den revolutionären Organisationen zum Drucken von Zeitungen und Flugblättern gäbe. Er wurde zu den politischen Gefangenen überführt. Im Gefängnis von Son La gab er bei der Parteiorganisation an, dass er dazugehöre. Er erwähnte Namen von ehemaligen Genossen in Thailand (die alle verstorben waren) und bat um erneute Aufnahme in die Partei. Nach Überprüfung bestätigte die Partei die Richtigkeit der von ihm angegebenen Personen und nahm ihn wieder auf. Ab diesem Zeitpunkt schloss Le Duc Tho Freundschaft mit ihm.

"Wussten Truong Chinh und seine Leute nicht mehr, dass Kleiner Canh sich geweigert hatte, ihnen Druckbuchstaben zu verkaufen?"

"Was nützte das? Er hätte alle möglichen Gründe dafür angeführt. Er hätte das konspirative Prinzip als Grund genannt, dass er noch keine Beziehung zur Partei aufgenommen habe. Er hätte gesagt, dass er nicht gewusst habe, ob Truong Chinh oder seine Leute von der Partei zu ihm geschickt worden wären. Seitdem er nun eine hohe Funktion bekleidet, schweigen alle Leute, die Kenntnis von der Sache haben. Sie haben große Angst. Jedem hat es Leid getan, dass eine Unzahl von kleinen Ganoven während der Augustrevolution (1945) auf Befehl von Tran Quoc Hoan (ehemals Kleiner Canh) umgebracht wurde."

"Wollte er den Leuten den Mund stopfen, die von seiner Vergangenheit wussten?"

"Natürlich."

"Denkt Ihr, dass sich Kleiner Canh der Revolution angeschlossen hat?"

"Wer weiß? Es könnte so sein, denn der Mensch verändert sich. Es könnte auch anders sein ... Ich bin davon überzeugt, dass der Mensch seinem eigenen Wesen nur schwer, ja sehr schwer entkommen kann."

Meinem Vater machte ich den Vorwurf, dass er mich nicht das wissen ließ, was er wusste. Diesen Themen wich er aus.

Ich erinnerte mich daran, dass er mir im Jahr 1964 an einem Herbstabend plötzlich sagte:

"Nimm mich bitte mit zu einer Moped-Fahrt!"

Eigentlich hatte ich eine Verabredung, die ich nun auf einen anderen Tag verschieben musste. Aber den Wunsch der Eltern nicht zu befolgen bedeutete in unserer Familie, einen schweren Fehler zu begehen. Mein Vater saß auf dem Hintersitz meines ziemlich kleinen Mopeds Typ Jawa 05, das nicht für zwei Personen vorgesehen war. Seine Beine winkelte er weit nach außen an. Er begnügte sich mit dieser Sitzposition, ohne sich zu beschweren. Zu dieser Zeit war er schon nicht mehr in der Lage, ein Moped selbst zu fahren.

Seinem Wunsch entsprechend fuhren wir auf der alten Straße Co Ngu in Richtung Chem. Bei dem Anstieg zum Damm ließ er mich anhalten. Er zündete sich eine Zigarette an, wählte einen sauberen Grasfleck, setzte sich hin und ließ mich neben sich setzen.

Mit der Abenddämmerung begann die Wasseroberfläche des West-Sees und eines Teils des Truc-Bach-Sees rot zu glänzen. Die warme feuchte Luft war erfüllt vom süßlichen Duft der Wasserpflanzen.

"Merke Dir bitte diese Stelle, die Stelle zwischen dem vierten und dem fünften Baum, wenn man vom Damm abwärts läuft. Hier geschah eine Tragödie, die Du eines Tages untersuchen solltest, um darüber zu schreiben. Es war eine Tragödie mit Symbolcharakter für den Zusammenbruch einer Moral und, im weiteren Sinn, einer Epoche ..."

Die Augen meines Vaters wurden trüb, seine Stimme abgehackt.

"Ich verstehe nicht, was Du sagen willst ..."

"Wenn Du es jetzt noch nicht verstehst, ist das in Ordnung. Jetzt zu verstehen, wäre sowohl zu früh als auch zu gefährlich. Ich möchte nur Dein Gedächtnis dazu anregen, dass es sich eine undeutliche Aussage merkt, damit später ... Nun gut, fahren wir zurück."

Auf dem Rückweg sagte mein Vater kein einziges Wort mehr. Ich fragte auch nichts. Wenn er nichts sagen wollte, dann wäre eine Nachfrage vergeblich gewesen.

Mehrere Jahre später klärte mich Nguyen Tao darüber auf:

"Euer Vater hat Euch nichts erzählt, weil er zur Zeit des betreffenden Ereignisses nicht mehr mit Onkel Ho gearbeitet hat. Er befürchtete vielleicht, dass er die Sachlage nicht richtig, nicht unmittelbar und nicht in allen Einzelheiten gekannt habe, um Euch alles erzählen zu können. Oder er hatte Angst, dass Ihr durch zu frühe Kenntnisse gefährdet sein könntet. Ich weiß es nicht ... Eines steht aber fest: Euer Vater wollte, dass Ihr von dieser Sachlage erfahrt, um sie zu Papier zu bringen. Aus diesem Wunsch heraus hat mich Euer Vater es Euch erzählen lassen."

"Habt Ihr es gewusst?"

Nguyen Tao nickte mit dem Kopf:

"Nicht nur ich habe von der Sache gewusst. Es gibt noch andere. Polizeioffiziere jener Zeit, vom Rang des Hauptabteilungsleiters aufwärts, haben es alle gewusst."

"Was ist denn auf dem Weg nach Chem geschehen, wenn ich fragen darf?"

"Ein verdächtiger Mord."

"Ist das an der Stelle geschehen, die mir mein Vater gezeigt hat?"

"Ja. Eine Frau wurde von einem Wagen überfahren, oder besser gesagt, die Leiche dieser Frau."

"Ein vorgetäuschter Unfall?"

"Genau das", sagte Nguyen Tao ergriffen. "Euer Vater hat diese Frau auch gekannt. Sie hieß Xuan, stammte aus dem Kreis Hoa An, Provinz Cao Bang. Sie war sehr schön, hatte helle Haut, ihr Mund war frisch wie eine Blume. Sie wurde vom *Zentralen Ausschuss für Gesundheitsschutz* zur gesundheitlichen Betreuung des Onkels Ho ausgewählt ..."

"Zu welcher Zeit, bitte?"

"Nachdem der Frieden wiederhergestellt war, etwa im Jahre 1955 ...

Zur gleichen Zeit wie Fräulein Xuan wurden zwei weitere ihrer Verwandten, eine jüngere Schwester und eine Cousine, für einen ähnlichen Dienst ausgewählt. Sie alle stammten aus revolutionären Familien. Sie wurden in einem Haus in der Hang-Bong-Tho-Nhuom-Straße, direkt neben der Quang-Trung-Straße, untergebracht. Normalerweise führte Tran Quoc Hoan Fräulein Xuan persönlich zum Onkel und zurück ..."

"Wie lange ist sie dort geblieben?"

"Unbestimmte Zeit. Manchmal eine Nacht, manchmal einige Tage ... Fräulein Xuan gefiel dem Onkel sehr gut. Sie hatten zusammen einen Sohn mit dem Namen Trung, Nguyen Tat Trung. Kurz vor seinem Tod übergab der Onkel den kleinen Trung dem Herrn Vu Ky als eine Art Adoptivkind ..."

Ich war perplex. Nun gab es unter den streng vertraulich gehaltenen Palastgeheimnissen wieder eines, das mir zu Ohren kam.

"Hätte man damit Frau Xuan als die letzte Kaiserin der vietnamesischen Geschichte betrachten können?"

Mein Gesprächspartner lachte verbittert:

"Man könnte. Und sie war die vom Schicksal am schwersten getroffene Kaiserin der vietnamesischen Geschichte, weil sie nämlich keinen einzigen Tag als Kaiserin bezeichnet wurde, weil ihr Sohn seinen Vater nicht Vater nennen durfte ... Das ganze geschah mit einer schmählichen Geheimnistuerei, als ob es sich um eine Sünde handelte."

"Wer hat Frau Xuan umgebracht?"

"Wir wollen nicht voreilig sein. Lassen wir uns zuerst eine Tatsache feststellen: An einem Frühlingsmorgen des Jahres 1957 hat man nach einem Zusammenstoß mit einem Auto an der Steigung Co Ngu in Richtung Chem eine Frauenleiche gefunden.

Nguyen Minh Can war zur Zeit des Geschehens stellvertretender Oberbürgermeister von Hanoi und erinnerte sich: "An dem besagten Tag (im Frühjahr von 1957) hatte ich Dienst, als Nguyen Quoc Hung, Mitglied der Stadtverwaltung, zu mir kam und berichtete, dass es einen Unfall mit einem toten Menschen auf der Nhat-Tan-Straße gegeben hätte. Die Polizei gab an, dass ein Wagen, der ein Kennzeichen des Präsidentensitzes trug, eine Leiche überfahren habe... Einige Tage später habe ich Tran Danh Tuyen, Sekretär der städtischen Parteileitung und Polizei-Verantwortlicher, danach gefragt. Er sagte mir: 'Die Sache ist bereits geregelt worden.' Nguyen Quoc Hung war unter Le Gian Polizeioffizier und wurde später von Tran Quoc Hoan aus dem Dienst entfernt, denn Hung hatte gesagt, dass dieser Tod unklar sei und untersucht werden müsse."

Die Leiche wurde in das vietnamesisch-deutsche Krankenhaus zur Identifizierung gebracht. Die Leiche war Frau Xuan. Diese Leiche wurde nicht, wie sonst üblich, obduziert, sondern auf Befehl von Tran Quoc Hoan in aller Eile beerdigt."

"Wieso wieder Tran Quoc Hoan?"

"Weil Frau Xuan einer der Zentrale unterstellten Institution angehört hat. Die Angelegenheit musste Tran Quoc Hoan sofort gemeldet werden."

"Und dann?"

"Die Geschichte war noch nicht zu Ende. Danach wurde die jüngere Schwester von Frau Xuan zur Ausbildung als Krankenschwester nach Thai Nguyen geschickt, dann nach Cao Bang zur Behandlung von ... einer Nervenkrankheit überwiesen. Nicht lange danach hing ihre Leiche an einer Brücke des Flusses Bang Giang ... Die Cousine war ebenfalls verschwunden. Das bedeutet, dass in einem bestimmten Zeitraum und in einem bestimmten Zusammenhang drei Personen ihr Leben verloren haben."

"Wurde *Geheimhaltung* darüber angeordnet?"

"Selbstverständlich. Aber die Gründe, die zu diesem dreifachen Tod geführt haben, sind doch nach außen gedrungen."

"Hat denn niemand Untersuchungen darüber angestellt?"

Nguyen Tao senkte seinen Blick:

"Niemand."

"Weswegen, bitte?"

"Weil der Täter eine derart hohe Funktion bekleidet hat, dass niemand es wagte, ihn anzurühren."

"Tran Quoc Hoan?"

"Ja", seufzte er. "All diejenigen, die von dieser Sache Kenntnis haben, sind schuldig gegenüber Frau Xuan und ihren Schwestern. Niemand hat etwas für diese Frauen getan. Jeder hat sich vor der Parteimaschinerie gebeugt, vor dem Ruf der Partei in der Angst gebeugt, dass dieser Ruf durch solchen Schmutz zusammenbrechen könnte. Man hat sich mit dieser Denkweise geirrt ..."

"Warum hat Tran Quoc Hoan Frau Xuan umgebracht?"

"Das ist eine lange Geschichte. Als das Innenministerium die Geschwister Xuan in einem Haus der Hang-Bong-Tho-Nhuom-Straße untergebracht hatte, wussten nur wenige andere Personen in diesem Haus, wer sie waren. Es wohnten noch zwei Hauptabteilungsleiter mit ihren Familien in dem Haus. Einige Zeit vor dem Tod der Frauen kam Tran Quoc Hoan öfters in dieses Haus. Dass er Frau Xuan während seines Besuches vergewaltigt hat, wusste nur ihre jüngere Schwester, die es ihrem Freund im Dorf mitgeteilt hat. Dieser Freund hat die Sachlage später der Zentrale angezeigt."

"Hat die Zentrale geschwiegen?"

"Der junge Mann hat es nicht sofort angezeigt. Hätte er es sofort angezeigt, wäre auch er umgebracht worden. Erst später..."

"Hatte Herr Ho keine Meinung zu diesem heimtückisch verursachten Tod?"

Nguyen Tao überlegte nachdenklich.

"Es gab viele Dinge, die wir nicht wissen konnten", sagte er mit bedrückter Stimme. "Ich denke, auch der Onkel (Ho Chi Minh) befand sich in einer erbärmlichen Lage. Mit wem hätte er sprechen sollen? Mit Le Duan etwa?

Mit Le Duc Tho? Oder direkt mit Tran Quoc Hoan? Ich denke, er war ein Mensch, und er wusste auch zu leiden. Aber seine Situation hat ihn gezwungen, zu schweigen..."

" Heißt das, dass Herr Ho Eurer Meinung nach nicht schuldig wäre?"

"Was diesen mehrfachen Tod betrifft? Nein."

"Aber das Schweigen über diesen Tod? Ist Herr Ho daran auch unschuldig?" fragte ich weiter. "Lassen wir die emotionalen Beziehungen beiseite und sprechen wir über den ungeklärten Tod eines Menschen als einem Mitmenschen!"

"Eure Generation ist streng in ihrem Urteil", seufzte Herr Tao. "Ich verstehe Euch. Ihr seid ja nicht betroffen. Wir schon. Wir haben uns an die Partei binden lassen, mit allen ihren Entscheidungen, ob richtig, ob falsch. Wir machen uns Sorgen um den Ruf der Partei. Wir fühlen uns verletzt, wenn die Partei verschmäht wird. Die Partei ist unser geistiges Leben, unsere Ehre. Das hat auch für den Onkel (Ho Chi Minh) gegolten. Er hat auch sehr gelitten. Er war ein Mensch wie jeder andere. Ihr seid anders. Ihr seht nur die Gerechtigkeit, ihr verlangt danach und verlangt, dass alles nach ihr geregelt wird. Das ist sicher richtig. Ja, nicht falsch. Aber muss das wirklich alles so sein? Oder müssen wir toleranter sein und für menschliche Schwächen mehr Verständnis aufbringen? Egal, um wen es sich handelt..."

35

Papier und Schreibzeug

"Gepäck bereitstellen!" rief der Gefängniswächter.

Kerzengerade stand er im Türrahmen, nachdem die Tür geöffnet worden war - eine dürre Gestalt, die sich vor dem weißen Hintergrund deutlich abzeichnete.

Ich blickte mich unwillig nach ihm um: wieder eine Verlegung, in einen anderen Raum oder in ein anderes Lager?

Seit Ende 1971 machte kein Armeewächter mehr die Tür für uns auf. An seine Stelle war ein Polizist getreten. Der sehr junge Polizist hatte ein gutmütiges, fast naives Gesicht und eine raue Stimme, so als ob er erst vor kurzem in den Stimmbruch gekommen wäre. Mit seinem hellgrauen Oberhemd und der dunkelgrünen Hose sah er mehr nach einem Studenten der Fachschule für Land- und Forstwirtschaft im ersten Studienjahr aus als nach einem Gefängnis-wächter.

Der Häftling, der das Essen austeilte, ließ mich flüsternd wissen, dass mein Vater und General Giang von ihrem alten Platz an einen anderen – wahrscheinlich im gleichen Lager - verlegt worden waren. Er hatte dort nicht zu tun und wusste nichts Genaueres. Einige Tage danach verschwand auch dieser hilfsbereite Häftling. Der neue Essenausteiler war so wortkarg, dass ich dachte, er wäre taubstumm. Ganz gleich, was ich fragte - er schüttelte nur den Kopf.

Meine Schlussfolgerung: es gab eine neue Situation. Konkreteres konnte ich allerdings nicht erfahren.

Das Buch meiner Erzählungen und Erinnerungen nahm langsam Form an. Ich war vertieft in die Beschreibung darüber, wie leidenschaftlich ich an den Dorfteichen angeln gegangen war. Ich schrieb mit einer bisher nicht gekannten Begeisterung. Mein ganzer Körper mit all seinen winzigen Zellen tauchte, von einem erregten seelischen Zustand erfüllt, der meiner Kindheit eigen gewesen war, tief in die Erinnerungen an diese glückseligen Tage der Vergangenheit ein. 1939, als ich sechs Jahre alt war, befand sich mein Vater im Gefängnis in Son La. Da meine Mutter in der revolutionären Bewegung aktiv war, musste ich in das Dorf gebracht werden, aus dem mein Vater stammte. Dort lebte ich bei seiner älteren Schwester, einer christlich frommen, ihr Leben lang ledigen Frau. In dieser traurigen Lage leben zu müssen, fern von der Familie, war Angeln die Beschäftigung, die mich am stärksten anzog und mir die meiste Freude bereitete.

Nun durchlebte ich erneut meine Kindheit in einem friedlichen Dorf im Delta des Roten Flusses. Durch diese Erinnerungen vergaß ich manchmal völlig, dass ich mich im Gefängnis befand. Das Ich in diese Erinnerungen an meine Kindheit zu bringen, war eine wunderbare Flucht aus der Gegenwart.

Mit meinem Papier, das von den wenigen Zigarettenpackungen und von den Bonbon-Papierchen stammte, musste ich äußerst sparsam umgehen. Mehrfach wiederholte ich jeden Satz im Kopf, bevor ich ihn niederschrieb. Ich schrieb winzig kleine Buchstaben, damit die Schrift so wenig Papier wie möglich verbrauchte. Die dünnen Kugelschreiberminen glitten mir oft aus den Fingern.

Das Schwierigste beim Schreiben dieses Buches war jedoch das Verstecken der fertig geschriebenen Papierstücke. Wenn ich wegen einer Vernehmung die Zelle verließ, konnten die Wächter in die Zelle kommen, um zu kontrollieren, was sie ziemlich oft taten. Sie fanden jedoch nichts – nicht, weil ich es gut versteckte, sondern weil diese Leute faul waren. Keiner bückte sich gern, um unter die Pritschen zu kriechen. Mein Manuskript lag versteckt genau unter der Pritsche, in einer Spalte zwischen dem Holzbrett und der Betonsäule. Darin versteckte ich meine Schriften und verkleidete die Stelle sorgfältig. Trotzdem war ich nicht sicher, dass man die Gegenstände nicht doch finden würde, wenn man sich Mühe gegeben hätte.

Vor den Strafmaßnahmen der Haftanstalt hatte ich keine Angst.

Thanh ließ mich wissen, dass der Häftling, der Papier und Schreibzeug versteckte, ins Verlies geschickt würde. Ich befürchtete eher, dass man mich meiner Beschäftigung berauben könnte, der ich nachgehen wollte. Sie gab mir während der Haftzeit einen Sinn, nämlich den, von der Macht der Diktatoren unabhängig zu sein.

Urplötzlich kam der Gefängniswächter. In meinem Kopf peitschten gerade die glänzenden schwarzen Welse herum. Als er die Tür öffnete, hatte ich nur Zeit, das beschriebene Stück Papier unter ein zerschlissenes Hemd zu stecken, das ich dem Anschein nach tagein tagaus flickte.

"In einen anderen Raum?" fragte ich ihn, während mein Herz heftig schlug.

"Gepäck bereitstellen!"

Er antwortete nicht auf meine Frage, sondern wiederholte träge seinen Befehl.

Ich war verlegen und wusste noch nicht, was ich mit den Papierstücken anfangen sollte, die unter dem zerrissenen Hemd steckten. Ich befürchtete, dass er in der Zelle bleiben würde, um meine Vorbereitungen abzuwarten. Zum Glück verließ er die Zelle und schloss die Tür ab.

Ich atmete auf.

Als er zurückkehrte, war ich mit dem Verstecken der Gegenstände, die versteckt werden mussten, fertig. In seiner Begleitung befand sich der ehemalige Dorflehrer aus Thanh Hoa. Genau so nett wie bei der Fahrt von Hoa Lo (Feuerofen) nach Bat Bat half mir dieser, indem er einen Teil meiner Sachen trug, die sich inzwischen vermehrt hatten und aus Decke, Moskitonetz, Hosen, Hemden sowie kleinen und großen Paketen bestanden, die ich von meiner Familie erhalten hatte.

Wir liefen, einer nach dem anderen, an stillen Zellen mit verschlossenen Fenstern vorbei in die Sonne und gingen auf trocken knirschenden Kieselsteinen den schmalen Weg entlang.

Lagerverlegung, dachte ich mit starkem Herzschlag.

Der Dorflehrer führte mich zu einem *command car,* der im Schatten eines Bang-Baumes stand.

Das, was mir am meisten Sorge machte, war die Gepäckkontrolle. Diese sehr unangenehme Formalität wurde gründlich und ausnahmslos in jedem Lager durchgeführt, sowohl bei der Abfahrt als auch bei der Ankunft. Beim letzten Treffen mit meiner Familie war es mir gelungen, die ersten Kapitel meines Buches herauszuschmuggeln. Nun hatte ich einige weitere Kapitel bei mir, die in leeren Zigarettenpackungen versteckt waren.

Als ich ankam, saß auf dem hinteren Autositz bereits ein Häftling. Seine Haut war durchscheinend weiß, wie sie den Menschen eigen war, die lange Zeit in lichtlosen Zellen lebten. Seine Hände waren beide vor dem Körper gefesselt. Auf mich machte er den Eindruck, als hätte er eine Krankheit überwunden. Er spürte meinen aufmerksamen Blick und wandte sich mir zu, um mich anzusehen. Der Dorflehrer kletterte in den Wagen und gab mir ein Zeichen, ihm das Gepäck zum Einladen zu übergeben. Danach ließ er mich einsteigen und ich setzte mich neben den anderen Häftling. Bevor der Dorflehrer wieder ausstieg, holte er Handschellen heraus. Ich streckte ihm meine Hände hin. Alle Bewegungen fanden in völliger Schweigsamkeit statt. Niemand verlor ein Wort.

Nach einem kalten Klick waren meine Hände gefesselt. Ich hob die Hände und betrachtete die Handschellen. In den blanken Grund des Stahls waren die russischen Initialen des Herstellerbetriebes eingraviert. Ich lächelte voll Bitterkeit: es war ein Hohn des Schicksals. Ich wurde der Spionage für die Sowjetunion beschuldigt und wurde nun mit sowjetischen Handschellen gefesselt.

Eine Weile danach sah ich Le Thanh Tai mit einem langen Jagdgewehr über der Schulter gemütlich daherkommen. Ohne einen Blick auf uns zu werfen und ohne ein einziges Wort setzte er sich auf den Beifahrersitz und legte das Gewehr an die Seite. Es war ein doppelläufiges Gewehr des Typs Verney Caron, Kaliber 12 mm. Als er sah, dass ich aufmerksam das Gewehr betrachtete, blickte er mich scharf an und presste das Gewehr mit seinen Oberschenkeln fest.

Der *command car* verließ das Lager Bat Bat in Richtung Norden. An der Fähre Trung Ha durften wir aussteigen und zu Fuß laufen.

Meinen Augen bot sich ein Panorama mit fließend dahingleitenden Wasserfluten, vom Schwemmsand dunkel gefärbt, und tiefgrünen Dörfern in der Ferne. Auf unebenem Weg ging ich die Böschung hinunter. Ich versuchte, möglichst langsam zu laufen, um die Landschaft entlang des Flusses zu genießen. Nach sehr langer Zeit in Gefängniszellen sah ich zum ersten Mal wieder den Horizont. Nguyen Tuan würde mich auslachen: der Hien sah eine gebrochene Linie mit unregelmäßig hohen grünen Flecken und nannte das Horizont!

In der Zeit unseres Widerstandskampfes gegen die Franzosen wurde Nguyen Tuan einmal fast bis zur Verrücktheit von der Sehnsucht nach dem Horizont befallen, als er sich in einer ähnlichen Gegend im Halbgebirge befand. Er geriet außer sich in dem Versuch, der Umzingelung durch den endlosen Dschungel von Viet Bac zu entkommen. Vom Re-Pass aus lief er mit dem Tornister auf den Schultern in Richtung Flachland. In der Nähe von Hanoi machte er sich auf den Weg zum Berg Tam Dao. In der Hoffnung, den von ihm ersehnten Horizont zu erblicken, durchstieg er mehrere lockere Wolkenschichten, doch nirgends sah er ihn. Nguyen Tuan war traurig. Er beendete sein Essay mit dem Seufzer, dass seine Sehnsucht nach dem Horizont unvorstellbar war: "Sehnsucht nach einem intimen Freund! Sehnsucht nach einer Frau!"

Ich hatte nichts, gar nichts. Keinen intimen Freund. Keine Frau! Nicht einmal ein Recht auf Sehnsucht. All das war Luxus. Für mich war das, was vor mir lag, der Horizont, der von mir erträumte Horizont, auch wenn er gebrochen war.

Die mageren Fährleute beugten sich vor, um mit ihren Stangen die Fähre vom Ufer abzustoßen. Als das Boot seinen Bug zum anderen Ufer hin ausrichtete, fixierte ich meinen Blick auf dem kräftig an den Bootsplanken vorbeiströmenden Wasser. Eine tiefe Traurigkeit bemächtigte sich meines Gemüts. Ich beugte mich nach vorn und tauchte die Hände ins Wasser. Wachsam näherte sich mir eilig der Polizist. Doch ich hatte gar nicht die Absicht, ins Wasser zu springen. Ich wollte lediglich meine Hände ein bisschen, ja, ein bisschen in das unendliche frische Wasser eintauchen. Wann würde ich wieder in einem heimatlichen Fluss wie diesem nach Herzenslust schwimmen können? Vielleicht nie wieder! Während des Zweiten Weltkriegs hatten Juden auf dem Weg zur Verbrennung sicher ähnliche Gedanken wie ich.

Ich beobachtete den mitfahrenden Häftling, der betrübt auf einer Seite des Bootes hockte. Ich sah, dass er seine gefesselten Hände diskret unter einem Papierfächer vor den neugierigen Blicken der Fährpassa-giere versteckte. Ich ließ meine gebundenen Hände offen auf meinen Oberschenkeln ruhen. Es gab keinen Grund, mich zu schämen. Vielleicht würde es unter den

Fahrgästen später jemanden geben, der sich an diese Szene erinnerte und ahnte, wen er gesehen hatte. Ich sah viele teilnahmslose, aber auch furchtsame Blicke von Menschen, die in uns sicherlich Mörder sahen. Bei manchen mischte sich auch Mitleid in die Teilnahmslosigkeit.

Der Weg, den wir anschließend befuhren, war eng und uneben. Er schlängelte sich durch riesige Bambuswälder und hohes Gras, durch rare, dünn besiedelte Dörfer, an Gelände mit verbrannten schwarzen Büschen entlang und an Wiesen, deren Gras von der Sonne ausgetrocknet war.

Anfang 1947 hatte ich Gelegenheit gehabt, diese Gegend zu durchqueren. Damals war ich ein Kind. Viele Jahre waren also inzwischen vergangen. Trotzdem erinnerte ich mich noch an den Namen Ai Mo. Ich wusste, dass jenseits von Trung Ha ein Weg zum Fluss Thao führte, über den ein warnendes volkstümliches Gedicht entstand:

Der Fluss Thao hat trübes Wasser,
die Menschen sind schwarz
Wer nach Vu En geht, vergisst den Weg zurück...

Ich vermutete, dass wir uns langsam tief hinein in die Gegend um Phu Tho begaben. Vor uns tauchten immer mehr Hügel, Berge, Wälder und Dschungel auf.

Unterwegs ließ Le Thanh Tai den Fahrer ab und zu anhalten, damit er zur Vogeljagd gehen konnte. Geduldig folgten der Dorflehrer und der Fahrer den Anweisungen ihres Chefs. Sobald der Vorgesetzte verschwand, kletterte der Wächter, der keinen Schnurrbart trug, auf den Vordersitz und setzte sein Nickerchen fort. Im Wagen war es sehr warm und stickig. Wir wagten aber nicht, eigenmächtig auszusteigen. Ich hatte Angst, dass eine Gewehrkugel nur auf eine Unachtsamkeit unsererseits warten könnte, um aus dem Lauf zu fliegen.

Schweißüberströmt schimpfte ich. Der mitfahrende Häftling sah mich an. Ich fragte leise:

"Wie heißt Ihr?"

"Ich bin My, Phung My."

Den Namen Phung My hatte ich vor meiner Verhaftung schon gehört. Huynh Ngu hatte mich gefragt, ob ich Phung My kannte. Als ich das verneinte, hatte er nicht weiter gefragt. Die Sicherheitsbehörde war nicht so schlecht informiert, um nicht alle meine Beziehungen zu kennen.

"Heißt das, dass Ihr zur gleichen Zeit festgenommen worden seid wie Chinh?"

"Ja. Und Ihr? Wann?" flüsterte er, nachdem er einen Blick zu dem halb schlafenden Wächter geworfen hatte.

"Im Dezember 1967", antwortete ich.

"Das heißt ... Seid Ihr Vu Thu Hien?"

"Richtig."

Phung Mys Gesicht hellte sich auf.

"Woher wisst Ihr das?"

"Ich habe es vermutet. In unserem Verfahren gibt es zwei junge Leute: Vu Huy Cuong und Euch. Mit Vu Huy Cuong verkehrte ich. Deshalb muss der junge Mann, den ich nicht kannte, Vu Thu Hien sein."

"Wohin könnten wir gebracht werden?"

"Ich weiß es nicht."

Unser Flüsterton weckte den Wächter.

"He! Unterhaltung ist verboten!" brummte er.

Ohne Gespräch machten auch wir wie der Wächter ein Nickerchen. Im Zustand des Halbschlafes nahm ich in der Ferne einige Gewehrschüsse wahr.

Le Thanh Tai kehrte mit einigen glänzend blauen wilden Tauben zurück. Er legte seine Jagdbeute hinter der Handbremse zwischen die beiden Vordersitze. Die tiefschwarzen, offenen, staunenden Augen schienen zu fragen: "Wieso? Warum habt Ihr uns umgebracht?"

Ich wurde wach. Die toten Vögel mit ihren herabhängenden Köpfen taten mir leid. Mit meinen Händen versuchte ich, die Augen dieser armen Vögel zu schließen. Aber anders als bei Menschen blieben die Vogelaugen weit offen. Le Thanh Tai lächelte ironisch.

Es wurde dunkel und ich verfiel in tiefen Schlaf. Die Dunkelheit zu beiden Seiten und der langgezogene Lichtkegel der Scheinwerfer auf dem von Schlaglöchern übersäten Waldweg interessierten mich nicht mehr.

Um Mitternacht erreichten wir unser Ziel. Noch nicht richtig wach geworden stieg ich aus und fand mich wieder in einem großen Hof, einer weiten Fläche, die an weiße Häuserreihen angrenzte und von schwachem gelbem elektrischem Licht und vom abnehmenden Mond beleuchtet war. Das Ganze war von einer spärlich erhellten Mauer umrahmt. Es gab gar keinen Zweifel, dass es sich um ein Gefangenenlager handelte.

Kaum aus dem Wagen ausgestiegen, verschwand Le Thanh Tai in der Dunkelheit. Der Dorflehrer half uns fleißig beim Abladen des Gepäcks. Um uns herum standen Leute mit erdfarbener Bekleidung, die von schwankenden Sturmlampen beleuchtet wurden. Mit unserem Hab und Gut auf Schultern und Armen wurden wir in das Lager geführt. Keine einzige Durchsuchung. Nachdem wir die Schlafstätten gezeigt bekommen hatten - zwei riesige doppelstöckige Betten in einem fast zwanzig Meter langen Haus - schlossen die Höllensoldaten das Haus ab und entfernten sich wortlos.

"Es kann doch nicht sein, dass *sie* uns beide zusammen bleiben lassen ..." Phung My freute sich. "Was denkt Ihr?"

"Man kann nie wissen. Mal sehen..." sagte ich.

Thanh hatte mir Hinweise gegeben: im Gefängnis dürfe man angesichts einer neuen Tatsache nicht erstaunt sein, sich nicht frühzeitig freuen, nicht erschrecken oder traurig sein. Man müsse alles ruhig abwarten, das Gute wie das Schlechte. Nur ein ruhiger Häftling könne unter schwierigen unberechenbaren Umständen bestehen.

Wir wählten Plätze auf der oberen Bettetage in der Nähe eines Fensters aus. Draußen sahen wir einen endlosen schwarzen Himmel mit einer bleichen Mondsichel. Wir rechneten die Stunden nach, die wir im Wagen verbracht hatten und vermuteten, dass wir uns irgendwo auf dem Territorium der Provinz Phu Tho befanden.

Von den Höllensoldaten war eine Petroleumlampe bei uns zurückgeblieben. Ich nahm sie und beleuchtete damit alle Ecken des Hauses. Es hätte mir nicht gefallen, wenn man meine Gespräche mit Phung My aufgenommen hätte. Und das lag durchaus im Bereich des Möglichen. Phung My wusste nicht, wonach ich suchte, nahm aber mit Begeisterung an der Suche teil. Wir entdeckten ein Stückchen Bleistift, das in einer Eckverbindung eines Bettes versteckt war, und eine zusammengepresste Streichholzschachtel mit einigen Streichhölzern. An einem Ende des Hauses gab es eine Latrine und eine kleine Zisterne, deren Wasser für zwei Personen zum Waschen und Baden völlig ausreichte. An den Mauern las ich verschiedene Daten und einen Namen, der sich mehrfach wiederholte: Tan Lap, das hieß: *neu errichten.* Dies bedeutete weiter, dass hier früher ein Wald gewesen sein musste.

"Hier gibt es elektrischen Strom!" rief Phung My laut und zeigte mir hoch oben eine Glühbirne, die an einer übermäßig dicken starren Leitung hing.

Auch am nächsten Tag wurden wir nicht verlegt. Ein grimmiger Gefängniswächter führte einen *freiwilligen* Häftling (der sich im Lager frei bewegen durfte - Anm. d. Übers.) mit sich, der uns Töpfe, Reis, Salz, Gemüse und Geschirr brachte, was für eine Minimalküche ausreichte.

"Ihr kocht Euch das Essen selbst. Lebensmittel werden vormittags geliefert."

Nach diesen Worten ging er mit dem Häftling fort.

Wir besaßen nun ein riesiges Haus. Nach der langen Zeit des Eingesperrtseins in Zellen konnten wir nach Herzenslust rennen und hüpfen. Wir lachten laut und schaukelten an den doppelstöckigen Betten wie zwei kleine Kinder. Die schlaffen Muskeln mussten erst wieder trainiert werden. Ich staunte, dass meine Muskelkraft nach der langen Zeit in Bat Bat gar nicht so sehr schlecht geworden war. Die schwierigen Körperübungen nach Hatha Yoga hatten mir doch dabei geholfen, dass mein Leib durch das Zellenleben nicht ruiniert wurde. Dazu kam nunmehr das Leben zu zweit, das für den Geist eindeutig Erleichterung brachte. Einen Tag um den anderen sprachen wir miteinander voll leidenschaftlicher Emotionen. Durch unterschiedliche komplizierte Prüfungen konnte ich mich davon überzeugen, dass Phung My, der das Haus mit mir teilte, der echte Phung My war und kein Spitzel mit diesem Namen. Trotzdem offenbarte ich mich nicht sofort. Ich schätzte, dass

Phung My sehr naiv war. Menschen wie er hatten es mit den Exekutivleuten nicht leicht, wenn diese ihnen eine Falle stellten. Es war auch möglich, dass wir eine Zeitlang miteinander leben sollten und dann voneinander getrennt würden. Dann würde jeder von uns einzeln vernommen werden. Bis zu diesem Zeitpunkt hatten *die Leute* bei mir nichts gefunden, was als Beweis für eine Anklage gegen mich verwendet werden könnte, es sei denn, dass *sie* mir etwas anlasten würden getreu dem Spruch: "*Die große Brust der Amme verschließt dem Baby den Mund.*" Während unserer Gespräche konnten Unachtsamkeit über Bekannte, die sich noch auf freiem Fuß befanden, diesen natürlich Unglück bringen.

Das Haus, in dem wir uns befanden, stand etwas abseits vom Hof des Lagers. Ein leerer Raum lag dazwischen. Jeden Morgen wurden wir von Weckzeichen durch Schläge an die böse Bombe (Bombenhohlkörper - Anm. d. Übers.) aus dem Schlaf gerissen, obwohl wir nach Herzenslust so lange hätten schlafen können, bis der Wächter die Tür aufschloss und uns ohne Eile unsere Rationen an Lebensmitteln und Reis zukommen ließ. Seine Füße setzte er kaum in das Haus. Er öffnete nur die Tür und ließ uns auf den Hof hinaustreten. Der *freiwillige* Häftling stellte unsere Lebensmittel in die Tür. Dann schloss der Wächter die Tür wieder ab.

In unserem Sonderhaftbereich konnten wir die Stimmen der anderen Häftlinge hören, die sich auf dem Weg zum Frühappell im Hof unterhielten. Danach zogen diese Häftlinge weiter und das ganze Lager fiel wieder in menschenleere Stille.

Das Zusammentreffen mit Phung My half mir, vom Inhalt und von den Einzelheiten des Verfahrens mehr zu verstehen. Denn bis dahin hatte ich nur eine verschwommene Ahnung, oder besser gesagt, gar keine Ahnung davon gehabt. Nach der Art und Weise meiner Vernehmung durch die Exekutivleute zu urteilen, schienen sich die Machthaber stark für solche Menschen zu interessieren, die Beziehungen zur sowjetischen Botschaft unterhielten, um Anklage mit Zielrichtung Spionagetätigkeit gegen sie zu erheben.

Phung My erzählte mir, dass er mit einigen Angehörigen der sowjetischen Botschaft verkehrte. Er wurde observiert und dann verhaftet. Bei seinen Vernehmungen stellte man ihm ständig Fragen nach verbotenen Beziehungen. Er solle aufs Geradewohl zugeben, dass er einem sowjetischen Freund die 9. Beschlüsse übergeben hätte, die er in einer Schulung aufgeschrieben habe. Phung My erzählte weiter, dass auch Pham Viet mehrfach die sowjetische Botschaft aufgesucht hätte. Nach den Worten der Exekutivleute sollte Pham Viet ein Treffen zwischen dem sowjetischen Botschafter Scherbakow mit Dang Kim Giang und meinem Vater organisiert haben. Dabei hätten die beiden Herren angesichts der feindseligen Aktivitäten gewisser vietnamesischer Funktionäre die sowjetische Seite um Nüchternheit gebeten, weil die Freundschaft zwischen den beiden Völkern nicht darunter leiden dürfe. Sie hätten die Sowjetunion um weitere Unterstützung im Kampf gegen die Amerikaner gebeten. Davon hatte ich keine Kenntnis. Mein Vater hatte mir nichts darüber gesagt.

*Das "Verbrechen gegen die 9. Beschlüsse" wurde wie folgt deklariert: "Bis zur 9. Tagung der Zentrale sind ihre organisierten oppositionellen Tätigkeiten immer klarer zu Tage getreten: Dang Kim Giang, Hoang Minh Chinh, Vu Dinh Huynh teilen sich die Arbeit, die darin besteht, **eine gewisse Anzahl von Funktionären und Parteimitgliedern dafür zu mobilisieren, dass sie Vorschläge an die Zentrale ausarbeiten und diese dann an viele Menschen verteilen.**"*

*Gemäß dem Ausschuss für den internen politischen Schutz sollte Hoang Minh Chinh auch Staatsgeheimnisse an das Ausland (Sowjetunion) übermittelt und politisches Asyl im Ausland (Sowjetunion) beantragt haben, und "**wir haben vom Schreiben der ausländischen Führung an deren Botschaft in Hanoi erfahren, das den Hinweis enthielt, Hoang Minh Chinh diskret zu antworten, dass er und seine Familie in der Sowjetunion leben und arbeiten dürfen, falls sie Vietnam verlassen und in der Sowjetunion ankommen können.**" (!) Diese erfundene Lüge stand im völligen Gegensatz zu dem Bericht von KGB-Leuten aus Hanoi an den Kreml mit dem Satz: "Wahrscheinlich gab es in Hanoi Umsturzpläne, die aufgedeckt wurden."*

Von Phung My erfuhr ich nichts über das Protokoll der vietnamesisch-chinesischen Verhandlungen, das er angeblich an die Sowjetunion übermittelt hatte und das später einen Bestandteil der Anklage gegen ihn bildete. Es war übrigens unmöglich, dass er an ein solches streng geheimes Protokoll hätte herankommen können.

Wenn ich die Gespräche mit Phung My und die von Huynh Ngu gestellten Fragen miteinander in Verbindung brachte, dann ergab sich daraus, dass sich die Parteiführung überhaupt nicht darüber sorgte, das Geheimnis der 9. Beschlüsse würde gelüftet werden. Millionen von Menschen wussten über die Beschlüsse Bescheid. Von Geheimnis konnte keine Rede sein. Was man vielmehr wissen wollte, war, was man als Grund hernehmen könnte, um Vo Nguyen Giap wegen angeblicher Umsturzpläne anzuklagen.

"Habt Ihr je von einem Umsturzplan gehört?" fragte ich meinen Mitgefangenen.

"So ein Unsinn."

"Wieso hat man ständig davon gesprochen?"

Phung My lachte:

"Man will dem Ganzen eine Form geben."

"Hat man Euch nach einem Umsturzplan gefragt?"

"Selbstverständlich."

"Heißt das, dass es ihn geben könnte, ohne dass wir davon wissen?" fragte ich nach.

"Ich glaube, dass es nichts gibt. Wenn ja, müsste ich es wissen. Das ist *ihre* Erfindung."

Ich erzählte Phung My von dem nackten Terror Stalins in den (19)30er Jahren, von dem ich in verschiedenen sowjetischen Zeitschriften gelesen hatte. Phung My verstand russisch nicht sehr gut. Daher las er wenig und wusste wenig von Verurteilungen unschuldiger Menschen während der Zeit, in der der Terror wütete. Ich wollte erreichen, dass er aus den Erfahrungen der Sowjetmenschen Nutzen zog, um sich im vietnamesischen Gefängnis entsprechend zu verhalten. Er hörte sehr gern von Sowjetmenschen, die ihrer Erschießung entkamen, entlassen wurden und dafür bereit waren, an die Front zu gehen.

"Wir sind genau in derselben Lage!" sagte Phung My traurig. "Würden wir darauf verzichten, unser Land zu verteidigen, wenn es angegriffen wird? Wir müssen wieder zum Gewehr greifen, auch wenn wir genau wissen, dass wir mit der Verteidigung des Landes auch den goldenen Thron der hoch verehrten Führer verteidigen. Dieses Elend!"

"Das ist eben die Tragödie der Zeit. Was sollen wir sonst tun?"

Meine Überlegungen darüber, was in der Sowjetunion, in China und nun in Vietnam geschah und geschieht, führten mich zu der Erkenntnis, dass das, was man als ‚Hand des Imperialismus' bezeichnete, lediglich ein ewig wiederkehrender Vorwand war, der dazu benutzt wurde, interne Kämpfe auszutragen. Der Hauptgrund dafür war, dass eine bestimmte Anzahl von Leuten, die ihre bisherigen Stellungen in unseren Reihen verließen, führende Positionen in der revolutionären Bewegung eroberten und diese erreichten Machtpositionen festigen wollten. Sie beschuldigten ihre ehemaligen Genossen, Handlanger von Imperialisten, Rechtsabweichler, kapitalistisch Orientierte, Revisionisten, Linksabweichler ... zu sein, je nachdem, wie stark oder wie schwach ihr Vorstellungsvermögen war.

Stalin, der ehemalige Schüler des Kirchenseminars, verkündete feierlich Todesurteile, die von einigen Leuten der Sicherheitsausschüsse unterzeichnet wurden, und ließ Genossen mit Autos zu ihrer Richtstätte fahren.

Der in die Pekinger Oper verliebte ehemalige Dorflehrer Mao Zedong wollte nicht auf Trommel und Holzschlagzeug verzichten: mit hohen Hüten ließ er Liu Shaoqi, Chen Yi und Peng Dehuai im Getöse von Becken und Trommeln und einem den Himmel aufrüttelnden Geschrei nach "Nieder mit..." längs und quer führen, bevor sie im Gefängnis verfaulen durften. Im Vergleich dazu waren die Unterdrückungsmaßnahmen von Duan-Tho weitaus erträglicher.

Die Tatsache, dass wir beide zusammenbleiben, uns im Rahmen einer weiträumigeren Zelle frei bewegen und das Essen selbst zubereiten durften, sah nach einer Lockerung aus. Damit war jedoch ein nicht ganz sauberer Plan gekoppelt.

Je länger ich mit Phung My zusammen war, desto mehr merkte ich, dass er sich von meinem ehemaligen Zellenmithäftling im Feuerofen, Tran Quoc Thanh, unterschied. Thanh war ruhig, während Phung My hektisch war. Von jedem Ereignis hatte Phung My sofort eine Meinung und eine Schlussfolgerung. Thanh hätte die Sache mit vielfältigen Erwägungen immer von allen Seiten betrachtet, bevor er eine erste vorsichtige Hypothese vorschlagen würde, die den Gesprächspartner zum Mitdenken anregte. Das gemeinsame Leben von zwei Menschen verschiedener Charaktere offenbarte nun die Kehrseite: ab und zu hatten wir wegen Meinungsverschiedenheiten kleine Streitereien.

Ich wollte nicht, dass man sich über unseren Zank freute. Ich hatte Phung My gern. Genau wie ich war er kein Politiker. Von dieser Warte aus war er unschuldig. In seinen Gefühlen *ihnen* gegenüber war er allerdings nicht unschuldig: er mochte *sie* überhaupt nicht. Früh erkannte er das diktatorische Wesen der Herrschaft, die jedes selbständige Denken verkrüppelte. Nur das selbständige Denken konnte schöpferisch sein.

Ich sagte zu Phung My:

"Es gibt keinen Grund, dass *die* uns zusammenbleiben lassen. *Die* haben genügend Informationen eingeholt. *Die* wissen genau, dass wir verschiedene Eigenschaften haben und schnell aneinander geraten. *Die* wollen, dass wir uns hassen, gegeneinander auftreten. Das ist eine Art, Feinde zu vernichten."

"Richtig!" stimmte Phung My zu. "Sehr richtig!"

" Mein Vorschlag ist nun: um *ihren* Absichten zu begegnen, müssen wir uns eigene tagesfüllende Arbeitspläne aufstellen. Jeder macht seine Arbeit. Abends vor dem Schlafengehen unterhalten wir uns eine Weile. Auf diese Weise werden wir uns nie wieder streiten, weil wir keine Zeit mehr dafür haben. Ich verstehe wenig von Philosophie. Ihr wart eine Zeitlang Dozent dieses Faches. Ich schlage Euch deshalb vor, mich darin zu unterrichten. Wenn Ihr Euch für die Literatur interessieren würdet, könnte ich Euch einiges darüber berichten. Ich denke, dass es so für uns nützlicher ist."

Phung My erklärte sich einverstanden.

Eines Tages kam ein Gefängniswächter zu uns und stellte sich als Verantwortlicher für die Erziehung im Lager vor. Er war ein gut aussehender mittelgroßer Mann. (Später erfuhren wir, dass er nicht vom Lager Tan Lap, sondern vom Innenministerium war.) Jovial erkundigte er sich nach unserer Gesundheit (eine langweilige Nummer, die aber bei jedem Treffen unbedingt stattfinden musste) und öffnete seine Aktentasche.

" Ich komme heute, um Euch einen wichtigen Beschluss bekannt zu machen." Er zog ein Blatt heraus, wollte es uns geben, steckte es aber wieder in die Tasche. "Noch nicht. Wir haben keine Eile. Wir lassen Euch zuerst das Unabhängigkeitsfest genießen! ..."

Noch ein weiterer neuer Beschluss, dachte ich. Was haben *die* vor, wenn *sie* dauernd Beschlüsse wechseln, wie man Unterhosen wechselt?

Phung My machte sich Sorgen. Beim Abendessen nahm er eine Schale Reis weniger.

"Was wollen *die?*" Nachdenklich stellte er sich diese Frage.

Ich war gegen Machenschaften gefeit. Ich nahm das alles nicht ernst. *Die* konnten jede Nummer vorführen, was immer *sie* wollten.

"Wenn es nach uns ginge, würde ich Euch heute Abend zum Restaurant Tieu Lac Vien einladen, wo wir gebratene Vögel essen würden", sagte ich. "Solange wir aber von *ihnen* abhängig sind, ist es am besten, wenn wir *die* vergessen ..."

Phung My war weiterhin beunruhigt:

"Was könnte das für ein Beschluss sein, der uns bekannt gemacht werden soll und dann doch nicht?"

Was sollte ich ihm zur Beruhigung sagen?

"Denkt Ihr nicht, dass das nur eine Theaterszene sein könnte?"

Phung My staunte. Er schlug sich geräuschvoll mit der Hand an die Stirn:

"Sehr gut möglich. Sonst hätte er es gleich bekannt gemacht, anstatt zu sagen, dass wir zuerst das Fest erleben sollen. Verstanden! *Loi de suspension d'intérêt* (französisch: Gesetz der Anregung der Interessen - in der Theaterkunst), daran habe ich gar nicht gedacht."

Trotz dieser Worte machte sich Phung My weiterhin Sorgen. Bis zum 2. September, dem Fest der Unabhängigkeit, verblieben noch einige Tage. In dieser Zeit war er richtig betrübt. Er tat mir sehr leid. Die Machthaber verhielten sich mit ihrer Spielweise nach der unfairen Methode *Katze mit gefangener Maus* wirklich grausam. Der 2. September war vergangen, ohne dass sich der gut aussehende Wächter im Sonderhaftbereich blicken ließ. Erst Mitte September erschien er.

"Der neue Beschluss der Partei gegenüber Eurem Verfahren", sagte er, indem er leutselig lächelte und seine blendend weißen Zähne zeigte, "lautet so: Ihr werdet nicht nach dem Gesetz verhandelt, sondern Ihr genießt den *Befehl der Umerziehungs-konzentration.* Jeder Befehl gilt für 3 Jahre. Nach einem Befehl könnt Ihr von der Partei zu Eurer Familie entlassen werden, wenn Ihr Euch gut umzieht. Wenn nicht, dann folgt ein weiterer Befehl, dann ein weiterer Befehl ... Das alles hängt von der richtigen oder nicht richtigen Bereitschaft zur Umerziehung ab."

Phung My sah mich an. Ich schwieg und wartete auf weitere Ausführungen des Wächters. "Der Befehl wurde am ... unterzeichnet." Er nannte irgendein Datum, das mich nicht interessierte. "Ihr habt das Recht, Euch zu beschweren, Anträge auf Begnadigung an die Zentrale zu schreiben. Wir werden sie entgegennehmen und nach oben weiterleiten."

In einem internen Schreiben des Zentralen Ausschusses für Ideologie-Kultur vom 20. März 1994 stand folgendes: "Wegen der klaren Schuld des Hoang Minh Chinh beschließen das Politbüro und die zuständigen staatlichen Organe am 18. Oktober 1971 die folgenden Maßnahmen gegen Hoang Minh Chinh: Ausschluss aus der Partei, Enthebung vom Amt des Direktors des Instituts für Philosophie und des Staatlichen Komitees für Wissenschaften, Konzentration und Umerziehung." Der Befehl zur Umerziehungskonzentration gegen Phung My und mich wurde uns vor dem September 1971 bekanntgegeben, d. h. vor dem Beschluss des Politbüros gegen den Anführer des Verfahrens. Tran Thu erzählte, dass ihm vor seiner Entlassung drei Befehle auf einmal vorgelesen wurden: Befehl der provisorischen Inhaftierung für 3 Jahre vom Dezember 1967 (bei der Verhaftung), Befehl der provisorischen Inhaftierung für 3 weitere Jahre vom Dezember 1970 und Befehl der provisorischen Entlassung vom Juni 1973. Er hatte dabei das Gefühl, dass alle drei Befehle an einem Tag unterzeichnet wurden, allerdings mit unterschiedlichen Datumsangaben.

Als wir nichts antworteten, sagte er erneut:

"Ich habe Papier und Schreibzeug dabei. Wenn Ihr Anträge schreiben wollt, gebe ich sie Euch."

"Danke", sagte ich, "wir schreiben keine."

"Das hängt von Euch ab. Ich empfehle Euch, welche zu schreiben."

Ich lächelte.

"An Eurem Offiziersrangabzeichen sehe ich, dass Ihr lange in der Partei seid..."

"Was wollt Ihr damit sagen?"

"Ich will damit sagen: in diesem Fall müsst Ihr von einer Verordnung des Parteisekretariats über das *Regime der Umerziehungskonzentration* wissen ..."

"???"

"Diese Verordnung besagt klar, dass das *Regime der Umerziehungs- konzentration* nicht bei Funktionären anzuwenden ist, die vor der August- revolution von 1945 revolutionär tätig gewesen sind und am Widerstandskrieg gegen die Franzosen teilgenommen haben... Ich bin überzeugt, dass Ihr diese Verordnung gelesen habt."

Der Wächter blinzelte ununterbrochen mit den Augen. Er wusste keine Antwort. Vielleicht hatte er diese Verordnung noch gar nicht gelesen. Wenn er aber zugegeben hätte, sie noch nicht gelesen zu haben oder, im schlimme- ren Fall, nicht lesen zu dürfen, so hätte er damit zugegeben, eine schwache oder für die Partei nicht vertrauenswürdige Person zu sein.

"Ihr habt es gelesen, nicht wahr?" fragte ich nach.

"Ja."

Ich lachte:

"Wozu sollen wir uns Eurer Meinung nach beschweren? Wie hätten unsere Ahnen einen solchen Fall bezeichnet? Ja, ich erinnere mich: *man spuckt aus und leckt wieder ab.* Alle Widerreden wären umsonst."

Das Gesicht des Wächters wurde blass. Ich erwartete von ihm Grobheiten. Aber er verließ wortlos den Raum.

Wir konnten nur noch warten. Wir warteten auf etwas, das wir nicht kannten.

Tagtäglich wuschen wir uns frühmorgens, danach machten wir Gartenarbeit und dann Selbststudium. Dadurch, dass wir das Essen selbst zubereiten, selbst gepflanztes Gemüse ernten und je nach Lust in die Sonne gehen durften, erholten wir uns gesundheitlich rasch. Auch unsere Haut sah nicht mehr krankhaft gelb aus wie zuvor.

Nach wie vor versteckte ich das Manuskript "Meine Kindheit". Nicht, dass ich kein Vertrauen zu Phung My gehabt hätte. Aber eine Unachtsamkeit seinerseits konnte die Ergebnisse meiner Arbeit, die sehr lange Zeit in Anspruch genommen hatte, zunichtemachen. Andererseits würde ein erneutes Niederschreiben meiner Erinnerungen sehr schwierig, wenn die Leute davon Kenntnis bekommen hätten. Wenn ich meine Schreibtätigkeiten geheim halten wollte, hätte ich sie einstellen müssen. Doch das ging auch nicht. Ich war also gezwungen, Phung My einzuweihen. Es stellte sich heraus, dass mein Häftlingsgenosse ein scharfsinniger Literaturkritiker war. Verschiedene Kapitel von "Meine Kindheit" wurden unter dem Einfluss seiner Urteile geschrieben.

Phung My vermittelte mir mit großer Begeisterung philosophische Kenntnisse. Nach einigen Vorlesungen merkte ich gleich, dass das Kenntnisniveau der Dozenten für Philosophie an unseren Hochschulen sehr armselig war. Mit Sicherheit gehörte Phung My nicht zu den schlechten, sondern möglicherweise sogar zu den guten Dozenten. Ich warf ihm nicht vor, dass er meinen Erwartungen nicht entsprach. Die Ursache der Mängel lag im Bildungswesen. Es verlangte von Philosophiedozenten kein tiefgründiges Wissen. Vielmehr wurde von ihnen gefordert, dass sie den Marxismus auswendig lernten, der in Lehrmaterialien überarbeitet wurde und aus den zwei grundlegenden Teilen, dem dialektischen und dem historischen Materialismus, bestand. Das reichte. Hätte man mehr gewusst, wäre man unter die Leute geraten, die *wegen vielen Lesens eine gestörte Sicht* hatten und dadurch keine guten Lehrer sein konnten. Im Vergleich zu den Anforderungen des Bildungswesens wusste Phung My mehr als nötig. Seine Kenntnisse, die über das normale Maß hinausgingen, reichten allerdings nicht aus, um mir neues Wissen zu vermitteln. Von der antiken indischen Philosophie und von den verschiedenen modernen westlichen Philosophieschulen wusste er kaum etwas. Dass die vietnamesischen Intellektuellen im Zustand geschlossener kultureller Türen nur eingeschränkte Kenntnisse der Sozialwissenschaften besaßen, war verständlich. In dieser Hinsicht war die sowjetische Hochschule nach meiner Meinung besser als die vietnamesische. Als Beweis kann ich anführen, dass ich von sowjetischen Professoren eine Denkmethodik und grundlegende Kenntnisse vermittelt bekam, die gar nicht so schlecht sind, obwohl ich das Fach Philosophie nicht studiert habe.

Dadurch, dass wir genau verstanden hatten, aus welchem Grund Menschen mit verschiedenen Charakteren zusammengelegt wurden, wussten wir unser Leben so zu gestalten, dass Streitereien nicht zustande kamen. Es gab jedoch tatsächlich Gefangene, die sich der Pläne der Machthaber nicht bewusst waren. Sie freuten sich deshalb im ersten Moment, als sie zusammengebracht wurden. Danach aber wurde das Leben in ihrer Zweimann-Zelle viel schlimmer als das in einer Einmann-Zelle.

Das konnte ich erleben, nachdem wir vom Sonderhaftbereich des Lagers A in den deutlich engeren Sonderhaftbereich des Lagers B verlegt worden waren. Der neue Garten war winzig klein und der Boden bestand nur aus Kies und Steinen. Um den Boden zu verbessern, baten wir um die Erlaubnis, eine Latrine ausgraben zu dürfen, deren Inhalt wir dann zum Düngen der Pflanzen verwendeten. Süßkartoffeln, die wir mit den Lebensmittelrationen erhielten, ließen wir keimen. Daraus wuchsen schöne grüne Pflanzen. Chilischoten aus dem alten Sonderhaftbereich erbrachten für uns nun eine Reihe von Pflanzen, die viele Früchte trugen.

In die Nachbarzellen kamen ab und zu Gefangene zwecks Disziplinarmaßnahmen. Sie blieben dort nicht lange. Nach einer oder zwei Wochen mussten sie Platz für andere machen. Sie wagten es nicht, sich mit uns zu unterhalten - wahrscheinlich, weil sie nicht wussten, wer wir waren. Sie nahmen an, dass wir zu den gefährlichen Häftlingen gehörten. Beziehungen zu uns könnten ihnen Unglück bringen.

Eines Nachts hörten wir den Ruf aus einem Nachbarraum:

"Onkel! Onkel!"

Wir schwiegen. Die Stimme eines Kindes. Rief es uns oder jemand anderen? Der Ruf wurde beharrlich wiederholt, noch einmal, noch einmal.

"Ich grüße Dich", erhob ich die Stimme.

"Wieso seid Ihr hier, Onkel?"

Phung My und ich, wir beide sahen uns an. Wie sollten wir es dem Kind erklären?

"Das ist eine lange Geschichte. Du kannst sie nicht verstehen."

Aus einer anderen Zelle kam das Echo der rauen Stimme eines älteren Mannes:

"Verdammt! Was gibt es dabei nicht zu verstehen? Höchstens Politik, was sonst?"

Wir antworteten nicht darauf. Phung My lachte schmerzlich. Als Lehrer war ihm jede Erscheinung der Unkultur fremd. Ich erlebte nie grobe Worte von ihm, auch in den Momenten seines stärksten Zorns.

"Politik, nicht wahr, Onkel?"

"Ja. Und bei Dir?"

"Ich bin ein Gauner."

Die raue Stimme erklang wieder:

"Was für ein Gauner, Du, Han Coi (Han, der Siechende)? Gib nicht an! Du bist noch lange kein Gauner. Du bist der allerletzte Soldat, der letzte Dreck, Han Coi. Auch wenn Du mit einem Messer gegen den Tin Lac (Tin, der Schielende) vorgegangen bist."

Han Coi bat flehentlich:

"Ich will gar nicht angeben. Ich will mich nur aus Langeweile mit den Onkels unterhalten."

Die raue Stimme lachte laut.

"Ja, sprich schon! Heute gehen die Herren ins Kino. Sie werden nicht so bald wieder erscheinen.... Du bist doch gut. Dass Du den Tin Lac ins Jenseits befördert hast... Der hat es verdient. Es hat niemandem leidgetan."

Han Coi setzte die Unterhaltung mit uns fort:

"Wie viele Jahre kriegt Ihr, Onkel?"

"Es wurde noch nicht verhandelt. Wir wissen nicht, wie viele. Und wie viele Jahre kriegst Du?"

Han Coi schwieg eine Weile.

"Onkel, mein Verfahren ist neblig."

"Was heißt neblig?" fragte Phung My.

"Wisst Ihr etwa nicht, was ein nebliges Verfahren ist?"

"Nein."

"Das ist ein Kautschukverfahren. Es dehnt sich immer aus, es zieht sich niemals zusammen..."

Eine Zeit danach erklang wieder seine hohe Stimme:

"Onkel, welche Berufe habt Ihr?"

"Ich gebe Unterricht", sagte Phung My.

"Und der andere Onkel?"

"Ich auch."

Es klang, als ob Han Coi zu sich selbst traurig sagte:

"Meine Mutter unterrichtet auch. Sie ist Lehrerin ..."

Wir waren betroffen. Keiner sprach einen weiteren Satz, einschließlich der rauen Stimme am anderen Ende des Raumes.

Meine Augen fingen an zu brennen. Von der Nachbarpritsche aus beobachtete mich Phung My aufmerksam:

"Weint Ihr?"

Ich wischte meine Tränen ab:

"Ich schäme mich."

Phung My drehte sich um. Ich vergrub mein Gesicht in das Kissen und ließ die Tränen frei laufen. Ich fühlte mich verantwortlich für das neblige Gerichtsverfahren gegen Han Coi.

Han Coi sprach noch mehrmals mit uns. Er mochte uns, er mochte die Onkel Lehrer. Außer Han Coi gab es noch einen Minderjährigen mit dem Namen Bong, der sich während der Zeit unserer Haft in diesem Bereich auch oft mit uns unterhielt. Er war Fahrer. Er stand unter dem Befehl der Umerziehungs-Konzentration, weil er staatliche Güter entwenden ließ, ohne zu wissen, durch wen und wann. Da man die Täter nicht fand, fiel der ganze Verdacht auf Bong und er bekam sein nebliges Verfahren.

"Bist Du unschuldig?"

"Nein, nicht unschuldig. Ich hab' mir was genommen", gab Bong zu. "Jeder hat genommen. Ich wäre dumm gewesen, wenn ich nichts genommen hätte."

Entsprechend meinen Empfehlungen besuchte Bong im Gefängnis die Unterrichtsklassen. Er gab sich Mühe und hatte den festen Entschluss, sein Leben neu zu gestalten. Nach meiner Entlassung erzählte mir meine Frau, dass uns ein Mann mit seinem Sohn aufgesucht hatte, um seinen Dank auszusprechen für meine Empfehlung, den Unterricht zu besuchen, so dass sein Sohn inzwischen ein ordentlicher Mensch geworden war. Meine Frau hatte sich seinen Namen nicht merken können. Solche Empfehlungen hatte ich vielen Kindern gegeben, nicht nur Bong. Aber in diesem Fall nahm ich an, dass diese Besucher Bong und sein Vater gewesen sind.

Keiner wusste, ob die Machthaber wirklich an die Möglichkeit der Umerziehung von Menschen durch eine Inhaftierung glaubten. Doch wahrscheinlich glaubten sie tatsächlich daran. Sonst wäre die Anzahl der Haftanstalten nicht so schnell gewachsen wie Pilze im Frühjahr.

Ein langjähriger Häftling hatte eine völlig andere Sicht auf diese Art der Umerziehung. Er sagte mir: "Jedes Kind wird im Gefängnis schlecht. Ihr seid noch hier und Ihr werdet sehen. Nach der Entlassung kommt jedes Kind mit Bestimmtheit zurück. Ich habe diese Kinder mehrfach kennengelernt. Sie kommen und gehen, so, wie sie tagtäglich essen. Draußen sind sie noch nicht so schlecht. Wenn sie aber im Gefängnis sind, und vor allem, wenn sie den Tag der Rückkehr nicht kennen, dann erwarten sie nichts mehr. Sie werden dann richtig schlecht, damit es sich lohnt. Der eine vermittelt dem anderen das Schlechte. Und sie werden immer schlechter. Das Gefängnis ist die Hochschule zur Ausbildung von rücksichtslosen Staatsbürgern."

Sein Urteil war richtig. Vollkommen richtig.

Durch die Tragödie der Bodenreform war Truong Chinh ein mit Fehlern beladener Kommunist. Durch seine Unterschrift unter den Beschluss des Ständigen Ausschusses der Nationalversammlung zur Inhaftierung von Staatsbürgern ohne Gerichtsverfahren wurde Truong Chinh ein Faschist.

36

Ein verbotener Spaziergang

Nach meiner Unterhaltung mit Han Coi im Sonderhaftbereich hatte ich keine Lust mehr, zu arbeiten. Was meine Gefangennahme betraf, so konnte die Behörde, wenn man das großzügig einmal so annehmen wollte, hier vielleicht Fehler gemacht haben. Den Staatsbürgern ihr Recht abzusprechen, durch das Gesetz geschützt zu sein, beweist jedoch, dass die Staatsmacht nicht mehr dem Volk gehört. Sie ist nicht länger für das Volk da, sie schützt das Volk nicht. Sie besteht nur um ihrer selbst willen, sie schützt nur sich selbst.

Im Gefängnis Hoa Lo (Feuerofen) in Hanoi dachte ich nur an mein Leid, mein Schicksal. Es war klar, dass ich ein Opfer der Diktatur war. Was mir damals aber noch nicht klar gewesen ist, war die Erkenntnis, dass ich während meines Dienstes für die diktatorische Staatsmacht selbst auch Täter gewesen bin. Vor dem Gericht meines Gewissens bin ich des Verbrechens schuldig. Das unbewusste Begehen dieses Verbrechens kann als Entlastungsargument angeführt werden, für einen Freispruch von meiner Schuld reicht das jedoch nicht aus.

Es ist unbestritten, dass missratene Kinder wie Han Coi eine Erziehung benötigen. Das ist die Aufgabe jeder Gesellschaft. Aber das Gefängnis als Mittel zur Kindererziehung zu verwenden, ist fehl am Platz. Die Funktion eines Gefängnisses ist seit eh und je die Bestrafung und Isolierung. Die Frage nach Erziehung wird hier nicht gestellt. Im Sinne eines Zieles wäre das gut. Diese Erziehung aber einfach mit dem Gefängnis zu verbinden und als eine Eigenschaft zu betrachten, die dem Gefängnis innewohnt, ist falsch.

Dadurch, dass Staatsbürger ohne Gerichtsverfahren eingesperrt wurden - nur mittels eines Beschlusses anstelle von Gesetzesgrundlagen -, wird uns klar vor Augen geführt,
dass hier jeder Staatsmacht, gleich welchen Systems, ein Riegel vorgeschoben werden muss. Ohne eine entsprechende Beschränkung bricht sie hemmungslos vom Zaum und handelt nur nach eigenem Ermessen. Die Ausübung der Alleinherrschaft über ein Land nur durch eine einzige Partei, ohne jegliche Opposition, entspricht dem Zustand, in welchem ein solcher Riegel nicht existiert. Das führt unweigerlich zu Willkürhandlungen. Ein Wechsel in der Person des jeweils führenden Mannes oder der Regierungsspitze löst dieses Problem nicht. Was hier ausgewechselt werden muss, ist das Regime.

Heutzutage erkennt jedermann, dass die Diktatur des Proletariats nichts anderes ist als eine Maske, hinter der sich eine bestimmte Anzahl von Machthabern mit unbegrenzter Macht versteckt. Die Proletarier und Industriearbeiter, die von Marx den Auftrag bekamen, das Grab für den Kapitalismus auszuheben, haben überhaupt keinen Anteil an der Diktatur, die in ihrem Namen errichtet wurde. Sie erleiden das gleiche Schicksal wie das Volk, das unter den Füssen seiner Führer liegt. Von diesen Führern ist nichts zu erwarten. War es nicht die nationale Versammlung der sogenannten Diktatur des Proletariats, die sogar gegen Kinder wie Han Coi einen Beschluss erlassen hat?

Ein paarmal noch rief uns Han Coi etwas zu. Nach wenigen Sätzen zur Verständigung über die gegenseitige Lage wussten wir aber nicht mehr, worüber wir uns mit ihm unterhalten sollten. Han Coi war eine lebhafte Person. Sobald die Wächter abwesend waren oder sich gerade nicht in Lauerstellung gegen die Häftlinge befanden, rief Han Coi nach seinen Nachbarinsassen. Wenn ich die dabei aufgeschnappten Bruchstücke seiner verschiedenen Gespräche mit anderen Häftlingen zusammenfügte, konnte ich mir eine Vorstellung von seinem Leben machen.

Seine Mutter war eine arme Lehrerin der zweiten Stufe der Allgemeinbildenden Schule. Als Zusatzeinnahmequelle für den Lebensunterhalt war sie außerhalb des Unterrichts den ganzen Tag mit Stricken beschäftigt und hatte keine Zeit für die Erziehung ihrer eigenen Kinder. Han Coi wurde ein Straßenkind. Von den anderen bekam er wegen seiner Kleinwüchsigkeit - als Folge eines langanhaltenden Nährstoffmangels - seinen Spitznamen ‚Han, der Siechende'. Das Leben in den Straßen nahm ihn auf. Er verließ das Elternhaus, schloss sich Gaunern an und folgte den größeren Taschendieben. Wegen seiner Naivität machte er als Kind nur Zuarbeiten, beispielsweise die Suche nach Diebstahlmöglichkeiten, Beobachtungen, Rückzugsicherung für andere. Er besaß nicht die Fertigkeiten, um ein Taschendieb, ein Einbrecher oder ein Fahrraddynamodieb zu werden. Bei einer Razzia vor einem großen Fest wurde er gefasst und danach in ein Haftlager gebracht. Er erhielt vom Staat einen *Befehl* zur Umerziehungskonzentration für 3 Jahre. Im Lager wurde Han Coi von den Stärkeren mächtig drangsaliert. Er musste für sie Wäsche waschen, Essen kochen, Geschirr waschen, Tee zubereiten und sie massieren... Bei jedem Missfallen der Großen wurde er malträtiert. Von den stärkeren Häftlingen, den *Offizieren,* war Tin Lac (Tin, der Schielende) derjenige, der Han Coi am meisten quälte. Das nahm ihm der sehr übel. Bei einer Lagerverlegung versteckte Han Coi ein großes, zuvor geschärftes Messer in seinem Hemdärmel. Er wartete ab, bis Tin Lac mit dem Hochheben von Kisten beschäftigt war, stürzte sich auf seinen Feind und stach mehrfach mit dem Messer zu. Tin Lac stürzte in eine Blutlache.

Nach dieser heldenhaften Rache zählte Han Coi zu den *Offizieren.* Im Gefängnis wurde Tollkühnheit als eine männliche Tugend betrachtet. Wer gegen einen Starken vorzugehen wagte, gehörte zu den Stärkeren.

Nachdem er die Disziplinarzelle wieder verlassen hatte, blieb Han Coi mit uns in Verbindung. Auf unsere Empfehlungen besuchte er die Schule, die für Häftlinge im Gefängnis eingerichtet worden war. Ab und zu näherte er sich unserem Sonderhaftbereich und zeigte uns mit erhobener Hand sein Schulheft.

"Ich besuche immer noch die Schule."

Es war kalt. Han Coi trug seine wenigen dünnen Bekleidungsstücke. Sein Gesicht sah erfroren aus.

Ich fragte:

"Hast Du keine warme Jacke?"

Er schüttelte den Kopf.

"Du musst nach einer warmen Jacke suchen, sonst könntest Du eine Lungenentzündung kriegen."

"Ich habe kein Geld."

"Kannst Du sie kaufen, wenn Du welches hast?"

"Wenn ich Zigaretten hätte, könnte ich sie gleich gegen eine Jacke tauschen."

Wir warfen ihm zwei Packungen der Marke Tam Dao zu. Am nächsten Tag kam Han Coi strahlend in einer übergroßen Wattejacke.

"Er hat drei Packungen verlangt. Ich habe auf zweiundeinhalb herunter gehandelt. Es fehlen noch zehn *Stäbe* (Zigaretten)."

Wir warfen ihm noch eine Packung zu. Dadurch mussten wir unseren Zigarettenverbrauch reduzieren: jeden Tag nur noch eine originale Zigarette pro Person. Ansonsten mussten wir mit unserem selbst geernteten Tabak aus dem vorherigen Lager vorliebnehmen und eigene Zigaretten drehen.

Wir freuten uns, dass wir jemand anderem nützlich sein konnten.

Eines Tages kam der Leiter des Amtes der Exekutive in Begleitung von Untergebenen, Mitarbeitern der Exekutive und der Lagerleitung. Die Leute waren so zahlreich, dass manche außerhalb des Raumes bleiben mussten.

Ich mochte den Exekutivleiter nicht. Nicht, weil ich eingesperrt war. Auch wenn ich in Freiheit gewesen wäre, würde sein Gesicht auf mich einen unangenehmen Eindruck gemacht haben. Das war eine Art von biologischer, instinktiver Reaktion.

Er trat ein, schritt vorwärts und schaute sich zerstreut unsere Wohnstätte an. Phung My unterbrach das Lesen seines Buches und stand auf. Ich jedoch wollte diesem Emporkömmling gegenüber nicht korrekt erscheinen und blieb ruhig sitzen. Truc versuchte, seine Unzufriedenheit zu verbergen. Er lachte gezwungen:

"Herr Hien ist wahrscheinlich zu lange hier und hat den Anstand vergessen, Gästen bei sich zuhause Sitzplätze anzubieten."

Ich blieb gleichgültig:

"Ihr habt nicht Recht. Dies hier ist nicht mein Zuhause. Deshalb brauche ich Euch gegenüber nicht anständig zu sein. Wenn hier mein Zuhause wäre, würde ich nicht jeden hierher einladen, geschweige denn Sitzplätze anbieten. Mir Vorwürfe zu machen, ist hier fehl am Platz."

Der Exekutivleiter Truc genierte sich. Er wandte sich an Phung My und unterhielt sich mit ihm. Um auch mit mir irgendetwas gesprochen zu haben, fragte er:

"Habt Ihr die Post von zuhause regelmäßig erhalten? Sind Eure Frau und Kinder gesund?"

Ich lächelte schwach:

"Ich verstehe die Frage nicht. Die Post von zuhause habt Ihr zensiert, bevor ich sie erhielt. Wie es meiner Familie draußen geht, darüber wisst Ihr besser Bescheid als ich. Ich verstehe nicht, wozu diese Scheinmoral dient."

Truc konnte eine solche Beleidigung vor seinen Untergebenen nicht ertragen. Er sah mich scharf an:

"Achtung, Ihr müsst wissen: solange Ihr in unseren Händen seid, müsst Ihr auf Eure Zunge und Eure Worte achten. Sonst könnte Euch ein Unglück geschehen..."

Ich erzürnte mich ebenfalls:

"Zu diesem Zeitpunkt eine Drohung gegen mich auszusprechen, ist lächerlich. Das größte Unglück habe ich kennengelernt. Mit welchem Unglück wollt Ihr mir noch drohen?"

"Denkt Ihr, dass Euch die Partei genügend bestraft hat? Ihr könnt etwas Härteres kennenlernen, wenn Ihr wollt..."

"Bitte schön, zeigt es mir!"

"Gut, wartet!"

Er drehte sich erregt um. Alle Untergebenen folgten ihm schweigend. Als er die Ausgangstür erreichte, rief ich ihm nach:

"Mein Herr, Ihr könnt Eurem Le Duc Tho und Eurem Tran Quoc Hoan empfehlen, sich etwas Mühe zu geben und einige Bücher von Marx zu lesen, bevor sie sich als Marxisten bezeichnen. Sagt ihnen, dass Marx persönlich das langfristige Gefangenhalten von Menschen in Zellen als äußerst unmenschlich verurteilt hat!"

Er lachte gezwungen:

"Gut. Die Partei ist großzügig zu Euch, lässt Euch in einem getrennten Haftraum leben, wo Ihr wie ein Prinz behandelt werdet. Aber das wollt Ihr nicht, Ihr wollt schwer arbeiten. Gut, das kriegt Ihr..."

"Geht weg! Sagt Eurer Partei, dass ich überhaupt keine Großzügigkeit brauche. Und Ihr selbst mit Eurer unhöflichen Redeweise, kommt nicht wieder zu uns..."

Er erreichte den Hof.

Phung My sagte zu mir:

"Bleibt ruhig. Lassen wir uns nicht provozieren."

Ich lachte abweisend:

"Wollt Ihr mir etwa raten, *die* nicht zu provozieren? Der Kerl wollte uns gar nicht provozieren. Ich weiß nicht, warum er heute hier hergekommen ist."

"Gerade deswegen müssen wir ruhig bleiben, um zu sehen, was *die* wollen, ob *die* andere Pläne haben. Ihr seid hitzig wie Feuer."

Ich gab meinen Fehler zu. Ich war zornig. Ich war eben ein Häftling, der irgendwann unaufhaltsam von einem plötzlichen Zornesanfall gepackt wurde.

Einige Tage später wurde ich zu einem Treffen mit meiner Frau gerufen.

Als meine Frau mich sah, brach sie in Tränen aus. Ich war gerührt. Doch kaum hatte ich sie umarmt, als sie vor Schmerzen schrie. Unbewusst hatte ich an ihrer Schulter eine Stelle berührt, die stark geschwollen war, weil sie mir Lebensmittel und Gegenstände in Körben brachte, die sie, durch eine Tragestange miteinander verbunden, auf den Schultern getragen hatte. An diese Art des Transportes war sie nicht gewöhnt.

"Ich habe zu schwer getragen", sagte meine Frau, "und der Weg ist lang."

Meine Frau hatte abgenommen und sah grün aus. Ihr Gesicht war voller Sommersprossen, die immer dann in Erscheinung traten, wenn meine Frau nicht gesund war. Noch nie hatte ich sie in einem so schwachen Zustand gesehen. Die Last des Lebens war ihr bereits zu schwer. Sie war erschöpft.

"Die Lage hat sich nicht verbessert", sagte meine Frau, als der Wächter aus dem Raum ging. "Mutter hat Onkel Bang (Nguyen Luong Bang) einige Male aufgesucht. Ich war dabei. Er hat aber große Angst und wagt es gar nicht, uns irgendwie zu helfen. Die Funktionäre flüstern nur miteinander über Euer Verfahren. Keiner wagt es, Fragen zu stellen. Man sagt, dass es sehr viele Verhaftungen gibt."

Eigentlich wollte ich meiner Frau sagen, sie solle nicht auf mich warten. Der Tag meiner Rückkehr wäre sehr unbestimmt. Vielleicht gäbe es ihn nicht. Aber ich brachte es nicht übers Herz. Gut, ich würde darüber später in einem Brief schreiben.

"Meine Bücher tun mir richtig leid. Es sind sehr wertvolle darunter. Ich habe lange Zeit gebraucht, um sie zu bekommen. Selbst der Verlag *Su That* (Verlag Wahrheit, Verlag von politischen und theoretischen Büchern der Partei) musste sie von mir ausleihen, ganz zu schweigen von anderen Verlagen. Wenn sie jemand gebrauchen könnte, dann könntest Du ihn sie nutzen lassen, damit sie nicht umsonst da herumliegen. Unser Haus ist feucht. Die Termiten könnten sie alle vernichten. Auch meine Bekleidungsstücke. Du kannst sie weggeben. Es sind schon fünf Jahre vergangen, und die Textilien gehen kaputt."

"Nein, ich gebe sie niemandem. Wenn ich das tun würde, hätte ich das Gefühl, als ob Du gestorben wärst."

"Mein Leben ist nur Dein Unglück."

"Rede keinen Unsinn."

Wir hielten uns fest an der Hand.

Phung My war tief traurig. Seine Frau Dao besuchte ihn schon lange nicht. Seine Familie war eine Lehrerfamilie. Sie war noch ärmer als die unsrige. Wir waren immerhin im Ausland gewesen. Bei unserer Rückkehr besaßen wir einige Dinge, die wir dann für unseren Lebensunterhalt verkaufen konnten.

Eines Tages waren wir beim Lesen, als wir laute Streitereien am anderen Ende des Hauses hörten. Phung My fasste sich an den Kopf und jammerte:

"Dieses Elend. Warum müssen wir so grausam miteinander umgehen?"

Mir tat es auch weh. Was konnten wir tun? Wenn die Menschen die dunklen Pläne des Feindes nicht begriffen, entstand früher oder später unweigerlich Streit. Es tat uns leid, Streitereien zuzuhören und nicht dazwischen gehen zu können. Ich sah zur Decke hinauf und sagte:

"My, ich werde hinübergehen ..."

"Wie?"

"Ich sehe an der Decke keine Spuren von Nägeln oder Schrauben. Vielleicht werden die Bohlen nur aufeinander gelegt. Man hat keine Angst, dass Häftlinge durch die Decke des Disziplinarbereichs flüchten, weil die Decke ziemlich hoch ist. In unserem Raum haben wir aber Tische und Stühle. Ich werde die Stühle auf den Tisch stellen, hochklettern und versuchen, hinüber zu gelangen..."

"Vielleicht sind die Bohlen sehr schwer. Vielleicht gibt es Sperren oberhalb der Decke."

"Ich werde es ausprobieren."

"Wenn *die* uns erwischen, ist das tödlich..."

"Von jetzt bis zur Dunkelheit kommt kaum einer hierher. Ich riskiere es."

Die Bohlen an der Decke waren nicht sehr schwer. Ich konnte eine hochheben. Ich atmete schwer.

"Wir bringen den anderen einige Geschenke", sagte ich nach unten.

"Ja, richtig!"

Ich nahm etwa zwei Kilo Süßkartoffeln aus unserer eigenen Ernte mit, einige frische Chilifrüchte, auch aus eigener Ernte, eine Bonbonpackung der Marke *Hai Chau,* eine Packung Tee und zwei Packungen Zigaretten, die ich zuvor von meiner Familie erhalten hatte.

Ich schaukelte mich nach oben und begab mich in das schwarze Loch in der Decke. Um bis zum Ende des Hauses zu kriechen, musste ich vier Disziplinarzellen überwinden. Obwohl ich mir die größte Mühe gab, kein Geräusch zu verursachen, rief ein Disziplinarhäftling einem anderen in der Nachbarzelle zu:

"Du, wahrscheinlich kriecht da oben jemand."

Ich hielt den Atem an.

"Das sind Geister."

"Echt?"

"Das ist die gelbe Katze der Lagerleitung", kam die Antwort aus einer Nachbarzelle. "Ich habe sie herumschleichen sehen."

"Ganz schön fett. Dieser Braten und Pflaumenschnaps dazu würden sehr gut schmecken."

"Rühr sie nicht an, sonst hätten wir es mit der Lagerleitung zu tun."

Ich erreichte das andere Ende des Hauses, hob eine Bohle hoch und sah nach unten. Die zwei Insassen machten große Augen, als sie mich sahen.

"Ich bin Hien. Vu Thu Hien!"

"Mein Gott! Ihr traut Euch aber was!"

In aller Eile stellte Loc die Stühle hin, damit ich nach unten klettern konnte.

Von den beiden Häftlingen kannte ich nur Loc, einen Mitarbeiter des Instituts für Philosophie und Freund von Vu Huy Cuong. Ich hatte ihn ein paar Male gesehen, ohne sagen zu können, dass wir Bekannte wären. Huynh Ngu hatte von mir verlangt, auch über Loc zu berichten, doch ich wusste nichts zu melden. Die zweite Person war Dinh Chan, ein Armeehauptmann und Redakteur der Zeitung *Quan doi nhan dan* (Volksarmee).

Beide sahen grün aus, ohne jedoch sehr abgemagert zu sein. Ich entschied mich, eine Weile zu bleiben und öffnete eine Zigarettenpackung. Sie rauchten mit Leidenschaft. Das war ein Zeichen dafür, dass sie lange Zeit nichts zu rauchen bekommen hatten. Ich erzählte ihnen von unseren Erfahrungen darüber, auf welche Weise wir den Plänen entgegentraten, Leute unterschiedlicher Charaktere zusammen wohnen zu lassen, so dass sie einander hassten. Ich erzählte weiter, wie wir es gelernt hatten, Gemüse, Süßkartoffeln und Chilis anzubauen und übergab ihnen schließlich unsere Geschenke. Loc und Dinh Chan machten einen verlegenen Eindruck.

Dann kroch ich zurück. Diesmal machte ich noch weniger Geräusche als die gelbe Katze der Lagerleitung.

Eine Woche danach studierte ich gerade das russische Wörterbuch, als die Tür aufgerissen wurde. Eine Schar Polizisten stürzte in den Raum. Ich verstand nicht, warum es so viele waren, etwa zehn Mann, alle mit bösartiger Miene. Einer von ihnen, anscheinend der wichtigste Mann, schaute mich zornig an und sagte schroff:

"Dieser Mann! Kommt mit!"

Ich hatte ihn noch nie gesehen. Sein Gesicht war fettig und die Lippen waren so dick wie zwei Würstchen.

"Muss ich meine Sachen mitnehmen?" fragte ich.

Phung Mys Gesicht wurde blass. Wir fürchteten einen Abschied. Wir hatten uns an das Leben miteinander gewöhnt.

"Nein!" sagten die zwei dicken Lippen.

Ich folgte ihm. Die Schaar Polizisten machte den Weg frei und marschierte uns dann hinterher. Wir liefen nicht weit. Nach dem Verlassen des Sonderhaftbereichs machten wir eine Wendung in Richtung des Disziplinarbereichs. Der erste Mann öffnete die Tür. Die nachfolgenden Leute schoben mich nach drinnen. Sie drückten mich auf eine Pritsche und steckten meine Beine in die beiden Halbrundlöcher der stationären Fesseln. Einer schob den Riegel durch und verschloss das Ganze.

"Gegen Euch wird eine Disziplinarmaßnahme von zehn Tagen wegen Beleidigung von Führern verhängt. Ihr dürft um Nachsicht bitten. Wenn ja, dann lasst den Wächter Papier und Feder bringen."

Mit einem Augenzeichen gab er einen Befehl. Einer sprang zu mir herüber und fesselte meine Hände mit Handschellen. Die Meute zog sich zurück.

Allein zurückgeblieben versuchte ich, mich zu erheben, um meine Fußgelenke zu betrachten, die mich schmerzten, als hätte ich dort Verbrennungen. Als der Polizist den Riegel einschob, musste ich die Zähne zusammenbeißen, um keinen Schmerzensschrei von mir zu geben. Die zu kleinen Halbrundlöcher der Fessel und die sägeartigen Zähne an der beinseitigen Kante des Riegels hatten verschiedene Stellen meiner Fußgelenke verletzt und das Blut floss. Das war aber noch nicht das Schlimmste. Etwa eine halbe Stunde danach hatte ich das Gefühl, dass meine Füße schwer wurden. Ich berührte sie und merkte, dass sie stark angeschwollen und kalt waren. Das Blut konnte also nicht zirkulieren. Nach langen Bemühungen steckte ich schließlich an der Stelle, wo sich die Vene befand, einen Finger in das Halbrund der Fußfessel, damit das Blut zum Herzen zurückfließen konnte. Dann musste ich meinen Finger an die Stelle der Arterie schieben, um in die andere Richtung Platz für das Blut zu machen. Diese Bemühungen brachten gute Erfolge, machten mich aber müde. Doch ich wagte nicht, mich hinzulegen, um nicht einzuschlafen.

Ich dachte mir, dass ich schnell abnehmen müsste, um meine Lage zu retten. Am besten wäre ein Hungerstreik. Ich musste sowieso Haltung zeigen. Hungerstreik ist eine Form des Kampfes und der Willensdemonstration. Diese Demonstration musste aber bekannt gemacht werden. Ich befand mich jedoch weit vom allgemeinen Lager entfernt. Meine Schreie würde niemand hören. Das hieß, dass ein Hungerstreik keinen Nutzen haben würde. Andererseits konnte ich auch nicht zulassen, dass mich die Leute so quälten, wie sie wollten. Ich entschloss mich, einen Halbhungerstreik anzutreten. Bis dahin waren die Polizisten nicht direkt für uns verantwortlich. Sie waren aber verpflichtet, Le Duc Tho über unsere Lage berichten. Ich musste diesem Kerl zeigen, dass ich nicht so schnell unterzukriegen war.

An der Mauer machte ich Klopfzeichen für Phung My, um ihn über meinen Entschluss zu informieren. Er klopfte zurück:

"Gebt Euch Mühe!"

Loc und Dinh Chan wussten von meiner Fesselung. Sie erfuhren auch von meinem Entschluss. Ihre Klopfzeichen besagten:

"Diese verdammten elenden Kerle!"

Durch die Gewissheit, dass ich mich unter Freunden befand, fühlte ich mich innerlich erwärmt.

Am Abend kam der Wächter des Disziplinarbereiches, ein Mann mittleren Alters mit blatternarbigem Gesicht, in Begleitung eines *freiwilligen* Häftlings, der den Reis brachte. Ich sagte ihm:

"Ich bin krank. Ich esse keinen Reis. Nehmt ihn bitte mit. Meldet für Morgen Reissuppe für mich!"

Er staunte und schwieg.

Den ganzen Nachmittag und die ganze Nacht blieb ich mit meinen gefesselten Händen und Füssen sitzen, ohne es zu wagen, mich hinzulegen. Dabei musste ich aufpassen, dass die Blutzirkulation nicht blockiert wurde. Als ich noch im Feuerofen war und dort die mit der Pritsche fest verbundenen Beinfesseln sah, hatte ich mich oft gefragt, wie man im gefesselten Zustand seine Bedürfnisse verrichtet. Nun war ich gefesselt. Ich merkte, dass diese Frage nicht sehr schwer zu lösen war, wenn auch unbequem. Mit meinen gefesselten Händen konnte ich irgendwie den Nachttopf auf die Pritsche heraufholen und verrichtete meine Bedürfnisse mal im Liegen, mal im Sitzen.

Die Zelle stank fürchterlich und war voller Mücken. Dazu kamen die Gnitzen.

Diese winzigen Insekten krochen in die Haare und bissen mich am Kopf. Ich konnte sie nicht töten, weil es zu viel gab. Vielleicht bildete ich mir das auch ein. Wanzen gab es zum Glück hier nicht sehr viele. Mit meinen Händen tastete ich über die Oberfläche der Pritsche und erspürte diese dicken Tiere. Ich hätte sie mit den Fingern zerquetschen können, aber ich tat es nicht, weil die zerquetschten Tiere einen widerlichen Gestank erzeugten, vor dem ich seit meiner Kindheit Abscheu hatte. Ich schwang meine Hände, um sie möglichst weit weg zu werfen. Mit ihren Bewegungsgeschwindigkeiten hätten sie Stunden brauchen müssen, um an die alte Stelle zurückzukommen. Doch mein Kampf gegen diese grausamen Tiere dauerte nicht lange. Nach einem Tag war ich erschöpft. Ich musste sie mein Blut saugen lassen, so viel sie wollten. Bestimmt hatte ich noch einige Liter Blut in mir. Und ich wollte auch nicht so geizig sein. Sie hassten mich ja nicht. Sie kamen nur zu mir, um zu überleben.

Am nächsten Tag bekam ich beißenden Hunger. An zwei Morgen und Abenden erhielt ich vom Wächter Reissuppe, nahm davon in seiner Anwesenheit jeweils nur einige Löffel zu mir und ließ sie dann wegbringen. Ich war sicher, dass er seinem Vorgesetzten über mein Essverhalten berichtete. Am darauffolgenden Tag wurde der Hunger stärker. Ständig träumte ich von einer wohlschmeckenden Speise. Wenn ich sie mir bildlich vorstellte, ließ sie mir das Wasser im Mund zusammenlaufen.

Mit dem Hunger kam eine nicht unerwünschte Freude: ich konnte meine Füße innerhalb der Fesseln bewegen. Das bedeutete, dass ich etwas abgenommen hatte. Die Sorge um meine Beine fiel weg und nun konnte ich gut schlafen. Dieser Hungerstreik brachte mir weitere Vorteile, denn meine Bedürfnisse gingen stark zurück. Und damit wurde auch der Gestank geringer. Am dritten Abend geschah ein Wunder: der starke Hunger verschwand mit einem Mal. Ich empfand nicht mehr dieses beißende Gefühl, sondern ein nicht enden wollendes sanftes Hungergefühl im Magen. Mein Körper erschien mir leicht und der Kopf klar. Meine Sinnesorgane wurden plötzlich ganz feinfühlig. In der Dunkelheit der Zelle stellte ich an der Riegelkante schuppenartige Vertiefungen meiner Fesseln fest. Nun verstand ich, weshalb meine Beine nach der Fesselung geblutet hatten. Die scharfen Schuppen der Riegeloberfläche hatten meine Beine verletzt.

Mit der Empfindung, leicht zu schweben, lag ich unbeweglich auf dem Rücken und betrachtete die Bohlen an der Decke. Wie in einem Traum mitten im wirklichen Leben sah ich vor meinen Augen einen interessanten Film ablaufen: die Geschichte eines Mädchens, das angesichts seines harten schmutzigen Lebens tugendhaft war. Ich gab diesem Film den Titel "Die Reise des Mädchens Liberta in drei Reiche - das Reich der Masken, das der goldenen Fesseln und das der Medaillen."

Das kleine Mädchen Liberta, das einen Schiffbruch überlebt hat, wird von einem alten Ehepaar auf eine einsame Insel gerettet. Es wächst in der Natur unter wilden Tieren auf. Eines Tages findet es dieses Leben langweilig und geht fort. Die Reise in die Welt beginnt.

Das Mädchen kommt im Reich der Masken an, in dem sich jeder erwachsene Einwohner eine Maske beschafft, mit der er bis zu seinem Tode lebt. Die Einwohner tun sich gegenseitig schreckliche, sogar bösartige Dinge an, immer aber versteckt hinter einer netten Maske. Der König dieses Reiches war früher ein Fuchs, der inzwischen zum Teufel geworden ist. Er regiert sein Reich mit Hilfe von grausamen, listigen Höflingen. Das Mädchen wird von diesem König des Maskenreiches gezwungen, ihn zu heiraten. Doch das Hochzeitsfest kann nicht stattfinden, weil die Armee des Reiches der goldenen Fesseln zur Eroberung der hübschen jungen Frau angreift.

Anders als die Bürger des Maskenreiches betrachten die Menschen des Goldfesselreiches Gold als das Wertvollste auf der Welt. Jede Familie trachtet nur danach, so viel Gold wie möglich zu sammeln. Besitzt man viel Gold, wird man geachtet, besitzt man wenig Gold, wird man missachtet. Um der Menschheit zu zeigen, dass er stark ist und dass er ohne jede kleinste Bewegung sein Reich regieren kann, steckt dieser König seine Füße in überaus schwere Fesseln aus Gold und legt seine Hände in eine Kette aus Gold. Er sitzt auf einem Thron aus purem Gold. Um ihn herum stehen seine Untergebenen, mit großen Hüten aus Gold.

Die Armee des Maskenreiches erleidet eine schwere Niederlage und Liberta wird in das Reich der goldenen Fesseln gebracht. Dank eines Papageis mit verstümmelten Beinen, dem Liberta einst auf ihrer einsamen Insel zu Hilfe kam und der nun die Tiere des Goldfesselreiches über Libertas Lage informiert, kommen diese und befreien die junge Frau.

Doch das Schicksal ist ihr nicht hold. Sie gerät in das Reich der Medaillen, in dem jeder Mensch - vom König bis zum letzten Bürger - nach Berühmtheit strebt. Jeder trägt alle Arten von Medaillen. Die Häuser sind voll mit Urkunden und Auszeichnungen. Aus Platzmangel wird eine Urkunde vor die andere gehängt. Der König des Medaillenreiches besitzt die allergrößte Medaille des Reiches, die einen riesigen Durchmesser hat. Bei der Versammlung des Hofes versteckt sich der König hinter dieser Medaille. Nur seine Augen sind sichtbar, neben einem Chaos von Medaillen, die vom Kopf bis zu den Füssen an ihm hängen. Wie Fischschuppen liegen die Medaillen übereinander. Dieses Mal gelingt es Liberta, mit Hilfe der Fee Natura und deren Sohn zu flüchten.

Die Könige der drei Reiche vereinigen daraufhin ihre Armeen, um mit der Abmachung in die Schlacht zu ziehen, dass derjenige, der Liberta erobern könne, sie behalten dürfe.... Liberta wirft den Soldaten des Maskenreiches schöne Masken zu, denen des Goldfesselreiches goldene Münzen, und Orden und Medaillen denen des Medaillenreiches. Die Soldaten lassen ihre Könige Könige sein und kämpfen nun miteinander um die wertvollen Gegenstände...

Ich stellte mir dieses Märchen in Form eines Zeichentrickfilms vor und rechnete gar nicht damit, dass ich acht Jahre später die Gelegenheit haben würde, einen Vertrag mit dem *Befreiungsstudio* in Saigon zu unterzeichnen. Direktor Mai Loc und Regisseur Truong Qua wollten den Film realisieren. Aber der Leiter des Filmhauptamtes, Nguyen Duy Can, lehnte das ganze Projekt schroff ab, da "die Gedanken in diesem Drehbuch nicht eindeutig sind". Er erkannte in dem Inhalt dieses Märchens dessen aktuelle Bedeutung. Ich machte daraus eigentlich auch keinen Hehl. Als Einführung zu dem Drehbuch schrieb ich: "*Es war einmal vor noch nicht langer Zeit in einem Land, das sich nicht sehr weit von hier entfernt befand ...*" Am Königshof des Maskenreiches trugen die Schutzmänner "*Panzerkleider des Mittelalters, eiserne Helme und Schlachtstiefel. Vor ihrer Brust hingen superschnelle Maschinenpistolen.*" Am Hof jubelten diese Schutzmänner ihrem König zu: "*Der König möge zehntausend mal zehntausend Jahre lang leben! Ihr seid die Sonne aller Sonnen, der König aller Könige, der Präsident aller Präsidenten, der Genosse aller Genossen...*"

In jenen Tagen erfuhr ich vom Tode Pham Viets. Frau Dao brachte uns diese traurige Nachricht, als sie ihren Mann, Phung My, besuchte.

"Gedenken wir Pham Viet für eine Minute." Durch Klopfzeichen machte mir Phung My diesen Vorschlag.

Als Zeichen meiner Zustimmung klopfte ich dreimal zurück.

Ich gedachte Pham Viet in liegendem Zustand. Ich hatte nicht gewusst, dass auch Frau Lan, Pham Viets Ehefrau, in Bat Bat, also im gleichen Lager wie ich gefangen gehalten und nach zweieinhalb Jahren wegen des Unterhalts ihrer Kinder entlassen worden war.

Drei Tage nach Beginn meines Halbhungerstreiks kam der Wächter mit dem blatternarbigen Gesicht und öffnete mir die Handschellen:

"Ihr seid dumm. Was nützt Eure Starrköpfigkeit? Sie bringt Weib und Kindern nur Leid...." Er wies den *freiwilligen* Häftling an, aus dem Raum zu gehen und sagte zu mir: "Ich habe Schreibzeug mit. Ihr sollt einen Antrag schreiben. Wenn nicht, dann könnt Ihr auch eine Selbstkritik schreiben. Ich werde es weiterleiten."

An seiner Stimme erkannte ich, dass er es ehrlich meinte. Ich bedankte mich und sagte, dass jeder Mensch seine Lebensweise habe. Ich wolle so leben, wie ich lebte. Ich möchte keine andere Lebensweise, auch wenn diese besser wäre.

"Versucht, Reis zu essen. Nur etwas Suppe zu nehmen, ist schädlich für den Körper. Ihr müsst an den Tag der Rückkehr denken."

Nach diesen Worten schloss er die Tür ab. Er hatte mir die Worte anderer übermittelt.

Ich setzte meinen Hungerstreik fort.

In den Tagen danach wurde meine Lage erträglicher. Für mich entstand der Eindruck, dass die Reserve meines Körpers auf berechnende Weise allmählich aktiviert wurde und den Mangel ausglich. Das Hungergefühl blieb zwar bestehen, jedoch nicht mehr so überwältigend. Ich fühlte mich in einem seltsamen Zustand. Ich lag halb bewusstlos und halb wach, fühlte mich etwas müde, aber der Körper schien mir leicht zu sein.

Am siebenten Tag wurde ich von vielen menschlichen Geräuschen geweckt. Der Wächter mit dem blatternarbigen Gesicht öffnete die Tür, dann trat er zur Seite. Er machte Platz für diesen Kerl mit dem fetten Gesicht und den dicken Lippen, der eintrat.

"Wollt Ihr einen Antrag stellen?"

"Nein."

Ich antwortete und drehte dabei mein Gesicht zur Seite. Ich dachte, dass die Meute wieder abziehen wollte. Einer der Kerle im Hintergrund trat jedoch nach vorn und öffnete meine Handschellen und Fußfesseln. Ich stand auf. Aber meine Beine gehorchten mir nicht. Beinahe wäre ich umgefallen. Er wollte mich stützen, aber ich schob ihn beiseite:

"Ich kann selbst laufen."

Ich wurde in den Haftraum zurückgeführt. Phung My schaute mir mitleidig zu. Ich taumelte hinein, hielt mich mit den Händen an der Tür fest. Wahrscheinlich hatte ich stark abgenommen und war noch blasser geworden. Man hatte mir drei Tage in Fesseln erlassen, das Ergebnis meines Hungerstreiks. Man erzählte, dass manche Leute nach Monaten der Beinfesselung nicht laufen konnten. Sie müssten kriechen. Man müsse dem zum Tod verurteilten Häftling im Feuerofen Hochachtung zollen, der aller Beinfesselung trotzte.

"Gepäck bereitstellen!"

Diesen Befehl gab der Kerl mit den dicken Lippen.

Ich schenkte ihm keine Beachtung, ging zum Wasserbehälter, holte Wasser, wusch mir das Gesicht und die Haare und rasierte mich. Das kühle Wasser erfrischte mich. Ich brauchte nur eine Weile und einige körperliche Bewegungen, so dass das Blut richtig zirkulieren konnte, um meine alte Form wieder zu finden.

Das bedeutet, dass ich nicht mehr mit Phung My zusammenbleiben kann, dachte ich mir. Wohin will man mich bringen? Ich dachte an Phung My, und er tat mir leid. Denn er hatte es bestimmt sehr schwer in seiner Einsamkeit. Ich war zufrieden darüber, dass wir uns inzwischen eine Lernordnung angeeignet hatten. Damit würde er die Schwierigkeiten trotz seiner Einsamkeit überwinden können. Was mich bange machte, war, dass ich nicht wusste, welches neue Haftregime uns auferlegt würde.

Phung My bereitete Tee. Wir tranken und sahen uns mit traurigem Bedauern an.

"Beeilung!" befahl der Wächter.

Ich stellte den Teebecher auf den Tisch.

"Fertig."

Der Wächter riss die Augen weit auf:

"Nehmt Ihr kein Gepäck mit?"

Wortlos steckte ich einige Bücher, eine Bürste, den Rasierapparat und einige Bekleidungsstücke in den Beutel, mit dem mich meine Frau mit Lebensmitteln versorgt hatte. Ich drückte Phung My die Hand. Zum Abschied umarmten wir uns.

"Wir können gehen." Ich trat zur Tür.

"Wenn Ihr nicht alle Eure Sachen mitnehmt, habt Ihr an der neuen Stelle nichts für den alltäglichen Gebrauch. Ihr sollt alles mitnehmen."

Ich ließ alles zurück: Decke, Moskitonetz und die Lebensmittel, die ich von meiner Familie erhalten hatte. Phung My konnte sie gebrauchen. Er war allein.

"Ich bin schwach und kann nicht Schweres tragen."

"Gehen wir."

Er führte mich aus dem Lager. Am Tag war der Hof des Lagers menschenleer. In der Ferne sah ich einige Häftlinge in indigoblauer Bekleidung auf einer Stufe sitzen. Es waren kranke Häftlinge, die nicht zur Arbeit gehen mussten.

Ich wurde an zwei junge Polizisten mit schweigsamen Mienen übergeben.

"Los!"

Einer von ihnen machte mit dem Kinn eine Bewegung und zeigte mit dem Lauf seiner Maschinenpistole auf den Weg.

Nun los.

Etwa einen Kilometer hinter dem Lager hörte die breite Straße auf. Meine zwei Begleiter führten mich zu einem Waldpfad.

Mein Gehirn spannte sich an. Wohin führten sie mich? Das andere Ende dieses Weges war undeutlich und unbekannt. Rundherum war keine einzige Menschenseele. Mein ganzer Körper spannte sich wie die Saite eines Musikinstruments.

Ich lief langsam, in scheinbarer Ermüdung. Unter den Tritten der zwei Burschen, die
mit Maschinenpistolen ausgerüstet waren und in Stoffschuhen liefen, nahmen meine Ohren die Geräusche der Kiesel und Steine wahr. Ohne nach hinten zu schauen spürte ich, dass die Läufe der Pistolen auf mich gerichtet waren.

Wenn man mich liquidieren wollte, wäre dieser wilde Waldweg dafür eine sehr geeignete Stelle, dachte ich. Die beiden Begleiter hätten plötzlich auf mich geschossen und meine Leiche in das tiefe Tal gestoßen. Ein wunderbares Drehbuch: Der Häftling versuchte zu flüchten und der Begleiter schoss.

Sollte ich möglicherweise hier, auf diesem menschenleeren Weg, sterben?

Nein, so konnte ich nicht sterben! Ich konnte keinen Tod in Untätigkeit erleiden. Ich war doch ein Soldat gewesen. Ein Soldat könnte, auch unter den gefährlichsten und hoffnungslosesten Umständen, nicht ohne Verteidigung sterben. Wenn dieser schlimme Fall eintreten würde und die erste Kugel mich nicht am Herzen träfe, würde ich sofort nach hinten springen, eine der Maschinenpistolen erobern und bis zur letzten Sekunde meines Lebens kämpfen.

Ich dachte an einige Griffe, die ich einst in der Infanterieschule Tran Quoc Tuan von einem japanischen Offizier, Herrn Bau, gelernt hatte und mit denen man fremde Gewehre an sich reißt. Nach der Kapitulationserklärung des japanischen Kaisers am Ende des zweiten Weltkrieges ergab sich dieser Offizier nicht den Truppen von Tschiang Kai-Schek, sondern lief zur vietnamesischen Armee über. Nach der Wiederherstellung des Friedens 1954 sah ich ihn nicht wieder. Ich wusste nicht, wo er geblieben war. Man erzählte sich: alle ehemaligen japanischen Offiziere und Unteroffiziere wären wegen Zweifeln an ihrer Ergebenheit zu einer Schulung versammelt worden. Als sie nach einem Essen zum Waschen an den Bach gingen, wären sie dort von vorher versteckt im Wald postierten Maschinengewehren erschossen worden. Ob das der Wahrheit entsprach?

Wahrscheinlich half mir diese höchste Anspannung dabei, nach sieben Tagen der Fesselung und des Hungers diesen zehn Kilometer langen Dschungelweg zurückzulegen. Später nannte ich diesen Gang "die zehn Kilometer an der Seite des Sensenmannes". Ich hatte mir unnötige Sorgen gemacht. Man hasste uns, aber nicht in dem Maß, um eine solche Tat auszuführen.

Am Ende des Waldweges erschien vor mir ein zweistöckiges Haus. In der unteren Ebene befand sich in der Mitte einer langen Mauer ein großes Tor. Ich erkannte das Haftlager nicht wieder, in das ich eines Nachts gebracht worden war.

Nachdem wir das Tor hinter uns gelassen hatten, sagten mir die zwei Begleiter, ich solle hierbleiben und warten. Sie verließen mich. In trauriger Stimmung betrachtete ich den Hof des Lagers mit seiner Oberfläche aus weißem Ton und einigen wenigen Grashalmen. In der Ferne sah ich die weiß gekalkte Reihe von Hafträumen. Sehr viele Häftlinge gingen hin und her. Es war Sonntag, und sie hatten einen Ruhetag. In einem dieser Räume waren Phung My und ich gefangen gehalten gewesen. Sonnenstrahlen trafen schräg auf meinen Sitzplatz, der sich unter dem Balkon mit dem hohlen Bombenkörper befand, dessen metallisches Geläute uns morgens gequält hatte.

Vertieft in meine Gedanken merkte ich nicht, dass ein Polizeioffizier im Rang eines Leutnants vor mir erschien: "Seid Ihr Vu Thu Hien, ja?"

"Ja."

Ich antwortete kühl. Ich staunte ein wenig wegen seines südlichen Dialektes. Sehr selten gab es Menschen aus dem Süden, die im Norden im Polizeidienst standen. Oder besser gesagt, ich kannte keinen solchen. Er hatte strenge Gesichtszüge und war schlank. Er war um einige Jahre älter als ich.

"Bitte folgt mir!"

Ich stützte meine Hände auf die Schenkel, stand mühsam auf, nahm meinen Beutel und folgte ihm.

Der Offizier brachte mich in einen Raum im Erdgeschoss, nahe am Eingangstor. Nach unserem Eintritt schloss er den Raum ab. Ich sah ihn gespannt an. Warum schloss er das Zimmer ab? Was hatte er vor? Wollte er mich schlagen? Nein, dafür müssten sie mindestens zu zweit oder zu dritt sein. Polizisten waren immer vorsichtig.

Nach dem Abschließen der Tür wandte er sich mir zu und fixierte mich mit seinen Augen. Als ob er seine Gefühle nicht beherrschen könne, stürzte er dann auf mich zu und umarmte mich fest. Ich spürte seine warmen Tränen, die durch das dünne Hemd auf meine Schulter tropften.

"Ich weiß alles über die Sache. Es ist kaum zu glauben, dass *die* Euch so grausam behandeln. Es tut mir sehr leid."

Verlegen schob ich seine Hände von mir:

"Eine ganz normale Sache. Es muss Euch nicht leidtun."

Ich hatte auch kein Vertrauen in seine Tränen. War er ein Schauspieler der Extraklasse? Was wollte er mit seinem Verhalten erreichen?

"Bitte setzt Euch!"

Er führte mich zu einem Tisch und schenkte mir Tee ein. Schweigend tranken wir den Tee. Er starrte eine Weile unverwandt auf mich, dann atmete er lange und traurig:

"Ich verstehe. Ihr habt kein Vertrauen in mich. Das ist schon richtig. Wie könnt Ihr Vertrauen haben, wenn ich diese Uniform trage."

Nach einer Pause beugte er sich vor und setzte mit einer deutlich tieferen, bedrückten Stimme fort:

"Mein Vater wurde von Onkel Khiem (Ung Van Khiem - ehemaliger Außenminister) in die revolutionäre Tätigkeit eingeführt. Er war wie ein junger Bruder von Onkel Khiem. Er ist schon längst im Kampf gefallen. Ich bin aufgewachsen, zur Armee gegangen und wurde später in diesen Dienst übergeleitet...."

"Wie geht es Onkel Khiem?" fragte ich mein Gegenüber und hob mein Gesicht.

"Ich habe gehört, dass es ihm gut geht."

Er hatte eine warme Stimme, die tief aus seiner Brust kam. Meine Intuition sagte mir, dass diese Person Vertrauen genießen konnte.

"Wieso habt Ihr es gehört? Habt Ihr ihn nicht getroffen?"

"Das ist nicht möglich." Traurig schüttelte er seinen Kopf. "Er wurde aus der Partei ausgeschlossen, bekleidet gar keinen Posten mehr und wird streng observiert ...Ich bin Polizist und darf mich nicht mit ihm treffen."

So erfuhr ich erst in diesem Moment vom Ausschluss Ung Van Khiems aus der Partei.

"Sind wir alle hier?"

"Nur ein Teil."

Ich dachte mir, dass ich nicht weiter fragen sollte. Vorläufig glaubte ich, dass er nicht log.

Aber auch wenn er die Wahrheit gesagt hatte, brauchte ich ihm nicht gleich zu glauben.

Außerdem konnte ich von ihm keine Auskünfte verlangen, die er nicht geben durfte. Er musste bestimmt selbst aufpassen.

"Ich heiße Dua und habe Aufsichtsdienst", sagte er und atmete lange aus. "Ob Ihr mir glaubt oder nicht, das ist nicht wichtig. Ich habe trotzdem die Aufgabe, Euch zu schützen. Ihr wisst, wie die Revolutionäre einander helfen ... Ich bin der Sohn meines Vaters, der Neffe von Onkel Khiem. Ich weiß genau, was ich für Eure Leute und für Euch selbst tun muss..."

"Ich glaube Euch."

"Alles in allem bleibe ich ein Mitglied der Großfamilie der Revolution. Wenn Ihr mich braucht oder denkt, dass Euch eine Gefahr erwartet, könnt Ihr ohne weiteres nach dem Mann vom Aufsichtsdienst verlangen. Ihr braucht keine Bedenken zu haben. Ich habe die Aufgabe, Euch zu schützen. Ich wiederhole es. Und das ist eine Aufgabe des Gewissens. In meiner Funktion kann ich das tun."

Ich war gerührt. Ich legte meine Hand auf seine und drückte sie schwach, um das Mitfühlen und meine Dankbarkeit zum Ausdruck zu bringen. Meine Tränen kamen und ich konnte sie nicht zurückhalten. Wie groß war meine Freude, auch an der entlegensten Stelle des Lebens Brüder zu haben. Die Revolution blieb schön. Es gab noch Revolutionäre.

Dua stand auf. Die Zeit unseres Treffens war um.

"Ihr werdet einer Gruppe von politischen Häftlingen zugeteilt. Tagtäglich müsst Ihr arbeiten gehen. Diese Arbeit ist schwer." Dua war nachdenklich und müde. "Das ist Misshandlung. Sie gehört zu den Plänen, Euch Eure Lage bewusst machen zu lassen. Versucht, es zu ertragen. Wenn Ihr es nicht schafft, meldet Euch für einen Tag krank, damit Ihr Euch erholt. Ich werde dem Lagerarzt im Voraus davon erzählen ..."

Ich schüttelte mit dem Kopf:

"Dadurch würden die Leute sehen, dass ich eine Sonderbehandlung bekomme. Das soll nicht sein. Ich war in der Armee und bin an Arbeit gewöhnt. Ich werde es aushalten."

Dua legte seine Hand auf meine Schulter:

"Ich weiß, was ich zu tun habe. Merkt Euch: Die Sache ist bis heute noch nicht zu Ende. Im Lager werdet Ihr sehen, dass sich jemand um Euch bemüht. Der Mann heißt Tran Chan Hoa. Die Lagerleitung hat ihn für sich gewonnen, stellt ihn Euch zur Seite, damit er über alle Eure Handlungen im Lager berichtet. Der Mann, der vom Ministerium beauftragt wird, auf Euch aufzupassen, ist Thuy, Leutnant Nguyen Huy Thuy. Dieser Typ kam zur Welt, um Diener von Machthabern zu sein. Ihr müsst auf diesen Kerl achten..."

Wir umarmten uns.

Am nächsten Tag traf ich Dua mit unbewegtem Gesicht.

37

Im Lager von Tan Lap

Im Lager von Tan Lap gab es eine große Anzahl politischer Gefangener. In dem Bereich mit der Bezeichnung Lager A, in den ich gebracht wurde, zählte man fast zweihundert Personen. Am nächsten Morgen wurde ich auf den Hof zu einer grauen Masse von Menschen mit abgetragenen Palmenhüten geführt. Diese Menschen hockten hintereinander und warteten auf ihren Aufruf zur Arbeit. Völlig erstaunt schloss ich mich ihnen an. Waren diese Menschen etwa politisch tätig?!

Die politischen Gefangenen unter den Lagerinsassen wurden hier mit *ungeraden Nummern* bezeichnet und in mehreren Häusern untergebracht. Nach außen hin wirkten diese Häuser fast normal, nur waren sie etwas länger. Die Wände mit den großen Fenstern waren weiß gekalkt, der Sockel etwas erhöht. Im Unterschied zu normalen Wohnhäusern besaßen diese Häuser Türen aus sehr dickem, hartem Eichenholz, die mehrfach mit Schrauben und Riegeln versehen waren und (statt zwei) nur einen Flügel besaßen. Die Reihen mit diesen Hafthäusern befanden sich auf einem Gelände, das ein ungleichmäßiges Viereck bildete und rundum von Stacheldraht begrenzt wurde. An jeder Ecke dieses Geländes stand ein Wachtturm.

Häftlinge mit *ungeraden Nummern* wurden in Gruppen von jeweils etwa dreißig Mann aufgeteilt, von denen jede durch einen *Gruppenwächter* beaufsichtigt wurde. Jeder Gruppe stand also ein Häftling mit der Bezeichnung ‚Gruppenleiter' vor, den die Lagerleitung unter denjenigen Häftlingen auswählte, die gut *umerzogen* waren.

"Achtet auf den Gruppenleiter!" rief leise eine Person, als sie an mir vorbei lief. "Ein echter Javert!" (Das war der unbarmherzige Polizist in *Die Elenden* von Victor Hugo - Anm. d. Autors). Erstaunt sah ich ihr nach, aber sie war bereits inmitten der graugekleideten Masse verschwunden.

Eine Weile danach erschien ein nicht mehr ganz junger, aber auch nicht alter, gut gekleideter Mann. Er trug neue und saubere Häftlingskleidung, die auf dem Rücken jedoch nicht die handgroßen Buchstaben CT (Cai Tao: Umerziehung) zeigte wie bei den anderen Gefangenen. Er kam auf mich zu:

"Ich bin der Gruppenleiter. Wie ist Euer Name?"

Ich nannte meinen vollen Namen. Er schlug ein Heft auf und schrieb.

"Welche Häftlingsnummer?"

Noch niemand hatte mir bis dahin gesagt, dass ich eine Nummer war.

"Das weiß ich nicht."

"Wieso wisst Ihr das nicht?" sagte er scharf. "Jeder muss eine Nummer haben. Im Gefängnis ist sie Euer Name. Wieso wisst Ihr sie nicht? Seid Ihr albern?"

Ich blickte ihm kühl in die Augen:

"Seid bitte korrekt in Eurer Sprache! Wenn ich sage, ich weiß sie nicht, dann heißt das, ich weiß sie nicht. Geht und fragt bei der Lagerleitung!"

Im Gesicht des Gruppenleiters erschien ein Zeichen des Erstaunens, gemischt mit Verlegenheit. Wahrscheinlich hatte noch niemand bis dahin mit ihm in einem solchen scharfen Ton gesprochen.

Neugierige Häftlinge strömten herbei und umringten uns. Ich merkte ihnen an, dass sie nicht wollten, dass mich der Gruppenleiter einschüchterte. Sie erhoben ihre Stimmen:

"Er ist gerade vom Sonderhaftbereich gekommen. Vielleicht hat er noch keine Nummer."

"Man muss ihn aufklären."

"Wir haben alle ungerade Nummern. Handelt nicht nach dem Motto: *alte Geister schüchtern neue Geister ein.*"

Der Gruppenleiter rechtfertigte sich:

"Ich wollte nur nach seiner Nummer für die Eintragung fragen. Er sagt, dass er sie nicht weiß. Auch im Sonderhaftbereich muss man eine Nummer haben."

"In dem einen Sonderhaftbereich ist es anders als in dem anderen."

"Wenn keine Nummer da ist, dann tragt den Namen ein. Nach der Nummer fragt Ihr später. Wozu die Eile!"

"Als neuer Ankömmling weiß er noch nicht, was zu tun ist."

Der Gruppenleiter machte abweisende Handbewegungen:

"Lasst mich arbeiten!"

Er wollte sich absichtlich brüsten.

"Überlasst bitte die Sache der Lagerleitung", sagte ich kühl. "Sie trägt die Verantwortung, nicht Ihr."

Der Gruppenleiter war verlegen.

"Aber ich bin Gruppenleiter und muss meine Leute kennen."

"Ihr braucht nur zu sagen, dass es in der Gruppe einen Häftling gibt, der seine Nummer nicht kennt. Fertig!"

Die Leute lachten laut.

"Gut, Ihr geht nachher zur Leitung und fragt nach Eurer Nummer." Er senkte seine Stimme. "Als Häftling muss man eine Nummer haben."

Ich antwortete:

"Ich habe es schon gesagt: das ist die Sache der Polizei. Die Häftlingsnummer hat für mich keine Bedeutung. Ich brauche sie nicht und ich bitte nicht um sie."

Die Leute lachten erneut. Der Gruppenleiter winkte mit der Hand ab und ging ärgerlich weg.

Wortlos verfolgte Tran Chan Hoa meinen ersten Zank mit diesem Gruppen-leiter. Ich nahm den Beutel mit meinen Kleidungsstücken und betrat gerade das Haus, als er auf mich zulief und mich diensteifrig in Empfang nahm:

"Bruder Hien, stimmt's?"

"Bitte schön?"

"Ich habe Dich sofort erkannt", begann er mit seinem Geschwätz. "Draußen habe ich von Deiner Verhaftung erfahren. Weißt Du, wo Du mich getroffen hast?"

Ich lächelte und tat so, als betrachtete ich ihn aufmerksam:

"Nein. Mir ist, als ob ich Dich kennen würde, aber ich weiß nicht, woher."

Er lachte erfreut:

"Bist Du aber vergesslich! Im Haus von Bruder X in der Straße Y, weißt Du noch?"

Ich wusste noch, dass mich Dua auf einen Spitzel mit dem Namen Tran Chan Hoa aufmerksam gemacht hatte.

"Jetzt weiß ich es. Ich kenne Dich vom Sehen, aber Deinen Namen habe ich vergessen. Wie heißt Du denn?"

"Ich bin Hoa, Tran Chan Hoa."

Das also war der Hoa.

Gegen Ende meiner Haftzeit im Lager Bat Bat hatte ich die Rolle eines Häft-lings mit schlechtem Gedächtnis ziemlich gut gespielt. Ich erweckte dort bei der Beantwortung aller Fragen der *Exekutive* einen ehrlichen Eindruck. In meinen Berichten schrieb ich Ereignisse und Daten völlig durcheinander. Nun wollte man mein schlechtes Gedächtnis ausnutzen und den Tran Chan Hoa zu mir schicken. Er griff aus der Luft, dass wir uns bei Herrn X in der Straße Y gesehen hätten. Einen Herrn X in der Straße Y gab es tatsächlich. Aber Möglichkeiten zur Überprüfung hatte ich nicht.

"Wann bist Du eingesperrt worden?"

"Etwa ein Jahr nach Dir."

"Und warum?"

Nach einer Minute Zögern sagte er mir leise ins Ohr:

"Ich bin Chinese."

"Du bist ein Chinese?"

"Niemand glaubt es mir, weil ich sehr gut vietnamesisch spreche. Ich bin doch in Vietnam geboren und aufgewachsen. Ich unterscheide mich in nichts von Vietnamesen. In den Jahren dreiundsechzig und vierundsechzig breitete sich *Tu Lien* (chinesisch mit vietnamesischer Aussprache: Vier Verbindungen), eine ursprünglich chinesische Gesellschaft in Vietnam aus. Ich bin ihr beigetreten. Kennst Du die Tu-Lien-Gesellschaft? Das ist eine Anti-Mao-Gesellschaft, die in China agiert. Die Sache wurde aufgedeckt. Ich und einige andere wurden verhaftet."

"Liefert man Dich nicht an China aus?"

"Zum Glück nicht. Wenn ich ausgeliefert würde, würde das meinen Tod bedeuten."

Die Geschichte klang echt. Ich wusste weder von *Vier Verbindungen* noch von *Fünf Verbindungen.* Doch die Chinesen lieben Zahlen. Jeder Sache geben sie eine Zahl, z.B. die Achte Armee, die neue Vierte Armee, Dreimal gegen..., Fünfmal gegen ... Von einer Organisation *Vier Verbindungen* hatte ich noch nicht gehört. Ob sie existierte oder nicht, wusste ich also nicht. Trotzdem nickte ich zustimmend. Jenseits der Grenze (gemeint: in China) sollte es einige Organisationen gegen Mao geben. Es wäre auch ein Wunder gewesen, wenn sich keine solchen Organisationen gebildet hätten.

Vor meiner Verhaftung hatte ich im Haus von Bui Ngoc Tan den Schriftsteller Nguyen Hong getroffen. Dieser arbeitete damals in einem Betrieb, der Meeresfrüchte verarbeitete. Er bereitete uns ein großartiges Abendessen zu, das ausschließlich aus Meeresprodukten bestand. In dieser Zeit des allgemeinen Mangels, in der Lebensmittel nur mit Marken bezogen werden konnten, war ein solches Essen als Bankett zu betrachten. Zudem konnte seine Frau Bich erstklassig kochen.

Ich mochte die Begegnungen mit Nguyen Hong. Dieser Autor der Erzählung "Bi Vo" (Der Dieb) hatte profunde Kenntnisse vom Leben der einfachen Menschen. Bei jedem Treffen mit ihm erfuhr ich Interessantes. Er war ein profaner Typ, der vor allem im Kreis von guten Freunden gutes Essen und guten Schnaps liebte. An jenem Abend trank er im Verlaufe unseres luxuriösen Essens schweigsam. Nach jedem Happen wurde er nachdenklicher. Er machte einen traurigen Eindruck.

"In China herrscht richtiges Chaos. Viele Leute sind zu uns gekommen. Ob sie vor dem Zustand des Landes oder vor der Regierung flüchten, weiß ich nicht. Aber sie tun einem sehr leid", sagte er mit betrübter Stimme. "Ich habe lange Zeit in Haiphong gelebt, wie Ihr wisst. Ich habe in meiner Kindheit mit den Chinesen gelebt. Ich mag sie sehr. Sie sind fleißig und ordentlich... Die Flüchtlinge, die hierhergekommen sind, sind kränklich, schmutzig, verludert. Sie tun mir so leid. Sie dachten, dass ich Polizist wäre. Sie knieten vor mir nieder, machten demütig einen Kotau und weinten. Sie baten inständig darum, nicht nach China zurückgeschickt zu werden. Sie sagten, dass sie sonst umgebracht würden. Ich gab unseren Polizisten den Ratschlag, abzuwarten. Sie befolgten ihn jedoch nicht, sondern schickten diese Leute erbarmungslos nach China zurück mit der Begründung, dass das Gesetz es so vorsähe und es anders nicht ginge. Die Chinesen wälzten sich auf dem Boden, heulten und wurden zum Schluss weggeschleppt.... Es ist furchtbar!"

"Und dann?" fragten wir.

"Unser Grenzposten befindet sich nicht weit entfernt von dem der Chinesen. Ich bin eine Weile dortgeblieben und habe Gewehrschüsse gehört. Leute, die am Tag danach über die Grenze kamen, erzählten, dass die zurückgeschickten Menschen ausnahmslos an Ort und Stelle erschossen worden sind."

Tränen rannen über sein betrübtes Gesicht.

Tran Chan Hoa sah, dass ich weder Decke noch Moskitonetz besaß. Er bot mir an, die Liege mit ihm zu teilen. Das nahm ich freudig an. Die Decke und das Moskitonetz hatte ich ja im Lager B zurückgelassen. Hoa bereitete eilig einen Platz für mich.

Häftlinge mit *ungeraden Nummern,* Feinde der Revolution, waren eigentlich ganz nett. In Häftlingskleidung sahen sie alle gleich aus. Erst nach einigen Tagen konnte ich unterscheiden, wer aus den Städten und wer vom Land stammte. Die Personen, die aus den Städten stammten, waren meistens ehemalige Beamte und Offiziere der Administration Bao Dai, also des Kaisers, der im Jahre 1945 abgedankt hatte und der später auf der französischen Seite stand, oder sie hatten während unseres neunjährigen Widerstandskrieges (1945-1954) im Dienst der französischen Armee gestanden. Sie bildeten die Mehrheit und wurden im Allgemeinen als "Nguy" (Marionetten) bezeichnet. Dann kamen christliche Mönche, lokale Verantwortliche christlicher Gemeinden, buddhistische Würdenträger und Mönche. Sie gerieten nicht etwa wegen oppositioneller Handlungen gegen die Administration in Gefangenschaft, sondern wegen rein religiöser Tätigkeiten, die sie allerdings nicht im Rahmen von *patriotischen* Religionsorganisationen ausgeübt hatten, wie sie von der Partei aufgestellt wurden. Außer diesen Kreisen wurden noch Leute eingesperrt, die existierenden und nichtexistierenden reaktionären Parteien angehörten oder die zu den sogenannten ‚für die gesellschaftliche Sicherheit gefährlichen Elementen' gehörten. Zu ihnen zählten beispielsweise Toan Xom und Loc Vang. Ersterer war ein bekannter Gitarrist, und der Zweite ein früher in Hanoi bekannter Bariton. Sie wurden dafür verurteilt, alte romantische Lieder aus der Vorkriegszeit (vor 1945) und "gelbe" Lieder von Feinden vorgetragen bzw. vorgesungen zu haben. Das Erstaunliche dabei war, dass sie sich nicht in Untersuchungshaft befanden, sondern aufgrund tatsächlich ergangener Urteile gefangen gehalten wurden.

Bei diesen Personen konnte man irgendwie erklären, dass sie politische Verbrechen begangen haben könnten. Man hätte die Frage des Standpunktes heranziehen können, um die Sachlage zu begründen. Es befanden sich allerdings einige Menschen vom Land unter ihnen, die so gutmütig und ehrlich waren, dass man sich bei ihnen gar nicht vorstellen konnte, sie könnten überhaupt Verbrechen begehen, geschweige denn politische. Wenn man sich ihre warmherzigen Gesichter ansah, konnte man sich sofort davon überzeugen, dass sie einfache, schwer arbeitende Reisbauern waren, deren Freude oder Trauer eng mit einer guten oder schlechten Ernte verbunden war oder damit, ob ihre Reistöpfe voll oder leer waren. Wenn man mit ihnen sprach, erfuhr man von jedem einzelnen eine seltsame Gefängnisgeschichte, die sowohl tragisch als auch komisch war und die, jede für sich, Stoff für einen ganzen Roman geliefert hätte.

Fast alle Häftlinge mit *ungeraden Nummern* hatten kein Urteil. Sie wurden zwecks Umerziehung konzentriert. Die Umerziehungs-Konzentrierten im Lager bekamen Häftlingsnummern, genau wie echte, rechtskräftig verurteilte Häftlinge. Die Regelungen über Essen, Kleidung und Unterbringung für beide Arten von Häftlingen waren gleich, bis auf einen Punkt: der Umerziehungskonzentrierte erhielt jeden Monat einen Geldbetrag, der dem Preis von zwei Packungen Wasserpfeifentabak entsprach. Mit diesem scheinbaren Unterschied zwischen Haftanstalt und Umerziehungslager konnte man aber nur die Menschen irreführen, die die vietnamesische Realität nicht oder nur durch die vom Staat herausgegebenen Bücher und Zeitungen kannten.

Diese Konzentrationslager hatten drei Merkmale: 1. Die Insassen bekamen keine Gerichtsverfahren; 2. Die Konzentrationsdauer war willkürlich; 3. Die Art der Haft und der Strafen war ebenfalls willkürlich.

Unter den gefangenen Bauern war ein bemerkenswerter Mann mit einem langen und stark blatternarbigen Gesicht, ein Chinese mit dem Namen Yip Pun Man. Es war unverständlich, warum so viele Chinesen in dieses Lager geraten waren. Alle waren sie politische Gefangene.

In Vietnam lebten sehr viele Chinesen, die eine besondere Volksgruppe bildeten. Es gab Familien, die sich seit mehreren Generationen in unserem Land etabliert hatten. Man konnte sie nur an ihren nicht vietnamesischen Namen als Chinesen erkennen. In ihrer Lebensweise, ihrer Sprache und auch ihrem Aussehen unterschieden sie sich sonst gar nicht von den Einheimischen.

Früher gab es in Hanoi eine starke Gemeinschaft von Chinesen, an deren Spitze ein Vorsitzender stand. Dann wurde diese Gemeinschaft in eine *Gesellschaft der Auslands-Chinesen* umgestaltet, die eine eigene Zeitung mit dem Namen *Tan Viet Hoa* herausgab. Sowohl diese Gesellschaft der Auslands-Chinesen als auch ihre Zeitung Tan Viet Hoa standen entsprechend einem geheimen Übereinkommen unter der koordinierten Führung der vietnamesischen (kommunistischen) Partei der Arbeit und der chinesischen Botschaft.

Seit der Zeit des *Kampfes zwischen den zwei (politischen ideologischen) Linien* gewann die Rolle Chinas unter den Staaten der Dritten Welt eine deutlich größere Bedeutung. Die Politik Pekings gegenüber den Auslands-Chinesen änderte sich ebenfalls. Durch den Ansporn aus Peking wurden die *Himmelssöhne* (Chinesen) der jungen Generation gegenüber der lokalen Administration hochnäsig. Die Gesellschaft der Auslands-Chinesen und die Zeitung Tan Viet Hoa lösten sich von der Führung durch die Vietnamesische Partei der Arbeit. Sie verkehrten als Gleichrangige mit der lokalen Behörde. Die Behörde in China kümmerte sich nur um die *Rotgardisten* im Ausland, um alle anderen Landsleute jedoch nicht. Chinesen, die mit den revolutionären Kampagnen im eigenen Land nichts zu tun hatten, wurden von Peking nicht unterstützt. Eine große Anzahl von ihnen geriet in das vietnamesische Gefängnis. Welche konterrevolutionären Tätigkeiten ihnen angelastet wurden, wusste niemand.

Der oben erwähnte Chinese ging oft von einem Gefängnishaus zum anderen, um Handel zu treiben. Seine Waren bestanden aus Fischen, hauptsächlich Welsen, sowohl lebenden als auch gekochten. Die Preise waren angemessen. Häftlinge, die sich nach etwas Gutem zum Essen sehnten, brachten Jacken, Hosen, Wasserpfeifentabak, Seifen, Zahnpasten ... zum Tausch. Die getauschten Gegenstände brachte Yip Pun Man aus dem Lager hinaus und verkaufte sie an die Bevölkerung. Seine Preise waren immer niedriger als die des staatlichen Handels. Er selbst benutzte nie etwas Neues. Seine Bekleidung war abgetragen, zerrissen. Er lief ohne Sandalen. Luxusartikel wie Seife oder Zahnbürste nahm er nie in Anspruch. Keiner wusste, wofür er sich das Geld sparte.

Im Gegensatz zu seinem hässlichen Aussehen war Yip Pun Man ein sehr gutherziger Mensch. Er half jedem, der ihn brauchte. Er war bereit, den ganzen Tag im Wald herumzulaufen, um nach Heilpflanzen für einen Kranken zu suchen, ob Chinese oder Vietnamese. Ein Mensch wie er konnte kaum ein Verbrechen begehen. Einer meiner neuen Bekannten im Lager, ein ehemaliger Beamter der Marionettenregierung mit völlig ergrauten Haaren und gelassenem Selbstvertrauen, der mit Yip Pun Man - wer weiß, weshalb – verkehrte, stellte mir diesen so vor:

"Ein internationaler Spion!"

Himmel, sieht so ein internationaler Spion aus? Der Mann scherzt, dachte ich.

Es stimmte allerdings. Genau so lautete das Verbrechen, das man Yip Pun Man vorwarf. Diese Bezeichnung wurde etwas später laut und deutlich vor der gesamten Mannschaft bei einem *Großen Appell* vorgetragen.

"Seid Ihr tatsächlich ein internationaler Spion?" fragte ich ihn, als er eines Tages bei uns zum Fischverkauf erschien. Das blatternarbige Gesicht sah etwas erstaunt kurz zu mir herüber.

"Ja", sagte er mit einer Stimme, die ehrlicher nicht sein konnte.

Es gab im Gefängnis ein ungeschriebenes Übereinkommen, wonach ein Häftling nicht nach dem Verbrechen fragte, das von einem anderen begangen worden war. Ich war ein Neuankömmling, der davon nichts wusste. Und ich konnte meine Neugier nicht unterdrücken. Aber Yip Pun Man nahm es mir nicht übel. Er lachte und zeigte dabei seine langen Zähne.

"Was für ein Spion seid Ihr gewesen?"

"Ich bin ein internationaler Spion", antwortete er auf Vietnamesisch mit stark chinesischem Akzent.

Dass Yip Pun Man, trotz seiner Aktivität als internationaler Spion, von der Lagerleitung nicht als ein gefährliches Element betrachtet wurde, wunderte mich. Er wurde weder im Sonderhaftbereich gehalten noch ständig observiert. Im Gegenteil - er besaß Vertrauen und zählte zu den *freiwilligen* Häftlingen, die sich frei bewegen durften.

Seine Hauptaufgabe bestand im Hüten der Wasserbüffelherde für das Lager. Diese dummen Tiere waren sehr anhänglich. Sie wussten, dass er sie gern hatte. Tatsächlich liebte Yip Pun Man diese massiven schwarzen Tiere mit einer Liebe, wie er sie niemand anderem mehr schenkte. Unter der Herde befand sich ein Büffel, der für seine Gefährlichkeit bekannt war. Er hatte einem Häftling, der die Tiere hütete, durch einen Kopfstoß mit seinen langen spitzen Hörnern den Bauch aufgerissen, als der ihn wegen irgendeines Vorfalls mit einer Rute geschlagen hatte. Seitdem er aber unter die Obhut von Yip Pun Man gelangt war, verwandelte sich dieser Büffel in ein sehr gutmütiges Tier. Der Hüter brauchte nur zu pfeifen oder das Tier mit seinem Namen zu rufen, dann kam es gelaufen und rieb sich an dem Mann. Durch das Gewicht dieses Tieres wurde der Mann weggeschoben, aber er lachte darüber mit heller Freude. Er sprach mit dem Tier und streichelte es. Dann schaukelte der Büffel mit Genugtuung ein bisschen mit seinen riesigen Hörnern und gab leise Töne von sich. Yip Pun Man badete die Büffel wie eine Mutter ihre kleinen Kinder, er rieb sie sorgfältig ab, entfernte Schmutz aus den Augen und säuberte ihre Zähne. Diese voluminösen Kinder lagen mit halb geschlossenen Augen ruhig da und genossen seine mütterliche Fürsorge. Er lief voraus, und die ganze Herde folgte ihm langsam. Jedes Tier war wohlgenährt und gut gepflegt. Bei einem Urinfleck eines Artgenossen blieb der Büffel einmal stehen, roch daran, streckte den Hals und lachte einfältig, indem er die Zähne zeigte. Yip Pun Man sah die Büffel lachen und lachte auch - schweigend, wie die Büffel.

Aufsicht über die Gruppe der *Freiwilligen* hatte ein junger Wächter mit dem Namen Nguyen Van Nham. Er war ein ungewöhnlich warmherziger Mensch, eine Ausnahmeerscheinung unter den Gefängniswächtern, klein, etwas rundlich, nicht sonderlich gut aussehend, aber natürlich und freundlich. Nicht aus Rücksicht, sondern wegen eines ihm angeborenen Gefühls verhielt er sich nett gegenüber den Häftlingen. Niemand konnte dieses von Herzen kommende Gefühl höher schätzen als die Häftlinge. Im ganzen Lager war die Nhams Gruppe als die erträglichste bekannt.

"Wer schickt mir dieses Papier?" fragte ich.

"Herr Tran. Er ist im Haus B. Geht Ihr hin?"

An der Stimme des Boten und an seinem Aussehen - dürr, groß und dunkelhäutig - erkannte ich, dass er Chinese war. Ich zeigte das Schreiben einem alten Herrn, der gerade bei mir zu Besuch war. Mein Besucher hieß Truc und hatte früher einen gewöhnlichen Beruf mit einer allerdings sehr wohlklingenden Bezeichnung ausgeübt, der längst in Vergessenheit geraten war. Er wurde nur als Vorsichtsmaßnahme von der Behörde gefangen gehalten; sonst hatte er weder einer reaktionären Partei angehört noch irgendetwas gegen den Staat unternommen. Er hatte unzählige Haftanstalten erlebt, kannte unzählige Häftlinge mit *ungeraden Nummern* und gehörte zu den Leuten mit vielen Erfahrungen im Gefängnisleben.

Er nahm das Stück Papier, las es flüchtig und sagte:

"Herr Tran, ehemaliger Oberst für Sonderaufträge. Ich kenne ihn seit meiner Untersuchungshaft in Haiphong. Etwas *toqué* (französisch: übergeschnappt), aber in Ordnung. Ihr könnt ruhig hingehen."

"Gut, Ihr könnt zurückgehen. Ich werde kommen." sagte ich zu dem Boten.

Erfreut entfernte er sich.

Tran Chan Hoa sagte:

"Ich führe Dich hin. Ich kenne Onkel Tran."

"Das ist nicht günstig. Er hat nur mich eingeladen. Wir können nicht zu zweit hingehen."

Darüber war er enttäuscht.

Ich zog mich um. Ich musste mich umziehen, weil ich zu einem alten Menschen ging, der mich auf so ehrfurchtsvolle Art eingeladen hatte. Viel Kleidung zum Umziehen hatte ich allerdings nicht. Außer dem bis zur Unbrauchbarkeit zerrissenen Pyjama, den mir meine Frau während der Zeit meiner Haft im Militärlager gebracht hatte, besaß ich noch zwei Satz Häftlingskleidung, die Tran Chan Hoa gegen Zigaretten für mich eingetauscht hatte.

Mein Gastgeber, Herr Tran, war niemand anderer als ein uralter, etwa achtzigjähriger Mann mit runzeligem Gesicht, das unter seiner jahraus jahrein getragenen Wollmütze hervorschaute. Schwerfällig und langsam bewegte er sich in einer einmaligen Kleiderkombination, die er sowohl an der Hüfte als auch an den Fußgelenken festband, und in übermäßig dicken Socken, wie Fußballspieler sie trugen. Er war von der Arbeit befreit. Vormittags kehrte er mit einem Besen flüchtig den Hof vor dem Haus B. Ich kannte ihn vom Sehen, ohne bisher gewusst zu haben, dass es sich bei ihm um einen Oberst für Sonderaufträge handelte.

Der alte Herr Tran kletterte ungeschickt von seinem Bett herunter und machte vor mir einen Kotau:

"Mein Herr!"

Ich sagte:

"Mein Herr! Bitte ohne Protokoll!"

Wir kletterten nacheinander hoch.

"Nehmen Sie bitte Platz!"

"Vielen Dank"

Ich setzte mich im Schneidersitz auf den Platz, den er mir anbot.

Der Bote - ein Anhänger des Herrn Tran - bereitete rasch Tee zu. Jede außergewöhnliche Persönlichkeit im Gefängnis hatte immer einige Anhänger. Der eine Häftling wurde wegen seines hohen Alters geschätzt. Der andere wurde wegen des Reichtums geachtet, der durch den regelmäßigen Erhalt von Paketen zum Ausdruck kam. Herr Tran gehörte zur zweiten Klasse, der der Reichen. Arme Häftlinge hatten keine Anhänger. Sie schlossen sich wie Brüder zusammen oder, bei größerem Altersunterschied, wie Vater und Sohn. Diese Ersatzfamilien entstanden aus einem natürlichen Bedürfnis zur Bildung von kleinen Gemeinschaften, das im Gefängnis manchmal auch krankhafte Züge in sich barg. Es gab sehr oft Eifersuchtsszenen, mitunter auch mit Blutvergießen.

Für seinen hohen Gast hatte sich Herr Tran volle hundert Gramm eines Tees besorgt, der nach einer uralten Methode präpariert war. Auf dem emaillierten Teller mit vielen Roststellen lag eine Packung Multivitamine. Im Gefängnis bedeutete dies einen festlichen Empfang.

"Ich bitte den Herrn, Tee zu nehmen."

In seiner zerrissenen Bekleidung sah der Oberst für Sonderaufträge wie eine alte Ratte aus. Er lud mich mit seinen vom Rheuma verkrümmten Fingern respektvoll dazu ein, den Tee einzunehmen. Ehrfürchtig hob ich meinen Teebecher bis in Augenhöhe vor mein Gesicht und blickte durch den Wasserdampf auf meinen Gastgeber. Diese Teezeremonie vollzog sich genauso feierlich wie in einer antiken Theaterszene auf der Bühne.

Wir schenkten der lärmenden chaotischen Häftlingsgesellschaft unter uns, in der die einen Schach spielten, die anderen ihre Kleidung flickten oder nach Läusen suchten, keine Beachtung. Schweigend genossen wir den ersten Becher Tee. Auf diese Art und Weise kamen wir still-schweigend miteinander überein, uns selbst zu suggerieren, dass wir uns keineswegs im Gefängnis, sondern an irgendeinem Ort in der zivilisierten Gesellschaft befänden, wo wir uns gemütlich über literarische Fragen unterhielten.

Nach der zweiten Teerunde begann unser Gespräch über Poesie. Der alte Herr Tran war ein Dichter, der in eine falsche Zeit geraten war. Er liebte und kannte Gedichte von Li Pai, Du Fu und anderen berühmten klassischen chinesischen Dichtern auswendig. Von diesen kannte ich nur einige wenige Gedichte. Allerdings kannte ich sie entweder nicht im vollen Wortlaut oder verwechselte den Autor. Herr Tran übersah meine Fehler großzügig. Für ihn war ich nicht mehr als eine Anregung für Erinnerungen an seine Kindheit. Nach jedem Gedicht erschien er mir in einem anderen Licht. Nun war er nicht mehr der Mann, der mit dem Besen Dreck kehrte, sondern ein alter gedankenversunkener Literat, der in diesen unsterblichen Reimen das Glück fand.

Ich mochte die Art und Weise, wie Herrn Tran die Dichtung genoss. Er gab den mehrdeutigen Versen, die im originalen Chinesisch keine Zeichensetzung hatten und in unterschiedlicher Art in eine andere Sprache übertragen werden konnten, einmalige Kommentare. Nach jedem Gedicht baten wir uns gegenseitig feierlich, den in einem Bambusbehälter aufbewahrten starken, bitter schmeckenden Tee zu genießen. Als Zutat kauten wir genüsslich einige gelbe Multivitamintabletten.

Der Oberst für Sonderaufträge war früher Lehrer für Literatur an der Mittelschule. Im Laufe unseres Gesprächs erzählte er mir seine Geschichte. Tatsächlich war er für den chinesischen Nachrichtendienst tätig gewesen.

"Wie lange haben Sie für den Nachrichtendienst gearbeitet?"

Er lachte lautlos:

"Mein Herr, ich habe gar nicht gearbeitet. Ich habe mich lediglich eintragen lassen."

"Das heißt ...?"

"Wenn man sich eintragen lässt, dann gehört man eben dazu." Er hatte plötzlich einen Schluckauf. "Der Nachrichtendienst bringt Vorteile. Man bleibt das, was man ist (Schluckauf), trotzdem gehört man zur Armee. Ich konnte diesen Dienst nur mit Hilfe eines guten Bekannten meiner Familie antreten, der mich empfohlen hat ..."

"Ich verstehe nicht richtig ..."

"Ich wollte den Militärdienst nicht antreten. Von Nachrichtendienst war kaum die Rede (Schluckauf). Jeden Monat habe ich meine Unterschrift auf die Gehaltsliste gesetzt. Das war's. Das Gehalt habe ich aber nicht erhalten. Wer es entgegengenommen hat, wusste ich nicht. So ging es weiter. Ich bin im Dienstgrad aufgestiegen, und damit erhöhte sich auch mein Gehalt. Wer mein Vorgesetzter war, wusste ich nicht. Ich selbst hatte keinen Untergeordneten. Das war eben so im Nachrichtendienst. Ab und zu (Schluckauf) wurden für mich Erfolge aus der Luft gegriffen, damit sich mein Gehalt schneller erhöhte, das heißt, damit die Leute mein höheres Gehalt entgegennehmen konnten. Und es war auch eine Zeit der galoppierenden Inflation, mein Herr, Sie haben sicher noch davon gewusst ..."

Sein dürrer langer Anhänger schleppte sich zu ihm und massierte ihm den Rücken.

Ich erinnerte mich noch an diese Inflation. Im September 1945 kamen Tschiang-Kai-Schek-Truppen nach Nordvietnam, um die dort stationierte japanische Armee zu entwaffnen. Sie brachten zwei Arten von Geldscheinen mit, *Quan kim* und *Quoc te*, die sie den Vietnamesen aufdrängten. Die *Quan kim*-Scheine hatten noch bestimmte Werte, während die *Quoc te*-Scheine nicht viel mehr als gebrauchtes Papier bedeuteten. Kurz vor dem Abzug der Tschiang-Truppen aus Vietnam musste man von diesem *Quoc te*-Geld einen ganzen Sack voll ausgeben, um eine Schale Suppe dafür kaufen zu können. Die Suppenverkäufer warfen in ihrem Ärger die Geldscheine gleich als Brennmaterial in den Herd. Die *Quan kim*-Scheine waren auf sehr gutem Papier gedruckt, hatten zum Schluss aber auch keinen Wert mehr. Für das Herdfeuer taugten sie im Vergleich zu den anderen Scheinen nicht, da sie nicht richtig brannten und die Flamme oft erlosch. Noch Jahre danach (1950) waren unzählige Säcke mit *Quan kim*-Scheinen im Lager des

Verwaltungskomitees der Provinz Tu-yen Quang übriggeblieben, mit denen man nichts anzufangen wusste.

"Um mit der Inflation Schritt zu halten, wurde ich in raschem Tempo befördert. Dann marschierten die chinesischen Truppen in Vietnam ein. Ich musste mit ihnen kommen. In Haiphong wurde ich wieder als Literaturlehrer an einer chinesischen Mittelschule eingesetzt. Ich habe eine Vietnamesin geheiratet. Die chinesischen Truppen zogen ab, doch man teilte es mir nicht mit. Ob das absichtlich geschah oder aus Vergesslichkeit, wusste ich nicht. So bin ich geblieben. Die Franzosen kamen. Sie ließen mich in Ruhe. Wir Chinesen können uns in einem fremden Land sehr gut anpassen. Wo Gras wächst, gibt es Chinesen. Später übernahm die vietnamesische Regierung Haiphong. Ich habe dort weiter als Lehrer gearbeitet. Dann wusste ich nicht, wer über mich berichtet hat. Ich wurde von der Polizei vorgeladen ..."

"Haben Sie sich als Mann für Sonderaufträge ausgegeben?"

"Ja. Ich konnte es nicht abstreiten, da man es wusste. Wie man davon erfahren hatte, wusste ich nicht. Ich nehme an, dass nach dem Abzug der chinesischen Truppen Papiere herumgelegen haben, beispielsweise eine Gehaltsliste. Der Polizist, der mich vernommen hat, war sehr nett und warmherzig. Er empfahl mir lachend, ehrlich zu berichten, damit die Partei alles untersuchen könne. Ich habe voll und ganz berichtet." Dabei lachte er und zeigte mehrere Lücken zwischen seinen Zähnen. "Sehen Sie, ich dachte mir, als Bürger sollte ich am besten ehrlich sein. Man würde mich verstehen und mich entlassen, anstatt mich hierzubehalten."

"Wie viele Jahre sind Sie schon hier?"

"Mehr als zehn Jahre, mein Herr."

"Und auf wie viele Jahre lautete das Urteil?"

"Um Himmels willen. Es gab doch gar kein Gerichtsverfahren. Damit ein Verfahren zustande kommen könnte, müsste ein Verbrechen begangen werden. Ich persönlich habe aber gar keines begangen ..."

Der Oberst seufzte lange:

"Ich hätte zugeben sollen, dass ich mit einem bestimmten Auftrag hiergeblieben sei." Er versuchte krampfhaft, sich einen konkreten Auftrag als Beispiel vorzustellen, fand aber keinen. "Das heißt, irgendein kleines Verbrechen, das mich vor Gericht gebracht hätte. Aber ich habe nichts gewusst. Ich war sehr dumm. Ohne Verbrechen hat man es in unserem Regime schwerer als mit einem Verbrechen, mein Herr."

Ich war betroffen. Konnte diese Geschichte wahr sein? Ich sah mir seine Augen an und war überzeugt, dass er nicht log. Was hätte es ihm genützt, mir gegenüber zu lügen?

"Sie müssen Beschwerden einreichen. Wenn der eine Mensch es nicht glaubt, gibt es einen anderen, der es glaubt."

"Ich habe viele und viele geschrieben, erhielt aber keine Antwort."

"Mein Herr, man muss Geduld haben."

"Es nützt nichts, mein Herr."

Li Bai und Du Fu waren eilends vor weltlichen Problemen solcher Art geflüchtet. Das Gesetz ihrer Zeit war sicher nicht vergleichbar. Damit beendeten wir unsere dichterische Sitzung.

Ich war gerade dabei, das Schicksal des alten Herrn Tran zu bedauern, als Yip Pun Man mit seinen Händlerkörben im Haus B ankam. Die Menschen scharten sich um ihn. Der Oberst für Sonderaufträge entsandte seinen dürren langen Kerl zur Erkundung. Der holte Yip Pun Man zu seinem Meister. Der Händler kletterte hoch und setzte sich neben Herrn Tran. Er sprach nicht sehr gut vietnamesisch, dazu noch mit stark chinesischem Akzent:

"Großer Bruder, geht es Dir gut?"

"Gibt es noch etwas, Jungbruder Dip?"

"Ja, ja. Noch viel viel."

"Verkauf mir bitte das Ganze!"

"Ja. Es gibt Gekochtes und Frisches."

"Was für Gekochtes?"

"Welse. Sie schmecken sehr gut. Sehr sehr gut."

"Ich habe einen Gast. Ich nehme nichts, wenn es nicht gut schmeckt."

"Ich habe gesagt, es schmeckt gut. Darf ich hier bleiben und am Essen teilnehmen?"

"Ja. Kennst Du den Herrn?"

"Ja, sogar sehr gut."

"Mein Herr, ich bitte Sie, hier zu bleiben und mit uns zu essen." Herr Tran rieb feierlich die Hände gegeneinander. "Jungbruder Dip kann Fische gut und sehr, sehr hygienisch zubereiten. Daher darf ich mir erlauben, Sie einzuladen."

Er tat, als ob er das Lageressen nicht gekannt hätte. Wir aßen regelmäßig Reis, vermischt mit Maniok, und Wasserspinat mit viel Wasser. Ab und zu erhielten wir stark gesalzenen Kohlrabi. Diesen Salzkohlrabi schickte China als Hilfsgut an die vietnamesische Armee, die ihn aber nicht gebrauchen konnte. Er wurde an die Häftlinge weitergereicht. Ein Militär-Lkw brachte den fermentierten Salzkohlrabi zum Lager, wo dessen Gestank die ganze Küche einhüllte. Der übermäßig salzige Kohlrabi wurde in eine Zisterne umgeladen. Das Küchenpersonal holte kleine Mengen davon heraus und gab sie den Häftlingen. Die Küchenangestellten selbst rührten ihn nicht an. Manche behaupteten, dass in der Salzkohlrabi-Zisterne auch Rattenleichen gefunden wurden. Die Häftlinge aber nahmen ihn zu sich, allem zum Trotz.

Ich genoss das wohlschmeckende Mittagessen, gemeinsam mit dem Oberst für Sonderaufträge einer nicht existierenden Armee.

Der alte Tran führte anscheinend ein gutes Leben. Ich brauchte nicht meine alltägliche Mittagsportion entgegenzunehmen. Die überließ ich Cao und Ton That Tan. Der Oberst ließ noch drei zusätzliche Portionen kaufen. Jeder von uns erhielt damit eine doppelte Portion. Es war die Rede davon, dass der Oberst zwei hübsche Töchter habe, die mit Vietnamesen verheiratet wären. Ihre Ehemänner arbeiteten in der Lebensmittelversorgung als Ladenverantwortliche. Daher könnten sie den Schwiegervater gut versorgen.

Ich nutzte die Gelegenheit aus, um mich mit Yip Pun Man zu unterhalten. Herr Tran lachte laut:

"Jungbruder, erzähl bitte dem Herrn!"

Yip Pun Man hielt beim Essen inne und sah mich verlegen an:

"Es gibt nicht viel zu erzählen. Sie haben gefragt und ich habe schon alles erzählt."

"Dann kannst Du es noch einmal erzählen", drängte Tran.

Mit seiner undeutlichen Aussprache erzählte mir Yip Pun Man von seinem Verfahren. Wenn seine Sprache zu unverständlich wurde, dann übersetzte Tran es in die richtigen Worte.

Yip Pun Man war früher ein Trägerkuli. Diese Art von Kulis im Hafen von Haiphong bestand ausschließlich aus Chinesen, von einer Generation zur anderen. Vietnamesen verrichteten diese Arbeit nicht - nicht weil das unter ihrer Würde gewesen wäre, sondern weil es für sie zu schwer war. Chinesen waren grösser und kräftiger. Ohne die Mithilfe eines anderen konnte ein chinesischer Kuli mit einem Eisenhaken in der Hand einen hundert Kilo schweren Sack auf den Rücken schwingen.

Yip Pun Man lernte während eines kurzen Anlegemanövers einen chinesischen Matrosen kennen, der auf einem griechischen Schiff angeheuert hatte. Dieser gab ihm Geld und bat ihn, vietnamesische Zeitungen zu kaufen und sie ihm wöchentlich per Post über eine Adresse in Hongkong zu schicken.

Diesen Auftrag übernahm Yip Pun Man sofort. Er war immer ein hilfsbereiter Mensch. Das Geld erhielt er mehr als reichlich für ein Jahr im Voraus. Auf dem Weg zwischen dem Hafen und seinem Haus gab es mehrere Zeitungsstände und eine Poststelle. Jeden Tag kaufte er andere Zeitungen, sammelte sie und brachte sie am Wochenende zur Post. Eine einfachere Arbeit konnte es gar nicht geben.

Drei Monate nach diesem schicksalsträchtigen Treffen mit seinem Landsmann wurde Yip Pun Man von der Polizei in flagranti mit einem noch nicht verschickten Zeitungspaket in der Hand erwischt und direkt ins Gefängnis gebracht. Er wurde vernommen: Für wen waren die Zeitungen? Wozu? Zu welchem Nachrichtendienst gehörte die Empfängeranschrift? Welche Nachrichten wurden ins Ausland geschickt? Nach welchem Code?

Alles in allem konnte Yip Pun Man die für ihn schwindelerregenden Fragen überhaupt nicht verstehen. Seine vietnamesischen Sprachkenntnisse waren sehr gering. Man vernahm ihn sechs Monate lang. Bei den Fragen, die er nicht beantworten konnte, gab man ihm Gedanken-unterstützung. Die Exekutive verfasste Protokolle und gab sie ihm zum Unterzeichnen. Yip Pun

Man unterschrieb. Seit diesem Zeitpunkt konnte er mit seinem eigenen Namen unterschreiben.

Nach dieser Untersuchung kam er vor Gericht. Doch der vom Gericht bestimmte Verteidiger plädierte nicht für ihn, sondern legte ihm zur Last, Handlanger von Imperialisten und internationalen Reaktionären zu sein. Nach langer Huldigung der Partei und allseitiger Anklage gegen den Beschuldigten bat dieser Anwalt das Gericht um Nachsicht dafür, dass der Beschuldigte "zur gesellschaftlichen Schicht der werktätigen Bevölkerung gehöre, dass er wegen Mangels an Bewusstsein durch die ausländischen Spione verführt und gekauft worden sei und zu gesetzwidrigen Handlungen angestiftet worden sei". Trotz gründlicher geistiger Vorbereitung während seiner Untersuchungshaft erschien Yip Pun Man zitternd vor Angst auf der Anklagebank. Er antwortete auf die Fragen des Gerichts in schlechtem Vietnamesisch mit auswendig gelernten Phrasen.

"Ja, richtig!"

"Ja, genauso war es."

"Ja, ich bin ein internationaler Spion. Sehr richtig, sehr richtig."

Das Gericht war großzügig menschlich. Das Urteil gegen Yip Pun Man, ein Kind des werktätigen Volkes, lautete fünfzehn Jahre. Voll Dankbarkeit machte Yip Pun Man mit Tränen in Augen einen Kotau vor dem Verteidiger und dann vor dem Gericht:

"Die Partei Vietnams ist viel viel gut."

Als ich im Lager von Tan Lap ankam, hatte Dip bereits neun Jahre in Haft hinter sich. Durch friedliche Umerziehung und fleißige Arbeit hatte er zweimal eine Reduzierung seines Urteils erhalten. In ein oder zwei Jahren würde er entlassen.

"Sie können bald nach Hause. Sie freuen sich, nicht wahr?"

"Es gibt keinen Grund zur Freude. Überall mache ich Arbeit, hier und in Haiphong."

"Aber zu Hause ist es bestimmt besser."

"Mir gefällt es dort nicht. Papa gestorben, Mama viel viel alt. Kann nicht sprechen. Nicht gut. Hier ist viel viel besser..."

Kurz bevor ich aus Tan Lap wegging, erhielt Yip Pun Man noch einmal eine Verminderung seines Strafmaßes. Die Leute kamen zu ihm und gratulierten, während er undeutlich seine Unzufriedenheit aussprach:

"Wozu nach Hause? Hier habe ich viel viel Freunde. Mit wem soll ich zu Hause leben? Meine Mama stirbt bald. Meine jüngere Schwester lebt mit Mann. Ich kann nicht zu ihr..."

Solche Menschen gibt es eben: Sie kommen zur Welt, um Unglück zu erleiden. Sie leben im Unglück und sehen darin ohne jede Klage oder Beschwerde ein Gesetz der Natur. Das ist eben Schicksal, sagen sie. Während meiner Haftzeit war Yip Pun Man nicht der einzige Mensch, dem das grundlose Gerichtsurteil gleichgültig war. Es gab Häftlinge mit weitaus noch weniger Schuld als er. In dem ärmlichen Vorstellungsvermögen von Dumm-köpfen, die mit revolutionärer Wachsamkeit schwer beladen waren, konnte er sehr gut ein internationaler Spion sein.

Einige Häftlinge baten darum, nach ihrer Freilassung im Lager bleiben zu dürfen. Das waren Menschen, die kein Zuhause mehr hatten, wohin sie hät-ten gehen können, oder die mit dem alten Leben nichts mehr zu tun haben wollten. Da sie die "Kriterien" für die Lageraufnahme nicht mehr erfüllten, baten sie um ein Stück Land in der Nähe des Lagers, wo sie eine Hütte aufstellten und ein Leben weiterlebten, das ihnen bekannt war. Ab und zu gingen sie in das Lager und trieben Handel mit den *freiwilligen* Häftlingen.

Am Abend vor meiner Verlegung in das Lager von Phong Quang suchte mich Yip Pun Man auf und schenkte mir einhundert Gramm selbstgefertigten Tee:

"Morgen ist Lagerverlegung. Ganz sicher. Nehmen Sie bitte diesen Tee. Am neuen Ort können Sie nicht gleich Tee finden. Heute wurden die Unterlagen neu geordnet. Das bedeutet Verlegung..."

"Bleiben Sie gesund."

"Passen Sie bitte auf Herrn Tran auf. Er ist sehr schwach. Man weiß nicht, wie lange er noch lebt."

"Ich werde mich um ihn sorgen."

"Sehr gut."

Der Oberst für Sonderaufträge hatte Glück. Er wurde nicht zusammen mit uns verlegt. Er durfte bei seinem internationalen Spion bleiben.

38

Der Meister von Jean Valjean

Im *Hoa Lo*-Gefängnis hatte ich durch Thanh von einem legendären Mann erfahren, der zweiundzwanzig Jahre durchgehend im Gefängnis verbracht hatte. Weiter hatte er mir erzählt, dass er trotz seiner noch nicht abgeschlossenen Vernehmung in ein allgemeines Lager (um welches Lager es sich handelte, weiß ich nicht mehr) gebracht worden war, wo er Gefängnisinsassen traf, die diesen Häftling mit der längsten Haftzeit kannten. Schon seit 1946 bis heute, also bis 1968, war dieser in Haft. Ein solcher Rekord wurde bisher noch von niemandem übertroffen. Durch seine achtunggebietende Fähigkeit, Leiden zu ertragen, gab man ihm den Namen "Meister von Jean Valjean".

Von dieser Geschichte also erfuhr ich, glaubte sie aber nicht. Wie konnte man an ein solches Märchen glauben. Wir lebten gegenwärtig doch nicht mehr im Mittelalter, sondern mitten im XX. Jahrhundert! Aber die Geschichte entsprach den Tatsachen, und ich sollte diesen "Meister von Jean Valjean" im Lager A von Tan Lap leibhaftig treffen.

Eines Tages brachte mich Tran Chan Hoa zum Haus C, in welches erst vor kurzem die politischen, mit ungeraden Nummern versehenen Häftlinge gebracht worden waren, die man vorher im Lager Vinh Quang (Provinz Vinh Phu) gefangengehalten hatte. Diese waren noch nicht in Gruppen eingeteilt. Tran Chan Hoa war selbst einige Jahre lang in Vinh Quang gewesen. Er hatte unter den Neuankömmlingen viele Bekannte. Nach seiner Beschreibung lag dieses Lager am Fuß des Berges Tam Dao, in einer endlos weiten Ebene, auf der versuchsweise indische Büffel und mongolische Schafe gezüchtet wurden. Diese Versuche waren jedoch nicht erfolgreich. Die massigen Büffel gaben keine Milch und die Schafe starben, eines nach dem anderen.

Ich hatte mir vorgenommen, darüber eine Reportage zu machen, doch sie war nicht zustande gekommen. Es wurden nur Reportagen über Erfolge veröffentlicht. Stattdessen konnte ich nach Herzenslust ranzig riechendes Schaffleisch essen, das nach der Methode "Riesenstücke schneiden und garkochen" in der Kolchosküche zubereitet wurde. Das Schaffleisch, das als *Pilaw*-Speise oder *Kharcho*-Suppe, eine mittelasiatische Speise, zubereitet wird, hätte eigentlich wunderbar geschmeckt. Aber niemand wusste es richtig zu kochen.

Tran Chan Hoa trug eine gerade Nummer, aber im Lager A von Tan Lap gehörte er zu denen mit ungeraden Nummern. Daran war erkennbar, wie prinzipienlos der Einsatz von Spitzeln durch die Polizei erfolgte. Was hätte man von Berichten über mich gehabt, die von einem geschwätzigen Spitzel verfasst wurden?

„Sehen wir uns den ‚Meister von Jean Valjean' an", sagte er.

„Wer ist der Meister von Jean Valjean"?

Er erklärte es mir. Ich tat, als hörte ich ihm aufmerksam zu.

„Dieser Mann ist Gefängnis-Rekordhalter. Zweiundzwanzig Jahre lang, ununterbrochen."

„So etwas kann es gar nicht geben. Gelogen."

„Wenn Du ihn siehst, kannst Du Dich davon überzeugen. Ich habe es mir nicht ausgedacht. Da ist er schon, der magere Mann mit der Wattejacke, der dort sitzt!"

Meine Augen wandten sich in die Richtung, in die Tran Chan Hoa zeigte, und ich erblickte einen dürren, blass wirkenden Mann mittleren Alters, der aufmerksam ein Buch las. Es war Sonntag; die Häftlinge hatten frei, sie mussten nicht zur Arbeit.

Ich näherte mich ihm und hockte mich vor ihn:

„Ich grüße Sie, Onkel."

„Ich grüße Sie, junger Mann." Nicht gerade entgegenkommend hob er seinen Kopf.

Dieser Gefängnisinsasse, der ununterbrochen schon zweiundzwanzig Jahre in Haft blieb, sah nicht anders aus als jeder andere an diesem Ort. Ich hatte mir einen sehr alten, sehr gebrechlichen Mann vorgestellt. Das war aber nicht der Fall. Äußerlich war er noch jung, ja, eigentlich sah er nicht viel älter aus als ich.

„Sind Sie der Meister von Jean Valjean"?

„Wer sagt ihnen das?" fragte er in einem mittelvietnamesischen Dialekt.

„Die hiesigen Häftlinge."

Er lächelte sehr sympathisch.

„Ja? Das habe ich nicht gewusst."

„Sie sind eine bekannte Persönlichkeit. Es gibt kaum jemanden wie Sie."

„Und Sie?"

„Ich bin nichts. Ich bin nur neugierig."

Der "Meister von Jean Valjean" schaute in den Himmel und lachte lautlos. Nach einer Weile des Schweigens sagte er leise:

„Sie sind Vu Thu Hien, nicht wahr? Ich habe auch von Ihnen gehört …"

Ich war überrascht. Die Häftlinge waren erst am Tag vorher von Vinh Quang hierher gebracht worden. Wer hatte ihm von mir erzählt?

„ Jemand in unserer Truppe aus Vinh Quang hatte Sie draußen bereits getroffen. Er erkannte Sie."

„Wer ist das?"

„Sie kennen ihn nicht. Aber er kennt Sie."

Diese Person, die mich kannte, stellte sich später als ein lokaler Dichter vor. Ich konnte mich nicht daran erinnern, bei welchem Anlass ich ihn getroffen hatte. Sehr viele volkstümliche Dichter gerieten wegen ihrer bissigen Gedichte, mit denen sie die Behörden angriffen, ins Gefängnis. Auch volkstümliche Schriftsteller, die ausschließlich Witze verfassten, erlitten dasselbe Schicksal. Im Sozialismus dürfen Satiriker wie ehemals *Ba Giai* und *Tu Xuat* nur im Gefängnis leben.

Am nächsten Tag wurde der "Meister von Jean Valjean" meiner Gruppe zugeteilt. Tran Chan Hoa konnte einen Häftling, der in unserer Nähe lag, nach Verhandlungen an eine andere Stelle verlegen und so Platz für den "Meister von Jean Valjean" machen lassen.

„Ich heiße *Ton That Tan*", stellte der sich vor.

Nur aus Respekt hatte mir Tran Chan Hoa diesen Gefallen getan. "Der Mann ist Tbc-krank", flüsterte er. Aber mir war klar, dass er mir diesen Gefallen tun musste; denn sonst hätte er seine schwere Aufgabe nicht ausführen können, die ihm von der Anstaltsleitung anvertraut war. Deshalb konnte ich ihn erpressen.

Ich traf mich gerne mit dem "Meister von Jean Valjean". Er war der erste intellektuelle Häftling, den ich in Tan Lap kennenlernte. In der Tat hüstelte Ton That Tan ab und zu, aber andere Symptome einer Tbc waren nicht zu erkennen. Er war dürr und seine Haut ergraut, aber alle Häftlinge waren dürr und blass, keiner war rundlich. Tran Chan Hoa konnte hier der am besten aussehende Mann sein. Regelmäßig wurde er von seiner eigenen Familie versorgt. Häftlinge mit ungeraden Nummern waren zum großen Teil Häftlinge mit einer langen Haftzeit von etwa zehn Jahren, mehr oder weniger. Diese langjährigen Häftlinge wurden kaum noch versorgt: bei den einen waren die Eltern verstorben, die anderen wurden von ihren Ehefrauen verlassen, weil diese wieder heirateten, oder ihre Kinder waren noch klein. Eine langjährige Haftzeit führte dazu, dass jede Familie erschöpft war und aufgab.

Falls Ton That Tan tatsächlich an Tbc erkrankt sein sollte, so hatte ich trotzdem keine Angst vor einer eventuellen Ansteckung mit seiner Krankheit.

Im Widerstandskrieg gegen die Franzosen führte die französische Armee im Jahr 1952 eine Razzia mit der Bezeichnung "Bretagne" durch, bei der ich während der Schlacht durch Kanonenbeschuss eine traumatische Lungenverletzung erlitt und an Tbc erkrankte.

Dr. *Hoang Dinh Cau, ehemaliger Stellvertreter des Ministers für Gesundheitswesen der Sozialistischen Republik Vietnam,* untersuchte mich in Nong Cong und sagte mir voraus, dass ich bald sterben würde. Doch ich lebte weiter, um ihn später am Bahnhof Jaroslawskij in Moskau abzuholen, als er dort eine fachspezifische Weiterbildung in der Sowjetunion begann. Ich wusste nicht warum, aber ich war der Überzeugung, dass ich nicht so leicht sterben würde.

„Sie müssen im Umgang mit Tran Chan Hoa vorsichtig sein. Ich will sagen, dass man zu ihm keine nähere Beziehung unterhalten sollte." Diesen Ratschlag gab mir Ton That Tan. „Durch solche Beziehungen könnten andere zu der Ansicht kommen, dass das, was er über uns erzählt, stimmt. Im Allgemeinen sollten Sie im Gefängnis aufpassen, ganz gleich, mit wem Sie verkehren. Schon ein kleiner Fehler könnte sehr ungünstige Auswirkungen haben."

Ich nahm die Ratschläge des Ältesten des Häftlingsstammes mit Hochachtung an. Wenn man seinen Worten nicht folgte, wessen Worten sollte man dann folgen? Er hatte eine langjährige Häftlingserfahrung hinter sich, mit der sich keiner messen konnte. Die von ihm gesammelten Gefängniserfahrungen würden für etliche spätere Generationen reichen.

„Auch mit Ihnen?" fragte ich im Spaß.

„Selbstverständlich", antwortete er ganz trocken. „Im Gefängnis gibt es derart viele Überraschungen, dass man nur mit großen Augen staunen kann, mein Guter. Der Mensch ist in der Tat sehr seltsam, er wandelt sich sehr schnell! Der Mensch, von dem wir denken, er wäre treu, erweist sich, wenn es darauf ankommt, als verräterisch. Eine Person, die gestern vom ganzen Lager als Feigling bezeichnet wurde, verwundert heute alle Leute durch eine außergewöhnliche Heldentat. Das Leben ist etwas ganz Seltsames. Von ‚überraschend' zu sprechen, ist nur eine Redensart. Eigentlich sind alle Eigenschaften, die unter den entsprechenden Umständen zum Vorschein kommen - ob gute oder böse -, im Menschen bereits vorhanden ..."

„Sie sind nicht der Meinung, dass es gute Menschen und schlechte Menschen gibt?"

„Doch. Der gute Mensch ist der, der unterscheiden kann zwischen dem Bösen und dem Guten, was zu tun und was zu lassen ist, der, der den starken Willen hat, das Böse zu unterdrücken und der es sich nicht entfalten lässt... Der gute Mensch ist der, der mit allen anderen und mit sich selbst ehrlich lebt; ich will sagen, das sind keine solchen Falschmoralisten, die nur gut zu sein scheinen, im Innersten aber böse sind..."

Die Abenddämmerung war kurz in Tan Lap. Kaum verschwand die Sonne in der Ferne hinter dem Gebirge, fiel schnell die Dunkelheit herab. Wenn die letzten Sonnenstrahlen des Tages noch in den Baumspitzen zu sehen waren, stellten sich die Häftlinge zum Appell auf. Nach dem Appell war es dunkel und man trieb uns in die Zellen, die dann abgeschlossen wurden.

Hinter den eisernen Stäben setzten wir unsere Gespräche fort.

„Es ist ein Glück, dass man im Gefängnis rasch erkennen kann, wer gut ist und wer schlecht. Im Gefängnis ist kein Platz für langewährende Umtriebe. Ein Häftling weiß nicht, an welchem Ort er sich am nächsten Tag befinden wird. Wenn er böse ist, so ist er es ganz schnell, ist er es in Eile, mit der Befürchtung, dass ihm die Zeit nicht reicht ..."

Ton That Tan lebte nur in der Vergangenheit und durch die Vergangenheit. Und diese Vergangenheit zählte ab 1946 auch nur rückwärts. Was sich später ereignete, gleich, wie wichtig es war, war für ihn nicht von Bedeutung, nicht bemerkenswert. Er kümmerte sich nicht darum.

„Ich habe Frau und Kind gehabt."

Er begann mit seiner Erzählung, doch dann hielt er inne.

„Haben Sie Nachrichten von Ihrer Frau?"

„Nein. Seit 1946 habe ich überhaupt keine Nachrichten mehr von meiner Frau."

„Kennen Sie das Gesicht ihres Kindes?"

„Ja. Es ist ein Mädchen."

Man erzählte sich, Ton That Tan hätte an einem Häftlingsaufstand in der Kampfzone von Binh-Tri-Thien teilgenommen. Die Häftlinge hätten das Lager zerstört, Wachsoldaten getötet und wären dann in den Dschungel geflüchtet. Sie seien aber nacheinander gefasst worden, ausnahmslos. Zwei von ihnen habe man zum Tod verurteilt. Ton That Tan erhielt eine lebenslängliche Haftstrafe, die später auf 20 Jahre herabgesetzt worden war. Von dieser Geschichte wollte Ton That Tan jedoch anscheinend nicht erzählen, obwohl ich ihn einige Male danach fragte. Erst ein Jahr später, als die Rede wieder darauf kam und ich dabei den Namen Hoang Dao erwähnte, erzählte er mir, dass es der vietnamesischen Abwehr 1950 gelungen war, ein französisches Patrouillenboot im Küstengebiet von Sam Son zu versenken.

Er senkte den Kopf und murmelte etwas Unverständliches. Wahrscheinlich schimpfte er. Normalerweise schimpfte Ton That Tan nicht. Er führte niemals schlechte Worte im Mund. Und ich dachte, ich hätte mich verhört.

„Was sagen Sie?"

„Ich sage, dass er von einer Hündin geboren wurde."

Ich fühlte mich getroffen. Hoang Dao war doch einer meiner Bekannten.

„Warum bezeichnen Sie ihn als einen von einer Hündin Geborenen?"

„Weil er so einer ist."

Ton That Tan sagte es wütend.

Und tatsächlich war Hoang Dao die Ursache oder, besser gesagt, der Ausgangspunkt für das sich in die Länge ziehende Häftlingsleben des Ton That Tan.

Früher waren sie einmal Freunde. Als Ton That Tan die Stadt Hué verließ, um eine Ausbildung an der Sportschule in Phan Thiet aufzunehmen, wurde Hoang Dao revolutionär aktiv. Nachdem im Jahre 1945 die Augustrevolution stattgefunden hatte, bekleidete er den Posten des Polizeidirektors der Stadt. Ton That Tan kehrte zurück und sie verkehrten weiter miteinander.

Als Präsident Ho Chi Minh das Abkommen vom 6. März 1946 - zur endgültigen Entwaffnung der japanischen Armee und zur Erhaltung des Friedens in den ehemals von den Japanern besetzten Gebieten - unterzeichnete, das der französischen Armee im Namen der alliierten Truppen die Rückkehr nach Indochina ermöglichte, empörten sich in Hué einige *Salon*-Politiker. Sie sagten, Ho Chi Minh sei ein Verräter. Ton That Tan gehörte zu den jungen Menschen, die gegen dieses Abkommen waren.

„Denken Sie heute noch, dass Sie damals Recht hatten?"

„Nein. Ich hatte Unrecht. Herr Ho machte einen guten Schachzug. Wenn die Tschiang-Kai-Schek-Truppen geblieben wären, dann wäre das ein bedeutend größeres Unglück gewesen. Die Franzosen waren weit von ihrem Land entfernt und ihr Kontingent war nicht stark. Die Tschiang-Truppen hatten nicht weit von uns entfernt ihr Hinterland, sie waren schlecht organisiert. Es wäre sehr mühsam gewesen, gegen diese vorzugehen..."

Ton That Tan ersuchte damals Hoang Dao, Flugblätter gegen die Regierung Ho Chi Minh herzustellen. Hoang Dao stimmte ihm nicht zu und riet Ton That Tan mehrfach von seinem Vorhaben ab, *einen Stock in das Rad zu stecken.* Aber Ton That Tan folgte diesem Ratschlag nicht. Da er von Hoang Dao keine Hilfe erhielt, ließ er die Flugblätter anderswo drucken. Der Druck war noch nicht angelaufen, als Ton That Tan bereits verhaftet wurde. Und derjenige, der den Haftbefehl gegen Ton That Tan erließ, war Hoang Dao.

„Später hat er jemanden zu mir geschickt und mich wissenlassen, wenn ich um eine Unterredung mit ihm ersuchte, bei der ich meinen Fehler eingestehen würde, dann würde er mich entlassen.... Ich habe den Kerl, der versuchte, mich davon zu überzeugen, aus der Zelle rausgeschmissen. Danach …wusste ich nicht, wohin Hoang Dao gegangen ist. Oder er hat mich gemieden; jedenfalls habe ich überhaupt keine Nachricht mehr von ihm. Nachdem der allgemeine Widerstandskrieg begonnen hatte, wurden die Häftlinge des Thua Phu-Gefängnisses (der Stadt Hué) in die Kampfzone (in den Bergen) getrieben."

„Damals wurde Hoang Dao nach Hanoi gerufen", sagte ich. „Er kehrte nicht nach Hué zurück und wurde Leiter des Polizeiamtes der Provinz Thanh Hoa. Auch wenn er Sie zu jenem Zeitpunkt hätte entlassen wollen, wäre es zu spät gewesen. Verbindungen zwischen den verschiedenen Ortschaften herzustellen war zu Beginn des Widerstandes sehr schwierig..."

Ich wollte Ton That Tan trösten. Eigentlich hätte Hoang Dao Wege finden können, um seinen Freund zu entlassen, wenn er es gewollt hätte. Aber er hatte seinen Freund vergessen, oder er wollte die anderen wissen lassen, dass es außer den Interessen der Revolution bei ihm keinen Platz für irgendetwas anderes gab.

„Seitdem habe ich im Gefängnis von niemandem mehr etwas über Hoang Dao erfahren …"

„Dann haben Sie an dem Aufstand im Lager teilgenommen?"

Verbittert lachte Ton That Tan.

Allmählich bekam ich durch seine unzusammenhängenden Erzählungen ein Bild davon, wie Ton That Tan in die Führungsgruppe des Aufstands geraten war. Der eigentliche Anführer war Buu Vien (genau kann ich mich an den Namen nicht erinnern), der später hingerichtet wurde. Dieser hatte seit langem die Flucht aus der Haft geplant. Ton That Tan war nicht unter seinen Komplizen. Als es den Häftlingen schließlich gelungen war, aus der Anstalt herauszukommen, riefen sie auch Ton That Tan, der ihnen folgte. Die Wachsoldaten entdeckten ihre Flucht. Sie schossen. Die Flüchtenden leisteten Widerstand. Die Flucht verwandelte sich in einen blutigen Aufstand. Es gab Tote und Verletzte auf beiden Seiten. Nach einigen Tagen, in denen die Flüchtenden im Dschungel umhergeirrt waren, wurden sie ausnahmslos nach und nach wieder festgenommen. Die Polizei war der Meinung, es gäbe keinen Grund zu der Annahme, dass zwei Personen aus der kaiserlichen Familie, die man an ihren Nachnamen Buu bzw. Ton That erkennen konnte, sich nicht gemeinsam miteinander beraten hätten. Da er den langatmigen Reden der Mitarbeiter der Exekutive nicht widersprechen konnte, bekannte sich Ton That Tan zu einem Verbrechen, das er nicht begangen hatte.

So zerbrach ein Leben auf Grund einer Kleinigkeit.

Wir waren gute Freunde, auch, wenn Marx zwischen Ton That Tan und mir stand. Im Gegensatz zu anderen Häftlingen mit ungeraden Nummern interessierte sich Ton That Tan nämlich nicht dafür, ob ich Kommunist oder Nicht-Kommunist war. Eine Person wie ich konnte von der Aufsichtsbehörde leicht für eine *Antennen*-Aufgabe (Spitzeldienst) auserkoren werden. So dachten diese Häftlinge, daher waren sie kalt zu mir und mieden mich. Einige sprachen es offen aus, doch ich kümmerte mich nicht darum. Ob ich wollte oder nicht, ich war in ihre Reihen hineingeraten, allerdings von der falschen Seite. Ich war keiner von ihnen.

Ton That Tan war wissbegierig. Er verlangte von mir, dass ich ihm über die Inhalte der marxistischen Lehre berichtete, die er noch nie kennengelernt hatte. Die politischen Vorlesungen der Staatsfunktionäre hatten selbstverständlich mit Marxismus nichts zu tun gehabt. Die „...ismen", einschließlich des Marxismus, brauchten nicht von Handschellen und Eisenbändern begleitet zu werden. Ich erzählte ihm, was ich davon wusste, jedoch ohne Begeisterung. Ich hatte die Nase voll von allen Arten von „...ismen", aufgrund derer die Menschen sich gegenseitig *zerfleischen*.

„Das heißt, Sie sind der Meinung, dass er nicht realistisch ist?"

„Alles ist nur ein Herumtappen. Marx tappte in der Theorie herum, die Marxisten tappen in der Praxis herum. Der Unterschied liegt darin: Wenn die Theorie falsch ist, bekommen lediglich die Worte einige Kratzer, in der Praxis hingegen wirken Fehler sich auf Menschenschicksale aus, und das führt zur Tragik."

Ton That Tan seufzte.

„Was bleibt vom Marxismus noch übrig, nachdem Sie von ihm enttäuscht sind?"

„Sein humanistischer Teil - das ist alles, was für mich noch zurückbleibt. Ich befürworte das gesellschaftliche Ziel, das Marx sich vorstellte: "Den Menschen vom Reich des Notwendigen in das Reich der Freiheit zu bringen".

Der Mensch wird nur richtig frei, wenn es ihm gelingt, aus den Fesseln des Notwendigen herauszukommen..."

„Was bedeutet ‚das Notwendige' in der Lehre von Marx?"

Ich erklärte es ihm und Ton That Tan hörte aufmerksam zu. Im Gefängnis gab es keine Bücher, keine Zeitungen. Wenn es doch etwas gab, was zu zivilisierten Druckerzeugnissen zählte und in diese Anstalt gelangte, dann waren das Produkte der Propaganda-Erziehung mit einer Sprache und mit Begriffen, die dem völlig fremd waren, was der im Jahre 1946 dreiundzwanzig Lenze zählende Jüngling aus der für ihn verlorenen Zeit noch im Gedächtnis behalten hatte.

„Wenn es so ist, dann war Marx der Suchende und seine Schüler die Gewinnsuchenden."

„Man kann es so verstehen."

„Was unterscheidet die kommunistische Gesellschaft, von der Marx träumte, vom Paradies des Christentums und vom Nirwana des Buddhismus? Warum seid Ihr Kommunisten gegen Religionen?"

„Ich bin nicht gegen die Religionen."

"Dann sind Sie doch kein Kommunist."

Sich im Gefängnis über Marxismus zu unterhalten, war vollkommen fehl am Platz. Sehr langweilig. Ich schlug vor, das Thema beiseite zu schieben und Schach zu spielen. Ton That Tan erfüllte meinen Wunsch. Er gehörte zu den besten Schachspielern unseres Lagers und hatte nur zwei echte Gegner: Phun Nang Kai und Lam Si Lan, zwei chinesisch-stämmige Bauern aus Lang Son.

Diese beiden Bauern aus einem Dorf an der vietnamesisch-chinesischen Grenze wurden durch eine Bagatelle zu Häftlingen mit ungeraden Nummern. Nach der Erzählung von Mitinhaftierten wurden sie wegen einer unschönen Feststellung über den Führer mit dem Nachnamen Mao während eines Trinkgelages festgenommen. Sie selbst wussten nach dem Erwachen gar nicht mehr, was sie gesagt hatten. Das war dem Fall von Yip Pun Man, dem Reaktionär und Regimegegner, sehr ähnlich. Die Aufsichtsbehörde des Lagers wusste genau darüber Bescheid, wer sie waren. Die Behörde hegte keinerlei Befürchtungen, dass diese zwei Konterrevolutionäre die Häftlinge zu Aufständen oder blödsinnigen Sachen hätten anstiften können. Sie teilte die beiden in landwirtschaftliche Freiwilligengruppen ein. Außer der Tatsache, weit weg von Frau und Kindern zu leben und Nacht für Nacht in verschlossenen Zellen schlafen zu müssen, blieben diese beiden Bauern das, was sie waren: fleißig arbeitende Bauern. Phun Nang Kai und Lam Si Lan verbrachten fast zwei *Befehle,* einen für die Haft und einen zur Haftverlängerung, in Lagerhaft. Ein dritter *Befehl* stand ihnen schon in Aussicht. Trotzdem machten sie einen ganz zufriedenen Eindruck. Als Bürger dieses

Staates war es am besten, ruhig zu bleiben. Anders wäre das alles nicht durchzuhalten gewesen.

Man lebt, wenn man darf, und man stirbt, wenn man muss - wozu sind Überlegungen gut? Diese Häftlinge hatten auch keine Lust, zu flüchten. Außer ihren Heimatdörfern im fernen Lang Son, wo sie zur Welt kamen und aufwuchsen, kannten sie keine anderen Ortschaften - den Staat China eingeschlossen, von wo ihre Ahnen zu uns nach Vietnam eingewandert waren. Außerhalb ihrer Arbeitszeit breiteten Phun Nang Kai und Lam Xi Lan das Schachbrett vor sich aus und verdrängten damit alle Probleme der Welt, in erbitterten Kämpfen ohne Gewehrsalven.

Schachspielen war im Gefängnis das einzige Hobby der alten Leute. Wenn man sie dabei beobachtete, wie sie sich um des Sieges willen geistig auf gerissene Schachzüge konzentrierten, dann konnte man sich davon überzeugen. Nichts konnte einen leidenden Menschen mehr die grausame Wirklichkeit vergessen lassen als dieses Schachbrett aus Papier und die Schachfiguren, die ebenfalls aus verstärktem Papier oder aus Holz selbstgebastelt waren. Durch das Schachbrett traten sie dieses verdammte Leben mit Füßen - und entsagten damit der Welt.

„Herr Ho ist auch ein ausgezeichneter Schachspieler."

„Woher wissen Sie das?"

„*An einem Zug geirrt, waren zwei Wagen* (der Turm im internationalen Schach) *umsonst. Bei günstiger Gelegenheit kommt auch der Soldat* (Bauer) *zum Erfolg."* zitierte Ton That Tan. „Wenn man nicht hervorragend Schach spielt, kann man auf diese einfache Art keine Wahrheit zusammenstellen."

„Denken Sie, dass Sie diesen Ort eines Tages verlassen werden?"

„Wollen Sie sagen, dass sich die Zeit ändern wird?"

„Auch wenn sich die Zeit nicht ändert, kann man keinen Menschen für alle Ewigkeit in Haft halten."

„Warum nicht? Haben Sie schon vergessen, dass Sie mir erzählt haben, wie die Diktatur des Proletariats in der Sowjetunion aussieht? In Vietnam haben wir noch Glück, dass man uns nicht umbringt. Die Europäer denken geradlinig, unsere Vietnamesen sind heimtückisch. Einen Häftling zu halten, kostet nicht viel, bringt aber viel Gewinn..."

Ich blickte auf diesen dürren, blass aussehenden Menschen, der da vor mir saß, und er tat mir leid. Das Urteil für Ton That Tan war auf zwanzig Jahre herabgesetzt worden. Danach wurde sein Urteil noch mehrmals weiter reduziert. Schließlich lag gegen ihn kein Strafurteil mehr vor. Bis zu diesem Zeitpunkt hatte er seine Schuld gegenüber dem Staat längst abgesessen. Aber er wurde nicht entlassen und blieb weiterhin in Haft. Wenn kein Straf-Urteil, dann eben Straf-*Befehl*.

„Man entlässt mich nicht wegen der Umstände", erklärte Ton That Tan. „Das Land ist geteilt. Meine Familie lebt auf der anderen Seite. Sie können mich doch nicht in den Süden entlassen, oder? Wohin sollte ich gehen, wenn ich im Norden entlassen werde?"

„Wohin Sie gehen, das ist Ihre Sache. Wenn die Zeit abgelaufen ist, muss man Sie entlassen."

„Das geht nicht so einfach. Soll man mich entlassen, damit ich herumlaufe und reaktionäre Propaganda mache?"

Als ob ich mich mit einem Kader der Propaganda-Bildungsabteilung unterhalten hätte.

Ton That Tan glaubte nicht an den Tag seiner Rückkehr. Er lebte, weil er noch nicht starb.

„Das alles ist vorgezeichnetes Schicksal, junger Mann", sagte er mir, als in derselben Zeit im Lager eine Ruhrepidemie wütete und einige Dutzend Häftlinge daran starben. „Es sieht so aus, als ob es vorgezeichnet ist, dass wir noch sehr zäh weiterleben, Sie und ich ..."

Die Epidemie begann nach einer Verlegung von Strafverbrechern, die mit einem Bus aus einem Lager in Ha Nam Ninh in unser Lager transportiert wurden. Unter den im Bus dicht zusammengepferchten Häftlingen befand sich einer davon schon im Todeskampf mit der Ruhr. Wenn einer im Todeskampf ist, soll man ihn in Ruhe sterben lassen; warum musste er noch verlegt werden? Das verstand ich nicht. Sicher wollte man alle altbekannten Häftlinge verlegen und Platz freimachen für neue Häftlinge. Der Sterbende wurde gar nicht in unser Lager, sondern direkt in die Leichenhalle gebracht. Er konnte sowieso nicht entkommen. Er konnte kaum laufen, geschweige denn flüchten.

In der Nacht erwachte dieser Mann in seinem Todeskampf. Er schrie herzzerreißend. Ich lag in der Anstalt und hörte seine schwächlichen heiseren Schreie, die wie Katzengejammer klangen. Doch keiner der Wachsoldaten kam vorbei, um nach ihm zu sehen. Da man ihn am nächsten Morgen in der Leichenhalle nicht fand, suchte man nach ihm und sah seine Leiche in der Wasserzisterne schwimmen. Es stellte sich heraus, dass er Durst gehabt hatte. Nachdem er lange geschrien hatte, ohne dass jemand kam, war er zur Zisterne gekrochen, hineingestürzt und ertrunken. Die Häftlinge sagten, dass die Wachsoldaten Angst vor der Leichenhalle hatten. Es gingen Gerüchte um, dort gäbe es Geister. Diese Häftlingsgeister waren anderen Geistern nicht ähnlich. Sie blieben in der Nähe des Ortes, wo sie als Häftlinge gestorben waren. Was sie daran hinderte, nach Hause zurückzukehren, konnte niemand erklären. In dunklen Nächten oder in Nächten mit spärlichem Mondenschein erschienen sie und bedrohten die Soldaten. Wenn die Soldaten dann aus Furcht flüchteten, brachen sie in schallendes Gelächter aus.

Im Lager von Tan Lap gab es eine Anzahl von Wasserzisternen für die Lagerinsassen. Das Wasser wurde von einem Wasserkraftwerk außerhalb des Lagers in die miteinander verbundenen Zisternen gepumpt.

An jenem Morgen, an dem die Epidemie ihren Anfang nahm, waren alle Insassen erkrankt. Ein Insasse nach dem anderen lief zu dem Friedhof, der für Häftlinge bestimmt war, um dort seine Bedürfnisse zu verrichten.

Noch einmal mehr konnte ich mich von der ungeheuren Widerstandskraft des vietnamesischen menschlichen Körpers überzeugen. Die Häftlinge, die wegen schwerwiegendem Nahrungsmangel spindeldürr waren, taumelten im Hof des Lagers herum und erhielten weder Behandlung noch Medikamente, aber sie starben nicht.

Als die Epidemie bereits am Abklingen war, kam ich an die Reihe und erkrankte auch. Während sich die Krankheit bei mir austobte, achtete ich ganz genau darauf, keinen Tropfen ungekochtes Wasser zu mir zu nehmen. Auch beim Gesichtwaschen und Zähneputzen benutzte ich nur abgekochtes Wasser. Die Küchenbediensteten behandelten mich gut, indem sie mir so viel abgekochtes Wasser gaben, wie ich wollte.

Ruhr ist eine sehr unangenehme Krankheit. Mit der Gesundheit geht es sehr schnell bergab und man wird von rasenden Schmerzen gequält. Yip Pun Man, Ton That Tan und die zwei konterrevolutionären Bauern Phun Nang Kai und Lam Xi Lan machten sich Sorgen um mich. Wenn ich ab und zu meine Augen öffnete, erblickte ich neben mir entweder den einen oder den anderen von ihnen. Tran Chan Hoa ließ sich in diesen Tagen verlegen; er befürchtete, sich anzustecken. Außerdem hatte er das Spiel satt. Ich hielt konsequent meinen Mund. Er konnte aus mir nichts herausholen. Manchmal fragte er mich aus Ungeduld direkt nach unserem Verfahren. Ich antwortete ihm, die Polizei hätte mir gesagt, es handle sich hier um ein Geheimnis der Partei und ich dürfe mit niemandem darüber reden. Schluss.

Eines Nachts, als ich wach wurde, hörte ich undeutlich, dass mich jemand rief.

„Wer ist da?"

„Junger Bruder ist hier. Ich bin Cao."

In der Dunkelheit der Nacht sah ich verschwommen einen Schatten, der sich über mich beugte. Der Schatten näherte sich dicht meinem Ohr:

„Älterer Bruder, bitte stirb nicht!"

Ich musste lachen. Wie machte man das, nicht zu sterben? Der Tod ist etwas, was man nicht verhindern kann. Die Macht des Todes ist nicht aufzuhalten.

Cao legte sich neben mich. Er war ein kleiner, junger, sehr schneller und wendiger Mann. Er war wegen Kommandotätigkeit in das Umerziehungslager geschickt worden. Ich verstand diese Beschuldigung nicht, aber ich machte mir nicht die Mühe, mich danach zu erkundigen. Im Gefängnis gab es mehr als genug Dinge, die mich in Staunen versetzten. Hier war ein Sammelplatz der unwahrscheinlichsten Geschichten, die aber alle wahr waren. Frei nach *René Descartes (1596-1650), dem französischen*

Philosophen mit dem berühmten Satz: "Ich denke, also bin ich (existiere ich)... "
konnte man sagen: Sie existieren, da sie Gestalt haben.

„Im Lager gibt es nur zwei Kommunisten, Dich und mich", hörte ich die Stimme Caos an meinem Ohr flüstern. „Ich habe die Aufgabe, Dich, älterer Bruder, zu beschützen."

Ich gab mir Mühe, meinen bleischweren Arm zu bewegen, um die Hand von Cao zu fassen:

„Ich danke Dir."

„Ich habe mit Onkel (Ton That) Tan beraten. Er und ich, wir wollen uns um Dich kümmern, damit Du Dich bald erholst..."

Voll Bitterkeit lachte ich. Nun hatte ich zwei Menschen, die sich abmühten, mir gegen den Tod beizustehen: einen Konterrevolutionär und einen Kommunisten.

Am nächsten Morgen schrieb ich auf Caos Empfehlung einen Brief an meine Familie, die daraufhin einen Sonderantrag auf Besuch stellte, um mir Medikamente zu bringen. Ich schrieb ohne große Erwartung im Hinblick auf die Wirksamkeit meines Briefes. Ob der Brief den Empfänger erreichte, war die eine Sache. Ob die Behörde es genehmigte, dass mich meine Familie besuchen durfte, war eine andere. Doch der Brief kam an. Eilig kam meine Frau zu mir. Wie Cao meinen Brief durchgebracht hatte, wusste ich nicht. Wahrscheinlich beriet Cao mit Yip Pun Man, dem "internationalen Spion", und setzte sich selbst einer Lebensgefahr aus, um mir zu helfen.

Seit diesem Tag kam Cao nach jedem Arbeitstag zu mir, wusch für mich die Bekleidung und bereitete mir Essen und Trinken, obwohl er zu einer anderen Gruppe gehörte. Ich erhielt mehr Gemüse als vorher, die Speisen schmeckten besser, ich erhielt mehr Reis und manchmal gab es sogar frischen Mais. Das Lageressen wurde extra für mich aufgewärmt. Während des Essens munterten mich Ton That Tan und Cao, die neben mir saßen, bei jedem Bissen auf.

Ton That Tan verriet mir etwas:

„Sie müssen dem Cao abraten. Er ist sogar in den Vorratsraum des Lagers geklettert und hat Glutamat, Salz und auch Mais gestohlen. Wenn man ihn erwischen würde, wäre das für ihn tödlich!"

Cao hörte sich meine Vorhaltungen an und lachte belustigt:

„Das ist mein Beruf, mach Dir keine Sorgen."

Bis zu diesem Zeitpunkt wusste ich nicht, dass Cao ein Kämpfer mit Spezial-Kommandoausbildung war.

In diesen Tagen erzählte er mir darüber, weshalb er wegen Kommandotätigkeit beschuldigt worden war.

Zwei Jahre vorher traf ein Aufklärungstrupp seiner Kommandoeinheit, der von Cao geleitet wurde, während eines Patrouillengangs in der ersten taktischen Zone (von Quang Tri und Thua Thien bis Da Nang, in der Mitte Vietnams) mitten im Dschungel auf einen gegnerischen Erkundungszug, der von Helikoptern abgesetzt worden war. Dieser zufällige Zusammenstoß war mörderisch. Den Gegnern sowohl an Zahl als auch an Bewaffnung völlig unterlegen, waren die Mitglieder von Caos Trupp nacheinander im Kampf gefallen. Nur Cao und noch ein weiterer schwer verletzter Mitkämpfer blieben zurück. Cao schoss, bis seinem Gewehr AR15 die Munition ausging. Genau in dem Moment, als Cao sein Gewehr zerschlug und - mit seinem Kameraden auf dem Rücken - versuchte, Waffen zu erobern, um weiterkämpfen zu können, rief der Offizier der anderen Seite: "Nicht erschießen! Lebendig gefangen nehmen!".

Als sie an den Ausgangspunkt zurückgekommen waren, gab der Offizier den Befehl, Cao die Fesseln abzunehmen und bot ihm Schnaps an mit den Worten: "Ich fühle mich geehrt, einem Helden Schnaps anbieten zu dürfen! Bitte lassen wir die Meinungsverschiedenheit über Politik, über diese und jene Frage beiseite und trinken Sie gemeinsam mit mir, einem Vietnamesen, ihrem Landsmann!" Cao trank. Der Bitte von Cao entsprechend ließ der Offizier seine gefallenen Kameraden vor seinen Augen ordentlich begraben. Danach wurde Cao mit einem Helikopter nach Saigon geflogen.

Cao gab seine Zustimmung zum Überlaufen. Saigons Armee entsandte ihn in ihre Spezialausbildungsstätte für Kommandoaktionen nach Long Thanh. ‚Es ist ganz einfach, die gegnerische Seite in einer Spezialausbildungsschule auszukundschaften‘, dachte Cao. ‚Ich benutze die Waffe des Gegners, um gegen ihn vorzugehen. Ich werde diese Schule kennenlernen und meiner Obrigkeit später darüber berichten. Eine gute Sache!‘ Nach seiner Ausbildung wurde Cao in Nordvietnam in der Gegend von Yen Bai abgesetzt. Nachdem er den Leiter seiner Kommandoeinheit getötet hatte, nahm Cao die Kommunikationsgeräte an sich und lief bis zur Nationalstraße, wo er mit vorgehaltenem Gewehr einen Lastkraftwagen anhielt und verlangte, direkt nach Hanoi gebracht zu werden.

Cao wurde korrekt empfangen und erhielt während der ganzen Zeit im Generalstab eine gute, sogar luxuriöse Pflege. Er bekam den Auftrag, alles niederzuschreiben, was er im Bereich von Long Thanh in Erfahrung gebracht hatte. Nachdem er seinen Bericht fertiggestellt hatte, wurde er von der Militärpolizei festgenommen und der Polizei übergeben. Das war der Grund, weshalb Cao wegen Kommandotätigkeit, jedoch ohne Strafverfahren beschuldigt wurde.

Ton That Tan erfuhr davon und schüttelte mit dem Kopf:

„Man behandelt Sie aber ganz miserabel!"

„Behandelt man Sie etwa nicht miserabel?"

„Ich bin anders als Sie. Ich bin Konterrevolutionär, Sie aber sind Revolutionär."

Nach meinen Vorhaltungen machte Cao keine Klettertouren mehr in den Vorratsraum der Polizei, um zu stehlen. Wahrscheinlich betrachtete er meine Meinung als Befehl von oben, gegen den er nichts auszurichten vermochte.

Meine Krankheit klang ab. Während meiner Genesung aß ich immer mehr. Ich hatte ständig Hunger. Ich dachte an nichts anders als an Essen. Ich hatte Appetit auf alles Essbare. Sogar der Gedanke an eine Portion angebrannten Reis ließ mir das Wasser im Mund zusammenlaufen.

Eines Tages erhielt meine Gruppe den Auftrag, das Haus der Aufsichtsbehörde zu reparieren. Die alten Häftlinge waren ganz aus dem Häuschen, als sie dabei, zusammen mit allerlei anderen Sachen, im Reis-Waschwasser-behälter der Behörde noch Reisreste der Mahlzeiten entdeckten. Ich befand mich noch auf dem Dach, wo ich einige morsch gewordene Wildheu-Geflechte ausbesserte und gleichzeitig die Rolle des Aufpassers spielte, damit meine Mithäftlinge das Essen zubereiten konnten. So gab ich mir den Anschein, in die Arbeit vertieft zu sein, aber meine Augen überwachten das ganze Umfeld. Die gefundenen Reisreste wurden in kurzer Zeit in eine appetitliche Reissuppe verwandelt, die allerdings wegen des schon eingetretenen Gärungsprozesses einen schwach sauren Hauch besaß.

Von untern rief man mich:

„Herr Hien, kommt Ihr mit uns essen!

In meinem Magen machte sich Heißhunger bemerkbar, aber es ekelte mich, als ich an den Behälter mit dem Reiswaschwasser dachte.

„Ich danke Euch. Bitte esst! Ich passe schon auf."

„Wir heben Euren Teil auf."

„Nein, ich werde nicht essen. In den letzten Tagen habe ich Schwierigkeiten mit meiner Verdauung."

„Dann eben nicht. Wir essen alles auf, ja?"

Der Kampf mit dem eigenen Körper ist im Gefängnis ein nie endender Kampf. Man kann nur in einzelnen Schlachten siegen. Ein Gespräch, das ich einst mit Dang Xuan Thieu geführt hatte, kam mir in Erinnerung. Ich wusste, dass er von seinen Genossen als der "Held der Stadt Haiphong" bezeichnet wurde, weil er siebenundzwanzig Mal nacheinander Folterprügel aushalten musste. Ich fragte ihn:

„Onkel, wie konntest Du das so tapfer aushalten?"

Er lachte laut:

„Was heißt tapfer! Ich versuchte, die Prügel jedes Mal auszuhalten. Das schaffte ich gerade so und wusste es auch nur so weit. Es hätte sein können, dass ich beim achtundzwanzigsten Mal aufgegeben hätte. Wer weiß, niemand kann das im Voraus sagen. Aber die Leute der Sureté wurden müde und gaben das Schlagen auf, deshalb wurde ich zum Helden erkoren. Ich bin eigentlich überhaupt kein Held..."

Das war keine falsche Bescheidenheit. Er sagte die Wahrheit: "Die Leute der Sureté wurden müde, sie gaben das Schlagen auf", aber das eigentliche Heldentum lag eher in seinem Geständnis: "Wer weiß, niemand kann das im

Voraus sagen". Dieser Tugend blieb er auch nach der erfolgreichen Revolution treu, obwohl er aufgrund der von ihm erbrachten Opfer Privilegien hätte fordern können. Als Bruder des Generalsekretärs der KP, Truong Chinh, hätte er sich zu einem höheren Posten verhelfen lassen können als dem eines Hauptabteilungsleiters. Er aber bevorzugte die Stelle des Leiters der Hauptabteilung Konservierung und Museum, wodurch er sich der Pflege all der Dinge widmete, die uns von unseren Ahnen hinterlassen wurden, damit sie nicht verloren gehen. "Ich sehe, wie die Tempel und Pagoden zerstört werden, und das tut mir weh. Nach der ersten Eroberung durch den Norden kam die zweite Eroberung durch den Norden (Vietnam stand zu Beginn unserer Zeitrechnung zweimal unter chinesischer Herrschaft, die insgesamt etwa eintausend Jahre andauerte - Anm. d. Übers.). Und dann die unzähligen Kriege, die das Land heimsuchten. Von den Bauten, die unsere Vorfahren hinterließen, sind nur noch ganz wenige da. Es muss jemanden geben, der sie erhält."

Solche Beispiele, die unsere älteren Generationen gaben, halfen mir während meiner Haftzeit sehr, vom ersten bis zum letzten Tag. Wenn ich vom Hunger gequält wurde, dachte ich an unsere alten Revolutionäre und daran, wie sie in den imperialistischen Gefängnissen durchgehalten hatten, indem sie sich selbst dazu motivierten, ihre Schwierigkeiten zu überwinden.

Der Hunger, der mich während der Zeit meiner Genesung quälte, wurde dank der Schachpartien mit Ton That Tan teilweise gelindert. Was das Schachspiel betraf, so war ich nicht einmal würdig, sein Schüler zu sein. An manchen Tagen war ich derart in das Spiel vertieft, dass ich das Essen vergaß. Vergaß ich es aber, dann bemerkte das Cao. Wenn er uns so leidenschaftlich Schach spielen sah, ging er sowohl für mich als auch für Ton That Tan das Essen holen.

Es gefiel mir, dass Cao für uns das Essen holte. Obwohl es bekannt war, dass die Essenaufteilung unter der Gruppe mit *ungeraden Nummern* (der politischen Häftlinge) korrekt vor sich ging, musste man trotzdem aufpassen. Cao war seiner Bezeichnung als Aufklärer auf keinen Fall unwürdig. Seine Augen waren scharf wie die einer Katze und ließen niemanden mogeln.

Die Häftlinge mit *ungeraden Nummern* teilten sich den Reis mittels einer Waage auf. Man benutzte dafür eine primitive Waage. Dieses selbstgebastelte Messinstrument ähnelte einer feinen Waage. Ein Quäntchen mehr oder weniger Reis - in der Größe einer Fingerkuppe - reichte aus, um diese Waage aus dem Gleichgewicht zu bringen. Häftlinge mit *geraden Nummern,* ob ohne oder mit Gerichtsverfahren, beobachteten diese Aufteilung mit Verachtung. Sie waren es gewohnt gewesen, in der normalen Gesellschaft ihr Geld großzügig auszugeben, daher betrachteten sie diese Reisaufteilung mit einer Waage als unter ihrer Würde. Sie benutzten eine Schale, um ihren Reis aufzuteilen. Wenn man die Schale kräftiger in den Reis drückte, holte man mehr Reis heraus, und wenn man die Schale schwächer hineindrückte, war der Reis lockerer. Die Reisportionen der ‚Offiziere' waren immer grösser als die der einfachen Soldaten.

Bei der Aufteilung von Fleisch verfuhr man sowohl bei den *ungeraden Nummern* als auch bei den *geraden Nummern* nach der gleichen Methode. Die Häftlinge stellten ihre Schalen in eine Reihe. Der Aufteilende wählte möglichst gleich große Stücke aus und gab sie in die Schalen. Eine gerechte Aufteilung war jedoch sehr schwierig, denn das Fleisch wurde schon in der Küche in Stücke zerkleinert. Das eine Stück war grösser, das andere kleiner, das eine Stück hatte mehr Knochen, das andere weniger. Damit die Aufteilung trotzdem gerecht werden sollte, schrieb man die Häftlingsnamen auf ein Stück Papier. Eine Person stellte sich dann mit dem Rücken zu den mit Fleisch bestückten Schalen und hielt das Blatt Papier in der Hand. Eine andere Person klopfte auf irgendeine Schale, und der mit dem Papier nannte einen Namen. Der so aufgerufene Häftling nahm die angezeigte Schale mit sich. Wir nannten dieses Verfahren: Wegsehen und Aufrufen. Also musste jedes Mal dann, wenn das Essen Fleisch enthielt, jeder Häftling seinen Anteil in einer fremden Schale entgegennehmen. Unter den Schalen gab es welche, die furchtbar dreckig aussahen. Ich brauchte lange Zeit, um meinen Ekel zu überwinden und mich an diesen Zustand zu gewöhnen.

Alle waren der Meinung, dass Ton That Tan tuberkulosekrank war. Wenn es aber Fleisch gab, dann aß derjenige, der Ton That Tans Schale erwischte, trotzdem mit gutem Appetit. Im Gefängnis konnte man in Fragen der Hygiene nicht pingelig sein. Hier war man mit allerlei Arten von Krankheiten konfrontiert. Es gab in unserem Lager sogar einen Leprakranken. Dieser Mann wurde zusammen mit anderen in Haft gehalten. Noch niemand war von ihm angesteckt worden. Später einmal brachte ihn dann ein gutmütiger Aufseher in eine isolierte winzige Kammer am Ende der Krankenstation. Ab diesem Zeitpunkt durfte er auch der täglichen Arbeit fernbleiben.

Im Haftlager war jeder Häftling ein Häftling, ob er eine Freiheitsstrafe verbüßte oder in Untersuchungshaft saß, ob er eine *ungerade Nummer* oder eine *gerade Nummer* trug, ob er Zivilist war oder Militärangehöriger. Als Häftling musste man eben arbeiten. Wenn man arbeitet, um zu leben, dann ist das verständlich. Aber Arbeiten zwecks Umerziehung, das ist schwer zu verstehen.

Ausländer missverstehen den Begriff "Arbeit zwecks Umerziehung". Sie denken, nur Häftlinge müssten zwecks Umerziehung arbeiten. Das ist aber nicht der Fall. Der Begriff *Arbeit zwecks Umerziehung* tauchte in Vietnam zum ersten Mal nach 1950 auf, nachdem die vietnamesisch-chinesische Grenze geöffnet worden war. Er kam zusammen mit den Lehrmaterialien über die Geschichte der menschlichen Evolution, in denen etwas von *Charles Robert Darwin (1809-1882), dem Revolutionärer in der Biologie, der die menschliche Evolution auf materialistischer Grundlage erklärte,* und etwas von Marx und Engels erwähnt wurde. Ansonsten handelte es sich dabei um die Entwicklung der Ideen von Mao Zedong und lokalen Theoretikern: Wir, Nachkommen der Affen (*weil das ziemlich ... affig klang, korrigierte es Tran Van Giau in seinem "Lehrbuch des historischen Materialismus" in "simius"*), müssen der Arbeit (aber nur der körperlichen - die geistige Arbeit zählte nicht) dankbar sein, dank derer unsere Ahnen zu Menschen geworden sind.

Der Satz "Intellektuelle ohne Praxis haben nicht einmal den Wert eines Stücks Exkrement" des Vorsitzenden Mao wurde in diesem Zeitraum ständig wiederholt. Der Marxist kennt nur praktische Kenntnisse, während theoretische Kenntnisse zu verwerfen sind. In der Kaderpolitik wurden die Kader im Fall einer Höherstufung oder eines Neueinsatzes nach dem Kriterium ihrer körperlichen Arbeit als unersetzbarem Prüfungskriterium eingeschätzt. Anders gesagt: man war fest davon überzeugt, den Menschen durch Arbeit umerziehen zu können. Auch Kader aus allen Tätigkeitsbereichen wurden ständig zur körperlichen Arbeit geschickt. Einmal wurde ich gemeinsam mit Nguyen Duc Quy, dem Stellvertreter des Kulturministers, in die Provinz Thai Binh zu körperlicher Arbeit in einigen Gemeinden des Landkreises Dong Quan geschickt. Wir pflügten, pflanzten Reisgrünlinge um, füllten die Parzellenränder auf und schöpften gemeinsam mit Bauern Wasser. Ich verrichtete meine Arbeit besser als die aus den Städten stammenden Kader, aus dem einfachen Grund, weil ich jahrelang in einem Dorf bei meiner Tante lebte, die ihr ganzes Leben lang Jungfrau gebliebenen war. Sowohl ich als auch der gebildete stellvertretende Minister glaubten jedoch nicht daran, dass die Arbeit uns menschlicher machen kann als das Menschliche, das in uns existiert. Jeden Samstag und Sonntag gaben wir an, wir müssten zu einer Sitzung auf Provinzebene fahren, damit wir in der Stadt Thai Binh ein warmes Bad nehmen konnten.

Häftlinge mussten, vom Standpunkt der Führungsebene aus gesehen, umso mehr durch Arbeit umerzogen werden. Sie waren der Meinung, dass Häftlinge in Haft gehalten wurden, weil sie eine schlechte Ideologie - die Ideologie des Feindes - besaßen, und wenn sie sich bei der Arbeit abmühten, könnten sie sich selbst in gute Menschen umerziehen. Die fleißig arbeitenden Häftlinge bekamen größere Strafminderung als diejenigen, die bei der Arbeit faul waren. Gesundheitlich schwache Menschen, die kaum Kraft zur Arbeit hatten, wurden als faul eingeschätzt und dadurch benachteiligt.

Meine Gruppe war eingeteilt für alle möglichen Arbeiten: an einem Tag jäteten wir im Reisfeld Unkraut, am nächsten Tag hackten wir ein Feld. Nach etwa vier Jahren ohne jede Bewegung in der Zelle, wurde ich sehr müde, wenn ich die Hacke oder den Pflug in die Hand nehmen musste. Aber ich gab mir Mühe, um den anderen in nichts nachzustehen, da jeder einzelnen Kleingruppe Akkordarbeit vorgegeben wurde. Wenn einer wenig schaffte, mussten die anderen mehr arbeiten. Darüber hinaus wollte ich diejenigen, die die Absicht hatten, mich zu peinigen, nicht sehen lassen, dass ich unter dieser schweren Arbeit litt. Ton That Tan ahnte das; er flüsterte den anderen zu, nur so mäßig zu arbeiten, dass die Normen gerade noch erfüllt wurden und ich mithalten konnte. Wenn die Normen nicht erfüllt wurden, dann eben nicht. Denn man konnte nur Einzelne wegen Nichterfüllung der Norm tadeln, nicht jedoch ein ganzes Kollektiv. Es hätte eine Unmenge von Rechtfertigungsgründen gegeben.

Eines Tages erhielten wir den Auftrag, das Gelände auf dem Hügel zum Anpflanzen von Maniok zu hacken. Die Sonne brannte unbarmherzig auf uns herab. Um uns herum gab es nicht den geringsten Schatten. Der unebene Hügelgrund bestand nur aus Kies. Ich arbeitete, schwer atmend. Der Aufseher versteckte sich unter der letzten Maniokpflanze, öffnete weit sein Hemd, fächelnd, das Gesicht knallrot vor Hitze. Als der Pausenbefehl kam, fiel ich auf diesem Stück frisch gehackten Bodens fast in Ohnmacht. Ich träumte davon, mit einem Transistorradio auf dem Bauch an einem glasklaren Fluss zu liegen, wo das unendlich fließende Wasser plätschernde Geräusche erzeugte. Aus dem Gerät erklang das *Concerto Nr.1* des bekannten russischen Komponisten Pjotr Iljitsch Tschaikowskij (1840-1893), gespielt von *Van Klibern*. Ich befand mich gerade in dem glücklichen Zustand, dieses wunderbare Musikstück zu genießen, als die Klänge schwächer wurden und dann völlig verschwanden, so als ob die elektrischen Wellen nicht mehr richtig erfasst würden. Ich beeilte mich, am Reglerknopf zu drehen, doch ohne Erfolg. Ich erwachte und stellte fest, dass meine Hand noch immer vergebens an dem gestaltlosen Knopf drehte, während mir die Sonne in die Augen brannte.

„Sie können wundervoll schlafen!" sagte Ton That Tan. „Das war schon ein tiefer Schlaf."

Verwirrt stand ich auf. Unter meinen Füssen zeichnete sich auf dem unebenen Boden deutlich eine Menschengestalt ab.

„Ich habe einen schönen Traum gehabt", sagte ich. „Schade, es war ein so wunderbares Musikstück, und ich konnte es nicht bis zum Ende hören. Haben Sie nicht auch Ihre Augen geschlossen?"

„ Nicht möglich. Die Sonne brennt derart auf die Augen. Ich beobachte gerade einen Büffel."

Am unteren Schräghang des Hügels zupfte ein schwerfälliger Büffel das spärliche Gras. Sein nackter Schwanz mit dem dünnen Haarbüschel schlug unermüdlich auf und ab.

„Was ist das Besondere an diesem Tier?"

„Ich beneide es. Es ist zu glücklich."

„Wieso ist es glücklich?

Ein bitteres Lachen spielte kurz um die Mundwinkel des "Meisters von Jean Valjean".

„Es muss niemals umerzogen werden. Es kommt zur Welt und arbeitet. Der Gipfel des Ruhmes. Der Mensch entwickelte sich aus dem Affen durch die Arbeit. Wenn wir so weiter arbeiten, welches Wesen wird dann aus uns werden?"

39

Cao wird entlassen

Plötzlich durfte Nguyen Xuan Cao das Lager verlassen.

Eines Morgens versammelten sich die Lagerinsassen auf dem Hof und warteten darauf, dass die Arbeit aufgeteilt wurde, als der stellvertretende Aufsichtsleiter Nguyen Xuan Cao aufrief.

Langsam schlenderte Cao vor. Er lief immer so langsam, obwohl ihn die Lagerverantwortlichen deswegen mehrfach ermahnt hatten. Mit seiner furchtlosen Gangart wollte er sagen: "Hier bin ich. Was wollt Ihr?"

Ich befand mich in einer Reihe, von der aus ich nicht hören konnte, worüber der Verantwortliche mit Cao sprach. Ich sah nur, dass Cao nach dem Gespräch zu mir herüberschaute und dem Verantwortlichen hinterherlief. Kurz danach rannte Cao mit seinem Gepäck schnell aus dem Häftlingshaus in meine Richtung. Ein Wärter hinderte ihn jedoch an seinem Vorhaben.

"Ich gehe, ja!" rief er laut von weitem.

"Wohin?" versuchte ich zu fragen.

"Ich werde entlaa...aassen ...!"

Der Lagerwächter fasste Cao an der Hand und zog ihn kurzerhand in die Richtung des Tores.

Seit diesem Tag sah ich den netten jungen Mann nie wieder.

Ton That Tan wurde nachdenklich.

"Ich glaube nicht an eine Entlassung", sagte er einige Tage später. "Denkt Ihr auch so?"

Ich war etwas erstaunt über seine Gedanken.

"Eine Entlassung ist etwas Normales, was ist dabei ungewöhnlich? Vielleicht ist er unschuldig. Oder es gibt entlastende Momente ..."

"Eine Entlassung konnte nicht so aussehen." Er runzelte seine Stirn. "Cao hat den einen Haftbefehl noch nicht hinter sich gebracht. Er wurde nicht in Zuge einer Welle, sondern allein entlassen. Es ist wahrscheinlicher, dass er in ein anderes Lager verlegt wird."

Ich persönlich glaubte, dass Cao entlassen wurde. Die Untersuchung wurde abgeschlossen und Cao entlassen. Dass eine Untersuchung Jahre in Anspruch nahm, war nichts Ungewöhnliches. Es hatte doch revolutionäre Kämpfer gegeben, die ohne Grund beschuldigt und jahrzehntelang kaltgestellt worden waren. Vielleicht erfuhr man nun, dass der Aufklärer Nguyen Xuan Cao mit einem verletzten Waffenbruder auf dem Rücken vor seiner Gefangennahme durch den Feind tatsächlich bis zur letzten Gewehrkugel gekämpft hatte. Sein detaillierter Bericht über das Lager der Sondertruppe von Long Thanh war überzeugend gewesen. Das alles waren eindeutige Kampfverdienste. Solche Tatsachen hätten leicht nachgeprüft werden können und müssen, insbesondere bei der enormen Tüchtigkeit der militärischen Aufklärung.

Die seltsame Art und Weise dieser Entlassung, bei der der Entlassene mit niemandem in Berührung kommen durfte, versetzte mich keineswegs ins Erstaunen. In einer Gesellschaft, die an bühnenreifer Geistesstörung erkrankt war, war alles möglich. Vielleicht sah man, dass Cao eng mit mir Kontakt hatte und wollte nicht, dass er von mir etwas - sagen wir, einen Gruß an jemanden - nach draußen brächte. Beispielsweise...

Cao ließ sein ganzes Vermögen zurück: zwei emaillierte Schalen, einen Löffel und Essstäbchen. Ich schenkte sie einem armen Häftling. Dieser hagere Mann, der aussah, als bestünde er nur aus Knochen, die von Haut überzogen waren, hatte nur eine emaillierte und an mehreren Stellen löchrige Essschale. Jeden Tag beobachtete ich ihn bei seinen Versuchen, mit Hilfe von Polyethylen die Löcher seiner Schale zu schließen. Er erhitzte das Plastikmaterial, das sich dabei in asphaltschwarze Tropfen verwandelte, die er auf die Löcher aufbrachte. Eines Tages erhielt jeder von uns heiße Brühe aus Rinderknochen. Kaum hatte der Mann die Suppe in seiner Schale, da fing sie an, durch die Löcher zu fließen, weil das Polyethylen durch die Hitze erweichte und zerfloss. Er gab sich Mühe, so schnell wie möglich von der wertvollen Brühe zu trinken, aber umsonst. Die Brühe durchnässte das ganze Vorderteil seiner Jacke.

Im Übrigen wollte ich die Gegenstände nicht mehr sehen, die mich an einen mir nahestehenden Menschen erinnerten, der sich in jenen Tagen um mich sorgte, von denen ich gedacht hatte, es wären die letzten meines Lebens.

"Ich befürchte, das Cao zum Lager *Cong Troi* (Himmelstor) gebracht wird", sagte Ton That Tan traurig. "Das ist sehr gut möglich."

Wenn es so war, dann wäre das ein Elend für Cao gewesen.

Himmelstor war der Name eines Lagers in Ha Giang, tief im Dschungel im Nordwesten des Landes, dicht an der chinesischen Grenze. Es gehörte schon zur Legende. Für Häftlinge war es furchterregend. Diejenigen, die dort gewesen waren, wollten nicht davon sprechen. Nicht nur wegen der Strafandrohung der Polizei - durch strenges Verbot, von den Geheimnissen des Lagers zu berichten - sprachen Sie nicht darüber, sondern auch aus Angst, die Zuhörer könnten denken, dass sie das aus der Luft griffen. Ohne dass er ein einziges Wort darüber verlor, schien es mir, als ob Ton That Tan in diesem furchtbaren Lager gewesen war. Man behauptete, wer das *Himmelstor* überleben konnte, wäre ein zweites Mal geboren. Im Gegensatz zu anderen wurden in diesem Lager nur Gefangene mit *ungeraden Nummern* und mit schwerer Schuld gefangen gehalten. Das dortige Haftregime war sehr streng. Bei jeder kleinsten Verfehlung wurden Häftlinge mit Maßnahmen wie *Fesseln nach der Art von Feenflügeln* oder *ins Grab senken* bestraft.

583

Kasten-Fesseln, die allerschwerste Maßnahme, würde für einen Häftling den Tod bedeuten.

Von den *Fesseln nach der Art von Feenflügeln* erfuhr ich erst, als ich zum Lager von Phong Quang in der Provinz Lao Cai gebracht wurde. Bei dieser Strafe musste der Häftling beide Arme nach den Seiten ausstrecken, die offenen Handflächen auf Brusthöhe. Danach wurden seine gestreckten Arme langsam nach hinten gezogen, bis sich die Handgelenke berührten, die dann durch Handfesseln miteinander verbunden wurden. Dadurch wurde der Brustkorb stark angespannt, was zu heftigen Schmerzen führte. Einige Häftlinge fielen nach einigen Minuten in Ohnmacht. Manche ertrugen es über Stunden.

Ins Grab senken erlebte ich nicht. Diese Strafmaßnahmen, *ins Grab senken* und *Kasten-Fesseln,* gab es nur im Lager Himmelstor. Das *ins Grab Senken* beschrieb man so: der gefesselte Häftling wurde auf eine Planke gelegt und dann wurde das Ganze in ein richtiges Grab hinabgesenkt. Dieses Grab wurde dann mit einem Deckel zugedeckt. Luft gelangte nur durch kleine Löcher in dieses Grab, so dass der Begrabene nur portionsweise mit weit geöffnetem Mund nach Luft schnappen konnte, wie ein Fisch im Wasser.

Am furchtbarsten war das *Kasten-Fesseln.* Die Fesseln bestanden aus zwei großen Holzbohlen, in die Vertiefungen, ungefähr in der Form der menschlichen Beine, eingearbeitet waren. Bei dieser Strafe konnte der Häftling mit dem sicheren Tod rechnen, da die Vertiefungen im Vergleich zu der Stärke der Beine sehr gering waren. Wenn das Oberteil der Bohlen auf das untere draufgeschlagen wurde, konnte der Häftling nur noch einen Schrei ausstoßen und lag dann sofort in Koma, weil so gut wie alle Beinknochen zerbrochen wurden. Der Tod kam meistens nach einem oder zwei Tagen, im längsten Fall nach einer Woche. Bei einer Ausnahme war ein Häftling erst nach zwanzig Tagen gestorben. Die Lagerleitung berichtete vor dem Appell: "Der X hat nach dreiundzwanzig Tagen der Disziplinarmaßnahme *für seine Schuld gebüßt!*" In der Sprache der Polizei bedeutete *für die Schuld büßen:* sterben. Die Leichen der verstorbenen Häftlinge wurden in flache Löcher eingegraben. Die Schweine, die vom Lager gehalten wurden, gingen oft zum Friedhof, wühlten dort mit ihren Schnauzen die Erde auf und schmatzten laut.

Ich selbst ordnete diese furchterregenden Geschichten in die Kategorie der Märchen ein. Ich glaubte nicht daran, dass die Menschen, die ich einst als Genossen bezeichnet hatte, so grausam sein konnten. Ich schreibe diese Geschichten hier als Information für Leute nieder, die sich vielleicht irgendwann mit der Untersuchung des vietnamesischen Gefängniswesens beschäftigen. Denn es gibt in unserer Sprache ein Sprichwort: *Kein Rauch ohne Feuer.* Andererseits dachte ich auch nicht, dass Häftlinge solche Sachen aus der Luft griffen.

Der "Meister von Jean Valjean" machte sich keine Gedanken über seine Haft. Er betrachtete das Gefängnis als sein Zuhause.

"Ich bleibe hier bis zu meinem Tod", sagte er.

"Nein. Irgendwann müssen Sie diesen Ort verlassen. Das hier ist keinesfalls das ewige Zuhause eines Menschen."

"Es gehört zu meinem Karma."

Der Winter kam. Der kalte Wind blies geräuschvoll. Die Gesichter aller Häftlinge nahmen vor Kälte eine blasslila Farbe an. Trotzdem mussten wir frühmorgens aufs Feld. Das Elendste war, dass uns die metallischen Laute des Bombenhohlkörpers immer gerade im schönsten Moment des Tiefschlafs am frühen Morgen weckten und uns aus dem Schlaf rissen. In den Etagen mit den Doppelstockliegen bewegten sich schemenhaft Häftlinge, die vom scharfen Rauch der Wasserpfeifen eingehüllt waren.

Der Traum von einem anderen Leben geriet in immer weitere Ferne.

Ich erinnerte mich plötzlich an das Gedicht "Der Weckruf" von Ha Phu Huong aus dem Gefängnis von Kontum:

> *Wessen Trompete ist das? Die Seele ist im tiefen Traum*
> *Die Trompete ruft; die Augen versuchen, sofort aufzugehen*
> *Wir krempeln die Ärmel hoch, die Straße wartet schon auf uns!*

Dieses Gedicht wurde mehrfach in ausgewählter revolutionärer Literatur veröffentlicht. Der Autor, ein Kind in Soldatenuniform, rezitierte es während einer kalten Nacht im Dschungel von Viet Bac.

Der lange, dürre, revolutionäre Dichter bewegte sich im unsteten Licht einer Erdnussölfunzel. Mit hoch erhobenem Kopf versuchte er, die Laute der Trompete nachzuahmen: "To tä ti, tä to tä tä tä ti! To tä, ti to ti tä, ti to ti tä, ti to to tä!" Ich sah ihn unverwandt an, um seiner Stimme in verschiedenen Höhen zu folgen:

> *Ihre zornigen Laute (der Trompete) drangen ins Ohr,*
> *Schlimmer als die Stimme der verärgerten Schwiegermutter*
> *Der Himmel ist noch nicht hell,*
> *noch umfasst Dunkelheit den Raum...*

Damals stellte ich mir vor, wie die früheren revolutionären Kämpfer, an Händen und Füßen gefesselt, beim Weckruf in engen Gefängnisräumen wach wurden. Dieses Bild schauderte mich. Damals dachte ich, wenn ich im Gefängnis wäre, wäre das furchtbar und ich würde es nicht überleben können.

Die Schläge an die hohle Bombe rissen die Ohren auf, bohrten sich ins Gehirn und ließen Gänsehaut aufkommen. Ich hätte gerne ein ähnliches Gedicht wie Ha Phu Huong geschrieben. Phung My scherzte: "Die Pläne der Imperialisten sind sehr gefährlich. Das ist nämlich so: Die amerikanischen Imperialisten stellen Bomben her, die französischen werfen sie ab. Von den Bomben im Zweiten Weltkrieg gab es welche, die explodierten, und welche, die blind waren. Diese hier ist blind, trotzdem tötet sie weiter. Wenn sie nicht die Menschen tötet, tötet sie eben menschliche Gehirnzellen. Diese Bosheit werden wir tausende Generationen lang nicht vergessen." Einige lustige Verse, voller Stolz. Anders als die Trompete konnte diese Bombe nur eintönige Laute von sich geben. Die Laute konnten anfänglich durchdringend sein, aber am Ende waren sie durch Müdigkeit oder Überdruss nur noch wehklagend. Das Gedicht kam nicht zustande. Es hätte einer Melodie bedurft, die nicht vorhanden war.

In der vietnamesischen Sprache gibt es Doppelworte wie "hungrig und frierend" oder "hungrig und zerlumpt". Diese Wortverbindungen beweisen eine überzeugende Logik. Häftlinge froren aus Hunger. Wir alle waren dürr. Niemand von uns besaß eine dünne Fettschicht unter der Haut, die die Kälte davon hätte abhalten können, tief in unsere menschlichen Körper einzudringen. Inmitten des Schnarchens aus Hunderten von Hälsen machte ich vor dem weit geöffneten Fenster wieder fleißig meine *Hatha Yoga*-Übungen.

Der Hunger verrohte die Menschen, die zu sonderlichen Handlungen verführt wurden. Ein Beispiel: strafrechtlich verurteilte Häftlinge mit *geraden Nummern* fingen oft Mäuse, Wasserfrösche, Laubfrösche, Geckos, rösteten sie oberflächlich und aßen sie an Ort und Stelle. Ich sah mit eigenen Augen einen Häftling, der ein Mäusenest mit neugeborenen Kleintieren, deren Augen noch geschlossen waren, aufstöberte. Genau zu diesem Zeitpunkt läutete der Gong den Arbeitsschluss. Alle Feuer mussten gelöscht werden. Rösten war da nicht mehr möglich. Der Mann steckte sich die Kleintiere lebendig in den Mund und zerkaute sie. Das Mäuseblut lief aus seinem Mund. Ein anderer Häftling verzehrte jeden Tag zwei Exemplare der Parteizeitung Nhan dan. Wenn ich das nicht selbst gesehen hätte, hätte ich es nicht geglaubt. Wenn dieser Mann sah, dass jemand Pakete von Zuhause erhielt, kam er zum Betteln. Er bettelte weder um Geld noch um Essbares - es gab übrigens im Lager keine Bettelei -, sondern um Verpackungspapier. Wenn er es bekam, - gleich, welche Art von Papier -, dann aß er es vor den staunenden Augen der Anwesenden sofort auf. Meistens handelte es sich um die Parteizeitung.

"Dieser Mann ist derjenige mit der höchsten Parteilichkeit unter uns!" kommentierte Ton That Tan. "Wir erhalten ab und zu Aufklärung durch Staatsfunktionäre über die Politik der Partei und des Staates. Was wir da hören, behalten wir nicht alles. Dieser Mann schluckt die Worte der Partei in seinen Magen hinein. Wer kann also besser sein als er?"

Jeder von uns wusste, dass Schalen von Süßkartoffeln unverdaulich sind. Trotzdem gab es bei den ärmsten und hungrigsten unter den Häftlingen mit *geraden Nummern* Leute, die aussahen wie wandelnde Geister und die bei jedem Essen in das Haus der *ungeraden Nummern* gingen und dort die am Boden liegenden Süßkartoffelschalen restlos aufsammelten.

Häftlinge mit *ungeraden Nummern* hatten auch Hunger. Sie waren aber meistens älter und konnten sich beherrschen. Jüngere Menschen waren sich in ihrem Hunger offenbar über ihre Handlungen nicht im Klaren.

Unter den Häftlingen mit *ungeraden Nummern* gab es eine sonderbare Person, die aus dem Süden stammte. Dieser Mann hatte ein ungewöhnliches Gesicht. So ein Gesicht hatte ich noch nie gesehen. Wenn man sein Profil von der linken Seite her betrachtete, sah er sehr sanft und gutmütig aus. Doch mit einem Schritt nach rechts hatte man vor sich etwas wie ein furchterregendes Gespenst, einen furchtbaren Teufel. Das war keine Übertreibung: Eine große Narbe verlief von seiner Scheitelspitze bis zur Stirn. Sie schnitt eine Hälfte der Augenbraue weg und zog das Augenlid nach oben, wodurch die Pupille weit geöffnet war. Sein Augapfel war völlig von roten Blutbahnen durchzogen. Eine andere Narbe verlief von der Wange zum Hals, zog dabei den unbeweglich gewordenen Mundwinkel in Richtung Ohr und zeigte eine Hälfte seines unregelmäßigen Gebisses. Das Ergebnis einer weiteren Messerverletzung war ein Armstummel, der nur bis zum Ellenbogen reichte. Daher hatte dieser Mann den Namen *Dan Cut* (Dan, der Verstümmelte).

Auch ein Journalistenhäftling mit dem Namen Nguyen Huu Muon war unter uns, der ebenfalls aus dem Süden stammte. Er wurde - nach seinen eigenen Angaben - wegen einer noch nicht beendeten Erzählung zur Umerziehung eingesperrt oder - nach Angaben von anderen Häftlingen - wegen des Wagnisses, von den Führern schlecht zu sprechen. Muon erzählte, dass *Dan, der Verstümmelte,* aktiv an der Revolution von 1945 bis 1954 beteiligt war. Anfangs wurde er als Henker eingesetzt. Angeblich hat er viele Leute exekutiert. Die Narben in seinem Gesicht kamen daher, dass ein Überlebender aus Rache eine Handgranate nach ihm geworfen hatte. Ein anderer Südländer, Thach Muoi, ein Gläubiger der Religion Hoa Hao, der in unserem Lager Büffelwagen führte, behauptete, dass Dan Cut durch die Rache von Geistern eingesperrt wäre. Dan Cut sei ein Bauer mit sehr geringer Bildung und wenigen politischen Kenntnissen. Es gäbe keinen Grund dafür, dass er eine *ungerade Nummer* (für politische Häftlinge - Anm. d. Übers.) zu tragen hatte.

Über die große Anzahl von Südländern in diesem Konzentrationslager war ich erstaunt. Das grenzte ans Unlogische: sie waren am Kampf gegen die Franzosen beteiligt, Funktionäre und revolutionäre Kämpfer gewesen und entsprechend dem Genfer Abkommen von 1954 in den Norden gezogen. Wer hätte seine Heimat verlassen, um im Norden ins Gefängnis zu gehen? Der Lebenslauf von Thach Muoi war typisch für viele aus dem Süden stammende Häftlinge. Er gab zu, dass seine Verhaftung begründet wäre. Man hätte ihn verdächtigt, zu den Feinden überlaufen zu wollen. Zwei Jahre nach dem Genfer Abkommen von 1954 gab es keine allgemeinen Wahlen, wie sie das Abkommen festgelegt hatte. Manche Leute, die aus dem Süden in den Norden gekommen waren, hatten deshalb Sehnsucht nach ihrem zuhause und suchten selbst den Weg dorthin. An der Grenze am 17. Breitengrad, der die beiden Teile Vietnams voneinander trennte, wurden sie aufgegriffen. Man konnte sie nicht vor Gericht bringen, und so wurden sie zwecks Umerziehung eingesperrt. Wahrscheinlich gehörte Dan Cut zu diesen Menschen. Als ich ihn danach fragte, lachte er zur Antwort mit seiner linken Gesichtshälfte, während sich die rechte Hälfte in frecher provozierender Art anspannte.

Im Lager arbeitete Dan Cut in der Gruppe zur Gewinnung von Hohlraum-Bambus. Obwohl er einen Arm weniger hatte als die anderen, war er der kräftigste Mann. Und er konnte sehr viel essen. Einmal wetteten Häftlinge mit ihm, ob er einen etwa Zehn-Liter-Eimer mit Manioksuppe leeressen könne. Die Suppe bestand zur Hälfte aus Maniok und zur Hälfte aus Wasser. Vor den staunenden Augen der Anwesenden, unter ihnen auch Gefängniswärter, nahm Dan Cut langsam und in natürlicher Weise die Suppe zu sich, bis sich der Eimerboden zeigte. Seine ungewöhnliche Kraft ging erst nach einem Arbeitsunfall zu Ende. Normalerweise band er die großen Hohlraum-Bambusstangen in Form eines Floßes zusammen. Dann setzte er sich auf das Floss und ließ das Ganze den Berg herunterrutschen. Andere Häftlinge warfen einzelne Bambusstämme den Berg hinunter, sammelten sie dort und verbanden sie miteinander. An dem betreffenden Tag rutschte Dan Cut wieder mit seinem Floss nach unten, wobei er den riesigen Bambusverbund diesmal aber nicht lenken konnte. Das Floß rutschte anfänglich die gewohnte Bahn entlang, hob dann plötzlich ab und flog in eine andere Richtung, dorthin, wo sich der Berg in eine hohe Mauer verwandelte. Dan Cut wurde aus der Höhe herunter geschleudert. Er verlor das Bewusstsein und sein Körper war voller Blut. Er wurde in die Krankenstation getragen. Leute stürzten hinzu, um nach ihm zu sehen. Jeder dachte, dass er diesen Unfall nicht überleben würde. Doch er überlebte, zur erneuten Verwunderung aller.

Als Dan Cut wegen seines Unfalls behandelt wurde, besuchte Ton That Tan oft diesen kommunistischen Ex-Henker. Ich sah ihn öfters zum Besuch bei Dan Cut auf die Krankenstation kommen und scherzte: "Herr Tan, Sie können niemals der Partei beitreten, weil Sie einen großen Fehler machen, nämlich: keinen eindeutigen Freund-Feind-Standpunkt zu haben." Niemand wusste, woher sich Ton That Tan während der Gefängniszeit medizinische Kenntnisse angeeignet hatte. Jedenfalls konnte er dem fachlich halb wissenden, sehr ungeschickten Lagerarzt gute Ratschläge für die Behandlung geben, nicht nur für Dan Cut, sondern auch für andere Häftlinge. Der Lagerarzt hatte große Achtung vor dem "Meister von Jean Valjean". In jedem schwierigen medizinischen Fall konsultierte der Arzt vorher die Meinung des Meisters. Genauso machten es auch die Häftlinge. Sie suchten oft den "Meister von Jean Valjean" auf, bevor sie sich beim Lagerarzt anmeldeten.

Der Hunger führte sowohl zu guten als auch zu schlechten Entdeckungen. Nguyen Xuan Cao entdeckte an einem Bach Blätter von wildem Sellerie. Der wilde Sellerie hat einen ähnlichen, etwas milderen Geruch wie normaler Sellerie. Nach jeder Arbeit außerhalb des Lagers schleppte unser Sonderkämpfer eine Menge von wilden Gemüsen mit zurück: Amarant, Lattich, Sellerie, *Flugzeug*-Blätter, *Salz*-Blätter und andere. Solche Blätter musste man von weit her holen. In der Nähe des Lagers waren sie von den Häftlingen schon restlos abgepflückt und konnten nicht nachwachsen. Nach der Entlassung von Cao fehlten die grünen wilden Blätter auf unserer Speisekarte.

Eines Tages wurden zwei Häftlinge wegen Lebensmittelvergiftung zum Lager zurückgetragen. Als freiwillige Häftlinge mit Freigang wanderten sie durch den Wald und fanden wilde Litschi-Früchte, die aussahen wie Rambutane (eine haarige Litschi-Art). Die Früchte waren sehr süß. Welche Gifte sie enthielten, wusste keiner. Als die beiden zu einem bestimmten Zeitpunkt nicht wieder im Lager erschienen, gingen Polizisten nach ihnen suchen. Sie fanden die beiden bewusstlos unter einem Baum liegen, mit Speichel vor dem Mund.

Der Winter kam. Ich schenkte Ton That Tan das Paar Basketballschuhe, das mir meine Frau gebracht hatte. Ich konnte nicht zusehen, dass mein alter Freund in einer dünnen Wattejacke fror. Um den Leib wurde die Jacke mit einem Bananenstrick verschnürt, so dass der scharfe kalte Wind keinen Zutritt fand. Tans Gesicht war lilafarbig vor Kälte. Ich behielt nach wie vor das Paar mongolische Lederschuhe. Ein paarmal wollte ich sie wegwerfen. Doch ich behielt sie. Man konnte nie wissen. Die Schuhe hatten vier Jahre lang keine Schuhcreme erfahren, und das Leder wurde hart. Wenn ich sie dann eine Weile trug, wurden sie wieder weich. Ich benutzte sie nur im Winter. Im Sommer benutzte ich Sandalen aus Autoreifen, die ich gegen zwei Zigarettenpackungen der Marke *Tam Dao* getauscht hatte. In der letzten Zeit brachte mir meine Frau keine Zigaretten der besseren Marke *Dien Bien* mehr. Daran erkannte ich, dass sich die Schwierigkeiten für meine Familie verschlimmert hatten. Meine Frau musste nicht nur jeden *Dong*, sondern jeden *Hao* (ein Zehntel von *Dong*) sparen.

Der einzige Mensch im Lager, der niemals ein Paket bekam, war Ton That Tan. Aber er gewöhnte sich daran. Vierundzwanzig Jahre lang bekam er nichts. Was er hatte, das nicht aus dem Lager stammte, das bekam er von Häftlingen geschenkt. Er war standhaft. Er nahm nicht von jedem Geschenke an. Ich erinnerte mich, dass ich ihn zum Essen (von Klebereis mit Hühnerfleisch, Keksen...) einlud, als ich von meiner Familie Pakete erhalten hatte. Hartnäckig nahm er meine Einladung nicht an. Ich war ihm böse.

Die Basketballschuhe nahm er bewegt in Empfang. Normalerweise schenkten ihm Häftlinge gebrauchte Gegenstände, weil ihre Familien arm waren und keine neuen Sachen schicken konnten. Meine Basketballschuhe waren brandneu und rochen nach frischem Gummi. An einem Tag, an dem es sehr kalt war und die Leute sich gegen die Kälte mit allem zudeckten, was sie besaßen, trug er nach wie vor seine ewigen Gummisandalen mit den ständig herunter rutschenden Riemen. Ich machte ihm Vorhaltungen, weshalb er denn bei dieser Kälte die Schuhe nicht trug. Er sagte:

"Ich schätze Ihre Gefühle. Aber die Schuhe sind sehr wertvoll. Ich bin noch gesund und kann das noch vertragen. Ich bewahre sie für den Winter auf, in dem ich keine Kraft mehr habe..."

Um Gotteswillen! An welches Jahr, an welchen Winter dachte er, wenn er bereits ein viertel Jahrhundert hinter Gittern verbracht hat?

Im Jahre 1976, dem Jahr meiner Entlassung, benutzte Ton That Tan die Basketballschuhe noch immer nicht.

Während meiner Gefängnisjahre stellte ich fest, dass die Anzahl der Häftlinge, die entlassen wurden, im Vergleich zu der, die eingeliefert wurden, bedeutend geringer war. Ab und zu gab es eine Welle von Entlassungen von jeweils etwa zwanzig Personen. Die meisten von ihnen hatten ein Urteil bekommen. Einige ganz wenige von ihnen hatten sich in Untersuchungshaft befunden. Die Anzahl der neu eingelieferten Häftlinge wurde mit jedem Tag grösser. Nach einer bestimmten Zeit fanden Verlegungen statt. Alteingesessene Gefangene wurden in andere Lager oder in neu errichtete Lager verlegt, um dadurch Platz für neue Gefangene zu schaffen. In einzelnen Lagern sah man auch neu errichtete Bauten, ein neuer Lagerteil folgte dem anderen neuen. Wenn man ein Diagramm erstellte, würde man leicht erkennen, dass die Anzahl der Häftlinge mit jedem Tag wuchs.

Ein Häftling wurde prinzipiell nicht lange in einem Lager gefangen gehalten. Dadurch gab es wenig Fluchtversuche. Wenn einer lange an einem Ort blieb, lernte er die Örtlichkeit und das Umfeld gut kennen, so dass Fluchtpläne geschmiedet werden konnten. Das war die Erklärung von langjährigen Häftlingen.

Ich erfuhr von Ausbrüchen einiger Häftlinge mit *geraden Nummern.* Über die Flucht von *ungeraden Nummern* war mir nichts bekannt. Leute mit *ungeraden Nummern* saßen meistens in Untersuchungshaft. Sie hatten nicht das Bedürfnis, in die Gesellschaft zu flüchten, in der sie sowieso ihre Aktivitäten im Sinne der *ungeraden Nummern* fortsetzen würden. Meistens waren das keine politischen Gefangenen. Sie saßen nur deswegen im Gefängnis, weil die Administration vorsichtig war. Häftlinge mit *ungeraden Nummern*, die vor Gericht verurteilt wurden wie Teilnehmer an Christenaufständen, dachten nicht an Flucht; denn die meisten von ihnen, Würdenträger in höherem

Alter, waren nicht in der Lage, eine Flucht zu unternehmen, auch wenn sie es gewollt hätten. Jüngere Gläubige, die den Würdenträgern einst bei den Aufständen gefolgt waren, blieben im Lager, um diese alten Herren zu pflegen. Chinesen wären nicht geflüchtet, auch wenn das Tor zugunsten ihrer Flucht weit geöffnet gewesen wäre. Im vietnamesischen Gefängnis zu sitzen war besser, als in China zu leben.

Die Flucht von Thang Hoa war erwähnenswert wegen ihrer Tragikomik. Obendrein hatte ein daran Beteiligter mit dem schon erwähnten Han Coi (Han, der Siechende) etwas zu tun.

Thang Hoa war ein bekannter, wortkarger und höflicher *Offizier* von mittelmäßiger Größe. Er war eine eigenartige Persönlichkeit unter den *geraden Nummern.* Als Untersuchungshäftling wusste er nicht, wann er entlassen würde. Er bereitete insgeheim seine Flucht vor und verlor darüber an niemanden ein Wort. Nach dem klassischen Verfahren verwendete er Salz und Urin als Mischung zur Korrosion der Eisenstäbe am Fenster. Dazu brauchte er eineinhalb bis zwei Monate Zeit. Als er seiner Sache sicher war, verbog er eines Nachts, als die anderen Häftlinge tief schliefen, die Fensterstäbe. Doch als er seinen ganzen Körper aus dem Fenster streckte, fasste ihn jemand am Bein. Es war Nhan, ein *letzter Soldat.* "Lass mich bitte mitkommen!" bat Nhan inständig.

In diesem Moment konnte Thang Hoa diesen Nhan nicht mehr zurückweisen. Er musste ihn mitnehmen. Nach dem Ausstieg bogen sie die Eisenstäbe in die ursprüngliche Form zurück. Die Bruchstellen verschmierten sie mit kaltem Reis und Asche, so dass die Eisenstäbe aussahen wie alle anderen. Sie krochen zur Lagermauer. Thang Hoa hatte dort vorher eine Bambusstange bereitgelegt. Im Lager wurde gebaut, und einige Bambusstangen lagen herum. Häftlinge hatten nach der Arbeit wie immer nicht richtig aufgeräumt. Thang Hoa verbog die Stange so, dass die beiden Enden zusammenkamen. Er verschnürte sie miteinander und erzeugte einen ringartigen Haken, den er auf eine mit Stacheldraht umwickelte Säule der Mauer warf. An dem Bambusring hielten sie sich fest, traten mit ihren Füssen gegen die Mauer und zogen sich hoch.

Sie liefen die Eisenbahnstrecke entlang und entfernten sich vom Lager. Nhan wurde müde und hungrig. In der Nähe einer kleinen Stadt schickte Thang Hoa seinen Begleiter los, um Essbares und Kleidung zu stehlen. Von einem Suppenimbiss holte Nhan zwei Satz Bekleidung, ein Huhn und eine Flasche Schnaps als Wiedergutmachung für den Älteren. Allerdings hatte Nhan vergessen, auch Salz mitzunehmen. Die zwei genossen Schnaps und ungesalzenes Hühnerfleisch. Nach dem Schnaps wurden sie schläfrig. Nhan legte sich auf die Schiene und schlief tief. Ein Zug kam. Thang Hoa, der wach wurde, hatte gerade noch Zeit, Nhan von der Schiene wegzurollen. Er selbst wurde durch den Fangkorb der Lokomotive am Kopf verletzt. Nhan trug den Freund auf seinen Schultern zum Provinzkrankenhaus. Man fragte ihn nicht nach Papieren und rettete den Verletzten in der Not. Thang Hoa wurde wach, blieb aber unbeweglich. Er wartete, bis er Geld, Kleidung und sogar einen Wecker stehlen konnte. Danach flüchtete er und fand Nhan wieder. Die beiden sprangen in den Zug nach Hanoi.

In Gia Lam stiegen sie aus dem Zug. Nhan hatte Sehnsucht nach seiner Mutter und wollte unbedingt nach Hause, trotz aller Mahnungen von Thang Hoa. Dieser setzte seine Fahrt nach Vinh fort.

Zu Hause konnte Nhan seine Mutter erst sehen, nachdem seine Arme gefesselt worden waren. Ein Gefängniswächter des Lagers hatte sich im Haus postiert. Die Mutter bat den Polizisten inständig, dass der Sohn mit ihr ein Mittagessen nehmen dürfe. Aber umsonst. Die Frau weinte bis zur Bewusstlosigkeit, als der Sohn abgeführt wurde.

Thang Hoa wurde an einem Bahnhof festgenommen. Mit einem Hut auf dem Gesicht, den er kurz vorher gestohlenen hatte, schlief er auf einer Bank, auf der Leute auf ihre Züge warteten, als jemand ihm knurrend sagte, dass er für andere Platz machen solle. Er brüllte:

"Weg mit Dir! Oder soll ich Dir etwas Blut abzapfen?"

Er setzte sich auf und sah vor sich... den Gefängniswächter, der im Lager Aufsicht über seine Gruppe hatte.

Die zwei Flüchtlinge wurden sofort in das Lager zurückgebracht und den Häftlingen damit gezeigt: Ihr seht, das Netz der Polizei ist grobmaschig, aber niemand kommt durch. Niemand kann ihm entfliehen.

Kurz nachdem ich vom Sonderhaftbereich in das allgemeinen Lager verlegt worden war, wurde Han Coi (Han, der Siechende) auch vom Lager B ins Lager A verlegt.

Ich suchte ihn auf. Zum ersten Mal sah ich ihn deutlich aus der Nähe. Er war physisch unterentwickelt und entsprach voll dem Spitznamen, den man ihm gegeben hatte. Er ging an mir vorbei, ohne mich zu kennen. Einige Tage danach näherte ich mich ihm, als er sich allein aufhielt.

"Bist Du Han Coi?"

Er hob den Kopf und schaute vorsichtig zu mir auf:

"Ich grüße den Alten. Was braucht der Alte? Zigaretten etwa?"

Ich schwieg.

"Oder fragt der Alte nach einer Brille? Leider habe ich sie gestern *verschoben* (verkauft)."

Ich lächelte. Er machte jetzt auch Handel.

"Ich grüße Dich."

Er öffnete die Augen weit, um mich anzuschauen.

"Du hast mich noch nicht gesehen, aber ich habe Dich gesehen. Gehst Du noch zum Unterricht?"

Er schrie vor Freude:

"Ja, Du bist der Onkel. Ich dachte, dass Ihr weggezogen seid."

"Nein, ich bin hier."

"Der andere Onkel ist etwa zwei Wochen nach Dir weggegangen."

Das bedeutete, dass Phung My nicht mehr in diesem Komplex war. Wohin wurde er verlegt? Später erfuhr ich, dass er für einige Tage in ein anderes Lager gebracht und dann entlassen wurde. Er musste jedoch in einer landwirtschaftlichen Produktionsgenossenschaft arbeiten. Diese Art von Verbannung wurde bei allen Häftlingen des Verfahrens "*Gruppe der gegen die Partei agierenden Revisionisten*" angewandt, außer an mir.

Der Junge schien enttäuscht zu sein. Er zog mich als den geheimnisvollen Häftling des Sonderhaftbereiches dem normalen Häftling - mit der gleichen Kleidung wie der seinen - vor. Im Sonderhaftbereich hatte ich verschiedene Dinge, die ich ihm schenkte. Hier hatte ich nichts zu verschenken. Trotzdem mochte er mich, in der Art eines guten Bekannten, den man im Gefängnis zufällig traf. Nachdem er Tin Lac getötet hatte, wurde Han Coi gewissermaßen zu den *Offizieren* gezählt, das hieß, er gehörte fast - aber nicht ganz - zu ihnen. In der Rolle eines Draufgängers, der vor keiner blutigen Tat zurückschreckte, musste sich Han Coi ständig ein gewisses, der Rolle entsprechendes Aussehen zulegen, das ihn erschöpfte. Wenn er erschöpft war, kam er zu mir, legte sich in meine Nähe und erzählte mir dieses und jenes. In ihm blieb sein wahres Wesen, das Kind, noch erhalten.

Han Coi liebte seine Mutter sehr. Unsere Unterhaltung konnte sich auf verschiedene Themen erstrecken; sie wurde schließlich immer in Richtung seiner Mutter gelenkt. Vor meinen Augen erschien das Bild einer gutmütigen, sich dem Schicksal ergebenden Lehrerin, die die Aufgaben der Schüler korrigierte und sich sonst mit Strickarbeiten beschäftigte, um etwas mehr als das magere Gehalt zu erhalten. Ich verstand nicht, warum Han Coi nie von einem Vater sprach. Es klang, als ob er niemanden mehr hätte außer seiner Mutter. Vielleicht hatte der Vater seine Mutter verlassen. Er hatte sie vielleicht in einer Art verlassen, die bei Han Coi einen Hass auf den Vater zurückließ. Andere Kinder seines Alters gaben oft viel mit ihren Eltern an: die Eltern wären reich, die Eltern bekleideten hohe Posten. Es gab in der Tat solche Fälle, allerdings sehr selten. Kinder von hohen Funktionären waren meistens verwöhnt. Sie gingen jedoch selten ins Gefängnis. Ihre Familien beantragten in solchen Fällen die Erziehung zuhause.

"Bitte lasst die *gerade Nummer* nicht zu Euch auf Eure Liege kommen!" Ton That Tan gab mir diesen Ratschlag. "Die Leute in der Gruppe mögen das nicht."

"Weswegen mögen sie es nicht?"

"Gauner bleiben immer Gauner. Wenn man nicht aufpasst, stehlen sie gleich."

"Er ist aber ein Neffe von mir."

"Dann ist es etwas anderes."

Nicht nur Han Coi besuchte mich. Auch einige der Offiziere (der anderen Seite) unter den *geraden Nummern* kamen ab und zu mir. Sie kletterten allerdings nicht auf meine Pritsche, sondern kamen, um mich zu einer Runde Tee einzuladen. Ein literaturinteressierter Offizier, der von meinen Erzählungen gelesen hatte, eröffnete die Runde. Dann kamen auch andere. So erfuhr ich viel Interessantes über sie.

Zu mir kam auch ein Junge, der aus dem Süden stammte und mit dem Titel "Held im Kampf gegen die Amerikaner" ausgezeichnet worden war. Er gehörte zu den Kindern, die trotz ihres geringen Alters aktiv und erfolgreich am Kampf gegen die Aggression teilgenommen hatten und dafür hohe Auszeichnungen erhielten. Leutnant Dua, ebenfalls aus dem Süden stammend, wurde beauftragt, diese Kinder zu betreuen. Eines Tages ließ er mir ausrichten, ich solle ihn aufsuchen:

"Die Jungs tun mir leid. Kaum kamen sie in den Norden, wurden sie von den Polizisten geschimpft. Dies können die einen nicht vertragen und geraten gleich in ein Handgemenge. Für die anderen ist der Schulbesuch zu mühsam. Sie alle haben versucht, wieder in den Süden zu gehen, wobei sie festgenommen wurden ..." sagte Dua. "Sie stammen ausnahmslos aus revolutionären Familien."

Ich verstand, was er von mir erwartete:

"Was kann ich für die Jungs tun?"

"Geht bitte öfters zu ihnen und helft ihnen beim Lernen."

"Man kann nicht wissen, ob sie lernen wollen."

"Das ist unsere Aufgabe, Bruder Hien. Wir können unsere Hände nicht in den Schoss legen und zusehen, dass sie sich in Diebe und Räuber verwandeln."

Ich nahm das Angebot an. Der Krieg hatte diese Jungs verdorben. Sie wollten nicht mehr lernen und sie störten das Leben im Lager, ahmten die richtigen Gauner nach.

"Wozu lernen, Onkel?" fragten die Jungs. "Wir haben gegen die Amerikaner gekämpft. Wir dachten, dass es hier im Norden sehr schön wäre. Aber nein, das ist nicht so. Wir wollen nur zurück."

"Bevor Ihr zurückgehen könnt, müsst Ihr noch eine Weile hier bleiben. In dieser Zeit müsst Ihr etwas lernen, um gebildete Menschen zu werden."

"Man sperrt uns ein. Wir wollen nicht hier bleiben. Wenn man uns nicht frei lässt, werden wir einen Weg nach draußen finden. Die paar Stacheldrahtzäune haben für uns gar keine Bedeutung ..."

Ich konnte ihnen keinen Unterricht geben. Doch einige Male in der Woche ging ich zu ihnen und erzählte ihnen Geschichten mit erziehendem Inhalt. Es waren sehr nette Kinder. Ich hatte sie gern, und sie mich auch.

Einmal konnte der kleine Dien, der aus der Provinz Thua Thien stammte, wegen einer Erkrankung nicht urinieren. Er heulte vor Schmerz. Der Lagerarzt behandelte ihn, allerdings ohne Erfolg. Ich ließ Dua wissen, dass mich die Lagerleitung - mit Begleitung - in den Berg schicken solle, damit ich nach Naturheilmitteln für diesen Krankheitsfall suchen könne. Vielleicht könnte ich helfen. Die Lagerleitung stimmte zu und ließ mich - ohne Begleitung - in den Berg gehen.

Ich kletterte auf einige Hügel in der Umgebung, grub Wurzeln von Wildgras aus und sammelte die Blätter einiger Grasarten - *thai lai, cuc ao.* Auf dem Weg zurück zum Lager nahm ich ein genüssliches Bad an einer Wasserquelle. Aus den drei Grasarten wurde ein dicker Sud gewonnen, den man dem Patienten verabreichte. Eine Stunde danach kam Dien zu mir und berichtete verlegen:

"Onkel, ich kann schon pinkeln."

Nach dieser erfolgreichen Behandlung des kleinen Dien wurde ich als Heilkundiger bekannt.

Han Coi mochte die "Helden im Kampf gegen die Amerikaner" nicht. Er war neidisch. Es missfiel ihm, zu sehen, dass ich öfters zu den Kindern aus dem Süden ging. Später passten sich die *Helden im Kampf gegen die Amerikaner* den Gaunern an. Nach einigen Handgemengen hatten sie voreinander Respekt. Seit diesem Zeitpunkt verkehrte Han Coi mit ihnen.

Abseits von allen diesen Beziehungen stand ein Junge, der schwarz aussah, schmutzig wirkte und Han Coi als freiwilliger Anhänger ständig begleitete. Wenn Han Coi auf meine Pritsche kletterte, hielt er sich in gewisser Entfernung zurück.

"Was ist der Junge für Dich?" fragte ich Han Coi.

"Er ist der letzte *Dreck.* Er wurde öfters geschlagen. Einmal habe ich ihn in Schutz genommen. Jetzt folgt er mir. Und ich kann ihn schlagen."

"Wieso schlägst Du ihn?"

"Ich will ihn nur erziehen. *Liebe wird durch Schläge erteilt, Missfallen durch Großzügigkeit.* Der Kerl ist sehr dumm."

"Du musst ihn durch Zureden erziehen."

"Hier ist das anders. Nur mit *Schmettern* (Schläge) kann man etwas erreichen."

"Hat er Verwandte?"

"Keine. Er ist der letzte *Dreck* und kriegt nichts geschickt."

Aus heiterem Himmel kam jemand den Jungen besuchen. Geschenke gab es nicht viel. Trotzdem war das ein großes Ereignis. Etwa fünf Jahre lang war er als einer betrachtet worden, der kein Haus zum Wohnen und kein Fleckchen Erde zum Begraben hätte. Er war getreten und verachtet worden. Nun hatte er eine richtige Familie wie jeder andere.

Ich wurde von ihm zum Essen von Reiskuchen, gebratenen Klößen, Keksen, zum Teetrinken und zum Rauchen eingeladen. Die beiden letzten Positionen gehörten nicht zu den Geschenken seiner Familie. Er hatte sie gegen Kuchen getauscht. Ganz ordentlich. Zu den Teilnehmern am Festessen zählten außer

Han Coi noch Chau Bun, Ba Xuyen und Quang Coong. Chau Bun nahm vor 1954 als Minderjähriger aktiv am Kampf gegen die Franzosen teil und ging danach in den Norden. Ba Xuyen und Quang Coong waren berüchtigte Gauner aus der Stadt Haiphong.

"Mein Bruder hat mich besucht", erzählte der kleine Junge.

"Was macht er?"

"Er ist Journalist." Er hob sein Gesicht und blickte stolz in die Gesichter der anderen.

"Das ist wahr", ergänzte Han Coi.

Der Junge zeigte ein schmutziges Stück Papier. Ich nahm es entgegen und faltete es auf der Matte auseinander. Es war ein Zeitungsartikel mit dem Namen eines unbekannten Verfassers. Der Artikel war langweilig, der Stil serienmäßig; doch jedenfalls war sein Bruder ein Journalist.

"Warum hat Dich Dein Bruder jahrelang nicht besucht?"

Er lachte erfrischend:

"Er hat es gar nicht gewusst. Ich bin hier, und zuhause wusste niemand davon."

Dann erzählte er in allen Einzelheiten den ganzen Vorgang, wie er ins Gefängnis geraten war:

Von seinem abgelegenen Dorf in der Provinz Nghe An fuhr er nach Hanoi. Er hatte gehört, dass die Hauptstadt sehr schön sei, den Turm der Schildkröte (Thap Rua) habe, Straßenbahnen und viele Autos. In der Stadt würde es sehr, sehr viele Menschen geben. Es war kurz vor dem Nationalfeiertag. An diesem Tag sollte es noch schöner sein. Es gäbe dort viele elektrische Straßenlampen. Die Straßen wären in der Nacht hell erleuchtet, wie am Tag. Man könne bei diesem Licht auch eine heruntergefallene Nadel finden. Er stahl Geld von seinem Vater und ging in die Stadt Vinh, wo er nach dem Lösen einer Fahrkarte in den Zug einstieg.

Hanoi war richtig schön. Genauso, wie die Leute es erzählt hatten. Am Nationalfeiertag waren jedoch sehr viel Menschen unterwegs, und er verlief sich mehrfach. Deshalb konnte er Onkel Ho nicht sehen.

"Schade!" unterbrach Han Coi. "In jenem Jahr ging ich zusammen mit einigen anderen zur Feier. Ich habe Onkel Ho tatsächlich gesehen. Bei der Demonstration waren sehr viele Menschen. Es gelangen uns einige schöne *Griffe,* und wir hatten an diesem Tag viele *Scheine* (Geld)."

Der Junge fuhr mit seiner Erzählung fort: Mit großem Hunger ging er in einen Suppenladen. Er aß eine Schale, hatte noch immer Appetit, aß eine zweite. Er stand auf und tat, als ob er nach Geld suche. Er suchte in der einen, dann in der anderen Tasche und fand kein Geld. Er sagte, er wäre beklaut worden, und bot seine Sandalen als Zahlungsmittel an. Die Verkäuferin schrie laut und beschuldigte ihn des Diebstahls. Passanten versammelten sich. Die Polizei kam mit Sirenen an, führte ihn ab und brachte ihn ins Revier.

Der Junge hatte mächtig Angst. Insbesondere hatte er Angst davor, nach Hause geschickt zu werden. Sein Vater würde ihn wegen des Geldstehlens totschlagen. Er weinte. Ein älterer Gauner, der in der Nähe war, riet ihm aus Mitleid, wie man bei der Polizei Angaben machen sollte. So gab er sich einen fremden Namen und gab eine aus der Luft gegriffene Wohnanschrift an. Die Überprüfung der Polizei ergab nichts. Man war der Meinung, er wäre ein professioneller Gauner ohne feste Wohnanschrift und schickte ihn in Untersuchungshaft.

Im Gefängnis war er der *letzte Dreck,* weil er kein Gauner war. Im ersten Jahr weinte er leise. Im Jahr danach gewöhnte er sich an das Gefängnisleben, das im Vergleich zum Leben auf dem Dorf erträglicher war, vor allem, was die Ernährung betraf. Dass er von den Stärkeren drangsaliert wurde, war für ihn schlimm. Er musste für sie waschen und sie abends massieren. Trotzdem nahm er das nicht übel. Überall musste man arbeiten. Am Ende des dritten Jahres gab es eine Auseinandersetzung, als er nach der Misshandlung durch einen Stärkeren gegen diesen revoltieren wollte. Der schlug ihn mehrfach heftig. Han Coi sprang ein und beschützte ihn. Seit diesem Zeitpunkt war er Anhänger von Han Coi.

Nach einem (dreijährigen Haft-)*Befehl* wurde er nicht freigelassen. Man ließ keinen Häftling frei, wenn dessen Heimat unbekannt war. Hinzu kam das schlechte Umerziehungsverhalten. Man ließ ihn nicht frei, weil man befürchtete, dass *das Pferd wieder dem alten Pfad folgt.*

Durch Zufall fand er ein Zeitungsblatt, auf dem der Name seines Bruders stand. Stolz zeigte er es den anderen. Die Gauner lachten laut: "Du und Dein Journalistenbruder. Nur Lüge!" Er wurde böse, konnte aber nichts tun. Ärgerlich weinte er. Die Gauner lachten noch mehr.

Sein Gefängniswärter, der eine Bildung von zehn Schuljahren genossen hatte, sah ihn weinen. Er fragte nach dem Grund und las das Zeitungsblatt. Während seines Urlaubs ging er zur Redaktion der Zeitung, wo er den Autor des Artikels traf. Der Mann war tatsächlich der Bruder des Jungen. Die ganze Familie hatte gedacht, dass der Junge irgendwo unterwegs gestorben wäre. Nun erfuhr man, dass er noch lebte. Der Journalist freute sich und betrachtete den Gefängniswärter als Wohltäter. Er besorgte in aller Eile von der Redaktion eine Bescheinigung, mit der er zum Lager ging und um die Freilassung seines jungen Bruders bat. Aber er musste mehrere Male hingehen.

Beim ersten Mal verlangte man eine Bescheinigung von der Verwaltung seines Heimatortes, mit einem Brustbild des Jungen aus der Zeit, als er noch zu Hause gewesen war. Ein anderes Mal war die Überprüfung durch das Amt noch nicht beendet. Ein weiteres Mal war die Überprüfung beendet, der *Befehl* aber nicht. Es war noch nicht die Zeit für eine Prüfung seiner Freilassung. Als zeitbewusster Mensch widersprach der Journalist niemals der Behörde. Er bedankte sich bei der Partei und beim Staat, wartete in Ruhe ab und ging seinen Bruder mit Geschenken besuchen.

Der Krieg wurde immer härter. Am Himmel über Tan Lap, der bis dahin ruhig geblieben war, erschienen immer häufiger amerikanische Abfangjäger, meistens vom Typ *Thunderchief* und *Phantom*. In manchen Nächten flogen sie in sehr geringer Höhe. Ton That Tan und ich, wir blieben ruhig in unseren oberen Stockbetten und schliefen weiter. Die Wärter leuchteten mit Taschenlampen und fanden uns im Bett. Sie waren verärgert:

"Es ist die Regel, dass man bei einem Flugzeuganflug auf den Boden geht. Warum klettert Ihr nicht herunter?"

Ton That Tan blieb höflich:

"Herr Kader! Die Flugzeuge sind derart schnell. Kaum gibt es Alarm, sind sie schon da. Für uns alte Menschen könnte das Gute das Schädliche nicht ausgleichen, wenn wir uns beeilen. Wir könnten uns dabei die Arme oder die Beine brechen und Sie belästigen ..."

Danach verfügte die Lagerleitung, dass die Häftlinge aus Vorsicht vor Luftangriffen täglich früh aufstehen, am Tag weit vom Lager entfernt arbeiten und Mittagspause machen und erst in der abendlichen Dunkelheit zum Lager zurückkehren mussten. Die ganze Zeit flochten alle Häftlinge, auch die mit *geraden Nummern*, Flächen aus Bambusblättern, keiner wusste wozu.

Eines Mittags lag ich im Halbschlaf auf einem Haufen von geflochtenen Flächen, als mich Ton That Tan weckte:

"Herr Hien! Han Coi ist gestorben."

Ich sprang auf:

"Was, was ist mit Han Coi?"

Vollkommen blass im Gesicht teilte er mir mit:

"Han Coi wurde durch Messerhiebe getötet."

"Wer hat das getan?"

"Das weiß man nicht. Aber es ist Han Coi. Der Kader ist gekommen und hat es gesagt."

In der Ferne bewegten sich Leute in gelben Uniformen zwischen den Bäumen. Einige Wärter kamen vom Ort des Geschehens zurück. Ich hörte undeutlich:

"Der Junge wird sicher sterben. Das Blut bildet eine Lache. Furchtbar!"

"Die Arterie am Hals ist getroffen. Er hat gar keine Chance."

"Ich weiß nicht. Der gehört zur Gruppe von Herrn Thach. Wie heißt der Mörder?"

"Man denkt nicht, dass er so grausam sein kann. Er sieht normalerweise ganz friedlich aus."

Ich wollte schnell zu Han Coi laufen. Aber ich konnte es nicht. Mein Han Coi! Ich liebe Dich sehr, ich will wissen, was Dir geschehen ist. Ich will sehen, ob ich Dir noch helfen könnte. Aber ich bin selbst ein machtloser Häftling.

Später bedauerte ich es, den Wächter nicht um die Genehmigung gebeten zu haben, zu Han Coi gehen zu dürfen. Er hätte sie mir geben können.

Folgendes war passiert:

Wegen seiner Flucht mit Thang Hoa wurde Nhan nach seiner Festnahme für einen Monat gefesselt. Danach lebte er ein Leben als *letzter Dreck.* Thang Hoa wurde zurückhaltend, obwohl er vorher zu den *Stärkeren* gehört hatte. In der Häftlingsgemeinschaft sank der Wert von Leuten mit misslungenem Fluchtversuch sofort.

Eines Tages fand Nhan ein totes Huhn. Hühner wurden normalerweise zur *Verbesserung des Lebens* in den Häusern der Angestellten gehalten. Eine Seuche grassierte, und die Hühner starben in so großen Mengen, dass man sie nicht schnell genug essen konnte. Manche verseuchte Hühner liefen in die Büsche und starben irgendwo. Eines dieser toten Hühner fand Nhan. Das Huhn war etwas aufgequollen. Doch für hungrige Häftlinge war es ein Huhn, auch, wenn es schon zu stinken anfing. Nhan rupfte die Federn, zerriss das Tier und begann damit, es am Feuer zu rösten.

Han Coi, der vorbei ging, fragte:

"Was machst Du da?"

Nhan lachte:

"Ich habe ein Huhn gefunden."

"Gefunden, oder von der Lagerleitung gestohlen?"

"Nein, so etwas tue ich nicht. Das tote Huhn lag im Busch."

"Stinkt es schon?"

"Nein, es ist noch gut."

"Ja?"

Han Coi unterhielt sich eine Weile mit anderen *Stärkeren,* dann kehrte er zu Nhan zurück:

"Ist es soweit?"

"Bald, Bruder Han."

Han Coi nahm Nhan den Stab aus der Hand und steckte ihn probeweise in das Tier:

"Es ist gut."

Dann nahm er das zum Essen fertige Tier und ging.

"Wir haben gerade eine Feier. Du kriegst dafür später vier Portionen Reis."

Nhan konnte in seiner brennenden Wut nur hinterher lachen. Er schliff das Arbeitsmesser ganz scharf und näherte sich Han Coi, als dieser Mittagsschlaf machte. In Kampfpositur stand er über Han Coi.

"Han Coi!"

Dieser wachte auf.

"Sieh her, wie ich Rache übe!"

Er versetzte ihm mit dem scharfen Messer einen mächtigen Hieb, in der Art, wie man Kleinholz machte. Es war der entscheidende Hieb.

Han Coi sprang auf und hielt sich am Hals fest:

"Nhan, wie kannst Du so grausam sein?"

"Ja, das bin ich!" schrie Nhan und traf mit dem nächsten Hieb die Hand, die den Hals festhielt.

Die Mithäftlinge stürmten auf ihn zu und nahmen ihm das Messer weg. Wächter legten ihm Handschellen an. Mit unbewegtem Gesicht hockte er in einer Ecke. Er sah nicht in die Richtung, in der die anderen seinen Feind im Todeskampf umringten.

40

Umerziehungskonzentration

Im Vergleich zu den vorherigen Lagerverlegungen kam jene am Ende des Jahres 1973 für mich gar nicht überraschend.

Tage vorher bereits gingen Gerüchte über ein bevorstehendes ungewöhnliches Ereignis um. Im Sekretariat der Lagerleitung trug man große Stöße von Unterlagen hin und her. Das Vorhaben war eindeutig geheim, denn Polizisten übernahmen die Arbeit. Die Schreibmaschinen arbeiteten pausenlos, geräuschvoll.

Häftlinge waren Superträumer. Vielleicht würde es eine *Generalamnestie* geben, flüsterten sie mit freudigen Gesichtern. Warum sollte keine *Generalamnestie* verkündet werden, wenn lauthals verkündete Siege nacheinander die Zeitungen schmückten? Die Vierer-Konferenz in Paris (1973) konnte die Amerikaner zwingen, die Bombardierung des Nordens einzustellen und ihre Truppen abzuziehen. Seit längerer Zeit hatte es jährlich *Sonderamnestien* gegeben. Eine *Generalamnestie* wäre keineswegs etwas Unvorstellbares. Die Zeit sei gekommen. Am Vorabend der Verlegung kam jedoch die Nachricht, dass es sich leider nicht um eine *Generalamnestie*, sondern um eine *große Aufteilung der Menschenherde* handelte. Und das galt für alle Häftlinge, sowohl für die *geraden* als auch für die *ungeraden Nummern*. *Freiwillige* Häftlinge, die gute Beziehungen zu Mitarbeitern der Lagerleitung pflegten, bekamen diese Nachricht mitgeteilt. Das ganze Lager wurde unruhig. Die Häftlinge rannten von einem Haus zum anderen, um sich gegenseitig dieses und jenes zu schenken. Dadurch vermieden sie es, in der Hektik der Verlegung etwas zu vergessen.

Verlegungen gefielen den Häftlingen ganz und gar nicht, auch wenn das Lager, in dem sie sich gerade befanden, miserabel war. Eine bekannte Misere war noch immer besser zu ertragen als eine unbekannte. Es hatten sich verschiedene familienähnliche Grüppchen gebildet, innerhalb derer die Häftlinge in ihrem Gefängnisdasein miteinander vertraut wurden, sich gegenseitig unterstützten und trösteten. Nun hatte jeder Angst, von den ihm nahestehenden Menschen getrennt zu werden. Nach außen hin aßen, sprachen und lachten sie miteinander, als ob alles normal wäre. Aber innerlich flossen die Tränen. Wer geht und wer bleibt am nächsten Tag? Kaum ein Häftling konnte in der Nacht schlafen. Am unsteten Lichtschein in den Fenstern der Haftäume merkte man, dass sich die Häftlinge gemeinsam etwas Heißes zubereiteten, eine Manioksuppe oder Tee, der Lagerordnung zum Trotz. Aus einem Haftraum der Leute mit *geraden Nummern* klangen die ganze Nacht

Gitarrenklänge von ein und demselben Satz irgendeiner bekannten Melodie herüber, "*ting ting ting...*"

Das Lager blieb die ganze Nacht wach.

Als es richtig hell wurde, kamen die Wärter geräuschvoll mit den Schlüsseln ins Lager. Schon wollten sich die Häftlinge freuen, denn üblicherweise wurden Verlegungen in der Nacht vorgenommen. Man hoffte, dass die Nachricht über eine Verlegung nur eine Ente wäre. Doch dann wurden die Türen einiger Hafträume der Leute mit *ungeraden Nummern* geöffnet. Namen wurden aufgerufen. Tumult. Tatsächlich Verlegung. Nicht alle Häftlinge mit *ungeraden Nummern* mussten gehen. Diejenigen, die gehen mussten, packten in Eile ihre sieben Sachen zusammen.

Ich warf meine Tasche auf einen Wagen und kletterte hinterher. *Que sera, sera,* dachte ich. Ton That Tan kletterte auch hoch und setzte sich mit unbewegtem Gesicht neben mich. Keiner wusste, die wievielte Verlegung er, im Wagen schaukelnd, in seinem Leben bzw. in seinem Häftlingsleben - was dasselbe war - erlebte.

Ich fange an, alt zu werden, dachte ich. Wenn man keine Veränderung mehr mag, wenn man nur nach seinen Gewohnheiten leben will, ist das ein Zeichen, dass man anfängt, alt zu werden. Wann werde ich aus diesem Ort heraus kommen? Es ist gleich, wann, jedenfalls will ich meinen Kopf nicht beugen. Ich kann nicht ein zweites Mal leben. Die Welt wird sich verändern. Eine Veränderung ist unvermeidbar, solange es noch Staaten dieses Typs gibt.

Einige Tage vor dieser Verlegung war Nhan zu mir gekommen. Er war nur für einen Monat gefesselt worden. Das Gerichtsverfahren über den Mord an Han Coi wurde im Lager durchgeführt. Das Urteil lautete auf zwanzig Jahre Haft für Nhan.

"War Han Coi wirklich Ihr Neffe?" fragte Nhan und setzte sich neben mich.

"Und?"

Er war traurig:

"Ich bitte Sie um Entschuldigung. Ich habe es nicht gewollt."

Ich sah in sein junges Gesicht, das Gesicht eines Mörders, mit Flaum über der Oberlippe:

"Ich verstehe."

"Ich habe es wirklich nicht gewollt. Aber er hat mich derart erzürnt."

So war es. Ein Zornesausbruch kostete ein Menschenleben.

Vor einigen Monaten hatte ich meine Familie sehen dürfen. Man verhielt sich mir gegenüber großzügiger. Ich durfte mit meiner Frau einen Tag und eine Nacht zusammenbleiben. Im Gästehaus des Lagers hielt sich noch eine Frau auf, die Geschenke brachte. Sie war dürr und bewegte sich lautlos wie ein Schatten. Meine Frau bereitete das Essen und lud sie zum Mitessen ein.

Es war die Mutter von Nhan. Sie erzählte, dass alle Komplikationen in der Familie durch ihren Mann verursacht wurden. Er war Parteimitglied und Direktor eines Betriebes, der Elektrogeräte herstellte. Ständig hatte er Sitzungen und kümmerte sich gar nicht um die Kinder. Weil aber die Familie keine Erziehungsarbeit leistete, übernahmen die Straßen der Stadt diese Arbeit. Nhan wurde verdorben. Er wurde von der Polizei einige Male festgenommen. Sie bat dort um Entlassung und das Kind wurde freigelassen. Doch es änderte sich nicht und blieb bei seiner Verdorbenheit bis zu dem Tag, an dem der Vater es nicht mehr aushalten konnte. Er schleppte sein Kind zum Polizeirevier: "Ich bitte die Partei und Regierung um die Erziehung dieses Kindes." Die Frau weinte, aber der Mann änderte seine Meinung nicht. Das Weinen seiner Frau ertrug er einen Monat lang, dann ging er erneut zum Revier: "Ich danke den Genossen. Ein Monat ist vergangen. Ich nehme an, dass das Kind das Fürchten gelernt hat. Ich bitte um seine Entlassung, denn seine Mutter weint sehr." Die Polizei gab ihm zur Antwort: "Was heißt Entlassung? So geht das nicht. Sie haben uns um die Erziehung des Kindes gebeten und wir haben es ins Lager geschickt."

"Ich bitte Sie um Verständnis. Geben Sie mir bitte ein Papier, mit dem ich zum Lager gehen kann, um das Kind abzuholen."

"Was heißt abholen? Die Stadt hat ihm einen *Befehl der Umerziehungskonzentration* gegeben. Erst in drei Jahren kann es nach Hause gehen."

Nach diesem ersten *Befehl* erhielt der Junge einen weiteren *Befehl*. Die Begründung dafür war, die Umerziehung sei noch nicht erfolgreich. Danach flüchtete er und wurde zum Mörder.

Gemeinsam mit mir wurden einige neue Freunde verlegt. Sie waren kurz vorher von Vinh Quang nach Tan Lap verlegt worden. Die meisten von ihnen waren ehemalige Offiziere der französischen Armee und der Armee von Bao Dai. Nach dem Ereignis im Golf von Bac Bo (Golf von Tonkin) im August 1964 wurden - mit einer geringfügigen Ausnahme - alle diejenigen in Konzentrationslager geschickt, die einst im vietnamesisch-französischen Krieg (1946-1954) auf der anderen Seite gestanden hatten. Man befürchtete, dass diese Menschen im Fall eines Angriffs der Amerikaner gegen den Norden auf die amerikanische Seite wechseln würden.

Ich unterhielt die besten Beziehungen zu Kieu Duy Vinh, einem ehemaligen Hauptmann des französischen Expeditionskorps. Er sah in mir nicht den Angehörigen der Administration, die ihn ins Gefängnis gebracht hatte. Anscheinend bereitete ihm die Gefangenschaft keine großen Schwierigkeiten. Der "Meister von Jean Valjean" stellte fest, dass Kieu Duy Vinh unter allen Häftlingen am geringsten das Aussehen eines Häftlings hatte. Diesem war sein Schicksal gleichgültig. Er erweckte den Eindruck, als wolle er das Gefängnis nur für eine gewisse Zeit besuchen, ohne die Absicht, länger an diesem Ort zu verweilen.

Er sagte mir im Vertrauen: "Ihr, auf der Widerstandsseite, habt unsere Gedanken nicht verstanden. Wir hatten gar keine Lust, für die Franzosen ein Gewehr in die Hand zu nehmen. Unter den Leuten, die jetzt hier sind, gibt es nur wenige, die tatsächlich mit den Franzosen zusammenarbeiten wollten. Die einen wurden zwangsrekrutiert, die anderen mussten in die Armee eintreten, um sich den Reis zum Leben zu verdienen. Unsere Gedanken haben sich vielmehr nach dem Wider-stand gerichtet. Wer von uns Vietnamesen will keine Unabhängigkeit und keine Freiheit? Der Widerstand war erfolgreich und so sind wir geblieben. Wir haben uns richtig gefreut. Wir waren fest davon überzeugt, dass keine Rache geübt würde. Habt Ihr das nicht versprochen? Durch die jetzigen Festnahmen sehen wir, dass Ihr nicht Wort haltet. *Das Vorne und das Hinten stimmen miteinander nicht überein.*" Er erzählte über die damalige Razzia mit der Bezeichnung *Mandarine*. Seine Soldaten hatten einen Vietminh-Kader gefangen genommen, der zum Transport auf einen Wagen geschickt worden war. Unterwegs hatte Vinh den Wagen angehalten, den Gefangenen entfesselt und ihm den Weg gezeigt: " Dort hinter dem Bambus ist Euer Gebiet. Lauft weg!" Der Mann war weggerannt, hatte sich dabei aber ständig umgedreht, aus Angst, von hinten erschossen zu werden. Vinh ergänzte: "Wenn dieser Mann nicht so viel Angst, sondern etwas mehr Mut gehabt und mir empfohlen hätte, mitzukommen, wäre ich zu Euch übergelaufen."

"Schade!" sagte ich.

Vinh zuckte mit den Schultern:

"Ob es schade ist oder nicht, weiß ich nicht. Jedenfalls haben wir Euch während des neunjährigen Widerstands gegen die Franzosen immer als unsere Vorbilder betrachtet. Wir haben Euch im hellen Glanz der Patrioten gesehen."

Der ehemalige Leutnant Le Trinh - Spitzname: Trinh vom Textilladen – erzählte davon, dass er einen seiner Soldaten mit dem Gewehrkolben einen gefangenen Widerstandskämpfer hatte schlagen sehen. Er habe diesen Soldaten, der zudem das Essen für die Gefangenen bringen musste, vor seinen Kameraden mit Schlägen schwer bestraft. Einer der Gefangenen hatte ihn nach dem Kriegsende wiedererkannt und ihn zu einem Essen zu Ehren ihres Wiedersehens eingeladen. Dabei sagte dieser ihm seine Meinung: "Einzelne Leute unter Euch sind sehr nett. Wenn Ihr aber zusammen seid, habt Ihr die Eigenschaften von Bestien."

Diese ehemals feindlichen Offiziere erzählten mir solche Geschichten nicht, um ihre Verdienste hervorzuheben. Wer war ich schon, dass sie sich vor mir derart hervorheben wollten? Ich war genauso ein Häftling wie sie. Sie erzählten es auch nicht, damit ich der Lagerleitung Gutes über sie meldete. Sie wussten ganz genau, dass ich kein Spitzel war. Sie hätten genauso gut ihren lange angesammelten Hass auf mich entladen können. Ob ich wollte oder nicht, ich war ein kommunistischer Funktionär gewesen. Ich glaubte eher, dass sie mir ihre Geschichten erzählten, weil sie noch etwas Menschliches gegenüber denjenigen Kommunisten verspürten, die es mit dem Volk und mit dem Land ehrlich meinten. Ich verstand das und wollte weder streiten noch nach Rechtfertigungen suchen. Ich lachte.

Wir - Menschen von ehemals verschiedenen Seiten der Kampffront - wurden Freunde. Unsere Gewehrkugeln waren in die jeweils andere Richtung geflogen. Glücklicherweise - oder unglücklicherweise? - hatten sie nicht getroffen.

Zu ihrer Gruppe gehörte noch ,Van, der Tischler‘, dessen Familiennamen ich nicht mehr kannte. Ich wusste ebenfalls nicht mehr, welchen Rang - vielleicht Leutnant oder Hauptmann - er bekleidet hatte. Er war äußerst gutmütig und hilfsbereit. Vom ganzen Lager, sowohl von den Häftlingen als auch von den Wächtern, wurde er geschätzt. Nun saß er schaukelnd in einer Ecke des Wagens und blickte kaum nach draußen. Diese Verlegung machte ihn sehr unglücklich. Er musste seinen angenommenen Sohn verlassen, einen ebenfalls gutmütigen Jungen mit einem intelligenten Gesicht. Niemand wusste, weshalb dieser unter die *geraden Nummern* geraten war. Unter diesen Gaunern war er weder *Offizier* noch *letzter Soldat.* Er war jedoch starrköpfig und unterwarf sich niemandem. Auch *Offiziere* mieden Reibereien mit ihm. Andere Häftlinge behaupteten, dass der Junge das Kind der ehemaligen Geliebten von Van, dem Tischler, sei. Der pflegte den Jungen mit väterlicher Liebe und verzichtete zugunsten des Jungen im Gefängnis auf alles Angenehme. Gegenüber seinem angenommenen Vater war der Junge niemals töricht, eher verhielt er sich wie ein kleines Kätzchen.

Als unser Wagen die Stadt Yen Bai erreichte, ließ ihn Unterleutnant Nham anhalten. Er nahm mich mit zu einem Spaziergang in der Stadt. Während der ganzen Fahrt wurden die Häftlinge mit *ungeraden Nummern* nicht an den Händen gefesselt. Mit im Wagen anwesend waren zwei nicht besonders wachsame Polizisten mit Maschinenpistolen. Außer diesen beiden waren Häftlinge dabei, die aus Gründen administrativer Vorsicht festgehalten wurden. Diese versuchten niemals zu fliehen. Sie waren von mittlerem oder hohem Alter und wollten kein Abenteuer.

Ich besichtigte die Stadt und lief dabei langsam die Straßen entlang. Im Gegensatz zu damals, als ich die Gefängniszelle verließ, hatte ich diesmal nur den einen bescheidenen Wunsch, das Umfeld zu beobachten. Diese Stadt bestand nur aus einer Reihe von niedrigen, vom Rauch geschwärzten Häusern am Rand der Straße. Eine staatliche Gaststätte, die Gerichte und fleischlose Suppe auf Lebensmittelmarken verkaufte, war voll mit Kunden. In einem kleinen Laden verkaufte man alltägliche Gebrauchsgegenstände. Andere schief stehende Häuser zeugten nur von Provisorien. Aus den Hütten breitete sich der schimmlige Geruch der Armut über die Straße aus. Hier und da standen dicht am Bürgersteig geräuschlos einige Nähmaschinen und neben kundenleeren Stühlen einige Friseure, die umherblickten. Kümmerliche Schilder machten Werbung: *Hemdkragen und Hosen umnähen, Kleiderreparaturen zur sofortigen Mitnahme, Haare schneiden, Haare schneiden ...* Es erweckte den Eindruck, als ob man im Leben nichts anderes zu tun hätte als Haare zu schneiden und Hemdkragen und Hosen umzuändern oder reparieren zu lassen.

"Unser Land ist sehr arm, nicht wahr?" sagte Nham, der an meiner Seite ging. "Ganz anders als in der Sowjetunion, nicht wahr?"

Statt einer Antwort lachte ich.

Nham wollte mich in eine Gaststätte mitnehmen. Ich wusste, dass er mich beköstigen wollte. Das nahm ich nicht an. Die Tatsache, dass ich das Privileg erhielt, frei herumzulaufen, missfiel den Mithäftlingen bereits.

Das Lager Phong Quang lag in der Nähe der vietnamesisch-chinesischen Grenze in etwa 10 Kilometer Entfernung zur *Straße der Freundschaft,* die von dem befreundeten Staat Kuba neulich erst gebaut worden war, in einer riesigen Vertiefung mitten im Gebirge. Alle diese Einzelheiten über unklare geographische Verhältnisse stammten allerdings von verschwommenen Aussagen der Besucher und von Einheimischen. Die Häftlinge konnten sich selbst keine Vorstellung darüber machen, wo sie sich befanden, da sie bei einer Verlegung in ein neues Lager meistens in der Nacht ankamen.

Die Informationen über das gefährliche Klima in der neuen Gegend erschreckten mich gleich bei unserer Ankunft. Eines stand nämlich fest: dass es in dieser Gegend keine Spatzen gab. Die gebildeten Häftlinge erklärten dies mit dem Instinkt, den die Natur den Tieren vermittle. Sie ahnten die Gefahr und mieden Gegenden, wo eine solche bestehen könnte. In der Tat waren diese sonst überall anzutreffenden Vöglein in Phong Quang nicht zu sehen. Auch andere Vogelarten gab es nicht. Nur in der Nacht hörte man aus großer Entfernung die Rufe des Vogels *Tu qui.* Ob das Wasser in Phong Quang giftig war, und wie giftig es war, wusste niemand. Die Häftlinge aus den landwirtschaftlichen Gruppen berichteten, dass die Behaarung an den Beinen von allein restlos entfernt wurde, wenn man in dieser Gegend in bestimmte schlammige Felder hineinstieg.

Unter den Lagern, die ich erlebte, gehörte Phong Quang zu denen mit einem strengen Haftregime. Keiner wünschte sich die Verlegung in dieses Lager. Die langjährigen Häftlinge trösteten diejenigen mit kürzerer Haftzeit damit, dass in diesem Lager noch nicht das härteste Regime herrsche. Das schlimmste Lager war nach wie vor das Lager *Cong Troi* (Himmelstor), von dem bereits die Rede war.

Kaum erreichte der Gefängniswagen Phong Quang, spürte jeder sofort, dass dieses Lager völlig anders war als das von Tan Lap. Die Polizisten sahen brutal aus, rannten herum und brüllten pausenlos. Es fielen uns sofort Häftlinge auf, die in unmittelbarer Nähe des Lagertores nach der Methode

Feenflügel gefesselt waren. Ihre Brustkörbe waren angespannt und ihre Gesichter knallrot. Später erfuhren wir, dass diese Strafmaßnahme extra in Tornähe vollzogen wurde, damit sie jeder Häftling sehen konnte. Sie war eine Art von Freiluftausstellung. Unterleutnant Nham verabschiedete sich angesichts dieser Bilder zögernd von mir mit den Worten: "Herr Hien, ich muss gehen. Versuchen Sie, es zu ertragen. Ich habe Sie den hiesigen Leuten mit sorgfältiger Vorbereitung übergeben. Hier ist es trotzdem nicht wie in Tan Lap. Ich hoffe, dass Sie bald hinausgehen werden. Jeder Sturm hat auch ein Ende."

Bei mir schien der Sturm noch anzudauern.

Der Himmel schenkte mir einen Ausgleich. Das Lager Phong Quang war interessant wegen seiner außergewöhnlichen Persönlichkeiten. Hier begegnete ich einer einmaligen Sammlung von Häftlingen. Außer den Glaubensanhängern von Religionen und ihren Würdenträgern, den Anhängern von Parteien, deren Namen mir völlig unbekannt waren, lernte ich hier einen Europäer, einige Laoten, einige Kambodschaner, ja sogar Helden der Arbeit der Volksrepublik China kennen. Es gab auch einige Revisionisten, die mit unserem Verfahren gar nichts zu tun hatten. Ich dachte an Pautowskij: "Der Schriftsteller lebt sein natürliches Leben. Es gibt in dieser Welt nichts, was ohne Spuren vor sich geht, die sich nicht zu literarischem Material entwickeln." Er hatte Recht. Die Porträts blieben unbeabsichtigt für immer im Gedächtnis, als ob sie wie mit einem Meißel mit ihren Ecken und Kanten, ihren Unebenheiten, unauslöschlich tief eingemeißelt wären.

Als ich von der Anwesenheit eines *Revisionisten*-Häftlings erfuhr, ging ich eilig auf die Suche nach ihm.

Ja, es gab ihn. Der Mann war als Student in Ungarn gewesen und hatte ein Mädchen aus Budapest geliebt. Die Botschaft beschloss seine Rückführung in die Heimat. Er flüchtete, um bei seiner Geliebten bleiben zu können, wurde jedoch von der ungarischen Polizei festgenommen und, entsprechend der Anforderung der Botschaft, an diese ausgeliefert.

Tatsächlich bestand für vietnamesische Studenten ein Verbot, Liebesbeziehungen zu Ausländern/Ausländerinnen zu unterhalten. Es hieß, dass Ho Chi Minh persönlich dieses Verbot ausgesprochen habe, als die ersten Studenten des kämpfenden Vietnams zum Studium ins Ausland fuhren. Die erste Person, die diesem Verbot trotzte, war eine Studentin. Sie nahm später die polnische Staatsangehörigkeit an und wurde eine hervorragende Architektin. Ende der 1960er Jahre heiratete die Tochter von Le Duan (Generalsekretär der KP) in aller Öffentlichkeit einen Ausländer, was das Verbot völlig zunichtemachte.

In Vietnam verbrachte der unglückliche Student eine gewisse Zeit im Feuerofen (Hoa Lo) und wurde dann nach Phong Quang verlegt.

Ein anderer Mann hatte in Russland entweder Philologie oder Literatur studiert (genau weiß ich das nicht mehr). Als ich ihn nach dem Grund seiner Haft fragte, wurde er undeutlich. Möglicherweise hatte er in Hanoi mit russischen Lehrern Kontakte gepflegt. Die beiden Männer wurden als *Revisionisten* tituliert. Zumindest war das die Art der Bezeichnung durch die Polizei. Es war nichts darüber bekannt, welcher Verbrechen sie entsprechend ihren Unterlagen beschuldigt waren; sie gehörten jedenfalls nicht zu unserem Verfahren.

Für mich änderte sich die Lage nicht. Ich war auch hier ganz allein.

Unter den Häftlingen, die ich in Phong Quang zuerst kennenlernte, fiel mir wegen seines unerschütterlichen Willens insbesondere ein junger Chinese namens Li Fang auf. Er stellte sich mir als ehemaliger Student einer Universität in Wuhan vor. Von irgendwoher erfuhr er, dass ich Journalist und Schriftsteller war. Er suchte mich auf:

"Ich möchte Sie um etwas bitten", sagte Li Fang auf Vietnamesisch, so deutlich und genau, dass es nicht ganz vietnamesisch klang.

"Worum geht es?"

"Ich möchte Sie bitten, mir bei meinem Versuch der Lateinisierung der chinesischen Schrift zu helfen."

Ich zögerte:

"Ich kenne die chinesische Sprache nicht, ich kenne die Besonderheiten der chinesischen Aussprache nicht. Wie kann ich Ihnen helfen?"

"Doch, Sie können es. Ich werde Sie nur fragen, wenn es sich als notwendig erweist. Ich werde es selbst untersuchen. Sie sind aus Hanoi. Ihre Aussprache entspricht dem Standard. Sie verstehen auch etwas von Sprachlehre. Das ist sehr gut für mich. Wissen Sie, ich finde, dass die Lateinisierung der vietnamesischen Sprache sehr gut ist. Wir müssen von dieser Schreibweise lernen, um die chinesische Schrift mit lateinischen Buchstaben zu schreiben. Wenn es uns gelingt..."

Er verlor kein einziges Wort über seine Gefangenschaft, stellte keine einzige Frage nach dem Urteil, was normalerweise beim ersten Kennenlernen an diesem Ort die ewigen Themen waren.

China hört niemals auf, große Persönlichkeiten zu hervorzubringen.

Bis ich das Lager Phong Quang verließ, wusste ich noch immer nicht genau, weshalb Li Fang in das vietnamesische Gefängnis geriet. Manche behaupteten, dass er zu einer Anti-Mao-Gesellschaft gehöre. Während der großen proletarischen Kulturrevolution sei er eingesperrt worden. Dann wäre er nach Vietnam geflüchtet. Wenn der Bürger eines Staates, dessen Leben im Normalfall von seinem eigenen Staat bedroht wird, politisches Asyl in einem anderen Staat beantragt, erhält er es. Nicht nur das, er erhält auch Hilfe zum Überleben. Vietnam bildete hier jedoch eine Ausnahme.

Dass Li Fang nicht an China übergeben wurde, war sein Glück. Ob er allerdings gegen Mao tätig war, war mir nicht bekannt. Im Lager von Phong Quang verbrüderte er sich mit einem ebenfalls außergewöhnlichen Häftling, Ly Ca Sa (Ly, die Kutte).

608

Von diesem Ly Ca Sa hatte ich bereits im vorherigen Lager von Tan Lap gehört. Der Mann war schon in verschiedenen Lagern untergebracht, deshalb war er bekannt. Er schien wegen Piraterie verurteilt zu worden zu sein, doch weder von ihm direkt noch von den Angestellten des Lagers erfuhr ich etwas über sein Verbrechen. Auch beim alljährlichen Großen Appell wurde sein Verbrechen nicht erwähnt. Er machte eher den Eindruck, zu den *ungeraden* als zu den *geraden Nummern* zu gehören. Er war ein echter Chinese, jedoch nicht der heutigen Zeit, vielmehr der Zeit der *Räuber von Liang-Schan-Moor* (ca. 12. Jahrhundert). Er war groß, wohl proportioniert, hatte ein Gesicht mit hellen Zügen. Auf den ersten Blick merkte man, dass er ein ehrlicher Mensch war. Er war bekannt für seine ungewöhnliche Kraft. Wenn acht schmächtige Häftlinge einen Ochsenwagen vergeblich eine Steigung hinauf zogen oder hinauf schoben, kam Ly Ca Sa und half mit einem Arm mit, und der Wagen rollte. Mehr als zehn Häftlinge konnten von der Früh bis zum Mittag Wasser aus einem Brunnen nicht ausschöpfen. Ly Ca Sa ließ sie alle weggehen. Er schöpfte mit einem Eimer allein das Wasser des Brunnens aus, bevor es dunkel wurde. Wegen seiner Kraft und seines Fleißes wurde er überall von allen Leuten, auch von denen der Lagerleitungen, geschätzt. Er bekam dafür als einziger ein Privileg: bei jeder Mahlzeit eine doppelte Essensportion. Meiner Meinung nach reichte dem Mann bei einer solchen Körperbeschaffenheit aber auch eine Doppelportion nicht.

Ly Ca Sa liebte Li Fang sehr. Wenn er etwas bekam, verzichtete er darauf zugunsten seines Lieblings. Li Fang nahm das in Anspruch und betrachtete es als etwas völlig natürliches. Er widmete sich den ganzen Tag der Verbesserung der chinesischen Schrift. Wenn man ihn bei der Arbeit sah, hatte man den Eindruck, als ob er sich nicht in Gefangenschaft befände, sondern nach Vietnam gekommen wäre, um hier gute Voraussetzungen für die Vollendung einer sehr wichtigen linguistischen Arbeit zu erhalten.

Niemand wusste, ob diese Untersuchungen des Patrioten Li Fang der Entwicklung der chinesischen Sprache je förderlich gewesen wären. Jedenfalls arbeitete er, wie wir oft sagten, selbstvergessen daran.

Nach einer Inspektion durch den Amtsleiter der Gefängnisverwaltung bestellte mich Leutnant Boy, ein junger und gut aussehender Mann, Verantwortlicher für die Erziehung, zu sich:

"Die Lagerleitung hat die Absicht, Euch die kulturelle Arbeit des Lagers zu übertragen. Wie ist Eure Meinung?"

"Ich möchte wissen, worin diese Arbeit besteht."

"Es ist nichts Besonderes. Sehr einfach: Mitteilung der Entscheidungen der Lagerleitung an die Häftlinge, Hygienekontrolle, kulturelles Leben, gelegentliche Mitteilung der Nachrichten aus der Parteizeitung an die Häftlinge, Meldung von Ereignissen an die Lagerleitung ..."

"Ich nehme diese Aufgaben an, außer in zwei Punkten."

"Welche?"

"Ich melde nicht die Ereignisse im Lager. Ich mache keine Spitzelarbeit."

Buoi verzog das Gesicht:

"Und wenn es aber einen Mordplan im Lager gibt, wollt Ihr den auch nicht melden, damit wir es gemeinsam verhindern?"

"Solche Ereignisse melde ich."

"Und die zweite Sache?"

"Ich fessele Häftlinge nicht *nach der Art von Feenflügeln*, wenn es die Leitung befiehlt."

Buoi zögerte:

"Betrachtet Ihr das als Folterung?"

"Noch mehr. Das erniedrigt den menschlichen Wert, sowohl des Gefesselten als auch desjenigen, der den Befehl dazu gibt."

"Diese Punkte müsst Ihr nicht ausführen", sagte Buoi. "Mit Eurer Aufgabe untersteht Ihr direkt dem Erziehungsausschuss des Lagers. Sprecht direkt mit mir, falls es nötig ist."

Er hielt sein Versprechen. Ich blieb frei bei der Durchführung meiner Arbeit. Ich beantragte die Eröffnung von Unterrichtsklassen. Ich regelte den Einsatz von Lehrern und spornte Häftlinge zum Besuch des Unterrichts an. Die Prüfung für den Abschluss der Mittelschule wurde im Lager durchgeführt. Prüfungsaufseher kamen von auswärts. Die Prüfungsarbeiten wurden unter ordentlichen Bedingungen geschrieben. Die Anzahl der Häftlinge, welche die Prüfungen bestanden, gehörte zu den höchsten in der Provinz Hoang Lien Son. Das Lager wurde als Vorbild in Sachen Unterricht für Häftlinge betrachtet. Buoi stand mir mit jedem Tag näher.

Bei dieser Arbeit musste ich genauestens verhandeln, damit bei meinen Mithäftlingen keine Missverständnisse entstanden, etwa, dass ich ein Handlanger der Polizei wäre. Im Lager von Phong Quang gab es einen ehemaligen Funktionär des Außenministeriums, der wegen angeblicher Beziehungen zu Ausländern, unter anderen auch zu Mitarbeitern der sowjetischen Botschaft, inhaftiert wurde. Er gehörte zwar auch zu den Revisionisten, hatte jedoch nicht die Ehre, unter der Aufsicht des zentralen Organisationsausschusses und des Innenministeriums zu stehen. Als ich ankam, war er bereits in diesem Lager, und er bekam den Auftrag, sich als Ordner zu betätigen. Ich hätte diesen Auftrag bestimmt nicht angenommen. Er aber hatte ihn angenommen, weil ihn die Mithäftlinge darum gebeten hätten; so waren seine Worte. Ordner, die aus den *ungeraden Nummern* hervorgingen, wären besser als die aus den *geraden Nummern.* Ordner zu sein bedeutete, ein direkter Handlanger aller Mitarbeiter der Lagerleitung zu sein, von oben bis unten. Wenn der Befehl kam, einen Häftling mit Ruten zu schlagen, musste der Ordner den Häftling schlagen. Wenn der Befehl zur *Fesselung nach Art von Feenflügeln* kam, musste der Ordner ihn ausführen. Nach meinen Vereinbarungen mit Leutnant Buoi weigerte ich mich kategorisch, Befehle mancher Lagerfunktionäre zur *Fesselung nach Art der Feenflügel* in die Tat umzusetzen. Sie erzürnten sich und beschwerten sich bei der Lagerleitung. Tadel erhielt ich deswegen trotzdem nicht. Ich wäre bereit gewesen, zu den Häftlingen zu gehen und ihre Arbeit mit zu verrichten, jedoch niemals solche unmenschliche Taten auszuführen. Übrigens verstand ich auch, dass ich den Auftrag zur kulturellen Arbeit im Lager direkt durch einen Befehl des Amtsleiters der Gefängnisverwaltung erhielt. Und wenn man mich von diesem Auftrag entbinden wollte, hätte man der Zustimmung des Amtsleiters bedurft.

Leutnant Buoi war ein gutherziger Mensch. Ich habe nicht erlebt, dass er je einen Befehl zur Fesselung eines Gefangenen gab. Er machte sich immer wieder Sorgen, wenn ein Häftling zur Beinfesselung geschickt wurde.

Erwähnenswert ist die Geschichte eines Häftlings von den *geraden Nummern* mit dem Namen Loc und dem Spitznamen Loc Kaloba, der sich eines Tages weigerte, zur Arbeit zu gehen. Buoi fragte ihn nach dem Grund. Loc weinte und sagte: " Sie können mein Problem nicht lösen. Nur Herr Hien könnte es." Buoi bestellte mich zu sich. Loc war früher Boxer im Fliegengewicht gewesen. Im Gefängnis hatte er sehr viel Hunger und lieh sich, was er konnte, ohne dabei an seine Rückzahlungsmöglichkeiten zu denken. Die Zinsen im Gefängnis waren sehr hoch: eine Anleihe für ein Brot musste am nächsten Tag mit zwei Portionen Reis zurückgezahlt werden. Am übernächsten Tag verdoppelte sich die Höhe der Rückzahlung erneut. Loc Kaloba nahm Anleihen auf, ohne darüber nachzudenken. Seine Rückzahlungen gingen nicht regelmäßig vonstatten. Und seine Rückzahlungsschuld stieg. An diesem Tag betrug sie bereits einhundertvierzig Essensportionen. Loc hungerte und war entkräftet, weil ihm seine Gläubiger ständig das Essen wegnahmen. Er bat mich um Hilfe.

"Wie könnt Ihr ihm helfen?" fragte Buoi.

"Ich überlege es mir. Aber man muss ihm helfen. Auf diese Art und Weise würde er verhungern."

"Ich muss die Gläubiger an den Beinen fesseln lassen. Sonst wird das ein Chaos."

"Nein, so geht es nicht. Es handelt sich hier um eine Abmachung zwischen zwei Seiten. Jede Seite hat ihre Zustimmung gegeben. Niemand zwingt Loc, Anleihen zu nehmen. Wenn Ihr es so macht, dann sagt man, dass es ungerecht wäre."

"Müssen wir also tatenlos zusehen?"

Ich rief die Gläubiger zu mir:

"Habt Ihr vor einigen Tagen die Mutter von Loc Kaloba gesehen?"

"Ja. Sein Paket ist sehr *dünn.*"

"Habt Ihr ihm alles weggenommen?"

"Er ist uns sehr viel schuldig."

"Ich habe mit seiner Mutter gesprochen. Er ist das einzige Kind. Die Frau ist alt und stützt sich allein auf ihn. Sonst hat sie niemand."

Die Gläubiger ahnten, wohin ich das Gespräch führen wollte.

Ich fuhr fort:

"Die Sache sieht so aus, dass Loc Kaloba bereits sehr schwach ist. Wenn ihm das Essen ständig weggenommen wird, wird er sterben."

"Wir haben ihn nicht gezwungen, Anleihen zu nehmen. Schulden muss man aber zurückzahlen."

"Sicher. Aber wenn er stirbt, dann hat seine alte Mutter keine Unterstützung mehr. Ich schlage folgendes vor: Ich persönlich, Ihr kennt das, übe Yoga. Mit diesen Übungen kann man mit einem Essen am Tag trotzdem leben. Ich habe Mitleid mit der alten Frau, jedoch nicht mit Loc. Ich bitte Euch, mich an seiner Stelle zurückzahlen zu lassen, aber unter einer Bedingung, nämlich: dass seine Schuld bis heute eingefroren wird. Sie wird nicht weiter vermehrt."

"So geht das nicht", protestierten die Gläubiger. "Wir können Euch das Essen nicht wegnehmen."

"Ab heute Abend nehmt Ihr mein Essen. Ich kann das ertragen."

"Nein."

"Dann bitte ich Euch darum, mir diese Schuld zu schenken. Locs Mutter wegen. Dem Kerl müssen wir unbedingt eine Lektion erteilen, damit er das nicht wiederholt ... Schenkt Ihr mir die Schuld, ja?"

"Ja. Ihr müsst uns aber erlauben, ihm eine Tracht Prügel zu geben."

"Ich habe eben gesagt, dass ihm eine Lektion erteilt werden muss. Aber er ist schon sehr schwach. Ihr dürft ihn nur unter meiner Aufsicht schlagen. Nur mit offenen Händen. Wer mit Fäusten schlägt, wird was erleben..."

Am nächsten Morgen erhielt Loc Kaloba eine richtige Tracht Prügel. Die Schläge mit offenen Händen schickten den Boxer im Fliegengewicht nicht in den Knock-out, doch sein Gesicht war geschwollen wie ein Sack.

Buoi verfolgte meine Lösung des Problems und lächelte:

"Gut, sehr gut. Ich habe eine Lehre erhalten: Die Abmachungen, egal wie sie aussehen, müssen eingehalten werden."

Buoi verhielt sich auch großzügig gegenüber den chinesischen Kommunisten des "Verfahrens von Quang Ninh".

"Sie behalten ihre Würde", stellte Buoi fest. "Sie verdienen Hochachtung."

"Ihrem Alter nach müssen sie zu denen gehören, die einst in der chinesischen Befreiungsarmee waren", sagte ich. "Nur fähige Leute konnten damals die Massen führen."

Diese chinesischen Kommunisten kamen auf einem ziemlich umständlichen Weg nach Vietnam. Am Anfang der (19)60er Jahre - ich wusste nicht mehr, in welchem Jahr - herrschte in Südchina eine furchtbare Hungersnot. Millionen von hungernden Menschen zogen nach Hongkong. Eine solche massive Emigration hätte unter der strengen Kontrolle der Administration Kontinental-Chinas ohne eine gut funktionierende Führung nicht stattfinden können. Die Organisatoren dieser kollektiven Flucht waren die einheimischen Kommunisten. Hongkongs Verwaltung sperrte die Flüchtlinge ein und informierte Peking. Die Erklärung aus Peking lautete: "Es gibt überhaupt keinen Bürger der Volksrepublik China, der nach Hongkong geflüchtet ist." Der Inselstaat Taiwan nahm die hungernden Kinder des Vaterlandes mit offenen Armen auf, allerdings nicht nur aus Liebe, sondern auch aus bestimmten politischen Motiven. Man dachte dabei an die spätere Rückentsendung von Sonderkommandos zur "Befreiung des Vaterlandes". Kommunisten wurden ausgesondert, geschult und in Segelboote mit Richtung auf Kontinental-China gesetzt.

Niemand wusste, aus welchem Grund - ob der Kompass nicht funktionierte oder ob der Bootsführer schlecht war -, jedenfalls landeten sie nach einem Sturm in Quang Ninh in Vietnam, wobei die Passagiere jedoch dachten, sie befänden sich im Land ihrer Ahnen.

Ich fragte den ehemaligen Parteisekretär eines chinesischen Landkreises (etwa der Größe einer vietnamesischen Provinz):

"Seid Ihr vom Kommunismus enttäuscht, und kämpft Ihr dagegen?"

"Keineswegs. Ich bin nach wie vor für den Kommunismus. Ich bin immer noch überzeugt, dass nur er uns Gerechtigkeit und Glück bringen kann."

"Und Ihr habt das Land verlassen, in dem der Kommunismus aufgebaut wird. Weswegen?"

"Mao Zedong ist kein Kommunist. Ich trage die Verantwortung für die Menschen, die ich führe. Sie haben Hunger. Es hat Tote gegeben. Der Kommunismus ist weit entfernt. Der Reistopf ist näher."

Nguyen Chi Thien, ein Häftling mit beachtenswerter Haftdauer, unter den inhaftierten Intellektuellen ein geschätzter Dichter, meinte dazu abfällig:

"Man riecht, wie es stinkt, wenn Ihr sagt: *die Verantwortung für die Menschen, die ich führe.* Die Menschen brauchen Eure Führung überhaupt nicht. Euretwegen hat das Volk Hunger. Euretwegen ist das chinesische Volk in ein solches Elend geraten."

Der Parteisekretär des Landkreises, Held der Arbeit der Volksrepublik China, schwieg.

Die chinesischen Kommunisten verhielten sich im vietnamesischen Gefängnis wie Gäste. Sie interessierten sich für die Lage in Vietnam nur insofern, wenn diese in Zusammenhang mit ihnen stand. Sie beugten sich nicht vor den Lagerfunktionären und integrierten sich nicht in die Gemeinschaft der vietnamesischen Häftlinge. Wenn sie von den Funktionären Schimpfkanonaden erhielten, stellten sie sich taub oder taten, als ob sie nichts sähen, nichts verstünden. Wenn sie Lust hatten, sangen sie im Chor revolutionäre chinesische Lieder wie "Xi lai!" (Wir erheben uns!), die auch wir kannten, oder die Internationale. Aber niemals sangen sie das Lied "Der Osten ist rot, die Sonne steigt auf. Unser China hat Mao Zedong."

"Hungersnot ist in China ein chronisches Übel", sagte ich zu Thien. "Die Kommunisten sind nicht die einzige Ursache. In der Zeit von Tschiang Kai-Schek war diese Not noch schlimmer, soviel ich weiß. Denkt an die kranken chinesischen Soldaten, die 1945 in unser Land gekommen sind. Sie waren nicht nur hungrig, sondern auch barbarisch..."

Thien riss seine Augen weit auf und blickte unzufrieden in meine Richtung. Ihm missfielen solche quertreibenden Worte. Für ihn war Kommunismus und das, was damit zusammenhängt, schlecht, schlimm und widerlich. Punkt, Schluss, Aus. Nichts am Kommunismus konnte gut sein. Dass ich die Tschiang-Kai-Schek-Administration der Mao Zedongs gleichsetzte, war für ihn nicht zulässig. Trotzdem akzeptierte er mich als Mensch, was eine Ausnahme bedeutete.

Nguyen Chi Thien verfasste viele Gedichte. Abend für Abend versammelten wir uns im hinteren Teil des Lagers, tranken Tee und hörten Gedichte. Wenn ich mir dieses Bild mit Kieu Duy Vinh, Nguyen Chi Thien, Le Trinh, Van der Tischler, Ton That Tan... betrachtete - der eine stehend, der andere sitzend, inmitten der blassen Farbe des Himmels und der tiefgrünen und langsam nach lila wechselnden Farbe des unheimlichen Dschungels - dachte ich an das Gemälde "Die Dekabristen" über russische Verbannte im Sibirien der Zarenzeit. *Im Rahmen des Freiheitskampfes führten russische Offiziere gegen Zar Nikolai den Ersten im Jahr 1825 einen Aufstand, der niedergeschlagen wurde. Die Dekabristen wurden nach Sibirien verbannt. Mutige Ehefrauen der Aufständischen folgten ihren Männern in die Verbannung und wurden als vorbildliches Beispiel für russische Frauen betrachtet.*

Nguyen Chi Thiens Gedichte waren nicht nach meinem Geschmack. Sie waren nackt, grob und gingen die Probleme unmittelbar an. Ich dagegen zog Gedichte vor, die das Vorstellungsvermögen des Lesers anregten, und die den Leser veranlassten, das bereits in den Gedichten und in den Versen Vorhandene mit etwas zu ergänzen, das ihm aus der Seele kam. Manche seiner Gedichte blieben jedoch in meinem Gedächtnis zurück:

> *Es gibt keinen Platz in dem Zug "Die Erde"*
> *Ich bin ein verlassener Reisender,*
> *der die Fahrt verpasst,*
> *den Bahnhof verwechselt,*
> *bestohlen wird,*
> *und nun sitze ich betrübt*
> *auf dem eiskalten Boden des Waggons,*
> *der eigentlich*
> *für den Viehtransport vorgesehen ist.*

oder:

Der Mensch von einst hob den Kopf,
um den hellen Mond zu betrachten.
Dann senkte er den Kopf,
um an die alte Heimat zu denken (*)...
Und ich hebe hier den Kopf,
um Spinnen ihr Netz spinnen zu sehen.
Dann senke ich den Kopf,
um gefallene Reiskörner zu sammeln...

(*) *In Anspielung auf Verse des chinesischen Dichters Li Bai (in vietnamesischer Aussprache) "Cu dau vong minh nguyet. De dau tu co huong." (in chinesischer Aussprache: Ju tou wang ming yue. Di tou si gu xiang.)*

Nguyen Chi Thien ragte durch seine Größe aus der Masse hervor. Er betrachtete das Leben mit staunenden Augen, die hinter einer Brille hervorsprangen. Die Kleidungsstücke des Lagers mit ihrer durchschnittlichen Größe waren entschieden zu kurz für ihn. Die Hose ließ seine dürren Beine aus ihr heraus schauen. Niemals trug er Sandalen, sondern nur seine selbstgeschnitzten Holzschuhe, die ihn noch einige Zentimeter grösser erscheinen ließen. Er war kein starrköpfiger Häftling, der zu jeder Zeit gegen jedermann auftrat. Er gehörte vielmehr zu den gutherzigen Menschen. Er erweckte den Eindruck, als wäre er über die schmutzige Welt verwundert. Sie war ihm zuwider, aber er hatte nicht die Absicht, sie zurechtzurücken oder zu verbessern. Er machte den Lagerbeamten keine Schwierigkeiten, aber er war nicht zu unterdrücken. Diese Unbeugsamkeit drückte sich nicht in furchtlosen Handlungen aus, sondern durch Gleichgültigkeit, durch Geringschätzung.

Als ich eines Tages von der Arbeit zum Lager zurückkam, sah ich in der Nähe des Tores Nguyen Chi Thien *nach der Art von Feenflügeln* gefesselt. Er sah aus wie ein Skelett im Biologieunterricht. Sein Brustkorb war angespannt, so dass man die einzelnen Rippen deutlich sah. Er sah mich und versuchte, mich anstelle von Worten mit einem Lächeln in seinem feuerroten Gesicht zu grüßen.

Trinh *vom Textilladen* teilte mir flüsternd mit:

"Die haben einige Gedichte von Thien erwischt."

Häftlinge mit *ungeraden Nummern* liefen an ihrem gequälten Freund vorbei. Ihre Gesichter verhärteten sich. Ich dachte: allein solche Szenen zu erblicken, ohne sie persönlich erfahren zu müssen, kann den einfachen Bürger kaum Liebe für das politische Regime empfinden lassen.

Kieu Duy Vinh schätzte die Ausnahme hoch ein, die mir der gefangengehaltene extreme Antikommunist einräumte:

"Thien ist von Euch sehr überzeugt. Er achtet Euch auch sehr. Sonst hätte er Euch seine Gedichte nicht vorgelesen."

Ich wusste von Kieu Duy Vinhs Achtung mir gegenüber. Die Achtung, die mir Nguyen Chi Thien entgegengebrachte, wurde von der Sympathie Kieu Duy Vinhs zu mir beeinflusst. Doch auch ohne Kieu Duy Vinh wäre Nguyen Chi Thien trotzdem davon überzeugt gewesen, dass ich keine *Antenne* war. Andere intellektuelle Häftlinge waren der gleichen Meinung.

Ob mir Nguyen Chi Thien Achtung entgegen brachte oder nicht, war jedoch nicht von Bedeutung. Im Gefängnis habe ich gelernt, ich selbst zu sein, ohne Rücksicht darauf, wie man über mich denkt. Ich bleibe für immer ich, und ich bin von der Einschätzung durch andere - gleich welcher - Personen unabhängig.

Im Übrigen brauchte ich mir wegen Nguyen Chi Thien oder irgendeinem anderen gefangengehaltenen Antikommunisten nicht darüber den Kopf zerbrechen, dass ich der Anziehung dieses Glaubens mit dem Namen Kommunismus ehrlich gefolgt war.

41

Marinet und der Pirat

"*Malinet* möchte mit Euch *splechen*!" sagte mir mit rauer Stimme Co Thu Chau, der vor mir stand und seinen Kopf mit dem Igelschnitt hin und her schaukelte.

"Was gibt es?" Ich sah ihm direkt in seine Augen mit den faltenlosen Lidern.

"Weiß *nett*", antwortete Co Thu Chau.

"Wieso wisst Ihr es nicht?"

"Er sagt ich sage Euch."

"Warum kommt er nicht selbst?"

Co Thu Chau zog eine Grimasse: "Ihr seid *tlotzdem* einverstanden, *nett* wahr?"

Er räusperte sich. Seine weit geöffneten Augen, die schon trübe wurden, sahen mich traurig an. Geduldig wartete ich eine Weile, ohne dass er ein weiteres Wort herausbrachte. "Idiot!" beschimpfte ich mich selbst innerlich; denn jeder wusste, dass Co Thu Chau nicht richtig Vietnamesisch sprechen konnte. Das war für ihn sehr ermüdend. Allein schon bei dem Gedanken, die für ihn fremde vietnamesische Sprache sprechen zu müssen, atmete er schwer. Dabei erstarrte sein typisch chinesisches Gesicht, das auf einem breiten Hals mit Stiernacken saß. Unter den politischen Häftlingen war Co aus diesem Grund bekannt für seine wortkarge Art. Er gab den Lagerbeamten kaum Antworten, wenn diese ihm Fragen stellten. Anfänglich erzürnten sich die Beamten über sein Schweigen, später gewöhnten sie sich daran.

"Zumindest könntet Ihr mir sagen, worum es sich handelt", sagte ich.

Ich war gerade in Eile wegen der Erstellung meines Monatsberichtes über die *Unterrichtsklasse des Lagers.* Ich machte mir Gedanken darüber, welchen Grund Marinet dafür hatte, sich mit mir treffen zu wollen. Die Situation im Lager war in den letzten Tagen normal. Es gab während der ganzen Woche keine besonderen Ereignisse. Wenn Marinet mit mir nach vorheriger Absprache sprechen wollte, dann musste es irgendein Problem geben. Seitdem mich die Lagerleitung zur Übernahme der Kulturarbeit delegiert hatte, war unter den Häftlingen eine ungeschriebene Abmachung zustande gekommen, nach welcher streitende Häftlinge zuerst mich aufsuchten, um nach Möglichkeiten zur Schlichtung ihrer Streitigkeiten zu suchen, anstatt diese - wie bis dahin - der Lagerleitung direkt zu melden.

Co Thu Chau senkte seine Augenlider und kratzte dabei mit einem Fuß über den anderen.

"*Malinet* hat gesagt. Er will sehr."

Ich nickte:

"Ja, ich werde kommen."

"Sehr gut."

Co Thu Chau fletschte seine Zähne, lachte zufrieden und verließ mich.

Die Anzahl der Häftlinge in Phong Quang war nicht sehr groß. Sie betrug höchstens fünfhundert Personen, die meisten davon mit *ungeraden Nummern.* Wie in jedem Lager waren die Beziehungen unter den Häftlingen selten eng. Jeder hatte Angst: seine angeborene Angst und die im Leben hinzugekommene Angst vor dem dichten Netz von *Antennen* und vor dem Denunzieren durch andere, das in diesem Zustand des Mangels mit Leistungen honoriert wurde. Dagegen schuf man sich Inseln der Sicherheit, indem man kleine Gruppen bildete, die aus jenen Personen bestanden, die man aus der kollektiven Gefängnis-gemeinschaft bereits kannte oder die nach strenger Observierung, manchmal sogar genauester Überprüfung, ausgewählt waren. Jede dieser Gruppen mit der Bezeichnung Familie umfasste lediglich zwei oder drei Personen, selten mehr. Obwohl man miteinander kaum verkehrte, sah und berührte man sich im Lager ständig und war einander bekannt. Ja, man kannte einander genau. Co Thu Chau und ich waren zum Beispiel nicht miteinander befreundet, begrüßten uns aber bei jeder Begegnung herzlich entsprechend dem gesellschaftlichen Protokoll und tauschten einige nichtssagende Sätze aus.

Marinet war ein Sonderfall im Lager von Phong Quang. Zum ersten Mal traf ich hier unter den *ungeraden Nummern* auf einen europäischen Häftling. Ein hundertprozentiger Europäer, ein echter Europäer, mit Spitznase, blondem Haar, blauen Augen und weißer Haut. Er war kein Mischling. Er war kein amerikanischer Pilot. Er war keiner der letzten Kriegsgefangenen des Indochina-Krieges. Das bedeutete, dass man nicht erklären konnte, wieso sich der Mann in dieser unheimlichen, klimatisch gefährlichen Gegend befand, die nur für Häftlinge der ungeraden Nummern, Feinde der Diktatur des Proletariates, reserviert war. Dazu kam die Einschränkung, dass der Mann nicht Vietnamesisch sprach, so dass er sich mit seinen Mithäftlingen nicht unterhalten konnte, was ihm die Einsamkeit in seinem eingeengten Leben gemildert hätte. Die Lagerbeamten und alle Leute im Lager nannten ihn Marinet. Ob dieser Name aus seinen Unterlagen stammte oder ob er diesen Namen selbst angegeben hatte, wusste niemand. Wahrscheinlich war das sein Vorname und nicht der Familienname. Er war sehr groß und dürr, die Haut blass und der Blick starr. Schweigend wie ein Schatten setzte er sich ruhig mit in die Reihe der Häftlinge, die morgens auf ihre Arbeitseinteilung warteten. Wenn seine Gruppe aufgerufen wurde, stand er gemeinsam mit seinen Mithäftlingen auf, wie ein resignierender Gulliver, der schweigend zur Arbeit ging und schweigend arbeitete.

Nach den Erzählungen der neugierigen und erzählfreudigen Gefangenen war Marinet ein holländischer Getreidehändler aus dem Pazifik. Der Grund, den man für seine Anwesenheit an diesem Ort nannte, war jenseits aller Logik: Bestrafung durch Gott. Marinet sei ungeduldig gewesen. Er habe die Erbschaft eines Riesenvermögens, mit dem er im Testament seines Schwiegervaters bedacht war, sofort antreten wollen. Deshalb habe er gemeinsam mit seiner Frau geplant, den alten Mann zu vergiften. Der unnatürliche Tod seines Schwiegervaters wurde nicht erkannt. Dann sei Marine während einer Geburtstagsfeier auf einem Schiff stark angetrunken gewesen. Ohne dass jemand es bemerkte, sei er ins Meer gefallen und auf vietnamesischem Territorium angespült worden. Vielleicht hatte Marinet diese Geschichte jemandem erzählt, der sie dann so weitergegeben hatte. Nicht nur Häftlinge, sondern auch Lagerfunktionäre glaubten daran. Vielleicht hatte er diese Geschichte auch der Polizei erzählt. Oder er erzählte sie Co Thu Chau, der sie wiederum weitererzählte. Im Lager verkehrte Marinet mit niemand anderem außer Co Thu Chau.

Co Thu Chau war Pirat gewesen. Allerdings konnte man an ihm nichts von einem Piraten erkennen. Er war rundlich, langsam in seinen Bewegungen und linkisch. Mit seinem glänzenden Gesicht machte er eher den Eindruck, ein Ladenbesitzer für Waren des alltäglichen Gebrauchs in einer Grenzstadt gewesen zu sein. Um Pirat zu sein, war Co zu langsam und zu naiv. Seine Beziehungen zu anderen waren zu korrekt und zu menschlich. Er gehörte zu den Untersuchungshäftlingen mit dem *nebligen* Verfahren. Von Laos her überführt, wurde er in eine Gruppe der *ungeraden Nummern* eingeteilt, obwohl Piraten normaler-weise zu den *geraden Nummern* gehörten.

Nach Erledigung meiner alltäglichen Kulturarbeit, die von mir die Anwesenheit beim Appell, die Hygienekontrolle und den Aushang von Zeitungen in verschiedenen Räumen verlangte, ging ich gemächlich zu Marinet.

"Ich grüße Euch, Genosse!"

Marinet lachte erfreut, während seine große knochige Hand die meine fest drückte.

"Ich grüße Euch, Marinet."

Wir kletterten beide nacheinander auf den oberen Stock der Liege, die sich durch alle fünf raumartigen Teile des Hauses zog. Marinets ganzer Besitz bestand aus einer Liegematte, einer Stofftasche und einem ordentlich verpackten Bündel mit Decke und Moskitonetz, das dicht an der Wand lag. Marinet war arm. Er besaß keinen Holzkoffer wie andere Untersuchungshäftlinge. Im Unterschied zu anderen hatte er an der Wand, die sich an der Kopfseite seiner Liege befand, ein Kreuz, das aus Palmenblättern zusammengesteckt und mit der Zeit dunkelgrau und trocken geworden war. In der Regel durften christliche Häftlinge an den Kopfenden ihrer Liegen keine Kreuze anbringen. Marinet bildete eine Ausnahme. Er war eben ein Ausländer.

Ohne sich zu beeilen, machte Marinet Feuer für den Tee. Die Flamme loderte in der feuchten Dunkelheit dieses nebligen Morgens und erzeugte zu Beginn des Winters eine angenehm warme Atmosphäre. In kleinen Kreisen bewegte er den Anzünder mit seiner rechten Hand unter dem Boden der Milchkonserven-Dose, die er als Wasserkochtopf verwendete und in der linken Hand festhielt. Das Wasser in der Dose kochte kurz danach auf. Im Gefängnis war die Teerunde beim Empfang von Gästen immer feierlich. Die Utensilien dafür bestanden aus einer durchlöcherten emaillierten Schale als Kochstelle, einer Milchkonservendose als Kochtopf, einem lädierten Blechnapf als Kanne und abgesägten Bambusrohren als Teebechern.

"Bitte schön!" Marinet präsentierte mir mit beiden Händen einen heißen Becher Tee.

"Danke!" Ich nahm den Becher ebenfalls mit beiden Händen entgegen.

Wir genossen den Tee schweigend, wie Diplomaten zweier Staaten aus Europa und Asien bei einem Treffen am Anfang des vorigen (19.) Jahrhunderts.

"Habt Ihr Euch nicht gewundert, dass ich Euch mit ,Genosse' angesprochen habe?"

Marinet kniff die Augen zusammen und lächelte durch den aufsteigenden Dampf hindurch. In der Tat sprach er Vietnamesisch.

"Ich muss gestehen, dass ich verwundert bin. Im Gefängnis spricht man einander nicht in dieser Art an. Ich dachte, dass Ihr Euch in der vietnamesischen Sprache nicht auskennt."

"Ich habe es mit Absicht gesagt. Ich sage es mit Erwägung", antwortete Marinet.

"Ist das wahr?"

"Ich habe Euch beobachtet, seitdem Ihr in diesem Lager angekommen seid. Alles, was Ihr getan habt, Euer Verhalten, seitdem Ihr die Kulturarbeit übernommen habt, haben wir verfolgt", erklärte Marinet, "und ich komme zu der Schlussfolgerung: Ihr seid ein Kommunist."

Eine seltsame Schlussfolgerung, dachte ich.

"Ja, ein Kommunist", ergänzte Marinet. "Wie ich."

Ich sah ihn an, ohne eine Wort erwidern zu können.

"Ihr werdet Euch noch mehr wundern, wenn ich Euch sage: Ich bin Mitglied der Kommunistischen Partei Chinas."

Ich staunte noch mehr.

"Ihr? Ein Mitglied der Kommunistischen Partei ... Chinas?"

"Ja."

"Co Thu Chau auch?"

"Nein. Co Thu Chau nicht." Kopfschüttelnd lachte Marinet leise. "Er war ein Mann von *Khun Sa, dem Chef der Opiumbande im Goldenen Dreieck.*"

"Ich verstehe noch weniger ..." sagte ich.

"Man sagt, dass Ihr ein Schriftsteller seid. Stimmt das?"

"Früher habe ich geschrieben."

Marinet servierte die zweite Runde Tee.

" Ich möchte mich heute mit Euch treffen, um Euch das zu erzählen, was ich Euch eben gesagt habe, um Euch über mein Leben zu erzählen ... wenn Ihr zuhören wollt ..."

"Selbstverständlich möchte ich zuhören."

Marinet lachte:

"Das habe ich gewusst. Ich habe mich nicht geirrt, als ich Euch auswählte, um Euch von den Geheimnissen meines Lebens zu berichten. Und es lohnt sich, über mein Leben zu erzählen ... Es ist überhaupt nichts von dem, was Ihr bisher erfahren habt. Das ist falsch. Ich habe mich sehr gefreut, Euch zu treffen. Nicht jeder hat das Glück, im Gefängnis Bekanntschaft mit einem Schriftsteller machen zu können."

Jaja, mein Leben ist wirklich seltsam. Als ob ich in diese Welt aus dem einzigen Grund hineingeboren wurde, Zeuge von ungewöhnlichen Ereignissen zu sein. Und ungewöhnliche Ereignisse gab es im Gefängnis in Unmengen. Marinet war nur ein Beispiel.

Er war nicht einmal der erste Ausländer, den ich im Gefängnis kennenlernte. Vor ihm hatte ich bereits Bekanntschaft mit einem anderen gemacht, einem jungen Koreaner mit dem Namen Kim. Wir befanden uns beide im Herbst des Jahres 1971 in Tan Lap. Er war einer der *ungeraden Nummern* und ein *Untersuchungshäftling.* Auf ihn werde ich in diesem Buch noch zurückkommen.

Marinet sprach noch nicht sehr gut Vietnamesisch, konnte es aber gut verstehen. Er wollte nicht, dass die Leute dahinter kamen. Deswegen achtete er auf die Gespräche der anderen. Am Abend drehte er dann im Liegen sein Gesicht zur Wand, um die am Tag neu gehörten Worte lautlos zu wiederholen. Alle dachten, er bete. Während des Gespräches mit mir musste er manchmal französische oder englische Begriffe verwenden, wenn ihm das entsprechende vietnamesische Wort entfallen war. Anfänglich war unser Gespräch deshalb nicht fließend. Aber bald konnten wir uns verständigen.

Dies ist die Geschichte, die Marinet mir erzählte:

Nach seiner Staatsbürgerschaft war Marinet Chinese. Ethnisch gesehen war er Holländer. Sein Vater, ein Arzt, stammte aus einer armen Intellektuellenfamilie in Amsterdam. Der Familientradition folgend, studierte auch er Medizin. Sein Urgroßvater war Arzt, sein Großvater war Arzt. Dessen einziger Sohn wurde ebenfalls zum Medizinstudium geschickt. Nach Beendigung seines Studiums ging sein Vater nach China, um dort sein Praktikum zu absolvieren. Dieses Land wählte er aus, weil es hier seiner Meinung nach gute

Arbeitsvoraussetzungen gab für einen jungen Arzt, der in kurzer Zeit ein guter Arzt werden wollte.

Zu Beginn des 20. Jahrhunderts war China ein rückständiges armes Land, das ständig von Epidemien heimgesucht wurde. Ein Arzt mit viel Praxiserfahrung konnte schnell ein guter Arzt werden. Hinzu kam, dass das Gehalt für die Praktikumsärzte im holländischen Krankenhaus in Schanghai, wohin er entsandt wurde, höher war als in anderen Ländern. Marinets Mutter war Chinesin. Auch sie studierte Medizin. Als junge aktive Revolutionärin zog sie ihren holländischen Freund mit in die linksgerichtete Bewegung der Jugend ihrer Generation. Sie liebten sich und traten der kommunistischen Partei bei. Als die revolutionären Kräfte die küstennahen Regionen verließen und sich immer tiefer in das Binnenland zurückzogen, gingen sie mit. Dann folgte der *hunderttausend Meilen* lange Marsch nach Norden, in dem das junge Ehepaar mit seinem fünfjährigen Sohn unter unbeschreiblichen Schwierigkeiten Mao Zedong, Peng Dehuai und Zhu De bis zur Basis von Yenan begleitete.

Marinet wuchs im Schoße der chinesischen Revolution auf. Seine Mutter starb aus Mangel an Medikamenten an einer schweren Krankheit. Sein Vater brach nach dem Tod seiner Frau innerlich zusammen. Er arbeitete wie eine seelenlose Marionette. Erst später erfuhr Marinet, dass sein Vater der Partei im Zusammenhang mit dem Tod seiner Frau nie verziehen hat. Medikamente, die seine Frau hätten retten können, wären vorhanden gewesen, wurden jedoch unnützerweise für einen anderen Fall eingesetzt. Mao Zedong wollte damit seine Aufmerksamkeit für einen politischen Gegner zum Ausdruck bringen.

Sehr früh wurde Marinet ein Kämpfer der Roten Armee. Er trat der kommunistischen Partei mit 17 Jahren bei. Nachdem Kontinental-China befreit worden war, wurde er auf eine Schule der Polizei geschickt und dann in diese Sparte eingeführt. Sein erster Einsatzort war Guang Zhou, ein Knotenpunkt vieler Verbindungswege zwischen China und dem Ausland. Sein Einsatzgebiet war der Abwehrdienst. Hier traf Marinet auf Co Thu Chau.

"Stammt er aus Guang Zhou?"

"Nein. Er weiß selbst nicht, woher er kommt. Er ist ein Typ ohne Wurzeln. Obwohl er nach nichts aussieht, war er schon in der ganzen Welt. Er hat die besten Hotels in Washington, New York, Paris ... besucht."

"Welchen Beruf hat er?"

"Er hat keinen Beruf. Er war einer der *Bosse* des goldenen Dreiecks, des Opiumlagers der Welt ..."

"Habt Ihr die Bekanntschaft mit Co Thu Chau in Guang Zhou gemacht?"

Marinet war noch nicht zu einer Antwort gekommen, als Co Thu Chau erschien. Er lachte freundlich und kletterte zu uns hoch, um sich an unserer Teerunde zu beteiligen.

Dank seiner Gutmütigkeit und seines Fleißes wurde Co Thu Chau als gut umerzogener Häftling betrachtet. Seit mehr als einem Jahr gehörte er zu den

Freiwilligen und wurde mit der Aufsicht über das Wasserkraftwerk beauftragt. Diese Arbeit war sehr einfach. Der kleine Stromgenerator nutzte den Bach aus und lief Tag und Nacht. Der Aufseher brauchte nur ein paar Schalter zu betätigen, mal zum Wasserpumpen, mal für die Beleuchtung. An Regentagen gab es etwas mehr Arbeit. Der Aufseher musste früher aufstehen und länger am Tag wach bleiben, um zu kontrollieren, dass die Turbine und der Stromgenerator nicht vom Wasser weggespült wurden.

"Wovon *splecht* Ihr?" fragte Co Thu Chau schwerfällig in schlechtem Vietnamesisch. Er legte eine Packung von etwa dreihundert Gramm selbst zubereitetem Tee vor uns hin. "Heute hatte ich Glück. Mit der *Leuse* (Reuse) hab ich mehrere Kilo Fisch gefangen. Ich habe sie gegen Tee getauscht, hier für Euch ..."

"Ich war gerade bei der Frage, wie Ihr Euch kennengelernt habt", sagte ich.

"Was heißt Kennenlernen?" Co Thu Chau sah zum Dach hinauf und lachte stoßweise. "*Malinet* hat mich gefangengenommen. Ja, das war er. *Einspellen* (Einsperren). Vernehmung. Alles. *Malinet* erschießt mich, wenn ich habe keinen amerikanischen Pass. Stimmt es?"

"Das ist nicht wahr. Was heißt Erschießen?"

"Erschießen mit den Kugeln, peng peng, was sonst. Die chinesischen Kommunisten haben viele viele Kugeln. Menschen auch viele viele. Sie schießen ohne *Lücksicht* (Rücksicht)."

Marinet war eine Weile in Guang Zhou geblieben, bis eine Bewegung *Drei gegen* oder *Fünf gegen* - ich weiß nicht mehr genau - ankam. In diesen ständigen "*Gegen*"-Bewegungen wurden Revolutionäre nacheinander angeschwärzt. Der eine folgte dem anderen ins Gefängnis oder in die "*Siebenfünf*"-Schule, eine Art von Umerziehungslager. Marinet hatte Glück. Er blieb davon noch unberührt. Eines Nachts kamen plötzlich ehemalige Mitkämpfer aus seiner Zeit in Yenan zu ihm, schleppten ihn aus dem Haus, setzten ihn in ein kleines Boot und ließen es von einem Marineboot in internationale Gewässer schleppen. Man gab ihm den Ratschlag: "Wenn Du ein Schiff mit ausländischer Flagge siehst, dann winke es heran und bitte um Rettung. Das ist immer noch besser als im Konzentrationslager zu sterben. Und Du, Genosse, du würdest bestimmt festgenommen, wenn wir jetzt nicht bei Dir wären. Leb wohl, Marinet."

Zwei Wochen verbrachte er auf diesem Boot, ohne sich bei irgendeinem ausländischen Schiff bemerkbar machen zu können. Zwar sah er manche davon am Horizont, aber sein Boot war auf der riesigen Wasseroberfläche nur ein winziges Pünktchen, das niemand sah.

Die Sonne brannte flammengleich herunter auf den hoffnungslos großen Ozean. Nachdem der Vorrat an Süßwasser ausgegangen war, starb er dank der Intelligenz seiner ehemaligen Mitkämpfer nicht an Durst. Unter der Lebensmittelreserve fand er einen Sack mit Bataten, die nicht nur Stärke, sondern auch eine Menge Wasser enthielten.

Dann kam ein Sturm auf, der sein Boot auf und ab warf. Wie ein Strohhalm flog es auf den Wellen hin und her. Als seine Füße eine Sandbank spürten, wurde Marinet wach. In seinem fast bewusstlosen Zustand war er jedoch noch schlau genug, sich seiner Bekleidung zu entledigen. Er durfte die Retter nicht wissen lassen, woher er kam, bevor er wusste, wer sie waren. Vietnamesische Partisanen fanden Marinet im Koma am Meeresstrand. Sie brachten ihn zum Sitz der Gemeindeverwaltung. Marinet sah das Porträt von Ho Chi Minh und wusste, wo er sich befand. Er war sich dessen bewusst, dass man ihn, wenn er die Wahrheit angegeben hätte, an China ausliefern würde. Als er darum bat, einen Gang zur Toilette machen zu dürfen, entledigte er sich schließlich auch seiner Unterhose. Sie war noch der einzige Beweis dafür, dass er ein Chinese war. Danach dachte er sich die Geschichte von der Vergiftung seines Schwiegervaters und der Strafe Gottes aus.

Als er im vietnamesischen Gefängnis wieder auf Co Thu Chau traf, war er völlig erstaunt.

"Ich war vollkommen perplex und konnte kein Wort sagen, als ich sah, dass Co Thu Chau vor dem Lagertor auf die Büffel aufgepasst hat."

"Ich auch. Ich riss den Mund auf."

Co Thu Chau erzählte: Er war zur Hochzeitsfeier der Schwester eines sehr guten Bekannten im Norden von Laos eingeladen worden. Das konnte er nicht ablehnen. Bei dieser Feier tranken er und die anderen bis zur völligen Trunkenheit. Nach dem Aufwachen stellte er fest, dass er gefesselt war. Sein guter Bekannter wurde wegen Piraterie angeklagt und eingesperrt. Über ihn wusste niemand Bescheid. Er wurde ebenfalls wegen Piraterie verurteilt. Einfachheitshalber. Zuerst wurde er in Laos, dann in Vietnam ins Gefängnis gesteckt.

"Ich sagte Co Thu Chau, dass er der vietnamesischen Polizei nicht melden soll, wer ich bin."

"Ich sage ihm das auch", sagte Co Thu Chau. "Die Polizei Vietnam weiß ich vom Goldenen *Dleieck*, sehr kompliziert."

Ich fragte Marinet:

"Weiß die vietnamesische Polizei nichts über Euch?"

"Nichts. Wenn sie es wüsste, wäre ich nicht hier, um mich mit Euch zu unterhalten."

"Und vertraut Ihr mir?"

Marinet zuckte mit den Schultern:

"Warum nicht?"

"Ich danke Euch für dieses Vertrauen."

"Ich muss Gott dafür danken, dass ich Euch finden durfte, um Euch mein Vertrauen schenken zu können."

Marinet richtete seinen Blick auf das Kreuz und ich verstand, dass der Kommunist Marinet tatsächlich an Gott glaubte.

"Warum wolltet Ihr mir Eure Geschichte erzählen?"

Auf seinem Gesicht zeichnete sich ein bitteres Lachen ab:

"Weil ich weiß, dass ich nicht mehr lange lebe. Ihr seid ein Schriftsteller. Ich erzähle es Euch, damit Ihr es irgendwann den anderen weiter erzählt."

"Denkt Ihr, dass ich noch die Gelegenheit zum Erzählen haben werde?"

Im achten Jahr meines Gefängnislebens besaß ich beinahe keinen Glauben mehr daran, diese Gefangenschaft zu überleben. Die Frist von drei Jahren für jeden Befehl zur Umerziehungskonzentration war nur eine Formalie. Niemand nahm diese Rechnung ernst, außer der Bürokratie. Wenn der Tag kam, wurde mit der Schreibmaschine ein neuer Befehl getippt, der den alten Befehl verlängerte. Ich gehörte zu den intern zu behandelnden Häftlingen. Wenn man den Worten des Leiters des Parteischutzausschusses Glauben schenkte, so bedeutete das, dass die Partei über mein Schicksal entschied. Andererseits war ich ein Häftling in der Umerziehungskonzentration, was wiederum bedeutete, dass ich ein Nichthäftlings-Häftling mit einem jeweiligen Dreijahresbefehl war, wenn die Mitteilung des Polizeihauptmannes stimmte.

"Warum nicht?" erwiderte Marinet. "Ihr seid noch jung."

"Wir sind alle noch jung. Aber wir werden hier älter..."

"Ihr werdet überleben."

"Ihr auch."

"Nein, ich überlebe es nicht, ich weiß es. Schaut bitte mal her!"

Marinet schleppte sich ans Fenster, hüstelte und spuckte etwas auf ein Blatt Papier. Auf dem Papier sah man ein Gemisch von Auswurf und langen Blutspuren. Er faltete das Stück Papier zusammen und warf es aus dem Fenster.

"Habt Ihr Tbc?"

"Eindeutig."

"Ihr müsst behandelt werden."

Nach meinen Worten rief Co Thu Chau laut etwas in einem mir fremden chinesischen Dialekt. Aber ich verstand, dass er schimpfte. Marinet ermahnte seinen Freund:

"Bitte keine schlechten Worte, ja!"

"Behandeln, Behandeln ... überhaupt nicht. Viel Untersuchung, viel viel Untersuchung. Der Arzt gibt einige Hustenpillen und sagt zurückgehen."

Marinet lachte versöhnlich:

"Hier ist ein Gefängnis und kein Sanatorium. Hier ist der Ort zum Sterben, nicht zum Leben..."

Der Koreaner Kim, den ich im oberen Teil erwähnt habe, war gestorben. Ich versuchte, Informationen über ihn zu bekommen. Aber niemand hier wusste etwas von einem Koreaner, obwohl Häftlinge aus allen möglichen Lagern in dieses Lager nach Phong Quang verlegt worden waren.

Kim war mit einem Verlegungstransport aus Hanoi nach Tan Lap gekommen. Die neuen Häftlinge hatten auf ihn gezeigt, um uns auf den Fremden unter ihnen aufmerksam zu machen. Der Koreaner stand unbeholfen alleine da, ohne sich mit anderen Menschen unterhalten zu können. Ich grüßte ihn auf Chinesisch *Ni hao* und fragte ihn, ob er Koreaner wäre.

"Hen dui." (Sehr richtig.)

Meine Chinesisch-Kenntnisse waren damit erschöpft. Zum Glück sprach Kim russisch. Ich fragte ihn nach dem Grund seiner Verhaftung.

"Ich verstehe es nicht", sagte Kim verwundert. " Ich verstehe gar nichts. Wieso verhaftet man mich? Ich war ein koreanischer Student in Peking. Ich liebe Vietnam. Ich will freiwillig gegen die Amerikaner vorgehen, um Vietnam zu helfen. Aber niemand hat mich aufgenommen. Ich fuhr mit dem Zug in den Süden. Ich dachte, es muss Wege nach Vietnam geben. In Ping Xiang sah ich viele mit riesigen Rohren beladene Lkws, die auf ihre Grenzüberfahrt warteten. Ich bin in eines der Rohre gekrochen und am Ziel angekommen. Diese Rohre gehörten zur Hilfe für Vietnam zum Bau von Kraftstoffleitungen. In Bac Giang bin ich ausgestiegen. Ich suchte die Verwaltung auf und bat um Aufnahme in die Reihen der Kämpfer gegen die Amerikaner. Ich wurde verhaftet...."

"Man glaubt Euch nicht?"

"Man hat gar nichts gesagt. Man gab mir zu essen. Man müsste es untersuchen. Man hat bei der Botschaft meines Landes in Hanoi nachgefragt..."

"Wie war die Antwort der Botschaft?"

"Den Worten des Dolmetschers zufolge sagte die Botschaft wahrscheinlich, dass es in Korea keine undisziplinierten Bürger gibt. Man überlässt das Ganze der vietnamesischen Seite. Ich bleibe in Haft."

"Habt Ihr protestiert?"

"Ich hab's. Man sagt: Ich soll warten. Man will zusätzliche Untersuchungen anstellen."

Kim atmete schwer.

An jenem Abend hatte ich gedacht, dass der junge Koreaner bei den Häftlingen mit *ungeraden Nummern* untergebracht würde. Doch er wurde in eine separate Disziplinarzelle gebracht. Vom Beginn der Nacht bis zum Morgen hörte man, wie er wütete und schrie. Dasselbe geschah in den darauffolgenden Tagen. Dann schwieg die abgetrennte Zelle. Er wurde verlegt, lebendig oder tot.

Marinet sagte:

"Versprecht Ihr, über mich zu schreiben?"

"Wenn ich überlebe."

Marinet streckte seine Hand aus und erwartete von mir die Besiegelung dieser Abmachung durch einen festen Händedruck.

"Die Romantik tötet den Menschen genauso wie die Pest", sagte Marinet nachdenklich. "Denkt bitte mal nach, wie viele Menschen aufrichtigen Herzens dem Kommunismus gefolgt und seine Opfer geworden sind!"

Ich dachte an Kim. Den Fall Marinet oder meinen Fall konnte man irgendwie noch erklären, aber der Fall Kim war eindeutig.

Die Romantik war nicht nur gegenwärtig in den Tragödien, die mit dem Kommunismus zusammenhingen. Ein politischer Häftling mit dem Namen Phong überraschte mich in Phong Quang ganz und gar mit seiner außerordentlichen Liebe zum Vaterland. Als junger Bauer, mit einer Schulbildung der vierten oder fünften Klasse, geriet Phong (ohne reguläres Verfahren) ins Gefängnis wegen seiner Schreiben an die Zentrale der Partei. Darin verurteilte er die Führer unseres Staates, weil sie die chinesischen Truppen nach Vietnam eingeladen und damit *"Schlangen nach Hause gebracht hatten, die die eigenen Hühner beißen"*.

Um Klarheit über den Inhalt seiner Schreiben zu erhalten, müsste man noch viel Papier und Tinte verbrauchen. Unbestreitbar war jedoch seine Liebe zum Vaterland.

Phong gehörte gar nicht zu irgendeiner "reaktionären" Partei. Er war weder Dogmatiker noch Revisionist. Er besaß einen nackten Patriotismus und brauchte dafür keine Erklärung.

Dieser Patriotismus könnte von den einen als extrem und von den anderen als blind bezeichnet werden. Mir, und nicht nur mir, nötigte er jedenfalls Respekt ab.

Eines Tages lud mich Leutnant Buoi in den Schulungsraum ein, wo er mir einen Stoß von Papieren übergab.

"Lest bitte!"

Es waren die Schreiben von Phong an die Parteizentrale. Nicht die Schreiben, die ihn ins Gefängnis gebracht hatten, sondern die darauffolgenden, die er neu geschrieben hatte und die zu der begrenzten Anzahl jener Briefe gehörten, die ein Häftling jeweils nach draußen schreiben durfte. "Ich rufe Sie auf, wachen Sie bitte auf, seien Sie sich nicht im Unklaren über die expansionistischen Pläne der Chinesen", schrieb er in einem Brief. "Ihr Ehrgeiz, ihr Territorium zu vergrößern, war schon unseren Vorfahren bekannt. Wenn Sie als ihre Kinder zulassen würden, dass die unser Land noch einmal erobern, so könnte dieses Verbrechen für Tausende von Generationen nicht wieder gutgemacht werden...." In einem anderen Schreiben mahnte Phong die Parteizentrale, dass die Geschichte es ihr nicht verzeihen würde, falls sie sich zum Schaden unseres Landes bedingungslos mit den traditionellen Feinden verbünde.

"Dieser junge Mann hungert lieber, als Reis von chinesischen Hilfsgütern zu essen."

"Ich habe davon gehört. Wenn die anderen Häftlinge Reis aus China essen, isst er den nicht geernteten Maniok vom Feld."

Traurig schüttelte Buoi den Kopf.

"Welche Meinung erwartet Ihr von mir?" fragte ich.

"Ich möchte Euch fragen, wie Ihr an meiner Stelle diese Schreiben behandeln würdet."

"In der Hinsicht, wie er China oder jeden ehemaligen Feind betrachtet, könnte ich nicht der gleichen Meinung sein wie er." Ich sprach langsam und suchte dabei nach unanfechtbaren Worten. "Geschichte ist Geschichte. Was wäre, wenn heute die Chams die Kinhs als Feinde betrachteten? "

Die Nachkommen der Cham leben heute in Mittelvietnam. Früher war dort das Königreich Champa, das von Vietnam um 1470 erobert wurde. Die Menschen vom Stamm der Kinh bilden in Vietnam die Bevölkerungsmehrheit.

"Ich sage nicht, dass er in seiner konkreten Einschätzung des heutigen China falsch liegt. Die Meinung unserer Partei über China ist wahrscheinlich in diesem Jahr 1974 anders als im Jahr 1964 ..."

Buoi schwieg pflichtbewusst. Ich hatte bereits festgestellt, dass in der Parteizeitung Nhan dan, der einzigen Zeitung, die es für Häftlinge gab, der Ton gegenüber China nicht mehr so herzlich war wie zu der Zeit, als diese noch lobpreiste, dass "sich das revolutionäre Zentrum nach dem Osten verlagert" hätte.

"Eines ist klar. Diese Schreiben kommen unter dem Druck seiner Liebe zum eigenen Vaterland zustande", schlussfolgerte ich. "Wie diese Liebe aussieht, ist eine andere Frage. Darüber diskutiere ich nicht."

"Wenn diese Schreiben seinen Unterlagen hinzugefügt werden, wird er noch länger im Gefängnis bleiben...", sagte Buoi."Was wollen wir Eurer Meinung nach mit diesen Schreiben anfangen?"

"Ich denke, sie sind für nichts gut; ich will damit sagen: sie würden die Politik der Partei nicht verändern können, selbst wenn sie die richtige Anschrift erreichten..."

"Genau aus diesem Grund habe ich sie nicht weitergeleitet."

"Verbrennt sie!" empfahl ich Buoi. "Das wäre vielleicht die beste Lösung, wenn wir die Liebe eines Menschen zu seinem Vaterland noch zu schätzen wissen."

Buoi gab mir ein Feuerzeug.

"Bitte tut das für mich!"

Ich ging zum anderen Ende des Raumes und zündete die Briefe an. Sie verbrannten, ihre Asche flog durch die Luft. Ich verstand, weshalb Buoi die Briefe nicht mit eigenen Händen verbrannte. Er hatte nichts zu befürchten. Er wollte nur zeigen, welches Vertrauen er zu mir hatte.

Marinet wurde jeden Tag schwächer. Ich besaß keine Mittel, um ihn zu retten. Ich schrieb einen Brief an meine Frau und bat sie, zu Dr. Phan zu gehen, um nach Medikamenten gegen Tbc zu fragen und sie mir zu schicken. Bei diesem Schreiben zögerte ich, aus Angst, meine Frau könnte denken, ich wäre selbst daran erkrankt. Der Brief wurde nicht beantwortet. Die Person, die Co Thu Chau darum gebeten hatte, diesen Brief zu überbringen, leitete ihn nicht weiter.

Marinet sagte mir:

"Macht Euch keine Sorgen um mich, Genosse! Ich habe versucht, gegen diese elende Krankheit zu kämpfen. Es scheint mir nicht zu gelingen. Den Ratschlägen von alten Häftlingen folgend, habe ich lebendige Geckos geschluckt. Sie meinten, das wäre ein traditionelles volkstümliches Heilmittel. Ich habe Regenwürmer gegessen, die sollen unsere Widerstandskraft erhöhen. Manche haben mir empfohlen, krötenähnliche Tiere mit großem Bauch und glatter Haut zu rösten und davon zu essen. Ich habe es getan und mich furchtbar übergeben... Alles war umsonst. Am besten wäre es, wenn wir versuchen, uns hin und wieder zu treffen, damit ich Euch mehr über mein Leben und das Schicksal von chinesischen Kommunisten erzähle. Vielleicht könnt Ihr Eure Leser dann mehr darüber wissen lassen, welche unzähligen Tragödien sich hinter dem Eisernen Vorhang Chinas abgespielt haben..."

Doch nach meiner Entlassung schrieb ich nichts. Ich hatte Angst. Und ich mag keine halben Sachen. Wenn ich geschrieben hätte, hätte ich alles schreiben müssen, worüber ich mir Gedanken machte. Mutige Chinesen schreiben darüber besser als Vietnamesen. Die Welt weiß besser Bescheid darüber, was in China vorgegangen ist als in Vietnam. Im Grunde genommen ist Vietnam ein kleines Land. Deshalb ist es auch verständlich, wenn man über dieses Land nichts weiß.

Ich schrieb auch nicht über das Leben des alten Herrn Bat (dessen Namen ich aus Gründen der Rücksichtnahme geändert habe). Er gehörte zu meiner Gruppe. Genauso wie andere Häftlinge mit *ungeraden Nummern* war er wortkarg und sprach nicht gern über die Gründe, die ihn ins Gefängnis gebracht hatten. Die lächerlichen, albernen Gründe, die zu ihrer Verhaftung geführt hatten, waren nicht nur für diejenigen beschämend, die diese Verhaftungen vornahmen, nein, unverständlicherweise brachten sie auch die Eingesperrten in Verlegenheit. So, als ob diese sich der Bezeichnung "politische Gefangene", die ihnen wider ihren Willen aufgezwungen wurde, nicht würdig fühlten, als ob sie sich dieser Bezeichnung, die ihnen nicht zustand, bemächtigt hätten und sich dadurch lächerlich machten.

Mit ihm setzte ich mich gerne an eine abseits gelegene Stelle, wo wir beide Stroh flochten, wenn wir - aus Vorsicht vor Bombardierungen durch amerikanische Flugzeuge - tagtäglich tief in den Dschungel gingen. In seiner Nähe fühlte ich mich sehr wohl, weil ich meine Gedanken fließen lassen konnte wie ich wollte, ohne dass er ein einziges Wort sagte. Die Blätter der großen Bäume bildeten zusammen einen Riesenschirm, unter dem sich kleine Gruppen von Häftlingen hier und da zwischen den Bäumen mit Flechtarbeiten beschäftigten. Ein Soldat mit Gewehr passte auf sie auf. Doch Häftlinge mit *ungeraden Nummern* waren friedlich. Sie versuchten niemals zu fliehen. Ab und zu genehmigte sich der Soldat ein Nickerchen oder schrieb Briefe nach Hause. Das Leben der Wachsoldaten unterschied sich in dieser Dschungelgegend kaum von dem der Häftlinge. Frühmorgens mussten sie aufstehen, abends krochen sie unter ihr Moskitonetz, ohne Frau und Kind, ohne wärmenden Herd und Familie.

Eines Tages erzürnte sich Herr Bat ganz plötzlich mitten in seiner Arbeit. Er warf das Messer weg, flocht nicht weiter und verharrte unbewegt und nachdenklich. Tränen strömten aus seinen Augen. Er wankte hin und her, gab unverständliche Töne von sich, zitternd und verlegen, wie in einem schmerzhaften Anfall. Ich stürzte eilig zu ihm hin. "Was habt Ihr?"

Statt einer Antwort gab er nur stöhnend von sich:

"Hoher Himmel, tiefe Erde! Es tut mir weh, es tut mir sehr weh. Warum ist mein Leben so elend, Himmel?"

Da verstand ich: Das war kein krankheitsbedingter Schmerzanfall, sondern ein Ausbruch seelischer Schmerzen. Ähnliche Szenen hatte ich schon erlebt. So manche friedliche Häftlinge bekamen überraschend solche Anfälle. Sie gebärdeten sich wie wahnsinnig, fingen an zu schimpfen und herumzuschlagen. Polizisten rannten herbei, fesselten ihnen Hände und Beine, stopften ihnen Lappen in den Mund und trugen den Betreffenden weg. Nach einigen Tagen in der Disziplinarzelle kam dieser Mann dann mit erschöpftem Gesicht und leblosem Blick unbeholfenen Schrittes wieder heraus.

Der Wachsoldat, mit dem Gewehr an der Schulter, kam langsam heran:

"Ihr zwei, es wird gearbeitet!"

"Der Mann hat einen Anfall!" sagte ich.

Der Soldat kniff die Augen zusammen, schaute sich den alten Mann an, der sich auf dem Strohhaufen wälzte, und sagte verständnisvoll:

"Dann macht Pause. Ich habe hier Balsam."

Er kramte in seiner Tasche und gab mir ein Döschen Balsam.

Ich nahm es entgegen und dankte diesem warmherzigen Soldaten. Nicht jeder Soldat war so nett wie er. Aber welcher Balsam könnte die seelischen Schmerzen meines alten Freundes in diesem Augenblick lindern? Ich umarmte ihn und wiegte ihn wie ein kleines Kind. Er war leicht. Kaum vorstellbar, dass ein alter Mann wie er so leicht sein konnte, obwohl das nach außen hin gar nicht so schien. Vielleicht waren es seine vielen Wattejacken, die mir den Eindruck vermittelten, dass er grösser und schwerer sei als er es tatsächlich war.

Er schlang seine Arme um meinen Hals:

"Mein Leben ist sehr elend!"

"Niemand von uns hat es hier gut."

"Aber ich habe es am schwersten. Die anderen haben etwas verbrochen. Ich habe gar nichts verbrochen."

"Es gibt auch andere Leute, die nichts verbrochen haben."

"Hört mir bitte zu!" flüsterte er. "Glaubt ihnen nicht! Die mit den ungeraden Nummern sind alle gegen das Regime. Sie sind alle reaktionär. Sie sind nicht unschuldig. Ich bin schon lange im Gefängnis, ich weiß das. Ihr nicht, Ihr seid genauso wie ich ..."

Ich lachte traurig:

"Man sagt, ich sei auch gegen das Regime."

"Was man sagt, ist nicht so wichtig. Wir wissen, was wir sind. Nein heißt nein!"

"Warum seid Ihr denn verhaftet worden?"

Nur mit Mühe brachte er einige Worte hervor.

"Ich bin mit der Revolution gegangen, habe die Macht miterobert. Während des Kampfes gegen die Franzosen war ich Leiter der Partisanen in meinem Weiler und in der Gemeinde... Ich bin Herrn Ho (Chi Minh) gefolgt. Glaubt Ihr mir nicht?"

"Doch, ich glaube Euch."

"Nach dem Krieg hörte ich damit auf. Und nun fingen die Schwierigkeiten an."

"Man sagt, Ihr seid mit dem Regime unzufrieden."

"Nein. Wenn man in unserem Staat kein Funktionär mehr ist, dann glaubt einem keiner mehr. Man wird nicht mehr respektiert. Nur Bürger zu sein, ist aber furchtbar elend, in jeder Hinsicht. Ihr wisst das sicher auch. Soll ich darüber weiter erzählen?"

"Nicht nötig."

"Aus diesem Grund wollten alle meine Kinder Funktionäre werden. Der älteste Sohn meldete sich trotz Minderjährigkeit bei der Armee. Meine Tochter hat sich für den Posten als Sekretärin der Gemeindeverwaltung beworben. Sie wurde nicht angenommen. Dann ist sie zur Gemeindepolizei gegangen. Man wollte sie in die Partei aufnehmen ..."

"Sehr fortschrittlich."

"Überhaupt nicht. Meine Kleine ist heute fünfundzwanzig. Noch nicht verheiratet. Das Elend ist, sie ist hübsch mit ihren schwarzen Augen, ihren Grübchen in den Wangen und ihrer blassrosa Haut. Sie sieht genauso aus wie ihre Mutter."

Er schluchzte und wischte mit der Jacke die Tränen ab.

"Was ist mit ihr?"

"Nichts." Sein Mund verzerrte sich. "Der Gemeindepolizist, Mitglied der Parteileitung unserer Gemeinde, rief sie ständig zur Sitzung, zur Schulung ... Und ihr Bauch wurde grösser."

"..."

"Ich war böse. Noch niemand hat davon gewusst. Nur meine Frau wusste es, und sie hat es mir gesagt. Ich habe Schnaps gesoffen bis zur Trunkenheit. Dann habe ich sie, sie alle, beschimpft und verwünscht."

"Das war tödlich."

"Als die Leute im Dorf etwas von der unehelichen Schwangerschaft meiner Tochter geahnt haben, habe ich dann auch *ihre* Partei beschimpft und verwünscht ..."

"Sehr schlimm. Warum seid Ihr so unbedacht?"

"Soll ich schweigen, damit sie alles machen können, was sie wollen? Was für eine Partei ist das, wenn Sitzungen immer in der Nacht stattfinden. Wozu alle diese Schulungen, diese verdammten Schulungen? ..."

Der Parteisekretär und der Komitee-Vorsitzende der Gemeinde konnten nicht umhin, seine Tochter zu einer auswärtigen Schulung - in der Tat zum Schwangerschaftsabbruch - zu schicken. Er erfuhr davon und verbot es seiner Tochter. Woran wäre das Ungeborene schuldig? Das Ungeborene war auch ein Mensch. Es war noch nicht in der Welt angekommen. Es tat niemandem Schlechtes. Es war nicht wie die läufigen Hunde, nicht wie böse Leute, die ihren Mitmenschen Schaden bringen. Sie durfte die Schwangerschaft nicht unterbrechen lassen. Das Kind würde er aufnehmen und aufziehen. Das Ungeborene zu töten, wäre unmenschlich gewesen. Er fesselte seine Tochter an das Bett und belehrte sie darüber. Die Tochter schämte sich jedoch, folgte seinen Worten nicht und ließ das Ungeborene entfernen.

Er trank noch mehr Schnaps und fluchte noch mehr.

Alles in allem gesehen, fluchte Bat nach Herzenslust. Die Personen, die er verwünschte, nahmen ihm das schwer übel. Der Polizeikommandant seiner Gemeinde meldete es dem Polizeichef des Kreises. Die Kreispolizei stellte Unterlagen zusammen. Jede Schimpfrunde von Herrn Bat wurde gemeldet. Der Stoß mit den Unterlagen über den Reaktionär Nguyen Thai Bat wurde dicker. Eines Tages wurde er wegen des Verbrechens "reaktionäre Propaganda gegen die Partei und gegen das Regime" zur Umerziehung geschickt.

Unbeteiligt hörte ich ihm zu. Geschichten dieser Art hatte ich zur Genüge gehört.

"Ich erzähle es Euch, damit Ihr als Schriftsteller es Euch merkt und den anderen weiter erzählt. Ich bitte nur, dabei meinen Namen nicht zu erwähnen, damit meine Tochter keinen Schaden erleidet. Sie will einen Mann haben."

Bat vertraute mir seinen Wunsch an, doch ich zögerte:

"Ich bin kein Schriftsteller. Wenn man in diesem Land einige Zeitungsartikel geschrieben hat, wird man gleich mit Schriftsteller tituliert."

"Ihr könnt es auch in die Zeitung bringen."

"Wann werde ich nach Hause gehen? Ich habe ein Gummiurteil, genau wie Ihr ..."

Er atmete tief:

"Das stimmt."

"Auch wenn ich nach Hause gehen könnte, würde ich darüber nicht schreiben. Sonst würde ich ja wieder eingesperrt. Ich habe davon genug!"

Er sagte nichts weiter.

Er starb am 2. September, unserem Nationalfeiertag. An diesem Tag des Jahres 1945 war er einst an der Eroberung der Staatsmacht beteiligt gewesen. Vor einem Monat war er schwer erkrankt. Er lag in der Krankenstation. Nach einer Woche verlangte er unbedingt die Rückführung in seine Gefangenengruppe. Sein ganzer Körper war aufgedunsen. Er sah aus wie eine mit Wasser vollgepumpte Puppe. Er musste nicht mehr arbeiten gehen und durfte im Lager bleiben. Er setzte sich an die Ecke des Hauses und fing Läuse.

Zwei Tage vor seinem Tod stand er nicht mehr auf. Er lag im Dämmerzustand. Er wurde nur wach, wenn laute Geräusche von der Küchenarbeit her bis zu ihm vordrangen. Er öffnete die Augen, winkte mich zu sich und sagte im Flüsterton:

"Bitte seht nach, ob das Essen gleichmäßig aufgeteilt wird."

Aus Respekt vor ihm ging ich in die Richtung der Gruppe, die sich mit dem Essenaufteilen beschäftigte. Doch ich stellte mich nur hin, ohne nachzusehen. Ich wusste, dass Bat nicht mehr lange leben würde. Ich verstand nicht, warum ihn das Aufteilen der Fleischstücke so interessierte. Für ihn nachzusehen, wäre völlig unnütz gewesen. Wie schon erwähnt, teilten die Häftlinge mit ungeraden Nummern das Fleisch nach dem Verfahren "Umdrehen und Wählen" aus, das insgesamt gesehen gerecht war. Der Unterschied zwischen den Portionen war vom Gewicht her unbedeutend. Außerdem war das Bild dieser hungernden Menschen, die gierig nach den winzigen, in einzelne, kaputte Schalen verteilten Fleischstückchen spähten, sehr traurig. Ich wollte mir das nicht ansehen.

Die Fleischverteilung war beendet. Sein Liegennachbar brachte Bat eine emaillierte Schale mit drei Fleischstückchen, jedes in der Größe eines Daumennagels, und eine Schale mit Manioksuppe, die Essenportion für Bat. Durch den Geruch des Fleisches wachte er auf:

"Eure Portion!" sagte sein Nachbar. "Steht auf und esst! Es schmeckt sehr gut."

"Ich habe nachgesehen. Das Aufteilen war in Ordnung", sagte ich. "Eure Portion ist knapp mehr als die der anderen. Versucht zu essen, damit es nicht kalt wird!"

Er nickte mit dem Kopf; zumindest dachte ich, dass er das tat. Mit großer Mühe setzte er sich auf. Doch er konnte sich nicht halten und fiel zurück. Er versuchte es noch einmal. Er streckte seinen Hals, sah auf das Fleisch und sagte:

"Scharf gekochtes Fleisch, ja? Ich esse nachher."

Er legte sich hin und starb, sofort, wie die Leute feststellten. Ich war nicht anwesend.

Nach dem Essen gingen die Häftlinge zu ihm und betrachteten ihn traurig. Keiner sagte etwas. Das war ihre Kondolenz.

Seine Essenportion stand verlassen da. Sie sollte da stehenbleiben und später beim Begräbnis vor das Grab gestellt werden, anstelle der traditionellen Schale Reis mit einem Ei.

Seine Leiche wurde zur Krankenstation gebracht, damit die Lagerleitung identifizieren konnte, dass niemand anderer als der Reaktionär Nguyen Thai Bat gestorben war.

Nachdem die Hafträume abgeschlossen worden waren, saß ich neben dem Fenster und starrte in die Richtung der Krankenstation. Erst als es dunkel wurde, hörte man einen Hammer Nägel in den Sarg schlagen - der Schlusspunkt eines Menschenlebens. Im Licht von Fackeln wurde der Sarg herausgetragen. Ihm folgte langsam ein Polizist mit einer Maschinenpistole.

Seine Essenportion war inzwischen verschwunden. Vielleicht hatte jemand sie nicht so unnütz da stehenlassen wollen. Die beiden Schalen würden bestimmt auf Hochglanz gereinigt und bei neuen Häftlingen gegen irgendetwas eingetauscht werden.

Anstelle eines Schlusswortes

Dieser letzte Teil meines Buches enthält kurze Nachrichten zu den in diesem Buch erwähnten Personen, die ich auf Wunsch von Lesern geschrieben habe, die nach der Niederschrift meiner Erinnerungen etwas über den Fortgang der Ereignisse wissen wollten.

Ich verließ das Konzentrationslager von Phong Quang am 7. September 1976.

Meine Entlassung aus dem Gefängnis geschah jedoch nicht reibungslos wie im Normalfall. Für gewöhnlich war das so: In der Regel musste der Häftling bei seiner Entlassung ein Geständnis unterzeichnen und sich ferner auf Formularen dazu verpflichten, seine Tat nicht zu wiederholen und über die Geheimnisse des Gefängnisses zu schweigen. Der Entlassene setzte seine Unterschrift unter diese Formulare, übergab die Papiere der Gefängnisleitung und verschwand, ohne eine Minute länger zu zögern.

Doch gerade zu diesem glücklichsten Zeitpunkt meines Gefangenenlebens wurde ich - ich wusste nicht, warum - verrückt. Ich weigerte mich, all das zu tun, was doch nur einen formellen Wert hatte. Ich erklärte mich bereit, wieter im Gefängnis zu bleiben, wie lange das auch sein möge, bis der Grund für meine Festnahme aufgeklärt sein würde. Ich sagte: "Ich bin unschuldig.

Da ich unschuldig bin, kann ich kein Eingeständnis unterschreiben."

Nach einer Weile zog mich der stellvertretende Leiter der Gefängnisverwaltung in sein Arbeitszimmer, wo wir gemeinsam Tee tranken. Er war ein gutmütiger, von den Häftlingen geschätzter Polizist mittleren Alters. "Wir sind eigentlich nur Lagerverwalter. Wenn Befehl von oben kommt, Waren einzulagern, dann werden diese angenommen. Bei eincm Befehl zur Ausgabe jener Waren werden sie eben ausgegeben", rechtfertigte er sich. "Wenn Ihr entlassen werdet, aber nicht gehen wollt, dann haben wir damit nur Schwierigkeiten." Der Mann war einige Tage zuvor selbst zu mir gekommen und hatte mir voll Freude persönlich mitgeteilt, dass es Gerüchte gäbe, wonach Mao bald sterben würde: "Ihr werdet bald nach Hause gehen. Mit dem Tod von Mao wird alles geregelt." Ich hatte ihm gesagt: "Freut Euch nicht zu früh! Mao hat viele Nachkommen." Nach dieser Teerunde gingen wir beide einen Kompromiss ein. Ich würde gehen, ohne das Geständnis zu unterschreiben. Er könne damit gegenüber seinem Vorgesetzten machen, was er wollte. Im Gegenzug musste ich einen *Befehl der provisorischen Entlassung* entgegennehmen, in dem mein Verbrechen "*Reaktionär, Gegner des Regimes*"... schwarz auf weiß geschrieben stand.

Diesen Befehl zur provisorischen Entlassung konnte ich eine Woche lang behalten. Dann verlangte ihn der junge sympathische Polizist meines Wohngebietes, der mich aufsuchte, zur Einsicht. Danach steckte er ihn in seine Tasche mit der Begründung, dieser Befehl diene zur Anmeldung meines künftigen ständigen Wohnsitzes. Hoang Minh Chinh bedauerte den Verlust dieses Papieres sehr: "Unter uns allen bist Du der einzige, der so ein wertvolles Papier in die Hand bekommen hat. Und Du hast es Dir aus der Hand nehmen lassen. Das war ein historisches Papier." Tatsächlich war ich der einzige, der so ein Papier selbst in der Hand hielt. Alle anderen bekamen ein solches Dokument von der Polizei lediglich vorgelesen. Sehr schade! Aber damals dachte ich mir: Wenn die Machthaber es nicht wollen, dass ich dieses Papier behalte, dann haben sie viele Möglichkeiten, das zu verhindern. Anhänger von Le Duan und Le Duc Tho, wie zum Beispiel Tran Trong Tan, Dao Duy Tung, Nguyen Duc Binh, versuchten nach dem Tod dieser beiden in der Tat, unser Verfahren möglichst mit allen Mitteln zu verschleiern. Jedermann wusste das. Wenn ich dieses Dokument doch noch in der Hand gehabt hätte, wäre das für sie trotzdem keine Gefahr. Sie könnten jederzeit behaupten, das Papier sei gefälscht. Eine solche Behauptung wäre ihnen durchaus zuzutrauen. Ich dachte also gar nicht daran, dieses Papier als Beweis oder zur Erinnerung zu behalten. Zu jener Zeit gab es in Hanoi noch kein Kopiergeschäft, und fotografieren war auch nicht einfach. Kein Fotogeschäft hätte einen solchen Auftrag entgegengenommen. Man hätte mich - zum Schutz des eigenen Reistopfes - schon aus Wachsamkeit gefragt, warum und wozu. Der letzte und einzige Beweis für das Verfahren der *"Gruppe der gegen die Partei agierenden Revisionisten"* war also für immer verloren. Man könnte heute glatt bestreiten, dass wir jemals eingesperrt wurden. Es gab ja keinen Haftbefehl. Unsere Machthaber sind jedoch nicht in diesem Maße unverschämt. Zwar vermeiden sie es, von unserem Verfahren zu sprechen, aber sie leugnen es auch nicht. Wenn die Sache ernst wird, dann ermahnen sie uns, wir sollten nicht vergessen, dass wir *vorbelastet* wären.

In der vietnamesischen Juristensprache gibt es die Begriffe "Vorbestrafte" und "Vorbelastete". Vorbestrafte sind Leute, die vom Gericht rechtskräftig verurteilt wurden. Vorbelastete sind solche, die nicht vor Gericht gebracht, jedoch umerzogen wurden. Sie gelten als nicht vorbestraft. Das Ergebnis: Es gibt Vorbestrafte mit 3 Monaten Bewährung und Vorbelastete mit mehreren Jahrzehnten Umerziehung (im Gefängnis).

Am Tag der Herbstmitte jenes Jahres 1976 aßen wir nach neun Jahren Trennung endlich wieder gemeinsam. Mein Vater durfte nach den drei Jahren seiner Verbannung, die er in Nam Dinh verbringen musste, nach Hanoi zurückkehren. Er war stark abgemagert, war *nur noch Haut und Knochen*. Le Duan, Le Duc Tho, Truong Chinh, Tran Quoc Hoan hätten sich bei seinem Anblick sicherlich befriedigt gefühlt. Meine Mutter war nach wie vor so emsig mit ihrem Haushalt beschäftigt, als ob ihre Familie nie von einem schweren Sturm heimgesucht worden wäre. Meine jüngste Tochter beobachtete mich mit einem gewissen Abstand und begrüßte mich mit "Onkel". Erst nach eingehendem Vergleich zwischen mir - einer aus dem Gefängnis entlassenen Person - und der Person auf einem Bild, das meine Frau und mich noch vor meiner Verhaftung gemeinsam zeigte, wagte sie es schließlich zögernd, mich "Vater" zu nennen. Meine Frau war dürr und blass, und um unsere Kinder in ihren mehrfach geflickten Kleidern stand es auch nicht besser.

Meine Entlassung war allerdings mit einer Bedingung verknüpft: Das Innenministerium hatte meiner Familie mitgeteilt, dass ich von der Partei aus dem Gefängnis entlassen werde, wenn mich eine staatliche Institution als Mitarbeiter aufnimmt. Meine Mutter und meine Frau versuchten deshalb bei verschiedenen Einrichtungen, mir eine Arbeitsstelle zu beschaffen. Diese von der Partei gestellte Bedingung war aber nur sehr schwer zu erfüllen. Wer war schon so dumm, einen Gegner der Partei in seine Einrichtung aufzunehmen? Wer wollte sich Komplikationen aufbürden? Wer wollte sich plötzlich der Observierung durch die Polizei aussetzen? Die Zeiten waren schwer und jeder versuchte, zu überleben. Schließlich gab es aber doch jemanden, der es wagte, mich aufzunehmen. Das war ein Wunder. Es war gar nicht hoch genug einzuschätzen.

Ich wurde also entlassen, jedoch nicht an meine Wohnanschrift. Ich musste in dem besagten Betrieb zur Beschaffung von Baumaterialien in Ha Son Binh eine Arbeit aufnehmen. Ein Vertrag über die provisorische Anstellung als Transportarbeiter (den ich noch habe) brachte mich in diesen Betrieb, wo ich jedoch keinen einzigen Tag etwas transportieren musste. Die Betriebsleitung behielt mich als Helfer in ihrer Verwaltung.

Während der vergangenen neun Jahre meiner Inhaftierung hatte sich unsere Gesellschaft bedeutend verändert. Von meinen Freunden waren nicht mehr alle am Leben. Auch manche Kinder meiner ehemaligen Bekannten waren inzwischen als Kämpfer an der Front gefallen. Ich sah sie bei meinen Besuchen auf Fotos reglos vom Familienaltar auf mich herabblicken.

Nguyen Trong Luat war bereits vor einigen Jahren verstorben. Niemand hatte es mir gesagt. Seine Frau lebte mit den Kindern immer noch in der Chan-Cam-Gasse. Ihr Leben war noch genauso ärmlich wie zu der Zeit, als der Mann noch gelebt hatte. Sie sagte mir, dass er nichts hinterlassen habe. Ich tröstete sie damit, dass - so viel ich wusste - alle ehrlichen Revolutionäre ihren lieben Menschen nichts zurückließen außer dem Respekt anderer Menschen. Das ist schon sehr viel und sehr wertvoll. Zu seiner letzten Ruhestätte auf dem Friedhof Van Dien, der verdienstvollen Persönlichkeiten vorbehalten war, fuhr ich mit dem Rad, gemeinsam mit dem Arzt Dr. Phan. Er habe mich vor seinem Tod oft erwähnt, sagte Dr. Phan. Er sei traurig gewesen, weil er zu den Verlierern gehörte. Er habe in diesem riesigen Glücksspiel gegen eine *bande des salauds* (französisch: Bande von Scheisskerlen) verloren. Das sei nicht unbedingt sehr beschämend. Wir zündeten für ihn und für einige der benachbarten Gräber Räucherstäbchen an, für beachtenswerte und weniger beachtenswerte Menschen.

Dr. Phan und *Xich* halfen mir bei der Behandlung meiner chronischen Erkrankungen, die mich seit meiner Haft verfolgten.

Wegen meiner Empfehlung an ihn, wieder für den Staat zu arbeiten, machte mir *Xich* keinen Vorwurf, obwohl es sich als falsch erwiesen hatte, so dass er schließlich entlassen worden war.

Freunde und Bekannte schenkten mir Kleidung, die mir für mindestens zwanzig Jahre gereicht hätte. Vieles davon musste ich an meine weniger besitzreichen Bekannten weiterverschenken, und deren Anzahl war nicht gering.

Hanoi war noch stärker heruntergekommen als in der Zeit, zu der ich noch nicht eingesperrt war. Viele Leute suchten einen Weg in den Süden, wo das Leben besser war. In unserem Haus stand bereits ein Fernsehapparat, ein Geschenk von Verwandten aus dem Süden. Abends versammelte sich die ganze Familie vor diesem Fernsehgerät. Der Reis reichte noch nicht für alle und musste mit Nudeln, Weizenmehl oder Mais gestreckt werden. Alle diese Nahrungsmittel rochen wie die Säcke, in denen sie aufbewahrt wurden.

Duong Tuong suchte nach Arbeit für mich. Meine ersten Beschäftigungen waren Übersetzungen von wissenschaftlichen Artikeln aus Zeitschriften und von Referaten aus ausländischen Büchern für das Institut für Informationen der Sozialwissenschaften. Bei der Vergabe von Aufträgen war Frau Do Thuy Ha, eine Mitarbeiterin des genannten Instituts, sehr rührend besorgt. Doch trotz gewisser Veränderungen in der Gesellschaft musste jeder, der mir helfen wollte, dafür schon viel Mut aufbringen.

Le Si Thien, ehemaliger Dozent an der Infanterieschule, traf mich, als ich gerade unter schwerem finanziellem Druck stand. Genau wie mein langjähriger Zellengenosse Tran Quoc Thanh blieb er hilfsbereit. Er spornte mich dazu an, Arbeiten zu machen, an die ich früher nicht einmal im Traum gedacht hatte. Ich betrieb das Pressen von Kautschuk und Kunststoffen, den Guss von Fahrradbremshebeln, die Eisengießerei, das Herstellen von blauer Wandfarbe, von Treibmitteln für Brot ... stets erklärte er mir genau, wie man so etwas machte. Ich gab mir Mühe, all diese Lektionen zu lernen, um für unseren Lebensunterhalt aufkommen zu können. Zwar gab es dabei genügend Schwierigkeiten, aber ich fühlte mich glücklich, denn ich war ich selbst. Wenn man mich wieder zur Zeitungsarbeit hätte zurückbringen wollen, hätte ich mir gute Gründe ausgedacht, um sie nicht annehmen zu müssen.

Eines Nachmittags besuchte ich nach meiner Arbeit im Kautschuk-betrieb Van Cao. Als er mich in meinem abgemagerten elenden Zustand sah, tropften ihm Tränen in seinen Schnapsbecher.

Alle Aufträge für Arbeiten, die ich zu Hause auszuführen hatte, erledigte ich mit Beteiligung meiner Frau. Insbesondere beim Galvanisieren musste mir meine Frau sehr viel helfen. Dadurch kamen ihre Hände häufig in Kontakt mit Lösungsmitteln, und ihre Haut wurde angegriffen. Andererseits erhielten wir für diese Aufträge etwas Geld, mit dem wir uns besser ernähren konnten. Wir erholten uns, was mich am meisten erfreute. Mit unserem Geld kauften wir zuallererst einen Kühlschrank, dann ein Moped. Ich musste dabei an Huynh Ngu denken und an seine Worte: "Die Partei hat Euch zum Menschen ernährt und erzogen. Ohne die Partei würde nichts aus Euch." Die Zeit hatte sich geändert. Man bekam das Gefühl, dass man auch ohne die Partei Mensch werden konnte, insbesondere ohne diese Partei, die ständig ihren eigenen Verdienst gegenüber denjenigen pries, die mit Ketten an ihr hingen.

Wenn ich in Hanoi war, suchte ich immer wieder nach meinem ehemaligen Zellengenossen Tran Quoc Thanh, doch leider erfolglos. Von seinem Verfahren behaupteten die einen, es gäbe ein solches, und die anderen meinten, es gäbe keines. Es könnte sein, dass - wie im Fall der *Revisionisten* - die Partei die Sache nur *intern behandeln* wollte, damit so wenige Menschen wie nur möglich davon Kenntnis hatten. Andere meinten, dass Thanh nach Saigon gegangen sei. In Saigon habe ich ihn jedoch auch nicht gefunden. Lieber Thanh, solltet Ihr zufällig dieses Buch in die Hände bekommen, so meldet Euch bitte!

Polizeileutnant Dua verschwand auch, ohne Spuren zu hinterlassen. Er soll nach My Tho gegangen sein. Aber ich war mehrmals in My Tho, sogar bei der Provinzpolizei, ohne ihn dort wiederfinden zu können. Alles wird vom Schicksal bestimmt. Man erreicht nicht alles, was man sich wünscht.

Ich hatte die Absicht, von Hanoi nach Vinh Phu zu fahren, um nach Nguyen Xuan Cao zu suchen. Doch die Last meiner Arbeit hinderte mich daran. Außerdem wusste ich nur, dass er aus dem Dorf Dinh Chu stammte. Zu welchem Kreis der Provinz Vinh Phu dieses Dorf gehörte, wusste ich nicht. Ich zögerte. Später war ich dann in Saigon und kam kaum noch in den Norden. Trotzdem blieb meine Erinnerung an ihn tief in mir haften.

Leutnant Buoi ging zur Polizeihochschule. Ich suchte verschiedene Leute auf, um nach Büchern und Materialien für Buoi zu suchen. Die meisten Bücher besorgte mir Phan Ke Hoanh: "Wenn es einen guten Polizisten gibt, muss man ihm helfen, damit er ein ordentlicher Mensch wird." Ich übergab Buoi die Bücher mit der Bemerkung: "Unter diesen Büchern gibt es kein einziges, das gegen das Regime ist. Sie sind alle vom Staat verlegt. Keine Angst." Traurig erwiderte Buoi: "Nach der langen Zeit, in der ich mit Euch zusammengearbeitet habe, weiß ich Bescheid über Euch. Ich glaube nicht an das, was man über Euch sagt. Ich hoffe, dass Ihr mich wegen meiner Uniform nicht falsch versteht." Ich bin überzeugt, dass Buoi ein guter Polizeioffizier wurde. Jedes Regime braucht seine Polizisten, allerdings gute Polizisten.

Marinet starb im Gefängnis, wie er es selbst prophezeit hatte. Niemals würde jemand sein Grab aufsuchen, um ihm eine Blume zu schenken oder Räucherstäbchen für ihn anzuzünden. Die Zeit wird die Spuren eines Menschen verwischen, der gelebt, gekämpft und von einer Welt geträumt hat, in der alle Menschen wie Brüder zueinander wären. Als ich im Gedenken an die Ermordeten des ehemaligen Konzentrationslagers Auschwitz-Birkenau am Krematorium in Kattowitz (Katowicze) meine Blumen niederlegte, dachte ich sehr viel an Euch, lieber Marinet.

Die chinesisch-vietnamesischen Beziehungen ("*zwischen Genossen und zugleich zwischen Brüdern*") brachen Ende der 70er Jahre auseinander. Die Grenzstreitigkeiten verschärften sich. "Genosse" Deng Xiao Ping wollte Vietnam "mit Gewehren und Raketen" eine Lektion erteilen. Eine Nachricht besagte, man hätte herausgefunden, dass Huynh Ngu ein chinesisch-stämmiger Vietnamese wäre. Er wurde in Rente geschickt. Huynh Ngu tat mir sehr leid. Man kann sich vorstellen, dass das Schicksal eines solchen Parteigenossen sehr unsicher war. Doch selbst wenn diese Nachricht der Wahrheit entsprach, dann irrte sich die Partei erneut. Huynh Ngu war der Partei äußerst treu, ganz gleich, von wo er abstammte.

Es gab auch Nachrichten über Ly Ca Sa (Ly, die Kutte). Man hat ihn in einen landwirtschaftlichen Betrieb entlassen, wo er von chinesischen Truppen abgeholt wurde. Später wurden einige ehemalige Häftlinge unseres Lagers von chinesischen Soldaten gefangen genommen. Diese Häftlinge erkannten in dem chinesischen Kommandanten Ly Ca Sa wieder. Dieser erkannte auch seine ehemaligen Mithäftlinge, gab für sie einen großen Empfang und ließ sie in ihr eigenes Land zurückkehren. Diese Leute kannten sich vermutlich mit militärischen Rängen nicht aus. Die einen behaupteten, dass Ly Generalleutnant war, die anderen behaupteten, dass er Generaloberst gewesen sei. Wenn diese Nachrichten der Wahrheit entsprächen, dann wäre die Legende von einer fünften Armee Chinas wohl begründet.

Eines Abends saß ich in einer Gaststätte in der Ham-Long-Straße, wo sich die Leute in seiner Anwesenheit über die Geschichte von Can, der von den *Gewehrkugeln verfehlt* worden war, belustigten. Can, dick und schmaläugig, lachte vergnügt. Ich beteiligte mich als ein fremder Gast an diesem Gespräch. Can beobachtete mich genau. Wahrscheinlich erkannte er mich an meiner Stimme wieder. Ich tat jedoch, als ob ich ihn nicht kannte, und so gab er seine Beobachtung auf. Er war also entlassen worden. Er hatte noch Glück.

Viet Hung arbeitete weiterhin bei der Polizei. Er wurde freundlicher mir gegenüber und half mir sehr in meinen Beziehungen zu den Behörden. Wahrscheinlich befragte man ihn über mich, und er erzählte den Beamten die Wahrheit.

Ich fragte ihn nach Hoang. Die beiden kannten sich. Viet Hung schätzte Hoang wegen seiner Bildung und seiner Korrektheit. Nun war die Zeit gekommen, in der die Begriffe *richtig* oder *falsch* nicht mehr nach dem Sprachgebrauch der Herrscher definiert wurden. Man sprach viel von den Gegensätzen der Begriffe *ordentlich - unordentlich, korrekt - unkorrekt, Gentleman oder Gauner.* Man erzählte sich, dass Hoang nach Abschluss seiner Arbeit mit den *intern behandelten* Häftlingen nach Hué versetzt worden war. Ich wollte ihn aufsuchen, aber es blieb bei dem Wunsch, denn ich kam nicht in diese Stadt. Doch ich hob eine Flasche Schnaps auf, um mit ihm eventuell doch einmal ein Wiedersehen zu feiern.

Kurz vor seinem Ableben holte mich eines Tages plötzlich der alte Schriftsteller Nguyen Tuan zuhause ab zu einem Besuch in der Gaststätte La Vong, wo es Fischspezialitäten gab. Am Tisch nahm er aus einem Beutel eine Flasche mit Reisschnaps. "Ist das *Ministeriumsschnaps?*" fragte ich. "Nein, es gibt keinen Ministeriumsschnaps mehr. Diese Zeit ist vorbei." Wir tranken. Ich entschuldigte mich dafür, dass ich für fast ein Jahrzehnt von ihm weggegangen war, weil ich seiner Empfehlung nicht gefolgt war und das Verb "fürchten" nicht auswendig gelernt hatte. Er schüttelte den Kopf. In dieser Zeit sei es besser, wenn er nicht schreiben würde. Wenn man schreiben wolle und immer Angst habe, wenn man immer aufpassen und zittern müsse, dann habe das Geschriebene keinen Wert. Aber was geschehen sei, sei geschehen. Seine weiteren Worte sandte er durch eine Wolke von Alkohol. Jetzt habe er keine Angst mehr. Allerdings sei es nun zu spät. Die jungen Leute müssten anders leben als wir, die feigen Alten. Die müssten ein anderes Verb konjugieren lernen: Ich fürchte mich überhaupt nicht vor Euch, Du fürchtest Dich nicht vor mir, wir fürchten uns nicht vor ihnen ... So wäre es richtig, ha ha!

Vor beinahe vierzig Jahren befand ich mich im Ausland. Auf Befehl des Botschafters Nguyen Van Kinh stahl ein Kunstmaler damals mein Tagebuch, das Kinh dann der Polizei übergab. Nun ließ mir dieser Maler durch seinen Schwiegersohn eine Entschuldigung für seine niederträchtige Handlung überbringen. Ich ließ ihm ausrichten, dass diese Geschichte schon alt wäre und ich sie vergessen hätte. Auch Kinh lebte nicht mehr. Vor seinem Tod hatte die Polizei einige Verbrecher festgenommen, die Diamanten zum Verkauf gebracht hatten. Diese sagten aus, dass sie die Gegenstände von Kinh erhalten hätten. Kinh stritt es zwar ab; nach den Worten eines Polizisten verhinderte diese Geschichte aber, dass Kinh in Mai Dich auf dem Friedhof für verdienstvolle Persönlichkeiten begraben werden durfte. Ich hatte es geahnt: Der - als Zeichen seiner scheinbaren Treue zur Partei - erworbene Verdienst (Übergabe meines Tagebuches) wurde von ihm als Deckmantel für schmutzige Geschichten verwendet, und dieser der Partei treu ergebene Botschafter ließ sich keine Gelegenheit zum Schmuggeln entgehen.

Der Kunstmaler Bui Xuan Phai lud mich nach meiner Haftentlassung zu einer Kaffeerunde ein. Die Angst blieb ihm treu: "Ich bin der ängstlichste Mensch der ganzen Welt", erklärte er leise. Sein Malerkollege Nguyen Sang verweilte noch immer schweigend in dem Zimmer mit dem am Kopf lädierten Keramiklöwen. Nach wie vor malte er unverkäufliche Gemälde und blieb arm. Einige Meter von ihm entfernt lebte der Maler Tran Dong Luong im Wohlstand, der Seidenkarten als Muster bemalte, die vervielfältigt wurden. Wenn er Geld hatte, malte er zuerst Gemälde für sich selbst. Nguyen Sang wusste das, war aber nicht fähig, es nachzuahmen.

Der Gaststätteninhaber Lam ließ diese Kunstmaler weiterhin bei sich essen und schrieb für sie an. Seine Gemäldesammlung wurde mit jedem Tag umfangreicher. Nguyen Sang schleppte mich mit zu Lam. Dieser freute sich, als er mich sah. Wir nahmen in der oberen Etage Platz, wo sich seine private Gemäldeausstellung befand. Er setzte uns Schnaps und Markenzigaretten vor und wir betrachteten genüsslich die Gemälde. Wenn Lam reicher gewesen wäre, hätte er ein Mäzen der vietnamesischen Malerei werden können. Er wäre nicht schlechter als Tretjakow in Russland. Er war sehr feinfühlig, fragte mich kein einziges Mal danach, wohin ich in den zurückliegenden Jahren gegangen war oder wo ich mich in jener Zeit befunden hätte. Als ob er gar nicht bemerkt hätte, dass *das Wasser* bei ihm *unter der Brücke* von meinem letzten Besuch bis zu meinem heutigen neun Jahre lang *geflossen war.*

Hinsichtlich des Verfahrens *"Gruppe der gegen die Partei agierenden Revisionisten"* kamen mir ständig schwierige Fragen zu Ohren. Die Propagandamaschine der Partei arbeitete nach der Methode von Goebbels (1897 - 1945; Propagandaminister des Dritten Reiches): "Reden, immer davon reden, dann wird aus der Unwahrheit Wahrheit." (Rückübersetzung aus dem Vietnamesischen - Anm. d. Übers.) Viele Leute konnten mir daher nicht glauben, wenn ich ihnen sagte, dass ich keiner solchen Gruppe angehört hätte und dass eine solche Gruppe meiner Meinung nach gar nicht existiert habe. Nicht nur Außenstehende, sondern auch Huy Van, der drei Jahre vor mir entlassen worden war, fragte mich gleich nach meiner Entlassung aus der Haft: "Seid Ihr in irgendeiner gegen die Partei agierenden Organisation?" Ich lachte: "Bestimmt nicht in Eurer gegen die Partei agierenden Organisation. Sonst hätten wir in derselben Grundzelle zusammenarbeiten müssen."

Sicherlich hatte er gedacht, dass es eine "*Gruppe von gegen die Partei agierenden Revisionisten*" gäbe. Und er wurde dieser Gruppe fälschlicherweise zugerechnet und daher unschuldig eingesperrt. Als er schließlich erfuhr, dass es gar keine "Gruppe von gegen die Partei agierenden Revisionisten" gab, wurde er böse. Er sagte, dass er unbedingt eine Klärung erwirken wolle. Wie er das aber bewerkstelligen wollte, wusste niemand, auch ich nicht. Er liebte leidenschaftlich das Filmemachen und gab deswegen seine vielversprechende Funktionärskarriere auf. Er gehörte zu den ersten Vietnamesen, die die russische Sprache erlernten. Er lernte Russisch in China, gemeinsam mit Nguyen Manh Cam, dem späteren Außenminister des Landes. Nach seiner Entlassung aus dem Gefängnis versuchte er alles Mögliche, um ins Filmstudio zurück zu kommen. Niemand wagte allerdings, ihn aufzunehmen. 1977 wurde er dann erneut verhaftet, diesmal wegen eines Fahrraddiebstahls. Man erzählte, dass er, langsam gehend, ein nicht abgeschlossenes Fahrrad aus einem Betrieb herausgeführt und nicht zu fliehen versucht hätte, als ihn die Polizei verfolgte. Nach seiner Entlassung fragte ich ihn, weshalb er eine solche Idiotie begangen habe. Huy Van antwortete: "Ich wollte vor Gericht erscheinen, um das alte Problem vorzubringen. Aber *die* wollten es gar nicht behandeln." Er wurde ein drittes Mal verhaftet, als er sich in Begleitung einer Redakteurin der Zeitschrift oder des Verlags für Frauen auf einem Hügel in der Nähe der chinesischen Grenze befand. Er wurde des Versuchs eines illegalen Grenzübertrittes beschuldigt. Ich glaubte das nicht. Was sollte er in China? In Hanoi wurde er in das Gefängnis Hoa Lo (Feuerofen) gebracht. Er starb im Gefängnis, doch niemand wusste, in welchem. Die Geschichte mit dem Fahrraddiebstahl war ein Anzeichen dafür, dass ihn die lange Haftzeit psychisch krank gemacht hatte, ohne dass jemand etwas davon ahnte.

Er war der dritte Tote unter den Personen der "*Gruppe der gegen die Partei agierenden Revisionisten*". Der zweite Tote war Bui Cong Trung, einer der „*modernen Revisionisten*". Da er Mitglied der Zentrale war, wurde er mit sanfter Hand behandelt, ohne ins Gefängnis Hoa Lo geschickt zu werden. Man hat ihn lediglich aus der Partei ausgeschlossen. Nicht lange, nachdem ich aus der Haft entlassen worden war, starb er. Vor seinem Tod sagte er mir noch: "Ich liebe unser Land sehr."

Der vierte Tote war Tran Minh Viet, der *Theoretiker* der *"Gruppe der gegen die Partei agierenden Revisionisten"*, entsprechend der großzügigen Beförderung durch diejenigen, die sich Beschützer der Partei nannten. Anders als irgendeiner, der mit irgendjemandem verfeindet war, schied er in Ruhe, Güte und Frieden aus dem Leben. Ich folgte seinem Sarg und begleitete ihn zu seiner letzten Ruhestätte.

Nach ihm kamen General Dang Kim Giang, mein Vater, General Le Liem und Herr Ung Van Khiem an die Reihe.

Nguyen Loc kehrte nicht mehr zur Philosophie und Ästhetik zurück. Er schrieb nichts, machte nur Übersetzungen, um für seine Familie zu sorgen. Ab und zu sahen wir uns. Dabei lachte er warmherzig. Die Politik, die "auf allen Zungen rollte", hing ihm zum Halse heraus. Von seinem Tod in völliger Verarmung erfuhr ich, als ich bereits nicht mehr in Vietnam war. In einem falschen Spiel großen Ausmaßes war er ein echter Verlierer.

Phung My arbeitete als Buchhalter in einem Keramikbetrieb in Bat Trang. Gelegentlich kam er nach Hanoi. Er wurde dürr, alterte schnell und betrachtete die Welt mit Apathie. Er hatte genug von allem. Er wollte nicht einmal versuchen, wie andere gegen Bezahlung für seine Familie zu arbeiten. Das einzig Erfreuliche für ihn war sein endgültiger Abschied von der Partei.

Vu Huy Cuong setzte sein lediges Dasein in seinem winzigen Zimmer in der Ba-Trieu-Straße fort. Ich drängte ihn, zu heiraten, doch er zog eine Grimasse und lachte: "Diejenige Frau, die mich jetzt nimmt, müsste zusätzlich noch einige Geheimpolizisten und einige *Organisations*funktionäre in Kauf nehmen. Das wäre zu viel und zu schwierig." Er pflegte umfangreiche Beziehungen. Freunde und Bekannte halfen ihm, so dass er verschiedene Arbeiten bekam und leben konnte. Als ich diese Zeilen schrieb, war Vu Huy Cuong immer noch nicht verheiratet. Seine Parole lautete: "Warum soll mich jetzt jemand heiraten? Damit wir gemeinsam zum Krematorium gehen?"

Tran Chau's Frau verließ ihn und heiratete einen anderen Mann. Er lebte einige Jahre alleine, bis er die Witwe eines gefallenen Soldaten traf. Sie eröffneten im Dorf gemeinsam einen kleinen Laden, in dem sie Schreibhefte und Bonbons an Schüler und Fischsauce und Nudeln an Erwachsene verkauften. Davon konnten sie leben.

Hoang The Dung wurde nach seinen Gefängnisjahren völlig taub. Er arbeitete bei mir. Wir stellten Wandfarben her. Abends nahm sein Gesicht die blaue Farbe von Phthalocyanin an. Trotzdem verlor er seine gute Laune nicht. Er hatte einen Vertrag mit der Zeitschrift "Militär-geschichte". Er schrieb Artikel über verschiedene Kriegskampagnen, unter anderem auch gute Artikel über die Befreiung der chinesischen Region Thap Van Dai Son durch die vietnamesische Armee. Dazu erzählte er mir eine ergreifende Geschichte: Einmal begleitete er eine Militärdelegation beim Besuch in einer Militärzone. Als Zeitschriften-mitarbeiter wollte er historische Dokumente aus dieser Zone sammeln. Der Befehlshaber dieser Militärzone, ein Generalmajor, stellte sich vor ihn, stand stramm und salutierte ihm nach militärischem Protokoll: "Ich grüße Sie, meinen Leiter." Dieser Mann war früher während der Zeit unseres Kampfes gegen die Franzosen einer seiner Untergebenen gewesen. Nach dieser Begrüßung setzte sich der Befehlshaber neben ihn, ohne sich anmerken zu lassen, was sich in den vorangegangenen Jahren ereignet hatte.

Le Trong Nghia fuhr ab und zu nach Saigon, wo seine Frau eine Arbeitsstelle und eine Wohnung hatte. Der ehemalige Leiter des Militärischen Abwehrdienstes im vietnamesisch-französischen Krieg alterte schnell, blieb aber scharfsinnig. Seine Frau erzählte mir folgendes: Kurz vor Antritt seines Posten als Verteidigungsministers sprach sie der Armeegeneral Hoang Van Thai an mit der Bitte an ihren Mann, dass er die alte Geschichte vergessen und zur Mitarbeit zurück-kehren solle. Am Tag danach starb dieser Armeegeneral unerwartet. In Hanoi sprach man davon, dass dieser Tod von Le Duc Tho verursacht worden sei. Kurz danach starb plötzlich auch der nächste Armeegeneral, Le Trong Tan, der ebenfalls den Posten des Verteidigungsministers hätte übernehmen sollen. Dieser Tod wurde wiederum Le Duc Tho angehängt. *Einmal an einem unerlaubten Ort gesch..., wird man gerufen, wenn Sch... rumliegt.*

Tran Thu machte sich selbständig mit der Herstellung von Fischsauce, Drucken von Warenetiketten und der Übersetzung von Büchern. Er erkrankte an Darmkrebs. Der erste Teil seiner Erzählung "Der intern behandelte Häftling", der spaltbreit Einblick in ein Verfahren gewährte, das die Partei geheim gehalten hatte, wurde fertig und im Ausland verlegt.

Nguyen Kien Giang konnte eine Auswahl seiner vielbeachteten Schriften über den Marxismus in der modernen Zeit im Zusammenhang mit dem Schicksal des eigenen Landes herausgeben. Wie die meisten Personen unseres *Verfahrens* lebte er von Übersetzungen von Büchern auf den Gebieten Literatur, Politik, Philosophie, Handel....

Luu Dong verwünschte *"die elenden Usurpatoren"* nach wie vor laut. Davon jedoch hatte Le Duc Tho bis zu seinem Tod genug. Er stellte sich taub, denn er konnte den Mann nicht noch einmal einsperren lassen. Noch weniger konnte er ihm das Reden verbieten. Und da der Herr - Le Duc Tho - dem Mann nichts anzuhaben wagte, sahen seine Anhänger auch weg. Als ich Vietnam verließ, war die Gesundheit Luu Dongs schon schlecht. Aber er war noch immer scharfsinnig.

Wegen meiner Kenntnisse über die vielen Menschen, die unschuldig in den Gefängnissen litten, schickte ich sofort nach meiner Entlassung ein Schreiben an Nguyen Luong Bang: "Mein persönliches Problem überlassen wir der Geschichte. Die Frage der Unschuld dieser Bürger muss aber sofort geklärt werden. Ich schlage vor, dass Du, Onkel, in die Gefängnisse gehst, um zu hören, wie die Bürger unschuldig eingesperrt werden. Ich stelle mich freiwillig zur Verfügung, um Dich auf diesem Weg zu begleiten...." Nguyen Luong Bang antwortete nicht. Er schwieg, wie ein echter Führer. Ich war von diesem revolutionären Helden, den ich in meiner Kindheit einmal verehrt hatte, restlos enttäuscht. Als ich nach Materialien für das vorliegende Buch suchte, hatte ich jedoch noch nicht gewusst, dass man ihn in den Ausschuss zur Regelung des Verfahrens *"Gruppe der gegen die Partei agierenden Revisionisten"* berufen hatte und er damit zu meinem *Gefängniswächter* geworden war. Nachträglich bedauerte ich sehr, dieses Schreiben an ihn verfasst zu haben. Was für eine Illusion! Mein Vater wollte mich zu seinem Begräbnis mitnehmen. Doch ich weigerte mich, mitzukommen. Ich hatte nicht diese engen Beziehungen zu Nguyen Luong Bang gehabt wie mein Vater. Ich war nicht so nachsichtig wie mein Vater. Ich hatte auch keine Zeit übrig für eine Person, die sich dem Ruhm verkauft hatte.

Truong Chinh zog sich nach seinem Kräftemessen mit Le Duc Tho bei der Kandidatur für den Posten des Generalsekretärs traurig zurück. Nach einem Sturz von der Treppe schied er aufgrund eines Gehirntraumas aus dieser Welt. Es gab das Gerücht, dass sein Leibwächter –Tran Quoc Hoans Handlanger - von Le Duc Tho dazu veranlasst worden sei, ihn zu beseitigen. Dieser hätte ihn bei jedem Schritt begleiten müssen, ließ ihn jedoch stürzen, als niemand in der Nähe war. Seine Verletzung im Nacken konnte durch die Kante einer Treppenstufe, aber ebenso gut durch einen Gegenstand aus Holz verursacht worden sein. Vietnam ist arm an vielem, aber nicht an Gerüchten. Was sollte man glauben?

Hoang Minh Chinh setzte seinen Kampf für Demokratie und Freiheit fort. 1995 wurde er zum dritten Mal verhaftet und dieses Mal vor Gericht gebracht, wegen des Verbrechens *"Missbrauch der Rechte auf Freiheit und Demokratie "*. Das Gerichtsurteil über ein Jahr Haft nahm er gefasst auf, ohne Beschwerde zu erheben, jedoch ohne "es anzuerkennen", wie er erklärte. Dass er dieses Urteil nicht anerkannte, war vollkommen richtig, da es nicht nur unbegründet, sondern auch unmoralisch war.

Mit dem Verfahren gegen Hoang Minh Chinh begann eine neue Zeit, in der der Rückwärtsgang gegen die Reform eingelegt wurde. In dieser Zeit befahl der Generalsekretär Do Muoi den Richtern, Bürger um jeden Preis zu verurteilen, ob richtig oder falsch. Wegen der unklaren Interpretierung der Gesetze durch die Partei wusste niemand, wo die Partei die Grenze für Demokratie und Freiheit festlegte. Jeder Bürger, der sich auf diesem unsicheren Weg bewegte, konnte jederzeit durch den Pfiff eines marxistischen Polizisten in Gewahrsam genommen werden. Le Duc Tho war gestorben, doch im Palast herrschte noch immer sein Geist.

Im Gegensatz zur Zeit der Unterdrückung der *"gegen die Partei agierenden Gruppe"* rief die Verhaftung Hoang Minh Chinhs nun eine Protestwelle hervor, die im Inland unterschwellig und im Ausland laut war. In Paris wurde ein Ausschuss zum Schutz von Hoang Minh Chinh und seinem Mitkämpfer, Do Trung Hieu, gegründet. Diesem Ausschuss gehörten Intellektuelle an, die Vietnam im Krieg gegen die Amerikaner dereinst unterstützt hatten. Ein französischer Rechtsanwalt beantragte zur Verteidigung von Hoang Minh Chinh ein Einreisevisum nach Vietnam. Einer unverschämten diplomatischen Tradition folgend, gab ihm die vietnamesische Botschaft keine Antwort. Wenn die Schlinge *"Missbrauch der Rechte auf Freiheit und Demokratie"* nicht passte, dann dachte man sich eine andere aus, beispielsweise *"Unrechtmäßige Aneignung von Staatsgeheimnissen"*, wie im Fall von Ha Si Phu, Le Hong Ha, Nguyen Kien Giang ... Diese Personen wurden verfolgt. Jedoch wurden sie nicht wegen der Verbrechen verurteilt, um die es eigentlich ging - die nämlich eine Gefahr für die Partei darstellten -, sondern formell mit lächerlichen und, wie jeder wusste, aus der Luft gegriffenen Gründen. Die Regie für solche bühnenreifen Gerichtsverfahren lag in den Händen des Politbüros der Partei, und die Verfahren erhielten auch nur schwachen Applaus von Zuschauern, die eigens von der Partei zu den Gerichtsverhandlungen geschickt worden waren.

Im Vergleich zur *"Gruppe der gegen die Partei agierenden Revisionisten"* verlangen die neuen Regimegegner nicht nur eine Revision des Marxismus, sondern seine Ablehnung. Weil das Fundament des sogenannten Staates der Diktatur des Proletariats durch die weltweite Welle der Demokratie und durch die Marktwirtschaft erodiert wird, werden auch seine Fesseln lockerer und schlaffer. Mit seinem bekannten Buch "Abschied von der Ideologie" sprach sich Ha Si Phu dafür aus, den exotischen Marxismus aus Vietnam friedlich und maßvoll zu verabschieden. Er bezeichnete den Sozialismus in unserem Land als *die letzte feudale Dynastie.* Für eine solche Furchtlosigkeit und Unverfrorenheit bekam er lediglich ein Jahr Haft.

Eines Abends, im Jahre 1983, besuchte mich Hoang Dao. Der Hauptakteur des einst berühmten Spionageerfolges war stark gealtert, hatte trübe Augen und einen traurigen Blick. Er schien kleiner zu werden. Ich erzählte ihm vom "Meister von Jean Valjean". Er sagte, dass er seit 1946 von Ton That Tan nichts mehr gehört habe. Ton That Tans Vorgeschichte war echt. Wegen einer Verabredung musste ich Hoang verlassen. Wir wollten uns wiedersehen, aber es gelang uns nicht.

Nguyen Chi Thien wurde 1977 freigelassen. Er kam vom Bahnhof direkt zu mir. Wir nahmen gemeinsam das Essen ein, bevor er in seine Heimatstadt Haiphong zurückfuhr. Wann immer er in Hanoi zu Besuch war, suchte er mich auf. Durch seine Brille betrachtete er das Leben nach wie vor mit staunenden Augen. Er sprach weniger und lachte noch viel weniger als im Gefängnis. Er konzentrierte sich voll auf sein Innenleben. Ich gab ihm Triebmittel für Brot zum Verkauf in der Hafen-stadt. Auch einige andere meiner Erzeugnisse konnte er verkaufen. Aber er war kein Händler. 1983 siedelte ich nach Saigon um. 1988 erzählte mir Le Trinh - Trinh vom Textilladen - bei meinem Besuch in Hanoi, dass Nguyen Chi Thien erneut verhaftet worden war. Zuerst war er in Hanoi in die britische Botschaft hineingestürmt, um dort seine in der Gefangenschaft verfassten Gedichte zu übergeben; dann war er von dort wieder herauskommen, um für einige weitere Jahre ins Gefängnis Hoa Lo (Feuerofen) zu gehen. Trinh rief seine ehemaligen Mithäftlinge zu einer Kollekte für die Familie Nguyen Chi Thiens auf, damit diese ihm Pakete schicken konnte. 1994 durfte Nguyen Chi Thien in die USA ausreisen. Danach bereiste er verschiedene Länder der Welt und verwünschte die Administration in Hanoi. Ich las es in den Zeitungen und empfand Trauer darüber, dass er den Kommunismus so bedenkenlos verwünschte. Er stellte sich sogar gegen humanitäre Hilfe für seine Landsleute, weil er der Meinung war, dass diese Hilfe nur an das kommunistische Regime verfüttert würde. Zwar wusste ich von Veruntreuungen von Hilfsgütern und -geldern. Aber das war schließlich nicht überall so. Weiter sagte er, dass er auch kein Vertrauen in solche Kommunisten haben könne, die sich von ihrer Partei getrennt hatten. Dabei vergaß er, dass diese ihr Land bis heute bestimmt nicht weniger lieben als er. Aber wenn ich daran dachte, was Nguyen Chi Thien alles zu erleiden gehabt hatte, konnte ich seinen Zorn verstehen. Unsere Ahnen aber sagten: *Wenn man satt ist, verliert man den Appetit. Wenn man zornig ist, verliert man die Weisheit.* Er schloss die ehemaligen Kommunisten kategorisch aus den Reihen der Vietnamesen aus und entzog ihnen für immer das Recht auf Vaterlandsliebe.

Nachdem ich das Gefängnis verlassen hatte, sah ich Kieu Duy Vinh etwa im Jahre 1977 sehr häufig. Er war zufrieden wie noch nie, dass seine erzwungene letzte *Reise in die Ferne* ein Ende gefunden hatte. Wir beide gingen in die *Straße der dunklen Stoffe* (Hang Vai Tham) und nahmen Le Trinh (Trinh vom Textilladen) zu einem Café-Besuch mit. Manchmal begleiteten uns Van, der Tischler (Van Tho Moc) und Pho, der Spion (Pho Gian Diep). Kieu Duy Vinh war der Begütertste unter uns, weil seine Frau einen großen Teeladen im Markt Bac Qua besaß. Trinh vom Textilladen, der Älteste unter uns, wollte immer für alle bezahlen. Zusammen würden wir einmal den Kern des ‚Vereins der ehemaligen Häftlinge Vietnams‘ bilden, wenn dieser irgendwann das Licht der Welt erblicken sollte.

Der Fall von Pho, dem Spion (Pho Gian Diep), wurde durch wahrheitsgemäße Angaben seiner ehemaligen Genossen aufgeklärt. Er wurde entlassen. Aber seine Familie war längst auseinandergebrochen, und sein zu Unrecht konfisziertes Haus erhielt er noch immer nicht zurück.

Van der Tischler (Van Tho Moc) hat geheiratet. Seine Ehe begann damit, dass unser gutmütiger Tischler von der Witwe eines Kriegsgefallenen einen Auftrag erhielt. Sie erzählte dem Tischler, dass sie einen ordentlichen Tisch für den Altar ihres gefallenen Mannes brauche. Am 27. Juli, dem offiziellen Tag der Kriegsgefallenen und –versehrten, erschien er bei ihr und baute für sie einen ordentlichen Tisch, ohne dafür Entgelt zu nehmen. Sie war von seiner Güte sehr gerührt. Erst wurden sie Freunde, dann ein Ehepaar. Nun sorgte er sich um die Kinder einer Person, die eigentlich sein Feind gewesen war. Die Kinder des Verstorbenen schätzten ihn sehr.

Der "Meister von Jean Valjean" wurde auch freigelassen. Wie bereits berichtet, wollte die Administration seinen Rekord hinsichtlich der langen Haftzeit eigentlich nicht weiter erhöhen. Aber sie wusste nicht, wie das zu bewerkstelligen gewesen wäre, und beließ den Häftling in Haft. Bei meiner Entlassung versprach mir Leutnant Buoi, dem "Meister von Jean Valjean" zu helfen. Er ließ mich wissen, der Meister würde sofort entlassen, sobald jemand ihn aufnähme. Also ging ich zu dem Historiker Ton That Chiem Te, der von der kaiserlichen Familie abstammte, und bat ihn, Ton That Tan aufzunehmen. Doch der Mann schrie: "Ihr habt wohl nach neun Jahren noch immer nicht genug und wollt noch weiter mit solchen Sachen zu tun haben! Ich habe große Angst." Buu Tien dagegen war bereit, zu helfen. Er fuhr in den Süden, wo er Ton That Tans Tochter suchte und fand. Diese Frau schrieb einen Antrag zur Aufnahme des eigenen, ihr unbekannten Vaters. Durch den Dichter Tran Manh Hao sah ich Ton That Tan dann als seinen Schwiegervater wieder.

Eines Tages fuhr ich mit dem Moped auf der Straße Thuy Khe, als ich von einem Polizisten angehalten wurde. Es war Unterleutnant Nguyen Van Nham.

"Kennt Ihr mich noch?"

"Selbstverständlich", sagte ich und umarmte ihn. "Ich vergesse die Niederträchtigen, aber ich merke mir die guten Menschen." Nham erzählte mir, dass er nicht mehr zur Gefängnisverwaltung gehörte und nun bei der Stadtpolizei arbeitete. Wir gingen zusammen in eine nahegelegene Bierschänke und erinnerten uns gemeinsam an die Tage im Lager Tan Lap. Ich fragte ihn nach dem Schicksal des *internationalen Spions* Yip Pun Man. Der war in einen landwirtschaftlichen Betrieb in der Nähe des Lagers entlassen worden, wie all jene, die kein Zuhause mehr hatten. Ich fragte ihn weiter, wie viele solche *internationale Spione* er gekannt habe. Er sagte, er kenne nur diesen einen. Das sei ein Glück für unser Land, meinte ich.

Nach meiner Entlassung gab es im Zusammenhang mit der *"Gruppe der gegen die Partei agierenden Revisionisten"* ein Ereignis, das viel Aufsehen erregte. Nguyen Trung Thanh, der einstige Hauptabteilungsleiter für den Schutz der Partei und rechte Hand von Le Duc Tho in der Zeit der Verfolgung der *Gruppe,* verlangte plötzlich, dass dieses Verfahren wieder aufgerollt werden sollte. Er meinte, wir seien unschuldig. Er sagte, wegen seiner Beteiligung an dieser Verfolgung würde er von seinem eigenen Gewissen Tag und Nacht gequält. Die Zeit sei gekommen, wo er nicht länger schweigen dürfe.

Sein Schreiben vom 03. Februar 1995 an die Parteizentrale war wie ein Blitz aus heiterem Himmel, der nicht nur die Machthaber, sondern auch uns selbst in Erstaunen versetzte. Wer hätte damit gerechnet, dass ein solcher Mensch doch den Mut für etwas so Ungeheuerliches aufbringen würde: sich selbst zu verleugnen und sich damit in einen hoffnungslosen Zustand zu begeben, der große Schwierigkeiten und eventuell sehr schlimme Folgen für ihn in sich barg.

Le Hong Ha, der einstige Hauptabteilungsleiter im Innenministerium zur Zeit der Verfolgung der *Gruppe,* unterstützte Nguyen Trung Thanh aktiv in seinen Bemühungen, die Gerechtigkeit gegenüber den verfolgten Kommunisten wieder herzustellen.

Der Generalsekretär Do Muoi geriet deshalb in Zorn. Er traf sich mit Nguyen Trung Thanh. Er machte ihm Vorwürfe, gab ihm Empfehlungen und drohte ihm. Aber Nguyen Trung Thanh blieb bei seiner Einstellung.

Le Hong Ha ging noch einen Schritt weiter. Er überprüfte aus diesem Anlass seine Kenntnisse und zeigte deutlich auf, dass alles Übel aus dem Import des exotischen Marxismus nach Vietnam und aus der Anwendung der Prinzipien des "demokratischen Zentralismus" und der "Diktatur des Proletariates" herstammte, die in der Tat die Grundlagen der Willkür und des Machtmissbrauchs bilden.

Angesichts der Machtlosigkeit dieser beiden Personen, die in der Rückbesinnung ihr früheres Verhalten bedauerten, gab Do Muoi den Befehl zu ihrem Ausschluss aus der Partei. Das reichte ihm jedoch noch nicht. Zur gleichen Zeit wie Ha Si Phu wurde Le Hong Ha inhaftiert. Er wurde zu zwei Jahren Haft verurteilt, allerdings nicht wegen seines antimarxistischen Standpunktes oder seiner Opposition zur staatlichen Willkür gegenüber dem Volk, sondern "*wegen Handlungen zur Aneignung von Staatsgeheimnissen*". Um welche *staatlichen Geheimnisse* es sich hier handelte? Es ging um das Schreiben des Parteimitglieds Vo Van Kiet an seine Genossen im Politbüro. Dieses Schreiben war den im Ausland lebenden Vietnamesen schon viel früher bekanntgeworden.

Nachdem auch das Schreiben von Nguyen Trung Thanh an die Parteizentrale bekannt wurde, besuchte meine Mutter ihn in seinem Haus in Ngoc Ha (Hanoi):

"Früher habe ich Dich nicht weniger gehasst als Le Duc Tho. Jetzt sehe ich in Dir wieder einen *Genossen*. Weil dieser Begriff aber von diesen Leuten beschmutzt worden ist, möchte ich lieber einen anderen verwenden. Du bist ein *ordentlicher* Mensch ..."

"Ich danke Dir."

"Da Du an Lebensalter und in Deinem revolutionären Alter jünger bist als ich, nenne ich Dich meinen jungen Bruder."

"Schwester", sagte Nguyen Trung Thanh, "Du hast mir verziehen und betrachtest mich als Deinen jungen Bruder. Du bist sehr großherzig. Ich bin Dir dafür sehr dankbar."

Erfreut lachte meine Mutter:

"Wenn ich Dich als jungen Bruder annehme, dann brauchen wir nicht mehr von Nachsicht zu sprechen."

"Wirst Du mir Pakete bringen, wenn ich verhaftet bin?"

"Keine Sorge. Darin habe ich Erfahrung. In der französischen Zeit habe ich Pakete gebracht. In der japanischen Zeit habe ich Pakete gebracht. In unserer Zeit habe ich dem Mann und dem Sohn Pakete gebracht. Man kann von einem langjährig erprobten Paketdienst sprechen. Ich werde Dir Pakete bringen..."

Hanoi - Moskau - Warschau - Paris
1993 – 1997

Printed in Poland
by Amazon Fulfillment
Poland Sp. z o.o., Wrocław

33228665R00371